Nuevo Testamento

Comentado

Traducción de los textos originales y comentarios por

MONS. JUAN STRAUBINGER

EDICIÓN REVISADA 2014

El texto, las notas y los comentarios de esta edición del Nuevo Testamento presentan íntegramente de la versión de Mons. Juan Straubinger, siendo cuidadosamente revisados y actualizados sin alterar el estilo de la traducción original. Agradecemos a todas las personas que colaboraron con su oración y en la revisión y edición de este proyecto para difrundir las Sagradas Escrituras.

Nihil obstat
RAÚL F. PRIMATESTA
Lic. En Sagrada Escritura
Censor "ad hoc"

Imprimatur
MONS. DR. RAFAEL MARÍA CABO MONTILLA
Vicario General de La Plata (Argentina)

Diagramación y diseño: Xtudium Graphics (Chihuahua)
IMPRESO EN ESTADOS UNIDOS / Printed in USA
ISBN: 9798615496813
Edición a cargo de José A. Ramos G.
Contacto: bibliastraubinger@gmail.com
(52) 6391688903

INDICE DEL NUEVO TESTAMENTO

ORACIÓN

para antes de leer la Sagrada Escritura

Señor Jesús abre mis ojos y mis oídos a tu palabra.
que lea y escuche yo tu voz y medite tus enseñanzas,
despierta mi alma y mi inteligencia
para que tu palabra penetre en mi corazón
y pueda yo saborearla y comprenderla.

Dame una gran fe en ti
para que tus palabras sean para mí otras tantas luces que me guíen
hacia ti por el camino de la justicia y de la verdad.

Habla señor que yo te escucho y deseo
poner en práctica tu doctrina, por que tus palabras
son para mí, vida, gozo, paz y felicidad.

Háblame Señor tu eres mi Señor y mi maestro
y no escucharé a nadie sino a ti. Amén.

Y he aquí que desde ahora me felicitarán
todas las generaciones;
porque en mi obró grandezas el Poderoso

Lc. 2, 48 - 49

PRESENTACIÓN

La Biblia de Mons. Dr. Johannes Straubinger, conocida como Biblia Platense o Biblia Comentada, sigue teniendo un encanto peculiar entre la extensa selección de traducciones castellanas de la Sagrada Escritura. A pesar del tiempo transcurrido desde su aparición, a mediados del siglo XX, continúa como una de las ediciones favoritas del lector, del estudioso y del orante de las Sagradas Escrituras en lengua española; su actualidad es patente al presentar nuevamente al público esta edición frente al deseo de muchas almas de acceder a su contenido como parte de su formación cristiana y espiritual, es una traducción que no puede considerarse superada o relegada a un recuerdo del pasado.

En el año 2011, al cumplirse el cincuentenario de la muerte de Mons. Straubinger, nació la ilusión de reeditar nuevamente la Biblia comentada en un formato más práctico y legible haciendo uso de los medios tecnológicos contemporáneos. Hasta ahora las únicas ediciones eran reimpresiones, con elevados costos, que no facilitaban la lectura, y el hecho de que fuera prácticamente imposible encontrar ejemplares de dicha Biblia. No eran pocos los que la añoraban. Todo esto fue un signo palpable de que las comunidades cristianas deseaban nuevamente acceder a la herencia del "Jerónimo de Hispanoamérica", como se le conoció en su tiempo a Straubinger.

Confiando en la Divina Providencia se inició sin recursos, pero con grandes ilusiones, la tarea para ofrecer nuevamente a la Iglesia esta obra; fue un trabajo arduo en el que participaron personas de las diversas latitudes interesadas en el legado escriturístico de Mons. Straubinger. Reconocemos también a otras almas que por su cuenta, y movidas porla mayor gloria de Dios, han igualmente hecho un trabajo análogo al nuestro.

Hoy, con grata alegría, incluso con las deficiencias de nuestra inexperiencia y falta de recursos, tenemos nuevamente la Biblia Comentada de Mons. Straubinger. De la Iglesia nuestra madre la recibimos, a ella la tornamos. Esperando que las jovenes generaciones reciban de este texto y sus comentarios las gracias que sus antecesores encontraron y aprovecharon.

La fecunda obra que Mons. Straubinger realizó en América sigue latiendo a más de cincuenta años de su partida y prueba de ello es el interés que aún existe en los fieles, principalmente jóvenes, que sedientos de la Palabra Divina ven en "su Biblia" un camino que los acerca a las corrientes de agua fresca en la que se apaga la sed de la verdad.

Se nos recomendó trabajar en una revisión profunda del texto y notas, tarea que no nos hemos atrevido a realizar. Unicamente se ha retocado ligeramente el texto actualizando datos y ortografía sin menoscabo de la integridad de la obra original.

Dedicamos nuestro trabajo a María Santísima, la primera y la más perfecta discípula de la Palabra Encarnada, a ella confiamos esta obra que ha salido a la luz con muestras indiscutibles de bendición divina. Que su Inmaculado Corazón acoja las almas de quienes con entera disposición se acerquen a las Sagradas Escrituras y ella les conduzca maternalmente al Reino eterno de su Hijo que estas páginas prometen.

La presente edición no tiene ánimo de lucro, las pocas entradas serán canalizadas a la formación de misioneros en Hispanoamérica.

Los editores

ACLARACIONES

Al ofrecer esta edición del Nuevo Testamento de Mons. Straubinger son necesarias algunas aclaraciones para el lector familiarizado con otras versiones modernas de la Biblia y con las antiguas impresiones de esta misma traducción:

- El texto presenta íntegramente la traducción y los comentarios de Mons. Juan Straubinger.

- En pocos versículos se ha modificado la traducción, en especial por motivos de las reglas gramaticales de nuestra lengua española, en tales casos se coloca una nota explicando el motivo de la sustitución o corrección. Se han seguido para tal efecto versiones autorizadas como NácarColunga, Bóver-Cantera, Biblia de Narvarra y la Biblia de los benedictinos del Valle de los Caídos.

- Se han sustituido algunas palabras que Mons. Straubinger traduce literalmente del hebreo pero que se ha popularizado de otra manera en nuestra lengua. Por ejemplo *Hallelú Yah* y *Betlehem* fueron traducidas en esta edición por Aleluya y Belén.

- Los nombres de los libros bíblicos siguen la tradición actual para no causar confusión al lector, y se diferencían de la Septuaginta griega y la Vulgata latina.

- Los cuatro libros de los Reyes, según la edición griega y latina son presentados de acuedo al uso convencional de nombrarlos como 1-2de Samuel y 1-2de Reyes.

- La numeración del libro de los Salmos sigue el orden griego y litúrgico que difiere de la numeración hebrea.

- Dentro del texto bíblico aparecen palabras o frases dentro de parentésis y en itálicas. Mons. Straubinger las insertó para dar claridad a la lectura ya que al traducir literalmente eran necesarias para la comprensión; tales adiciones se han conservado.

- El orden de los libros sigue a la Vulgata, con la excepción de los dos libros de los Macabeos que fueron incluidos dentro del bloque de los libros históricos.

- Las adiciones deuterocanónicas a los libros de Ester y Daniel fueron intercaladas dentro del texto protocanónico y en itálicas para conservar el orden lógico de la lectura según la propuesta de Merks y Bóver - Cántera, y no en el orden de la Vulgata como apéndice de los respectivos libros.

- Los epígrafes y encabezados, que marcan división y facilitan la lectura del texto, fueron levemente revisados y abreviados.

- Ciertas abreviaciones utilizadas por Mons. Straubinger en las notas son conocidas en el ámbito eclesiástico (*Denz., Conc. Trid.,* etc.) y en el modo de citar (*v. íbidem., cfr., ss.,* etc.)

- Las referencias litúrgicas y festivas en las notas corresponden al rito anterior a la reforma litúrgica postconciliar.

Sobre la revisión del texto, los comentarios y notas.

Fieles a la idea de conservar el texto y las notas originales de la Biblia Comentada, se ha revisado únicamente la gramática corrigiendo algunas faltas ortográficas que en la edición de los años 50´s pasaron desapercibidas. Ciertas palabras abreviadas aparecen completas para su mayor comprensión. De igual manera se han actualizado ciertos datos que en tiempo del traductor no se tenían, como las referencias a beatos ahora canonizados. Algunos giros lingüísticos y licencias que se tomó el traductor fueron adaptados según las reglas gramaticales vigentes. Cualquier duda, comentario, aclaración o corrección del texto será de bendición. Puede comunicarse a:

bibliastraubinger@gmail.com

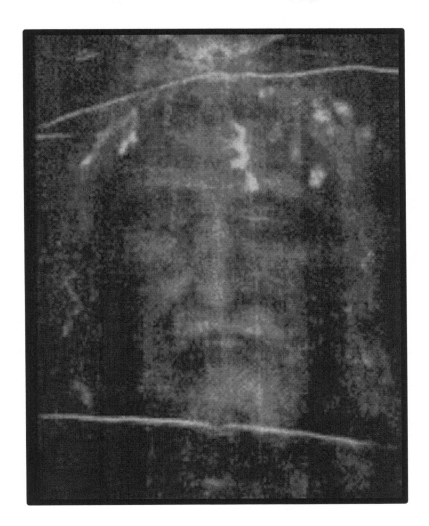

*Porque Dios no envió su Hijo al mundo
para juzgar al mundo, sino para que el
mundo se salve por medio Él.*
Jn. 3, 17

INTRODUCCIÓN AL NUEVO TESTAMENTO

La munificencia del Padre celestial que, a no dudarlo, bendice muy particularmente la difusión de su Palabra, que es el objeto del apostolado bíblico, incrementa, en forma sorprendente, el deseo que le expresamos de servir ese divino propósito de que la Escritura revelada sea "el libro por excelencia de la espiritualidad cristiana".

Presentamos el Nuevo Testamento que hemos traducido del original griego con la mayor fidelidad posible; aparece ahora con notas y comentarios más extensos, merced a la amplitud de su formato. Ellos contienen, como acertadamente ha expresado un ilustrado profesor en la "Revista Eclesiástica del Arzobispado de La Plata", por una parte "las explicaciones de los Santos Padres y comentarios de los diversos lugares, atendiendo más al adelantamiento espiritual de los lectores que a las discusiones científicas, sin que por ello se dejen de anotar, cuando se presenta la ocasión, las divergencias de los autores", y por otra parte "gran número de referencias a otros lugares de las Escrituras, según la sabia y harto olvidada regla exegética de comentar la Sagrada Escritura a la luz de la Sagrada Escritura".

La Iglesia Católica reconoce dos fuentes de doctrina revelada: la Biblia y la Tradición. Al presentar aquí en parte una de esas fuentes, hemos procurado, en efecto, que el comentario no sólo ponga cada pasaje en relación con la Biblia misma –mostrando que ella es un mundo de armonía sobrenatural entre sus más diversas partes–, sino también brinde al lector, junto a la cosecha de autorizados estudiosos modernos, el contenido de esa tradición en documentos pontificios, sentencias y opiniones tomadas de la Patrística e ilustraciones de la Liturgia, que muestran la aplicación y trascendencia que en ella han tenido y tienen muchos textos de la Revelación,

El grande y casi diría insospechado interés que esto despierta en las almas, está explicado en las palabras con que el Cardenal Arzobispo de Viena prologa una edición de los Salmos semejante a ésta en sus propósitos, señalando "en los círculos del laicado, y aun entre los jóvenes, un deseo de conocer la fe en su fuente y de vivir de la fuerza de esta fuente por el contacto directo con ella". Por eso, añade, "se ha creado un interés vital por la Sagrada Escritura, ante todo por el Nuevo Testamento, pero también por el Antiguo, y el movimiento bíblico católico se ha hecho como un río incontenible".

Es que, como ha dicho Pío XII, Dios no es una verdad que haya de encerrarse en el templo, sino la verdad que debe iluminarnos y servirnos de guía en todas las circunstancias de la vida. No ciertamente para ponerlo al servicio de lo material y terreno, como si Cristo fuese un pensador a la manera de los otros, venido para ocuparse de cosas temporales o dar normas de prosperidad mundana, sino, precisamente al reyes, para no perder de vista lo sobrenatural en medio de "este siglo malo" (*Gál.* 1, 4); lo cual no le impide por cierto al Padre dar por añadidura cuantas prosperidades nos convengan, sea en el orden individual o en el colectivo, a los que *antes* que eso busquen vida eterna.

Un escritor francés refiere en forma impresionante la lucha que en su infancia conmovía su espíritu cada vez que veía el libro titulado *Santa Biblia* y recordaba las prevenciones que se le habían hecho acerca de la lectura de ese libro, ora por difícil e impenetrable, ora por peligroso o heterodoxo. "Yo recuerdo, dice, ese drama espiritual contradictorio de quien, al ver una cosa santa, siente que debe buscarla, y por otra parte abriga un temor indefinido y misterioso de algún mal espíritu escondido allí... Era para mí como si ese libro hubiera sido escrito a un tiempo por el diablo y por Dios. Y aunque esa impresión infantil –que veo es general en casos como el mío– se producía en la subconsciencia, ha sido tan intensa mi desolante duda, que sólo en la madurez de mi vida un largo contacto con la Palabra de Dios ha podido destruir este monstruoso escándalo que produce el sembrar en la niñez el miedo de nuestro Padre celestial y de su Palabra vivificante".

La meditación, sin palabras de Dios que le den sustancia sobrenatural, se convierte en simple reflexión –autocrítica en que el juez es tan falible como el reo– cuando no termina por derivarse al terreno de la imaginación, cayendo en pura cavilación o devaneo. *María guardaba las Palabras repasándolas en su corazón* (*Lc*. 2, 19 y 51): he aquí la mejor definición de lo que es meditar. Y entonces, lejos de ser una divagación propia, es un estudio, estudio, una noción, una contemplación que nos une a Dios por su Palabra, que es el Verbo, que es Jesús mismo, la Sabiduría con la cual nos vienen todos los bienes (*Sab*. 7, 11).

Quien esto hace, pasa con la Biblia las horas más felices e intensas de su vida. Entonces entiende cómo puede hablarse de *meditar día y noche* (*Sal*. 1, 2) y de orar siempre (*Lc*. 18, 1), *sin cesar* (*1Ts*. 5, 17); porque en cuanto él *permanece* en la Palabra, las palabras de Dios comienzan a *permanecer* en él –que es lo que Jesús quiere para darnos cuanto le pidamos (*Jn*. 15, 7) y para que conquistemos la libertad del espíritu (*Jn*. 8, 31)– y no permanecer de cualquier modo, sino *con opulencia* según la bella expresión de San Pablo (*Col*. 3, 16). Así van esas *palabras vivientes* (1 Pe. 1, 23, texto griego) formando el substrato de nuestra personalidad, de modo tal que a fuerza de admirarlas cada día más, concluimos por no saber pensar sin ellas y encontramos harto pobres las verdades relativas –si es que no son mentiras humanas que se disfrazan de verdad y virtud, como los sepulcros blanqueados (*Mt*. 23, 27) –. Entonces, así como hay una aristocracia del pensamiento y del arte en el hombre de formación clásica, habituado a lo, superior en lo intelectual o estético, así también en lo espiritual se forma el gusto de lo auténticamente sobrenatural y divino, como lo muestra Santa Teresa de Lisieux al confesar que cuando descubrió el Evangelio, los demás libros ya no le decían nada. ¿No es éste, acaso, uno de los privilegios que promete Jesús en el texto antes citado, diciendo que la verdad nos hará libres? Se ha recordado recientemente la frase del Cardenal Mercier, antes lector insaciable: "No soporto otra lectura que los Evangelios y las Epístolas".

Y aquí, para entrar de lleno a comprender la importancia de conocer el Nuevo Testamento, tenemos que empezar por hacernos a nosotros mismos una confesión muy íntima: a todos nos parece raro Jesús. Nunca hemos llegado a confesarnos esto, porque, por un cierto temor instintivo, no nos hemos atrevido siquiera a plantearnos semejante cuestión. Pero Él mismo nos anima a hacerlo cuando dice: "Dichoso el que no se escandalizare de Mí" (*Mt*. 11, 6; *Lc*. 7, 23), con lo cual se anticipa a declarar que, habiendo sido Él anunciado como piedra de escándalo (*Is*. 8, 14y 28, 16; *Rm*. 9, 33; *Mt*. 21, 42-44), lo natural en nosotros hombres caídos, es escandalizarnos de Él como lo hicieron sus discípulos todos, según Él lo había anunciado (*Mt*. 26, 31y 56). Entrados, pues, en este cómodo terreno de íntima desnudez –podríamos decir de *psicoanálisis sobrenatural*– en la presencia "del Padre que ve en lo secreto" (*Mt*. 6, 6), podemos aclararnos a nosotros mismos ese punto tan importante para nuestro interés, con la alegría nueva de saber que Jesús no se sorprende ni se incomoda de que lo encontremos raro, pues Él sabe bien lo que hay dentro de cada hombre (*Jn*. 2, 24-25). Lo sorprendente sería que no lo hallásemos raro, y podemos afirmar que nadie se libra de comenzar por esa impresión, pues, como antes decíamos, San Pablo nos revela que ningún hombre simplemente natural ("psíquico", dice él) percibe las cosas que son del Espíritu de Dios (*1Co*. 2, 14). Para esto es necesario "nacer de nuevo", es decir, "renacer de lo alto", y tal es h obra que hace en nosotros –no en los más sabios sino al contrario en los más pequeños (*Lc*. 10, 21)– el Espíritu, mediante el cual podemos "escrutar hasta las profundidades de Dios" (*1Co*. 2, 10).

Jesús nos parece raro y paradójico en muchísimos pasajes del Evangelios empezando por el que acabamos de citar sobre la comprensión que tienen los pequeños más que los sabios. Él dice también que la parte de Marta, que se movía mucho, vale menos que la de María que estaba sentada escuchándolo; que ama menos aquel a quien menos hay que perdonarle (*Lc*. 7, 47); que (quizá por esto) al obrero de la última hora se le pagó antes que al de la primera (*Mt.* 20, 1); y, en fin, para no ser prolijo, recordemos que Él proclama de un modo general que lo que es altamente estimado entre los hombres es despreciable a los ojos de Dios (*Lc.* 16, 15).

Esta impresión nuestra sobre Jesús es harto explicable. No porque Él sea raro en sí, sino porque lo somos nosotros a causa de nuestra naturaleza degenerada por la caída original. Él pertenece a una normalidad, a una realidad absoluta, que es la única normal, pero que a nosotros nos parece todo lo contrario porque, como vimos en el recordado texto de San Pablo, no podemos comprenderlo naturalmente. "Yo soy de arriba y vosotros sois de abajo", dice el mismo Jesús (*Jn.* 8, 23), y nos pasa lo que a los nictálopes que, como el murciélago, ven en la oscuridad y se ciegan en la luz.

Hecha así esta palmaria confesión, todo se aclara y facilita. Porque entonces reconocemos sin esfuerzo que el conocimiento que teníamos de Jesús no era vivido, propio, íntimo, sino de oídas y a través de libros o definiciones más o menos generales y sintéticas, más o menos *ersatz*; no era ese conocimiento personal que sólo resulta de una relación directa. Y es evidente que nadie se enamora ni cobra amistad o afecto a otro por lo que le digan de él, sino cuando lo ha tratado personalmente, es decir, cuando lo ha oído hablar. El mismo Evangelio se encarga de hacernos notar esto en forma llamativa en el episodio de la Samaritana. Cuando la mujer, iluminada por Jesús, fue a contar que había hallado a un hombre extraordinario, los de aquel pueblo acudieron a escuchar a Jesús y le rogaron que se quedase con ellos. Y una vez que hubieron oírle sus palabras durante dos días, ellos dijeron a la mujer: "Ya no creemos a causa de tus palabras: nosotros mismos lo hemos oído y sabemos que Él es verdaderamente el Salvador del mundo" (*Jn.* 4, 42).

¿Podría expresarse con mayor elocuencia que lo hace aquí el mismo Libro divino, lo que significa escuchar las Palabras de Jesús para darnos el conocimiento directo de su adorable Persona y descubrirnos ese sello de verdad inconfundible (*Jn.* 3, 19; 17, 17) que arrebata a todo el que lo escucha sin hipocresía, como Él mismo lo dice en *Jn.* 7, 17?

El que así empiece a estudiar a Jesús en el Evangelio, dejará ca 1a vez mas de encontrarlo raro. Entonces experimentará, no sin sorpresa grande y creciente, lo que es creer en Él con fe viva, como aquellos samaritanos. Entonces querrá conocerlo más y mejor y buscará los demás Libros del Nuevo Testamento y los Salmos y los Profetas y la Biblia entera, para ver cómo en toda ella el Espíritu Santo nos lleva y nos hace admirar a Jesucristo como Maestro y Salvador, enviado del Padre y Centro de las divinas Escrituras, en Quien habrán de unirse todos los misterios revelados (*Jn.* 12, 32) y todo lo creado en el cielo y en la tierra (*Ef.* 1, 10). Es, como vemos, cuestión de hacer un descubrimiento propio. Un fenómeno de experiencia y de admiración. Todos cuantos han hecho ese descubrimiento, como dice Dom Galliard, declaran que tal fue el más dichoso y grande de sus pasos en la vida. Dichosos también los que podamos, como la Samaritana, contribuir por el favor de Dios a que nuestros hermanos reciban tan incomparable bien.

El amor lee entre líneas. Imaginemos que un extraño vio en una carta, ajena este párrafo: "Cuida tu salud, porque si no, voy a castigarte". El extraño puso los ojos en la idea de este castigo y halló dura la carta. Mas vino luego el destinatario de ella, que era el hijo a quien su padre le escribía, y al leer esa amenaza de castigarle si no se cuidaba, se puso a llorar de ternura viendo que el alma de aquella carta no era la amenaza sino el Amor siempre despierto que le tenía su padre, pues si le hubiera sido indiferente no tendría ese deseo apasionado de que estuviera bien de salud.

Nuestras notas y comentarios, después de dar la exégesis necesaria para la inteligencia de los pasajes en el cuadro general de la Escritura –como hizo Felipe con el ministro de la reina pagana (*Hch.* 8, 30 s. y nota) – se proponen ayudar a que descubramos (usando la visión de aquel hijo que se sabe amado y no la desconfianza del extraño) los esplendores del espíritu que a veces están como tesoros escondidos en la letra. San Pablo, el más completo ejemplar en esa tarea apostólica, decía, confiando en el fruto, estas palabras que todo apóstol ha de hacer suyas: "Tal confianza para con Dios la tenemos en Cristo; no porque seamos capaces por nosotros mismos... sino que nuestra capacidad viene de Dios..., pues la letra mata, más el espíritu da vida" (*2Co.* 3, 4-6).

La bondad del divino Padre nos ha mostrado por experiencia a muchas almas que así se han acercado a Él mediante la miel escondida en su Palabra y que, adquiriendo la inteligencia de la Biblia, han gustado el sabor de la Sabiduría que es Jesús (*Sab.* 7, 26; *Pr.* 8, 22; *Eclo.* 1, 1), y hallan cada día tesoros de paz, de felicidad y de consuelo en este monumento –el único eterno (Sal. 118, 89)– de un amor compasivo e infinito (cf. *Sal.* 102, 13: *Ef.* 2, 4y notas).

Para ello sólo se pide atención, pues claro está que el que no lee no puede saber. Como cebo para esta curiosidad perseverante, se nos brindan aquí todos los misterios del tiempo y de la eternidad. ¿Hay algún libro mágico que pretenda lo mismo?

Sólo quedarán excluidos de este banquete los que fuesen tan sabios que no necesitasen aprender; tan buenos, que no necesitasen mejorarse; tan fuertes, que no necesitasen protección. Por eso los fariseos se apartaron de Cristo, que buscaba a los pecadores. ¿Cómo iban ellos a contarse entre las "ovejas perdidas"? Por eso el Padre resolvió descubrir a los insignificantes esos misterios que los importantes –así se creían ellos– no dejó aprender (*Mt.* 11, 25). Y así llenó de bienes a los hambrientos de luz y dejo vacíos a aquellos "ricos" (*Lc.* 1, 53). Por eso se llamó a los lisiados al banquete que los normales habían desairado (*Lc.* 14, 15-24). Y la Sabiduría, desde lo alto de su torre, mandó su pregón diciendo: "El que sea pequeño que venga a Mí". Y a los, que no tienen juicio les dijo: "Venid a comer de mi pan y a beber el vino que os tengo preparado" (*Pr.* 9, 3-5).

Dios es así; ama con predilección fortísima a los que son pequeños, humildes, víctimas de la injusticia, como fue Jesús: y entonces se explica que a éstos, que perdonan sin vengarse y aman a los enemigos, Él les perdone todo y los haga privilegiados. Dios es así; inútil tratar de que Él se ajuste a los conceptos y normas que nos hemos formado, aunque nos parezcan lógicos, porque en el orden sobrenatural Él no admite que nadie sepa nada si no lo ha enseñado Él (*Jn.* 6, 45; *Hebr.* 1, 1 s.). Dios es así; y por eso el mensaje que Él nos manda por su Hijo Jesucristo en el Evangelio nos parece paradójico. Pero Él es así; y hay que tomarlo como es, o buscarse otro Dios, pero no creer que Él va a modificarse según nuestro modo de juzgar. De ahí que, corno le decía San Agustín a San Jerónimo, la actitud de un hombre recto está en creerle a Dios por su sola Palabra, y no creer a hombre alguno sin averiguarlo. Porque los hombres, como dice Hello, hablan siempre por interés o teniendo presente alguna conveniencia o prudencia humana que los hace medir el efecto que sus palabras- han de producir; en tanto que Dios, habla para enseñar la verdad desnuda, purísima, santa, sin desviarse un ápice por consideración alguna. Recuérdese que así hablaba Jesús, y por eso lo condenaron, según lo dijo Él mismo. (Véase *Jn.* 8, 37, 38, 40, 43, 45, 46y 47; *Mt.* 7, 29, etc.) "Me atrevería a apostar –dice un místico– que cuando Dios nos muestre sin velo todos los misterios de las divinas Escrituras, descubriremos que si había palabras que no habíamos entendido era simplemente porque no fuimos capaces de creer sin dudar en el amor sin límites que Dios nos tiene y de sacar las consecuencias que de ello se deducían, como lo habría hecho un niño".

Vengamos, pues, a buscarlo en este mágico "receptor" divino donde, para escuchar su voz, no tenemos más que abrir como llave del dial la tapa del Libro eterno. Y digámosle luego, como le decía un alma creyente: "Maravilloso campeón de los pobres afligidos y más maravilloso campeón de los pobres en el espíritu, de los que no tenemos virtudes, de los que sabemos la corrupción de nuestra naturaleza y vivimos sintiendo nuestra incapacidad, temblando ante la idea de tener que entrar, como agrada a los fariseos que Tú nos denunciaste, en el «viscoso terreno de los méritos propios». Tú, que viniste para pecadores y no para justos, para enfermos y no para sanos, no tienes asco de mi debilidad, de mi impotencia, de mi incapacidad para hacerte promesas que luego no sabría cumplir, y te contentas con que yo te dé en esa forma el corazón, reconociendo que soy la nada y Tú eres el todo, creyendo y confiando en tu amor y en tu bondad hacia mí, y entregándome a escucharte y a seguirte en el camino de las alabanzas al Padre y del sincero amor a mis hermanos, perdonándolos y sirviéndolos como Tú me perdonas y me sirves a mí, ¡oh, Amor santísimo!"

Otra de las cosas que llaman la atención al que no está familiarizado con el Nuevo Testamento es la notable frecuencia con que, tanto los Evangelios como las Epístolas y el Apocalipsis, hablan de la Parusía o segunda venida del Señor, ese acontecimiento final y definitivo, que puede llegar en cualquier momento, y que "vendrá como un ladrón", más de improviso que la propia muerte (*1Ts.* 5), presentándolo como una fuerza extraordinaria para mantenernos con la mirada vuelta hacia lo sobrenatural, tanto por el saludable temor con que hemos de vigilar nuestra conducta en todo instante, ante la eventual sorpresa de ver llegar al supremo Juez (*Mc.* 13, 33ss.; *Lc.* 12, 35ss.), cuanto por la amorosa esperanza de ver a Aquel que nos amó y se entregó por nosotros (*Ga.* 2, 20); que traerá con Él su galardón *(Ap.* 22, 12); que nos transformará a semejanza de Él mismo (*Flp.* 3, 20 s.) y nos llamará a su encuentro en los aires (*1Ts.* 4, 16 s.) y cuya glorificación quedará consumada a la vista de todos los hombres (*Mt.* 26, 64; *Ap.* 1, 7), junto con la nuestra (*Col.* 3, 4). ¿Por qué tanta insistencia en ese tema que hoy casi hemos olvidado? Es que San Juan nos dice que el que vive en esa esperanza se santifica corno Él (*1Jn.* 3, 3), y nos enseña que la plenitud del amor consiste en la confianza con que esperamos ese día (*1Jn.* 4, 17). De ahí que los comentadores atribuyan especialmente la santidad de la primitiva Iglesia a esa presentación del futuro que "mantenía la cristiandad anhelante, y lo maravilloso es que muchas generaciones cristianas después de la del 95(la del Apocalipsis) han vivido, merced a la vieja profecía, las mismas esperanzas y la misma seguridad: el reino está siempre en el horizonte" (Pirot).

No queremos terminar sin dejar aquí un recuerdo agradecido al que fue nuestro primero y querido mentor, instrumento de los favores del divino Padre: Monseñor doctor Paul W. Von Keppler, Obispo de Rotemburgo, pío exégeta y sabio profesor de Tubinga y Friburgo, que nos guio en el estudio de las Sagradas Escrituras. De él recibimos, durante muchos años, el estímulo de nuestra temprana vocación bíblica con el creciente amor a la divina Palabra y la orientación a buscar en ella, por encima de todo, el tesoro escondido de la sabiduría sobrenatural. A él pertenecen estas palabras, ya célebres, que hacernos nuestras de todo corazón y que caben aquí, más que en ninguna otra parte, como la mejor introducción o "aperitivo" a la lectura del Nuevo Testamento que él enseñó fervorosamente, tanto en la cátedra, desde la edad de 31años, como en toda su vida, en la predicación, en la "conversación íntima, en los libros, en la literatura y en las artes, entre las cuales él ponía una como previa a todas: "el arte de la alegría". "Podría escribirse, dice, una teología de la alegría, No faltaría ciertamente material, pero el capítulo más fundamental y más interesante seria el bíblico. Basta tomar un libro de concordancia o índice de la Biblia para ver la importancia que en ella tiene la alegría: los nombres bíblicos que significan alegría se repiten miles y miles de veces. Y ello es muy de considerar en un libro que nunca emplea palabras vanas e innecesarias. Y así la Sagrada Escritura se nos convierte en un paraíso de delicias, «*paradisus voluptatis*». (*Gn.* 3, 23) en el que podremos encontrar la alegría cuando la hayamos buscado inútilmente en el mundo o cuando la hayamos perdido".

Hemos preferido en cuanto al texto la edición crítica de Merk, que consideramos superior por muchos conceptos, sin perjuicio de señalar en su caso las variantes de alguna consideración, como también las diferencias de la Vulgata.

Evangelio según San Mateo

De la vida de San Mateo, que antes se llamaba Leví, sabemos muy poco. Era publicano, es decir, recaudador de impuestos, en Cafarnaúm, hasta que un día Jesús lo llamo al apostolado, diciéndole simplemente: "Sígueme"; y Leví "levantándose le siguió" (Mt. 9, 9).

Su vida apostólica se desarrolló primero en Palestina, al lado de los otros apóstoles; más tarde predicó probablemente en Etiopía (África), donde a lo que parece también padeció el martirio. Las reliquias del apóstol se veneran en la Catedral de Salerno (Italia) y su fiesta es celebrada el 21de setiembre.

Se cree que San Mateo fue el primero en escribir la Buena Nueva en forma de libro, entre los años 40-50 de la era cristiana. Lo compuso en lengua aramea o siríaca, para los judíos de Palestina que usaban aquel idioma. Más tarde este Evangelio, cuyo texto arameo se ha perdido, fue traducido al griego.

El fin que San Mateo se propuso fue demostrar que Jesús es el Mesías prometido, porque en Él se han cumplido los vaticinios de los Profetas. Para sus lectores inmediatos no había mejor prueba que ésta, y también nosotros experimentamos, al leer su Evangelio, la fuerza avasalladora de esa comprobación

1 **Genealogía legal de Jesús**. [1]Genealogía de Jesucristo, hijo de David, hijo de Abraham: [2]Abraham engendró a Isaac; Isaac engendró a Jacob; Jacob engendró a Judá y a sus hermanos; [3]Judá engendró a Farés y a Zara, de Tamar ; Farés engendró a Esrom; Esrom engendró a Aram; [4]Aram engendró a Aminadab; Aminadab engendró a Naasón; Naasón engendró a Salmón; [5]Salmón engendró de Rahab a Booz; Booz engendró de Rut a Obed; Obed engendró a Jesé; [6]Jesé engendró al rey David; David engendró a Salomón, de aquella (*que había sido mujer*) de Urías; [7]Salomón engendró a Roboam; Roboam engendró a Abías; Abías engendró a Asaf; [8]Asaf engendró a Josafat; Josafat engendró a Joram; Joram engendró a Ozías;

[9]Ozías engendró a Joatam; Joatam engendró a Acaz; Acaz engendró a Ezequías; [10]Ezequías engendró a Manasés; Manasés engendro a Amón; Amón engendró a Josías; [11]Josías engendró a Jeconías y a sus hermanos, por el tiempo de la deportación a Babilonia. [12]Después de la deportación a Babilonia, Jeconías engendró a Salatiel; Salatiel engendró a Zorobabel; [13]Zorobabel engendró a Abiud; Abiud engendró a Eliaquim; Eliaquim engendró a Azor; [14]Azor engendró a Sadoc; Sadoc engendró a Aquim; Aquim engendró a Eliud; [15]Eliud engendró a Eleazar; Eleazar engendro a Matán; Matán engendró a Jacob; [16]y Jacob engendró a José, el

---

1. San Mateo da comienzo a su Evangelio con los antepasados de Jesús, comprobando con esto que Él, por su padre adoptivo, San José, desciende *legalmente* en línea recta de David y Abraham, y que en Él se han cumplido los vaticinios del Antiguo Testamento, los cuales dicen que el Mesías prometido ha de ser de la raza hebrea de Abraham y de la familia real de David. La genealogía no es completa. Su carácter compendioso se explica, según San Jerónimo, por el deseo de hacer tres grupos de catorce personajes cada uno (cf. v. 17). Esta genealogía es la de *San José*, y no la de la Santísima Virgen, para mostrar que, según la Ley, José era *padre legal* de Jesús, y Este, *heredero legal* del trono de David y de las promesas mesiánicas. Por lo demás, María es igualmente descendiente de David; porque según San Lucas 1, 32, el hijo de la Virgen será heredero del trono "de su padre David". Sobre la

genealogía que trae San Lucas, y que es la de la Virgen, véase Lc. 3, 23 y nota. Según los resultados de las investigaciones modernas hay que colocar el *nacimiento de Jesús* algunos años *antes* de la era cristiana determinada por el calendario gregoriano, o sea en el año 747 de la fundación de Roma, más o menos. Al no hacerlo así, resultaría que Herodes habría ya muerto a la fecha de la natividad del Señor, lo cual contradice las Sagradas escrituras. Ese hombre impío murió en los primeros meses del 750.

3. *Tamar*. Aparecen, en esta genealogía legal de Jesús, *cuatro mujeres*: Tamar, Rahab, Betsabé y Rut, tres de las cuales fueron pecadoras (Gn. 38, 15; Jos. 2, 1 ss.; 1 Re. 11, 1 ss.) y la cuarta moabita. San Jerónimo dice al respecto que el Señor lo dispuso así para que "ya que venía para salvar a los pecadores, descendiendo de pecadores borrara los pecados de todos".

esposo de María , de la cual nació Jesús, llamado el Cristo. [17]Así que todas las generaciones son desde Abraham hasta David, catorce generaciones; desde David hasta la deportación a Babilonia, catorce generaciones y desde la deportación a Babilonia hasta Cristo, catorce generaciones.

Nacimiento de Jesús [18]El nacimiento de Jesucristo fue de esta manera: Desposada su madre María con José, antes de vivir juntos ellos, se halló que había concebido del Espíritu Santo. [19]José, su esposo, como era justo y no quería delatarla, se proponía despedirla en secreto . [20]Pero mientras andaba con este pensamiento, he aquí que un ángel del Señor se le apareció en sueños y le dijo: "José, hijo de David, no temas recibir a María tu esposa, porque su concepción es del Espíritu Santo. [21]Dará a luz un hijo y le pondrás por nombre Jesús, porque Él salvará a su pueblo de sus pecados". [22]Todo esto sucedió para que se cumpliese la palabra que había dicho el Señor por el profeta: [23]Ved ahí que la virgen concebirá y dará a luz un hijo , y le pondrán el nombre de Emmanuel, que se traduce: "Dios con nosotros". [24]Cuando despertó del sueño, hizo José como el ángel del Señor le había mandado, y recibió a su esposa. [25]Y sin que la conociera , ella dio a luz un hijo y le puso por nombre Jesús.

2 **Adoración de los magos de oriente.** [1]Habiendo nacido Jesús en Belén de Judea, en tiempo del rey Herodes, unos magos venidos del Oriente llegaron a Jerusalén, [2]y preguntaron: "¿Dónde está el rey de los judíos que ha nacido? Porque hemos visto su estrella en el Oriente y venimos a adorarlo". [3]Y oyendo esto, el rey Herodes se turbó y toda Jerusalén con él. [4]Y convocando a todos los principales sacerdotes y a los escribas del pueblo, se informó de ellos dónde debía nacer el Cristo. [5]Ellos le dijeron: "En Belén de Judea, porque así está escrito por el profeta: [6]"Y tú Belén de la tierra

---

16. *Esposo de María:* San Ignacio y San Jerónimo explican que fue de suma importancia que Jesús naciera de una mujer que conservando su virginidad, fuese a la vez casada, pues así quedaría velado a los ojos de Satanás el misterio de la Encarnación. *Jesús* (hebreo Yehshua) significa "Yahveh salva" (cf. v. 21). *Cristo* es nombre griego que corresponde al hebreo *Mesías,* cuyo significado es "Ungido". En Israel se consagraban con óleo los Reyes y los Sumos Sacerdotes. Jesucristo es el Ungido por excelencia. por ser el "Rey de los Reyes" (Ap. 19, 16) y el Sumo Sacerdote de la Nueva Alianza (Cf. Hb. 5-10; Sal. 109, 4 y nota).

18. Entre los judíos los *desposorios* o noviazgo equivalían al matrimonio y ya los prometidos se llamaban, esposo y esposa.

19. No habiendo manifestado María a su esposo la aparición del Ángel ni la maravillosa concepción por obra del Espíritu Santo, San José se vio en una situación sin salida, tremenda *prueba* para su fe. Jurídicamente San José habría tenido dos soluciones: 1º acusar a María ante los tribunales, los cuales, según la Ley de Moisés, la habrían condenado a muerte (Lv. 20, 10; Dt. 22, 22. 24; Jn. 8, 2 ss.); 2º darle un "libelo de repudio", es decir, de divorcio, permitido por la Ley para tal caso. Pero, no dudando ni por un instante de la santidad de María, el santo patriarca se decidió a dejarla secretamente para no infamarla, hasta que intervino el cielo aclarándole el misterio. "¡Y qué admirable silencio el de María! Prefiere sufrir la sospecha y la infamia antes que descubrir el misterio de la gracia realizado en ella. Y si el cielo así probó a dos corazones inocentes y santos como el de José y María, ¿por qué nos quejamos de las pruebas que nos envía la Providencia?" (Mons. Ballester). Es la sinceridad de nuestra fe lo que Dios pone a prueba, según lo enseña San Pedro (1 Pe. 1, 7). Véase Sal. 16, 3 y nota.

23. Es una cita del profeta Isaías (7, 14). Con ocho siglos de anticipación Dios anuncia, aunque en forma velada, el asombroso misterio de amor de la *Encarnación* redentora de su Verbo, que estará con nosotros todos los días hasta la consumación del siglo (Mt. 28, 20). Será para las almas en particular y para toda la Iglesia, el "Emmanuel": "Dios con nosotros", por su Eucaristía, su Evangelio y por la voz del Magisterio infalible instituido por Él mismo.

25. *Sin que la conociera,* etc.: Éste es el sentido del texto que dice en el original: "no la conoció hasta que dio a luz". "Hasta" significaba entre los hebreos algo así como "mientras" y expresa, como dice San Jerónimo, únicamente lo que aconteció o no, hasta cierto momento, más no lo que sucedió después. Véase, como ejemplo, Lc. 2,37 y lo mismo 2 Sam. 6, 23: "Mikol no tuvo hijos *hasta* el día de su muerte".

1. *Mago* es el nombre que entre los persas y caldeos se daba a los hombres doctos que cultivaban las ciencias, especialmente la astronomía.

2. El rey recién nacido es a los ojos de los magos un rey universal, tal como lo daban a conocer los divinos oráculos de la Biblia que se habían ido esparciendo por el mundo de entonces (cf. Jr. 23, 5 ss.; 33, 15; Is. capítulos 11, 32, 60; Ez. 37, 23 ss.). Pero no se trata para ellos de un rey como los demás, observa Fillion, "sino del rey ideal, desde tiempo atrás anunciado y prometido por Dios, que había de salvar a su pueblo y a toda la humanidad". Véase la profecía del ángel en Lc. 1, 32; la aclamación del pueblo en Mc. 11, 10; la confesión de Pilato en Jn. 19, 19, etc.

6. Véase Mi. 5, 2; Jn. 7, 42. Belén o *Betlehem,* una ciudad situada a 8kms. al sur de Jerusalén. Una magnífica Basílica recuerda el nacimiento del Salvador. En la gruta, debajo, arden constantemente 32lámparas; y una estrella de plata señala el lugar donde nació nuestro Redentor. Sobre el símbolo Dsan marcose la estrella véase la profecía de Balaam en Nm. 24, 17 y Ap. 22, 16, donde Jesús mismo se da ese nombre (cf. Sal. 109, 3 y nota). En esta edición se ha preferido la lectura Belén, por ser la traducción

de Judá, no eres de ninguna manera la menor entre las principales (*ciudades*) de Judá, porque de ti saldrá el caudillo que apacentará a mi pueblo Israel". [7]Entonces Herodes llamó en secreto a los magos y se informó exactamente de ellos acerca del tiempo en que había aparecido la estrella. [8]Después los envió a Belén diciéndoles: "Id y buscad cuidadosamente al niño; y cuando lo hayáis encontrado, hacédmelo saber, para que también vaya a adorarlo". [9]Con estas palabras del rey, se pusieron en marcha, y he aquí que la estrella, que habían visto en el Oriente, iba delante de ellos, hasta que llegando se detuvo encima del lugar donde estaba el niño. [10]Al ver de nuevo la estrella se llenaron de un gran gozo. [11]Entraron en la casa y vieron al niño con María su madre. Luego, postrándose lo adoraron; después abrieron sus tesoros y le ofrecieron regalos: oro, incienso y mirra . [12]Y avisados en sueños que no volvieran a Herodes, regresaron a su país por otro camino.

Huida a Egipto y degollación de los inocentes.
[13]Luego que partieron, un ángel del Señor se apareció en sueños a José y le dijo: "Levántate, toma contigo al niño y a su madre y huye a Egipto donde permanecerás hasta que yo te avise. Porque Herodes va a buscar al niño para matarlo". [14]Él se levantó, tomó de noche al niño y a su madre y salió para Egipto , [15]y se quedó allí hasta la muerte de Herodes; para que se cumpliera lo que había dicho el Señor por el profeta : "De Egipto llamé a mi hijo". [16]Entonces Herodes, viendo que los magos lo habían burlado, se enfureció en gran manera y ordenó matar a todos los niños de Belén y de todos sus alrededores, de la edad de dos años para abajo, según el tiempo que había averiguado de los magos. [17]Entonces se cumplió la palabra dicha por el profeta Jeremías: [18]"Un clamor se hizo oír en Rama, llanto y gran alarido: es Raquel que llora a sus hijos y no quiere ser consolada, porque ellos perecieron" .

Regreso a Nazaret. [19]Una vez muerto Herodes, un ángel del Señor se apareció en sueños a José en Egipto y le dijo: [20]Levántate, toma contigo al niño y a su madre y regresa a la tierra de Israel, porque han muerto los que buscaban la vida del niño". [21]Él se levantó, tomó consigo al niño y a su madre y entró en tierra de Israel. [22]Pero oyendo que Arquelao reinaba en Judea en el lugar de su padre Herodes, tuvo miedo ir allí; y, advertido en sueños, fuese a la región de Galilea . [23]Y llegado allí se estableció en una ciudad llamada Nazaret , para que se cumpliese la palabra de los profetas: "El será llamado Nazareno".

3 **Predicación del Bautista.** [1]En aquel tiempo apareció Juan el Bautista, predicando en el desierto

---

más popular al castellano en lugar de Betlehem, como tradujo Mons. Straubinger.

11. Como hijos de los gentiles, "reconozcamos en los *magos adoradores* las primicias de nuestra vocación de nuestra fe, y celebremos con corazones dilatados por la alegría los comienzos de esta dichosa esperanza; pues, desde este momento se inicia nuestra entrada en la celestial herencia de los hijos de Dios" (San León Magno). Los dones de los magos son muy significativos: el oro simboliza la realeza; el incienso, la divinidad; la mirra, la humanidad. Se trata, pues, de una pública confesión de la divinidad del Hijo del hombre y de la realeza que había sido anunciada por el ángel (Lc. 1, 32; Sal. 71, 10 s. y notas).

14. Unas ocho o diez jornadas de *camino* a través del desierto separan *Egipto* de Palestina. San José es modelo de la virtud de la obediencia. Sin proferir excusas, tan obvias en tal trance, abandona al instante el país natal y acata en todo la santa voluntad de Dios, que para él había reservado las tareas más penosas. A su obediencia y humildad corresponde su gloria y poder en el cielo. Le corresponde en justicia el título de "Padre virginal de Jesucristo" como lo declaró el Papa San Pío X, indulgenciando la jaculatoria "San José, padre virginal de Jesucristo, ruega por nosotros".

15. Véase Os. 11, 1 y nota explicativa.

18. Con el versículo citado, San Mateo quiere expresar la inmensidad del dolor aludiendo a la tumba de *Raquel,* esposa de Jacob, sepultada en el camino de Jerusalén a Belén (Gn. 35, 19; Jr. 31, 15). *Rama:* localidad situada al Norte de Jerusalén y campo de concentración de los judíos que por Nabucodonosor fueron llevados al cautiverio de Babilonia (587 a. C.). "Raquel se alza de su sepulcro para llorar la partida de sus hijos a Babilonia y para mezclar sus lamentos con los de las madres de los Inocentes". La Iglesia celebra el 28 de diciembre la memoria de éstos como flores del martirio por Cristo.

22. El Patriarca San José es un envidiable prototipo de las almas interiores, habiéndose formado él mismo en la escuela de Jesús y de María. Su vida fue una vida de silencio y trabajo manual. En el taller de Nazaret, este varón justo, como lo llama el Espíritu Santo (Mt. 1, 19), nos da ejemplo de una santa laboriosidad, en unión con el divino Modelo, en cuyo nombre San Pablo nos recomienda a todos sin excepción el trabajo manual (1 Ts. 4, 11).

23. *Nazaret:* pequeña población de Galilea, donde nadie buscaba al Mesías. Véase v. 15; Lc. 1, 26; 2, 39; Jn. 1, 46; 8, 52; *Nazareno,* esto es, Nazareo o consagrado a Dios (Dt. 23, 16 y nota) y también *Pimpollo* (Is. 11, 1; 53, 2).

de Judea, [2]y decía: "Arrepentíos, porque el reino de los cielos está cerca". [3]Este es de quien habló el profeta Isaías cuando dijo : "Voz de uno que clama en el desierto: Preparad el camino del Señor, enderezad sus sendas". [4]Juan tenía un vestido de pelos de camello y un cinto de piel alrededor de su cintura; se alimentaba de langostas y miel silvestre. Entonces salía hacia él Jerusalén y toda la Judea y toda la región del Jordán, [6]y se hacían bautizar por él en el río Jordán, confesando sus pecados. [7]Pero viendo a muchos fariseos y saduceos venir a su bautismo, les dijo: "Raza de víboras, ¿quién os ha enseñado a huir de la cólera que viene? [8]Producid frutos propios del arrepentimiento. [9]Y no creáis que podéis decir dentro de vosotros: "Tenemos por padre a Abraham"; porque yo os digo: "Dios puede hacer que nazcan hijos a Abraham de estas piedras". [10]Ya el hacha está puesta a la raíz de los árboles; y todo árbol que no produce buen fruto será cortado y arrojado al fuego . [11]Yo, por mi parte, os bautizo con agua para el arrepentimiento; más Aquel que viene después de mí es más poderoso que yo, y yo no soy digno de llevar sus sandalias. Él os bautizará con Espíritu Santo y fuego. [12]La pala de aventar está en su mano y va a limpiar su era: reunirá el trigo en el granero y la paja la quemará en fuego que no se apaga".

Bautismo de Jesús. [13]Entonces Jesús fue de Galilea al Jordán para ser bautizado por Juan. [14]Pero Juan quería impedírselo y le decía: "Yo tengo necesidad de ser bautizado por Ti y ¿Tú vienes a mí?" [15]Jesús le respondió y dijo: "Deja ahora, porque así conviene que nosotros cumplamos toda justicia". Entonces (*Juan*) le dejo. [16]Jesús, luego de ser bautizado, salió al punto del agua, y he aquí que se le abrieron los cielos y vio al Espíritu de Dios, en figura de paloma, que descendía y venía sobre Él . [17]Y una voz del cielo decía: "Este es mi Hijo, el Amado, en quien me complazco" .

4 **Jesús es tentado por el diablo.** [1]Por aquel tiempo Jesús fue conducido por el Espíritu al desierto, para que fuese tentado por el diablo . [2]Ayunó cuarenta días y cuarenta noches, después de eso tuvo hambre. [3]Entonces se aproximó el tentador y le dijo: "Si Tú eres el Hijo de Dios, ordena que estas piedras se conviertan en pan" . [4]Mas Él replicó y dijo: "Está escrito: "No sólo de pan vivirá el hombre, sino de toda palabra que sale de la boca de Dios". [5]Entonces lo llevó el diablo a la Ciudad Santa y lo puso sobre el pináculo del

2. *El reino de los cielos,* o sea, el reino de Dios. La condición necesaria para entrar en ese reino es arrepentirse de los pecados y creer al Evangelio (4, 17; Mc. 1, 15), cosas ambas que Jesús resume en la pequeñez, es decir, en la infancia espiritual o la pobreza en espíritu (5, 3; 18, 1-4). Véase v. 10 y nota.

3. Véase Is. 40, 3.

6. Este *bautismo* no era sino una preparación de Israel para recibir al Mesías (Hch. 19, 4 y nota). Tampoco era un sacramento la *confesión* que los pecadores hacían, pero sí una manifestación del dolor interior, un medio eficaz para conseguir la gracia de arrepentimiento, condición del perdón.

10 ss. Aquí y en el v. 12el Bautista señala a Jesús dispuesto a comenzar su reinado de justicia. En 11, 12 ss., el mismo Jesús nos muestra cómo ese reino será en ese entonces impedido por la violencia y cómo, aunque el Bautista vino con la misión de Elías (Mal. 4, 5 y 13), éste habrá de volver un día (17, 11s.) a restaurarlo todo. Fillion hace notar la similitud de este pasaje con Mal. 3, 2s. (véase allí la nota), donde no se trata ya del juicio sobre las naciones como en 25, 32 (cf. Joel 3) sino de un juicio sobre su pueblo. Cf. Sal. 49, 4 ss. y notas.

14. Jesús no necesitaba del bautismo, pero queriendo cumplir *toda justicia* (v. 15), es decir, guardar puntualmente todas las leyes y costumbres de su pueblo, se sometió al bautismo como se había sometido a la circuncisión y demás ritos judíos.

16. En el bautismo de Jesús se manifiesta la Santísima Trinidad: el Padre que habla del cielo, el Hijo que está en forma de hombre arrodillado a la orilla del Jordán, y el Espíritu Santo que se hace visible en forma de paloma. Cf. Lc. 3, 22; Jn. 1, 32 ss. y nota.

17. He aquí la primera revelación del más grande de los misterios: *el infinito amor del Padre al Unigénito,* en el cual reside toda su felicidad sin límites y por el cual, con el cual y en el cual recibe eternamente toda su gloria, como lo expresa el Canon de la Misa. Cf. sobre este amor 12, 18; 17, 5; Is. 42, 1; Jn. 3, 35; 12, 28; 2 Pe. 1, 17.

1. Véase Mc. 1, 2 ss.; Lc. 4, 1 ss.

3 ss. Esta *tentación* se comprende sólo como humillación del Señor, quien, siendo el segundo Adán, quiso expiar así el pecado de los primeros padres. El tentador procura excitar las tres concupiscencias del hombre: la sensualidad por medio del apetito de comer, la soberbia por medio del orgullo presuntuoso, y la concupiscencia de los ojos por medio de los apetitos de riqueza, poder y goce. Se preparó Jesús para la tentación orando y ayunando. He aquí las armas más eficaces para resistir a las tentaciones. Las citas de la Sagrada Escritura corresponden a los siguientes pasajes: v. 4a Dt. 8, 3 y Sb. 16, 26; v. 6, al Sal. 90, 11s.; v. 7, a Dt. 6, 16; v. 10, a Dt. 6, 13.

Templo; [6]y le dijo: "Si Tú eres el Hijo de. Dios, échate abajo, porque está escrito: "Él dará órdenes a sus ángeles acerca de Ti, y te llevarán en sus palmas, para que no se lastime tu pie contra alguna piedra". [7]Le respondió Jesús: "También está escrito: "No tentarás al Señor tu Dios" . [8]De nuevo le llevó el diablo a una montaña muy alta, y le mostró todos los reinos del mundo y su gloria, [9]le dijo: "Yo te daré todo esto si postrándote me adoras". [10]Entonces Jesús le dijo: "Vete, Satanás, porque está escrito: "Adorarás al Señor tu Dios, y a Él sólo servirás". [11]Le dejó entonces el diablo, y he aquí que se acercaron ángeles para servirle.

Inicio de la vida pública. [12]Al escuchar (*Jesús*) que Juan había sido encarcelado, se retiró a Galilea, [13]y dejando Nazaret, fue y habitó en Cafarnaúm junto al mar, en el territorio de Zabulón y de Neftalí, [14]para que se cumpliera lo que había dicho el profeta Isaías: [15]"Tierra de Zabulón y tierra de Neftalí, camino del mar, más allá del Jordán, Galilea de los gentiles; [16]el pueblo asentado en tinieblas, vio una gran luz; y a los asentados en la región y sombra de la muerte, luz les alboreó" .

Los primeros discípulos. [17]Desde entonces Jesús comenzó a predicar y a decir: "Arrepentíos porque el reino de los cielos está cerca". [18]Caminando junto al mar de Galilea vio a dos hermanos, Simón el llamado Pedro y Andrés su hermano, que echaban la red en el mar, pues eran pescadores, [19]y les dijo: "Venid en pos de Mí y os haré pescadores de hombres". [20]Al instante, dejando las redes, le siguieron. [21]Pasando adelante, vio a otros dos hermanos, Santiago hijo de Zebedeo y Juan su hermano, en su barca con Zebedeo su padre, que estaban arreglando sus redes, y los llamó. [22]Ellos al punto, abandonando la barca y a su padre, le siguieron.

Evangelización de Galilea. [23]Y recorría toda la Galilea, enseñando en las sinagogas de ellos , y proclamando la Buena Nueva del reino y sanando toda enfermedad y toda dolencia en el pueblo. [24]Su fama se extendió por toda la Siria, y le traían todos los pacientes afligidos de toda clase de dolencias y sufrimientos, endemoniados, lunáticos , paralíticos, y los sanó. [25]Y le siguieron grandes muchedumbres de Galilea, Decápolis, Jerusalén y Judea, y del otro lado del Jordán.

5 **El sermón de la montaña y las bienaventuranzas.** [1]Al ver estas multitudes, subió a la montaña, y habiéndose sentado, se le acercaron sus discípulos. [2]Entonces, abrió su boca, y se puso a enseñarles así: [3]"Bienaventurados los pobres en el espíritu , porque a ellos pertenece el reino de los cielos.

[4]Bienaventurados los afligidos, porque serán consolados.

[5]Bienaventurados los mansos, porque heredarán la tierra .

[6]Bienaventurados los que tienen hambre y sed de la justicia, porque serán hartados.

[7]Bienaventurados los que tienen misericordia, porque para ellos habrá misericordia.

[8]Bienaventurados los de corazón puro , porque

---

7. "Guárdese el lector de entender que Cristo declara aquí su divinidad, diciendo a Satanás que no lo tiente a Él. Esto habría sido revelar su condición de Hijo de Dios, que el diablo deseaba vanamente averiguar. Venció Jesús al tentador con esta respuesta, enseñándonos que poner a Dios en el caso de tener que hacer un milagro para librarnos de un peligro en que nos hemos colocado temerariamente y sin motivo alguno, es pecado de presunción, o sea tentar a Dios".

10. Por tercera vez es vencido Satanás por el poder de *la Escritura*. San Pedro nos reitera esta doctrina de que, para vencer al diablo, hemos de ser fuertes en la fe (1 Pe. 5, 8) y San Juan nos da igual receta para vencer al mundo, cuyo príncipe es el mismo Satanás (Jn. 14, 30). Sobre el poder de la Palabra divina, véase Lc. 22, 36 y nota; Sal. 118, 1 ss.; Ap. 12, 11.

13. *Cafarnaúm,* hoy Tel Hum, situada en la ribera norte del Lago de Genesaret.

15s. Véase Is. 9, 1s. y nota.

23. En las sinagogas de ellos: cf. Hb. 8, 4 y nota.

24. *Lunáticos* se llamaban los epilépticos y enfermos de similar categoría, porque su enfermedad se atribuía a la influencia de la luna.

3. *Pobres en el espíritu* son, como observa Santo Tomás de Aquino, citando a San Agustín, no solamente los que no se apegan a las riquezas (aunque sean materialmente ricos), sino principalmente los humildes y pequeños que no confían en sus propias fuerzas y que están, como dice San Juan Crisóstomo, en actitud de un mendigo que constantemente implora de Dios la limosna de la gracia. En este sentido dice el Magníficat: "A los hambrientos llenó de bienes y a los ricos dejó vacíos" (Lc. 1, 53).

5. Los mansos tendrán por herencia el reino de los cielos, cuya figura era la *tierra* prometida. Véase Sal. 36, 9; 33, 19 y nota.

8. *Verán a Dios:* "Los limpios de corazón son los que ven a Dios, conocen su voluntad, oyen su voz, interpretan su palabra. Tengamos por cierto que para leer la Santa Biblia, sondear sus

verán a Dios.

[9]Bienaventurados los pacificadores, porque serán llamados hijos de Dios.

[10]Bienaventurados los perseguidos por causa de la justicia, porque a ellos pertenece el reino de los cielos . [11]Dichosos seréis cuando os insultaren, cuando os persiguieren, cuando dijeren mintiendo todo mal contra vosotros, por causa mía. [12]Gozaos y alegraos, porque vuestra recompensa es grande en los cielos, pues así persiguieron a los profetas que fueron antes de vosotros".

La sal de la tierra. [13]"Vosotros sois la sal de la tierra. Más si la sal pierde su sabor, ¿con qué será salada? Para nada vale ya, sino para que, tirada fuera, la pisen los hombres . [14]Vosotros sois la luz del mundo. No puede esconderse una ciudad situada sobre una montaña. [15]Y no se enciende una candela para ponerla debajo del celemín, sino sobre el candelero, y (así) alumbra a todos los que están en la casa. [16]Así brille vuestra luz ante los hombres, de modo tal que, viendo vuestras obras buenas, glorifiquen a vuestro Padre del cielo".

Jesús perfecciona la Ley Antigua. [17]"No vayáis a pensar que he venido a abolir la Ley y los Profetas . Yo no he venido para abolir, sino para dar cumplimiento. [18]En verdad os digo, hasta que pasen el cielo y la tierra, ni una jota , ni un ápice de la Ley pasará, sin que todo se haya cumplido. [19]Por lo tanto, quien quebrantare uno de estos mandamientos, (aun) los mínimos, y enseñare así a los hombres, será llamado el mínimo en el reino de los cielos; más quien los observare y los enseñare, este será llamado grande en el reino de los cielos. [20]Os digo, pues, que si vuestra justicia no fuere mayor que la de los escribas y fariseos, no entraréis en el reino de los cielos". [21]"Oísteis que fue dicho a los antepasados: «No matarás»; el que matare será reo de condenación". [22]Mas Yo os digo: "Todo aquel que se encoleriza contra su hermano, merece la condenación; quien dice a su hermano «racá» merece el sanedrín; quien le dice «necio» merece la gehena del fuego . [23]Si estás presentando tu ofrenda sobre el altar, y allí te acuerdas de que tu hermano tiene algo que reprocharte, [24]deja allí tu ofrenda delante del altar y ve primero a reconciliarte con tu hermano, y entonces ven y presenta tu ofrenda . [25]Ponte en paz, sin tardar, con tu adversario mientras vas con él por el camino, no sea que él te entregue al juez y el juez al alguacil; y te pongan en la cárcel. [26]En verdad te digo, que no saldrás de allí sin que hayas pagado hasta el último centavo". [27]"Oísteis que fue dicho: «No cometerás adulterio» . [28]Mas Yo os digo: "Quienquiera mire a una mujer codiciándola, ya cometió con ella adulterio en su corazón . [29]Si tu

---

abismos y aclarar la oscuridad de sus misterios poco valen las letras y ciencias profanas, y mucho la caridad y el amor de Dios y del prójimo" (San Agustín).

10. Cf. Sal. 16 y sus notas.

13 ss. En las dos figuras de la *sal* y de la *luz,* nos inculca el Señor el deber de preservarnos de la corrupción y dar buen ejemplo.

16. *Así brille:* alguien señalaba la dulzura que esconden estas palabras si las miramos como un voto amistoso para que nuestro apostolado dé fruto iluminando a todos (cf. Jn. 15, 16), para gloria del Padre (Jn. 15, 8). Y si es un voto de Jesús ya podemos darlo por realizado con sólo adherirnos a él, deseando que toda la gloria sea para el Padre y nada para nosotros ni para hombre alguno.

17. San Pablo enseña expresamente que Jesús aceptó la circuncisión para mostrar la veracidad de Dios confirmando las promesas que Él había hecho a los patriarcas (Rm. 15, 8). Es lo que dice María en Lc. 1, 54s.

18. La *jota* (yod) es en el alefato hebreo la letra más pequeña. Este anuncio lo había hecho ya Moisés a Israel, diciéndole que un día había de cumplir "todos los mandamientos que hoy te intimo" (Dt. 30, 8). Lo mismo se había prometido en Jr. 31, 33; Ez. 36, 27, etc., y sin embargo Jesús había dicho a los judíos que ninguno de ellos cumplía la Ley (Jn. 7, 19). El Redentor quiere así enseñarles que tales promesas sólo llegarán a cumplirse con Él. Cf. Ez. 44, 5 y nota.

22. Se trata aquí de fórmulas abreviadas de maldición. Se pronunciaba una sola palabra, más el oyente bien sabía lo que era de completar. Tomado por sí solo, *racá* significa *estúpido* y necio en las cosas que se refieren a la religión y al culto de Dios. *Necio* es más injurioso que "racá", porque equivale a impío, inmoral, ateo, en extremo *perverso*. El *concilio,* esto es, el Sanedrín o supremo tribunal del pueblo judío, constaba de 71 jueces y era presidido por el Sumo Sacerdote. Representaba la suprema autoridad doctrinal, judicial y administrativa. *Gehena* es nombre del infierno. Trae su origen del valle Ge Hinnom, al sur de Jerusalén, donde estaba la estatua de Moloc, lugar de idolatría y abominación (2Re. 23, 10).

24. "La misericordia del Padre es tal, que atiende más a nuestro provecho que al honor del culto" (San Juan Crisóstomo).

27. Véase Ex. 20, 14; Dt. 5, 10.

28. Es muy importante distinguir entre la inclinación y la voluntad. No hemos de sorprendernos de sentir el mal deseo ni tener escrúpulo de él, porque esto es lo normal; pecado sería consentir en lo que sentimos. Dios saca de él ocasión de mérito grandísimo cuando lo confesamos con plena desconfianza de

ojo derecho te hace tropezar, arráncatelo y arrójalo lejos de ti; más te vale que se pierda uno de tus miembros y no que sea echado todo tu cuerpo en la gehena. [30]Y si tu mano derecha te es ocasión de tropiezo, córtala y arrójala lejos de ti; más te vale que se pierda uno de tus miembros y no que sea echado todo tu cuerpo en la gehena". [31]"También ha sido dicho: «Si alguno repudia a su mujer, que le dé un acta de repudio». [32]Mas Yo os digo: "Quienquiera repudie a su mujer, si no es por causa de fornicación, se hace causa de que se cometa adulterio con ella; y el que toma a una mujer repudiada comete adulterio" . [33]"Oísteis también que fue dicho a los antepasados: «No perjurarás, sino que cumplirás al Señor lo que has jurado». [34]Mas Yo os digo que no juréis de ningún modo : ni por el cielo, porque es el trono de Dios; [35]ni por la tierra, porque es el escabel de sus pies; ni por Jerusalén, porque es la ciudad del gran Rey. [36]Ni

jures tampoco por tu cabeza, porque eres incapaz de hacer blanco o negro uno solo de tus cabellos. [37]Diréis (*solamente*): Sí, sí; No, no. Todo lo que excede a esto, viene del Maligno". [38]"Oísteis que fue dicho: «Ojo por ojo y diente por diente» . [39]Más Yo os digo: no resistir al que es malo; antes bien, si alguien te abofeteare en la mejilla derecha, preséntale también la otra. [40]Y si alguno te quiere citar ante el juez para quitarte la túnica , dale también tu manto. [41]Y si alguno te quiere llevar por fuerza una milla, ve con él dos. [42]Da a quien te pide , y no vuelvas la espalda a quien quiera tomar prestado de ti". [43]"Oísteis que fue dicho: «Amarás a tu prójimo, y odiarás a tu enemigo» . [44]Mas Yo os digo: "Amad a vuestros enemigos, y rogad por los que os persiguen , [45]a fin de que seáis hijos de vuestro Padre celestial, que hace levantar su sol sobre malos y buenos, y descender su lluvia sobre justos e injustos. [46]Porque si amáis a los que os

---

nosotros mismos, y entonces nos da la fuerza para despreciarlo. Por eso Santiago (1, 12) llama bienaventuranza la tentación en el hombre recto.

29s. Véase Lc. 24, 19s. Por *ojo derecho* y por *mano derecha* entiende Jesucristo cualquier cosa que nos sea tan preciosa como los miembros más necesarios de nuestro cuerpo.

31s. Véase Dt. 24, 1. Jesús suprime aquí el *divorcio* que estaba tolerado por Moisés, y proclama la indisolubilidad del matrimonio. *Si no es por causa de fornicación:* no quiere decir que en el caso de adulterio de la mujer, el marido tenga el derecho de casarse con otra, sino solamente de apartar la adúltera. El vínculo del matrimonio subsiste hasta la muerte de uno de los dos contrayentes (19, 6; Mc. 10, 11; Lc. 16, 18; Rm. 7, 2; 1Co. 7, 10s. y 39).

34 ss. Véase Lv. 19, 12; Nm. 30, 3; Dt. 23, 21 ss. No se prohíbe el *juramento,* sino el abuso de este acto solemne y santo.

38. En referencia a la Ley del Talión. Véase Dt. 19, 21; Lv. 24, 20 y Ex. 21, 24con su nota explicativa.

40. Véase Mi. 2, 8 ss.

42. *Da a quien te pide:* "No digáis –observa un maestro de vida espiritual–: gasto mis bienes. Estos bienes no son vuestros, son bienes de los pobres, o más bien, son bienes comunes, como el sol, el aire y todas las cosas" (Dt. 15, 8; Eclo. 12, 1s. y notas).

43. *Odiarás a tu enemigo:* Importa mucho aclarar que esto jamás fue precepto de Moisés, sino deducción teológica de los rabinos que "a causa de sus tradiciones habían quebrantado los mandamientos de Dios" (15, 9 ss.; Mc. 7, 7 ss.) y a quienes Jesús recuerda la misericordia con palabras del Antiguo Testamento (9, 3; 12, 7). El mismo Jesús nos enseña que Yahvéh –el gran "Yo soy"– cuya voluntad se expresa en el Antiguo Testamento, es su Padre (Jn. 8, 54) y no ciertamente menos santo que Él, puesto que todo lo que Él tiene lo recibe del Padre (11, 27), al cual nos da precisamente por Modelo de la caridad evangélica, revelándonos que en la misericordia está la suma perfección del Padre (5, 48 y

Lc. 6,35). Esta misericordia abunda en cada página del Antiguo Testamento. y se le prescribe a Israel, no sólo para con el prójimo (Ex. 20, 16; 22, 26; Lv. 19, 18; Dt. 15, 12; 27, 17; Pr. 3, 28, etc.), sino también con el extranjero (Ex. 22, 21; 23, 9; Lv. 19, 33; Dt. 1, 16; 10, 18; 23, 7; 24, 14; Mal. 3, 5, etc.). Véase la doctrina de David en Sal. 57, 5 y nota. Lo que hay es que Israel era un pueblo privilegiado, cosa que hoy nos cuesta imaginar, y los extranjeros estaban naturalmente excluidos de su comunidad mientras no se circuncidaban (Ex. 12, 43; Lv. 22, 10; Nm. 1, 51; Ez. 44, 9), y no podían llegar a ser sacerdote, ni rey (Nm. 18, 7; Dt. 17, 15), ni casarse con los hijos de Israel (Ex. 34, 16; Dt. 7, 3; 25, 5; Esd. 10, 2; Ne. 13, 27). Todo esto era ordenado por el mismo Dios para preservar de la idolatría y mantener los privilegios del pueblo escogido y teocrático (cf. Dt. 23, 1 ss.), lo cual desaparecería desde que Jesús aboliere la teocracia, separando lo del César y lo de Dios. Los extranjeros residentes eran asimilados a los israelitas en cuanto a su sujeción a las leyes (Lv. 17, 10; 24, 16; Nm. 19, 10; 35, 15; Dt. 31, 12; Jos. 8, 33); pero a los pueblos perversos como los amalecitas (Ex. 17, 14; Dt. 25, 19), Dios mandaba destruirlos por ser enemigos del pueblo Suyo (cf. Sal. 104, 14 ss. y nota). ¡Ay de nosotros si pensamos mal de Dios (Sb. 1, 1) y nos atrevemos a juzgarlo en su libertad soberana! (cf. Sal. 147, 9 y nota). Aspiremos a la bienaventuranza de no escandalizarnos del Hijo (11, 6 y nota) ni del Padre (Jc. 1, 28; 3, 22; 1 Sam. 15, 2 ss.). "Cuidado con querer ser más bueno que Dios y tener tanta caridad con los hombres, que condenemos a Aquel que entregó su Hijo por nosotros".

44s. Como se ve, el *perdón y el amor a los enemigos* es la nota característica, del cristianismo. Da a la caridad fraterna su verdadera fisonomía, que es la misericordia, la cual, como lo confirmó Jesús en su Mandamiento Nuevo (Jn. 13, 34 y 15, 12), consiste en la imitación de su amor misericordioso. El cristiano, nacido de Dios por la fe, se hace coheredero de Cristo por la caridad (Lv. 19, 18; Lc. 6, 27; 23, 34; Hch. 7, 59; Rm. 12, 20).

aman, ¿qué recompensa tendréis? ¿Los mismos publicanos no hacen otro tanto? [47]Y si no saludáis más que a vuestros hermanos, ¿qué hacéis vosotros de particular? ¿No hacen otro tanto los gentiles? [48]Sed, pues, vosotros perfectos como vuestro Padre celestial es perfecto".

6 La recta intención.

[1]"Cuidad de no practicar vuestra justicia a la vista de los hombres con el objeto de ser mirados por ellos; de otra manera no tendréis recompensa de vuestro Padre celestial. [2]Cuando hagas limosna, no toques la trompeta delante de ti, como hacen los hipócritas en las sinagogas y en las calles, para ser glorificados por los hombres; en verdad os digo, ya tienen su paga. [3]Tú, al contrario, cuando hagas limosna, que tu mano izquierda no sepa lo que hace tu mano derecha , [4]para que tu limosna quede oculta, y tu Padre, que ve en lo secreto, te lo pagará".

El Padrenuestro. [5]"Cuando oréis, no seáis como los hipócritas, que gustan orar de pie en las sinagogas y en las esquinas de las calles, para ser vistos de los hombres; en verdad os digo, ya tienen su paga. [6]Tú, al contrario, cuando quieras orar entra en tu aposento, corre el cerrojo de la puerta, y ora a tu Padre que está en lo secreto, y tu Padre, que ve en lo secreto, te lo pagara . [7]Y cuando oráis, no abundéis en palabras, como los paganos, que se figuran que por mucho hablar serán oídos. [8]Por lo tanto, no los imitéis, porque vuestro Padre sabe qué cosas necesitáis , antes de que vosotros le pidáis. [9]Así oraréis vosotros:

Padre nuestro que estás en los cielos, santificado sea tu nombre ;

[10]venga tu reino ; hágase tu voluntad en la tierra como en el cielo.

[11]Danos hoy nuestro pan supersubstancial ;

[12]y perdónanos nuestras deudas, como también

---

48. Debe notarse que este pasaje se complementa con el de Lc. 6, 36. Aquí Jesús nos ofrece como modelo de perfección al Padre Celestial, que es bueno también con los que obran como enemigos suyos, y allí se aclara y confirma que, en el concepto de Jesús, esa perfección que hemos de imitar en el divino Padre, consiste en la *misericordia* (Ef. 2, 4; 4, 32; Col. 3, 13). Y ¿por qué no dice aquí imitar al Hijo? Porque el Hijo como hombre es constante imitador del Padre, como nos repite tantas veces Jesús (Jn., 5, 19s. y 30; 12, 44s. y 49; etc.), y adora al Padre, a quien todo lo debe. Sólo el Padre no debe a nadie, porque todo y todos proceden de Él (Jn. 14, 28 y nota).

2. *No toques la bocina:* Contraste con Nm. 10, 10. El Padre Celestial no necesita ya de esta advertencia, según vemos en el v. 4.

3. *Tu izquierda*, es decir que no hemos de huir tan sólo de la ostentación ante los demás, sino también de la propia complacencia que mostraba el fariseo del templo (Lc. 18, 11s.).

6s. Dios, que quiere ser adorado en espíritu y en verdad (Jn. 4, 23), nos muestra aquí, por boca de su Hijo y Enviado, que el valor de la oración estriba esencialmente en la *disposición del corazón* más que en las manifestaciones exteriores. Cf. 15, 8; Is. 1, 11 y nota.

8. *Lo sabe ya el Padre:* Es ésta una inmensa luz para la oración ¡Cuán fácil y confiado no ha de volverse nuestro ruego, si creemos que Él ya lo sabe, y que todo lo puede, y que quiere atendernos pues su amor está siempre vuelto hacia nosotros! (Cant. 7, 10), y esto aunque hayamos sido malos, según acabamos de verlo (5, 45-48). Es más aún: Jesús no tardará en revelarnos que el Padre nos lo dará todo por añadidura (v. 32-34) si buscamos su gloria como verdaderos hijos.

9 ss. El *Padre Nuestro* es la oración modelo por ser la más sencilla fórmula para honrar a Dios y entrar en el plan divino, pidiéndole lo que Él quiere que pidamos, que es siempre lo que más

nos conviene. Véase Lc. 11, 2. Orar así es, colocarse en estado de la más alta santidad y unión con el Padre, pues no podríamos pensar ni desear ni pedir nada más perfecto que lo dicho por Jesús. Claro está que todo se pierde si la intención del corazón –que exige atención de la mente– no acompaña a los labios. Véase 15, 8. *Santificado, etc.:* toda la devoción al Padre –que fue la gran devoción de Jesús en la tierra y sigue siéndolo en el cielo donde Él ora constantemente al Padre (Hb. 7, 25) –está en este anhelo de que el honor, la gratitud y la alabanza sean para ese divino Padre que nos dio su Hijo. Tu *Nombre*: en el Antiguo Testamento: Yahvéh; en el Nuevo Testamento: Padre. Véase Jn. 17, 6; cf. Ex. 3, 14; Lc. 1, 49.

10. No se trata como se ve, del Cielo adonde iremos, sino del *Reino de Dios sobre la tierra,* de modo que en ella sea obedecida plenamente la amorosa voluntad del Padre, tal como se la hace en el Cielo. ¿Cómo se cumplirá tan hermoso ideal? Jesús parece darnos la respuesta en la Parábola de la Cizaña (13, 24-30 y 36-43). Véase 24, 3-13; Lc. 18, 8; 2 Ts. 2, 3 ss.

11. *Supersubstancial*, esto es, sobrenatural. Así traducen San Cirilo y San Jerónimo. Sin embargo, hay muchos expositores antiguos y modernos que vierten: "cotidiano", o de "nuestra subsistencia", lo que a nuestro parecer no se compagina bien con el tenor de la Oración del Señor, que es todo sobrenatural. Este modo de pedir lo espiritual antes de lo temporal coincide con la enseñanza final del Sermón (v. 33), según la cual hemos de buscar ante todo el reino de Dios, porque todo lo demás se nos da "por añadidura", es decir, sin necesidad de pedirlo.

12. *Perdonamos:* esto es declaramos estar perdonando desde este momento. No quiere decir que Dios nos perdone según nosotros solemos perdonar ordinariamente, pues entonces poco podríamos esperar por nuestra parte. El sentido es, pues: perdónanos como perdonemos, según se ve en el v. 14.

nosotros perdonamos a nuestros deudores;

[13]y no nos introduzcas en tentación, antes bien líbranos del Maligno .

[14]Si, pues, vosotros perdonáis a los hombres sus ofensas, vuestro Padre celestial os perdonará también ; [15]pero si vosotros no perdonáis a los hombres, tampoco vuestro Padre perdonará vuestros pecados".

El ayuno. [16]"Cuando ayunéis , no pongáis cara triste, como los hipócritas, que fingen un rostro escuálido para que las gentes noten que ellos ayunan; en verdad, os digo, ya tienen su paga. [17]Mas tú, cuando ayunes, perfuma tu cabeza y lava tu rostro, [18]a fin de que tu ayuno sea visto, no de las gentes, sino de tu Padre, que está en lo secreto; y tu Padre, que ve en lo secreto, te lo pagará".

Las verdaderas riquezas. [19]"No os amontonéis tesoros en la tierra, donde polilla y herrumbre (*los*)

destruyen, y donde los ladrones horadan los muros y roban. [20]En cambio amontonad tesoros en el cielo, donde ni la polilla ni la herrumbre destruyen, y donde ladrones no horadan ni roban. [21]Porque allí donde está tu tesoro, allí también estará tu corazón" . [22]"La lámpara del cuerpo es el ojo: Si tu ojo está sencillo, todo tu cuerpo gozará de la luz ; [23]pero si tu ojo está inservible, todo tu cuerpo estará en tinieblas. Luego, si la luz que hay en ti es tiniebla, ¿las tinieblas mismas, cuán grandes serán?".[24]"Nadie puede servir a dos señores; porque odiará al uno y amará al otro; o se adherirá al uno y despreciará al otro. Vosotros no podéis servir a Dios y a Mammón" .

Confianza en la providencia. [25]"Por esto os digo: no os preocupéis por vuestra vida: qué comeréis o qué beberéis; ni por vuestro cuerpo, con qué lo vestiréis . ¿No vale más la vida que el

---

13. Aquí como en 5, 37, la expresión griega "Apó tu ponerú", semejante a la latina "a malo" y a la hebrea "min hará", parece referirse, como lo indica Joüon, antes que al mal en general al Maligno, o sea a Satanás, de quien viene la tentación mencionada en el mismo versículo. La peor tentación sería precisamente la de no perdonar, que San Agustín llama horrenda, porque ella nos impediría ser perdonados, según vimos en el v. 12 y la confirman el 14 y el 15. Véase 18, 35; Mc. 11, 25; Jn. 17, 15. *Tentación* (en griego *peirasmós,* de *peira,* prueba o experiencia) puede traducirse también por *prueba.* Con lo cual queda claro el sentido: no nos pongas a prueba, porque desconfiamos de nosotros mismos y somos muy capaces de traicionarte. Este es el lenguaje de la verdadera humildad, lo opuesto a la presunción de Pedro. Véase Lc. 22, 33 (cf. Martini). Esto no quita que Él pruebe nuestra fe (1 Pe. 1, 7) cuando así nos convenga (St. 1, 12) y en tal caso "fiel es Dios que no permitirá que seáis tentados más allá de vuestras fuerzas" (1Co. 10, 13).

14. ¡Es, pues, enorme la promesa que Jesús pone aquí en nuestras manos! ¡Imaginemos a un juez de la tierra que dijese otro tanto! Pero ¡ay! si no perdonamos, porque entonces nosotros mismos nos condenamos en esta oración (cf. 5, 43-48). Es decir, que si rezaran bien un solo Padrenuestro los que hacen las guerras, éstas serían imposibles. ¡Y aun se dice que estamos en la civilización cristiana!

16. El *ayuno* no era, como hoy, parcial, sino que consistía en la abstinencia total de *todas las comidas* y *bebidas* durante el día. Era, pues, una verdadera privación, una auténtica señal de penitencia, que practicaban también los primeros cristianos, principalmente el viernes de cada semana, por ser el día en que "el Esposo nos fue quitado" (9, 15).

21. Jesús nos da aquí una piedra de toque para discernir en materia de *espiritualidad* propia y ajena. El que estima algo como un tesoro, no necesita que lo fuercen a buscarlo. Por eso San Pablo nos quiere llevar por sobre todo al conocimiento de Cristo (Ef. 4,

19). Una vez puesto el corazón en Él, es seguro que el mundo ya no podrá seducirnos. Véase 13, 44 ss.

22. Estas palabras se refieren a la *recta intención* o simplicidad del corazón, tan fundamental según toda la Escritura. "Dios, dice San Bernardo, no mira lo que hacéis, sino con qué voluntad lo hacéis". Véase Sb. 1, 1 ss. y nota. Cf. Lc. 11, 34 y nota.

24. Para poder entender el sentido literal, en el cual se encierra la profunda enseñanza espiritual de este texto, necesitamos ver detenidamente qué entiende Jesús por el *uno* y *el otro.* El primero es Dios, y el otro es Mammón, nombre que significa la personificación de las riquezas. De esto resulta que el que ama *las riquezas,* poniendo en ellas su corazón, llega sencillamente a odiar a Dios. Terrible verdad, que no será menos real por el hecho de que no tengamos conciencia de ese odio. Y aunque parezca esto algo tan monstruoso, es bien fácil de comprender si pensamos que en tal caso la imagen de Dios se nos representará día tras día como la del peor enemigo de esa presunta felicidad en que tenemos puesto el corazón; por lo cual no es nada sorprendente que lleguemos a odiarlo en el fondo del corazón, aunque por fuera tratemos de cumplir algunas obras, vacías de amor, por miedo de incurrir en el castigo del Omnipotente. En cambio, *el segundo caso* nos muestra que si nos adherimos a Dios, esto es, si ponemos nuestro corazón en Él, mirándolo como un bien deseable y no como una pesada obligación, entonces sentiremos hacia el mundo y sus riquezas, no ya odio, pero sí *desprecio,* como quien posee oro y desdeña el cobre que se le ofrece en cambio. Santo Tomás sintetiza esta doctrina diciendo que el primer fruto del Evangelio es el crecimiento en la fe, o sea en el conocimiento de los atractivos de Dios; y el segundo, consecuencia del anterior, será el desprecio del mundo, tal como lo promete Jesús en este versículo.

25. Quiere decir: si lo que vale más (la vida y el cuerpo) me ha sido dado gratis y sin que yo lo pidiese, ¿cómo no ha de dárseme lo que vale menos, esto es el *alimento* para esa vida y el *vestido* para ese cuerpo? Es el mismo argumento que usa San Pablo en el

alimento? ¿Y el cuerpo más que el vestido? [26]Mirad las aves del cielo, que no siembran ni siegan, ni juntan en graneros; y vuestro Padre celestial las alimenta . ¿No valéis vosotros mucho más que ellas? [27]¿Y quién de vosotros puede, por mucho que se afane, añadir un codo a su estatura ? [28]y por el vestido, ¿por qué preocuparres? Aprended de los lirios del campo: cómo crecen; no trabajan, ni hilan, [29]más Yo os digo, que ni Salomón, en toda su magnificencia, se vistió como uno de ellos . [30]Si, pues, la hierba del campo, que hoy aparece y mañana es echada al horno, Dios así la engalana ¿no (*hará Él*) mucho más a vosotros, hombres de poca fe? [31]No os preocupéis, por consiguiente, diciendo: "¿Que tendremos para comer ? ¿Qué tendremos para beber? ¿Qué tendremos para vestirnos?" [32]Porque todas estas cosas las codician los paganos. Vuestro Padre celestial ya sabe que tenéis necesidad de todo eso. [33]Buscad, pues, primero el reino de Dios y su justicia, y todo eso se os dará por añadidura . [34]Nos os preocupéis, entonces, del mañana. El mañana se preocupará de sí mismo. A cada día le basta su propia pena ".

7 No Juzgar.
[1]"No juzguéis , para que no seáis juzgados. [2]Porque el juicio que vosotros hacéis, se aplicará a vosotros , y la medida que usáis, se usará para vosotros. [3]¿Por qué ves la pajuela que está en el ojo de tu hermano, y no reparas en la viga que

---

orden espiritual: Dios que no perdonó a su propio Hijo y lo entregó por nosotros ¿cómo no habría de darnos con ti todos los bienes? (Rm. 8, 32).

26. Véase un argumento análogo en Is. 40, 25-31, donde el divino Padre se queja de que se le mire como malo e indiferente ante nuestras necesidades.

27. *A su estatura:* otros traducen: a su *vida*. Continuando el divino Maestro con su maravillosa dialéctica, nos presenta aquí la cuestión bajo un nuevo aspecto: No sólo es cierto que el Padre Celestial es quien nos lo da todo gratuitamente, y que en Él hemos de confiar con más razón que los despreocupados pajarillos, sino también que, aun cuando pretendamos alardear de suficiencia y poner gran esfuerzo en nuestras iniciativas, seremos del todo impotentes si Él no obra, pues que nada podemos ni aún en aquello que nos parece más nuestro, como es la propia vida y la propia estatura. Véase Sal. 126 y notas.

29. *Como uno de ellos.* Notemos que aquí nos da el Señor, de paso, una lección fundamental de estética, e inculca el amor a la naturaleza al mostrarnos la superioridad de las bellezas que su Padre nos dio, sobre todas las que puede elaborar el hombre; y así los pintores clásicos estudiaban la ciencia del colorido en flores y plumajes de aves. Todos habremos observado que, cuando estamos bien de salud y con el organismo descongestionado, nuestros ojos descubren esplendores nuevos en la luz y el color. Pensemos, pues, qué bellezas no vería en ellos la Humanidad santísima de Jesús, el ideal del hombre perfecto en todo sentido.

31. En Jn. 6, 27, nos muestra Jesús cuál es el alimento porque hemos de preocuparnos.

32. *Vuestro Padre sabe.* Véase vers. 8 y nota.

33. Todo el orden económico del cristianismo está resumido en esta solemne promesa de Jesús. Su conocimiento y aceptación bastaría para dar solución satisfactoria a todos los problemas sociales. La justicia, según la Sagrada Escritura, no ha de entenderse en el sentido jurídico de dar a cada uno lo suyo, sino en el de la justificación que viene de Dios (Rm. 3, 25s.; 10, 3 ss. y 30 ss.; Flp. 3, 9), y de la santidad, que consiste en el cumplimiento de la divina Ley. Véase Sal. 4, 6 y nota; Hb. 13, 5. Cf. Lc. 18, 9 ss. y nota.

34. *A cada día le basta su propia pena:* Suavísima revelación que solemos mirar como un molesto freno a nuestros impulsos de dominar el futuro, cuando debiera al contrario llenarnos de alegría. Porque si el Amo para el cual se destinan todos nuestros trabajos y el Dueño de nuestra vida nos dice que de este modo le gusta más ¿por qué hemos de empeñarnos en obrar de otro modo más difícil? Pensemos cuán grande tendría que ser la maldad de quien así nos habla si sus promesas no fueran seguras. ¡Porque ello significaría privarnos de la prudencia humana, para que luego nos quedásemos sin una cosa ni otra! ¿Es esto compatible con la compasión y riqueza de bondad que vemos derrochar a cada paso de la vida de Jesús? Sobre esta *suavidad* de Dios que nos presenta la sabiduría como una serenidad inquebrantable y muy superior a la *sofrosyne* de los griegos porque cuenta con la infalible intervención de una Providencia paternal, véase Sal. 36, 4 ss.; 111, 7; Jn. 14, 1 y 27, etc.

1. Se prohíbe el *juicio temerario.* San Agustín observa al respecto: "Juzguemos de lo que está de manifiesto, pero dejemos a Dios el juicio sobre las cosas ocultas" (Lc. 6, 37; Rm. 2, 1). Hay en este sentido una distinción fundamental entre el juicio del prójimo que nos está absolutamente prohibido, y el juicio en materia de espíritu que nos es recomendado por San Juan, San Pablo y el mismo Señor (7, 15; 1 Jn. 4, 1; 1 Ts. 5, 21; Hch. 17, 11; 1Co. 2, 15).

2. Es la regla del Padre Nuestro (6, 12 ss.). Importa mucho comprender que Cristo, al pagar por pura misericordia lo que no debía en justicia (Sal. 68, 5 y nota), hizo de la *misericordia* su ley fundamental y la condición indispensable para poder aprovechar del don gratuito que la Redención significa; esa Redención, sin la cual todos estamos irremisiblemente perdidos para siempre. Se deduce de aquí, con carácter rigurosamente jurídico, una gravísima consecuencia, y es que Dios tratará sin misericordia a aquellos que se hayan creído con derecho a exigir del prójimo la estricta justicia. Bastará que el divino Juez les aplique la misma ley de justicia sin misericordia, para que todos queden condenados, ya que "nadie puede aparecer justo en su presencia" (Sal. 142, 2). Véase la "regla de oro" (v. 12) y la Parábola del siervo deudor (18, 21 ss.). San Marcos (4, 24) añade a este respecto una nueva prueba de la generosidad de Dios.

está en tu ojo? [4]¿O cómo puedes decir a tu hermano: "Déjame quitar la pajuela de tu ojo", mientras hay una viga en el tuyo? [5]Hipócrita, quita primero la viga de tu ojo, y entonces verás bien para sacar la pajuela del ojo de tu hermano". [6]"No deis a los perros lo que es santo y no echéis vuestras perlas ante los puercos, no sea que las pisoteen con sus pies, y después, volviéndose, os despedacen".

El poder de la oración. [7]"Pedid y se os dará; buscad y encontraréis; tocad y se os abrirá. [8]Porque todo el que pide recibe; y el que busca encuentra; y al que golpea, se le abre. [9]¿O hay acaso entre vosotros algún hombre que al hijo que le pide pan, le dé una piedra; [10]O si le pide un pescado, le dé una serpiente? [11]Si vosotros, que sois malos, sabéis dar cosas buenas a vuestros hijos, ¡cuánto más vuestro Padre celestial dará cosas buenas a los que le pidan! [12]Así que, todo cuanto queréis que los hombres os hagan, hacedlo también vosotros a ellos; ésta es la Ley y los Profetas".

Los dos caminos. [13]"Entrad por la puerta angosta, porque ancha es la puerta y espacioso el camino que lleva a la perdición y muchos son los que entran por él. [14]Porque angosta es la puerta y estrecho el camino que lleva a la vida, y pocos son los que lo encuentran".

Sobre los falsos profetas. [15]"Guardaos de los falsos profetas, los cuales vienen a vosotros disfrazados de ovejas, más por dentro son lobos rapaces. [16]Los conoceréis por sus frutos. ¿Acaso se recogen uvas de los espinos o higos de los abrojos? [17]Asimismo todo árbol bueno da frutos sanos, y todo árbol malo da frutos malos. [18]Un árbol bueno no puede llevar frutos malos, ni un árbol malo frutos buenos. [19]Todo árbol que no produce buen fruto, es cortado y echado al fuego. [20]De modo que por sus frutos los conoceréis". [21]"No todo el que me dice: "Señor, Señor", entrará en el reino de los cielos, sino el que hace la voluntad de mi Padre celestial. [22]Muchos me dirán en aquel día: "Señor, Señor, ¿no profetizamos en tu nombre, y en tu nombre lanzamos demonios, y en tu nombre hicimos cantidad de prodigios?" [23]Entonces les declararé: "Jamás os conocí. ¡Alejaos de Mí, obradores de iniquidad!".

Necesidad de practicar el Evangelio. [24]Así pues, todo el que escucha estas palabras mías y las pone en práctica, se asemejará a un hombre sensato que ha edificado su casa sobre la roca: [25]Las lluvias

---

3 ss. Véase en la nota a Lc. 6, 42 el hondo sentido de este pasaje.

6. El *Evangelio* es semilla. No debe darse por la fuerza a quienes tienen el espíritu mal dispuesto por la soberbia, pues sólo conseguiríamos que lo profanasen y aumentasen su odio. Porque, como dice San Juan de la Cruz, sólo a los que negando los apetitos se disponen para recibir el espíritu, les es dado apacentarse del mismo. Véase Pr. 29, 9 y nota. *Os despedacen:* Véase Hch. 7, 54 y nota.

7s. Sobre estas inefables promesas en favor de la *oración,* que Jesús hace tan reiteradamente, y que nosotros miramos con tan poca fe, véase 21, 22; Mc. 11, 24; Lc. 11, 9; Jn. 14, 13; St. 1, 6 y 4, 3, etc.

11. *A los que le pidan:* es decir que, no obstante saber bien el Padre cuanto necesitamos (6, 32), se goza en recibir el pedido de sus hijos. Dará *cosas buenas:* véase Lc. 11, 13.

12. Es la *regla de oro* que Jesús nos ofrece para guía de nuestra conducta. Nótese su carácter positivo, en tanto que el Antiguo Testamento la presentaba en forma negativa (Tb. 4, 16; Lc. 6, 31; Hch. 15, 29).

14. Por el *camino estrecho* no pueden pasar sino los pequeños. Es éste un nuevo llamado a la humildad y al amor, el cual nos hace cumplir los mandamientos. Véase Lc. 13, 24 y nota.

15. Jesús, como buen Pastor (Jn. 10, 1-29), nos previene aquí bondadosamente contra los lobos robadores, cuya peligrosidad estriba principalmente en que no se presentan como antirreligiosos,

sino al contrario "con piel de oveja", es decir, "con apariencia de piedad" (2 Tm. 3, 5) y disfrazados de servidores de Cristo (2Co. 11, 12 ss.). Cf. Lc. 6, 26; 20, 45; Jn. 5, 43; 7, 18; 21, 15; Hch. 20, 29; 1 Jn. 2, 19; Rm. 15, 17s., etc. Para ello nos habilita a fin de reconocerlos, pues sin ello no podríamos aprovechar de su advertencia. Cf. Jn. 7, 17; 10, 4, 8 y 14.

21. Entendamos bien lo que significa *hacer su voluntad.* Si buscamos, por ejemplo, que un hombre no le robe a otro, para que la sociedad ande bien, y no para que se cumpla la voluntad de Dios, no podemos decir que nuestra actitud es cristiana. Ese descuido de la fe sobrenatural nos muestra que hay una manera atea de cumplir los mandamientos sin rendir a Dios el homenaje de reconocimiento y obediencia, que es lo que Él exige. ¡Cuántas veces los hombres que el mundo llama honrados, suelen cumplir uno u otro precepto moral por puras razones humanas sin darse cuenta de que el primero y mayor de los mandamientos es amar a Dios con todo nuestro ser!

22. *En aquel día*: el día del juicio, llamado también "el día del Señor", "el día grande", "día de Cristo", "día de ira". Cf. Sal. 117, 24; Is. 2, 12; Ez. 30, 3 y notas; Joel 1, 15; Ab. 15; So. 1, 7; Rm. 2, 5; 1Co. 3, 13; 2Co. 1, 14; Flp. 1, 6 y 10; 2 Pe. 3, 12; Judas 6.

23. Terribles advertencias para los que se glorían de ser cristianos y no viven la doctrina de Jesucristo, Véase Jr. 14, 14 ss., donde el profeta de Dios habla contra los falsos profetas y sacerdotes que abusan del nombre del Señor.

cayeron, los torrentes vinieron, los vientos soplaron y se arrojaron contra aquella casa, pero ella no cayó, porque estaba fundada sobre la roca. [26]Y todo el que oye estas palabras mías y no las pone en práctica, se asemejará a un varón insensato que ha edificado su casa sobre la arena: [27]Las lluvias cayeron, los torrentes vinieron, los vientos soplaron y se arrojaron contra aquella casa, y cayó, y su ruina fue grande". [28]Y sucedió que, cuando Jesús hubo acabado este discurso, las multitudes estaban poseídas de admiración por su doctrina; [29]porque les enseñaba como quien tiene autoridad, y no como los escribas de ellos.

8 Curación de un leproso.

[1]Cuando bajó de la montaña, le fueron siguiendo grandes muchedumbres. [2]Y he aquí que un leproso se aproximó, se postró delante de Él y le dijo: "Señor, si Tú quieres, puedes limpiarme". [3]Y Él, tendiéndole su mano, lo tocó y le dijo: "Quiero, queda limpio", y al punto fue sanado de su lepra. [4]Le dijo entonces Jesús: "Mira, no lo digas a nadie; pero ve a mostrarte al sacerdote y presenta la ofrenda ordenada por Moisés, para que les sirva de testimonio ".

Curación del criado del centurión. [5]Cuando hubo entrado en Cafarnaúm, se le aproximó un centurión y le suplicó, [6]diciendo: "Señor, mi criado está en casa, postrado, paralítico, y sufre terriblemente". [7]Él le dijo: "Iré y lo sanare". [8]Pero el centurión replicó diciendo: "Señor, yo no soy digno de que entres bajo mi techo, mas solamente dilo con una palabra y mi criado quedará sano. [9]Porque también yo, que soy un subordinado, tengo soldados a mis órdenes, y digo a éste: "Ve" y él va; a aquél: "Ven", y viene; y a mi criado: "Haz esto", y lo hace". [10]Jesús se admiró al escucharlo, y dijo a los que le seguían: "En verdad, os digo, no he hallado tanta fe en ninguno de Israel". [11]Os digo pues: "Muchos llegarán del Oriente y del Occidente y se reclinarán a la mesa con Abraham, Isaac y Jacob en el reino de los cielos, [12]mientras que los hijos del reino serán echados a las tinieblas de afuera; allá será el llanto y el rechinar de dientes". [13]Y dijo Jesús al centurión: "Anda; que se te cumpla como has creído,". Y el criado en esa misma hora fue sanado.

Curación de la suegra de Pedro. [14]Entró Jesús en casa de Pedro y vio a la suegra de éste, en cama, con fiebre. [15]La tomó de la mano y la fiebre la dejó; y ella se levantó y le sirvió. [16]Caída ya la tarde, le trajeron muchos endemoniados y expulsó a los espíritus con su palabra, y sanó a todos los enfermos. [17]De modo que se cumplió lo dicho por medio del profeta Isaías: "Él quitó nuestras dolencias, y llevó sobre Sí nuestras flaquezas".

Sobre el seguimiento de Jesús. [18]Y Jesús, viéndose rodeado por una, multitud, mandó pasar a la otra orilla. [19]Entonces un escriba se acercó y le dijo: "Maestro, te seguiré adonde quiera que vayas". [20]Jesús le dijo: "Las zorras tienen sus guaridas, y las aves del cielo sus nidos, más el Hijo del hombre no tiene dónde reclinar la cabeza". [21]Otro de sus discípulos, le dijo: "Señor, permíteme ir primero a enterrar a mi padre". [22]Le respondió Jesús: "Sígueme, y deja a los muertos enterrar a sus muertos".

Jesús calma la tempestad del mar. [23]Cuando subió después a la barca, sus discípulos lo acompañaron. [24]Y de pronto el mar se puso muy agitado, al punto que las olas llegaban a cubrir la barca; Él, en tanto, dormía. [25]Se acercaron y lo

---

4. *De testimonio:* para que los sacerdotes reconocieran el milagro hecho por Él, y certificaran legalmente la curación.

5. El *centurión* del ejército romano mandaba a cien soldados. Aquí se trata de un militar al servicio de Herodes Antipas, tetrarca de Galilea.

8. Palabras de humildad incorporadas a la Liturgia de la santa Misa.

17. Véase Is. 53, 4.

20. *El Hijo del hombre:* Es el título con que Jesucristo se presentaba como Mesías Rey según el profeta Daniel lo había aplicado en Dn. 7, 13 (Joüon). – *¡No tiene dónde reclinar la cabeza!* Jesús hace aquí ostentación de su pobreza, como todo amigo y todo esposo que no quiere ser buscado por su fortuna sino por su atractivo y afecto preferente hacia su propia persona (cf. Lc. 9, 57 ss.). ¡Y qué mayor atractivo que ese mismo, de ver que Aquel por quien y para quien fueron hechas todas las cosas, careció de todas –desde el pesebre a la cruz– despreciándolas por amor nuestro y mirándonos a nosotros, a cada uno de nosotros, como su único tesoro, como el más preciado de todos los dones que el Padre le hizo! (Jn. 10, 29 y nota). La suavidad de este asombroso amor es tanto más irresistible cuanto que lo vemos guardar luego esa pobreza para Él solo, en tanto que todo lo temporal lo da por añadidura (6, 33) a quienes lo acepten a Él y deseen ese Reino en el cual nos promete sentarnos a su mesa (Lc. 22, 29s.).

despertaron diciendo: "Señor, sálvanos, que nos perdemos". [26]Él les dijo: "¿Por qué tenéis miedo, desconfiados?" Entonces se levantó e increpó a los vientos y al mar, y se hizo una gran calma. [27]Y los hombres se maravillaron y decían: "¿Quién es Éste, que aun los vientos y el mar le obedecen?".

Expulsión de demonios. [28]Y cuando llegó a la otra orilla, al país de los gadarenos, vinieron a su encuentro dos endemoniados que salían de unos sepulcros y eran en extremo feroces, tanto, que nadie podía pasar por aquel camino. [29]y se pusieron a gritar: "¿Qué tenemos que ver contigo, Hijo de Dios? ¿Viniste aquí para atormentarnos antes de tiempo?" [30]Lejos de ellos pacía una piara de muchos puercos. [31]Los demonios le hicieron, pues, esta súplica: "Si nos echas, envíanos a la piara de puercos". [32]Él les dijo: "Andad"; a lo cual ellos salieron y se fueron a los puercos. Y he aquí que la piara entera se lanzó por el precipicio al mar, y pereció en las aguas. [33]Los porqueros huyeron, y yendo a la ciudad refirieron todo esto, y también lo que había sucedido a los endemoniados. [34]Entonces toda la ciudad salió al encuentro de Jesús y, al verlo, le rogaron que se retirase de su territorio.

9 **Curación de un paralítico.** [1]Subiendo a la barca, pasó al otro lado y vino a su ciudad. [2]Y he aquí que le presentaron un paralítico, postrado en una camilla. Al ver la fe de ellos, Jesús dijo al paralítico: "Ten confianza hijo, tus pecados te son perdonados". [3]Entonces algunos escribas comenzaron a decir interiormente: "Éste blasfema". [4]Mas Jesús, viendo sus pensamientos, dijo: "¿Por qué pensáis mal en vuestros corazones? ¿Qué es más fácil, decir: "Tus pecados te son perdonados", o decir: [5]"Levántate y camina? [6]¡Y bien! para que sepáis que el Hijo del hombre tiene poder sobre la tierra para perdonar pecados –dijo entonces al paralítico–: "Levántate, carga la camilla y vete a tu casa". [7]Y se levantó y se volvió a su casa. [8]Al ver esto, quedaron las muchedumbres poseídas de temor y glorificaron a Dios que tal potestad había dado en favor de los hombres.

Vocación de San Mateo. [9]Pasando de allí, vio Jesús a un hombre llamado Mateo, sentado en la recaudación de los tributos, y le dijo: "Sígueme". Y él se levantó y le siguió. [10]Y sucedió que estando Él a la mesa en la casa de Mateo, muchos publicanos y pecadores vinieron a reclinarse con Jesús y sus discípulos. [11]Viendo lo cual, los fariseos dijeron a los discípulos: "¿Por qué vuestro maestro come con los publicanos y los pecadores?". [12]Él los oyó y dijo: "No son los sanos los que tienen necesidad de médico, sino los enfermos. [13]Id, pues, y aprended lo que significa: "Misericordia quiero y no sacrificio". Porque no he venido a llamar justos sino pecadores".

Los discípulos del Bautista. [14]Entonces, se acercaron a Él los discípulos de Juan y le dijeron: "¿Por qué nosotros y los fariseos ayunamos mucho y tus discípulos no ayunan?" [15]Les respondió Jesús: "¿Pueden los amigos del esposo afligirse mientras el esposo está con ellos? Pero vendrán días en que el esposo le será quitado y entonces ayunarán. [16]Nadie pone un remiendo de paño nuevo en un vestido viejo, porque aquel pedazo entero tira del vestido, y se hace peor la rotura. [17]Ni tampoco se echa vino nuevo en cueros viejos; de otra manera, los cueros revientan, y el vino se derrama, y los cueros se pierden; sino que el vino nuevo se echa en cueros nuevos, y así ambos se conservan".

La hemorroisa y la hija de Jairo. [18]Mientras les decía estas cosas, un magistrado se le acercó, se postró y le dijo: "Mi hija acaba de morir, pero ven a poner sobre ella tu mano y revivirá". [19]Jesús se

---

28. *Gadara*, ciudad situada al este del mar de Galilea. Marcos (5, 1) dice "Gerasa"; Lucas (8, 26), "Gergesa"; Vulgata.: "Gerasa".

34. *Los gadarenos* representan a los que rechazan la luz de Cristo, pidiéndole "que se retire de su país", o sea de sus casas y corazones, porque aman más las tinieblas que la luz (Jn. 3, 19). Cf. Lc. 8, 36s.

6. Sanando primero el alma, Jesús nos enseña que ésta vale más que el cuerpo. No se olvide, pues, la preparación espiritual de los enfermos. Cf. St. 5, 14s.

11. Véase Lc. 5, 32 y nota; 15, 2 ss.; Jn. 6, 37.

13. Véase Os. 6, 6; 1 Sam. 15, 22; Eclo. 35, 4.

15. El *Esposo* de esta parábola es el mismo Jesús; sus amigos, los apóstoles, no podían ayunar como si hicieran duelo por su presencia. En las bodas de los judíos los amigos solían acompañar al esposo cuando éste salía al encuentro de la esposa (Mt. 25, 1-13; Jn. 3, 29). Sobre el ayuno véase 6, 16 y nota.

18. Un *magistrado*: según Mc. 5, 22, uno de los jefes de la sinagoga, llamado *Jairo*. No se dice si éste, como autoridad religiosa, admitía las enseñanzas de Jesús. Lo que sí vemos, es que recurre a Él cuando necesita de sus milagros.

levantó y lo siguió y también sus discípulos. [20]Y he ahí que una mujer que padecía un flujo de sangre hacía doce años, se aproximó a Él por detrás y tocó la franja de su vestido. [21]Porque ella se decía: "Con que solamente toque su vestido, quedaré sana". [22]Mas Jesús, volviéndose, la miro y dijo: "Ten confianza, hija, tu fe te ha sanado". Y quedó sana desde aquella hora. [23]Cuando Jesús llegó a la casa del magistrado, vio a los flautistas, y al gentío que hacía alboroto, [24]y dijo: "¡Retiraos! La niña no ha muerto sino que duerme". Y se reían de Él. [25]Después, echada fuera la turba, entró Él, tomó la mano de la niña, y ésta se levantó. [26]Y la noticia del hecho se difundió por toda aquella región.

Jesús sana a dos ciegos. [27]Cuando salía Jesús de allí, dos ciegos lo siguieron, gritando: "¡Ten piedad de nosotros, Hijo de David!" [28]Y al llegar a la casa, los ciegos se le acercaron, y Jesús les dijo: "¿Creéis que puedo hacer eso?" Le respondieron: "Sí, Señor". [29]Entonces les toco los ojos diciendo: "Os sea hecho según vuestra fe". Y sus ojos se abrieron. [30]Y Jesús les ordenó rigurosamente: "¡Mirad que nadie lo sepa!". [31]Pero ellos, luego que salieron, hablaron de Él por toda aquella tierra.

Curación de un mudo. [32]Cuando ellos hubieron salido, le presentaron un mudo endemoniado. [33]Y echado el demonio, habló el mudo, y las multitudes, llenas de admiración, se pusieron a decir: "Jamás se ha visto cosa parecida en Israel". [34]Pero los fariseos decían: "Por obra del príncipe de los demonios lanza a los demonios". [35]Y Jesús recorría todas las ciudades y las aldeas, enseñando en sus sinagogas y proclamando la Buena Nueva del Reino, y sanando toda enfermedad y toda dolencia. [36]Y viendo a las muchedumbres, tuvo compasión de ellas, porque estaban como ovejas que no tienen pastor, esquilmadas y abatidas. [37]Entonces dijo a sus discípulos: "La mies es grande, más los obreros son pocos. [38]Rogad pues al dueño de la mies que envíe obreros a su mies".

10 **Los doce apóstoles.** [1]Y llamando a sus doce discípulos, les dio potestad de echar a los espíritus inmundos y de sanar toda enfermedad y toda dolencia. [2]He aquí los nombres de los doce Apóstoles: primero Simón, llamado Pedro, y Andrés su hermano; Santiago el hijo de Zebedeo y Juan su hermano; [3]Felipe y Bartolomé; Tomas y Mateo el publicano; Santiago, el hijo de Alfeo, y Tadeo; [4]Simón el Cananeo, y Judas el Iscariote, el mismo que lo entregó. [5]Estos son los Doce que Jesús envió, después de haberles dado instrucciones, diciendo: "No vayáis hacia los gentiles y no entréis en ninguna ciudad de samaritanos, [6]sino id más bien a las ovejas perdidas de la casa de Israel. [7]Y de camino predicad diciendo: "El reino de los cielos se ha acercado". [8]Sanad enfermos, resucitad muertos, limpiad leprosos, echad fuera demonios. Recibisteis gratuitamente, dad gratuitamente. [9]No tengáis ni oro, ni plata, ni cobre en vuestros cintos; [10]ni

---

22. Es una máxima del reino de Dios: "Dios resiste a los soberbios, y da su gracia a loa humildes" (St. 4, 6). La fe humilde y confiada que dio eficacia a la oración de la enferma, es condición indispensable de toda oración (St. 4, 3 ss.).

27. *Hijo de David,* esto es, en el sentir de los judíos, el Mesías prometido. Cf. 1, 1 ss. y nota.

36. Cf. Sal. 13, 4 y nota.

37. La parábola de la mies y de los obreros tiene para nosotros el sentido de que faltan obreros en la Viña de Dios: sacerdotes y laicos celosos, llenos de espíritu de apostolado. Jesús enseña que estos obreros se han de pedir al Padre, porque sólo Él es quien hace el llamado. Véase 15, 13; Jn. 6, 37 y 44; I Tim. 5, 22. *Rogad:* quizá quiere Jesús que se unan a su oración por los *doce* que va a llamar en seguida (10, 1s.).

2. *Pedro,* en arameo *Kefa,* esto es, piedra, llamado así porque a él será entregada la primacía (16, 17-19; Lc. 22, 31s.; Jn. 21, 15-17).

4. *Iscariote,* es decir, hombre de Cariot, pueblo ubicado cerca de Jerusalén (Jos. 15, 25).

5. *Gentiles* y *samaritanos,* no son excluidos del reino de Dios; sin embargo, quería Jesús evangelizar primero las ovejas perdidas de su propio pueblo, y después a los demás. Véase Is. 9, 1 y nota.

6. Cf. 15, 24; 28, 19; Lc. 24, 47. Después de Pentecostés San Pedro abrió la puerta a los gentiles (Hch. 10) para ser "injertados" en el tronco de Israel (Rm. 11, 11-24) y manifestó que ello era a causa de la incredulidad de la Sinagoga (ibíd. 30s.) y así lo confirmó el Concilio de Jerusalén (Hch. 15). Más tarde el pueblo judío de la Dispersión rechazó también la predicación apostólica y entonces Pablo les anunció que la salvación pasaba a los gentiles (Hch. 28, 23 ss.) y desde la prisión escribió a los Efesios sobre el Misterio del Cuerpo Místico (Ef. 1, 22), escondido desde todos los siglos (Ef. 3, 9; Col. 1, 26), por el cual los gentiles son llamados a él (Ef. 3, 6), no habiendo ya diferencia alguna entre judío y gentil.

9s. En estas palabras se contiene una exhortación a amar y practicar la pobreza, un llamado especial que Dios hace a los

alforja para el camino, ni dos túnicas, ni sandalias, ni bastón; porque el obrero es acreedor a su sustento. [11]Llegados a una ciudad o aldea, informaos de quien en ella es digno, y quedaos allí hasta vuestra partida. [12]Al entrar a una casa decidle el saludo (*de paz*). [13]Si la casa es digna, venga vuestra paz a ella; más si no es digna, vuestra paz se vuelva a vosotros. [14]Y si alguno no quiere recibiros ni escuchar vuestras palabras, salid de aquella casa o de aquella ciudad y sacudid el polvo de vuestros pies. [15]En verdad, os digo, que en el día del juicio (*el destino*) será más tolerable para la tierra de Sodoma y Gomorra que para aquella ciudad".

Predicción de persecuciones. [16]"Mirad que Yo os envío como ovejas en medio de lobos. Sed, pues, prudentes como las serpientes, y sencillos como las palomas. [17]Guardaos de los hombres, porque os entregarán a los sanedrines y os azotarán en sus sinagogas, [18]y por causa de Mí seréis llevados ante gobernadores y reyes, en testimonio para ellos y para las naciones. [19]Más cuando os entregaren, no os preocupéis de cómo o qué hablareis. Lo que habéis de decir os será dado en aquella misma hora. [20]Porque no sois vosotros los que habláis, sino que el Espíritu de vuestro Padre es quien, habla en vosotros. [21]Y entregará a la muerte hermano a hermano y padre a hijo; y se levantarán hijos contra padres y los harán morir. [22]Y seréis odiados de todos por causa de mi nombre; pero el que perseverare hasta el fin, ese será salvo. [23]Cuando os persiguieren en una ciudad, huid a otra. En verdad, os digo, no acabaréis (*de predicar en*) las ciudades de Israel antes que venga el Hijo del Hombre". [24]"El discípulo no es mejor que su maestro, ni el siervo mejor que su amo. [25]Basta al discípulo ser como su maestro, y al siervo ser como su amo. Si al dueño de casa lo llamaron Belcebú, ¿cuánto más a los de su casa? [26]No los temáis. Nada hay oculto que no deba ser descubierto, y nada secreto que no deba ser conocido. [27]Lo que os digo en las tinieblas, repetidlo en pleno día; lo que oís al oído, proclamadlo desde las azoteas. [28]Y no temáis a los que matan el cuerpo, y que no pueden matar el alma; más temed a aquel que puede perder alma y cuerpo en la gehena. [29]¿No se venden dos gorriones por un as? Ahora bien, ni uno de ellos caerá en tierra sin disposición de vuestro Padre. [30]En cuanto a vosotros, todos los cabellos de vuestra cabeza están contados. [31]No temáis, pues

---

religiosos y sacerdotes que se dedican al sagrado ministerio. Jesús manda, tanto a los apóstoles, como a los discípulos (Lc. 10, 4), que no lleven bolsa, ni alforja, ni dinero, confiando en la eficacia propia de la divina Palabra, cuya predicación es el objeto por excelencia del apostolado, según se nos muestra en la despedida de Jesús (28, 19s.; Mc. 16, 15); en la conducta de los Doce después de Pentecostés (Hch. 6, 2) y en las declaraciones de San Pablo (1 Co. 1, 17; 9, 16).

12. Esta costumbre, todavía hoy mantenida en Oriente, de darse el saludo *La paz sea contigo*, era seguida fielmente por los primeros cristianos. ¡Qué bien sería restaurarla según lo enseña aquí el Maestro! Saludar, en lenguaje pagano, es desear la salud. En lenguaje cristiano, es desear la paz, que es cosa del alma. Cf. Lc. 1, 28 y nota.

16. *Como ovejas en medio de lobos:* He aquí el sello que nos permite en todos los tiempos reconocer a los discípulos. Un humilde predicador, atacado por un poderoso que defendía el brillo mundano de sus posiciones sacudidas por la elocuencia del Evangelio, se limitó a dar esta respuesta: "Una sola cosa me interesa en este caso, y es que Jesús no vea en mí al lobo sino al cordero". *Como las serpientes:* Entre los pueblos de Oriente la *serpiente* era símbolo de la prudencia y de las ciencias ocultas. Nótese, con San Gregorio Magno, que el Señor recomienda la *unión* de la prudencia con la sencillez. Ésta para con Dios y aquélla para con los hombres, como vemos en el v. 17 y ss.

19. Cf. Lc. 21, 14 y nota.

23. La *venida del Hijo del hombre* es, indudablemente, el retorno de Jesús al fin de los tiempos, y no podemos pensar que tal expresión se refiera a la ruina de Jerusalén, que ocurrió cuarenta años más tarde. La profecía de Jesús se cumplió ya en parte al pie de la letra, puesto que los apóstoles, rechazados en su predicación, hubieron de abandonar la Palestina sin evangelizar todas sus ciudades, lo cual, por tanto, ni se hizo entonces ni se ha hecho después. Las palabras del divino Maestro significaban, pues, una prevención a los apóstoles de que Israel no los recibiría favorablemente, prevención que Jesús les da a fin de que no se sorprendan al ser rechazados. Cf. Hch. 13, 46 y nota. San Hilario refiere este pasaje a la conversión final de Israel, con motivo de la Parusía.

24. *El discípulo no es mejor que su maestro:* He aquí una de esas palabras definitivas de Jesús, que debieran bastar para que nunca jamás aceptásemos la menor honra. ¿Tuvo honores el Maestro? No, tuvo insultos. Luego si Él no los tuvo, no debe buscarlos nadie porque nadie es más que Él. Véase Lc. 6, 40; Flp. 2, 7 y nota.

25. *Beelzebul* (Dios de las moscas) es un nombre despectivo que los judíos daban a Satanás o a alguno de los príncipes de los demonios (2Re. 1, 2).

27. Cf. Hch. 28, 23 y nota.

28. *Gehena:* infierno. Véase 5, 22; I Jn. 4, 18 y notas.

29. *Por un as,* moneda que en tiempos de Cristo equivalía a 1/16 de denario, unos cinco centavos argentinos.

vosotros valéis más que muchos gorriones".

Exhortaciones y consuelos. [32]"A todo aquel que me confiese delante de los hombres, Yo también lo confesaré delante de mi Padre celestial; [33]más a quien me niegue delante de los hombres, Yo también lo negaré delante de mi Padre celestial. [34]No creáis que he venido a traer la paz sobre la tierra. No he venido a traer paz, sino espada. [35]He venido, en efecto, a separar al hombre de su padre, a la hija de su madre, a la nuera de su suegra; [36]y serán enemigos del hombre los de su propia casa. [37]Quien ama a su padre o a su madre más que a Mí, no es digno de Mí; y quien ama a su hijo o a su hija más que a Mí, no es digno de Mí. [38]Quien no toma su cruz y me sigue, no es digno de Mí. [39]Quien halla su vida, la perderá; y quien pierde su vida por Mí, la hallará".

[40]Quien a vosotros recibe, a Mí me recibe, y quien me recibe a Mí, recibe a Aquel que me envió.

[41]Quien recibe a un profeta a título de profeta, recibirá la recompensa de profeta; quien recibe a un justo a título de justo, recibirá la recompensa del justo. [42]y quienquiera que dé de beber tan sólo un vaso de agua fría a uno de estos pequeños, a título de discípulo, en verdad os digo, no perderá su recompensa".

11 **Jesús y el Bautista**. [1]Cuando Jesús hubo acabado de dar así instrucciones a sus doce apóstoles, partió de allí para enseñar y predicar en las ciudades de ellos. [2]Y Juan, al oír en su prisión las obras de Cristo, le envió a preguntar por medio de sus discípulos: [3]"¿Eres Tú «El que viene», o debemos esperar a otro?" [4]Jesús les respondió y dijo: "Id y anunciad a Juan lo que oís y veis: [5]Los ciegos ven, los cojos andan, los leprosos son curados, los sordos oyen, los muertos resucitan, y los pobres son evangelizados; [6]¡y dichoso el que no se escandalizare de Mí!" [7]Y cuando ellos se

---

34. La *verdad* es como una espada. No puede transigir con las conveniencias del mundo. Por eso los verdaderos discípulos de Jesucristo serán siempre perseguidos. El Señor no envía sus elegidos para las glorias del mundo sino para las persecuciones, tal como Él mismo ha sido enviado por su Padre. Cf. Jn. 17, 18; Lc. 12, 51s.; 22, 36 y nota.

38. Cf. 16, 24 ss.

39. *Quien halla su vida,* esto es, quien se complace en esta peregrinación y se arraiga en ella como si fuera la verdadera vida. Ese tal, ya habrá tenido aquí "sus bienes" como dijo Jesús al Epulón (Lc. 16, 25) y no le quedará otra vida que esperar. Véase el ejemplo de los Recabitas en Jr. 35. Otros traducen: "quien conserva su alma", esto es, quien pretende salvarse por su propio esfuerzo, sin recurrir al único Salvador, Jesús. Véase Lc. 14, 26 ss.; 17, 33 y notas.

40. *A Mí me recibe:* Jesús mismo vive en sus discípulos; es lo que da su significación a este comportamiento. Y cuando Jesús habla del "ethos" de la relación filial con Dios, de la actitud abierta y sin reservas frente al Padre y del amor fraterno recíproco que ha de unir a los hijos de Dios, el sentido de esta actitud se fundamenta asimismo partiendo de la persona de Jesús. "El que por Mí recibiere a un niño como este, a Mí me recibe; y el que escandalizare a uno de estos pequeños que creen en Mí, más le valiera que le colgasen al cuello una piedra de molino de asno y le arrojaran al fondo del mar" (Mt. 18, 5-6) (Guardini).

42. Si los que sólo apagan la sed física de un discípulo de Cristo, obtendrán su recompensa ¿cuánto más la recibirán los ministros de Cristo que apaguen en las almas la *sed de verdad?*

3. *El que viene,* esto es, el Mesías, rey de Israel, anunciado por los profetas. Véase Jn. 6, 14; 11, 27 y nota. En el v. 5 Jesús se presenta con las palabras con que lo anuncia Isaías (Is. 35, 5; 61, 1 y notas). Y como bien sabía Él que había de ser rechazado,

expresa en el v. 6 la bienaventuranza de aquellos que excepcionalmente no hallaren en Él un tropiezo.

5. En vez de larga respuesta, Jesús muestra a los enviados los *prodigios* que estaba obrando cuando ellos llegaron, y les prueba de este modo que Él es el Mesías, en quien se han cumplido las profecías (Is. 35, 5s.; 61, 1).

6. *Dichoso el que no se escandalizare de Mí:* Es decir, dichoso el que sabe reconocer que las precedentes palabras de Isaías sobre el Mesías Rey se cumplen realmente en Mí (cf. Lc. 4, 21 y nota), y no tropieza y cae en la duda como los demás, escandalizado por las apariencias de que soy un carpintero (Mt. 13, 55; Mc. 6, 3), y porque aparezco oriundo de Nazaret siendo de Belén (Mt. 21, 11; Jn. 7, 41 y 52), y porque mi doctrina es contraria a la de los hombres tenidos por sabios y virtuosos, como los fariseos. Dichoso el que cree a pesar de esas apariencias, porque ve esas obras que Yo hago (Jn. 10, 33; 14, 12) y esas palabras que ningún otro hombre dijo (Jn. 7, 46), y juzga con un juicio recto y no por las apariencias (Jn. 7, 24). Porque los que dudan de los escritos de Moisés y de los Profetas (Jn. 5, 46) no creerían aunque un muerto resucitara y les hablase. (Lc. 16, 31). ¡Y esto les pasó aún a los apóstoles con el mismo Jesús resucitado! (Lc. 24, 11). Dichoso el que sabe reconocer, en esa felicidad hoy anunciada a los pobres y cumplida en estos milagros, las profecías gloriosas sobre el Mesías Rey que, junto con dominar toda la tierra (Sal. 71, 8), tiene esa predilección que Yo demuestro por los pobres (Sal. 71, 12 ss.; Lc. 4, 18). Dichoso, en fin, el que, al pie de la Cruz, siga creyendo todavía, como Abraham, contra toda esperanza (Rm. 4, 18), como creyó mi Madre (Lc. 1, 45; Jn. 19, 25 y nota) y comprenda las Escrituras según las cuales era necesario que el Mesías padeciese mucho, muriese y resucitase (Lc. 24, 26s. y 45s.; Jn. 11, 51s.; Hch. 3, 22 y nota). Por eso nadie puede ir a Jesús si no le atrae especialmente el divino Padre (Jn. 6, 44), porque es demasiado escandaloso el

retiraron, Jesús se puso a decir a las multitudes a propósito de Juan: "¿Qué salisteis a ver al desierto? ¿Acaso una caña sacudida por el viento? [8]Y si no, ¿qué fuisteis a ver? ¿Un hombre ataviado con vestidos lujosos? Pero los que llevan vestidos lujosos están en las casas de los reyes. [9]Entonces ¿qué salisteis a ver? ¿Un profeta? Sí, os digo, y más que profeta. [10]Éste es de quien está escrito: "He ahí que Yo envío a mi mensajero que te preceda, el cual preparará tu camino delante de ti". [11]En verdad, os digo, no se ha levantado entre los hijos de mujer, uno mayor que Juan el Bautista; pero el más pequeño en el reino de los cielos es más grande que él. [12]Desde los días de Juan el Bautista hasta ahora, el reino de los cielos padece fuerza, y los que usan la fuerza se apoderan de él. [13]Todos los profetas, lo mismo que la Ley, han profetizado hasta Juan, [14]y, si queréis creerlo, él mismo es Elías, el que debía venir. [15]¡Quién tiene oídos oiga!"

Terquedad del pueblo. [16]"¿Pero, con quien comparar la raza esta? Es semejante a muchachos que, sentados en las plazas, gritan a sus camaradas: [17]"Os tocamos la flauta y no danzasteis, entonamos cantos fúnebres y no habéis llorado". [18]Porque; vino Juan, que ni comía ni bebía, y dicen: "Está endemoniado". [19]Vino el Hijo del Hombre, que come y bebe, y dicen: "Es un glotón y borracho, amigo de publicanos y de pecadores". Más la sabiduría ha sido justificada por sus obras".

¡Ay de las ciudades impenitentes! [20]Entonces se puso a maldecir a las ciudades donde había hecho el mayor número de sus milagros, porque no se habían arrepentido: [21]"¡Ay de ti Corazín! ¡Ay de ti Betsaida! porque si en Tiro y en Sidón se hubiesen hecho los prodigios que han sido hechos en vosotras, desde hace mucho tiempo se habrían arrepentido en saco y en ceniza. [22]Por eso os digo, que el día del juicio será más soportable para Tiro y Sidón que para vosotras. [23]Y tú, Cafarnaúm, ¿acaso habrás de ser exaltada hasta el cielo? Hasta el abismo serás abatida. Porque si en Sodoma hubiesen sucedido las maravillas que han sido hechas en ti, aún estaría ella en pie el día de hoy. [24]Por eso te digo que el día del juicio será más soportable para la tierra de Sodoma que para ti".

Infancia espiritual. [25]Por aquel tiempo Jesús dio una respuesta, diciendo: "Yo te alabo, oh Padre, Señor del cielo y de la tierra, porque ocultas estas cosas a los sabios y a los prudentes, y las revelas a los pequeños. [26]Así es, oh Padre, porque esto es lo que te agrada a Ti. [27]A Mí me ha sido transmitido todo por mi Padre, y nadie conoce bien al Hijo sino el Padre, ni al Padre conoce bien nadie sino el Hijo y aquel a quien el Hijo quisiere revelar (*lo*). [28]Venid a Mí todos los agobiados y los cargados, y Yo os haré descansar. [29]Tomad sobre vosotros mi yugo, y

---

misterio de un Dios víctima de amor (1Co. 1, 23). Por eso muchas veces, aunque nos decimos creyentes, no creemos, porque somos como el pedregal (Mt. 13, 21). Véase Lc. 7, 23 y nota.

11. Es decir: Juan es el mayor de los profetas del antiguo Testamento, pero la nueva alianza, el Reino de Jesucristo, será tan superior que cualquiera en él será mayor que Juan porque Él lo constituirá sobre todos sus bienes (24, 46s.; Hb. 8, 8s.). En cuanto a la Iglesia, fundada cuando Israel rechazó el reino del Mesías (cf. 16, 16 ss.; Rm. 11, 12 y 15 y notas), vemos cuán privilegiada es desde ahora nuestra situación de verdaderos hijos de Dios y hermanos de Jesús. Véase Jn. 1, 11-12; 11, 52; Ef. 1, 5 y notas, etc.

12. Según algunos, los que no hacen violencia a Dios con su *confianza* inquebrantable, no entrarán en el reino de los cielos. Otros exégetas toman estas palabras en sentido profético, refiriéndolas a las persecuciones que el Reino de Dios ha de sufrir en la tierra. Véase Lc. 16, 16 y nota. *Se apoderan de él:* así también Buzy y la Biblia Pirot. Cf. 23, 13.

14. Muchos consideraban al Bautista como el profeta *Elías*, el cual, conforme a la profecía de Malaquías (4, 5), ha de volver al mundo. Véase 17, 11 y nota.

19. Véase Lc. 7, 35 y nota. La *Sabiduría* increada es el mismo Verbo divino que se hizo carne. Sus obras le dan testimonio, como Él mismo lo dijo muchas veces (Jn. 10, 37s.; 12, 37-40; 15, 22-25).

21s. *Corazín y Betsaida* eran ciudades vecinas a Cafarnaúm. Las tres son aquí maldecidas por su incredulidad e infidelidad a los privilegios de que se gloriaban (cf. 7, 23; Lc. 13, 27). *Tiro y Sidón:* dos ciudades paganas de Fenicia.

25. El Evangelio no es privilegio de los que se creen sabios y prudentes, sino que abre sus páginas a todos los hombres de buena voluntad, sobre todo a los *pequeñuelos*, esto es, a los pobres en el espíritu y humildes de corazón, porque "aquí tienen todos a Cristo, sumo y perfecto ejemplar de justicia, caridad y misericordia, y están abiertas para el género humano, herido y tembloroso, las fuentes de aquella divina gracia, postergada la cual y dejada a un lado, ni los pueblos ni sus gobernantes pueden iniciar ni consolidar la tranquilidad social y la concordia" (Pío XII en la Encíclica "Divino Afflante Spiritu").

28. No sólo los muy agobiados; también *todos los cargados,* para que la vida les sea llevadera.

dejaos instruir por Mí, porque soy manso y humilde en el corazón; y encontrareis reposo para vuestras vidas. [30]Porque mi yugo es excelente; y mi carga es liviana".

12 Controversias sobre el sábado.

[1]Por aquel tiempo, Jesús iba pasando un día de sábado, a través de los sembrados; y sus discípulos, teniendo hambre, se pusieron a arrancar algunas espigas y a comerlas. [2]Viendo esto, los fariseos le dijeron: "Tus discípulos hacen lo que no es lícito hacer en sábado" [3]Jesús les dijo: "¿No habéis leído, pues, lo que hizo David cuando tuvo hambre él y los que estaban con él, [4]cómo entró en la casa de Dios y comió los panes de la proposición, que no era lícito comer ni a él, ni a sus compañeros, sino solamente a los sacerdotes? [5]¿No habéis asimismo leído en la Ley, que el día de sábado, los sacerdotes, en el templo, violan el reposo sabático y lo hacen sin culpa? [6]Ahora bien, os digo, hay aquí (*alguien*) mayor que el Templo. [7]Si hubieseis comprendido lo que significa: "Misericordia quiero, y no sacrificio", no condenaríais a unos inocentes.

Curación de un hombre tullido. [8]Porque el Hijo del hombre es Señor del sábado". [9]De allí se fue a la sinagoga de ellos; y he aquí un hombre que tenía una mano seca. [10]Y le propusieron esta cuestión: "¿Es lícito curar el día de sábado?" –a fin de poder acusarlo–. [11]Él les dijo: "¿Cuál será de entre vosotros el que teniendo una sola oveja, si ésta cae en un foso, el día de sábado, no irá a tomarla y levantarla? [12]Ahora bien, ¡cuánto más vale el hombre que una oveja! Por consiguiente, es lícito hacer bien el día de sábado". [13]Entonces dijo al hombre: "Extiende tu mano". Él la extendió, y le fue restituida como la otra. [14]Pero los fariseos salieron y deliberaron contra Él sobre el modo de hacerlo perecer. [15]Jesús, al saberlo, se alejó de allí. Y muchos lo siguieron, y los sanó a todos. [16]Y les mandó rigurosamente que no lo diesen a conocer; [17]para que se cumpliese la palabra del profeta Isaías que dijo: [18]"He aquí a mi siervo, a quien elegí, el Amado, en quien mi alma se complace. Pondré mi Espíritu sobre Él, y anunciará el juicio a las naciones. [19]No disputará, ni gritará, y nadie oirá su voz en las plazas. [20]No quebrará la caña cascada, ni extinguirá la mecha que aun humea, hasta que lleve el juicio a la victoria; [21]y en su nombre pondrán las naciones su esperanza".

El pecado contra el Espíritu. [22]Entonces le trajeron un endemoniado ciego y mudo, y lo sanó, de modo que hablaba y veía. [23]Y todas las multitudes quedaron estupefactas y dijeron: "¿Será éste el Hijo de David?" [24]Más los fariseos, oyendo esto, dijeron: "Él no echa los demonios sino por Belcebú, el príncipe de los demonios". [25]Conociendo sus pensamientos, les dijo entonces: "Todo reino dividido contra sí mismo, está arruinado, y toda ciudad o casa dividida contra sí

---

29. Nótese que no dice *que* soy manso, sino *porque* soy manso. No se pone aquí como modelo, sino como Maestro al cual debemos ir sin timidez, *puesto que* es manso y no se irrita al vernos tan torpes.

30. El adjetivo griego "jrestós" que Jesús aplica a su yugo, es el mismo que se usa en Lc. 5, 39para calificar el vino añejo. De ahí que es más exacto traducirlo por "excelente", pues "llevadero" sólo da la idea de un mal menor, en tanto que Jesús nos ofrece un bien positivo, el bien más grande para nuestra felicidad un temporal, siempre que le creamos. El yugo es para la carne mala, mas no para el espíritu, al cual, por el contrario, Él le conquista la libertad (Jn. 8, 31s.; 2Co. 3, 17; Ga. 2, 4; St. 2, 12). Recordemos siempre esta divina fórmula, como una gran luz para nuestra vida espiritual. El Evangelio donde el Hijo nos da a conocer las maravillas del Eterno Padre, es un *mensaje de amor*, y no un simple código penal. El que lo conozca lo amará, es decir, no lo mirará ya como una obligación sino como un tesoro, y entonces sí que le será suave el yugo de Cristo, así como el avaro se sacrifica gustosamente por su oro, o como la esposa lo deja todo por seguir a aquel que ama. Jesús acentúa esta revelación en Jn. 14, 23s., al decir a San Judas Tadeo que quien lo ama observará su doctrina y el que no lo ama no guardará sus palabras, Tal es el sentido espiritual de las parábolas del tesoro escondido y de la perla preciosa (13, 44 ss.). Del conocimiento viene el amor, esto es, la fe obra por la caridad (Ga. 5, 6). Y si no hay amor, aunque hubiera obras, no valdrían nada (1Co. 13, 1 ss.). Todo precepto es ligero para el que ama, dice San Agustín; amando, nada cuesta el trabajo: Ubi amatur, non laboratur.

4. Alude Jesús a la historia que se refiere en el primer libro de los Reyes 21, 16. Los *panes de la proposición,* son los doce panes que cada semana se colocaban como sacrificio en la mesa de oro en el Santo del Templo. Véase Lv. 24, 5 ss.

7. Véase 9, 13; Os. 6, 6; Eclo. 35, 4.

18. Los versículos 18-21son una cita tomada de Isaías 42, 1-4 y 41, 9. Véase Mt. 3, 17; 17, 5.

19. *Nadie oirá su voz en las plazas:* Vemos aquí que los frutos que permanecen no son los de un apostolado efectista y ruidoso. Véase Jn. 15, 16 y nota. "El bien no hace ruido y el ruido no hace bien" (San Francisco de Sales).

24. Sobre *Beelzebul* véase 10, 25 y nota.

misma, no puede subsistir. ²⁶Si Satanás arroja a Satanás, contra sí mismo está dividido: entonces, ¿cómo podrá subsistir su reino? ²⁷Y si Yo, por mi parte, echo los demonios por Belcebú, ¿por quién los echan vuestros hijos? Por esto ellos serán vuestros jueces. ²⁸Pero si Yo echo los demonios, por el Espíritu de Dios, es evidente que ha llegado a vosotros el reino de Dios. ²⁹¿O si no, cómo puede alguien entrar en la casa del hombre fuerte y quitarle sus bienes, si primeramente no ata al fuerte? Solamente entonces saqueará su casa. ³⁰Quien no está conmigo, está contra Mí, y quien no amontona conmigo, desparrama". ³¹"Por eso, os digo, todo pecado y toda blasfemia será perdonada a los hombres, pero la blasfemia contra el Espíritu no será perdonada. ³²Y si alguno habla contra el Hijo del hombre, esto le será perdonado; pero al que hablare contra el Espíritu Santo, no le será perdonado ni en este siglo ni en el venidero. ³³O haced (*que sea*) el árbol bueno y su fruto bueno, o haced (*que sea*) el árbol malo y su fruto malo, porque por el fruto se conoce el árbol. ³⁴Raza de víboras, ¿cómo podríais decir cosas buenas, malos como sois? Porque la boca habla de la abundancia del corazón. ³⁵El hombre bueno, de su tesoro de bondad saca el bien; el hombre malo, de su tesoro de malicia saca el mal. ³⁶Os digo, que de toda palabra ociosa que se diga se deberá dar cuenta en el día del juicio. ³⁷Según tus palabras serás declarado justo, según tus palabras serás condenado".

Los enemigos piden una señal. ³⁸Entonces algunos de los escribas y fariseos respondieron, diciendo: "Maestro, queremos ver de Ti una señal". ³⁹Les replicó Jesús y dijo: "Una raza mala y adúltera requiere una señal: no le será dada otra que la del profeta Jonás. ⁴⁰Pues así como Jonás estuvo en el vientre del pez tres días y tres noches, así también el Hijo del hombre estará en el seno de la tierra tres días y tres noches. ⁴¹Los ninivitas se levantarán, en el día del juicio, con esta raza y la condenarán, porque ellos se arrepintieron a la predicación de Jonás; ahora bien, hay aquí más que Jonás. ⁴²La reina del Mediodía se levantará, en el juicio, con la generación ésta y la condenará, porque vino de los extremos de la tierra para escuchar la sabiduría de Salomón; ahora bien, aquí hay más que Salomón".

La estrategia de Satanás. ⁴³"Cuando el espíritu inmundo ha salido del hombre, recorre los lugares áridos, buscando reposo, pero no lo halla. ⁴⁴Entonces se dice: "Voy a volver a mi casa, de donde salí". A su llegada, la encuentra desocupada, barrida y adornada. ⁴⁵Entonces se va a tomar consigo otros siete espíritus aún más malos que él; entran y se aposentan allí, y el estado último de ese hombre viene a ser peor que el primero. Así también acaecerá a esta raza perversa".

Los hermanos de Jesús. ⁴⁶Mientras Él todavía hablaba a las multitudes, he ahí que su madre y sus hermanos estaban fuera buscando hablarle. ⁴⁷Le dijo alguien: "Mira, tu madre y tus hermanos están de pie afuera buscando hablar contigo". ⁴⁸Mas Él respondió al que se lo decía: "¿Quién es mi madre y quiénes son mis hermanos?" ⁴⁹Y extendiendo la mano hacia sus discípulos, dijo: "He aquí a mi madre y mis hermanos. ⁵⁰Quienquiera que hace la voluntad de mi Padre celestial, éste es mi hermano, hermana o madre".

13 **Parábola del sembrador.** ¹En aquel día, Jesús salió de casa y se sentó a la orilla del mar. ²Y se reunieron junto a Él muchedumbres tan

---

31 ss. El pecado de los fariseos consiste en atribuir al *demonio* los milagros que hacía Jesús y en resistir con obstinación a la luz del Espíritu Santo, que les mostraba el cumplimiento de las profecías en Cristo. Es el pecado de cuantos, también hoy, se escandalizan de Él y se resisten a estudiarlo. Cf. 11, 6 y nota.

34. *La boca habla de la abundancia del corazón:* La lengua es el espejo del corazón. La boca del justo es un canal de vida (Pr. 10, 11), más la lengua del impío es una cloaca llena de cieno. Véase Ef. 4, 29; 5, 4-6; St. 1, 26; 3, 6 y 8; Pr. 12, 14; Eclo. 21, 29. San Agustín lo aplica a Jesús y dice que el Evangelio es la boca por donde habla su corazón.

40. Alude a su resurrección. Véase Mt. 27, 60; 28, 5.

42. *La reina de Sabá*, que vino del Mediodía para ver a Salomón (1Re. 10, 1-13).

46. La voz *hermano* comprende entre los judíos también a los primos y otros parientes. Los llamados hermanos de Jesús son sus primos: Santiago el Menor, Simón, Judas Tadeo y José el Justo, hijos de Cleofás o Alfeo.

47. Admiremos la modestia silenciosa de la divina Madre que se queda afuera, esperando de pie, para no distraer a Jesús en su predicación.

1. Véase Mc. 4, 1 ss.; Lc. 8, 4 ss.

numerosas, que hubo de entrar en una barca y sentarse, mientras que toda la gente se colocaba sobre la ribera. [3]Y les habló muchas cosas en parábolas diciendo: "He ahí que el sembrador salió a sembrar. [4]Y, al sembrar, unas semillas cayeron a lo largo del camino, y los pájaros vinieron y las comieron. [5]Otras cayeron en lugares pedregosos, donde no tenían mucha tierra, y brotaron en seguida por no estar hondas en la tierra. [6]Y cuando el sol se levantó, se abrasaron, y no teniendo raíz, se secaron. [7]Otras cayeron entre abrojos, y los abrojos, al crecer, las ahogaron. [8]Otras cayeron sobre tierra buena, y dieron fruto, una ciento, otra sesenta, otra treinta. [9]¡Quien tiene oídos, oiga!" [10]Se aproximaron sus discípulos y le dijeron: "¿Por qué les hablas en parábolas?" [11]Les respondió y dijo: "A vosotros les es dado conocer los misterios del reino de los cielos, pero no a ellos. [12]Porque a quien tiene, se le dará y tendrá abundancia; y al que no tiene, aun lo que tiene le será quitado. [13]Por eso les hablo en parábolas, porque viendo no ven, y oyendo no oyen ni comprenden. [14]Para ellos se cumple esa profecía de Isaías: "Oiréis pero no comprenderéis, veréis y no conoceréis. [15]Porque el corazón de este pueblo se ha endurecido, y sus oídos oyen mal, y cierran los ojos, de miedo que vean con sus ojos, y oigan con sus oídos, y comprendan con su corazón, y se conviertan, y Yo los sane". [16]Pero vosotros, ¡felices de vuestros ojos porque ven, vuestros oídos porque oyen! [17]En verdad, os digo, muchos profetas y justos desearon ver lo que vosotros veis, y no lo vieron; oír lo que vosotros oís y no lo oyeron". [18]"Escuchad vosotros la parábola del sembrador. [19]Sucede a todo el que oye la palabra del reino y no la comprende, que viene el maligno y arrebata lo que ha sido sembrado en su corazón: éste es el sembrado a lo largo del camino. [20]El sembrado en pedregales, es el hombre que, oyendo la palabra, en seguida la recibe con alegría; [21]pero no teniendo raíz en sí mismo, es de corta duración, y cuando llega la tribulación o la persecución por causa de la palabra, al punto se escandaliza. [22]El sembrado entre los abrojos, es el hombre que oye la palabra, pero la preocupación de este siglo y el engaño de las riquezas sofocan la palabra, y ella queda sin fruto. [23]Pero el sembrado en tierra buena, es el hombre que oye la palabra y la comprende: él sí que fructifica y produce ya ciento, ya sesenta, ya treinta".

Parábola de la cizaña. [24]Otra parábola les propuso, diciendo: "El reino de los cielos es semejante a un hombre que sembró grano bueno en su campo. [25]Pero, mientras la gente dormía, vino su enemigo, sobresembró cizaña entre el trigo, y se fue. [26]Cuando brotó, pues, la yerba y dio grano,

---

3. *Parábola,* término griego que significa "comparación". Las del Señor nos hacen comprender de una manera insuperable las verdades de la fe sobrenatural. Más que todas las explicaciones científicas, son las parábolas el medio apropiado para instruir a los de corazón recto, sean letrados o ignorantes, aunque se explica que a aquéllos les sea más difícil hacerse enseñables (11, 25; Jn. 6, 45; 8, 43; 1Co. 1, 22 ss.; 2, 14; 2Co. 10, 5). Como a los ricos en bienes (Lc. 18, 25), a los que se sienten ricos de pensamiento les cuesta mucho hacerse "pobres en el espíritu" (5, 3 y nota). Por eso las parábolas de Jesús son mucho menos comprendidas de lo que creemos (v. 11 y 57). Cf. Lc. 1, 53.

9. Jesús usa esta expresión cuando quiere llamar nuestra atención sobre algo muy fundamental o muy recóndito para la lógica humana. Con respecto a esta parábola, Él muestra en efecto que ella contiene una enseñanza básica, pues nos dice (Mc. 4, 13) que el que no la entiende no podrá entender las demás.

12. Es una ley en la economía del Reino que una gracia traiga otra, y que se pierdan por un pecado también los méritos antes obtenidos; si bien, como observa San Ambrosio, el perdón hace renacer los méritos perdidos, en tanto que los pecados borrados desaparecen para siempre. ¡Tal es la misericordia de la Ley de la Gracia a que estamos sometidos!

14s. Véase Is. 6, 9s.; Jn. 12, 40; Hch. 28, 26s.

19. *No la comprende.* Es decir que no hay excusa para no comprenderla, puesto que el Padre la descubre a los pequeños más aún que a los sabios (11, 25). El que no entiende las palabras de Jesús, dice San Juan Crisóstomo, es porque no las ama. Ya se arreglaría para entenderlas si se tratase de un negocio que le interesase. Porque esas palabras no son difíciles, sino profundas. No requieren muchos talentos sino mucha atención (v. 23; Lc. 6, 47 y nota).

23. *La comprende:* Ahí está todo (v. 19 y 51). El que se ha dejado penetrar por la virtud sobrenatural de las palabras del Evangelio, queda definitivamente conquistado en el fondo de su corazón, pues experimenta por sí mismo que nada puede compararse a ellas (Jn. 4, 42; Sal. 118, 85 y nota). De ahí el fruto que ya aseguraba David en Sal. 1, 1 ss.

24. La parábola de la *cizaña* encierra la idea de que hay y habrá siempre el mal junto al bien y que la completa separación de los malos y de los buenos no se realizará hasta el fin del siglo, cuando Él vuelva (v. 39 ss.). Muestra también la santidad de la Iglesia, pues que subsiste a pesar del enemigo.

apareció también la cizaña. [27]Y fueron los siervos al dueño de casa y le dijeron: "Señor ¿no sembraste grano bueno en tu campo? ¿Cómo, entonces, tiene cizaña?" [28]Les respondió: "Algún enemigo ha hecho esto". Le preguntaron: "¿Quieres que vayamos a recogerla?" [29]Mas él respondió: "No, no sea, que al recoger la cizaña, desarraiguéis también el trigo. [30]Dejadlos crecer juntamente hasta la siega. Y al momento de la siega, diré a los segadores: Recoged primero la cizaña y atadla en gavillas para quemarla, y al trigo juntadlo en mi granero".

Parábola del grano de mostaza y de la levadura. [31]Les propuso esta otra parábola: "El reino de los cielos es semejante a un grano de mostaza, que un hombre tomó y sembró en su campo. [32]Es el más pequeño de todos los granos, pero cuando ha crecido es más grande que las legumbres, y viene a ser un árbol, de modo que los pájaros del cielo llegan a anidar en sus ramas". [33]Les dijo otra parábola: "El reino de los cielos es semejante a la levadura que una mujer tomó y escondió en tres medidas de harina, hasta que todo fermentó". [34]Todo esto, lo decía Jesús a las multitudes en parábolas, y nada les hablaba sin parábola, [35]para que se cumpliese lo que había sido dicho por medio del profeta: "Abriré mis labios en parábolas; narraré cosas escondidas desde la fundación del mundo".

Interpretación de la parábola de la cizaña. [36]Entonces, despidió a la multitud y volvió a la casa. Y los discípulos se acercaron a Él y dijeron: "Explícanos la parábola de la cizaña del campo". [37]Les respondió y dijo: "El que siembra la buena semilla, es el Hijo del hombre. [38]El campo es el mundo. La buena semilla, ésos son los hijos del reino. La cizaña son los hijos del maligno. [39]El enemigo que la sembró es el diablo. La siega es la consumación del siglo. Los segadores son los ángeles. [40]De la misma manera que se recoge la cizaña y se la echa al fuego, así será en la consumación del siglo. [41]El Hijo del hombre enviará a sus ángeles, y recogerán de su reino todos los escándalos, y a los que cometen la iniquidad, [42]y los arrojarán en el horno de fuego; allí será el llanto y el rechinar de dientes. [43]Entonces los justos resplandecerán como el sol en el reino de su Padre. ¡Quien tiene oídos, oiga!

Parábolas del tesoro escondido, de la perla y de la red. [44]"El reino de los cielos es semejante a

---

30. *Dejadlos crecer, etc.:* La paciencia del Padre Celestial espera, "porque hay muchos que antes eran pecadores y después llegan a convertirse" (San Agustín) y para que por los malos se pruebe la virtud de los buenos, porque "sin las persecuciones no hay mártires" (San Ambrosio). Véase sobre esto 2 Pe. 3, 9: Ap. 6, 10s.

31s. Cf. Lc. 13, 18 ss. y nota.

33. *Escondió:* San Juan Crisóstomo y otros hacen notar que no se dice simplemente que "puso" sino que lo hizo en forma que quedara oculta. Según suele explicarse, la mujer simbolizaría a la Iglesia; la levadura, la Palabra de Dios; la harina, a los hombres, de manera que así como la levadura va fermentando gradualmente la harina, así la fe iría compenetrando no solamente todo el ser de cada hombre, sino también a toda la humanidad. Pero las interpretaciones difieren mucho en este pasaje que San Jerónimo llama discurso enigmático de explicación dudosa. San Agustín opina que la *mujer* representa la sabiduría; San Jerónimo, la predicación de los apóstoles o bien la Iglesia formada de diferentes naciones. Según San Juan Crisóstomo, la *levadura* son los cristianos, que cambiarán el mundo entero; según Rábano Mauro es la caridad, que va comunicando su perfección al alma toda entera, empezando en esta vida y acabando en la otra; según San. Jerónimo, es la inteligencia de las Escrituras; según otros, es el mismo Jesús. Las *tres medidas* de harina que, según San Juan Crisóstomo, significan una gran cantidad indeterminada, según San Agustín representan el corazón, el alma y el espíritu (22, 37), o bien las tres cosechas de ciento, de sesenta y de treinta (v. 23), o bien los tres hombres justos de que habla Ezequiel: Noé, Daniel y Job (Ez. 14, 14); según San Jerónimo, podrían ser también las tres partes del alma que se leen en Platón: la razonable, la irascible y la concupiscible; según otros, sería la fe en el Padre, en el Hijo y en el Espíritu Santo; según otros, la Ley, los Profetas y el Evangelio; según otros, las naciones salidas de Sem, de Cam y Jafet. Santo Tomás de Aquino trae a este respecto una observación de San Hilario, según el cual "aunque todas las naciones hayan sido llamadas al Evangelio, no se puede decir que Jesucristo haya estado en ellas "escondido", sino manifiesto, ni tampoco puede decirse que haya fermentado toda la masa". Por eso conviene buscar la solución de otra manera. Fillion hace notar que la levadura es mencionada en otros pasajes como símbolo de corrupción, sea de la doctrina, sea de las costumbres (16, 6 y 12; 1Co. 5, 6 ss.; Ga. 5, 9; cf. Ag. 2, 11 ss.), y Cornelio a Lapide explica por qué lo fermentado estaba prohibido, tanto en los sacrificios como en la Pascua (Ex. 12, 15; 13, 7; Lv. 2, 11; 6, 17; 10, 12, etc.) y expresa que por levadura se entiende la malicia, significando místicamente vicio y astucia. Añade que la levadura de los fariseos mataba las almas y que Cristo manda a los suyos cuidarse de esto, no en cuanto enseñaban la Ley, sino en cuanto la viciaban con sus vanas tradiciones. No faltan expositores que prefieren aquí este sentido, por su coincidencia con la Parábola de la cizaña que va a continuación. Cf. Lc. 13, 21 y nota.

35. Véase Sal. 77, 2.

un tesoro escondido en un campo; un hombre, habiéndolo descubierto, lo volvió a esconder, y en su gozo fue y vendió todo lo que tenía, y compró aquel campo. [45]También, el reino de los cielos es semejante a un mercader en busca de perlas finas. [46]Habiendo encontrado una de gran valor, fue y vendió todo lo que tenía, y la compró. [47]También es semejante el reino de los cielos a una red que se echó en el mar y que recogió peces de toda clase. [48]Una vez llena, la tiraron a la orilla, y sentándose juntaron los buenos en canastos, y tiraron los malos. [49]Así será en la consumación del siglo. Saldrán los ángeles y separarán a los malos de en medio de los justos, [50]y los echarán en el horno de fuego; allí será el llanto y el rechinar de dientes. [51]¿Habéis entendido todo esto?" Le dijeron: "Sí". [52]Entonces, les dijo: "Así todo escriba que ha llegado a ser discípulo del reino de los cielos, es semejante al dueño de casa que saca de su tesoro lo nuevo y lo viejo".

Jesús predicando en Nazaret. [53]Y cuando Jesús hubo acabado estas parábolas, partió de este lugar, [54]y fue a su patria, y les enseñaba en la sinagoga de ellos; de tal manera que estaban poseídos de admiración y decían: "¿De dónde tiene Éste la sabiduría esa y los milagros? [55]¿No es Éste el hijo del carpintero? ¿No se llama su madre María, y sus hermanos Santiago, José, Simón y Judas? [56]¿Y sus hermanas no están todas entre nosotros? Entonces, ¿de dónde le viene todo esto?" [57]Y se escandalizaban de Él. Más Jesús les dijo: "Un profeta no está sin honor sino en su país y en su familia". [58]Y no hizo allí muchos milagros, a causa de su falta de fe.

---

44. El *tesoro* es la fe y la gracia que vienen del Evangelio, como lo dice Benedicto XV. El mismo Pontífice aplica esta parábola a los que se dedican al estudio de la Sagrada Escritura y alega como ejemplos a los dos grandes Doctores Agustín y Jerónimo, que en su dicha de haber encontrado el tesoro de la divina Palabra se despidieron de los placeres del mundo (Encicl. "Spiritus Paraclitus"). Véase 6, 21 y nota.

45. *Perla fina* es llamado el reino de los cielos para indicar que quien lo descubre en el Evangelio, lo prefiere a cuanto pueda ofrecer el mundo. Otra interpretación de gran enseñanza espiritual es que Jesús dio todo lo que tenía por la Iglesia y por cada alma (Ga. 2, 20) que para Él es una perla de gran valor (Jn. 10, 39; Cf. 4, 1; 7, 11 y notas). Así se ha dado también a estas parábolas un sentido profético, aplicando la perla preciosa a la Iglesia y el tesoro escondido a Israel, por cuya caída Él extendió su obra redentora a toda la gentilidad. Cf. Rm. 11, 11 y 15.

47. La red es la Iglesia visible con sus apóstoles encargados de reunir en uno a los hijos de Dios (Jn. 11, 52), pescando en el mar que es el mundo. En esta parábola nos muestra Cristo, como en la del banquete (22, 8-14), la existencia de buenos y malos dentro de esa Iglesia, hasta el día en que los ángeles hagan la separación y Jesús, celebrando sus Bodas con el Cuerpo místico, arroje del festín a los que no tenían el traje nupcial.

49. Santo Tomás de Aquino dice que es de notar que Jesucristo expone la parábola sólo en cuanto a los malos, y luego observa que esos malos están entre los buenos como está la cizaña en medio del trigo (y la levadura en medio de la masa), tratándose por tanto aquí de los que no están separados de la Iglesia por diversidad de dogmas sino de los que hacen profesión de pertenecer a ella. Vemos así que no es ésta una repetición de la parábola de la cizaña, pues allí el campo no es la Iglesia sino todo el mundo (v. 38), mientras que aquí la red de pescar se refiere a la Iglesia apostólica formada por aquellos que "echaban la red en el mar, pues eran pescadores" (4, 18), y a quienes Jesús hizo "pescadores de hombres" (íbid. 19).

51s. *¿Habéis entendido todo esto?* Santo Tomás de Aquino muestra cómo, según Jesús, la inteligencia de todas esas parábolas —más misteriosas de lo que parecen– es necesaria para "todo escriba que ha llegado a ser discípulo del Reino" (v. 52; cf. vv. 19 y 23 y notas; Mc. 4, 13). De esa manera será semejante al Dueño de casa, que es el mismo Jesús, a quien deben parecerse sus discípulos (10, 23) y el cual saca de su tesoro (v. 52) eternas verdades del Antiguo Testamento y misterios nuevos que Él vino a revelar, tanto sobre su venida a predicar el "año de la reconciliación", cuanto sobre su retorno en el "día de la venganza" (Lc. 4, 17-21; Is. 61, 1s.). El mismo Jesús confirma esto en Lc. 24, 44. Por donde, dice San Agustín, debéis entender de modo que las cosas que se leen en el A. T. sepáis exponerlas a la luz del Nuevo. Vemos, pues, aquí el conocimiento que el cristiano y principalmente el apóstol han de tener de todos los misterios revelados por Cristo y que se refieren tanto a sus padecimientos cuanto a su futuro triunfo (1 Pe. 1, 11).

54s. *Su patria:* Nazaret. *Sus hermanos:* cf. 12, 46 y nota.

57. He aquí el gran misterio de la ceguera, obra del príncipe de este mundo que es el padre de la mentira (Jn. 8, 44) y cuyo poder es "de la tiniebla" (Lc. 22, 53). Veían lo admirable de su sabiduría y la realidad de sus milagros (v. 54) y en vez de alegrarse y seguirlo o al menos estudiarlo... se escandalizaban. Y claro está, como tenían que justificarse a sí mismos, sus parientes decían que era loco, y los grandes maestros enseñaban que estaba endemoniado (Mc. 3, 21-22). Por esto es que Él hablaba en parábolas (vv. 10-17), para que no entendieran sino los simples que se convertirían (cf. 11, 25 ss.). Los otros no habrían podido oír la verdad sin enfurecerse, como sucedió cuando entendieron la parábola de los viñadores (Mc. 12, 12 ss.). Por eso es Jesús "signo de contradicción" (Lc. 2, 34) y lo seremos también sus discípulos (Jn. 15, 20 ss.): a causa del "misterio de la iniquidad" o sea del poder diabólico (2 Ts. 2, 7 y 9) cuyo dominio sobre el hombre conocemos perfectamente por la tragedia edénica. (véase Sb. 2, 24 y nota) y cuyo origen se nos ha revelado también, aunque muy "arcanamente", en la rebelión de los ángeles, que algunos suponen sucedió en el momento situado entre Gn. 1, 1 y 2. Cf. nuestro estudio sobre Job y el misterio del mal, del dolor y de la muerte.

14 **Muerte del Bautista.** [1]En aquel tiempo, Herodes el tetrarca oyó hablar de Jesús, [2]y dijo a sus servidores: "Este es Juan el Bautista, que ha resucitado de entre los muertos, y por eso las virtudes operan en él". [3]Porque Herodes había prendido a Juan, encadenándolo y puesto en prisión, a causa de Herodías, la mujer de su hermano Filipo. [4]Pues Juan le decía: "No te es permitido tenerla". [5]Y quería quitarle la vida, pero temía al pueblo, que lo consideraba como profeta. [6]Más en el aniversario del nacimiento de Herodes, la hija de Herodías danzó en medio de los convidados y agradó a Herodes, [7]quien le prometió, con juramento, darle lo que pidiese. [8]Y ella instruida por su madre: "Dame aquí, dijo, sobre un plato, la cabeza de Juan el Bautista". [9]A pesar de que se afligió el rey, en atención a su juramento, y a los convidados, ordenó que se le diese. [10]Envió a decapitar a Juan en la cárcel. [11]Y la cabeza de éste fue traída sobre un plato, y dada a la muchacha, la cual la llevó a su madre. [12]Sus discípulos vinieron, se llevaron el cuerpo y lo sepultaron; luego fueron a informar a Jesús.

Primera multiplicación de los panes. [13]Jesús, habiendo oído esto, se retiró de allí en barca, a un lugar desierto, a solas. Las muchedumbres, al saberlo, fueron a pie, de diversas ciudades, en su busca. [14]Y cuando desembarcó, vio un gran gentío; y teniendo compasión de ellos, les sanó a los enfermos. [15]Como venía la tarde, sus discípulos se llegaron a Él diciendo: "Este lugar es desierto, y la hora ya ha pasado. Despide, pues, a la gente, para que vaya a las aldeas a comprarse comida". [16]Mas Jesús les dijo: "No necesitan irse; dadles vosotros de comer". [17]Ellos le dijeron: "No tenemos aquí más que cinco panes y dos peces". [18]Les dijo: "Traédmelos acá". [19]Y habiendo mandado que las gentes se acomodasen sobre la hierba, tomó los cinco panes y los dos peces, mirando al cielo los bendijo y, habiendo partido los panes, los dio a los discípulos y los discípulos a las gentes. [20]Y comieron todos y se saciaron y alzaron lo sobrante de los trozos, doce canastos llenos. [21]Y eran los que comieron cinco mil varones, sin contar mujeres y niños. [22]En seguida obligó a sus discípulos a reembarcarse, precediéndole, a la ribera opuesta, mientras Él despedía a la muchedumbre.

Jesús camina sobre las aguas. [23]Despedido que hubo a las multitudes, subió a la montaña para orar aparte, y caída ya la tarde, estaba allí solo. [24]Mas, estando la barca muchos estadios lejos de la orilla, era combatida por las olas, porque el viento era contrario. [25]Y a la cuarta vigilia de la noche vino a ellos, caminando sobre el mar. [26]Mas los discípulos viéndolo andar sobre el mar, se turbaron diciendo: Es un fantasma; y en su miedo, se pusieron a gritar. [27]Pero en seguida les habló Jesús y dijo: "¡Animo! soy Yo. No temáis". [28]Entonces, respondió Pedro y le dijo: "Señor, si eres Tú, mándame ir a Ti sobre

---

1. *Herodes Antipas,* hijo de aquel cruel Herodes que mató a los niños de Belén. *Tetrarca,* indica que tenía sólo la cuarta parte del reino de su padre.

3. San Juan había increpado a Herodes por haberse casado con Herodías, mujer de su hermano Filipo, en vida de éste.

9. Herodes no estaba obligado a cumplir un *juramento* tan contrario a la Ley divina y fruto del respeto humano. San Agustín, imitando a San Pablo (1Co. 4, 4s.), decía: "Pensad de Agustín lo que os plazca; todo lo que deseo, todo lo que quiero y lo que busco, es que mi conciencia no me acuse ante Dios". Cf. Sal. 16, 2 y nota.

19. Como Jesucristo, así también nosotros hemos de bendecir la comida rezando y levantando el corazón al Padre de quien procede todo bien. Véase 1 Tm. 4, 3-5; Hch. 2, 46 y nota.

23. Jesús se retiraba cada vez que podía (véase Mc. 1, 35; Lc. 5, 16; 6, 12; 9, 18, y 28; Jn. 6, 3, etc.) para darnos ejemplo y enseñarnos que el hombre que quiere descubrir y entender las cosas de Dios tiene que cultivar la soledad. No porque sea pecado andar en tal o cual parte, sino que es simplemente una cuestión de atención. Porque no se puede atender a un asunto importante cuando se está distraído por mil bagatelas (cf. Sb. 4, 12). No es otro el sentido de la semilla que cae entre abrojos (Mt. 13, 22). Cualquiera sabe y comprende, por ejemplo, que el que tiene novia necesita una gran parte de su tiempo para visitarla, escribirle, leer sus cartas, ocuparse de lo que a ella le interesa, etc. Si pretendiésemos que esto no es lo mismo y que hay otras cosas más importantes, o que nos apremian más que nuestra relación con Dios, no entenderemos jamás la verdad, ni sabremos defender nuestros intereses reales, ni gozar de la vida espiritual, ni aprovechar de los privilegios en los cuales Dios, que todo lo puede, da por añadidura todo lo demás a quien le hace el honor de prestarle atención a Él (Mt. 6, 33). Pues Él nos enseña a poner coto a nuestros asuntos temporales, porque al que maneja muchos negocios le irá mal en ellos (Eclo. 11, 10 y nota), y además caerá en los lazos del diablo (1 Tm. 6, 9). Las maravillas de Dios, que consisten principalmente en el amor que nos tiene, no pueden verse sino en la soledad interior. Compárese el azul diáfano del cielo en el cenit con el color grisáceo que tiene más abajo, en el horizonte, cuando se acerca a esta sucia tierra.

las aguas". [29]Él le dijo: "¡Ven!". Y Pedro saliendo de la barca, y andando sobre las aguas, caminó hacia Jesús. [30]Pero, viendo la violencia del viento, se amedrentó, y como comenzase a hundirse, gritó: "¡Señor, sálvame!" [31]Al punto Jesús tendió la mano, y lo tomó diciéndole: "Hombre de poca fe, ¿por qué has dudado?" [32]Y cuando subieron a la barca, el viento se calmó. [33]Entonces los que estaban en la barca se postraron ante Él diciendo: "Tú eres verdaderamente el Hijo de Dios".

[34]Y habiendo hecho la travesía, llegaron a la tierra de Genesaret. [35]Los hombres del lugar, apenas lo reconocieron, enviaron mensajes por toda la comarca, y le trajeron todos los enfermos. [36]Y le suplicaban los dejara tocar tan solamente la franja de su vestido, y todos los que tocaron, quedaron sanos.

15 Disputa con los fariseos.

[1]Entonces se acercaron a Jesús algunos fariseos y escribas venidos de Jerusalén, los cuales le dijeron: [2]"¿Por qué tus discípulos quebrantan la tradición de los antepasados?, ¿por qué no se lavan las manos antes de comer?" [3]Él les respondió y dijo: "Y vosotros ¿por qué traspasáis el mandamiento de Dios por vuestra tradición? [4]Dios ha dicho: "Honra a tu padre y a tu madre", y: "El que maldice a su padre o a su madre, sea condenado a muerte". [5]Vosotros, al contrario, decís: "Cualquiera que diga a su padre o a su madre: "Es ofrenda (para el Templo) aquello con lo cual yo te podría haber socorrido, [6]–no tendrá que honrar a su padre o a su madre". Y vosotros habéis anulado la palabra de Dios por vuestra tradición. [7]Hipócritas, con razón Isaías profetizó de vosotros diciendo:

[8]"Este pueblo me honra con los labios,
pero su corazón está lejos de Mí.

[9]En vano me rinden culto,

pues que enseñan doctrinas que son mandamientos de hombres".

[10]Y habiendo llamado a la multitud, les dijo: "¡Oíd y entended! [11]No mancha al hombre lo que entra en la boca; sino lo que sale de la boca, eso mancha al hombre". [12]Entonces sus discípulos vinieron a Él y le dijeron: "¿Sabes que los fariseos, al oír aquel dicho, se escandalizaron?" [13]Les respondió: "Toda planta que no haya plantado mi Padre celestial, será arrancada. [14]Dejadlos: son ciegos que guían a ciegos. Si un ciego guía a otro ciego, caerán los dos en el hoyo". [15]Pedro, entonces, le respondió y dijo: "Explícanos esa parábola". [16]Y dijo Jesús: "¿Todavía estáis vosotros también faltos de entendimiento? [17]¿No sabéis que todo lo que entra en la boca, pasa al vientre y se echa en lugar aparte? [18]Pero lo que sale de la boca, viene del corazón, y eso mancha al hombre. [19]Porque del corazón salen pensamientos malos, homicidios, adulterios, fornicaciones, hurtos, falsos testimonios, blasfemias. [20]He aquí lo que mancha al hombre; más el comer sin lavarse las manos, no mancha al hombre".

La mujer cananea. [21]Partiendo de este lugar, se retiró Jesús a la región de Tiro y de Sidón. [22]Y he ahí que una mujer cananea venida de ese territorio, dio voces diciendo: "¡Ten piedad de mí, Señor, Hijo de David! Mi hija está atormentada por un demonio". [23]Pero Él no le respondió nada. Entonces los discípulos, acercándose, le rogaron: "Despídela, porque nos persigue con sus gritos". [24]Mas Él respondió y dijo: "No he sido enviado sino a las ovejas perdidas de la casa de Israel". [25]Ella, no obstante, vino a postrarse delante de Él y dijo: "¡Señor, socórreme!" [26]Mas Él respondió:

---

1 ss. Véase el pasaje paralelo en Mc. 7, 1-23.

3. "Meditando cosas como éstas –dice un piadoso obispo alemán– descubrimos con saludable humildad, aunque no sin dolorosa sorpresa, cuán lejos del espíritu de Jesucristo solemos estar nosotros y nuestro mundo de cosas que llamamos respetables, cuyo más fuerte apoyo está en la soberbia que busca la gloria de los hombres". Cf. Denz. 190.

4. Cf. Ex. 20, 12; 21, 17; Lv. 20, 9; Dt. 5, 16; Pr. 20, 20; Ef. 6, 2.

5. Los fariseos pretendían que sus ofrendas dadas al Templo los librasen de cuidar de sus padres, siendo que ante Dios esto

constituía otra obligación distinta y no menos grave que aquélla, según el cuarto mandamiento. Cf. Mc. 7, 10 ss.

8. Véase Is. 29, 13. Cf. 2Co. 4, 18 y nota.

13. Sobre el sentido de esta sentencia, cf. 9, 37 y nota.

24. Con la aparente dureza de su respuesta, el Señor prueba *la fe de la cananea*, mostrando a la vez que su misión se limita a los judíos: cf. 10, 6 y nota. Pronto veremos que el lenguaje del Maestro pasa a la mayor dulzura, haciendo un admirable elogio de aquella mujer, cuya fe había querido probar. Cf. 1 Pe. 1, 7.

"No está bien tomar el pan de los hijos para echarlo a los perros". ²⁷Y ella dijo: "Sí, Señor, pero los perritos también comen las migajas que caen de la mesa de sus dueños". ²⁸Entonces Jesús respondiendo le dijo: "Oh mujer, grande es tu fe; hágase como quieres". Y su hija quedó sana, desde aquel momento.

²⁹Partiendo de allí, Jesús llegó al mar de Galilea, subió a la montaña y se sentó. ³⁰Y vinieron a Él turbas numerosas, llevando cojos, lisiados, ciegos, mudos y muchos otros, y los pusieron a sus pies, y Él los sanó. ³¹De modo que el gentío estaba maravillado al ver los mudos hablando, sanos los lisiados, cojos que caminaban, ciegos que veían; y glorificaba al Dios de Israel.

Segunda multiplicación de los panes. ³²Entonces Jesús llamó a sus discípulos y les dijo: "Me da lástima de estas gentes, porque hace ya tres días que no se apartan de Mí, y ya no tienen qué comer. No quiero despedirlas en ayunas, no sea que les falten las fuerzas en el camino". ³³Los discípulos le dijeron: "¿De dónde procurarnos en este desierto pan suficiente para saciar a una multitud como ésta?" ³⁴Jesús les preguntó: "¿Cuántos panes tenéis?" Respondieron: "Siete, y algunos pececillos". ³⁵Entonces mandó a la gente acomodarse en tierra. ³⁶Luego tomó los siete panes y los peces, dio gracias, los partió y los dio a los discípulos, y los discípulos a la gente. ³⁷Y todos comieron y se saciaron, y levantaron lo sobrante de los pedazos, siete canastos llenos. ³⁸Y los que comieron eran como cuatro mil hombres, sin contar mujeres y niños. ³⁹Después que despidió a la muchedumbre, se embarcó, y vino al territorio de Magadán.

16 Los fariseos y saduceos piden un milagro.
¹Se acercaron los fariseos y saduceos y para ponerlo a prueba le pidieron que les hiciese ver alguna señal del cielo. ²Mas Él les respondió y dijo: "Cuando ha llegado la tarde, decís: Buen tiempo, porque el cielo está rojo", ³y a la mañana: "Hoy habrá tormenta, porque el cielo tiene un rojo sombrío". Sabéis discernir el aspecto del cielo, pero no las señales de los tiempos. ⁴Una generación mala y adúltera requiere una señal: no le será dada otra que la del profeta Jonás". Y dejándolos, se fue.

Levadura de hipocresía. ⁵Los discípulos, al ir a la otra orilla, habían olvidado de llevar panes. ⁶Y Jesús les dijo: "Mirad y guardaos de la levadura de los fariseos y de los saduceos". ⁷Ellos dentro de sí discurrían diciendo: "Es que no hemos traído panes". ⁸Mas Jesús lo conoció y dijo: "Hombres de poca fe; ¿qué andáis discurriendo dentro de vosotros mismos que no tenéis panes? ⁹¿No entendéis todavía, ni recordáis los cinco panes de los cinco mil, y cuántos canastos recogisteis? ¹⁰¿Ni los siete panes de los cuatro mil, y cuántos canastos recogisteis? ¹¹¿Cómo no entendéis que no os quería hablar de los panes al deciros: "Guardaos de la levadura de los fariseos y de los saduceos?" ¹²Entonces, comprendieron que no había querido decir que se guardasen de la levadura de los panes, sino de la doctrina de los fariseos y saduceos.

Jesús en Cesárea de Filipo. Primado de Pedro. ¹³Y llegado Jesús a la región de Cesarea de Filipo, propuso esta cuestión a sus discípulos: "¿Quién dicen los hombres que es el Hijo del hombre?" ¹⁴Respondieron: "Unos dicen que es Juan el Bautista, otros Elías, otros Jeremías o algún otro de los profetas". ¹⁵Les dijo: "Y según vosotros, ¿quién soy Yo?" ¹⁶Le respondió Simón Pedro y dijo: "Tú eres el Cristo, el Hijo del Dios vivo". ¹⁷Entonces Jesús le dijo: "Bienaventurado eres, Simón hijo de Jonás, porque no te lo reveló carne y sangre, sino mi Padre celestial. ¹⁸Y Yo, te digo que tú eres Pedro, y sobre esta piedra edificare mi Iglesia, y las

---

30. Véase 11, 5; Mc. 7, 31 ss.

39. *Magadán,* situada, según San Jerónimo, al este del mar de Galilea; según otros, al norte de Tiberíades, o sea en la orilla Noroeste del Lago.

3. *Las señales de los tiempos*: el cumplimiento de las profecías mesiánicas, los milagros y la predicación de Jesús. Como por el arrebol pueden opinar sobre el tiempo que ha de hacer, así podrían reconocer la llegada del Mesías por el cumplimiento de los vaticinios. (Cf. 24, 32 ss.; Mc. 13, 28 ss.; Lc. 21, 29 ss.).

12. Sobre *levadura* véase 13, 33 y nota.

13. *Cesarea de Filipo,* hoy día Baniás, situada en el extremo norte de Palestina, cerca de una de las fuentes del Jordán.

18. *Pedro* (Piedra) es, como lo dice su nombre, el primer fundamento de la Iglesia de Jesucristo (véase Ef. 2, 20), que los poderes infernales nunca lograrán destruir. Las *llaves* significan la

puertas del abismo no prevalecerán contra ella. [19]A ti te daré las llaves del reino de los cielos: lo que atares sobre la tierra, estará atado en los cielos, lo que desatares sobre la tierra, estará desatado en los cielos". [20]Entonces mandó a sus discípulos que no dijesen a nadie que Él era el Cristo.

Anuncio de la pasión. [21]Desde entonces comenzó Jesús a declarar a sus discípulos que Él debía ir a Jerusalén y sufrir mucho de parte de los ancianos, de los sumos sacerdotes y de los escribas, y ser condenado a muerte y resucitar al tercer día. [22]Mas Pedro, tomándolo aparte, se puso a reconvenirle, diciendo: "¡Lejos de Ti, Señor! Esto no te sucederá por cierto". [23]Pero Él volviéndose, dijo a Pedro: "¡Quítateme de delante, Satanás! ¡Un tropiezo eres para Mí, porque no sientes las cosas de Dios, sino las de los hombres!".

¡Renunciarse! [24]Entonces, dijo a sus discípulos: "Si alguno quiere seguirme, renúnciese a sí mismo, y lleve su cruz y siga tras de Mí. [25]Porque el que quisiere salvar su alma, la perderá; y quien pierda su alma por mi causa, la hallará. [26]Porque ¿de qué sirve al hombre, si gana el mundo entero, más pierde su alma? ¿O que podrá dar el hombre a cambio de su alma? [27]Porque el Hijo del hombre ha de venir, en la gloria de su Padre, con sus ángeles, y entonces dará a cada uno según sus obras. [28]En verdad, os digo, algunos de los que están aquí no gustarán la muerte sin que hayan visto al Hijo del hombre viniendo en su Reino".

17 Transfiguración del Señor.

[1]Seis días después, Jesús tomó a Pedro, Santiago y Juan su hermano, y los llevó aparte, sobre un alto monte. [2]Y se transfiguró delante de ellos: resplandeció su rostro como el sol, y sus vestidos se hicieron blancos como la luz. [3]Y he ahí que se les aparecieron Moisés y Elías, que hablaban con Él. [4]Entonces Pedro habló y dijo a Jesús: "Señor, es bueno que nos quedemos aquí. Si quieres, levantaré aquí tres tiendas, una para Ti, una para Moisés, y otra para Elías". [5]No había terminado de hablar cuando una nube luminosa vino a cubrirlos, y una voz se hizo oír desde la nube que dijo: "Este es mi Hijo, el Amado, en quien me complazco; escuchadlo a Él". [6]Y los discípulos, al oírla, se

---

potestad espiritual. Los santos Padres y toda la Tradición ven en este texto el argumento más fuerte en pro del primado de San Pedro y de la infalible autoridad de la Sede Apostólica. "Entretanto, grito a quien quiera oírme: estoy unido a quienquiera lo esté a la Cátedra de Pedro" (San Jerónimo).

20. Como señala Fillion, las palabras de este pasaje marcan "un nuevo punto de partida en la enseñanza del Maestro". Cf. Jn. 17, 11; 18, 36. Desconocido por Israel (v. 14), que lo rechaza como Mesías-Rey para confundirlo con un simple profeta, Jesús termina *entonces* con esa predicación que Juan había iniciado según "la Ley y los Profetas" (Lc. 16, 16; Mt. 3, 10; Is. 35, 5 y notas) y empieza *desde entonces* (v. 21) a anunciar a los que creyeron en Él (v. 15s.) la fundación de su Iglesia (v. 18) que se formará a raíz de su Pasión, muerte y resurrección (v. 21) sobre la fe de Pedro (v. 16 ss.; Jn. 21, 15 ss.; Ef. 2, 20), y que reunirá a todos los hijos de Dios dispersos (Jn. 11, 52; 1, 11-13), tomando también de entre los gentiles un pueblo para su nombre (Hch. 15, 14); y promete Él mismo las llaves del Reino a Pedro (v. 19). Éste es, en efecto, quien abre las puertas de la fe cristiana a los judíos (Hch. 2, 38-42) y luego a los gentiles (Hch. 10, 34-46). Cf. 10, 6 y nota.

23. Así como los apóstoles en general, tampoco San Pedro llegó a comprender entonces el pleno sentido de la misión mesiánica de Jesús, que era inseparable de su *Pasión*. Vemos así que el amor de Pedro era todavía sentimental, y continuó siéndolo hasta que recibió al Espíritu Santo el día de Pentecostés. Esto explica que en Getsemaní abandonase a Jesús y luego lo negase en el palacio del pontífice.

24. *Entonces,* es decir, vinculando con lo que precede. Conviene notar aquí el contraste de Jesús con el mundo. Éste, siguiendo al pagano Séneca, nos recomienda, como una virtud, el "Afírmate". Jesús, sin el cual nada podemos, nos dice, en cambio: "Niégate" (para que Yo te afirme). No nos dice: Resígnate a la desdicha, sino al revés: Hazte niño confiado y obediente, entrégate como hijo mimado, y Yo te daré el gozo mío (Jn. 17, 13); tendrás cuanto pidas (Mc. 11, 24) y mi Padre velará para que nada te falte (6, 33).

28. Algunos discuten el sentido de este pasaje. La opinión de San Jerónimo y San Juan Crisóstomo, que refieren estas palabras a la Transfiguración de Jesús, la cual es una visión anticipada de su futura gloria, está abonada por lo que dicen los apóstoles (Jn. 1, 14; 2 Pe. 1, 16-19). Véase Mc. 8, 38 y 9, 1; Lc. 9. 27.

3. En la interpretación de los Santos Padres, *Moisés* representa la Ley Antigua, y *Elías* a los Profetas. Ambos vienen a dar testimonio de que Jesús es el verdadero Mesías, en quien se cumplen todos los divinos oráculos dados a Israel. Cf. 16, 20 y nota.

5. *Escuchadlo:* "Si a cualquier pueblo, culto o salvaje, se dijera que la voz de un dios había sido escuchada en el espacio, o que se había descubierto un trozo de pergamino con palabras enviadas desde otro planeta... imaginemos la conmoción y el grado de curiosidad que esto produciría, tanto en cada uno como en la colectividad. Pero Dios Padre habló para decirnos que un hombre era su Hijo, y luego nos habló por medio de ese Hijo y enviado suyo (Hb. 1, 1 ss.) diciendo que sus palabras eran nuestra vida. ¿Dónde están, pues, esas palabras? y ¡cómo las devorarán todos! Están en un librito que se vende a pocos céntimos y que casi nadie

postraron rostro en tierra, poseídos de temor grande. [7]Mas Jesús se aproximó a ellos, los tocó y les dijo: "Levantaos; no tengáis miedo". [8]Y ellos, alzando los ojos, no vieron a nadie más que a Jesús solo.

La venida de Elías. [9]Y cuando bajaban de la montaña, les mandó Jesús diciendo: "No habléis a nadie de esta visión, hasta que el Hijo del hombre haya resucitado de entre los muertos". [10]Los discípulos le hicieron esta pregunta: "¿Por qué, pues, los escribas dicen que Elías debe venir primero?" [11]Él les respondió y dijo: "Ciertamente, Elías vendrá y restaurará todo. [12]Os declaro que Elías ya vino, pero no lo conocieron, sino que hicieron con él cuanto quisieron. Y así el mismo Hijo del hombre tendrá que padecer de parte de ellos". [13]Entonces los discípulos cayeron en la cuenta que les hablaba con relación a Juan el Bautista.

Curación de un lunático. [14]Cuando llegaron a donde estaba la gente, un hombre se aproximó a Él, y, doblando la rodilla, le dijo: [15]"Señor, ten piedad de mi hijo, porque es lunático y está muy mal; pues muchas veces cae en el fuego y muchas en el agua. [16]Lo traje a tus discípulos, y ellos no han podido sanarlo". [17]Le respondió Jesús y dijo: "Oh raza incrédula y perversa, ¿hasta cuándo he de estar con vosotros? ¿Hasta cuándo os habré de soportar? Traédmelo acá". [18]Le increpó Jesús, y el demonio salió de él, y el niño quedó sano desde aquella hora. [19]Entonces los discípulos se llegaron a Jesús, aparte, y le dijeron: "¿Por qué nosotros no hemos podido lanzarlo?" [20]Les dijo: "Por vuestra falta de fe. Porque en verdad os digo: Que si tuviereis fe como un grano de mostaza, diríais a esta montaña: "Pásate de aquí, allá", y se pasaría, y no habría para vosotros cosa imposible". [21][En cuanto a esta ralea, no se va sino con oración y ayuno].

Nuevo anuncio de la pasión. [22]Y yendo juntos por Galilea, Jesús les dijo: "El Hijo del hombre va a ser entregado en manos de los hombres; [23]y lo harán morir, y al tercer día resucitará". Y se entristecieron en gran manera.

El tributo del templo. [24]Cuando llegaron a Cafarnaúm se acercaron a Pedro los que cobraban las dracmas y dijeron: "¿No paga vuestro Maestro las dos dracmas?" [25]Respondió: "Sí". Y cuando llegó a la casa, Jesús se anticipó a decirle: "Qué te parece, Simón: los reyes de la tierra ¿de quién cobran las tasas o tributo, de sus hijos o de los extraños?" [26]Respondió: "De los extraños". Entonces Jesús le dijo: "Así pues, son libres los hijos. [27]Sin embargo, para que no los escandalicemos, ve al mar a echar el anzuelo, y el primer pez que suba, sácalo, y abriéndole la boca encontrarás un estatero. Tómalo y dáselo por Mí y por ti".

18 **El mayor en el reino de los cielos.** [1]En aquel tiempo, los discípulos se llegaron a Jesús y le preguntaron: "En conclusión, ¿quién es el mayor en el reino de los cielos?" [2]Entonces, Él llamó a sí a un niño, lo puso en medio de ellos, [3]y dijo: "En verdad, os digo, si no volviereis a ser como los niños, no entraréis en el reino de los cielos. [4]Quien

---

lee. ¿Qué distancia hay de esto al tiempo anunciado por Cristo para su segunda venida, en que no habrá fe en la tierra?" (Padre d'Aubigny).

11s. Jesús no lo niega, antes bien les confirma que la misión de *Juan* es la de *Elías*. Pero les hace notar, en 11, 11-15 que su misión mesiánica sería rechazada por la violencia, y entonces Elías tendrá que volver al fin de los tiempos como precursor de su triunfo. Cf. Lc. 1, 17; 16, 16; Mal. 3, 1; 4, 5.

20s. *Falta de fe:* en griego apistía. Algunos códices dicen: *poca fe* (oligopistía). La Vulgata *dice: incredulidad.* Lo que el Señor agrega en este v. y lo que dijo en el v. 17 parece confirmar esta versión, lo mismo que el paralelo de Lc. 17, 6. El v. 21, que va entre corchetes, falta en el Codex Vaticanus y todo el contexto de este pasaje muestra, como hemos visto, que se trata más bien de una lección de fe. *Pásate de aquí allá, etc.:* según San Juan Crisóstomo, Cristo quiere enseñarnos la eficacia de la fe que vence todos los obstáculos. Las "montañas" más grandes son las conversiones de almas que Dios permite hacer a aquellos que tienen una fe viva. Cf. Lc. 17, 6.

1 ss. Sobre este punto fundamental cf. Lc. 1, 49 ss.; Mc. 10, 14s. y notas. "Si el valor de una conducta se mide por el premio, aquí está la principal. ¡Y pensar que la pequeñez es lo que menos suele interesarnos!".

3. *Si no volviereis, etc.:* todos hemos sido niños. El volver a serlo no puede extrañarnos, pues Jesús dice a Nicodemo que hemos de nacer de nuevo (Jn. 3, 3 ss.). "¡Ser niño! He aquí uno de los alardes más exquisitos de la bondad de Dios hacia nosotros. He aquí uno de los más grandes misterios del amor, que es uno de los puntos menos comprendidos del Evangelio, porque claro está que si uno no siente que Dios tiene corazón de Padre, no podrá entender que el ideal no esté en ser para Él un héroe, de esfuerzos de gigante, sino como un niñito que apenas empieza a hablar. ¿Qué virtudes

se hiciere pequeño como este niñito, ése es el mayor en el reino de los cielos. [5]Y quien recibe en mi nombre a un niño como éste, a Mí me recibe".

El escándalo. [6]"Pero quien escandalizare a uno solo de estos pequeños que creen en Mí, más le valdría que se le amarrase al cuello una piedra de molino de las que mueve un asno, y que fuese sumergido en el abismo del mar. [7]¡Ay del mundo por los escándalos! Porqué forzoso es que vengan escándalos, pero ¡ay del hombre por quien viene el escándalo! [8]Si tú mano o tu pie te hace tropezar, córtalo y arrójalo lejos de ti. Más te vale entrar en la vida manco o cojo, que ser, con tus dos manos o tus dos pies, echado en el fuego eterno. [9]Y si tu ojo te hace tropezar, sácalo y arrójalo lejos de ti. Más te vale entrar en la vida con un solo ojo, que ser, con tus dos ojos, arrojado en la gehena del fuego. [10]Guardaos de despreciar a uno solo de estos pequeños, porque os digo que sus ángeles, en los cielos, ven continuamente la faz de mi Padre celestial. [11][Porque el Hijo del hombre ha venido a salvar lo que estaba perdido]".

Valor de un Alma. [12]"¿Qué os parece? Si un hombre tiene cien ovejas y una de ellas se llega a descarriar, ¿no dejara las noventa y nueve sobre las montañas, para ir en busca de la que se descarrió? [13]Y si llega a encontrarla, en verdad os digo, tiene más gozo por ella que por las otras noventa y nueve que no se descarriaron. [14]De la misma manera no es voluntad de vuestro Padre celestial que se pierda uno de estos pequeños".

La corrección fraterna. [15]"Si tu hermano peca [contra ti] repréndelo entre ti y él solo; si te escucha, habrás ganado a tu hermano. [16]Si no te escucha toma todavía contigo un hombre o dos, para que por boca de dos testigos o tres conste toda palabra. [17]Si a ellos no escucha, dilo a la Iglesia. Y si no escucha tampoco a la Iglesia, sea para ti como un pagano y como un publicano. [18]En verdad os digo, todo lo que atareis sobre la tierra, será atado en el cielo y todo lo que desatareis sobre la tierra será desatado en el cielo". [19]"De nuevo, en verdad os digo, si dos de entre vosotros sobre la tierra se concertaren acerca de toda cosa que pidan, les vendrá de mi Padre celestial. [20]Porque allí donde dos o tres están reunidos por causa mía, allí estoy Yo en medio de ellos".

El siervo sin entrañas. [21]Entonces Pedro le dijo: "Señor, ¿cuántas veces pecará mi hermano contra mí y le perdonaré? ¿Hasta siete veces?" [22]Jesús le

---

tienen esos niños? Ninguna, en el sentido que suelen entender los hombres. Son llorones, miedosos, débiles, inhábiles, impacientes, faltos de generosidad, y de reflexión y de prudencia; desordenados, sucios, ignorantes y apasionados por los dulces y los juguetes. ¿Qué méritos puede hallarse en semejante personaje? Precisamente el no tener ninguno, ni pretender tenerlo robándole la gloria a Dios como hacían los fariseos (cf. Lc. 16, 15; 18, 9 ss.; etc.). Una sola cualidad tiene el niño, y es el no pensar que las tiene, por lo cual todo lo espera de su padre".

5s. *A Mí me recibe*: cf. 10, 40 y 25, 40. Recompensa incomparable de quienes acogen a un *niño* para educarlo y darle lo necesario "en nombre de Jesús"; y máxima severidad (v. 6) para los que corrompen a la juventud en doctrina o conducta. *Escándalo* es literalmente todo lo que hace tropezar, esto es, a *los que creen*, matando su fe en Él, o deformándola.

7. *Forzoso*: inevitable, en un mundo cuyo príncipe es Satanás, el hallar tropiezo y tentación para nuestra naturaleza harto mal inclinada (cf. 1Co. 11, 19). Pero ¡ay del que nos tiente! y ¡ay de nosotros si tentamos! Grave tema de meditación frente a las modas y costumbres de nuestro tiempo.

8s. *Manos, pies, ojos*: Quiere decir que debemos renunciar aún a lo más necesario para evitar la ocasión de pecado. "Huye del pecado como de la vista de una serpiente, porque si te arrimas a él te morderá" (Eclo. 21, 2). San Pablo enseña a dejar aún lo lícito cuando puede escandalizar a un ignorante (1Co. 8, 9 ss. y notas).

10. En esto se funda la creencia en los Ángeles Custodios.

11. Éste v., cuyo sentido no se descubre aquí, falta en varios códices. Sin duda es una glosa a los vv. 12 ss. tomada de Lc. 19, 10.

14. Literalmente: "Así no hay voluntad delante de vuestro Padre celestial que se pierda", etc. El verdadero sentido según el contexto se ve mejor invirtiendo la frase: "Es voluntad... que no se pierda". Así lo demuestra esta parábola de la oveja descarriada. Véase Lc. 15, 1 ss. y notas.

15. Las palabras "contra ti" faltan en los mejores códices y proceden quizá del v. 21o de Lc. 17, 4. Buzy y otros modernos las suprimen. Cf. Lv. 19, 17; Dt. 19, 17; 1Co. 6, 1 ss.

17. "Por lo cual los que están separados entre sí por la fe o por el gobierno no pueden vivir en este único cuerpo (Iglesia) y de este su único Espíritu" (Pío XII, Encíclica del Cuerpo Místico). Cf. 1Co. 5, 3 ss.

18. Los poderes conferidos a San Pedro (16, 19) son extendidos a *todos los apóstoles* (vv. 1, 17 y 19s.); sin embargo no habrá conflicto de poderes, ya que Pedro es la cabeza visible de la Iglesia de Cristo, pues sólo él recibió "las llaves del reino de los cielos". Véase Jn. 20, 22 ss.; Hch. 9, 32. Cf. Hch. 2, 46; Col. 4, 15.

19. *De entre vosotros*: A todos los que queremos ser sus discípulos nos alcanzan estas consoladoras palabras.

20. *Grandiosa promesa*: Jesús es el centro y el alma de tan santa unión y el garante de sus frutos.

dijo: "No te digo hasta siete veces, sino hasta setenta veces siete. [23]Por eso el reino de los cielos es semejante a un rey que quiso ajustar cuentas con sus siervos. [24]Y cuando comenzó a ajustarlas, le trajeron a uno que le era deudor de diez mil talentos. [25]Como no tenía con qué pagar, mandó el Señor que lo vendiesen a él, a su mujer y a sus hijos y todo cuanto tenía y se pagase la deuda. [26]Entonces arrojándose a sus pies el siervo, postrado, le decía: "Ten paciencia conmigo, y te pagaré todo" [27]Movido a compasión el amo de este siervo, lo dejó ir y le perdonó la deuda. [28]Al salir, este siervo encontró a uno de sus compañeros, que le debía cien denarios, y agarrándolo, lo sofocaba y decía: "Paga lo que debes". [29]Su compañero, cayendo a sus pies, le suplicaba y decía: "Ten paciencia conmigo y te pagare". [30]Más él no quiso, y lo echó a la cárcel, hasta que pagase la deuda. [31]Pero, al ver sus compañeros lo ocurrido, se contristaron sobremanera y fueron y contaron al amo todo lo que había sucedido. [32]Entonces lo llamó su señor y le dijo: "Mal siervo, yo te perdoné toda aquella deuda como me suplicaste. [33]¿No debías tú también compadecerte de tu compañero, puesto que yo me compadecí de ti?" [34]Y encolerizado su señor, lo entregó a los verdugos hasta que hubiese pagado toda su deuda. [35]Esto hará con vosotros mi Padre celestial si no perdonáis de corazón cada uno a su hermano ".

19 **Indisolubilidad del matrimonio.** [1]Cuando Jesús hubo acabado estos discursos partió de Galilea, y fue al territorio de Judea, más allá del Jordán. [2]Le siguieron muchas gentes, y las sanó allí. [3]Entonces, algunos fariseos, queriendo tentarlo, se acercaron a Él y le dijeron: "¿Es permitido al hombre repudiar a su mujer por cualquier causa?" [4]Él respondió y dijo: "¿No habéis leído que el Creador, desde el principio, "los hizo varón y mujer?" [5]y dijo: "Por esto dejará el hombre a su padre y a su madre, y se unirá a su mujer, y serán los dos una sola carne". [6]"De modo que ya no son dos, sino una carne. ¡Pues bien! ¡Lo que Dios juntó, el hombre no lo separe!" [7]Le dijeron: "Entonces ¿por qué Moisés prescribió dar libelo de repudio y despacharla?" [8]Les respondió: "Por causa de la dureza de vuestros corazones, les permitió Moisés repudiar a vuestras mujeres; pero al principio no fue así. [9]Mas Yo os digo, quien repudia a su mujer salvo el caso de adulterio, y se casa con otra, comete adulterio, y el que se casa con una repudiada, comete adulterio". [10]Le dijeron sus discípulos: "Si tal es la condición del hombre con la mujer, no conviene casarse". [11]Pero Él les respondió: "No todos pueden comprender esta palabra, sino solamente aquellos a quienes es dado. [12]Porque hay eunucos que nacieron así del seno materno, y hay eunucos hechos por los hombres, y hay eunucos que se hicieron tales a sí mismos por el reino de los cielos. El que pueda entender, entienda".

Privilegios de los niños. [13]Entonces le fueron presentados unos niños para que pusiese las manos sobre ellos, y orase (*por ellos*); pero los discípulos los reprendieron. [14]Pero Jesús les dijo: "Dejad a los niños venir a Mí, y no se lo impidáis, porque de los tales es el reino de los cielos". [15]Y les impuso las manos y después partió de allí.

El joven rico. [16]Y he ahí que se acercó uno a Él y le preguntó: "Maestro, ¿qué de bueno he de hacer para obtener la vida eterna?" [17]Le respondió: "¿Por qué me preguntas acerca de lo bueno? Uno solo es

---

22. Es decir: siempre. Se deduce de aquí la *misericordia sin límites,* con que Dios perdona, puesto que Jesús nos presenta a su Padre como modelo de la misericordia que nosotros hemos de ejercitar (Lc. 6, 35s.).

24. *Diez mil talentos*: más de 50millones de pesos.

28. *Cien denarios*: menos de cien pesos, esto es, una suma enormemente inferior a la que debía él a su amo.

35. Aplicación de la quinta petición del Padre Nuestro. Véase 6, 14s.

4 ss. Véase Gn. 1, 27; 2, 24; 1Co. 6, 16; 7, 10; Ef. 5, 31; Dt. 24, 1-4; Mt. 5, 31 y nota.

12. La *virginidad* es el camino más perfecto, pero no todos son llamados a él, porque no somos capaces de seguirlo sin una asistencia especial de la gracia divina. Véase 1Co. 7, 5.

14. Muchas veces nos exhorta Jesús a la *infancia espiritual,* porque ella es el camino único para llegar a Él (18, 3). Santa Teresa del Niño Jesús extrajo esta espiritualidad como esencia del Evangelio y Benedicto XV la llama "el secreto de la santidad".

16 ss. Véase Lc. 18, 18 ss. y notas. *Acerca de lo bueno*; en San Lucas: *¿Por qué me llamas bueno?* En ambos casos Él nos enseña que la bondad no es algo en sí misma, como norma abstracta, sino que la única fuente y razón de todo bien es Dios y lo bueno no es tal en cuanto llena tal o cual condición, sino en cuanto coincide con

el bueno. Mas, si quieres entrar en la vida, observa los mandamientos". [18]"¿Cuáles?", le replicó. Jesús le dijo: "No matarás; no cometerás adulterio; no robarás; no darás falso testimonio; [19]honra a tu padre y a tu madre, y amarás a tu prójimo como a ti mismo". [20]Le dijo entonces el joven. "Todo esto he observado; ¿qué me falta aún?" [21]Jesús le contestó: "Si quieres ser perfecto, vete a vender lo que posees, y dalo a los pobres, y tendrás un tesoro en el cielo; y ven, sígueme". [22]Al oír esta palabra, el joven se fue triste, porque tenía grandes bienes. [23]Después dijo Jesús a sus discípulos: "En verdad, os digo: Un rico difícilmente entrará en el reino de los cielos. [24]Y vuelvo a deciros que más fácil es a un camello pasar por el ojo de una aguja, que a un rico entrar en el reino de Dios". [25]Al oír esto, los discípulos se asombraron en gran manera y le dijeron: "¿Quién podrá salvarse?" [26]Mas Jesús, fijando los ojos en ellos, les dijo: "Para los hombres eso es imposible, más para Dios todo es posible".

Recompensa del seguimiento de Jesús.
[27]Entonces Pedro respondió diciéndole: "Tú lo ves, nosotros hemos dejado todo, y te hemos seguido; ¿qué nos espera?" [28]Jesús les dijo: "En verdad, os digo, vosotros que me habéis seguido, en la regeneración, cuando el Hijo del hombre se siente sobre su trono glorioso, os sentaréis, vosotros también, sobre doce tronos, y juzgaréis a las doce tribus de Israel. [29]Y todo el que dejare casas, o hermanos, o hermanas, o padre, o mujer, o hijos, o campos por causa de mi nombre, recibirá el céntuplo y heredará la vida eterna. [30]Y muchos primeros serán postreros, y (*muchos*) postreros, primeros".

20 **Parábola de los obreros de la viña.** [1]"Porque el reino de los cielos es semejante a un padre de familia, que salió muy de mañana a contratar obreros para su viña. [2]Habiendo convenido con los obreros en un denario por día, los envió a su viña. [3]Salió luego hacia la hora tercera, vio a otros que estaban de pie, en la plaza, sin hacer nada. [4]Y les dijo: "Id vosotros también a mi viña, y os daré lo que sea justo". [5]Y ellos fueron. Saliendo otra vez a la sexta y a la novena hora, hizo lo mismo. [6]Saliendo todavía a eso de la hora undécima, encontró otros que estaban allí, y les dijo: "¿Por qué estáis allí todo el día sin hacer nada?" [7]Le dijeron: "Porque "nadie nos ha contratado". Les dijo: "Id vosotros también a la viña". [8]Llegada la tarde, el dueño de la viña dijo a su mayordomo: "Llama a los obreros, y págales el jornal, comenzando por los últimos, hasta los primeros". [9]Vinieron, pues, los de la hora undécima, y recibieron cada uno un denario. [10]Cuando llegaron los primeros, pensaron que recibirían más, pero ellos también recibieron cada uno un denario. [11]Y al tomarlo, murmuraban contra el dueño de casa, [12]y decían: "Estos últimos no han trabajado más que una hora, y los tratas como a nosotros, que hemos soportado el peso del día y el calor". [13]Pero

---

lo que quiere el divino Padre (cf. Sal. 147, 9 y nota). "Alejémonos hermanos queridísimos, de esos innovadores que no llamaré dialécticos sino heréticos, que en su extrema impiedad sostienen que la bondad por la cual Dios es bueno, no es Dios mismo. Él es Dios, dicen, por la divinidad, pero la divinidad no es el mismo Dios. ¿Tal vez es ella tan grande que no se digna ser Dios, ya que es ella quien lo hace a Dios?" (San Bernardo).

26. *Para Dios todo es posible*: ¡Qué inmenso consuelo para cuantos sentimos nuestra indignidad! Notemos que no dice esto el Señor aludiendo a la omnipotencia que Dios tiene como Autor y Dueño de la creación, sino a su omnipotencia para dar la gracia y salvar a quien Él quiera, según su santísima voluntad. ¡Qué felicidad la nuestra al saber que esa voluntad es la de "un Padre dominado por el amor"! (Pío XII). Cf. Rm. 9, 15 ss.

28. En la *regeneración*: esto es, en la resurrección; según San Juan Crisóstomo, en la regeneración y renovación del mundo en el día del Juicio. Cf. Lc. 22, 30; Jn. 5, 24; Hch. 3, 21; Rm. 8, 19 ss.; 1Co. 6, 2s.; 2 Pe. 2, 4; Jds. 14; Ap. 20, 4; 21, 1 y notas. *Doce tronos*: en Lc. 22, 28, no se fija el número.

29. Véase Mc. 10, 30. Como se ve, estas recompensas extraordinarias no son prometidas, como a veces se cree, por toda obra de misericordia, sino para los que se entregan plenamente a *Jesús*, dentro de la vida religiosa o aún fuera de ella. Cf. Lc. 18, 29s.

1s. El *padre de familia*, Dios, invita al apostolado en su *viña*. El *día de trabajo* es la vida; *el denario*, el reino de los cielos. Llama la atención el hecho de que todos reciban "el mismo salario", aún los últimos. Es que el reino de los cielos no puede dividirse, y su participación es siempre un don libérrimo de la infinita misericordia de Dios (Lc. 8, 47; 15, 7).

12. *El peso del día*: El que así habla es como el de la parábola de las minas que pensaba mal de su Señor y que por eso no pudo servirlo bien, porque no lo amaba (Lc. 19, 21-23). El yugo de Jesús es "excelente" (11, 30) y los mandamientos del Padre "no son pesados" (1 Jn. 5, 3), sino dados para nuestra felicidad (Jr. 7, 23) y

él respondió a uno de ellos: "Amigo, yo no te hago injuria. ¿No conviniste conmigo en un denario? [14]Toma, pues, lo que te toca, y vete. Más yo quiero dar a este último tanto como a ti. [15]¿No me es permitido, con lo que es mío, hacer lo que me place? ¿O has de ser tú envidioso, porque yo soy bueno?" [16]Así los últimos serán primeros, y los primeros, últimos".

Tercer anuncio de la pasión. [17]Y subiendo Jesús a Jerusalén, tomó aparte a los doce discípulos, y les dijo en el camino: [18]"He aquí que subimos a Jerusalén, y el Hijo del hombre va a ser entregado a los sumos sacerdotes y escribas, y lo condenarán a muerte. [19]Y lo entregarán a los gentiles, para que lo escarnezcan, lo azoten y lo crucifiquen, pero al tercer día resucitará".

Falsa ambición de los hijos de Zebedeo. [20]Entonces la madre de los hijos de Zebedeo se acercó a Él con sus hijos, postrándose como para hacerle una petición. [21]Él le preguntó: "¿Qué deseas?" Le contestó ella: "Ordena que estos dos hijos míos se sienten, el uno a tu derecha y el otro a tu izquierda, en tu reino". [22]Mas Jesús repuso diciendo: "No sabéis lo que pedís. ¿Podéis beber el cáliz, que Yo he de beber?" Le dijeron: "Podemos". [23]Él les dijo: "Mi cáliz, sí, lo beberéis; pero el sentaros a mi derecha o a mi izquierda, no es cosa mía el darlo, sino para quienes estuviere preparado por mi Padre". [24]Cuando los diez oyeron esto, se enfadaron contra los dos hermanos. [25]Mas Jesús los llamó y dijo: "Los jefes de los pueblos, como sabéis, les hacen sentir su dominación, y los grandes su poder. [26]No será así entre vosotros, sino al contrario: entre vosotros el que quiera ser grande se hará el servidor vuestro, [27]y el que quiera ser el primero de vosotros ha de hacerse vuestro esclavo; [28]así como el Hijo del hombre vino, no para ser servido, sino para servir y dar su vida en rescate por muchos".

Curación de dos ciegos. [29]Cuando salieron de

---

como guías para nuestra seguridad (Sal. 24, 8). El cristiano que sabe estar en la verdad frente a la apariencia, mentira y falsía que reina en este mundo tiranizado por Satanás, no cambiaría su posición por todas las potestades de la tierra. Esta parábola de los obreros de la viña nos enseña, pues, a pensar bien de Dios (Sb. 1, 1). El obrero de la última hora pensó bien puesto que esperó mucho de Él (cf. Lc. 7, 47 y nota), y por eso recibió lo que esperaba (Sal. 32, 22). Esto que parecería alta mística, no es sino lo elemental de la fe, pues no puede construirse vínculo alguno de padre a hijo si éste empieza por considerarse peón y creer que su Padre le quiere explotar como a tal.

15. Nótese el contraste entre el modo de pensar de Dios y el de los hombres. Estos sólo avaloran la duración del esfuerzo. Dios en cambio aprecia, más que todo, las *disposiciones del corazón*. De ahí que el pecador arrepentido encuentre siempre abierto el camino de la misericordia y del perdón en cualquier trance de su vida (Jn. 5, 40; 6, 37).

16. *Así:* es decir, queda explicado lo que anticipó en 19, 30. Sin duda la Parábola señalaba la vocación de nosotros los gentiles, no menos ventajosa por tardía. En ella el Corazón de Dios se valió también de las faltas de unos y otros para compadecerse de todos (Rm. 11, 30-36); y lo más asombroso aún es que igual cosa podamos aprovechar nosotros en la vida espiritual, para sacar ventajas de nuestras faltas que parecieran cerrarnos la puerta de la amistad con nuestro Padre. Véase Lc. 7, 41 ss.; 15, 11 ss.; Rm. 8, 28; Col. 4, 5 y nota.

20 ss. Los *hijos de Zebedeo,* los apóstoles Juan y Santiago el Mayor. La madre se llamaba Salomé El *cáliz* (v. 22) es el martirio. "Creía la mujer que Jesús reinaría inmediatamente después de la Resurrección y que Él cumpliría en su primera venida lo que está prometido para la segunda" (San Jerónimo). Cf. Hch. 1, 6s. En realidad, ni la mujer ni los Doce podían tampoco pensar en la Resurrección, puesto que no habían entendido nada de lo que Jesús acababa de decirles en los vv. 31 ss., como se hace notar en Lc. 18, 34. Véase 18, 32 y nota.

23. *No es cosa mía.* Véase expresiones semejantes en Mc. 13, 32; Jn. 14, 28; Hch. 1, 7 y notas. Cf. Jn. 10, 30; 16, 15; 17, 10.

25. Véase Lc. 22, 25 y nota.

26¡*No será así entre vosotros!* (cf. Mc. 10, 42; Lc. 22, 25 ss.). Admirable lección de apostolado es ésta, que concuerda con la de Lc. 9, 50 (cf. la conducta de Moisés en Nm. 11, 26.29), y nos enseña, ante todo, que no siendo nuestra misión como la del César (23, 17) no hemos de ser intolerantes ni querer imponer la fe a la fuerza por el hecho de ser una cosa buena (cf. Cant. 3, 5; 2Co. 1, 23; 6, 3 ss.; 1 Ts. 2, 11; 1 Tm. 3, 8; 2 Tm. 4; 1 Pe. 5, 2s.; 1Co. 4, 13, etc.), como que la semilla de la Palabra se da para que sea libremente aceptada o rechazada (Mt. 13, 3). Por eso los apóstoles, cuando no eran aceptados en un lugar, debían retirarse a otro (10, 14s. y 12; Hch. 13, 51; 18, 6) sin empeñarse en dar "el pan a los perros" (7, 6). Pero al mismo tiempo, y sin duda sobre eso mismo, se nos enseña aquí el sublime poder del apostolado, que sin armas ni recursos humanos de ninguna especie (10, 9s. y nota), con la sola eficacia de las Palabras de Jesús y su gracia consigue que no ciertamente todos –porque el mundo está dado al Maligno (1 Jn. 5, 19) y Jesús no rogó por él (Jn. 17, 9)–, pero sí la tierra que libremente acepta la semilla, dé fruto al 30, al 60 y al 100por uno (13, 23; Hch. 2, 41; 13, 48, etc.).

28. Al saber esto los que, siendo hombres miserables, tenemos quienes nos sirvan ¿no trataremos de hacérnoslo perdonar con la caridad hacia nuestros subordinados, usando ruegos en vez de órdenes y viendo en ellos, como en los pobres, la imagen envidiable del divino Sirviente? (Lc. 22, 27). Nótese que esto, y sólo esto, es el remedio contra los odios que carcomen a la sociedad. En *rescate*

Jericó, le siguió una gran muchedumbre. ³⁰Y he ahí que dos ciegos, sentados junto al camino, oyendo que Jesús pasaba, se pusieron a gritar, diciendo: "Señor, ten piedad de nosotros, Hijo de David". ³¹La gente les reprendía para que callasen, pero ellos gritaban más, diciendo: "Señor, ten piedad de nosotros, Hijo de David". ³²Entonces Jesús, parándose los llamó y dijo: "¿Qué queréis que os haga?" ³³Le dijeron: "¡Señor, que se abran nuestros ojos!". ³⁴Y Jesús, teniendo compasión de ellos, les tocó los ojos, y al punto recobraron la vista, y le siguieron.

21 **Entrada triunfal en Jerusalén.** ¹Cuando se aproximaron a Jerusalén, y llegaron a Betfagé, junto al Monte de los Olivos, Jesús envió a dos discípulos, ²diciéndoles: "Id a la aldea que está enfrente de vosotros, y encontraréis una asna atada y un pollino con ella: desatadlos y traédmelos. ³Y si alguno os dice algo, contestaréis que los necesita el Señor; y al punto los enviará". ⁴Esto sucedió para que se cumpliese lo que había sido dicho por el profeta: ⁵"Decid a la hija de Sión: He ahí que tu rey viene a ti, benigno y montado sobre una asna y un pollino, hijo de animal de yugo". ⁶Los discípulos fueron pues, e hicieron como Jesús les había ordenado: ⁷trajeron la asna y el pollino, pusieron sobre ellos sus mantos, y Él se sentó encima. ⁸Una inmensa multitud de gente extendía sus mantos sobre el camino, otros cortaban ramas de árboles, y las tendían por el camino. ⁹Y las muchedumbres que marchaban delante de Él, y las que le seguían, aclamaban, diciendo: "¡Hosanna al Hijo de David!

¡Bendito el que viene en nombre del Señor! ¡Hosanna en las alturas!" ¹⁰Y al entrar Él en Jerusalén, toda la ciudad se conmovió, y decían: "¿Quién es este?" ¹¹Y las muchedumbres decían: "Éste es Jesús, el profeta, de Nazaret de Galilea".

Purificación del templo. ¹²Y Jesús entró en el Templo de Dios y echó fuera a todos los que vendían y compraban en el Templo, y volcó las mesas de los cambistas, y las sillas de los que vendían las palomas; ¹³y les dijo: "Está escrito: "Mi casa será llamada casa de oración", más vosotros la hacéis "cueva de ladrones". ¹⁴y se llegaron a Él en el Templo ciegos y tullidos, y los sanó. ¹⁵Pero los sumos sacerdotes y los escribas, viendo los milagros que hacía, y oyendo a los niños que gritaban en el Templo y decían: "Hosanna al Hijo de David", se indignaron, ¹⁶y le dijeron: "¿Oyes lo que dicen éstos?" Jesús les replicó: "Sí, ¿nunca habéis leído aquello: "De la boca de los pequeñitos y de los lactantes, me prepararé alabanza?". ¹⁷Y dejándolos, salió de la ciudad a Betania, donde se albergó.

La higuera estéril. ¹⁸Por la mañana, cuando volvía a la ciudad, tuvo hambre; ¹⁹y viendo una higuera junto al camino, se acercó a ella, mas no hallo en ella sino hojas. Entonces le dijo: "¡Nunca más nazca ya fruto de ti!" Y en seguida la higuera se secó. ²⁰Viendo esto, los discípulos se maravillaron y dijeron: "¿Cómo al momento se secó la higuera?" ²¹Y Jesús les dijo: "En verdad, os digo, si tenéis fe, y no dudáis, no solamente haréis lo de la higuera, sino que si decís a esta montaña:

---

por muchos, esto es, por todos. "Muchos" se usa a veces en este sentido más amplio. Cf. 24, 12; Mc. 14, 24.

1. *Betfagé:* Un pequeño pueblo situado entre Betania y Jerusalén. El *Monte de los Olivos* o "monte Olivete" está separado de Jerusalén por el valle del Cedrón.

3. *Los necesita:* cf. Lc. 19, 31 y nota.

5. *Sión* se llamaba en la antigüedad la colina en que estaba el Templo. *Hija de Sión:* la ciudad de Jerusalén. Notable cita de Is. 62, 11, en que se suprime el final de dicho v. y se añade en cambio el final de Za. 9, 9, en tanto que el final del primero es referido en Ap. 22, 12. Cf. Is. 40, 10 y nota.

9. *Hosanna* es una palabra hebrea que significa: ¡ayúdanos! (¡oh Dios!) y que se usaba para expresar el júbilo y la alegría. El término "Hijo de David" es auténticamente mesiánico. Véase 9, 27. Cf. Mc. 11, 10; Lc. 19, 38; Jn. 12, 13. Como se ve, todos los evangelistas han registrado, usando expresiones complementarias, esta

memorable escena en que se cumplió lo previsto en Dn. 9, 25. Según los cálculos rectificados por el Padre Lagrange, ella ocurrió el 2 de abril del año 30, cumpliéndose así en esa profecía de Daniel la semana 69 (7+ 62) de años hasta la manifestación del "Cristo Príncipe", o sea 483 años proféticos, de 360 días (como los de Ap. 12, 6 y 14) –que equivalen exactamente a los 475 años corrientes según el calendario juliano– desde el edicto de Artajerjes 1º sobre la reconstrucción de Jerusalén (Ne. 2, 1-8) dado en abril del 445 a.C.

13. Véase Is. 56, 7; Jr. 7, 11. Cf. Mc. 11, 15-18; Lc. 19, 45-47; Jn. 2, 14-16.

16. Véase Sal. 8, 3.

19. *La higuera seca* simboliza al pueblo judío que rechazó a Jesús y por eso fue rechazado él mismo (cf. Lc. 13, 6 ss.). En sentido más amplio nos muestra a todos los hombres que por tener una fe muerta no dan los frutos propios de la fe (7, 16). Cf. St. 2, 18 y nota.

"Quítate de ahí y échate al mar", eso se hará. [22]Y todo lo que pidiereis con fe, en la oración, lo obtendréis".

Controversia con los sumos sacerdotes y ancianos. [23]Llegado al Templo, se acercaron a Él, mientras enseñaba, los sumos sacerdotes y los ancianos del pueblo y le dijeron: "¿Con qué autoridad haces esto, y quién te ha dado ese poder?". [24]Mas Jesús les respondió y dijo: "Yo también quiero preguntaron una cosa; si vosotros me la decís, Yo os diré a mi vez con qué autoridad hago esto: [25]El bautismo de Juan ¿de dónde era? ¿Del cielo o de los hombres?" Ellos, entonces, discurrieron así en sí mismos: [26]Si decimos: "del cielo", nos dirá: "Entonces ¿por qué no le creísteis?" "Si decimos: "de los hombres", hemos de temer al pueblo, porque todos tienen a Juan por profeta". [27]Respondieron, pues, a Jesús, diciendo: "No sabemos". Y Él les dijo: "Ni Yo tampoco os digo con qué autoridad hago esto".

Parábola de los dos hijos. [28]"¿Qué opináis vosotros? Un hombre tenía dos hijos; fue a buscar al primero y le dijo: "Hijo, ve hoy a trabajar a la viña". [29]Más éste respondió y dijo: "Voy, Señor", y no fue. [30]Después fue a buscar al segundo, y le dijo lo mismo. Éste contestó y dijo: "No quiero", pero después se arrepintió y fue. [31]¿Cuál de los dos hizo la voluntad del padre?" Respondieron: "El último". Entonces, Jesús les dijo: "En verdad, os digo, los publicanos y las rameras entrarán en el reino de Dios antes que vosotros. [32]Porque vino Juan a vosotros, andando en camino de justicia, y vosotros no le creísteis, mientras que los publicanos y las rameras le creyeron. Ahora bien, ni siquiera después de haber visto esto, os arrepentisteis, para creerle".

Parábola de los viñadores homicidas. [33]"Escuchad otra parábola. "Había un dueño de casa, que plantó una viña, la rodeó de una cerca, cavo en ella un lagar y edificó una torre; después, la arrendó a unos viñadores, y se fue a otro país. [34]Cuando llegó el tiempo de los frutos, envió sus siervos a los viñadores para recibir sus frutos. [35]Pero los viñadores agarraron a los siervos, apalearon a éste, mataron a aquél, lapidaron a otro. [36]Entonces envió otros siervos en mayor número que los primeros; y los trataron de la misma manera. [37]Finalmente les envió su hijo, diciendo: "Respetarán a mi hijo". [38]Pero los viñadores, viendo al hijo, se dijeron entre sí: "Éste es el heredero. Venid, matémoslo, y nos quedaremos con su herencia". [39]Lo agarraron, lo sacaron fuera de la viña y lo mataron. [40]Cuando vuelva pues el dueño de la viña, ¿qué hará con aquellos viñadores?" [41]Dijeron: "Hará perecer sin piedad a estos miserables, y arrendará la viña a otros viñadores, que le paguen los frutos a su tiempo". [42]y les dijo Jesús: "¿No habéis leído nunca en las

---

21. Véase sobre este importante problema 17, 20 y nota.

23 ss. Apreciemos esta lección de independencia espiritual que nos da el Maestro de toda humildad y mansedumbre. La timidez no es virtud; antes bien suele venir de la vanidad preocupada de agradar a los hombres. Cf. Ga. 1, 10.

28. El primero de los *dos hijos* es el tipo de los que honran a Dios con los labios, pero cuyo corazón está lejos de Él (15, 8); el segundo es el hombre que, sobrecogido de los remordimientos de su conciencia, se arrepiente y se salva. "El remordimiento, dice San Ambrosio, es una gracia para el pecador. Sentir el remordimiento y escucharlo prueba que la conciencia no está enteramente apagada. El que siente su herida, desea la curación y toma remedios. Donde no se siente el mal, no hay esperanza de vida". Cf. 27, 5 y Eclo. 40, 8 y nota.

31. Jesús se refiere a los dos casos extremos, y no indica ningún caso donde el que promete cumpla. Si añadimos a esto el tremendo fracaso de Pedro en sus promesas, que Dios quiso recalcarnos reiterándolo en los cuatro Evangelios (Mt. 26, 35; Mc. 14, 29; Lc. 22, 33; Jn. 13, 37), parece descubrirse aquí, con un carácter notablemente general, la falla de los que prometen y la doblez de los que se nos presentan melosamente (Eclo. 12, 10; 27, 25 ss., etc.). Aquí, claro está, el que promete cree ser sincero en el momento, como lo fue Pedro. La enseñanza estaría precisamente en prevenirnos que esa actitud de prometerle a Dios encierra en sí muchísimas veces una falacia, revelando una presunción que Él confunde, porque es vano ofrecer semejante anticipo a Quien está viendo que mañana tal vez ya no viviremos (St. 4, 14s.), y que es el Único en saber si seremos o no fieles puesto que sólo Él puede darnos la gracia de la fidelidad. De ahí que la actitud de verdadera fidelidad, lejos de prometer a Dios, implora de Él su sostén. Entonces sí que la fidelidad es segura, precisamente porque desconfía de sí misma y sólo se apoya en Dios. Tal ha de ser, pues, el espíritu de todo verdadero propósito de enmienda.

34 ss. Los *viñadores* representan al pueblo judío que rechazó al Mesías y, por eso, fue desechado. El "hijo del dueño de casa" es Jesucristo; los "criados" son los profetas y los apóstoles. Esta parábola nos enseña también a nosotros que el privilegio del don de Dios no se entrega sin grandísima responsabilidad. Véase Rm. 11, 17 ss.

Escrituras: "La piedra que desecharon los que edificaban, esa ha venido a ser cabeza de esquina; el Señor es quien hizo esto, y es un prodigio a nuestros ojos?". [43]Por eso os digo: El reino de Dios os será quitado, y dado a gente que rinda sus frutos. [44]Y quien cayere sobre esta piedra, se hará pedazos; y a aquel sobre quien ella cayere, lo hará polvo". [45]Los sumos sacerdotes y los fariseos, oyendo sus parábolas, comprendieron que de ellos hablaba. [46]Y trataban de prenderlo, pero temían a las multitudes porque éstas lo tenían por profeta.

22 Parábola del banquete.
[1]Jesús les habló de nuevo en parábolas, y dijo respondiendo: [2]"El reino de los cielos es semejante a un rey que celebró las bodas de su hijo. [3]Y envió a sus siervos a llamar a los convidados a las bodas, mas ellos no quisieron venir. [4]Entonces envió a otros siervos, a los cuales dijo: "Decid a los convidados: Tengo preparado mi banquete; mis toros y animales cebados han sido sacrificados ya, y todo está a punto: venid a las bodas". [5]Pero, sin hacerle caso, se fueron el uno a su granja, el otro a sus negocios. [6]Y los restantes agarraron a los siervos, los ultrajaron y los mataron. [7]El rey, encolerizado, envió sus soldados, hizo perecer a aquellos homicidas, y quemó su ciudad. [8]Entonces dijo a sus siervos: "Las bodas están preparadas, pero los convidados no eran dignos. [9]Id pues a las encrucijadas de los caminos y a todos cuantos halléis invitadlos a las bodas". [10]Salieron aquellos siervos a los caminos y reunieron a todos cuantos hallaron, malos y buenos, y la sala de las bodas quedó llena de convidados. [11]Más cuando el rey entró para ver a los comensales, notó a un hombre que no estaba vestido con el traje de boda. [12]Le dijo: "Amigo, ¿cómo has entrado aquí sin tener el traje de boda?" Y él enmudeció. [13]Entonces el rey dijo a los siervos: "Atadlo de pies y manos, y arrojadlo a las tinieblas de afuera; allí será el llanto y el rechinar de dientes. [14]Porque muchos son llamados, más pocos escogidos".

La cuestión del tributo. [15]Entonces los fariseos se fueron y deliberaron cómo le sorprenderían en alguna palabra. [16]Le enviaron sus discípulos con los herodianos a decirle: "Maestro, sabemos que eres veraz y que enseñas el camino de Dios con verdad sin miedo a nadie, porque no miras a la persona de los hombres. [17]Dinos pues lo que piensas: ¿es lícito o no pagar tributo al César?" [18]Mas Jesús, conociendo su malicia, repuso: "Hipócritas, ¿por qué me tentáis? [19]Mostradme la moneda del tributo". Y le presentaron un denario. [20]Les preguntó: "¿De quién es esta figura y la leyenda?" [21]Le respondieron: "del César". Entonces les dijo: "Dad al César lo que es del César y a Dios lo que es de Dios". [22]Oyendo esto quedaron maravillados y dejándolo se fueron.

Los saduceos y la resurrección. [23]En aquel día algunos saduceos, los cuales dicen que no hay resurrección, se acercaron a Él y le propusieron esta cuestión: [24]"Maestro, Moisés ha dicho: 'Si alguno muere sin tener hijos, su hermano se casará con la cuñada y suscitará prole a su hermano'. [25]Ahora bien, había entre nosotros siete hermanos. El primero se casó y murió; y como no tuviese descendencia, dejó su mujer a su hermano. [26]Sucedió lo mismo con el segundo, y con el

---

42 ss. Véase Sal. 117, 22; Is. 28, 16; Rm. 9, 33; 1 Pe. 2, 7. El primer caso del v. 44es Israel (cf. Lc. 2, 34). El segundo, los gentiles. Cf. Dn. 2, 45.

14. También esta parábola se refiere en primer lugar al pueblo escogido de la Antigua Alianza. A las fiestas de las bodas de su Hijo con la humanidad convida el Padre primeramente a los judíos por medio de sus "siervos", los profetas. Los que despreciaron la invitación perderán la cena (Lc. 14, 24). Los "otros siervos" son los apóstoles que Dios envió sin reprobar aún a Israel (Lc. 13, 6 ss.), durante el tiempo de los Hechos, es decir, cuando Jesús ya había sido inmolado y "todo estaba a punto" (v. 4; Hch. 3, 22; Hb. 8, 4 y notas). Rechazados esta vez por el pueblo, como Él lo fuera por la Sinagoga (Hch. 28, 25 ss.) y luego "quemada la ciudad" de Jerusalén (v. 7), los apóstoles y sus sucesores, invitando a los gentiles, llenan la sala de Dios (Rm. 11, 30). El hombre que no lleva vestido nupcial es aquel que carece de la gracia santificante, sin la cual nadie puede acercarse al banquete de las Bodas del Cordero (Ap. 19, 6 ss.). Cf. 13, 47 ss. y notas.

17. *César:* los emperadores romanos, de los cuales los judíos eran tributarios.

21. Con estas palabras Jesús nos enseña a obedecer a las autoridades y pagar los impuestos, porque el poder de aquéllos viene de Dios. Véase Lc. 20, 25 y nota; Rm. 13, 1-7.

24 ss. Véase Dt. 25, 5-6. Se trata aquí de la ley del *levirato,* según la cual el hermano del que moría sin hijos, había de casarse con la viuda. Los saduceos ponen esta pregunta, no porque fuesen observantes ejemplares de la Ley, sino para mofarse de la resurrección de los muertos.

tercero, hasta el séptimo. ²⁷Después de todos murió la mujer. ²⁸En la resurrección, pues, ¿de cuál de los siete será mujer? Porque todos la tuvieron". ²⁹Les respondió Jesús y dijo: "Erráis, por no entender las Escrituras ni el poder de Dios. ³⁰Pues en la resurrección, ni se casan (*los hombres*), ni se dan (*las mujeres*) en matrimonio, sino que son como ángeles de Dios en el cielo. ³¹Y en cuanto a la resurrección de los muertos, ¿no habéis leído lo que os ha dicho Dios: ³²"Yo soy el Dios de Abraham, y el Dios de Isaac, y el Dios de Jacob"? Dios no es Dios de muertos, sino de vivientes". ³³Al oír esto, las muchedumbres estaban poseídas de admiración por su doctrina.

El mandamiento principal. ³⁴Pero los fariseos, al oír que había tapado la boca a los saduceos, vinieron a reunirse junto a Él; ³⁵y uno de ellos, doctor de la Ley, le propuso esta cuestión para tentarlo: ³⁶"Maestro, ¿cuál es el mayor mandamiento de la Ley?" ³⁷Él respondió: "Amarás al Señor tu Dios de todo tu corazón, con toda tu alma, y con todo tu espíritu. ³⁸Éste es el mayor y primer mandamiento. ³⁹El segundo le es semejante: "Amarás a tu prójimo como a ti mismo". ⁴⁰De estos dos mandamientos pende toda la Ley y los Profetas". ⁴¹Estando aún reunidos los fariseos, Jesús les propuso esta cuestión: ⁴²"¿Qué pensáis del Cristo? ¿De quién es hijo?" Le dijeron "de David". ⁴³Replicó Él "¿Cómo, entonces, David (*inspirado*), por el Espíritu, lo llama "Señor", cuando dice: ⁴⁴"El Señor dijo a mi Señor: siéntate a mi derecha, hasta que ponga a tus enemigos bajo tus pies"? ⁴⁵Si David lo llama "Señor" ¿cómo es su hijo? ⁴⁶Y nadie pudo responderle nada, y desde ese día nadie osó más proponerle cuestiones.

23 **Último discurso en el templo: hipocresía de escribas y fariseos.** ¹Entonces Jesús habló a las muchedumbres y a sus discípulos, ²y les dijo: "Los escribas y los fariseos se han sentado en la cátedra de Moisés. ³Todo lo que ellos os mandaren, hacedlo, y guardadlo; pero no hagáis como ellos, porque dicen, y no hacen. ⁴Atan cargas pesadas e insoportables y las ponen sobre las espaldas de las gentes, pero ellos mismos ni con el dedo quieren moverlas. ⁵Hacen todas sus obras para ser vistos por los hombres; se hacen más anchas las filacterias y más grandes las franjas (*de sus mantos*); ⁶quieren tener los primeros puestos en los banquetes y en las sinagogas, ⁷ser saludados en las plazas públicas, y que los hombres los llamen: "Rabí". ⁸Vosotros, en tanto, no os hagáis llamar "Rabí", porque uno solo es para vosotros el Maestro; vosotros sois todos hermanos. ⁹Y tampoco llaméis padre a ninguno de vosotros sobre la tierra, porque uno solo es vuestro Padre: el del cielo. ¹⁰Ni os llaméis director, porque uno solo es vuestro director: Cristo. ¹¹El mayor entre vosotros sea servidor de todos. ¹²Quien se elevare, será abajado; y quien se abajare, será elevado ". ¹³"¡Ay de vosotros, escribas y fariseos, hipócritas!, porque cerráis con llave ante los hombres el reino de los cielos; vosotros ciertamente no entráis; y a los que están entrando, no los dejáis entrar . ¹⁴[¡Ay de vosotros, escribas y fariseos, hipócritas!, porque devoráis las casas de las viudas, y pretextáis hacer largas oraciones. Por eso recibiréis condenación más rigurosa]. ¹⁵¡Ay de vosotros, escribas y fariseos, hipócritas! porque recorréis mar y tierra

29. *¡Erráis Por no entender las Escrituras!* ¿No es éste un reproche que hemos de recoger todos nosotros? Pocos son, en efecto, los que hoy conocen la Biblia, y no puede extrañar que caiga en el error el que no estudie la Escritura de la Verdad, como tantas veces lo enseña Jesús, y tanto lo recuerdan los Sumos Pontífices al reclamar su lectura diaria en los hogares. Cf. v. 31; 21, 42; Jn. 5, 46 y nota.

32. Es de notar que aún no se había anunciado aquí la resurrección de 27, 52s.

37 ss. Véase Dt. 6, 5; Lv. 19, 18; Mt. 7, 12; Rm. 13, 9s.; 5, 14; St. 2, 8; Eclo. 13, 19.

44. Véase Sal. 109, 1 y nota. Es la dable naturaleza de Cristo, quien como hombre es hijo de David, pero en cuanto Dios es su

Señor. Jesús proclama así claramente la divinidad de su Persona como Hijo eterno y consubstancial del Padre.

5. En las *filacterias* o cajitas de cuero, sujetas con correas a la frente y a los brazos, llevaban los judíos pergaminos o papeles en que estaban escritos algunos pasajes de la Ley. Los fariseos formulistas habían exagerado esta piadosa práctica, destinada a tener siempre a la vista la Palabra de Dios. Véase Dt. 6, 8; 22, 12.

8. Véase 20, 25 ss. Cf. Col. 2, 8 y nota; Ap. 2, 6 y nota.

11. Meditemos esto en Lc. 22, 27 y nota.

12. Es la doctrina del Magníficat (Lc. 1, 52; 14, 11; 18, 14).

13. Cf. 11, 12; Lc. 11, 52 y notas.

14. El versículo 14 falta en los mejores códices.

para hacer un prosélito, y cuando llega a serlo, lo hacéis doblemente más hijo de la gehena que vosotros. [16]¡Ay de vosotros, conductores ciegos!, que decís: "Quien jura por el Templo, nada es; mas quien jura por el oro del Templo, queda obligado". [17]¡Insensatos y ciegos! ¿Qué es más, el oro, o el Templo que santifica el oro? [18]Y: "Quien jura por el altar, nada importa; mas quien jura por la ofrenda que está sobre él, queda obligado". [19]¡Ciegos! ¿Qué es más, la ofrenda, o el altar que hace sagrada la ofrenda? [20]Quien jura por el altar, jura por el altar y por todo lo que está sobre él. [21]Quien jura por el Templo, jura por él y por Aquel que lo habita. [22]Y quien jura por el cielo, jura por el trono de Dios y por Aquel que está sentado en el". [23]"¡Ay de vosotros, escribas y fariseos, hipócritas!, que pagáis el diezmo de la menta, del eneldo y del comino, y descuidáis lo más importante de la Ley: la justicia, la misericordia y la fe. Esto hay que practicar, sin omitir aquello, [24]conductores ciegos, que coláis el mosquito, y os tragáis el camello. [25]¡Ay de vosotros, escribas y fariseos, hipócritas! porque purificáis lo exterior de la copa y del plato, más el interior queda lleno de rapiña y de iniquidad. [26]¡Fariseo ciego! comienza por limpiar el interior de la copa y del plato, para que también su exterior se purifique". [27]"¡Ay de vosotros, escribas y fariseos hipócritas! porque sois semejantes a sepulcros blanqueados, que por fuera tienen bella apariencia, pero por dentro están llenos de osamentas de muertos y de toda inmundicia. [28]Lo mismo vosotros, por fuera parecéis justos ante los hombres, pero por dentro estáis llenos de hipocresía y de iniquidad". [29]"¡Ay de vosotros, escribas y fariseos, hipócritas! porque reedificáis los sepulcros de los profetas, y adornáis los monumentos de los justos; [30]y decís: "Si nosotros hubiésemos vivido en el tiempo de nuestros padres, no habríamos participado con ellos en el asesinato de los profetas". [31]Con esto, confesáis que sois hijos de los que mataron a los profetas. [32]¡Colmad, pues, vosotros la medida de vuestros padres!" [33]"¡Serpientes, raza de víboras! ¿Cómo podréis escapar a la condenación de la gehena? [34]Por eso, he aquí que Yo os envío profetas, sabios y escribas: a unos mataréis y crucificaréis, a otros azotaréis en vuestras sinagogas y los perseguiréis de ciudad en ciudad, [35]para que recaiga sobre vosotros toda la sangre inocente derramada sobre la tierra, desde la sangre de Abel el justo, hasta la sangre de Zacarías, hijo de Baraquías, a quien matasteis entre el santuario y el altar. [36]En verdad, os digo, todas estas cosas recaerán sobre esta generación".

Queja amarga de Jesús. [37]"¡Jerusalén! ¡Jerusalén! tú que matas a los profetas, y apedreas a los que te son enviados, ¡cuántas veces quise reunir a tus hijos, como la gallina reúne a sus pollitos debajo de sus alas, y vosotros no habéis querido! [38]He aquí que vuestra casa os queda desierta. [39]Por eso os digo, ya no me volveréis a

---

15. *Hacer un prosélito*: convertir a un gentil a la religión judía. Había dos clases de prosélitos, según recibiesen o no la circuncisión: los prosélitos de la puerta y los de la justicia. Jesús enseña aquí que no siempre la mucha actividad es verdadero apostolado, si no está movida por la fe viva que obra por la caridad (15, 8; Jn. 4, 23; Ga. 5, 6; 1Co. 3, 12-15). Sobre la *gehena* véase 5, 22 y nota.

23. Los judíos tenían que dar los *diezmos* de les frutos al Templo. Pero esto no bastaba a los fariseos: ellos, por pura vanagloria, extendían los diezmos a las hierbas insignificantes que cultivaban en sus huertos. Por lo cual, pretendiendo tener méritos, muy al contrario, se acarreaban el juicio. Por eso San Juan Crisóstomo llama a la vanagloria "madre del infierno". San Basilio dice: "Huyamos de la vanagloria, insinuante expoliadora de las riquezas espirituales, enemiga lisonjera de nuestras almas, gusano mortal de las virtudes, arrebatadora insidiosa de todos nuestros bienes". Véase 6, 1 ss. y notas.

25s. Este espíritu de apariencia, contrario al Espíritu de verdad que tan admirablemente caracteriza nuestro divino Maestro, es propio de todos los tiempos, y fácilmente lo descubrimos en nosotros mismos. Aunque mucho nos cueste confesarlo, nos preocuparía más que el mundo nos atribuyera una falta de educación, que una indiferencia contra Dios. Nos mueve muchas veces a la limosna un motivo humano más que el divino, y en no pocas cosas obramos más por quedar bien con nuestros superiores que por gratitud y amor a nuestro Dios. Cf. 1Co. 6, 7 y nota. En el v. 26Jesús nos promete que si somos rectos en el corazón también las obras serán buenas. Cf. Pr. 4, 23.

27. Según la costumbre judía se blanqueaban todos los años las partes exteriores de los "sepulcros", para que los transeúntes los conociesen y no contrajesen impureza legal al tocarlos. Cf. Hch. 23, 3. En Lc. 11, 44la figura es inversa. Cf. 7, 15 y nota.

35. Este *Zacarías* no puede ser idéntico con el profeta del mismo nombre. San. Jerónimo cree que Jesús alude a aquel Zacarías que fue muerto por Joás (2Cro. 24, 21) y cuyo padre se llamaba Joiada.

ver, hasta que digáis: "¡Bendito el que viene en nombre del Señor!".

24 Discurso esjatológico de Jesús. [1]Saliendo Jesús del Templo, se iba de allí, y sus discípulos se le acercaron para hacerle contemplar las construcciones del Templo. [2]Entonces Él les respondió y dijo: "¿Veis todo esto? En verdad, os digo, no quedara aquí piedra sobre piedra que no sea derribada". [3]Habiendo ido a sentarse en el Monte de los Olivos, se le acercaron sus discípulos en particular y le dijeron: "Dinos cuándo sucederá esto, y cuál será la señal de tu advenimiento y de la consumación del siglo". [4]Jesús les respondió diciendo: "Cuidaos que nadie os engañe. [5]Porque muchos vendrán usurpando mi nombre diciendo: "Yo soy el Cristo", y a muchos engañarán. [6]Escucharéis también hablar de guerras y rumores de guerras. ¡Mirad que no os turbéis! Esto, en efecto, debe suceder, pero no es todavía el fin. [7]Porque se levantará pueblo contra pueblo, reino contra reino, y habrá en diversos lugares hambres y pestes y terremotos. [8]Todo esto es el comienzo de los dolores". [9]"Después os entregarán a la tribulación y os matarán y seréis odiados de todos los pueblos por causa de mi nombre. [10]Entonces se escandalizarán muchos, y mutuamente se traicionarán y se odiarán. [11]Surgirán numerosos falsos profetas, que arrastrarán a muchos al error; [12]y por efecto de los excesos de la iniquidad, la caridad de los más se enfriará. [13]Mas el que perseverare hasta el fin, ése será salvo. [14]Y esta Buena Nueva del Reino será proclamada en el mundo entero, en testimonio a todos los pueblos. Entonces vendrá el fin. [15]Cuando veáis, pues, la abominación de la desolación, predicha por el profeta Daniel, instalada en el lugar santo —el que

---

39. "Las palabras *hasta que digáis* aluden, según los mejores intérpretes, a la vuelta de Cristo como juez y a la conversión de los judíos. Cf. Rm. 11, 25 ss. Reconociendo en Él a su Redentor lo saludarán entonces con la aclamación mesiánica: *Bendito,* etc. Cf. 21, 9; Sal. 117, 26" (Fillion). "Si no estuviéramos seguros de que el discurso fue pronunciado después del día de Ramos (21, 9), veríamos en él una profecía de las aclamaciones de Betfagé y del Monte de los Olivos. Pero el discurso es ciertamente posterior. Tenemos, pues, aquí el primer anuncio, aun impreciso de esa misteriosa Parusía de que va a tratarse en los capítulos siguientes y que no es otra que la Venida gloriosa del Hijo del Hombre al fin de los tiempos" (Pirot). En otra ocasión formuló Jesús este mismo anuncio en su imprecación contra Jerusalén (Lc. 13, 35). Cf. 24, 30 y nota.

4 ss. Para comprender este discurso y los relatos paralelos en Mc. 13 y Lc. 21, hay que tener presente que según los profetas los "últimos tiempos" y los acontecimientos relacionados con ellos que solemos designar con el término griego *esjatológicos,* no se refieren solamente al último día de la historia humana, sino a un período más largo, que Sto. Tomás llama de preámbulos para el juicio o "día del señor", que aquél considera también inseparable de sus acontecimientos concomitantes. (Cf. 7, 22 y nota). No es, pues, necesario que todos los fenómenos anunciados en este discurso se realicen juntos y en un futuro más o menos lejano. Algunos de ellos pueden haberse cumplido ya, especialmente teniendo en cuenta el carácter metafórico de muchas expresiones de estilo apocalíptico (cf. 1Co. 6, 2s. y nota). Por su parte, San Agustín señala en una fórmula cuatro sucesos como ligados indisolublemente: la Venida. de Elías (cf. 11, 14 y nota; Ap. 11); la conversión de los judíos (cf. 23, 39; Jn. 19, 37; Rm. 11, 25 ss., etc.); la persecución del Anticristo (2 Ts. 2, 3 ss.; Ap. 13 y notas), y la Parusía o segunda venida de Cristo.

5. Cf. Hch. 8, 9 y nota.

6. *No es todavía el fin*: El exegeta burgalés J. A. Oñate, que señala como tema central de este discurso la historia del Reino de Dios y sus relaciones con la Parusía, pone aquí la siguiente cita: "Las guerras, las turbulencias, los terremotos, el hambre y las pestes, que suelen ser sus consecuencias; los fenómenos cósmicos aterradores..., nos indican la proximidad de la Parusía, que pondrá fin a todos estos males. Los apóstoles no deben espantarse por nada de esto, sino saber que les aguardan en la evangelización del Reino otros muchos trabajos y sinsabores, en cuya comparación, los indicados no son más que el comienzo de los dolores" (v. 8). ¡Todos esos dolores estuvieron presentes en el sudor de sangre de Getsemaní!

12. Literalmente "de los muchos", o sea de la gran mayoría (véase 20, 28 y nota). Nótese que Jesús, fundador de la Iglesia, no anuncia aquí su triunfo temporal entre las naciones, sino todo lo contrario. Cf. Lc. 18, 8; 2 Ts. 2, 1-12.

14. La predicación del Evangelio por todas las tierras la afirma ya el Apóstol de los Gentiles (Col. 1, 6 y 23; Rm. 10, 18), y no como hipérbole retórica, pues él conocía mejor que nosotros los caminos misioneros de los apóstoles, los cuales sin duda cumplían la orden de hacer discípulos en todos los pueblos (28, 19). Si los primeros cristianos tan ansiosamente esperaban la segunda Venida del Señor, como lo vemos en los discursos y las cartas de San Pablo, de Santiago y de San Pedro, es porque consideraban que este testimonio del Evangelio había sido dado a todas las naciones, según la condición puesta por Cristo. Las cosas cambiaron sin duda con el retiro de Israel (Hch. 28, 25 ss.) y hoy no podemos, como observa Pirot, "mantenernos en el horizonte estrecho de la ruina de Jerusalén", sino llegar "hasta la ruina del mundo".

15. Alusión a la profecía de Daniel (Dn. 9, 27; 11, 31; 12, 11). En 1M. 1, 57 esta profecía se aplica a la profanación del Templo en tiempos de los Macabeos. Jesús enseña que volverá a cumplirse en los tiempos que Él anuncia. Algunos Padres la creían cumplida en la adoración de la imagen del César en el Templo en tiempos de

lee, entiéndalo–, [16]entonces los que estén en Judea, huyan a las montañas; [17]quien se encuentre en la terraza, no baje a recoger las cosas de la casa; [18]quien se encuentre en el campo, no vuelva atrás para tomar su manto. [19]¡Ay de las que estén encintas y de las que críen en aquel tiempo! [20]Rogad, pues, para que vuestra huida no acontezca en invierno ni en día de sábado. [21]Porque habrá, entonces, grande tribulación, cual no la hubo desde el principio del mundo hasta ahora, ni la habrá más.

Falsos cristos. [22]Y si aquellos días no fueran acortados, nadie se salvaría; pero por razón de los elegidos esos días serán acortados. [23]Si entonces os dicen: "Ved, el Cristo está aquí o allá", no lo creáis. [24]Porque surgirán falsos cristos y falsos profetas, y harán cosas estupendas y prodigios, hasta el punto de desviar, si fuera posible, aún a los elegidos. [25]¡Mirad que os lo he predicho! [26]Por tanto, si os dicen: "Está en el desierto", no salgáis; "está en las bodegas", no lo creáis. [27]Porque, así como el relámpago sale del Oriente y brilla hasta el Poniente, así será la Parusía del Hijo del Hombre. [28]Allí donde esté el cuerpo, allí se juntarán las águilas".

Sobre la segunda venida de Cristo. [29]"Inmediatamente después de la tribulación de aquellos días el sol se oscurecerá, y la luna no dará más su fulgor, los astros caerán del cielo, y las potencias de los cielos serán conmovidas. [30]Entonces aparecerá en el cielo la señal del Hijo del Hombre, y entonces se lamentarán todas las tribus de la tierra, y verán al Hijo del Hombre viniendo sobre las nubes del cielo con Poder y gloria grande. [31]Y enviará sus ángeles con trompeta de gran sonido, y reunirán de los cuatro vientos a los elegidos de Él, de una extremidad del cielo hasta la otra".

Ejemplo de la higuera. [32]"Aprended de la higuera esta semejanza: cuando ya se ponen tiernas sus ramas, y brotan sus hojas, conocéis que el verano está cerca. [33]Así también vosotros cuando veáis todo esto, sabed que está cerca, a las puertas.

Pilato o en la instalación de la estatua ecuestre de Adriano en ese mismo lugar. Otros Padres refieren este vaticinio a los tiempos esjatológicos y al Anticristo. *El que lee:* Joüon añade *las Escrituras.* Tal es el sentido de estas palabras que, como observa Fillion, no son del evangelista sino de Jesús, que las repite en Mc. 13, 14.

20s. El cumplimiento total de la profecía sobre la *destrucción de Jerusalén* es una imagen de cómo se cumplirá también todo lo que Jesús profetizó sobre el fin de los tiempos. El historiador judío Flavio Josefo describe la devastación de la capital judía, que se verificó a la letra y tal como Jesús lo había profetizado, en el año 70 de la era cristiana.

23. Buzy, llamando la atención sobre el hecho de que Jesús habla constantemente en plural de falsos Mesías y de falsos profetas y nunca de un falso Mesías en singular o de un Anticristo, concluye: "que en la enseñanza de Jesús como en la de San Juan (1 Jn. 2, 18-23) no hay un Anticristo individual; no hay sino una colectividad, poderosa y terrible, de anticristos". Lo mismo observa dicho autor en su nota a 2 Ts. 2, 7.

24. Los elegidos se librarán del engaño porque al justo se le dará por defensa un juicio seguro (Sb. 5, 19). Cf. 2 Ts. 2, 10 ss. y nota.

28. Locución proverbial. Así como las águilas, así también los hombres acudirán volando al lugar donde esté Cristo (Maldonado). Véase 1 Ts. 4, 16s.; Lc. 17, 37.

30. *La señal del Hijo del Hombre*: en general se cree que es la Cruz y que aparecerá el mismo día de la Parusía. Según las Constituciones Apostólicas, sería muchos días antes. *Todas las tribus* (cf. Ez. 36, 31; 37, 15 ss.): harán duelo, como dice el P. Lagrange, en cuanto esa señal les recordará la muerte de Cristo (cf. 23, 39; Jn. 19, 37; Ap. 1, 7; Za. 12, 10s.). Pirot, en la gran edición reciente de la Biblia comentada, anota aquí: *"Y ellos verán:* notar la paronomasia. *kópsontai... kai ópsontai:* se lamentarán y verán al *Hijo del Hombre viniendo sobre las nubes del cielo con poder y gran aparato*: este último rasgo es visiblemente tomado de Dn. 7, 13. De esta manera Jesús se identifica claramente con el *Hijo del Hombre* que, en la célebre visión del Profeta, es el fundador del Reino de Dios".

31. Cf. Mc. 13, 27. Un poeta americano evoca esta gran trompeta en una poesía que titula "Canto de esperanza", e invoca el retorno de Cristo, diciéndole con tanto fervor como belleza lírica:

Y en tu caballo blanco que miró el Visionario pasa.

Y suene el divino clarín extraordinario.

¡Mi corazón será brasa de tu incensario!

Juntarán: el griego usa el mismo verbo que en 2 Ts. 2, 1: *"episynáxusin".* Alude aquí el Señor al admirable rapto en su encuentro en las nubes que está prometido a nosotros los vivientes "que quedemos" (1 Ts. 4, 17). Cf. 1Co. 15, 51; 2 Ts. 2, 1; Hb. 10, 25. *Del cielo*: es de notar que no dice de la tierra (cf. v. 30). Estos parecen ser los que el v. 28 llama *las águilas.* Véase Mc. 13, 27 y nota.

32. El árbol de la *higuera* (Lc. 21, 29) es figura de Israel según la carne (21,19; Mc. 11, 13), a quien se dio un plazo (Lc. 13, 8) para que antes de la destrucción de Jerusalén creyese en el Cristo resucitado que le predicaron los apóstoles (cf. Hb. 8, 4 y nota). Pero entonces no dio fruto y fue abaldonado como pueblo de Dios. Cuando empiece a mostrar signos precursores del fruto sabremos que Él está cerca. Las grandes persecuciones que últimamente han sufrido los judíos (cf. Za. 13, 8; Ez. 5, 1-13), los casos singulares de conversión, la vuelta a Palestina y al idioma hebreo, etc., bien podrían ser señales, aunque no exclusivas, que no hemos de mirar con indiferencia. Véase Lc. 21, 28.

[34] En verdad, os digo, que no pasará la generación ésta hasta que suceda todo esto. [35] El cielo y la tierra pasarán, pero mis palabras ciertamente no pasarán". [36] "Pero en cuanto a aquel día y a la hora, nadie sabe, ni los ángeles del cielo, sino solo el Padre. [37] Y como sucedió en tiempo de Noé, así será la Parusía del Hijo del Hombre. [38] Porque así como en el tiempo que precedió al diluvio, comían, bebían, tomaban en matrimonio y daban en matrimonio, hasta el día en que entró Noé en el arca, [39] y no conocieron hasta que vino el diluvio y se los llevó a todos, así será también la Parusía del Hijo del Hombre. [40] Entonces estarán dos en el campo, el uno será tomado, y el otro dejado; [41] dos (*mujeres*) estarán moliendo en el molino, la una será tomada y la otra dejada".

¡Velad! [42] "Velad, pues, porque no sabéis en qué día vendrá vuestro Señor. [43] Comprended bien esto, porque si supiera el dueño de la casa a qué hora de la noche había de venir el ladrón, velaría ciertamente y no dejaría horadar su casa. [44] Por eso, también vosotros estad prontos, porque a la hora que no pensáis, vendrá el Hijo del Hombre. [45] ¿Quién es, pues, el siervo fiel y prudente, a quien puso el Señor sobre su servidumbre para darles el alimento a su tiempo? [46] ¡Feliz aquel servidor, a quien su señor al venir lo hallare obrando así! [47] En verdad os digo, lo pondrá sobre toda su hacienda. [48] Pero si aquel siervo malo dice en su corazón: "Se me retrasa el señor", [49] y se pone a golpear a sus consiervos y a comer y a beber con los borrachos; [50] volverá el señor de aquel siervo en un día que no espera, y a una hora que desconoce, [51] y lo separará y le asignará su suerte con los hipócritas; allí será el llanto y el rechinar de dientes".

25 **Parábola de las 10 vírgenes.** [1] "En aquel entonces el reino de los cielos será semejante a diez vírgenes que tomaron sus lámparas y salieron al encuentro del esposo.

---

34. *La generación ésta*: según San Jerónimo, aludiría a todo el género humano; según otros, al pueblo judío, o sólo a los contemporáneos de Jesús que verían cumplirse esta profecía en la destrucción de la ciudad santa. Fillion, considerando que en este discurso el divino Profeta se refiere paralelamente a la destrucción de Jerusalén y a los tiempos de su segunda Venida, aplica estas palabras en primer lugar a los hombres que debían ser testigos de la ruina de Jerusalén y del Templo, y en segundo lugar a la generación "que ha de asistir a los últimos acontecimientos históricos del mundo", es decir, a la que presencie las señales aquí anunciadas (cf. Lc. 21, 28). En fin, según otra bien fundada interpretación, que no impide la precedente, *"la generación ésta"* es la de fariseos, escribas y doctores, a quienes el Señor acaba de dirigirse con esas mismas palabras en su gran discurso del capítulo anterior (23, 36). Véase la nota a Lc. 21, 32.

36. *El Padre solo*: Cf. Mc. 13, 32 y nota.

42. Es indispensable velar para poder "estar en pie ante el Hijo del Hombre" (Lc. 21, 34-36); hay que luchar constantemente por la fidelidad a la gracia contra las malas inclinaciones y pasiones, especialmente contra la tibieza y somnolencia espiritual (Ap. 3, 15s.). Tenga cuidado de no caer el que se cree firme (1Co. 10, 12). "Marcháis cargados de oro, guardaos del ladrón" (San Jerónimo). Cf. 25, 1 ss. y nota.

44. *A la hora que no pensáis*, etc.: Es, pues, falso decir: Cristo no puede venir en nuestros días. La venida de Cristo no es un problema matemático, sino un misterio, y sólo Dios sabe cómo se han de realizar las señales anunciadas. En muchos otros pasajes se dice que Cristo vendrá como un ladrón, lo cual no se refiere a la muerte de cada uno, sino a Su Parusía (1 Ts. 5, 2s.; 2 Pe. 3, 10; Ap. 3, 3; 16, 15).

45. Jesús pone esta pregunta no porque no conociera al siervo fiel y prudente, sino para mostrar cuán pocas veces se hallan estas cualidades (San Juan Crisóstomo). El sentido de este pasaje se ve más claro en Lc. 12, 41.

47. Véase Lc. 12, 37. *Toda su hacienda:* En sentido espiritual; las almas (Jn. 10, 29 y nota). Es una promesa análoga a la de 16, 19; Lc. 19, 17; 22, 30.

49. Cf. Lc. 12, 45 ss.; 1 Pe. 5, 1 ss.

1 ss. Esta parábola, como la anterior, quiere enseñarnos la necesidad de estar siempre *alerta,* porque nadie sabe el día ni la hora del advenimiento de Cristo. *Del esposo:* La Vulgata añade: "y de la esposa". El texto griego se refiere solamente al esposo, lo que cuadra mejor con las costumbres hebreas, porque las vírgenes solían estar con la novia, y junto con ella esperaban la venida del esposo acompañado de sus amigos. En cuanto a la explicación de la parábola, advierte ya San Jerónimo que las diez vírgenes simbolizan a todos los cristianos. "La espera es el período que precede a la segunda venida del Salvador; su venida es la Parusía gloriosa; el festín de la felicidad del Reino de los cielos... Los fieles que no están preparados a la venida de Cristo serán eliminados de la beatitud parusíaca... El momento de la Parusía es capital... y hay que tener siempre a mano la provisión de aceite" (Pirot). En efecto, la *lámpara* sin aceite es la fe muerta que se estereotipa en fórmulas (15, 8). La fe viva, que obra por amor (Ga. 5, 6), es la que produce la luz de la esperanza que nos tiene siempre en vela; lo que no se ama no puede ser esperado pues no se lo desea. San Pedro enseña que esa *lámpara* o antorcha con que esperamos a Jesús en estas tinieblas es *la esperanza* que nos dan *las profecías* basta que amanezca el día cuando Él venga (2 Pe. 1, 19). David enseña igualmente que esa luz para nuestros pies nos viene de la Palabra de Dios (Sal. 118, 105), la cual, dice San Pablo, debe permanecer abundantemente en nosotros, ocupando nuestra memoria y nuestra atención (Col. 3, 16), para que no nos engañe este siglo malo (Ga. 1, 4). El sueño –que no es aquí reproche, pues todas se durmieron–

[2]Cinco de ellas eran necias y cinco prudentes. [3]Las necias, al tomar sus lámparas, no tomaron aceite consigo, [4]mientras que las prudentes tomaron aceite en sus frascos, además de sus lámparas. [5]Como el esposo tardaba, todas sintieron sueño y se durmieran. [6]Mas a medianoche se oyó un grito: "¡He aquí al esposo! ¡Salid a su encuentro!" [7]Entonces todas aquellas vírgenes se levantaron y arreglaron sus lámparas. [8]Mas las necias dijeron a las prudentes: "Dadnos de vuestro aceite, porque nuestras lámparas se apagan". [9]Replicaron las prudentes y dijeron: "No sea que no alcance para nosotras y para vosotras; id más bien a los vendedores y comprad para vosotras". [10]Mientras ellas iban a comprar, llegó el esposo; y las que estaban prontas, entraron con él a las bodas y se cerró la puerta. [11]Después llegaron las otras vírgenes y dijeron: "¡Señor, señor, ábrenos!" [12]Pero él respondió y dijo: "En verdad os digo, no os conozco". [13]Velad pues, porque no sabéis ni el día ni la hora".

Parábolas de los talentos. [14]"Es como un hombre, que al hacer un viaje a otro país, llamó a sus siervos, y les encomendó sus haberes. [15]A uno dio cinco talentos, a otro dos, a otro uno, a cada cual según su capacidad; luego partió. [16]En seguida, el que había recibido cinco talentos se fue a negociar con ellos, y ganó otros cinco. [17]Igualmente el de los dos, ganó otros dos. [18]Más el que había recibido uno, se fue a hacer un hoyo en la tierra, y escondió allí el dinero de su señor. [19]Al cabo de mucho tiempo, volvió el señor de aquellos siervos, y ajustó cuentas con ellos. [20]Presentándose el que había recibido cinco talentos, trajo otros cinco, y dijo: "Señor, cinco talentos me entregaste; mira, gane otros cinco". [21]Le dijo su señor: "¡Bien! siervo bueno y fiel; en lo poco has sido fiel, te pondré al frente de lo mucho; entra en el gozo de tu señor". [22]A su turno, el de los dos talentos, se presentó y dijo: "Señor, dos talentos me entregaste; mira, gané otros dos". [23]Le dijo su señor: "¡Bien! siervo bueno y fiel; en lo poco has sido fiel, te pondré al frente de lo mucho; entra en el gozo de tu señor". [24]Mas llegándose el que había recibido un talento, dijo: "Tengo conocido que eres un hombre duro, que quieres cosechar allí donde no sembraste, y recoger allí donde nada echaste. [25]Por lo cual, en mi temor, me fui a esconder tu talento en tierra. Helo aquí; tienes lo que es tuyo". [26]Mas el señor le respondió y dijo: "Siervo malo y perezoso, sabías que yo cosecho allí donde no sembré y recojo allí donde nada eché. [27]Debías pues haber entregado mi dinero a los banqueros y a mi regreso yo lo habría recobrado con sus réditos. [28]Quitadle, por tanto, el talento, y dádselo al que tiene los diez talentos. [29]Porque a todo aquel que tiene, se le dará, y tendrá sobreabundancia; pero al que no tiene, aun lo que tiene le será quitado. [30]Y a ese siervo inútil, echadlo a las tinieblas de afuera. Allí será el llanto y el rechinar de dientes".

El Juicio de las naciones. [31]"Cuando el Hijo de Hombre vuelva en su gloria, acompañado de todos sus ángeles, se sentará sobre su trono de gloria, [32]y todas las naciones serán congregadas delante de Él, y separará a los hombres, unos de otros, como el pastor separa las ovejas de los machos cabríos. [33]Y colocará las ovejas a su derecha, y los machos cabríos a su izquierda. [34]Entonces el rey dirá a los

representa, dice Pirot, lo imprevisto y súbito de la Parusía, de modo que la lámpara de nuestra fe no se mantendrá iluminada con la luz de la amorosa esperanza, si no tenemos gran provisión del *aceite* de la palabra, que es lo que engendra y vivifica la misma fe (Rm. 10, 17).

14. El *hombre que va a otro país*, es imagen de Jesucristo que sube al cielo, desde donde volverá a juzgar a los vivos y a los muertos (1 Pe. 4, 5so). Los criados somos nosotros. Los talentos son los dones que Dios nos regala como Padre y Creador, como Hijo y Redentor, y como Espíritu Santo y Santificador. Pero los dones o cantidades son distintos, como los servicios que tenemos que prestar. Lo que Dios exige es solamente nuestra buena voluntad para explotar sus dones, de modo que la fe obre por la caridad (Ga. 5, 6).

15. *A cada cual según su capacidad*: es decir, su capacidad *receptiva*. María enseñó que la abundancia será para los hambrientos (Lc. 1, 53; cf. 1Re. 2, 5; Sal. 33, 11), por lo cual es de pensar que aquí también se da más al que tiene menores fuerzas, o sea al que menos alardea de ellas, ya que toda nuestra fuerza nos viene de Él (Jn. 15, 5; cf. Lc. 18, 9 ss.). Recordemos que el aceite de la viuda se detuvo cuando no hubo más vasos vacíos (4Re. 4, 6).

29. Frase de hondo sentido espiritual: Los que aprovechan la gracia, no solamente la guardan, sino que crecen en ella y son recompensados con nuevos dones.

32. *Todas las naciones*: "Como en las grandes asambleas apocalípticas que presentan los profetas (Jl. 3, 2 y 9; Za. 14, 2)" Pirot. Cf. 3, 10 ss. y nota.

de su derecha: "Venid, benditos de mi Padre, tomad posesión del reino preparado para vosotros desde la fundación del mundo. [35]Porque tuve hambre, y me disteis de comer; tuve sed, y me disteis de beber; era forastero y me acogisteis; [36]estaba desnudo, y me vestisteis; estaba enfermo, y me visitasteis; estaba preso, y vinisteis a verme". [37]Entonces los justos le responderán, diciendo: "Señor, ¿cuándo te vimos hambriento, y te dimos de comer, o sediento, y te dimos de beber? [38]¿Cuándo te vimos forasteros, y te acogimos; o desnudo, y te vestimos? [39]¿Cuándo te vimos enfermo o en la cárcel, y fuimos a verte?" [40]Y respondiendo el rey les dirá: "En verdad os digo: en cuanto lo hicisteis a uno solo, el más pequeño de estos mis hermanos, a Mí lo hicisteis". [41]Entonces dirá también a los de su izquierda: "Alejaos de Mí, malditos, al fuego eterno; preparado para el diablo y sus ángeles. [42]Porque tuve hambre, y no me disteis de comer; tuve sed, y no me disteis de beber; [43]era forastero, y no me acogisteis; estaba desnudo y no me vestisteis; enfermo y en la cárcel y no me visitasteis". [44]Entonces responderán ellos también: "Señor, ¿cuándo te vimos hambriento, sediento, forastero, desnudo, enfermo o en la cárcel, y no te asistimos?" [45]Y Él les responderá: "En verdad, os digo: en cuanto habéis dejado de hacerlo a uno de éstos, los más pequeños, tampoco a Mí lo hicisteis". [46]Y éstos irán al suplicio eterno, más los justos a la eterna vida".

26 María de Betania unge a Jesús. [1]Cuando Jesús hubo acabado todos estos discursos, dijo a sus discípulos: [2]"La Pascua, como sabéis, será dentro de dos días, y el Hijo del hombre va a ser entregado para que lo crucifiquen".

[3]Entonces los jefes de los sacerdotes y los ancianos del pueblo se reunieron en el palacio del pontífice que se llamaba Caifás; [4]y deliberaron prender a Jesús con engaño y darle muerte. [5]Pero decían: "No durante la fiesta, para que no haya tumulto en el pueblo". [6]Ahora bien, hallándose Jesús en Betania, en casa de Simón el leproso, [7]una mujer se acercó a Él, trayendo un vaso de alabastro, con ungüento de mucho precio, y lo derramó sobre la cabeza de Jesús, que estaba a la mesa. [8]Los discípulos, viendo esto, se enojaron y dijeron: "¿Para qué este desperdicio? [9]Se podía vender por mucho dinero, y darlo a los pobres". [10]Mas Jesús, notándolo, les dijo: "¿Por qué molestáis a esta mujer? Ha hecho una buena obra conmigo. [11]Porque a los pobres los tenéis siempre con vosotros, pero a Mí no me tenéis siempre. [12]Al derramar este ungüento sobre mi cuerpo; lo hizo para mi sepultura. [13]En verdad, os digo, en el mundo entero, dondequiera que fuere predicado este Evangelio, se contará también, en su memoria, lo que acaba de hacer".

Judas vende al Maestro. [14]Entonces uno de los Doce, el llamado Judas Iscariote, fue a los sumos sacerdotes, [15]y dijo: "¿Qué me dais, y yo os lo entregaré?" Ellos le asignaron treinta monedas de plata. [16]Y desde ese momento buscaba una ocasión para entregarlo.

La Última Cena. [17]El primer día de los Ázimos, los discípulos se acercaron a Jesús, y le preguntaron: "¿Dónde quieres que te preparemos la cena de Pascua?" [18]Les respondió: a la ciudad, a cierto hombre, y decidle: "El Maestro te dice: Mi tiempo está cerca, en tu casa quiero celebrar la Pascua con mis discípulos". [19]Los discípulos hicieron lo que Jesús les había mandado, y

---

34. *Venid... tomad:* Santo Tomás hace notar que parece extraño decir esto a los justos salvados ya mucho antes. Es que el alma sola no es toda la persona. Cf. Lc. 21, 28 y nota.

35. Vemos así que el *amor* es un mandamiento obligatorio que encierra todos los demás mandamientos; es la "plenitud de la Ley", según la cual sentenciará el Juez (Rm. 13, 10; Ga. 5, 14 ss.).

40. *A mí lo hicisteis:* es la doctrina divinamente admirable del Cuerpo Místico (cf. 10, 40; 18, 5; Hch. 9, 10). Así también lo hecho a Él es hecho a nosotros. Cf. Rm. 6, 4; Ga. 2, 19 ss.; Ef. 2, 6; Flp. 3, 10s.; Col. 3, 3s.

9. Los apóstoles tenían caja común para satisfacer las necesidades de la vida y dar limosnas a los pobres.

13. En el sentir de la mayoría de los intérpretes, esta mujer era *María de Betania,* hermana de Lázaro, en tanto que San Jerónimo y muchos otros se pronuncian contra esta identificación. Véase Mc. 14, 3-9; Lc. 7, 37; Jn. 11, 2; 12, 1-8.

14. *Iscariote,* es decir, *hombre de Kariot,* que significa aldea y es también el nombre propio de una población de Idumea. Véase la profecía de Abdías que es toda contra Edom. Cf. v. 24; Sal. 59, 11; 75, 11; Is. 63, 1 ss.; Ha. 3, 3; Ap. 19, 13 ss.

17. Los *ázimos* son panes sin levadura, que los judíos comían durante la Octava de la Fiesta de Pascua. El día era un jueves, ese mismo en que ellos anticipadamente debían comer el cordero pascual (Lc. 22, 8; Jn. 18, 28 y nota).

prepararon la Pascua. [20]Y llegada la tarde, se puso a la mesa con los Doce. [21]Mientras comían les dijo: "En verdad, os digo, uno de vosotros me entregará". [22]Y entristecidos en gran manera, comenzaron cada uno a preguntarle: "¿Seré yo, Señor?" [23]Mas Él respondió y dijo: "El que pone la mano conmigo en el plato, ése me entregará. [24]El Hijo del hombre se va, como está escrito de Él, pero ¡ay de aquel hombre, por quien el Hijo del hombre es entregado! Más le valdría a ese hombre no haber nacido". [25]Entonces Judas, el que le entregaba, tomó la palabra y dijo: "¿Seré yo, Rabí?" Le respondió: "Tú lo has dicho".

Institución de la Eucaristía. [26]Mientras ellos comían, tomando Jesús pan, y habiendo bendecido partió y dio a los discípulos diciendo: "Tomad, comed, esto es mi cuerpo". [27]Y tomando un cáliz, y habiendo dado gracias, dio a ellos, diciendo: "Bebed todos de él, [28]porque ésta es mía sangre de la Alianza, la cual por muchos se derrama para remisión de pecados. [29]Os digo: desde ahora no beberé de este fruto de la vid hasta el día aquel en que lo beba con vosotros, nuevo, en el reino de mi Padre".

Jesús predice a Pedro su negación. [30]Y entonado el himno, salieron hacia el Monte de los Olivos. [31]Entonces les dijo Jesús: "Todos vosotros esta noche os vais a escandalizar de Mí, porque está escrito: 'Heriré al pastor, y se dispersarán las ovejas del rebaño'. [32]Mas después que Yo haya resucitado, os precederé en Galilea". [33]Le respondió Pedro y dijo: "Aunque todos se escandalizaren de Ti, yo no me escandalizaré jamás". [34]Jesús le respondió: "En verdad te digo, que esta noche, antes que cante el gallo, me negarás tres veces". [35]Le replicó Pedro: "¡Aunque deba contigo morir, de ninguna manera te negaré!" Y lo mismo dijeron también todos los discípulos.

Agonía de Jesús. [36]Entonces, Jesús llegó con ellos al huerto llamado Getsemaní, y dijo a los discípulos: "Sentaos aquí, mientras voy allí y hago oración". [37]y tomando consigo a Pedro y a los dos hijos dé Zebedeo, comenzó a entristecerse y a angustiarse. [38]Después les dijo: "Mi alma está triste, hasta la muerte; quedaos aquí y velad conmigo". [39]Y adelantándose un poco, se postró con el rostro en tierra, orando y diciendo: "Padre mío, si es posible, pase este cáliz lejos de Mí; mas no sea como Yo quiero, sino como Tú quieras". [40]Y yendo hacia los discípulos los encontró durmiendo. Entonces dijo a Pedro: "¿No habéis podido velar una hora conmigo? [41]Velad y orad, para que no entréis en tentación. El espíritu, (está) dispuesto, pero la carne es débil". [42]Se fue de nuevo y por segunda vez oró así: "Padre mío, si no puede pasar esto sin que Yo lo beba, hágase tu voluntad". [43]Y vino otra vez y los encontró durmiendo; sus ojos estaban, en efecto, cargados. [44]Los dejó y, yéndose de nuevo, oró una tercera vez, diciendo las mismas palabras. [45]Entonces, vino hacia los discípulos y les

---

25 *Tú lo has dicho:* Jesús pronunció estas palabras en voz baja, de modo que los otros discípulos no las entendieron, como se ve en Jn. 13, 28-29. La traición de Judas no es solamente fruto de su avaricia, sino también de la falsa idea que tenía del Mesías. Para él un Mesías humilde y doliente era un absurdo, porque no comprendía que Jesús quiso poner a prueba la fe de sus discípulos, con su humildad, que también estaba anunciada por los profetas lo mismo que los esplendores de su reino (Is. 49, 7s.; 53, 1 ss.; 61, 1 ss.). Véase Lc. 24, 46 y nota.

26. Cf. Lc. 22, 20 y nota. Merk cita aquí Ex. 24, 8; Jr. 31, 31; Za. 9, 11; Hb. 9, 12 y 20. El texto de Jeremías es el que San Pablo reproduce ampliamente en Hb. 8, 8 ss., donde trata del sacerdocio de Cristo. Véase Mc. 14, 14 y nota. La Iglesia Católica Apostólica Romana profesa la fe de que, diciendo: "éste es el cuerpo mío", Jesús convirtió la substancia del pan en su Cuerpo, así como después la substancia del vino en su Sangre. Con esto no sólo quedó instituido el sacramento de la Eucaristía, sino también El sacrificio de la Santa Misa, en que Jesús se ofrece constantemente al Padre. Véase los lugares paralelos.

31. Cf. v. 56 y nota; Jn. 16, 32; Za. 13, 7.

35. Dios nos deja en este pasaje una lección insuperable de desconfianza en nosotros mismos. Cf. v. 75; 21, 28 ss. y notas.

36. Que ellos se sienten, mientras Él va a postrarse en tierra. Lo que sigue muestra cómo respondieron ellos... y nosotros.

42. Esto es: quiero que tu voluntad de salvar a los hombres, para lo cual me enviaste (Jn. 6, 38-40), se cumpla sin reparar en lo que a Mí me cueste. Ya que ellos no aceptaron mi mensaje de perdón (Mc. 1, 15; Jn. 1, 11; Mt. 16, 20 y nota), muera el Pastor por las ovejas (Jn. 10, 11 y nota). Aquí se ve la libre entrega de Jesús como víctima "en manos de los hombres" (17, 12 y 22) para que no se malograse aquella voluntad salvífica del Padre. ¿Acaso no le habría Éste mandado *al punto más de doce legiones de ángeles*? (v. 53). "Esta voz de la Cabeza es para salud de todo el cuerpo porque es ella la que ha instruido a los fieles, inflamado a los confesores, coronado a los mártires" San León.

dijo: "¿Dormís ahora y descansáis?" He aquí que llegó la hora y el Hijo del Hombre es entregado en manos de pecadores. [46]¡Levantaos! ¡Vamos! Mirad que ha llegado el que me entrega".

Jesús preso y llevado ante el Sanedrín. [47]Aun estaba hablando y he aquí que Judas, uno de los doce, llegó acompañado de un tropel numeroso con espadas y palos, enviado por los sumos sacerdotes y los ancianos del pueblo. [48]El traidor les había dado esta señal: "Aquel a quien yo daré un beso, ése es; sujetadle". [49]En seguida se aproximó a Jesús y le dijo: "¡Salud, Rabí!", y lo besó. [50]Jesús le dijo: "Amigo, ¡a lo que vienes!". Entonces, se adelantaron, echaron mano de Jesús, y lo prendieron. [51]Y he aquí que uno de los que estaban con Jesús llevó la mano a su espada, la desenvainó y dando un golpe al siervo del sumo sacerdote, le cortó la oreja. [52]Le dijo, entonces, Jesús: "Vuelve tu espada a su lugar, porque todos los que empuñan la espada, perecerán a espada. [53]¿Acaso piensas que no puedo rogar a mi Padre, y me dará al punto más de doce legiones de ángeles? [54]Pero, ¿cómo entonces se cumplirían las Escrituras de que así debe suceder?". [55]Al punto dijo Jesús a la turba: "Como contra un ladrón habéis salido, armados de espadas y palos, para prenderme. Cada día me sentaba en el Templo para enseñar, ¡y no me prendisteis! [56]Pero todo esto ha sucedido para que se cumpla lo que escribieron los profetas". Entonces todos los discípulos, le abandonaron y huyeron. [57]Los que habían prendido a Jesús lo llevaron a casa de Caifás, el sumo sacerdote, donde los escribas y los ancianos estaban reunidos. [58]Pedro lo había seguido de lejos hasta el palacio del sumo sacerdote, y habiendo entrado allí, se hallaba sentado con los satélites para ver cómo terminaba eso. [59]Los sumos sacerdotes, y todo el Sanedrín, buscaban un falso testimonio contra Jesús para hacerlo morir; [60]y no lo encontraban, aunque se presentaban muchos testigos falsos. Finalmente se presentaron dos, [61]que dijeron: "Él ha dicho: "Yo puedo demoler el templo de Dios, y en el espacio de tres días reedificarlo". [62]Entonces, el sumo sacerdote se levantó y le dijo: "¿Nada respondes? ¿Qué es eso que éstos atestiguan contra Ti?" Pero Jesús callaba. [63]Le dijo, pues, el sumo sacerdote: "Yo te conjuro por el Dios vivo a que nos digas si Tú eres el Cristo, el Hijo de Dios". [64]Jesús le respondió: "Tú lo has dicho. Y Yo os digo: desde este momento veréis al Hijo del hombre sentado a la diestra del Poder y viniendo sobre las nubes del cielo". [65]Entonces, el sumo sacerdote rasgó sus vestiduras, y dijo: "¡Ha blasfemado! ¿Qué necesidad tenemos ya de testigos? Ahora mismo, vosotros habéis oído la blasfemia. [66]¿Qué os parece?" Contestaron diciendo: "Merece la muerte". [67]Entonces lo escupieron en la cara, y lo golpearon, y otros lo abofetearon, [68]diciendo: "Adivínanos, Cristo, ¿quién es el que te pegó?"

Negación de Pedro. [69]Pedro, entretanto, estaba sentado fuera, en el patio; y una criada se aproximó a él y le dijo: "Tú también estabas con Jesús, el Galileo". [70]Pero él lo negó delante de todos, diciendo: "No sé qué dices". [71]Cuando salía hacia la puerta, otra lo vio y dijo a los que estaban allí: "Éste andaba con Jesús el Nazareno". [72]Y de nuevo lo negó, con juramento, diciendo: "Yo no conozco

45. *¿Dormís ahora y descansáis?* Véase Mc. 14, 41 y nota.

50. No le pregunta Jesús a qué ha venido, sino que le manifiesta conformidad con que lleve adelante su propósito, como cuando le dijo: *lo que haces, hazlo cuanto antes* (Jn. 13, 27).

51s. Fue San Pedro (Jn. 18, 10). Cf. Gn. 9, 6; Ap. 3, 10 y nota.

53. Véase v. 42 y nota. La bondad del divino Maestro no excluye a Judas (v. 50). Cf. Jn. 13, 27.

54. Véase Is. 53, 7-10.

56. *¡Todos!* Véase Mc. 14, 50 y nota. Es muy digno de observar el contraste entre esta fuga y la escena precedente (v. 51-54). Allí vemos que se intenta una defensa armada de Jesús, es decir, que si Él la hubiese aceptado, obrando como los que buscan su propia gloria (Jn. 5, 43), los discípulos se habrían sin duda jugado la vida por su caudillo (Jn. 11, 16; 13, 37). Pero cuando Jesús se muestra tal cual es, como divina Víctima de la salvación, en nuestro propio favor, entonces todos se escandalizan de Él, como Él se lo tenía anunciado (v. 31 ss.), y como solemos hacer muchos cuando se trata de compartir las humillaciones de Cristo y la persecución por su Palabra (13, 21). Algo análogo había de suceder a Pablo y Bernabé en Listra, donde aquél fue lapidado después de rechazar la adoración que se les ofrecía creyéndolos Júpiter y Mercurio (Hch. 14, 10-18).

60. Eran dos falsos testigos, que tampoco estaban acordes en su testimonio, como vemos en Mc. 14, 59.

65. La blasfemia consiste, a los ojos de los sanhedrinitas, en el testimonio que Jesús da de Sí mismo, confesando la verdad de que Él es el Hijo de Dios. Cf. Lv. 24, 16.

a ese hombre". [73]Un poco después, acercándose los que estaban allí de pie, dijeron a Pedro: ¡Ciertamente, tú también eres de ellos, pues tu habla te denuncia!" [74]Entonces se puso a echar imprecaciones y a jurar: "Yo no conozco a ese hombre". Y en seguida cantó un gallo, [75]y Pedro se acordó de la palabra de Jesús: "Antes que cante el gallo, me negarás tres veces". Y saliendo afuera, lloró amargamente.

27 Muerte de Judas.

[1]Llegada la madrugada, todos los jefes de los sacerdotes y los ancianos del pueblo tuvieron una deliberación contra Jesús para hacerlo morir. [2]Y habiéndolo atado, lo llevaron y entregaron a Pilato, el gobernador. [3]Entonces viendo Judas, el que lo entregó, que había sido condenado, fue acosado por el remordimiento, y devolvió las treinta monedas de plata a los sumos sacerdotes y a los ancianos, [4]diciendo: "Pequé, entregando sangre inocente". Pero ellos dijeron: "A nosotros ¿qué nos importa? tú verás". [5]Entonces, él arrojó las monedas en el Templo, se retiró y fue a ahorcarse [6]Pero los sumos sacerdotes, habiendo recogido las monedas, dijeron: "No nos es lícito echarlas en el tesoro de las ofrendas, porque es precio de sangre". [7]Y después de deliberar, compraron con ellas el campo del Alfarero para sepultura de los extranjeros. [8]Por lo cual ese campo fue llamado Campo de Sangre, hasta el día de hoy. [9]Entonces, se cumplió lo que había dicho el profeta Jeremías : "Y tomaron las treinta monedas de plata, el precio del que fue tasado, al que pusieron precio los hijos de Israel, [10]y las dieron por el Campo del Alfarero, según me ordenó el Señor".

Jesús ante Pilato. [11]Entretanto, Jesús compareció delante del gobernador, y el gobernador le hizo esta pregunta: "¿Eres Tú el rey de los judíos?" Jesús le respondió: "Tú lo dices". [12]Y mientras los sumos sacerdotes y los ancianos lo acusaban, nada respondió. [13]Entonces, Pilato le dijo: "¿No oyes todo esto que ellos alegan contra Ti?" [14]Pero Él no respondió ni una palabra sobre nada, de suerte que el gobernador estaba muy sorprendido.

Pospuesto a un ladrón. [15]Ahora bien, con ocasión de la fiesta, el gobernador acostumbraba conceder al pueblo la libertad de un preso, el que ellos quisieran. [16]Tenían a la sazón, un preso famoso, llamado Barrabás. [17]Estando reunido el pueblo, Pilato les dijo: "¿A cuál queréis que os suelte, a Barrabás o a Jesús, el que se dice Cristo?", [18]porque sabía que lo habían entregado por envidia. [19]Pero mientras él estaba sentado en el tribunal, su mujer le mandó decir: "No tengas nada que ver con ese justo, porque yo he sufrido mucho hoy, en sueños, por Él". [20]Pero los sumos sacerdotes y los ancianos persuadieron a la turba que pidiese a Barrabás, y exigiese la muerte de Jesús. [21]Respondiendo el gobernador les dijo: "¿A cuál de los dos queréis que os suelte?" Ellos dijeron: "A Barrabás". [22]Les dijo Pilato: "¿Qué haré entonces con Jesús, el que se dice Cristo?" Todos respondieron: "¡Sea crucificado!" [23]Y cuando él preguntó: "Pues ¿qué mal ha hecho?", gritaron todavía más fuerte, diciendo: "¡Sea crucificado!" [24]Viendo Pilato, que nada adelantaba, sino que al contrario crecía el clamor, tomó agua y se lavó las manos delante del pueblo diciendo: "Yo soy

---

75. *Pedro* cayó, porque presumió de sus propias fuerzas, según se lo advirtió el mismo Cristo. Si hubiera pensado, como David, que sólo la gracia nos da la constancia y fortaleza, no habría caído ciertamente.

5. Mientras Pedro llora contrito, Judas se suicida, porque le falta la confianza en la misericordia de Dios, que a todos perdona. Es la diferencia entre el solo remordimiento, que lleva. a la desesperación, y el arrepentimiento, que lleva al perdón. Cf. 21, 28 y nota.

9. Véase Za. 11, 12s.; Jr. 32, 6 ss.

18. *Por envidia*: se refiere a los sacerdotes (Mc. 15, 10), contra cuya maldad apelaba Pilato ante el pueblo. San Marcos (15, 11) reitera lo que aquí vemos en el v. 20sobre la influencia pérfida con que aquéllos decidieron al pueblo, que tantas veces había mostrado

su adhesión a Jesús, a servirles de instrumento para saciar su odio contra el Hijo de Dios, hasta el punto de persuadirlo a que lo pospusiese a un criminal (Lc. 23, 18; Jn. 18, 40). San Pedro recuerda al pueblo esta circunstancia en Hch. 3, 14-17.

19. Según una tradición piadosa, se llamaba Claudia Procla y la Iglesia griega la venera como santa.

24. Pilato dice *este justo*, confesando así públicamente la inocencia de Jesús; y sin embargo, lo condena a morir en una cruz. Vemos aquí el tipo del juez inicuo, que por política y cobardía abusa de su poder y viola gravemente los deberes de su cargo. Sus vacilaciones se prolongan por largo rato; pero puede más lo que él cree su interés, que la voz de su conciencia y la previsión de su mujer (v. 19). Véase Mc. 15, 2 ss.; Lc. 23, 3 ss.; Jn. 18, 33 ss.

inocente de la sangre de este justo. Vosotros veréis". ²⁵Y respondió todo el pueblo diciendo: "¡Su sangre caiga sobre nosotros y sobre nuestros hijos!" ²⁶Entonces, les soltó a Barrabás; y a Jesús, después de haberlo hecho azotar, lo entregó para que fuese crucificado.-

La coronación de espinas. ²⁷Entonces, los soldados del gobernador llevaron a Jesús al pretorio, y reunieron alrededor de Él toda la guardia. ²⁸Lo despojaron de los vestidos y lo revistieron con un manto de púrpura. ²⁹Trenzaron también una corona de espinas y se la pusieron sobre la cabeza, y una caña en su derecha; y doblando la rodilla delante de Él, lo escarnecían, diciendo: "¡Salve, rey de los judíos!"; ³⁰y escupiendo sobre Él, tomaban la caña y lo golpeaban en la cabeza. ³¹Después de haberse burlado de Él, le quitaron el manto, le pusieron sus vestidos, y se lo llevaron para crucificarlo.

La crucifixión. ³²Al salir encontraron a un hombre de Cirene, llamado Simón; a éste lo requisaron para que llevara la cruz de Él. ³³Y llegados a un lugar llamado Gólgota, esto es, "del Cráneo", ³⁴le dieron a beber vino mezclado con hiel; y luego de probarlo, no quiso beberlo. ³⁵Los que lo crucificaron se repartieron sus vestidos echando suertes. ³⁶Y se sentaron allí para custodiarlo. ³⁷Sobre su cabeza pusieron por escrito la causa de su condenación: "Este es Jesús el rey de los judíos". ³⁸Al mismo tiempo crucificaron con Él a dos ladrones, uno a la derecha y otro a la izquierda. ³⁹Y los transeúntes lo insultaban meneando la cabeza y diciendo: ⁴⁰"Tú que derribas el Templo, y en tres días lo reedificas, ¡sálvate a Ti mismo! Si eres el Hijo de Dios, ¡bájate de la cruz!"

⁴¹De igual modo los sacerdotes se burlaban de Él junto con los escribas y los ancianos, diciendo: ⁴²"A otros salvó, a sí mismo no puede salvarse. Si es el Rey de Israel: que baje ahora de la cruz, y creeremos en Él. ⁴³Puso su confianza en Dios, que Él lo salve ahora, si lo ama, pues ha dicho: "Soy Hijo de Dios". ⁴⁴También los ladrones, crucificados con Él, le decían las mismas injurias.

Muerte de Jesús. ⁴⁵Desde la hora sexta, hubo tinieblas sobre toda la tierra hasta la hora nona. ⁴⁶Y alrededor de la hora nona, Jesús clamó a gran voz, diciendo: "Elí, Elí, ¿lama sabactani?", esto es: "¡Dios mío, Dios mío! ¿Por qué me has abandonado?". ⁴⁷Al oír esto, algunos de los que estaban allí dijeron: "A Elías llama éste". ⁴⁸Y en seguida uno de ellos corrió a tomar una esponja, que empapó en vinagre, y atándola a una caña, le presentó de beber. ⁴⁹Los otros decían: "Déjanos ver si es que viene Elías a salvarlo". ⁵⁰Más Jesús, clamando de nuevo, con gran voz, exhaló el espíritu.

Prodigios acaecidos a la muerte de Jesús. ⁵¹Y he ahí que el velo del templo se rasgó en dos, de arriba abajo; tembló la tierra, se agrietaron las rocas, ⁵²se abrieron los sepulcros y los cuerpos de muchos santos difuntos resucitaron. ⁵³Y, saliendo del sepulcro después de la resurrección de Él, entraron en la Ciudad Santa, y se aparecieron a muchos. ⁵⁴Entretanto, el centurión y sus compañeros que guardaban a Jesús, viendo el terremoto y lo que había acontecido, se llenaron de espanto y dijeron: "Verdaderamente, este era Hijo de Dios". ⁵⁵Había también allí muchas mujeres que miraban de lejos; las cuales habían seguido a Jesús desde Galilea, sirviéndole. ⁵⁶Entre ellas se hallaban

27. Nótese que no son obra directa del pueblo judío, como suele creerse, las atrocidades cometidas en la Pasión de Cristo. Los que azotan a la divina Víctima, le colocan la corona de espinas, le escarnecen y le crucifican son los soldados romanos (Jn. 19, 2 ss.), a cuya autoridad Jesús había sido entregado por los jefes de la Sinagoga (v. 18 y nota).

32. Esta obra de caridad valió a Simón la gracia de convertirse. Murió, según una antigua tradición cristiana, como Obispo de Bosra. Sus hijos Alejandro y Rufo aparecen en el Evangelio de San Marcos como cristianos (Mc. 15, 21). Cf. Rm. 16, 13.

35. Cf. Sal. 21, 19. *Los que lo crucificaron...* "El Evangelio está hecho para poner a prueba la profundidad del amor, que se mide por la profundidad de la atención prestada al relato: porque no hay

en él una sola gota de sentimentalismo que ayude a nuestra emoción con elementos de elocuencia no espiritual. Por ejemplo, cuando llegan los evangelistas a la escena de la crucifixión de Jesús, no solamente no la describen, ni ponderan aquellos detalles inenarrables, sino que saltan por encima, dejando la referencia marginal indispensable para la afirmación del hecho. Dos de ellos dicen simplemente: *Y llegaron al Calvario donde lo crucificaron.* Otro dice menos aún: *Y habiéndolo crucificado, dividieron sus vestidos.* ¡Y cuidado con pensar que hubo indiferencia en el narrador! Porque no sólo eran apóstoles o discípulos que dieron todos la vida por Cristo, sino que es el mismo Espíritu Santo quien por ellos habla".

María la Magdalena, María la madre de Santiago y de José, y la madre de los hijos de Zebedeo—.

La sepultura. [57]Llegada la tarde, vino un hombre rico de Arimatea, llamado José., el cual también era discípulo de Jesús. [58]Se presentó delante de Pilato y pidió el cuerpo de Jesús. Entonces Pilato mandó que se le entregase. [59]José tomó, pues, el cuerpo, lo envolvió en una sábana limpia, [60]y lo puso en su propio sepulcro, nuevo, que había hecho tallar en la roca. Después rodó una gran piedra sobre la entrada del sepulcro y se fue. [61]Estaban allí María la Magdalena y la otra María, sentadas frente al sepulcro.

Custodia del sepulcro. [62]Al otro día, el siguiente de la Preparación, los sumos sacerdotes y los fariseos se reunieron y fueron a Pilato [63]a decirle: "Señor, recordamos que aquel impostor dijo cuando vivía: "A los tres días resucitaré". [64]Ordena que el sepulcro sea guardado hasta el tercer día, no sea que sus discípulos vengan a robarlo y digan al pueblo: "Ha resucitado de entre los muertos", y la última impostura sea peor que la primera". [65]Pilato les dijo: "Tenéis guardia. Id, guardadlo corno sabéis". [66]Ellos se fueron y aseguraron el sepulcro con la guardia, después de haber sellado la piedra.

28 La Resurrección de Jesús.

[1]Después del sábado, cuando comenzaba ya el primer día de la semana, María la Magdalena y la otra María fueron a visitar el sepulcro. [2]Y he ahí que hubo un gran terremoto, porque un ángel del Señor bajó del cielo, y acercándose rodó la piedra, y se sentó sobre ella. [3]Su rostro brillaba como el relámpago, y su vestido era blanco como la nieve. [4]Y de miedo a él

---

45. *Hora sexta*: mediodía. *Hora nona*: a media tarde.

46. Véase Sal. 21, 2; Mc. 15, 34 y nota.

51. Según San Jerónimo, al rasgarse milagrosamente el *velo* del Templo que separaba el "Santo" del "Santo de los Santos", Dios quiso revelar que los misterios antes escondidas iban a ser en Cristo manifestados a todos los pueblos. Según San Pablo, el velo figuraba la carne de Cristo que al romperse nos dio acceso al Santuario Celestial (Hb. 6, 19; 9, 3; 10, 20-22).

52s. "El *abrirse los sepulcros* tuvo sin duda relación con el terremoto y con el hendirse de las rocas, y se efectuó a la vez que estos dos fenómenos. En cuanto a la *resurrección de los muertos,* estuvo indudablemente relacionada con su aparición en la ciudad, lo cual aconteció después de haber resucitado Jesucristo. Estos "santos" eran justos insignes del Antiguo Testamento, venerados de manera especial de los judíos, de los contemporáneos de Jesucristo y de aquellos a quienes se aparecieron, y fallecidos con la fe puesta en el Redentor prometido. Su resurrección, etc. (v. 53) tenía por objeto dar fe de la de Cristo en Jerusalén y hacer patente que mediante la muerte redentora de Jesucristo había sido vencida la muerte, y que su gloriosa Resurrección encerraba la prenda segura de la nuestra. Cf. Hb. 2, 14s.; Jn. 5, 25; 11, 25s.; 1Co. 15, 14-26 y 54s.; Col. 1, 18; 2, 15; 1 Pe. 1, 3 y 21; Ap. 5, 5" (Schuster Holzammer). Véase la nota 1Co. 15, 26. A estos santos parece referirse San Ignacio de Antioquía cuando dice: "Cómo podríamos nosotros vivir fuera de Él, a quien hasta los profetas, sus discípulos en espíritu esperaban como a su Maestro. Por eso Él, después de su venida –por ellos justamente esperada– los resucitó de entre los muertos" (carta a los Magnesios 9).

59s. Entierro anunciado en Is. 53, 9.

62. *Preparación,* en griego "Parasceve". Así se llamaba el viernes, por ser el día en que hacían los preparativos para el sábado.

66. Estas *precauciones* que tomaron los sacerdotes y fariseos nos han proporcionado un testimonio muy valioso en favor de la resurrección del Señor. Porque esta misma guardia tuvo que confesar que Cristo había resucitado (28, 11).

1. *La otra María:* la madre de Santiago el Menor (27, 56). Su marido se llamaba Cleofás o Alfeo.

13. El fracaso de los argumentos contra la Resurrección es más que evidente: recurren a "testigos dormidos". "¡Oh infeliz astucia!, exclama San Agustín; cuando estaban durmiendo, ¿cómo pudieron ver? Si nada vieron, ¿cómo pueden ser testigos?".

19. Véase 10, 6 y nota.

20. *Enseñándoles a conservar todo cuanto os he mandado:* Las enseñanzas de Jesús fueron completadas, según lo anunciara Él mismo (cf. Jn. 16, 13), por el Espíritu Santo, que inspiró a los apóstoles los demás Libros sagrados que hoy forman el Nuevo Testamento. De esta manera, según se admite unánimemente (cf. 1 Tm. 6, 3 y 20), la Revelación divina quedó cerrada con la última palabra del Apocalipsis. "Erraría, pues, quien supusiese que ésta (la jerarquía) estuviera llamada a crear o enseñar verdades nuevas, que no hubiere recibido de los apóstoles, sea por la tradición escrita en la Biblia, sea por tradición oral de los mismos apóstoles". Se entiende así como la Jerarquía eclesiástica no es, ni pretende ser, una nueva fuente de verdades reveladas, sino una predicadora de las antiguas, según aquí ordena Cristo, de la misma manera que la misión del tribunal superior encargado de interpretar y aplicar una carta constitucional, y de una universidad encargada de enseñarla, no es la de crear nuevos artículos, ni quitar otros, sino al contrario, guardar fielmente el depósito, de modo que no se disminuya ni se aumente. De ahí, como lo dice Pío XII, la importancia capitalísima de que el cristiano conozca en sus fuentes primarias ese depósito de la Revelación divina, ya que, según declara el mismo Pontífice, "muy pocas cosas hay cuyo sentido haya sido declarado por la autoridad de la Iglesia, y no son muchas más aquellas en las que sea unánime la sentencia de los santos Padres" (En. "Divino Afflante").

57. *José de Arimatea* se atreve a ser partidario de un ajusticiado, colocándolo en su propio sepulcro, para dar a entender a todos que Él era inocente. El noble senador, que no había consentido en la condenación de Jesús (Lc. 23, 51), es el modelo del cristiano intrépido que confiesa su fe sin cálculos humanos.

temblaron los guardias y quedaron como muertos. [5]Habló el ángel y dijo a las mujeres: "No temáis vosotras; porque sé que buscáis a Jesús, el crucificado. [6]No está aquí; porque resucitó, como lo había dicho. Venid y ved el lugar donde estaba. [7]Luego id pronto y decid a sus discípulos que resucitó de los muertos, y he aquí que os precederá en Galilea; allí lo veréis. Ya os lo he dicho". [8]Ellas, yéndose a prisa del sepulcro, con miedo y gran gozo, corrieron a llevar la nueva a los discípulos de Él. [9]Y de repente Jesús les salió al encuentro y les dijo: "¡Salud!" Y ellas, acercándose, se asieron de sus pies y lo adoraron. [10]Entonces Jesús les dijo: "No temáis. Id, avisad a mis hermanos que vayan a Galilea; allí me verán".

Soborno de los soldados. [11]Mientras ellas iban, algunos de la guardia fueron a la ciudad a contar a los sumos sacerdotes todo lo que había pasado. [12]Éstos, reunidos con los ancianos, deliberaron y resolvieron dar mucho dinero a los soldados, [13]diciéndoles: "Habéis de decir: Sus discípulos vinieron de noche, y lo robaron mientras nosotros dormíamos. [14]Y si el gobernador llega a saberlo, nosotros lo persuadiremos y os libraremos de cuidado". [15]Ellos, tomando el dinero, hicieron como les habían enseñado. Y se difundió este dicho entre los judíos hasta el día de hoy.

Últimas recomendaciones del Señor. [16]Los once discípulos fueron, pues, a Galilea, al monte donde les había ordenado Jesús. [17]Y al verlo lo adoraron; algunos, sin embargo, dudaron. [18]Y llegándose Jesús les habló, diciendo: "Todo poder me ha sido dado en el cielo y sobre la tierra. [19]Id, pues, y haced discípulos a todos los pueblos bautizándolos en el nombre del Padre y del Hijo y del Espíritu Santo; [20]enseñándoles a conservar todo cuanto os he mandado. Y mirad que Yo estoy con vosotros todos los días, hasta la consumación del siglo"

EVANGELIO SEGÚN SAN MARCOS

Marcos, que antes se llamaba Juan, fue hijo de aquella María en cuya casa se solían reunir los discípulos del Señor (Hch. 12,12). Es muy probable que la misma casa sirviera de escenario para otros acontecimientos sagrados, como la última Cena y la venida del Espíritu Santo. Con su primo Bernabé acompañó Marcos a San Pablo en el primer viaje apostólico, hasta la ciudad de Perge de Panfilia (Hch. 13, 13). Más tarde, entre los años 61-63, lo encontramos de nuevo al lado del Apóstol de los gentiles cuando éste estaba preso en Roma. San Pedro llama a Marcos su "hijo" (1 Pe. 5, 13), lo que hace suponer que fue bautizado por el Príncipe de los Apóstoles. La tradición más antigua confirma por unanimidad que Marcos en Roma transmitía a la gente las enseñanzas de su padre espiritual, escribiendo allí, en los años 50-60, su Evangelio, que es por consiguiente, el de San Pedro. El fin que el segundo Evangelista se propone, es demostrar que Jesucristo es Hijo de Dios y que todas las cosas de la naturaleza y aun los demonios le están sujetos. Por lo cual relata principalmente los milagros y la expulsión de los espíritus inmundos. El Evangelio de San Marcos, el más breve de los cuatro, presenta en forma sintética, muchos pasajes de los sinópticos, no obstante lo cual reviste singular interés, porque narra algunos episodios que le son exclusivos y también por muchos matices propios, que permiten comprender mejor los demás Evangelios. Murió San Marcos en Alejandría de Egipto, cuya iglesia gobernaba. La ciudad de Venecia, que lo tiene por patrono, venera su cuerpo en la catedral.

1 Predicación de Juan Bautista. [1]Comienzo del Evangelio de Jesucristo, Hijo de Dios. [2] Según lo que está escrito en Isaías, el profeta: "Mira que envío delante de Ti a mi mensajero, el cual preparará tu camino." [3] *"Voz de uno que clama en*

2s. Véase Malaquías 3, 1; Isaías 40, 3; Mateo 3, I ss.; Lucas 3, 2 ss. La voz de Juan es como el trueno que conmueve los desiertos

(San Ambrosio); y sin embargo, Israel no escuchó su mensaje ni preparó el camino. De ahí lo que dice Jesús en Mateo 17, 11-13.

el desierto: Preparad el camino del Señor, enderezad sus sendas." [4] Estuvo Juan el Bautista bautizando en el desierto, y predicando el bautismo del arrepentimiento para perdón de pecados. [5]Y todos iban a él de toda la tierra de Judea y de Jerusalén y se hacían bautizar por él en el río Jordán, confesando sus pecados. [6]Juan estaba vestido de pelos de camello y llevaba un ceñidor de cuero alrededor de sus lomos. Su alimento eran langostas y miel silvestre. [7]Y predicaba así: "Viene en pos de mí el que es más poderoso que yo, delante del cual yo no soy digno ni aun de inclinarme para desatar la correa de sus sandalias. [8]Yo os he bautizado con agua, pero Él os bautizará con Espíritu Santo."

Bautismo y tentación de Jesús. [9]Y sucedió que en aquellos días Jesús vino de Nazaret de Galilea, y se hizo bautizar por Juan en el Jordán. [10]Y al momento de salir del agua, vio entreabrirse los cielos, y al Espíritu que, en forma de paloma, descendía sobre Él. [11]Y sonó una voz del cielo: "Tú eres el Hijo mío amado, en Ti me complazco."

[12]Y en seguida el Espíritu lo llevó al desierto. [13]Y se quedó en el desierto cuarenta días, siendo tentado por Satanás; y estaba entre las fieras, y los ángeles le servían. [14]Después que Juan hubo sido encarcelado, fue Jesús a Galilea, predicando la buena nueva de Dios, [15]y diciendo: "El tiempo se ha cumplido, y se ha acercado el reino de Dios. Arrepentíos y creed en el Evangelio".

Los primeros discípulos. [16]Pasando a lo largo del mar de Galilea, vio a Simón y a Andrés, hermano de Simón, que echaban la red en el mar, pues eran pescadores. [17]Jesús les dijo: "Venid, seguidme, y Yo os haré pescadores de hombres." [18]Y en seguida, dejando sus redes, lo siguieron. [19]Yendo un poco más adelante, vio a Santiago, hijo de Zebedeo, y a Juan su hermano, que estaban también en la barca, arreglando sus redes. [20]Al punto los llamó; y ellos dejando a Zebedeo, su padre, en la barca con los jornaleros, lo siguieron.

[21]Entraron a Cafarnaúm; y luego, el día de sábado, entró en la sinagoga y se puso a enseñar. [22]Y estaban asombrados por su doctrina; pues les enseñaba como quien tiene autoridad, y no como los escribas.

Primeros milagros de Jesús. [23]Se encontraba en las sinagogas de ellos un hombre poseído por un espíritu inmundo, el cual gritó: [24]"¿Qué tenemos que ver contigo, Jesús de Nazaret? ¿Has venido a perdernos? Te conozco quién eres: El Santo de Dios." [25]Mas Jesús lo increpó diciendo: "¡Cállate y sal de él!" [26]Entonces el espíritu inmundo; zamarreándolo y gritando muy fuerte salió de él. [27]Y todos quedaron llenos de estupor, tanto que discutían entre sí y decían: "¿Qué es esto? ¡Una doctrina nueva e impartida con autoridad! ¡Aun a los espíritus inmundos manda, y le obedecen!" [28]Y pronto se extendió su fama por doquier, en todos los confines de Galilea. [29]Luego que salieron de la sinagoga, vinieron a casa de Simón y Andrés, con Santiago y Juan. [30]Y estaba la suegra de Simón en

---

4. El desierto en que San Juan predicaba y bautizaba se hallaba a tres o cuatro leguas al este de Jerusalén, entre esta ciudad y el Mar Muerto. Su nombre geográfico es "desierto de Judea". Acerca del carácter del bautismo de Juan véase Mateo 3, 6 y nota. Cf. v. 3; Mateo 3, 1; Lucas 3, 2.

7. La conmoción que el Bautista con su predicación de penitencia y su modo de vivir produjo, fue tan grande, que muchos creyeron que él fuese el "Mesías" prometido. Para evitar este engaño, Juan acentúa su misión de "precursor" señalando con su dedo hacia Jesús: En pos de mí, viene uno… "Así como la aurora es el fin de la noche y el principio del día, Juan Bautista es la aurora del día del Evangelio, y el término de la noche de la Ley" (Tertuliano). Véase Juan 3, 30 y nota.

13. *Entre las fieras del desierto de Judea:* chacales, lobos, zorras, etc. Detalle exclusivo de Marcos.

15. *Arrepentíos y creed:* Esta expresión sintetiza todo el mensaje de Jesucristo. Todo hombre debe confesarse pecador y creer en la buena nueva de que Dios es un Padre que perdona (1 Jn. 1, 8 ss.; Lc. 13, 1 ss. y nota). El rechazo de este mensaje por parte del pueblo llevó a Jesús a la Cruz.

16 ss. Cf. Mt. 4, 18 ss.; Lc. 5, 2 ss.; Jn. 1, 40 ss.

20. *Santiago y Juan* pertenecían a la clase media, como se deduce del hecho de que su padre Zebedeo ocupaba jornaleros. Es, pues, un error considerar a los discípulos del Señor como gentes que nada tenían que perder y por eso seguían a Jesús (cf. 2, 14; Lc. 5, 27-29). Abrazaron la pobreza espontáneamente, atraídos, en la sinceridad de sus corazones, por el irresistible sello de bondad que ofrecía el divino Maestro a todos los que no tenían doblez.

23s. Ver Lc. 4, 31 ss.; *El Santo de Dios:* el Mesías (Lc. 1, 35; Dn. 9, 24).

29 ss. Véase Mt. 8, 14-16; Lc. 4, 38-41.

cama, con fiebre y al punto le hablaron de ella. [31]Entonces fue a ella, y tomándola de la mano, la levantó, y la dejó la fiebre, y se puso a servirles. [32]Llegada la tarde, cuando el sol se hubo puesto, le trajeron todos los enfermos y los endemoniados. [33]Y toda la ciudad estaba agolpada a la puerta. [34]Sanó a muchos enfermos afligidos de diversas enfermedades y expulsó muchos demonios; pero no dejaba a los demonios hablar, porque sabían quién era Él. [35]En la madrugada, siendo aún muy de noche, se levantó, salió y fue a un lugar desierto, y se puso allí a orar. [36]Mas Simón partió en su busca con sus compañeros. [37]Cuando lo encontraron, le dijeron: "Todos te buscan." [38]Les respondió: "Vamos a otra parte, a las aldeas vecinas, para que predique allí también. Porque a eso salí." [39]Y anduvo predicando en sus sinagogas, por toda la Galilea y expulsando a los demonios.

[40]Vino a Él un leproso, le suplicó y arrodillándose, le dijo: "Si quieres, puedes limpiarme." [41]Entonces, Jesús, movido a compasión, alargó la mano, lo tocó y le dijo: "Quiero, sé sano." [42]Al punto lo dejó la lepra, y quedó sano. [43]Y amonestándolo, le despidió luego, [44]y le dijo: "¡Mira! No digas nada a nadie; mas anda a mostrarte al sacerdote, y presenta, por tu curación, la ofrenda que prescribió Moisés, para que les sirva de testimonio." [45]Pero él se fue y comenzó a publicar muchas cosas y a difundir la noticia, de modo que *(Jesús)* no podía ya entrar ostensiblemente en una ciudad, sino que se quedaba fuera, en lugares despoblados; y acudían a Él de todas partes.

2 **Jesús sana a un paralítico.** [1]Entró de nuevo en Cafarnaúm al cabo de cierto tiempo y oyeron las gentes que estaba en casa. [2]Y se juntaron allí tantos que ya no cabían ni delante de la puerta; y les predicaba la palabra. [3]Le trajeron, entonces, un paralítico, llevado por cuatro. [4]Y como no podían llegar hasta Él, a causa de la muchedumbre, levantaron el techo encima del lugar donde Él estaba, y haciendo una abertura descolgaron la camilla en que yacía el paralítico. [5]Al ver la fe de ellos, dilo Jesús al paralítico: "Hijo mío, tus pecados te son perdonados". [6]Mas estaban allí sentados algunos escribas, que pensaron en sus corazones: [7]"¿Cómo habla Éste así? Blasfema. ¿Quién puede perdonar los pecados sino sólo Dios?" [8]Al punto Jesús, conociendo en su espíritu que ellos tenían estos pensamientos dentro de sí, les dijo: "¿Por qué discurrís así en vuestros corazones? [9]¿Qué es más fácil, decir al paralítico: "Tus pecados te son perdonados" o decirle: "Levántate, toma tu camilla y anda?" [10]¡Pues bien! para que sepáis que el Hijo del hombre tiene el poder de perdonar los pecados sobre la tierra, [11]–dijo al paralítico–: "A ti lo digo, levántate, toma tu camilla y vete a tu casa". [12]Se levantó, tomó en seguida su camilla y se fue de allí, a la vista de todos, de modo que todos se quedaron asombrados y glorificaban a Dios diciendo "¡No hemos visto jamás nada semejante!".

Vocación de Mateo - Leví. [13]Salió otra vez a la orilla del mar, y todo el pueblo venía a Él, y les enseñaba. [14]Al pasar vio a Leví, hijo de Alfeo, sentado en la recaudación de impuestos, y le dijo: "Sígueme". Y, levantándose, lo siguió. [15]Y sucedió que cuando Jesús estaba sentado a la mesa en casa de él, muchos publicanos y pecadores se hallaban también *(allí)* con Él y sus discípulos, porque eran numerosos los que lo habían seguido. [16]Los escribas de entre los fariseos, empero, viendo que

---

35. El retiro de Jesús a la *oración*, después de trabajar todo el día y gran parte de la noche, nos enseña que la oración es tan indispensable como el trabajo. Cf. 14, 38; Mateo 14, 23 y nota.

44. La Ley de Moisés prescribía que el leproso curado se presentara a los sacerdotes y ofreciera un sacrificio (Lv. 14, 2-32; Mt. 8, 2-4; Lc. 5, 12-14). Así Jesús enseñaba a cumplir la Ley de Israel y respetar a sus sacerdotes sin perjuicio de conminarlos terriblemente cuando debía defender a las almas contra su hipocresía. Véase el gran discurso del Templo (Mt. 23, 1 ss.; Lc. 11, 46 ss.; 20, 45 ss.).

4. Véase Mt. 9, 2 ss.; Lc. 5, 18 ss. Las casas judías estaban provistas de una escalera exterior, que aprovecharon los que llevaban al enfermo, para subir y abrir el techo.

12. Cf. Lc. 7, 16.

13. El Mar de Galilea, o lago de Genesaret o de Tiberíades.

14. *Leví*, esto es, Mateo (Mt. 9, 9; Lc. 5, 29), nos da un ejemplo de la eficacia de la vocación. Una sola palabra de la boca del Señor, una sola mirada basta para convertirlo de un publicano en un fervoroso apóstol. Su vocación es consecuencia de la elección (Jn. 15, 16; Rm. 8, 29 ss.). "Dios nos previene para llamarnos, y nos acompaña para glorificamos" (San Agustín). Cf. I, 20 y nota.

comía con los pecadores y publicanos, dijeron a sus discípulos: "¿Por qué come con los publicanos y los pecadores?" [17]Mas Jesús, al oírlos, les dijo: "No son los sanos quienes necesitan de médico, sino los enfermos. No vine a llamar a justos, sino a pecadores".

Sobre el ayuno. [18]Un día ayunaban los discípulos de Juan y también los fariseos y vinieron a preguntarle: "¿Por qué, mientras los discípulos de Juan y los de los fariseos ayunan, tus discípulos no ayunan?" [19]Les respondió Jesús: "¿Pueden acaso ayunar los compañeros del esposo mientras el esposo está con ellos? En tanto que el esposo está con ellos no pueden ayunar. [20]Pero tiempo vendrá en que el esposo les será quitado, y entonces en aquel tiempo, ayunarán. [21]Nadie zurce temiendo de paño nuevo en vestido viejo; pues de lo contrario, el remiendo tira de él: lo nuevo de lo viejo, y la rotura, se hace peor. [22]Nadie tampoco echa vino nuevo en cueros viejos, pues de lo contrario, el vino hará reventar los cueros, y se pierde el vino lo mismo que los cueros; sino que se ha de poner el vino nuevo en cueros nuevos".

Las espigas arrancadas en sábado. [23]Sucedió que un sábado, Jesús iba atravesando los sembrados, y sus discípulos, mientras caminaban, se pusieron a arrancar espigas. [24]Entonces los fariseos le dijeron: "¿Ves?" ¿Por qué hacen, en día de sábado, lo que no es lícito?" [25]Les respondió: "¿Nunca leísteis lo que hizo David cuando tuvo necesidad y sintió hambre, él y sus compañeros, [26]cómo entró en la casa de Dios, en tiempo del sumo sacerdote Abiatar y comió de los panes de la proposición, los cuales no es permitido comer sino a los sacerdotes y dio también a sus compañeros?". [27]Y les dijo: "El sábado se hizo para el hombre, y no el hombre para el sábado; [28]de manera que el Hijo del hombre es también señor del sábado".

3 **El hombre de la mano seca** [1]Entró de nuevo en la sinagoga, y había allí un hombre que tenía seca la mano. [2]Y lo observaban, para ver si lo curaría en día de sábado, a fin de poder acusarlo. [3]Entonces dijo al hombre que tenía la mano seca: "Ponte de pie en medio". [4]Después les dijo: "¿Es lícito, en día de sábado, hacer bien o hacer mal, salvar una vida o matar?" Pero ellos callaban. [5]Mas Él mirándolos en derredor con ira, contristado por el endurecimiento de sus corazones, dijo al hombre: "Alarga la mano". Y la alargó, y la mano quedó sana. [6]Y salieron los fariseos en seguida y deliberaron con los herodianos sobre cómo hacerlo morir.

Mucha gente acude a Jesús. [7]Jesús Se retiró con sus discípulos hacia el mar, y mucha gente de Galilea lo fue siguiendo. Y vino también a Él de Judea, [8]de Jerusalén, de Idumea, de Transjordania y de la región de Tiro y de Sidón, una gran multitud que había oído lo que Él hacía. [9]Y recomendó a sus discípulos que le tuviesen pronta una barca, a causa del gentío, para que no lo atropellasen. [10]Porque había sanado a muchos, de suerte que todos cuantos tenían dolencias se precipitaron sobre Él para tocarlo. [11]Y los espíritus inmundos, al verlo, se prosternaban delante de Él y gritaban: "Tú eres el Hijo de Dios". [12]Pero Él les mandaba rigurosamente que no lo diesen a conocer.

Elección de los Doce. [13]Y subió a la montaña, y llamó a los que Él quiso, y vinieron a Él. [14]Y constituyó a doce para que fuesen sus compañeros y para enviarlos a predicar, [15]y para que tuvieran poder de expulsar los demonios. [16]Designó, pues, a

---

17. Es una de las muchas verdades con aspecto de paradoja en boca de Jesús (cf. Lc. 7, 23 y nota) que nos descubre el fondo de su Corazón misericordioso y encierra una divina regla pastoral: buscar a la oveja perdida (Lc. 15, 1 ss.). El que se cree sano y justo no puede aprovechar la Redención de Cristo. Cf. Lc. 5, 32.

20. Jesucristo es el Esposo que aspira a ganar el amor de todas y cada una de las almas (Mt. 9, 15; Jn. 3, 29; 2Co. 11, 2 y nota).

22. El *Evangelio,* al que San Agustín llama vino, tiene una inmensa fuerza espiritual y rompe los moldes que quieren someter a nuestra pobre razón los misterios del insondable amor de Dios (2Co. 10, 5). Cf. Mt. 9, 16 ss. y notas.

26. En 1Re. 21, 1 ss. se llama *Aquimelec,* padre de *Abiatar,* el cual le ayudaba. Cf. Mt. 12, 1 ss.

27. ¡Qué caridad tan divina refleja esta sentencia! Jesús condena aquí definitivamente todo *ritualismo formulista* (véase Jn. 4, 23 ss.).

6. Los *herodianos* o partidarios del rey Herodes eran amigos de los romanos y, por consiguiente, enemigos de los fariseos, eminentemente nacionalistas. Si los dos partidos, tan opuestos, se juntaron, sólo fue por odio, para librarse de Jesús.

13. *A los que Él quiso:* Nótese la libre elección divina: "No me elegisteis vosotros, sino que Yo os elegí" (Jn. 15, 16). Cf. Rm. 8, 28 ss.; 9, 15 ss.; Ef. 2, 10; 2 Tm. 1, 9.

los Doce; y puso a Simón el nombre de Pedro; [17]a Jacobo, hijo de Zebedeo, y a Juan, hermano de Santiago –a los que puso el nombre de Boanerges, es decir, hijos del trueno–, [18]a Andrés, a Felipe, a Bartolomé, a Mateo, a Tomás, a Santiago hijo de Alfeo, a Tadeo, a Simón el Cananeo, [19]y a Judas Iscariote, el que lo entregó.

El pecado contra el Espíritu Santo. [20]Volvió a casa, y la muchedumbre se juntó nuevamente allí, de suerte que ni siquiera podían comer pan. [21]Al oírlo los suyos, salieron para apoderarse de Él, porque decían: "Ha perdido el juicio". [22]Pero los escribas, venidos de Jerusalén, decían: "Tiene a Belcebú y por el jefe de los demonios expulsa a los demonios". [23]Mas Él los llamó y les dijo en parábolas: "¿Cómo puede Satanás expulsar a Satanás? [24]Y si dentro de un reino hay divisiones, ese reino no puede sostenerse. [25]Y si hay divisiones dentro de una casa, esa casa no podrá subsistir. [26]Si, pues, Satanás se levanta contra sí mismo y se divide, no puede subsistir, y llegó su fin. [27]Porque nadie puede entrar en la casa del hombre fuerte y quitarle sus bienes, si primero no ata al fuerte; y sólo entonces sí saqueará su casa. [28]En verdad, os digo, todos los pecados serán perdonados a los hombres, y cuantas blasfemias dijeren; [29]pero quien blasfemare contra el Espíritu Santo, no tendrá jamás perdón y es reo de eterno pecado". [30]Porque decían: "Tiene espíritu inmundo".

La verdadera familia de Jesús. [31]Llegaron su madre y sus hermanos, y quedándose de pie afuera, le enviaron recado, llamándolo. [32]Estaba sentada la gente alrededor de Él y le dijeron: "Tu madre y tus hermanos están fuera buscándote". [33]Mas Él les respondió y dijo: "¿Quién es mi madre y quiénes son mis hermanos?" [34]Y dando una mirada en torno sobre los que estaban sentados a su alrededor, dijo: "He aquí mi madre y mis hermanos. [35]Porque quien hiciere la voluntad de Dios, ése es mi hermano, hermana y madre".

4 **La parábola del sembrador.** [1]De nuevo se puso a enseñar, a la orilla del mar, y vino a Él una multitud inmensa, de manera que Él subió a una barca y se sentó en ella, dentro del mar, mientras que toda la multitud se quedó en tierra, a lo largo del mar. [2]Y les enseñó en parábolas muchas cosas; y en su enseñanza les dijo: [3]"¡Escuchad! He aquí que el sembrador salió a sembrar. [4]Y sucedió que al sembrar una semilla cayó a lo largo del camino, y los pájaros vinieron y la comieron. [5]Otra cayó en terreno pedregoso, donde no había mucha tierra, y brotó en seguida, por falta de profundidad de la tierra. [6]Más al subir el sol, se abrasó, y no teniendo raíz, se secó. [7]Otra parte cayó entre abrojos, y los abrojos crecieron y la ahogaron, y no dio fruto. [8]Y otra cayó en buena tierra; brotando y creciendo dio fruto, y produjo treinta, sesenta y ciento por uno". [9]Y agregó: "¡Quien tiene oídos para oír, oiga!"

---

17. Véase Mt. 10, 2-4. El apodo de *Bocanegras*, que significa "hijos del trueno", demuestra que Juan estaba lejos de ser un sentimental, como lo representa a veces el arte, con menoscabo de la sólida piedad. Véase Lc. 9, 53 y nota.

21. *Ha perdido el juicio:* No porque el oído se horrorice de la frase, deja ésta de ser histórica (Maldonado). Véase Lc. 14, 26 y nota. La incomprensión de los parientes de Jesús, confirmada en Jn. 7, 5, es una advertencia para los que hemos de ser sus discípulos; pues Él nos anunció que correríamos igual suerte. Cf. Mt. 10, 35 ss.; 13, 57 y nota.

22. Sobre *Belcebú* véase Mt. 10, 25 y nota. Éste fue el pecado que cometieron los jefes de la nación judía: el atribuir a Satanás lo que era obra del Espíritu Santo. Jesús hace ostentación de mansedumbre al detenerse a demostrar lo absurdo de tan blasfemas aseveraciones. Cf. Mt. 12, 24-28; Lc. 11, 15-20; Cf. Jn. 10, 20; 16, 9 y nota.

29. La *blasfemia contra el Espíritu Santo* se caracteriza por la malicia y endurecimiento del pecador. De ahí la imposibilidad de que sea perdonada. La misericordia no puede concederse al que no quiere aceptarla.

31. Admiremos la modestia en esta actitud de la Virgen Madre, concordante con la conducta silenciosa y oculta que siempre le vemos observar frente a la vida pública de Jesús.

32. *Tus hermanos:* Véase la nota a Mt. 12, 46.

34. Jesús no desprecia los lazos de la sangre; pero les antepone siempre la comunidad espiritual (Lc. 11, 28 y nota). María es la bendita, más porque creía en Cristo que por haberlo dado a luz (San Agustín).

5. *Brotó en seguida:* Es de admirar la elocuencia de esta imagen: la semilla en el estéril pedregal brota más rápidamente que en la tierra buena. Jesús nos enseña a ver en esto una prueba de falta de profundidad (v. 17). Debemos, pues, desconfiar de los primeros entusiasmos, tanto en nosotros como en los demás. De ahí el consejo que San Pablo da a Timoteo sobre los neófitos (1 Tm 3, 6).

8. La *buena tierra* es el corazón sin doblez. Para creer y "crecer en la ciencia de Dios" (Col. 1, 10) no se requiere gran talento (Mt. 11, 25), sino rectitud de intención; hacerse pequeño para recibir las lecciones de Jesús. Sobre esta parábola véase Mt. 13, 1 ss., y sus notas; Lc. 8, 4 ss.

[10]Cuando estuvo solo, le preguntaron los que lo rodeaban con los Doce, (*el sentido de*) estas parábolas. [11]Entonces les dijo: "A vosotros es dado el misterio del reino de Dios; en cuanto a los de afuera, todo les llega en parábolas, [12]para que mirando no vean, oyendo no entiendan, no sea que se conviertan y se les perdone". [13]Y añadió: "¿No comprendéis esta parábola? Entonces, ¿cómo entenderéis todas las parábolas? [14]El sembrador es el que siembra la palabra. [15]Los de junto al camino son aquellos en quienes es sembrada la palabra; mas apenas la han oído, viene Satanás y se lleva la palabra sembrada en ellos. [16]De semejante manera, los sembrados en pedregal son aquellos que al oír la palabra, al momento la reciben con gozo, [17]pero no tienen raíz en sí mismos, y son tornadizos. Apenas sobreviene una tribulación o una persecución a causa de la palabra, se escandalizan en seguida. [18]Otros son los sembrados entre abrojos; éstos son los que escuchan la palabra, [19]pero los afanes del mundo, el engaño de las riquezas y las demás concupiscencias invaden y ahogan la palabra, la cual queda infructuosa. [20]Aquellos, en fin, que han sido sembrados en buena tierra, son: quienes escuchan la palabra, la reciben y llevan fruto, treinta, sesenta y ciento por uno".

La luz sobre el candelero. [21]Les dijo también: "¿Acaso se trae la luz para ponerla debajo del celemín o debajo de la cama? ¿No es acaso para ponerla en el candelero? [22]Nada hay oculto que no haya de manifestarse, ni ha sido escondido sino para que sea sacado a luz . [23]Si alguien tiene nidos para oír, ¡oiga!" [24]Les dijo además: "Prestad atención a lo que oís: con la medida con que medís, se medirá para vosotros; y más todavía os será dado a vosotros los que oís ; [25]porque a quien tiene se le dará, y a quien no tiene, aun lo que tiene le será quitado".

La semilla que crece por sí sola. [26]Y dijo también: "Sucede con el reino de Dios lo que sucede cuando un hombre arroja la semilla en tierra . [27]Ya sea que duerma o esté despierto, de noche, y de días la semilla germina y crece, y él no sabe cómo. [28]Por sí misma la tierra produce primero el tallo, después la espiga, y luego el grano lleno en la espiga. [29]Y cuando el fruto está maduro, echa pronto la hoz, porque la mies está a punto" .

El grano de mostaza. [30]Dijo además: "¿Qué comparación haremos del reino de Dios, y en qué parábola lo pondremos? [31]Es como el grano de mostaza, el cual, cuando es sembrado en tierra, es la menor de todas las semillas de la tierra. [32]Con todo, una vez sembrado, sube y se hace mayor que todas las hortalizas, y echa grandes ramas, de modo que los pájaros del cielo pueden anidar bajo su sombra".

[33]Con numerosas parábolas como éstas les presentaba su doctrina, según eran capaces de entender, [34]y no les hablaba sin parábolas, pero en particular, se lo explicaba todo a los discípulos que eran suyos.

Jesús calma la tempestad. [35]Y les dijo en aquel día, llegada la tarde: "Pasemos a la otra orilla". [36]Entonces ellos, dejando a la multitud, lo tomaron consigo tal como estaba en la barca; y otras barcas

---

12. Cf. Is. 6, 9s.; Jn. 12, 40; Hch. 28, 26; Rm. 11, 8. Dios no es causa de la ceguera espiritual, pero la permite en los que no corresponden a la gracia. Véase 2 Ts. 2, 10 ss. y nota.

13. Estas palabras, exclusivas de San Marcos, muestran la enorme importancia que tiene la parábola del sembrador en la predicación de Jesús, como verdaderamente básica en el plan divino de la salvación, ya que ésta procede de la fe, y la fe viene del modo cómo se escucha la palabra de Dios (Rm. 10, 17).

22. Jesús insiste en que su predicación no tiene nada de secreto ni de esotérico. El grado de penetración de su luminosa doctrina depende del grado de atención que prestamos a sus palabras, como lo dice en el v. 24, en el cual promete a los que las oyen bien, una recompensa sobreabundante. Cf. Lc. 12, 1 ss. y nota.

24. Véase en Mateo 7, 2 y nota la explicación de este pasaje. San Marcos añade aquí, en las palabras finales, un nuevo rasgo de esa divina misericordia que se excede siempre en darnos más de lo que merecemos. El Papa San Pío V condenó, entre los errores de Miguel Bayo, la proposición según la cual en el día del juicio las buenas obras de los justos, no recibirán mayor recompensa que la que merezcan según la mera justicia (Denzinger 1014).

26 ss. Esta pequeña y deliciosa parábola, exclusiva de Marcos, muestra la eficacia propia que por acción divina tiene *la Palabra de Dios*, con sólo dejarla obrar en nuestra alma sin ponerle obstáculos. Cf. Jn. 17, 17 y nota.

29. Muy apropiada es esta parábola para suprimir en los ministros del Evangelio la *vanagloria*; al mismo tiempo les inspira confianza, puesto que el éxito no depende de ellos sino de la gracia divina (Simón Prado). Véase Jn. 71, 20; 1Co. 3, 7.

30 ss. Véase Mal. 13, 31s.; Lc. 13, 18s.

lo acompañaban. [37]Ahora bien, sobrevino una gran borrasca, y las olas se lanzaron sobre la barca, hasta el punto de que ella estaba ya por llenarse. [38]Más Él estaba en la popa, dormido sobre un cabezal. Lo despertaron diciéndole: "Maestro, ¿no te importa que perezcamos?". [39]Entonces Él se levantó, increpó al viento y dijo al mar: "¡Calla; sosiégate!" Y se apaciguó el viento y fue hecha gran bonanza. [40]Después les dijo: "¿Por qué sois tan miedosos? ¿Cómo es que no tenéis fe?". [41]Y ellos temían con un miedo grande, y se decían unos a otros: "¿Quién es, entonces, Éste, que aun el viento y el mar le obedecen?".

5 **El endemoniado de Gerasa.** [1]Llegaron a la otra orilla del mar, al país de los gerasenos. [2]Apenas desembarcó, le salió al encuentro desde los sepulcros un hombre poseído de un espíritu inmundo, [3]el cual tenía su morada en los sepulcros; y ni con cadenas podía ya nadie amarrarlo, [4]pues muchas veces lo habían amarrado con grillos y cadenas, pero él había roto las cadenas y hecho pedazos los grillos, y nadie era capaz de sujetarlo. [5]Y todo el tiempo, de noche y de día, se estaba en los sepulcros y en las montañas, gritando e hiriéndose con piedras. [6]Divisando a Jesús de lejos, vino corriendo, se prosternó delante de Él [7]y gritando a gran voz dijo: "¿Qué tengo que ver contigo, Jesús, Hijo del Dios altísimo? Te conjuro por Dios, no me atormentes". [8]Porque Él le estaba diciendo: "Sal de este hombre inmundo espíritu". [9]Y le preguntó: "¿Cuál es tu nombre?" Le respondió: "Mi nombre es Legión, porque somos muchos". [10]Y le rogó con ahínco que no los echara fuera del país. [11]Ahora bien, había allí junto a la montaña una gran piara de puercos paciendo. [12]Le suplicaron diciendo: "Envíanos a los puercos, para que entremos en ellos". [13]Se lo permitió. Entonces los espíritus inmundos salieron y entraron en los puercos; y la piara, como unos dos mil, se despeñó precipitadamente en el mar y se ahogaron en el agua. [14]Los porqueros huyeron a toda prisa y llevaron la nueva a la ciudad y a las granjas; y vino la gente a cerciorarse de lo que había pasado. [15]Más llegados a Jesús vieron al endemoniado, sentado, vestido y en su sano juicio: al mismo que había estado poseído por la legión, y quedaron espantados. [16]Y los que habían presenciado el hecho, les explicaron cómo había sucedido con el endemoniado y con los puercos. [17]Entonces comenzaron a rogarle que se retirase de su territorio. [18]Mas cuando Él se reembarcaba, le pidió el endemoniado andar con Él; [19]pero no se lo permitió; sino que le dijo: "Vuelve a tu casa, junto a los tuyos, y cuéntales todo lo que el Señor te ha hecho y cómo tuvo misericordia de ti". [20]Se fue, y se puso a proclamar por la Decápolis todo lo que Jesús había hecho por él, y todos se maravillaban.

Jesús sana a una mujer y resucita a la hija de Jairo. [21]Habiendo Jesús regresado en la barca a la otra orilla, una gran muchedumbre se juntó alrededor de Él. Y Él estaba a la orilla del mar, [22]cuando llegó un jefe de sinagoga, llamado Jairo, el cual, al verlo, se echó a sus pies, [23]le rogó encarecidamente y le dijo: "Mi hija está en las últimas; ven a poner tus manos sobre ella, para que se sane y viva". [24]Se fue con él, y numerosa gente le seguía, apretándolo.

[25]Y había una mujer atormentada por un flujo de sangre desde hacía doce años. [26]Mucho había tenido que sufrir por numerosos médicos, y había gastado todo su haber, sin experimentar mejoría, antes, por el contrario, iba de mal en peor. [27]Habiendo oído lo que se decía de Jesús, vino, entre la turba, por detrás, y tocó su vestido. [28]Pues

---

40. Véase Mt. 8, 23 ss.; Lc. 8, 22 ss. La barca abandonada a las olas es una imagen de la Iglesia, que sin cesar tiene que luchar contra toda clase de tormentas; más Cristo está en la barca para conducirla a través del "tiempo de nuestra peregrinación" (1 Pe. 1, 17) "en este siglo malo" (Ga. 1, 4). Tengamos, pues, confianza.

41. *¿Quién es entonces?*: Vemos por esta expresión la incertidumbre en que aún estaban estos discípulos respecto de Jesús, no obstante la admirable confesión de Natanael en Jn. 1, 49.

1 ss. Véase Mt. 8, 28 ss.; Lc. 8, 26 ss. San Mateo habla de dos endemoniados. Marcos menciona uno solo, probablemente porque

éste desempeñaba el papel principal. Sobre *Gerasa* véase Mt. 8, 28 y nota.

17. Los *gerasenos* son el tipo de aquellos hombres que se retiran de la Iglesia para no ser inquietados en la cómoda vida que llevan. Los cerdos, es decir, los bienes materiales, valen para ellos más que la fe y las promesas de Cristo. Véase la nota a Flp. 3, 11.

20. *Decápolis,* o región de las "diez ciudades libres", situadas en su mayoría en la Transjordania septentrional.

21 ss. Véase Mt. 9, 18 ss. y notas.

se decía: "Con solo tocar sus vestidos, quedaré sana". [29]Y al instante la fuente de su sangre se secó, y sintió en su cuerpo que estaba sana de su mal. [30]En el acto Jesús, conociendo en sí mismo que una virtud había salido de Él, se volvió entre la turba y dijo: "¿Quién ha tocado mis vestidos?". [31]Le respondieron sus discípulos: "Bien ves que la turba te oprime, y preguntas: '¿Quién me ha tocado?'". [32]Pero Él miraba en torno suyo, para ver la persona que había hecho esto. [33]Entonces, la mujer, azorada y temblando, sabiendo bien lo que le había acontecido, vino a postrarse delante de Él, y le dijo toda la verdad. [34]Mas Él le dijo: "¡Hija! tu fe te ha salvado. Vete hacia la paz y queda libre de tu mal".

[35]Estaba todavía hablando cuando vinieron de casa del jefe de sinagoga a decirle (a éste): "Tu hija ha muerto. ¿Con qué objeto incomodas más al Maestro?". [36]Mas Jesús, desoyendo lo que hablaban, dijo al jefe de sinagoga: "No temas, únicamente cree". [37]Y no permitió que nadie lo acompañara, sino Pedro, Santiago y Juan, hermano de Jacobo. [38]Cuando hubieron llegado a la casa del jefe de sinagoga, vio el tumulto, y a los que estaban llorando y daban grandes alaridos. [39]Entró y les dijo: "¿Por qué este tumulto y estas lamentaciones? La niña no ha muerto, sino que duerme". [40]y se burlaban de Él. Hizo, entonces, salir a todos, tomó consigo al padre de la niña y a la madre y a los que lo acompañaban, y entró donde estaba la niña. [41]Tomó la mano de la niña y le dijo: "¡Talita kumi!", que se traduce: "¡Niñita, Yo te lo mando, levántate!". [42]Y al instante la niña se levantó, y se puso a caminar, pues era de doce años. Y al punto quedaron todos poseídos de gran estupor. [43]Y les recomendó con insistencia que nadie lo supiese; y

dijo que a ella le diesen de comer.

6 Jesús rechazado en Nazaret. [1]Saliendo de allí, vino a su tierra, y sus discípulos lo acompañaron. [2]Llegado el sábado, se puso a enseñar en la sinagoga, y la numerosa concurrencia que lo escuchaba estaba llena de admiración, y decía: "¿De dónde le viene esto? ¿Y qué es esta sabiduría que le ha sido dada? ¿Y estos grandes milagros obrados por sus manos? [3]¿No es Éste el carpintero, el hijo de María, el hermano de Santiago, de José, de Judas y de Simón? ¿Y sus hermanas no están aquí entre nosotros?" Y se escandalizaban de Él. [4]Mas Jesús les dijo: "No hay profeta sin honor sino en su tierra, entre sus parientes y en su casa". [5]Y no pudo hacer allí ningún milagro; solamente puso las manos sobre unos pocos enfermos, y los sanó. [6]Y se quedó asombrado de la falta de fe de ellos. Y recorrió las aldeas a la redonda, enseñando.

Misión de los Apóstoles. [7]Entonces, llamando a los doce, comenzó a enviarlos, de dos en dos, dándoles poder sobre los espíritus inmundos, [8]y les ordenó que no llevasen nada para el camino, sino sólo un bastón; ni pan, ni alforja, ni dinero en el cinto, [9]sino que fuesen calzados de sandalias, y no se pusieran dos túnicas. [10]Y les dijo: "Dondequiera que entréis en una casa, quedaos allí hasta el momento de salir del lugar. [11]Y si en algún lugar no quieren recibiros y no se os escucha, salid de allí y sacudid el polvo de la planta de vuestros pies para testimonio a ellos". [12]Partieron, pues, y predicaron el arrepentimiento. [13]Expulsaban también a muchos demonios, y ungían con óleo a muchos enfermos y los sanaban.

Muerte de San Juan Bautista. [14]El rey Herodes

30s. La pregunta del Señor tiene por objeto confirmar el milagro delante de toda la muchedumbre. La respuesta de los discípulos acusa su poca inteligencia del poder y sabiduría de Jesús, pues Él sabía muy bien quién le había tocado.

41. *"Talita kumi"*: expresión aramea, que el Evangelista traduce para su auditorio de Roma.

43. Parece que los padres, fuera de sí de alegría, olvidaban el alimento que requería su hija. Jesús no lo olvida, Véase Sal. 26, 10; 102, 13; Is. 66, 13 y notas.

3. Véase Mt. 13, 54 ss.; Lc. 4, 16 ss.; Jn. 6, 42. No es sorprendente que tengan a Jesús por artesano, pues durante su vida oculta, hasta los treinta años, ayudaba a José en las tareas de

carpintero, santificando así el trabajo manual. Respecto a los "hermanos" de Jesús véase 3, 32; Mt. 12, 46 y nota.

8s. Véase Mt. 10, 5 ss.; Lc. 9, 1 ss.; 10, 1 ss. Jesús quiere que sus ministros tengan plena confianza en la *providencia* del Padre Celestial (Mt. 6, 25 ss.) y se desprendan de todo lo que no sea absolutamente necesario. Les basta con la eficacia infalible de la palabra evangélica y la gracia que la acompaña. Véase 2 Tm. 2, 4.

13. El *óleo* se usaba en primer lugar para reanimar las fuerzas físicas del enfermo. También hoy se lo emplea en la Santa Unción, que no es, como suele creerse, sólo para los moribundos, sino como explica Santiago, un sacramento para confortar a los enfermos graves, incluso devolviéndoles la salud, y para perdonar pecados si los hubiere (St. 5, 14).

oyó hablar (de Jesús), porque su nombre se había hecho célebre y dijo: "Juan el Bautista ha resucitado de entre los muertos, y por eso las virtudes obran en Él". [15]Otros decían: "Es Elías" otros: "Es un profeta, tal como uno de los (*antiguos*) profetas". [16]No obstante esos rumores, Herodes decía: "Aquel Juan, a quien hice decapitar, ha resucitado". [17]Herodes, en efecto, había mandado arrestar a Juan, y lo había encadenado en la cárcel, a causa de Herodías, la mujer de Filipo, su hermano, pues la había tomado por su mujer. [18]Porque Juan decía a Herodes: "No te es lícito tener a la mujer de tu hermano". [19]Herodías le guardaba rencor, y quería hacerlo morir, y no podía. [20]Porque Herodes tenía respeto por Juan, sabiendo que era un varón justo y santo, y lo amparaba: al oírlo se quedaba muy perplejo y sin embargo lo escuchaba con gusto. [21]Llegó, empero, una ocasión favorable, cuando Herodes, en su cumpleaños, dio un festín a sus grandes, a los oficiales, y a los personajes de Galilea. [22]Entró (*en esta ocasión*) la hija de Herodías y se congració por sus danzas con Herodes y los convidados. Dijo, entonces, el rey a la muchacha. "Pídeme lo que quieras, yo te lo daré" [23]Y le juró: "Todo lo que me pidas, te lo daré, aunque sea la mitad de mi reino". [24]Ella salió y preguntó a y madre: "¿Qué he de pedir?" Esta dijo: "La cabeza de Juan el Bautista". [25]Y entrando luego a prisa ante el rey, le hizo su petición: "Quiero que al instante me des sobre un plato la cabeza de Juan el Bautista". [26]Se afligió mucho el rey; pero en atención a su juramento y a los convidados, no quiso rechazarla. [27]Acto continuo envió, pues, el rey un verdugo, ordenándole traer la cabeza de Juan. [28]Este fue, lo decapitó en la prisión, y trajo sobre un plato la cabeza que entregó a la muchacha, y la muchacha la dio a su madre. [29]Sus discípulos luego que lo supieron, vinieron a llevarse el cuerpo y lo pusieron en un sepulcro.

Primera multiplicación de los panes. [30]Nuevamente reunidos con Jesús, le refirieron los apóstoles todo cuanto habían hecho y enseñado. [31]Entonces les dijo: "Venid vosotros aparte, a un lugar desierto, para que descanséis un poco". Porque muchos eran los que venían e iban, y ellos no tenían siquiera tiempo para comer. [32]Partieron, pues, en una barca, hacia un lugar desierto y apartado. [33]Pero (*las gentes*) los vieron cuando se iban, y muchos los conocieron; y, acudieron allí, a pie, de todas las ciudades, y llegaron antes que ellos. [34]Al desembarcar, vio una gran muchedumbre, y tuvo compasión de ellos, porque eran como ovejas sin pastor, y se puso a enseñarles muchas cosas.

[35]Siendo ya la hora muy avanzada, sus discípulos se acercaron a Él, y le dijeron: "Este lugar es desierto, y ya es muy tarde. [36]Despídelos, para que se vayan a las granjas y aldeas del contorno a comprarse qué comer". [37]Mas Él les respondió y dijo: "Dadles de comer vosotros". Le replicaron: "¿Acaso habremos de comprar pan por doscientos denarios, a fin de darles de comer? [38]Les preguntó: "¿Cuántos panes tenéis? Id a ver". Habiéndose cerciorado, le dijeron: "Cinco panes y dos peces". [39]Y les ordenó hacerlos acampar a todos, por grupos, sobre la hierba verde. [40]Se sentaron, pues, en cuadros, de a ciento y de a cincuenta. [41]Entonces, tomó los cinco panes y los dos peces, levantó los ojos al cielo, bendijo los panes, los partió y los dio a los discípulos, para que ellos los sirviesen. Y repartió también los dos peces entre todos. [42]Comieron todos hasta saciarse. [43]Y recogieron doce canastos llenos de los trozos y de los peces. [44]Los que habían comido panes, eran cinco mil varones.

---

14 ss. Véase Mt. 14, 1 ss.; Lc. 3, 19s.; 9, 7 ss.

16. Era la mala conciencia lo que atormentaba a Herodes; por eso veía en Jesucristo al Bautista, a quien había matado. "No hay pena comparable a una conciencia cargada de crímenes, porque cuando el hombre sufre exteriormente, se refugia en Dios; pero una conciencia desarreglada, no encuentra a Dios dentro de sí misma; entonces, ¿dónde puede hallar consuelos? ¿dónde buscar el reposo y la paz?" (San Gregorio Magno).

18. Véase Lv. 18, 16.

26. ¿Qué valía un *juramento* hecho contra Dios? Fue el respeto humano, raíz de tantos males, lo que determinó a Herodes a condescender con el capricho de una mujer desalmada. No teme a Dios, pero teme el juicio de algunos convidados ebrios como él. Cf. Mt. 14, 9 y nota.

33 ss. Véase Mt. 14, 13-21; Lc. 9, 10-17; Jn. 6, 2-15.

44. Esta primera *multiplicación de los panes* tuvo lugar probablemente al E. del lago (Jn. 6, 1 y 17); según Otros, al N. O.,

Jesús camina sobre el mar. [45]Inmediatamente obligó a sus discípulos a reembarcarse y a adelantársele hacia la otra orilla, en dirección a Betsaida, mientras Él despedía a la gente. [46]Habiéndola, en efecto despedido, se fue al monte a orar. [47]Cuando llegó la noche, la barca estaba en medio del mar, y Él solo en tierra. [48]Y viendo que ellos hacían esfuerzos penosos por avanzar, porque el viento les era contrario, vino hacia ellos, cerca de la cuarta vela de la noche, andando sobre el mar, y parecía querer pasarlos de largo. [49]Pero ellos, al verlo andando sobre el mar, creyeron que era un fantasma y gritaron; [50]porque todos lo vieron y se sobresaltaron. Mas Él, al instante, les habló y les dijo: "¡Animo! soy Yo. No tengáis miedo". [51]Subió entonces con ellos a la barca, y se calmó el viento. Y la extrañeza de ellos llegó a su colmo. [52]Es que no habían comprendido lo de los panes, porque sus corazones estaban endurecidos.

[53]Terminada la travesía, llegaron a tierra de Genesaret, y atracaron. [54]Apenas salieron de la barca, lo conocieron, [55]y recorrieron toda esa región; y empezaron a transportar en camillas los enfermos a los lugares donde oían que Él estaba. [56]Y en todas partes adonde entraba: aldeas, ciudades, granjas, colocaban a los enfermos en las plazas, y le suplicaban que los dejasen tocar aunque no fuse más que la franja de su manto; y cuantos lo tocaban, quedaban sanos.

7 Sobre las tradiciones y costumbres de los fariseos.

[1]Se congregaron en torno a Él los fariseos, así como algunos escribas venidos de Jerusalén. [2]Los cuales vieron que algunos de sus discípulos comían con manos profanas, es decir, no lavadas, [3]porque los fariseos y los judíos en general, no comen, si no se lavan las manos, hasta la muñeca, guardando la tradición de los antiguos; [4]y lo que procede del mercado no lo comen, sin haberlo rociado con agua; y observan muchos otros puntos por tradición, ablución de copas, de jarros, de vasos de bronce. [5]Así, pues, los fariseos y los escribas le preguntaron: "¿Por qué no siguen tus discípulos la tradición de los antiguos, sino que comen con manos profanas?" [6]Les dijo: "Con razón Isaías profetizó sobre vosotros, hipócritas, como está escrito: 'Este pueblo me honra con los labios, [7]pero su corazón está lejos de Mí. Me rinden un culto vano, enseñando doctrinas (que son) mandamientos de hombres'.

[8]Vosotros quebrantáis los mandamientos de Dios, al paso que observáis la tradición de los hombres; lavados de jarros y copas y otras muchas cosas semejantes a éstas hacéis". [9]Y les dijo: "Lindamente habéis anulado el mandamiento de Dios, para observar la tradición vuestra. [10]Porque Moisés dijo: "Honra a tu padre y a tu madre", y: "Quien maldice a su padre o a su madre, sea muerto". Y vosotros decís: [11]"Si uno dice a su padre o a su madre: «Es Korbán, es decir, ofrenda, esto con lo cual yo te podría socorrer», [12]ya no lo dejáis hacer nada por su padre o por su madre, [13]anulando así la palabra de Dios por la tradición que transmitisteis. Y hacéis cantidad de cosas semejantes". [14]Y habiendo de nuevo llamado a la muchedumbre, les dijo: "Escuchadme todos con inteligencia: [15]No hay cosa fuera del hombre que, entrando en él, lo pueda manchar; mas lo que sale

---

en el lugar donde se ha descubierto una antiquísima Basílica erigida en recuerdo del milagro.

45 ss. Véase Mt. 14, 22-32; Jn. 6, 15-21.

4 ss. Se trata de purificaciones que no eran prescriptas por la Ley y que los escribas multiplicaban llamándolas "tradiciones". "No conociendo la justicia de Dios y queriendo establecer la suya propia (Rm. 3, 10), el fariseo, satisfecho de sí mismo, espera sorprender a Dios con su virtud que nada necesita (Lc. 18, 1s.). En realidad, el fariseo es el más temible de los materialistas, pues el saduceo sensual ignora lo espiritual; pero él, en cierto modo, lo conoce para reducirlo a la materia: hechos, realizaciones, obras visibles para que sean vistos de los hombres y los hombres los alaben y los imiten. Antítesis del fariseo es la Verónica que al acercarse a Dios presenta, a la faz de la gracia, el lienzo en blanco

de su esperanza". Es evidente que la doctrina de Jesucristo era tan incompatible con esa mentalidad como el fuego con el agua (véase 12, 38 y nota). La tradición que vale para la Iglesia es la que tiene su origen en la revelación divina, es decir, en la predicación del mismo Jesucristo y de los apóstoles, "a fin de que siempre se crea del mismo modo la verdad absoluta e inmutable predicada desde el principio por los apóstoles" (San Pío X en el juramento contra los modernistas). Cf. 1 Tm. 6, 3s. y 20.

6. Véase Is. 29, 13; Cf. Mt. 15, 1-28; 23, 15; Lc. 11, 37-41; Jn. 4, 23 y notas.

10. Véase Ex. 20, 12; 21, 17; Lv. 20, 9; Dt. 5, 16; Ef. 6, 2.

11. Quiere decir que los fariseos se consideraban exonerados de la obligación de sustentar a sus ancianos padres, pretendiendo que les valiera por tal una ofrenda de dinero (Korbán) dada al Templo.

del hombre, eso es lo que mancha al hombre. [16]Si alguno tiene oídos para oír, oiga".

[17]Cuando, dejando a la multitud, hubo entrado en casa, sus discípulos lo interrogaron sobre esta parábola. [18]Les respondió: "¿A tal punto vosotros también estáis sin inteligencia? ¿No comprendéis que todo lo que de fuera entra en el hombre, no lo puede manchar? [19]Porque eso no va al corazón, sino al vientre y sale a un lugar oculto, limpiando así todos los alimentos". [20]Y agregó: "Lo que procede del hombre, eso es lo que mancha al hombre. [21]Porque es de adentro, del corazón de los hombres, de donde salen los malos pensamientos, fornicaciones, hurtos, homicidios, [22]adulterios, codicias, perversiones, dolo, deshonestidad, envidia, blasfemia, soberbia, insensatez. [23]Todas estas cosas malas proceden de dentro y manchan al hombre".

La fe de la cananea. [24]Partiendo de allí, se fue al territorio de Tiro, y de Sidón, y entrando en una casa, no quiso que nadie lo supiese, mas no pudo quedar oculto. [25]Porque en seguida una mujer cuya hija estaba poseída de un demonio inmundo, habiendo oído hablar de Él, vino a postrarse a sus pies. [26]Esta mujer era pagana, siro fenicia de origen, y le rogó que echase al demonio fuera de su hija. [27]Mas Él le dijo: "Deja primero a los hijos saciarse, porque no está bien tomar el pan de los hijos para darlo a los perritos". [28]Ella le contestó diciendo: "Sí, Señor, pero también los perritos debajo de la mesa, comen de las migajas de los hijos". [29]Entonces Él le dijo: "¡Anda! Por lo que has dicho, el demonio ha salido de tu hija". [30]Ella se volvió a su casa, y encontró a la niña acostada sobre la cama, y que el demonio había salido.

Curación de un sordomudo. [31]Al volver del territorio de Tiro, vino, por Sidón, hacia el mar de Galilea atravesando el territorio de la Decápolis. [32]Le trajeron un sordo y tartamudo, rogándole que pusiese su mano sobre él. [33]Mas Él, tomándolo aparte, separado de la turba, puso sus dedos en los oídos de él; escupió y le toco la lengua. [34]Después, levantando los ojos, al cielo, dio un gemido y le dijo: "Effatá", es decir, "ábrete". [35]Y al punto sus oídos se abrieron, y la ligadura de su lengua se desató, y hablaba correctamente. [36]Más les mandó no decir nada a nadie; pero cuanto más lo prohibía, más lo proclamaban. [37]Y en el colmo de la admiración, decían: "Todo lo hizo bien: hace oír a los sordos, y hablar a los mudos".

8 **Segunda multiplicación de los panes.** [1]En aquel tiempo, como hubiese de nuevo una gran muchedumbre, y que no tenía qué comer, llamó a sus discípulos, y les dijo: [2]"Tengo compasión de la muchedumbre, porque hace ya tres días que no se aparta de Mí, y no tiene nada qué comer. [3]Si los despido en ayunas a sus casas, les van a faltar las fuerzas en el camino; porque los hay que han venido de lejos". [4]Le dijeron sus discípulos: "¿Cómo será posible aquí, en un desierto, saciarlos con pan?" [5]Les preguntó: "¿Cuántos panes tenéis?" Respondieron: "Siete". [6]Y mandó que la gente se sentase en el suelo; tomó, entonces, los siete panes, dio gracias, los partió y los dio a sus discípulos, para que ellos los sirviesen; y los sirvieron a la gente. [7]Tenían también algunos pececillos; los bendijo, y dijo que los sirviesen también. [8]Comieron hasta saciarse, y recogieron siete canastos de pedazos que sobraron. [9]Eran alrededor de cuatro mil. Y los despidió.

Los fariseos piden una señal. [10]En seguida subió a la barca con sus discípulos, y fue a la región de Dalmanuta. [11]Salieron entonces los fariseos y se pusieron a discutir con Él, exigiéndole alguna señal del cielo, para ponerlo a prueba. [12]Mas Él, gimiendo en su espíritu, dijo: "¿Por qué esta raza exige una señal? En verdad, os digo, ninguna señal

---

26. *Siro fenicia* es lo mismo que *cananea* (Mt. 15, 22), porque los fenicios se llaman también cananeos.

28. Como esta pagana, insistamos porfiados en la oración, aunque a veces parezca que Dios no quiere oírnos. Véase la parábola del amigo importuno (Lc. 11, 5 ss.). La perseverancia, dice San Bernardo, es una virtud sin la cual nadie verá a Dios, ni será visto por Dios. Cf. Lc. 21, 19.

33. Este acto se repite hoy en la administración del Bautismo, cuando el sacerdote dice: "éfeta": abre tus oídos a la palabra de Dios. Pío XII el 14 de enero de 1944ha dispuesto que se suprima esto siempre que lo aconseje la higiene y la profilaxis en casos de grave peligro. (A. A. S. 36, 28-29).

1 ss. Véase Mt. 15, 32-39.

11 ss. Véase Mt. 16, 1-12; Lc. 11, 54.

será dada a esta generación". [13]Y dejándolos allí, se volvió a embarcar para la otra ribera.

Contra las levaduras. [14]Habían olvidado de tomar pan, y no tenían consigo en la barca más que un solo pan. [15]Les hizo entonces esta advertencia: "¡Cuidado! Guardaos de la levadura de los fariseos y de la levadura de Herodes". [16]Por lo cual ellos se hicieron esta reflexión unos a otros: "Es que no tenemos panes". [17]Mas conociéndolo, Jesús les dijo: "¿Por qué estáis pensando en que no tenéis panes? ¿No comprendéis todavía? ¿No caéis en la cuenta? ¿Tenéis endurecido vuestro corazón? [18]¿Teniendo ojos, no veis; y teniendo oídos, no oís? [19]Cuando partí los cinco panes entre los cinco mil, ¿cuántos canastos llenos de pedazos recogisteis?" "Doce", le dijeron. [20]"Y cuando partí los siete panes entre los cuatro mil, ¿cuántas canastas llenas de trozos os llevasteis?" Le dijeron: "Siete". [21]Y les dijo: "¿No comprendéis todavía?"

El ciego de Betsaida. [22]Fueron luego a Betsaida. Y le trajeron un ciego, rogándole que lo tocase. [23]Y Él, tomando de la mano al ciego, lo condujo fuera de la aldea, le escupió en los ojos, y le impuso las manos; después le preguntó: "¿Ves algo?" [24]Él alzó los ojos y dijo: "Veo a los hombres; los veo como árboles que caminan". [25]Le puso otra vez las manos sobre los ojos, y el hombre miró con fijeza y quedó curado, y veía todo claramente. [26]Y lo envió de nuevo a su casa y le dijo: "Ni siquiera entres en la aldea".

Confesión de Pedro. [27]Jesús se marchó con sus discípulos para las aldeas de Cesarea de Filipo. Por el camino hizo esta pregunta a sus discípulos: "¿Quién soy Yo, según el decir de los hombres?". [28]Le respondieron diciendo: "Juan el Bautista; otros: Elías; otros: uno de los profetas". [29]Entonces, les preguntó: "Según vosotros, ¿quién soy Yo?" Le respondió Pedro y dijo: "Tú eres el Cristo". [30]Y les mandó rigurosamente que a nadie dijeran (esto) de Él.

Primer anuncio de la Pasión. [31]Comenzó entonces, a enseñarles que era necesario que el Hijo del hombre sufriese mucho; que fuese reprobado por los ancianos, por los sumos sacerdotes, y por los escribas; que le fuese quitada la vida, y que, tres días después, resucitase. [32]Y les hablaba abiertamente. Entonces, Pedro, tomándolo aparte, empezó a reprenderlo. [33]Pero Él, volviéndose y viendo a sus discípulos, increpó a Pedro y le dijo: "¡Vete de Mí, atrás, Satanás! porque no sientes las cosas de Dios, sino las de los hombres".

La renuncia del "yo". [34]Y convocando a la muchedumbre con sus discípulos les dijo: "Si alguno quiere venir en pos de Mí, renúnciese a sí mismo, tome su cruz, y sígame. [35]Quien quiere salvar su vida, la perderá, y quien pierde su vida a causa de Mí y del Evangelio, la salvará. [36]En efecto: ¿de qué servirá al hombre ganar el mundo entero, y perder su vida? [37]Pues ¿qué cosa puede dar el hombre a cambio de su vida? [38]Porque quien

---

12. Según San Mateo (16, 4) Jesús citó el caso del profeta Jonás como figura de su milagrosa resurrección.

15. La *levadura de los fariseos,* según vemos en Lc. 12, 1, es la hipocresía. Hemos de guardarnos tanto de compartirla cuanto de ser so víctima. La *levadura de Herodes* es la mala vida, que se contagia como una peste. Véase Mt. 16, 6 y 12.

22. *Betsaida,* la llamada Betsaida Julias, al E. de la desembocadura del Jordán en el lago de Genesaret.

27. Véase Mt. 16, 13-16; Lc. 9, 18-20.

29. Véase Mt. 16, 18, donde Jesús recompensó la fe de aquel humilde pescador, haciéndole príncipe de los apóstoles.

31. ¡Reprobado! Y bien lo vemos en 14, 64donde todos están horrorizados de sus "blasfemias". Nosotros, gentiles, más que nadie debemos agradecerle, pues fue para abrirnos la puerta de la salud (Ef. 2, 1 ss.). "Por el delito de los judíos la salud pasó a los gentiles; por la incredulidad de los gentiles volverá a los judíos" (San Jerónimo).

33. No obstante la confesión que acaba de hacer (v. 29), Pedro muestra aquí su falta de *espíritu sobrenatural*. Jesús, con la

extrema severidad de su reproche, nos enseña que nada vale un amor sentimental, sino el que busca en todo la voluntad del Padre corno lo hizo Él. Cf. Mt. 24, 42 y nota.

34. A la luz de la doctrina revelada y definida, se comprende bien la suavidad de esta palabra de Jesús, que al principio parece tan dura. *Renúnciese a sí mismo.* Ello significa decirnos, para nuestro bien: líbrate de ese enemigo, pues ahora sabes que es malo, corrompido, perverso. Si tú renuncias a ese mal amigo y consejero que llevas adentro, yo lo sustituiré con mi espíritu, sin el cual nada puedes hacer (Jn. 15, 5). ¡Y cómo será de total ese apartamiento que necesitamos hacer del autoenemigo, cuando Jesús nos enseña que es indispensable nacer de nuevo para poder entrar en el Reino de Dios! (Jn. 3, 3). Renacer del Espíritu, echar fuera aquel yo que nos aconsejaba y nos prometía quizá tantas grandezas. Echarlo fuera, quitarlo de en medio, destituirlo de su cargo de consejero, por mentiroso, malo e ignorante. He aquí lo que tanto cuesta a nuestro amor propio: reconocer que nuestro fulano de tal es "mentira" (Rm. 3, 4) y de suyo digno de la Ira de Dios. Cf. Lc. 9, 23 y nota.

se avergonzare de Mí y de mis palabras delante de esta raza adúltera y pecadora, el Hijo del hombre también se avergonzará de él cuando vuelva en la gloria de su Padre, escoltado por los santos ángeles".

9 **Transfiguración de Jesús.** [1]Y les dijo: "En verdad, os digo, entre los que están aquí, algunos no gustarán la muerte sin que hayan visto el reino de Dios venido con poder". [2]Y seis días después, tomó Jesús consigo a Pedro, a Santiago y a Juan, y los llevó solos, aparte, a un alto monte, y se transfiguró a su vista. [3]Sus vestidos se pusieron resplandecientes y de tal blancura; que no hay batanero sobre esta tierra, capaz de blanquearlos así. [4]Y se les aparecieron Elías y Moisés y conversaban con Jesús. [5]Entonces, Pedro dijo a Jesús: "Rabí, es bueno que nos quedemos aquí. Hagamos, pues, aquí tres pabellones, uno para ti, uno para Moisés, y uno para Elías". [6]Era que no sabía lo que decía, porque estaban sobrecogidos de temor. [7]Vino, entonces, una nube que los cubrió con su sombra, y de la nube una voz se hizo oír: "Éste es mi Hijo, el Amado. ¡Escuchadlo!". [8]Y de repente, mirando todo alrededor, no vieron a nadie con ellos, sino a Jesús solo.

La venida de Elías. [9]Cuando bajaban del monte, les prohibió referir a nadie lo que habían visto, mientras el Hijo del hombre no hubiese resucitado de entre los muertos. [10]Y conservaron lo acaecido dentro de sí, discurriendo "qué podría significar eso de resucitar de entre los muertos". [11]Y le hicieron esta pregunta: "¿Por qué, pues, dicen los escribas que Elías debe venir primero?" [12]Les

respondió: "Elías, en efecto, vendrá primero y lo restaurará todo. Pero ¿cómo está escrito del Hijo del hombre, que debe padecer mucho y ser vilipendiado? [13]Pues bien, Yo os declaro: en realidad Elías ya vino e hicieron con él cuanto les plugo, como está escrito de él".

El endemoniado. [14]Llegaron, entretanto, a los discípulos y vieron un gran gentío que los rodeaba, y escribas que discutían con ellos. [15]Toda esta multitud en cuanto lo vio se quedó asombrada y corrió a saludarlo. [16]Les preguntó: "¿Por qué discutís con ellos?" [17]Le respondió uno de la multitud: "Maestro, te he traído a mi hijo, que tiene un demonio mudo. [18]Y cuando se apodera de él, lo zamarrea y él echa espumarajos, rechina los dientes y queda todo rígido. Y pedí a tus discípulos que lo expulsasen, y no han podido". [19]Entonces, Él les respondió y dijo: "Oh raza incrédula, ¿hasta cuándo habré de estar con vosotros? ¿Hasta cuándo habré de soportaros? ¡Traédmelo!". [20]Y se lo trajeron. En cuanto lo vio, el espíritu lo zamarreaba (*al muchacho*); y caído en el suelo, se revolvía echando espumarajos. [21]Y preguntó al padre: "¿Cuánto tiempo hace que esto le sucede?" Respondió: "Desde su infancia; [22]y a menudo lo ha echado, ora en el fuego, ora en el agua, para hacerlo morir. Pero si Tú puedes algo, ayúdanos, Y ten compasión de nosotros". [23]Le replicó Jesús: "¡Si puedes! ... Todo es posible para el que cree". [24]Entonces, el padre del niño se puso a gritar: "¡Creo! ¡Ven en ayuda de mi falta de fe!" [25]Y Jesús viendo que se aproximaba un tropel de gente, conmino al espíritu diciéndole: "Espíritu mudo y sordo, Yo te lo mando, sal de él, y no vuelvas a

---

1. Colocado al principio del capítulo, este v. (que en la Vulgata figura como 39 del cap. 8) muestra claramente que el anuncio de Jesús se refiere a su gloriosa Transfiguración, relatada en los vv. que siguen, y en la cual Jesús mostró un anticipo de la gloria con que volverá al fin de los tiempos. Tal es la gloria cuya visión nos refieren San Juan en su Evangelio (1, 14), y San Pedro en su segunda Epístola (1, 16 ss.). Cf. Mt. 16, 28 y nota. Lc. 9, 27.

2 ss. Véase Mt. 17, 1-8; Lc. 9. 28-36. *Un alto monte:* según la tradición, el monte Tabor en Galilea.

7. Aquí, como en el Bautismo de Jesús, el Padre da solemne testimonio de la *filiación divina del Mesías,* y añade el único mandamiento que el Padre formula personalmente en todo el Evangelio: que escuchemos a Jesús. Por eso, el Maestro nos dice:

"Esta es la obra de Dios: que creáis en Aquel que Él os envió" (Jn. 6, 29).

9. El monte *Tabor y el Gólgota* se complementan mostrándonos el doble misterio de Jesús que anunciaban las profecías (1 Pe. 1, 11). Aquí Jesús aparece en la gloria, con que vendrá en su triunfo (v. 1); allá lo verán sumido en un mar de penas y angustias. "En la transfiguración se trataba en primer lugar de quitar de los corazones de los discípulos el escándalo de la Cruz" (San León Magno).

13s. "En espíritu San Juan era Elías, mas no en persona" (San Gregorio Magno). Véase Mt. 17, 11s. y nota; Mal. 4, 5; Is. 53, 3.

14 ss. Véase Mt. 17, 14.21; Lc. 9, 37.43 y notas.

19. Este reproche de incredulidad es el único que el divino Maestro dirige a sus discípulos. Pero es el más grave. Véase 11, 22 ss. y nota.

entrar más en él". [26]Y, gritando y retorciéndole en convulsiones, salió. Y quedó el niño como muerto, y así muchos decían que había muerto. [27]Pero Jesús, tomándolo de la mano, lo levantó y él se tuvo en pie. [28]Cuando hubo entrado en casa, los discípulos le preguntaron en privado: "¿Por qué, pues, no pudimos nosotros expulsarlo?" [29]Les dijo: "Esta casta no puede ser expulsada sino con la oración y el ayuno" .

Segundo anuncio de la Pasión. [30]Partiendo de allí, pasaron a través de Galilea, y no quería que se supiese; [31]porque enseñó esto a sus discípulos: "El Hijo del hombre va a ser entregado en manos de los hombres y lo harán morir; y tres días después de su muerte resucitará" [32] Pero ellos no comprendieron estas palabras y temían preguntarle.

Humildad y caridad. [33]Entretanto, llegaron a Cafarnaúm; y cuando estuvo en su casa, les preguntó: "¿De qué conversabais en el camino?" . [34]Mas ellos guardaron silencio, porque habían discutido entre sí, durante el camino, sobre quien sería el mayor. [35]Entonces, se sentó, llamo a los Doce y les dijo: "Si alguno quiere, ser el primero, deberá ser el último de todos y el servidor de todos". [36]Y tomando a un niño, lo puso en medio de ellos, y abrazándolo, les dijo: [37]"El que recibe a uno de estos niños en mi nombre, a Mí me recibe; y el que a Mí me recibe, no me recibe a Mí, sino a Aquel que me envió". [38]Le dijo Juan: "Maestro, vimos a un hombre que expulsaba demonios en tu nombre, el cual no nos sigue; y se lo impedíamos, porque no anda con nosotros". [39]Pero Jesús dijo: "No se lo impidáis, porque nadie, haciendo milagro por mi nombre, será capaz de hablar luego mal de Mí. [40]Porque quien no está contra nosotros, por nosotros está. [41]Quien os diere a beber un vaso de agua, por razón de que sois de Cristo, en verdad os digo, no perderá su recompensa" .

Gravedad del escándalo. [42]Quien escandalizare a uno de estos pequeñitos que creen, más le valdría que le atasen alrededor de su cuello una piedra de molino de las que mueve un asno, y que lo echasen al mar. [43]Si tu mano te escandaliza, córtala: más te vale entrar en la vida manco, que irte, con tus dos manos, a la gehena , al fuego que no se apaga. [[44]] . [45]Y si tu pie te escandaliza, córtalo: más te vale entrar en la vida cojo que ser, con tus dos pies, arrojado a la gehena. [[46]]. [47]Y si tu ojo te escandaliza, sácalo: más te vale entrar en el reino de Dios teniendo un solo ojo que con tus dos ojos ser arrojado a la gehena, [48]donde "el gusano de ellos no muere y el fuego no se apaga" . [49]Porque cada uno ha de ser salado con el fuego. La sal es buena; más si la sal se vuelve insípida, ¿con qué la sazonaréis? Tened sal en vosotros mismos y estad en paz unos con otros .

10 Indisolubilidad del matrimonio. [1]Partiendo de allí, fue al territorio de Judea y de Transjordania. De nuevo, las muchedumbres acudieron a Él, y de nuevo, según su costumbre, los instruía . [2]Y viniendo a Él algunos fariseos que, con el propósito de tentarlo, le preguntaron si era lícito al marido repudiar a su mujer, [3]les respondió y dijo: "¿Qué os ha ordenado Moisés?" [4]Dijeron: "Moisés permitió dar libelo de repudio y despedir (la)". [5]Mas Jesús les replicó: "En vista de vuestra dureza de corazón os escribió ese precepto. [6]Pero desde el comienzo de la creación, Dios los hizo varón y mujer. [7]Por esto el hombre dejará a su padre y a su madre y se unirá a su mujer, [8]y los dos vendrán a ser una sola carne. De modo que no son ya dos, sino una sola carne. [9]¡Y bien! ¡Lo que Dios ha unido, el hombre no lo separe!" [10]De vuelta a su casa, los discípulos otra vez le preguntaron sobre eso. [11]Y les dijo: "Quien repudia a su mujer y se casa con otra,

---

29. *Y el ayuno*: falta en el Codex Vaticanus. Cf. Mt. 17, 21.

33 ss. Véase Mt. 18, 1 ss.; Lc. 9, 46 ss.

40. *Nosotros:* Así reza el texto griego según Merk. Algunos códices dicen *vosotros,* como en Lc. 9, 50. La variante parece acentuar más aún la diferencia que Jesús establece entre Él –que es el fin (Mt. 12, 30) – y nosotros, simples medios. Cf. Flp. 1, 15 ss.; Nm. 11, 24-30.

43. Véase Mt. 5, 29s.; 18, 8 y notas. Cf. Pr. 5, 8; Eclo.. 9, 4. *Gehena:* infierno Cf. Mt. 5, 22 y nota.

44. Dos vv. 44 y 46 faltan en los mejores códices griegos. Son repeticiones del v. 48, introducidas por los copistas (véase Merk, Joüon, etc.).

48. Aquí Jesús define la eternidad de las penas del infierno. Véase Judit 16, 21; Is. 66, 24; Ap. 20, 10.

49. Según la Ley (Lv. 2, 13) los sacrificios se rociaban con sal (de la Alianza).

1 ss. Véase Mt. 19, 10 ss.; Gn. 1, 27; 2, 24; Dt. 24, 14; 1Co. 6, 16; 7, 10s.; Ef. 5, 31.

comete adulterio contra la primera; [12]y si una mujer repudia a su marido y se casa con otro, ella comete adulterio".

Los niños son dueños del Reino. [13]Le trajeron unos niños para que los tocase; más los discípulos ponían trabas. [14]Jesús viendo esto, se molestó y les dijo: "Dejad a los niños venir a Mí y no les impidáis, porque de tales como éstos s el reino de Dios. [15]En verdad, os digo, quien no recibe el reino de Dios como un niño, no entrará en él". [16]Después los abrazó y los bendijo, poniendo sobre ellos las manos.

El joven rico. [17]Cuando iba ya en camino, vino uno corriendo y, doblando la rodilla, le preguntó: "Maestro bueno, ¿qué he de hacer para heredar la vida eterna?". [18]Le respondió Jesús: "¿Por qué me llamas bueno? Nadie es bueno, sino sólo Dios. [19]Tú conoces los mandamientos: "No mates, no cometas adulterio, no robes, no des falso testimonio, no defraudes, honra a tu padre y a tu madre"; [20]y él le respondió: "Maestro, he cumplido todo esto desde mi juventud". [21]Entonces, Jesús lo miró con amor y le dijo: "Una cosa te queda: anda, vende todo lo que posees y dalo a los pobres, y tendrás un tesoro en el cielo; después, vuelve, y sígueme, llevando la cruz". [22]Al oír estas palabras, se entristeció, y se fue apenado, porque tenía muchos bienes.

Recompensa de los que siguen a Jesús. [23]Entonces, Jesús, dando una mirada a su rededor, dijo a sus discípulos: "¡Cuán difícil es para los ricos entrar en el reino de Dios!" [24]Como los discípulos se mostrasen asombrados de sus palabras, volvió a decirles Jesús: "Hijitos, ¡cuán difícil es para los que confían en las riquezas, entrar en el reino de Dios! [25]Es más fácil a un camello pasar por el ojo de una aguja que a un rico entrar en el reino de Dios". [26]Pero su estupor aumentó todavía; y se decían entre sí: "Entonces, ¿quién podrá salvarse?" [27]Mas Jesús, fijando sobre ellos su mirada, dijo: "Para los hombres, esto es imposible, mas no para Dios, porque todo es posible para Dios". [28]Se puso, entonces, Pedro a decirle: "Tú lo ves, nosotros hemos dejado todo y te hemos seguido". [29]Jesús le contestó y dijo: "En verdad, os digo, nadie habrá dejado casa, o hermanos, o hermanas, o madre, o padre, o hijos, o campos, a causa de Mí y a causa del Evangelio, [30]que no reciba centuplicado ahora, en este tiempo, casas, hermanos, hermanas, madre, hijos y campos –a una con persecuciones–, y, en el siglo venidero, la vida eterna. [31]Mas muchos primeros serán últimos, y muchos últimos, primeros".

Tercer anuncio de la Pasión. [32]Iban de camino, subiendo a Jerusalén, y Jesús se les adelantaba; y ellos se asombraban y lo seguían con miedo. Y tomando otra vez consigo a los Doce, se puso a decirles lo que le había de acontecer: [33]"He aquí que subimos a Jerusalén, y el Hijo del hombre va a ser entregado a los sumos sacerdotes y a los escribas, y lo condenarán a muerte, y lo entregarán a los gentiles; [34]y lo escarnecerán, lo escupirán, lo azotarán y lo matarán, más tres días después resucitará".

La ambición de Santiago y Juan. [35]Se le acercaron Santiago y Juan, los hijos de Zebedeo, y le dijeron: "Maestro, queremos que Tú hagas por

---

11s. *Contra la primera:* hay un bello matiz de caridad en esta clara definición que condena el desorden de nuestra época, en la que una legislación civil se cree autorizada para separar "lo que Dios ha unido".

14. Este llamado de Jesús es el fundamento de toda educación. Los niños entienden muy bien las palabras del divino Maestro, porque Él mismo nos dijo que su Padre revela a los pequeños lo que oculta a los sabios y prudentes (Lc. 10, 21).

17 ss. Véase Mt. 19, 16 ss.; Lc. 18, 18 ss.

22. Sobre este caso véase Lc. 18, 22 y nota.

25. Jesús enseña que no puede salvarse el rico de corazón, porque, como Él mismo dijo, no se puede servir a Dios y a las riquezas (Mt. 6, 24). El que pone su corazón en los bienes de este mundo no es el amo de ellos, sino que los sirve, así como todo el que peca esclavo es del pecado (Jn. 8, 34). Tan triste situación es bien digna de lástima, pues se opone a la bienaventuranza de los pobres en espíritu, que Jesús presenta como la primera de todas (Mt. 5, 31). Véase Lc. 18, 24 y nota. "No se sepulte vuestra alma en el oro, elévese al cielo" (San Jerónimo). Cf: Col. 3, 1.4; Flp. 3, 19 ss.; Ef. 2, 6.

30. *Centuplicado.* Todos los verdaderos pobres son ricos. "¿No os parece rico, exclama San Ambrosio, el que tiene la paz del alma, la tranquilidad y el reposo, el que nada desea, no se turba por nada, no se disgusta por las cosas que tiene desde largo tiempo, y no las busca nuevas?" A diferencia de San Mateo (19, 27 ss.), no se habla aquí del que deja la esposa, y se acentúa en cambio que esta recompensa se refiere a la vida presente, aun en medio de las persecuciones tantas veces anunciadas por el Señor a sus discípulos. Cf. Lc. 18, 29.

nosotros cualquier cosa que te pidamos". [36]Él les dijo: "¿Qué queréis, pues, que haga por vosotros?" [37]Le respondieron: "Concédenos sentarnos, el uno a tu derecha, el otro a tu izquierda, en tu gloria". [38]Pero Jesús les dijo: "No sabéis lo que pedís. ¿Podéis beber el cáliz que Yo he de beber, o recibir el bautismo que Yo he de recibir?" [39]Le contestaron: "Podemos". Entonces, Jesús les dijo: "El cáliz que Yo he de beber, lo beberéis; y el bautismo que Yo he de recibir lo recibiréis. [40]Más en cuanto a sentarse a mi derecha o a mi izquierda, no es mío darlo sino a aquellos para quienes está preparado". [41]Cuando los otros diez oyeron esto, comenzaron a indignarse contra Santiago y Juan. [42]Entonces, Jesús los llamó y les dijo: "Como vosotros sabéis, los que aparecen como jefes de los pueblos, les hacen sentir su dominación; y los grandes, su poder. [43]Entre vosotros no debe ser así; al contrario, quien, entre vosotros, desea hacerse grande, hágase sirviente de los demás; [44]y quien desea ser el primero, ha de ser esclavo de todos. [45]Porque también el Hijo del hombre no vino para ser servido, sino para servir y dar su vida en rescate por muchos".

El ciego de Jericó. [46]Habían llegado a Jericó. Ahora bien, cuando iba saliendo de Jericó, acompañado de sus discípulos y de una numerosa muchedumbre, el hijo de Timeo, Bartimeo, ciego y mendigo, estaba sentado al borde del camino; [47]y oyendo que era Jesús de Nazaret, se puso a gritar: "¡Hijo de David, Jesús, ten piedad de mí!" [48]Muchos le reprendían para que callase, pero él mucho más gritaba: "¡Hijo de David, ten piedad de mí!" [49]Entonces, Jesús se detuvo y dijo: "Llamadlo". Llamaron al ciego y le dijeron: "¡Ánimo, levántate! Él te llama". [50]Y él arrojo su manto, se puso en pie de un salto y vino a Jesús. [51]Tomando la palabra, Jesús le dijo: "¿Qué deseas que te haga?" El ciego le respondió: "¡Rabbuni, que yo vea!" [52]Jesús le dijo: "¡Anda! tu fe te ha sanado". Y en seguida vio, y lo fue siguiendo por el camino.

11 Entrada triunfal en Jerusalén. [1]Cuando estuvieron próximos a Jerusalén, cerca de Betfagé y Betania, junto al Monte de los Olivos, envió a dos de sus discípulos, [2]diciéndoles: "Id a la aldea que está enfrente de vosotros; y luego de entrar en ella, encontraréis un burrito atado, sobre el cual nadie ha montado todavía. Desatadlo y traedlo. [3]Y si alguien os pregunta: "¿Por qué hacéis esto?", contestad: "El Señor lo necesita, y al instante lo devolverá aquí". [4]Partieron, pues, y encontraron un burrito atado a una puerta, por de fuera, en la calle, y lo desataron. [5]Algunas personas que se encontraban allí, les dijeron: "¿Qué hacéis, desatando el burrito?" [6]Ellos les respondieron como Jesús les había dicho, y los dejaron hacer. [7]Llevaron, pues, el burrito a Jesús y pusieron encima sus mantos, y Él lo montó. [8]Y muchos extendieron sus mantos sobre el camino; otros, brazadas de follaje que habían cortado de los campos. [9]Y los que marchaban delante y los que seguían, clamaban: "¡Hosanna! ¡Bendito sea el que viene en el nombre del Señor! [10]¡Bendito sea el advenimiento del reino de nuestro padre David! ¡Hosanna en las alturas!" [11]Y entró en Jerusalén en el Templo, y después de

---

35 ss. Estos "hijos del trueno" (3, 17) recordaban los doce tronos (Mt. 19, 28) y pensaban coma los que oyeron la parábola de las minas (Lc. 19, 11), como los del Domingo de Ramos (11, 10), como todos los apóstoles después de la Resurrección (Hch. 1, 6), que el Reino empezaría a llegar. Jesús no condena precisamente, como algunos han creído, esta gestión que sus primos hermanos intentan por medio de su madre la buena Salomé (Mt. 20, 20) y que, si bien recuerda la ambición egoísta de Sancho por su ínsula, muestra al menos una fe Y esperanza sin doblez. Pero alude una vez más a los muchos anuncios de su Pasión, que ellos, como Pedro (Mt. 16, 22), querían olvidar, y les reitera la gran lección de la humildad, refiriéndose de paso a arcanos del Reino que San Pablo habría de explayar más tarde en las Epístolas de la cautividad.

39. Ese *bautismo* a que Jesús alude no parece ser sino el martirio. Véase Lc. 12, 50. Ambos apóstoles lo padecieron (Hch.

12 y nota), si bien Juan salió ileso de su "bautismo" en aceite hirviendo. Cf. Jn. 21, 22 y nota.

42 ss. Véase Lc. 22, 25-27.

45. Véase Lc. 22, 27 y nota.

46. San Mateo (20, 30) habla de dos ciegos: uno de ellos ha de ser este Bartimeo. Cf. Lc. 18, 35-43.

52. *En seguida:* el evangelista nos hace notar que el dichoso ciego siguió a Jesús sin acordarse de recoger el manto arrojado a que se refiere el v. 50.

2. La aldea de *Belfagé,* situada entre Jerusalén y Betania (Mt. 21, 1 ss.; Lc. 19, 29 ss.; Jn. 12, 12s.).

9. Con la aclamación *Hosanna:* ¡Ayúdanos (oh Dios)! el pueblo quiere expresar su desbordante alegría según el Salmo 117, 25s.

mirarlo todo, siendo ya tarde, partió de nuevo para Betania con los Doce.

La higuera estéril. [12]Al día siguiente , cuando salieron de Betania, tuvo hambre. [13]Y divisando, a la distancia, una higuera que tenía hojas, fue para ver si encontraba algo en ella; pero llegado allí, no encontró más que hojas, porque no era el tiempo de los higos . [14]Entonces, respondió y dijo a la higuera: "¡Que jamás ya nadie coma fruto de ti!" Y sus discípulos lo oyeron.

Indignación de Jesús por el templo profanado. [15]Llegado a Jerusalén, entró en el Templo, y se puso a expulsar a los que vendían y a los que compraban en el Templo, y volcó las mesas de los cambistas y las sillas de los que vendían las palomas; [16]y no permitía que nadie atravesase el Templo transportando objetos. [17]Y les enseñó diciendo: "¿No está escrito: «Mi casa será llamada casa de oración para todas las naciones»? Pero vosotros, la habéis hecho cueva de ladrones" . [18]Los sumos sacerdotes y los escribas lo oyeron y buscaban cómo hacerlo perecer; pero le tenían miedo, porque todo el pueblo estaba poseído de admiración por su doctrina. [19]Y llegada la tarde, salieron (*Jesús y sus discípulos*) de la ciudad.

Poder de la fe. [20]Al pasar (*al día siguiente*) muy de mañana, vieron la higuera que se había secado de raíz . [21]Entonces, Pedro se acordó y dijo: "¡Rabí, mira! La higuera que maldijiste se ha secado". [22]Y Jesús les respondió y dijo: "¡Tened fe en Dios! [23]En verdad, os digo, quien dijere a este monte: "Quítate de ahí y échate al mar", sin titubear interiormente, sino creyendo que lo que dice se hará, lo obtendrá. [24]Por eso, os digo, todo lo que pidiereis orando, creed que lo obtuvisteis ya, y se os dará . [25]Y cuando os ponéis de pie para orar, perdonad lo que podáis tener contra alguien, a fin de que también vuestro Padre celestial os perdone vuestros pecados. [26][Si no perdonáis, vuestro Padre que está en los cielos no os perdonará tampoco vuestros pecados]" .

Controversia sobre el poder de Jesús. [27]Fueron de nuevo a Jerusalén. Y como Él se pasease por el Templo, se le llegaron los jefes de los sacerdotes, los escribas y los ancianos , [28]y le dijeron: "¿Con qué poder haces estas cosas, y quién te ha dado ese poder para hacerlas?" [29]Jesús les contestó: "Os haré Yo también una pregunta. Respondedme, y os diré con qué derecho obro así: [30]El bautismo de Juan, ¿era del cielo o de los hombres? Respondedme". [31]Mas ellos discurrieron así en sí mismos: "Si decimos «del cielo», dirá: «entonces ¿por qué no le creísteis?»" [32]Y ¿si decimos: "de los hombres"? – pero temían al pueblo, porque todos tenían a Juan por un verdadero profeta. [33]Respondieron, pues, a Jesús. "No sabemos". Entonces, Jesús les dijo: "Y bien, ni Yo tampoco os digo con qué poder hago esto".

12 **Parábola de los viñadores.** [1]Y se puso a hablarles en parábolas: "Un hombre plantó una viña, la cercó con un vallado, cavó un lagar y edificó una torre; después la arrendó a unos viñadores, y se fue a otro país. [2]A su debido tiempo, envió un siervo a los viñadores para recibir de ellos su parte de los frutos de la viña. [3]Pero ellos lo agarraron, lo apalearon y lo remitieron con las manos vacías. [4]Entonces, les envió otro siervo, al cual descalabraron y ultrajaron; [5]y otro, al cual mataron; después otros muchos, de los cuales apalearon a unos y mataron a otros. [6]No le quedaba más que uno, su hijo amado; a éste les envió por último, pensando: «Respetarán a mi hijo». [7]Pero aquellos viñadores se dijeron unos a otros: «Éste es el heredero. Venid, matémoslo, y la herencia será

---

12. Era el lunes de Semana Santa.

13 ss. La *maldición de la higuera* simboliza la reprobación del pueblo de Israel, rico en hojas pero estéril en frutos (Mt. 21, 18s.; Lc. 13, 6 ss.).

17. Véase Is. 56, 7; Jr. 7, 11; Cf. Mt. 21, 12-46; Lc. 19, 45-47; Jn. 2, 14-16.

20 ss. Véase Mt. 21, 20-22.

22s. Sobre este punto principalísimo véase 9, 19 ss.; Mt. 17, 20; Lc. 17, 20 y notas.

24. Tal es la eficacia de la fe viva, la del que no es "vacilante en su corazón" (v. 23; St. 1, 6 ss.) y perdona a su prójimo (v. 25).

26. El vers. 26 falta en los mejores códices. Pertenece a Mt. 6, 15.

27 ss. Véase Mt. 21, 23 ss.; Lc. 20, 1-8.

1 ss. La parábola de los *viñadores homicidas* exhibe la actitud de la Sinagoga para con el dueño de la viña (Dios), su hijo (Jesucristo) y sus siervos (profetas y apóstoles). San Pablo nos enseña a sacar fruto de esta tremenda lección (Rm. 11, 17 ss.). Cf. Mt. 21, 33 ss.; Lc. 20, 9 ss.

nuestra». [8]Lo agarraron, pues, lo mataron y lo arrojaron fuera de la viña. [9]¿Qué hará el dueño de la viña? Vendrá y acabará con los viñadores, y entregará la viña a otros. [10]¿No habéis leído esta Escritura: «La piedra que desecharon los que edificaban, ésta ha venido a ser cabeza de esquina; [11]de parte del Señor esto ha sido hecho, y es maravilloso a nuestros ojos?»" [12]Trataron, entonces, de prenderlo, pero temían al pueblo. Habían comprendido, en efecto, que con respecto a ellos había dicho esta parábola. Lo dejaron, pues, y se fueron.

Jesús ante lo temporal. [13]Le enviaron, después, algunos fariseos y herodianos, a fin de enredarlo en alguna palabra. [14]Vinieron ellos y le dijeron: "Maestro, sabemos que Tú eres veraz, que no tienes miedo a nadie, y que no miras la cara de los hombres, sino que enseñas el camino de Dios con verdad. ¿Es lícito pagar el tributo al César o no? ¿Pagaremos o no pagaremos?" [15]Mas Él, conociendo su hipocresía, les dijo: "¿Por qué me tendéis un lazo? Traedme un denario, para que Yo lo vea". [16]Se lo trajeron, y Él les preguntó: "¿De quién es esta figura y la leyenda?" Le respondieron: "Del César". [17]Entonces, Jesús les dijo: "Dad al César lo que es del César; y a Dios lo que es de Dios". Y se quedaron admirados de Él .

Los saduceos y la resurrección. [18]Se le acercaron también algunos saduceos , que dicen que no hay resurrección, y le propusieron esta cuestión: [19]"Maestro, Moisés nos ha prescrito, si el hermano de alguno muere dejando mujer y no deja hijos, tome su hermano la mujer de él y dé prole a su hermano. [20]Ahora bien, eran siete hermanos. El primero tomó mujer, y murió sin dejar prole. [21]El segundo la tomó, y murió sin dejar prole. Sucedió lo mismo con el tercero. [22]Y ninguno de los siete dejó descendencia. Después de todos ellos murió también la mujer. [23]En la resurrección, cuando ellos resuciten, ¿de cuál de ellos será esposa? Porque los siete la tuvieron por mujer". [24]Mas Jesús les dijo: "¿No erráis, acaso, por no conocer las Escrituras ni el poder de Dios? [25]Porque, cuando resuciten de entre los muertos, no se casarán *(los hombres)*, ni se darán en matrimonio *(las mujeres)*, sino que serán como ángeles en el cielo. [26]Y en cuanto a que los muertos resucitan, ¿no habéis leído en el libro de Moisés, en el episodio de la Zarza, cómo Dios le dijo: «Yo soy el Dios de Abraham y el Dios de Isaac, y el Dios de Jacob?» [27]Él no es Dios de muertos, sino de vivos. Vosotros estáis, pues, en un gran error".

13 El gran mandamiento. [28]Llegó también un escriba que los había oído discutir; y viendo lo bien que Él les había respondido, le propuso esta cuestión: "¿Cuál es el primero de todos los mandamientos?" [29]Jesús respondió: "El primero es: «Oye, Israel, el Señor nuestro Dios, un solo Señor es. [30]Y amarás al Señor tu Dios de todo tu corazón, y con toda tu alma, y con toda tu mente, y con toda tu fuerza»" [31]El segundo es: «Amarás a tu prójimo como a ti mismo». No existe mandamiento mayor que éstos". [32]Le dijo el escriba: "Maestro, bien has dicho; en verdad, que «Él es único, que no hay otro más que Él». [33]Y el amarlo con todo el corazón y con todo el espíritu y con toda la fuerza, y amar al prójimo como a sí mismo, vale más que todos los holocaustos y todos los sacrificios". [34]Jesús, viendo que había hablado juiciosamente, le dijo: "Tú no estás lejos del reino de Dios". Y nadie osó más proponerle cuestiones.

Cristo Hijo y Señor de David. [35]Entonces,

---

10. La *piedra desechada* es Jesucristo, quien se aplica esta figura que en la profecía representaba a Israel. Los constructores son los judíos, en particular los príncipes y sacerdotes del pueblo. Véase Sal. 117, 22 y nota; Is. 28, 16.

14. Con esta frase los fariseos por primera y única vez rinden públicamente homenaje a la santidad de Jesús, más sólo para esconder sus verdaderas intenciones. Véase Mt. 13, 57; 22, 15 ss.; Lc. 20, 20 ss.

17. Jesús establece aquí el respeto debido a la autoridad civil (cf. Rm. 13, 1 ss.; Tt. 3, 1; 1 Pe. 2, 13) y suprime, como lo confirmarán los apóstoles, la teocracia o la unión del orden religioso con el político y temporal. Véase Lc. 12, 14; 2 Tm. 2, 4; 1 Pe. 5, 2 ss.; cf. Eclo. 45, 27 y 31 y notas.

18. Se cierra ahora la cadena de los enemigos y perseguidores en torno a Jesús: fariseos, saduceos, herodianos, escribas; todos los poderosos se han conjurado contra el Cordero (Sal. 2, 2). Todavía está fiel el pueblo humilde. ¿Hasta cuándo? Cf. Mt. 22, 23-33; Lc. 20, 27-38; Dt. 25, 5-6.

26. Cf. Ex. 3, 2 y 6; Mt. 8, 11; Lc. 16, 22.

30 ss. Véase Dt. 6, 4s.; Lv. 19; 18; Jn. 13, 34s.; 15, 12; Rm. 13, 9; Ga. 5, 14.

Jesús, tomando la palabra, enseñaba en el Templo diciendo: "¿Como dicen los escribas que el Cristo es hijo de David? [36]Porque David mismo dijo (*inspirado*) por el Espíritu Santo: «El Señor dijo a mi Señor: Siéntate a mi diestra, hasta que ponga Yo a tus enemigos por tarima de tus pies». [37]Si David mismo lo llama «Señor», ¿cómo puede entonces ser su hijo?" Y la gente numerosa lo escuchaba con placer.

Guardaos de los escribas. [38]Dijo también en su enseñanza: "Guardaos de los escribas, que se complacen en andar con largos vestidos, en ser saludados en las plazas públicas, [39]en ocupar los primeros sitiales en las sinagogas y los primeros puestos en los convites, [40]y que devoran las casas de las viudas, y afectan hacer largas oraciones. Éstos recibirán mayor castigo".

La ofrenda de la viuda. [41]Estando Jesús sentado frente al arca de las ofrendas, miraba a la muchedumbre que echaba monedas en el arca, y numerosos ricos echaban mucho. [42]Vino también una pobre viuda que echó dos moneditas, esto es un cuarto de as. [43]Entonces llamó a sus discípulos y les dijo: "En verdad, os digo, esta pobre viuda ha echado más que todos los que echaron en el arca. [44]Porque todos los otros echaron de lo que les sobraba, pero ésta ha echado de su propia indigencia todo lo que tenía, todo su sustento".

Profecía de la ruina de Jerusalén y del fin de los tiempos. [1]Cuando Él salía del templo, uno de sus discípulos le dijo: "¡Maestro, mira! ¡Qué piedras y qué edificios!" [2]Le respondió Jesús: "¿Ves estas grandes construcciones? No quedará piedra sobre piedra que no sea derribada". [3]Luego, estando Él sentado en el Monte de los Olivos, frente al Templo, Pedro, Santiago, Juan y Andrés le preguntaron aparte: [4]"Dinos: ¿cuándo sucederá esto?, y al estar esas cosas a punto de cumplirse todas, ¿cuál será la señal?" [5]Y Jesús se puso a decirles: "Estad en guardia, que nadie os induzca en error. [6]Muchos vendrán bajo mi nombre y dirán: «Yo soy (*el Cristo*)» y a muchos engañaran. [7]Cuando oigáis hablar de guerras y de rumores de guerras, no os turbéis. Esto ha de suceder, pero no es todavía el fin. [8]Porque se levantará pueblo contra pueblo, reino contra reino. Habrá terremotos en diversos lugares, y habrá hambres. Esto es el comienzo de los dolores".

[9]"Mirad por vosotros mismos. Porque os entregarán a los sanedrines, y seréis flagelados en las sinagogas, y compareceréis ante gobernadores y reyes, a causa de Mí, para dar testimonio ante ellos. [10]Y es necesario primero que a todas las naciones sea proclamado el Evangelio. [11]Mas cuando os llevaren para entregaros, no os afanéis anticipadamente por lo que diréis; sino decid lo que en aquel momento os será inspirado; porque no sois vosotros los que hablaréis, sino el Espíritu Santo. [12]El hermano entregará a su hermano a la muerte, el padre a su hijo; y los hijos se levantarán contra

---

35 ss. Cf. Mt. 22, 41-45; Lc. 20, 41-44; Sal. 109, 1 y nota. Jesús establece aquí, sin lugar a dudad, el origen davídico de este célebre Salmo, que tantos han puesto en duda.

36. Los escribas o intérpretes de la Ley pertenecían en su gran mayoría a la secta de los fariseos y gozaban de gran prestigio ante el pueblo ignaro que confiaba en ellos (véase la expresión de Jesús en Mt. 9, 36). El hecho de que distinguían 613mandamientos, 248preceptos y 365prohibiciones nos da idea de su interpretación de la Ley. Cf. 7, 4 y nota; Mt. 23, 1 ss.; Lc. 11, 43; 20, 45 ss.

42. *Un cuarto de as:* un centavo. Cf. Lc. 21, 1-4.

43. Palabra magnífica del Señor. Dios no mira la cantidad de la limosna sino el corazón del donante. Cf. 2Co. 9, 7 ss. "No busco lo vuestro: os busco a vosotros" (2Co. 12, 14).

1 ss. Este capítulo contiene, como entrelazadas, dos profecías: la ruina de Jerusalén y la venida del Señor al fin de los tiempos, Los vv.6-13se refieren a las persecuciones en general, los vv. 14-19a la destrucción de Jerusalén, los vv. 19-27al fin de "este siglo malo" (Ga. 1, 4). Para los detalles remitimos al lector a los lugares paralelos de Mt. 24, 1 ss.; Lc. 21, 5 ss. y notas.

4. Véase Mt. 24, 3 ss. y nota. La pregunta de los discípulos se refiere aquí exclusivamente al tiempo, primero en general (¿cuándo?), y luego, al modo de conocer el instante mismo. Jesús les da amplias señales para que puedan estar alerta (v. 23), y aun para que conozcan cuándo Él estará ya "a las puertas" (v. 29). Pero no les precisa el instante, esto es, el día y la hora (v. 32) porque está dispuesto que Él vendrá cuando menos lo esperen (cf. v. 37 y nota). "como una red sobre la tierra entera" (Lc. 21, 35), de modo que sólo estén preparados "los que aman su venida". Cf. 2 Tm. 4, 8; 1 Ts. 5, 4; Lc. 17, 20-37; 19, 14; 21, 34-36.

6. Ya pudo verse esto en tiempo de Simón Mago (Hch. 8, 9s. y nota).

9. *Mirad por vosotros mismos:* es decir, desconfiad de los hombres (Mt. 10, 16 ss.), y cuidaos de no arriesgar vuestra vida sin causa (véase Sal. 115, 15 y nota). En los apóstoles vemos ya cumplirse muchas veces estos anuncios (Hch. 17, 6; 18, 12; 24, 2; 25, 7; 27, 24). Cf. Mt. 23, 34.

10. Véase la nota a Mt. 24, 14.

11s. Véase Mt. 10, 19-22; Lc. 12, 11s.; 21, 14s.; Mi. 7, 6.

sus padres y los matarán. [13]Seréis odiados de todos a causa de mi nombre; pero el que perseverare hasta el fin, éste será salvo. [14]Mas cuando veáis la abominación de la desolación instalada allí donde no debe –¡entienda el que lee!–, entonces, los que estén en Judea, huyan a las montañas; [15]quien se encuentre en la azotea, no baje ni entre para tomar nada en su casa; [16]quien vaya al campo, no vuelva atrás para tomar su manto. [17]¡Ay de las mujeres que estén encintas y de las que críen por aquellos días! [18]Y orad, para que no acontezca en invierno".

[19]"Porque habrá en aquellos días tribulación tal, cual no la hubo desde el principio de la creación que hizo Dios, hasta el presente, ni la habrá. [20]Y si el Señor no hubiese acortado los días, ningún viviente escaparía; más a causa de los escogidos que Él eligió, ha acortado esos días. [21]Entonces, si os dicen: «He a Cristo aquí o allí», no lo creáis. [22]Porque surgirán falsos Cristos y falsos profetas, que harán señales y prodigios para descarriar aún a los elegidos, si fuera posible. [23]Vosotros, pues, estad alerta; ved que os lo he predicho todo".

[24]"Pero en aquellos días, después de la tribulación aquella, el sol se oscurecerá, y la luna no dará su resplandor, [25]y los astros estarán cayendo del cielo, y las fuerzas que hay en los cielos serán sacudidas. [26]Entonces, verán al Hijo del hombre viniendo en las nubes con gran poder y gloria. [27]Y entonces enviará a los ángeles, y congregará a sus elegidos de los cuatro vientos, desde la extremidad de la tierra hasta la extremidad del cielo".

Aprended de la higuera. [28]"De la higuera aprended la semejanza: cuando ya sus ramas se ponen tiernas, y brotan las hojas, conocéis que el verano está cerca; [29]así también, cuando veáis suceder todo esto, sabed que (*Él*) está cerca, a las puertas. [30]En verdad, os digo, la generación ésta no pasará sin que todas estas cosas se hayan efectuado. [31]El cielo y la tierra pasarán, pero mis palabras no pasarán".

¡Velad! [32]"Mas en cuanto al día y la hora, nadie sabe, ni los mismos ángeles del cielo, ni el Hijo, sino el Padre. [33]¡Mirad!, ¡velad! porque no sabéis cuándo será el tiempo; [34]como un hombre que partiendo para otro país, dejó su casa y dio a sus siervos la potestad, a cada uno su tarea, y al portero encomendó que velase. [35]Velad, pues, porque no sabéis cuándo volverá el Señor de la casa, si en la tarde, o a la medianoche, o al canto del gallo, o en la mañana, [36]no sea que volviendo de improviso, os encuentre dormidos. [37]Lo que os digo a vosotros, lo digo a todos: ¡Velad!".

---

14. La *abominación de la desolación,* establecida allí donde no debe, es la profanación del Templo. Véase Dn. 9, 27; Mt. 24, 15 y nota. A este respecto se ha publicado recientemente un fragmento desconocido de San Hipólito, que con otros Padres dice: *"La abominación de la desolación* es la imagen del César que fue colocada delante del altar en Jerusalén". Y sigue: "Así sucederá en el tiempo del Anticristo: su imagen estará en todas las iglesias que hay en el universo, para que todo aquel que le ruegue, antes de orar, lleve el incienso delante de su imagen" (Sefarad, 1946, p. 359). *Entienda el que lee*: las Escrituras (Mt. 24, 15 y nota), pues sólo quien conozca los grandes misterios vaticinados en las profecías antiguas podrá comprender la gravedad de estos anuncios.

22. Según el Apocalipsis los que triunfarán con el Cordero reunirán tres condiciones: *llamados, elegidos y fieles* (Ap. 17, 14). Cf. Mt. 22, 14.

24. Véase Is. 13, 10; Ez. 32, 7; Jl. 2, 10.

27. *Entonces... congregará*, es decir, que el arrebato que anuncia San Pablo en 1 Ts. 4, 15 ss. será al tiempo mismo de la Parusía, esto es cuando aparezca el Señor (v. 26), como lo dice el Apóstol. Así Marcos explica aquí que seremos llevados *desde* la extremidad de la tierra *hasta* el sumo cielo. Lo mismo dice Mt. 24, 31. Se trata de los *elegidos*, ya vivos transformados, ya resucitados de entre los muertos. Cf. 1Co. 15, 51 ss. texto griego.

30. Véase Mt. 24, 34 y nota; cf. Lc. 21, 32.

32. *Ni el Hijo, sino el Padre*: Una de las más sorprendentes palabras del Evangelio que nos podría hacer dudar de la divinidad de Jesucristo, si no tuviésemos de su misma boca el testimonio de que Él es igual al Padre. Cf. Jn. 10, 30: "Mi Padre y Yo somos Uno", y muchos otros pasajes (Mt. 28, 18; Jn. 5, 17; 6, 58; 14, 10; 16, 15; 17, 10, etc.). "La aparente contradicción se explica y justifica con la alteza del misterio que es preciso aceptar a menos que renunciemos a toda certeza. El Hijo todo lo recibe de su Padre, y el Padre todo lo da... pero a manera de comunicación continua, perpetua y constante, por la cual el Padre está en el Hijo, y en el Hijo ejecuta Él mismo sus obras, de modo que quienquiera que vea al Hijo y le conozca, ve al Padre y conoce al Padre con un conocimiento que es la vida eterna" (Breton, La Trinidad, pág. 33). Lo mismo expresan las clásicas palabras de San Hilario: "El Padre no es mayor que el Hijo, en poder, eternidad y grandeza, sino en razón de que es principio del Hijo, a quien da la vida". Cf. Mt. 24, 36; Jn. 14, 28; Hch. 1, 7; 1Co. 15, 28 y notas. Los teólogos suelen distinguir entre la ciencia de Cristo como Dios y como Hombre.

37. *¡Velad!* Esta última palabra del capítulo es el resumen de las copiosas profecías que preceden. Notemos que en ellas Jesús afirma habérnoslo predicho "todo" (v. 23). Sólo ignoramos "día y hora" (v. 32). Cuanto menos sabemos ese instante de la vuelta de

14 **Unción de Jesús en Betania.** ¹Dos días después era la Pascua y los Ázimos, y los sumos sacerdotes y los escribas, buscaban cómo podrían apoderarse de Él con engaño y matarlo. ²Mas decían: "No durante la fiesta, no sea que ocurra algún tumulto en el pueblo". ³Ahora bien, hallándose Él en Betania, en casa de Simón, el Leproso, y estando sentado a la mesa, vino una mujer con un vaso de alabastro lleno de ungüento de nardo puro de gran precio; y quebrando el alabastro, derramó el ungüento sobre su cabeza. ⁴Mas algunos de los presentes indignados interiormente, decían: "¿A qué este despilfarro de ungüento? ⁵Porque el ungüento este se podía vender por más de trescientos denarios, y dárselos a los pobres". Y bramaban contra ella. ⁶Mas Jesús dijo: "Dejadla. ¿Por qué la molestáis? Ha hecho una buena obra conmigo. ⁷Porque los pobres los tenéis con vosotros siempre, y podéis hacerles bien cuando queráis; pero a Mí no me tenéis siempre. ⁸Lo que ella podía hacer lo ha hecho. Se adelantó a ungir mi cuerpo para la sepultura. ⁹En verdad, os digo, dondequiera que fuere predicado este Evangelio, en el mundo entero, se narrará también lo que acaba de hacer, en su recuerdo".

¹⁰Entonces, Judas Iscariote, que era de los Doce, fue a los sumos sacerdotes, con el fin de entregarlo a ellos. ¹¹Los cuales al oírlo se llenaron de alegría y prometieron darle dinero. Y él buscaba una ocasión favorable para entregarlo.

La Última Cena. ¹²El primer día de los Ázimos, cuando se inmolaba la Pascua, sus discípulos le dijeron: "¿Adónde quieres que vayamos a hacer los preparativos para que comas la Pascua?" ¹³Y envió a dos de ellos, diciéndoles: "Id a la ciudad, y os saldrá al encuentro un hombre llevando un cántaro de agua; seguidle, ¹⁴y adonde entrare, decid al dueño de casa: "El Maestro dice: ¿Dónde está mi aposento en que voy a comer la Pascua con mis discípulos?". ¹⁵Y él os mostrará un cenáculo grande en el piso alto, ya dispuesto; y allí aderezad para nosotros". ¹⁶Los discípulos se marcharon, y al llegar a la ciudad encontraron como Él había dicho; y prepararon la Pascua.

Institución de la Eucaristía. ¹⁷Venida la tarde, fue Él con los Doce. ¹⁸Y mientras estaban en la mesa y comían; Jesús dijo: "En verdad os digo, me entregará uno de vosotros que come conmigo". ¹⁹Pero ellos comenzaron a contristarse, y a preguntarle uno por uno: "¿Seré yo?" ²⁰Les respondió: "Uno de los Doce, el que moja conmigo en el plato. ²¹El Hijo del hombre se va, como está escrito de Él, pero ¡ay del hombre, por quien el Hijo del hombre es entregado! Más le valdría a ese hombre no haber nacido". ²²Y mientras ellos comían, tomó pan, y habiendo bendecido, partió y dio a ellos y dijo: "Tomada éste es el cuerpo mío". ²³Tomó luego un cáliz, y después de haber dado gracias dio a ellos; y bebieron de él todos. ²⁴Y les dijo: "Ésta es la sangre mía de la Alianza, que se

---

Cristo, el cual vendrá "como un ladrón de noche" (1 Ts. 5, 2 y 4; 2 Pe. 3, 10; Mt. 24, 43; Lc. 12. 39; Ap. 16, 15), tanto más debemos estar alerta para esperarlo con el vehemente deseo con que aguardaban los patriarcas y profetas Su primera venida (Catecismo Romano, I, 8, 2).

1. *Dos días:* la unción de Jesús, referida en los vv. 3 ss., tuvo lugar seis días antes de la Pascua (Jn. 12, 1).

3. *Sobre su cabeza:* el Señor se dignó aceptarle esto en concepto de unción para la sepultura (v. 8) y limosna hecha a Él como *pobre* (v. 6s.). Véase sobre esto Jn. 20, 7 y nota. En Jn. 12, 3 se habla de los pies, como en Lc. 7, 38.

5. *Trescientos denarios:* más o menos, el salario anual de un empleado de entonces.

8. Cada vez más a menudo alude el Señor a su muerte, para preparar a sus discípulos a los tristes acontecimientos que se acercan.

9. *Este Evangelio:* expresión singular y profética, pues sabemos que los santos evangelios fueron escritos mucho más tarde. Cf. Jn. 16, 12.

10s. Véase Mt. 26, 14-16; Lc. 22, 3-6.

14. *Comer la Pascua,* es decir, el cordero pascual prescrito por la Ley (Ex. 12, 3 ss.). Jesús, que no había venido a derogarla (Mt. 5, 17), no ve inconveniente en observarla, como lo hizo con la circuncisión (cf. Rm. 15, 8), aunque Él había de ser, por su Pasión y Muerte en la Cruz, la suma Realidad en quien se cumplirían aquellas figuras; el Cordero divino que se entregó "en manos de los hombres" (9, 31) sin abrir su boca (Is. 53, 7); el que San Juan nos presenta como inmolado junto al trono de Dios (Ap. 5, 6), y que San Pablo nos muestra como eterno Sacerdote y eterna Víctima. Cf. Hb. caps. 5-10; Sal. 109, 4 y nota.

21. *Judas* el traidor es expresamente condenado por el Señor y entregado a la maldición. Por eso es imposible creer que se haya salvado. Véase Jn. 17, 12; Hch. 1, 16; Sal. 40, 10. Cf. en 1Re. 31, 13 la nota sobre Saúl.

derrama por muchos. [25]En verdad, os digo, que no beberé ya del fruto de la vid hasta el día aquel en que lo beberé nuevo en el reino de Dios". [26]Y después de cantar el himno, salieron para el monte de los olivos.

Promesas de fidelidad. [27]Entonces Jesús les dijo: "Vosotros todos os vais a escandalizar, porque está escrito: «Heriré al pastor, y las ovejas se dispersarán». [28]Mas después que Yo haya resucitado, os precederé en Galilea". [29]Le dijo Pedro: "Aunque todos se escandalizaren, yo no". [30]Y le dijo Jesús: "En verdad, te digo: que hoy, esta misma noche, antes que el gallo cante dos veces, tú me negarás tres". [31] Pero él decía con mayor insistencia: "¡Aunque deba morir contigo, jamás te negaré!" Esto mismo dijeron también todos.

Agonía de Jesús en Getsemaní. [32]Y llegaron al huerto llamado Getsemaní, y dijo a sus discípulos: "Sentaos aquí mientras hago oración". [33]Tomó consigo a Pedro, a Santiago .y a Juan; y comenzó a atemorizarse y angustiarse. [34]Y les dijo: "Mi alma está mortalmente triste; quedaos aquí y velad". [35]Y yendo un poco más lejos, se postró en tierra, y rogó a fin de que, si fuese posible, se alejase de Él esa hora; [36]y decía: "¡Abba, Padre! ¡Todo te es posible; aparta de Mí este cáliz; pero, no como Yo quiero, sino como Tú!". [37]Volvió y los halló dormidos; y dijo a Pedro: "¡Simón! ¿Duermes? ¿No pudiste velar una hora?. [38]Velad y orad para no entrar en tentación. El espíritu está dispuesto, pero la carne es débil". [39]Se alejó de nuevo y oró, diciendo lo

mismo. [40]Después volvió y los encontró todavía dormidos; sus ojos estaban en efecto cargados, y no supieron qué decirle. [41]Una tercera vez volvió, y les dijo: "¿Dormís ya y descansáis? ¡Basta! llegó la hora. Mirad: ahora el Hijo del hombre es entregado en las manos de los pecadores. [42]¡Levantaos! ¡Vamos! Se acerca el que me entrega".

Prisión de Jesús. [43]Y al punto, cuando Él todavía hablaba, apareció Judas, uno de los Doce, y con él una tropa armada de espadas y palos, enviada por los sumos sacerdotes, los escribas y los ancianos. [44]Y el que lo entregaba, les había dado esta señal: "Aquel a quien yo daré un beso, Él es: prendedlo y llevadlo con cautela". [45]Y apenas llegó, se acercó a Él y le dijo: "Rabí", y lo besó. [46]Ellos, pues, le echaron mano, y lo sujetaron. [47]Entonces, uno de los que ahí estaban, desenvainó su espada, y dio al siervo del sumo sacerdote un golpe y le amputó la oreja. [48]Y Jesús, respondiendo, les dijo: "Como contra un bandolero habéis salido, armados de espadas y palos, para prenderme. [49]Todos los días estaba Yo en medio de vosotros enseñando en el Templo, y no me prendisteis. Pero (es) para que se cumplan las Escrituras". [50]Y abandonándole, huyeron todos. [51]Cierto joven, empero, lo siguió, envuelto en una sábana sobre el cuerpo desnudo, y lo prendieron; [52]pero él soltando la sábana, se escapó de ellos desnudo.

---

24. Véase Mt. 20, 28 y nota. No significa aquí: derramada "por obra de" muchos (*aunque* esto también sea verdad en el sentido de que todos somos pecadores), sino que se derrama como un bautismo de redención sobre todos los que lo aprovechen, según la palabra del Apocalipsis 22, 14 (Vulgata) coincidente con Ef. 1, 7; Col. 1, 14 y 20; Hb. 9, 12 ss.; 13, 12; 1 Pe. 1, 19; 1 Jn. 5, 6; Ap. 12, 11.

27. Véase Za. 13, 7.

28. Véase Mt. 26, 30 ss.; Mc. 14, 68-72; Lc. 22, 31 ss.; Jn. 13, 36 ss.; 16, 32.

32. Una iglesia, construida recientemente, conmemora el lugar de la agonía del Redentor en el huerto de *Getsemaní,* situado al este de Jerusalén, entre la ciudad y el Monte de los Olivos.

36. Véase Mt. 26, 42 y nota; Lc. 22, 42. El *cáliz* significa la pasión. Cf. 10, 38; Lc. 12, 50.

37. *¡Simón! ¿duermes?:* Jesús se dirige especialmente a Pedro, ya que éste se había tenido por más valiente que los otros (v. 29) y

porque el jefe de los apóstoles tenía que dar buen ejemplo. Cf. Mt. 26, 36-46; Lc. 22, 40-46.

41. Estas palabras coinciden con las que el Señor había dicho a Pedro en el v. 37, y nos muestran, como una lección para nuestra humildad, el grado de inconsciencia de aquellos hombres en semejantes momentos. La versión que pone los verbos en imperativo resulta inexplicable ante la palabra que Jesús agrega inmediatamente: "¡basta!". Véase Mt. 26, 45.

43 ss. Véase Mt. 26, 47 ss.; Jn. 18, 3 ss.

50. Esta, *huida general,* que nos enseña la *miseria* sin límites de que todos somos capaces, es también inexcusable falta de fe en la bondad y el poder del Salvador, pues Él había mostrado con sus palabras (Jn. 17, 12) y con su actitud (Jn. 18, 8s. y 19s.) que no permitiría que ellos fuesen sacrificados con Él. Véase Mt. 26, 56 y nota.

52. Ese *joven* que iba siguiendo a Jesús es, según se cree, el mismo Marcos que escribió este Evangelio, único en traer el episodio.

[53]Condujeron a Jesús a casa del Sumo Sacerdote, donde se reunieron todos los jefes de los sacerdotes, los ancianos y los escribas. [54]Pedro lo había seguido de lejos hasta el interior del palacio del Sumo Sacerdote, y estando sentado con los criados se calentaba junto al fuego.

Ante Caifás. [55]Los sumos sacerdotes, y todo el Sanedrín, buscaban contra Jesús un testimonio para hacerlo morir, pero no lo hallaban. [56]Muchos, ciertamente, atestiguaron en falso contra Él, pero los testimonios no eran concordes. [57]Y algunos se levantaron y adujeron contra Él este falso testimonio: [58]"Nosotros le hemos oído decir: 'Derribaré este Templo hecho de mano de hombre, y en el espacio de tres días reedificaré otro no hecho de mano de hombre'". [59]Pero aun en esto el testimonio de ellos no era concorde. [60]Entonces, el Sumo Sacerdote, se puso de pie en medio e interrogó a Jesús diciendo: "¿No respondes nada? ¿Qué es lo que éstos atestiguan contra Ti?" [61]Pero Él guardó silencio y nada respondió. De nuevo, el Sumo Sacerdote lo interrogó y le dijo: "¿Eres Tú el Cristo, el Hijo del Bendito?" [62]Jesús respondió: "Yo soy. Y veréis al Hijo del Hombre sentado a la derecha del Poder, y viniendo en las nubes del cielo". [63]Entonces, el Sumo Sacerdote rasgó sus vestidos, y dijo: "¿Qué necesidad tenemos ahora de testigos? [64]Vosotros acabáis de oír la blasfemia. ¿Qué os parece?" Y ellos todos sentenciaron que Él era reo de muerte. [65]Y comenzaron algunos a escupir sobre Él y, velándole el rostro, lo abofeteaban diciéndole: "¡Adivina!" Y los criados le daban bofetadas.

Pedro niega a Cristo. [66]Mientras Pedro estaba abajo, en el patio, vino una de las sirvientas del Sumo Sacerdote, [67]la cual viendo a Pedro que se calentaba, lo miró y le dijo: "Tú también estabas con el Nazareno Jesús". [68]Pero él lo negó, diciendo: "No sé absolutamente qué quieres decir". Y salió fuera, al pórtico, y cantó un gallo. [69]Y la sirvienta, habiéndolo visto allí, se puso otra vez a decir a los circunstantes: "Este es uno de ellos". Y él lo negó de nuevo. [70]Poco después los que estaban allí, dijeron nuevamente a Pedro: "Por cierto que tú eres de ellos; porque también eres galileo". [71]Entonces, comenzó a echar imprecaciones y dijo con juramento: "Yo no conozco a ese hombre del que habláis". [72]Al punto, por segunda vez, cantó un gallo. Y Pedro se acordó de la palabra que Jesús le había dicho: "Antes que el gallo cante dos veces, me habrás negado tres", y rompió en sollozos.

15 Jesús ante Pilato. [1]Inmediatamente, a la madrugada, los sumos sacerdotes tuvieron consejo con los ancianos, los escribas y todo el Sanedrín, y después de atar a Jesús, lo llevaron y entregaron a Pilato. [2]Pilato lo interrogó: "¿Eres Tú el rey de los judíos?" Él respondió y dijo: "Tú lo dices". [3]Como los sumos sacerdotes lo acusasen de muchas cosas, [4]Pilato, de nuevo, lo interrogó diciendo: "¿Nada respondes? Mira de cuántas cosas te acusan". [5]Pero Jesús no respondió nada más, de suerte que Pilato estaba maravillado.

Barrabás es escogido en lugar de Jesús. [6]Más

53. La casa de Caifás estaba en la parte sudoeste de la ciudad. Había que andar hasta allí unos dos kilómetros. Según una tradición piadosa, Jesús en este largo trayecto cayó en tierra, a consecuencia de los malos tratamientos, muchas veces más que las tres caídas del Vía Crucis. Cf. Sal. 109, 7nota.

58. Véase Jn. 2, 19. Gramática recuerda también aquí el templo celestial de Hb. 9, 11 y 24.

62. "El nombre de *Hijo del hombre*, que Jesús mismo se dio, expresa su calidad de hombre, y por alusión a la profecía de Daniel, insinúa su dignidad mesiánica" (Padre d'Alès). Véase Dn. 7, 13; Mt. 24, 30; 26, 64; Sal. 79, 16 y nota.

64. Es condenado por *blasfemia* el Santo de los santos, el inmaculado Cordero de Dios, el único Ser en quien el Padre tenía puestas todas sus complacencias (Mt. 3, 17; 17, 5). Su "blasfemia" consistió en decir la doble verdad de que Él era el anunciado por los profetas como Hijo de Dios y Rey de Israel (Lc. 23, 3; Jn. 18, 37).

66 ss. Véase Mt. 26, 69 ss.; Lc. 22, 55 ss.; Jn. 18, 16 ss.

72. La *caída de Pedro* fue profunda, pero no menos profundo fue luego su dolor. Muchos seguimos a Pedro negando al Señor; sigamos también la preciosa lección del arrepentimiento, ya que, como enseña Jesús, el más perdonado es el que más ama (Lc. 7, 47).

1. *Pilato* era gobernador y representante del emperador romano, de cuyo imperio formaba parte la Judea. Sin el permiso del gobernador los judíos no podían condenar a muerte (Jn. 18, 31; 19, 6s.).

2 ss. Véase Mt. 27, 11 ss.; Lc. 23, 2 ss.; Jn. 18, 29 ss.

5. *No respondió nada más*: No era un rey que se imponía por la violencia (Mt. 26, 53), sino que, al contrario, la sufría (Mt. 11, 12; Jn. 18, 36). La Sinagoga lo rechazó formalmente (Jn. 19, 15; cf. Lc. 19, 14), no obstante la actitud del pueblo (11, 10; Mt. 21, 1-11; Lc. 19, 29-45; Jn. 12, 12 ss.).

en cada fiesta les ponía en libertad a uno de los presos, al que pedían. [7]Y estaba el llamado Barrabás, preso entre los sublevados que, en la sedición, habían cometido un homicidio. [8]Por lo cual la multitud subió y empezó a pedirle lo que él tenía costumbre de concederles. [9]Pilato les respondió y dijo: "¿Queréis que os suelte al rey de los judíos?" [10]Él sabía, en efecto, que los sumos sacerdotes lo habían entregado por envidia. [11]Mas los sumos sacerdotes incitaron a la plebe para conseguir que soltase más bien a Barrabás. [12]Entonces, Pilato volvió a tomar la palabra y les dijo: "¿Qué decís pues que haga al rey de los judíos?" [13]Y ellos, gritaron: "¡Crucifícalo!" [14]Les dijo Pilato: "Pues, ¿qué mal ha hecho?" Y ellos gritaron todavía más fuerte: "¡Crucifícalo!" [15]Entonces Pilato, queriendo satisfacer a la turba les dejó en libertad a Barrabás; y después de haber hecho flagelar a Jesús, lo entregó para ser crucificado.

Jesús es coronado de espinas. [16]Los soldados, pues, lo condujeron al interior del palacio, es decir, al pretorio, y llamaron a toda la cohorte. [17]Lo vistieron de púrpura, y habiendo trenzado una corona de espinas, se la ciñeron. [18]Y se pusieron a saludarlo: "¡Salve, rey de los judíos". [19]Y le golpeaban la cabeza con una caña, y lo escupían, y le hacían reverencia doblando la rodilla. [20]Y después que se burlaron de Él, le quitaron la púrpura, le volvieron a poner sus vestidos, y se lo llevaron para crucificarlo.

Simón de Cirene. [21]Requisaron a un hombre que pasaba por allí, volviendo del campo, Simón Cireneo, el padre de Alejandro y de Rufo, para que llevase la cruz de Él. [22]Lo condujeron al lugar llamado Gólgota, que se traduce: "Lugar del Cráneo".

Crucifixión de Jesús. [23]Y le ofrecieron vino mezclado con mirra, pero Él no lo tomó. [24]Y lo crucificaron, y se repartieron sus vestidos, sorteando entre ellos la parte de cada cual. [25]Era la hora de tercia cuando lo crucificaron. [26]Y en el epígrafe de su causa estaba escrito: "El rey de los judíos".

[27]Y con Él crucificaron a dos bandidos, uno a la derecha, y el otro a la izquierda de Él. [28]Así se cumplió la Escritura que dice: "Y fue contado entre los malhechores". [29]Y los que pasaban, blasfemaban de Él meneando sus cabezas y diciendo: "¡Bah, Él que destruía el Templo, y lo reedificaba en tres días! [30]¡Sálvate a Ti mismo, bajando de la cruz!" [31]Igualmente los sumos sacerdotes escarneciéndole, se decían unos a otros con los escribas: "¡Salvó a otros, y no puede salvarse a sí mismo! [32]¡El Cristo, el rey de Israel, baje ahora de la cruz para que veamos y creamos!" Y los que estaban crucificados con Él, lo injuriaban también. [33]Y cuando fue la hora sexta, hubo tinieblas sobre toda la tierra hasta la hora nona. [34]Y a la hora nona, Jesús gritó con una voz fuerte: "Eloí, Eloí, ¿lama sabactani?", lo que es interpretado: "Dios mío, Dios mío, ¿por qué me has abandonado?". [35]Oyendo esto, algunos de los presentes dijeron: "¡He ahí que llama a Elías!" [36]Y

10s. Véase la nota a Mt. 27, 18.

15. Pilato había preguntado a Cristo qué verdad era aquella de que Él daba testimonio y no aguardó siquiera la respuesta (Jn. 18, 38), que le habría revelado las maravillas de los profetas (cf. Rm. 15, 8). De esta despreocupación por conocer la verdad nacen todos los extravíos del corazón. Pilato ha quedado para el mundo –que lo reprueba sin perjuicio de imitarlo frecuentemente– como el prototipo del juez que pospone la justicia a los intereses o al miedo. Véase en el Sal. 81 y sus notas las tremendas maldiciones con que Dios fulmina a cuantos abusan del poder.

16 ss. Véase Mt. 27, 27 ss.; Jn. 19, 2s.

21. Marcos no sólo menciona a *Simón*, sino también a sus hijos *Alejandro* y *Rufo*, conocidos en Roma, donde el Evangelista escribió su Evangelio (Rm. 16, 13). Esto demuestra que Simón con su familia se convirtió a la religión cristiana, sin duda como una

gracia que Jesús concedió al que llevaba con Él la Cruz, aunque no lo hubiese aliviado mucho. Véase Lc. 23, 26 y nota.

22 ss. Véase Mt. 27, 33; Lc. 23, 32 ss.; Jn. 19, 17 ss.

25. *La hora de tercia,* o sea, el segundo cuarto del día que comenzaba a las nueve y terminaba a las doce. Según San Juan (19, 14) eran casi las doce.

28. Véase Is. 53, 12; Sal. 21, 8; 108, 25.

29. Cf. 14, 58; Jn. 2, 19.

34. Jesús no padeció a la manera de los santos mártires, que sufrían confortados por la gracia. Su alma estaba oprimida por el peso de los pecados que había tomado sobre sí (cf. Ez. 4, 4 ss. y nota), pues su divinidad permitió que su naturaleza humana fuera sumergida en un abismo insondable de sufrimientos. Las palabras del Sal. 21, que Jesús repite en alta voz, muestran que el divino Cordero toma sobre sí todos nuestros pecados. Véase nuestro comentario a dicho Salmo.

uno de ellos corrió entonces a empapar con vinagre una esponja, y atándola a una caña, le ofreció de beber, y decía: "Vamos a ver si viene Elías a bajarlo". [37]Mas Jesús, dando una gran voz, expiró.

[38]Entonces, el velo del Templo se rasgó en dos partes, de alto a bajo. [39]El centurión, apostado enfrente de Él, viéndolo expirar de este modo, dijo: "¡Verdaderamente este hombre era Hijo de Dios!". [40]Había también allí unas mujeres mirando desde lejos, entre las cuales también María la Magdalena, y María la madre de Santiago el Menor y de José, y Salomé, [41]las cuales cuando estaban en Galilea, lo seguían y lo servían, y otras muchas que habían subido con Él a Jerusalén.

Sepultura de Jesús. [42]Llegada ya la tarde, como era día de Preparación, es decir, víspera del día sábado, [43]vino José, el de Arimatea, noble consejero, el cual también estaba esperando el reino de Dios. Este se atrevió a ir a Pilato, y le pidió el cuerpo de Jesús. [44]Pilato, se extrañó de que estuviera muerto; hizo venir al centurión y le preguntó si había muerto ya. [45]Informado por el centurión, dio el cuerpo a José; [46]el cual habiendo comprado una sábana, lo bajó, lo envolvió en el sudario, lo depositó en un sepulcro tallado en la roca, y arrimó una loza a la puerta del sepulcro. [47]Entre tanto, María la Magdalena y María la de José observaron dónde era sepultado.

16 Las santas mujeres van al sepulcro. [1]Pasado el sábado, María la Magdalena, María la de Santiago y Salomé compraron aromas, para ir a ungirlo. [2]Y muy de madrugada, el primer día de la semana, llegaron al sepulcro, al salir el sol. [3]Y se decían unas a otras: "¿Quién nos removerá la piedra de la entrada del sepulcro?" [4]Y al mirar, vieron que la piedra había ya sido removida, y era en efecto sumamente grande. [5]Y entrando en el sepulcro vieron, sentado a la derecha, a un joven vestido con una larga túnica blanca, y quedaron llenas de estupor. [6]Mas él les dijo: "No tengáis miedo. A Jesús buscáis, el Nazareno crucificado; resucitó, no está aquí. Ved el lugar donde lo habían puesto. [7]Pero id a decir a los discípulos de Él y a Pedro: va delante de vosotros a la Galilea; allí lo veréis, como os dijo". [8]Ellas salieron huyendo del sepulcro porque estaban dominadas por el temor y el asombro; y no dijeron nada a nadie, a causa del miedo.

Aparición de Jesús resucitado. [9]Resucitado, pues, temprano, el primer día de la semana, se apareció primeramente a María Magdalena, de la cual había echado siete demonios. [10]Ella fue y lo anunció a los que habían estado con Él, que se hallaban afligidos y llorando.

[11]Pero ellos al oír que vivía y que había sido visto por ella, no creyeron. [12]Después de estas cosas se mostró en el camino, con otra figura, a dos de ellos, que iban a una granja. [13]Estos también fueron a anunciarlo a los demás; pero tampoco a ellos les

36. Sobre el misterio de Elías, véase 9, 12s. y nota.

37. El Hijo de Dios muere emitiendo una *gran voz* para mostrar que no le quitan la vida sino porque Él lo quiere, y que en un instante habría podido bajar de la cruz y sanar de sus heridas, si no hubiera tenido la voluntad de inmolarse hasta la muerte para glorificar al Padre con nuestra redención (Jn. 17, 2; cf. Mt. 26, 42 y nota). Los evangelistas relatan que Jesús murió en viernes y, según los tres más antiguos, cerca de la hora nona, es decir, a las tres de la tarde.

39 ss. Véase Mt. 27, 54 ss.; Lc. 23, 47 ss.; Jn. 19, 38 ss.

42. *Preparación*: Los judíos llamaban así el viernes, pues se preparaba en este día todo lo necesario para el sábado, en que estaba prohibido todo trabajo.

43. El heroísmo de *José de Arimatea* no tiene paralelo. Intrépido, confiesa pública y resueltamente ser partidario del Crucificado, confirmando las palabras con sus obras, mientras los apóstoles y amigos del Señor están desalentados y fugitivos. El Evangelio hace notar expresamente que José esperaba el reino de Dios, en lo cual vemos que esa esperanza era común entre los discípulos. Véase 10, 35 y nota; 11, 10; Mt. 23, 39; Lc. 19, 11; Hch. 1, 6; 2 Tm. 4, 1; Hb. 2, 8; 10, 37, etc.

1 ss. Véase Mt. 28, 1 ss.; Lc. 24, 1 ss.; Jn. 20, 1 ss.

6. San Juan (20, 2) refiere que *María Magdalena* fue la primera en comunicar a los discípulos la resurrección del Señor (v. 9 y nota).

7. Menciona especialmente a *Pedro*, como para indicar que le han sido perdonadas sus negaciones.

9. El evangelista parece querer destacar, como una paradoja de la divina misericordia, esta preferencia de Jesús por aparecerse a *Magdalena*, la que estuvo endemoniada. El v. 6 nos muestra que ella fue la primera en tener noticia de la resurrección, y que recibió también el honor de anunciarla a los apóstoles. Así quiso el Maestro recompensar la fidelidad de quien había antepuesto a todo su divina Palabra (Lc. 10, 39), su perdón (Lc. 7, 37 ss.), su culto (14, 13 ss.) y su apostolado (Lc. 8, 2), siguiéndolo, junto a la Madre fidelísima, al pie de la Cruz (Jn. 19, 25).

creyeron.

Misión de los Apóstoles y Ascensión del Señor. [14]Por último, se les apareció a los once mientras comían y les echó en cara su falta de fe y dureza de corazón porque no habían creído a los que lo habían visto a Él resucitado de entre los muertos. [15]Y les dijo: "Id por el mundo entero, predicad el Evangelio a toda la creación. [16]Quien creyere y fuere bautizado, será salvo; mas, quien no creyere, será condenado. [17]Y he aquí los milagros que acompañarán a los que creyeren: en mi nombre expulsarán demonios, hablarán nuevas lenguas, [18]tomarán las serpientes; y si bebieren algo mortífero no les hará daño alguno; sobre los enfermos pondrán sus manos y sanarán". [19]Y el Señor Jesús, después de hablarles, fue arrebatado al cielo, y se sentó a la diestra de asistiéndolos el Señor y confirmando la palabra con los milagros que la acompañaban.

EVANGELIO SEGÚN SAN LUCAS

El autor del tercer Evangelio, "Lucas, el médico" (Col. 4, 14), era un sirio nacido en Antioquía, de familia, pagana. Tuvo la suerte de convertirse a la fe de Jesucristo y encontrarse con San Pablo, cuyo fiel compañero y discípulo fue por muchos años, compartiendo con él hasta la prisión en Roma.

Según su propio testimonio (1, 3) Lucas se informó "de todo exactamente desde su primer origen" y escribió para dejar grabada la tradición oral (1, 4). No cabe duda de que una de sus principales fuentes de información fue el mismo Pablo, y es muy probable que recibiera informes también de la santísima Madre de Jesús, especialmente sobre la infancia del Señor, que Lucas es el único en referirnos con cierto detalle. Por sus noticias sobre el Niño y su Madre, se le llamó el Evangelista de la Virgen. De ahí que la leyenda le atribuya el haber pintado el primer retrato de María.

Lucas es llamado también el evangelista de la misericordia, por ser el único que nos trae las parábolas del Hijo Pródigo, de la Dracma Perdida, del Buen Samaritano, etc.

Este tercer Evangelio fue escrito en Roma a fines de la primera cautividad de San Pablo, o sea entre los años 62 y 63. Sus destinatarios son los cristianos de las iglesias fundadas por el Apóstol de los Gentiles, así como Mateo se dedicó más especialmente a mostrar a los judíos el cumplimiento de las profecías realizadas en Cristo. Por eso el Evangelio de San Lucas contiene un relato de la vida de Jesús que podemos considerar el más completo de todos y hecho a propósito para nosotros los cristianos de la gentilidad.

1 **Dedicatoria a Teófilo.** [1]Habiendo muchos tratado de componer una narración de las cosas plenamente confirmadas entre nosotros, [2]según lo que nos han transmitido aquellos que, fueron, desde el comienzo, testigos oculares y ministros de la palabra; [3]me ha parecido conveniente, también a mí, que desde hace mucho tiempo he seguido todo exactamente, escribirlo todo en forma ordenada,

---

11. Esta impresionante incredulidad general muestra cuán lejos estuvo el Señor de ser glorificado visiblemente hasta que el Padre lo glorificó en el cielo sentándolo a su diestra (v. 19; Sal. 109, 1) en el Tabernáculo "no hecho de mano de hombre" (Hb. 9, 11 y 24; Sal. 109, 4). De ahí que el Espíritu Santo no viniese hasta después de la Ascensión (Jn. 7, 39), y que ni en ésta ni en la resurrección (que nadie presenció) se mostrase Él glorioso como en la Transfiguración, donde Él quiso manifestarse con la gloria que ostentará también en su segunda venida. Cf. 9, 1; Sal. 109, 1 ss.; 2 Ts. 1, 10; Hb. 1, 6.

12. Alusión al episodio de Emaús que sólo narra San Lucas (24, 13-25).

14. Esta aparición se realizó el día de la resurrección por la tarde, probablemente en la casa de María, la madre de San Marcos, donde los discípulos solían reunirse.

16. Sobre esta precedencia de la fe véase Hch. 2, 41; Col. 2, 12 y notas.

20. El final de este Evangelio (vv. 20) falta en muchos códices antiguos. Su inspiración fue definida en el Concilio Tridentino. Críticamente consta de su autenticidad.

2. *Desde el comienzo:* Tal es la esencia de la tradición, y lo que hace su eficacia: no el que se haya trasmitido por mucho o poco tiempo, sino el que arranque de la fuente originaria y conserve sin ninguna variación el primitivo depósito. Cf. 1 Tm. 6, 20.

óptimo Teófilo, [4]a fin de que conozcas bien la certidumbre de las palabras en que fuiste instruido.

Anunció del nacimiento del Bautista. [5]Hubo en tiempo de Herodes, rey de Judea, un sacerdote llamado Zacarías, de la clase de Abía. Su mujer, que descendía de Aarón, se llamaba Isabel. [6]Ambos eran justos delante de Dios, siguiendo todos los mandamientos y justificaciones del Señor de manera irreprensible. [7]Mas no tenían hijos, porque Isabel era estéril, y ambos eran de edad avanzada. [8]Un día que estaba de servicio delante de Dios, en el turno de su clase, [9]fue designado, según la usanza sacerdotal para entrar en el Santuario del Señor y ofrecer el incienso. [10]Y toda la multitud del pueblo estaba en oración afuera. Era la hora del incienso. [11]Se le apareció, entonces, un ángel del Señor, de pie, a la derecha del altar de los perfumes. [12]Al verle, Zacarías se turbó, y lo invadió el temor. [13]Pero el ángel le dijo: "No temas, Zacarías, pues tu súplica ha sido escuchada: Isabel, tu mujer, te dará un hijo, al que pondrás por nombre Juan. [14]Te traerá gozo y alegría y muchos se regocijarán con su nacimiento. [15]Porque será grande delante del Señor; nunca beberá vino ni bebida embriagante, y será colmado del Espíritu Santo ya desde el seno de su madre; [16]y convertirá a muchos de los hijos de Israel al Señor su Dios. "Caminará delante de Él con el espíritu y el poder de Elías, [17]para convertir los corazones de los padres hacia los hijos", y los rebeldes a la sabiduría de los justos, y preparar al Señor un pueblo bien dispuesto". [18]Zacarías dijo al ángel: "¿En qué conoceré esto? Porque yo soy viejo, y mi mujer ha pasado los días". [19]El ángel le respondió: "Yo soy Gabriel, el que asisto a la vista de Dios; y he sido enviado para hablarte y traerte está feliz nueva. [20]He aquí que quedarás mudo, sin poder hablar hasta el día en que esto suceda, porque no creíste a mis palabras, que se cumplirán a su tiempo". [21]El pueblo estaba esperando a Zacarías, y se extrañaba de que tardase en el santuario. [22]Cuando salió por fin, no podía hablarles, y comprendieron que había tenido alguna visión en el santuario; les hacía señas con la cabeza y permaneció sin decir palabra. [23]Y cuando se cumplió el tiempo de su ministerio, se volvió a su casa. [24]Después de aquel tiempo, Isabel, su mujer, concibió, y se mantuvo escondida durante cinco meses, diciendo: [25]"He ahí lo que el Señor ha hecho por mí, en los días en que me ha mirado para quitar mi oprobio entre los hombres".

Anuncio del nacimiento de Cristo. [26]Al sexto mes, el ángel Gabriel fue enviado por Dios a una ciudad de Galilea llamada Nazaret, [27]a una virgen prometida en matrimonio a un varón, de nombre José, de la casa de David; y el nombre de la virgen era María. [28]Y entrado donde ella estaba, le dijo: "Salve, llena de gracia; el Señor es contigo". [29]Al oír estas palabras, se turbó, y se preguntaba qué

3. *Teófilo,* a quien dedica el evangelista su libro, es un noble amigo de San Lucas convertido al cristianismo, o un seudónimo que designa a todos los cristianos. Prefieren algunos exégetas esta interpretación no sólo por ser desconocida dicha personalidad en la literatura evangélica, sino también por el nombre que significa: "el que ama a Dios".

5. De las veinticuatro familias o grupos sacerdotales que se turnaban en el servicio del Templo de Jerusalén, la familia de "Abía" era la octava (1Cro. 24, 10).

6. *Mandamientos y justificaciones.* No son dos términos sinónimos; de lo contrario, el segundo sería redundante. La Palabra de Dios no contiene exclusivamente preceptos, como un tratado de obligaciones, sino que está llena de revelaciones de amor y secretos de santidad, por lo cual Jesús llama a su Evangelio la Buena Nueva. Sobre el sentido de esas "justificaciones" en el Antiguo Testamento, puede verse especialmente el Sal. 118 y sus notas. En el Nuevo Testamento, San Pablo enseña que nuestra justificación es la sangre de Cristo y la Resurrección del Redentor, el cual nos dejó como fruto la gracia del Espíritu Santo que se nos da mediante la fe. Cf. Rm. 3, 24 ss.; 4, 25; 5, 16 ss.; 8, 10s., etc.

7 ss. *No tener hijos* se consideraba entre los judíos como un castigo de Dios. Por tanto pedía Zacarías que se quitase a él y a su mujer el oprobio de la esterilidad. Véase 1Sam. 1, 11.

17. Véase Mal. 3, 1; 4, 6; Mt. 11, 11 y nota. *Juan* tendrá que preparar el camino para la primera venida de Cristo como Elías lo hará cuando se acerque la segunda (Mt. 17, 11s. y nota).

21. Después del sacrificio el sacerdote tenía que bendecir al pueblo con la fórmula de Nm. 6, 23 ss.

27. *De la casa de David:* Aquí parece referirse más bien a José, que sin duda lo era (cf. Mt. 1, 6 y 16). Pero lo mismo se deduce de María en v. 32 y 3, 23 ss. (véase allí la nota). La diferencia entre ambos esposos está en que María descendía de David por Natán (línea no real) y José por la línea real de Salomón. Para que se cumpliese el anuncio del v. 32, Jesús debía reunir en Él la sangre de David, que recibió de su Madre, y el derecho a la corona, que recibió de su padre adoptivo. Bien lo sabían los judíos, pues de lo contrario los enemigos de Cristo lo habrían acusado de impostor cuando fue aclamado como "Hijo de David" (Mt. 21, 9-11).

28. He aquí la fórmula original del *Ave María,* que se completa con las palabras de Isabel en el v. 42. El ángel la saludó sin duda

podría significar este saludo. [30]Mas el ángel le dijo: "No temas, María, porque has hallado gracia cerca de Dios. [31]He aquí que vas a concebir en tu seno, y darás a luz un hijo, y le pondrás por nombre Jesús. [32]El será grande y será llamado el Hijo del Altísimo; y el Señor Dios le dará el trono de David su padre, [33]y reinará sobre la casa de Jacob por los siglos, y su, reinado no tendrá fin. [34]Entonces María dijo al ángel: "¿Cómo será eso, pues no conozco varón?" [35]El ángel le respondió y dijo: "El Espíritu Santo vendrá sobre ti, y la virtud del Altísimo te cubrirá; por eso el santo Ser que nacerá será llamado Hijo de Dios. [36]Y he aquí que tu parienta Isabel, en su vejez también ha concebido un hijo, y está en su sexto mes la que era llamada estéril; [37]porque no hay nada imposible para Dios". [38]Entonces María dijo: "He aquí la esclava del Señor: Séame hecho según tu palabra". Y el ángel la dejó.

Visita de María a Isabel. [39]En aquellos días, María se levantó y fue apresuradamente a la montaña, a una ciudad de Judá; [40]y entró en la casa de Zacarías y saludó a Isabel. [41]Y sucedió cuando Isabel oyó el saludo de María, que el niño dio saltos en su seno e Isabel quedó llena del Espíritu Santo. [42]Y exclamó en alta voz y dijo: "¡Bendita tú entre las mujeres, y bendito el fruto de tu seno! [43]¿Y de dónde me viene, que la madre de mi Señor venga a mí? [44]Pues, desde el mismo instante en que tu saludo sonó en mis oídos, el hijo saltó de gozo en mi seno. [45]Y dichosa la que creyó, porque tendrá cumplimiento lo que se le dijo de parte del Señor".
[46]Y María dijo:

"Glorifica mi alma al Señor,

---

en lenguaje arameo (el hebreo de entonces, con influencias de Siria y Caldea) con la fórmula *"Shalom lak"*, o sea literalmente: "Paz sobre ti" (10, 6; Mt. 10, 12 y nota). La fórmula griega *"jaíre"*, usada para ese saludo, significa literalmente "alégrate" y ha sido traducida al latín por la fórmula equivalente de salutación *"Ave"*. Las lenguas modernas han conservado a veces la palabra latina, como hace también el español al designar la oración *Ave María*, o la han traducido diciendo simplemente: "Yo te saludo", o bien usando expresiones semejantes, por ejemplo: "Salve". La fórmula "Dios te salve", que es sin duda la más hermosa para saludar al común de los mortales, no puede evidentemente ser entendida en forma literal, como si la Virgen aun tuviera que ser salvada. *"Llena de gracia"* (en griego *kejaritomene*) es también sin duda la grecización de una expresión aramea que algunos traducen por: "objeto del favor divino", según lo que el ángel agrega en el v. 30. De todas maneras hay una admirable lección de humildad en ese elogio que, sin perjuicio de establecer la más alta santidad en María (habiéndose fundado principalmente en ello el dogma de la Inmaculada Concepción), no alaba en la Virgen ninguna cualidad o virtud como propia de Ella, sino la obra de la divina predilección, como ella misma lo había de proclamar en el Magníficat (v. 48s). *Bendita tú entre las mujeres*: estas palabras faltan aquí en muchos códices. Son las que Isabel dijo a María en el v. 42, donde se completa la primera parte del Ave María. La segunda parte fue añadida posteriormente.

32s. Véase 2, 50 y nota; Dn. 7, 14 y 27; Mi. 4, 7; Mt. 1, 18 ss.; Is. 9, 7; 22, 22; etc.

34. Véase Mt. 1, 19 y nota. De derecho María era esposa de San José. Así la sabiduría de Dios lo había dispuesto para guardar la honestidad de la Virgen a los ojos de la gente. De las palabras: "No conozco varón" se deduce que María había hecho voto de guardar la virginidad. En las pocas veces que habla María, su corazón exquisito nos enseña siempre no sólo la más perfecta fidelidad sino también la más plena libertad de espíritu. No pregunta Ella cómo podrá ser esto, sino: *cómo será*, es decir que desde el primer momento está bien segura de que el anuncio del Mensajero se cumplirá, por asombroso que sea, y de que Ella lo aceptará íntegramente, cualesquiera fuesen las condiciones. Pero no quiere quedarse con una duda de conciencia, por lo cual no vacila en preguntar si su voto será o no un obstáculo al plan de Dios, y no tarda en recibir la respuesta sobre el prodigio portentoso de su Maternidad virginal. La pregunta de María, sin disminuir en nada su docilidad (v. 38), la perfecciona, mostrándonos que nuestra obediencia no ha de ser la de un autómata, sino dada con plena conciencia, es decir, de modo que la voluntad pueda ser movida por el espíritu. De ahí que Cristo se presente como la luz, la cual no quiere que la sigamos ciegamente. Véase Jn. 12, 46; 1Co. 12, 2 y notas.

38. La respuesta de María manifiesta, más aún que su incomparable humildad y obediencia, la *grandeza de su fe* que la hace entregarse enteramente a la acción divina, sin pretender penetrar el misterio ni las consecuencias que para Ella pudiera tener.

39. *Una ciudad de Judá*: Según unos *Ain Karim*, a una legua y media al oeste de Jerusalén; según otros, una ciudad en la comarca de Hebrón, lo que es más probable.

46 ss. Este himno, el *Magníficat*, está empapado de textos de la Sagrada Escritura, especialmente del cántico de Ana (1Sam. 2, 1-10) y de los Salmos, lo que nos enseña hasta qué punto la Virgen se había familiarizado con los Sagrados Libros que meditaba desde su infancia. El Magníficat es el canto lírico por excelencia, y más que nada en su comienzo. Toda su segunda parte lo es también, porque canta la alabanza del Dios asombrosamente paradojal que prefiere a los pequeños y a los vacíos. De ahí que esa segunda parte esté llena de doctrina al mismo tiempo que de poesía. Y otro tanto puede decirse de la tercera o final, donde "aquella niña hebrea" (como la llama el Dante), que había empezado un cántico individual, lo extiende (como el Salmista en el Sal. 101), a todo su pueblo, que Ella esperaba recibiría entonces las bendiciones prometidas por los profetas, porque Ella ignoraba aún el misterio del rechazo de Cristo por Israel. Pero el lirismo del Magníficat desborda sobre todo en sus primeras líneas, no sólo porque empieza

[47]y mi espíritu se goza en Dios mi Salvador,
[48]porque ha mirado la pequeñez de su esclava.
Y he aquí que desde ahora me felicitarán
todas las generaciones;
[49]porque el Poderoso obró en mí grandezas.
Santo es su nombre,
[50]y su misericordia va de generación
en generación, para los que le temen.
[51]Desplegó el poder de su brazo;
dispersó a los que se engrieron

en los pensamientos de su corazón.
[52]Bajó del trono a los poderosos,
y levantó a los pequeños;
[53]llenó de bienes a los hambrientos,
y a los ricos despidió vacíos.
[54]Acogió a Israel su siervo,
recordando la misericordia,
[55]conforme lo dijera a nuestros padres
en favor de Abraham
y su posteridad para siempre".

---

cantando y alabando, que es lo propio de la lira y el arpa, como hizo el Rey David poeta y profeta, sino también y esencialmente porque es Ella misma la que se pone en juego toda entera como heroína del poema. Es decir que, además de expresar los sentimientos más íntimos de su ser, se apresura a revelarnos, con el alborozo de la enamorada feliz de sentirse amada, que ese gran Dios puso los ojos en Ella, y que, por esas grandeza que Él hizo en Ella, la felicitarán todas las generaciones. Una mirada superficial podría sorprenderse de este "egoísmo" con que María, la incomparablemente humilde y silenciosa, empieza así hablando de sí misma, cuando pareciera que pudo ser más generoso y más perfecto hablar de los demás, o limitarse a glorificar al Padre como lo hace en la segunda parte. Pero si lo miramos a la luz del amor, comprendemos que nada pudo ser más grato al divino Amante, ni más comprensivo de parte de la que se sabe amada, que pregonar así el éxtasis de la felicidad que siente al verse elegida, porque esa confesión ingenua de su gozo es lo que más puede agradar y recompensar al magnánimo Corazón de Dios. A nadie se le ocurriría que una novia, al recibir la declaración de amor, debiese pedir que esa elección no recayese en ella Sino en otra. Porque esto, so capa de humildad, le sabría muy mal al enamorado, y no podría concebirse sinceramente sino como indiferencia por parte de ella. Porque el amor es un bien incomparable –como que es Dios mismo (1 Jn. 4, 16)– y no podría, por tanto, concebirse ningún bien mayor que justificase la renuncia al amor. De ahí que ese "egoísmo" lírico de María sea la lección más alta que un alma puede recibir sobre el modo de corresponder al amor de Dios. Y no es otro el sentido del Salmo que nos dice: "Deléitate en el Señor y te dará cuanto desee tu corazón" (Sal. 36, 4). Ojalá tuviésemos un poco de este egoísmo que nos hiciese desear con gula el amor que Él nos prodiga, en vez de volverle la espalda con indiferencia, como solemos hacer a fuerza de mirarlo, con ojos carnales, como a un gendarme con el cual no es posible deleitarse en esta vida.

49 ss. Véase Sal. 110, 9; 102, 13 y 17; 88, 11; 2Sam. 22, 28. A la confesión de la humildad, sucede la grandiosa *alabanza de Dios*. Es muy de admirar, y de meditar, el hecho de que toda esta serie de alabanzas, que podrían haber celebrado tantas otras de las divinas grandezas, se refieran insistentemente a un solo punto: la exaltación de los pequeños y la confusión de los grandes, como para mostrarnos que esta paradoja, sobre la cual tanto había de insistir el mismo Jesús, es el más importante de los misterios que el plan divino presenta a nuestra consideración. En efecto, la síntesis del espíritu evangélico se encuentra en esa pequeñez o infancia espiritual que es la gran bienaventuranza de los pobres en

espíritu, y según la cual los que se hacen como niños, no sólo san los grandes en el Reino, sino también los únicos que entran en él (Mt. 3, 2nota).

51 ss. Véase Sal. 146, 6; 33, 11; 106, 9; 97, 3; Jb. 12, 19.

53. Cf. Sal. 11, 6; 80, 11.

54. *Acogió a Israel su siervo*: otros traducen "su hijo". El griego "paidós" y el latín "puerum", admiten ambas traducciones. ¿Alude aquí la Virgen al Mesías, Hijo de Dios, a quien le llegaban los tiempos de su Encarnación, o al pueblo de Israel, a quien Dios acogía enviándole al Mesías prometido? Fillion expone como evidente esta última solución, señalando además el sentido de protección que tiene el término griego "antelábeto" (acogió). Algunos –como Zorell– se inclinan a la primera solución, señalando como fuente de este texto el de Is. 42, 1 ss., en el cual se alude indiscutiblemente al Mesías como lo atestigua San Mateo (12, 18 ss.). Pero no parece ser ésa la fuente; la Biblia de Gramática ni siquiera la cita entre los lugares paralelos de nuestro texto. En realidad caben ambas interpretaciones del nombre de Israel. Vemos, por ejemplo, que el texto de Is. 41, 8se refiere evidentemente a Israel y no a Jesús, pues en el v. 16le anuncia que se glorificará en el Santo de Israel o sea en el Mesías. En el mismo Isaías Dios vuelve a referirse a Israel como siervo, llamándole sordo, con relación a su rechazo del Mesías (42, 19), y también en 44, 21 ss., donde le dice que vuelva a Él porqué ha borrado sus iniquidades. En cambio, en la gran profecía del Redentor humillado y glorioso (Is. 49, 3 ss.), el Padre habla al "Siervo de Yahvéh" y le llama "Israel" (si no es interpolación) dirigiéndose claramente al Mesías, pues le dice que será su servidor para conducir hacia Él las tribus de Jacob, y no sólo para esto, sino también para ser luz de las naciones, tal como la profecía de Simeón llama a Cristo en Lc. 2, 32.

55. *En favor de Abraham*, etc. Como se ve, este texto, no sólo en el griego sino también en la Vulgata, según lo hace notar Fillion, no dice que Dios se acordó de su misericordia, como lo hubiese anunciado a los patriarcas incluso Abraham y su descendencia hasta ese momento, sino que Dios, según lo había anunciado a los patriarcas, recordó la misericordia prometida a Abraham, a quien había dicho que su descendencia duraría para siempre. Lo cual concordaría también con el hecho de que la Virgen ignoraba el misterio del rechazo del Mesías en su primera venida, por parte del pueblo escogido, y creía, como los Reyes Magos (Mt. 2, 2-6), Zacarías (v. 69 ss.), Simeón (2, 32), los apóstoles Hch. 1, 6) y todos los piadosos israelitas que aclamaron a Jesús el Domingo de Ramos, que el Mesías-Rey sería reconocido por su pueblo, según

[56]Y se quedó María con ella como tres meses, y después se volvió a su casa.

Nacimiento de San Juan Bautista. [57]Y a Isabel le llegó el tiempo de su alumbramiento, y dio a luz un hijo. [58]Al oír los vecinos y los parientes la gran misericordia que con ella había usado el Señor, se regocijaron con ella. [59]Y, al octavo día vinieron para circuncidar al niño, y querían darle el nombre de su padre: Zacarías. [60]Entonces la madre dijo: "No, su nombre ha de ser Juan". [61]Le dijeron: "Pero nadie hay en tu parentela que lleve ese nombre". [62]Preguntaron, pues, por señas, al padre cómo quería que se llamase. [63]El pidió una tablilla y escribió: "Juan es su nombre". Y todos quedaron admirados. [64]Y al punto le fue abierta la boca y lengua, y se puso a hablar y a bendecir a Dios. [65]Y sobrecogió el temor a todos sus vecinos, y en toda la montaña de Judea se hablaba de todas estas cosas; [66]y todos los que las oían las grababan en sus corazones, diciendo: "¿Qué será este niño"?, pues la mano del Señor estaba con él. [67]Y Zacarías su padre fue colmado del Espíritu Santo y profetizó así:

[68]Bendito sea el Señor, el Dios de Israel,
porque ha visitado y redimido a su pueblo,
[69]al suscitarnos un poderoso Salvador,
en la casa de David, su siervo,
[70]como lo había anunciado
por boca de sus santos profetas,
que han sido desde los tiempos antiguos:
[71]un Salvador para librarnos
de nuestros enemigos,
y de las manos de todos los que nos aborrecen;
[72]usando de misericordia con nuestros padres,
y acordándose de su santa alianza,
[73]según el juramento,

hecho a Abraham nuestro padre,
de concedernos [74]que librados
de la mano de nuestros enemigos,
le sirvamos sin temor [75]en santidad y justicia,
en su presencia, todos nuestros días.
[76]Y tú, pequeñuelo,
serás llamado profeta del Altísimo,
porque irás delante del Señor
para preparar sus caminos,
[77]para dar a su pueblo
el conocimiento de la salvación,
en la remisión de sus pecados,
[78]gracias a las entrañas misericordiosas
de nuestro Dios,
por las que nos visitará desde lo alto el Oriente,
[79]para iluminar a los que yacen en tinieblas
y en sombra de muerte,
y dirigir nuestros pies por el camino de la paz".

[80]Y el niño crecía y se fortalecía en espíritu, y habitó en los desiertos hasta el día de darse a conocer a Israel.

2 **Nacimiento de Jesús.** [1]En aquel tiempo, apareció un edicto del César Augusto, para que se hiciera el censo de toda la tierra. [2]Este primer censo, tuvo lugar cuando Quirino era gobernador de Siria. [3]Y todos iban a hacerse empadronar, cada uno a su ciudad. [4]Subió también José de Galilea, de la ciudad de Nazaret, a Judea, a la ciudad de David, que se llama Belén, porque él era de la casa y linaje de David, [5]para hacerse inscribir con María su esposa, que estaba encinta. [6]Ahora bien, mientras estaban allí, llegó para ella el tiempo de su

---

la promesa que María había recibido del ángel con respecto a su Hijo en el v. 32: "el Señor Dios le dará el trono de David su padre y reinará en la casa de Jacob para siempre, y su reinado no tendrá fin". Véase 2, 35; 2, 50; Mi. 7, 20 y notas.

60. *Juan* significa "Dios es bondadoso". Zacarías le da este nombre como se lo había ordenado el ángel en el v. 13.

67. El cántico de Zacarías es el *Benedictus* de la Liturgia. Así como el Magníficat, es rezado cada día en el Oficio divino, y contiene también, en primer lugar, una acción de gracias al Todopoderoso, y luego una grandiosa profecía de la Redención y del reino de Jesucristo, cuyo precursor será el recién nacido Juan.

72 ss. Véase Sal. 104, 8s.; 105, 45s.; Gn. 17, 6s.; 22, 16-18; 26, 3.

78s. *El Oriente* es Jesucristo, la verdadera luz (2, 32; Jn. 1, 4; 3, 19; 8, 12; 12, 35; Ap. 21, 23), que vino al mundo e ilumina a todo hombre (Jn. 1, 9) como "Sol de justicia" (Mal. 4, 2). Cf. Jn. 9, 5; Is. 60, 2s.; Za. 3, 8.

1. Véase Mi. 5, 2. Sin saberlo, el emperador romano *Augusto* fué el instrumento por el cual Dios dio cumplimiento a la profecía de Miqueas 5, 1 que el Caudillo de Israel nacería en Belén, aunque María y José vivían lejos de allí, en Nazaret, que dista más de cien kms. de la ciudad de Belén.

alumbramiento. [7]Y dio a luz a su hijo primogénito; y lo envolvió en pañales, y lo acostó en un pesebre, porque no había lugar para ellos en la hostería. [8]Había en aquel contorno unos pastores acamados al raso, que pasaban la noche custodiando su rebaño, [9]y he aquí que un ángel del Señor se les apareció, y la gloria del Señor los envolvió de luz, y los invadió un gran temor. [10]Les dijo el ángel: "¡No temáis! porque os anuncio una gran alegría que será para todo el pueblo: [11]Hoy os ha nacido en la ciudad de David un Salvador, que es Cristo Señor. [12]Y esto os servirá de señal: hallaréis un niño envuelto en pañales, y acostado en un pesebre". [13]Y de repente vino a unirse al ángel una multitud del ejército del cielo, que se puso a alabar a Dios diciendo: [14]"Gloria Dios en las alturas, y en la tierra paz entre los hombres (objeto) de la buena voluntad".

Adoración de los pastores. [15]Cuando los ángeles se partieron de ellos al cielo, los pastores se dijeron unos a otros: "Vayamos, pues, a Belén y veamos este acontecimiento, que el Señor nos ha hecho conocer". [16]Y fueron a prisa, y encontraron a María y a José, y al niño acostado en el pesebre. [17]Y al verle, hicieron conocer lo que les había sido dicho acerca de este niño. [18]Y todos los que oyeron, se maravillaron de las cosas que les referían los pastores. [19]Pero María retenía todas estas palabras ponderándolas en su corazón. [20]Y los pastores se volvieron, glorificando y alabando a Dios por todo lo que habían oído y visto según les había sido anunciado.

Circuncisión y Presentación en el Templo. [21]Habiéndose cumplido los ocho días para su circuncisión, le pusieron por nombre Jesús, el mismo que le fue dado por el ángel antes que fuese concebido en el seno.

[22]Y cuando se cumplieron los días de su purificación, según la Ley de Moisés, lo llevaron a Jerusalén a fin de presentarlo al Señor, [23]según está escrito en la Ley de Moisés: "Todo varón primer nacido será llamado santo para el Señor", [24]y a fin de dar en sacrificio, según lo dicho en la Ley del Señor, "un par de tórtolas o dos pichones".

La profecía de Simeón. [25]Y he aquí que había en Jerusalén un hombre llamado Simeón, hombre justo y piadoso, que esperaba la consolación de Israel, y el Espíritu Santo era sobre él. [26]Y le había sido revelado por el Espíritu Santo que no vería la muerte antes de haber visto al Ungido del Señor. [27]Y, movido por el Espíritu, vino al templo; y cuando los padres llevaron niño Jesús para cumplir con él las prescripciones acostumbradas e la Ley, [28]él lo tomó en sus brazos, y alabó a Dios y dijo: [29]"Ahora, Señor, despides a tu siervo en paz, según tu palabra, [30]porque han visto mis ojos tu salvación, [31]que preparaste a la faz de todos los pueblos. [32]Luz para revelarse a los gentiles, y para gloria de Israel, tu pueblo". [33]Su padre y su madre estaban asombrados de lo que decía de Él. [34]Los bendijo entonces Simeón, y dijo a María, su madre: "Este es puesto para ruina y para resurrección de muchos en Israel, y para ser una señal de contradicción – [35]y a tu misma alma, una espada la traspasará–, a fin de que sean descubiertos, los pensamientos de muchos corazones".

La profetisa Ana. [36]Había también una profetisa, Ana, hija de Fanuel, de la tribu de Aser, de edad muy avanzada; había vivido con su marido siete años desde su virginidad; [37]y en la viudez, había llegado hasta los ochenta y cuatro años, y no se apartaba del Templo, sirviendo a Dios noche y

---

6. El nacimiento se hizo en forma milagrosa, pues María pudo atender personalmente al Niño adorable, para el cual "no hubo lugar en la hostería". ¿No es ésta una figura del mundo y de cada corazón donde los otros "huéspedes" no dejan lugar para Él?

7. *Primogénito* es un término de la Ley mosaica. Así se llamaba al, primero, aunque fuese hijo única (Ex. 13, 2). Cf. Mt. 1, 23 y nota.

22 ss. La Virgen purísima no tenía que "purificarse": sin embargo se sometió, como Jesucristo, a la ley judía que prescribía la purificación de la madre en el plazo de 40días. La ofrenda es la de los pobres (Ex. 13, 2; Lv. 12, 2-8).

29. La oración de Simeón e es el "Nunc dimittis", que se reza en el Oficio de Completas.

34. *Contradicción*: Es el gran misterio de todo el Evangelio. Véase cómo actúa este misterio, en Mt. 13, 5-7. Cf. 7, 23 y nota.

35. Por la *profecía de Simeón* se despierta en el alma de María el presentimiento de un misterio infinitamente doloroso en la vida de su Hijo. Hasta entonces Ella no había escuchado sino las palabras de Gabriel que le anunciaba para Jesús el trono de su padre David (1, 32). Simeón las confirma en el v. 32, pero introduce una *espada* –el rechazo del Mesías por Israel (v. 34) – cuya inmensa tragedia conocerá María al pie de la Cruz. Cf. Jn. 19, 25 y nota.

día en ayunos y oraciones. [38]Se presentó también en aquel mismo momento y se puso a alabar a Dios y a hablar de aquel (niño) a todos los que esperaban la liberación de Jerusalén.

[39]Y cuando hubieron cumplido todo lo que era exigido por la Ley del Señor, volvieron a su ciudad de Nazaret en Galilea. [40]El niño crecía y se robustecía, lleno de sabiduría; y la gracia de Dios era sobre Él.

Jesús perdido y hallado en el templo. [41]Sus padres iban cada año a Jerusalén, por la fiesta de Pascua. [42]Cuando tuvo doce años, subieron, según la costumbre de la fiesta; [43]más a su regreso, cumplidos los días, se quedó el niño Jesús en Jerusalén, sin que sus padres lo advirtiesen. [44]Pensando que Él estaba en la caravana, hicieron una jornada de camino, y lo buscaron entre los parientes y conocidos. [45]Como no lo hallaron, se volvieron a Jerusalén en su busca [46]Y, al cabo de tres días lo encontraron en el Templo, sentado en medio de los doctores, escuchándolos e interrogándolos; [47]y todos los que lo oían, estaban estupefactos de su inteligencia y de sus respuestas. [48]Al verlo (sus padres) quedaron admirados y le dijo su madre: "Hijo, ¿por qué has hecho así con nosotros? Tu padre y yo, te estábamos buscando con angustia". [49]Les respondió: "¿Cómo es que me buscabais? ¿No sabíais que conviene que Yo esté en lo de mi Padre?" [50]Pero ellos no comprendieron las palabras que les habló. [51]Y bajó con ellos y volvió a Nazaret, y estaba sometido a ellos, su madre conservaba todas estas palabras (repasándolas) en su corazón. [52]Y Jesús crecía en sabiduría, como en estatura, y en favor ante Dios y ante los hombres.

3 Predicación de Juan Bautista. [1]El año decimoquinto del reinado de Tiberio César, siendo Poncio Pilato gobernador de Judea, Herodes tetrarca de Galilea, Filipo su hermano tetrarca de Iturea y de la Traconítida, y Lisanias tetrarca de Abilene, [2]bajo el pontificado de Anás y Caifás, la palabra de Dios vino sobre Juan, hijo de Zacarías, en el desierto. [3]Y recorrió toda la región del Jordán, predicando el bautismo de penitencia para la remisión de los pecados, [4]como está escrito en el libro de los vaticinios del profeta Isaías: "Voz de uno que clama en el desierto: Preparad el camino del Señor, enderezad sus sendas. [5]Todo valle ha de rellenarse, y toda montaña y colina ha de rebajarse; los caminos tortuosos han de hacerse rectos, y los escabrosos, llanos; [6]y toda carne verá la salvación de Dios".

[7]Decía, pues, a las multitudes que salían a hacerse bautizar por él: "Raza de víboras, ¿quién os ha enseñado a escapar de la cólera que os viene encima? [8]Producid frutos propios del arrepentimiento. Y no andéis diciendo dentro de vosotros: "Tenemos por padre a Abraham". Porque os digo que de estas piedras puede Dios hacer que nazcan hijos a Abraham. [9]Ya el hacha está puesta a la raíz de los árboles; todo árbol que no produce buen fruto va a ser tronchado y arrojado al fuego". [10]Le preguntaba las gente "¡Y bien! ¿Qué debemos hacer?" [11]Les respondió y dijo: "Quien tiene dos

---

43. María pudo creer que el Niño venía en el grupo de hombres.

49. La voluntad del Padre es todo para Jesús. ¿Cómo podría oponerse a ella el amor de la familia?

50. *No comprendieron*: Sobre este misterio de la ignorancia de María véase v. 35; 1, 55 y notas. María, pues, no obstante ser quien era, vivió de fe como Abraham (Rm. 4, 18). De esa fe que es la vida del justo (Rm. 1, 17); de esa fe que Isabel le elogió como su virtud por excelencia (1, 45).

51. *Conservaba todas estas palabras*, "como rumiándolas y meditándolas diligentísimamente" (San Beda). Véase v. 19 y cap. 11, 28. Por esta declaración del evangelista se cree que él escuchó de labios de María muchas cosas, especialmente éstas relativas a la infancia de Jesús, que San Lucas es el único en referir.

52. *Crecía en sabiduría*: No quiere decir que Jesús la tuviese menor en ningún momento, sino que la iba manifestando, como convenía a cada edad de su vida santísima.

1. A pesar de las múltiples indicaciones no es posible fijar exactamente el *año* en que el Bautista empezó a predicar y bautizar. Probablemente fue el año 28 de nuestra era.

2. No había más que un solo sumo sacerdote: *Caifás. Anás,* su suegro, que había sido sumo sacerdote, se menciona aquí, así como en la pasión de Cristo, por el influjo que aún tenía.

4. Véase 1, 17 y nota; Is. 40, 3-5; Mt. 3, 3; Mc. 1, 2-3; Jn. 1, 23. *Voz de uno que clama*: Juan era todo voz, dice San Ambrosio: la voz del Espíritu que anunciaba al Verbo.

5. El sentido profético-histórico de estas palabras de Isaías se refería a las naciones gentiles que debían ser humilladas antes del triunfo mesiánico. Cf. Za. 1, 11; Mal. 3, 1.

8. Aquí se condena la *idolatría de la sangre.* Dios no tiene en cuenta la raza o descendencia natural, sino el arrepentimiento y la sinceridad de conciencia.

túnicas, dé una a quien no tiene; y quien víveres, haga lo mismo". [12]Vinieron también los publicanos a hacerse bautizar, y le dijeron: "Maestros ¿qué debe os hacer? [13]Les dijo: "No hagáis pagar nada por encima de vuestro arancel". [14]A su vez unos soldados le preguntaron: "Y nosotros, ¿qué debemos hacer?" Les dijo: "No hagáis extorsión nadie, no denunciéis falsamente a nadie, y contentaos con vuestra paga". [15]Como el pueblo estuviese en expectación, y cada uno se preguntase, interiormente, a propósito de Juan, si no era él el Cristo, [16]Juan respondió a todos diciendo: "Yo, por mi parte, os bautizo con agua. Pero viene Aquel que es más poderoso que yo, a quien yo no soy digno de desatar la correa de sus sandalias. Él os bautizará en Espíritu Santo y fuego. [17]El aventador está en su mano para limpiar su era y recoger el trigo en su granero, pero la paja la quemará en un fuego que no se apaga".

[18]Con estas y otras muchas exhortaciones evangelizaba al pueblo. [19]Pero Herodes, el tetrarca, a quien él había reprendido a causa de Herodías, la mujer de su hermano, y a causa de todas sus maldades, [20]añadió a todas éstas la de poner a Juan en la cárcel.

Bautismo de Jesús. [21]Al bautizarse toda la gente, y habiendo sido bautizado también Jesús, y estando Éste orando, se abrió el cielo, [22]y el Espíritu Santo descendió sobre Él, en figura corporal, como una paloma, y una voz vino del cielo: "Tú eres mi Hijo, el Amado; en Ti me recreo".

Genealogía de Jesús. [23]Y el mismo Jesús era, en su iniciación, como de treinta años, siendo hijo, mientras se creía de José, de Helí, [24]de Matat, de Leví, de Malquí, de Jannaí, de José, [25]de Matatías, de Amós, de Naúm, de Eslí, de Naggaí, [26]de Maat, de Matatías, de Semeín, de Josech, de Jodá, [27]de Joanán, de Resá, de Zorobabel, de Salatiel, de Nerí, [28]de Melquí, de Addí, de Kosam, de Elmadam, de Er, [29]de Jesús, de Eliezer, de Jorim, de Matat, de Leví, [30]de Simeón, de Judá, de José, de Jonam, de Eliaauim, [31]de Meleá, de Menná, de Matatá, de Natán, de David, [32]de Jessaí, de Jebed, de Booz, de Salá, de Naassón, [33]de Aminadab, de Admín, de Arní, de Esrom, de Farés, de Judá, [34]de Jacob, de Isaac, de Abraham, de Tara, de Nachor, [35]de Seruch, de Ragau, de Falce, de Eber, de Salá, [36]de Cainán, de Arfaxad, de Sem, de Noé, de Lamec, [37]de Matusalá, de Enoch, de Járet, de Maleleel, de Cainán, de Enós, de Set, de Adán, de Dios.

4 **Tentación de Jesús.** [1]Jesús, lleno del Espíritu Santo, dejó el Jordán, y fue conducido por el Espíritu al desierto; [2](*donde permaneció*) cuarenta

---

12. Los *publicanos* o recaudadores de impuestos, eran sumamente odiados por sus injustas exacciones.

16. El bautismo de Juan era para dar el arrepentimiento en que Israel debía recibir al Mesías. Véase Hch. 19, 4. Cf. Rm. 6, 1 ss.

21. No puede sorprendernos la *humildad* de Juan (v. 16) cuando vemos aquí al Verbo encarnado sometiéndose, para dar ejemplo, al bautismo de la penitencia.

23. San Mateo (1, 1 ss.) presenta a Jesús como hijo de Abraham y de David, esto es: miembro del pueblo de Israel y heredero de su cetro. Como esta herencia se transmitía por línea masculina, Mateo expone, en forma descendente, la *genealogía legal de Jesús*, o sea la de *San José*, quien aparecía legalmente como su padre. San Lucas, que acaba de mostrar aquí (v. 22) a Jesús como Hijo de Dios, nos da a continuación una genealogía ascendente que llega hasta Dios y cuyos personajes son distintos de los presentados por Mateo, lo cual inclina a pensar desde luego que no se refiere ya al mismo San José, y tanto más cuanto que, en Mateo, la descendencia de David es por Salomón (línea real) y en Lucas por Natán. Dura cosa sería además aceptar la opinión de que ambos evangelistas hubiesen omitido darnos la verdadera y única genealogía de Jesucristo, que es la de "María su madre". Una lectura atenta del texto griego muestra que la versión más probable de este texto es la que toma "hos" en el sentido de "mientras", como se hace en Ga. 6, 10; Jn. 12, 36, etc., y sobre todo como lo hace el mismo Lucas, v. gr. en 24, 32donde lo usa por dos veces diciendo: "¿No es verdad que nuestro corazón estaba ardiendo entre nosotros *mientras* nos hablaba en el camino, *mientras* nos abría las Escrituras?" Resulta así que Jesús, en tanto que se le tenía por hijo de José, lo era en realidad –por la Virgen– de Elí, abreviación de Eliaquim (que significa lo mismo que Joaquín, según una tradición padre de María y abuela del Señor) y, en consecuencia, de todos los ascendientes de Elí hasta Adán, y también del mismo Dios. Creemos que las opiniones que se han apartado de esta interpretación literal, por lo demás ampliamente fundada en la obra de Heer "El árbol genealógico de Jesús" (Friburgo 1910), partieron de los textos latinos que usan –para indicar cada generación– la expresión "qui fuit", introduciendo un elemento nuevo ausente en el original griego, en el cual se lee simplemente "tu", que se traduce por "de", esto es, "hijo de". Véase 1, 27 y nota.

31. Natán era, como Salomón, hijo de David por Betsabee (1Cro. 3, 5), la mujer que éste quitó a Urías (2Sam. 11); por donde vemos la indecible humildad de Jesús que no desdeñó llevar esa sangre. Véase la nota a 1 Tm. 1, 4.

días, y fue tentado por el diablo. No comió nada en aquellos días; y cuando hubieron transcurrido, tuvo hambre. [3]Entonces el diablo le dijo: "Si Tú eres el Hijo de Dios, di a esta piedra que se vuelva pan". [4]Jesús le explicó: "Escrito está: «No sólo de pan vivirá e hombre»". [5]Después le transportó (el diablo) una altura, le mostró todos los reinos del mundo, en un instante, [6]y le dijo: "Yo te daré todo este poder y la gloria de ellos, porque a mí me ha sido entregada, y la doy a quien quiero. [7]Si pues te prosternas delante de mí, Tú la tendrás toda entera". [8]Jesús le replicó y dijo: "Escrito está: «Adoraras al Señor tu Dios, y a Él solo servirás»". [9]Lo condujo entonces a Jerusalén, lo puso sobre el pináculo del Templo, y le dijo: "Si tú eres el Hijo de Dios, échate de aquí abajo, [10]porque está escrito: «Él mandará en tu favor a sus ángeles que te guarden»; [11]y «ellos te llevarán en palmas, para que no lastimes tu pie contra alguna piedra»". [12]Jesús le replicó diciendo: "Está dicho: «No tentarás al Señor tu Dios»". [13]Entonces el diablo habiendo agotado toda tentación, se alejó de Él hasta su tiempo.

Predicación en Nazaret. [14]Y Jesús volvió con el poder del Espíritu a Galilea, y su fama se difundió en toda la región. [15]Enseñaba en las sinagogas de ellos y era alabado por todos. [16]Vino también a Nazaret, donde se había criado, y entró, como tenía costumbre el día de sábado, en la sinagoga, y se levantó a hacer la lectura. [17]Le entregaron el libro del profeta Isaías, y al desarrollar el libro halló el lugar en donde estaba escrito: [18]"El Espíritu del Señor está sobre Mí, porque Él me ungió; Él me envió a dar la Buena Nueva a los pobres, a anunciar a los cautivos la liberación, y a los ciegos vista, a poner en libertarla los oprimidos, [19]a publicar el año de gracia del Señor". [20]Enrolló el libro, lo devolvió al ministro, y se sentó; y cuantos había en la sinagoga, tenían los ojos fijos en Él. [21]Entonces empezó a decirles: "Hoy esta Escritura se ha cumplido delante de vosotros". [22]Y todos le daban testimonio, y estaban maravillados de las palabras llenos de gracia, que salían de sus labios, y decían: "¿No es Éste el hijo de José? [23]Y les dijo: "Sin duda me aplicaréis aquel refrán: 'Médico, cúrate a ti mismo'. Lo que hemos oído que has hecho en Cafarnaúm, hazlo aquí también, en tu pueblo". [24]Y dijo: "En verdad, os digo, ningún profeta es acogido en su tierra. [25]En verdad, os digo: había muchas viudas en Israel en tiempo de Elías, cuando

2. Véase Mt. 4, 11; Mc. 1, 12s. El *diablo* intentó averiguar quién era Jesús, y por otra parte quiso el Señor experimentar todas las debilidades de la naturaleza humana, aun las tentaciones. El ejemplo de Jesucristo nos enseña así que el ser tentado no es señal de ser rechazado: al contrario, las tentaciones son pruebas, y las pruebas conducen a la perfección (Rm. 5, 3 ss.; 2Co. 12, 9; St. 1. ss. y notas). "Jesucristo ha sido tentado para que el cristiano no fuese vencido por el tentador, y vencedor Jesucristo, fuésemos nosotros también vencedores" (San Agustín).

4. Jesús cita aquí (cf. Mt. 4, 4) el texto de Dt. 8, 3que recuerda a Israel, entre los beneficios de Yahvéh su Dios, el maná con que supo milagrosamente alimentarlo en pleno desierto.

6. Podría decirse que Satanás "padre de la mentira" (Jn. 8, 44) habla aquí como impostor al atribuirse frente a Cristo un dominio que precisamente le está reservado a Jesús (Mt. 28, 18; Sal. 2, 8; 71, 8 ss.; Dn. 7, 14, etc.). Debe observarse sin embargo que aquí no se alude ni a ese reino de Jesucristo, que no tendrá fin, ni tampoco al dominio actual sobre la naturaleza, que evidentemente pertenece a Dios (c. Sal. 103 y notas) y del cual nos enseña Jeremías que ni los mismos cielos pueden producir la lluvia sin una orden Suya (Jr. 14, 22); sino que se trata más bien del imperio de la mundanidad, con "sus glorias y sus pompas" a las cuales renunciamos en el Bautismo, es decir, al mundo actual con sus prestigios, cuyo príncipe es Satanás (Jn. 12, 31; 1 Jn. 2, 15; 5, 19) mediante sus agentes (cf. 22, 53; Jn. 18, 36). Tal es el mundo que odia necesariamente a Cristo (Jn. 7, 7; 15, 18s.), aunque a veces haga profesión de estar con Él (véase Mt. 7, 21s.; 2Co. 11, 13s. y nota). Sobre ese mundo adquirió Satanás, con la victoria sobre Adán, un dominio verdadero (cf. Sb. 2, 24 y nota) del cual sólo se libran los que renacen de lo alto (Jn. 3, 3; Col. 1, 13), aplicándose la Redención de Cristo mediante la fe que obra por la caridad (Ga. 5, 6). A éstos llama Jesús, dirigiéndose al Padre, "los que Tú me diste" (Jn. 17, 2) y dice que ellos están apartados del mundo (ibíd. 6) y declara expresamente que no ruega por el mundo, sino sólo por aquellos (ibíd. 9) que no son del mundo, antes bien son odiados por el mundo (ibíd. 14).

8. Véase Deut 6, 13; 10, 20; Mt. 4, 10 y nota.

10. Véase Sal. 90, 11; Mt. 4, 6. El diablo aplica esta promesa a Jesús, pero ella es para todos nosotros porque muestra la asistencia, grandemente consoladora, de los Ángeles Custodios.

12. Véase Mt. 4, 7 y nota; Dt. 6, 16.

18s. *Buena Nueva*: en griego "evangelion" (Evangelio). Jesús cita aquí Is. 61, 1s. sólo en la parte relativa a su primera venida. Véase allí la nota.

23 ss. El gusto con que hasta ahora lo han estudiado va a tornarse en furia en cuanto Él, con ejemplos del Antiguo Testamento (1Re. 17, 9; 2Re. 5, 14), les diga sin contemplaciones la verdad que no agrada al amor propio localista. Ya Jeremías tuvo que padecer como mal patriota por predicar de parte de Dios contra esa forma del orgullo colectivo. Cf. 6, 26; 16, 15.

el cielo quedó cerrado durante tres años y seis meses, y hubo hambre grande en toda la tierra; [26]más a ninguna de ellas fue enviado Elías, sino a una viuda de Sarepta, en el país de Sidón. [27]Y había muchos leprosos en Israel en tiempo del profeta Eliseo; mas ninguno de ellos fue curado, sino Naamán el sirio". [28]Al oír esto, se llenaron todos de cólera allí en la sinagoga; [29]se levantaron, y, echándolo fuera de la ciudad, lo llevaron hasta la cima del monte, sobre la cual estaba edificada su ciudad, para despeñarlo. [30]Pero Él pasó por en medio de ellos y se fue.

Expulsa a un demonio. [31]Y bajó a Cafarnaúm, ciudad de Galilea. Y les enseñaba los días de sábado. [32]Y estaban poseídos de admiración por su enseñanza, porque su palabra era llena de autoridad. [33]Había en la sinagoga un hombre que tenía el espíritu de un demonio inmundo, y gritó con voz fuerte: [34]"¡Ea! ¿Qué tenemos que ver contigo, Jesús de Nazaret? ¿Has venido para perdernos? Ya sé quién eres Tú: el Santo de Dios". [35]Y Jesús le increpó diciendo: "¡Cállate y sal de él!" Y el demonio, salió de él, derribándolo al suelo en medio de ellos, aunque sin hacerle daño. [36]Y todos se llenaron de estupor, y se decían unos a otros: "¿Qué cosa es ésta que con imperio y fuerza manda a los espíritus inmundos, y salen?" [37]Y su fama se extendió por todos los alrededores.

Curación de la suegra de Pedro. [38]Se levantó de la sinagoga y entró en casa de Simón. La suegra de Simón padecía de una fiebre grande, y le rogaron por ella. [39]Inclinándose sobre ella increpó a la fiebre, y ésta la dejó. Al instante se levantó ella y se puso a atenderlos.

Cura a muchos enfermos. [40]A la puesta del sol, todos los que tenían enfermos, cualquiera que fuese su mal, se los trajeron, y Él imponía las manos sobre cada uno de ellos, y los sanaba. [41]Salían también los demonios de muchos, gritando y diciendo: "¡Tú eres el Hijo de Dios!" Y Él los reprendía y no los dejaba hablar, porque sabían que Él era el Cristo.

[42]Cuando se hizo de día, salió y se fue a un lugar desierto. Mas las muchedumbres que se pusieron en su busca, lo encontraron y lo retenían para que no las dejase. [43]Pero Él les dijo: "Es necesario que Yo lleve también a otras ciudades la Buena Nueva del reino de Dios, porque para eso he sido enviado". [44]Y anduvo predicando por las sinagogas de Judea.

5 **La pesca milagrosa.** [1]Y sucedió que la muchedumbre se agolpaba sobre Él para oír la palabra de Dios, estando Jesús de pie junto al lago de Genesaret. [2]Y viendo dos barcas amarradas a la orilla del lago, cuyos pescadores habían descendido y lavaban sus redes, [3]subió en una de aquéllas, la que era de Simón, y rogó a éste que la apartara un poco de la tierra. Y sentado, enseñaba a la muchedumbre desde la barca. [4]Cuando acabó de hablar, dijo a Simón: "Guía adelante, hacia lo profundo, y echad las redes para pescar". [5]Le respondió Simón y dijo: "Maestro, toda la noche estuvimos bregando y no pescamos nada, pero, sobre tu palabra, echaré las redes". [6]Lo hicieron, y apresaron una gran cantidad de peces. Pero sus redes se rompían. [7]Entonces hicieron señas a los compañeros, de la otra barca, para que viniesen a ayudarles. Vinieron, y se llenaron ambas barcas, a tal punto que se hundían. [8]Visto lo cual, Simón

---

31. Jesús emigra. La primera vez fué de Belén a Egipto, y ahora es de Nazaret a Cafarnaúm (véase otra emigración en 8, 37). La Virgen lo acompañó, como sin duda lo hizo fidelísimamente en todos los pasos de Él, de cerca o de lejos, si bien los evangelistas parecen tener consigna divina de dejar en silencio cuanto se refiere a Ella. San José había muerto ya.

38 ss. Véase Mt. 8, 14-16; Mc. 1, 29-34.

41. Jesús no quiere apoyarse en el testimonio de los *demonios*, que sirven a la mentira, aunque alguna vez digan la verdad, Él, que no recibió testimonio de los hombres y ni siquiera necesitaba el de Juan Bautista porque tenía el de su divino Padre (véase Jn. 5, 34-40 y notas), ¿cómo podía aceptar por apóstoles a los espíritus del mal? Por ahí vemos el honor inmenso que Él nos hace al enviarnos los apóstoles (Jn. 17, 18-21 y notas; 20, 21; Lc. 24, 48). Es de notar que Satanás mismo nunca expresó ese conocimiento que aquí manifiestan los demonios (v. 34 ss.).

1 ss. Véase Mt. 4, 18 ss.; Mc. 1, 16 ss.

3. *Simón* es el nombre primitivo de Pedro antes de su vocación. Desde esta escena la barca de Pedro es mirada como símbolo de la Iglesia.

6. *Se rompían*: Nótese el contraste con la segunda pesca milagrosa (Jn. 21, 11), donde se hace constar que las redes no se rompían; por donde parece encerrarse en esto un significado simbólico, que ha sido interpretado de muy diversas maneras, pero que Jesús acentúa en el v. 10. Cf. Mt. 13, 47 y nota.

Pedro se echó a los pies de Jesús, y le dijo: "¡Apártate de mí, Señor, porque yo soy un pecador!" [9]Es que el estupor se había apoderado de él y de todos sus compañeros, por la pesca que habían hecho juntos; [10]y lo mismo de Santiago y Juan, hijos de Zebedeo, que eran socios de Pedro. Y Jesús dijo a Simón: "No temas; desde ahora pescarás hombres". [11]Llevaron las barcas a tierra y, dejando todo, se fueron con Él.

Curación de un leproso. [12]Encontrándose Él en cierta ciudad, se presentó un hombre cubierto de lepra. Al ver a Jesús se postró rostro en tierra, y le hizo esta oración: "Señor, si Tú lo quieres, puedes limpiarme". [13]Alargando la mano, lo tocó y dijo: "Quiero; sé limpiado". Y al punto se le fue la lepra. [14]Y le encargó que no lo dijera a nadie, sino (le dijo): "Muéstrate al sacerdote, y ofrece por tu purificación lo que prescribió Moisés, para testimonio a ellos". [15]Y difundiéndose más y más la fama de Él, las muchedumbres afluían en gran número para oírle y hacerse curar de sus enfermedades; [16]pero Él se retiraba a los lugares solitarios, para hacer oración.

Curación de un paralítico. [17]Un día estaba ocupado en enseñar, y unos fariseos y maestros de la Ley estaban ahí sentados, habiendo venido de todas las aldeas de Galilea, y de Judea, así como de Jerusalén, y el poder del Señor le impelía a sanar. [18]Y sucedió que unos hombres, que traían postrado sobre un lecho un paralítico, trataban de ponerlo dentro y colocarlo delante de Él. [19]Y como no lograban introducirlo a causa de la estrechez de gentes, subieron sobre el techo y por entre las tejas bajaron al enfermo, con la camilla, en medio (*de todos*), frente a Jesús. [20]Viendo la fe de ellos, dijo:

"Hombre, tus pecados te son perdonados". [21]Comenzaron entonces los escribas y los fariseos a pensar: "¿Quién es Éste que dice blasfemias? ¿Quién puede perdonar pecados sino sólo Dios?" [22]Mas Jesús, conociendo bien los pensamientos de ellos, les respondió diciendo: [23]"¿Qué estáis pensando en vuestro corazón? ¿Qué es más fácil, decir: "Tus pecados te son perdonados", o decir: "Levántate y anda?" [24]¡Y bien! para que sepáis que el Hijo del hombre tiene en la tierra potestad de perdonar pecados –dijo al paralítico– "A ti te digo: Levántate, toma tu camilla y ve a tu casa". [25]Al punto se levantó, a la vista de ellos, tomó el lecho sobre el cual había estado acostado, y se fue a su casa glorificando a Dios. [26]Y todos quedaron sobrecogidos de asombro y glorificaban a Dios; y penetrados de temor decían: "Hemos visto hoy cosas paradójicas".

Vocación de Mateo. [27]Después de esto se fue, y fijándose en un publicano llamado Leví, que estaba en la recaudación de los tributos, le dijo: "Sígueme". [28]Y éste, dejándolo todo, se levantó y le siguió. [29]Ahora Leví le ofreció un gran festín en su casa, y había allí un grupo numeroso de publicanos y tras personas que estaban a la mesa con ellos; [30]y los fariseos y los escribas de entre ellos pusieron a murmurar contra los discípulos de Jesús y decían: "¿Por qué coméis y bebéis con los publicanos y los pecadores?" [31]Respondió Jesús y les dijo: "No necesitan médico los santos, sino los enfermos. [32]Yo no he venido para convidar al

---

8. Un día comprenderá Pedro que, precisamente porque somos pecadores, no podemos decirle a Jesús que se aleje, sino que venga como médico. Véase v. 32; Jn. 13, 8 y notas.

10. *Pescarás hombres*: ¡Maravillosa promesa de eficacia en nuestro apostolado! Así como antes no conseguía ningún pez y ahora tiene tantos por haberse apoyado *en la palabra de Jesús* para echar la red, así también, aun en medio de este mundo malo, podremos pescar hombres sin número, si usamos para ello las *palabras del Evangelio* y no las nuestras. Cristo oró por nuestro éxito (Jn. 17, 20) y sigue orando hasta el fin (Hb. 7, 25).

11. Pedro y sus compañeros tenían familia y hogar. En un instante lo dejaron todo para seguir a Jesús, y eso que en aquel momento no creían todavía en su divinidad. Es decir que nadie

podía resistirse a la suavidad del trato con Jesús, a menos que tuviera doblez en la conciencia. Cf. Jn. 3, 19.

14. Cf. Mc. 1, 44 y nota.

17 ss. Véase Mt. 9, 1-8; Mc. 2, 1-12.

24. La primera vez que manifiesta Jesús su divinidad es para perdonar (v. 21).

28. Véase Mt. 9, 9 ss.; Mc. 2, 13 ss. Leví cambió no sólo su profesión, sino también su nombre, llamándose en adelante Mateo. Llegó a ser un eminente apóstol y escribió el primer Evangelio. La vocación de un publicano y pecador nos enseña que todos podemos ser escogidos para el apostolado. Pero es Dios quien elige (Jn. 15, 16; Rm. 8, 30; Ga. 1, 16; Col. 1, 12s.; 2 Ts. 2, 13s.). Cf. Lc. 2, 14 y nota.

arrepentimiento a los justos sino a los pecadores".

Parábolas del remiendo y del vino nuevo.
[33]Entonces le dijeron: "Los discípulos de Juan ayunan con frecuencia y hacen súplicas, e igualmente los de los fariseos, pero los tuyos comen y beben". [34]Mas Jesús les dijo: "¿Podéis hacer ayunar a los compañeros del esposo, mientras está con ellos el esposo? [35]Un tiempo vendrá, en que el esposo les será quitado; entonces, en aquellos días ayunaran". [36]Y les dijo también una parábola: "Nadie corta un pedazo de un vestido nuevo para ponerlo (de remiendo), a un vestido viejo; pues si lo hace, no sólo romperá el nuevo, sino que el pedazo cortado al nuevo no andará bien con el viejo. [37]Nadie, tampoco, echa vino nuevo en cueros viejos; pues procediendo así, el vino nuevo hará reventar los cueros, y se derramará, y los cueros se perderán. [38]Sino que el vino nuevo ha de echarse en cueros nuevos. [39]Y nadie que bebe de lo viejo quiere luego de lo nuevo, porque dice: "el viejo es excelente".

6 **Jesús, dueño del sábado.** [1]Un sábado iba Él pasando a través de unos sembrados, y sus discípulos arrancaban espigas y las comían, después de estregarlas entre las manos. [2]Entonces algunos de los fariseos dijeron: "¿Por qué hacéis lo que no es lícito hacer en sábado?" [3]Jesús les respondió y dijo: "¿No habéis leído siquiera lo que hizo David cuando tuvieron hambre, él y los que le acompañaban; [4]cómo entró en la casa de Dios, y tomando los panes de la proposición, que no pueden comer sino los sacerdotes, comió y dio a sus compañeros?" [5]Y les dijo: "El Hijo del hombre es señor aun del sábado".

El hombre de la mano seca. [6]Otro día sabático entró en la sinagoga para enseñar. Y había allí un hombre cuya mano derecha estaba seca. [7]Los escribas y los fariseos lo acechaban, para ver si sanaría en sábado, y hallar así acusación contra Él. [8]Pero Él conocía los pensamientos de ellos, y dijo al hombre, que tenía la mano seca: "¡Levántate y ponte de pie en medio!" Y éste se levantó y

---

32. Hay aquí, junto a la manifestación del Corazón misericordioso del Redentor, que se inclina sobre los necesitados de perdón, una honda ironía para los fariseos, es decir, para los que se creen justos. Ellos no se dan por redimidos, pues no se sienten necesitados de redención. Y Jesús no los llama a ellos porque sabe que no responderán. Terrible estado de espíritu que los hará morir en su pecado (Jn. 8, 21). Sobre la dialéctica de Jesús con los fariseos cf. Jn. 9, 39-41. Sobre el privilegio de los que mucho deben cf. 7, 41-49.

34. El "esposo" es Jesucristo, los "compañeros" son los apóstoles, elegidos por Él mismo; el tiempo que Jesús pasa en la tierra es el anuncio de las Bodas eternas del Cordero que se realizarán en su segunda venida (Ap. 19, 6-9).

36. La doctrina del nuevo nacimiento que trae Jesús (Jn. 3, 3 ss.) es una renovación total del hombre; no dé a pedazos, como *remiendo* que sirve de pretexto para continuar en lo demás como antes. Toda ella tiene la unidad de un solo diamante, aunque con innumerables facetas. Es para tomarla tal como es, o dejarla. Veamos en 9, 57 ss.; 14, 25 y nota, la forma asombrosa en que Él reacciona porque no quiere mezclas (Mt. 6, 24; Ap. 3, 15; cf. Dt. 22, 11). Un día oye de Natanael una burla, y lo elogia por su sinceridad (Jn. 1, 46s.). En cambio, oye de otros alabanzas, y las desprecia porque son de los labios y no del corazón (Mt. 15, 8). Por eso dice que se perdonará la blasfemia contra Él, pero no la que sea contra el Espíritu, el pecado contra la luz (Mt. 12, 31-33).

37s. Como el cuero viejo no es capaz de resistir la fuerza expansiva del vino nuevo, así las almas apegadas a lo propio, sean intereses, tradiciones o rutinas, no soportan "las paradojas" de Jesús (véase 7, 23 y nota) que son "un escándalo" para los que se creen santos, y "una locura" para los que se creen sabios (1Co. 1, 23; cf. Lc. 10, 21). Hay aquí una lección semejante a la de Mt. 7, 6 sobre los "cerdos" para que no nos empeñemos indiscretamente en forzar la siembra en una tierra que no quiere abrirse. Cf. Mt. 13, 1 ss.

39. Esta alegoría plantea al vivo el problema del "no conformismo" cristiano. Cristo, "el mayor revolucionario de la historia", no es aceptado fácilmente por los satisfechos. Si no sentimos en carne viva la miseria de lo que somos nosotros mismos en esta naturaleza caída (cf. Jn. 2, 24 y nota) y de lo que es "este siglo malo" en que vivimos (Ga. 1, 4), no sentiremos la necesidad de un Libertador. Si no nos sentimos enfermos, no creeremos que necesitamos médico (v. 31s.), ni desearemos que Él venga (Ap. 22, 20), y miraremos su doctrina como perturbadora del plácido sueño de muerte en que nos tiene narcotizados Satanás "el príncipe de este mundo" (Jn. 14, 30). El que está satisfecho con el actual vino, que es el mundo, no querrá otro (cf. Mt. 6, 24 y nota) porque si uno es del mundo no puede tener el Espíritu Santo (Jn. 14, 17), ni puede tener amor (1 Jn. 2, 15), entonces verá pasar la Luz, que es el bien infinito, y la dejará alejarse porque amará más sus propias tinieblas (cf. 18, 22 y nota). Tal es precisamente el tremendo juicio de discernimiento que Jesús vino a hacer (Jn. 3, 19). Y tal es lo que obliga al amor paternal de Dios a enviar pruebas severas a los que quiera salvar de la muerte.

2. Véase Mt. 12, 1 ss.; Mc. 2, 23 ss.; 1Sam. 21, 6. El sábado es hoy el domingo, día en que resucitó el Señor (cf. Hch. 20, 7; Col. 2, 16; 1Co. 16, 2). Los fariseos hacían de él un día muerto. Hoy suele serlo de mundanidad.

permaneció de pie. [9]Entonces Jesús les dijo: "Os pregunto: ¿Es lícito, en sábado, hacer el bien o hacer el mal, salvar una vida o dejarla perder?" [10]Y habiéndolos mirado a todos en derredor, dijo al hombre: "Extiende tu mano", y él lo hizo y su mano fue restablecida. [11] [Pe]ro ellos se llenaron de furor y se pusieron a discutir unos con otros qué harían contra Jesús.

Elección de los apóstoles. [12]Por aquellos días se salió a la montaña para orar, y pasó toda la noche en oración con Dios. [13]Cuando se hizo de día, llamó a sus discípulos, y de entre ellos eligió a doce a los que dio el nombre de apóstoles: [14]a Simón, a quien también llamó Pedro, y a Andrés el hermano de éste; a Santiago y Juan; a Felipe y Bartolomé; [15]a Mateo y Tomás; a Santiago (*hijo*) de Alfeo, y Simón llamado el celoso; [16]a Judas de Santiago, y a Judas Iscariote, el que llegó a ser el traidor. [17]Con éstos descendió y se estuvo de pie en un lugar llano, donde había un gran número de sus discípulos y una gran muchedumbre del pueblo de toda la Judea y de Jerusalén, y de la costa de Tiro y de Sidón, [18]los cuales habían venido a oírlo y a que los sanara de sus enfermedades; y también los atormentados de espíritus inmundos eran sanados. [19]Y toda la gente quería tocarlo, porque de Él salía virtud y sanaba a todos.

Las bienaventuranzas. [20]Entonces, alzando los ojos dijo, dirigiéndose a sus discípulos: "Dichosos los que sois pobres, porque es vuestro el reino de Dios. [21]Dichosos los que estáis hambrientos ahora, porque os hartaréis. Dichosos los que lloráis ahora, porque reiréis. [22]Dichosos sois cuando os odiaren los hombres, os excluyeren, os insultaren, y proscribieren vuestro nombre, como pernicioso, por causa del Hijo del hombre. [23]Alegraos entonces y saltad de gozo, pues sabed que vuestra recompensa es mucha en el cielo. Porque de la misma manera trataron sus padres a los profetas. [24]Mas, ¡ay de vosotros, ricos! porque ya recibisteis vuestro consuelo. [25]¡Ay de vosotros los que ahora estáis hartos! porque padeceréis hambre. ¡Ay de los que reís ahora! porque lloraréis de dolor. [26]¡Ay cuando digan bien de vosotros todos los hombres! porque lo mismo hicieron sus padres con los falsos profetas".

Hay que amar a nuestros enemigos. [27]"A vosotros, empero, los que me escucháis, os digo: Amad a vuestros enemigos, haced bien a los que os odian; [28]bendecid a los que os maldicen; rogad por los que os calumnian. [29]A quien te abofetee en la mejilla, preséntale la otra; y al que te quite el manto, no le impidas tomar también la túnica. [30]Da a todo el que te pida; y a quien tome lo tuyo, no se lo reclames. [31]Y según queréis que hagan los hombres con vosotros, así haced vosotros con ellos. [32]Si amáis a los que os aman, ¿qué favor merecéis con ello? También los pecadores aman a los que los aman a ellos. [33]Y si hacéis bien a quienes os lo hacen, ¿qué favor merecéis con ello? También los pecadores hacen lo mismo. [34]Y si prestáis a aquellos de quienes esperáis restitución, ¿qué favor merecéis con ello? Los pecadores también prestan a los pecadores, para recibir el equivalente. [35]Vosotros, amad a vuestros enemigos; haced el bien y prestad sin esperar nada en retorno, y vuestra recompensa será grande, y seréis los hijos del Altísimo; de Él, que es bueno

---

12. Con su ejemplo enseña Jesús como con su palabra, a orar "en todo tiempo" (Lc. 21, 36), especialmente antes de emprender como aquí cosas de importancia. Sobre la elección de los apóstoles véase Mt. 10, 1-4; Mc. 3, 13-19 y notas.

20. Los vv. que siguen son como un resumen del "Sermón de la Montaña" (Mt. caps. 5-7). Santo Tomás llama a éste el "Sermón del Llano", haciendo notar que fué pronunciado al bajar del monte, estando de pie y rodeado de gran multitud, en tanto que aquél tuvo lugar sobre el monte y estando el Maestro sentado y rodeado de sus discípulos (Mt. 5, 1).

24. ¡*Ya recibisteis*! Véase sobre esta grave reflexión 16, 25 y nota; St. 5, 1.

26. ¡Y pensar que éste es tal vez el más acariciado deseo de los hombres en general, y que el mundo considera muy legítima, y aun noble, esa sed de gloria! Vemos así cuán opuesto es el criterio del mundo a la luz de Cristo. Véase 16, 15; Jn. 5, 44; Sal. 149, 13; Za. 13, 2 ss.; Flp. 2, 7 y notas.

27. Véase Mt. 5, 44. Como se ve, el amor al enemigo no consiste en el simple hecho de renunciar a la venganza, sino más bien en un acto positivo de perdón y benevolencia. Estas disposiciones han de tenerse en el fondo del corazón e inspirar nuestras obras respecto del prójimo, de modo que Dios vea nuestra intención, aunque el mismo prójimo no lo sepa.

29. Véase Mi. 2, 8 ss. y nota.

31. Véase Mt. 7, 12 y nota. Tb. 4, 16.

con los desagradecidos y malos".

Misericordiosos como el Padre. [36]"Sed misericordiosos como es misericordioso vuestro padre. [37]No juzguéis, y no seréis juzgados; no condenéis, y no seréis condenados; absolved, y se os absolverá. [38]Dad y se os dará; una medida buena y apretada y remecida y rebosante se os volcará en el seno; porque con la medida con que medís se os medirá".

Contra la hipocresía. [39]Les dijo también una parábola: "¿Puede acaso un ciego guiar a otro ciego? ¿No caerán los dos en algún hoyo? [40]No es el discípulo superior al maestro, sino que todo discípulo cuando llegue a ser perfecto será como su maestro. [41]¿Cómo es que ves la pajuela que hay en el ojo de tu hermano, y no reparas en la viga que está en tu propio ojo? [42]¿Cómo puedes decir a tu hermano: «Hermano, déjame que te saque la pajuela de tu ojo», tú que no ves la viga en el tuyo? Hipócrita, quita primero la viga de tu ojo, y entonces podrás ver bien para sacar la pajuela del ojo de tu hermano".

Por su fruto se conoce el árbol. [43]Pues no hay árbol sano que dé frutos podridos, ni hay a la inversa, árbol podrido que dé frutos sanos.

[44]Porque cada árbol se conoce por el fruto que da. No se recogen higos de los espinos, ni de un abrojo se vendimian uvas. [45]El hombre bueno saca el bien del buen tesoro que tiene en su corazón; más el hombre malo, de su propia maldad saca el mal; porque la boca habla de lo que rebosa el corazón.

[46]¿Por qué me llamáis: "Señor, Señor", si no hacéis lo que Yo digo? [47]Yo os mostraré a quien se parece todo el que viene a Mí, y oye mis palabras y las pone en práctica. [48]Se asemeja a un hombre que para construir una casa, cavó profundamente y puso los cimientos sobre la roca; cuando vino la creciente, el río dio con ímpetu contra aquella casa, mas no pudo moverla, porque estaba bien edificada. [49]Pero, el que (*las*) oye y no (*las*) pone por obra, es semejante a un hombre que construyó su casa sobre el suelo mismo, sin cimientos; el río se precipitó sobre ella, y al punto se derrumbó, y fue grande la ruina de aquella casa".

7 La fe del centurión pagano. [1]Después que hubo acabado de decir al pueblo todas estas enseñanzas, volvió a entrar en Cafarnaúm. [2]Y sucedió que un centurión tenía un servidor enfermo a punto de morir, y que le era de mucha estima.

35. Estas terminantes expresiones de la voluntad divina muestran cuán por encima está la ley cristiana, de la justicia o equilibrio simplemente jurídico tal como lo conciben los hombres (Mt. 7, 2 y nota). Es de señalar también la diferencia de matiz que existe entre este texto y su paralelo de Mt. 5, 45; allí se muestra cómo la bondad del Padre celestial devuelve bien por mal en el orden físico, dando su sol y su lluvia también a sus enemigos los pecadores. Aquí se alude al orden espiritual mostrando cómo Él es bondadoso con los desagradecidos y los malos.

36. Otro paralelismo de gran importancia para el conocimiento de Dios, señalaremos entre este texto y el correspondiente de Mt. 5, 48. Allí se nos manda ser perfectos y se nos da como modelo la perfección del mismo Padre celestial, lo cual parecería desconcertante para nuestra miseria. Aquí vemos que esa perfección de Dios consiste en la misericordia, y que Él mismo se digna ofrecérsenos como ejemplo, empezando por practicar antes con nosotros mucho más de lo que nos manda hacer con el prójimo, puesto que ha llegado a darnos su Hijo único, y su propio Espíritu, el cual nos presta la fuerza necesaria para corresponder a su amor e imitar con los demás hombres esas maravillas de misericordia que Él ha hecho con nosotros. Véase Mt. 18, 35 y nota.

37. *Absolver* es más amplio aun que perdonar los agravios. Es disculpar todas las faltas ajenas, es no verlas, como dice el v. 41. Hay aquí una gran luz, que nos libra de ese empeño por corregir a otros (que no están bajo nuestro magisterio), so pretexto de enseñarles o aconsejarles sin que lo piDn. Es un gran alivio sentirse

liberado de ese celo indiscreto, de ese comedimiento que, según nos muestra la experiencia, siempre sale mal.

38. Véase sobre este punto primordial Mt. 7, 2 y nota. ¡*Medida rebosante!* Nótese la suavidad de Jesús que no nos habla de retribución sobreabundante para el mal que hicimos, pero sí para el bien. Cf. Denz. 1014.

41s. Jesucristo nos muestra aquí que, en cuanto pretendemos *juzgar* a nuestro prójimo, caemos, no sólo en la falta de caridad, sino también en la ceguera, porque una viga cubre entonces nuestros ojos, impidiéndonos juzgar rectamente. "¿Quién eres tú para juzgar al que es siervo de otro?" (Rm. 14, 4).

45. Es decir que, para hacer el mal, no necesitamos que otro nos lo indique; nos basta con dar de lo propio. En cambio, nada podemos para el bien si no imploramos al Padre que nos dé de su santo Espíritu. Cf. 11, 13; Jn. 15, 5; Mt. 12, 34; Hch. 5, 42 y notas. "Cumplen su voluntad y no la de Dios cuando hacen lo que a Dios desagrada. Más cuando hacen lo que quieren hacer para servir a la divina voluntad, aunque gustosos hagan lo que hacen, ello es siempre por el querer de Aquél por quien es preparado y ordenado lo que ellos quieren" (Denz. 196).

47 ss. La fe firme que nunca vacila es la que se apoya sobre las palabras de Jesús como sobre una roca que resiste a las tormentas de la duda (Jn. 4, 4 ss.), porque dice: "Sé a quién he creído" (2 Tm. 1, 12). Los que escuchan la Palabra y no la guardan como un tesoro (2, 19 y 51; 11, 28), demuestran no haberla comprendido, según Él enseña en Mt. 13, 19 y 23. Cf. Sal. 118, 11 y nota.

[3]Habiendo oído hablar de Jesús, envió a Él algunos ancianos de los judíos, para rogarle que viniese a sanar a su servidor. [4]Presentárnosle ellos a Jesús, y le rogaron con insistencia, diciendo: "Merece que se lo concedas, [5]porque quiere bien a nuestra nación, y él fue quien nos edificó la sinagoga". [6]Y Jesús se fue con ellos. No estaba ya lejos de la casa, cuando el centurión envió unos amigos para decirle: "Señor, no te des esta molestia, porque yo no soy digno de que Tú entres bajo mi techo; [7]por eso no me atreví a ir a Ti en persona: más dilo con tu palabra, y sea sano mi criado. [8]Pues también yo, que soy un subordinado, tengo soldados a mis órdenes, y digo a éste: "Anda", y va; y al otro: "Ven", y viene; y a mi siervo: "Haz esto", y lo hace". [9]Jesús al oírlo se admiró de él; y volviéndose, dijo a la gente que le seguía: "Os digo que en Israel no hallé fe tan grande". [10]Y los enviados, de vuelta a la casa, hallaron sano al servidor.

Resurrección del joven de Naím. [11]Después se encaminó a una ciudad llamada Naím; iban con Él sus discípulos y una gran muchedumbre de pueblo. [12]Al llegar a la puerta de la ciudad, he ahí que era llevado fuera un difunto, hijo único de su madre, la cual era viuda, y venía con ella mucha gente de la ciudad. [13]Al verla, el Señor movido de misericordia hacia ella, le dijo: "No llores". [14]Y se acercó y tocó el féretro, y los que lo llevaban se detuvieron. Entonces dijo: "Muchacho, Yo te digo: ¡Levántate!" [15]Y el (que había estado) muerto se incorporó y se puso a hablar. Y lo devolvió a la madre. [16]Por lo cual todos quedaron poseídos de temor, y glorificaron a Dios, diciendo: "Un gran profeta se ha levantado entre nosotros", y: "Dios ha visitado a su pueblo". [17]Esta fama referente a su persona se difundió por toda la Judea y por toda la comarca circunvecina.

Jesús y el Bautista. [18]Los discípulos de Juan le informaron de todas estas cosas. Entonces, Juan llamando a dos de sus discípulos, [19]los envió a decir al Señor: "¿Eres Tú el que ha de venir, o debemos esperar a otro?" [20]Y llegados a Él estos hombres, le dijeron: "Juan el Bautista nos envió a preguntarte: '¿Eres Tú el que ha de venir, o debemos esperar a otro?'" [21]En aquella hora sanó Jesús a muchos, de enfermedades y plagas y de malos espíritus, y concedió la vista a muchos ciegos. [22]Les respondió, entonces, y dijo: "Volved y anunciad a Juan lo que acabáis de ver y oír: ciegos ven, cojos andan, leprosos son limpiados, sordos oyen, muertos resucitan, a pobres se les anuncia la Buena Nueva. [23]Y ¡bienaventurado el que no se escandalizare de Mí!".

[24]Cuando los enviados de Juan hubieron partido, se puso Él a decir a la multitud acerca de Juan:

---

6. *Se fué con ellos*: como el servidor (22, 27) siempre dispuesto. Cf. Flp. 2, 7 y nota. *No soy digno*: Las palabras del centurión sirven para recordar antes de la Comunión, que no somos ni seremos nunca, dignos de la unión con Jesús. Pero antes se dice, en el Agnus Dei, que Él es el Cordero divino que lleva sobre Sí los pecados del mundo, como dijo Juan precisamente cuando "lo vio venir hacia él" (Jn. 1, 29). El mismo Jesús se encargó de enseñarnos que no vino a encontrar justos sino pecadores, y que, como figura del Padre celestial, el padre del hijo pródigo corrió al encuentro de éste para abrazarlo, vestirlo y darle un banquete; y que si tenemos mucha deuda para ser perdonada, amaremos más, pues "aquel a quien menos se le perdona, menos ama" (Lc. 7, 47).

8. Cf. Mt. 8, 5 ss. Además de la fe de este pagano (cf. Hch. cap. 10) es de admirar su caridad que le hace sentir la enfermedad de su criado como suya. Bella enseñanza para que amen los patrones a sus servidores, y las dueñas de casa a sus sirvientes. Véase Ef. 6, 5 ss. y nota.

11. *Naím*, pequeña ciudad situada en la parte sur de Galilea.

19 ss. Aun en la cárcel cumple el Bautista su misión de precursor del Mesías enviándole sus propios discípulos, que tal vez vacilaban entre él y Jesús. Éste les responde mostrándoles sus obras, que atestiguan su divinidad. Véase Mt. 11, 2s.; Is. 35, 5; 61, 1; Mal. 3, 1. Cf. Jn. 3, 30.

23. *¡Escandalizarse de Jesús!* Parecería irónico decir esto de la santidad infinita. Pero es Él mismo quien se anuncia como piedra de escándalo. Y es que Él, al revelar que el omnipotente Creador es un padre lleno de sencillez y de bondad como Él mismo, dejaba, por ese solo hecho, tremendamente condenada y confundida la soberbia de cuantos se creían sabios o virtuosos (Jn. 7, 7). De ahí que fueran éstos, y no el común de los pecadores, quienes lo persiguieron hasta hacerlo morir. Jesús es signo de contradicción (2, 34) y todo su Evangelio es una constante ostentación de ella. En sólo San Lucas podremos recorrer las siguientes pruebas, con inmenso provecho de nuestra alma: Cap. 1, vv. 31, 36, 52, 53; cap. 2, 7, 12 y 49; cap. 3, 23; cap. 4, 24 y 41; cap. 5, 32; cap. 6, 20 y 29; cap. 7, 9, 22, 28 y 47; cap. 8, 18, 21, 32, 37; cap. 9, 3, 13, 22, 24, 48 y 58; cap. 10, 4, 12, 15, 21, 24, 33 y 41; cap. 11, 23 y 52; cap. 12, 11, 22, 31, 40 y 51; cap. 13, 2, 19, 24 y 30; cap. 14, 8, 13, 24 y 26; cap. 15, 7 y 29; cap. 16, 8, 15 y 22; cap. 17, 6, 18 y 22; cap. 18, 8, 14, 17, 27 y 34; cap. 19, 5, 10, 17, 24 y 40; cap. 20, 8, 17 y 46; cap. 21, 3, 14, 16 y 33; cap. 22, 21, 26 y 27; cap. 23, 9, 12, 18, 28, 38, 43 y 47; cap. 24, 21 y 46.

"¿Qué salisteis a ver en el desierto? ¿Acaso una caña sacudida por el viento? [25]Y si no ¿qué salisteis a ver? ¿A un hombre lujosamente vestido? Los que llevan vestidos lujosos y viven en delicias están en los palacios. [26]Entonces, ¿qué salisteis a ver? ¿A un profeta? Sí, os digo, y más que profeta. [27]Este es aquel de quien está escrito: «Mira que Yo envío mi mensajero ante tu faz que irá delante de Ti para barrene el camino». [28]Os digo, no hay, entre los hijos de mujer, más grande que Juan; pero el más pequeño en el reino de Dios es más grande que él; [29]porque todo el pueblo que lo escuchó (*a Juan*), y aun los publicanos reconocieron la justicia de Dios, recibiendo el bautismo de Él. [30]Pero los fariseos y los doctores de la Ley frustraron los designios de Dios para con ellos, al no dejarse bautizar por Juan".

Parábola de los niños caprichosos. [31]"¿Con quién podré comparar a hombres de este género? [32]Son semejantes a esos muchachos que, sentados en la plaza, cantan unos a otros aquello de: 'Os tocamos la flauta, y no danzasteis; entonamos lamentaciones, y no llorasteis'. [33]Porque vino Juan el Bautista, que no come pan ni bebe vino, y vosotros decís: 'Está endemoniado'; [34]ha venido el Hijo del hombre, que come y bebe, y decís: 'Es un hombre glotón y borracho, amigo de publicanos y pecadores'. [35]Pero la sabiduría ha quedado justificada por todos sus hijos".

La pecadora perdonada. [36]Uno de los fariseos le rogó que fuese a comer con él, y habiendo entrado (*Jesús*) en la casa del fariseo, se puso a la mesa. [37]Entonces una mujer de la ciudad, que era pecadora, al saber que Jesús se encontraba reclinado a la mesa en casa del fariseo, tomó consigo un vaso de alabastro, con ungüento; [38]y, colocándose detrás de Él, a sus pies, y llorando con sus lágrimas bañaba sus pies y los enjugaba con su cabellera; los llenaba de besos y los ungía con el ungüento. [39]Viendo lo cual el fariseo que lo había convidado dijo para sus adentros: "Si Éste fuera profeta, ya sabría quién y de qué clase es la mujer que lo está tocando, que es una pecadora". [40]Entonces Jesús respondiendo (*a sus pensamientos*) le dijo: "Simón, tengo algo que decirte". Y él: "Dilo, Maestro". [41]Y dijo: "Un acreedor tenía dos deudores: el uno le debía quinientos denarios, el otro cincuenta. [42]Como no tuviesen con qué pagar, les perdonó a los dos. ¿Cuál de ellos lo amará más?" [43]Simón respondió diciendo: "Supongo que aquel a quien más ha perdonado". Él le dijo: "Bien juzgaste". [44]Y volviéndose hacia la mujer, dijo a Simón: "¿Ves a esta mujer? Vine a tu casa, y tú no vertiste agua sobre mis pies; mas ésta ha regado mis pies con sus lágrimas y los ha enjugado con sus cabellos. [45]Tú no me diste el ósculo; mas ella, desde que entró, no ha cesado de besar mis pies. [46]Tú no ungiste con óleo mi cabeza; ella ha ungido mis pies con ungüento. [47]Por lo cual, te digo, se le han perdonado sus pecados, los muchos, puesto que ha amado mucho. A la inversa, aquel a quien se perdone poco, ama poco". [48]Después dijo a ella: "Tus pecados se te han perdonado". [49]Entonces, los

---

28. *Juan Bautista* es el último y el más grande de los profetas de la Antigua Alianza. Los verdaderos hijos de la Iglesia son superiores a él, siempre que tengan esa fe viva cuya falta tanto reprochaba Jesús a los mismos apóstoles; pues siendo hijos de Dios (Jn. 1, 12) forman el Cuerpo de Cristo (Ef. 1, 22). Son la Esposa, que es "una" con Él como nueva Eva con el nuevo Adán –en tanto que de Juan sólo se dice que es "amigo del Esposo" (Jn. 3, 29) –; se alimentan con su Carne y su Sangre redentora; reciben su Espíritu y esperan la vuelta del Esposo que los hará gloriosos como Él (Flp. 3, 20s.). Justo es que a estos privilegios corresponda mayor responsabilidad. Cf. Hb. 6, 4s.; 10, 26 ss.; Rm. 11, 20-22.

32. Alusión a un juego de niños. Jesús desenmascara la mala fe de los fariseos que, censurándolo a Él como falto de austeridad y amigo de pecadores, habían rechazado también al Bautista que predicaba la penitencia. Cf. Mt. 21, 25 ss.

33. Véase Mt. 3, 4; Mc. 1, 6.

35. *Por todos sus hijos*: La Sabiduría es el mismo Jesús (Sb. 7, 26; Pr. 8, 22 y notas). Los verdaderos hijos de la Sabiduría son movidos por el Espíritu de Dios (Rm. 8, 14) y con su vida recta dan testimonio de ella. En Mt. 11, 19dice: "por sus obras". Véase allí la nota.

37s. Tan grande como el arrepentimiento era el perdón, y el amor que de éste procedía según el v. 47. Como observa. San Jerónimo y muchos otros intérpretes, esta cena no es la de Betania (Mt. 26, 6s.; Mc. 14, 3 ss.; Jn. 12, 1 ss.).

46. Cuando se trata de honrar a Dios no debemos ser avaros, y sólo hemos de cuidar que sea según Él quiere (cf. Is. 1, 11 y nota), y que el amor sea el único móvil y no la vanidad o el amor propio. Véase Jn. 12, 1-8.

47. *Ama poco*: Esta conclusión del Señor muestra que si la pecadora amó mucho es porque se le había perdonado mucho, y no a la inversa, como parecería deducirse de la primera parte del v. La iniciativa no parte del hombre, sino de Dios que obra misericordia

que estaban con Él a la mesa se pusieron a decir entre sí: "¿Quién es Éste, que también perdona pecados?" [50]Y dijo a la mujer: "Tu fe te ha salvado: ve hacia la paz".

8 Las santas mujeres.
[1]En el tiempo siguiente anduvo caminando por ciudades y aldeas, predicando y anunciando la Buena Nueva del reino de Dios, y con Él los Doce, [2]y también algunas mujeres, que habían sido sanadas de espíritus malignos y enfermedades: María, la llamada Magdalena, de la cual habían salido siete demonios ; [3]Juana, mujer de Cusá el intendente de Herodes; Susana, y muchas otras, las cuales les proveían del propio sustento de ellas.

Parábola del sembrador. [4]Como se juntase una gran multitud, y además los que venían a Él de todas las ciudades, dijo en parábola: [5]"El sembrador salió a sembrar su semilla. Y al sembrar, una semilla cayó a lo largo del camino; y fue pisada y la comieron las aves del cielo . [6]Otra cayó en la piedra y, nacida, se secó por no tener humedad. [7]Otra cayó en medio de abrojos, y los abrojos, que nacieron juntamente con ella, la sofocaron. [8]Y otra cayó en buena tierra, y brotando dio fruto centuplicado". Diciendo esto, clamó: "¡Quién tiene oídos para oír oiga!"

[9]Sus discípulos le preguntaron lo que significaba esta parábola. [10]Les dijo: "A vosotros ha sido dado conocer los misterios del reino de Dios; en cuanto a los demás (se les habla) por parábolas, para que «mirando, no vean; y oyendo, no entiendan» . [11]La parábola es ésta: «La semilla es la palabra de Dios. [12]Los de junto al camino, son los que han oído; mas luego viene el diablo, y saca afuera del corazón la palabra para que no crean y se salven. [13]Los de sobre la piedra, son aquellos que al oír la palabra la reciben con gozo, pero carecen de raíz: creen por un tiempo, y a la hora de la prueba, apostatan. [14]Lo caído entre los abrojos, son los que oyen, más siguiendo su camino son sofocados por los afanes de la riqueza y los placeres de la vida, y no llegan a madurar. [15]Y lo caído en la buena tierra, son aquellos que oyen con el corazón recto y bien dispuesto y guardan consigo la palabra y dan fruto en la perseverancia»."

[16]Nadie que enciende luz, la cubre con una vasija ni la pone bajo la cama, sino en el candelero, para que todos los que entren, vean la luz . [17]Nada hay oculto que no deba ser manifestado, ni nada secreto que no deba ser conocido y sacado a luz. [18]¡Cuidad de escuchar bien! Al que tiene, se le dará, y al que no tiene, aun lo que cree tener le será quitado".

Los parientes de Jesús. [19]Luego su madre y sus hermanos se presentaron y no podían llegar hasta Él por causa de la multitud. [20]Le anunciaron: "Tu madre y tus hermanos están de pie afuera y desean verte". [21]Les respondió y dijo: "Mi madre y mis hermanos son éstos: los que oyen la palabra de Dios y la practican" .

La tempestad calmada. [22]Por aquellos días subió con sus discípulos en una barca, y les dijo: "Pasemos a la otra orilla del lago", y partieron. [23]Mientras navegaban, se durmió . Entonces un torbellino de viento cayó sobre el lago, y las aguas los iban cubriendo, y peligraban. [24]Acercándose a Él, lo despertaron diciendo: "¡Maestro, Maestro, perecemos!" Despierto, Él increpó al viento y al oleaje, y cesaron, y hubo bonanza. [25]Entonces les dijo: "¿Dónde está vuestra fe?" Y llenos de miedo

---

(Sal. 58, 11; 78, 8; Denz. 187). San Agustín confirma esto diciendo que al fariseo no se le podía perdonar mucho porque él, creyéndose justo, a la inversa de Magdalena, pensaba deber poco. Y entonces, claro está que nunca podría llegar a amar mucho según lo enseñado por Jesús.

50. Véase 8, 48; 17, 19; 18, 42.

2. Sólo Lucas relata esos nombres de las *mujeres* que acompañaban a Jesús. Saludemos en ellas a las primeras representantes del apostolado de la mujer en la Iglesia.

5s. Véase Mt. 13, 1 ss. y el comentario que allí hacemos de esta importantísima parábola; Mc. 4, 1 ss.; Is. 6, 9s.; Jn. 12, 40.

10. Véase Is. 6, 9s.; Jn. 12, 40; Hch. 28, 26; Rm. 11, 8.

16. Mt. 5, 15. Vemos aquí cuán ociosa es la pregunta sobre si es necesario hacer alguna vez actos de fe. Ella ha de ser la vida del justo, según enseña San Pablo (Rm. 1, 17; Ga. 3, 11; Hb. 10, 38). Cf. Ha. 2, 4.

21. *María* es precisamente la primera que escucha la palabra de Dios y la guarda en su corazón (1, 45; 2, 19 y 51; 11, 28). Jesús muestra además que la vocación del apóstol está por encima de la voz de la sangre. Cf. 2, 49; Mt. 12, 46s.; Mc. 3, 31 ss.

23. Véase Mt. 8, 23 ss.; Mc. 4, 35s. Olvidado siempre de Sí mismo, el Verbo hecho hombre cae rendido de cansancio en la barca (cf. Jn. 4, 6). Con frecuencia pasaba la noche en el mar o al raso, donde no podía reclinar su cabeza. Cf. 9, 58; Mt. 8, 20; Flp. 2, 7.

y de admiración, se dijeron unos a otros: "¿Quién, pues, es Éste que manda a los vientos y al agua, y le obedecen?".

El poseso de Gergesa. [26]Y abordaron en la tierra de los gergesenos, que está en la ribera opuesta a Galilea . [27]Cuando hubo descendido a tierra, vino a su encuentro un hombre de la ciudad, que tenía demonios; hacía mucho tiempo que no llevaba ningún vestido, ni vivía en casa, sino en los sepulcros. [28]Al ver a Jesús, dio gritos, se postró ante Él y dijo a gran voz: "¿Qué tenemos que ver yo y Tú, Jesús, hijo del Dios Altísimo? Te ruego que no me atormentes". [29]Y era que Él estaba mandando al espíritu inmundo que saliese del hombre. Porque hacía mucho tiempo que se había apoderado de él; lo ataban con cadenas y lo sujetaban con grillos, pero él rompía sus ataduras, y el demonio lo empujaba al desdoblado. [30]Y Jesús le preguntó: "¿Cuál es tu nombre?" Respondió: "Legión"; porque eran muchos los demonios que habían entrado en él. [31]Y le suplicaron que no les mandase ir al abismo. [32]Ahora bien, había allí una piara de muchos puercos que pacían sobre la montaña; le rogaron que les permitiese entrar en ellos, y se lo permitió . [33]Entonces los demonios salieron del hombre y entraron en los puercos, y la piara se despeñó precipitadamente en el lago, y allí se ahogó . [34]Los porqueros que vieron lo ocurrido huyeron y dieron la noticia en la ciudad y por los campos. [35]Vinieron, pues, las gentes a ver lo que había pasado, y al llegar junto a Jesús, encontraron al hombre, del cual los demonios habían salido, sentado a los pies de Jesús, vestido, en su sano juicio, y se llenaron de miedo. [36]Los que lo habían visto les refirieron cómo había quedado libre el endemoniado. [37]Y todos los pobladores de la comarca de los gergesenos le rogaron a Jesús que se alejara de ellos, porque estaban poseídos de gran temor. Y Él, entrando en la barca, se volvió , [38]Y el hombre, del cual los demonios habían salido, le suplicaba estar con Él; pero Él lo despidió diciéndole: [39]"Vuelve de nuevo a tu casa, y cuenta todo lo que Dios ha hecho contigo". Y él se fue proclamando por toda la ciudad todas las cosas que le había hecho Jesús.

Jesús resucita a la hija de Jairo y sana a una mujer enferma. [40]A su regreso, Jesús fue recibido por la multitud, porque estaban todos esperándolo. [41]He ahí que llegó un hombre llamado Jairo, que era jefe de la sinagoga. Se echó a los pies de Jesús y le suplicó que fuera a su casa ; [42]porque su hija única, como de doce años de edad, se moría. Mas yendo Él, la multitud lo sofocaba. [43]Y sucedió que una mujer que padecía de un flujo de sangre, desde hacía doce años y que, después de haber gastado en médicos todo su sustento, no había podido ser curada por ninguno, [44]se acercó por detrás y tocó la franja de su vestido, y al instante su flujo de sangre se paró. [45]Jesús dijo: "¿Quién me tocó?" Como todos negaban, Pedro le dijo: "Maestro, es la gente que te estrecha y te aprieta". [46]Pero Jesús dijo: "Alguien me tocó, porque he sentido salir virtud de Mí". [47]Entonces, la mujer, viéndose descubierta, vino toda temblorosa a echarse a sus pies y declaró delante de todo el pueblo por qué motivo lo había tocado, y cómo había quedado sana de repente. [48]Y Él le dijo: "Hija, tu fe te ha salvado, ve hacia la paz".

[49]Cuando Él hablaba todavía, llegó uno de casa del jefe de la sinagoga a decirle: "Tu hija ha muerto, no molestes más al Maestro". [50]Oyendo Jesús, le dijo: "No temas; únicamente cree y

---

26. *Gergesa*: en Mateo (8, 28): *Gadara*; en la Vulgata *Gerasa*, situada al Este del Mar de Galilea.

32. He aquí un ruego de demonios. Y Jesús lo escuchó. Era sin duda menos perverso que el que le hicieron los hombres en él v. 37.

33. El ahogarse la piara parece un castigo infligido a los propietarios de los cerdos, para quienes los sucios animales valían más que la presencia del bienhechor que había curado al endemoniado. Cf. Mt. 8, 28s.; Mc. 5, 1 ss.

37. Es una oración que ruega a Jesús... ¡para que se vaya! Y es todo un pueblo el que así ruega, con tal de no arriesgar sus puercos.

Cf. v. 32; 4, 31. Sobre el miedo que aleja de Cristo, véase Jn. 6, 21 y nota.

41. La fe del que era *jefe de la sinagoga* no es tan grande como la del centurión pagano. Éste creyó que la presencia de Jesús no era necesaria para hacer un milagro, mientras que Jairo insiste en que Jesús se presente personalmente. Cf. Mt. 9, 18s.; Mc. 5, 22s. Jesús nos muestra continuamente esas sorpresas para que no nos escandalicemos por nada. Cf. 10, 13-15 y 31-33; Mt. 15, 24-28; 21, 31; Jn. 16, 1-4.

sanará". [51]Llegado, después, a la casa, no dejo entrar a nadie consigo, excepto a Pedro, Juan y Santiago, y también al padre y a la madre de la niña. [52]Todos lloraban y se lamentaban por ella. Más Él dijo: "No lloréis; no ha muerto, sino que duerme". [53]Y se reían de Él, sabiendo que ella había muerto. [54]Mas Él, tomándola de la mano, clamó diciendo: "Niña, despierta". [55]Y le volvió el espíritu, y al punto se levantó y Jesús mandó que le diesen de comer. [56]Sus padres quedaron fuera de sí; y Él les encomendó que a nadie dijeran lo acontecido.

9 Misión de los apóstoles. [1]Habiendo llamado a los Doce, les dio poder y autoridad sobre todos los demonios, y para curar enfermedades. [2]Y los envió a pregonar el reino de Dios y a sanar a los enfermos. [3]Y les dijo: "No toméis nada para el camino, ni bastón, ni bolsa, ni pan, ni dinero, ni tengáis dos túnicas. [4]En la casa en que entrareis, quedaos, y de allí partid. [5]Y dondequiera que no os recibieren, salid de esa ciudad y sacudid el polvo de vuestros pies, en testimonio contra ellos". [6]Partieron, pues, y recorrieron las aldeas, predicando el Evangelio y sanando en todas partes.

[7]Oyó Herodes, el tetrarca, todo lo que sucedía, y estaba perplejo, porque unos decían que Juan había resucitado de entre los muertos, [8]otros que Elías había aparecido, otros que uno de los antiguos profetas había resucitado. [9]Y decía Herodes: "A Juan, yo lo hice decapitar, ¿quién es, pues, éste de quien oigo decir tales maravillas?" Y procuraba verlo.

Multiplicación de los panes. [10]Vueltos los apóstoles le refirieron (a Jesús) todo lo que habían hecho. Entonces, tomándolos consigo, se retiró a un lugar apartado, de una ciudad llamada Betsaida. [11]Y habiéndole sabido las gentes, lo siguieron. Él los recibió, les habló del reino de Dios y curó a cuantos tenían necesidad de ello. [12]Mas al declinar el día los Doce se acercaron a Él para decirle: "Despide a la multitud, que vayan en busca de albergue y alimento a las aldeas y granjas de los alrededores, porque aquí estamos en despoblado". [13]Les dijo: "Dadles vosotros de comer". Le contestaron: "No tenemos más que cinco panes y dos peces; a menos que vayamos nosotros a comprar qué comer para todo este pueblo". [14]porque eran como unos cinco mil hombres. Dijo entonces a sus discípulos: "Hacedlos recostar por grupos como de a cincuenta". [15]Lo hicieron así y acomodaron a todos. [16]Entonces tomó los cinco panes y los dos peces, levantó los ojos al cielo, los bendijo, los partió y los dio a sus discípulos para que los sirviesen a la muchedumbre. [17]Todos comieron hasta saciarse, y de lo que les sobró se retiraron doce canastos de pedazos.

Confesión de Pedro. [18]Un día que estaba orando a solas, hallándose con Él sus discípulos, les hizo

---

51. Esta medida y la prohibición de hablar de lo sucedido (v. 56) tienen por objeto prevenir la indiscreción de la muchedumbre que habría estorbado la actividad apostólica del Señor y contribuido a aumentar la envidia y provocar inútilmente la persecución antes del tiempo señalado (cf. 4, 30; Jn. 8, 59). Así también a sus discípulos "corderos entre lobos", les enseña Él la prudencia de la serpiente (Mt. 10, 16) que cuida de no exponer su cabeza a que la aplasten. Recuérdese que los primeros cristianos, para hacer el bien, tenían que ocultarse como si fuesen malhechores. Cf. 9, 21.

3. En 22, 35 Él les muestra cómo nada les faltó a pesar de esto. Los apóstoles y sus sucesores deben dedicarse exclusivamente a la *propagación del reino de Dios*. Es la Providencia la que se encarga de sustentarlos (Mt. 6, 23). Cf. Mt. 10, 9 ss.; Mc. 6, 8s.; 2 Tm. 2, 4 y nota.

4. El sentido es el mismo de 10, 7.

11. Véase Mt. 14, 13-21; Mc. 6, 33-46; Jn. 6, 1-13.

16. La *multiplicación de los panes*, efecto de la oración y bendición del Señor, es una figura del misterio eucarístico por el

cual todos participamos de un mismo pan que es Cristo (1Co. 10, 17), nuestro pan celestial (11, 3).

18s. Véase Mt. 16, 13 ss.; Mc. 8, 27 ss. *Estaba orando a solas*: Basta saber que Jesús cultivaba la soledad, para comprender que es bueno hacer lo mismo, y que en ello se encuentra un tesoro. No solamente en su Cuaresma del desierto (Mt. 4, 1 ss.; Lc. 4, 1s.), ni solamente antes de elegir sus discípulos, sino de un modo habitual buscaba la soledad del monte (Mt. 14; 23), o de la noche (Lc. 6, 12; Jn. 8, 1s.), o de Getsemaní, para ponerse en oración; y así nos enseña a que lo imitemos, exhortándonos a orar en la soledad, y en el secreto del aposento (Mt. 6, 5s.). Todas las biografías de hombres de pensamiento nos muestran que amaron la soledad, el silencio, el campo y que allí concibieron sus más grandes ideas. ¿Cuánto más será así cuando no se trata de puros conceptos terrenales o ensueños de poetas, sino de la realidad toda interior que se pasa entre el alma y Dios? Cuando vemos un paisaje, o sentimos una emoción, o se nos ocurre alguna idea, quisiéramos compartirla con los amigos como un desahogo sentimental. El día que nuestra fe llegue a ser bastante viva para recordar que Jesús, junto con el Padre (Jn. 14, 23) y el Espíritu Santo (Jn. 14, 16), habita siempre en los corazones

esta pregunta: "¿Quién dicen las gentes que soy Yo?" [19]Le respondieron diciendo: "Juan el Bautista; otros, que Elías; otros, que uno de los antiguos profetas ha resucitado". [20]Les dijo: "Y vosotros, ¿quién decís que soy Yo?" Pedro le respondió y dijo: "El Ungido de Dios". [21]Y Él les recomendó con energía no decir esto a nadie, [22]agregando: "Es necesario que el Hijo del hombre sufra mucho, que sea reprobado por los ancianos, por los sumos sacerdotes y por los escribas, que sea muerto, y que al tercer día sea resucitado".

Negación del yo. [23]Y a todos les decía: "Si alguno quiere venir en pos de Mí, renúnciese a sí mismo, tome su cruz cada día, y sígame. [24]Porque el que quiera salvar su vida, la perderá; más el que pierda su vida a causa de Mí, la salvará. [25]Pues ¿qué provecho tiene el hombre que ha ganado el mundo entero, si a sí mismo se pierde o se daña? [26]Quien haya, pues, tenido vergüenza de Mí y de mis palabras, el Hijo del hombre tendrá vergüenza de él, cuando venga en su gloria, y en la del Padre y de los santos ángeles. [27]Os digo, en verdad, algunos de los que están aquí, no gustarán la muerte sin que hayan visto antes el reino de Dios".

La gloriosa Transfiguración. [28]Pasaron como ocho días después de estas palabras, y, tomando a Pedro, Juan y Santiago, subió a la montaña para orar. [29]Y mientras oraba, la figura de su rostro se hizo otra y su vestido se puso de una claridad deslumbradora. [30]Y he aquí a dos hombres hablando con Él: eran Moisés y Elías, [31]los cuales, apareciendo en gloria, hablaban de su éxodo que Él iba a verificar en Jerusalén. [32]Pedro y sus compañeros estaban agobiados de sueño, más habiéndose despertado, vieron su gloria y a los dos hombres que estaban a su lado. [33]Y en el momento en que se separaban de Él, dijo Pedro a Jesús: "Maestro, bueno es para nosotros estarnos aquí; hagamos, pues, tres pabellones, uno para Ti, uno para Moisés, y uno para Elías", sin saber lo que decía. [34]Mientras él decía esto, se hizo una nube que los envolvió en sombra. Y se asustaron al entrar en la nube. [35]Y desde la nube una voz se hizo oír: "Éste es mi Hijo el Elegido: escuchadle a Él". [36]Y al hacerse oír la voz, Jesús se encontraba solo. Guardaron, pues, silencio; y a nadie dijeron, por entonces, cosa alguna de lo que habían visto.

El niño epiléptico. [37]Al día siguiente, al bajar de la montaña, una gran multitud de gente iba al encuentro de Él. [38]Y he ahí que de entre la muchedumbre, un varón gritó diciendo: "Maestro, te ruego pongas tus ojos sobre mi hijo, porque es el único que tengo. [39]Se apodera de él un espíritu, y al instante se pone a gritar; y lo retuerce en

---

de los que creen (Ef. 3, 17) y que, por tanto, siempre la soledad es estar con Él como Él estaba con el Padre (Jn. 16, 32) pensando con Él (Jn. 8, 16) y viviendo de Él (Jn. 6, 57); entonces amaremos ese trato con Él real y durable, en conversación activísima y permanente; pues si se interrumpe puede reanudarse siempre al instante. Es allí donde Él nos indica las cosas de caridad y apostolado que Él quiere realicemos, sea por escrito o de obra o de palabra, cuando llegue el momento. "Nadie puede sin peligro aparecer, dice el Kempis, sino aquel que prefiera estar escondido". Cf. Ct. 1, 8 y nota.

20. Cf. Mt. 16, 13s. y notas. *El Ungido* o Mesías. Así también Mc. 8, 29. En Mt. 16, 16se lee "el Hijo" de Dios, aunque algunos han leído como aquí *ungido* o "santo de Dios".

21. Cf. 8, 51 y nota.

23. Jesús no dice, como el oráculo griego: "conócete a ti mismo", sino: "niégate a ti mismo". La explicación es muy clara. El pagano ignoraba el dogma de la caída original. Entonces decía lógicamente: analízate, a ver qué hay en ti de bueno y qué hay de malo. Jesús nos enseña simplemente a descalificarnos a priori, por lo cual ese juicio previo del autoanálisis resulta harto inútil, dada la amplitud inmensa que tuvo y que conserva nuestra caída original. Ella nos corrompió y depravó nuestros instintos de tal manera, que San Pablo nos pudo decir con el Salmista: "Todo hombre es mentiroso" (Rm. 3, 4; Sal. 115, 2). Por lo cual el Profeta nos previene: "Perverso es el corazón de todos e impenetrable: ¿Quién podrá conocerlo?" (Jr. 17, 9). Y también: "Maldito el hombre que confía en el hombre" (ibíd. 5). De Jesús sabemos que no se fiaba de los hombres, "porque los conocía a todos" (Jn. 2, 24; Mc. 8, 34 y nota).

24. Cf. Mt. 10, 39 y nota. Bien se explica, después del v. 23, este fracaso del que intenta lo que no es capaz de realizar. Véase 14, 33; Jn. 15, 5 y notas. *Su vida* se traduce también: *su alma*.

27. Véase Mt. 16, 28 y nota; Mc. 8, 39.

28s. Véase Mt. 17, 1-8; Mc. 9, 2s.

31. *El éxodo:* su muerte (cf. 2 Pe. 1, 15), como el nacimiento es llamado *entrada* en Hch. 13, 24 (cf. Sb. 3, 2; 7, 6). Jesús solía hablar de *su partida* y a veces los judíos pensaban que se iría a los gentiles (Jn. 7, 33-36; 8, 21s.).

35. *Escuchadle:* Véase Mt. 17, 5; Mc. 9, 6 y nota. "Como si dijera: Yo no tengo más verdades que revelar, ni más cosas que manifestar. Que si antes hablaba, era prometiendo a Cristo; mas ahora el que me preguntase y quisiese que yo algo le revelase, sería en alguna manera pedirme otra vez a Cristo, y pedirme más verdades, que ya están dadas en Él" (San Juan de la Cruz).

37 ss. Véase Mt. 18, 1-5; Mc. 9, 33s.

convulsiones hasta hacerle echar espumarajos, y a duras penas se aparta de él, dejándolo muy maltratado. [40]Rogué a tus discípulos que lo echasen, y ellos no han podido". [41]Entonces Jesús respondió y dijo: "Oh, generación incrédula y perversa, ¿hasta cuándo estaré con vosotros y tendré que soportaron? Trae acá a tu hijo" . [42]Aun no habla llegado éste a Jesús, cuando el demonio lo zamarreó y lo retorció en convulsiones. Más Jesús increpó al espíritu impuro y sanó al niño, y lo devolvió a su padre. [43]Y todos estaban maravillados de la grandeza de Dios.

Predicción de la Pasión. Como se admirasen todos de cuanto Él hacía, dijo a sus discípulos: [44]"Vosotros, haced que penetren bien en vuestros oídos estas palabras: el Hijo del hombre ha de ser entregado en manos de los hombres". [45]Pero ellos no entendían este lenguaje, y les estaba velado para que no lo comprendiesen; y no se atrevieron a interrogarlo al respecto.

Humildad y tolerancia. [46]Y entró en ellos la idea: ¿Quién de entre ellos sería el mayor? [47]Viendo Jesús el pensamiento de sus corazones, tomó a un niño, lo puso junto a Sí, [48]y les dijo: "Quien recibe a este niño en mi nombre, a Mí me recibe; y quien me recibe, recibe al que me envió; porque el que es el más pequeño entre todos vosotros, ése es grande". [49]Entonces Juan le respondió diciendo: "Maestro, vimos a un hombre que expulsaba demonios en tu nombre, y se lo impedíamos, porque no (te) sigue con nosotros". [50]Mas Jesús le dijo: "No impidáis, pues quien no está contra vosotros, por vosotros está" .

Los samaritanos le niegan hospedaje. [51]Como se acercase el tiempo en que debía ser quitado, tomó resueltamente la dirección de Jerusalén. [52]Y envió mensajeros delante de sí, los cuales, de camino, entraron en una aldea de samaritanos para prepararle alojamiento. [53]Más no lo recibieron, porque iba camino de Jerusalén . [54]Viendo (esto) los discípulos Santiago y Juan, le dijeron: "Señor, ¿quieres que mandemos que el fuego caiga del cielo, y los consuma?" [55]Pero Él, habiéndose vuelto a ellos los reprendió. [56]Y se fueron hacia otra aldea.

El seguimiento de Jesús. [57]Cuando iban caminando, alguien le dijo: "Te seguiré a donde quiera que vayas". [58]Jesús le dijo: "Las raposas tienen guaridas, y las aves del cielo, nidos; más el Hijo del Hombre no tiene donde reclinar la cabeza". [59]Dijo a otro: "Sígueme". Este le dijo: "Señor, permíteme ir primero a enterrar a mi padre". [60]Le respondió: "Deja a los muertos enterrar a sus muertos; tú, ve a anunciar el reino de Dios" . [61]Otro más le dijo: "Te seguiré, Señor, pero permíteme primero decir adiós a los de mi casa". [62]Jesús le dijo: "Ninguno que pone mano al arado y mira hacia atrás, es apto para el reino de Dios".

10 Misión de los 72discípulos. [1]Después de esto, el Señor designó todavía otros setenta y dos, y los envió de dos en dos delante de Él a toda ciudad o lugar, adonde Él mismo quería ir. [2]Y les dijo: "La mies es grande, y los obreros son pocos. Rogad, pues, al Dueño de la mies que envíe obreros a su mies. [3]Id: os envío como corderos entre lobos . [4]No llevéis ni bolsa, ni alforja, ni calzado, ni saludéis a nadie por el camino. [5]En toda casa donde entréis, decid primero: «Paz a esta casa». [6]Y si hay allí un hijo de paz, reposará sobre él la paz vuestra; si no, volverá a vosotros. [7]Permaneced en la misma casa, comiendo y bebiendo lo que os den, porque el obrero es acreedor a su salario. No paséis de casa en casa. [8]Y en toda ciudad en donde entréis y os reciban, comed lo que os pusieren delante. [9]Curad los enfermos que haya en ella, y decidles: «El reino

---

41. Reprende a los discípulos por su falta de fe que les impidió hacer el milagro. Cf. Mc. 9, 29 y nota.

50. Véase Mc. 9, 39 y nota.

53. Los samaritanos y los judíos se odiaban mutuamente. Jesús, cuya mansedumbre contrasta con la cólera de los discípulos, les muestra en 10, 25s.; 17, 18 y Jn. 4, 1s. cómo hay muchos samaritanos mejores que los judíos.

60. Los muertos que entierran a sus muertos son los que absortos en las preocupaciones mundanas no tienen inteligencia del reino de Dios (cf. 1Co. 2, 14). Ni este aspirante, ni los otros dos llegan a ser discípulos, porque les falta el espíritu de infancia y prefieren su propio criterio al de Jesús. Véase 2Co. 10, 5.

3. Véase Mt. 10, 16 y nota.

4. Ni saludéis: Los orientales son muy ceremoniosos y para ellos saludar equivale a detenerse y perder tiempo. Véase Mt. 10, 9 y nota.

5s. Hijo de paz es aquel que está dispuesto a aceptar la palabra de Dios. Hermosa fórmula de saludo (v. 5), que debiéramos usar en la vida, como se la usa en la Liturgia. Cf. 1, 28; Mt. 10, 12 y notas.

de Dios está llegando a vosotros». [10]Y en toda ciudad en donde entrareis y no os quisieren recibir, salid por sus calles, y decid: [11]"Aun el polvo que de vuestra ciudad se pegó a nuestros pies, lo sacudimos (*dejándolo*) para vosotros. Pero sabedlo: ¡el reino de Dios ha llegado!" [12]Os digo que en aquel día será más tolerable para los de Sodoma que para aquella ciudad. [13]¡Ay de ti, Corazín! ¡Ay de ti, Betsaida! Porque si en Tiro y Sidón hubiesen sido hechos los milagros que se cumplieron entre vosotros, desde hace mucho tiempo se habrían arrepentido en saco y en ceniza. [14]Más para Tiro y para Sidón, será más tolerable, en el juicio, que para vosotros. [15]Y tú, Cafarnaúm, ¿serás acaso exaltada hasta el cielo? ¡Hasta el abismo descenderás! [16]Quien a vosotros escucha, a Mí me escucha; y quien a vosotros rechaza, a Mí me rechaza; ahora bien, quien me rechaza a Mí, rechaza a Aquel que me envió".

[17]Entretanto los setenta y dos volvieron y le dijeron llenos de gozo: "Señor, hasta los demonios se nos sujetan en tu nombre". [18]Les dijo: "Yo veía a Satanás caer como un relámpago del cielo. [19]Mirad que os he dado potestad de caminar sobre serpientes y escorpiones y sobre todo poder del enemigo, y nada os dañará. [20]Sin embargo no habéis de gozaros en esto de que los demonios se os sujetan, sino gozaos de que vuestros nombres están escritos en el cielo".

Infancia espiritual. [21]En aquella hora se estremeció de gozo, en el Espíritu Santo, y dijo: "Yo te alabo, oh Padre, Señor del cielo y de la tierra, porque has mantenido estas cosas escondidas a los sabios ya los prudentes, y las has revelado a los pequeños. Si, Padre, porque así te plugo a Ti. [22]Por mi Padre, me ha sido dado todo, y nadie sabe quién es el Hijo, sino el Padre, y quién

es el Padre, sino el Hijo y aquel a quien el Hijo quisiere revelarlo". [23]Y volviéndose hacia sus discípulos en particular, dijo: "¡Felices los ojos que ven lo que vosotros veis! [24]Os aseguro: muchos profetas y reyes desearon ver lo que vosotros veis, y no lo vieron, oír lo que vosotros oís, y no lo oyeron".

El buen samaritano. [25]Se levantó entonces un doctor de la Ley y, para enredarlo le dijo: "Maestro, ¿qué he de hacer para lograr la herencia de la vida eterna?" [26]Le respondió: "En la Ley, ¿qué está escrito? ¿Cómo lees?" [27]Y él replicó diciendo: "Amarás al Señor tu Dios de todo tu corazón, y con toda tu alma, y con toda tu fuerza y con toda tu mente, y a tu prójimo como a ti mismo". [28]Le dijo (*Jesús*): "Has respondido justamente. Haz esto y vivirás". [29]Pero él, queriendo justificarse a sí mismo, dijo a Jesús: "¿Y quién es mi prójimo?" [30]Jesús repuso diciendo: "Un hombre, bajando de Jerusalén a Jericó, vino a dar entre salteadores, los cuales, después de haberlo despojado y cubierto de heridas, se fueron, dejándolo medio muerto. [31]Casualmente, un sacerdote iba bajando por ese camino; lo vio y pasó de largo. [32]Un levita llegó asimismo delante de ese sitio; lo vio y pasó de largo. [33]Pero un samaritano, que iba de viaje, llegó a donde estaba, lo vio y se compadeció de él; [34]y acercándose, vendó sus heridas, echando en ellas aceite y vino; luego poniéndolo sobre su propia cabalgadura, lo condujo a una posada y cuidó de él. [35]Al día siguiente, sacando dos denarios los dio al posadero y le dijo: "Ten cuidado de él, todo lo que gastares de más, yo te lo reembolsaré a mi vuelta". [36]¿Cuál de estos tres te parece haber sido el prójimo de aquel que cayó en manos de los bandoleros?" [37]Respondió: "El que se apiadó de él". Y Jesús le

---

12. El *rechazo de los predicadores del Evangelio* es para Jesús el peor de los agravios (Jn. 12, 47s.).

13. El ¡*ay*! del Señor se ha cumplido de modo espantoso. Las ruinas de esas ciudades lo denuncian hasta hoy. Cf. 11, 21-23.

16. Véase Mt. 10, 40; Jn. 13, 20.

18. Sobre esta visión profética de Jesús véase Ap. 12, 9; Dn. 12, 1.

20. *Están escritos en el cielo,* "que, en buena teología, es como decir: Gozaos si están escritos vuestros nombres en el libro de la vida. Donde se entiende que no se debe el hombre gozar sino en ir

camino de ella, que es hacer las obras en caridad; porque ¿qué aprovecha y qué vale delante de Dios lo que no es amor de Dios?" (San Juan de la Cruz). Cf. Ap. 20, 15; 22, 19.

21. He aquí el gran misterio de la *infancia espiritual,* que difícilmente aceptamos, porque repugna, como incomprensible al orgullo de nuestra inteligencia. Por eso San Pablo dice que la doctrina del Evangelio es escándalo y locura (1Co.1-3). Cf. 11, 34s. y nota; 18, 17; Mt. 11, 25 y nota; 18, 3s.; 19, 17; 1Co. 14, 20; 2Co. 4, 3.

23s. Véase Mt. 13, 16s.

dijo: "Ve, y haz tú lo mismo".

María y Marta. [38]Durante su viaje, entró en cierta aldea, y una mujer llamada Marta, lo recibió en su casa. [39]Tenía ésta una hermana llamada María, la cual, sentada a los pies del Señor, escuchaba su palabra. [40]Pero Marta, que andaba muy afanada en los múltiples quehaceres del servicio, vino a decirle: "Señor, ¿no se te da nada que mi hermana me haya dejado servir sola? Dile, pues, que me ayude". [41]El Señor le respondió: "¡Marta, Marta! tú te afanas y te agitas por muchas cosas. [42]Una sola es necesaria. María eligió la buena parte, que no le será quitada".

11 La oración del Señor. [1]Un día que Jesús estaba en oración, en cierto lugar, cuando hubo terminado, uno de sus discípulos le dijo: "Señor, enséñanos a orar, como Juan lo enseñó a sus discípulos". [2]Les dijo: "Cuando oráis, decid: Padre, que sea santificado tu nombre; que llegue tu reino.

[3]Danos cada día nuestro pan supersubstancial; [4]y perdónanos nuestros pecados, porque también nosotros perdonamos a todo el que nos debe; y no nos introduzcas en prueba".

Parábola del amigo inoportuno. [5]Y les dijo: "Quien de vosotros, teniendo un amigo, si va (*éste*) a buscarlo a medianoche y le dice: "Amigo, necesito tres panes, [6]porque un amigo me ha llegado de viaje, y no tengo nada que ofrecerle", [7]y si él mismo le responde de adentro: "No me incomodes, ahora mi puerta está cerrada y mis hijos están como yo en cama, no puedo levantarme para darte", [8]os digo, que si no se levanta para darle por ser su amigo, al menos a causa de su pertinacia, se levantará para darle todo lo que le hace falta. [9]Yo os digo: "Pedid y se os dará, buscad y encontraréis, golpead y se os abrirá". [10]Porque todo el que pide obtiene, el que busca halla, al que golpea se le abre. [11]¿Qué padre, entre vosotros, si su hijo le pide pan, le dará una piedra? ¿Si pide pescado, en lugar de

---

37. El doctor de la ley, orgulloso de su raza, que en el v. 29parecía dispuesto a no reconocer como prójimos sino a sus compatriotas, se ve obligado a confesar aquí que aquel despreciado samaritano era más prójimo del judío en desgracia que el sacerdote y el levita del pueblo escogido. En ese judío herido se veía representado el doctor, y confesaba humillado que el extranjero a quien él no aceptaba como prójimo le había dado pruebas de serlo al portarse como tal, en contraste con la actitud de los otros dos judíos. Cf. Mt. 22, 34 ss.; Mc. 12, 28 ss. Dt. 6, 5; Lv. 19, 18.

38. La aldea es *Betania*, a tres Km. de Jerusalén. Jesús solía hospedarse allí en casa de estas hermanas de Lázaro.

42. Es éste otro de los puntos fundamentales de la Revelación cristiana, y harto difícil de comprender para el que no se hace pequeño. Dios no necesita de nosotros ni de nuestras obras, y éstas valen en proporción al amor que las inspira (1Co. 13). Jesucristo es "el que habla" (Jn. 4, 26; 9, 37), y el primer homenaje que le debemos es escucharlo (Mt. 17, 5; Jn. 6, 29). Sólo así podremos luego servirlo dignamente (2 Tm. 3, 16).

2 ss. Compárese esta versión de la *Oración dominical* con la de San Mateo, 6, 9-13 y notas. *Santificado*, etc.: Sobre el nombre de Dios, véase Ex. 3, 14 y nota; Sal. 134, 13; Lc. 1, 49. El Padre Garrigou-Lagrange dice muy bien que toda la mística está en el Padrenuestro, por donde se ve que hablar de mística no ha de ser cosa rara ni excepcional entre los cristianos, pues que todos saben y rezan esa oración; a menos que la recitasen sólo con los labios y teniendo su corazón distante. Tal es lo que Jesús imputa a sus peores enemigos, los fariseos (Mt. 15, 8). Cualquier cristiano tiene así a su disposición toda la mística, pues lo más alto de esta vida consiste en ser, respecto a nuestro Padre divino, "todo enseñable", como los niños pequeños. Este Padrenuestro breve que trae San Lucas, sintetiza en forma sumamente admirable esa actitud filial que, deseando toda la gloria para su Padre (cf. Lv. 22, 32), ansía

que llegue su reino (para que en toda la tierra se haga su voluntad, como se dice en San Mateo), y entretanto le pide, para poder vivir en este exilio, el don de Jesús que es la vida (1 Jn. 5, 11s.), "el pan de Dios que desciende del cielo y da la vida al mundo" (Jn. 6, 33 y 48).

4. Job fue puesto a prueba por Satanás con permiso de Dios, y Él lo sostuvo para que fuese fiel, con lo cual Job salió beneficiado de la prueba. Aquí, en cambio, la infinita delicadeza de Jesús nos enseña a pedir al Padre que nos ahorre esa prueba, y que para ello (como añade en Mt. 6, 13) nos libre del Maligno, a la inversa del caso de Job. Admiremos el amor que Jesús, nuestro Hermano Mayor, deja traslucir en esto, y recojamos la suavísima y enorme enseñanza sobre la estimación que Dios hace de la humildad y pequeñez, al punto que, el pedirle nos libre de las pruebas, confesando nuestra debilidad e incapacidad para sufrirlas, le agrada más que la presunción de querer sufrir como Job. Porque si así no fuese, nos habría enseñado Jesús a pedir pruebas. Compárese esto con el fracaso de Pedro cuando alardea de valiente (Jn. 13, 37 y nota). Inmenso y dichoso descubrimiento es éste de que Dios no se goza en vernos sufrir y de que prefiere vernos pequeños como niños a vernos heroicos y soberbios. Toda la espiritualidad de Santa Teresa de Lisieux está aquí.

5. Hemos fijado el verdadero sentido de esta compleja construcción semítica: el *amigo importuno* no es, en la parábola, uno de los oyentes de Jesús, que va a pedir a otro amigo, sino que es este otro quien viene a importunarlo a él. Jesús usa muchas veces esa fórmula: ¿Quién de vosotros no haría tal cosa?, lo cual es muy elocuente para que cada oyente se ponga en el caso y se examine en su corazón.

9. Véase el envidiable ejemplo de la cananea (Mc. 7, 28) en su fe que cree aún contra toda apariencia (Rm. 4, 18 ss.).

pescado le dará una serpiente? [12]¿O si pide un huevo, le dará un escorpión? [13]Si pues vosotros, aunque malos, sabéis dar buenas cosas a vuestros hijos, ¡cuánto más el Padre dará desde el cielo el Espíritu Santo a quienes se lo pidan!"

Blasfemias de los fariseos. [14]Estaba Jesús echando un demonio, el cual era mudo. Cuando hubo salido el demonio, el mudo habló. Y las muchedumbres estaban maravilladas. [15]Pero algunos de entre ellos dijeron: "Por Belcebú, príncipe de los demonios, expulsa los demonios". [16]Otros, para ponerlo a prueba, requerían de Él una señal desde el cielo. [17]Mas Él, habiendo conocido sus pensamientos, les dijo: "Todo reino dividido contra sí mismo, es arruinado, y las casas caen una sobre otra. [18]Si pues, Satanás se divide contra él mismo, ¿cómo se sostendrá su reino? Puesto que decís vosotros que por Belcebú echo Yo los demonios. [19]Ahora bien, si Yo echo los demonios por virtud de Belcebú, ¿vuestros hijos por virtud de quién los arrojan? Ellos mismos serán, pues, vuestros jueces. [20]Más si por el dedo de Dios echo Yo los demonios, es que ya llegó a vosotros el reino de Dios. [21]Cuando el hombre fuerte y bien armado guarda su casa, sus bienes están seguros. [22]Pero si sobreviniendo uno más fuerte que él lo vence, le quita todas sus armas en que confiaba y reparte sus despojos. [23]Quien no está conmigo, está contra Mí; y quien no acumula conmigo, desparrama".

Poder de Satanás. [24]"Cuando el espíritu inmundo sale de un hombre, recorre los lugares áridos, buscando donde posarse, y, no hallándolo, dice: «Me volveré a la casa mía, de donde salí». [25]A su llegada, la encuentra barrida y adornada. [26]Entonces se va a tomar consigo otros siete espíritus aún más malos que él mismo; entrados, se arraigan allí, y el fin de aquel hombre viene a ser peor que el principio".

Alabanza de una mujer. [27]Cuando Él hablaba así, una mujer levantando la voz de entre la multitud, dijo: "¡Feliz el seno que te llevó y los pechos que Tú mamaste!" [28]Y Él contestó: "¡Felices más bien los que escuchan la palabra de Dios y la conservan!"

La señal de Jonás. [29]Como la muchedumbre se agolpaba, se puso a decir: "Perversa generación es ésta; busca una señal, mas no le será dada señal, sino la de Jonás. [30]Porque lo mismo que Jonás fue una señal para los ninivitas, así el Hijo del hombre será una señal para la generación esta. [31]La reina del Mediodía será despertada en el juicio frente a los hombres de la generación esta y los condenará, porque vino de las extremidades de la tierra para escuchar la sabiduría de Salomón; y hay aquí más que Salomón. [32]Los varones ninivitas actuarán en el juicio frente a la generación esta y la condenarán, porque ellos se arrepintieron a la predicación de Jonás; y hay aquí más que Jonás".

La lámpara de la sabiduría. [33]"Nadie enciende una candela y la pone escondida en un sótano, ni bajo el celemín, sino sobre el candelero, para alumbrar a los que entran. [34]La lámpara de tu cuerpo es tu ojo. Cuando tu ojo está claro, todo tu cuerpo goza de la luz, pero si él está turbio, tu

---

13. *Dará el Espíritu Santo*: Admirable revelación, que contiene todo el secreto de la vida espiritual. La diferencia entre nuestra actitud frente a Dios, y la que tenemos frente a todo legislador y juez, consiste en que a este último, o le obedecemos directamente, o incurrimos en el castigo, el cual no se perdona aunque nos arrepintamos. Con Dios, en cambio, no sólo sabemos que perdona al que se arrepiente de corazón, sino que podemos también decirle esta cosa asombrosa: "Padre, no soy capaz de cumplir tu Ley, porque soy malo, pero dame Tú mismo el buen espíritu, tu propio Espíritu, que Jesús nos prometió en tu nombre, y entonces no sólo te obedeceré, sino que el hacerlo me será fácil y alegre". Tal oración, propia de la fe viva y de la infancia espiritual, es la que más glorifica al divino Padre, porque le da ocasión de desplegar misericordia; y su eficacia es infalible, pues que se funda en la promesa hecha aquí por Jesús.

19. Porque ellos también alardeaban de exorcizar y con tan poca suerte como se ve en Hch. 19, 13 ss.

28. Jesús no repite los *elogios tributados a María*, pero los confirma, mostrándonos que la grandeza de su madre viene ante todo de escuchar la Palabra de Dios y guardarla en su corazón (2, 19 y 51). "Si María no hubiera escuchado y observado la Palabra de Dios, su maternidad corporal no la habría hecho bienaventurada" (San Juan Crisóstomo). Cf. Mc. 3, 34 y nota.

29s. Véase Jonás 2.

31. Alude a la *reina de Sabá* (Arabia) que visitó a Salomón, para ver su sabiduría (1R. 10, 1; Mt. 12. 39-42; Mc. 8, 12). Estas referencias que hace Jesús a los que vanamente le piden *milagros* (cf. Jn. 6, 30; 12, 37), tienen por objeto mostrarles que su divina sabiduría basta y sobra para conquistarle, sin necesidad de milagros, la adhesión de cuantos no sean de corazón doble (Jn. 7, 17 y nota). Esta sabiduría de Jesús es la lámpara de que habla en el v. 33 ss., y que no debe ser soterrada por los indiferentes, ni escondida por los maestros, porque todos tenemos necesidad de ella para nosotros y para los demás.

cuerpo está en tinieblas. ³⁵Vigila pues, no suceda que la luz que en ti hay, sea tiniebla. ³⁶Si pues todo tu cuerpo está lleno de luz (interiormente), no teniendo parte alguna tenebrosa, será todo él luminoso (*exteriormente*), como cuando la lámpara te ilumina con su resplandor".

Jesús nos denuncia el mal con apariencia de bien. ³⁷Mientras Él hablaba lo invitó un fariseo a comer con él; entró y se puso a la mesa. ³⁸El fariseo se extrañó al ver que no se había lavado antes de comer. ³⁹Le dijo, pues el Señor: "Vosotros, fariseos, estáis purificando lo exterior de la copa y del plato, en tanto que por dentro estáis llenos de rapiña y de iniquidad. ⁴⁰¡Insensatos! el que hizo lo exterior ¿no hizo también lo interior? ⁴¹Por eso, dad de limosna el contenido, y todo para vosotros quedará puro. ⁴² ᴾᵉro, ¡ay de vosotros, fariseos! ¡Porque dais el diezmo de la menta, de la ruda y de toda legumbre, y dejáis de lado la justicia y el amor de Dios! Era menester practicar esto, sin omitir aquello. ⁴³¡Ay de vosotros, fariseos! porque amáis el primer sitial en las sinagogas y ser saludados en las plazas públicas. ⁴⁴¡Ay de vosotros! porque sois como esos sepulcros, que no lo parecen y que van pisando las gentes, sin saberlo".

⁴⁵Entonces un doctor de la Ley le dijo: "Maestro, hablando así, nos ultrajas también a nosotros" ⁴⁶Mas Él respondió: "¡Ay de vosotros también, doctores de la Ley! porque agobiáis a los demás con cargas abrumadoras, al paso que vosotros mismos ni con un dedo tocáis esas cargas. ⁴⁷¡Ay de

vosotros! porque reedificáis sepulcros para los profetas, pero fueron vuestros padres quienes los asesinaron. ⁴⁸Así vosotros sois testigos de cargo y consentidores de las obras de vuestros padres, porque ellos los mataron y vosotros reedificáis (*sus sepulcros*). ⁴⁹Por eso también la Sabiduría de Dios ha dicho: Yo les enviaré profetas y apóstoles; y de ellos matarán y perseguirán; ⁵⁰para que se pida cuenta a esta generación de la sangre de todos los profetas que ha sido derramada desde la fundación del mundo, ⁵¹desde la sangre de Abel hasta la sangre de Zacarías, que fue matado entre el altar y el santuario. Sí, os digo se pedirá cuenta a esta generación. ⁵²¡Ay de vosotros! hombres de la Ley, porque vosotros os habéis apoderado de la llave del conocimiento; vosotros mismos no entrasteis, y a los que iban a entrar, vosotros se lo habéis impedido".

⁵³Cuando hubo salido, los escribas y los fariseos se pusieron a acosarlo vivamente y a quererle sacar respuestas sobre una multitud de cosas, ⁵⁴tendiéndole lazos para sorprender alguna palabra de su boca.

12 **Contra la hipocresía.** ¹Mientras tanto, habiéndose reunido miles y miles del pueblo, hasta el punto que unos a otros se pisoteaban, se puso a decir, dirigiéndose primeramente a sus discípulos: "Guardaos a vosotros mismos de la levadura –es

---

34 ss. Nuestro ojo verá bien, y servirá para iluminar todo nuestro ser, esto es, para guiar toda nuestra conducta, si él a su vez es iluminado por esa luz de la sabiduría divina, que no está hecha para esconderse (v. 33). Esa sabiduría es la que está contenida en la Palabra de Dios, a la cual la misma Escritura llama antorcha para nuestros pies (Sal. 118, 105 y nota). Entonces, cuando nuestro ojo iluminado ilumine nuestro cuerpo, él alumbrará a los demás (v. 36). Así, pues, el candelero (v. 33) somos nosotros los llamados al apostolado. El v. 35 nos previene que cuidemos no tomar por luz, guía o maestro lo que no sea verdad comprobada: es decir, no entregarnos ciegamente al influjo ajeno. Cf. Mt. 7, 15; 1 Jn. 1, 4 y notas.

39 ss. Sobre la condenación del *ritualismo farisaico* y de su espíritu doble y falto de verdadera fe, véase el terrible discurso del Templo en Mt. 23, 1-36. Cf. Mc. 12, 38s.; Lc. 20, 46s.

40. *El contenido*: esto es, como observa Pirot, lo que está dentro de las copas y platos. Es una de las grandes luces que da Jesús sobre el valor de la limosna, concordando con 16, 9.

47s. Pretenden no consentirlos (cf., Mt. 23, 29 ss.), pero lo harán obrando como ellos, según les anuncia en el v. 49.

49. En Mt. 23, 34 se ve que Jesús habla de Él mismo, que es la Sabiduría de Dios, y les vaticina lo que harán con sus discípulos.

51. Véase Mt. 23, 35; Gn. 4, 8; 2Cro. 24, 20-22.

52. La *llave del conocimiento* de Dios es la Sagrada Escritura (San Juan Crisóstomo). Los escribas y fariseos que la interpretaban falsamente, o la reservaban para sí mismos, son condenados como seductores de las almas. El pueblo tiene derecho a que se le predique la Palabra de Dios. En cuanto al conocimiento de la Sagrada Biblia por parte del pueblo, dice el papa Pío XII en la reciente Encíclica "Divino Afflante": "Favorezcan (los Obispos) y presten su auxilio a todas aquellas pías asociaciones, que tengan por fin editar, y difundir entre los fieles ejemplares impresos de las Sagradas Escrituras, principalmente de los Evangelios, y procuren con todo empello que en las familias cristianas se tenga ordenada y santamente cotidiana lectura de ellas".

decir de la hipocresía– de los fariseos. [2]Nada hay oculto que no haya de ser descubierto, nada secreto que no haya de ser conocido. [3]En consecuencia, lo que hayáis dicho en las tinieblas, será oído en plena luz; y lo que hayáis dicho al oído en los sótanos, será pregonado sobre los techos. [4]Os lo digo a vosotros, amigos míos, no temáis a los que matan el cuerpo y después de esto nada más pueden hacer. [5]Voy a deciros a quién debéis temer: temed a Aquel que, después de haber dado la muerte, tiene el poder de arrojar en la gehena. Sí, os lo digo, a Aquel temedle".

Solicitud del Padre Celestial. [6]"¿No se venden cinco pájaros por dos ases? Con todo, ni uno solo es olvidado de Dios. [7]Aun los cabellos de vuestra cabeza están todos contados. No tenéis vosotros que temer: valéis más que muchos pájaros. [8]Yo os lo digo: a quien me confesare delante de los hombres, el Hijo del hombre lo confesará también delante de los ángeles de Dios. [9]Mas el que me haya negado delante de los hombres, será negado delante de los ángeles de Dios".

El pecado contra el Espíritu Santo. [10]"A cualquiera que hable mal contra el Hijo del hombre, le será perdonado, pero a quien blasfemare contra el Santo Espíritu, no le será perdonado. [11]Cuando os llevaren ante las sinagogas, los magistrados y las autoridades, no os preocupéis de cómo y qué diréis para defenderos o qué hablaréis. [12]Porque el Espíritu Santo os enseñará en el momento mismo lo que habrá que decir". [13]Entonces uno del pueblo le dijo: "Maestro, dile a mi hermano que parta conmigo la herencia". [14]Jesús le respondió: "Hombre, ¿quién me ha constituido sobre vosotros juez o partidor?".

El rico insensato. [15]Y les dijo: "Mirad: preservaos de toda avaricia; porque, la vida del hombre no consiste en la abundancia de lo que posee". [16]Y les dijo una parábola: "Había un rico, cuyas tierras habían producido mucho. [17]Y se hizo esta reflexión: ¿Qué voy a hacer? porque no tengo dónde recoger mis cosechas". [18]Y dijo: "He aquí lo que voy a hacer: derribaré mis graneros y construiré unos mayores; allí amontonaré todo mi trigo y mis bienes. [19]Y diré a mi alma: Alma mía, tienes cuantiosos bienes en reserva para un gran número de años; reposa, come, bebe, haz fiesta". [20]Mas Dios le dijo: "¡Insensato! esta misma noche te van a pedir el alma, y lo que tú has allegado, ¿para quién será?" [21]Así ocurre con todo aquel que atesora para sí mismo, y no es rico ante Dios".

Confianza en la divina providencia. [22]Y dijo a sus discípulos: "Por eso, os digo, no andéis solícitos por vuestra vida, qué comeréis, ni por vuestro cuerpo, con qué lo vestiréis. [23]Porque la vida vale más que el alimento, y el cuerpo más que

---

1 ss. *Miles y miles del pueblo*: Jesús no teme el escándalo saludable, y aprovecha esa enorme concurrencia para aleccionar públicamente a sus discípulos contra la hipocresía de los doctores y fariseos que acaba de enrostrar a estos mismos en pleno almuerzo (11, 37-54). Pero aquí hay un sentido especial. Ya no se trata sólo de guardarse contra la doctrina de los fariseos (Mt. 16, 6-12) y del daño que ellos les harán (Mt. 10, 17s.), sino de guardarse de *no caer ellos mismos* en la hipocresía, contaminados por la contagiosa levadura de los fariseos (cf. Ga. 2, 13s. y notas). Es decir, pues, que no sólo hemos de predicar y confesar la verdad en plena luz (8, 17), sino también saber que, aunque pretendiésemos usar de hipocresía, todo será descubierto finalmente (v. 3). No hemos pues de temer el decir la verdad (v. 4s.) y el confesar a Cristo (v. 8) con todas sus paradojas y humillaciones (cf. 7, 23 y nota), pero sí temblar antes de deformar la doctrina por conveniencias mundanas, porque ésa es *la blasfemia contra el Santo Espíritu*, que no será perdonada (v. 10; Mt. 12, 32; Mc. 3, 28s.). Nótese en cambio la asombrosa blandura de Jesús para las ofensas contra Él (v. 10). Véase Mc. 4, 22 y nota.

7. Nos parece éste uno de los pasajes en que más se descubre la ternura del corazón de Cristo para con nosotros. No piensa Él por cierto muy bien de los hombres (cf. Jn. 2, 24 y nota), pero nos ama, y por eso es que valemos para Él y para el Padre más que muchos pajarillos, aunque no lo merezcamos. Contar todos los cabellos de nuestra cabeza es un extremo de amoroso interés a que no llegaría la más cariñosa madre. ¿Dudaremos de estas palabras de Jesús porque son demasiado hermosas? ¿Qué dogma puede haber más digno de fe y más obligatorio que las propias palabras de Jesucristo?

11. Cf. 21, 14 y nota.

14. El Señor no se entromete en *cosas temporales*. De acuerdo con esta directiva, la Iglesia prohíbe que sus ministros se mezclen en tales asuntos (2 Tm. 2, 4 y 1 Tm. 3, 8). "Con razón rehúsa ajustar diferencias mundanas Él que había venido a revelar los secretos celestiales' (San Ambrosio). Véase 20, 25 y nota; Jn. 18, 30. En las palabras *Quién me ha constituido* hay como un recuerdo irónico de lo que ocurrió a Moisés cuando se rechazó su autoridad (Ex. 2, 14; Hch. 7, 27). Véase Hch. 3, 22 y nota. "¡Qué ocasión habría tenido aquí Jesús para intervenir como se lo pedían, si hubiera querido ganar influencia e imponer su reino en este mundo!" (cf. Jn. 6, 15; 18, 36; Mt. 11, 12).

21. Jesús condena el *atesorar* ambiciosamente (1 Tm. 6, 9); no la ordenada economía, como en 9, 17.

el vestido. [24]Mirad los cuervos: no siembran, ni siegan, ni tienen bodegas ni graneros, y sin embargo Dios los alimenta. ¡Cuanto más valéis vosotros que las aves! [25]¿Quién de vosotros podría, a fuerza de preocuparse, añadir un codo a su estatura? [26]Si pues no podéis ni aun lo mínimo ¿a qué os acongojáis por lo restante? [27]Ved los lirios cómo crecen: no trabajan, ni hilan. Sin embargo, Yo os digo que el mismo Salomón, con toda su magnificencia, no estaba vestido como uno de ellos. [28]Si pues a la yerba que está en el campo y mañana será echada al horno, Dios viste así ¿cuánto más a vosotros, hombres de poca fe? [29]Tampoco andéis pues afanados por lo que habéis de comer o beber, y no estéis ansiosos. [30]Todas estas cosas, los paganos del mundo las buscan afanosamente; pero vuestro Padre sabe que tenéis necesidad de ellas. [31]Buscad pues antes su reino, y todas las cosas os serán puestas delante. [32]No tengas temor, pequeño rebaño mío, porque plugo a vuestro Padre daros el Reino. [33]Vended aquello que poseéis y dad limosna. Haceos bolsas que no se envejecen, un tesoro inagotable en los cielos, donde el ladón no llega, y donde la polilla no destruye. [34]Porque allí donde está vuestro tesoro, allí también está vuestro corazón".

33s. *Vended aquello que poseéis*: no se trata aquí de la pobreza total, como en el caso del joven rico (18, 22). Ello no obstante, vemos que Jesús está hablando a la pequeña grey de sus predilectos que han de compartir su reino (22, 28-30). No es de extrañar, pues, que, sin perjuicio de mantener la situación en que la providencia del Padre ha colocado a cada uno y a su familia, les aconseje desprenderse de lo que pueda ser un tropiezo para la vida espiritual, para no poseer con ahínco ningún bien en que hayamos puesto el corazón (v. 34) y que sea entonces como un pequeño ídolo, rival de Dios.

37. *Se pondrá a servirles*: Jesús tiene derecho a que le creamos esta promesa inaudita, porque ya nos dijo que Él es nuestro sirviente (22, 27), y que no vino para ser servido, sino para servir (Mt. 20, 28). Por eso nos dice que entre nosotros el primero servirá a los demás (Mt. 20, 26s.; Lc. 22, 26). En esto estriba sin duda el gran misterio escondido en la Escritura que dice "el mayor servirá al menor" (Gn. 25, 23; Rm. 9, 12). Jesús, aun después de resucitado, sirvió de cocinero a sus discípulos (Jn. 21, 9-12). Él, que desde Isaías se hizo anunciar como "el servidor de Yahvéh" (Is. 42, 1 ss.; cf. Ez. 45, 22), quiere también reservarse, como cosa excelente y digna de Él, esa función de servidor nuestro. Y debemos creerle, porque hizo algo mucho más humillante que el servirnos y lavarnos los pies: se dejó escupir por los criados, y colgar desnudo entre criminales, "reputado como uno de ellos" (22,

Parábola de los servidores vigilantes. [35]"Estén ceñidos vuestros lomos, y vuestras lámparas encendidas. [36]Y sed semejantes a hombres que aguardan a su amo a su regreso de las bodas, a fin de que, cuando Él llegue y golpee, le abran en seguida. [37]¡Felices esos servidores, que el amo, cuando llegue, hallará velando! En verdad, os lo digo, él se ceñirá, los hará sentar a la mesa y se pondrá a servirles. [38]Y si llega a la segunda vela, o a la tercera, y así los hallare, ¡felices de ellos! [39]Sabedlo bien; porque si el dueño de casa supiese a qué hora el ladrón ha de venir, no dejaría horadar su casa. [40]Vosotros también estad prontos, porque a la hora que no pensáis es cuando vendrá el Hijo del hombre".

Juicio de los servidores. [41]Entonces, Pedro le dijo: "Señor, ¿dices por nosotros esta parábola o también por todos?" [42]Y el Señor dijo: "¿Quién es pues el mayordomo fiel y prudente, que el amo pondrá a la cabeza de la servidumbre suya para dar a su tiempo la ración de trigo? [43]¡Feliz ese servidor a quien el amo, a su regreso, hallará haciéndolo así! [44]En verdad, os digo, lo colocará al frente de toda su hacienda. [45]Pero si ese servidor se dice a sí mismo: "Mi amo tarda en regresar", y se pone a maltratar a los servidores y a las sirvientas, a

---

37; Mc. 15, 28; Is. 53, 12). Vemos, pues, que la inmensidad de las promesas de Cristo, más aún que en la opulencia de darnos su misma realeza y ponernos a su mesa y sentarnos en tronos (Lc 22, 29s.), está en el amor con que quiere ponerse Él mismo a servirnos. El que no ama no puede comprender semejantes cosas, según enseña San Juan (1 Jn. 4, 8).

40. El ilustre Cardenal Newman comenta a este respecto: "Sí, el Cristo debe venir algún día tarde o temprano. Los espíritus del mundo se burlan hoy de nuestra falta de discernimiento; mas quien haya carecido de discernimiento triunfará entonces. ¿Y qué piensa el Cristo de la mofa de estos hombres de hoy? Nos pone en guardia expresamente, por su Apóstol, contra los burlones que dirán: "¿Dónde está la promesa de su venida?" (2 Pe. 3, 4). Preferiría ser de aquellos que, por amor a Cristo y faltos de ciencia, toman por señal de su venida algún espectáculo insólito en el cielo, cometa o meteoro, más bien que el hombre que por abundancia de ciencia y falta de amor, se ríe de este error". Véase 24, 42-44; Mc. 12, 33s.; 1 Ts. 5, 2; 2 Pe. 3, 10; Ap. 3, 3; 16, 5.

42 ss. Véase Mt. 24, 45-51; 25, 21; 1Co. 4, 2; 1 Pe. 4, 10.

44. *Lo colocará al frente de toda su hacienda.* Comp. con el v. 37. Allí habla en plural y se dirige a todos. Aquí habla en singular como en Mt. 24, 47 y se dirige a Pedro, a quien había prometido las llaves del Reino (Mt. 16, 19).

comer, a beber, y a embriagarse, [46]el amo de este servidor vendrá en día que no espera y en hora que no sabe, lo partirá por medio, y le asignara su suerte con los que no creyeron. [47]Pero aquel servidor que, conociendo la voluntad de su amo, no se preparó, ni obró conforme a la voluntad de éste, recibirá muchos azotes. [48]En cambio aquel que, no habiéndole conocido, haya hecho cosas dignas de azotes, recibirá pocos. A todo aquel a quien se haya dado mucho, mucho le será demandado; y más aún le exigirán a aquel a quien se le haya confiado mucho".

El fuego de Jesús. [49]Fuego vine a echar sobre la tierra, ¡y cuánto deseo que ya esté encendido! [50]Un bautismo tengo para bautizarme, ¡y cómo estoy en angustias hasta que sea cumplido! [51]¿Pensáis que vine aquí para poner paz en la tierra? No, os digo, sino división. [52]Porque desde ahora, cinco en una casa estarán divididos: tres contra dos, y dos contra tres. [53]Estarán divididos, el padre contra el hijo, y el hijo contra el padre; la madre contra la hija, y la hija contra la madre; la suegra contra su nuera, y la nuera contra su suegra".

Las señales de los tiempos. [54]Dijo también a la muchedumbre: "Cuando veis una nube levantarse al poniente, luego decís: "Va a llover". Y eso sucede. [55]Y cuando sopla el viento del mediodía, decís: "Habrá calor". Y eso sucede. [56]Hipócritas, sabéis conocer el aspecto de la tierra y del cielo; ¿por qué entonces no conocéis este tiempo? [57]¿Por qué no juzgáis por vosotros mismos lo que es justo? [58]Mientras vas con tu adversario en busca del magistrado, procura en el camino librarte de él, no sea que te arrastre ante el juez, que el juez te entregue al alguacil y que el alguacil te meta en la cárcel. [59]Yo te lo declaro, no saldrás de allí hasta que no hayas reintegrado el último repte".

13 Necesidad del arrepentimiento. [1]En aquel momento llegaron algunas personas a traerle la noticia de esos galileos cuya sangre Pilato había mezclado con la de sus sacrificios. [2]Y respondiéndoles dilo: "¿Pensáis que estos galileos fueron los más pecadores de todos los galileos, porque han sufrido estas cosas? [3]Os digo que de ninguna manera, sino que todos pereceréis igualmente si no os arrepentís. [4]O bien aquellos dieciocho, sobre los cuales cayó la torre de Siloé y los mató, ¿pensáis que eran más culpables que todos los demás habitantes de Jerusalén? [5]Os digo que de ninguna manera sino que todos pereceréis igualmente si no os convertís".

La higuera estéril. [6]Y dijo esta parábola: "Un hombre tenía una higuera plantada en su viña. Vino a buscar fruto de ella, y no lo halló. [7]Entonces dijo al viñador: "Mira, tres años hace que vengo a buscar fruto en esta higuera, y no lo hallo. ¡Córtala!

---

45. "Abusa de su autoridad tanto más fácilmente cuanto que el amo tarda en venir, demora que él supone ha de prolongarse indefinidamente y que interpreta como una señal de que no volverá nunca (cf. 2 Pe. 3, 3-5)" Pirot.

46. "Sería inútil, dice Buzy, tratar de suavizar el castigo, entendiéndolo por ejemplo de una manera metafórica. Se trata aquí de una pena capital". Es de notar cómo este pasaje, que muestra la tremenda responsabilidad de los que tienen cura de almas (v. 48) prueba al mismo tiempo, contra la opinión de ciertos disidentes, que el plan de Cristo comporta la existencia de pastores hasta que Él vuelva. Cf. Hch. 20, 17 y 18; 1 Tm. 4, 14; Prefacio de Apóstoles.

48. Al mayordomo (v. 41s.) encarece Él especialmente esa continua espera de su venida (v. 35 ss.). Este recuerdo le librará de abusar como si él fuese el amo (v. 45s.). Cf. 11, 45s.; 1 Pe. 5, 1-4.

51s. Cf. Mt. 10, 34s. Ésta es la explicación y el consuelo para los que están en inevitable conflicto con familia o amigos por causa del Evangelio. Es necesario, dice San Pablo, que la división muestre quiénes son aprobados por Dios (1Co. 11, 19). Cf. 14, 26.

59. *Lepte:* moneda inferior a un centavo.

1 ss. Como los amigos de Job, tenemos tendencia a pensar que los que reciben a nuestra vista grandes *pruebas* son los más culpables. Jesús rectifica esta presunción de penetrar los juicios divinos y de ver la paja en el ojo ajeno, mostrando una vez más, como lo hizo desde el principio de su predicación (Mc. 15, 1 y nota), que nadie puede creerse exento de pecado y por consiguiente que a todos es indispensable el arrepentimiento y la actitud de un corazón contrito delante de Dios.

3. El griego *metanoeite* es algo más que arrepentirse: pensar de otro modo. Equivale al "renunciarse". Cf. 9, 23 y nota.

6. La *higuera estéril* es la Sinagoga. Jesús le consiguió del Padre, al cabo de tres años de predicación desoída, el último plazo para arrepentirse (v. 5), que puede identificarse con el llamado tiempo de los Hechos de los Apóstoles, durante el cual, no obstante el deicidio, Dios le renovó, por boca de san Pedro y San Pablo, todas las promesas antiguas. Desechada también esta predicación apostólica, perdió Israel su elección definitivamente y San Pablo pudo revelar a los gentiles, con las llamadas Epístolas de la cautividad, la plenitud del Misterio de la Iglesia (Hch. 28, 28 y 31 y notas; Ef. 1, 1 ss. y notas). En sentido más amplio la higuera estéril es figura de todos los hombres que no dan los frutos de la fe, como se ve también en la Parábola de los talentos (Mt. 25, 14 ss.).

¿Por qué ha de inutilizar la tierra?" [8]Mas él le respondió y dijo: "Señor, déjala todavía este año, hasta que yo cave alrededor y eche abono. [9]Quizá dé fruto en lo futuro; si no, la cortarás".

La mujer encorvada. [10]Un día sabático enseñaba en una sinagoga. [11]Había allí una mujer que tenía desde hacía dieciocho años, un espíritu de enfermedad: estaba toda encorvada, y sin poder absolutamente enderezarse. [12]Al verla Jesús, la llamó y le dijo: "Mujer, queda libre de tu enfermedad". [13]Y puso sobre ella sus manos, y al punto se enderezó y se puso a glorificar a Dios. [14]Entonces, el jefe de la sinagoga, indignado porque Jesús había curado en día sabático, respondió y dijo al pueblo: "Hay seis días para trabajar; en esos días podéis venir para haceros curar, y no el día de sábado". [15]Mas Jesús le replicó diciendo: "Hipócritas, ¿cada uno de vosotros no desata su buey o su asno del pesebre, en día sabático, para llevarlo al abrevadero? [16]Y a ésta, que es una hija de Abraham, que Satanás tenía ligada hace ya dieciocho años, ¿no se la había de libertar de sus ataduras, en día sabático?" [17]A estas palabras, todos sus adversarios quedaron anonadados de vergüenza, en tanto que la muchedumbre entera se gozaba de todas las cosas gloriosas hechas por Él.

Parábola del grano de mostaza. [18]Dijo entonces: "¿A qué es semejante el reino de Dios, y con qué podré compararlo? [19]Es semejante a un grano de mostaza que un hombre tomó y fue a sembrar en su huerta; creció, vino a ser un árbol, y los pájaros del cielo llegaron a anidar en sus ramas".

Parábola de la levadura [20]Dijo todavía: "¿Con qué podré comparar el reino de Dios? [21]Es semejante a la levadura que una mujer tomó y escondió en tres medidas de harina y, finalmente, todo fermentó".

La puerta angosta. [22]Y pasaba por ciudades y aldeas y enseñaba yendo de viaje hacia Jerusalén. [23]Le dijo uno: "Señor, ¿los que se salvan serán pocos?" [24]Les respondió: "Pelead para entrar por la puerta angosta, porque muchos, os lo declaro, tratarán de entrar y no podrán. [25]En seguida que el dueño de casa se haya despertado y haya cerrado la puerta, vosotros, estando fuera, os pondréis a llamar a la puerta diciendo: "¡Señor, ábrenos!" Mas él respondiendo os dirá: "No os conozco (*ni sé*) de dónde sois". [26]Entonces comenzaréis a decir: "Comimos y bebimos delante de ti, y enseñaste en nuestras plazas". [27]Pero él os dirá: "Os digo, no sé ele dónde sois. Alejaos de mí, obradores todos de iniquidad". [28]Allí será el llanto y el rechinar de dientes, cuando veáis a Abraham, a Isaac y a Jacob y a todos los profetas en el reino de Dios, y a vosotros arrojados fuera. [22]y del oriente y del occidente, del norte y del mediodía vendrán a sentarse a la mesa en el reino de Dios. [30]Y así hay últimos que serán primeros, y primeros que serán últimos".

El zorro Herodes. [31]En ese momento se

---

18 ss. *Dijo entonces:* Como observa Pirot, estas palabras (y las análogas del v. 20) vinculan lo que sigue con los vv. 15 ss., en que Jesús está reprochando a los fariseos su hipocresía que en 12, 11llamó *levadura*. De ahí que algunos refieren a ellos estas dos parábolas, que Lucas trae aquí sueltas a diferencia de Mt. 13. El *grano de mostaza* (cf. Mt. 13, 31s.; Mc. 4, 32) que puede también representar la técnica de la pequeñez, según la cual Dios bendice lo que comienza humildemente como empezaron los apóstoles, se refiere a la planta *brassica nigra* que, como la cizaña, es una plaga por su crecimiento excesivo. En tal caso los pájaros (v. 19) serían semejantes a los de Mt. 13, 4 y nota. Sobre la levadura cf. Mt. 13, 33 y nota.

24. Como observan algunos exegetas, estas palabras de Jesús ni parecen las mismas de Mt. 7, 13, donde no se habla de esforzarse y se trata más bien de un pasaje que de una puerta. La imagen es sumamente gráfica, pues hace comprender que, así como nos esforzamos por hacernos pequeños para poder pasar por una portezuela en que no caben los grandes, así hemos de luchar por

hacernos pequeños para poder entrar en ese reino que está exclusivamente reservado a los que se hacen niños según lo dice Jesús. Cf. 10, 21; Mt. 18, 1-4; Mc. 10, 15.

26. *Enseñaste en nuestras Plazas:* En el v. 27. Él insiste en decir que no los conoce. Además, escrito está que *"nadie oirá su voz en las plazas"*, porque Él no será turbulento (cf. Mt. 12, 19 y nota). Si ellos escucharon, pues, fué a otros, como se lo anunció Jesús (Jn. 5, 43 y nota); a otros que no buscaban la gloria del que los envió, sino la propia gloria (Jn. 7, 18 y nota), por lo cual no podían tener fe (Jn. 5, 44 y nota). Ésos no eran por tanto, los verdaderos discípulos a quienes Él dijo: "Quien a vosotros escucha, a Mí me escuda" (Lc. 10, 16), sino los falsos profetas sobre los cuales tanto había prevenido Él. Cf. Mt. 7,15 y nota.

27. Véase Mt. 15, 8, citando a Is. 29, 13. Mt. 7, 23; 25, 41. Condena Jesús anticipadamente a aquellos cristianos que se contentan con el solo nombre de tales y con la vinculación exterior a la Iglesia.

acercaron algunos fariseos, para decirle: "¡Sal, vete de aquí, porque Herodes te quiere matar". [32]Y les dijo: "Id a decir a ese zorro: He aquí que echo demonios y obro curaciones hoy y mañana; el tercer día habré terminado. [33]Pero hoy, mañana y al otro día, es necesario que Yo ande, porque no cabe que un profeta perezca fuera de Jerusalén".

¡Ay de Jerusalén! [34]Jerusalén, Jerusalén, tú que matas a los profetas, y apedreas a los que te son enviados, ¡cuántas veces quise Yo reunir a tus hijos, como la gallina reúne su pollada debajo de sus alas, y vosotros no lo habéis querido! [35]Ved que vuestra casa os va a quedar desierta. Yo os lo digo, no me volveréis a ver, hasta que llegue el tiempo en que digáis: "¡Bendito el que viene en nombre del Señor!"

14 **Jesús sana a un hidrópico.** [1]Como Él hubiese ido a casa de un jefe de los fariseos, un día sabático a comer, ellos lo acechaban. [2]Estaba allí, delante de Él un hombre hidrópico. [3]Tomando la palabra, Jesús preguntó a los doctores de la Ley y a los fariseos: "¿Es lícito curar, en día sabático, o no?" [4]Pero ellos guardaron silencio. Tomándolo, entonces, de la mano, lo sanó y lo despidió. [5]Y les dijo: "¿Quién hay de vosotros, que viendo a su hijo o su buey caído en un pozo, no lo saque pronto de allí, aun en día de sábado?" [6]Y no fueron capaces de responder a esto.

Parábola de los primeros puestos. [7]Observando cómo elegían los primeros puestos en la mesa, dirigió una parábola a los invitados, diciéndoles: [8]"Cuando seas invitado a un convite de bodas, no te pongas en el primer puesto, no sea que haya allí otro convidado objeto de mayor honra que tú [9]y viniendo el que os convido a ambos, te diga: "Deja el sitio a éste", y pases entonces, con vergüenza, a ocupar el último lugar. [10]Por el contrario, cuando seas invitado, ve a ponerte en el último lugar, para que, cuando entre el que te invitó, te diga: "Amigo, sube más arriba". Y entonces tendrás honor a los ojos de todos los convidados. [11]Porque el que se levanta, será abajado; y el que se abaja, será levantado". [12]También dijo al que lo había invitado: "Cuando des un almuerzo o una cena, no invites a tus amigos, ni a tus hermanos, ni a tus parientes, ni a vecinos ricos, no sea, que ellos te inviten a su vez, y que esto sea tu pago. [13]Antes bien, cuando des un banquete, convida a los pobres, a los lisiados, a los cojos, y a los ciegos. [14]Y feliz serás, porque ellos no tienen cómo retribuirte, sino que te será retribuido en la resurrección de los justos".

Parábola del gran banquete. [15]A estas palabras, uno de los convidados le dijo: "¡Feliz el que pueda comer en el reino de Dios!" [16]Mas Él le respondió: "Un hombre dio una gran cena a la cual tenía invitada mucha gente. [17]Y envió a su servidor, a la hora del festín, a decir a los convidados: "Venid, porque ya todo está pronto". [18]Y todos a una comenzaron a excusarse. El primero le dijo: "He comprado un campo, y es preciso que vaya a verlo; te ruego me des por excusado". [19]Otro dijo: "He comprado cinco yuntas de bueyes, y me voy a probarlas; te ruego me tengas por excusado".

---

33. Ni los fariseos, ni Herodes logran intimidarlo. Él va a morir libremente cuando haya llegado tu hora. Cuando ésta llega, lo vemos con sublime empeño "adelantarse" hacia Jerusalén, sin que nada ni nadie pueda detenerlo. Véase 9, 5; 18, 31; 19, 28. San Pablo lo imitará. Cf. Hch. 21, 4.

34. Jesús está hablando en singular con Jerusalén. El plural que usa luego alude sin duda a los jefes de la Sinagoga. Cf. Mt. 23, 37.

35. En Mt. 23, 39el Señor pronuncia este mismo vaticinio del Sal. 117, 26, al terminar su último gran discurso en el Templo. Véase allí la nota.

7 ss. El humilde huye de los primeros puestos como por instinto, porque sabe que esto agrada al Padre Celestial. "al hombre según el Corazón de Dios, hace siempre lo que Él quiere; une su corazón al Corazón de Dios; une su alma al Espíritu Santo; quiere lo que Dios quiere, y no quiere lo que Él no quiere" (San Juan Crisóstomo).

10. Véase Pr. 25, 6s.; Mt. 23, 12; Lc. 1; 52; 18, 14; 1 Pe. 5, 5.

14. *La resurrección de los justos*: Cf. 20, 35; Jn. 5, 25 ss.; 6, 39s.; 11, 25 ss.; Ap. 20, 6; 1Co. 15, 22s.; 15, 51 ss. (texto griego); 1 Ts. 4, 16; Flp. 3, 11; Hch. 4, 2; 24, 15.

16. En la presente parábola el que convida es el *Padre Celestial*, la cena es figura del reino de Dios. Los primeros convidados son los *hijos de Israel*, que, por no aceptar la invitación, son reemplazados por los *pueblos paganos*. Véase Mt. 22, 2-14.

17. Jesús, siervo de Yahvéh (Is. 42, 1s.), se retrata aquí admirablemente como tal y muestra que venía *a la hora del festín*, es decir, cuando todo estaba dispuesto para el cumplimiento de las profecías (cf. Rm. 15, 8; Jn. 18, 36s.). Bien sabía Él que lo iban a rechazar y por eso anuncia (v. 23s.) la entrada del nuevo pueblo de que habla Santiago en Hch. 15, 13 ss. Cf. Is. 35, 5 y nota.

[20]Otro dijo: "Me he casado, y por tanto no puedo ir". [21]El servidor se volvió a contar todo esto a su amo. Entonces, lleno de ira el dueño de casa, dijo a su servidor: "Sal en seguida a las calles y callejuelas de la ciudad; y tráeme acá los pobres, y lisiados, y ciegos y cojos". [22]El servidor vino a decirle: "Señor, se ha hecho lo que tú mandaste, y aún hay sitio". [23]Y el amo dijo al servidor: "Ve a lo largo de los caminos y de los cercados, y compele a entrar, para que se llene mi casa. [24]Porque yo os digo, ninguno de aquellos varones que fueron convidados gozará de mi festín".

El amor de preferencia. [25]Como grandes muchedumbres le iban siguiendo por el camino, se volvió y les dijo: [26]"Si alguno viene a Mí y no odia a su padre, a su madre, a su mujer, a sus hijos, a sus hermanos y a sus hermanas, y aun también a su propia vida, no puede ser discípulo mío. [27]Todo aquel que no lleva su propia cruz y no anda en pos de Mí, no puede ser discípulo mío".

[28]"Porque, ¿quién de entre vosotros, queriendo edificar una torre, no se sienta primero a calcular el gasto y a ver si tiene con qué acabarla? [29]No sea que, después de haber puesto el cimiento, encontrándose incapaz de acabar, todos los que vean esto comiencen a menospreciarlo [30]diciendo: "Este hombre se puso a edificar, y ha sido incapaz de llegar a término". [31]¿O qué rey, marchando contra otro rey, no se pone primero a examinar si es capaz, con diez mil hombres, de afrontar al que viene contra él con veinte mil? [32]Y si no lo es, mientras el otro está todavía lejos, le envía una embajada para pedirle la paz. [33]Así, pus, cualquiera que entre vosotros no renuncia a todo lo que posee, no puede ser discípulo mío. [34]La sal es buena, más si la sal pierde su fuerza, ¿con qué será sazonada? [35]Ya no sirve, ni tampoco sirve para la tierra, ni para el muladar: la arrojan fuera. ¡Quién tiene oídos para oír, que oiga!"

15 **Parábola de la oveja descarriada.** [1]Todos los publicanos y los pecadores se acercaban a Él para oírlo. [2] Pero los fariseos y los escribas murmuraban y decían: "Este recibe a los pecadores y come con ellos". [3]Entonces les dirigió esta parábola: [4]"¿Qué hombre entre vosotros, teniendo cien ovejas, si llega a perder una de ellas, no deja las otras noventa y nueve en el desierto, para ir tras la oveja perdida, hasta que la halle? [5]Y cuando la hallare, la pone sobre sus hombros, muy gozoso, [6]y vuelto a casa, convoca a amigos y vecinos, y les dice: "Alegraos conmigo, porque hallé mi oveja, la que andaba perdida". [7]Así, os digo, habrá gozo en el cielo, más por un solo pecador que se arrepiente, que por noventa y nueve justos que no tienen necesidad de convertirse".

La dracma perdida. [8]"¿O qué mujer que tiene diez dracmas, si llega a perder una sola dracma, no enciende un candil y barre la casa y busca con cuidado, hasta que la halla? [9]Y cuando la ha encontrado, convoca a las amigas y las vecinas, y les dice: "Alegraos conmigo, porque he encontrado la dracma que había perdido". [10]Os digo que la misma alegría reina en presencia de los ángeles de

---

25. Los proselitistas humanos hallarían muy sorprendente esta política de Jesús: Cuando inmensas multitudes lo siguen (cf. 12, 1) Él, en lugar de atraerlas con promesas, como suele hacerse, pone en el más fuerte aprieto la sinceridad de su adhesión (véase 9, 57 ss.). Con ello nos da una de las grandes muestras de su divina verdad. Cf. 12, 22 y nota.

26. Quiere decir simplemente que en el orden de los valores Jesús ocupa el primer lugar, aun frente a los padres. Nótese que, si bien el honrar padre y madre es un gran mandamiento del mismo Dios, Jesús se declara Él mismo instrumento de *discordia en las familias* (véase 12, 51 y nota), y nos previene que los enemigos estarán en la propia casa (Mt. 10, 34s.), donde el ambiente mundano o farisaico se burlará de los discípulos como lo hacían del Maestro sus propios parientes. Cf. Mc. 3, 21; Jn. 7, 3-5 y notas.

27. Cf. 9, 23; Mt. 10, 38; 16, 24; Mc. 8, 34; Ga. 6, 14.

33. Es notable que la conclusión de Jesús no nos habla de aumentar nuestros *recursos propios*, como parecería deducirse de

la parábola. Es para enseñarnos que Satanás será siempre más fuerte que nosotros, si pretendemos combatirlo con las armas nuestras (cf. 9, 24 y nota) y sin el auxilio que el mismo Dios nos da por la gracia (1 Pe. 5, 8s.). Cf. 9, 24; Mt. 10, 39; Jn. 15, 5 y notas.

34s. La *sal*, símbolo de la sabiduría sobrenatural, representa a los que han de difundirla en nombre de Jesús. Si ellos pierden la buena doctrina, se hacen despreciables ante Dios como el estiércol. La corrupción de la grey, dicen San Jerónimo y San Ambrosio, será siempre el síntoma de que los ministros del Evangelio se han desvirtuado. Cf. 11, 52 y nota.

4. Empiezan aquí las tres parábolas llamadas de la *misericordia*, en que Jesús nos muestra, como una característica del Corazón de su Padre, la predilección con que su amor se inclina hacia los más necesitados, contrastando con la mezquindad humana, que busca siempre a los triunfadores.

8. La *dracma* equivale a un peso argentino.

Dios, por un solo pecador que se arrepiente".

El hijo pródigo. [11]Dijo aún: "Un hombre tenía dos hijos, [12]el menor de lo cuales dijo a su padre: "Padre, dame la parte de los bienes, que me ha de tocar". Y les repartió su haber. [13]Pocos días después, el menor, juntando todo lo que tenía, partió para un país lejano, y allí disipó todo su dinero, viviendo perdidamente. [14]Cuando lo hubo gastado todo, sobrevino gran hambre en ese país, y comenzó a experimentar necesidad. [15]Fue, pues, a ponerse a las órdenes de un hombre del país, el cual lo envió a sus tierras a apacentar los puercos. [16]Y hubiera, a la verdad, querido llenarse el estómago con las algarrobas que comían los puercos, pero nadie se las daba. [17]Volviendo entonces sobre sí mismo, se dijo: "¡Cuántos jornaleros de mi padre tienen pan de sobra, y yo, aquí, me muero de hambre! [18]Me levantaré, iré a mi padre, y le diré: "Padre, he pecado contra el cielo y delante de ti. [19]Ya no soy digno de ser llamado hijo tuyo. Hazme

como uno de tus jornaleros". [20]Y levantándose se volvió hacia su padre. Y cuando estaba todavía lejos, su padre lo vio, y se le enternecieron las entrañas, y corriendo a él, cayó sobre su cuello y lo cubrió de besos. [21]Su hijo le dijo: "Padre, pequé contra el cielo y contra ti. Ya no soy digno de ser llamado hijo tuyo". [22] Pero el padre dijo a sus servidores: "Pronto traed aquí la ropa, la primera, y vestidlo con ella; traed un anillo para su mano, y calzado para sus pies; [23]y traed el novillo cebado, matadlo, y comamos y hagamos fiesta: [24]porque este hijo mío estaba muerto, y ha vuelto a la vida; estaba perdido, y ha sido hallado". Y comenzaron la fiesta. [25]Más sucedió que el hijo mayor estaba en el campo. Cuando, al volver llegó cerca de la casa, oyó música y coros. [26]Llamó a uno de los criados y le averiguó qué era aquello. [27]Él le dijo: "Tu hermano ha vuelto, y tu padre ha matado el novillo cebado, porque lo ha recobrado sano y salvo". [28]Entonces se indignó y no quería entrar. Su padre

---

10. Si para nuestro corazón, tan pobre, es un gozo incomparable presenciar la conversión de un amigo que había perdido la fe, ¿qué será esa alegría de los ángeles, que hallan corta la eternidad para alabar y querer y bendecir y agradecer?

11. La parábola del *hijo pródigo* es sin duda una de las más bellas y trascendentales revelaciones del corazón misericordioso del Padre celestial. Todos somos hijos pródigos, pecadores. En la primera parte describe Jesús la separación de Dios por parte del hombre; en la segunda, la vuelta del pecador a Dios; en la tercera, el recibimiento del pecador por parte del Padre. Algunos expositores antiguos y modernos refieren la parábola a la vocación de los gentiles, figurando el hijo menor a éstos, y el mayor, a los judíos. Falta, empero, el elemento esencial, pues ni Israel pudo llamarse fiel como el hijo mayor, ni puede decirse que hubiese en la gentilidad un alejamiento y una vuelta al hogar, pues nunca había estado en él (Ef. 2, 12; cf. Is. 54, 1 y nota). La enseñanza de esta parábola es, pues, eminentemente íntima e individual como en 5, 32 y en la perícopa de Jn. 8, 1-11 (que según Joüon y otros corresponde también a San Lucas. Cf. 21, 38 y nota). Véase el comentario al v. 28 y los vv. 1-3, que muestran claramente la ocasión en que Jesús habló y lo que quiso enseñar. Darle un sentido histórico sería desviar la atención de su inmenso significado espiritual, infalible para convertir a cualquier pecador que no esté perdido por la soberbia. Cf. Jn. 6, 37; St. 4, 6; 1 Pe. 5, 5.

19. *Hazme como uno de tus jornaleros*: Notemos que esto se propone decirlo el hijo, y es una prueba de la humildad necesaria en la conversión. Pero cuando está ante el padre, ya no alcanza a decir esas palabras (v. 21), porque éste se lo impide con el estallido de su amor generoso (v. 22). ¡Qué bien predica aquí el "misionero" Jesús, para hacernos comprender lo que es el Corazón de "su Padre y nuestro Padre"! (Jn. 20, 17). Él no impone su santo Espíritu; pero, apenas lo deseamos, nos lo prodiga (Lc. 11, 13 y nota), junto con

su perdón y sus favores, como si el beneficiado fuera Él. Quien descubre así lo que es Dios –como lo habrá sentido Abraham cuando el ángel le detuvo el brazo en el sacrificio de Isaac– ¿qué podrá ya pedir o esperar del mundo?

20. *Cuando estaba todavía lejos*: Jesús revela aquí los más íntimos sentimientos de su divino Padre que, lejos de rechazarnos y mirarnos con rigor a causa de nuestras miserias y pecados, nos sale a buscar cuando estamos todavía lejos. Notemos que si Adán se escondió después del pecado (Gn. 3, 8s.) fué porque no creyó que Dios fuese bastante bueno para perdonarlo. Es decir que el disimulo y el miedo vienen de no confiar en Dios como Padre. Por donde vemos que la desconfianza es mucho peor que el pecado mismo, pues a éste lo perdona Dios fácilmente, en tanto que aquélla impide el perdón y, al quitarnos la esperanza de conseguirlo, nos aparta de la contrición, arrastrándonos a nuevos pecados, hasta el sumo e irremediable pecado de la desesperación, que es el característico de Caín (Gn. 4, 3), de Judas (Mt. 27, 3-5) y del mismo Satanás. También la mentira viene de la desconfianza, pues si creyéramos en la bondad de Dios, que nos perdona lisa y llanamente, total y gratuitamente, no recurriríamos a buscar excusas por nuestros pecados, ni nos sería doloroso, sino al contrario, muy grato, declararnos culpables para sentir la incomparable dulzura del perdón (véase Sal. 50, 10 y nota). El que duda de ser perdonado por sus faltas, ofende a Dios mucho más que con esas faltas porque lo está tratando de falso, ya que ese divino Padre ha prometido mil veces el perdón, haciéndonos saber que "Él es bueno con los desagradecidos y malos" (6, 35). Hay en esto también una enseñanza definitiva dada a los padres de familia, para que imiten más que nadie, en el trato con sus hijos, la misericordia del Padre Celestial (cf. 6, 36 y nota), y sepan que los inducen a la mentira, más que a la contrición, si usan un rigor inexorable que les haga dudar de su perdón.

salió y lo llamó. ²⁹Pero él contestó a su padre: "He aquí tantos años que te estoy sirviendo y jamás he transgredido mandato alguno tuyo; a mí nunca me diste un cabrito para hacer fiesta con mis amigos. ³⁰Pero cuando tu hijo, éste que se ha comido toda, su hacienda con meretrices, ha vuelto, le has matado el novillo cebado". ³¹El padre le dijo: "Hijo mío, tú siempre estás conmigo, y todo lo mío es tuyo. ³² Pero estaba bien hacer fiesta y regocijarse, porque este hermano tuyo había muerto, y ha revivido; se había perdido, y ha sido hallado".

16 **Parábola del administrador infiel.** ¹Dijo también, dirigiéndose a sus discípulos: "Había un hombre rico, que tenía un mayordomo. Este le fue denunciado como que dilapidaba sus bienes. ²Lo hizo venir y le dijo: "¿Qué es eso que oigo de ti? Da cuenta de tu administración, porque ya no puedes ser mayordomo". ³Entonces el mayordomo se dijo dentro de sí mismo: "¿Qué voy a hacer, puesto que mi amo me quita la mayordomía? De cavar no soy capaz; mendigar me da vergüenza. ⁴Yo sé lo que voy a hacer, para que, cuando sea destituido de la mayordomía, me reciban en sus casas". ⁵Y llamando a cada uno de los deudores de su amo, dijo al primero: "¿Cuánto debes a mi amo?" ⁶Y él contestó: "Cien barriles de aceite". Le dijo: "Aquí tienes tu vale; siéntate en seguida y escribe cincuenta". ⁷Luego dijo a otro: "Y tú, ¿cuánto debes?" Éste le dijo: "Cien medidas de trigo". Le dijo: "Aquí tienes tu vale, escribe ochenta". ⁸Y alabó el señor al inicuo mayordomo, porque había obrado sagazmente. Es que los hijos del siglo, en sus relaciones con los de su especie, son más listos que los hijos de la luz. ⁹Por lo cual Yo os digo, granjeaos amigos por medio de la inicua riqueza para que, cuando ella falte, os reciban en las moradas eternas. ¹⁰El fiel en lo muy poco, también en lo mucho es fiel; y quien en lo muy poco es injusto, también en lo mucho es injusto. ¹¹Si, pues, no habéis sido fieles en la riqueza inicua, ¿quién os confiará la verdadera? ¹²Y si en lo ajeno no habéis sido fieles, ¿quién os dará lo vuestro?".

¹³"Ningún servidor puede servir a dos amos, porque odiará al uno y amará al otro, o se adherirá al uno y despreciará al otro; no podéis servir, a Dios y a Mammón".

La hipocresía de los fariseos. ¹⁴Los fariseos, amadores del dinero, oían todo esto y se burlaban de Él. ¹⁵Les dijo entonces: "Vosotros sois los que

28. El *hijo mayor*, que no podía comprender la conducta del padre para con el menor, viene a estar más lejos de Dios que su hermano arrepentido. Él es imagen de quienes, creyéndose usufructuarios exclusivos del reino de Dios, se sienten ofendidos cuando Dios es más misericordioso que ellos. Por eso el hijo "justo" recibe una reconvención, mientras su hermano pecador goza de la dicha de ser acogido festivamente por su padre y, al sentirse perdonado, crece en el amor (véase 7, 47). Nótese que esta parábola fué dirigida a los fariseos, como se ve en los vers. 1-3.

6. El *barril* corresponde al *bat* hebreo = 36,4litros.

7. Cien *medidas* hebreas son 364hectólitros.

8. Los *hijos de la luz* son los hijos del reino de Dios. Jesús no alaba las malas prácticas del administrador, sino la habilidad en salvar su existencia. Como el administrador asegura su porvenir, así nosotros podemos "atesorar riquezas en el cielo" (Mt. 6, 20) y no hemos de ser menos previsores que él. Aun las "riquezas de iniquidad" han de ser utilizadas para tal fin. Es de notar que no se trata de un simple individuo sino de un mayordomo y que las liberalidades con que se salvó no fueron a costa de sus bienes propios sino a costa de su amo, que es rico y bueno. ¿No hay aquí una enseñanza también para los pastores, de predicar la bondad y la misericordia de Dios, que viene de su amor (Ef. 2, 4), guardándose de "colocar pesadas cargas sobre los hombros de los demás?" (Mt. 23, 4). Cf. Jr. 23, 33-40 y nota; Catecismo Romano III 2, 36; IV, 9, 7 ss.

9. Enseñanza concordante con la de 11, 40.

10. *En lo muy poco*: He aquí una promesa, llena de indecible suavidad, porque todos nos animamos a hacer *lo muy poco*, si es que queremos. Y Él promete que este poquísimo se convertirá en mucho, como diciendo: No le importa a mi Padre la cantidad de lo que hacéis, sino el espíritu con que obráis (cf. Pr. 4, 23). Si sabéis ser niños, y os contentáis con ser pequeños (cf. Mt. 18, 1s.), Él se encargará de haceros gigantes, puesto que la santidad es un don de su Espíritu (1 Ts. 4, 8 y nota). De aquí sacó Teresa de Lisieux su técnica de preferir y recomendar las virtudes pequeñas más que las "grandes" en las cuales fácilmente se infiltra, o la falaz presunción, como dice el Kempis, que luego falla como la de Pedro (Jn. 13, 37s.), o la satisfacción venosa del amor propio, como en el fariseo que Jesús nos presenta (18, 9 ss.), cuya soberbia, notémoslo bien, no consistía en cosas temporales, riquezas o mando, sino en el orden espiritual, en pretender que poseía virtudes.

12. *Lo ajeno* son los bienes temporales, pues pertenecen a Dios que los creó (Sal. 23, 1 ss.; 49, 12), y los tenemos solamente en préstamo; porque Él, al dárnoslos, no se desprendió de su dominio, y nos los dio para que con ellos nos ganásemos *lo nuestro*, es decir, los espirituales y eternos (v. 9), únicos que el Padre celestial nos entrega como propios. Para la adquisición de esta fortuna nuestra, influye grandemente, como aquí enseña Jesús, el empleo que hacemos de aquel préstamo ajeno.

os hacéis pasar por justos a los ojos de los hombres, pero Dios conoce vuestros corazones. Porque lo que entre los hombres es altamente estimado, a los ojos de Dios es abominable . [16]La Ley y los profetas llegan hasta Juan; desde ese momento el reino de Dios se está anunciando, y todos le hacen fuerza . [17]Pero es más fácil que el cielo y la tierra pasen, y no que se borre una sola tilde de la Ley. [18]Cualquiera que repudia a su mujer y se casa con otra, comete adulterio; y el que se casa con una repudiada por su marido, comete adulterio".

El rico epulón y Lázaro. [19]"Había un hombre rico, que se vestía de púrpura y de lino fino, y banqueteaba cada día espléndidamente. [20]Y un mendigo, llamado Lázaro, se estaba tendido a su puerta, cubierto de úlceras, [21]y deseando saciarse con lo que caía de la mesa del rico, en tanto que hasta los perros se llegaban y le lamían las llagas. [22]Y sucedió que el pobre murió, y fue llevado por los ángeles al seno de Abraham. También el rico murió, y fue sepultado. [23]Y en el abismo, levantó los ojos, mientras estaba en los tormentos, y vio de lejos a Abraham con Lázaro en su seno. [24]Y exclamó: "Padre Abraham, apiádate de mí, y envía a Lázaro para que, mojando en el agua la punta de su dedo, refresque mi lengua, porque soy atormentado en esta llama". [25]Abraham le respondió: "Acuérdate, hijo, que tú recibiste tus bienes durante tu vida, y así también Lázaro los males. Ahora él es consolado aquí, y tú sufres. [26]Por lo demás, entre nosotros y vosotros un gran abismo ha sido establecido, de suerte que los que quisiesen pasar de aquí a vosotros, no lo podrían; y de allí tampoco se puede pasar hacia nosotros". [27]Respondió: "Entonces te ruego, padre, que lo envíes a la casa de mi padre, [28]porque tengo cinco hermanos, para que les dé testimonio, afín de que no vengan, también ellos, a este lugar de tormentos". [29]Abraham respondió: "Tienen a Moisés y a los profetas; que los escuchen". [30]Replicó: "No, padre Abraham; pero si alguno de entre los muertos va junto a ellos, se arrepentirán". [31]Él, empero, le dijo: "Si no escuchan a Moisés y a los profetas, no se dejarán persuadir, ni aun cuando alguno resucite de entre los muertos".

17 El escándalo.
[1]Dijo a sus discípulos: "Es inevitable que sobrevengan escándalos, pero, ¡ay de aquel por quien vienen! [2]Más le valdría que le suspendiesen una piedra de molino alrededor del cuello, y lo echasen al mar, que escandalizar a uno de estos pequeños. [3]Mirad por vosotros".

Perdón ilimitado de las ofensas. "Si uno da tus hermanos llega a pecar, repréndelo; y si se arrepiente, perdónalo. [4]Y si peca siete veces en un día contra ti, y siete veces vuelve a ti y te dice: «Me arrepiento», tú le perdonarás".

Poder de la fe. [5]Y los apóstoles dijeron al Señor: "Añádenos fe" . [6]Y el Señor dijo: "Si tuvierais

---

15. *Abominable.* "Tumba del humanismo" ha sido llamada esta sentencia de irreparable divorcio entre Cristo y los valores mundanos. Cf. 1Co. caps. 1-3.

16. El Mesías-Rey vino a lo propio, "y los suyos no lo recibieron" (Jn. 1, 11). Su realeza fue apenas reconocida por un instante, el día de su entrada triunfal en Jerusalén (véanse las aclamaciones del pueblo en 19, 38; Mt. 21, 9; Mc. 11, 10; Jn. 12, 13). Algunos han interpretado metafóricamente el pasaje paralelo de Mt. 11, 12, en el sentido de que, para conquistar el Reino, hemos de hacer violencia a Dios con la confianza: y otros, que hemos de violentar nuestras malas inclinaciones. El contexto de ambos Evangelios muestra que el Señor no trata aquí de doctrina sino de profecía. Además, si este pasaje tuviera un sentido metafórico, nunca habría dicho que todos hacían violencia para entrar al Reino de los cielos, ya que desgraciadamente sucedía todo lo contrario con el rechazo de Cristo. Cf. 17, 20 ss.; Mt. 17, 10s.; Is. 35, 5 y notas.

18. *El divorcio* es, pues, contrario a la ley de Dios, aunque fuera aprobado en un país por la unanimidad de los legisladores. Véase Mt. 5, 32; Mc. 10, 11s., 1Co. 7, 10.

21. Después de *rico* la Vulgata añade: *y nadie le daba.* Es una inserción proveniente de 15, 16.

25. *Recibiste tus bienes*: es decir, el que sólo aspira a la felicidad temporal ya tuvo lo que deseaba, como enseña Jesús (6, 24; 18, 22 y nota; Mt. 6, 2; 5, 16), y no puede pretender lo eterno, pues no lo quiso. Véase también Mt. 10, 39; 2 Pe. 2, 13 y notas.

26. Cf. Mc. 9, 43; Is. 66, 24.

31. Solemos pensar que la vista de un *milagro* sería suficiente para producir una conversión absoluta. Jesús muestra aquí que ésta es una ilusión (cf. Jn. 23s.) y que la conversión viene de la Palabra de Dios escuchada con rectitud (Mt. 13, 1 ss.). La fe, dice San Pablo, viene del oír (Rm. 10, 17).

1. Véase Mt. 18, 7; Mc. 9, 41.

4. *Siete veces en un día* quiere decir: muchísimas veces, siempre. En Mateo (18, 22) dice el Señor: setenta veces siete. Dios nos da el ejemplo en 6, 35s. Cf. 15, 21; Jn. 8, 1-11.

5s. Los discípulos piden un aumento como quien ya tiene algo de fe. Jesús los desilusiona sobre eso que creen tener. Véase Mt. 17, 20; 21, 21; Mc. 11, 23.

alguna fe, aunque no fuera más grande que un grano de mostaza, diríais a este sicomoro: "Desarráigate y plántate en el mar", y él os obedecería. [7]¿Quién de vosotros, que tenga un servidor, labrador o pastor, le dirá cuando éste vuelve del campo: "Pasa en seguida y ponte a la mesa?" [8]¿No le dirá más bien: "Prepárame de comer; y ceñido sírveme luego hasta que yo haya comido y bebido, y después comerás y beberás tú?" [9]¿Y acaso agradece al servidor por haber hecho lo que le mandó? [10]Así también vosotros, cuando hubiereis hecho todo lo que os, está mandado, decid: "Somos siervos inútiles, lo que hicimos, estábamos obligados a hacerlo".

Los diez leprosos. [11]Siguiendo su camino hacia Jerusalén, pasaba entre Samaria y Galilea. [12]Y al entrar en una aldea, diez hombres leprosos vinieron a su encuentro, los cuales se detuvieron a la distancia, [13]y, levantando la voz, clamaron: "Maestro Jesús, ten misericordia de nosotros". [14]Viéndolos, les dijo: "Id, mostraos a los sacerdotes". Y mientras iban quedaron limpios. [15]Uno de ellos, al ver que había sido sanado, se volvió glorificando a Dios en alta voz, [16]y cayó sobre su rostro a los pies de Jesús dándole gracias, y éste era samaritano. [17]Entonces Jesús dijo: ¿No fueron limpiados los diez? ¿Y los nueve dónde están? [18]¿No hubo quien volviese a dar gloria a Dios sino este extranjero?" [19]Y le dijo: "Levántate y vete; tu fe te ha salvado".

Las dos venidas del Mesías. [20]Interrogado por los fariseos acerca de cuándo vendrá el reino de Dios, les respondió y dijo: "El reino de Dios no viene con advertencia, [21]ni dirán: «¡Está aquí!» o «¡Está allí!» porque ya está el reino de Dios en medio de vosotros". [22]Dijo después a sus discípulos: "Vendrán días en que desearéis ver uno solo de los días del Hijo del hombre, y no lo veréis. [23]Y cuando os digan: «¡Está allí!» o «¡Está aquí!» no vayáis allí y no corráis tras de él. [24]Porque, como el relámpago, fulgurando desde una parte del cielo, resplandece hasta la otra, así será el Hijo del hombre, en su día. [25]Más primero es necesario que él sufra mucho y que sea rechazado por la generación esta. [26]Y como fue en los días de Noé, así será también en los días del Hijo del hombre. [27]Comían, bebían, se casaban (*los hombres*), y eran dadas en matrimonio (*las mujeres*), hasta el día en que Noé entró en el arca, y vino el cataclismo y los hizo perecer a todos. [28]Asimismo, como fue en los días de Lot: comían, bebían, compraban, vendían, plantaban, edificaban; [29]más el día en que Lot salió

10. "Entregarse todo entero y considerarse siervo inútil es una cosa preciosa para el hombre espiritual. Porque el que lo ha hecho es el que descubre fácilmente cuán mal sabe hacerlo. Y como desea hacerlo cada vez más, pues ha encontrado en ello su reposo, vive pidiendo al Padre que le enseñe a entregarse, comprendiendo que todo cuanto pueda hacer en ese sentido es también obra de la gratuita misericordia de ese Dios cuyo Hijo vino a buscar pecadores y no justos, y sin el cual nada podemos. De ahí que al hombre espiritual ni siquiera se le ocurre pensar –como lo hace el hombre natural– que es dura e injusta esa palabra de Jesús al decir que nos llamemos *siervos inútiles*, pues el espiritual se da cuenta de que ser así, inútil, no sólo es una enorme verdad que en vano se pretendería negar, sino que es también lo que más le conviene para su ventaja, pues a los hambrientos Dios lo llena de bienes, en tanto que si él fuera rico espiritualmente (o mejor: si pretendiera serlo) sería despedido sin nada, como enseña María (Lc. 1, 53). Vemos, pues, que en esto de ser siervo inútil está, no una censura o reproche de Jesús, sino todo lo contrario: nada menos que la bienaventuranza de los pobres en el espíritu (Mt. 5, 3 y nota). Así es la suavidad inefable del Corazón de Cristo: cuando parece exigirnos algo, en realidad nos está regalando. Y bien se entiende esto, pues a Él ¿qué le importaría que hiciéramos tal cosa o tal otra, si no buscara nuestro bien... hasta con su Sangre? De ahí que la característica del hombre espiritual sea ésta: se sabe amado de Dios y por eso no se le ocurre suponerle intenciones crueles, aunque Él a veces disimule su bondad bajo un tono que nos parece severo, como al niño cuando el padre lo manda a dormir la siesta. Porque Él nos dice que no piensa en obligarnos sino en darnos paz (Jr. 29, 11)". Sobre la diferencia entre el hombre espiritual y el que no lo es, véase 1Co. 2, 10 y 14.

18. *Gloria a Dios*: Una vez más hace resaltar Jesús que la gloria de Dios consiste en el reconocimiento de sus beneficios. La alabanza más repetida en toda la Escritura dice: "Alabad al Señor porque es bueno, porque su misericordia permanece para siempre" (Sal. 135, 1 ss. etc.). Sobre el "extranjero", véase 9, 53 y nota.

20s. Jesús se presentó en la humildad para probar la fe de Israel; pero las profecías, como también los milagros, mostraban que era el Mesías. Cf. 16, 16 y nota. Como observan el Padre de la Brière y muchos otros, el sentido no puede ser que el reino está dentro de sus almas, pues Jesús está hablando con los fariseos.

24. Ahora Jesús habla con los discípulos y alude a su *segunda venida*, que será bien notoria como el relámpago (Mt. 24, 23; Mc. 13, 21; Ap. 1, 7). Antes de este acontecimiento se presentarán muchos falsos profetas y será general el descreimiento y la burla como en tiempos de Noé y de Lot (Gn. 7, 7; 19, 25; 2 Pe. 3, 3 ss.). No cabe duda de que nuestros tiempos se parecen en muchos puntos a lo predicho por el Señor. Cf. 18, 8 y nota.

26. Véase Gn. 7, 7; Mt. 24, 37.

de Sodoma, cayó del cielo una lluvia de fuego y de azufre, y los hizo perecer a todos. [30]Conforme a estas cosas será en el día en que el Hijo del hombre sea revelado. [31]En aquel día, quien se encuentre sobre la azotea, y tenga sus cosas dentro de su casa, no baje a recogerlas; e igualmente, quien se encuentre en el campo, no se vuelva por las que dejó atrás. [32]Acordaos de la mujer de Lot. [33]El que procurare conservar su vida, la perderá; y el que la pierda, la hallará. [34]Yo os digo, que en aquella noche, dos hombres estarán reclinados a una misma mesa: el uno será tomado, el otro dejado; [35]dos mujeres estarán moliendo juntas: la una será tomada, la otra dejada. [36][Estarán dos en el campo; el uno será tomado, el otro dejado]". [37]Entonces le preguntaron: "¿Dónde, Señor?" Les respondió: "Allí donde está el cadáver, allí se juntarán los buitres".

18 **El juez inicuo.** [1]Les propuso una parábola sobre la necesidad de que orasen siempre sin desalentarse: [2]"Había en una ciudad un juez que no temía a Dios y no hacía ningún caso de los hombres. [3]Había también allí, en esta misma ciudad, una viuda, que iba a buscarlo y le decía: "Hazme justicia librándome de mi adversario". [4]Y por algún tiempo no quiso; más después dijo para sí: "Aunque no temo a Dios, ni respeto a hombre, [5]sin embargo, porque esta viuda me importuna, le

haré justicia, no sea que al fin venga y me arañe la cara. [6]Y el Señor agregó: "Habéis oído el lenguaje de aquel juez inicuo. [7]¿Y Dios no habrá de vengar a sus elegidos, que claman a Él día y noche, y se mostraría tardío con respecto a ellos? [8]Yo os digo que ejercerá la venganza de ellos prontamente. Pero el Hijo del hombre, cuando vuelva, ¿hallará por ventura la fe sobre la tierra?".

El fariseo y el publicano. [9]Para algunos, los que estaban persuadidos en sí mismos de su propia justicia, y que tenían en nada a los demás, dijo también esta parábola: [10]"Dos hombres subieron al Templo a orar, el uno fariseo, el otra publicano. [11]El fariseo, erguido, oraba en su corazón de esta manera: "Oh Dios, te doy gracias de que no soy como los demás hombres, que son ladrones, injustos, adúlteros, ni como el publicano ése. [12]Ayuno dos veces en la semana y doy el diezmo de todo cuanto poseo". [13]El publicano, por su parte, quedándose a la distancia, no osaba ni aún levantar los ojos al cielo, sino que se golpeaba el pecho diciendo: "Oh Dios, compadécete de mí, el pecador". [14]Os digo: éste bajó a su casa justificado, mas no el otro; porque el que se eleva, será abajado; y el que se abaja, será elevado".

Necesidad de la infancia espiritual. [15]Y le traían también los niñitos, para que los tocase;

---

29. Véase Gn. 19, 15-24.

32. Estas palabras nos muestran que si la mujer de Lot (Gn. 19, 26) se convirtió en estatua (el hebreo dice columna) de sal, no fué por causa de curiosidad, sino de su apego a la ciudad maldita. En vez de mirar contenta hacia el nuevo destino que la bondad de Dios le deparaba y agradecer gozosa el privilegio de huir de Sodoma castigada por sus iniquidades, volvió a ella los ojos con añoranza, mostrando la verdad de la palabra de Jesús. "Donde está tu tesoro, allí está tu corazón" (Mt. 6, 21). La mujer deseaba a Sodoma, y Dios le dio lo que deseaba, convirtiéndola en un pedazo de la misma ciudad que se había vuelto un mar de sal: el Mar Muerto. Con el mismo criterio dice Jesús de los que buscan el aplauso: "Ya tuvieron su paga" (Mt. 6, 2, 5 y 16). Y al rico epulón: "Ya tuviste tus bienes" (16, 25). Es decir, tuvieron lo que deseaban y no desearon otra cosa; luego no tienen otra cosa qué esperar, pues Dios da a los que desean, a los hambrientos, según dice María, en tanto que a los hartos deja vacíos (1, 53; cf. Sal. 80, 11 y nota).

33s. Véase 9, 24; Mt. 10, 39; Mc. 8. 35: Jn. 12, 25; Mt. 24, 40s.; 1 Ts. 4, 15.

36. Este versículo falta en los mejores códices.

37. Cuerpo y cadáver son dos voces parecidas en griego. Ambas se encuentran en las variantes. Véase Mt. 24, 28, donde el Señor aplica esta expresión a la rapidez y al carácter visible de su segunda venida. Cf. v. 24 y nota.

7. Cf. Sal. 93, 1s.; Is. 63, 4; Rm. 8, 33; 2 Ts. 1, 6; Ap. 6, 10.

8. *¿Hallará la fe sobre la tierra?* Véase 17, 23s. y nota. Obliga a una detenida meditación este impresionante anuncio que hace Cristo, no obstante haber prometido su asistencia a la Iglesia hasta la consumación del siglo. Es el gran misterio que San Pablo llama de iniquidad y de apostasía (2 Ts. 2) y que el mismo Señor describe muchas veces, principalmente en su gran discurso esjatológico. Cf. Mt. 13, 24, 33, 47s. y notas.

9 ss. *Su propia justicia*: Véase Mt. 6, 33 y nota. Para los oyentes el *fariseo* era modelo de devoción; el *publicano*, de maldad. Dios mira si halla en el corazón la buena intención, la humildad, el arrepentimiento. Por lo cual el publicano arrepentido fue perdonado, y el fariseo, en cambio, agregó a sus pecados uno nuevo, el de la soberbia, que se atribuye a sí misma el mérito de las buenas obras y se cree mejor que el prójimo. Cf. 17, 10.

14. *Bajó justificado*: Aquí como en 7, 47 y en 15, 20, enseña Jesús el inmenso valor de la contrición perfecta. Cf. Sal. 50 y notas.

viendo lo cual, los discípulos los regañaban. [16]Pero Jesús llamó a los niños, diciendo: "Dejad a los pequeñuelos venir a Mí: no les impidáis; porque de los tales es el reino de Dios. [17]En verdad os digo: quien no recibe el reino de Dios como un niñito, no entrará en él".

Peligros de la riqueza. [18]Le preguntó cierto dignatario: "Maestro bueno, ¿qué he de hacer para poseer en herencia la vida eterna?" [19]Jesús le dijo: "¿Por qué me llamas bueno? Nadie es bueno, sino uno: Dios. [20]Conoces los mandamientos. "No cometerás adulterio, no matarás, no robarás, no dirás falso testimonio, honra a tu padre y a tu madre". [21]Él repuso: "Yo he cumplido todo esto desde mi juventud". [22]A lo cual Jesús replicó: "Una cosa te queda todavía: todo cuanto tienes véndelo y distribuye a pobres, y tendrás un tesoro en los cielos; y ven y sígueme". [23]Al oír estas palabras, se entristeció, porque era muy rico. [24]Mirándolo, entonces, Jesús dijo: "¡Cuán difícilmente, los que tienen los bienes entran en el reino de Dios! [25]Es más fácil que un camello pase por el ojo de una aguja, que un rico entre en el reino de Dios". [26]Y los oyentes dijeron: "Entonces, ¿quién podrá salvarse?" [27]Respondió: "Las cosas imposibles para hombres, posibles para Dios son". [28]Entonces Pedro le dijo: "Tú ves, nosotros hemos dejado las cosas propias y te hemos seguido". [29]Les respondió: "En verdad, os digo, nadie dejará casa o mujer o hermanos o padres o hijos a causa del reino de Dios, [30]que no reciba muchas veces otra tanto en este tiempo, y en el siglo venidero la vida eterna".

Jesús predice nuevamente su Pasión. [31]Tomando consigo a los Doce, les dijo: "He aquí que subimos a Jerusalén, y todo lo que ha sido escrito por los profetas se va a cumplir para el Hijo del hombre. [32]Él será entregado a los gentiles, se burlarán de Él, lo ultrajarán, escupirán sobre Él, [33]y después de haberlo azotado, lo matarán, y al tercer día resucitará". [34]Pero ellos no entendieron ninguna de estas cosas; este asunto estaba escondido para ellos, y no conocieron de qué hablaba.

El ciego de Jericó. [35]Cuando iba aproximándose a Jericó, un ciego estaba sentado al borde del camino, y mendigaba. [36]Oyendo que pasaba mucha gente, preguntó qué era eso. [37]Le dijeron: "Jesús, el Nazareno pasa". [38]Y clamó diciendo: "Jesús, Hijo

15. Nótese la elocuencia que tiene este pasaje en contraste con el de los fariseos (vv. 9s.).

17. Véase Mt. 19, 14; Mc. 10, 15. Cf. 10, 21 y nota.

22. Todo el que quiere seguir el camino del reino de Dios (v. 25 y nota) ha de evitar "los abrojos" que impiden aprovechar el mensaje salvador de Jesús (Mt. 13, 22), y, sin dejar, de usar los bienes que el mismo Dios le promete por añadidura (12, 31) y abundantemente (1 Tm. 6, 17; Sal. 127), deberá huir del afán de enriquecimiento (1 Tm. 6, 9s.), y no poner el corazón en las riquezas (Sal. 61, 11 y nota) so pena de tener en eso "su" recompensa (16, 25 y nota; 12, 15-34). Pero aquí se trata de un llamado particular a dejarlo todo y seguir con Él como los apóstoles, aprovechando sus privilegiadas promesas (v. 28s.; 22, 28 ss.; Flp. 3, 7-11; 2 Tm. 2, 4). Es una primogenitura a la cual el dignatario prefirió las lentejas (Hb. 12, 16). Véase 5, 39 y nota. Según Mc. 10, 21, "Jesús lo miró con amor". Pero él, por mirarse a sí mismo, no supo mirar a Jesús (Hb. 12, 2). El juicio en cada caso se lo reserva Dios según el v. 27.

24s. Jesús no quiere decir aquí que Dios no dejará al rico entrar en su Reino, sino que el corazón del rico no se interesará por *desearlo*, pues estará ocupado por otro amor y entonces no querrá tomar el camino que conduce al Reino. En Eclo. 31, 8 ss., se dice que hizo una maravilla el rico que, pudiendo pecar, no pecó.

27. Cf. v. 22 y nota; Mt. 19, 16-29; Mc. 10, 17-30 y notas; Rm. 9, 15; 11, 6.

30. *Muchas veces*: San Mateo (19, 27s.) y San Marcos (10, 30s.) dicen el *céntuplo*. Cf. las notas.

32. *Será entregado*: Este es, como dice Santo Tomás, el significado del Salmo pronunciado por Jesús en la Cruz (cf. Sal. 21, 1 y nota), es decir, el abandono de Jesús en manos de sus verdugos, y no significa que el Padre lo hubiese abandonado espiritualmente, puesto que Jesús nos hizo saber ene el Padre siempre está con Él (Jn. 8, 29). Un ilustre predicador hace notar cómo Jesús recurría a los grandes milagros para confirmar sus palabras cada vez que anunciaba que según las profecías había de morir. Cf. v. 35 ss.

34. *No entendieron*: Es que todo Israel esperaba al Mesías triunfante tan anunciado por los Profetas, y el misterio de Cristo doliente estaba oculto aun a las almas escogidas (cf. 1, 55 y nota). De ahí el gran escándalo de todos los discípulos ante la Cruz. Fué necesario que el mismo Jesús, ya resucitado, les abriese el entendimiento para que comprendieran las Escrituras, las cuales guardaban escondido en "Moisés, los Profetas y los Salmos" (24, 44s.) ese anuncio de que el Mesías Rey sería rechazado por su pueblo antes de realizar los vaticinios gloriosos sobre su triunfo. Hoy, gracias a la luz del Nuevo Testamento (cf. Hch. 3, 22notas), podemos ver con claridad ese doble misterio de Cristo doloroso en su primera venida, triunfante en la segunda, y comprendemos también el significado de las figuras dolorosas del Antiguo Testamento, la inmolación de Abel, de Isaac, del Cordero pascual, cuyo significado permanece aún velado para los judíos (2Co. 3, 14-16) hasta el día de su conversión (Rm. 11, 25s.).

de David, apiádate de mí!" [39]Los que iban delante, lo reprendían para que se callase, pero él gritaba todavía mucho más: "¡Hijo de David, apiádate de mí!" [40]Jesús se detuvo y ordenó que se lo trajesen; y cuando él se hubo acercado, le preguntó: [41]"¿Qué deseas que te haga?" Dijo: "¡Señor, que reciba yo la vista!" [42]Y Jesús le dijo: "Recíbela, tu fe te ha salvado". [43]Y en seguida vio, y lo acompañó glorificando a Dios. Y todo el pueblo, al ver esto, alabó a Dios.

19 **Zaqueo el publicano.** [1]Entró en Jericó, e iba pasando. [2]Y he aquí que un hombre rico llamado Zaqueo, que era jefe de los publicanos, [3]buscaba ver a Jesús para conocerlo, pero no lo lograba a causa de la mucha gente, porque era pequeño de estatura. [4]Entonces corrió hacia adelante, y subió sobre un sicomoro para verlo, porque debía pasar por allí. [5]Cuando Jesús llegó a este lugar, levantó los ojos y dijo: "Zaqueo, desciende pronto, porque hoy es necesario que Yo me hospede en tu casa". [6]Y éste descendió rápidamente, y lo recibió con alegría. [7]Viendo lo cual, todos murmuraban y decían: "Se ha ido a hospedar en casa de un varón pecador". [8]Mas Zaqueo, puesto en pie, dijo al Señor: "Señor, he aquí que doy a los pobres la mitad de mis bienes; y si en algo he perjudicado a alguno le devuelvo el cuádruplo". [9]Jesús le dijo: "Hoy se obró salvación a esta casa, porque también él es un hijo de Abraham. [10]Vino el Hijo del hombre a buscar y a salvar lo perdido".

Parábola de las minas. [11]Oyendo ellos todavía estas cosas, agregó una parábola, porque se hallaba próximo a Jerusalén, y ellos pensaban que el reino de Dios iba a ser manifestado en seguida. [12]Dijo pues: "Un hombre de noble linaje se fue a un país lejano a tomar para sí posesión de un reino y volver. [13]Llamó a diez de sus servidores y les entregó diez minas, diciéndoles: "Negociad hasta que yo vuelva". [14]Ahora bien, sus conciudadanos lo odiaban, y enviaron una embajada detrás de él diciendo: "No queremos que ése reine sobre nosotros". [15]Al retornar él, después de haber recibido el reinado, dijo que le llamasen a aquellos servidores a quienes había entregado el dinero, a fin de saber lo que había negociado cada uno. [16]Se presentó el primero y dijo: "Señor, diez minas ha producido tu mina". [17]Le dijo: "Enhorabuena, buen servidor, ya que has sido fiel en tan poca cosa, recibe potestad sobre diez ciudades". [18]Y vino el segundo y dijo: "Tu mina, Señor, ha producido cinco minas". [19]A él también le dijo: "Y tú sé gobernador de cinco ciudades". [20]Mas el otro vino diciendo: "Señor, aquí tienes tu mina, que tuve escondida en un pañuelo. [21]Pues te tenía miedo, porque tú eres un hombre duro; sacas lo que no pusiste, y siegas lo que no sembraste". [22]Le replicó: "Por tu propia boca te condeno, siervo malvado. ¿Pensabas que soy hombre duro, que saco lo que no puse, y siego lo que no sembré? [23]Y entonces por qué no diste el dinero mío al banco? (*Así al menos*) a mi regreso lo hubiera yo recobrado con

---

38. Cf. Mt. 20, 29-34; Mc. 10, 46-52. Llamando a Jesús "Hijo de David" confiesa el ciego que Jesús es el Mesías. De ahí la respuesta del Señor: "Tu fe te ha salvado" (v. 42). El ciego es una figura del pecador que se convierte pidiendo a Dios la luz de la gracia. "Quienquiera llegue a conocer que le falta la luz de la eternidad, llame con todas sus voces diciendo: Jesús, hijo de David, ten piedad de mí" (San Gregorio). Cf. St. 1, 5 ss.

3. *Era pequeño*: detalle que parece puesto como un símbolo de la humildad y confianza que le valieron a este pecador tan dichosa suerte.

5. Todo el que tiene interés por descubrir la verdad, encuentra, como *Zaqueo* la higuera que le haga ver a Jesús. Cf. Sb. 6, 14 ss.; Jn. 6, 37.

11. *Manifestado en seguida*: El evangelista anticipa esta observación para señalar el carácter esjatológico de la parábola de las minas. Cf. v. 38; 18, 34 y nota.

13. Una *mina*, equivale a 750gramos más o menos.

14. *No queremos que ése reine sobre nosotros*. Nótese la diferencia entre estas palabras y el grito del Pretorio: "No tenemos otro rey que el César" (Jn. 19, 15), con el cual suele confundirse. Ese grito fué pronunciado por los Pontífices de Israel al rechazar a Cristo en su primera venida, en tanto que esta parábola se refiere a la segunda venida de Cristo.

15. Trátase aquí de la *segunda venida* de Jesús para el juicio (v. 12). Hay en esta parábola un elemento nuevo, que no figura en la de los talentos (Mt. 25, 14s.), si bien ambas acentúan la responsabilidad por los dones naturales y sobrenaturales. El siervo que guardaba la mina en un pañuelo, somos nosotros si no hacemos fructificar los dones de Dios.

21s. Precisamente porque pensaba el siervo que el rey era severo, tenía que *trabajar con su don*. Jesús recrimina aquí a los que piensan mal de Dios, mostrándonos que éstos nunca podrán servirle, por falta de amor. Véase 17, 32 y nota; Jn. 14, 23s.

réditos". [24]Y dijo a los que estaban allí: "Quitadle la mina, y dádsela al que tiene diez". [25]Le dijeron: "Señor, tiene diez minas". [26]"Os digo: a todo el que tiene, se le dará; y al que no tiene, aun lo que tiene le será quitado. [27]En cuanto a mis enemigos, los que no han querido que yo reinase sobre ellos, traedlos aquí y degolladlos en mi presencia".

Aclamación del Mesías Rey en Jerusalén. [28]Después de haber dicho esto, marchó al frente subiendo a Jerusalén. [29]Y cuando se acercó a Betfagé y Betania, junto al Monte de los Olivos, envió a dos de su discípulos, [30]diciéndoles: "Id a la aldea de enfrente. Al entrar en ella, encontraréis un burrito atado sobre el cual nadie ha montado todavía; desatadlo y traedlo. [31]Y si alguien os pregunta: "¿Por qué lo desatáis?", diréis así: "El Señor lo necesita". [32]Los enviados partieron y encontraron las cosas como les había dicho. [33]Cuando desataban el burrito, los dueños les dijeron: "Por qué desatáis el pollino?" [34]Respondieron: "El Señor lo necesita". [35]Se lo llevaron a Jesús, pusieron sus mantos encima, e hicieron montar a Jesús. [36]Y mientras Él avanzaba, extendían sus mantos sobre el camino. [37]Una vez que estuvo próximo al descenso del Monte de los Olivos, toda la muchedumbre de los discípulos, en su alegría, se puso a alabar a Dios con gran voz, por todos los portentos que habían visto, [38]y decían: "Bendito el que viene, el Rey en nombre del Señor. En el cielo paz, y gloria en las alturas". [39]Pero algunos fariseos, de entre la multitud, dirigiéndose a Él, dijeron: "Maestro, reprende a tus discípulos". [40]Mas Él respondió: "Os digo, si estas gentes se callan, las piedras se pondrán a gritar".

¡Ay de Jerusalén! [41]Y cuando estuvo cerca, viendo la ciudad, lloró sobre ella. [42]y dijo: "¡Ah sí en este día conocieras también tú lo que sería para la paz! Pero ahora está escondido a tus ojos. [43]Porque vendrán días sobre ti, y tus enemigos te circunvalarán con un vallado, y te cercarán en derredor y te estrecharán de todas partes; [44]derribarán por tierra a ti, y a tus hijos dentro de ti, y no dejarán en ti piedra sobre piedra, porque no conociste el tiempo en que has sido visitada".

Ira de Jesús ante el comercio en el templo. [45]Entró en el Templo y se puso a echar a los vendedores, [46]y les dijo: "Está escrito: «Mi casa será una casa de oración», y vosotros la habéis hecho una cueva de ladrones". [47]Y día tras día enseñaba en el Templo. Más los sumos sacerdotes y los escribas andaban buscando perderle, y también los jefes del pueblo; [48]pero no acertaban

---

23. Es notable que Jesús no le dijese ¿por qué no lo trabajaste? – sino que le hablase de desprenderse del capital para entregarlo al banco. Él sabe que sin *amor* y *confianza* no puede trabajaste con eficacia, y nos señala en cambio la obligación de no retener responsabilidades si no hemos de hacerles frente. Cf. Sb. 6, 6; Sal. 81, 4; Eclo. 7, 4 y notas.

27. Alude a los del v. 14. Es éste un episodio que distingue la presente parábola de la de los talentos. Otros elementos diferenciales de ambas, están en el objeto del viaje del Señor (vv. 12 y 15) y en el carácter de la retribución (v. 17s.).

29s. Véase Mt. 21, 1 ss.; Mc. 11, 1s.; Jn. 12, 12 ss. *Batfagé y Betania*: dos pequeñas aldeas a unos dos y tres kms. al este de Jerusalén.

34. *El Señor lo necesita*: como hace notar un tratadista de vida espiritual, estas palabras no están puestas sin profunda intención. ¡Jesús necesita de un borriquillo! No se dice en cambio que necesitase, de los reyes, ni de los sabios. Felices los que, por ser pequeños, merecen ser elegidos por Él, como María (Lc. 1, 48s.), para recibir el llamado de la sabiduría (Pr. 9, 4) o la revelación de los secretos de Dios (Lc. 10, 21); para confundir a los sabios y a los fuertes (1Co. 1, 27); para servir de instrumento a la gloria del Rey, como este borriquillo del Domingo de Ramos; o de instrumento a su caridad apostólica, como aquella escoba que sirvió para barrer la casa y encontrar la dracma perdida (Lc. 15, 8).

36 ss. Con motivo de la fiesta de Pascua se había reunido enorme multitud en Jerusalén y sus alrededores, aprovechando la ocasión de ver a Jesús y aclamarle como Mesías Rey (v. 38).

39. Nótese la perfidia farisaica y el odio. Estos que le llamaron endemoniado, y que le ven hoy triunfante, no vacilan en llamarle ahora Maestro, con tal de conseguir que Él no triunfe. Creían que la humildad de Jesús haría cesar la inmensa aclamación de toda Jerusalén como había hecho tantas otras veces al prohibir que se hablara de sus milagros. Ignoraban que ese triunfo, aunque tan breve, del Rey de Israel anunciado por los profetas, estaba en el plan de Dios para dejar constancia de su público reconocimiento por aquellos que a instancia de la Sinagoga habían de rechazarlo luego. El humilde Jesús responde esta vez lleno de majestad. Algunos consideran que éste es el día en que comenzó a cumplirse la profecía de Daniel (9, 25), porque señaló la grande y única solemnidad en que fué públicamente recibido "el Cristo príncipe". Cf. Mt. 21, 9 y 15; Mc. 11, 10; Jn. 12, 13.

41. El Señor no tuvo reparo en llorar por el amor que tenía a la Ciudad Santa, y porque veía en espíritu la terrible suerte que vendría sobre ella por obra de sus conductores. Véase 13, 34s.; 23, 28-31.

44. Véase 21, 6; Mt. 24, 2; Mc. 13, 2.

45 ss. Véase Mt. 21, 12-13; Mc. 11, 15-18; Jn. 11, 14-16; Is. 56, 7; Jr. 7, 11.

con lo que habían de hacer, porque el pueblo entero estaba en suspenso, escuchándolo.

20 Jesús confunde a sus enemigos. [1]Un día en que Él enseñaba al pueblo en el Templo, anunciando el Evangelio, se hicieron presentes los sumos sacerdotes y los escribas con los ancianos, [2]y le dijeron: "Dinos, ¿con qué autoridad haces esto, o quién es el que te ha dado esa potestad?" [3]Les respondió diciendo: "Yo quiero, a mi vez, haceros una pregunta. Decidme: [4]El bautismo de Juan ¿venía del cielo o de los hombres?" [5]Entonces ellos discurrieron así en sí mismos: "Si contestamos: «del cielo», dirá: «¿Por qué no le creísteis?» [6]Y si decimos: «de los hombres», el pueblo todo entero nos apedreará, porque está convencido de que Juan era profeta". [7]Por lo cual respondieron no saber de dónde. [8]Y Jesús les dijo: "Ni Yo tampoco os digo con cuál potestad hago esto".

Los viñadores homicidas. [9]Y se puso a decir al pueblo esta parábola: "Un hombre plantó una viña, y la arrendó a unos labradores, y se ausentó por un largo tiempo. [10]En su oportunidad envió un servidor a los trabajadores, a que le diesen del fruto de la viña. Pero los labradores lo apalearon y lo devolvieron vacío. [11]Envió aún otro servidor; también a éste lo apalearon, lo ultrajaron y lo devolvieron vacío. [12]Les envió todavía un tercero a quien igualmente lo hirieron y lo echaron fuera. [13]Entonces, el dueño de la viña dijo: "¿Qué haré? Voy a enviarles a mi hijo muy amado; tal vez a Él lo respeten". [14]Pero, cuando lo vieron los labradores deliberaron unos con otros diciendo: "Este es el heredero. Matémoslo, para que la herencia sea nuestra". [15]Lo sacaron; pues, fuera de la viña y lo mataron. ¿Qué haya con ellos el dueño de la viña? [16]Vendrá y hará perecer a estos labradores, y entregará la viña a otros". Ellos, al oír, dijeron: "¡Jamás tal cosa!" [17]Pero Él, fija la mirada sobre ellos, dijo: "¿Qué es aquello que está escrito: «La piedra que desecharon los que edificaban, ésa resultó cabeza de esquina?» [18]Todo el que cayere sobre esta piedra, quedará hecho pedazos; y a aquel sobre quien ella cayere, lo hará polvo". [19]Entonces los escribas y los sumos sacerdotes trataban de echarle mano en aquella misma hora, pero tuvieron miedo del pueblo; porque habían comprendido bien, que para ellos había dicho esta parábola. [20]Más no lo perdieron de vista y enviaron unos espías que simulasen ser justos, a fin de sorprenderlo en sus palabras, y así poder entregarlo a la potestad y a la jurisdicción del gobernador.

Lo que es del César. [21]Le propusieron, pues, esta cuestión: "Maestro, sabemos que Tú hablas y enseñas con rectitud y que no haces acepción de persona, sino que enseñas el camino de Dios según la verdad. [22]¿Nos es lícito pagar el tributo al César o no?" [23]Pero Él, conociendo su perfidia, les dijo: [24]Mostradme un denario. ¿De quién lleva la figura y la leyenda?" Respondieron: "Del César". [25]Les dijo: "Así pues, pagad al César lo que es del César, y lo que es de Dios, a Dios". [26]Y no lograron sorprenderlo en sus palabras delante del pueblo; y maravillados de su respuesta callaron.

Los saduceos y la resurrección. [27]Se acercaron, entonces, algunos saduceos, los cuales niegan la resurrección, y le interrogaron diciendo: [28]"Maestro, Moisés nos ha prescripto, que si el hermano de alguno muere dejando mujer sin hijo, su hermano debe casarse con la mujer, para dar

---

1s. Véase Mt. 21, 23-27 y nota; 11, 27-33.

[2] 9 ss. Véase Mt. 21, 34s. y nota; Mc. 12, 1-12.

17s. Esta palabra citada del Sal. 117, 22, quiere decir que Cristo, desechado por su pueblo, se convertirá para él en piedra de tropiezo, según lo había anunciado Simeón (2, 34; Is. 8, 14; Rm. 9, 33; Hch. 4, 11; 1 Pe. 2, 7). Nótese que no se dice piedra "fundamental", que es cosa muy diferente. Cf. 1 Pe. 2, 6.

21. Hacían este elogio de Jesús para fingirse discípulos de Él, como se ve en el v. 20. Jesús, que los conoce bien (v. 23) y los llamó hipócritas (Mt. 22, 18), evita admirablemente el compromiso político en que querían ponerlo (aunque no pudo impedir la calumnia de 23, 2), y lo aprovecha para dejarnos su doctrina al respecto: honradez en el pago de impuestos y prescindencia de lo religioso en lo temporal y viceversa, cosas ambas que Pedro y Pablo confirmaron de palabra y con su vida absolutamente ajena a lo político, no obstante haber vivido bajo persecuciones del poder judío (Hch. 4, 1-3), de Herodes (Hch. 12, 1 ss.) y de Roma, hasta morir bajo el sanguinario Nerón. Pedro, a ejemplo del Maestro, muere como un ciudadano cualquiera, sin resistir al mal (Mt. 5, 39), y Pablo sólo alude al César para someterse a su autoridad (Hch. 25, 10) por mandato del ángel (Hch. 27, 24) y para referirse a los que él convirtió a Cristo en la propia casa del César (Flp. 4;22).

25. Véase Mt. 22, 15-22; Mc. 12, 13-17 y notas.

posteridad al hermano. [29]Eran, pues, siete hermanos. El primero tomó mujer, y murió sin hijo. [30]El segundo, [31]y después el tercero, la tomaron, y así (*sucesivamente*) los siete que murieron sin dejar hijo. [32]Finalmente murió también la mujer. [33]Esta mujer, en la resurrección, ¿de quién vendrá a ser esposa? porque los siete la tuvieron por mujer". [34]Les dijo Jesús: "Los hijos de este siglo toman mujer, y las mujeres son dadas en matrimonio; [35]más los que hayan sido juzgados dignos de alcanzar el siglo aquel y la resurrección de entre los muertos, no tomarán mujer, y (*las mujeres*) no serán dadas en matrimonio, [36]porque no pueden ya morir, pues son iguales a los ángeles, y son hijos de Dios, siendo hijos de la resurrección. [37]En cuanto a que los muertos resucitan, también Moisés lo dio a entender junto a la zarza, al nombrar al Señor "Dios de Abraham, Dios de Isaac y Dios de Jacob". [38]Porque, no es Dios de muertos, sino de vivos, pues todos para Él viven". [39]Sobre lo cual, algunos escribas le dijeron: "Maestro, has hablado bien". [40]Y no se atrevieron a interrogarlo más.

Jesús demuestra su divinidad con los Salmos. [41]Pero Él les dijo: "¿Cómo dicen que el Cristo es hijo de David? [42]Porque David mismo dice en el libro de los Salmos: «El Señor dijo a mi Señor: "Siéntate a mi diestra, [43]hasta que Yo ponga a tus enemigos por escabel de tus pies"». [44]Así, pues, David lo llama "Señor"; entonces, ¿cómo es su hijo?".

Advertencias sobre los escribas. [45]En presencia de todo el pueblo, dijo a sus discípulos: [46]"Guardaos de los escribas, que se complacen en andar con largas vestiduras, y en ser saludados en las plazas públicas; que apetecen los primeros asientos en las sinagogas y los primeros divanes en los convites; [47]que devoran las casas de las viudas, y afectan orar largamente. ¡Para esas gentes será más abundante la sentencia!".

21

La ofrenda de la viuda. [1]Levantó los ojos y vio a los ricos que echaban sus dádivas en el arca de las ofrendas. [2]Y vio también a una viuda menesterosa, que echaba allí dos monedas de cobre; [3]y dijo: En verdad; os digo, esta viuda, la pobre, ha echado más que todos, [4]pues todos éstos de su abundancia echaron para las ofrendas de Dios, en tanto que ésta echó de su propia indigencia todo el sustento que tenía".

Predice la ruina del templo y del fin del mundo. [5]Como algunos, hablando del Templo, dijesen que estaba adornado de hermosas piedras y dones votivos, dijo: [6]"Vendrán días en los cuales, de esto que veis, no quedará piedra sobre piedra que no sea destruida". [7]Le preguntaron: "Maestro, ¿cuándo ocurrirán estas cosas, y cuál será la señal para conocer que están a punto de suceder?" [8]Y Él dijo: "Mirad que no os engañen; porque vendrán muchos en mi nombre y dirán: «Yo soy; ya llegó el tiempo». No les sigáis. [9]Cuando oigáis hablar de guerras y revoluciones, no os turbéis; esto ha de suceder primero, pero no es en seguida el fin". [10]Entonces les dijo: "Pueblo se levantará contra pueblo, reino contra reino. [11]Habrá grandes terremotos y, en diversos lugares, hambres y pestes; habrá también prodigios aterradores y grandes señales en el cielo. [12]Pero antes de todo esto, os prenderán; os perseguirán, os entregarán a las sinagogas y a las cárceles, os llevarán ante reyes y gobernadores a causa de mi nombre. [13]Esto os

---

28. Véase Dt. 25, 5.

33. Esta pregunta capciosa es la última que intentaron los enemigos de Jesús. Agotados ya todos los recursos de astucia y perfidia recurrirán a la violencia. Cf. Jn. 9, 34 y nota.

37. Véase Ex. 3, 6 y 15s.

44. David (Sal. 109, 1) llama a Jesús "su Señor" en cuanto es Dios; pero, en cuanto Jesús es hombre, desciende de David según la carne. Los enemigos ofuscados no podían contestar, porque no reconocían la divinidad de Jesús. Esperaban que Dios había de enviar al Mesías como un gran Profeta y Rey (Cf. Jn. 1, 21; 6, 14s. y notas; Ez. 37, 22-28), mas no imaginaban que la magnanimidad de Dios llegase basta mandar a su propio Hijo, Dios como Él. Véase Mt. 22, 41,45; Mc. 12, 35-37.

45. *En presencia de todo el pueblo*: los evangelistas hacen notar varias veces que el divino Maestro, desafiando las iras de la Sinagoga, elegía las reuniones más numerosas para poner en guardia al pueblo contra sus malos pastores (v. 1 ss.; 12, 1; Mt. 4, 25 y 7, 15; 23, 1).

46 ss. Véase 11, 43; Mt. 23, 1-7; 23, 14; Mc. 12, 38-40.

4. Véase Mc. 12, 43 y nota. Cf. St. 2, 5.

5s. Véase Mt. 24; Mc. 13 y notas. También aquí parecen enlazadas las profecías de la *ruina de Jerusalén y del fin del siglo*, siendo aquélla la figura de ésta. Véase sin embargo v. 32 y nota.

7. Véase Mt. 24, 3 y nota. Aquí la pregunta se ciñe más a la ruina de Jerusalén. Después de anunciada ésta (v. 20-24), Jesús entra a hablar más de propósito acerca de su venida (v. 25 ss.).

servirá para testimonio. [14]Tened, pues, resuelto, en vuestros corazones no pensar antes como habéis de hablar en vuestra defensa, [15]porque Yo os daré boca y sabiduría a la cual ninguno de vuestros adversarios podrá resistir o contradecir. [16]Seréis entregados aún por padres y hermanos, y parientes y amigos; y harán morir a algunos de entre vosotros, [17]y seréis odiados de todos a causa de mi nombre. [18]Pero ni un cabello de vuestra cabeza se perderá. [19]En vuestra perseverancia salvaréis vuestras almas".

[20]"Mas cuando veáis a Jerusalén cercada por ejércitos, sabed que su desolación está próxima. [21]Entonces, los que estén en Judea, huyan a las montadas; los que estén en medio de ella salgan fuera; y los que estén en los campos, no vuelvan a entrar, [22]porque días de venganza son éstos, de cumplimiento de todo lo que está escrito. [23]¡Ay de las que estén encintas y de las que creen en aquellos días! Porque habrá gran apretura sobre la tierra, y gran cólera contra este pueblo. [24]Y caerán a filo de espada, y serán deportados a todas las naciones, y Jerusalén será pisoteada por gentiles hasta que el tiempo de los gentiles sea cumplido".

[25]"Y habrá señales en el sol, la luna y las estrellas y, sobre la tierra, ansiedad de las naciones, a causa de la confusión por el ruido del mar y la agitación (*de sus olas*). [26]Los hombres desfallecerán de espanto, a causa de la expectación de lo que ha de suceder en el mundo, porque las potencias de los cielos serán conmovidas. [27]Entonces es cuando verán al Hijo del Hombre viniendo en una nube con gran poder y grande gloria. [28]Mas cuando estas cosas comiencen a ocurrir, erguíos y levantad la cabeza, porque vuestra redención se acerca".

La señal de la higuera. [29]Y les dijo una parábola: "Mirad la higuera y los árboles todos: [30]cuando veis que brotan, sabéis por vosotros mismos que ya se viene el verano. [31]Así también, cuando veáis que esto acontece, conoced que el reino de Dios está próximo. [32]En verdad, os lo digo, no pasará la generación esta hasta que todo se haya verificado. [33]El cielo y la tierra pasarán, pero mis palabras no pasarán. [34]Mirad por vosotros mismos,

---

13. Nótese la diferencia con el texto semejante de Mt. 10, 18, que habla de que los discípulos de Cristo perseguidos darán testimonio *ante sus perseguidores* (Sal. 118, 46). Aquí, en cambio, se trata de que esa persecución será, *para los mismos discípulos*, un testimonio o prueba de la verdad de estos anuncios del divino Maestro, y un sello confirmatorio de que son verdaderos discípulos.

14s. Cf. 12, 11; Mt. 10, 19. Promesa terrenal como las de Mt. 6, 25-33, pero ¿quién puede hacerla si no es un Dios? Y si Él no fuera el Hijo ¿podría concebirse tanta falsía en prometer y tanta maldad en Aquel que pasó haciendo el bien (Hch. 31) y desafiando a que lo hallasen en falsedad? (Jn. 8, 46s.). Esta consideración "ad absurdum" es tan impresionante, que ayuda mucho a consolidar nuestra posición íntima frente a Cristo para creerle de veras todo cuanto Él diga, aunque nos parezca muy paradójico. Cf. 7, 23 y nota.

20 ss. Teniendo presente esta profecía, los cristianos de Jerusalén dejaron la ciudad Santa antes de su ruina, retirándose a Pella al otro lado del Jordán. *El tiempo de los gentiles* (v. 24) va a cumplirse, esto es, va a terminar con la conversión de Israel (Rm. 11, 24), y el advenimiento del supremo Juez. Cf. Ez. 30, 3; Dn. 2, 29-45; 7, 13s.; 1Co. 26; Jn. 19, 37 y notas.

28. Esta recomendación del divino Salvador, añadida a sus insistentes exhortaciones a la vigilancia (cf. Mc. 13, 37), muestra que la prudencia cristiana no está en desentenderse de estos *grandes misterios* (1 Ts. 5, 20), sino en prestar la debida atención a las señales que Él bondadosamente nos anticipa, tanto más cuanto que el supremo acontecimiento puede sorprendernos en un instante, menos previsible que el momento de la muerte (v. 34). *"Vuestra redención"*: así llama Jesús al ansiado día de la resurrección corporal, en que se consumará la plenitud de nuestro destino. Cf. Mt. 25, 34; Flp. 3, 20s.; Ap. 6, 10s. San Pablo la llama la *redención de nuestros cuerpos* (Rm. 8, 23). Cf. 2Co. 5, 1 ss.; Ef. 1, 10 y notas.

29. Véase Mt. 24, 32. Cf. 13, 6 y nota.

32. *La generación ésta*: Véase Mt. 24, 34 y nota. Un notable estudio sobre este pasaje, publicado en "Estudios Bíblicos", de Madrid, ha observado que "el Discurso esjatológico no tiene sino un solo tema central: el Reino de Dios, o sea, la Parusía en sus relaciones con el Reino de Dios". Que "la respuesta del Señor (Lc. 21, 8 ss.; Mc. 13, 5 ss.) como en Mt. (24, 4s.) y el cotejo de su demanda (de los apóstoles) con la del primer Evangelio, nos certifican que, efectivamente, de sólo ella principalmente se trata" y que "la intención primaria de la pregunta era la Parusía soñada", por lo cual "que el *tiempo* se refiere directamente a la Parusía es por demás manifiesto" y "en la parábola de la higuera se nos dice que cuando comience a cumplirse todo lo anterior a la Parusía veamos en ello un signo infalible de la cercanía del Triunfo definitivo del Reino"; que la expresión *todo esto* significa todo lo descrito antes de la Parusía; que el triunfo del Evangelio encontrará "toda clase de obstáculos y persecuciones directas e indirectas" y que a su vez "la generación esta" implica limitación, presencia actual, y "tiene *siempre,* en labios del Señor, sentido formal cualificativo peyorativo: los opuestos al Evangelio del Reino (como en el Antiguo Testamento los opuestos a los planes de Yahvéh)". Cita al *efecto* los siguientes textos, en que Jesús se refiere a escribas, fariseos y saduceos: Mt. 11, 16; Lc. 7, 11; 12, 39; 41, 42, 45; Mc. 8, 12; Lc. 11, 29; 30, 31, 32; Mt. 16, 4; 17, 17; Mc. 9, 19; Lc. 9, 41; 23, 36; Lc. 11, 50, 51; Mc. 8, 38; Lc. 16, 8; 17, 25. Y concluye: "De todo lo cual parece deducirse que la expresión

no sea que vuestros corazones se carguen de glotonería y embriaguez, y con cuidados de esta vida, y que ese día no caiga sobre vosotros de improviso, [35]como una red; porque vendrá sobre todos los habitantes de la tierra entera. [36]Velad, pues, y no ceséis de rogar para que podáis escapar a todas estas cosas que han de suceder, y estar en pie delante del Hijo del hombre".

[37]Durante el día enseñaba en el Templo, pero iba a pasar la noche en el monte llamado de los Olivos. [38]Y todo el pueblo, muy de mañana acudía a Él en el Templo para escucharlo.

22 Judas traiciona al Maestro. [1]Se aproximaba la fiesta de los Ázimos, llamada la Pascua. [2]Andaban los sumos sacerdotes y los escribas buscando cómo conseguirían hacer morir a Jesús, pues temían al pueblo. [3]Entonces, entró Satanás en Judas por sobrenombre Iscariote, que era del número de los Doce. [4]Y se fue a tratar con los sumos sacerdotes y los oficiales (de la guardia del Templo) de cómo lo entregaría a ellos. [5]Mucho se felicitaron, y convinieron con él en darle dinero. [6]Y Judas empeñó su palabra, y buscaba una ocasión para entregárselo a espaldas del pueblo.

La Última Cena. [7]Llegó, pues, el día de los Ázimos, en que se debía inmolar la pascua. [8]Y envió (Jesús) a Pedro y a Juan, diciéndoles: "Id a prepararnos la Pascua, para que la podamos comer". [9]Le preguntaron: "Dónde quieres que la preparemos?" [10]Él les respondió. "Cuando entréis en la ciudad, encontraréis a un hombre que lleva un cántaro de agua; seguidlo hasta la casa en que entre. [11]Y diréis al dueño de casa: "El Maestro te manda decir: ¿Dónde está el aposento en que comeré la pascua con mis discípulos?" [12]Y él mismo os mostrará una sala del piso alto, amplia y amueblada; disponed allí lo que es menester". [13]Partieron y encontraron todo como Él les había dicho, y prepararon la pascua. [14]Y cuando llegó la hora, se puso a la mesa, y los apóstoles con Él. [15]Les dijo entonces: "De todo corazón he deseado comer esta pascua con vosotros antes de sufrir. [16]Porque os digo que Yo no la volveré a comer hasta que ella tenga su plena realización en el reino de Dios". [17]Y, habiendo recibido un cáliz dio gracias y dijo: "Tomadlo y repartíoslo. [18]Porque, os digo, desde ahora no bebo del fruto de la vid hasta que venga el reino de Dios". [19]Y habiendo tomado pan y dado gracias, (lo) rompió, y les dio diciendo: "Este es el cuerpo mío, el que se da para vosotros. Haced esto en memoria mía". [20]Y asimismo el cáliz, después que hubieron cenado, diciendo: "Este cáliz es la nueva alianza en mi sangre, que se derrama para vosotros . [21]Sin

---

la generación esta es una apelación hecha para designar una colectividad enemiga, opuesta a los planes del Espíritu de Dios, que inicia la guerra al Evangelio ya desde sus comienzos (Mt. 11, 12; Lc. 16, 16; Mt. 23, 13;Jn. 9, 22, 34, 35 y en general a través de todo el Evangelio); la "semilla del diablo" (Gn. 3, 15; cf. Jn 8, 41, 44, 38, etc.), en su lucha con la "semilla de la promesa" (Gn. 3, 15comparar Ga. 3, 16- 29)".

34. Lo único que sabemos acerca de la fecha del "último día", es que vendrá de improviso. (Mt. 24, 39; 1 Ts. 5, 2 y 4; 2 Pe. 3, 10). Por lo cual los cálculos de la ciencia acerca de la catástrofe universal valen tan poco como ciertas profecías particulares. Velad, pues, orando en todo tiempo (v. 36).

38. Algunos manuscritos (grupo Farrar) traen aquí la perícopa Jn. 8, 1-11 (el perdón de la adúltera) que, según observan algunos, por su estilo y por su asunto pertenecería más bien a este Evangelio de la misericordia.

1. La Pascua se llamaba también "fiesta de los Ázimos" porque durante toda la octava se comía panes sin levadura, los que en griego se llaman ázimos. Cf. 13, 21 y nota.

5. Véase Mt. 26, 14 ss.; Mc. 14, 10s. La suma convenida fué de treinta monedas de plata, precio de un esclavo. El profeta lo llama "el lindo precio en que me estimaron" (Za. 11, 12s. y nota).

7. Véase Mt. 26, 17 ss.; Mc. 14, 12 ss.; Jn. 13, 1 ss.

8. Las palabras "para que la podamos comer" insinúan tal vez que, si ellos no la comen hoy, mañana será demasiado tarde. Es, pues, natural que tenga Él mismo la iniciativa de los preparativos para esa cena anticipada. Véase Mt. 26, 17; Jn. 18, 28 y nota.

16. Cf. Jn. 21, 19; Hch. 1, 3 y notas.

17. Este cáliz que entrega antes de la Cena (dato exclusivo de San Lucas) parece ser como un brindis especial de despedida, pues consta por lo que sigue (v. 20) y por Mt. 26, 27 y Mc. 14, 23, que la consagración del vino se hizo después de la del pan y también después de cenar. Cf. Sal. 115, 13 y nota.

19. Dio gracias: en griego eujaristesas, de donde el nombre de Eucaristía. "Dar gracias tiene un sentido particular de bendición" (Pirot). Este es mi cuerpo. El griego dice: esto es mi cuerpo, y así también Fillion, Buzy, Pirot, etc. Tuto es neutro y se traduce por esto, debiendo observarse sin embargo que cuerpo en griego es también neutro (to soma). Que se da: otros: que es dado (cf. v. 22). "Su cuerpo es dado para ser inmolado, y esto en provecho de los discípulos" (Pirot). Cf. 24, 7; Mt. 16, 21; 17, 12; Jn. 10, 17s.; Isa. 53, 7.

20. Tres son las instituciones de la doctrina católica que aquí se apoyan: 1º, el sacramento de la Eucaristía; 2º, el sacrificio de la

embargo, ved: la mano del que me entrega está conmigo a la mesa. [22]Porque el Hijo del hombre se va, según lo decretado, pero ¡ay del hombre por quien es entregado!" [23]Y se pusieron a preguntarse entre sí quién de entre ellos sería el que iba a hacer esto.

Disputa entre los apóstoles. [24]Hubo también entre ellos una discusión sobre quién de ellos parecía ser mayor. [25]Pero Él les dijo: "Los reyes de las naciones les hacen sentir su dominación, y los que ejercen sobre ellas el poder son llamados bienhechores. [26]No así vosotros; sino que el mayor entre vosotros sea como el menor; y el que manda, como quien sirve. [27]Pues ¿quién es mayor, el que está sentado a la mesa, o el que sirve? ¿No es acaso el que está sentado a la mesa? Sin embargo, Yo estoy entre vosotros como el sirviente. [28]Vosotros sois los que habéis perseverado conmigo en mis pruebas. [29]Y Yo os confiero dignidad real como mi Padre me la ha conferido a Mí, [30]para que comáis y bebáis a mi mesa en, mi reino, y os sentéis sobre tronos, para juzgar a las doce tribus de Israel.

Jesús predice la negación de Pedro. [31]Simón, Simón, mira que Satanás os ha reclamado para zarandearos como se hace con el trigo. [32]Pero Yo he rogado por ti, a fin de que tu fe no desfallezca. Y tú, una vez convertido, confirma a tus hermanos. [33]Pedro le respondió: "Señor, yo estoy pronto para ir contigo a la cárcel y a la muerte". [34]Mas Él le dijo: "Yo te digo, Pedro, el gallo no cantará hoy, hasta que tres veces hayas negado conocerme". [35]Y les dijo: "Cuando Yo os envié sin bolsa, ni alforja, ni calzado, os faltó alguna cosa?" Respondieron: "Nada". [36]Y agregó: "Pues bien, ahora, el que tiene una bolsa, tómela consigo, e igualmente la alforja; y quien no tenga, venda su manto y compre una espada. [37]Porque Yo os digo, que esta palabra de la Escritura debe todavía cumplirse en Mí: «Y ha sido contado entre los malhechores». Y así, lo que a Mí se refiere, toca a su fin". [38]Le dijeron: "Señor, aquí hay dos espadas". Les contestó: "Basta".

Getsemaní. [39]Salió y marchó, como de costumbre, al Monte de los Olivos, y sus discípulos lo acompañaron. [40]Cuando estuvo en ese lugar, les dijo: "Rogad que no entréis en tentación". [41]Y se alejó o de ellos a distancia como de un tiro de piedra, [42]y, habiéndose arrodillado, oró así: "Padre, si quieres, aparta de Mí este cáliz, pero no se haga

Misa; 3º, el sacerdocio. Véase Mt. 26, 26-29; Mc. 14, 22-25 y nota; 1Co. 11, 23 ss.; Hb. caps. 5-10 y 13, 10.

24 ss. Véase Mt. 18, 1s.; 20, 25 ss.; Mc. 10, 42 ss. ¡En el momento más sagrado, están disputando los apóstoles sobre una prioridad tan vanidosa! Sólo con la venida del Espíritu Santo en Pentecostés van a comprender el carácter de su misión en "este siglo malo" (Ga. 1, 4), tan distinta de los ministros de un rey actual (v. 25). Cf. Jn. 15, 18 ss.

25. *Bienhechores,* en griego Evergetes, título de varios reyes de Egipto y Siria.

27. *¡Como el sirviente!* No podemos pasar por alto esta palabra inefable del Hijo de Dios, sin postrarnos con la frente pegada al polvo de la más profunda humillación y suplicarle que nos libre de toda *soberbia* y de la abominable presunción de ser superiores a nuestros hermanos, o de querer tiranizarlos, abusando de la potestad que sobre ellos hemos recibido del divino Sirviente. Cf. Mt. 23, 11; Flp. 2, 7s. y nota; 1 Pe. 5, 3; 2Co. 10, 8; 3 Jn. 9s.

29s. Véase v. 16 y 18; Mt. 26, 29; Ap. 2, 27s.: 3, 21; 20, 4.

32. *Una vez convertido:* Enseñanza fundamental para todo apostolado: nadie convertirá a otro si no es él mismo un "convertido", pues nadie puede dar lo que no tiene. Véase las claras palabras de Cristo a Nicodemo, según las cuales el ser Su discípulo implica nada menos que un nuevo nacimiento. Cf Jn. 3, 13 ss. y nota.

33. Jesús acaba de decirle que aún precisa convertirse (cosa que sólo hará el Espíritu en Pentecostés), pero él pretende saber más y se siente ya seguro de sí mismo. De ahí la tremenda caída y humillación. Véase la inversa en Mt. 6, 13 y nota.

34. Véase Mt. 26, 33-35; Mc. 14, 29-31; Jn. 13, 38.

36s. *Compre una espada:* Jesús está hablando de las persecuciones (v. 37). Ellos no las tuvieron en vida de Él (v. 35) porque Él los guardaba y no *perdió ni uno* (Jn. 17, 12). Ahora Él será tratado como criminal (v. 37); lo mismo lo serán sus discípulos (Jn. 15, 18 ss.; 16, 1s.) hasta que Él vuelva en su Reino glorioso (cf. 13, 35; 23, 42), por lo cual necesitan un arma. ¿Cuál es? Pedro tenía una espada y cuando la usó, Él se lo reprochó (v. 51; Mt. 26, 52; Jn. 18, 11); luego no es ésa la buena espada, ni ella lo libró de abandonar a su Maestro en la persecución (Mt. 26, 36 y nota; cf. Mt. 13, 21), y negarlo muchas veces (vv. 54 ss.). San Pablo nos explica que nuestra arma en tales casos es la *espada del espíritu: la Palabra de Dios* (Ef. 6, 17), la que el mismo Jesús usó en las tentaciones (Mt. 4, 10 y nota). La enseñanza que Él nos da aquí es la misma, como la confirma en Mt. 26, 41 y Jn. 6, 63. No es de acero la espada que Él vino a traer según Mt. 10, 34. El *basta* (v. 38) no se refiere, pues, a que basten dos espadas. Es un *basta ya,* acompañado, dice San Cirilo de Alejandría, con una sonrisa triste al ver que nunca le entendían sino carnalmente. Pirot, citando a Lagrange concordante con esta opinión, agrega al respecto: "Bonifacio VIII en la bula Unam Sanctam interpretó las dos espadas como de la autoridad espiritual y de la autoridad temporal (E. D. 469); es sabido que en las definiciones los considerandos no están garantidos por la infalibilidad".

38. Sobre el ofrecimiento de *espadas* véase Mt. 26, 56 y nota.

mi voluntad, sino la tuya". [43]Y se le apareció del cielo un ángel y lo confortaba. [44]Y entrando en agonía, oraba sin cesar. Y su sudor fue como gotas de sangre, que caían sobre la tierra. [45]Cuando se levantó de la oración, fue a sus discípulos, y los halló durmiendo, a causa de la tristeza. [46]Y les dijo: "¿Por qué dormís? Levantaos y orad, para que no entréis en tentación".

El beso de Judas. [47]Estaba todavía hablando, cuando llegó una tropa, y el que se llamaba Judas, uno de los Doce, iba a la cabeza de ellos, y se acercó a Jesús para besarlo. [48]Jesús le dijo: "Judas, ¿con un beso entregas al Hijo del Hombre?" [49]Los que estaban con Él, viendo lo que iba a suceder, le dijeron: "Señor, ¿golpearemos con la espada?" [50]Y uno de ellos dio un golpe al siervo del sumo sacerdote, y le separó la oreja derecha. [51]Jesús, empero, respondió y dijo: "Sufrid aún esto"; y tocando la oreja la sanó. [52]Después Jesús dijo a los que habían venido contra Él, sumos sacerdotes, oficiales del Templo y ancianos: "¿Cómo contra un ladrón salisteis con espadas y palos? [53]Cada día estaba Yo con vosotros en el Templo, y no habéis extendido las manos contra Mí. Pero ésta es la hora vuestra, y la potestad de la tiniebla".

La negación de Pedro. [54]Entonces lo prendieron, lo llevaron y lo hicieron entrar en la casa del Sumo Sacerdote. Y Pedro seguía de lejos. [55]Cuando encendieron fuego en medio del patio, y se sentaron alrededor, vino Pedro a sentarse entre ellos. [56]Mas una sirvienta lo vio sentado junto al fuego y, fijando en él su mirada; dijo: "Este también estaba con Él". [57]Él lo negó, diciendo: "Mujer, yo no lo conozco". [58]Un poco después, otro lo vio y le dijo: "Tú también eres de ellos". Pero Pedro dijo: "Hombre, no lo soy". [59]Después de un intervalo como de una hora, otro afirmó con fuerza: "Ciertamente, éste estaba con Él; porque es también un galileo". [60]Mas Pedro dijo: "Hombre, no sé lo que dices". Al punto, y cuando él hablaba todavía, un gallo cantó. [61]Y el Señor se volvió para mirar a Pedro, y Pedro se acordó de la palabra del Señor, según lo había dicho: "Antes que el gallo cante hoy, tú me negarás tres veces". [62]Y salió fuera y lloró amargamente. [63]Y los hombres que lo, tenían (a Jesús), se burlaban de Él y lo golpeaban. [64]Y habiéndole velado la faz, le preguntaban diciendo: "¡Adivina! ¿Quién es el que te golpeó?" [65]Y proferían contra Él muchas otras palabras injuriosas.

Ante el Sanedrín. [66]Cuando se hizo de día, se reunió la asamblea de los ancianos del pueblo, los sumos sacerdotes y escribas, y lo hicieron comparecer ante el Sanedrín, [67]diciendo: "Si Tú eres el Cristo, dínoslo". Más les respondió: "Si os hablo, no me creeréis, [68]y si os pregunto, no me responderéis. [69]Pero desde ahora el Hijo del hombre estará sentado a la diestra del poder de Dios". [70]Y todos le preguntaron: "¿Luego eres Tú el Hijo de Dios?" Les respondió: "Vosotros lo estáis diciendo: Yo soy". [71]Entonces dijeron: "¿Qué necesidad tenemos ya de testimonio? Nosotros mismos acabamos de oírlo de su boca".

23 **Jesús ante Pilato y Herodes.** [1]Entonces, levantándose toda la asamblea, lo llevaron a Pilato; [2]y comenzaron a acusarlo, diciendo: "Hemos hallado a este hombre solivianto a nuestra nación, impidiendo que se dé tributo al César y diciendo ser el Cristo Rey". [3]Pilato lo interrogó y dijo: "¿Eres Tú el rey de los judíos?" Le respondió y dijo: "Tú lo dices". [4]Pilato dijo a los sumos sacerdotes y a las turbas: "No hallo culpa en éste hombre". [5]Pero aquéllos insistían con fuerza,

---

44. Cf. Mt. 26, 36s.; Mc. 14, 26 ss. Fué, como dice San Bernardo, un llanto de lágrimas y sangre, que brotaba no solamente de los ojos, sino también de todo el cuerpo del Redentor. Nótese que el dato del sudor de sangre y del ángel es propio de Lucas. Proviene tal vez de una revelación especial hecha a San Pablo. Puede verse una referencia en las lágrimas de Hb. 5, 7.

47 ss. Véase Mt. 26, 47-57; Mc. 14, 43-53; Jn. 18, 2-13.

55 ss. Véase Mt. 26, 69-75; Mc. 14, 66-72; Jn. 18, 16-18 y 25-27.

62. Sobre la *caída de Pedro*, cf. v. 33 y nota.

66s. Véase Mt. 26, 63-69; Mc. 14, 61-64; Jn. 18, 19-21.

71. Los judíos consideraban la respuesta de Jesús como *blasfemia*, la que según la Ley de Moisés acarreaba la pena capital.

2. Ahora le acusan de *sedición*, siendo que le habían condenado por blasfemia. A la malicia se agrega la mentira.

4. No halla culpa, porque Jesús le ha dicho (en Jn. 18, 36) que su reino no es de este mundo. De lo contrario, al oírlo así proclamarse rey, Pilato lo habría considerado culpable como opositor al César.

diciendo: "Él subleva al pueblo enseñando por toda la Judea, comenzando desde Galilea, hasta aquí". ⁶A estas palabras, Pilato preguntó si ese hombre era galileo. ⁷Y cuando supo que era de la jurisdicción de Herodes, lo remitió a Herodes, que se encontraba también en Jerusalén, en aquellos días.

⁸Herodes, al ver a Jesús, se alegró mucho, porque hacía largo tiempo que deseaba verlo por lo que oía decir de Él, y esperaba verle hacer algún milagro. ⁹Lo interrogo con derroche de palabras, pero Él no le respondió nada. ¹⁰Entretanto, los sumos sacerdotes y los escribas estaban allí, acusándolo sin tregua. ¹¹Herodes lo despreció, lo mismo que sus soldados; burlándose de Él, le puso un vestido resplandeciente y lo envió de nuevo a Pilato. ¹²Y he aquí que en aquel día se hicieron amigos Herodes y Pilato, que antes eran enemigos.

Barrabás y Jesús. ¹³Convocó, entonces, Pilato a los sumos sacerdotes, a los magistrados y al pueblo, ¹⁴y les dijo: "Habéis entregado a mi jurisdicción este hombre como que andaba sublevando al pueblo. He efectuado el interrogatorio delante vosotros y no he encontrado en Él nada de culpable, en las cosas de que lo acusáis. ¹⁵Ni Herodes tampoco, puesto que nos lo ha devuelto; ya lo veis, no ha hecho nada que merezca muerte. ¹⁶Por tanto, lo mandaré castigar y lo dejaré en libertad. ¹⁷[Ahora bien, debía él en cada fiesta ponerles a uno en libertad]. ¹⁸Y gritaron todos a una: "Quítanos a éste y suéltanos a Barrabás". ¹⁹Barrabás había sido encarcelado a causa de una sedición en la ciudad y por homicidio. ²⁰De nuevo Pilato les dirigió la palabra, en su deseo de soltar a Jesús. ²¹Pero ellos gritaron más fuerte, diciendo: "¡Crucifícalo, crucifícalo!" ²²Y por tercera vez les dijo: "¿Pero qué mal ha hecho éste? Yo nada he encontrado en él que merezca muerte. Lo pondré, pues, en libertad, después de castigarlo". ²³Pero ellos insistían a grandes voces, exigiendo que Él fuera crucificado, y sus voces se hacían cada vez más fuertes. ²⁴Entonces Pilato decidió que se hiciese según su petición. ²⁵Y dejó libre al que ellos pedían, que había sido encarcelado por sedición y homicidio, y entregó a Jesús a la voluntad de ellos.

Vía crucis. ²⁶Cuando lo llevaban, echaron mano a un cierto Simón de Cirene, que venía del campo, obligándole a ir sustentando la cruz detrás de Jesús. ²⁷Lo acompañaba una gran muchedumbre del pueblo, y de mujeres que se lamentaban y lloraban sobre Él. ²⁸Mas Jesús, volviéndose hacia ellas, les dijo: "Hijas de Jerusalén, no lloréis por Mí, sino llorad por vosotras mismas y por vuestros hijos, ²⁹porque vienen días, en que se dirá: ¡Felices las estériles y las entrañas que no engendraron, y los pechos que no amamantaron! ³⁰Entonces se pondrán a decir a las montañas: «Caed sobre nosotros, y a las colinas: ocultadnos». ³¹Porque si

7. Así Pilato creía poder librarse del apuro. Por tener su domicilio en Cafarnaúm. Jesús era súbdito de *Herodes Antipas*, tetrarca de Galilea, el cual estaba en Jerusalén para la fiesta de Pascua. Éste era hijo de Herodes el Grande (Mt. 2, 3) y tío de Herodes Agripa I, que hizo matar a Santiago el Mayor (Hch. 12, 1 ss.), y cuyo hijo, el "rey Agripa" (II) escuchó a Pablo en Hch. 25, 13 ss.

9. Jesús no responde palabra al rey adúltero y homicida, que sólo por curiosidad quiere ver un milagro. Lo visten con una ropa *resplandeciente* para burlarse de Él; según San Buenaventura, para calificarlo de loco o tonto.

16. Cf. v. 22. Véase Jn. 19, 1 y nota; Hch. 3, 13.

17. Este v. es probablemente una glosa tomada de otro Evangelio. Véase Mt. 27, 15s.; Mc. 15, 6 ss.; Jn. 18, 39s.

18s. Jesús quiso agotar la humillación hasta ser pospuesto a un asesino. Había tomado sobre sí los delitos de todos los hombres (cf. Ez. 4, 4 y nota) y no le bastó ser contado entre los malhechores (22, 37; Is. 53, 12). Fué peor que ellos, "gusano y no hombre" (Sal. 21, 6). Cf. Flp. 2, 7s. y nota. La idea de nuestra muerte se endulza así

indeciblemente al pensar que aceptando de buen grado, como merecido, ese transitorio envilecimiento de nuestro cuerpo comido por los gusanos de la "corrupción" (Hch. 13, 36), Podemos en espíritu "asimilarnos a la muerte de Él" (Flp. 3, 10), que si no vio corrupción en el sueño del sepulcro (Hch. 2, 31; 13, 37), la sufrió vivo en su cuerpo santísimo escupido, desangrado y expuesto desnudo entre dos patibularios, a la irrisión del público que a verlo "meneaba la cabeza" (Sal. 21, 8), no de compasión, sino de asco.

26. Del texto deducen algunos que la ayuda de *Cireneo* no hacía sino aumentar el peso de la Cruz sobre el hombro del divino Cordero, al levantar detrás de Él la extremidad inferior. Véase Mc. 15, 21 y nota.

28. ¡La última amonestación del Señor! Entre las mujeres que lloraban estaba quizá aquella "Verónica" que, según una antigua tradición, alargó a Jesús un lienzo para limpiar su rostro. La misma tradición narra que también María, la santísima madre de Jesús, acompañada de San Juan, se encontró con su Hijo en la vía dolorosa.

esto hacen con el leño verde, ¿qué será del seco?".

La crucifixión. [32]Conducían también a otros dos malhechores con Él para ser suspendidos. [33]Cuando hubieron llegado al lugar llamado del Cráneo, allí crucificaron a Él, y a los malhechores, uno a su derecha, y el otro a su izquierda. [34]Y Jesús decía: "Padre, perdónalos, porque no saben lo que hacen". Entretanto, hacían porciones de sus ropas y echaron suertes. [35]Y el pueblo estaba en pie mirándolo, más los magistrados lo zaherían, diciendo: "A otros salvó; que se salve a sí mismo, si es el Cristo de Dios, el predilecto". [36]También se burlaron de Él los soldados, acercándose, ofreciéndole vinagre y diciendo: [37]"Si Tú eres el rey de los judíos, sálvate a Ti mismo". [38]Había, empero, una inscripción sobre Él, en caracteres griegos, romanos y hebreos: "El rey de los judíos es Éste".

El buen ladrón. [39]Uno de los malhechores suspendidos, blasfemaba de Él, diciendo: "¿No eres acaso Tú el Cristo? Sálvate a Ti mismo, y a nosotros". [40]Contestando el otro lo reprendía y decía: "¿Ni aun temes tú a Dios, estando en pleno suplicio? [41]Y nosotros, con justicia; porque recibimos lo merecido por lo que hemos hecho; pero Éste no hizo nada malo". [42]Y dijo: "Jesús, acuérdate de mí, cuando vengas en tu reino". [43]Le respondió: "En verdad, te digo, hoy estarás conmigo en el Paraíso".

Muerte de Jesús. [44]Era ya alrededor de la hora sexta, cuando una tiniebla se hizo sobre toda la tierra hasta la hora nona, [45]eclipsándose el sol; y el velo del templo se rasgó por el medio. [46]Y Jesús clamó con gran voz: "Padre, en tus manos entrego mi espíritu". Y, dicho esto, expiró. [47]El centurión, al ver lo ocurrido, dio gloria a Dios, diciendo: "¡Verdaderamente, este hombre era un justo!" [48]Y todas las turbas reunidas para este espectáculo, habiendo contemplado las cosas que pasaban, se volvían golpeándose los pechos. [49]Más todos sus conocidos estaban a lo lejos –y también las mujeres que lo habían seguido desde Galilea– mirando estas cosas.

La sepultura. [50]Y había un varón llamado José, que era miembro del Sanedrín, hombre bueno y justo [51]–que no había dado su asentimiento, ni a la resolución de ellos ni al procedimiento que usaron–, oriundo de Arimatea, ciudad de los judíos, el cual estaba a la espera del reino de Dios. [52]Éste fue a Pilato y le pidió el cuerpo de Jesús. [53]Y habiéndolo bajado, lo envolvió en una mortaja y lo depositó en un sepulcro tallado en la roca, donde ninguno había sido puesto. [54]Era el día de la Preparación, y comenzaba ya el sábado. [55]Las mujeres venidas con Él de Galilea, acompañaron (*a José*) y observaron el sepulcro y la manera cómo fue sepultado Su cuerpo. [56]Y de vuelta, prepararon aromas y ungüento. Durante el sábado se

---

31. El leño seco arde más (Jn. 15, 6). Si tanto sufre el Inocente por rescatar la culpa de los hombres, ¿qué no merecerán los culpables si desprecian esa Redención? Véase Hb. 6, 4s.; 10, 26 ss.

33. Véase Mt. 27, 33; Mc. 15, 22; Jn. 19, 17.

40 ss. Milagro de la gracia, que aprovecha este "obrero de la última hora" (Mt. 20, 8 y 15) pasando directamente de la cruz al Paraíso. Lo que valoriza inmensamente la fe del buen ladrón es que su confesión se produce en el momento en que Jesús aparece vencido y deshonrado. Cf. 22, 38 y nota.

42. A esto observa Fillion: "El buen ladrón creía en la inmortalidad del alma y en la resurrección, y reconocía a Jesús como el Mesías-Rey. Por eso le pedía encarecidamente un lugar en su Reino". Y añade: "El Paraíso representa aquí la parte de la morada de los muertos (los limbos) donde habitaban las almas de los elegidos, antes de la Ascensión de Jesucristo". Cf. 1 Pe. 3, 19; 4, 6; Col. 1, 20.

46. El Salmo 30, de donde Jesús toma estas palabras, resulta así la oración ideal para estar preparado a bien morir.

47. Si la conversión del *ladrón* es el primer fruto de la muerte de Jesús, la del *centurión* romano es el segundo; judío aquél, gentil éste.

49. ¡A distancia los amigos y conocidos! Véase esto anticipado en Sal. 87, 9.

50 ss. Véase Mt. 27, 57 ss.; Mc. 15, 42 ss.; Jn. 19, 38 ss.

51 ss. *José de Arimatea* fue miembro del Gran Consejo (Sanedrín) que condenó a Jesús a la muerte. En v. 52s. da otra prueba de su intrépida fe en Él. No teme ni el odio de sus colegas ni el terrorismo de los fanáticos. Personalmente va a Pilato para pedir el cuerpo de Jesús; personalmente lo descuelga de la cruz, envolviéndolo en una sábana; personalmente lo coloca en su propio sepulcro, con la ayuda de *Nicodemo* (Jn. 19, 39). El santo *Sudario*, que nos ha conservado las facciones del divino Rostro, se venera en Turín. Cf. Jn. 20, 7 y nota.

54. El evangelista quiere expresar que ya estaba por comenzar el sábado, el cual, como es sabido, empezaba al caer la tarde, y no con el día natural (véase Gn. 1, 5, 8, etc.). El griego usa un verbo semejante a alborear, pero cuyo sentido es simplemente comenzar.

estuvieron en reposo, conforme al precepto.

24 La Resurrección. [1] Pero el primer día de la semana, muy de mañana, volvieron al sepulcro, llevando los aromas que habían preparado. [2]hallaron la piedra desarrimada del sepulcro. [3]Habiendo entrado, no encontraron el cuerpo del Señor Jesús. [4]Mientras ellas estaban perplejas por esto, he ahí que dos varones de vestidura resplandeciente se les presentaron. [5]Como ellas estuviesen poseídas de miedo e inclinasen los rostros hacia el suelo, ellos les dijeron: "¿Por qué buscáis entre los muertos al que vive? [6]No está aquí; ha resucitado. Acordaos de lo que os dijo, estando aún en Galilea; [7]que era necesario que el Hijo del hombre fuese entregado en manos de hombres pecadores, que fuese crucificado y resucitara el tercer día". [8]Entonces se acordaron de sus palabras. [9]Y de vuelta del sepulcro, fueron a anunciar todo esto a los Once y a todos los demás. [10]Eran María la Magdalena, Juana y María la (*madre*) de Santiago; y también las otras con ellas referían esto a los apóstoles. [11] Pero estos relatos aparecieron ante los ojos de ellos como un delirio, y no les dieron crédito. [12]Sin embargo Pedro se levantó y corrió al sepulcro, y, asomándose, vio las mortajas solas. Y se volvió, maravillándose de lo que había sucedido.

Los discípulos de Emaús. [13]Y he aquí que, en aquel mismo día, dos de ellos se dirigían a una aldea, llamada Emaús, a ciento sesenta estadios de Jerusalén. [14]E iban comentando entre sí todos estos acontecimientos. [15]Y sucedió que, mientras ellos platicaban y discutían, Jesús mismo se acercó y se puso a caminar con ellos. [16]Pero sus ojos estaban deslumbrados para que no lo conociesen. [17]Y les dijo: "¿Qué palabras son éstas que tratáis entre vosotros andando?" [18]Y se detuvieron con los rostros entristecidos. Uno, llamado Cleofás, le respondió: "Eres Tú el único peregrino, que estando en Jerusalén, no sabes lo que ha sucedido en ella en estos días?" [19]Les dijo: "¿Qué cosas?" Y ellos: "Lo de Jesús el Nazareno, que fue varón profeta, poderoso en obra y palabra delante de Dios y de todo el pueblo, [20]y cómo lo entregaron nuestros sumos sacerdotes y nuestros magistrados para ser condenado a muerte, y lo crucificaron. [21]Nosotros, a la verdad, esperábamos que fuera Él, aquel que habría de librar a Israel. Pero, con todo, ya es el tercer día desde que sucedieron estas cosas. [22]Y todavía más, algunas mujeres de los nuestros, nos han desconcertado, pues fueron de madrugada al sepulcro, [23]y no habiendo encontrado su cuerpo se volvieron, diciendo también que ellas habían tenido una visión de ángeles, los que dicen que Él está vivo. [24]Algunos de los que están con nosotros han ido al sepulcro, y han encontrado las cosas como las mujeres habían dicho; pero a Él no lo han visto". [25]Entonces les dijo: "¡Oh hombres sin inteligencia y tardos de corazón para creer todo lo que han dicho los profetas! [26]¿No era necesario que el Cristo sufriese así para entrar en su gloria?" [27]Y comenzando por Moisés, y por todos los profetas, les hizo hermenéutica de lo que en todas las Escrituras había acerca de Él. [28]Se aproximaron a la aldea a donde iban, y Él hizo ademán de ir más lejos. [29]Pero ellos le hicieron fuerza, diciendo:

1s. Véase Mt. 28, 1 ss.; Mc. 16, 1 ss.; Jn. 20, 1 y nota. Jesús estuvo en el sepulcro desde la noche del viernes hasta la madrugada del domingo.

9. Los *Once*: faltaba Judas, que se había suicidado.

13. *Ciento sesenta estadios*: o sea unos 30kms., distancia que corresponde a la actual Amwás. En algunos códices se lee "sesenta", en vez de "ciento sesenta", lo que dio lugar a buscar, como posible escenario de este episodio, otros lugares en las proximidades de Jerusalén (El Kubeibe y Kaloníe).

23. Gran misterio es ver que Jesús resucitado, lejos de ser aún glorificado sobre la tierra (cf. Hch. 1, 6), sigue luchando con la incredulidad de sus Propios discípulos. Cf. Jn. 21, 9 y nota.

26s. Les mostró cómo las profecías y figuras se referían también a su primera venida doliente (cf. Is. 53; Salmos 21 y 68, etc.).

porque ellos sólo pensaban en la venida del Mesías glorioso. Cf. Hch. 3, 22 y nota.

30. Pirot hace notar que ha sido abandonada la opinión de que esta fracción del pan fuese la Eucaristía.

32. Felicidad que hoy está a nuestro alcance (cf. v. 45 y nota). "La inteligencia de las Escrituras produce tal deleite que el alma se olvida no sólo del mundo, sino también de sí misma" (Santa Ángela de Foligno).

36. Véase Mc. 16, 14; Jn. 20, 19.

41. No lo dice por tener hambre, sino para convencerlos de que tenía un cuerpo real. Y lo confirma comiendo ante sus ojos. Cf. Jn. 21, 9 y nota.

45. Vemos aquí que la inteligencia de la *Palabra de Dios* es obra del Espíritu Santo en nosotros, el cual la da a los humildes y no a los sabios (10, 31). Véase v. 32; Sal. 118, 34 y nota.

"Quédate con nosotros, porque es tarde, y ya ha declinado el día". Y entró para quedarse con ellos. [30]Y estando con ellos a la mesa, tomó el pan, lo bendijo, lo partió y les dio. [31]Entonces los ojos de ellos fueron abiertos y lo reconocieron; mas Él desapareció de su vista. [32]Y se dijeron uno a otro: "¿No es verdad que nuestro corazón estaba ardiendo dentro de nosotros, mientras nos hablaba en el camino, mientras nos abría las Escrituras?".

Jesús se aparece a los Once. [33]Y levantándose en aquella misma hora, se volvieron a Jerusalén y encontraron reunidos a los Once y a los demás, [34]los cuales dijeron: "Realmente resucitó el Señor y se ha aparecido a Simón". [35]Y ellos contaron lo que les había pasado en el camino, y cómo se hizo conocer de ellos en la fracción del pan. [36]Aún estaban hablando de esto cuando Él mismo se puso en medio de ellos diciendo: "Paz a vosotros". [37]Más ellos, turbados y atemorizados, creían ver un espíritu. [38]Él entonces les dijo: "¿Por quéestáis turbados? y ¿por qué se levantan dudas en vuestros corazones? [39]Mirad mis manos y mis pies: soy Yo mismo. [40]Palpadme y ved que un espíritu no tiene carne ni husos, como veis que Yo tengo". Y diciendo esto, les mostró sus manos y sus pies. [41]Como aún desconfiaran, de pura alegría, y se estuvieran asombrados, les dijo: "¿Tenéis por ahí algo de comer?" [42]Le dieron un trozo de pez asado. [43]Lo tomó y se lo comió a la vista de ellos.

Despedida y Ascensión. [44]Después les dijo: "Esto es aquello que Yo os decía, cuando estaba todavía con vosotros, que es necesario que todo lo que está escrito acerca de Mí en la Ley de Moisés, en los Profetas y en los Salmos se cumpla". [45]Entonces les abrió la inteligencia para que comprendiesen las Escrituras.

[46]Y les dijo: "Así estaba escrito que el Cristo sufriese y resucitase de entre los muertos al tercer día, [47]y que se predicase, en su nombre el arrepentimiento y el perdón de los pecados a todas las naciones, comenzando por Jerusalén. [48]Vosotros sois testigos de estas cosas. [49]Y he aquí que Yo envío sobre vosotros la Promesa de mi Padre. Más vosotros estaos quedos en la ciudad hasta que desde lo alto seáis investidos de fuerza. [50]Y los sacó fuera hasta frente a Betania y, alzando sus manos, los bendijo.

[51]Mientras los bendecía, se separó de ellos y fue elevado hacia el cielo. [52]Ellos lo adoraron y se volvieron a Jerusalén con gran gozo. [53]Y estaban constantemente en el Templo, alabando y bendiciendo a Dios.

EVANGELIO SEGÚN SAN JUAN

San Juan, natural de Betsaida de Galilea, fue hermano de Santiago el Mayor, hijos ambos de Zebedeo, y de Salomé, hermana de la Virgen Santísima. Siendo primeramente discípulo de San Juan Bautista y buscando con todo corazón el reino de Dios, siguió después a Jesús, y llegó a ser pronto su discípulo predilecto. Desde la Cruz, el Señor le confió su Santísima Madre, de la cual Juan, en adelante, cuidó como de la propia.

Juan era aquel discípulo "al cual Jesús amaba" y que en la última Cena estaba "recostado sobre el pecho de Jesús" (Jn. 13, 23), como amigo de su corazón y testigo íntimo de su amor y de sus penas.

46. Véase v. 7; Mt. 26, 25; Is. 35, 5 y notas.

47. Véase Mt. 10, 6 y nota.

49. Esa "Promesa" del Padre es el Espíritu Santo, según lo refiere el mismo Lucas en Hch. 1, 4. Véase 3, 16; Mt. 3, 11; Mc. 1, 8; Jn. 1, 26; 14, 26.

50s. Esta bendición de despedida de Jesús no es sino un "hasta luego" (Jn. 16, 16s. y nota), porque Él mismo dijo que iba a prepararnos un lugar en la casa de su Padre, y volvería a tomarnos para estar siempre juntos (Jn. 14, 2s.). San Lucas continúa este relato de la Ascensión en los *Hechos de los Apóstoles*, para decirnos que, según anunciaron entonces los ángeles, Jesús volverá de la misma manera que se fué, esto es, en las nubes (Hch. 1, 11 y nota). Entonces terminarán de cumplirse todos esos anuncios de que habla Jesús en el v. 44, para cuyo entendimiento hemos de pedirle que nos abra la inteligencia como hizo aquí con los apóstoles (v. 45).

53. *En el Templo*: El mismo de Jerusalén (cf. Hch. 3, 1) cuyo culto continuó hasta su destrucción por los romanos el año 70, después del anuncio hecho por San Pablo a Israel en Hch. 28, 25 ss. Cf. Hb. 8, 4 y nota.

Después de la Resurrección se quedó Juan en Jerusalén como una de las "columnas de la Iglesia" (Ga. 2, 9), y más tarde se trasladó a Éfeso del Asia Menor. Desterrado por el emperador Domiciano (81-95) a la isla de Patmos, escribió allí el Apocalipsis. A la muerte del tirano pudo regresar a Éfeso, ignorándose la fecha y todo detalle de su muerte (cf. Jn. 21, 23 y nota).

Además del Apocalipsis y, tres Epístolas, compuso a fines del primer siglo, es decir, unos 30 años después de los Sinópticos y de la caída del Templo, este Evangelio, que tiene por objeto robustecer la fe en la mesianidad y divinidad de Jesucristo, a la par que sirve para completar los Evangelios anteriores, principalmente desde el punto de vista espiritual, pues ha sido llamado el Evangelista del amor.

Su lenguaje es de lo más alto que nos ha legado la Escritura Sagrada, como ya lo muestra el prólogo, que, por la sublimidad sobrenatural de su asunto, no tiene semejante en la literatura de la Humanidad.

1 Introducción teológica. En el principio el Verbo era, y el Verbo era junto a Dios, y el Verbo era Dios. [2]Él era, en el principio, junto a Dios: [3]Por Él, todo fue hecho, y sin Él nada se hizo de lo que ha sido hecho. [4]En Él era la vida, y la vida era la luz de los hombres. [5]Y la luz luce en las tinieblas, y las tinieblas no la recibieron. [6]Apareció un hombre, enviado de Dios, que se llamaba Juan. [7]Él vino como testigo, para dar testimonio acerca de la luz, a fin de que todos creyesen por Él. [8]Él no era la luz, sino para dar testimonio acerca de la luz. [9]La verdadera luz, la que alumbra a todo hombre, venía a este mundo. [10]Él estaba en el mundo; por Él, el mundo había sido hecho, y el mundo no lo conoció. [11]Él vino a lo suyo, y los suyos no lo recibieron. [12]

[Pe]ro a todos los que lo recibieron, les dio el poder de llegar a ser hijos de Dios: a los que creen en su nombre. [13]Los cuales no han nacido de la sangre, ni del deseo de la carne, ni de voluntad de varón, sino de Dios. [14]Y el Verbo se hizo carne, y puso su morada entre nosotros –y nosotros vimos su gloria, gloria como del Unigénito del Padre– lleno de gracia y de verdad.

Testimonio del Bautista. [15]Juan da testimonio de él, y clama: "De Éste dije yo: El que viene después de mí, se me ha adelantado porque Él existía antes que yo". [16]Y de su plenitud hemos recibido todos, a saber, una gracia correspondiente a su gracia. [17]Porque la Ley fue dada por Moisés, pero la gracia y la verdad han venido por Jesucristo. [18]Nadie ha visto jamás a Dios; el Dios,

---

1 ss. Juan es llamado el águila entre los evangelistas, por la sublimidad de sus escritos, donde Dios nos revela los más altos misterios de lo sobrenatural. En los dos primeros versos el Águila gira en torno a la eternidad del Hijo (Verbo) en Dios. *En el principio*: Antes de la creación, de toda eternidad, era ya el Verbo; y estaba con su Padre (14, 10s.) siendo Dios como Él. Es el Hijo Unigénito, igual al Padre, consubstancial al Padre, coeterno con Él, omnipotente, omnisciente, infinitamente bueno, misericordioso, santo y justo como lo es el Padre, quien todo lo creó por medio de Él (v. 3).

5. *No la recibieron*: Sentido que concuerda con los vv. 9 ss.

6. *Apareció un hombre*: Juan Bautista. Véase v. 15 y 19 ss.

9. Aquí comienza el evangelista a exponer el misterio de la Encarnación, y la trágica incredulidad de Israel, que no lo conoció cuando vino para ser la luz del mundo (1, 18; 3, 13), *Venía*: Así también Pirot. Literalmente: *estaba viniendo* (én erjómenon). Cf. 11, 27 y nota.

12. *Hijos de Dios*: "El misericordiosísimo Dios de tal modo amó al mundo, que dio a su Hijo Unigénito (3, 16); y el Verbo del Padre Eterno, con aquel mismo único amor divino, asumió de la descendencia de Adán la naturaleza humana, pero inocente y exenta de toda mancha, para que del nuevo y celestial Adán se derivase la gracia del Espíritu Santo a todos los hijos del primer padre" (Pío XII, Encíclica sobre el Cuerpo Místico).

13. *Sino de Dios*: Claramente se muestra que esta filiación ha de ser divina (cf. Ef. 1, 5 y nota), mediante un nuevo nacimiento (3, 3 ss.), para que no se creyesen tales por la sola descendencia carnal de Abraham. Véase 8, 30-59.

14. *Se hizo carne:* El Verbo que nace eternamente del Padre se dignó nacer, como hombre, de la Virgen María, por voluntad del Padre y obra del Espíritu Santo (Lc. 1, 35). A su primera naturaleza, divina, se añadió la segunda, humana, en la unión hipostática. Pero su Persona siguió siendo una sola: la divina y eterna Persona del Verbo (v. 1). Así se explica el v. 15. Cf. v. 3s. *Vimos su gloria*: Los apóstoles vieron la gloria de Dios manifestada en las obras todas de Cristo. Juan, con Pedro y Santiago, vio a Jesús resplandeciente de gloria en el monte de la Transfiguración. Véase Mt. 16, 27s.; 17, 1 ss.; 2 Pe. 1, 16 ss.; Mc. 9, 1 ss.; Lc. 9, 20 ss.

16. Es decir que toda nuestra *gracia* procede de la Suya, y en Él somos colmados, como enseña San Pablo (Col. 2, 9s.). Sin Él no podemos recibir absolutamente nada de la vida del Padre (15, 1 ss.). Pero con Él podemos llegar a una plenitud de vida divina que corresponde a la plenitud de la divinidad que Él posee. Cf. 2 Pe. 1, 4.

17. La *gracia* superior a la Ley de Moisés, se nos da gratis por los méritos de Cristo, para nuestra justificación. Tal es el asunto de la Epístola a los Gálatas.

Hijo único, que es en el seno del Padre, Ése le ha dado a conocer.

[19]Y he aquí el testimonio de Juan, cuando los judíos enviaron a él, desde Jerusalén, sacerdotes y levitas para preguntarle: "¿Quién eres tú?". [20]Él confesó y no negó; y confesó: "Yo no soy el Cristo". [21]Le preguntaron: "¿Entonces qué?¿Eres tú Elías?" Dijo: "No lo soy". "¿Eres el Profeta?" Respondió: "No". [22]Le dijeron entonces: "¿Quién eres tú? para que demos una respuesta a los que nos han enviado. ¿Qué dices de ti mismo?" [23]Él dijo: "Yo soy la voz de uno que clama en el desierto: Enderezad el camino del Señor, como dijo el profeta Isaías". [24]Había también enviados de entre los fariseos. [25]Ellos le preguntaron: "¿Por qué, pues, bautizas, si no eres ni el Cristo, ni Elías, ni el Profeta?" [26]Juan les respondió: "Yo, por mi parte, bautizo con agua; pero en medio de vosotros está uno que vosotros no conocéis, [27]que viene después de mí, y al cual yo no soy digno de desatar la correa de su sandalia". [28]Esto sucedió en Betania, al otro lado del Jordán, donde Juan bautizaba.

Los primeros discípulos de Jesús. [29]Al día siguiente vio a Jesús que venía hacia él, y dijo: "He aquí el cordero de Dios, que lleva el pecado del mundo. [30]Éste es Aquel de quien yo dije: En pos de mí viene un varón que me ha tomado la delantera, porque Él existía antes que yo. [31]Yo no lo conocía, mas yo vine a bautizar en agua, para que Él sea manifestado a Israel". [32]Y Juan dio testimonio, diciendo: "He visto al Espíritu descender como paloma del cielo, y se posó sobre Él. [33]Ahora bien, yo no lo conocía, pero Él que me envió a bautizar con agua, me había dicho: "Aquel sobre quien vieres descender el Espíritu y posarse sobre Él, Ése es el que bautiza en Espíritu Santo". [34]Y bien: he visto, y testifico que Él es el Hijo de Dios".

[35]Al día siguiente, Juan estaba otra vez allí, como también dos de sus discípulos; [36]y fijando su mirada sobre Jesús que pasaba, dijo: "He aquí el Cordero de Dios". [37]Los dos discípulos, oyéndolo hablar (así), siguieron a Jesús. [38]Jesús, volviéndose y viendo que lo seguían, les dijo: "¿Qué queréis?" Le dijeron: Rabí, –que se traduce: Maestro–, ¿dónde moras?" [39]Él les dijo: "Venid y veréis". Fueron entonces y vieron dónde moraba, y se quedaron con Él ese día. Esto pasaba alrededor de la hora décima.

[40]Andrés, hermano de Simón Pedro, era uno de los dos que habían oído (la palabra) de Juan y que habían seguido (a Jesús). [41]Él encontró primero a su hermano Simón y le dijo: "Hemos hallado al Mesías –que se traduce: "Cristo". [42]Lo condujo a Jesús, y Jesús poniendo sus ojos en él, dijo: "Tú

18. Por aquí vemos que todo conocimiento de Dios o sabiduría de Dios (eso quiere decir teosofía) tiene que estar fundado en las palabras reveladas por Él, a quien pertenece la iniciativa de darse a conocer, y no en la pura investigación o especulación intelectual del hombre. Cuidémonos de ser "teósofos". prescindiendo de estudiar a Dios en sus propias palabras y formándonos sobre Él ideas que sólo estén en nuestra imaginación. Véase el concepto de San Agustín en la nota de 16, 24.

19. *Sacerdotes y levitas*: Véase Ez. 44, 15 y nota. Cf. Lc. 10, 31s.

20. Muchos identificaban a *Juan* con el Mesías o Cristo; por eso el fiel Precursor se anticipa a desvirtuar tal creencia. Observa San Juan Crisóstomo que la pregunta del v. 19era capciosa y tenía por objeto inducir a Juan a declararse el Mesías, pues ya se proponían cerrarle el paso a Jesús.

21. El *Profeta*: Falsa interpretación judaica de Dt. 18, 15, pasaje que se refiere a Cristo. Cf. 6, 14s.

26. *Yo bautizo con agua*: Juan es un profeta como los anteriores del Antiguo Testamento, pero su vaticinio no es remoto como el de aquéllos, sino inmediato. Su bautizo era simplemente de contrición y humildad para Israel (cf. Hch. 19, 2 ss. y nota), a fin de qué reconociese, bajo las apariencias humildes, al Mesías anunciado como Rey y Sacerdote (cf. Za. 6, 12s. y nota), como no tardó en hacerlo Natanael (v. 49). Pero para eso había que ser como éste "un israelita sin doblez" (v. 47). En cambio a los "mayordomos" del v. 19, que usufructuaban la religión, no les convenía que apareciese el verdadero Dueño, porque entonces ellos quedarían sin papel. De ahí su oposición apasionada contra Jesús (según lo confiesa Caifás en 11, 47 ss.) y su odio contra los que creían en su venida (cf. 9, 22).

29. Juan es el primero que llama a Jesús *Cordero de Dios*. Empieza a descorrerle el velo. El cordero que sacrificaban los judíos todos los años en la víspera de la fiesta de Pascua y cuya sangre era el signo que libraba del exterminio (Ex. 12, 13), figuraba a la Víctima divina que, cargando con nuestros pecados, se entregaría "en manos de los hombres" (Lc. 9, 44), para que su Sangre "más elocuente que la de Abel" (Hb. 12, 25), atrajese sobre el ingrato Israel (v. 11) y sobre el mundo entero (11, 52) la misericordia del Padre, su perdón y los dones de su gracia para los creyentes (Ef. 2. 4-8).

34. *El Hijo de Dios*: Diversos m ss. y San Ambrosio dicen: *el escogido* (eklektós) *de Dios*. Cf. v. 45 y nota.

40. El otro era el mismo *Juan*, el Evangelista. Nótese el gran papel que en la primera vocación de los apóstoles desempeña el Bautista (v. 37). Cf. v. 26 y nota; Mt. 11, 13.

eres Simón, hijo de Juan: tú te llamarás Kefas –que se traduce: Pedro". [43]Al día siguiente resolvió partir para Galilea. Encontró a Felipe y le dijo: "Sígueme". [44]Era Felipe de Betsaida, la ciudad de Andrés y Pedro. [45]Felipe encontró a Natanael y le dijo: "A Aquel de quien Moisés habló en la Ley, y también los profetas, lo hemos encontrado: es Jesús, hijo de José, de Nazaret". [46]Natanael le replicó: "¿De Nazaret puede salir algo bueno?" Felipe le dijo: "Ven y ve". [47]Jesús vio a Natanael que se le acercaba, y dijo de él: "He aquí, en verdad, un israelita sin doblez". [48]Le dijo Natanael: "¿De dónde me conoces?" Jesús le respondió: "Antes de que Felipe te llamase, cuando estabas bajo la higuera te vi". [49]Natanael le dijo: "Rabí, Tú eres el Hijo de Dios, Tú eres el Rey de Israel". [50]Jesús le respondió: "Porque te dije que te vi debajo de la higuera, crees. Verás todavía más". [51]Y le dijo: "En verdad, en verdad os digo: Veréis el cielo abierto y a los ángeles de Dios que suben y descienden sobre el Hijo del hombre".

2 Las bodas de Caná. [1]Al tercer día hubo unas bodas en Caná de Galilea y estaba allí la madre de Jesús. [2]Jesús también fue invitado a estas bodas, como asimismo sus discípulos. 3Y llegando a faltar vino, la madre de Jesús le dijo: "No tienen vino". [4]Jesús le dijo: "¿Qué (nos va en esto) a Mí y a ti, mujer? Mi hora no ha venido todavía". [5]Su madre dijo a los sirvientes: "Cualquier cosa que Él os diga, hacedla". [6]Había allí seis tinajas de piedra para las purificaciones de los judíos, que contenían cada una dos o tres metretas. [7]Jesús les dijo: "Llenad las tinajas de agua"; y las llenaron hasta arriba. [8]Entonces les dijo: "Ahora sacad y llevad al maestresala"; y le llevaron. [9]Cuando el maestresala probó el agua convertida en vino, cuya procedencia ignoraba –aunque la conocían los sirvientes que habían sacado el agua–, llamó al novio [10]y le dijo: "Todo el mundo sirve primero el buen vino, y después, cuando han bebido bien, el menos bueno; pero tú has conservado el buen vino hasta este momento". [11]Tal fue el comienzo que dio Jesús a sus milagros, en Caná de Galilea; y manifestó su gloria, y sus discípulos creyeron en Él.

Defensa del templo. [12]Después de esto descendió a Cafarnaúm con su madre, sus hermanos y sus discípulos, y se quedaron allí no muchos días. [13]La Pascua de los judíos estaba próxima, y Jesús subió a Jerusalén. [14]En el Templo encontró a los mercaderes de bueyes, de ovejas y de palomas, y a los cambistas sentados (*a sus mesas*). [15]Y haciendo un azote de cuerdas, arrojó del Templo a todos, con las ovejas y los bueyes; desparramó las monedas de los cambistas y volcó sus mesas. [16]Y a los vendedores de palomas les dijo: "Quitad esto de aquí; no hagáis de la casa de

---

42. Véase Mt. 4, 18; 16, 18. *Kefas* significa en arameo: roca (en griego Petros).

45. *Natanael* es muy probablemente el apóstol Bartolomé. Felipe llama a Jesús "hijo de José" porque todos lo creían así: el misterio de la Anunciación (Lc. 1, 26 ss.) y la Encarnación del Verbo por obra del Espíritu Santo fue ocultado por María. Ello explica que fuese tan rudimentario el concepto de los discípulos sobre Jesús (cf. v. 34 y nota). Según resulta de los sinópticos combinados con Juan, aquéllos, después de una primera invitación, se volvieron a sus trabajos y luego recibieron la definitiva vocación al apostolado (Mt. 4, 18-22; Mc. 1, 16-20; Lc. 5, 8-11).

47. Las promesas del Señor son para los hombres sin ficción (Sal. 7, 11; 31, 11). Dios no se cansa de insistir, en ambos Testamentos, sobre esta condición primaria e indispensable que es la *rectitud de corazón*, o sea la sinceridad sin doblez (Sal. 25, 2). Es en realidad lo único que Él pide, pues todo lo demás nos lo da el espíritu Santo con su gracia y sus dones. De ahí la asombrosa benevolencia de Jesús con los más grandes pecadores, frente a su tremenda severidad con los fariseos, que pecaban contra la luz (Jn. 3, 19) o que oraban por fórmula (St. 4, 8). De ahí la sorprendente

revelación de que el Padre descubre a los niños lo que oculta a los sabios (Lc. 10, 21).

51. Algunos refieren esto a los prodigios que continuamente les mostraría Jesús (cf. Mt. 11, 4). Otros, a su triunfo escatológico.

4. Jesús pone a prueba la *fe de la Virgen*, que fue en ella la virtud por excelencia (19, 25 y nota; Lc. 1, 38 y 45) y luego adelanta su hora a ruego de su Madre. Según una opinión que parece plausible, esta hora era simplemente la de proveer el vino, cosa que hacían por turno los invitados a las fiestas nupciales, que solían durar varios días.

6. Una *metreta* contenía 36,4 litros.

12. Entre los judíos todos los parientes se llamaban *hermanos* (Mt. 12, 46 y nota). Jesús no los tenía y lo vemos confiar el cuidado de su madre a su primo Juan (Jn. 19, 26).

14. Estos mercaderes que profanaban la santidad del Templo, tenían sus puestos en el atrio de los gentiles. Los cambistas trocaban las monedas corrientes por la moneda sagrada, con la que se pagaba el tributo del Templo. Cf. Mt. 21, 12s.; Mc. 11, 15 ss.; Lc. 19, 45 ss.

mi Padre un mercado". [17]Y sus discípulos se acordaron de que está escrito: "El celo de tu Casa me devora". [18]Entonces los judíos le dijeron: "¿Qué señal nos muestras, ya que haces estas cosas?". [19]Jesús les respondió: "Destruid este Templo, y en tres días Yo lo volveré a levantar". [20]Le replicaron los judíos: "Se han empleado cuarenta y seis años en edificar este Templo, ¿y Tú, en tres días lo volverás a levantar?" [21]Pero Él hablaba del Templo de su cuerpo. [22]Y cuando hubo resucitado de entre los muertos, sus discípulos se acordaron de que había dicho esto, y creyeron a la Escritura y a la palabra que Jesús había dicho.

[23]Mientras Él estaba en Jerusalén, durante la fiesta de Pascua, muchos creyeron en su nombre, viendo los milagros que hacía. [24]Pero Jesús no se fiaba de ellos, porque a todos los conocía, [25]y no necesitaba de informes acerca del hombre, conociendo por sí mismo lo que hay en el hombre.

3 **El nuevo nacimiento por la fe.** [1]Había un hombre de los fariseos, llamado Nicodemo, principal entre los judíos. [2]Vino de noche a encontrarle y le dijo: "Rabí, sabemos que has venido de parte de Dios, como maestro, porque nadie puede hacer los milagros que Tú haces, si Dios no está con él". [3]Jesús le respondió: "En verdad, en verdad, te digo, si uno no nace de lo alto, no puede ver el reino de Dios". [4]Nicodemo le dijo:

---

16. El evangelio es eterno, y no menos para nosotros que para aquel tiempo. Cuidemos, pues, de no repetir hoy este mercado, cambiando simplemente las palomas por velas o imágenes.

17. Cf. Sal. 68, 10; Mal. 3, 1-3.

18. A los ojos de los sacerdotes y jefes del Templo, Jesús carecía de autoridad para obrar como lo hizo. Sin embargo, con un ademán se impuso a ellos, y esto mismo fue una muestra de su divino poder, como observa San Jerónimo.

19. Véase Mt. 26, 61.

24s. Lección fundamental de doctrina y de vida. Cuando aún no estamos familiarizados con el lenguaje del divino Maestro y de la Biblia en general, sorprende hallar constantemente cierto pesimismo, que parece excesivo, sobre la maldad del hombre. Porque pensamos que han de ser muy raras las personas que obran por amor al mal. Nuestra sorpresa viene de ignorar el inmenso alcance que tiene el primero de los dogmas bíblicos: el pecado original. La Iglesia lo ha definido en términos clarísimos (Denz. 174-200). Nuestra formación, con mezcla de humanismo orgulloso y de sentimentalismo materialista, nos lleva a confundir el orden natural con el sobrenatural, y a pensar que es caritativo creer en la bondad del hombre, siendo así que en tal creencia consiste la herejía pelagiana, que es la misma de Jean Jacques Rousseau, origen de tantos males contemporáneos. No es que el hombre se levante cada día pensando en hacer el mal por puro gusto. Es que el hombre, no sólo está naturalmente entregado a su propia inclinación depravada (que no se borró con el Bautismo), sino que está rodeado por el mundo enemigo del Evangelio, y expuesto además a la influencia del Maligno, que lo engaña y le mueve al mal con apariencia de bien. Es el "misterio de la iniquidad", que San Pablo explica en 2 Ts. 2, 6. De ahí que todos necesitemos *nacer de nuevo* (3, 3 ss.) y renovarnos constantemente en el espíritu por el contacto con la divina Persona del único Salvador, Jesús, mediante el don que Él nos hace de su Palabra y de su Cuerpo y su Sangre redentora. De ahí la necesidad constante de vigilar y orar para no entrar en tentación, pues apenas entrados, somos vencidos. Jesús nos da así una lección de inmenso valor para el saludable conocimiento y desconfianza de nosotros mismos y de los demás, y muestra los abismos de la humana ceguera e iniquidad, que son enigmas impenetrables para pensadores y sociólogos de nuestros

días y que en el Evangelio están explicados con claridad transparente. Al que ha entendido esto, la humildad se le hace luminosa, deseable y fácil. Véase el Magníficat (Lc. 1, 46 ss.) y el Sal. 50 y notas.

1s. *Vino de noche*: La sinceridad con que Nicodemo habla al Señor y la defensa que luego hará de Él ante los prepotentes fariseos (7, 50 ss.) no menos que su piedad por sepultar al divino Ajusticiado (19, 39 ss.) cuando su descrédito y aparente fracaso era total ante el abandono de todos sus discípulos y cuando ni siquiera estaba Él vivo para agradecérselo, nos muestran la rectitud y el valor de Nicodemo; por donde vemos que al ir de noche, para no exponerse a las iras de la Sinagoga, no le guía el miedo cobarde, como al discípulo que se avergüenza de Jesús (Mt. 10, 33) o se escandaliza de Él (Mt. 11, 6; 13, 21), sino la prudencia de quien no siendo aún discípulo de Jesús –pues ignoraba su doctrina–, pero reconociendo el sello de verdad que hay en sus palabras (7, 17) y en sus hechos extraordinarios, y no vacilando en buscar a ese revolucionario, pese a su tremenda actitud contra la Sinagoga, en que Nicodemo era alto jefe (v. 10), trata sabiamente de evitar el inútil escándalo de sus colegas endurecidos por la soberbia, los cuales, por supuesto, le habrían obstaculizado su propósito. Igual prudencia usaban los cristianos ocultos en las catacumbas, y todos hemos de recoger la prevención, porque el discípulo de Cristo tiene el anuncio de que será perseguido (Lc. 6, 22; Jn. 15, 18 ss.; 16, 1 ss.) y Jesús, el gran Maestro de la rectitud, es quien pos enseña también esa prudencia de la serpiente (Mt. 10, 16 ss.) para que no nos pongamos indiscretamente –o quizá por ostentosa vanidad– a merced de enemigos que más que nuestros lo son del Evangelio. Muchos discípulos del Señor han tenido y tendrán aún que usar de esa prudencia (cf. Hch. 7, 52; 17, 6) en tiempos de persecución y de apostasía como los que están profetizados (2 Ts. 2, 3 ss.) y Dios no enseña a desafiar el peligro por orgulloso estoicismo ni por dar "perlas a los cerdos" (Mt. 7, 6); antes bien, su suavísima doctrina paternal nos revela que la vida de sus amigos le es muy preciosa (Sal. 115, 15 y nota). Lo dicho no impide, claro está, pensar que la doctrina dada aquí por Jesús a Nicodemo preparó admirablemente su espíritu para esa ejemplar actuación que tuvo después.

3. *Nace de lo alto*: ¿No es cosa admirable que la Serpiente envidiosa contemple hoy, como castigo, que se ha cumplido en

"¿Cómo puede nacer un hombre, siendo viejo? ¿Puede acaso entrar en el seno de su madre y nacer de nuevo?" [5]Jesús le respondió: "En verdad, en verdad, te digo, si uno no nace del agua y del espíritu, no puede entrar en el reino de los cielos. [6]Lo nacido de la carne, es carne; y lo nacido del espíritu, es espíritu. [7]No te admires de que te haya dicho: "Os es necesario nacer de lo alto". [8]El viento sopla donde quiere; tú oyes su sonido, pero no sabes de dónde viene, ni adónde va. Así acontece con todo aquel que ha nacido del espíritu". [9]A lo cual Nicodemo le dijo: "¿Cómo puede hacerse esto?" [10]Jesús le respondió: "¿Tú eres el doctor de Israel, y no entiendes esto? [11]En verdad, en verdad, te digo: nosotros hablamos lo que sabemos, y atestiguamos lo que hemos visto, y vosotros no recibís nuestro testimonio. [12]Si cuando os digo las cosas de la tierra, no creéis, ¿cómo creeréis si os digo las cosas del cielo? [13]Nadie ha subido al cielo, sino Aquel que descendió del cielo, el Hijo del hombre. [14]Y como Moisés, en el desierto, levantó la serpiente, así es necesario que el Hijo del hombre sea levantado. [15]Para que todo el que cree tenga en Él vida eterna".

La máxima revelación. [16]Porque así amó Dios al mundo: hasta dar su Hijo único, para que todo aquel que cree en Él no se pierda, sino que tenga vida eterna. [17]Porque Dios no envió su Hijo al mundo para juzgar al mundo, sino para que el mundo se salve por medio Él. [18]Quien cree en, Él, no es juzgado, mas quien no cree, ya está juzgado, porque no ha creído en el nombre del Hijo único de Dios. [19]Y éste es el juicio: que la luz ha venido al mundo, y los hombres han amado más las tinieblas que la luz, porque sus obras eran malas. [20]Porque todo el que obra mal, odia la luz y no viene a la luz, para que sus obras no sean reprobadas. [21]Al contrario, el que pone en práctica la verdad, viene a la luz, para que se vea que sus obras están hechas en Dios.

Nuevo testimonio del Bautista. [22]Después de esto fue Jesús con sus discípulos al territorio de Judea y allí se quedó con ellos, y bautizaba. [23]Por su parte, Juan bautizaba en Ainón, junto a Salim,

---

verdad, por obra del Redentor divino, esa divinización del hombre, que fue precisamente lo que ella propuso a Eva, creyendo que mentía, para llevarla a la soberbia emulación del Creador? He aquí que – ¡oh abismo!– la bondad sin límites del divino Padre, halló el modo de hacer que aquel deseo insensato llegase a ser realidad. Y no ya sólo como castigo a la mentira del tentador, ni sólo como respuesta a aquella ambición de divinidad (que ojalá fuese más frecuente ahora que es posible, y lícita, y santa). No: Cierto que Satanás quedó confundido, y que la ambición de Eva se realizará en los que formamos la Iglesia; pero la gloria de esa iniciativa no será de ellos, sino de aquel Padre inmenso, porque Él ya lo tenía así pensado desde toda la eternidad, según nos lo revela San Pablo en el asombroso capítulo primero de los Efesios. Cf. 1, 13; 1 Pe. 1, 23.

5. Alude al *Bautismo*, en que se realiza este nacimiento de lo alto. No hemos de renacer solamente del agua, sino también del Espíritu Santo (Denz. 796s.). El término espíritu indica una creación sobrenatural, obra del Espíritu divino. San Pablo nos enseña que el hombre se renueva mediante el conocimiento espiritual de Cristo (Ef. 4, 23 ss.; Col. 3, 10; Ga. 5, 16). Este conocimiento renovador se adquiere escuchando a Jesús, pues Él nos dice que sus palabras son espíritu y vida (6, 64).

8. *Viento y espíritu* son en griego la misma palabra (pneuma). Jesús quiere decir: *la carne* no puede nacer de nuevo (v. 4) y así el *hombre carnal* tampoco lo puede (cf. v. 6; 6, 63; Ga. 5, 17). En cambio *el espíritu* lo puede todo porque no tiene ningún obstáculo, hace lo que quiere con sólo quererlo, pues lo que vale para Dios es el espíritu (4, 23; 6, 29). Por eso es como el viento, que no teniendo los inconvenientes de la materia sólida, no obstante ser invisible e impalpable, es más poderoso que ella, pues la arrastra con su soplo y él conserva su libertad. De ahí que las palabras de Jesús nos hagan libres como el *espíritu* (8, 31-32), pues ellas son espíritu y son vida (6, 63), como el *viento* "que mueve aún las hojas muertas". Pues Jesús "vino a salvar lo que había perecido" (Lc. 19, 10). Cf. 3, 16.

12. Cosa de la *tierra* es el nacer de nuevo (v. 3 y 5), pues ha de operarse en esta vida. Cosas del *cielo* serán las que Jesús dirá luego acerca de su Padre, a quien sólo Él conoce (v. 13; 1, 18).

14. Véase Nm. 21, 9 y nota. Cf. 12, 32.

16. "Este versículo, que encierra la revelación más importante de toda la Biblia, debiera ser lo primero que se diese a conocer a los niños y catecúmenos. Más y mejor que cualquier noción abstracta, él contiene en esencia y síntesis tanto el misterio de la Trinidad cuanto el misterio de la Redención" (Mons. Keppler). Dios nos amó primero (1 Jn. 4, 19), y sin que le hubiésemos dado prueba de nuestro amor. "¡Oh, cuán verdadero es el amor de esta Majestad divina que al amarnos no busca sus propios intereses!" (San Bernardo). Hasta dar *su Hijo único* en quien tiene todo su amor que es el Espíritu Santo (Mt. 17, 5), para que vivamos por Él (1 Jn. 4, 9).

17. *Para juzgar al mundo:* Véase 5, 22 y nota.

19. Este es el juicio de discernimiento entre el que es recto y el que tiene doblez. Jesús será para ellos como una piedra de toque (cf. 7, 17; Lc. 2, 34s.). La terrible sanción contra los que rechazan la luz será abandonarlos a su ceguera (Mc. 4, 12), para que crean a la mentira y se pierdan. San Pablo nos revela que esto es lo que ocurrirá cuando aparezca el Anticristo (2 Ts. 2, 9-12). Cf. 5, 43 y nota.

donde había muchas aguas, y se le presentaban las gentes y se hacían bautizar; [24]porque Juan no había sido todavía aprisionado. [25]Y algunos discípulos de Juan tuvieron una discusión con un judío a propósito de la purificación. [26]Y fueron a Juan, y le dijeron: "Rabí, Aquel que estaba contigo al otro lado del Jordán, de quien tú diste testimonio, mira que también bautiza, y todo el mundo va a Él". [27]Juan les respondió: "No puede el hombre recibir nada, si no le fuere dado del cielo. [28]Vosotros mismos me sois testigos de que yo he dicho: «No soy yo el Mesías, sino que he sido enviado delante de Él». [29]El que tiene la esposa, es el esposo. El amigo del esposo, que está a su lado y le oye, experimenta una gran alegría con la voz del esposo. Esta alegría, que es la mía, está, pues, cumplida. [30]Es necesario que Él crezca y que yo disminuya. [31]El que viene de lo alto, está por encima de todos. Quien viene de la tierra, es terrenal y habla de lo terrenal. Aquel que viene del cielo está por encima de todos. [32]Lo que ha visto y oído, eso testifica, ¡y nadie admite su testimonio! [33]Pero el que acepta su testimonio ha reconocido auténticamente que Dios es veraz. [34]Aquel a quien Dios envió dice las palabras de Dios; porque Él no da con medida el Espíritu. [35]El Padre ama al Hijo y le ha entregado pleno poder. [36]Quien cree al Hijo tiene vida eterna; quien no quiere creer al Hijo no verá la vida, sino que la cólera de Dios permanece sobre él".

4 La samaritana. [1]Cuando el Señor supo que los fariseos estaban informados de que Jesús hacía más discípulos y bautizaba más que Juan – [2]aunque Jesús mismo no bautizaba, sino sus discípulos– [3]abandonó la Judea y se volvió a Galilea. [4]Debía, pues, pasar por Samaria. [5]Llegó a una ciudad de Samaria llamada Sicar, junto a la posesión que dio Jacob a su hijo José. [6]Allí se encuentra el pozo de Jacob. Jesús, pues, fatigado del viaje, se sentó así junto al pozo. Era alrededor de la hora sexta. [7]Vino una mujer de Samaria a sacar agua. Jesús le dijo: "Dame de beber". [8]Entretanto, sus discípulos se habían ido a la ciudad a comprar víveres. [9]Entonces la samaritana le dijo: "¿Cómo Tú, judío, me pides de beber a mí que soy mujer samaritana?" Porque los judíos no tienen comunicación con los samaritanos. [10]Jesús le respondió y dijo: "Si tú conocieras el don de Dios, y quien es el que te dice: «Dame de beber», quizá tú le hubieras pedido a Él, y Él te habría dado agua viva". [11]Ella le dijo: "Señor, Tú no tienes con qué sacar, y el pozo es hondo; ¿de dónde entonces tienes esa agua viva? [12]Acaso eres Tú mayor que nuestro padre Jacob, que nos dio este pozo, del cual bebió él mismo, y sus hijos y sus ganados?" [13]Le respondió Jesús: "Todos los que beben de esta agua, tendrán de nuevo sed; [14]mas quien beba el agua que Yo le daré, no tendrá sed nunca, sino que el agua que Yo le daré se hará en él fuente de agua surgente para

---

23. *Ainón,* situada en el valle del Jordán, al sur de la ciudad de Betsán.

29. Juan se llama "amigo del Esposo" porque pertenece, como Precursor, al Antiguo Testamento y no es todavía miembro de la Iglesia, Esposa de Cristo, que no está fundada aún (véase Mt. 16, 20; Lc. 16, 16 y notas). De ahí lo que Jesús dice del Bautista en Mt. 11, 11 ss. Sobre la humildad de Juan véase Mc. 1, 7.

30. Como el lucero de la mañana palidece ante el sol, así el Precursor del Señor quiere eclipsarse ante el que es la Sabiduría encarnada. Ésta es la lección que nos deja el Bautista a cuantos queremos predicar al Salvador: desaparecer. "¡Ay, cuando digan bien de vosotros!" (Lc. 6, 26). Cf. 5, 44; 21, 15 y nota; Jn. 1, 7.

36. Vemos aquí el gran pecado contra la fe, de que tanto habla Jesús. Cf. 16, 9 y nota.

6. Ese pozo, que aún existe, tiene una profundidad de 32metros y está situado al sudeste de la ciudad de Nablus, llamada antiguamente Siquem y Sicar. Los cruzados levantaron encima de la fuente una iglesia, cuya sucesora es la iglesia actual que pertenece a los ortodoxos griegos. *¡Fatigado!* Es ésta una de las notas más íntimas con que se aumenta nuestra fe al contacto del Evangelio. ¡Fatigado! Luego es evidente que el Hijo de Dios podía fatigarse, que se hizo igual a nosotros y que lo hizo por amarnos.

8. El Evangelista quiere advertirnos de la delicadeza de Jesús, que no habría descubierto en presencia de ellos la vida íntima de esa mujer (cf. v. 18).

9. La intención de la mujer no se ve con certeza, pero sí vemos que ella se coloca en la situación humilde de una despreciada samaritana (cf. Eclo. 50, 28 y nota). Esto es lo que hace que Jesús "ponga los ojos en su pequeñez" (Lc. 1, 48) y le muestre (v. 10) que no es Él quien pide, sino quien da. Porque el dar es una necesidad del Corazón divino del Hijo, como lo es del Padre; y por eso Jesús prefiere no a Marta sino a María, la que sabe recibir. Véase Lc. 10, 42; Jn. 13, 38 y notas.

10. *Si tú conocieras el don de Dios,* es decir, no ya sólo las cosas que Él te da, empezando por tu propia existencia, sino la donación que Dios te hace de Sí mismo, el Don en que el Padre se te da en la Persona de su único Hijo, para que Jesús te divinice haciéndote igual a Él o mejor transformándote para que puedas vivir eternamente su misma vida divina, la vida de felicidad en el conocimiento y en el amor.

vida eterna". ¹⁵Le dijo la mujer: "Señor, dame esa agua, para que no tenga más sed, ni tenga más que venir a sacar agua". ¹⁶Él le dijo: "Ve a buscar a tu marido, y vuelve aquí". ¹⁷Le replicó la mujer y dijo: "No tengo marido". Jesús le dijo: "Bien has dicho: «No tengo marido»; ¹⁸porque cinco maridos has tenido, y el hombre que ahora tienes, no es tu marido; has dicho la verdad". ¹⁹Le dijo la mujer: "Señor, veo que eres profeta. ²⁰Nuestros padres adoraron sobre este monte; según vosotros, en Jerusalén está el lugar donde se debe adorar". ²¹Jesús le respondió: "Mujer, créeme a Mí, porque viene la hora, en que ni sobre este monte ni en Jerusalén adoraréis al Padre. ²²Vosotros, adoráis lo que no conocéis; nosotros adoramos lo que conocemos, porque la salvación viene de los judíos. ²³Pero la hora viene, y ya ha llegado, en que

los adoradores verdaderos adorarán al Padre en espíritu y en verdad; porque también el Padre desea que los que adoran sean tales. ²⁴Dios es espíritu, y los que lo adoran, deben adorarlo en espíritu y en verdad". ²⁵Le dijo la mujer: "Yo sé que el Mesías –es decir el Cristo– ha de venir. Cuando Él venga, nos instruirá en todo". ²⁶Jesús le dijo: "Yo lo soy. Yo que te hablo".

²⁷En este momento llegaron los discípulos, y quedaron admirados de que hablase con una mujer. Ninguno, sin embargo, le dijo: "¿Qué preguntas?" o "¿Qué hablas con ella?" ²⁸Entonces la mujer, dejando su cántaro, se fue a la ciudad, y dijo a los hombres: ²⁹"Venid a ver a un hombre que me ha dicho todo lo que he hecho: ¿no será éste el Cristo?" ³⁰Y salieron de la ciudad para ir a encontrarlo. ³¹Entretanto los discípulos le rogaron:

---

14. *No tendrá sed, etc.* Nótese el contraste con lo que se dice de la Sabiduría en Eclo. 24, 29s. y nota. El que bebe en el "manantial de la divina sabiduría, que es la palabra de Dios" (Eclo. 1, 5), calmará la inquietud de su espíritu atormentado por la sed de la felicidad, y poseerá con la gracia una anticipación de la gloria.

15 ss. La mujer no comprende el sentido, pensando solamente en el agua natural que tenía que sacar del pozo todos los días. Tan sólo por la revelación de sus pecados ocultos viene a entender que Jesús hablaba simbólicamente de un *agua sobrenatural*, que no se saca del pozo. Jesús, antes de darle el "agua viva", quiere despertar en ella la conciencia de sus pecados y la conduce al arrepentimiento con admirable suavidad. Ya brota la fe en el corazón de la samaritana. Lo prueba la pregunta sobre el lugar donde había que adorar a Dios. Los samaritanos creían que el lugar del culto no era ya el Templo de Jerusalén sino el monte Garizim, donde ellos tuvieron un templo basta el año 131 a. C. Cf. Esd. 4, 1-5.

21. Antes de anunciar en el v. 23 el culto esencialmente espiritual, que habría de ser el sello característico de la Iglesia cristiana, Jesús le anuncia aquí la *Próxima caducidad del culto israelita* (cf. Hb. 8, 4 y 13 y notas), y aún quizá también la incredulidad, tanto de los judíos como de los samaritanos. De ahí que, ante el fracaso de unos y otros, le diga: *Créeme a Mí.* Así viven los hombres también hoy entre opiniones y bandos, todos falaces. Y Jesús sigue diciéndonos: Créeme a Mí, único que no te engaña, y Yo te enseñaré, como a esta humilde mujer, lo que agrada al Padre (v. 23), es decir, la sabiduría. Véase Eclo. 1, 34 y nota.

22. *La salvación viene de los judíos*: La nación judía fue hecha depositaria de las promesas de Dios a Abraham, el "padre de los creyentes", "en quien serán bendecidas todas las naciones de la tierra" (Gn. 18, 18; cf. 3, 17; Rm. 9, 4s.; 11, 17 y 26). El mediador de todas esas bendiciones es Jesús, descendiente de Abraham por María. Cf. Lc. 1, 32.

23. *En espíritu*: es decir, "en lo más noble y lo más interior del hombre (Rm. 8, 5)" (Pirot). Cf. Mt. 22, 37. *En verdad*, y no con la apariencia, es decir, "con ázimos de sinceridad" (1Co. 5, 8), y no

como aquel pueblo que lo alababa con los labios mientras su corazón estaba lejos de Él (Mt. 15, 8), o como los que oraban para ser vistos en las sinagogas (Mt. 6, 5) o proclamaban sus buenas obras (Mt. 6, 2). Desde esta revelación de Jesucristo aprendemos a no anteponer lo que se ve a lo que no se ve (2Co. 4, 18); a preferir lo interior a lo exterior, lo espiritual a lo material. De ahí que hoy no sea fácil conocer el verdadero grado de unión con Dios que tiene un alma, y que por eso no sepamos juzgarla (Lc. 6, 41s. y nota). Porque las almas le agradan según su mayor o menor rectitud y simplicidad de corazón, o sea según su infancia espiritual (Mt. 18, 1 ss.). Cf. 1Co. 2, 15.

24. Para ponerse en contacto con Dios, cuya naturaleza es espiritual, el hombre ha de poner en juego todo lo que tiene de semejante a Él: toda su actividad *espiritual,* que se manifiesta en la fe, la esperanza y la caridad (véase 3, 5 y nota; 6, 64). San Juan de la Cruz aprovecha este pasaje para exhortarnos a que no miremos en que el lugar para orar sea de tal o cual comodidad, sino al recogimiento interior, "en olvido de objetos y jugos sensibles". En efecto, si Dios es espíritu ¿qué pueden importarle, en sí mismas, las cosas materiales? "¿Acaso he de comer Yo la carne de los toros?", dice Él, refiriéndose a las ofrendas que se le hacen (Sal. 49, 13 ss.). Lo que vale para Él es la intención, a tal punto que, según Santa Gertrudis Magna, Jesús le reveló que cada vez que deseamos de veras hacer algo por darle gusto al Padre o a Él, aunque no podamos realizarlo, vale tanto como si ya lo hubiéramos hecho; y eso lo entenderá cualquiera, pues el que ama no busca regalos por interés, y lo que aprecia es el amor con que están hechos.

28. *Dejando su cántaro*: detalle elocuente que muestra cómo el fervor del interés por Cristo le hizo abandonar toda preocupación temporal. Ni siquiera se detiene a saludar a los recién llegados (cf. Lc. 10, 4). Ella tiene prisa por comunicar a los de su pueblo (cf. Lc. 8, 39) las maravillas que desbordaban de su alma después de escuchar a Jesús (véase Hch. 4, 20). Los frutos de este fervor apostólico se ven en el v. 39.

"Rabí, come". [32] Pero Él les dijo: "Yo tengo un manjar para comer, que vosotros no conocéis". [33]Y los discípulos se decían entre ellos: "¿Alguien le habrá traído de comer?" [34]Mas Jesús les dijo: "Mi alimento es hacer la voluntad de Aquel que me envió y dar cumplimiento a su obra. [35]¿No decís vosotros: Todavía cuatro meses, y viene la siega? Y bien, Yo os digo: Levantad vuestros ojos, y mirad los campos, que ya están blancos para la siega. [36]El que siega, recibe su recompensa y recoge la mies para la vida eterna, para que el que siembra se regocije al mismo tiempo que el que siega. [37]Pues en esto se verifica el proverbio: «Uno es el que siembra, otro el que siega». [38]Yo os he enviado a cosechar lo que vosotros no habéis labrado. Otros labraron, y vosotros habéis entrado en (*posesión del fruto de*) sus trabajos".

[39]Muchos de los samaritanos de aquella ciudad creyeron en Él por la palabra de la mujer que testificaba diciendo: "Él me ha dicho todo cuanto he hecho". [40]Cuando los samaritanos vinieron a Él, le rogaron que se quedase con ellos; y se quedó allí dos días. [41]Y muchos más creyeron a causa de su palabra, [42]y decían a la mujer: "Ya no creemos a causa de tus palabras; nosotros mismos lo hemos oído, y sabemos que Él es verdaderamente el Salvador del mundo".

Jesús en Galilea. [43]Pasados aquellos dos días, partió para Galilea. [44]Ahora bien, Jesús mismo atestiguó que ningún profeta es honrado en su patria. [45]Cuando llegó a Galilea, fue recibido por los galileos, que habían visto todas las grandes cosas hechas por Él en Jerusalén durante la fiesta; porque ellos también habían ido a la fiesta.

Curación del hijo del cortesano. [46]Fue, pues, otra vez a Caná de Galilea, donde había convertido el agua en vino. Y había un cortesano cuyo hijo estaba enfermo en Cafarnaúm. [47]Cuando él oyó que Jesús había vuelto de Judea a Galilea, se fue a encontrarlo, y le rogó que bajase para sanar a su hijo, porque estaba para morir. [48]Jesús le dijo: "¡Si no veis signos y prodigios, no creeréis!". [49]Le respondió el cortesano: "Señor, baja antes que muera mi hijo". [50]Jesús le dijo: "Ve, tu hijo vive". Creyó este hombre a la palabra que le dijo Jesús y se puso en marcha. [51]Ya bajaba, cuando encontró a algunos de sus criados que le dijeron que su hijo vivía. [52]Les preguntó, entonces, la hora en que se había puesto mejor. Y le respondieron: "Ayer, a la hora séptima, le dejó la fiebre". [53]Y el padre reconoció que ésta misma era la hora en que Jesús le había dicho: "Tu hijo vive". Y creyó él, y toda su casa. [54]Este fue el segundo milagro que hizo Jesús vuelto de Judea a Galilea.

5 **El paralítico de la piscina**. [1]Después de esto llegó una fiesta de los judíos, y Jesús subió a Jerusalén. [2]Hay en Jerusalén, junto a la (*puerta*) de las Ovejas una piscina llamada en hebreo Betesda, que tiene cinco pórticos. [3]Allí estaban tendidos una cantidad de enfermos, ciegos, cojos, paralíticos, que aguardaban que el agua se agitase. [[4]Porque un ángel bajaba de tiempo en tiempo y agitaba el agua; y el primero que entraba después del movimiento

---

34. Esa *obra*, que consiste en darnos a conocer al Padre (1, 18) es la que Jesús declara cumplida en 17, 4. San Hilario hace notar que ésta fue la obra por excelencia de Cristo.

35. *Levantad vuestros ojos*: Era ésa la fértil llanura dada por Jacob a su hijo José, figura de Cristo (v. 5). Se refiere ahora a los samaritanos que vienen en su busca, guiados por la mujer, mostrando que la semilla esparcida en el pueblo de los samaritanos, tan despreciado por los judíos, ya daba fruto. Samaria fue la primera ciudad en que, después de Jerusalén, se formó una comunidad numerosa de cristianos (Hch. cap. 8).

39. *Cuanto he hecho*: la samaritana, conquistada por la gracia de Jesús, no vacila en hacer humildemente esta alusión a sus pecados. Sus oyentes, que la conocían, se sienten a su vez conquistados por tan indiscutible prueba de sinceridad.

41s. He aquí señalada la eficacia de esas palabras de Jesús de las cuales podemos disfrutar nosotros también en el Evangelio (1 Jn. 1, 3s.).

44. Véase sobre esto Lc. 4, 14 ss.

48. Los *milagros* confirman la autoridad del que predica (Mc. 16, 20); con todo, no son necesarios ni suficientes para engendrar por sí mismos la fe (2, 23 ss.; 12, 37 ss.). Ella viene de prestar asentimiento a la palabra de Jesucristo (Rm. 10, 17), explotando el "afecto de credulidad" (Denz. 178) que Dios pone en nosotros. Cf. 7, 17 y nota.

50. Este acto de fe en la palabra de Jesús fue precursor de su conversión, referida en el v. 53.

1s. Según admiten muchos (Lagrange, Joüon, Olivier, Pirot, etc.), el cap. 5 debe ponerse después del cap. 6. *Una fiesta*: (varios m ss., quizás antes de la inversión de los capítulos, dice *la fiesta*): la Pascual, de la cual en 6, 4se dice que está próxima. Sería la segunda Pascua de Jesús en Jerusalén. Para la primera, cf. 2, 13 y 23; para la tercera y última, cf. 12, 1.

del agua, quedaba sano de su mal, cualquiera que este fuese]. [5]Y estaba allí un hombre, enfermo desde hacía treinta y ocho años. [6]Jesús, viéndolo tendido y sabiendo que estaba enfermo hacía mucho tiempo, le dijo: "¿Quieres ser sanado?" [7]El enfermo le respondió: "Señor, yo no tengo a nadie que me meta en la piscina cuando el agua se agita; mientras yo voy, otro baja antes que yo". [8]Le dijo Jesús: "Levántate, toma tu camilla y anda". [9]Al punto quedó sanado, tomó su camilla, y se puso a andar.

Discusión sobre el sábado. Ahora bien, aquel día era sábado: [10]Dijeron, pues, los judíos al hombre curado: "Es sábado; no te es lícito llevar tu camilla". [11]Él les respondió: "El que me sanó, me dijo: Toma tu camilla y anda". [12]Le preguntaron: "¿Quién es el que te dijo: Toma tu camilla y anda?" [13]El hombre sanado no lo sabía, porque Jesús se había retirado a causa del gentío que había en aquel lugar. [14]Después de esto lo encontró Jesús en el Templo y le dijo: "Mira que ya estas sano; no peques más, para que no te suceda algo peor". [15]Fuese el hombre y dijo a los judíos que el que lo había sanado era Jesús. [16]Por este motivo atacaban los judíos a Jesús, porque hacía estas cosas en sábado. [17]Él les respondió: "Mi Padre continúa obrando, y Yo obro también". [18]Con lo cual los judíos buscaban todavía más hacerlo morir, no solamente porque no observaba el sábado, sino porque llamaba a Dios su padre, igualándose de este modo a Dios.

Jesús se declara Hijo de Dios. [19]Entonces Jesús respondió y les dijo: "En verdad, en verdad, os digo, el Hijo no puede por Sí mismo hacer nada, sino lo que ve hacer al Padre; pero lo que Éste hace, el Hijo lo hace igualmente. [20]Pues el Padre ama al Hijo y le muestra todo lo que Él hace; y le mostrará aún cosas más grandes que éstas, para asombro vuestro. [21]Como el Padre resucita a los muertos y les devuelve la vida, así también el Hijo devuelve la vida a quien quiere. [22]Y el Padre no juzga a nadie, sino que ha dado todo el juicio al Hijo, [23]a fin de que todos honren al Hijo como honran al Padre. Quien no honra al Hijo, no honra al Padre que lo ha enviado. [24]En verdad, en verdad, os digo: El que escucha mi palabra y cree a Aquel que me envió, tiene vida eterna y no viene a juicio, sino que ha pasado ya de la muerte a la vida. [25]En verdad, en verdad, os digo, vendrá el tiempo, y ya estamos en él, en que los muertos oirán la voz del Hijo de Dios, y aquellos que la oyeren, revivirán. [26]Porque así como el Padre tiene la vida en Sí mismo, ha dado también al Hijo el tener la vida en Sí mismo. [27]Le ha dado también el poder de juzgar, porque es Hijo del hombre. [28]No os asombre esto, porque vendrá el tiempo en que todos los que están en los sepulcros oirán su voz; [29]y saldrán los que hayan hecho el bien, para resurrección de vida; y los que hayan hecho el mal, para resurrección de juicio. [30]Por Mí mismo Yo no puedo hacer nada. Juzgo según lo que oigo, y mi juicio es justo, porque no busco mi voluntad, sino la voluntad del que me envió. [31]Si Yo doy testimonio de Mí mismo, mi testimonio no es verdadero. [32]Pero otro es el que da testimonio de Mí, y sé que el testimonio que da acerca de Mí es verdadero.

---

4. La mayoría de los exégetas niega autenticidad a este v., ausente de los mejores testigos griegos. Algunos desconocen también el final del v. 3 sobre la agitación del agua, si bien ésta podría deberse a un carácter termal (Durand) u otra causa natural. El milagro singular aquí señalado sería único en la Biblia (Prat).

14. El caso parece distinto del de 9, 3. Cf. nota.

17. *Continúa obrando*: aun en sábado. Si Dios no obrase sin cesar, la creación volvería a la nada (Sal. 103, 29 y nota). Así también obra constantemente el Verbo, por quien el Padre lo hace todo (1, 3).

22. A Jesús le corresponde ser *juez* de todos los hombres, también por derecho de conquista; porque nos redimió a todos con su propia Sangre (Hch. 10, 42; Rm. 14, 9; 2 Tm. 4, 8; 1 Pe. 4, 5s.). Entretanto, Jesús nos dice aquí que ahora ni el Padre juzga a nadie ni Él tampoco (8, 15), pues no vino a juzgar sino a salvar (3, 17;

12, 47). Es el "año de la misericordia", que precede al "día de la venganza" (Lc. 4, 19; Is. 61, 1 ss.).

24. Véase 6, 40 y nota. *No viene a juicio*: "Algunos de los buenos se salvarán y no serán juzgados, a saber: los pobres en espíritu, pues aun ellos juzgarán a los demás" (Catecismo Romano, Exposición del *Símbolo* según Santo Tomás, Art. VII, I). Cf. Mt. 19, 28; 1Co. 6, 2s. y nota.

25. Cf. v. 28; 2 Tm. 4, 1 y nota.

30 ss. Continúa el pensamiento del v. 19. La justicia está en pensar, sentir y obrar como Dios quiere. Tal fue el sumo anhelo de Jesús, y así nos lo dice en 4, 34; 17, 4, etc.

31 ss. Vale la pena detenerse en comprender bien lo que sigue, pues en ello está toda la "apologética" del Evangelio, o sea los testimonios que invocó el mismo Jesucristo para probar la verdad de su misión. El "Otro" (v. 32) es el Padre.

[33]Vosotros enviasteis legados a Juan, y él dio testimonio a la verdad. [34]Pero no es que de un hombre reciba Yo testimonio, sino que digo esto para vuestra salvación. [35]Él era antorcha que ardía y brillaba, y vosotros quisisteis regocijaros un momento a su luz. [36]Pero el testimonio que Yo tengo es mayor que el de Juan, porque las obras que el Padre me ha dado para llevar a cabo, y que precisamente Yo realizo, dan testimonio de Mí, que es el Padre quien me ha enviado. [37]El Padre que me envió, dio testimonio de Mí. Y vosotros ni habéis jamás oído su voz, ni visto su semblante, [38]ni tampoco tenéis su palabra morando en vosotros, puesto que no creéis a quien Él envió. [39]Escudriñad las Escrituras, ya que pensáis tener en ellas la vida eterna: son ellas las que dan testimonio de Mí, [40]¡y vosotros no queréis venir a Mí para tener vida! [41]Gloria de los hombres no recibo, [42]sino que os conozco (y sé) que no tenéis en vosotros el amor de

Dios. [43]Yo he venido en el nombre de mi Padre, y no me recibís; si otro viniere en su propio nombre, ¡a ése lo recibiréis! [44]¿Cómo podéis vosotros creer, si admitís alabanza los unos de los otros, y la gloria que viene del único Dios no la buscáis? [45]No penséis que soy Yo quien os va a acusar delante del Padre. Vuestro acusador es Moisés, en quien habéis puesto vuestra esperanza. [46]Si creyeseis a Moisés, me creeríais también a Mí, pues de Mí escribió Él. [47]Pero si no creéis a sus escritos, ¿cómo creeréis a mis palabras?".

6 **Primera multiplicación de los panes.** [1]Después de esto, pasó Jesús al otro lado del mar de Galilea, o de Tiberíades. [2]Y le seguía un gran gentío, porque veían los milagros que hacía con los enfermos. [3]Entonces Jesús subió a la montaña y se sentó con sus discípulos. [4]Estaba próxima la Pascua, la fiesta de los judíos. [5]Jesús, pues, levantando los ojos y

---

33. Éste fue enviado (1, 6 ss.), como último profeta del Antiguo Testamento (Mt. 11, 13), para dar testimonio del Mesías a Israel (1, 15; 3, 26-36; Mt. 3, 1 ss.; Mc. 1, 12 ss.; Lc. 3, 13 ss.).

34 ss. Con ser Juan tan privilegiado (Mt. 11, 11), el Señor quiere mostrarnos aquí que el Precursor no era sino un momentáneo reflejo de la luz (1, 8). Vemos aquí una vez más que no hemos de poner de un modo permanente nuestra admiración en hombre alguno ni someter el testimonio de Dios al de los hombres sino a la inversa (cf. Hch. 4, 19; 5, 29; 17, 11). Por donde se ve que es pobre argumento para Jesús el citar a muchos hombres célebres que hayan creído en Él. Porque si eso nos moviera, querría decir que atendíamos más a la autoridad de aquellos hombres que a los testimonios ofrecidos por el mismo Jesús. Cf. v. 36 ss. y notas.

36 ss. He aquí *el gran testimonio* del Hijo: su propio Padre que lo envió y que lo acreditó de mil maneras. Vemos así como el Evangelio se defiende a sí mismo, pues en él hallamos las credenciales que el Padre nos ofrece sobre Jesús, con palabras que tienen virtud sobrenatural para dar la fe a toda alma que no la escuche con doblez. Véase 4, 48; 7, 17; Sal. 92, 5 y notas. Este pasaje condena todo esfuerzo teosófico. San Juan nos dice que nadie vio nunca a Dios, y que fue su Hijo quien lo dio a conocer (1, 18), de modo que en vano buscaría el hombre el trato con Dios si Él no hubiese tomado la iniciativa de darse a conocer al hombre mediante la Palabra revelada de sus profetas y de su propio Hijo. Véase 7, 17 y nota; Hb. 1, 1 ss.

39. Véase v. 46. Con esto recomienda el Señor mismo, como otro testimonio, la lectura de los libros del *Antiguo Testamento*. Quien los rechaza no conoce las luces que nos dieron los Profetas sobre Cristo. "En el Antiguo Testamento está escondido el Nuevo, y en el Nuevo se manifiesta el Antiguo" (San Agustín). "Los libros del Antiguo Testamento son palabra de Dios y parte orgánica de su revelación" (Papa Pío XI).

41. *No recibo,* esto es (como en el v. 34): no os digo esto porque tenga nada que ganar con vuestra adhesión, sino que os desenmascaro porque conozco bien vuestra hipocresía.

42. *No tenéis en vosotros el amor de Dios.* Es decir, que, como observa San Ireneo, el amor acerca a Dios más que la pretendida sabiduría y experiencia, las cuales son compatibles (como aquí vemos) con la blasfemia y la enemistad con Dios.

43. La historia rebosa de comprobaciones de esta dolorosa realidad. Los *falsos profetas* se anuncian a sí mismos y son admirados sin más credenciales que su propia suficiencia. Los discípulos de Jesús, que hablan en nombre de Él, son escuchados por pocos, como pocos fueron los que escucharon a Jesús, el enviado del Padre. Véase Mt. 7, 15 y nota. Suele verse aquí una profecía de la aceptación que tendrá el Anticristo como falso Mesías. Cf. Ap. 13.

44. Es impresionante la severidad con que Jesús niega aquí la fe de los que buscan *gloria humana.* Cf. 3, 30; Lc. 6, 26; Ga. 1, 10; Sal. 52, 6.

46s. *De Mí escribió él:* "En cuanto al Salvador del género humano, nada existe sobre Él tan fecundo y tan expresivo como los textos que encontramos en toda la Biblia, y San Jerónimo tuvo razón de afirmar que 'ignorar las Escrituras es ignorar a Cristo'" (León XIII, Encíclica "Providentissimus Deus"). Esta notable cita de San Jerónimo se encuentra repetida por Benedicto XV en la Encíclica "Spiritus Paraclitus" y también por Pío XII en la Encíclica "Divino Afflante Spiritu". No podemos, pues, mirarla como una simple referencia literaria sino que hemos de meditar toda su gravedad. ¿Acaso pretendería alguien salvarse sin conocer al Salvador? ¿*Cómo creeréis a mis palabras?* Argumento igual al del v. 44 y que se aplica con mayor razón aun a los que ignoran voluntariamente las propias palabras de Cristo. Cf. 12, 48 y nota.

1. *Después de esto.* Véase 5, 1 y nota sobre el orden invertido de los capítulos.

viendo que venía hacia Él una gran multitud, dijo a Felipe: "¿Dónde compraremos pan para que éstos tengan qué comer?". [6]Decía esto para ponerlo a prueba, pues Él, por su parte, bien sabía lo que iba a hacer. [7]Felipe le respondió: "Doscientos denarios de pan no les bastarían para que cada uno tuviera un poco". [8]Uno de sus discípulos, Andrés, el hermano de Pedro, le dijo: [9]"Hay aquí un muchachito que tiene cinco panes de cebada y dos peces. Pero ¿qué es esto para tanta gente?" [10]Mas Jesús dijo: "Haced que los hombres se sienten". Había mucha hierba en aquel lugar. Se acomodaron, pues, los varones, en número como de cinco mil. [11]Tomó, entonces, Jesús los panes, y habiendo dado gracias, los repartió a los que estaban recostados, y también del pescado, cuanto querían. [12]Cuando se hubieron hartado dijo a sus discípulos: "Recoged los trozos que sobraron, para que nada se pierda". [13]Los recogieron y llenaron doce canastos con los pedazos de los cinco panes, que sobraron a los que habían comido. [14]Entonces aquellos hombres, a la vista del milagro que acababa de hacer, dijeron: "Éste es verdaderamente el profeta, el que ha de venir al mundo". [15]Jesús sabiendo, pues, que vendrían a apoderarse de Él para hacerlo rey, se alejó de nuevo a la montaña, Él solo.

Jesús anda sobre las aguas. [16]Cuando llegó la tarde, bajaron sus discípulos al mar. [17]Y subiendo a la barca, se fueron al otro lado del mar, hacia Cafarnaúm, porque ya se había hecho oscuro, y Jesús no había venido aún a ellos. [18]Mas se levantó un gran viento y el mar se puso agitado. [19]Y después de haber avanzado veinticinco o treinta estadios, vieron a Jesús, que caminaba sobre el mar aproximándose a la barca, y se asustaron. [20]Pero Él les dijo: "No tengáis miedo". [21]Entonces se decidieron a recibirlo en la barca, y en seguida la barca llegó a la orilla, adonde querían ir. [22]Al día siguiente, la muchedumbre que permaneció al otro lado del mar, notó que había allí una sola barca, y que Jesús no había subido en ella con sus discípulos, sino que sus discípulos se habían ido solos. [23]Más llegaron barcas de Tiberíades junto al lugar donde habían comido el pan, después de haber el Señor dado gracias.

Discurso sobre el pan de vida: la Sagrada Eucaristía. [24]Cuando, pues, la muchedumbre vio que Jesús no estaba allí, ni tampoco sus discípulos, subieron en las barcas, y fueron a Cafarnaúm, buscando a Jesús. [25]Y al encontrarlo del otro lado del mar, le preguntaron: "Rabí, ¿cuándo llegaste acá?" [26]Jesús les respondió y dijo: "En verdad, en verdad, os digo, me buscáis, no porque visteis milagros, sino porque comisteis de los panes y os hartasteis. [27]Trabajad, no por el manjar que pasa, sino por el manjar que perdura para la vida eterna, y que os dará el Hijo del hombre, porque a Éste ha marcado con su sello el Padre, Dios". [28]Ellos le dijeron: "¿Qué haremos, pues, para hacer las obras de Dios?" [29]Jesús, les respondió y dijo: "La obra de

---

5. *La multiplicación de los panes.* Cf. Mt. 14, 13 ss.; Mc. 6, 34 ss.; Lc. 9, 10 ss., sirve de introducción al gran discurso sobre el pan de vida (v. 24).

11. Jesús da *gracias al Padre* anticipadamente (cf. 11, 41s.), a fin de referirle a Él la gloria del milagro. "Por Él y con Él y en Él te es dado a Ti, oh Padre omnipotente, en la unidad del Espíritu Santo, todo honor y gloria" (Canon de la Misa Tradicional en latín).

12. La importancia de esta operación, destinada a grabar en la memoria de los discípulos la magnitud del prodigio, se puede apreciar en Mc. 8, 17-21 y en Mt. 16, 8-10.

13. En Mt. 14, 13-21; Mc. 6, 31-44; Lc. 9, 10-17, se dan mayores detalles.

14. Véase 11, 27. *El profeta,* esto es, el Mesías Rey. Así lo entiende Jesús en el vers. 15. Cf. Mt. 21, 11.

15. Sólo una vez Jesús se dejó aclamar por *Rey:* fue el Domingo de Ramos (cf. 12, 12s. y nota). Bien sabía nuestro Salvador que había de prevalecer en el pueblo el sentir hostil hacia Él de los jefes de la nación y que la afirmación de su realeza sobre Israel,

anunciada por el ángel a María como una realidad futura, sería el capítulo principal de su acusación por los judíos cuando éstos le hiciesen comparecer ante el gobernador romano (Lc. 1, 32; 23, 2).

21. En seguida llegaron, aunque no habían recorrido sino la mitad del camino (v. 19), que fue la que recorrió Jesús caminando sobre las aguas, teniendo el lago un ancho de 10 a 13kms. Notable episodio en que se ve que el miedo les había impedido aceptar a Jesús (cf. Lc. 8, 37). Cuando le perdemos el miedo y lo recibimos en nuestra navecilla llegamos felizmente al puerto (San Beda el Venerable).

26. Desecharon en el milagro la evidencia, negándose a ver en Jesús a un enviado de Dios, con derecho como tal a ser escuchado. Le buscan como dispensador de bienes, más no espirituales sino temporales.

27. Pirot recuerda aquí el agua viva que ofreció a la Samaritana en 4, 13. Cf. v. 35. El *sello* del Padre son esos milagros que dan fe de la misión de Jesús (3, 33) y que Él prodiga con una bondad que no puede ser sino divina. Cf. Mt. 11, 4-6.

Dios es que creáis en Aquel a quien Él envió". [30]Entonces le dijeron: "¿Qué milagro haces Tú, para que viéndolo creamos en Ti? ¿Qué obra haces? [31]Nuestros padres comieron el maná en el desierto, como está escrito: «Les dio de comer un pan del cielo»". [32]Jesús les dijo: "En verdad, en verdad, os digo, Moisés no os dio el pan del cielo; es mi Padre quien os da el verdadero pan del cielo. [33]Porque el pan de Dios es Aquel que desciende del cielo y da la vida al mundo". [34]Le dijeron: "Señor, danos siempre este pan". [35]Les respondió Jesús: "Soy Yo el pan de vida; quien viene a Mí, no tendrá más hambre, y quien cree en Mí, nunca más tendrá sed. [36]Pero, os lo he dicho: a pesar de que me habéis visto, no creéis. [37]Todo lo que me da el Padre vendrá a Mí, y al que venga a Mí, no lo echaré fuera, ciertamente, [38]porque bajé del cielo para hacer no mi voluntad, sino la voluntad del que me envió. [39]Ahora bien, la voluntad del que me envió, es que no pierda Yo nada de cuanto Él me ha dado, sino que lo resucite en el último día. [40]Porque ésta es la voluntad del Padre: que todo aquel que contemple al Hijo y crea en Él, tenga vida eterna; y Yo lo resucitaré en el último día".

[41]Entonces los judíos se pusieron a murmurar contra Él, porque había dicho: "Yo soy el pan que bajó del cielo"; [42]y decían: "No es éste Jesús, el Hijo de José, cuyo padre y madre conocemos? ¿Cómo, pues, ahora dice: «Yo he bajado del cielo?»" [43]Jesús les respondió y dijo: "No murmuréis entre vosotros. [44]Ninguno puede venir a Mí, si el Padre que me envió, no lo atrae; y Yo lo resucitaré en el último día. [45]Está escrito en los profetas: «Serán todos enseñados por Dios». Todo

29. Le preguntan por *las obras:* Él señala la obra por excelencia: la obra interior que consiste en *creer* recta y plenamente. La fe es también la obra de Dios en el sentido de que es Él quien nos atrae (6, 44 y 66).

30. *¿Qué milagro haces?* Asombrosa ceguera y mala fe de los fariseos que hacen tal pregunta cuando acaban de comer el pan milagrosamente multiplicado por Jesús.

31. Véase Ex. 16, 15-16; Sal. 77, 25s.; 1Co. 10, 3.

32s. El "Don perfecto" por excelencia (cf. St. 1, 17) es el que ese Padre nos hizo de su Hijo muy amado (cf. 3, 16), el verdadero "pan del cielo", que nos imparte la vida y la sustenta con el pan de su palabra (v. 63) y con su carne hecha pan supersubstancial (v. 51; Lc. 11, 3).

33. *Pan de Dios:* De estas sublimes palabras viene la expresión popular que suele aplicarse para decir que alguien es muy bueno. Pero ¿cuántos piensan en aplicarla a la bondad del único a quien esas palabras corresponden? (Mt. 19, 16). *Desciende del cielo*: Nótese aquí, como en los v. 38 y 42, que Jesús es el único Hombre que se ha atrevido a atribuirse un origen celestial y a sostener su afirmación hasta la muerte. Cf. 3, 13; 8, 23 y 38 ss.

34. Siguen creyendo que Jesús habla del pan multiplicado que ellos comieron. No acaban nunca de abrir su entendimiento y su corazón a la fe, como Jesús se lo reprocha en el v. 36.

35. Aquí declara el Señor que Él mismo es el "pan de vida" dado por el Padre (v. 32). Más tarde habla del pan eucarístico que dará el mismo Jesús para la vida del mundo (v. 51).

37. Sobre la *iniciativa del Padre* en la salvación, véase Rm. 10, 20; Denz. 200. La promesa que aquí nos hace Jesús, de no rechazar a nadie, es el más precioso aliento que puede ofrecerse a todo pecador arrepentido. Cf. en 5, 40 la queja dolorosa que Él deja escapar para los que a pesar de esto desoyen su invitación. Cf. 17, 10 y nota.

38. El Hijo de Dios se anonadó a Sí mismo, como ocultando su divinidad (véase Flp. 2, 7s. y nota) y se empeñó en cumplir esa voluntad salvífica del Padre, aunque ese empeño le costase la muerte de cruz. Cf. Mt. 26, 42 y nota.

39. *Lo resucite:* "Para saber si amamos y apreciamos el dogma de la resurrección –dice un autor– podemos preguntarnos qué pensaríamos si Dios nos dijese ahora que el castigo del pecado, en vez del infierno eterno, sería simplemente el volver a la nada, es decir, quedarnos sin resurrección del cuerpo ni inmortalidad del alma, de modo que todo se acabara con la muerte. Si ante semejante noticia sintiéramos una impresión de alivio y comodidad, querría decir simplemente que envidiamos el destino de los animales, esto es, que nuestra fe está muerta en su raíz, aunque perduren de ella ciertas manifestaciones exteriores. Mucho me temo que fuese aterrador el resultado de una encuesta que sobre esto se hiciese entre los que hoy se llaman cristianos". Véase lo que a este respecto profetiza el mismo Jesús en Lucas 18, 8.

40. He aquí el plan divino: Jesús, el Mediador, es el único camino para ir al Padre. Es decir que, viéndolo y estudiándolo a Él, hemos de creer en el Padre (5, 24), del cual Cristo es espejo perfectísimo (14, 9; Hb. 1, 3). Sólo ese Hijo puede darnos exacta noticia del Padre, porque sólo Él lo vio (1, 18; 3, 32; 6, 46), y la gloria del Padre consiste en que creamos a ese testimonio que el Hijo da de Él (v. 29), a fin de que toda glorificación del Padre proceda del Hijo (14, 13). Véase atentamente 12, 42-49 y notas.

41. Nótese, como siempre, la ingratitud con que responden los hombres a las maravillosas revelaciones que Jesús acaba de hacerles. Véase v. 34 y nota.

44s. Cf. Is. 54, 13; Jr. 31, 33-34; Mt. 16, 17. Es decir que Dios nos atrae infaliblemente hacia Jesús (si bien, como dice San Agustín, no contra nuestra voluntad). Es el misterio del amor del Padre al Hijo. El Padre está engendrando eternamente al Hijo, el cual es todo su tesoro (Mt. 17, 5); no obstante ello fue el mismo Padre quien nos lo dio, lo cual hace aún más asombrosa esa bondad. Justo es entonces que el Padre sea el solo Dispensador de su Hijo y Enviado, infundiendo a los que Él elige, el Espíritu Santo (Lc. 11, 13), que es quien nos lleva a Jesús. Cf. 14, 23.

el que escuchó al Padre y ha aprendido, viene a Mí. [46]No es que alguien haya visto al Padre, sino Aquel que viene de Dios, Ése ha visto al Padre. [47]En verdad, en verdad, os digo, el que cree tiene vida eterna. [48]Yo soy el pan de vida. [49]Los padres vuestros comieron en el desierto el maná y murieron. [50]He aquí el pan, el que baja del cielo para que uno coma de él y no muera. [51]Yo soy el pan, el vivo, el que bajó del cielo. Si uno come de este pan vivirá para siempre, y por lo tanto el pan que Yo daré es la carne mía para la vida del mundo". [52]Empezaron entonces los judíos a discutir entre ellos y a decir: "¿Cómo puede éste darnos la carne a comer?" [53]Les dijo, pues, Jesús: "En verdad, en verdad, os digo, si no coméis la carne del Hijo del Hombre y bebéis la sangre del mismo, no tenéis vida en vosotros. [54]El que de Mí come la carne y de Mí bebe la sangre, tiene vida eterna y Yo le resucitaré en el último día. [55]Porque la carne mía verdaderamente es comida y la sangre mía verdaderamente es bebida. [56]El que de Mí come la carne y de Mí bebe la sangre, en Mí permanece y Yo en él. [57]De la misma manera que Yo, enviado por el Padre viviente, vivo por el Padre, así el que me come, vivirá también por Mí. [58]Este es el pan bajado del cielo, no como aquel que comieron los padres, los cuales murieron. El que come este pan vivirá eternamente". [59]Esto dijo en Cafarnaúm, hablando en la sinagoga.

Confesión de Pedro. [60]Después de haberlo oído, muchos de sus discípulos dijeron: "Dura es esta

---

46. Esto es: al hablar (en el v. 45) de los que han "escuchado" al Padre, no digo que lo hayan visto directamente, como me ven a Mí, sino que el Padre habla por boca del Hijo, como se vio en el v. 40 y nota.

51. Hasta aquí Jesús se ha dado a conocer como *el pan de vida*. En este v. se llama *el pan vivo*, y en vez de *que baja* (v. 50) dice *que bajó*. Pirot anota a este respecto: "La idea general que sigue inmediatamente en la primera parte del v.: *Si uno come de este pan vivirá para siempre* –repetición en positivo de lo que se dice negativamente en el v. 50– podría aún, en rigor, significar el resultado de la adhesión a Cristo por la fe. Pero el final del v.: *y el pan que Yo daré es mi carne... para vida del mundo* introduce manifiestamente una nueva idea. Hasta ahora el pan de vida era dado, en pasado, por el Padre. A partir de ahora, será dado, en el futuro, por el Hijo mismo. Además, *el pan* que hasta aquí podía ser tomado en un sentido metafórico espiritual, es identificado a la carne en Jesús (carne, como en 1, 14, más fuerte que cuerpo)... La única dificultad que aún provoca el v. es la de saber si el último miembro: *Para la vida del mundo* se refiere al pan o a la *carne*. La dificultad ha sido resuelta en el primer sentido por algunos raros manuscritos intercalando la frase en cuestión inmediatamente después de *daré:* el pan que Yo daré para la vida del mundo es mi carne. Pero la masa de los manuscritos se pronuncia por el segundo sentido. No parece, pues, dudoso que Juan haya querido establecer la identidad existente entre el pan eucarístico y la carne de Cristo en su estado de Víctima inmolada por el mundo". El mismo autor cita luego como acertada la explicación del Padre Calmes, según el cual en esa frase "se hallan confundidas la predicción de la Pasión y la promesa del pan eucarístico, y esto sin que haya equívoco, pues la Eucaristía es, al mismo tiempo que un sacramento, un verdadero sacrificio, un memorial de la muerte de Nuestro Señor Jesucristo.". Cf. Ef. 2, 14; Hb. 10, 20.

54. Por cuarta vez Jesús promete juntamente la *vida del alma y la resurrección del cuerpo*. Antes hizo esta promesa a los creyentes; ahora la confirma hablando de la comunión eucarística. Peligra, dice San Jerónimo, quien se apresura a llegar a la mansión deseada sin el pan celestial. La Iglesia prescribe la comunión pascual y recomienda la comunión diaria. ¿Veríamos una carga en este don divino? "La Iglesia griega se ha sentido autorizada para esto para dar la Eucaristía a los niños de primera edad. La Iglesia latina exige la edad de discreción. Puede apoyarse en una razón muy fuerte. Jesús recuerda que el primer movimiento hacia Él se hace por la fe (vv. 35, 45, 57)" Pirot. Cf. 4, 10 ss. El verbo *comer* que usa el griego desde aquí ya no es el de antes: *estío*, sino *trago*, de un realismo aún más intenso, pues significa literalmente *masticar*, como dando la idea de una retención (cf. v. 27, Lc. 2, 19 y 51). En el v. 58contrastan ambos verbos: uno en pretérito: *éfagon* y otro en presente: *trogon*.

57. *El que me come*: aquí y en el v. 58vuelve a hablar de Él mismo como en el v. 50. *Vivirá por Mí*: de tal manera que vivamos en Él y Él en nosotros, como lo revela el v. anterior. Cf. 1, 16; Col. 2, 9; véase la "secreta" del Domingo XVIII Después de Pentecostés. San Cirilo de Alejandría compara esta unión con la fusión en una de dos velas de cera bajo la acción del fuego: ya no formarán sino un solo cirio. Cf. 1Co. 10, 17. Nótese que Cristo se complace amorosamente en vivir del Padre, como de limosna, no obstante haber recibido desde la eternidad el tener la vida en Sí mismo (5, 26). Y esto nos lo enseña para movernos a que aceptemos aquel ofrecimiento de vivir de Él totalmente, como Él vive del Padre, de modo que no reconozcamos en nosotros otra vida que esta vida plenamente vivida que Él nos ofrece gratuitamente. Es de notar que por *el Padre y por Mí* pueden también traducirse *para el Padre y para Mí*. San Agustín y Santo Tomás de Aquino admiten ambos sentidos y el último parece apoyado por el verbo *vivirá*, en futuro (Lagrange). ¡Vivir para Aquel que muriendo nos dio vida divina, como Él vivió vara el Padre que engendrándolo se la da a Él! "El que así no vive ¿lo habrá acaso comido espiritualmente?" Véase v. 63; 2 Co. 5, 15; 1 Ts. 5, 10; Ga. 2, 20; cf. Hch. 17, 28; Rm. 14, 8; 2Co. 4, 11; 6, 9; 1 Jn. 4, 9.

59. He aquí, pues, las maravillas de la comunión explicadas por el mismo Jesús: nos da vida eterna (v. 50, 55 y 59) y resurrección gloriosa (55), siendo una comunidad ("comunión") de vida con Jesús (57) que nos hace vivir su propia vida como Él vive la del Padre (58).

doctrina: ¿Quién puede escucharla?". [61]Jesús, conociendo interiormente que sus discípulos murmuraban sobre esto, les dijo: "¿Esto os escandaliza? [62]¿Y si viereis al Hijo del hombre subir adonde estaba antes? [63]El espíritu es el que vivifica; la carne para nada aprovecha. Las palabras que Yo os he dicho, son espíritu y son vida. [64]Pero hay entre vosotros quienes no creen". Jesús, en efecto, sabía desde el principio, quiénes eran los que creían, y quién lo había de entregar. [65]Y agregó: "He ahí por qué os he dicho que ninguno puede venir a Mí, si esto no le es dado por el Padre". [66]Desde aquel momento muchos de sus discípulos volvieron atrás y dejaron de andar con Él. [67]Entonces Jesús dijo a los Doce: "¿Queréis iros también vosotros?" [68]Simón Pedro le respondió: "Señor, ¿a quién iríamos? Tú tienes palabras de vida eterna. [69]Y nosotros hemos creído y sabemos que Tú eres el Santo de Dios". [70]Jesús les dijo: "¿No fui Yo acaso quien os elegí a vosotros los doce? ¡Y uno de vosotros es diablo!" [71]Lo decía por Judas Iscariote, hijo de Simón, pues él había de entregarlo: él, uno de los Doce.

7 Viaje de Jesús a Jerusalén. [1]Después de esto, Jesús anduvo por Galilea; pues no quería andar por

Judea porque los judíos trataban de matarlo. [2]Estando próxima la fiesta judía de los Tabernáculos, [3]sus hermanos le dijeron: "Trasládate a Judea, para que tus discípulos también (allí) vean que obras haces. [4]Ninguno esconde las propias obras cuando él mismo desea estar en evidencia. Ya que Tú haces tales obras, muéstrate al mundo". [5]Efectivamente, ni sus mismos hermanos creían en Él. [6]Jesús, por tanto, les respondió: "El tiempo no ha llegado aún para Mí; para vosotros siempre está a punto. [7]El mundo no puede odiaros a vosotros; a Mí, al contrario, me odia, porque Yo testifico contra él que sus obras son malas. [8]Id, vosotros, a la fiesta; Yo, no voy a esta fiesta, porque mi tiempo aún no ha llegado". [9]Dicho esto, se quedó en Galilea. [10]Pero, después que sus hermanos hubieron subido a la fiesta, Él también subió, mas no ostensiblemente, sino como en secreto. [11]Le buscaban los judíos durante la fiesta y decían: "¿Dónde está Aquél?" [12]Y se cuchicheaba mucho acerca de Él en el pueblo. Unos decían: "Es un hombre de bien". "No, decían otros, sino que extravía al pueblo". [13]Pero nadie expresaba públicamente su parecer sobre Él, por

---

60. Por no haber abierto sus almas a la inteligencia espiritual del misterio, incurren en el sarcasmo de llamar "dura" la doctrina más tierna que haya sido revelada a los hombres. Cf. v. 41 s. y nota.

61. Véase Lc. 20, 17s., donde el Maestro manso y humilde de corazón es llamado por el mismo Dios "piedra de tropiezo", o sea de escándalo. Cf. Lc. 2, 34; Rm. 9, 32s., etc. El mismo Jesús dijo muchas veces que los hombres, y también sus discípulos, se escandalizarían, de Él y de su doctrina, cuya generosidad sobrepasa el alcance de nuestro mezquino corazón (cf. Mt. 11, 6 y nota). De ahí la falta de fe que Él señala y reprocha en los v. 36 y 64.

62. Subir: en el misterio de la Ascensión lo verán volver al cielo y ya no se escandalizarán (cf. v. 41s.) de que se dijese bajado del cielo (v. 33, 46, 50s., 58), ni podrán creer que les ha hablado de comerlo como los antropófagos (cf. v. 52).

63. La carne para nada aprovecha: Enseñanza tan enorme y preciosa como poco aprovechada. Porque es difícil de admitir para el que no ha hecho la experiencia y para el que no escucha a Jesús como un niño, que acepta sin discutirle al Maestro. Quiere decir que "la carne miente", porque lo tangible y material se nos presenta como lo más real y positivo, y Jesús nos dice que la verdadera realidad está en el espíritu, que no se ve (cf. 2Co. 4, 18). El hombre "prudente" piensa que las palabras son humo y ociosidad. Quiere "cosas y no palabras". Jesús reivindica aquí a la palabra –no la humana pero sí la divina– mostrándonos que en ella se esconde la vida, porqué Él es a un tiempo la vida y la Palabra: el Verbo. Véase

1, 4; 14, 6. Por eso San Juan lo llama el Verbo de la vida (1 Jn. 1, 1). Y de ahí que no solamente la Palabra es fuente de obras buenas (2 Tm. 3, 16s.), sino que el estar oyéndolo a Él y creyéndole, es "la obra" por antonomasia (v. 29), la mejor parte (Lc. 10, 42), la gran bienaventuranza (Lc. 11, 28).

65. Véase los vers. 44 y 64.

68 ss. Los apóstoles (con excepción de Judas Iscariote, que más tarde fue el traidor) sostuvieron esta vez gloriosamente la prueba de su fe. Pedro habla aquí, como en otros casos, en nombre de todos (14, 27; Mt. 6, 16). El Santo de Dios; véase Lc. 1, 35.

70. Jesús entrega a nuestra meditación esta sorprendente y terrible verdad de que el hecho de ser auténticamente elegido y puesto por Él no impide ser manejado por Satanás.

1. Este v. sigue probablemente a 5, 47. Véase 5, 1 y nota.

2. La fiesta de los Tabernáculos celebrábase con gran alegría en otoño, con tiendas de ramas, para recordar al pueblo los cuarenta años que estuvo en el desierto. Cf. Lv. 23, 34.

5. Los hermanos, o sea los parientes de Jesús, muestran aquí la verdad de lo que el mismo Maestro enseñó sobre la inutilidad de los lazos de la sangre cuando se trata de espíritu (véase Mt. 12, 46 y nota). Consuela pensar que más tarde se convirtieron, según resulta de Hch. 1, 14.

6. ¡Penetrante ironía! Para los mundanos siempre es tiempo de exhibirse. En el mundo están ellos en su elemento (v. 7) y no conciben que Jesús no ame como ellos la fama (v. 3s.).

miedo a los judíos.

Carácter divino de la doctrina de Cristo.
[14]Estaba ya mediada la fiesta, cuando Jesús subió al Templo, y se puso a enseñar. [15]Los judíos estaban admirados y decían: "¿Cómo sabe éste letras, no habiendo estudiado?" [16]Les replicó Jesús y dijo: "Mi doctrina no es mía, sino del que me envió. [17]Si alguno quiere cumplir Su voluntad, conocerá si esta doctrina viene de Dios, o si Yo hablo por mi propia cuenta. [18]Quien habla por su propia cuenta, busca su propia gloria; pero quien busca la gloria del que lo envió, ese es veraz, y no hay en él injusticia. [19]¿No os dio Moisés la Ley? Ahora bien, ninguno de vosotros observa la Ley. (*Entonces*) ¿Por qué tratáis de quitarme la vida?". [20]La turba le contestó: "Estás endemoniado. ¿Quién trata de quitarte la vida?" [21]Jesús les respondió y dijo: "Una sola obra he hecho, y por ello estáis desconcertados todos. [22]Moisés os dio la circuncisión –no que ella venga de Moisés, sino de los patriarcas– y la practicáis en día de sábado. [23]Si un hombre es circuncidado en sábado, para que no sea violada la Ley de Moisés: ¿cómo os encolerizáis contra Mí, porque en sábado sané a un hombre entero? [24]No juzguéis según las apariencias, sino que vuestro juicio sea justo.

Origen del Mesías. [25]Entonces algunos hombres de Jerusalén se pusieron a decir: "¿No es Éste a quien buscan para matarlo? [26]Y ved cómo habla en público sin que le digan nada. ¿Será que verdaderamente habrán reconocido los jefes que Él es el Mesías? [27]Pero sabemos de dónde es Éste; mientras que el Mesías, cuando venga, nadie sabrá de dónde es". [28]Entonces Jesús, enseñando en el Templo, clamó y dijo: "Sí, vosotros me conocéis y sabéis de dónde soy; pero es que Yo no he venido de Mí mismo; mas El que me envió, es verdadero; y a Él vosotros no lo conocéis. [29]Yo sí que lo conozco, porque soy de junto a Él, y es Él quien me envió". [30]Buscaban, entonces, apoderarse de Él, pero nadie puso sobre Él la mano, porque su hora no había llegado aún.

Intento de prender a Jesús. [31]De la gente, muchos creyeron en Él, y decían: "Cuando el Mesías venga, ¿hará más milagros que los que Éste ha hecho?" [32]Oyeron los fariseos estos comentarios de la gente acerca de Él; y los sumos sacerdotes con los fariseos enviaron satélites para prenderlo. [33]Entonces Jesús dijo: "Por un poco de tiempo todavía estoy con vosotros; después me voy a

---

13. *Por miedo a los judíos*, es decir, a los jefes de la Sinagoga y a los fariseos influyentes (12, 42).

17. Procedimiento infalible para llegar a tener fe: Jesús promete la luz a todo aquel que *busca la verdad* para conformar a ella su vida (1 Jn. 1, 5-7). Está aquí, pues, toda la apologética de Jesús. El que con *rectitud* escuche la Palabra divina, no podrá resistirle, porque "jamás hombre alguno habló como Éste" (v. 46). El *ánimo doble*, en cambio, en vano intentará buscar la Verdad divina en otras fuentes, pues su falta de rectitud cierra la entrada al Espíritu Santo, único que puede hacernos penetrar en el misterio de Dios (1Co. 2, 10 ss.). De ahí que, como lo enseña San Pablo y lo declaró San Pío X en el juramento antimodernista, basta la observación de la naturaleza para conocer la existencia del Creador eterno, su omnipotencia y su divinidad (Rm. 1, 20); pero la fe no es ese conocimiento natural de Dios, sino el conocimiento sobrenatural que viene de la adhesión prestada a la verdad de la palabra revelada, "a causa de la autoridad de Dios sumamente veraz" (Denz. 2145). Cf. 5, 31-39 y notas.

18. Jesús, "testigo fiel y veraz" (Ap. 3, 14), nos da aquí una norma de extraordinario valor psicológico para conocer la *veracidad de los hombres*. El que se olvida de sí mismo para defender la causa que se le ha encomendado, está demostrando con eso su sinceridad. Según esa norma, se retrata Él mismo, que fue el arquetipo de la fidelidad en la misión que el Padre le confiara (17, 4-8).

19. Jesús trae aquí un recuerdo que resulta toda una ironía, pues cuando el pueblo recibió de Moisés la Ley hizo, como un solo hombre, grandes promesas de cumplir todas las palabras del Señor (Ex. 24, 3), y ahora el Mesías les muestra que ni uno de ellos cumple.

21. *Una sola obra*: Jesús alude aquí al milagro de la curación del enfermo de treinta y ocho años, realizada en día sábado (cap. 5, 1-9). Esto da un nuevo indicio de lo que observamos en 5, 1sobre el orden de los capítulos.

27. *Éste*, en tono despectivo. Los judíos esperaban que el Mesías, después de nacer en Belén, del linaje de David, aparecería con poder y majestad para tomar posesión de su reino (cf. Lc. 17, 20 y nota). También creían erróneamente que Jesús era de Nazaret, y por lo tanto, no quisieron ver en Él al Mesías. Mas, a pesar de las palabras y hechos con que Él puso en evidencia que se cumplían en su persona todos los anuncios de los Profetas, nunca procuraron averiguar con exactitud dónde había nacido (v. 41 ss.; 8, 14), no obstante lo que se había hecho público en Mt. 2, 2-6.

28s. Jesús insiste sobre la necesidad de conocer a *Dios como Padre suyo* (4, 34 y nota), pues Israel ignoraba entonces el misterio de la Trinidad, o sea que Dios tuviese un Hijo. Cf. 3, 16; 8, 54 y nota.

30. Los fariseos, y no el pueblo, pues muchos creyeron en Él, en contraste con los jefes. Véase v. 40 y 44.

Aquel que me envió. [34]Me buscaréis y no me encontraréis, porque donde Yo estaré, vosotros no podéis ir". [35]Entonces los judíos se dijeron unos a otros: "¿Adónde, pues, ha de ir, que nosotros no lo encontraremos? ¿Irá a los que están dispersos entre los griegos o irá a enseñar a los griegos? [36]¿Qué significan las palabras que acaba de decir: Me buscaréis y no me encontraréis, y donde Yo estaré, vosotros no podéis ir?"

Promesa del agua viva. [37]Ahora bien, el último día, el más solemne de la fiesta, Jesús poniéndose de pie, clamó: "Si alguno tiene sed venga a Mí, y beba [38]quien cree en Mí. Como ha dicho la Escritura: «de su seno manarán torrentes de agua viva». [39]Dijo esto del Espíritu que habían de recibir los que creyesen en Él: pues aún no había Espíritu, por cuanto Jesús no había sido todavía glorificado. [40]Algunos del pueblo, oyendo estas palabras, decían: "A la verdad, Éste es el profeta". [41]Otros decían: "Éste es el Cristo"; pero otros decían: "Por ventura ¿de Galilea ha de venir el Cristo? [42]¿No ha dicho la Escritura que el Cristo ha de venir del linaje de David, y de Belén, la aldea de David?" [43]Se produjo así división en el pueblo a causa de Él.

Testimonio de los satélites y de Nicodemo. [44]Algunos de entre ellos querían apoderarse de Él, pero nadie puso sobre Él la mano. [45]Volvieron, pues, los satélites a los sumos sacerdotes y fariseos, los cuales les preguntaron: ¿Por qué no lo habéis traído?" [46]Respondieron los satélites: "¡Nadie jamás habló como este hombre!" [47]A lo cual los fariseos les dijeron: "¿También vosotros habéis sido embaucados? [48]¿Acaso hay alguien entre los jefes o entre los fariseos que haya creído en Él? [49]Pero esa turba, ignorante de la Ley, son unos malditos".

[50]Mas Nicodemo, el que había venido a encontrarlo anteriormente, y que era uno de ellos, les dijo: [51]"¿Permite nuestra Ley condenar a alguien antes de haberío oído y de haber conocido sus hechos?" [52]Le respondieron y dijeron: "¿También tú eres de Galilea? Averigua y verás que de Galilea no se levanta ningún profeta". [53]Y se fueron cada uno a su casa.

8 La mujer adúltera. [1]Y Jesús se fue al Monte de los Olivos. [2]Por la mañana reapareció en el Templo y todo el pueblo vino a Él, y sentándose les enseñaba. [3]Entonces los escribas y los fariseos llevaron una mujer sorprendida en adulterio, y poniéndola en medio, [4]le dijeron: "Maestro, esta mujer ha sido sorprendida en flagrante delito de adulterio. [5]Ahora bien, en la Ley, Moisés nos ordenó apedrear a tales mujeres. ¿Y Tú, qué dices?" [6]Esto decían para ponerlo en apuros, para tener de qué acusarlo. Pero Jesús, inclinándose, se puso a escribir en el suelo, con el dedo. [7]Como ellos persistían en su pregunta, se enderezó y les dijo: "Aquel de vosotros que esté sin pecado, tire el primero la piedra contra ella". [8]E inclinándose de nuevo, se puso otra vez a escribir en el suelo. [9]Pero ellos, después de oír aquello, se fueron uno por uno,

---

37. Según Lagrange, Pirot y otros modernos, debe preferirse esta puntuación, que parece ser la primitiva (San Ireneo, San Cipriano, etc.), a la otra según la cual el agua viva manaría del seno del que bebiese (cf. 4, 14). Mons. von Keppler hace notar que la alegría era la nota dominante, tanto en la asistencia al templo (Dt. 12, 7; 14, 26) cuanto en esa fiesta de los Tabernáculos (Dt. 16, 15), cuya culminación era la toma del agua, de la cual decía el proverbio: "Quien no ha visto la alegría de la toma del agua no ha visto alegría". Por donde se ve que Jesús, al decir estas palabras, se manifestaba como el único que puede distribuir el agua viva de la alegría verdadera. Véase Is. 12, 3; 44, 3; Dt. 32, 51; Ez. 47, 1 y 12; Za. 14, 8.

39s. No había sido todavía glorificado: el Espíritu Santo, que Jesús resucitado anunció como promesa del Padre (Lc. 24, 49; Hch. 1, 4) para consolarnos como lo había hecho Él (14, 26; 16, 13), bajó en Pentecostés (Hch. 2, 1 ss.) después de la Ascensión de Jesús, es decir, sólo cuando Él, glorificado a la diestra del Padre lo imploró

para nosotros. Véase Hb. 7, 25; Sal. 109, 4 y nota. El profeta: véase 6, 14s.; Hch. 3, 22 y notas.

42 ss. Véase v. 17 y nota; 1, 46; Sal. 88, 4s.; Mi. 5, 2.

48s. Tremenda confesión hecha por ellos mismos. Sólo creían los pequeños (v. 41; cf. Mt. 11, 25), a quienes ellos, los jefes legítimos pero apóstatas, despreciaban como ignorantes, porque ellos se habían guardado la llave de las Escrituras y no entraban ni dejaban entrar (cf. Lc. 11, 52).

5 50. La defensa del Señor por parte de Nicodemo, es fruto de su conversación nocturna con el Señor (cap. 3). Sobre este fruto véase 4, 41s. y nota.

52. Falso, pues Jonás era galileo (2Re. 14, 25).

1 ss. Sobre la perícopa 1-11 véase Lc. 21, 38 y nota.

5 ss. Véase Lv. 20, 10; Dt. 22, 22-24; 17, 7.

8. Según San Jerónimo, esta actitud podría recordar a los fariseos el texto de Jr. 17, 13. En general se piensa que indicaba simplemente distracción o displicencia despectiva ante la odiosa conducta de aquellos hipócritas.

comenzando por los más viejos, hasta los postreros, y quedó Él solo, con la mujer que estaba en medio. [10]Entonces Jesús, levantándose, le dijo: "Mujer, ¿dónde están ellos? ¿Ninguno te condenó?" [11]"Ninguno, Señor", respondió ella. Y Jesús le dijo: "Yo no te condeno tampoco. Vete, desde ahora no peques más".

Jesús, luz del mundo. [12]Jesús les habló otra vez, y dijo: "Yo soy la luz del mundo. El que me siga, no andará en tinieblas, sino que tendrá la luz de la vida". [13]Le dijeron, entonces, los fariseos: "Tú te das testimonio a Ti mismo; tu testimonio no es verdadero". [14]Jesús les respondió y dijo: "Aunque Yo doy testimonio de Mí mismo, mi testimonio es verdadero, porque sé de dónde vengo y adónde voy; mas vosotros no sabéis de dónde vengo ni adónde voy. [15]Vosotros juzgáis carnalmente; Yo no juzgo a nadie; [16]y si Yo juzgo, mi juicio es verdadero, porque no soy Yo solo, sino Yo y el Padre que me envió. [17]Está escrito también en vuestra Ley que el testimonio de dos hombres es verdadero. [18]Ahora bien, para dar testimonio de Mí, estoy Yo mismo y el Padre que me envió". [19]Ellos le dijeron: "¿Dónde está tu Padre?" Jesús respondió: "Vosotros no conocéis ni a Mí ni a mi Padre; si me conocieseis a Mí, conoceríais también a mi Padre". [20]Dijo esto junto al Tesoro, enseñando en el Templo. Y nadie se apoderó de Él, porque su hora no había llegado aún.

Incredulidad de los judíos. [21]De nuevo les dijo: "Yo me voy y vosotros me buscaréis, más moriréis en vuestro pecado. Adonde Yo voy, vosotros no podéis venir". [22]Entonces los judíos dijeron: "Acaso va a matarse, pues que dice: Adonde Yo voy, vosotros no podéis venir". [23]Y Él les dijo: "Vosotros sois de abajo; Yo soy de arriba. Vosotros sois de este mundo; Yo no soy de este mundo. [24]Por esto, os dije que moriréis en vuestros pecados. Sí, si no creéis que Yo soy (*el Cristo*), moriréis en vuestros pecados". [25]Entonces le dijeron: "Pues ¿quién eres?" Les respondió Jesús: "Eso mismo que os digo desde el principio. [26]Tengo mucho que decir y juzgar de vosotros. Pues El que me envió es veraz, y lo que Yo oí a Él, esto es lo que enseño al mundo". [27]ellos no comprendieron que les estaba hablando del Padre. [28]Jesús les dijo pues: "Cuando hayáis alzado al Hijo del hombre, entonces conoceréis que soy Yo (*el Cristo*), y que de Mí mismo no hago nada, sino que hablo como mi Padre me enseñó. [29]El que me envió, está conmigo. Él no me ha dejado solo, porque Yo hago siempre lo que le agrada". [30]Al

9. "Quedaron estos dos: la mísera y la misericordia" (San Agustín).

12. Esta imagen de la "luz" fue propuesta con motivo de la iluminación del Templo. El mismo San Juan nos presenta esta altísima doctrina de cómo la luz, que es el Verbo (1, 9), es para nosotros vida (1, 4). Según el plan de Dios, el Espíritu Santo nos es dado mediante esta previa iluminación del Verbo.

13s. Aunque Jesús no invoca generalmente su propio testimonio porque tiene el de su Padre (v. 18; 5, 31-36), todo profeta tiene un testimonio en su conciencia de enviado de Dios.

15. Sobre este importante punto, véase 5, 22 y nota. Cf. v. 11.

17. Véase Dt. 17, 6; 19, 15.

23. Es como la síntesis de todos los reproches de Jesús a los falsos servidores de Dios de todos los tiempos: la religión es cosa esencialmente sobrenatural que requiere vivir con la mirada puesta en lo celestial (Col. 3, 1 ss.; Hb. 9, 12; 10, 22; 12, 2; 13, 15), es decir, en el misterio (1Co. 2, 7 y 14), y los hombres se empeñan en hacer de ella una cosa humana "convirtiendo, dice San Jerónimo, el Evangelio de Dios en evangelio del hombre" (cf. Lc. 16, 15). Es lo que un célebre predicador alemán comentaba diciendo: "El apostolado no consiste en demostrar que el Cristianismo es razonable sino paradójico. Sólo porque lo ha dicho un Dios, y no por la lógica, podemos creer que se oculta a los sabios lo que se revela a los pequeños (Mt. 11, 25) y que la parte de María, sentada,

vale efectivamente más que la de Marta en movimiento (Lc. 10, 38 ss.). Cf. Lc. 7, 23 y nota.

24. *En vuestros pecados*: El v. 21se refiere, en singular, al pecado por excelencia de la Sinagoga. que es el de incredulidad frente al Mesías (cf. 16, 9; Rm. 11, 22). Aquí muestra que, cometido aquel pecado, los demás pecados permanecerán también. Es como una tremenda condenación en vida, que Jesús anticipa a los hombres de espíritu farisaico.

25. Algunos traducen: "Ante todo, ¿por qué os hablo?" Preferimos nuestra versión, según la cual Jesús muestra a los fariseos que ya no necesita repetirles la verdad de su carácter mesiánico: se lo ha dicho muchas veces, y ellos no quieren creerle. Cabe aún otra versión, cuyo sentido sería: Ante todo, ¿si Yo no fuera el Mesías, acaso os hablaría como os hablo?

28. Anuncio de la *crucifixión* que va a abrir los ojos de muchos. Efectivamente, después de la muerte de Jesús (Mt. 27, 54; Mc. 15, 38s.; Lc. 23, 47s.) y en particular después de la venida del Espíritu Santo, muchísimos creyeron en Cristo como testimonio del amor del Padre que lo enviaba, si bien la conversión de todo Israel sólo está anunciada para cuando Él vuelva (Mt. 23, 39 y nota). Cf. 19, 37; 3, 14; 12, 32. *De Mí mismo no hago nada*: Admiremos el constante empeño de Jesús por *ocultarse* a fin de que toda la gloria sea para el Padre. Véase 7, 28; 12, 49s.; Flp. 2, 7s.

decir estas cosas, muchos creyeron en Él.

La verdad nos hace libres. [31]Jesús dijo entonces a los judíos que le habían creído: "Si permanecéis en mi palabra, sois verdaderamente mis discípulos, [32]y conoceréis la verdad, y la verdad os hará libres". [33]Le replicaron: "Nosotros somos la descendencia de Abraham, y jamás hemos sido esclavos de nadie; ¿cómo, pues, dices Tú, llegaréis a ser libres?" [34]Jesús les respondió: "En verdad, en verdad, os digo, todo el que comete pecado es esclavo [del pecado]. [35]Ahora bien, el esclavo no queda en la casa para siempre; el hijo queda para siempre. [36]Si, pues, el Hijo os hace libres, seréis verdaderamente libres. [37]Bien sé que sois la posteridad de Abraham, y sin embargo, tratáis de matarme, porque mi palabra no halla cabida en vosotros. [38]Yo digo lo que he visto junto a mi Padre; y vosotros, hacéis lo que habéis aprendido de vuestro padre". [39]Ellos le replicaron diciendo: "Nuestro padre es Abraham". Jesús les dijo: "Si fuerais hijos de Abraham, haríais las obras de Abraham. [40]Sin embargo, ahora tratáis de matarme a Mí, hombre que os he dicho la verdad que aprendí de Dios. ¡No hizo esto Abraham! [41]Vosotros hacéis las obras de vuestro padre". Le dijeron: "Nosotros no hemos nacido del adulterio; no tenemos más que un padre: ¡Dios!" [42]Jesús les respondió: "Si Dios fuera vuestro padre, me amaríais a Mí, porque Yo salí y vine de Dios. No vine por Mí mismo sino que Él me envió. [43]¿Por qué, pues, no comprendéis mi lenguaje? Porque no podéis sufrir mi palabra. [44]Vosotros sois hijos del diablo, y queréis cumplir los deseos de vuestro padre. Él fue homicida desde el principio, y no permaneció en la verdad, porque no hay nada de verdad en él. Cuando profiere la mentira, habla de lo propio, porque él es mentiroso y padre de la mentira. [45]Y a Mí porque os digo la verdad, no me creéis. [46]¿Quién de vosotros puede acusarme de pecado? Y entonces; si digo la verdad, ¿por qué no me creéis? [47]El que es de Dios, escucha las palabras de Dios; por eso no la escucháis vosotros, porque no sois de Dios".

Nuevas diatribas de los judíos. [48]A lo cual los judíos respondieron diciéndole: "¿No tenemos razón, en decir que Tú eres un samaritano y un endemoniado?" [49]Jesús repuso: "Yo no soy un endemoniado, sino que honro a mi Padre, y vosotros me estáis ultrajando. [50]Mas Yo no busco mi gloria; hay quien la busca y juzgará. [51]En verdad, en verdad, os digo, si alguno guardare mi palabra, no verá jamás la muerte". [52]Le respondieron los judíos "Ahora sabemos que estás endemoniado. Abraham murió, los profetas también; y tú dices: "Si alguno guardare mi palabra

---

30. No muchos fariseos (v. 21 y 24) sino muchos del pueblo judío. Éstos comprendieron ese misterio de la sumisión filial y amorosa de Cristo al Padre, que aquéllos no entendieron (v. 27).

31. *Si permanecéis en mi palabra*: Como si dijera: si mi palabra permanece en vosotros (15, 7).

32. La *libertad de los hijos de Dios* se funda en la buena doctrina (v. 31). La vida eterna es conocimiento (17, 3). Cf. 2Co. 3, 17; St. 1, 25; 2, 12.

33. Los que replican no son los que creyeron (nota 30), sino los enemigos, que se dan indebidamente por aludidos, según se ve por lo que sigue. La falsedad de su afirmación es notoria, pues los judíos fueron esclavos en Egipto, en Babilonia, etc., y a la sazón dependían de Roma.

34. *Del pecado*: falta en varios códices y no agrega, antes quita, fuerza. El hombre liberado por la verdad de Cristo (32) es espiritual (Ga. 5, 16) y no peca (1 Jn. 3, 6 y 9). El carnal es esclavo, porque no es capaz de seguir su voluntad libre, sino que obra dominado por la pasión (Rm. 7, 23).

38. Ese padre es el *diablo* (v. 44), y sus hijos son mentirosos y maliciosos como él.

43. Profunda enseñanza. según la cual, para comprender la Palabra de Jesús, hay que estar *dispuesto* a admitirla y a creer en su misión (véase 7, 17 y nota). Es la verdad que San Anselmo expresaba diciendo: "Creo para entender".

44. Sobre su obra tenebrosa, véase Mt. 13, 57 y nota.

48s. *Los judíos*: aquellos a que se refiere el v. 33, no los del v. 30. Nótese, cómo no teniendo qué responder, recurren al puro ultraje, cosa que Jesús les hace notar en el v. 49, con sublime serenidad. Cf. v. 59; 9, 34; 10, 39.

50. *No busco mi gloria*, dice el único merecedor de ser infinitamente glorificado por el Padre (v. 54). Antes había dicho: *"No busco mi voluntad"* (5, 30). Jesús obra en todo como un hijo pequeño y ejemplar, frente a su Padre. Se nos ofrece así como el modelo perfecto de la infancia espiritual, que es la síntesis de las virtudes evangélicas, el remedio de nuestras malas inclinaciones, y la prenda de las más altas promesas. Véase Mt. 5, 3; 18, 4; Lc. 10, 21 y notas. *Hay quien la busca*: Notemos la ternura de esta alusión de Jesús a su divino Padre. ¿Cómo no habla de glorificar Él al Hijo amado y al Enviado fidelísimo que así afrontaba los insultos, y hasta la muerte ignominiosa, por cumplir la misión salvadora que el Padre le confió? Véase 12, 28 y nota.

51. Porque esa gloria (v. 50) que Jesús pedirá al Padre en 17, 1consistirá precisamente en poder darnos vida eterna, es decir, librar de la muerte a los que guardemos su Palabra (17, 2 y nota). Sobre este misterio, cf. 5, 24; 6, 40; 11, 26; 1 Jn. 5, 13.

no gustará jamás la muerte". [53]¿Eres tú, pues, más grande que nuestro padre Abraham, el cual murió? Y los profetas también murieron; ¿quién te haces a Ti mismo?" [54]Jesús respondió: "Si Yo me glorifico a Mí mismo, mi gloria nada es; mi Padre es quien me glorifica: Aquel de quien vosotros decís que es vuestro Dios; [55]más vosotros no lo conocéis. Yo sí que lo conozco, y si dijera que no lo conozco, sería mentiroso como vosotros, pero lo conozco y conservo su palabra. [56]Abraham, vuestro padre, exultó por ver mi día; y lo vio y se llenó de gozo". [57]Le dijeron, pues, los judíos: "No tienes todavía cincuenta años, ¿y has visto a Abraham?" [58]Les dijo Jesús: "En verdad, en verdad os digo: Antes que Abraham existiera, Yo soy".

[59]Entonces tomaron piedras para arrojarlas sobre Él. Pero Jesús se ocultó y salió del Templo.

9 **Curación del ciego de nacimiento**. [1]Al pasar vio a un hombre, ciego de nacimiento. [2]Sus discípulos le preguntaron: "Rabí, ¿quién pecó, él o sus padres, para que naciese ciego?" [3]Jesús les respondió: "Ni él ni sus padres, sino que ello es para que las obras de Dios sean manifestadas en él. [4]Es necesario que cumplamos las obras del que me envió, mientras es de día; viene la noche, en que ya nadie puede obrar. [5]Mientras estoy en el mundo, soy luz de (*este*) mundo". [6]Habiendo dicho esto, escupió en tierra, hizo barro con la saliva y le untó los ojos con el barro. [7]Después le dijo: "Ve a lavarte a la piscina del Siloé", que se traduce "El Enviado". Fue, pues, se lavó y volvió con vista. [8]Entonces los vecinos y los que antes lo habían visto –pues era mendigo– dijeron: "¿No es éste el que estaba sentado y pedía limosna?" [9]Unos decían: "Es él"; otros: "No es él, sino que se le parece". Pero él decía: "Soy yo". [10]Entonces le preguntaron: "Cómo, pues, se abrieron tus ojos" [11]Respondió: "Aquel hombre que se llama Jesús, hizo barro, me untó con él los ojos y me dijo: "Ve al Siloé y lávate". Fui, me lavé y vi". [12]Le preguntaron: "¿Dónde está Él?" Respondió: "No lo sé".

[13]Llevaron, pues, a los fariseos al que antes había sido ciego. [14]Ahora bien, el día en que Jesús había hecho barro y le había abierto los ojos era sábado. [15]Y volvieron a preguntarle los fariseos cómo había llegado a ver. Les respondió: "Puso barro sobre mis ojos, y me lavé, y veo". [16]Entonces entre los fariseos, unos dijeron: "Ese hombre no es de Dios, porque no observa el sábado". Otros, empero, dijeron: "¿Cómo puede un pecador hacer semejante milagro?" Y estaban en desacuerdo. [17]Entonces preguntaron nuevamente al ciego: "Y tú, ¿qué dices de Él por haberte abierto los ojos?" Respondió: "Es un profeta".

[18]Más los judíos no creyeron que él hubiese sido ciego y que hubiese recibido la vista, hasta que llamaron a los padres del que había recibido la vista. [19]Les preguntaron: "¿Es éste vuestro hijo, el que vosotros decís que nació ciego? Pues, ¿cómo ve ahora?" [20]Los padres respondieron: "Sabemos que éste es nuestro hijo y que nació ciego; [21]pero cómo es que ahora ve, no lo sabemos; y quién le ha abierto los ojos, nosotros tampoco sabemos. Preguntádselo a él: edad tiene, él hablará por sí mismo". [22]Los padres hablaron así, porque temían

---

54. *Si Yo me glorifico*, es decir, si Yo me glorificase y fuese orgulloso, como vosotros pretendéis, mi gloria sería falsa. Es lo que Jesús ha establecido en 7, 18 y en el v. 53. *"Mi Padre... que es vuestro Dios"*: se identifica aquí la persona del Padre con Yahvéh, el Dios de Israel. Cf. 7, 28 y nota; Mt. 22, 44; Sal. 109, 1.

56. En las promesas que Dios le dio, presintió Abraham el día del Mesías (cf. Mt. 13, 17; Lc. 17, 22; Hb. 11, 13). También los creyentes nos llenaremos un día de ese gozo (1 Pe. 1, 8). Cf. Mt. 8, 11.

58. *Yo soy*: presente insólito, que expresa una existencia eterna, fuera del tiempo. Cf. Jn. 1, 1 y Hb. 9, 14, donde la divinidad de Jesús es llamada "el Espíritu eterno".

2s. Los discípulos, como los judíos en general, creían que todo *mal temporal* era castigo de Dios. En su respuesta rechaza el Señor este concepto. Véase 5, 14 y nota.

5. Esto es: Él sigue, como en Mt. 11, 5, realizando esas maravillas para las cuales fue enviado (Is. 35, 5 y nota), hasta que la violencia se lo impida (Mt. 11, 12; Lc. 13, 32) y empiece para "este mundo" *la noche* que perdurará "hasta que Él venga" (Ga. 1, 4; 2 Pe. 1, 19; 1Co. 11, 26). Sobre la luz, cf. 1, 4 y 8s.; 3, 19; 8, 12; 12, 35 y 46.

7. La piscina del *Siloé* se hallaba a 333metros al sur del Templo. Hoy día se llama: *Ain Sitti Miriam* (Fuente de Nuestra Señora María).

17. *Es un profeta*: El ciego quiere decir un enviado de Dios. Todavía no está seguro de que sea el Mesías. Más tarde lo confiesa plenamente (v. 38).

a los judíos. Pues éstos se habían ya concertado para que quien quiera lo reconociese como Cristo, fuese excluido de la Sinagoga. [23]Por eso sus padres dijeron: "Edad tiene, preguntadle a él". [24]Entonces llamaron por segunda vez al que había sido ciego, y le dijeron: "¡Da gloria a Dios! Nosotros sabemos que este hombre es pecador". [25]Mas él repuso: "Si es pecador, no lo sé; una cosa sé, que yo era ciego, y que al presente veo". [26]A lo cual le preguntaron otra vez: "¿Qué te hizo? ¿Cómo te abrió los ojos?" [27]Les contestó: "Ya os lo he dicho, y no lo escuchasteis. ¿Para qué queréis oírlo de nuevo? ¿Queréis acaso vosotros también haceros sus discípulos?" [28]Entonces lo injuriaron y le dijeron: "Tú sé su discípulo; nosotros somos los discípulos de Moisés. [29]Nosotros sabemos que Dios habló a Moisés; pero éste, no sabemos de dónde es". [30]Les replicó el hombre y dijo: "He aquí lo que causa admiración, que vosotros no sepáis de dónde es Él, siendo así que me ha abierto los ojos. [31]Sabemos que Dios no oye a los pecadores, pero al que es piadoso y hace su voluntad, a ése le oye. [32]Nunca jamás se ha oído decir que alguien haya abierto los ojos de un ciego de nacimiento. [33]Si Él no fuera de Dios, no podría hacer nada". [34]Ellos le respondieron diciendo: "En pecados naciste todo tú, ¿y nos vas a enseñar a nosotros?" Y lo echaron fuera.

Los ciegos verán y los videntes cegarán. [35]Supo Jesús que lo habían arrojado, y habiéndolo encontrado, le dijo: "¿Crees tú en el Hijo del hombre?" [36]Él respondió y dijo: "¿Quién es, Señor, para que crea en Él?" [37]Le dijo Jesús: "Lo estás viendo, es quien te habla". [38]Y él repuso: "Creo, Señor", y lo adoró. [39]Entonces Jesús dijo: "Yo he venido a este mundo para un juicio: para que vean los que no ven; y los que ven queden ciegos". [40]Al oír esto, algunos fariseos que se encontraban con Él, le preguntaron: "¿Acaso también nosotros somos ciegos?" [41]Jesús les respondió: "Si fuerais ciegos, no tendríais pecado. Pero ahora que decís: «vemos», vuestro pecado persiste".

10 **Parábola del Buen Pastor.** [1]"En verdad, en verdad, os digo, quien no entra por la puerta en el aprisco de las ovejas, sino que sube por otra parte, ése es un ladrón y un salteador. [2]Más el que entra por la puerta, es el pastor de las ovejas. [3]A éste le abre el portero, y las ovejas oyen su voz, y él llama por su nombre a las ovejas propias, y las saca fuera. [4]Cuando ha hecho salir todas las suyas, va delante de ellas, y las ovejas le siguen porque conocen su voz. [5]Mas al extraño no le seguirán, antes huirán

---

27. La *ironía* que se revela en la pregunta del ciego, excita extremadamente a los fariseos, que son los verdaderos ciegos luchando contra la evidencia de los hechos.

30 ss. "El que era ciego y ahora ve se indigna contra los ciegos" (San Agustín). Vemos aquí en efecto que ese pecado de incredulidad de los fariseos (8, 24 y nota) es de ceguera voluntaria (v. 39 ss.) que deliberadamente niega la evidencia. Es el pecado centra la luz (v. 5; 3, 19) y en consecuencia contra el Espíritu (Mc. 3, 28-30; Hch. 7, 51), el que no tiene perdón, porque no es obra de la flaqueza sujeta a arrepentirse (Lc. 7, 47), sino de la soberbia reflexiva y de la hipocresía que encubre el mal con la apariencia del bien para poder defenderlo, (Mt. 23, 1-39; 2 Tm. 3, 5).

34. Una vez más los fariseos recurren al *insulto*, a falta de argumentos (cf. 8, 48) y ponen en práctica lo que tenían resuelto según el v. 22.

37. Jesús se define de la misma manera en 4, 26. Él es, por excelencia, la "Palabra": el Verbo, el Logos.

39. Es el juicio de 3, 19. Los soberbios serán heridos de *ceguera espiritual* (St. 4, 1; 1 Pe. 5, 5), ceguera culpable que los hará perderse (v. 40s.; 2 Ts. 2, 10 ss.).

41. Nótese la estupenda dialéctica del Maestro. El rechazo que ellos hacen de la imputación de cegueras se vuelve en su contra,

como un *argumentum ad hominem*, mostrando así que su culpa es aún mayor de lo que Jesús les había dicho antes.

1. Como expresa la perícopa de este Evangelio en el Domingo del Buen Pastor (II Domingo después de Pascua), Jesús habla aquí "a los fariseos", continuando el discurso precedente (cf. 9, 41 y nota), cosa que debe tenerse en cuenta para entender bien este capítulo. La *puerta* es Jesús (v. 7; 14, 6; cf. Sal. 117, 20 y nota). *Aprisco*: corral común donde varios pastores guardan sus rebaños durante la noche.

3. ¿Quién es este *portero* tan importante, sino el divino Padre? Él es quien abre la puerta a las ovejas que van hacia el Buen Pastor. Porque, así como nadie va al Padre sino por Jesús (14, 6), nadie puede ir a Jesús si el Padre no lo elige (v. 37) y no lo atrae (6, 44 y 65). Y nótese que Jesús no sólo es el Pastor bueno (v. 11) sino que Él es también la puerta (v. 7 ss.). Esa puerta que el Padre nos abre, es, pues, el mismo Hijo, porque el Padre nos lo dio para que por Él entremos a la vida (3, 16) y para que Él mismo sea nuestra vida. Véase 1, 4; 1 Jn. 4, 9; 5, 11-13.

4s. Las *almas fieles* no pueden desviarse: Jesús las va conduciendo y se hace oír de ellas en el Evangelio y por su Espíritu. Él es la puerta abierta que nadie puede cerrar para aquellos que custodian su palabra y no niegan su Nombre (Ap. 3, 8).

de él, porque no conocen la voz de los extraños". ⁶Tal es la parábola, que les dijo Jesús, pero ellos no comprendieron de qué les hablaba.

⁷Entonces Jesús prosiguió: "En verdad, en verdad, os digo, Yo soy la puerta de las ovejas. ⁸Todos cuantos han venido antes que Yo son ladrones y salteadores, más las ovejas no los escucharon. ⁹Yo soy la puerta, si alguno entra por Mí, será salvo; podrá ir y venir y hallará pastos. ¹⁰El ladrón no viene sino para robar, para degollar, para destruir. Yo he venido para que tengan vida y vida sobreabundante. ¹¹Yo soy el pastor, el Bueno. El buen pastor pone su vida por las ovejas. ¹²Mas el mercenario, el que no es el pastor, de quien no son propias las ovejas, viendo venir al lobo, abandona las ovejas y huye, y el lobo las arrebata y las dispersa; ¹³porque es mercenario y no tiene interés en las ovejas. ¹⁴Yo soy el pastor bueno, y conozco las mías, y las mías me conocen, ¹⁵–así como el Padre me conoce y Yo conozco al Padre– y pongo mi vida por mis ovejas. ¹⁶Y tengo otras ovejas que

no son de este aprisco. A ésas también tengo que traer; ellas oirán mi voz, y habrá un solo rebaño y un solo pastor. ¹⁷Por esto me ama el Padre, porque Yo pongo mi vida para volver a tomarla. ¹⁸Nadie me la puede quitar, sino que Yo mismo la pongo. Tengo el poder de ponerla, y tengo el poder de recobrarla. Tal es el mandamiento que recibí de mi Padre".

Jesús confirma su misión mesiánica y su filiación divina. ¹⁹Y de nuevo los judíos se dividieron a causa de estas palabras. ²⁰Muchos decían: "Es un endemoniado, está loco. ¿Por qué lo escucháis?" ²¹Otros decían: "Estas palabras no son de un endemoniado. ¿Puede acaso un demonio abrir los ojos de los ciegos?" ²²Llegó entre tanto la fiesta de la Dedicación en Jerusalén. Era invierno, ²³y Jesús se paseaba en el Templo, bajo el pórtico de Salomón. ²⁴Lo rodearon, entonces, y le dijeron: "¿Hasta cuándo tendrás nuestros espíritus en suspenso? Si Tú eres el Mesías, dínoslo claramente". ²⁵Jesús les replicó: "Os lo he dicho, y

---

5. ¡Privilegio de los que están familiarizados con el lenguaje de Jesús! Él les promete aquí un instinto sobrenatural que les hará reconocer a los falsos maestros y huir de ellos. Entonces se explica que puedan "ir y venir" (v. 9), porque las Palabras del Buen Pastor les habrán dado la libertad, después de prepararlas para ella, como lo explica Jesús en 8, 31 ss.

8. Dice Durand: *"Ladrones* que roban por astucia y *salteadores* que se apoderan por la violencia" (cf. Mt. 11, 12 y nota). Los tales son *ladrones* de gloria, porque la buscan para sí mismos y no para el Padre como hacía Jesús (cf. 5, 43s.; 7, 18); y *salteadores* de almas, porque se apoderan de ellas y, en vez de darles el pasto de las Palabras reveladas (v. 9) para que tengan vida divina (v. 10; 6, 64), las dejan "esquilmadas y abatidas" (Mt. 9, 36) y "se apacientan a sí mismos". Cf. 21, 15 ss.; Ez. 34, 2 ss.; Za. 11, 5 y notas.

11. *Pone su vida:* o sea la expone, lo cual es más exacto que decir "la da". El pastor no se empeña en que el lobo lo mate, pero no vacila en arriesgarse a ello si es necesario en defensa de sus ovejas. Tampoco Jesús solicitó que lo rechazaran y le quitaran la vida. Antes por el contrario, afirmó abiertamente su misión, mostrando que las profecías mesiánicas se cumplían en Él. Más si aceptó el reconocimiento de sus derechos (1, 49s.; Lc. 1, 32s.; Mt. 21, 16; Lc. 19, 39s.), no quiso imponerlos por fuerza (Mt. 26, 52s.; Jn. 18, 36), ni resistir a la de sus enemigos (Mt. 5, 39; Lc. 16, 16 y nota), y no vaciló en exponer su vida al odio de los homicidas, aunque sabía que la crudeza de su doctrina salvadora exasperaría a les poderosos y le acarrearía la muerte. Tal es el contenido de la norma de caridad fraterna que nos da San Juan a imitación de Cristo: amar a los hermanos hasta exponer si es necesario la vida por ellos (1 Jn. 3, 16). En igual sentido dice San Pablo que Jesús fue obediente al Padre hasta la muerte de cruz (Flp. 2, 8), y tal es

también el significado de la fidelidad que Jesús nos reclama "hasta el fin" (Mt. 10, 22; 24, 13), es decir, hasta el martirio si necesario fuera. Cf. v. 18 y nota.

16. Las ovejas a quienes el Salvador fue enviado, son los judíos (Mt. 10, 5s. y nota). Como ellas no oyen la voz de su pastor (Hch. 28, 25 ss.), Dios "escogerá de entre los gentiles un pueblo para su Nombre" (Hch. 15, 15; cf. Mt. 13, 47 ss.; Lc. 24, 47; Jn. 11, 52, hasta que con el retorno de Israel (Rm. 11, 25 ss.) se forme un solo rebaño con un solo pastor. Fillion y Gramática recuerdan aquí a Ez. 34, 23 y 37, 21 ss. Véase también Ez. 36, 37s. y 37, 15 ss. con respecto a las diez tribus que estaban ausente en los días de Jesús.

17. *Para volver a tomarla*: Texto diversamente traducido. El P. Joüon vierte: "más la volveré a tomar", lo que aclara el sentido y coincide con la nota de Fillion, según la cual "es la generosa inmolación del buen Pastor por sus ovejas, lo que lo hace extraordinariamente caro a su Padre". No puede pedirse una prueba más asombrosa de amor y misericordia del Padre hacia nosotros.

18. Es decir que la obediencia que en este caso prestó Jesús a la voluntad salvífica del Padre (3, 16; Rm. 5, 8 ss.; 1 Jn. 4, 10), nada quita al carácter libérrimo de la población de Cristo, cuya propia voluntad coincidió absolutamente con el designio misericordioso del Padre. Véase Mt. 26, 42; Sal. 39, 7s. comparado con Hb. 10, 5 ss.; Is. 53, 7.

20. Sobre estos "virtuosos" que se escandalizan de Jesús véase Mt. 11, 6; 12, 24-48; Lc. 11, 15-20; Mc. 3, 28-30 y notas.

22. La fiesta de la *Dedicación del Templo* se celebraba en el mes de diciembre, en memoria de la purificación del Templo por Judas Macabeo. También se llamaba "Fiesta de las Luces", porque de noche se hacían grandes luminarias. Cf. 8, 12 y nota.

no creéis. Las obras que Yo hago en el nombre de mi Padre, ésas son las que dan testimonio de Mí. [26]Pero vosotros no creéis porque no sois de mis ovejas. [27]Mis ovejas oyen mi voz, Yo las conozco y ellas me siguen. [28]Y Yo le daré vida eterna, y no perecerán jamás, y nadie las arrebatará de mi mano. [29]Lo que mi Padre me dio es mayor que todo, y nadie lo puede arrebatar de la mano de mi Padre. [30]Yo y mi Padre somos uno".

[31]De nuevo los judíos recogieron piedras para lapidarlo. [32]Entonces Jesús les dijo: "Os he hecho ver muchas obras buenas, que son de mi Padre. ¿Por cuál de ellas queréis apedrearme?" [33]Los judíos le respondieron: "No por obra buena te apedreamos, sino porque blasfemas, y siendo hombre, te haces a Ti mismo Dios". [34]Les respondió Jesús: "¿No está escrito en vuestra Ley: «Yo dije: sois dioses?» [35]Si ha llamado dioses a aquellos a quienes fue dirigida la palabra de Dios – y la Escritura no puede ser anulada– [36]¿cómo de Aquel que el Padre consagró y envió al mundo, vosotros decís: «Blasfemas», porque dije: «Yo soy el Hijo de Dios?» [37]Si no hago las obras de mi Padre, no me creéis; [38]pero ya que las hago, si no queréis creerme, creed al menos, a esas obras, para que sepáis y conozcáis que el Padre es en Mí, y que Yo soy en el Padre". [39]Entonces trataron de nuevo de apoderarse de Él, pero se escapó de entre sus manos.

[40]Y se fue nuevamente al otro lado del Jordán, al lugar donde Juan había bautizado primero, y allí se quedó. [41]Y muchos vinieron a Él, y decían: "Juan no hizo milagros, pero todo lo que dijo de Éste, era verdad". [42]Y muchos allí creyeron en Él.

11 Resurrección de Lázaro.
[1]Había uno que estaba enfermo, Lázaro de Betania, la aldea de María y de Marta su hermana. [2]María era aquella que ungió con perfumes al Señor y le enjugó los pies con sus cabellos. Su hermano Lázaro estaba, pues, enfermo. [3]Las hermanas le enviaron a decir: "Señor, el que Tú amas está enfermo". [4]Al oír esto, Jesús dijo: "Esta enfermedad no es mortal, sino para la gloria de Dios, para que el Hijo de Dios sea por ella glorificado". [5]Y Jesús amaba a Marta y a su hermana y a Lázaro.

[6]Después de haber oído que estaba enfermo se quedó aún dos días allí donde se encontraba. [7]Sólo entonces dijo a sus discípulos: "Volvamos a Judea". [8]Sus discípulos le dijeron: "Rabí, hace poco te buscaban los judíos para lapidarte, ¿y Tú vuelves allá?" [9]Jesús repuso: "¿No tiene el día doce horas? Si uno anda de día, no tropieza, porque tiene luz de este mundo. [10]Pero si anda de noche, tropieza, porque no tiene luz". [11]Así habló Él; después les dijo: "Lázaro nuestro amigo, se ha dormido; pero voy a ir a despertarlo".

[12]Le dijeron los discípulos: "Señor, si duerme, sanará". [13]Más Jesús había hablado de su muerte, y ellos creyeron que hablaba del sueño. [14]Entonces Jesús les dijo claramente: "Lázaro ha muerto. [15]Y me alegro de no haber estado allí a causa de

---

29. Esta versión muestra el inmenso aprecio que Jesús hace de nosotros como don que el Padre le hizo (cf. 11s.; 17, 9 y 24; Mt. 10, 31, etc.). Otros traducen: "Mi Padre es mayor que todo", lo que explicaría por qué nadie podrá arrebatarnos de su mano. Según otros, *lo que mi Padre me dio* sería la naturaleza divina y el poder consiguiente (cf. 17, 22; Mt. 11, 27; 28, 18).

30. El Hijo no está solo para defender el tesoro de las almas que va a redimir con Su Sangre; está sostenido por el Padre, con quien vive en la unidad de un mismo Espíritu y a quien hoy ruega por nosotros sin cesar (Hb. 7, 24s.).

34 ss. Si la Escritura llama "dioses" a los príncipes de la tierra, para destacar su dignidad de lugartenientes de Dios, ¿por qué queréis apedrearme a Mí, si me llamo Hijo de Dios? Véase Sal. 81, 6. Hoy somos nosotros los hijos de Dios, y no sólo adoptivos, sino verdaderos, gracias a Cristo. Cf. 1, 12; 20, 17; 1 Jn. 3, 1; Rm. 8, 16-29; Ga. 4, 5s.; Ef. 1, 5 y nota.

35. *La Escritura no puede ser anulada*: Vemos cómo Jesús no sólo responde de la autenticidad de los Sagrados Libros sino que declara que no pueden ser modificados ni en un ápice. Véase Pr. 30, 6 y nota; Ap. 22, 18s.

36. Jesús proclama una vez más "su consagración y su misión teocrática, tanto más reales y elevadas que las de los jueces de Israel" (Fillion). Cf. 18, 37.

39. ¡He aquí el fruto de tanta evidencia! (cf. 9, 30 ss. y nota). Sírvanos de gran consuelo esto que soportó Él, cuando nos hallemos ante igual dureza. Cf. 15, 18 ss. y notas.

2. Véase 12, 3 ss.; Lc. 7, 36-50.

3. Admírese la brevedad y perfección de esta *súplica*, semejante a la de María en 2, 3, que en dos palabras expone la necesidad y expresa la plena confianza. "Es como si dijesen: Basta que Tú lo sepas, porque Tú no puedes amar a uno y dejarlo abandonado" (San Agustín).

9 ss. Como en 9, 5 (cf. nota), Jesús quiere decir: nada tengo que temer mientras estoy en mi carrera terrenal, fijada por el Padre.

vosotros, para que creáis. Pero vayamos a él". [16]Entonces Tomás, el llamado Dídimo, dijo a los otros discípulos: "Vayamos también nosotros a morir con Él".

[17]Al llegar, oyó Jesús que llevaba ya cuatro días en el sepulcro. [18]Betania se encuentra cerca de Jerusalén, a unos quince estadios. [19]Muchos judíos habían ido a casa de Marta y María para consolarlas por causa de su hermano. [20]Cuando Marta supo que Jesús llegaba, fue a su encuentro, en tanto que María se quedó en casa. [21]Marta dijo, pues, a Jesús: "Señor, si hubieses estado aquí, no habría muerto mi hermano. [22]Pero sé que lo que pidieres a Dios, te lo concederá". [23]Le dijo Jesús: "Tu hermano resucitará". [24]Marta repuso: "Sé que resucitará en la resurrección en el último día". [25]Le replicó Jesús: "Yo soy la resurrección y la vida; quien cree en Mí, aunque muera, revivirá. [26]Y todo viviente y creyente en Mí, no morirá jamás. ¿Lo crees tú?" [27]Ella le respondió: "Sí, Señor. Yo creo que Tú eres el Cristo, el Hijo de, Dios, el que viene a este mundo".

[28]Dicho esto, se fue a llamar a María, su hermana, y le dijo en secreto: "El maestro está ahí y te llama". [29]Al oír esto, ella se levantó apresuradamente, y fue a Él. [30]Jesús no había llegado todavía a la aldea, sino que aún estaba en el lugar donde Marta lo había encontrado. [31]Los judíos que estaban con María en la casa, consolándola, al verla levantarse tan súbitamente y salir, le siguieron, pensando que iba a la tumba para llorar allí. [32]Cuando María llegó al lugar donde estaba Jesús, al verlo se echó a sus pies, y le dijo: "Señor, si Tú hubieras estado aquí, no habría muerto mi hermano". [33]y Jesús, viéndola llorar, y llorar también a los judíos que la acompañaban se estremeció en su espíritu, y se turbó a sí mismo. [34]Y dijo: "¿Dónde lo habéis puesto?" Le respondieron: "Señor, ven a ver". [35]Y Jesús lloró. [36]Los judíos dijeron: "¡Cuánto lo amaba!" [37]Algunos de entre ellos, sin embargo, dijeron: "El que abrió los ojos del ciego, ¿no podía hacer que éste no muriese?" [38]Jesús de nuevo estremeciéndose en su espíritu, llegó a la tumba: era una cueva; y tenía una piedra puesta encima. [39]Y dijo Jesús: "Levantad la piedra". Marta, hermana del difunto, le observó: "Señor, hiede ya, porque es el cuarto día". [40]Le repuso Jesús: "¿No te he dicho que, si creyeres, verás la gloria de Dios?" [41]Alzaron, pues, la piedra. Entonces Jesús levantó los ojos a lo alto y dijo: "Padre, te doy gracias por haberme oído. [42]Bien sabía que siempre me oyes, más lo dije por causa del pueblo que me rodea, para que crean que eres Tú quien me has enviado". [43]Cuando hubo hablado así, clamó a gran voz: "¡Lázaro, ven fuera!" [44]Y el muerto salió, ligados los brazos y las piernas con

16. La presunción de *Tomás* había de resultarle fallida, como la de Pedro en 13, 37s. Véase su falta de fe en 20, 25, y la objeción con que parece rectificar a Jesús en 14, 5. Por lo demás era gratuita la creencia de que el Señor fuese entonces a morir, dado lo que Él acababa de decir en vv. 9 ss.

18. *Unos quince estadios*: más de dos kilómetros.

22 ss. La fe de Marta es pobre, puesto que no esperaba el milagro por virtud del mismo Jesús. Por eso dijo el Señor: "Yo soy la resurrección y la vida". Crece entonces la fe de Marta de modo que confiesa: "Tú eres el Cristo, el Hijo de Dios" (v. 27).

24. Jesús les había sin duda enseñado ese misterio como en 6, 39, 40, 44 y 54.

25s. Cf. 6, 50. Léase - dice San Pablo a este respecto (1Co. 15, 51-55 y 1 Ts. 4, 13-18).

27. *El que viene*: en griego, *ho erjómenos,* participio presente que traduce literalmente la fórmula hebrea: *Ha-ba,* con que el Antiguo Testamento anuncia al Mesías Rey venidero. Así lo vemos en Mt. 11, 13 y 21, 9, en Lc. 7, 19 y Jn. 6, 14, etc., aplicado como aquí en el sentido de él que había de venir. En Mt. 23, 39 (véase la nota), Jesús se aplica la misma palabra griega correspondiente a la misma expresión hebrea del Sal. 117, 26que

Él cita allí, pero esta vez con relación a su segunda venida. Lo mismo hace en Mt. 16, 28; 26, 64; Mc. 13, 26; 14, 62, etc., anunciando la primera vez su Transfiguración, y todas las demás veces su Parusía, y usando siempre esta palabra en el sentido de futuro en que la había usado el Bautista al anunciar la primera en Mt. 3, 11, donde la Vulgata la traduce por: venturos (venidero). Es decir que aunque Jesús ya vino, sigue siendo *el que viene*, o sea el que ha de venir, pues cuando vino no lo recibieron (1, 11) y entonces Él anunció a los judíos que vendría de nuevo (cf. Hb. 9, 28; Hch. 3, 20 ss.; Flp. 3, 20s., etc.), por donde en adelante el participio presente tiene el sentido de futuro como lo usa Jesús en los anuncios de su Parusía que hemos mencionado. Cf. 2 Jn. 7; Ap. 1, 8. Así lo hace también San Pablo (cf. Hb. 10, 37 y nota), tomando esa palabra que Ha. 2, 3s. usa en los LXX´s para anunciar al Libertador de Israel, y aplicándola, como dice Crampon, al Cristo venidero en los tiempos mesiánicos, o sea, como dice la reciente Biblia de Pirot, "cuando venga a juzgar al mundo".

28. *En secreto*, para que no oyesen los judíos la venida de Jesús. Ellos creyeron que iba al sepulcro (v. 31).

35. Jesús no repara en llorar por amor a un amigo, como no reparó en llorar por amor compasivo a Jerusalén (Lc. 19, 41).

vendas, y el rostro envuelto en un sudario. Jesús les dijo: "Desatadlo, y dejadlo ir".

Profecía de Caifás. [45]Muchos judíos, que habían venido a casa de María, viendo lo que hizo, creyeron en Él. [46]Algunos de entre ellos, sin embargo, se fueron de allí a encontrar a los fariseos, y les dijeron lo que Jesús había hecho. [47]Entonces los sumos sacerdotes y los fariseos reunieron un consejo y dijeron: "¿Qué haremos? Porque este hombre hace muchos milagros. [48]Si le dejamos continuar, todo el mundo va a creer en Él, y los romanos vendrán y destruirán nuestro Lugar (*santo*) y también nuestro pueblo". [49]Pero uno de ellos, Caifás, que era Sumo Sacerdote en aquel año, les dijo: "Vosotros no entendéis nada, [50]y no discurrís que os es preferible que un solo hombre muera por todo el pueblo, antes que todo el pueblo perezca". [51]Esto, no lo dijo por sí mismo, sino que, siendo Sumo Sacerdote en aquel año, profetizó que Jesús había de morir por la nación, [52]y no por la nación solamente, sino también para congregar en uno a todos los hijos de Dios dispersos. [53]Desde aquel día tomaron la resolución de hacerlo morir. [54]Por esto Jesús no anduvo más, ostensiblemente, entre los judíos, sino que se fue a la región vecina al desierto, a una ciudad llamada Efraím, y se quedó allí con sus discípulos.

[55]Estaba próxima la Pascua de los judíos, y muchos de aquella región subieron a Jerusalén antes de la Pascua, para purificarse. [56]Y, en el Templo, buscaban a Jesús, y se preguntaban unos a otros: "¿Que os parece? ¿No vendrá a la fiesta?" [57]Entre tanto, los sumos sacerdotes y los fariseos habían impartido órdenes para que quien quiera supiese dónde estaba, lo manifestase, a fin de apoderarse de Él.

12 Unción en Betania.

[1]Jesús, seis días antes de la Pascua, vino a Betania donde estaba Lázaro, a quien había resucitado de entre los muertos. [2]Le dieron allí una cena: Marta servía y Lázaro era uno de los que estaban a la mesa con Él. [3]Entonces María tomó una libra de ungüento de nardo puro de gran precio ungió con él los pies de Jesús y los enjugó con sus cabellos, y el olor del ungüento llenó toda la casa. [4]Judas el Iscariote, uno de mis discípulos, el que había de entregarlo, dijo: [5]"¿Por qué no se vendió este ungüento en trescientos denarios, y se dio para los pobres?" [6]No dijo esto porque se cuidase de los pobres, sino porque era ladrón; y como él tenía la bolsa, sustraía lo que se echaba en ella. [7]Mas Jesús dijo: "Déjala, que para el día de mi sepultura lo guardaba. [8]Porque a los pobres los tenéis siempre con vosotros, más a Mí no siempre me tenéis". [9]Entre tanto una gran multitud de judíos supieron que Él estaba allí, y vinieron, no por Jesús solo, sino también para ver a Lázaro, a quien Él había resucitado de entre los muertos. [10]Entonces los sumos sacerdotes tomaron la resolución de matar también a Lázaro, [11]porque muchos judíos, a causa de él, se alejaban y creían en Jesús.

Entrada triunfal de Jesús en Jerusalén. [12]Al día siguiente, la gran muchedumbre de los que habían venido a la fiesta, enterados de que Jesús venía a Jerusalén, [13]tomaron ramas de palmeras, y

---

44. Los judíos solían envolver los cadáveres con *fajas de lienzo*. Por eso Lázaro no puede andar ni valerse de las manos.

51s. Preocupado sólo de su intriga contra el Salvador, lejos estaba *Caifás* de suponer que sus palabras encerraban una auténtica profecía. Sobre su alcance, cf. 10, 16 y nota.

54. *Efraím*, en otro tiempo relacionado con Betel (2Cro. 13, 19), se identifica hoy con la aldea de Taibé a cinco leguas al Norte de Jerusalén, casi en el desierto.

3. Sobre esta cena de Betania véase también Mt. 26, 6 ss.; Mc. 14, 3 ss. Según San Juan Crisóstomo y San Jerónimo, esta *María*, hermana de Lázaro de Betania, no sería idéntica con la pecadora que unge a Jesús en Lc. 7, 36-50. En cambio, otras opiniones coinciden con la Liturgia que las identifica a ambas, como se ve en la Misa de Santa María Magdalena, el 22 de julio, y consideran que la actitud amorosa y fiel de Magdalena al pie de la Cruz y en la Resurrección (19, 25; 20, 1-18), es muy propia de aquella que en Betania escuchaba extasiada a Jesús (Lc. 10, 38 ss.).

6. Jesús, el más pobre de los pobres, no llevaba *dinero*, ni lo llevaban los apóstoles, sino que vivían de limosnas, cuyo administrador infiel era Judas Iscariote. Éste es llamado ladrón porque sustraía los fondos comunes. Podemos juzgar lo que valía su defensa de los pobres, cuando él, por dinero, llegó a entregar a su divino Maestro. Cf. 1Co. 13, 3.

10. No lograron quitar la vida a *Lázaro*. Según una tradición, fue uno de los primeros obispos de Chipre. El emperador León VI exhumó su cuerpo para entregarlo a Santa Ricardis, esposa del emperador Carlos III.

12s. Compárese con Mt. 21, 1-11; Mc. 11, 1-11; Lc. 1929-45 y nótese el reconocimiento de la realeza de Cristo por parte de los buenos israelitas (cf. 6, 15) en tanto que la negaban sus enemigos.

salieron a su encuentro; y clamaban: "¡Hosanna! ¡Bendito sea el que viene en nombre del Señor y el rey de Israel!" [14]Y Jesús hallando un pollino, montó sobre él, según está escrito: [15]"No temas, hija de Sión, he aquí que tu rey viene, montado sobre un asnillo". [16]Esto no entendieron sus discípulos al principio; más cuando Jesús fue glorificado, se acordaron de que esto había sido escrito de Él, y que era lo que habían hecho con Él. [17]Entre tanto el gentío que estaba con Él cuando llamó a Lázaro de la tumba y lo resucitó de entre los muertos, daba testimonio de ello. [18]Y por eso la multitud le salió al encuentro, porque habían oído que Él había hecho este milagro. [19]Entonces los fariseos se dijeron unos a otros: "Bien veis que no adelantáis nada. Mirad cómo todo el mundo se va tras Él".

Unos gentiles quieren ver a Jesús. [20]Entre los que subían para adorar en la fiesta, había algunos griegos. [21]Estos se acercaron a Felipe, que era de Betsaida en Galilea, y le hicieron este ruego: "Señor, deseamos ver a Jesús". [22]Felipe fue y se lo dijo a Andrés; y los dos fueron a decirlo a Jesús. [23]Jesús les respondió y dijo: "¿Ha llegado la hora de que el Hijo del hombre sea glorificado?" [24]En verdad, en verdad, os digo: si el grano de trigo arrojado en tierra no muere, se queda solo; más si muere, produce fruto abundante. [25]Quien ama su alma, la pierde; y quien aborrece su alma en este mundo, la conservará para vida eterna. [26]Si alguno me quiere servir, sígame, y allí donde Yo estaré, mi servidor estará también; si alguno me sirve, el Padre lo honrará".

Testimonio del Padre. [27]"Ahora mi alma está turbada: ¿y qué diré? ¿Padre, presérvame de esta hora? ¡Más precisamente para eso he llegado a esta hora! [28]Padre glorifica tu nombre". Una voz, entonces, bajo del cielo: "He glorificado ya, y glorificaré aún". [29]La muchedumbre que ahí estaba y oyó, decía que había sido un trueno; otros decían: "Un ángel le ha hablado". [30]Entonces Jesús respondió y dijo: "Esta voz no ha venido por Mí, sino por vosotros. [31]Ahora es el juicio de este mundo, ahora el príncipe de este mundo será expulsado. [32]Y Yo, una vez levantado de la tierra, lo atraeré todo hacia Mí". [33]Decía esto para indicar de cuál muerte había de morir. [34]El pueblo le replicó: "Nosotros sabemos por la Ley que el Mesías morará entre nosotros para siempre; entonces, ¿cómo puedes Tú decir que es necesario

Cf. 18, 39s.; 19, 12-15; Lc. 23, 2, etc. *Hosanna*: exclamación de júbilo, que significa: ¡ayúdanos! (oh Dios). Véase Salmo 117, 25; Mt. 21, 9 y notas.

20. Los griegos que desean ver a Jesús son prosélitos o afiliados al judaísmo, como el centurión de Lc. 7, 2-10. Se les llamaba "temerosos de Dios" (Hch. 13, 43). De no ser así no habrían venido a Jerusalén a la fiesta.

23. La *hora*, como anota Pirot, era de inmolación (v. 27), de la cual vendría su glorificación (Lc. 24, 26). Cf. Sal. 109, 7 y nota.

24 ss. Jesús aplica esto primero a Él mismo, según vemos por el v. 23. Significa así la necesidad de su Pasión y Muerte (cf. Lc. 24, 46) para que su fruto sea el perdón nuestro (ibíd. 47; cf. Is. 53, 10 ss.). En segundo lugar lo aplica a nosotros (v. 25) pata enseñarnos a no poner el corazón en nuestro yo ni en esta vida que se nos escapa de entre las manos, y a buscar el nuevo nacimiento según el espíritu (3, 3 ss.; Ef. 4, 24), prometiéndonos una recompensa semejante a la que Él mismo tendrá (v. 26). Cf. 17, 22-24.

27. *Mi alma está turbada*: Santo Tomás llama a esto un anticipo de la Pasión. Jesús encara aquí su drama con la misma generosidad con que beberá en Getsemaní el cáliz de la amargura (Mt. 26, 39), y renuncia a pedir al Padre que lo libre, pues sabe que así debe suceder (Mt. 26, 53s.).

28. *Glorifica tu nombre*: En 17, 1s. vemos que la glorificación que el Padre recibe del Hijo consiste en salvarnos a nosotros. El Padre quedará glorificado más y más (cf. 13, 31s.) al mostrar que su misericordia por los pecadores no vaciló en entregar su divino Hijo (3, 16) y dejarlo llegar hasta el último suplicio (10, 17; Rm. 5, 10; 8, 32; 1 Jn. 4, 9). Y a su vez el Padre, que ya glorificó al Hijo dando testimonio de Él con su Palabra (Mt. 17, 5) y en los milagros, lo glorificará más y más, después de sostenerlo en su Pasión (Lc. 22, 43), y de resucitarlo, (Hch. 2, 24; 3, 15; Rm. 8, 11; Ef. 1, 20; Col. 2, 12), sentándolo a su derecha, con su Humanidad santísima, con la misma gloria que eternamente tuvo el Verbo (17, 5 y 24). Cf. Sal. 109, 1 ss.

29. Así fue también en Hch. 9. 7; 22, 9; Flp. 3, 21. Sobre la dulce muerte a sí mismo (v. 25). véase Lc. 9, 23s. y nota. Cf. Mt. 10, 39; 16, 25; Mc. 8, 35; Lc. 17, 33. *Alma* (gr. *psyjé*). Así también de la Torre. Otros vierten *vida*. El mismo v. trae otra palabra (*zoé*) que traducimos por *vida*.

31. *Satanás* y sus satélites serán echados fuera de las almas por la regeneración que obrará en ellas el Bautismo (Ef. 4, 8; Denz. 140). Véase, empero, 14, 30 y nota.

32. *Lo atraeré todo hacia Mí*: esto es, consumada mi redención, Yo quedaré como el centro al cual convergen todos los misterios de ambos Testamentos. Otros leen: *atraeré a todos* y lo interpretan del llamado que se extiende a toda la gentilidad. En Ef. 1, 10 (cf. nota), hay una base de interpretación aún más amplia de este anuncio del Señor.

que el Hijo del hombre sea levantado? ¿Quién es este Hijo del hombre?" [35]Jesús les dijo: "Poco tiempo está aún la luz entre vosotros; mientras tenéis la luz, caminad, no sea que las tinieblas os sorprendan; el que camina en tinieblas, no sabe adónde va . [36]Mientras tenéis la luz, creed en la luz, para volveros hijos de la luz". Después de haber dicho esto, Jesús se alejó y se ocultó de ellos .

Anuncio de la incredulidad. [37]Más a pesar de los milagros tan grandes que Él había hecho delante de ellos, no creían en Él . [38]Para que se cumpliese la palabra del profeta Isaías que dijo: "Señor, ¿quién ha creído a lo que oímos (*de Ti*) y el brazo del Señor, ¿a quién ha sido manifestado?" [39]Ellos no podían creer, porque Isaías también dijo: [40]"Él ha cegado sus ojos y endurecido sus corazones, para que no vean con sus ojos, ni entiendan con su corazón, ni se conviertan, ni Yo los sane". [41]Isaías dijo esto cuando vio su gloria, y de Él habló.

Jesús, legado divino. [42]Sin embargo, aun entre los jefes, muchos creyeron en Él, pero a causa de los fariseos, no (*lo*) confesaban, de miedo de ser excluidos de las sinagogas ; [43]porque amaron más la gloria de los hombres que la gloria de Dios. [44]Y Jesús clamó diciendo: "El que cree en Mí, no cree en Mí, sino en Aquel que me envió ; [45]y el que me ve, ve al que me envió . [46]Yo la luz, he venido al mundo para que todo el que cree en Mí no quede en tinieblas . [47]Si alguno oye mis palabras y nos las observa, Yo no lo juzgo, porque no he venido para juzgar al mundo, sino para salvarlo . [48]El que me rechaza y no acepta mi palabra, ya tiene quien lo juzgará: la palabra que Yo he hablado, ella será la que lo condenará: en el último día . [49]Porque Yo no he hablado por Mí mismo, sino que el Padre, que me envió, me prescribió lo que debo decir y enseñar ; [50]y sé que su precepto es vida eterna. Lo que Yo digo, pues, lo digo como el Padre me lo ha dicho".

13 Jesús lava los pies a sus discípulos. [1]Antes de la fiesta de Pascua, sabiendo Jesús que había llegado su hora para que pasase de este mundo al Padre, como amaba a los suyos, los que estaban en el mundo, los amó hasta el fin . [2]Y mientras cenaban, cuando el diablo había ya puesto en el corazón de Judas, el Iscariote, hijo de Simón, el entregarlo, [3]sabiendo que su Padre todo se lo había dado a Él en las manos, que había venido de Dios y que a Dios volvía . [4]se levantó de la mesa, se quitó

---

34. Aluden a las *profecías* sobre el Mesías Rey de Israel. Cf. Is. 49, 8; Ez. 37, 25.

35s. *Mientras*: en griego "hos" (cf. Lc. 3, 23 y nota). Jesús es la luz (9, 5) y los invita a obrar mientras Él está con ellos, pues Él los guardará como dice en 17, 12. *No os sorprendan*: sobre este sentido, véase Mt. 24, 24; 2 Ts. 2, 10.

36. Creer a la Palabra de Jesús es la condición que Él mismo nos pone para hacernos hijos de Dios. Cf. 1, 12.

37. Véase 6, 30: 9, 30; Lc. 11, 31 y notas.

38. Cita de Is. 53, 1, profecía de la Pasión, como la del Sal. 21, 2, que Cristo pronuncia en la Cruz (Mt. 27, 46). Nadie las creía, ni los apóstoles.

39 ss. Anuncio de la ceguera que los llevó a rechazar a Cristo, no obstante la claridad de las profecías antes invocadas (cf. 9, 39). *Cuando vio su gloria*: Cf. 8, 56; Is. 6, 9 ss.; Lc. 19, 14 y 27.

42. Véase 7, 13 y nota.

44. Véase 6, 40 y nota.

45. Por el misterio que se ha llamado "circuminsesión", el Padre está en el Hijo, así como el Hijo está en el Padre. Bajo los velos de la humanidad de Cristo late su divinidad, que posee con el Padre en la unidad de un mismo Espíritu. Véase 10, 30; 14, 7-11.

46. Jesús no quiere que sus discípulos queden en tinieblas. Elocuente condenación de lo que hoy suele llamarse la fe del carbonero. Las tinieblas son lo propio de este mundo (9, 5 y nota), mas no para los "hijos de la luz", que viven de la esperanza (1 Ts. 5, 4s.).

47. En esta mi primera venida no he de *juzgar* al mundo, pero sí en la segunda. Véase 3, 17; 5, 22 y nota; 8, 15; Ap. 19, 11 ss.

48. Cf. 3, 18. Según esto, el no querer escuchar la Palabra de Cristo es peor que, después de haberla escuchado, no cumplirla. Confirma así el v. 46.

49. El que hace caso omiso del Mediador, desecha la misericordia del que se dignó constituirlo. Véase 14, 31; 15, 10. Entretanto, admiremos una vez más la humildad de niño con que el divino Legado habla del Padre.

1. El sentido literal de este v. puede ser doble: que los amó hasta el extremo (como lo veremos en lo que hace a continuación), o que quiso extender a todos los suyos, que vivirán hasta el fin de los tiempos, el mismo amor que tenía a aquellos que entonces estaban en el mundo. Así también lo vemos formular aquí su Mandamiento nuevo (v. 34), en el cual se ofrece por modelo del amor que hemos de tenernos entre nosotros, a fin de que ese amor Suyo por los hombres perdure sobre la tierra como si Él mismo se quedara, puesto que, mediante el Espíritu Santo (Lc. 11, 13), cada uno podrá amar a su hermano con el mismo amor con que Jesús lo amó. Es, como vemos, el aspecto inverso del mismo misterio de caridad que reveló en Mt. 25, 45 al decirnos que Él recibe, como hecho a su propia Persona, cuanto hacemos por el más pequeño de sus hermanos.

3. El Evangelista, siempre tan sobrio y falto de todo encomio, parece querer acentuar esta vez la enormidad indecible que significa esa actitud de siervo tomada aquí por Jesús (v. 4), no

sus vestidos, y se ciñó un lienzo. [5]Luego, habiendo echado agua en un lebrillo, se puso a lavar los pies de sus discípulos y a enjugarlos con el lienzo con que estaba ceñido. [6]Llegando a Simón Pedro, éste le dijo: "Señor, ¿Tú lavarme a mí los pies?" [7]Jesús le respondió: "Lo que Yo hago, no puedes comprenderlo ahora, pero lo comprenderás después. [8]Pedro le dijo: "No, jamás me lavarás Tú los pies". Jesús le respondió. "Si Yo no te lavo, no tendrás nada de común conmigo". [9]Simón Pedro le dijo: "Entonces, Señor, no solamente los pies, sino también las manos y la cabeza". [10]Jesús le dijo: "Quien está bañado, no necesita lavarse [más que los pies], porque está todo limpio. Y vosotros estáis limpios, pero no todos". [11]Él sabía, en efecto, quién lo iba a entregar; por eso dijo: "No todos estáis limpios".

[12]Después de lavarles los pies, tomó sus vestidos, se puso de nuevo a la mesa y les dijo: "¿Comprendéis lo que os he hecho? [13]Vosotros me decís: «Maestro» y «Señor», y decís bien, porque lo soy. [14]Si, pues, Yo, el Señor y el Maestro, os he lavado los pies, vosotros también debéis unos a otros lavaros los pies, [15]porque os he dado el ejemplo, para que hagáis como Yo os he hecho. [16]En verdad, en verdad, os digo, no es el siervo más grande que su Señor ni el enviado mayor que quien lo envía. [17]Sabiendo esto, seréis dichosos al practicarlo. [18]No hablo de vosotros todos; Yo sé a quiénes escogí; sino para que se cumpla la Escritura: «El que come mi pan, ha levantado contra Mí su calcañar». [19]Desde ahora os lo digo, antes que suceda, a fin de que, cuando haya sucedido, creáis que soy Yo. [20]En verdad, en verdad, os digo, quien recibe al que Yo enviare, a Mí me recibe; y quien me recibe a Mí, recibe al que me envió".

Jesús denuncia al traidor. [21]Habiendo dicho esto, Jesús se turbó en su espíritu y manifestó abiertamente: "En verdad, en verdad, os digo, uno de vosotros me entregará". [22]Los discípulos se miraban unos a otros, no sabiendo de quién hablaba. [23]Uno de sus discípulos, aquel a quien Jesús amaba, estaba recostado a la mesa en el seno de Jesús. [24]Simón Pedro dijo, pues, por señas a ése: "Di, quién es aquel de quien habla?" [25]Y él, reclinándose así sobre el pecho dé Jesús, le preguntó: "Señor, ¿quién es?" [26]Jesús le respondió: "Es aquel a quien daré el bocado, que voy a mojar". Y mojando un bocado, lo tomó y se lo dio a Judas Iscariote, hijo de Simón. [27]Y tras el bocado, en ese momento, entró en él Satanás. Jesús le dijo, pues: "Lo que haces, hazlo más pronto". [28]Mas ninguno de los que estaban a la mesa entendió a qué

---

obstante saber Él muy bien que, como aquí se expresa, Él era el Príncipe divino, el único hombre que ha habido y habrá digno de adoración.

4. *Los vestidos*: plural de generalización. "Jesús no se quitó sin duda más que el manto" (Joüon).

5. Algunos piensan aquí en una purificación de los apóstoles, pero Jesús explica en vv. 12 ss. el significado y el propósito ejemplarizador de este acto de su inefable humildad y caridad fraterna, "más para (*ser*) meditado que para expresado", escribe San Agustín. En el v. 10 les dice que ya estaban limpios, y el lavar los pies no era un acto de purificación de la conciencia sino un servicio de esclavo, que aquí es muestra de amor (cf. v. 1), tanto más especial cuanto que no se trata de visitantes recién llegados (cf. Lc. 7, 44). ¡También a Judas le lavó los pies! La idea de purificación es, pues, como dice Huby, ajena al discurso de Jesús.

8. Sobre esta falsa humildad cf. Mt. 5, 8; 16, 23; Lc. 12, 37 y nota. "Para tener comunidad con Jesús es necesario no tener miedo de Él. Sin eso ¿cómo nos llamaríamos redimidos por Él?"

10. Las palabras entre corchetes faltan en muchos manuscritos. Pirot las suprime totalmente.

14. Sobre la sencillez y humildad sin límites de Jesús, véase Mt. 20, 28; Lc. 22, 27 y nota.

18. Jesús ofrece aquí una nueva prueba de que es el Mesías, mostrando que va a cumplirse en Él la traición que David sufrió como figura Suya y que anunció mil años antes al presentar típicamente a Judas en la persona de Aquitofel (Sal. 40, 10; 54, 14 y notas). El divino Maestro nos enseña con esto la triste pero importante verdad de que no hemos de confiar imprudentemente ni en el más íntimo amigo, porque, aunque hoy nos parezca imposible, bien puede convertirse en el traidor de mañana.

23. *Aquel a quien Jesús amaba*, el mismo evangelista, quien por modestia oculta su nombre (véase 1, 39 y nota). *Recostado* quiere decir que Juan, según la costumbre oriental, estaba echado delante de Jesús, apoyándose sobre el codo izquierdo, con el pecho vuelto el Maestro.

26. *El bocado*: no se dice de pan, ni que fuese mojado en vino, ni puede pensarse que Jesús daba a Judas la Eucaristía para que la recibiese sacrílegamente (Scio).

27. *En ese momento entró en él Satanás*: Juan recalca el momento preciso, para distinguir esta posesión diabólica total de Judas del designio del v. 2, que Satanás "había puesto en su corazón". Lucas coloca antes de la cena pascual esa posesión diabólica y el pacto con los sacerdotes para entregarles a Jesús (Lc. 22, 37 ss.), en lo cual coincide con Mt. 26, 14 ss. y Mc. 14, 10 ss., que sitúan ese pacto inmediatamente después de la cena de Simón

propósito le dijo esto. [29]Como Judas tenía la bolsa, algunos pensaron que Jesús le decía: "Compra lo que nos hace falta para la fiesta", o que diese algo a los pobres. [30]En seguida qué tomó el bocado, salió. Era de noche.

El mandamiento nuevo. [31]Cuando hubo salido, dijo Jesús: "Ahora el Hijo del hombre ha sido glorificado, y Dios glorificado en Él. [32]Si Dios ha sido glorificado en Él, Dios también lo glorificará en Sí mismo, y lo glorificará muy pronto. [33]Hijitos míos, ya no estaré sino poco tiempo con vosotros. Me buscaréis, y, como dije a los judíos, también lo digo a vosotros ahora: "Adónde Yo voy, vosotros no podéis venir". [34]Os doy un mandamiento nuevo: que os améis unos a otros: para que, así como Yo os he amado, vosotros también os améis unos a otros. [35]En esto reconocerán todos que sois discípulos míos, si tenéis amor unos para otros".

Anuncia la negación de Pedro. [36]Simón Pedro le dijo: "Señor, ¿adónde vas?" Jesús le respondió: "Adonde Yo voy, tú no puedes seguirme ahora, pero más tarde me seguirás". [37]Pedro le dijo: "¿Por qué no puedo seguirte ahora? Yo daré mi vida por Ti". [38]Respondió Jesús: "¿Tú darás tu vida por Mí? En verdad, en verdad, te digo, no cantará el gallo hasta que tú me hayas negado tres veces".

14 El discurso supremo de Jesús.

[1]No se turbe vuestro corazón: creed en Dios, creed también en Mí. [2]En la casa de mi Padre hay muchas moradas; y si no, os lo habría dicho, puesto que voy a preparar lugar para vosotros. [3]Y cuando me haya

---

el leproso. De ahí han supuesto algunos que esta cena del lavatorio de pies pudiese ser, como aquella que se le dio en Betania seis días antes (12, 1; Mt. 26, 6 ss.; Mc. 14, 3 ss.), anterior a la de Pascua (cf. v. 1). Se observa que falta aquí toda mención de la Eucaristía, que traen los tres sinópticos, y de la preparación de la Cena pascual (Mt. 26, 17 ss.; Mc. 14, 12 ss.; Lc. 22, 7 ss.); que esa fiesta se da aquí por futura (v. 29); que los discípulos parecen ignorar aún la culpa de Judas (v. 28), cosa que en la otra Cena se hizo pública (Mt. 26, 21-25); que la negación de Pedro (v. 38) no fue anunciada para esa misma noche (como lo fue en Mt. 26, 34; Mc. 14, 30; Lc. 22, 34); que Judas al salir *ya de noche* (v. 30) no pudo tener tiempo para convenir la entrega de Jesús esa misma noche; que los caps. 14 y 15 no aparecen continuando los anteriores como los caps. 16, 17 y 18; que el himno dicho al final de la Pascua (Mt. 26, 30) no pudo ser la oración del cap. 17 sino el Hallel (Sal. 112-117); que ambas Cenas tienen ya cada una su gran contenido propio e independiente (cf. v. 5 y nota); y que, en fin, los sinópticos escribieron cuando aún continuaba el apostolado sobre Israel, en tanto que Juan escribió casi treinta años después de haber rechazado Israel la predicación apostólica (Hch. 28, 25 ss.) y de la destrucción de Jerusalén y del Templo que siguió muy luego; por lo cual pudo Juan tener algún propósito especial provocado por esos grandes acontecimientos. *Hazlo más pronto* (así también de la Torre). ¡Es la urgencia de Lc. 12, 50 y 22, 15! La invitación parecería dirigida a Satanás que había entrado en Judas (cf. Lc. 8, 30) y que al promover la inmolación del Cordero no pensó por cierto que servía de instrumento al Redentor. Cf. v. 31 y nota; Hch. 13. 27; 1Co. 2, 8.

31s. *Ahora... ha sido*: Los expositores suelen verse en aprietos para explicarse literalmente este verbo en tiempo pasado, que estaría en oposición con toda la economía de la Escritura, según la cual la glorificación de Jesús tuvo lugar cuando el Padre lo sentó a su diestra (cf. 16, 7; Sal. 109, 1 y notas). El evangelista sin embargo da a entender su pensamiento al poner en futuro el v. 32 y al señalar que Jesús dijo esto en el momento en que salió Judas para consumar su obra. Es como si dijera: "echada está la suerte. Debo padecer para entrar en mi gloria (Lc. 24, 26), y ahora tiene principio de ejecución el proceso que me llevará a glorificar al Padre y ser glorificado por Él".

34. El mandamiento es "nuevo" en cuanto propone a los hombres la imitación de la caridad de Cristo: amor que se anticipa a las manifestaciones de amistad; amor compasivo que perdona y soporta; amor desinteresado y sin medida (Rm. 13, 10; 1Co. 13, 4-7).

36. *No puedes seguirme ahora*, porque no estás confirmado en la fe, como se verá luego en sus negaciones. Lo seguirá más tarde hasta el martirio, cuando haya recibido el Espíritu Santo. Cf. 21, 19; 2 Pe. 1, 14.

38. En lugar de anunciar anticipadamente el bien que nos proponemos hacer, cuidemos de proveemos de los auxilios sobrenaturales para poder cumplirlo. "Sin Mí, dice Jesús, nada podéis hacer" (15, 5). Cf. 1Co. 3, 5.

1. *Se despide* el Señor en los cuatro capítulos siguientes, dirigiendo a los suyos discursos qué reflejan los íntimos latidos de su divino Corazón. Estos discursos forman la cumbre del Evangelio de San Juan y sin duda de toda la divina Revelación hecha a los Doce. *Creed en Dios*: Recuérdese que Jesús les dijo que su fe no era ni siquiera como un grano de mostaza (Lc. 17, 6 y nota). Es muy de notar también está clara distinción de Personas que enseña aquí Jesús, entre Él y su Padre. No son ambos una sola Persona a la cual haya que dirigirse vagamente, bajo un nombre genérico, sino dos Personas distintas, con cada una de las cuales tenemos una relación propia de fe y de amor (cf. 1 Jn. 1, 3), la cual ha de expresarse también en la oración.

2. Tened *confianza* en Dios que como Padre vuestro tiene reservadas las habitaciones del cielo para todos los que aprovechan la Sangre de Cristo. En el Sermón de la Montaña (Mt. 5 ss.), Jesús ha recordado que el hombre no está solo, sino que tiene un Dueño que lo creó, en cuyas manos está, y que le impone como ley la práctica de la misericordia, sin la cual no podrá recibir a su vez la misericordia que ese Dueño le ofrece como único medio para salvarse del estado de perdición en que nació como hijo de Adán, quien entregó su descendencia a Satanás cuando eligió a este en lugar de Dios (Sb. 2, 24 y nota). Ahora, en el Sermón de la Cena,

ido y os haya preparado el lugar, vendré otra vez y os tomaré junto a Mí, a fin de que donde Yo estoy, estéis vosotros también. [4]Y del lugar adonde Yo voy, vosotros sabéis el camino". [5]Le dijo Tomás: "Señor, no sabemos adónde vas, ¿cómo, pues, sabremos el camino?" [6]Jesús le replicó: "Soy Yo el camino, y la verdad, y la vida; nadie va al Padre, sino por Mí. [7]Si vosotros me conocéis, conoceréis también a mi Padre. Más aún, desde ahora lo conocéis y lo habéis visto". [8]Felipe le dijo: "Señor, muéstranos al Padre, y esto nos basta". [9]Le respondió Jesús: "Tanto tiempo hace que estoy con vosotros, ¿y tú no me has conocido, Felipe? El que me ha visto, ha visto a mi Padre. ¿Cómo puedes decir: Muéstranos al Padre? [10]¿No crees que Yo soy en el Padre, y el Padre en Mí? Las palabras que Yo os digo, no las digo de Mí mismo; sino que el Padre, que mora en Mí, hace Él mismo sus obras. [11]Creedme: Yo soy en el Padre, y el Padre en Mí; al menos, creed a causa de las obras mismas. [12]En verdad, en verdad, os digo, quien cree en Mí, hará él también las obras que Yo hago, y aún mayores, porque Yo voy al Padre [13]y haré todo lo que pidiereis en mi nombre, para que el Padre sea glorificado en el Hijo. [14]Si me pedís cualquier cosa en mi nombre Yo la haré".

Promesa del Espíritu Santo. [15]"Si me amáis,

Jesús nos descubre la Sabiduría, enseñándonos que en el conocimiento de su Padre está el secreto del amor que es condición indispensable para el cumplimiento de aquella Ley de nuestro Dueño. Pues Él, por los méritos de su Hijo y Enviado, nos da su propio Espíritu (Lc. 11, 13 y nota) que nos lleva a amarlo cuando descubrimos que ese Dueño, cuya autoridad inevitable podía parecernos odiosa, es nuestro Padre que nos ama infinitamente y nos ha dado a su Hijo para que por Él nos hagamos hijos divinos también nosotros, con igual herencia que el Unigénito (Ef. 1, 5; 2 Pe. 1, 4). De ahí que Jesús empiece aquí con esa estupenda revelación de que no quiere guardarse para Él solo la casa de su Padre, donde hasta ahora ha sido el Príncipe único. Y no sólo nos hace saber que hay allí muchas moradas, o sea un lugar también para nosotros (v. 2). sino que añade que Él mismo nos lo va a preparar, porque tiene gusto en que nuestro destino de redimidos sea el mismo que el Suyo de Redentor (v. 3).

3. *Os tomaré junto a Mí*: Literalmente: *os recibiré a Mí mismo* (así la Vulgata). Expresión sin duda no usual, como que tampoco es cosa ordinaria, sino única, lo que el Señor nos revela aquí. Más que tomarnos *consigo*, nos tomará *a Él*, porque entonces se realizará el sumo prodigio que San Pablo llama misterio oculto desde todos los siglos (Ef. 3, 9; Col. 1, 26): el prodigio por el cual nosotros, verdaderos miembros de Cristo, seremos asumidos por Él que es la Cabeza, para formar el Cuerpo de Cristo total. Será, pues, más que tomarnos junto a Él: será exactamente *incorporarnos a Él mismo*, o sea el cumplimiento visible y definitivo de esa divinización nuestra como verdaderos hijos de Dios *en Cristo* (véase Ef. 1, 5 y nota). Es también el misterio de la segunda venida de Cristo, que San Pablo nos aclara en 1 Ts. 4, 13-17 y en que los primeros cristianos fundaban su esperanza en medio de las persecuciones (cf. Hb. 10, 25 y nota). De ahí la aguda observación de un autor moderno: "A primera vista, la diferencia más notable entre los primeros cristianos y nosotros es que, mientras nosotros nos preparamos para la muerte, ellos se preparaban para el encuentro con N. Señor en su Segundo Advenimiento".

4. *Sabéis el camino*: El camino soy Yo mismo (v. 6), no sólo en cuanto señalé la Ley de caridad que conduce al cielo, sino también en cuarto los méritos míos, aplicados a vosotros como en el caso de Jacob (véase Gn. 27, 19 y nota) os atraerán del Padre las mismas bendiciones que tengo Yo, el Primogénito (Rm. 8, 29).

6s. El Padre es la *meta*. Jesús es el *camino de verdad* y de *vida* para llegar hasta Él. Como se expresó en la condenación del quietismo, la pura contemplación del Padre es imposible si se prescinde de la revelación de Cristo y de su mediación. En el v. 7no hay un reproche como en la Vulgata (*si me conocierais...*) sino un consuelo: si me conocéis llegaréis también al Padre indefectiblemente. Vemos así que la devoción ha de ser al Padre por medio de Jesús, es decir, contemplando a ambos como Personas claramente caracterizadas y distintas (III Concilio de Cartago, can. 23). Querer abarcar de un solo ensamble a la Trinidad sería imposible para nuestra mente, pues la tomaría como una abstracción que nuestro corazón no podría amar como ama al Padre y al Hijo Jesús, con los cuales ha de ser, dice San Juan, nuestra sociedad (1 Jn. 1, 3). La Trinidad no es ninguna cosa distinta de las Personas que la forman. Lo que hemos de contemplar en ella es el amor infinito que el Padre y el Hijo se tienen recíprocamente en la Unidad del Espíritu Santo. Y así es cómo adoramos también a la Persona de este divino Espíritu que es el amor que une a Padre e Hijo. El Espíritu Santo es el espíritu común del Padre y del Hijo, y propio de cada uno de Ambos, porque todo el espíritu del Padre es de amor al Hijo y todo el espíritu del Hijo es de amor al Padre. Del primero, amor paternal, beneficiamos nosotros al unirnos a Cristo. Del segundo, amor filial, participamos igualmente adhiriéndonos a Jesús para amar al Padre como Él y junto con Él y mediante Él y a causa de Él, y dentro de Él, pues Ambos son inseparables, como vemos en los vv. 9 ss.

10. Es notable que ya en el Antiguo Testamento el Padre (Yahvéh) habla del Mesías llamándolo "el Varón unido conmigo" (Za. 13, 7). Cf. 16, 32.

12. Una de las promesas más asombrosas que Jesús hace a la fe viva, Desde el cielo Él la cumplirá.

13. En este v. y en el siguiente promete el Salvador que será oída la oración que hagamos *en su nombre*. Esta promesa se cumple siempre cuando confiados en los méritos de Jesucristo y animados por su espíritu nos dirigimos al Padre. Es la oración dominical la que mejor nos enseña el recto espíritu y, por eso, garantiza los mejores frutos (Mt. 6, 9 ss.; Lc. 11, 2 ss.).

conservaréis mis mandamientos. [16]Y Yo rogaré al Padre, y Él os dará otro Intercesor, que quede siempre con vosotros, [17]el Espíritu de verdad, que el mundo no puede recibir, porque no lo ve ni lo conoce; mas vosotros lo conocéis, porque Él mora con vosotros y estará en vosotros. [18]No os dejaré huérfanos; volveré a vosotros. [19]Todavía un poco, y el mundo no me verá más, pero vosotros me volveréis a ver, porque Yo vivo, y vosotros viviréis. [20]En aquel día conoceréis que Yo soy en mi Padre, y vosotros en Mí, y Yo en vosotros. [21]El que tiene mis mandamientos y los conserva, ése es el que me ama; y quien me ama, será amado de mi Padre, y Yo también lo amaré, y me manifestaré a

él". [22]Le dijo Judas –no el Iscariote–: "Señor, ¿cómo es eso: que te has de manifestar a nosotros y no al mundo?" [23]Jesús le respondió y dijo: "Si alguno me ama, guardará mi palabra, y mi Padre lo amará, y vendremos a él, y en él haremos morada. [24]El que, no me ama no guardará mis palabras; y la palabra que estáis oyendo no es mía, sino del Padre que me envió".

Jesús da su propia paz. [25]"Os he dicho estas cosas durante mi permanencia con vosotros. [26]Pero el intercesor, el Espíritu Santo, que el Padre enviará en mi nombre, Él os lo enseñará todo, y os recordará todo lo que Yo os he dicho. [27]Os dejo la paz, os doy la paz mía; no os doy Yo como da el

---

15. Él que *ama* se preocupa de cumplir los mandamientos, y para eso cuida ante todo de conservarlos en su corazón. Véase v. 23s.; Sal. 118, 11 y nota.

16. El otro *Intercesor* es el Espíritu Santo, Que nos ilumina y consuela y fortalece con virtud divina. El mundo es regido por su príncipe (v. 30), y por eso no podrá nunca entender al Espíritu Santo (1Co. 2, 14), ni recibir sus gracias e ilustraciones. Los apóstoles experimentaron la fortaleza y la luz del divino Paráclito pocos días después de la Ascensión del Señor, en el día de Pentecostés (Hch. 2) y recibieron carismas visibles, de los cuales se habla en los *Hechos de los Apóstoles*.

17 ss. *Mora con vosotros*: Casi siempre vivimos en un estado de fe imperfecta, como diciéndonos: si yo lo tuviera delante al Padre celestial o a Jesús, le diría tal y tal cosa. Olvidamos que el Padre y el Hijo no son como los hombres ausentes que hay que ir a buscar sino que están en nuestro interior (vv. 20 y 23), lo mismo que el Espíritu (v. 26; 16, 13; Lc. 11, 13). Nada consuela tanto como el cultivo suavísimo de esta presencia de Dios permanente en nosotros, que nos está mirando, sin cansarse, con ojos de amor como los padres contemplan a su hijo en la cuna (Sal. 138, 1; St. 7, 10 y notas). Y nada santifica tanto como el conocimiento vivo de esta verdad que "nos corrobora por el Espíritu en el hombre interior" (Ef. 3, 16) como templos vivos de Dios (Ef. 2, 21s.). *Estará en vosotros*: Entendamos bien esto: "El Espíritu Santo estará en nosotros como un viento que sopla permanentemente para mantener levantada una hoja seca, que sin Él cae. De modo que a un tiempo somos y no somos. En cuanto ese viento va realizando eso en nosotros, somos agradables a Dios, sin dejar empero, de ser por nosotros mismos lo que somos, es decir, "siervos inútiles" (Lc. 17, 10). Si no fuese así, caeríamos fatalmente (a causa de la corrupción que heredamos de Adán) en continuos actos de soberbia y presunción, que no sólo quitaría todo valor a nuestras acciones delante de Dios, sino que sería ante Él una blasfemia contra la fe, es decir, una rivalidad que pretendería sustituir la Gracia por esa ilusoria suficiencia propia que sólo busca quitar a Dios la gloria de ser el que nos salva.

20. *En aquel día*: Véase 16, 16 y nota. *Vosotros estáis en Mí*, etc... "En vano soñarán los poetas una plenitud de amor y de unión entre el Creador y la criatura, ni una felicidad para nosotras, como

ésta que nos asegura nuestra fe y que desde ahora poseemos "en esperanza". Es un misterio propio de la naturaleza divina que desafía y supera todas las audacias de la imaginación, y que sería increíble si Él no lo revelase. ¿Qué atractivos puede hallar Él en nosotros? Y sin embargo, al remediar el pecado de Adán, en vez de rechazarnos de su intimidad (mirabilius reformasti) buscó un pretexto para unirnos del todo a Él, ¡como si no pudiese vivir sin nosotros!" Véase 17, 26 y nota.

21. Es decir: el que obedece eficazmente al Padre muestro que tiene amor, pues si no lo amase no tendría fuerza para obedecerlo, como vemos, en el v. 23. No tiene amor porque obra, sino que obra porque tiene amor. Cf. Lc. 7, 47 y nota.

23. El *amor* es el motor indispensable de la vida sobrenatural: todo aquel que ama, vive según el Evangelio; el que no ama no puede cumplir los preceptos de Cristo, ni siquiera conoce a Dios, puesto que Dios es amor (1 Jn. 4, 8). "Del amor a Dios brota de por sí la obediencia a su divina voluntad (Mt. 7, 21; 12, 50; Mc. 3, 35; Lc. 8, 21), la confianza en su providencia (Mt. 6, 25-34; 10, 29-33; Lc. 12, 4-12 y 22-34; 18, 1-8), la oración devota (Mt. 6, 7-8; 7, 7-12; Mc. 11, 24; Lc. 11, 1-13; Jn. 16, 23-24), Y el respeto a la casa de Dios (Mt. 21, 12-17; Jn. 2, 16)" (Lesétre).

24. Dios nos revela a este respecto su intimidad diciendo: "Como una mujer que desprecia al que la ama, así me ha despreciado Israel" (Jr. 3, 20). Esto nos hace comprender que querer suplir con obras materiales la falta de amor, sería como si una mujer que rechaza el amor de un príncipe pretendiera consolarlo ofreciéndole dinero. O como si un hijo que se apartó del hogar creyese que satisface a su padre con mandarle regalos. Véase la clara doctrina de San Pablo en 1Co. 13, 1 ss.

26. Jesús hace aquí quizá la más estupenda de sus revelaciones y de sus promesas. El mismo *Espíritu divino*, que Él nos conquistó con sus méritos infinitos, se hará el inspirador de nuestra alma y el motor de nuestros actos, habitando en nosotros (v. 16s.). Tal es el sentido de las palabras "os lo enseñará todo", es decir, no todas las cosas que pueden saberse, sino todo lo vuestro, como maestro permanente de vuestra vida en todo instante. San Pablo confirma esto en Rm. 8, 14llamando hijos de Dios a "los que son movidos por el Espíritu de Dios". Si bien miramos, todo el fruto de la Pasión de Cristo consiste en habernos conseguido esa maravilla de que el

mundo. No se turbe vuestro corazón, ni se amedrente. [28]Acabáis de oírme decir: «Me voy y volveré a vosotros». Si me amaseis, os alegraríais de que voy al Padre, porque el Padre es más grande que Yo. [29]Os lo he dicho, pues, antes que acontezca, para que cuando esto se verifique, creáis. [30]Ya no hablaré mucho con vosotros, porque viene el príncipe del mundo. No es que tenga derecho contra Mí, [31]pero es para que el mundo conozca que Yo amo al Padre, y que obro según el mandato que me dio el Padre. Levantaos, vamos de aquí"

15 La vid y los sarmientos. [1]"Yo soy la vid

verdadera, y mi Padre es el viñador. [2]Todo sarmiento que, estando en Mí, no lleva fruto, lo quita, pero todo sarmiento que lleva fruto, lo limpia, para que lleve todavía más fruto. [3]Vosotros estáis ya limpios, gracias a la palabra que Yo os he hablado. [4]Permaneced en Mí, y Yo en vosotros. Así como el sarmiento no puede por sí mismo llevar fruto, si no permanece en la vid, así tampoco vosotros, si no permanecéis en Mí. [5]Yo soy la vid, vosotros los sarmientos. Quien permanece en Mí, y Yo en él, lleva mucho fruto, porque separados de Mí no podéis hacer nada. [6]Si alguno no permanece en Mí, es arrojado fuera como los sarmientos, y se

Espíritu de Dios, que es todo luz y amor y gozo, entre en nosotros, confortándonos, consolándonos, inspirándonos en todo momento y llevándonos al amor de Jesús (6, 44 y nota) para que Jesús nos lleve al Padre (vv. 6 ss.) y así el Padre sea glorificado en el Hijo (v. 13). Tal es el plan del Padre en favor nuestro (6, 40 y nota), de tal modo que la glorificación de ambos sea también la nuestra, como se ve expresamente en 17, 2. Para entrar en nosotros ese nuevo rector que es el Espíritu Santo, sólo espera que el anterior le ceda el puesto. Eso quiere decir simplemente el "renunciarse a sí mismo". *Os recordará, etc.*: es decir, traerá a la memoria en cada momento oportuno (Mt. 10, 19; Mc. 13, 11) las enseñanzas de Jesús a los que se hayan preocupado de aprenderlas. Véase 16, 13; Lc. 11, 13 y notas.

28. *El Padre es más grande que Yo* significa que el Padre es el origen y el Hijo la derivación. Como dice San Hilario, el Padre no es mayor que el Hijo en poder, eternidad o grandeza, sino en razón de que es principio del Hijo, a quien da la vida. Porque el Padre nada recibe de otro alguno, más el Hijo recibe su naturaleza del Padre por eterna generación, sin que ello implique imperfección en el Hijo. De ahí la inmensa gratitud de Jesús y su constante obediencia y adoración del Padre. Un buen hijo, aunque sea adulto y tan poderoso como su padre, siempre lo mirará como a superior. Tal fue la constante característica de Jesús (4, 34; 6, 38; 12, 49s.; 17, 25, etc.), también cuando, como Verbo eterno, era la Palabra creadora y Sabiduría del Padre (1, 2; Pr. 8, 22 ss.; Sb. 7, 26; 8, 3; Eclo. 24, 12 ss., etc.). Véase 5, 48 y nota; Mt. 24, 36; Mc. 13, 32; Hch. 1, 7; 1Co. 15, 28 y notas. El Hijo como hombre es menor que el Padre.

30. *El príncipe del mundo*: Satanás. Tremenda revelación que, explicándose por el triunfo originario de la serpiente sobre el hombre (cf. Sb. 2, 24 y nota), explica a su vez las condenaciones implacables que a cada paso formula el Señor sobre todo lo mundano, que en cualquier tiempo aparece tan honorable como aparecían los que condenaron a Jesús, Cf. v. 16; 7, 7; 12, 31; 15, 18 ss.; 16, 11; 17, 9 y 14; Lc. 16, 15; Rm. 12, 2; Ga. 1, 4; 6, 14; 1 Tm. 6, 13; St. 1, 27; 4, 4; 1 Pe. 5, 8; 1 Jn. 2, 15 y notas.

31. No es por cierto a Jesús a quien tiene nada que reclamar el "acusador" (Ap. 12, 10 y nota). Pero el Padre le encomendó las "ovejas perdidas de Israel" (Mt. 10, 5 y nota), y cuando vino a lo suyo, "los suyos no lo recibieron" (1, 11), despreciando el mensaje

de arrepentimiento y perdón (Mc. 1, 15) que traía "para confirmar las promesas de los patriarcas" (Rm. 15, 8). Entonces, como anunciaban misteriosamente las profecías desde Moisés (cf. Hch. 3, 22 y nota), el Buen Pastor se entregó como un cordero (10, 11), libremente (10, 17s.), dando cuanto tenía, hasta la última gota de su Sangre, aparentemente vencido por Satanás para despojarlo de su escritura contra nosotros clavándola en la Cruz (Col. 2, 14s.), y realizar, a costa Suya, el anhelo salvador del Padre (6, 38; Mt. 26, 42 y notas) y "no sólo por la nación sino también para congregar en uno a todos los hijos de Dios dispersos" (11, 52). viniendo a ser por su Sangre causa de eterna salud para judíos y gentiles, como enseña San Pablo (Hch. 5, 9s.).

2. *Lo limpia:* He aquí encerrado todo el misterio de Job y el problema de la tentación y del dolor. Recordémoslo para saber y creer, con la firmeza de una roca, que con cada prueba, siempre pasajera, nos está preparando nuestro Padre un bien mucho mayor. Es lo que la simple experiencia popular ha expresado en el hermoso aforismo: "No hay mal que por bien no venga".

3. "Esta idea de que la fe en la Palabra de Jesús hace limpio, es expresada aún más claramente por San Pedro al hablar de los gentiles que creyeron: «por su fe Dios purificó sus corazones» (Hch. 15, 9)". P. Joüon. *Limpios* significa aquí lo mismo que "podados"; por donde vemos que el que cultiva con amor la Palabra de Dios, puede librarse también de la poda de la tribulación (v. 2).

4. Nosotros (los sarmientos) necesitamos estar unidos a Cristo (la vid) por medio de la gracia (la savia de la vid), para poder obrar santamente, puesto que sólo la gracia da a nuestras obras un valor sobrenatural. Véase 2Co. 3, 5; Ga. 2, 16 ss. "La gracia y la gloria proceden de Su inexhausta plenitud. Todos los miembros de su Cuerpo místico, y sobre todo los más importantes, reciben del Salvador dones constantes de consejo, fortaleza, temor y piedad, a fin de que todo el cuerpo aumente cada día más en integridad y en santidad de vida" (Pío XII, Enc. del Cuerpo Místico). Cf. 1Co. 12, 1 ss.; Ef. 4, 7 ss.

5. *No podéis hacer nada*: A explicar este gran misterio dedica especialmente San Pablo su admirable Epístola a los Gálatas, a quienes llama "insensatos" (Ga. 3, 1) porque querían, como judaizantes salvarse por el solo cumplimiento de la Ley, sin aplicarse los méritos del Redentor mediante la fe en Él (cf. el discurso de Pablo a Pedro en Ga. 2, 11-21). La Alianza a base de la

seca; después los recogen y los echan al fuego, y se queman. [7]Si vosotros permanecéis en Mí, y mis palabras permanecen en vosotros, todo lo que queráis, pedidlo, y lo tendréis: [8]En esto es glorificada mi Padre: que llevéis mucho fruto, y seréis discípulos míos".

Jesús declara cómo nos ama. [9]"Como mi Padre me amó, así Yo os he amado: permaneced en mi amor. [10]Si conserváis mis mandamientos, permaneceréis en mi amor, lo mismo que Yo, habiendo conservado los mandamientos de mi Padre, permanezco en su amor. [11]Os he dicho estas cosas, para que mi propio gozo esté en vosotros y vuestro gozo sea cumplido. [12]Mi mandamiento es que os améis unos a otros, como Yo os he amado. [13]Nadie puede tener amor más grande que dar la vida por sus amigos. [14]Vosotros sois mis amigos, si hacéis esto que os mando. [15]Ya no os llamo más siervos, porque el siervo no sabe lo que hace su señor, sino que os he llamado amigos, porque todo lo que aprendí de mi Padre, os lo he dado a conocer. [16]Vosotros no me escogisteis a Mí; pero Yo os escogí, y os he designado para que vayáis, y llevéis fruto, y vuestro fruto permanezca; para que el Padre os dé todo lo que le pidáis en mi nombre. [17]Estas cosas os mando, para que os améis unos a

---

Ley dada a Moisés no podía salvar. Sólo podía hacerlo la Promesa del Mesías hecha a Abraham; pues el hombre que se somete a la Ley, queda obligado a cumplir toda la Ley, y como nadie es capaz de hacerlo, perece. En cambio Cristo vino para salvar gratuitamente, por la donación de sus propios méritos, que se aplican a los que creen en esa Redención gratuita, los cuales reciben, mediante esa fe (Ef. 2, 8s.), el Espíritu Santo, que es el Espíritu del mismo Jesús (Ga. 4, 6), y nos hace hijos del Padre como Él (Jn. 1, 12), prodigándonos su gracia y sus dones que nos capacitan para cumplir el Evangelio, y derramando en nuestros corazones la caridad (Rm. 5, 5) que es la plenitud de esa Ley (Rm. 13, 10; Ga. 5, 14).

6. Triste es para el orgullo convencerse de que no somos ni podemos ser por nosotros mismos más que sarmientos secos. Pero el conocimiento de esta verdad es condición previa para toda auténtica vida espiritual (cf. 2, 24 y nota). De aquí deducía un ilustre prelado americano que la bondad no consiste en ser bueno, pues esto es imposible porque "separados de Mí no podéis hacer nada". La bondad consiste en confesarse impotente y buscar a Jesús, para que de Él nos venga la capacidad de cumplir la voluntad del Padre como Él lo hizo.

[2] 7. Esto es lo que San Agustín expresa diciendo "ama y haz lo que quieras". Porque el que ama sabe que no hay más bien que ése de poseer la amistad del amado, en lo cual consiste el gozo colmado (1 Jn. 1, 3-4); y entonces no querrá pedir sino ese bien superior, que es el amor, o sea el Espíritu Santo, que es lo que el Padre está deseando darnos, puesto que Él nos ama infinitamente más que nosotros a Él. Cf. Lc. 11, 13 y nota; 1 Jn. 5, 14s.

8. El futuro *seréis* (genésesthe) según Merk está mejor atestiguado que el subjuntivo *seáis*. Así también Pirot y otros modernos. El sentido, sin embargo, no fluye con claridad, por lo cual cabe más bien, con la puntuación correspondiente, referir la glorificación del Padre a lo dicho en el v. 7, sentido por cierto bellísimo y que coincide exactamente con 14, 13 y con 17, 2. donde se ve que el Corazón paternal de Dios es glorificado en que nosotros recibamos beneficios de nuestro Hermano Mayor. En tal caso este final queda como una señal que nos da Jesús en pleno acuerdo con el contexto: que (*hina* con optativo) vuestro sarmiento fructifique mucho y entonces sabréis que está unido a la Vid, es decir, que sois realmente mis discípulos, así como por los frutos se conoce el árbol (Mt. 12, 33; Lc. 6, 43 ss.). El caso inverso se ve en Mt. 7, 15.

9. No se puede pasar en silencio una declaración tan asombrosa como ésta. Jesús vino a revelarnos ante todo el *amor del Padre*, haciéndonos saber que nos amó hasta entregar por nosotros a su Hijo, Dios como Él (3, 16). Y ahora, al declararnos su propio amor, usa Jesús un término de comparación absolutamente insuperable, y casi diríamos increíble, si no fuera dicho por Él. Sabíamos que nadie ama más que el que da su vida (v. 13), y que Él la dio por nosotros (10, 11), y nos amó hasta el fin (13, 1), y la dio libremente (10, 18), y que el Padre lo amó especialmente por haberla dado (10, 17); y he aquí que ahora nos dice que el amor que Él nos tiene es como el que el Padre le tiene a Él, o sea que Él, el Verbo eterno, nos ama con todo su Ser divino, infinito, sin límites, cuya esencia es el mismo amor (cf. 6, 57; 10, 14s.). No podrá el hombre escuchar jamás una noticia más alta que esta "buena nueva", ni meditar en nada más santificante; pues, como lo hacía notar el Beato Eymard, lo que nos hace amar a Dios es el creer en el amor que Él nos tiene. *Permaneced en mi amor* significa, pues, una invitación a permanecer en esa privilegiada dicha del que se siente amado, para enseñarnos a no apoyar nuestra vida espiritual sobre la base deleznable del amor que pretendemos tenerle a Él (véase como ejemplo 13, 36-38), sino sobre la roca eterna de ese amor con que somos amados por Él. Cf. 1 Jn. 4, 16 y nota.

11. Porque no puede existir para el hombre mayor gozo que el de saberse amado así. En 16, 24; 17, 13; 1 Jn. 1, 4, etc., vemos que todo el Evangelio es un mensaje de gozo fundado en el amor.

14. *Si hacéis esto que os mando*, es decir, si os amáis mutuamente como acaba de decir en el v. 12 y repite en el v. 17, porque el mandamiento del amor es el fundamento de todos los demás (Mt. 7, 12; 22, 40; Rm. 13, 10; Col. 3, 14).

15. Notemos esta preciosa revelación: lo que nos transforma de siervos en amigos, elevándonos de la vía purgativa a la unión del amor, es el *conocimiento del mensaje* que Jesús nos ha dejado de parte del Padre. Y Él mismo nos agrega cuán grande es la riqueza de este mensaje, que contiene todos los secretos que Dios comunicó a su propio Hijo.

16. Hay en estas palabras de Jesús un inefable matiz de ternura. En ellas descubrimos no solamente que de Él parte la iniciativa de nuestra elección; descubrimos también que su Corazón nos elige aunque nosotros no lo hubiéramos elegido a Él. Infinita suavidad

otros".

Los discípulos serán odiados. [18]"Si el mundo os odia, sabed que me ha odiado a Mí antes que a vosotros. [19]Si fuerais del mundo, el mundo amaría lo suyo; pero como vosotros no sois del mundo – porque Yo os he entresacado del mundo– el mundo os odia. [20]Acordaos de esta palabra que os dije: No es el siervo más grande que su Señor. Si me persiguieron a Mí, también os perseguirán a vosotros; si observaron mi palabra, observarán también la vuestra. [21][Pe]ro os harán todo esto a causa de mi nombre, porque no conocen al que me envió. [22]Si Yo hubiera venido sin hacerles oír mi palabra, no tendrían pecado, pero ahora no tienen excusa por su pecado. [23]Quien me odia a Mí odia también a mi Padre. [24]Si Yo no hubiera hecho en medio de ellos las obras que nadie ha hecho, no tendrían pecado, mas ahora han visto, y me han odiado, lo mismo que a mi Padre. [25]Pero es para que se cumpla la palabra escrita en su Ley: «Me odiaron sin causa». [26]Cuando venga el Intercesor, que os enviaré desde el Padre, el Espíritu de verdad, que procede del Padre, Él dará testimonio de Mí. [27]Y vosotros también dad testimonio, pues desde el principio estáis conmigo".

16 Causa de la persecución. [1]"Os he dicho esto para que no os escandalicéis. [2]Os excluirán de las sinagogas; y aun vendrá tiempo en que cualquiera que os quite la vida, creerá hacer un obsequio a Dios. [3]Y os harán esto, porque no han conocido al Padre, ni a Mí. [4]Os he dicho esto, para que, cuando el tiempo venga, os acordéis que Yo os lo había dicho. No os lo dije desde el comienzo, porque Yo estaba con vosotros. [5]Y ahora Yo me voy al que me envió, y ninguno de vosotros me pregunta: ¿Adónde vas? [6]sino que la tristeza ha ocupado vuestros corazones porque os he dicho esto. [7]Sin

---

de un Maestro que no repara en humillaciones porque es "manso y humilde de corazón" (Mt. 11, 29). Infinita fuerza de un amor que no repara en ingratitudes, porque no busca su propia conveniencia (1Co. 13, 5). *Vuestro fruto permanezca*: Es la característica de los verdaderos discípulos; no el brillo exterior de su apostolado (Mt. 12, 19 y nota), pero sí la transformación interior de las almas. De igual modo a los falsos profetas, dice Jesús, se les conoce por sus frutos (Mt. 7, 16), que consisten. según San Agustín, en la adhesión de las gentes a ellos mismos y no a Jesucristo. Cf. 5, 43; 7, 18; 21, 15; Mt. 26, 56 y notas.

18 ss. El mundo, que no recibe a Jesús, ni a su Espíritu, tampoco recibirá a sus *discípulos*. Con toda claridad profetiza el divino Redentor las persecuciones, que prueban el carácter sobrenatural de su Cuerpo místico. El mundo odia lo sobrenatural en los cristianos, así como lo ha odiado en Cristo.

20. *Observarán*: espiarán (Scio). Cf. Sal. 16, 11; 55, 7 y notas.

21. Será motivo de *gloria* para los discípulos el odio y la persecución por causa del Nombre Santo, y una ocasión para afirmar su amor al Padre que nos envió a Jesús (cf. 16, 3; Ga. 6, 14).

25. Véase Sal. 34, 19; 68, 5.

26s. *Intercesor*: Otros vierten: Defensor. Hay aquí una bellísima explicación del *dogma trinitario*. El Espíritu Santo procede del Padre y también del Hijo. Nuestra salvación fue objeto del envío del Hijo por el Padre, que nos lo dio; ahora anuncia Jesús que nuestra santificación va a ser objeto de la misión de otra Persona divina: el Espíritu Santo, que Él enviará desde la diestra del Padre (16, 7 y nota). *Dará testimonio de Mí*, p. ej. en la Sagrada Escritura, que es por eso un "tesoro celestial" (Concilio de Trento). Del testimonio del Espíritu Santo será inseparable la predicación y el testimonio de los apóstoles porque por su inspiración hablarán. Cf. Hch. 13, 9; Rm. 9, 1; 1 Ts. 1, 5; 2 Pe. 1, 21.

1s. *No os escandalicéis*, al ver que la persecución viene a veces de donde menos podía esperarse, Jesús nos previene para que no incurramos en el escándalo de que habla en Mt. 13, 21.

2. *Creerá hacer un obsequio a Dios*: es decir, que se llega a cometer los más grandes males creyendo obrar bien, o sea que, por falta de conocimiento de la verdad revelada que nos hace libres (8, 32), caemos en los lazos del padre de la mentira (8, 44). Por eso dice: *porque no han conocido al Padre* ni *a Mí,* esto es, no los conocían aunque presuntuosamente creían conocerlos para no inquietarse por su indiferencia (cf. Ap. 3, 15s.). Es ésta la "operación del error" (de que habla con tan tremenda elocuencia San Pablo en 2 Ts. 2, 9 ss.), a la cual Dios nos abaldona por no haber recibido con amor la verdad que está en su Palabra (17, 17), y nos deja que "creamos a la mentira". ¿Acaso no fue éste el pecado de Eva y de Adán? Porque si no hubieran creído al engaño de la serpiente y confiado en sus promesas, claro está que no se habrían atrevido a desafiar a Dios. Nuestra situación será mejor que la de ellos si aprovechamos esta prevención de Jesús. Rara vez hay quien haga el mal por el mal mismo, y de ahí que la especialidad de Satanás. habilísimo engañador, sea llevarnos al mal con apariencia de bien. Así Caifás condenó a Jesús, diciendo piadosamente que estaba escandalizado de oírlo blasfemar, y todos estuvieron de acuerdo con Caifás y lo escupieron Jesús por blasfemo (Mt. 26, 65 ss.). Él nos anuncia aquí que así sucederá también con sus discípulos (véase 15, 20 ss.).

4. Cuando Jesús estaba con ellos Él los protegía contra todo (17, 12; 18, 8).

5s. Ya no os interesáis como antes (13, 36; 14, 5) por saber lo mío, que tanto debiera preocuparos, y sólo pensáis en vuestra propia tristeza, ignorando que mi partida será origen de grandes bienes para vosotros (v. 7). Nótese, en efecto, que cuando Jesús subió al cielo, sus discípulos ya no estaban tristes por aquella separación, sino que "volvieron llenos de gozo" (Lc. 24, 52).

embargo, os lo digo en verdad: Os conviene que me vaya; porque, si Yo no me voy, el Intercesor no vendrá a vosotros; más si me voy, os lo enviaré. [8]Y cuando Él venga, presentará querella al mundo, por capítulo de pecado, por capítulo de justicia, y por capítulo de juicio: [9]por capítulo de pecado, porque no han creído en Mí; [10]por capítulo de justicia, porque Yo me voy a mi Padre, y vosotros no me veréis más; [11]por capítulo de juicio, porque el príncipe de este mundo está juzgado. [12]Tengo todavía mucho que deciros, pero no podéis soportarlo ahora. [13]Cuando venga Aquél, el Espíritu de verdad, Él os conducirá a toda la verdad; porque Él no hablará por Sí mismo, sino que dirá lo que habrá oído, y os anunciará las cosas por venir. [14]Él me glorificará, porque tomará de lo mío, y os (*lo*) declarará. Todo cuanto tiene el Padre es mío; [15]por eso dije que Él tomará de lo mío, y os (*lo*) declarará".

Me volveréis a ver. [16]"Un poco de tiempo y ya no me veréis: y de nuevo un poco, y me volveréis a ver, porque me voy al Padre". [17]Entonces algunos de sus discípulos se dijeron unos a otros: "¿Qué es esto que nos dice: «Un poco, y ya no me veréis; y de nuevo un poco, y me volveréis a ver» y: «Me voy al Padre?»" [18]Y decían: "¿Qué es este «poco» de que habla? No sabemos lo que quiere decir". [19]Mas Jesús conoció que tenían deseo de interrogarlo, y les dijo: "Os preguntáis entre vosotros que significa lo que acabo de decir: «Un poco, y ya no me veréis, y de nuevo un poco, y me volveréis a ver». [20]En verdad, en verdad, os digo, vosotros vais a llorar y gemir, mientras que el mundo se va a regocijar. Estaréis contristados, pero vuestra tristeza se convertirá en gozo. [21]La mujer, en el momento de dar a luz, tiene tristeza, porque su hora ha llegado; pero, cuando su hijo ha nacido, no se acuerda más de su dolor, por el gozo de que ha nacido un hombre al mundo. [22]Así también vosotros, tenéis ahora tristeza, pero Yo volveré a veros, y entonces vuestro corazón se alegrará y nadie os podrá quitar vuestro gozo. [23]En aquel día no me preguntaréis más sobre nada. En verdad, en verdad, os digo, lo que pidiereis al Padre, Él os lo dará en mi nombre. [24]Hasta ahora no habéis pedido nada en mi nombre. Pedid, y recibiréis, para que vuestro gozo sea colmado".

Tened confianza. [25]"Os he dicho estas cosas en

---

7. Se refiere a Pentecostés (Hch. 2). El don del Espíritu (Lc. 24, 49 y nota), que es su propio espíritu (Ga. 4, 6), nos lo obtuvo Jesús del Padre, como premio conquistado con su Sangre. Se entiende así que el Espíritu Santo no fuese dado (7, 39) hasta que Jesús "una vez consumado" (Hb. 5, 9s.) por su pasión (Hb. 2, 10) entrase en su gloria (Lc. 24, 26) sentándose a la diestra del Padre (Sal. 109, 1 ss. y notas). Cf. 20, 22 y nota.

8. *Presentará querella*: "Desde entonces el mundo es un reo, sentado en el banquillo de Dios, perpetuamente acusado por el Espíritu. ¿Cómo podría tener la simpatía del creyente si no es por la engañosa seducción de sus galas?"

9. Jesús se refiere únicamente al pecado de incredulidad, mostrándonos que tal es el pecado por antonomasia, porque pone a prueba la rectitud del corazón. Véase 3, 19; 3, 36; 7, 17; 8, 24; 12, 37 y siguientes; Mc. 3, 22; Rm. 11, 32 y notas.

10. Es decir porque Él va a ser *glorificado* por el Padre, con lo cual quedará de manifiesto su santidad; y entre tanto sus discípulos, aunque privados de la presencia visible del Maestro, serán conducidos por el Paráclito al cumplimiento de toda justicia, con lo cual su vida será un reproche constante para el mundo pecador.

11. El Espíritu Santo dará contra el *espíritu* mundano este tremendo testimonio, que consiste en demostrar que, no obstante las virtudes que suele pregonar, tiene como rector al mismo Satanás. Y así como ha quedado demostrada la justicia de la causa de Cristo (v. 10), quedará también evidenciada, para los hijos de la sabiduría humana, la condenación de la causa de Satanás. Esto no quiere decir que ya esté cumplida plenamente la sentencia contra el diablo y sus ángeles. Véase 2 Pe. 2, 4; Judas 6; Ap. 20, 3, 7 y 9.

13. El Espíritu Santo, que en el Antiguo Testamento "habló por los Profetas", inspiró también los Libros del Nuevo, que presentan las enseñanzas de Jesús, desenvuelven su contenido y *revelan las cosas futuras*, objeto de nuestra esperanza. No significa, pues, que cada uno de nosotros haya de recibir una revelación particular del Espíritu Santo, sino que debemos preocuparnos por conocer las profecías bíblicas y no despreciarlas (véase 14, 26 y nota: 1 Ts. 5, 20).

16 ss. San Agustín hace notar que ese otro *poco de tiempo* es el que empieza después de la Ascensión, que es cuando Jesús se va al Padre, o sea, que lo volveremos a ver cuando venga de allí a juzgar a los vivos y a los muertos, Esta interpretación se deduce del v. 20, donde Jesús se refiere a la alegría del mundo y a las persecuciones del tiempo presente, como también lo indica Santo Tomás. Por eso cuando Él vuelva nadie nos quitará el gozo (v. 22). Véase 14, 3. 18 y 28. "Es, añade el doctor de Hipona, una promesa que se dirige a toda la Iglesia. Este poco de tiempo nos parece bien largo, porque dura todavía, pero cuando haya pasado, comprenderemos entonces cuán corto fue". Cf. Cant. 1, 2; 8, 14 y notas.

23. *En aquel día*: Véase 14, 20. *No me preguntaréis más*: Cf. Hb. 8, 11; Jr. 31, 34.

24. *En mi nombre*: por el conocimiento que tenéis de mi bondad, y de todas mis promesas. La falta de este conocimiento es lo que explica, según San Agustín, que tantas veces la oración parezca ineficaz, pues se pide en nombre de un Cristo desfigurado

parábolas; viene la hora en que no os hablaré más en parábolas, sino que abiertamente os daré noticia del Padre. [26]En aquel día pediréis en mi nombre, y no digo que Yo rogaré al Padre por vosotros, [27]pues el Padre os ama Él mismo, porque vosotros me habéis amado, y habéis creído que Yo vine de Dios. [28]Salí del Padre, y vine al mundo; otra vez dejo el mundo, y retorno al Padre". [29]Le dijeron los discípulos: "He aquí que ahora nos hablas claramente y sin parábolas. [30]Ahora sabemos que conoces todo, y no necesitas que nadie te interrogue. Por esto creemos que has venido de Dios". [31]Pero Jesús les respondió: "¿Creéis ya ahora? [32]Pues he aquí que viene la hora, y ya ha llegado, en que os dispersaréis cada uno por su lado, dejándome enteramente sólo. Pero, Yo no estoy solo, porque el Padre está conmigo. [33]Os he dicho estas cosas, para que halléis paz en Mí. En el mundo pasáis apreturas, pero tened confianza: Yo he vencido al mundo".

17 Jesús ora por la gloria del Padre y por su propia glorificación.

[1]Así habló Jesús. Después, levantando sus ojos al cielo, dijo: "Padre, la hora es llegada; glorifica a tu Hijo, para que tu Hijo te glorifique a Ti; [2]–conforme al señorío que le conferiste sobre todo el género humano– dando vida eterna a todos los que Tú le has dado. [3]Y la vida eterna es: que te conozcan a Ti, solo Dios verdadero, y a Jesucristo Enviado tuyo. [4]Yo te he glorificado a Ti sobre la tierra dando acabamiento a la obra que me confiaste para realizar. [5]Y ahora Tú, Padre, glorifícame a Mí junto a Ti mismo, con aquella gloria que en Ti tuve antes que el mundo existiese".

---

a quien el Padre no reconoce por su Hijo. Véase 14, 13s.; 14, 20; 15, 11; 1 Jn. 5, 14; Mt. 7, 7; Mc. 11, 24; St. 1, 6s.; 4, 3. *Pedid*, etc.: Algunos traducen: "pedid que vuestro gozo sea completo, y recibiréis" (lo que pedís), lo cual significaría que se nos promete no ya tales o cuales bienes pedidos, para que nos gocemos en ellos, sino que se nos promete el gozo mismo, como un bien inmenso, el gozo que el propio Jesús tenía (17, 13), la alegría del corazón que debe tenerse siempre (Flp. 4, 4; Tb. 5, 11) y que, siendo un fruto del Espíritu Santo (Ga. 5, 22), es explicable que se conceda a todo el que lo pida, pues si los malos sabemos dar cosas buenas a nuestros hijos, mucho más nos dará el Padre Celestial su buen Espíritu (Lc. 11, 13 y nota); ¡Admirable promesa de felicidad! Porque conceder así el gozo permanente a todo el que lo pida, no es sólo hacernos seguramente felices, sino también darnos una fuente inexhausta de santidad (Eclo. 30, 23). ¿No es esto lo que se nos enseña a pedir ya en el Sal. 50, 10 y 14? No quiere Jesús que pongamos nuestra felicidad en la posesión de determinados bienes, que pueden no convenirnos, y por eso Santiago enseña que a veces pedimos y no recibimos (St. 4, 3); sino que pidamos el don del gozo espiritual, que es en sí mismo alegría inalterable, como la de aquel "hombre feliz que no tenía camisa".

26s. *No digo que rogaré.* Rasgo de indecible delicadeza. Bien sabemos que rogará siempre por nosotros (Hb. 7, 24s.), como que tal es su Ministerio de Sacerdote Eterno (Hb. 8, 2; 9, 11 y 24). Y Él mismo nos dijo: "nadie va al Padre sino por Mí" (14, 6). Pero aquí muestra su empeño de que la gloria y el amor sean para el Padre, y por eso, para inclinar hacia Éste nuestro agradecimiento, nos dice que *el mismo Padre nos ama*. El ideal de Jesús es que nos ame tanto como a Él (17, 26). Y esa verdad de que no vamos al Padre sino por Él, se cumple también aquí, pues Jesús ha sido el instrumento de propiciación (Rm. 3, 25), y si, además del perdón, gozamos de ese amor del Padre es por haberlo amado a Jesús, como dice también en 14, 23: "Si alguno me ama... mi Padre lo amará".

28. *Retorno al Padre*: allí, hecho causa de eterna salud (Hch. 5, 9) y ofreciendo por nosotros su sacrificio del Calvario (Hch. 7,

24s.; 8, 1 ss.; 9, 11-14), Jesús es el Pontífice (Hb. 5, 10; 6, 20; 7, 28; Sal. 109, 4nota), el puente entre Dios y nosotros (Hb. 13, 10 y 15), el Don del Padre a nosotros (3, 16) y Don de nosotros al Padre. Es la "respiración del alma" que continuamente lo recibe a Él como oxígeno de vida (cf. 15, 1 ss.) y lo devuelve, para gloria de Ambos. al Padre que tiene en Él toda su complacencia (Mt. 17, 5). Todo el Evangelio está aquí, y sus discípulos no tardan en advertirlo (v. 29s.), dejando sus inquietudes del v. 19, si bien creen erróneamente que ya llegó el feliz día del v. 28 (cf. v. 16 y nota). De ahí la rectificación que el divino Profeta les hace en v. 31s.

1 ss. Jesús, que tanto oró al Padre "en los días de su carne" (Hb. 5, 7), pronuncia en alta voz esta oración sublime, para dejarnos penetrar la intimidad de su corazón lleno todo de amor al Padre y a nosotros. Dando a conocer el Nombre de Padre (v. 6 ss.) ha terminado la misión que Él le encomendó (v. 4). Ahora el Cordero quiere ser entregado como víctima "en manos de los hombres" (14, 31 y nota), pero apenas hace de ello una vaga referencia en el v. 19. "Es pues con razón que el P. Lagrange intitula el c. 17: *Oración de Jesús por la unidad*, de preferencia al título de Oración sacerdotal, que ordinariamente se le da siguiendo al luterano Chytraeus Koohhafen + 1600" (Pirot).

2. *Que tu Hijo te glorifique... dando vida eterna*: Meditemos aquí el abismo de bondad en el Padre y en el Hijo, ante tan asombrosa revelación. En este momento culminante de la vida de Jesús, en esta conversación íntima que tiene con su Padre, nos enteramos de que la gloria que el Hijo se dispone a dar al Eterno Padre, y por la cual ha suspirado desde la eternidad, no consiste en ningún vago misterio ajeno a nosotros, sino que todo ese infinito anhelo de ambos está en darnos a nosotros su propia vida eterna.

3. El conocimiento *del Padre y del Hijo* –obra del Espíritu de ambos "que habló por los profetas"– se vuelve vida divina en el alma de los creyentes, los cuales son "partícipes de la naturaleza divina" (2 Pe. 1, 4). Cf. v. 17 y nota; Sb. 15, 3.

5. Es evidente, como dice San Agustín, que si pide lo que desde la eternidad tenía, no lo pide para su Persona divina, que nunca lo

Ruega por los discípulos. [6]"Yo he manifestado tu Nombre a los hombres que me diste (*apartándolos*) del mundo. Eran tuyos, y Tú me los diste, y ellos han conservado tu palabra. [7]Ahora saben que todo lo que Tú me has dado viene de Ti. [8]Porque las palabras que Tú me diste se las he dado a ellos, y ellos las han recibido y han conocido verdaderamente que Yo salí de Ti, y han creído que eres Tu quien me has enviado. [9]Por ellos ruego; no por el mundo, sino por los que Tú me diste, porque son tuyos. [10]Pues todo lo mío es tuyo, y todo lo tuyo es mío, y en ellos he sido glorificado. [11]Yo no estoy ya en el mundo, pero éstos quedan en el mundo mientras que Yo me voy a Ti. Padre Santo, por tu nombre, que Tú me diste, guárdalos para que sean uno como somos nosotros. [12]Mientras Yo estaba con ellos, los guardaba por tu Nombre, que

Tú me diste, y los conservé, y ninguno de ellos se perdió sino el hijo de perdición, para que la Escritura fuese cumplida. [13]Mas ahora voy a Ti, y digo estas cosas estando (*aún*) en el mundo, para que ellos tengan en sí mismos el gozo cumplido que tengo Yo. [14]Yo les he dado tu palabra y el mundo les ha tomado odio, porque ellos ya no son del mundo, así como Yo no soy del mundo. [15]No ruego para que los quites del mundo, sino para que los preserves del Maligno. [16]Ellos no son ya del mundo, así como Yo no soy del mundo. [17]Santifícalos en la verdad: la verdad es tu palabra. [18]Como Tú me enviaste a Mí al mundo, también Yo los he enviado a ellos al mundo. [19]Y por ellos me santifico Yo mismo, para que también ellos "sean santificados, en la verdad".

Ruega por todos los que van a creer en él. [20]"Mas

---

había perdido, sino para su Humanidad santísima, que en lo sucesivo tendrá la misma gloria de Hijo de Dios, que tenía el Verbo (cf. v. 22; Sal. 2, 7 y nota).

6. *Tu nombre*, es decir, "a Ti mismo, lo que Tú eres, y por sobre todo, el hecho de que eres Padre" (Joüon).

7. Hemos visto a través de todo este Evangelio que la preocupación constante de Jesús fue mostrar que sus palabras no eran de Él sino del Padre. Véase 12, 49s.

8. *Ellos las han recibido... y han creído*: Admiremos, en esta conversación entre las Personas divinas, el respeto, que bien puede llamarse humilde, por la libertad de espíritu de cada hombre, no obstante ser Ellos Omnipotentes y tener sobre sus creaturas todos los derechos. Nada más contrario, pues, a las enseñanzas divinas, que el pretender forzar a los hombres a que Crean, o castigar a los que no aceptan la fe. Véase Ct. 3, 5; Ez. 14, 7 y notas.

9 ss. Nueva y terrible sentencia contra el mundo (véase 14, 30; 15, 18; 16, 11 y notas). ¡Nótese el sentido! 1º *Por ellos ruego... porque son tuyos*: pues todo lo tuyo me es infinitamente amable sólo por ser cosa del Padre a quien amo. Es decir, que nosotros, sin saberlo ni merecerlo, disfrutamos de un título irresistible al amor de Jesús, y es: el solo hecho de que somos cosa del Padre y hemos sido encomendados por Él a Jesús a Quien el Padre le encargó que nos salvase (6, 37-40). 2º *En ellos he sido glorificado*, es decir, a causa de ellos (cf. v. 19). La gloria del Hijo consiste como la del Padre (v. 2 y nota), en hacernos el bien a nosotros. Jesús ya nos había dicho en 10, 17, que el amor de su Padre, que es para el Hijo la suma gloria, lo recibe Él por eso: porque pone su vida por nosotros (véase allí la nota). Ante abismos como éste, de una bondad y un amor, y unas promesas que jamás habría podido concebir el más audaz de los ambiciosos, comprendemos que todo el Evangelio y toda la divina Escritura tienen que estar dictados por ese amor, es decir, impregnados de esa bondad hacia nosotros, porque Dios es siempre el mismo. De aquí que para entender la Biblia hay que preguntarse, en cada pasaje, qué nueva prueba de amor y de misericordia quiere manifestarnos allí el Padre, o Jesús.

¿Es éste el espíritu con que la leemos nosotros? El que no entiende, es porque no ama, dice San Juan Crisóstomo; y el que no ama, es porque no se cree amado, dice San. Agustín. También en otro sentido el Hijo ha sido glorificado en nosotros, en cuanto somos su trofeo. Si no pudiera mostrarnos al Padre y al universo como frutos de su conquista, ¿de qué serviría toda su hazaña, toda la epopeya de su vida? Vemos aquí la importancia abismante que se nos atribuye en el seno de la misma Divinidad, en los coloquios del Hijo con el Padre, y si vale la pena pensar en las mentiras del mundo ante una realidad como ésta. Porque si somos del mundo, Él ya no ruega por nosotros, como aquí lo dice. Entonces quedamos excluidos de su Redención, es decir, que nuestra perdición es segura.

11. Véase 18, 36; Mt. 16, 16 ss. y notas.

12. *El hijo de perdición* es Judas. Véase Mc. 14, 21; Sal. 40, 10; 54, 14; Hch. 1, 16. Hijo de perdición se llama también al Anticristo (2 Ts. 2, 3).

15. Es lo que imploramos en la última petición del Padre nuestro (Mt. 6, 13).

17. "Vemos aquí hasta qué punto el conocimiento y amor del Evangelio influye en nuestra vida espiritual. Jesús habría podido decirle que nos santificase en la caridad, que es el supremo mandamiento. Pero Él sabe muy bien que ese amor viene del conocimiento (v. 3). De ahí que en el plan divino se nos envió primero al Verbo, o sea la Palabra, que es la luz; y luego, como fruto de Él, al Espíritu Santo que es el fuego, el amor". Cf. Sal. 42, 3.

19. *Por ellos me santifico*: Vemos aquí una vez más el carácter espontáneo del sacrificio de Jesús. Cf. 14, 31 y nota. En el lenguaje litúrgico del Antiguo Testamento "santificar" es segregar para Dios. En Jesús esta segregación es su muerte, segregación física y total de este mundo (v. 11 y 13); para los discípulos, se trata de un divorcio del mundo (v. 14-16) en orden al apostolado de la verdad que santifica (v. 3 y 17).

no ruego sólo por ellos, sino también por aquellos que, mediante la palabra de ellos, crean en Mí, [21]a fin de que todos sean uno, como Tú, Padre, en Mí y Yo en Ti, a fin de que también ellos sean en nosotros, para que el mundo crea que eres Tú el que me enviaste. [22]Y la gloria que Tú me diste, Yo se la he dado a ellos, para que sean uno como nosotros somos Uno: [23]Yo en ellos y Tú en Mí, a fin de que sean perfectamente uno, y para que el mundo sepa que eres Tú quien me enviaste y los amaste a ellos como me amaste a Mí. [24]Padre, aquellos que Tú me

diste quiero que estén conmigo en donde Yo esté, para que vean la gloria mía, que Tú me diste, porque me amabas antes de la creación del mundo. [25]Padre Justo, si el mundo no te ha conocido, te conozco Yo, y éstos han conocido que eres Tú el que me enviaste, [26]y Yo les hice conocer tu nombre, y se lo haré conocer para que el amor con que me has amado sea en ellos y Yo en ellos".

18 **Jesús es apresado.** [1]Después de hablar así, se fue Jesús acompañado de sus discípulos al otro lado del torrente Cedrón, donde había un huerto, en el cual entró con ellos. [2]Y Judas, el que lo

---

20. La fe viene del poder de la palabra evangélica (Rm. 10, 17), la cual nos mueve a obrar por amor (Ga. 5, 6). La oración omnipotente de Jesús se pone aquí a disposición de los verdaderos predicadores de la palabra revelada, para darles eficacia sobre los que la escuchan.

21. *Para que el mundo crea*: Se nos da aquí otra regla infalible de apologética sobrenatural (cf. 7, 17 y nota), que coincide con el sello de los verdaderos discípulos, señalado por Jesús en 13, 35. En ellos el poder de la palabra divina y el vigor de la fe se manifestarán por la unión de sus corazones (cf. nota anterior), y el mundo creerá entonces, ante el espectáculo de esa *mutua caridad*, que se fundará en la común participación a la vida divina (v. 3 y 22). Véanse los vv. 11, 23 y 26.

22. Esa *gloria* es la divina naturaleza, que el Hijo recibe del Padre y que nos es comunicada a nosotros por el Espíritu Santo mediante el misterio de la adopción como hijos de Dios, que Jesús nos conquistó con sus méritos infinitos. Véase 1, 12s.; Ef. 1, 5 y notas.

23. *Perfectamente uno*: ¡consumarse en la unidad divina con el Padre y el Hijo! No hay panteísmo brahmánico que pueda compararse a esto. Creados a la imagen de Dios, y restaurados luego de nuestra regeneración por la inmolación de su Hijo, somos hechos hijos como Él (v. 22); partícipes de la naturaleza divina (v. 3 y nota); denominados "dioses" por el mismo Jesucristo (10, 34); vivimos de su vida misma, como Él vive del Padre (6, 58), y, como si todo esto no fuera suficiente, Jesús nos da todos sus méritos para que el Padre pueda considerarnos coherederos de su Hijo (Rm. 8, 17) y llevarnos a esta consumación en la Unidad, hechos semejantes a Jesús (1 Jn. 3, 2), aun en el cuerpo cuando Él venga (Flp. 3, 20s.), y compartiendo eternamente la misma gloria que su Humanidad santísima tiene hoy a la diestra del Padre (Ef. 1, 20; 2, 6) y que es igual a la que tuvo siempre como Hijo Unigénito de Dios (v. 5).

24. *Que estén conmigo*: Literalmente: *que sean conmigo*. Es el complemento de lo que vimos en 14, 2 ss. y nota. Este Hermano mayor no concibe que Él pueda tener, ni aún ser, algo que no tengamos o seamos nosotros. Es que en eso mismo ha hecho consistir su gloria el propio Padre (v. 2 y nota). De ahí que las palabras: *Para que vean la gloria mía* quieren decir: para que la compartan, esto es, la tengan igual que Yo. San Juan usa aquí el verbo *theoreo*, como en 8, 51, donde *ver* significa gustar,

experimentar, tener. En efecto, Jesús acaba de decirnos (v. 22) que Él *nos ha dado* esa gloria que el Padre le dio para que lleguemos a ser uno con Él y su Padre, y que Éste nos ama lo mismo que a Él (v. 23). Aquí, pues, no se trata de pura contemplación sino de participación de la misma gloria de Cristo, cuyo Cuerpo somos. Esto está dicho por el mismo San Juan en 1 Jn. 3, 2; por San Pablo, respecto de nuestro cuerpo (Flp. 3, 21), y por San Pedro aun con referencia a la vida presente, donde ya somos "copartícipes de la naturaleza divina" (2 Pe. 1, 4; cf. 1 Jn. 3, 3). Esta divinización del hombre es consecuencia de que, gracias al renacimiento que nos da Cristo (cf. 3, 2 ss.), Él nos hace "nacer de Dios" (1, 13) como hijos verdaderos del Padre lo mismo que Él (1 Jn. 3, 1). Por eso Él llama a Dios "mi Padre y vuestro Padre", y a nosotros nos llama "hermanos" (20, 17). Este v. vendría a ser, así, como el remate sumo de la Revelación, la cúspide insuperable de las promesas bíblicas, la igualdad de nuestro destino con el del propio Cristo (cf. 12, 26; 14, 2; Ef. 1, 5; 1 Ts. 4, 17; Ap. 14, 4), Nótese que este amor del Padre al Hijo *antes de la creación del mundo* existió también para nosotros desde entonces, como lo enseña San Pablo al revelar el gran "Misterio" escondido desde todos los siglos. Véase Ef. 1, 4; 3, 9 y notas.

25. Notemos el tono dulcísimo con que habla aquí a su Padre como un hijo pequeño y fiel que quisiera consolarlo de la ingratitud de los demás.

26. Aquí vemos compendiada la *misión de Cristo*: dar a conocer a los hombres el amor del Padre que los quiere por hijos, a fin de que, por la fe en este amor y en el mensaje que Jesús trajo a la tierra, puedan poseer el Espíritu de adopción, que habitará en ellos con el Padre y el Hijo. La caridad más grande del Corazón de Cristo ha sido sin duda alguna este deseo de que su Padre nos amase tanto como a Él (v. 24). Lo natural en el hombre es la envidia y el deseo de conservar sus privilegios. Y más aún en materia de amor, en que queremos ser los únicos. Jesús, al contrario de nosotros, se empeña en dilapidar el tesoro de la divinidad que trae a manos llenas (v. 22) y nos invita a vivir de Él esa plenitud de vida divina (1, 16; 15, 1 ss.) como Él la vive del Padre (6, 58). Todo está en creer que Él no nos engaña con tanta grandeza (cf. 6, 29).

1. El huerto se llamaba *Getsemaní*. Ya en el siglo IV se veneraba allí la memoria de la agonía del Señor, en una iglesia cuyos cimientos se han descubierto recientemente. David, como

entregaba, conocía bien este lugar, porque Jesús y sus discípulos se habían reunida allí frecuentemente. ³Judas, pues, tomando a la guardia y a los satélites de los sumos sacerdotes y de los fariseos, llegó allí con linternas y antorchas, y con armas. ⁴Entonces Jesús, sabiendo todo lo que le había de acontecer, se adelantó y les dijo: "¿A quién buscáis?" ⁵Le respondieron: "A Jesús el Nazareno". Les dijo: "Soy Yo". Judas, que lo entregaba, estaba allí con ellos. ⁶No bien les hubo dicho: "Yo soy", retrocedieron y cayeron en tierra. ⁷De nuevo les preguntó: "¿A quién buscáis?" Dijeron: "A Jesús de Nazaret". ⁸Respondió Jesús: "Os he dicho que soy Yo. Por tanto si me buscáis a Mí, dejad ir a éstos"; ⁹para que se cumpliese la palabra, que Él había dicho: "De los que me diste, no perdí ninguno". ¹⁰Entonces Simón Pedro, que tenía una espada, la desenvainó e hirió a un siervo del Sumo Sacerdote, cortándole la oreja derecha. El nombre del siervo era Malco. ¹¹Mas Jesús dijo a Pedro: "Vuelve la espada a la vaina; ¿no he de beber el cáliz que me ha dado el Padre?"

Jesús ante Anás y Caifás. Negación de Pedro. ¹²Entonces la guardia, el tribuno y los satélites de los judíos prendieron a Jesús y lo ataron. ¹³Y lo condujeron primero a Anás, porque éste era el suegro de Caifás, el cual era Sumo Sacerdote en aquel año. [²⁴Pero Anás lo envió atado a Caifás, el Sumo Sacerdote]. ¹⁴Caifás era aquel que había dado a los judíos el consejo: "Conviene que un solo hombre muera por el pueblo".

¹⁵Entretanto Simón Pedro seguía a Jesús como también otro discípulo. Este discípulo, por ser conocido del Sumo Sacerdote, entró con Jesús en el palacio del Pontífice; ¹⁶más Pedro permanecía fuera, junto a la puerta Salió, pues, aquel otro discípulo, conocido del Sumo Sacerdote, habló a la portera, y trajo adentro a Pedro. ¹⁷Entonces, la criada portera dijo a Pedro: "¿No eres tú también de los discípulos de ese hombre?" Él respondió: "No soy". ¹⁸Estaban allí de pie, calentándose, los criados y los satélites, que habían encendido un fuego, porque hacía frío. Pedro estaba también en pie con ellos y se calentaba.

¹⁹El Sumo Sacerdote interrogó a Jesús sobre sus discípulos y sobre su enseñanza. ²⁰Jesús le respondió: "Yo he hablado al mundo públicamente; enseñé en las sinagogas y en el Templo, adonde concurren todos los judíos, y nada he hablado a escondidas. ²¹¿Por qué me interrogas a Mí? Pregunta a los que han oído, qué les he enseñado; ellos saben lo que Yo he dicho". ²²A estas palabras, uno de los satélites, que se encontraba junto a Jesús, le dio una bofetada, diciendo: ¿Así respondes Tú al Sumo Sacerdote?" ²³Jesús le respondió: "Si he hablado mal, prueba en qué está el mal; pero si he hablado bien ¿por qué me golpeas?" ²⁴[*Va después del 13*].

²⁵Entretanto Simón Pedro seguía allí calentándose, y le dijeron: "No eres tú también de sus discípulos?" Él lo negó y dijo: "No lo soy". ²⁶Uno de los siervos del Sumo Sacerdote, pariente

figura de Cristo, atravesó también este torrente huyendo de su propio hijo. 2Sam. 13, 23.

8. *Dejad ir a éstos*: Lo primero que el corazón sugiere a Jesús, en momento tan terrible para Él, es salvar a sus *discípulos*. Y se cuida de llamarlos tales para no exponerlos al peligro que cae sobre Él.

9. La cita que aquí se hace (de 17, 12) no se refiere a que Él les salvase la vida corporal sino la espiritual. Es que sin duda ésta depende aquí de aquélla, pues si los discípulos, que lo abandonaron todos en ese momento de su prisión, hubiesen sido presos con Él, habrían tal vez caído en la apostasía (recuérdense las negaciones de Pedro). Sólo cuando el Espíritu Santo los confirmó en la fe, dieron todos la vida por su Maestro.

13s. Le condujeron primeramente a *Anás*, porque éste, a pesar de no ejercer ya las funciones de Sumo Sacerdote, gozaba de gran influencia. *Caifás*, el pontífice titular, lo dispuso probablemente así, esperando sin duda que su suegro fuese bastante astuto para hallar culpa en el Cordero inocente.

14. Véase v. 24 y nota.

15. Ese *otro discípulo* es Juan, el evangelista, que tiene la costumbre de ocultar su nombre (1, 39 y 13, 23).

20. Nótese que nada responde sobre los discípulos y desvía la atención del Pontífice para no comprometerlos. ¡Y entretanto, Pedro estaba negándolo ante los criados!

21. *Ellos saben*: En este y muchos otros pasajes vemos que en la doctrina de Cristo no hay nada *esotérico*, ni secretos exclusivos para los iniciados, como en los misterios de Grecia. Por el contrario, sabemos que el Padre revela a los pequeños lo que oculta a los sabios y prudentes (Lc. 10, 21).

23. El ejemplo de Jesús muestra cómo ha de entenderse la norma pronunciada por Él en el Sermón de la Montaña (Mt. 5, 39).

24. Como hacen notar algunos comentaristas, éste v. debe ir inmediatamente después del v. 13, con lo cual se ve claro que el envío de Anás a Caifás fue sin demora, de modo que todo el proceso desde el v. 14 se desenvuelve ante Caifás.

de aquel a quien Pedro había cortado la oreja, le dijo: "¿No te vi yo en el huerto con Él?" [27]Pedro lo negó otra vez, y en seguida cantó un gallo.

Jesús ante Pilato. [28]Entonces condujeron a Jesús, de casa de Caifás, al pretorio: era de madrugada. Pero ellos no entraron en el pretorio, para no contaminarse, y poder comer la Pascua. [29]Vino, pues, Pilato a ellos, afuera, y les dijo: "¿Qué acusación traéis contra este hombre?" [30]Le respondieron y dijeron: "Si no fuera un malhechor, no te lo habríamos entregado". [31]Les dijo Pilato: "Entonces tomadlo y juzgadlo según vuestra Ley". Los judíos le respondieron: "A nosotros no nos está permitido dar muerte a nadie"; [32]para que se cumpliese la palabra por la cual Jesús significó de qué muerte había de morir.

[33]Pilato entró, pues, de nuevo en el pretorio, llamó a Jesús y le preguntó: "¿Eres Tú el Rey de los judíos?" [34]Jesús respondió: "¿Lo dices tú por ti mismo, o te lo han dicho otros de Mí?" [35]Pilato repuso: "¿Acaso soy judío yo? Es tu nación y los pontífices quienes te han entregado a Mí. ¿Qué has hecho?" [36]Replicó Jesús: "Mi reino no es de este mundo. Si mi reino fuera de este mundo, mis servidores combatirían a fin de que Yo no fuese entregado a los judíos. Mas ahora mi reino no es de aquí". [37]Le dijo, pues, Pilato: "¿Conque Tú eres rey?" Contesto Jesús: "Tú lo dices: Yo soy rey. Yo para esto nací y para esto vine al mundo, a fin de dar testimonio a la verdad. Todo el que es de la verdad, escucha mi voz". [38]Pilato le dijo: "¿Qué cosa es verdad?".

Jesús y Barrabás. Apenas dicho esto, salió otra vez afuera y les dijo a los judíos: "Yo no encuentro ningún cargo contra él. [39]Pero tenéis costumbre de que para Pascua os liberte a alguien. ¿Queréis, pues, que os deje libre al rey de los judíos?" [40]Y ellos gritaron de nuevo: "No a él, sino a Barrabás". Barrabás era un ladrón.

19 Jesús azotado y coronado de espinas.

[1]Entonces, pues, Pilato tomó a Jesús y lo hizo azotar. [2]Luego los soldados trenzaron una corona de espinas, que le pusieron sobre la cabeza, y lo vistieron con un manto de púrpura. [3]Y acercándose a Él, decían: "¡Salve, rey de los judíos!" y le daban bofetadas.

Jesús presentado al pueblo. [4]Pilato salió otra vez afuera, y les dijo: "Os lo traigo fuera, para que sepáis que yo no encuentro contra Él ningún cargo". [5]Entonces Jesús salió fuera, con la corona de espinas y el manto de púrpura, y (*Pilato*) les dijo: "¡He aquí al hombre!" [6]Los sumos sacerdotes y los satélites, desde que lo vieron, se pusieron a gritar: "¡Crucifícalo, crucifícalo!" Pilato les dijo: "Tomadlo vosotros, y crucificadlo; porque yo no encuentro en Él ningún delito". [7]Los judíos le respondieron: "Nosotros tenemos una Ley, y según esta Ley, debe morir, porque se ha hecho Hijo de

---

28. Los fariseos, que colaban mosquitos y tragaban camellos (Mt. 23, 24), creían contaminarse entrando en casas paganas, pero la muerte de un inocente no parece mancharlos. *Y poder comer la Pascua*: es decir que no la habían comido aún. Jesús se anticipó a comerla el jueves, pues sabía que el viernes ya no le sería posible. Cf. Lc. 22, 8 y nota.

32. Notable observación del evangelista, para llamarnos la atención sobre el hecho de que Jesús no sufrió el suplicio usual entre judíos, sino el de crucifixión, que era el usado en Roma para los criminales y que en efecto le fue aplicado y ejecutado por la autoridad romana que ejercía Pilato. El Señor mismo había profetizado que tal sería la forma de su muerte, y para que ello sería entregado a los gentiles (Mt. 20, 19). De ahí que, como anota San Lucas (18, 34), los Doce no entendieron "ninguna de estas cosas". Y, como para mayor contraste, San Mateo agrega inmediatamente (Mt. 20, 20) que fue entonces cuando la madre de Santiago y Juan pidió para ellos al Señor un privilegio en su reino, como si éste fuese a comenzar en seguida (Lc. 19, 11). Jesús les contesta que no saben lo que piden (Mt. 20, 22), pues ellos ignoraban que el grano de trigo debía de morir para dar su fruto (12, 24). Cf. Hch. 1, 6s.

36. Nunca definió Jesús con mayor claridad el carácter no *político* de su reino, que no es mundano ni dispone de soldados y armas.

37. *De la verdad*: esto es, de la fidelidad de las profecías que lo anunciaban como tal (Lc. 1, 32; Eclo. 36, 18).

38. *¿Qué cosa es verdad?* Pilato es el tipo de muchos racionalistas que formulan una pregunta parecida y luego se van sin escuchar la respuesta de la Verdad misma, que es Jesucristo. Acertadamente dice San Agustín: "Si no se desean, con toda la energía del alma, el conocimiento y la verdad, no pueden ser hallados. Pero si se buscan dignamente, no se esconden a sus amantes". Cf. Sb. 6, 17 ss. San Pablo, en Rm. 15, 8, nos refiere la respuesta que Jesús habría dado a esa pregunta.

1. Cruel *inconsecuencia*. Sabiendo y proclamando que Jesús es libre de culpa (v. 4), lo somete sin embargo, por librarlo de la muerte, a un nuevo y atroz tormento que no había pedido la Sinagoga... ¡y luego lo condena! (v. 16).

6. Por tercera vez da el juez testimonio de la *inocencia* de Cristo y proclama él mismo la injusticia de su proceder al autorizar la crucifixión de la divina Víctima.

Dios". [8]Ante estas palabras, aumentó el temor de Pilato. [9]Volvió a entrar al pretorio, y preguntó a Jesús: "¿De dónde eres Tú?" Jesús no le dio respuesta. [10]Le dijo, pues, Pilato: "¿A mí no me hablas? ¿No sabes que tengo el poder de librarte y el poder de crucificarte?" [11]Jesús le respondió: "No tendrías sobre Mí ningún poder, si no te hubiera sido dado de lo alto; por esto quien me entregó a ti, tiene mayor pecado".

La condenación. [12]Desde entonces Pilato buscaba cómo dejarlo libre; pero los judíos se pusieron a gritar diciendo: "Si sueltas a éste, no eres amigo del César: todo el que se pretende rey, se opone al César". [13]Pilato, al oír estas palabras, hizo salir a Jesús afuera; después se sentó en el tribunal en el lugar llamado Litóstrotos, en hebreo Gábbatha. [14]Era la preparación de la Pascua, alrededor de la hora sexta. Y dijo a los judíos: "He aquí a vuestro Rey". [15]Pero ellos se pusieron a gritar: "¡Muera! ¡Muera! ¡Crucifícalo!" Pilato les dijo: "¿A vuestro rey he de crucificar?" Respondieron los sumos sacerdotes: "¡Nosotros no tenemos otro rey que el César!"

La crucifixión. [16]Entonces se lo entregó para que fuese crucificado. Tomaron, pues, a Jesús; [17]y Él, llevándose su cruz, salió para el lugar llamado "El cráneo", en hebreo Gólgota, [18]donde lo crucificaron, y con Él a otros dos, uno de cada lado,

quedando Jesús en el medio. [19]Escribió también Pilato un título que puso sobre la cruz. Estaba escrito: "Jesús Nazareno, el rey de los judíos". [20]Este título fue leído por muchos judíos, porque el lugar donde Jesús fue crucificado se encontraba próximo a la ciudad; y estaba redactado en hebreo, en latín y en griego. [21]Mas los sumos sacerdotes de los judíos dijeron a Pilato: "No escribas "el rey de los judíos", sino escribe que Él ha dicho: "Soy el rey de los judíos". [22]Respondió Pilato: "Lo que escribí, escribí".

[23]Cuando los soldados hubieron crucificado a Jesús, tomaron sus vestidos, de los que hicieron cuatro partes, una para cada uno, y también la túnica. Esta túnica era sin costura, tejida de una sola pieza desde arriba. [24]Se dijeron, pues, unos a otros: "No la rasguemos, sino echemos suertes sobre ella para saber de quién será"; a fin de que se cumpliese la Escritura: "Se repartieron mis vestidos, y sobre mi túnica echaron suertes". Y los soldados hicieron esto.

María Santísima al pie de la cruz. [25]Junto a la cruz de Jesús estaba de pie su madre, y también la hermana de su madre, María, mujer de Cleofás, y María Magdalena. [26]Jesús, viendo a su madre y, junto a ella, al discípulo que amaba, dijo a su madre: "Mujer, he ahí a tu hijo". [27]Después dijo al discípulo: "He ahí a tu madre". Y desde este

---

8. Como pagano no conoció Pilato lo que decían, y por eso se llenó más de *temor*. Puede ser que temiera la ira de *algún dios*, o, más probablemente, que tuviera miedo de caer en desgracia ante el emperador. Los judíos advirtiendo su vacilación insisten cada vez más en el aspecto político (vv. 12 y 15) hasta que cede el juez cobarde por salvar su puesto, quedando su nombre como un adjetivo infamante para los que a través de los siglos obrarán como él. Sobre jueces prevaricadores cf. Salmos 57 y 81 y notas.

11. O sea: la *culpa de Caifás*, Sumo Sacerdote del verdadero Dios, se agrava aún más por el hecho de que, no pudiendo ordenar por sí mismo la muerte de Jesús, quiere hacer que la autoridad civil, que él sabe emanada de Dios, sirva para dar muerte al propio Hijo de Dios.

15. Cf. Lc. 19, 14 y nota. Es impresionante ver, a través de la historia de Israel, que este rechazo de Cristo Rey parecía ya como anunciado por las palabras de Dios a Samuel en 1 Sam. 8, 7, cuando el pueblo pidió un soberano como el de los gentiles.

17. *El Cráneo*: eso quiere decir *el Calvario*: lugar de la calavera. Según la leyenda judía, es el lugar donde fue enterrado Adán. Estaba fuera de la ciudad; sólo más tarde el sitio fue incorporado a la circunvalación. Hoy forma parte de la Iglesia del Santo Sepulcro.

24. Véase Sal. 21, 19.

25. *Estaba de pie*: Lo primero que ha de imitarse en Ella es esa fe que Isabel le había señalado como su gran bienaventuranza (Lc. 1, 45). La fe de María no vacila, aunque humanamente todo lo divino parece fallar aquí, pues la profecía del ángel le había prometido para su Hijo el trono de David (Lc. l, 32), y la de Simeón (Lc. 2, 32), que Él había de ser no solamente "luz para ser revelada a las naciones" sino también "la gloria de su pueblo de Israel" que de tal manera lo rechazaba y lo entregaba la muerte por medio del poder romano. "El justa de fe" (Rm. 1, 17) y María guardó las palabras meditándolas en su corazón (Lc. 2, 19 y 51; 11, 28) y creyó contra toda apariencia (Rm. 4, 18), así como Abraham, el padre de los que creen, no dudó de la promesa de una numerosísima descendencia, ni aun cuando Dios le mandaba matar al único hijo de su vejez que debía darle esa descendencia. (Gn. 21, 12; 22, 1; Eclo. 44, 21; Hb. 11, 17-19).

26. *Dijo a su madre: Mujer*: Nunca, ni en Caná (2, 4), ni en este momento en que "una espada atraviesa el alma" de María (Lc. 2, 35), ninguna vez le da el mismo Jesús este dulce nombre de Madre. En Mt. 12, 46-50; Lc. 2, 48-50; 8, 19-21; 11, 28–los pocos pasajes en que Él se ocupa de Ella– confirmamos su empeño por excluir de nuestra vida espiritual todo sentimentalismo, y acentuar en cambio el sello de humildad y retiro que caracteriza a "la Esclava del

momento el discípulo la recibió consigo.

Muerte de Jesús. [28]Después de esto, Jesús, sabiendo que todo estaba acabado, para que tuviese cumplimiento la Escritura, dijo: "Tengo sed". [29]Había allí un vaso lleno de vinagre. Empaparon pues, en vinagre una esponja, que ataron a un hisopo, y la aproximaron a su boca. [30]Cuando hubo tomado el vinagre, dijo: "Está cumplido", e inclinando la cabeza, entregó el espíritu.

La lanzada en el Sagrado Corazón. [31]Como era la Preparación a la Pascua, para que los cuerpos no quedasen en la cruz durante el sábado –porque era un día grande el de aquel sábado– los judíos pidieron a Pilato que se les quebrase las piernas, y los retirasen. [32]Vinieron, pues, los soldados y quebraron las piernas del primero, y luego del otro que había sido crucificado con Él. [33]Mas llegando a Jesús y viendo que ya estaba muerto, no le quebraron las piernas; [34]pero uno de los soldados le abrió el costado con la lanza, y al instante salió sangre y agua.

[35]Y el que vio, ha dado testimonio –y su testimonio es verdadero, y él sabe que dice verdad– a fin de que vosotros también creáis. [36]Porque esto sucedió para que se cumpliese la Escritura: "Ningún hueso le quebrantaréis". [37]Y también otra Escritura dice: "Volverán los ojos hacia Aquel a quien traspasaron".

Sepultura de Jesús. [38]Después de esto, José de Arimatea, que era discípulo de Jesús, pero ocultamente, por miedo a los judíos, pidió a Pilato llevarse el cuerpo de Jesús, y Pilato se lo permitió. Vino, pues, y se llevó el cuerpo. [39]Vino también Nicodemo, el que antes había ido a encontrarlo de noche; éste trajo una mixtura de mirra y áloe, como cien libras. [40]pues, el cuerpo de Jesús y lo envolvieron en fajas con las especies aromáticas, según la manera de sepultar de los judíos. [41]En el

---

Señor" (Lc. 1, 38) no obstante que Él, durante toda su infancia, estuvo "sometido" a Ella y a José (Lc. 2, 51). En cuanto a la maternidad espiritual de María, que se ha deducido de este pasaje, San Pío X la hace derivar desde la Encarnación del Verbo (Encíclica ad diem illum), extendiéndola de Cristo a todo su Cuerpo místico. Cf. Ga. 4, 26.

27. En el grande y misterioso silencio que la Escritura guarda acerca de María, nada nos dice después de esto, sino que, fiel a las instrucciones de Jesús (Lc. 24, 49), Ella perseveraba en oración en el Cenáculo con los apóstoles, después de la Ascensión (Hch. 1, 13s.), y sin duda también en Pentecostés (Hch. 2, 1). ¡Ni siquiera una palabra sobre su encuentro con Jesús cuando Él resucitó! Con todo, es firme la creencia en la Asunción de María, o sea su subida al Cielo en alma y cuerpo, suponiéndose que, al resucitar éste, su sepulcro quedó vacío, si bien no hay certeza histórica con respecto al sepulcro; y claro está que bien pudo Dios haberla eximido de la muerte, como muchos creyeron también de aquel discípulo amado que estaba con Ella (Jn. 21, 22 ss. y nota); pues siendo, desde su concepción. inmaculada (en previsión de los méritos de Cristo) María quedó libre del pecado, sin el cual la muerte no habría entrado en el mundo (Rm. 5, 12; Sb. 1, 16; 2, 24; 3, 2 y notas). Sin embargo murió, a semejanza de su Hijo.

28. Todas las *profecías* sobre la pasión quedaban cumplidas, especialmente los Salmos 21 y 68e Isaías cap. 53, incluso el reparto y sorteo de las vestiduras por los soldados, que Jesús presenció, vivo aún, desde la Cruz.

30. *Está cumplido* el plan de Dios para redimir al hombre. Si nos tomamos el trabajo de reflexionar que Dios no obra inútilmente, nos preguntaremos qué es lo que pudo moverlo a entregar su Hijo, que lo es todo para Él, siendo que le habría bastado decir una palabra para el perdón de los hombres, según Él mismo lo dijo cuándo declaró la libertad de compadecerse de quien quisiera, y de hacer misericordia a aquel de quien se hubiera

compadecido (Ex 33, 19; Rm. 9, 15), puesto que para Él "todo es posible" (Mc. 10, 27). Y si, de esa contribución infinita del Padre para nuestra redención, pasamos a la del Hijo, vemos también que, pudiendo salvar, como dice Santo Tomás, uno y mil mundos, con una sola gota de su Sangre, Jesús prefirió darnos su vida entera de santidad, su Pasión y muerte, de insuperable amargura, y quiso con la lanzada ser dador hasta de las gotas de Sangre que le quedaban después de muerto. Ante semejantes actitudes del Padre y del Hijo, no podemos dejar de preguntarnos el porqué de un dispendio tan excesivo. Entonces vemos que el móvil fue el amor; vemos también que lo que quieren con ese empeño por ostentar la superabundancia del don, es que sepamos, creamos y comprendamos, ante pruebas tan absolutas, la inmensidad sin límites de ese amor que nos tienen. Ahora sabemos, en cuanto al Padre, que *"Dios amó tanto al mundo, que dio su Hijo unigénito"* (3, 16); y en cuanto al Hijo, que *"nadie puede tener amor más grande que el dar la vida"* (15, 13). En definitiva, el empeño de Dios es el de todo amante: que se conozca la magnitud de su amor, y, al ver las pruebas indudables, se crea que ese amor es verdad, aunque parezca imposible. De ahí que si Dios entregó a su Hijo como prueba de su amor, el fruto sólo será para los que así lo crean (3, 16in fine). El que así descubre el más íntimo secreto del Corazón de un Dios amante, ha tocado el fondo mismo de la sabiduría, y su espíritu queda para siempre fijado en el amor (cf. Ef. 1, 17).

35. *El que lo vio*: Jn. (21, 24; 1 Jn. 1, 1-3).

36. Véase Ex. 12, 46; Nm. 9, 12; Sal. 33, 21.

37. Refiérese a una profecía que anuncia la conversión final de Israel y que dice: "Y derramaré sobre la casa de David y sobre los habitantes de Jerusalén el espíritu de gracia y de oración, y pondrán sus ojos en Mí a quien traspasaron, y llorarán al que hirieron como se llora a un hijo único, y harán duelo per Él como se hace por un primogénito" (Za. 12, 10). Cf. Ap. 1, 7.

lugar donde lo crucificaron había un jardín, y en el jardín un sepulcro nuevo, donde todavía nadie había sido puesto. [42]Allí fue donde, por causa de la Preparación de los judíos, y por hallarse próximo este sepulcro, pusieron a Jesús.

20 Aparición a Magdalena y a los apóstoles.

[1]El primer día de la semana, de madrugada, siendo todavía oscuro, María Magdalena llegó al sepulcro; y vio quitada la losa sepulcral. [2]Corrió, entonces, a encontrar a Simón Pedro, y al otro discípulo a quien Jesús amaba, y les dijo: "Se han llevado del sepulcro al Señor, y no sabemos dónde lo han puesto". [3]Salió, pues, Pedro y también el otro discípulo, y se fueron al sepulcro. [4]Corrían ambos, pero el otro discípulo corrió más a prisa que Pedro y llegó primero al sepulcro. [5]E, inclinándose, vio las fajas puestas allí, pero no entró. [6]Llegó luego Simón Pedro, que le seguía, entró en el sepulcro y vio las fajas puestas allí, [7]y el sudario, que había estado sobre su cabeza, puesto no con las fajas, sino en lugar aparte, enrollado. [8]Entonces, entró también el otro discípulo, que había llegado primero al sepulcro, y vio, y creyó. [9]Porque todavía no habían entendido la Escritura, de cómo Él debía resucitar de entre los muertos. [10]Y los discípulos se volvieron a casa.

[11]Pero María se había quedado afuera, junto al sepulcro, y lloraba. Mientras lloraba, se inclinó al sepulcro, [12]y vio dos ángeles vestidos de blanco, sentados el uno a la cabecera, y el otro a los pies, donde había sido puesto el cuerpo de Jesús. [13]Ellos le dijeron: "Mujer, ¿por qué lloras?" Les dijo: "Porque han quitado a mi Señor, y yo no sé dónde lo han puesto". [14]Dicho esto se volvió y vio a Jesús que estaba allí, pero no sabía que era Jesús. [15]Jesús le dijo: "Mujer, ¿por qué lloras? ¿A quién buscas" Ella, pensando que era el jardinero, le dijo: "Señor, si tú lo has llevado, dime dónde lo has puesto, y yo me lo llevaré". [16]Jesús le dijo: "Mariam". Ella, volviéndose, dijo en hebreo: "Rabbuní", es decir: "Maestro". [17]Jesús le dijo: "No me toques más, porque no he subido todavía al Padre; pero ve a encontrar a mis hermanos, y diles: voy a subir a mi Padre y vuestro Padre, a mi Dios y vuestro Dios". [18]María Magdalena fue, pues, a anunciar a los discípulos: "He visto al Señor", y lo que Él le había dicho.

[19]A la tarde de ese mismo día, el primero de la semana, y estando, por miedo a los judíos, cerradas las puertas (de) donde se encontraban los discípulos, vino Jesús y, de pie en medio de ellos, les dijo: ¡Paz a vosotros!" [20]Diciendo esto, les mostró sus manos y su costado; y los discípulos se llenaron de gozo, viendo al Señor. [21]De nuevo les dijo: ¡Paz a vosotros! Como mi Padre me envió, así Yo os envío". [22]Y dicho esto, sopló sobre ellos, y les dijo: "Recibid el Espíritu Santo: [23]a quienes perdonareis los pecados, les quedan perdonados; y a quienes se los retuviereis, quedan retenidos".

Incredulidad de Tomás. [24]Ahora bien Tomás, llamado Dídimo, uno de los Doce, no estaba con ellos cuando vino Jesús. [25]Por tanto le dijeron los otros: "Hemos visto al Señor". Él les dijo: "Si yo no veo en sus manos las marcas de los clavos, y no meto mi dedo en el lugar de los clavos, y no pongo

---

1 ss. Véase Mt. 28, 1-10; Mc. 16, 1-8; Lc. 24, 1-11. *El primer día de la semana*: el domingo de la Resurrección, que desde entonces sustituyó para los cristianos al sábados día santo del Antiguo Testamento (cf. Col. 2, 16s.; 1Co. 16, 2; Hch. 20, 7). Sobre el nombre de este día cf. Sal. 117, 24; Ap. 1, 9 y notas.

7. Es de notar la reverencia especial para con la sagrada Cabeza de Jesús que demuestran los ángeles. No quiso Dios que el sudario que envolvió la Cabeza de su Hijo muy amado quedase confundido con las demás vendas.

16. *María Magdalena*, la ferviente discípula del Señor, es la primera persona a la que se aparece el Resucitado. Así recompensa Jesús el amor fiel de la mujer penitente (Lc. 7, 37 ss.), cuyo corazón, ante esa sola palabra del Señor, se inunda de gozo indescriptible. Véase 12, 3 y notas.

22s. *Recibid*: Este verbo en presente ¿sería una excepción a los reiterados anuncios de que el Espíritu sólo descendería cuando Jesús se fuese? (16, 7 y nota). Pirot expresa que "Jesús sopla sobre ellos para significar el don que está a punto de hacerles". El caso es igual al de Lucas 24, 49, donde el Señor usa también el presente "yo envío" para indicar un futuro próximo, o sea el día de Pentecostés. Por lo demás esta facultad de perdonar o retener los pecados (cf. Concilio Tridentino 14, 3; Denz. 913) se contiene ya en las palabras de Mateo 18, 15-20, pronunciadas por Jesús antes de su muerte. Cf. Mt. 16, 19. La institución del Sacramento de la *Penitencia* expresada tan claramente en estos versículos, obliga a los fieles a manifestar o confesar sus pecados en particular; de otro modo no sería posible el "perdonar" o "retener" los pecados. Cf. Mt. 18, 18; Conc. Trid. Ses. 1; cap. V. 6, can. 2-9.

mi mano en su costado, de ninguna manera creeré".
²⁶Ocho días después, estaban nuevamente adentro sus discípulos, y Tomás con ellos. Vino Jesús, cerradas las puertas, y, de pie en medio de ellos, dijo: "¡Paz a vosotros!" ²⁷Luego dijo a Tomás: "Trae acá tu dedo, mira mis manos, alarga tu mano y métela en mi costado, y no seas incrédulo, sino creyente". ²⁸Tomás respondió y le dijo: "¡Señor mío y Dios mío!" ²⁹Jesús le dijo: "Porque me has visto, has creído; dichosos los que han creído sin haber visto". ³⁰Otros muchos milagros obró Jesús, a la vista de sus discípulos, que no se encuentran escritos en este libro. ³¹Pero éstos han sido escritos para que creáis que Jesús es el Cristo, el Hijo de Dios, y, creyendo, tengáis vida en su nombre.

21 Aparición junto al mar de Tiberíades.

¹Después de esto, Jesús se manifestó otra vez a los discípulos a la orilla del mar de Tiberíades. He aquí cómo: ²Simón Pedro, Tomás, llamado Dídimo; Natanael, el de Caná de Galilea; los hijos de Zebedeo, y otros dos discípulos, se encontraban juntos. ³Simón Pedro les dijo: "Yo me voy a pescar". Le dijeron: "Vamos nosotros también contigo". Partieron, pues, y subieron a la barca, pero aquella noche no pescaron nada. ⁴Cuando ya venía la mañana, Jesús estaba sobre la ribera, pero los discípulos no sabían que era Jesús. ⁵Jesús les dijo: "Muchachos, ¿tenéis algo para comer?" Le respondieron: "No". ⁶Les dijo entonces: "Echad la red al lado derecho de la barca, y encontraréis". La echaron, y ya no podían arrastrarla por la multitud de los peces. ⁷Entonces el discípulo, a quien Jesús amaba, dijo a Pedro: "¡Es el Señor!" Oyendo que era el Señor, Simón Pedro se ciñó la túnica –porque

---

25. La defección de *Tomás* recuerda las negaciones de Pedro después de sus presuntuosas promesas. Véase 11, 16, donde Dídimo (Tomás) hace alarde de invitar a sus compañeros a morir por ese Maestro a quien ahora niega el único homenaje que Él le pedía, el de la fe en su resurrección, tan claramente preanunciada por el mismo Señor y atestiguada ahora por los apóstoles.

29. El único reproche que Jesús dirige a los suyos, no obstante la ingratitud con que lo habían abandonado todos en su Pasión (Mt. 26, 56 y nota), es el de esa *incredulidad* altamente dolorosa para quien tantas pruebas les tenía dadas de su fidelidad y de su santidad divina, incapaz de todo engaño. Aspiremos a la bienaventuranza que aquí proclama Él en favor de los pocos que se hacen como niños, crédulos A las palabras de Dios más que a las de los hombres. Esta bienaventuranza del que cree a Dios sin exigirle pruebas, es sin duda la mayor de todas, porque es la de María Inmaculada: "Bienaventurada la que creyó" (Lc. 1, 45.). Y bien se explica que sea la mayor de las bienaventuranzas, porque no hay mayor prueba de estimación hacia una persona, que el darle crédito por su sola palabra. Y tratándose de Dios, es éste el mayor honor que en nuestra impotencia podemos tributarle. Todas las bendiciones prometidas a Abraham le vinieron de haber creído (Rm. 4, 18), y el "pecado" por antonomasia que el Espíritu Santo imputa al mundo, es el de no haberle creído a Jesús (Jn. 16, 9). Esto nos explica también por qué la Virgen María vivía de fe, mediante las Palabras de Dios que continuamente meditaba en su corazón (Lc. 2, 19 y 51; 11, 28). Véase la culminación de su fe al pie de la Cruz (19, 25 ss. y notas). Es muy de notar que Jesús no se fiaba de los que creían solamente a los milagros (véase 2, 23s.), porque la fe verdadera es, como dijimos, la que da crédito a Su palabra. A veces ansiamos quizá ver milagros, y los consideramos como un privilegio de santidad. Jesús nos muestra aquí que es mucho más dichoso y grande el creer sin haber visto.

31. *Escritos para que creáis*: San Lucas confirma esta importancia que tiene la Sagrada Escritura como base, fuente y confirmación de la fe. En el prólogo de su Evangelio dice al lector que lo ha escrito "a fin de que conozcas la certeza de lo que se te ha enseñado". Véase en Hch. 17, 11cómo los fieles de Berea confirmaban su fe con las Escrituras Sagradas.

1. Por mandato del Señor, los apóstoles habían ido a Galilea. Véase Mt. 28, 7.

9. Santo Tomás de Aquino opina que en esta comida, como en la del Cenáculo (Lc. 24, 41-45) y en la de Emaús (Lc. 24, 30), ha de verse la comida y bebida nuevas que Jesús anunció en Mt. 26, 29Lc. 22, 16-18 y 29-30. Otros autores no comparten esta opinión, observando que en aquellas ocasiones el Señor resucitado no comió cordero ni bebió vino, sino que tomó pescado, pan y miel, y que, lejos de sentarse a la mesa en un banquete triunfante con sus discípulos, tuvo que seguir combatiéndoles la incredulidad con que dudaban de su Redención (cf. Lc. 24, 13; Hch. 1, 3 y notas).

15 ss. Las *tres preguntas* sucesivas quizá recuerdan a Pedro las tres veces que había negado a su Maestro. Jesús usa dos veces el verbo *amar* (agapás me) y Pedro contesta siempre con otro verbo: *te quiero* (filo se). La tercera vez Jesús toma el verbo de Pedro: *me quieres* (filéis me). También usa el Señor verbos distintos: *boske* y *póimaine,* que traducimos respectivamente *apacienta* y *pastorea* (así también de la Torre), teniendo el segundo un sentido más dinámico: llevar a los pastos. En cuanto a *corderos (arnía)* y *ovejas (próbata)* –el *probátia: ovejuelas*, que algunos prefieren la segunda vez, no añade nada (cf. Pirot) – indican matices que han sido interpretados muy diversamente. Según Teofilacto, los corderos serían las almas principiantes, y las ovejas las proficientes. Según otros, representan la totalidad de los fieles, incluso los pastores de la Iglesia. Pirot hace notar la relación con el redil del Buen Pastor (10, 1-16; cf. Ga. 2, 7-10). El Concilio Vaticano I, el 18 de julio de 1870, invocó este pasaje al proclamar el universal primado de Pedro (Denz. 1822), cuya tradición testifica autorizadamente San Ireneo, obispo y mártir. Ello no obstante es de notar la humildad con que Pedro sigue llamándose simplemente copresbítero de sus hermanos en el apostolado (1 Pe. 5, 1: cf. Hch. 10, 23 y 26 y notas), a pesar de ser el Pastor supremo.

estaba desnudo– y se echó al mar. [8]Los otros discípulos vinieron en la barca, tirando de la red (*llena*) de peces, pues estaban sólo como a unos doscientos codos de la orilla. [9]Al bajar a tierra, vieron brasas puestas, y un pescado encima, y pan. [10]Jesús les dijo: "Traed de los peces que acabáis de pescar". [11]Entonces Simón Pedro subió (*a la barca*) y sacó a tierra la red, llena de ciento cincuenta y tres grandes peces; y a pesar de ser tantos, la red no se rompió. [12]Les dijo Jesús: "Venid, almorzad". Y ninguno de los discípulos osaba preguntarle: "¿Tú quién eres?" sabiendo que era el Señor. [13]Se aproximó Jesús y tomando el pan les dio, y lo mismo del pescado. [14]Esta fue la tercera vez que Jesús, resucitado de entre los muertos, se manifestó a sus discípulos.

El primado de Pedro. [15]Habiendo, pues, almorzado, Jesús dijo a Simón Pedro: "Simón, hijo de Juan, ¿me amas tú más que éstos?" Le respondió: "Sí, Señor, Tú sabes que yo te quiero". Él le dijo: "Apacienta mis corderos". [16]Le volvió a decir por segunda vez: "Simón, hijo de Juan, ¿me amas?" Le respondió: "Sí, Señor, Tú sabes que te quiero". Le dijo: "Pastorea mis ovejas". [17]Por tercera vez le preguntó: "Simón, hijo de Juan, ¿me quieres?"

Se entristeció Pedro de que por tercera vez le preguntase: "¿Me quieres?", y le dijo: "Señor, Tú lo sabes todo. Tú sabes que yo te quiero". Le dijo

Jesús: "Apacienta mis ovejas".

Sobre Pedro y el discípulo amado. [18]"En verdad, en verdad, te digo, cuando eras más joven, te ponías a ti mismo el ceñidor, e ibas adonde querías. Pero cuando seas viejo, extenderás los brazos, y otro te pondrá el ceñidor, y te llevará adonde no quieres". [19]Dijo esto para indicar con qué muerte él había de glorificar a Dios. Y habiéndole hablado así, le dijo: "Sígueme". [20]Volviéndose Pedro, vio que los seguía el discípulo al cual Jesús amaba, el que, durante la cena, reclinado sobre su pecho, le había preguntado: "Señor ¿quién es el que te ha de entregar?" [21]Pedro, pus, viéndolo, dijo a Jesús: "Señor: ¿y éste, qué?" [22]Jesús le respondió: "Si me place que él se quede hasta mi vuelta, ¿qué te importa a ti? Tú sígueme".

[23]Y así se propagó entre los hermanos el rumor de que este discípulo no ha de morir. Sin embargo, Jesús no le había dicho que él no debía morir, sino: "Si me place que él se quede hasta mi vuelta, ¿qué te importa a ti?"[24]Éste es el discípulo que da testimonio de estas cosas, y que las ha escrito, y sabemos que su testimonio es verdadero. [25]Jesús hizo también muchas otras cosas: si se quisiera ponerlas por escrito, una por una creo que el mundo no bastaría para contener los libros que se podrían escribir.

18s. A raíz de lo anterior Jesús profetiza a Pedro el *martirio* en la cruz, lo que ocurrió en el año 67en Roma, en el sitio donde hoy se levanta la Basílica de San Pedro en el Vaticano. Cf. 2 Pe. 1, 12-15. Véase 13, 23 y nota.

22s. San Agustín interpreta este privilegio de Jesús para su íntimo amigo, diciendo: "Tú (Pedro) Sígueme, sufriendo conmigo los males temporales; él (Juan), en cambio, quédese como está, hasta que Yo venga a darle los bienes eternos". La Iglesia celebra, además del 27 de diciembre, como fiesta de este gran Santo y modelo de suma perfección cristiana, el 6 de mayo como fecha del martirio en que San Juan, sumergido en una caldera de aceite hirviente, salvó milagrosamente su vida. Durante mucho tiempo se creyó que sólo se había dormido en su sepulcro (Fillion).

24. Este v. y el siguiente son el testimonio de los discípulos del evangelista, o tal vez de los fieles [de Éfeso] donde él vivía.

25. *El mundo no bastaría*: la Sabiduría divina es un mar sin orillas (Eclo. 24, 32 y nota). Jesús nos ha revelado los secretos que

eternamente oyó del Padre (15, 15), y tras Él vendría Pablo, el cual escribió tres décadas antes que Juan y explayó, para el Cuerpo místico, el misterio que había estado oculto por todos los siglos (Ef. 3, 9 ss.; Col. 1, 26). Quiso Jesús que, por inspiración del Espíritu Santo (15, 26; 16, 13) se nos transmitiesen en el Evangelio sus palabras y hechos; no todos, pero sí lo suficiente "para que creyendo tengamos vida en su nombre" (20, 30s.; Lc. 1, 41. Sobre este depósito qué nos ha sido legado "para que también nos gocemos" con aquellos que fueron testigos de las maravillas de Cristo (1 Jn. 1, 1-4), se han escrito abundantísimos libros, y ello no obstante, Pío XII acaba de recordarnos que: "no pocas cosas... apenas fueron explicadas por los expositores de los pasados siglos", por lo cual "sin razón andan diciendo algunos... que nada le queda por añadir, al exégeta católico de nuestro tiempo, a lo ya dicho por la antigüedad cristiana". Que "nadie se admire de que aún no se hayan

HECHOS DE LOS APÓSTOLES

El libro de los Hechos no pretende narrar lo que hizo cada uno de los apóstoles, sino que toma, como lo hicieron los evangelistas, los hechos principales que el Espíritu Santo ha sugerido al autor para alimento de nuestra fe (cf. Lc. 1, 4; Jn. 20, 31). Dios nos muestra aquí, con un interés histórico y dramático incomparable, lo que fue la vida y el apostolado de la Iglesia en los Primeros decenios (años 30-63del nacimiento de Cristo), y el papel que en ellos desempeñaron los Príncipes de los Apóstoles, San Pedro (cap. 1-12) y San Pablo (cap. 13-28). La parte más extensa se dedica, pues, a los viajes, trabajos y triunfos de este Apóstol de los gentiles, hasta su primer cautiverio en Roma. Con esto se detiene el autor casi inopinadamente, dando la impresión de que pensaba escribir más adelante otro tratado.

No hay duda de que ese autor es la misma persona que escribió el tercer Evangelio. Terminado este, San Lucas retoma el hilo de la narración y compone el libro de los Hechos (véase 1, 1), que dedica al mismo Teófilo (Lc. 1, 1ss.). Los santos Padres, principalmente San Policarpo, San Clemente Romano, San Ignacio de Antioquía, San Ireneo, San Justino, y otros, como también la crítica moderna, atestiguan y reconocen unánimemente que se trata de una obra de San Lucas, nativo sirio antioqueno, médico, compañero y colaborador de San Pablo, con quien se presenta él mismo en muchos pasajes de su relato (16, 10-17; 20, 5-15; 21,1-18; 27, 1- 28, 16). Escribió, en griego, el idioma corriente entonces, de cuyo original procede la presente versión; pero su lenguaje contiene también aramaísmos que denuncian la nacionalidad del autor.

La composición data de Roma hacia el año 63, poco antes del fin de la primera prisión romana de San Pablo, es decir, cinco años antes de su muerte y también antes de la terrible destrucción de Jerusalén (70 d. C.), o sea, cuando la vida y el culto de Israel continuaban normalmente.El objeto de San Lucas de este escrito es, como en su Evangelio. (Lc. 1, 4), confirmarnos en la fe y enseñar la universalidad de la salud traída por Cristo, la cual se manifiesta primero entre los judíos de Jerusalén, después de Palestina y por fin entre los gentiles.

El cristiano de hoy, a menudo ignorante en esta materia, comprende así mucho mejor, gracias a este Libro, el verdadero carácter de la Iglesia y su íntima vinculación con el Antiguo Testamento y con el pueblo escogido de Israel, al ver que, como observa Fillion, antes de llegar a Roma con los apóstoles, la Iglesia tuvo su primer estadio en Jerusalén, donde había nacido (1, 1-8, 3); en su segundo estadio se extendió de Jerusalén a Judea y Samaria (8, 4-11, 18); tuvo un tercer estadio en Oriente con sede en Antioquía de Siria (11, 19-13, 35), y finalmente se estableció en el mundo pagano y en su capital Roma (13, 1-28, 31), cumpliéndose así las palabras de Jesús a los apóstoles, cuando éstos reunidos lo interrogaron creyendo que iba a restituir inmediatamente el reino a Israel: "No os corresponde a vosotros saber los tiempos ni momentos que ha fijado el Padre con su potestad. Pero cuando descienda sobre vosotros el Espíritu Santo recibiréis virtud y me seréis testigos en Jerusalén y en toda la Judea y Samaria y hasta los extremos de la tierra" (1, 7 s.). Este testimonio del Espíritu Santo y de los apóstoles lo había anunciado Jesús (Jn. 15, 26 s.) y lo ratifica San Pedro (1, 22; 2, 32; 5, 32, etc.).

El Libro, cuya perfecta unidad reconoce aún la crítica más adversa, podría llamarse también de los "Hechos de Cristo Resucitado". "Sin él, fuera de algunos rasgos esparcidos en las Epístolas de San Pablo, en las Epístolas Católicas y en los raros fragmentos que nos restan de los primeros escritores eclesiásticos, no conoceríamos nada del origen de la Iglesia" (Fillion). San Jerónimo resume, en la carta a Paulino, su juicio sobre este divino Libro en las siguientes palabras: "El Libro de los Hechos parece contar una sencilla historia, y tejer la infancia de la Iglesia naciente. Mas, sabiendo que su autor es Lucas, el médico, "cuya alabanza está en el Evangelio" (2 Co. 8, 18), echaremos de ver que todas sus palabras son, a la vez que historia, medicina para el alma enferma".

1 **Prólogo del autor.** En el primer libro, oh Teófilo, hemos escrito acerca de todas las cosas desde que Jesús comenzó a obrar y enseñar, [2]hasta el día en que fue recibido en lo alto, después de haber instruido por el Espíritu Santo a los apóstoles que había escogido; [3]a los cuales también se mostró vivo después de su pasión, dándoles muchas pruebas, siendo visto de ellos por espacio de cuarenta días y hablando de las cosas del reino de Dios

Jesús sube a los cielos. [4]Comiendo con ellos, les mandó no apartarse de Jerusalén, sino esperar la promesa del Padre, la cual (*dijo*) oísteis de mi boca. [5]Porque Juan bautizó con agua, más vosotros habéis de ser bautizados en Espíritu Santo, no muchos días después de éstos... [6]Ellos entonces, habiéndose reunido, le preguntaron, diciendo: "Señor, ¿es éste el tiempo en que restableces el reino para Israel?" [7]Mas Él les respondió: "No os corresponde conocer tiempos y ocasiones que el Padre ha fijado con su propia autoridad; [8]recibiréis, sí, potestad, cuando venga sobre vosotros el Espíritu Santo; y seréis mis testigos en Jerusalén, en toda la Judea y Samaria, y hasta los extremos de la tierra". [9]Dicho esto, fue elevado, viéndolo ellos, y una nube lo recibió (*quitándolo*) de sus ojos. [10]Y como ellos fijaron sus miradas en el cielo, mientras Él se alejaba, he aquí que dos varones, vestidos de blanco, se les habían puesto al lado, [11]los cuales les dijeron: "Varones de Galilea, ¿por qué quedáis aquí mirando al cielo? Este Jesús que de en medio de vosotros ha sido recogido en el cielo, vendrá de la misma manera que lo habéis visto ir al cielo". [12]Después de esto regresaron a Jerusalén desde el monte llamado de los Olivos que está cerca de

---

1. *El primer libro*, esto es, el tercer Evangelio, poco antes compuesto por el mismo autor (Lc. 1, 1 ss.). Este capítulo es, pues, como una continuación del cap. 24 del Evangelio de San Lucas, que termina con la Ascensión del Señor (cf. v. siguiente).

3. *Cuarenta días*: Sólo Lucas nos comunica este dato que fija la fecha de la Ascensión y que tiene gran valor, pues según Lc. 24, 44-53 ésta parecería haberse producido el mismo día de la Resurrección. "La obra de Jesús sobre la tierra se encierra entre dos cuarentenas. Apenas salido del desierto Jesús había anunciado el reino de Dios. De él vuelve a hablar en sus últimos coloquios" (Boudou). Cf. 19, 8 y nota. *Siendo visto de ellos*: para que fuesen testigos de su Resurrección (1, 22; 2, 32), pero no estaba ya con ellos ordinariamente, como antes, sino que se les apareció en las ocasiones que refieren los Evangelistas. *Del reino de Dios*: expresión que San Mateo llama Reino de los cielos, señalando su trascendencia universal (Mt. 3, 7), y que "designa el reino que debía fundar el Mesías... No es usada en el Antiguo Testamento, aunque la idea que ella expresa sea a menudo señalada. Véase Is. 42, 1 y 49, 8; Jr. 3, 13 ss., y 23, 2 ss.; Ez. 11, 16 ss.; 34, 12 ss.; Os. 2, 12 ss.; Am. 9, 1 ss.; Mi. 2, 12-13; 3, 12 ss.; etc. Sobre todo, Dan. 2, 44; 7, 13-14" (Fillion). Esto explica la pregunta del v. 6.

4. *La promesa del Padre*, o sea, la venida del Espíritu Santo, anunciada por Jesús como don del Divino Padre. Cf. Mt. 3, 11; Mc. 1, 8; Lc. 3, 16; 24, 49; Jn. 1, 26; 14, 26.

5. El Precursor había anunciado este bautismo distinto del suyo (Mt. 3, 11; Mc. 1, 8; Lc. 3, 16). Cf. 11, 16; Jn. 3, 5 y nota.

6s. *Habiéndose reunido*: Lucas destaca con esto la solemnidad de la pregunta que iban a hacer. Como observa Crampon, la reunión debió ser al aire libre, pues inmediatamente después tuvo lugar la Ascensión del Señor. Los apóstoles pensaban en las profecías sobre la restauración de Israel, que ellos, según se ve en su pregunta, tomaban en sentido literal, como aquellos que glorificaron al Señor en el día de Ramos (Mt. 21, 9; Mc. 11, 10; Lc. 19, 38; Jn. 12, 13).

Cristo no les da contestación directa, sino que los remite a los secretos que el Padre tiene reservados a su poder (Mt. 24, 36; Mc. 13, 32; Jn. 14, 28). El Espíritu Santo no tardaría en revelarles, después de Pentecostés, el misterio de la Iglesia, previsto de toda eternidad, pero oculto hasta entonces en el plan divino; y sin el cual no podrían cumplirse las promesas de los profetas, como lo explicó Santiago en el Concilio de Jerusalén (15, 14-18; Hb. 11, 39s.; Rm. 11, 25s.; etc.). Cf. Ef. 3, 9; Col. 1, 26.

8. *Los extremos de la tierra*: Es de notar que hasta la muerte de San Esteban los apóstoles no predicaban fuera de Jerusalén y Judea; más tarde el diácono Felipe y después San Pedro y San Juan fueron a evangelizar la Samaria (cf. 8, 5 ss.), aquella provincia ya *madura para la cosecha* (Jn. 4, 35); finalmente, y poco a poco, osaron predicar a los gentiles. Cf. 28, 28 y nota.

9. Entre este v. y el anterior, Jesús los había sacado de Jerusalén donde estaban (v. 4), hacia Betania, cosa que el mismo Lucas había dicho ya en su Evangelio (Lc. 24, 50). Desde allí se volvieron (v. 12). El Evangelio hace notar también — ¡por única vez! — que los discípulos adoraron al Señor (Lc. 24, 52), aunque no consta que Él apareciese en esta ocasión con el brillo de su gloria, tal como se mostró en la Transfiguración, que era como un anticipo de su Parusía triunfante (3, 21). Cf. Mc. 9, 1 y nota.

10. *Dos varones*: dos ángeles, Cf. Jn. 20, 12.

11. *Varones de Galilea*: Se señala aquí cómo los once apóstoles que le quedaron fieles, eran todos galileos. Sólo Judas era de Judá. *Vendrá de la misma manera*, es decir, sobre las nubes, según Él mismo lo anunció. Véase Mt. 24, 30; Lc. 21, 27; Judas 14; Ap. 1, 7; 1 Ts. 4, 16s.; cf. también Ap. 19, 11 ss. Consoladora promesa que explica, dice Fillion, la gran alegría con que ellos se quedaron (Lc. 24, 52). Y en adelante perseveraban en la "bienaventurada esperanza" (Tt. 2, 13) de la venida de Cristo (1Co. 7, 29; Flp. 4, 5; St. 5, 7 ss.; 1 Pe. 4, 7; Ap. 22, 12).

Jerusalén, distante la caminata de un sábado. [13]Y luego que entraron, subieron al cenáculo, donde tenían su morada: Pedro, Juan, Santiago y Andrés, Felipe y Tomás, Bartolomé y Mateo, Santiago de Alfeo, Simón el Zelote y Judas de Santiago. [14]Todos ellos perseveraban unánimes en oración, con las mujeres, con María, la madre de Jesús, y con los hermanos de Éste.

Elección de San Matías. [15]En aquellos días se levantó Pedro en medio de los hermanos y dijo –era el número de personas reunidas como de ciento veinte–: [16]"¡Varones, hermanos! era necesario que se cumpliera la Escritura que el Espíritu Santo predijo por boca de David acerca de Judas, el que condujo a los que prendieron a Jesús. [17]Porque él pertenecía a nuestro número y había recibido su parte en este ministerio. [18]Habiendo, pues, adquirido un campo con el premio de la iniquidad, cayó hacia adelante y reventó por medio, quedando derramadas todas sus entrañas. [19]Esto se hizo notorio a todos los habitantes de Jerusalén, de manera que aquel lugar, en la lengua de ellos, ha sido llamado Hacéldama, esto es, campo de sangre. [20]Porque está escrito en el libro de los Salmos: "Su morada quede desierta, y no haya quién habite en ella". Y: "Reciba otro su episcopado". [21]Es, pues, necesario que de en medio de los varones que nos han acompañado durante todo el tiempo en que entre nosotros entró y salió el Señor Jesús, [22]empezando desde el bautismo de Juan hasta el día en que fue recogido de en medio de nosotros en lo alto, se haga uno de ellos testigo con nosotros de Su resurrección". [23]Y propusieron a dos: a José, llamado Barsabás, por sobrenombre Justo, y a Matías. [24]Y orando dijeron: "Tú, Señor, que conoces los corazones de todos, muestra a quién de estos dos has elegido [25]para que ocupe el puesto de este ministerio y apostolado del cual Judas se desvió para ir su propio lugar". [26]Y echándoles suertes, cayó la suerte sobre Matías, por lo cual éste fue agregado a los once apóstoles.

2 **Venida del Espíritu Santo.** [1]Al cumplirse el día de Pentecostés, se hallaban todos juntos en el mismo lugar, [2]cuando de repente sobrevino del cielo un ruido como de viento que soplaba con ímpetu, y llenó toda la casa donde estaban sentados. [3]Y se les aparecieron lenguas divididas, como de fuego, posándose sobre cada uno de ellos.

---

12. La distancia que era lícito recorrer en sábado, equivalía a poco más de un kilómetro.

13. *Cenáculo* se llamaba la parte superior de la casa, el primer piso, solamente accesible por afuera mediante una escalera. En el cenáculo se albergaban los huéspedes y se celebraban los convites. De ahí su nombre. El texto griego dice: el Cenáculo, lo que sólo puede referirse a un cenáculo conocido, esto es, aquel en que los apóstoles solían reunirse y donde Jesucristo había instituido la Eucaristía. Se cree que se hallaba en la casa de María, madre de Marcos (véase 12, 12). El local se señala aún en Jerusalén, como uno de los santuarios más ilustres de la cristiandad, si bien está en poder de los musulmanes.

14. *Hermanos* se llamaban entre los judíos también los parientes (Mt. 12, 45 y nota). Los parientes de Jesús, que antes no creían en Él (Jn. 7, 5) parecen haberse convertido a raíz de su gloriosa Resurrección. Todo el grupo sumaba unas ciento veinte personas.

18. Pedro evoca la espantosa muerte del traidor, a fin de llenarnos de horror ante tan abominable pecado. Cf. Mt. 27, 5.

20s. Cf. Sal. 68, 26; 108, 8; Jn. 15, 27.

21. Entonces, como ahora, la condición por excelencia del sacerdote había de ser su íntimo conocimiento del Evangelio, es decir, de Cristo en todo cuanto dijo e hizo. Los apóstoles, dice San Bernardo, tienen que tocar la trompeta de la verdad.

22. Nótese que Pedro dirige la elección del nuevo apóstol, lo que es una prueba evidente de su primado.

26. Este modo de interrogar la voluntad divina, por el sorteo acompañado de oración, en los asuntos de suma importancia, es frecuente en la Escritura. Cf. Jos. 7, 14; 1Sam. 10, 24. Batiffol hace notar que Matías no recibe imposición de manos, porque se considera que es nombrado por el mismo Cristo.

1. La fiesta de *Pentecostés* se celebraba 50 días después de la Pascua, en memoria de la entrega hecha por Dios a Moisés, en el monte Sinaí, de las tablas de la Ley, así como en acción de gracias por la cosecha. La venida del Espíritu Santo en ese día produjo una cosecha espiritual de tres mil hombres (v. 41). *Todos juntos*: no solamente los apóstoles, sino también todos los discípulos y fieles. *En el mismo lugar*: véase 1, 13 y nota.

2. *Viento* es sinónimo de espíritu, es decir, algo que sopla desde afuera y es capaz de animar lo inanimado. Como el viento levanta y anima a una hoja seca e inerte, así el divino Espíritu vivifica a nuestras almas, de suyo incapaces de la virtud (Mt. 26, 41; Jn. 15, 5; Flp. 2, 13, etc.). *Llenó toda la casa*: El espíritu es difusivo. Por eso se dice que el cristiano es cristífero: doquiera va, lleva consigo a Cristo y lo difunde. También Jesús dice que la luz ha de ponerse sobre el candelero para que alumbre toda la casa. Cf. Mt. 5, 15; Lc. 8, 16 y nota.

3. Por el *fuego* del Espíritu Santo se consuma la iluminación y ese renacimiento espiritual que Jesús había anunciado a Nicodemo (Jn. 3, 5; 7, 39), por lo cual San Juan Crisóstomo llama al Espíritu Santo reparador de nuestra imagen. Las *lenguas* simbolizan el don de la palabra que los presentes recibieron inmediatamente, y su

[4]Todos fueron entonces llenos del Espíritu Santo y se pusieron a hablar en otras lenguas, tal como el Espíritu les daba que hablasen.

[5]Habitaban en Jerusalén judíos, hombres piadosos de todas las naciones que hay bajo el cielo. [6]Al producirse ese ruido, acudieron muchas gentes y quedaron confundidas, por cuanto cada uno los oía hablar en su propio idioma. [7]Se pasmaban, pues, todos, y se asombraban diciéndose: "Mirad, ¿no son galileos todos estos que hablan? [8]¿Cómo es, pues, que los oímos cada uno en nuestra propia lengua en que hemos nacido? [9]Partos, medos, elamitas y los que habitan la Mesopotamia, Judea y Capadocia, el Ponto y el Asia, [10]Frigia y Panfilia, Egipto y las partes de la Libia por la región de Cirene, y los romanos que viven aquí, [11]así judíos como prosélitos, cretenses y árabes, los oímos hablar en nuestras lenguas las maravillas de Dios". [12]Estando, pues, todos estupefactos y perplejos, se decían unos a otros: "¿Qué significa esto?" [13]Otros, en cambio, decían mofándose: "Están llenos de mosto".

Primera predicación cristiana. [14]Entonces Pedro, poniéndose de pie, junto con los once, levantó su voz y les habló: "Varones de Judea y todos los que moráis en Jerusalén, tomad conocimiento de esto y escuchad mis palabras. [15]Porque éstos no están embriagados como sospecháis vosotros, pues no es más que la tercera hora del día; [16]sino que esto es lo que fue dicho por el profeta Joel: [17]«Sucederá en los últimos días, dice Dios, que derramaré de mi espíritu sobre toda carne; profetizarán vuestros hijos y vuestras hijas, vuestros jóvenes tendrán visiones y vuestros ancianos verán sueños. [18]Hasta sobre mis esclavos y sobre mis esclavas derramaré de mi espíritu en aquellos días, y profetizarán. [19]Haré prodigios arriba en el cielo y señales abajo en la tierra, sangre, y fuego, y vapor de humo. [20]El sol se convertirá en tinieblas, y la luna en sangre, antes que llegue el día del Señor, el día grande y celebre. [21]Y acaecerá que todo el que invocare el nombre del Señor, será salvo».

[22]"Varones de Israel, escuchad estas palabras: A Jesús de Nazaret, hombre acreditado por Dios ante vosotros mediante obras poderosas, milagros y señales que Dios hizo por medio de Él entre vosotros, como vosotros mismos sabéis; [23]a Éste,

---

eficacia para predicar "las maravillas de Dios" (v. 11). El Espíritu se comunicó en esta ocasión con un carácter de universalidad; por eso se considera a Pentecostés como el día natal de la Iglesia, y por eso ésta se llama católica, es decir, universal, abierta a todos los pueblos e individuos; si bien con una jerarquía instituida por el mismo Jesús con el cargo de difundir el conocimiento del Evangelio (lo cual presupone la ignorancia de muchos) y con la advertencia de que muchos serán los llamados y pocos los escogidos (22, 14), lo cual presupone la libertad que Dios respeta en cada uno para aceptar o rechazar el Mensaje de Cristo.

4. "¡Qué artista es el Espíritu Santo!, exclama San Gregorio: instruye en un instante, y enseña todo lo que quiere. Desde que está en contacto con la inteligencia, ilumina; su solo contacto es la ciencia misma. Y desde que ilumina, cambia el corazón".

8. *Cada uno en nuestra propia lengua*: En los vv. 4, 6 y 11 se insiste en destacar esta maravilla del don de lenguas que el Espíritu Santo concedía para el apostolado, y el gozo de cada uno al poder entender. Confírmase aquí una lección que se nos da en ambos Testamentos sobre el carácter abierto de la Religión de Cristo y la suma conveniencia de transmitirla en forma que todos puedan entender cuanto a ella se refiere. Cf. Mt. 10, 27; Mc. 4, 33; 16, 15; Jn. 18, 21; 1Co. 14, 19; Ba. 1, 5; Ne. 8, 12 y notas.

11. *Prosélitos* se llamaban los gentiles incorporados al judaísmo. Había dos clases: prosélitos de la puerta, o sea, los creyentes que no recibían la circuncisión, y prosélitos de la justicia, que la recibían.

17 ss. *Sobre toda carne*: sobre todos los hombres. Esta profecía (Joel 2, 28-32; cf. Is. 44, 3), además de su cumplimiento en Pentecostés, tiene un sentido esjatológico, como se ve en los v. 19s. referentes a los fenómenos cósmicos que están anunciados para los últimos tiempos (cf. Mt. 24, 29; Ap. 6, 12), o sea para "el día del Señor" (v. 20), cuya venida los primeros cristianos esperaban "de hora en hora", como dice San Clemente Romano. Cf. 1, 6; 1Co. 1, 8; 7, 29; Flp. 4, 5; 1 Ts. 5, 2; Hb. 10, 25 y 37; St. 5, 8; 2 Pe. 3, 9; etc. "Téngase presente que en los Evangelios y en todo el Nuevo Testamento se habla muchas veces de la primera venida de Jesucristo y luego se pasa a hablar de la segunda" (Biblia de El Paso, Texas). De ahí las palabras *después de esto* con que empieza el citado texto de Joel. (2, 28, que en el hebreo es 3, 1). Véase allí la nota de Crampon. La misma expresión *después de esto* usa St. 15, 16.

22. *Que Dios hizo por medio de Él*: San Pedro y todos las apóstoles cuidan de mantener esta profunda verdad que el mismo Jesús no se cansaba de repetir y que no es sino la absoluta y total humillación del Hijo ante el Padre (Flp. 2, 6-8). Pudiendo el Verbo obrar por su propia virtud divina, que recibe del Padre eternamente, nunca hizo obra alguna, ni aun la propia Resurrección (v. 24), sino por su Padre a fin de que toda la gloria fuese para el Padre (Hb. 5, 4 ss.). No hay cosa más sublime que sorprender así en el seno mismo de la divina Familia, el espectáculo de esa fidelidad del Hijo por una parte, y por la otra el amor infinito con que el Padre elogia a Jesús (véase p. ej. Sal. 44, 3 ss.) y le da "un Nombre que es sobre todo nombre" (Flp. 2, 9).

entregado según el designio determinado y la presciencia de Dios, vosotros, por manos de inicuos, lo hicisteis morir, crucificándolo. ²⁴Pero Dios lo ha resucitado anulando los dolores de la muerte, puesto que era imposible que Él fuese dominado por ella. ²⁵Porque David dice respecto a Él: «Yo tenía siempre al Señor ante mis ojos, pues está a mi derecha para que yo no vacile. ²⁶Por tanto se llenó de alegría mi corazón, y exultó mi lengua; y aun mi carne reposará en esperanza. ²⁷Porque no dejarás mi alma en el infierno, ni permitirás que tu Santo vea corrupción. ²⁸Me hiciste conocer las sendas de la vida, y me colmarás de gozo con tu Rostro».

²⁹"Varones, hermanos, permitidme hablaros con libertad acerca del patriarca David, que murió y fue sepultado, y su sepulcro se conserva en medio de nosotros hasta el día de hoy. ³⁰Siendo profeta y sabiendo que Dios le había prometido con juramento que uno de sus descendientes se había de sentar sobre su trono, ³¹habló proféticamente de la resurrección de Cristo diciendo: que Él ni fue dejado en el infierno ni su carne vio corrupción. ³²A este Jesús Dios le ha resucitado, de lo cual todos nosotros somos testigos. ³³Elevado, pues, a la diestra de Dios, y habiendo recibido del Padre la promesa del Espíritu Santo, Él ha derramado a Éste a quien vosotros estáis viendo y oyendo. ³⁴Porque David no subió a los cielos; antes él mismo dice: «Dijo el Señor a mi Señor: Siéntate a mi diestra, ³⁵hasta que ponga Yo a tus enemigos por tarima de tus pies». ³⁶Por lo cual sepa toda la casa de Israel con certeza que Dios ha constituido Señor y Cristo a este mismo Jesús que vosotros clavasteis en la cruz".

Los primeros bautizados. ³⁷Al oír esto ellos se compungieron de corazón y dijeron a Pedro y a los demás apóstoles: "Varones, hermanos, ¿qué es lo que hemos de hacer?" ³⁸Les respondió Pedro: "Arrepentíos, dijo, y bautizaos cada uno de vosotros en el nombre de Jesucristo para remisión de vuestros pecados; y recibiréis el don del Espíritu Santo. ³⁹Pues para vosotros es la promesa, y para vuestros hijos y para todos los que están lejos, cuantos llamare el Señor Dios nuestro". ⁴⁰Con otras muchas palabras dio testimonio, y los exhortaba diciendo: "Salvaos de esta generación perversa". ⁴¹Aquellos, pues, que aceptaron sus palabras, fueron bautizados y se agregaron en aquel día cerca de tres mil almas.

La vida en la Iglesia primitiva. ⁴²Ellos perseveraban en la doctrina de los apóstoles y en la comunión, en la fracción del pan y en las oraciones. ⁴³Y sobre todos vino temor, y eran

24 ss. Sobre este notable anuncio de la *Resurrección de Jesús* en el Antiguo Testamento, cf. 3, 22 y nota.

25 ss. Véase Sal. 15, 8-11 y notas. David no habla por su propia persona, sino en representación y como figura de Jesucristo. Véase la explicación que San Pedro da en los v. 29 ss. *Está a mi derecha para que yo no vacile*: Esa asistencia constante que el Padre prestó a su Hijo amadísimo (v. 22 y nota; Jn. 8, 29), para sostenerle en su Pasión (Sal. 68, 21 y nota), es una gran luz para comprender que el abandono de que habla Cristo en la Cruz (Mt. 27, 46; Mc. 15, 34; Sal. 21, 2) no significa que el Padre retirase de Él su sostén (eso habría sido desoír la oración de Cristo), sino, como bien observa Santo Tomás de Aquino, que lo abandonaba "en manos de los hombres" (Mt. 17, 22), en vez de mandar contra ellos ¡"más de doce legiones de ángeles"! (Mt. 26, 53).

30. Véase en 2Sam. 7, 8 ss. esta promesa, que fue recordada por el Salmo de Salomón (Sal. 131, 11), por el de Etán (Sal. 88, 20-38) y ratificada por el ángel a María (Lc. 1, 32). San Pablo la reitera en Antioquía de Pisidia (13, 32 ss.).

31. *Habló de la resurrección de Cristo*: Véase la profecía de Moisés invocada en igual sentido por el Apóstol (3, 22 y nota).

33. *La promesa del Espíritu Santo*: por donde se ve que fue con su Pasión cómo Cristo conquistó para nosotros el Espíritu Santo,

según lo confirma San Juan (7, 39). Sobre el valor infinito de este don, cf. Jn. 14, 26; 15, 26; 16, 7 y notas.

34 ss. Véase Sal. 109 y nota. El mismo Jesús explicó esta profecía en Mt. 22, 41-46 como prueba de su divinidad. Pedro la usa aquí (v. 36), lo misma que San Pablo (Hb. 1, 8-13; 1Co. 15, 25), como anuncio del futuro triunfo de Cristo.

36. *Ha constituido*: Cf. Sal. 109, 4 y nota.

41. *Aquellos que aceptaron sus palabras*: Porque sin tener fe no podían ser bautizados. Véase 8, 36 ss.; Mc. 16, 16; Col. 2, 12 y notas. "La primera función ministerial es la de la palabra. que engendra la fe. A la profesión de fe sigue el Bautismo, en nombre de la Santísima Trinidad, que es el rito de introducción al reino de Jesucristo" (Card. Gomá). Cf. 4, 4; 8, 37 y notas.

42. *En la doctrina de los apóstoles*: en griego: *Didajé toon Apostóloon*. Con este mismo nombre se ha conservado un documento escrito, del siglo primero, que es de lo más antiguo y por tanto venerable que poseemos como tradición apostólica después de las Escrituras, y que todos debieran conocer. *Fracción del pan* se llamaba la celebración de la Eucaristía (cf. v. 46) ya en los primeros días, inmediatamente después de la Ascensión del Señor. La continuidad de esta tradición apostólica de la Iglesia judío-cristiana ha sido luego atestiguada por San Ireneo y San Justino. La Vulgata traduce: "la comunión de la fracción del pan".

muchos los prodigios y milagros obrados por los apóstoles. [44]Todos los creyentes vivían unidos, y todo lo tenían en común. [45]Vendían sus posesiones y bienes y los repartían entre todos, según la necesidad de cada uno. [46]Todos los días perseveraban unánimemente en el Templo, partían el pan por las casas y tomaban el alimento con alegría y sencillez de corazón, [47]alabando a Dios, y amados de todo el pueblo; y cada día añadía el Señor a la unidad los que se salvaban.

3 **Curación del paralítico.** [1]Pedro y Juan subían al Templo a la hora de la oración, la de nona, [2]y era llevado un hombre, tullido desde el seno de su madre, al cual ponían todos los días a la puerta del Templo, llamada la Hermosa, para que pidiese limosna de los que entraban al Templo. [3]Viendo éste a Pedro y a Juan que iban a entrar en el Templo, les imploraba para recibir limosna. [4]Mas Pedro, fijando con Juan la vista en él, dijo: "Dirige tu mirada hacia nosotros". [5]Entonces él les estuvo atento, esperando recibir de ellos algo. [6]Mas Pedro dijo: "No tengo plata ni oro; pero lo que tengo eso te doy. En el nombre de Jesucristo el Nazareno, levántate y anda"; [7]y tomándolo de la mano derecha lo levantó. Al instante se le consolidaron los pies y los tobillos, [8]y dando un salto se puso en pie y caminaba. Entró entonces con ellos en el Templo, andando y saltando y alabando a Dios. [9]Todo el pueblo le vio como andaba y alababa a Dios. [10]Y lo reconocieron, como que él era aquel que solía estar sentado a la Puerta Hermosa del Templo, para pedir limosna, por lo cual quedaron atónitos y llenos de asombro a causa de lo que le había sucedido.

Segundo discurso de San Pedro. [11]Mientras él aun detenía a Pedro y a Juan, todo el pueblo, lleno de asombro, vino corriendo hacia ellos, al pórtico llamado de Salomón. [12]Viendo esto Pedro, respondió al pueblo: "Varones de Israel, ¿por qué os maravilláis de esto, o por qué nos miráis a nosotros como si por propia virtud o por propia piedad hubiésemos hecho andar a este hombre?

El griego distingue ambas palabras, como observa Fillion pues la primera se refiere a esa vida de fraternal unión en la caridad. Cf. v. 44 y nota. Así también el Credo habla de la comunión de los santos.

44. *Todo lo tenían en común*. etc. Se ayudaban mutuamente con plena caridad fraterna y vendían sus propiedades si eran necesarias para poder socorrer a los pobres (4, 37). Esta comunidad voluntaria nada tiene que ver con lo que hoy se llama comunismo. Era un fruto libérrimo del fraternal amor que unía a los discípulos de Cristo en "un solo corazón y una sola alma" (4, 32 ss.) según las ansias que el divino Maestro había expresado a su Padre (Jn. 17, 11) y a ellos mismos (Jn. 13, 34s.), ya que, como observa admirablemente San Agustín, únicamente la caridad distingue a los hijos de Dios de los hijos del diablo. Todo el valor sobrenatural y toda la eficacia social de aquella vida le venía de esa espontaneidad, como se ve en el episodio de Ananías y Safira (véase 5, 1 ss.). El Padre Murillo S. J. comprueba, en un célebre estudio histórico-teológico, el triste enfriamiento que han ido sufriendo la fe y la caridad desde los tiempos apostólicos. En cuanto a las perspectivas futuras, véase lo que dice Jesús en Mt. 24, 12 y Lc. 18, 8.

46: *En el Templo*: es decir en el templo judío de Jerusalén. La ruptura con el culto antiguo no se realizó hasta más tarde (cf. 5, 29 y nota; 15, 1 ss.; 16, 3; Flp. 3, 3; Hb. 8, 4 y nota). Pero desde un principio los cristianos tenían la Eucaristía o *fracción del pan* (v. 42) y el hogar era santuario, como se ve en las palabras *por las casas*, pues también predicaban en ellas (5, 42) y en ellas se reunían (Rm. 16, 5; Col. 4, 15). *Tomaban el alimento con alegría*: Trazo que completa este admirable cuadro de santidad colectiva, propia de los tiempos apostólicos y que no volvió más. Sobre la santificación del alimento existe una preciosa oración, sin duda muy antigua, hecha toda con textos de San Pablo y que traducida

dice así: "Padre Santo, que todo lo provees con abundancia (1 Tm. 6, 17) y santificas nuestro alimento con tu palabra (1 Tm. 4, 5), bendícenos junto con estos dones, para que los tomemos a gloria tuya (1Co. 10, 31) en Cristo y por Cristo y con Cristo, tu Hijo y Señor nuestro, que vive contigo en la unidad del Espíritu Santo y cuyo reino no tendrá fin. Amén". La acción de gracias, para después, empieza diciendo: "Gracias, Padre, por todo el bien que de tu mano recibimos (St. 1, 17)" y termina con el mismo final de la anterior: "en Cristo, etc.", que parece inspirado en Ef. 5, 20, donde San Pablo enseña que el agradecimiento por todas las cosas ha de darse siempre a Dios Padre y en nombre de Nuestro Señor Jesucristo.

47. *Añadía el Señor*: como observa Fillion, el narrador tiene buen cuidado de anotar que esto no era obra de los hombres, sino de Dios "que da el crecimiento" (1Co. 3, 6s.).

1. *Hora de nona*: las quince, hora de la oración y del sacrificio vespertino. Cf. Sal. 140, 2 y nota.

2. La *Puerta Hermosa*: probablemente aquella que separaba el atrio de los gentiles del atrio de las mujeres.

6. "Los apóstoles eran, pues, tan pobres como su Maestro. El dinero que se les llevaba (cf. 2, 45; 4, 35; etc.) era distribuido por ellos a los cristianos pobres" (Fillion). Dante alude a esto en el "Paraíso" por boca de San Pedro Damián, presentando a los apóstoles "magros y descalzos" (canto 21, 21), y en el célebre discurso de San Benito (canto 22, 82-88). Véase el caso análogo de Eliseo en 2Re. 6, 5 y nota.

11. En este mismo pórtico de Salomón pronunció Jesús sus discursos en la fiesta de la Dedicación del Templo. Véase Jn. 10, 23 ss.

[13]El Dios de Abraham, Isaac y Jacob, el Dios de nuestros padres ha glorificado a su Siervo Jesús, a quien vosotros entregasteis y negasteis delante de Pilato, cuando éste juzgaba ponerle en libertad. [14]Vosotros negasteis al Santo y Justo y pedisteis que se os diese en gracia un hombre homicida; [15]y disteis muerte al autor de la vida, a quien Dios ha levantado de entre los muertos; de lo cual nosotros somos testigos. [16]Por la fe en su nombre, a éste a quien vosotros veis y conocéis, Su nombre le ha fortalecido; y la fe que de Él viene, es la que le dio esta perfecta salud delante de todos vosotros". [17]"Ahora bien, oh hermanos, yo sé que por ignorancia obrasteis lo mismo que vuestros jefes. [18]Mas Dios ha cumplido de esta manera lo vaticinado, por boca de todos los profetas: que padecerá su Cristo. [19]Arrepentíos, pues, y convertíos, para que se borren vuestros pecados, [20]de modo que vengan los tiempos del refrigerio de parte del Señor y que Él envíe a Jesús, el Cristo, el cual ha sido predestinado para vosotros. [21]A Éste es necesario que lo reciba el cielo hasta los tiempos de la restauración de todas las cosas, de las que Dios ha hablado desde antiguo por boca de sus santos profetas. [22]Porque Moisés ha anunciado: El Señor Dios vuestro os suscitará un profeta de entre vuestros hermanos, como a mí; a Él habéis de escuchar en todo cuanto os diga; [23]y toda alma que no escuchare a aquel Profeta, será exterminada de en medio del pueblo. [24]Todos los profetas, desde Samuel y los que lo siguieron, todos los que han hablado, han anunciado asimismo estos días. [25]Vosotros sois hijos de los profetas y de la alianza que Dios estableció con nuestros padres, diciendo a Abraham: Y en tu descendencia serán bendecidas todas las familias de la tierra. [26]Para vosotros en primer lugar Dios ha resucitado a su Siervo y le ha enviado a bendeciros, a fin de apartar a cada uno de

---

13. Nótese cómo los apóstoles, al hablar de Dios, distinguen siempre con perfecta propiedad las divinas Personas. San Pedro llama Dios de Abraham, de Isaac y de Jacob al divino Padre, esto es, a la primera Persona, pues añade que "glorificó a su Hijo Jesús", y sería una monstruosidad decir que Cristo es Hijo de la Trinidad o de una Esencia divina impersonal, como lo hizo el herético Padre Berruyer, a quien refuta admirablemente San Alfonso María de Ligorio. Tal error, en el cual quizás incurre hoy sin darse cuenta más de un cristiano, es lo que el IV Concilio Lateranense llama "la cuaternidad" (Denz. 431).

16. *Por la fe en su nombre*: La fe excede, pues, infinitamente todo poder humano. Y si el mundo no le da tanta importancia es porque, como dice San Ambrosio, "el corazón estrecho de los impíos no puede contener la grandeza de la fe". Véase Mt. 9, 22; Mc. 5, 34; Lc. 7, 50; 8, 48; 17, 19; 18, 42; etc.

17. Véase en Mt. 27, 18 y nota la seducción del pueblo por los sacerdotes de Israel.

20. *Los tiempos del refrigerio*: Según Buzy, San Pedro usaba con aquellos judíos esta expresión como "metáfora de los tiempos mesiánicos". Cf. Rm. 11, 25 ss. *Para vosotros*: cf. v. 22 y nota.

21. *Restauración de todas las cosas*: "En su segundo advenimiento el Mesías operará la restauración de todas las cosas según el orden fijado por Dios" (Crampon). Cf. 1, 11 y nota; Ef. 1, 10; 2 Pe. 3, 12-13; Mt. 19, 28; Ap. 21, 1. Se entiende por esto "la época en que el universo entero será restaurado, transformado, regenerado con todo lo que contiene. En efecto, según la doctrina bíblica, si la tierra, que participó en cierto modo en los pecados de la humanidad, fue condenada con ella, será también transfigurada con ella al fin de los tiempos. Sobre esta enseñanza, cf. Rm. 8, 19 ss.; 2 Pe. 3, 10-13; Ap. 21, 5, etc." (Fillion).

22. *Os suscitará un profeta*: Este notable pasaje puede traducirse también: *Os resucitará un profeta*. Según esta interpretación, el célebre vaticinio de Moisés sobre el Mesías (Dt. 18, 15) anunciaría que tales profecías habían de cumplirse en Él después de muerto y resucitado. San Lucas al narrar, y San Pedro al hablar aquí, usan en griego el verbo *anastesei* (lo mismo que el texto de Moisés en los LXX's, que es la versión citada por San Pedro), cuyo sentido principal es *resucitará*, y repiten el mismo verbo en el v. 26, donde tal sentido es evidente y exclusivo de todo otro: levantar de entre los muertos. Esta versión tiene en su favor circunstancias importantes, puesto que Pedro está hablando de la *Resurrección* de Jesús, y su intención expresa es aquí (como en 2, 24 ss., donde usa el mismo verbo), mostrar precisamente que esa resurrección estaba anunciada desde Moisés, como lo estaba por David (véase 2, 25 ss., cita del Sal. 15, 8 ss., y 2, 30, cita del Sal. 131). Igual testimonio que éstos de Pedro, da Pablo en 13, 33 ss., con idénticos argumentos y usando el mismo verbo. Por lo demás, Jesús ya lo había dicho a los discípulos de Emaús (uno de los cuales era tal vez el mismo Lucas) llamándolos "necios y tardas de corazón" en comprender que su rechazo por Israel, sus dolores, muerte y resurrección estaban previstos, para lo cual "comenzando por Moisés" les hizo interpretación de las profecías (Lc. 24, 25-27). Y el mismo Lucas relata luego que, a fin de hacerles comprender esos anuncios, el divino Maestro "les abrió la inteligencia para que entendiesen las Escrituras" y les dijo que estaba escrito "en Moisés, en los Profetas y en los Salmos" que el Cristo sufriese "y resuciase de entre los muertos al tercer día" (Lc. 24, 44-46). Cf. 26, 23. *Como a mí*: Sobre el sentido de estas palabras, véase 7, 37 y nota. Cf. 17, 18 y nota.

24. *Todos los profetas:* Cf. Rm. 15, 8; Hb. 13, 20; Ez. 34, 25 y nota.

25. Véase Gn. 12, 3; 18, 18; 28, 18. *Tu descendencia*: Jesucristo.

vosotros de vuestras iniquidades".

4 Pedro y Juan en la cárcel y ante el Sanedrín.

[1]Mientras estaban hablando al pueblo, vinieron sobre ellos los sacerdotes, con el capitán del Templo, y los saduceos, [2]indignados de que enseñasen al pueblo y predicasen en Jesús la resurrección de entre los muertos. [3]Les echaron mano y los metieron en la cárcel hasta el día siguiente, porque ya era tarde. [4]Muchos, sin embargo, de los que habían oído la Palabra creyeron, y el número de los varones llegó a cerca de cinco mil. [5]Y acaeció que al día siguiente se congregaron en Jerusalén los jefes de ellos, los ancianos y los escribas, [6]y el Sumo Sacerdote Anás, y Caifás, Juan y Alejandro y los que eran del linaje de los príncipes de los sacerdotes. [7]Los pusieron en medio y les preguntaron: "¿Con qué poder o en qué nombre habéis hecho vosotros esto?" [8]Entonces Pedro, lleno del Espíritu Santo, les respondió: "Príncipes del pueblo y ancianos, [9]si nosotros hoy somos interrogados acerca del bien hecho a un hombre enfermo, por virtud de quién éste haya sido sanado, [10]sea notorio a todos vosotros y a todo el pueblo de Israel, que en nombre de Jesucristo el Nazareno, a quien vosotros crucificasteis y a quien Dios ha resucitado de entre los muertos, por Él se presenta sano este hombre delante de vosotros. [11]Ésta es la piedra que fue desechada por vosotros los edificadores, la cual ha venido a ser cabeza del ángulo; [12]y no hay salvación en ningún otro. Pues debajo del cielo no hay otro nombre dado a los hombres, por medio del cual podemos salvarnos". [13]Viendo ellos el denuedo de Pedro y Juan, y sabiendo que eran hombres sin letras e incultos, se admiraron y cayeron en la cuenta de que habían estado con Jesús; [14]por otra parte, viendo al hombre que había sido sanado, de pie en medio de ellos, nada podían decir en contra. [15]Mandaron entonces que saliesen del Sinedrio, y deliberaron entre sí, [16]diciendo: "¿Qué haremos con estos hombres? Pues se ha hecho por ellos un milagro evidente, notorio a todos los habitantes de Jerusalén, y no lo podemos negar. [17]Pero a fin de que no se divulgue más en el pueblo, amenacémoslos para que en adelante no hablen más en este nombre a persona alguna". [18]Los llamaron, pues, y les intimaron que de ninguna manera hablasen ni enseñasen en el nombre de Jesús. [19]Mas Pedro y Juan respondieron

26. *En primer lugar*: no dice exclusivamente (cf. cap. 10). El final del v. se habría cumplido si Israel hubiese escuchado esta predicación apostólica. Cf. Rm. 11, 26; Is. 59, 20.

1. Los *saduceos*, los epicúreos y poderosos del pueblo, difundidos en la clase sacerdotal (cf. 23, 6 ss. y nota) negaban la resurrección de los muertos, aparentemente para no ser estorbados en su vida cómoda (cf. Mt. 22, 23). Empezamos a ver aquí cómo la Sinagoga, la misma que había perseguido a Jesús hasta la muerte, rechazó también a los apóstoles que, iluminados en Pentecostés, daban testimonio de su Resurrección como prueba de que Él, redivivo, cumpliría aún las promesas de los profetas sobre el Mesías glorioso. Cf. igual persecución en 7, 52; 23, 6 ss.; 24, 15-21; 26, 7; 1 Ts. 2, 16, etc., lo mismo que el rechazo en el Areópago de Atenas, también por predicar la resurrección (17, 32). Sobre la resurrección de entre los muertos, cf. también Flp. 3, 11; 1Co. 15, 23 y 52; 1 Ts. 4, 14 ss.; Ap. 20, 4 ss.; Lc. 14, 14; 20, 35, etc.

4. Aquí, como en 2, 41, creyeron, gracias a la Palabra, es decir aceptaron, al conocerlo, el misterio infinitamente bondadoso de un Cristo que, en vez de anunciarles el castigo de Dios por haber matado a su Hijo (v. 2), les brindaba, en ese mismo Hijo resucitado, el camino de la gracia mediante la fe en Él. Así fue Pedro el Apóstol por excelencia de los judíos, mientras Pablo lo sería de los gentiles (cf. Ga. 2, 8). "En ambos encontramos, no ya al moralista que clama contra los vicios del pueblo y de los sacerdotes –como hacían los antiguos profetas– sino al expositor de la Buena Nueva, que despierta las almas rectas al amor de las promesas evangélicas".

11. Véase Sal. 117, 22; Is. 28, 16 y notas; Mt. 21, 42; Mc. 12, 10; etc.

12. *No hay salvación en ningún otro*: Inolvidable enseñanza que nos libra de todo humanismo, y qué San Pablo inculcaba sin cesar para que nadie siguiese a él ni a otros caudillos por simpatía o admiración personal, sino por adhesión al único Salvador, Jesús (1Co. 1, 12; 3, 4 ss.), y mostrándose él como simple consiervo (14, 9-14), como lo son los mismos ángeles (Ap. 19, 10). Es éste un punto capital porque afecta al honor de Dios, siendo muy de notar que la figura del Anticristo no es presentada como la de un criminal o vicioso, sino como la del que roba a Dios la gloria (2 Ts. 2, 3 ss.). Sobre la extrema severidad del divino Maestro en esta materia véase Jn. 5, 30 y 43 ss.; 7, 18; Mt. 23, 6-12; etc.

13. La admiración del tribunal supremo nos muestra que en Pedro habló el Espíritu Santo, "el alma de nuestra alma" (Santo Tomás), cumpliéndose la promesa del Señor en Mt. 10, 19s. Esta santa audacia para predicar la divina Palabra sin disminuirla, es la gracia que más anhelaban los apóstoles. Cf. v. 29; 28, 31; Ef. 6, 19; Col. 4, 3; 2 Ts. 3, 1.

16 ss. Ejemplo clásico del *espíritu farisaico* que peca contra la luz (Jn. 9, 30): no pueden negar la verdad del milagro, pero entonces, en vez de admitirla, tratan de ocultarla. Véase el caso notable del ciego de nacimiento en Jn. 9. Esto muestra, además, que, como enseñó Jesús, no es el milagro lo que engendra la fe (Lc. 16, 31 y nota), sino la Palabra sembrada en el corazón que la entiende (Mt. 13, 23 y nota).

diciéndoles: "Juzgad vosotros si es justo delante dé Dios obedeceros a vosotros más que a Dios. [20]Porque nosotros no podemos dejar de hablar lo que hemos visto y oído". [21]Y así los despacharon amenazándoles, mas no hallando cómo castigarlos, por temor del pueblo; porque todos glorificaban a Dios por lo sucedido. [22]Pues era de más de cuarenta años el hombre en quien se había obrado esta curación milagrosa.

Acción de gracias por la liberación de los apóstoles. [23]Puestos en libertad, llegaron a los suyos y les contaron cuantas cosas les habían dicho los sumos sacerdotes y los ancianos. [24]Ellos al oírlo, levantaron unánimes la voz a Dios y dijeron: "Señor, Tú eres el que hiciste el cielo y la tierra y el mar y todo cuanto en ellos se contiene; [25]Tú el que mediante el Espíritu Santo, por boca de David, nuestro padre y siervo tuyo, dijiste: «¿Por qué se han alborotado las naciones, y los pueblos han forjado cosas vanas? [26]Se levantaron los reyes de la tierra, y los príncipes se han coligado contra el Señor y contra su Ungido». [27]Porque verdaderamente se han juntado en esta ciudad contra Jesús su santo Siervo, a quien Tú ungiste,

Herodes y Poncio Pilato, con los gentiles y los pueblos de Israel, [28]para hacer lo que tu mano y tu designio había determinado que se hiciese. [29]Ahora, pues, Señor, mira las amenazas de ellos, y da a tus siervos que prediquen con toda libertad tu palabra, [30]extendiendo tu mano para que se hagan curaciones, prodigios y portentos por el nombre de Jesús el santo Siervo tuyo". [31]Acabada la oración, tembló el lugar en que estaban reunidos, y todos quedaron llenos del Espíritu Santo y anunciaban con toda libertad la palabra de Dios.

La caridad de los primeros cristianos. [32]La multitud de los fieles tenía un mismo corazón y una misma alma, y ninguno decía ser suya propia cosa alguna de las que poseía, sino que tenían todas las cosas en común. [33]Y con gran, fortaleza los apóstoles daban testimonio de la resurrección del Señor Jesús y gracia abundante era sobre todos ellos. [34]Porque no había entre ellos persona pobre, pues todos cuantos poseían campos o casas, los vendían, traían el precio de las cosas vendidas, [35]y lo ponían a los pies de los apóstoles; y se distribuía a cada uno según la necesidad que tenía. [36]Así también José, a quien los apóstoles pusieron por

19. Cf. un caso análogo en 5, 29. Admirable respuesta, preciosa luz y estímulo. No somos autómatas para dejarnos llevar ciegamente (1Co. 12, 2). Sabemos que Dios no se contradice, por lo cual no puede haber oposición entre la obediencia a los que en Su nombre mandan y la voluntad divina. En caso de conflicto como éste, Él mismo nos da la conciencia que ha de ser quien decida (cf. 17, 11; Rm. 14, 23; 1 Ts. 5, 21; St. 4, 17, etc.).

20. En esta bellísima confesión, que más parece un desahogo del alma apostólica, vemos la fuerza incontenible del Evangelio, "vino nuevo que rompe los cueros viejos" (Mt. 9, 17; cf. Job 32, 19). Es la embriaguez del Espíritu, que los hacía pasar por borrachos ante el mundo (2, 13 y 15), como Cristo pasaba por loco ante sus parientes (Mc. 3, 21).

24. *Tú eres el que hiciste, etc.*: Modelo de oración frecuente en la Biblia (cf. Sal. 88, 12). Es un acto de fe viva que proclama las maravillas de Dios y lo alaba por ellas. Lo mismo hace María Santísima en Lc. 1, 47 ss.

25. Cita del Sal. 2, 1. Es que los primeros cristianos usaban los *Salmos* para glorificar a Dios para agradecerle y para cualquier clase de oración. El Salterio era el devocionario cristiano, y siguió siéndolo durante los siglos de mayor fe. Algo nos dice que empieza a reanudarse esta costumbre. La Sagrada Congregación de Seminarios por deseo de Su Santidad Pío XII, ha ordenado en todos los seminarios de Italia un curso especial de dos años, dedicado a conocer los Salmos como objeto de oración. También en América van aumentando las familias que cada día, después de leer un capítulo del Evangelio, rezan Salmos en forma dialogada.

29s. Es tal su anhelo de libertad para predicar el Evangelio, que no vacilan en pedir milagros. Y Dios les muestra que accede (v. 31).

32. Sobre el *"comunismo"* de la Iglesia de Jerusalén véase 2, 44 y nota. Aquel comunismo era fruto de la caridad fraterna, mientras el moderno trae su origen del odio de las clases y la injusticia social. Cf. Mt. 6, 33, donde Jesús enseña el único modo de que se restablezca el orden económico, no ciertamente por obra del hombre, como lo pretende con incorregibles fracasos la suficiencia humana, sino por obra de la activa Providencia divina, como promesa de Dios a la fidelidad con que lo busquemos primero a Él.

33. *Gracia abundante*: He aquí la raíz de la vida ejemplar de los cristianos de Jerusalén. Por la gracia nos convertimos en miembros vivientes de Cristo. Dice el Concilio de Trento: "Cristo derrama continuamente su virtud en los justos, como la cabeza lo hace con los miembros y la vid con los sarmientos. Dicha virtud precede siempre a sus buenas obras las acompaña y las sigue, dándoles un valor sin el cual en modo alguno podrían resultar del agrado de Dios, ni meritorias".

35. *A los pies de los apóstoles*: cf. 3, 6 y nota. "¿De qué sirve revestir los muros con piedras preciosas, si Cristo se muere de hambre en la persona del pobre?" (San Jerónimo). Es un concepto muy propio de la tradición de la Iglesia que los bienes de la misma pertenecen a los pobres. La Didascalia dice a los obispos: "Gobernad, pues, debidamente todo lo que es dado y lo que entra en la Iglesia, como buenos ecónomos de Dios, según el orden, para

sobrenombre Bernabé, lo que significa "Hijo de consolación", levita y natural de Chipre, [37]tenía un campo que vendió y cuyo precio trajo poniéndolo a los pies de los apóstoles.

5 Ananías y Safira.
[1]Un hombre llamado Ananías, con Safira, su mujer, vendió una posesión, [2]pero retuvo parte del precio, con acuerdo de su mujer, y trayendo una parte la puso a los pies de los apóstoles. [3]Mas Pedro dijo: "Ananías, ¿cómo es que Satanás ha llenado tu corazón para que mintieses al Espíritu Santo, reteniendo parte del valor del campo? [4]Quedándote con él ¿no era tuyo? Y aun vendido ¿no quedaba (el precio) a tu disposición? ¿Por qué urdiste tal cosa en tu corazón? No has mentido a hombres sino a Dios". [5]Al oír Ananías estas palabras, cayó en tierra y expiró. Y sobrevino un gran temor sobre todos los que supieron. [6]Luego los jóvenes se levantaron, lo envolvieron y sacándolo fuera le dieron sepultura. [7]Sucedió entonces que pasadas como tres horas entró su mujer, sin saber lo acaecido; [8]a la cual Pedro dirigió la palabra:

"Dime, ¿es verdad que vendisteis el campo en tanto?" "Sí, respondió ella, en tanto". [9]Entonces Pedro le dijo: "¿Por qué os habéis concertado para tentar al Espíritu del Señor? He aquí a la puerta los pies de aquellos que enterraron a tu marido, y te llevarán también a ti". [10]Al momento ella cayó a sus pies y expiró; con que entraron los jóvenes, la encontraron muerta y la llevaron para enterrarla junto a su marido. [11]Y se apoderó gran temor de toda la Iglesia y de todos los que oyeron tal cosa.

Milagros de los apóstoles. [12]Se hacían por manos de los apóstoles muchos milagros y prodigios en el pueblo; y todos se reunían de común acuerdo en el pórtico de Salomón. [13]De los demás nadie se atrevía a juntarse con ellos, pero el pueblo los tenía en gran estima. [14]Se agregaron todavía más creyentes al Señor, muchedumbre de hombres y mujeres, [15]de tal manera que sacaban a los enfermos a las calles, poniéndolos en camillas y lechos, para que al pasar Pedro, siquiera su sombra cayese sobre uno de ellos. [16]Concurría también mucha gente de las ciudades vecinas de Jerusalén, trayendo enfermos y atormentados por

---

los huérfanos y las viudas, para los que tienen necesidad, y para los extranjeros, sabiendo que Dios que os ha dado este cargo de ecónomo, pedirá de ello cuenta a vuestras manos". Cf. Dante, Paraíso, 22, 82 ss.

36. *Bernabé* es presentado aquí prestigiosamente a causa del papel importante que desempeñará después (9, 27; 13, 1, etc.). Fillion hace notar que el sobrenombre que le había sido dado por los apóstoles parece puesto aquí en el sentido de buen predicador (cf. 11, 13; 13, 1; 1Co. 14, 3). Esto se confirma en el oficio de su fiesta (11 de junio), donde se dice que al hallarse por el emperador Zenón su cuerpo martirizado en la isla de Chipre, tenía en su pecho el Evangelio de San Mateo copiado por la mano del mismo Bernabé.

1 ss. Este extraordinario episodio nos muestra que, aún entre la pureza de aquella era apostólica, tan parecida en eso a la edad de oro anunciada por los profetas, Satanás (v. 3) seducía sin embargo algunas almas, como que no tardó en seducir a muchas (Flp. 2, 21; 2 Tm. 4, 9 y 14 ss.; 1 Jn. 2, 18s.; 3 Jn. 9s.; Jds. 4 ss., etc.). Con elocuencia insuperable, San Pedro nos descubre la obra diabólica que deforma el corazón de aquel infeliz matrimonio, empeñándolo en realzar una obra que no era obligatoria, e impidiéndole poner en ella el amor que es lo único que valoriza las obras (1Co. 13, 1 ss.; 2Co. 9, 7; Flm. 14; Hb. 13, 17; Eclo. 35, 11. etc.). Por donde la obra, lejos de valerle, fue su ruina; porque Dios no necesita de nuestros favores (Job 13, 7s. y notas), pero sí exige la rectitud del corazón (Jn. 1, 47 y nota). San Pablo revela cómo se quemarán tristemente tales obras (1Co. 3, 12 ss.).

10. Pedro no ejerce aquí un poder de quitar la vida, sino que obra como profeta, declarando el castigo que enviaba Dios (cf. el caso de Eliseo en el camino de Betel; 1Re. 2, 23 ss.). San Agustín supone que de esta muerte corporal se sirvió la divina misericordia para evitarles la muerte eterna. Así enseña también San Pablo que la Eucaristía mal recibida es causa de que mueran muchos corporalmente (1Co. 11, 30).

11. Sobre este castigo, que fue ejemplar para todos, dice San Juan Crisóstomo: "Tú podías guardar lo que era tuyo. Entonces ¿por qué consagrarlo si lo habías de tomar de nuevo? Tu conducta muestra un soberano desprecio. No merece, perdón".

12 ss. Cf. 8, 12 y nota; 19, 12; cap. 28, etc. Estos milagros servían, como los de Jesús, para dar testimonio de que Dios los enviaba (Jn. 3, 2; 7, 31; 9, 33; Mc. 16, 20; Hch. 8, 6; 14, 3; etc.). Pero las conversiones a la fe se operaban esencialmente por la predicación de la Palabra evangélica (cf. 2, 41; 4, 4 y nota). Jesús hace notar muchas veces que los milagros no convierten verdaderamente (Jn. 6, 26; 11, 47; 12, 37; Lc. 11, 31 y nota; cf. Nm. 14, 11, etc.), y cuando algunos aparecen creyendo en Él por los milagros, el Evangelista nos advierte que Jesús no se fiaba de ellos (Jn. 2, 23 ss.). Es que esa impresión pronto se desvanece, como muere la plantita nacida en el pedregal (Mc. 4, 5 y nota). El mismo Dios nos anuncia de varios modos que los falsos profetas y el Anticristo obrarán también grandes prodigios (Mt. 24, 24; 2 Ts. 2, 9; Ap. 13, 13s.; 16, 14; 19, 20).

15s. Así lo había anunciado Jesús (Mc. 16, 17s.) y aún prometió cosas "mayores" (Jn. 14, 12). *Eran sanados todos*: es decir, muchísimos que no se detallan (cf. Lc. 6, 19).

espíritus inmundos, los cuales eran sanados todos.

Nueva persecución contra la Iglesia. [17]Se levantó entonces el Sumo Sacerdote y todos los que estaban con él –eran de la secta de los saduceos– y llenos de celo [18]echaron mano a los apóstoles y los metieron en la cárcel pública. [19]Más un ángel del Señor abrió por la noche las puertas de la cárcel, los sacó fuera y dijo: [20]"Id, y puestos en pie en el Templo, predicad al pueblo todas las palabras de esta vida". [21]Ellos, oído esto, entraron al rayar el alba en el Templo y enseñaban. Entretanto, llegó el Sumo Sacerdote y los que estaban con él, y después de convocar al sinedrio y a todos los ancianos de los hijos de Israel, enviaron a la cárcel para que (*los apóstoles*) fuesen presentados; [22]más los satélites que habían ido no los encontraron en la cárcel. Volvieron, pues, y dieron la siguiente noticia: [23]"La prisión la hemos hallado cerrada con toda diligencia, y a los guardias de pie delante de las puertas, más cuando abrimos no encontramos a nadie dentro". [24]Al oír tales nuevas, tanto el jefe de la guardia del Templo como los pontífices, estaban perplejos con respecto a lo que podría ser aquello. [25]Llegó entonces un hombre y les avisó: "Mirad, esos varones que pusisteis en la cárcel, están en el Templo y enseñan al pueblo". [26]Fue, pues, el jefe de la guardia con los satélites, y los trajo, pero sin hacerles violencia, porque temían ser apedreados por el pueblo. [27]Después de haberlos traído, los presentaron ante el sinedrio y los interrogó el Sumo Sacerdote, [28]diciendo: "Os hemos prohibido terminantemente enseñar en este nombre, y he aquí que habéis llenado a Jerusalén de vuestra doctrina y queréis traer la sangre de este hombre sobre nosotros". [29]A lo cual respondieron Pedro y los apóstoles: "Hay que obedecer a Dios antes que a los hombres. [30]El Dios de nuestros padres ha resucitado a Jesús, a quien vosotros hicisteis morir colgándole en un madero. [31]A Éste ensalzó Dios con su diestra a ser Príncipe y Salvador, para dar a Israel arrepentimiento y remisión de los pecados. [32]Y nosotros somos testigos de estas cosas, y también lo es el Espíritu Santo que Dios ha dado a los que le obedecen". [33]Ellos, empero, al oírlos se enfurecían y deliberaban cómo matarlos.

Gamaliel. [34]Pero se levantó en medio del consejo cierto fariseo, por nombre Gamaliel, doctor de la Ley, respetado de todo el pueblo, el cual mandó que hiciesen salir fuera a aquellos hombres por breve tiempo; [35]y les dijo: "Varones de Israel, considerad bien lo que vais a hacer con estos hombres. [36]Porque antes de estos días se levantó Teudas diciendo que él era alguien. A él se asociaron alrededor de cuatrocientos hombres, pero fue muerto, y todos los que le seguían quedaron dispersos y reducidos a la nada. [37]Después de éste se sublevó Judas el Galileo en los días del empadronamiento y arrastró tras sí mucha gente. Él también pereció, y se dispersaron todos sus secuaces. [38]Ahora, pues, os digo, dejad a estos hombres y soltadlos, porque si esta idea u obra viene de hombres, será desbaratada; [39]pero sí de

---

20. *Id al Templo*: El Ángel confirma, de parte de Dios, la actitud de los apóstoles que seguían yendo al Templo de Jerusalén, centro del culto judío (v. 29 y nota). *Las palabras de esta vida*: es decir, haced conocer, por las palabras del Mesías esta nueva y maravillosa vida que se brinda a todos en la gracia de Cristo. Él, que es la vida, porque el Padre le ha dado tenerla en Sí mismo (Jn. 5, 26), es también el camino hacia la vida nuestra, mediante la verdad de su doctrina (Jn. 1, 4; 14, 6) y la comunicación de su propia gracia (Jn. 1, 16s.) que Él nos consiguió lavándonos con su Sangre preciosa para hacernos hermanos suyos, hijos de Dios como Él.

28. Nótese la contradicción con lo que ellos mismos, al frente del populacho, habían clamado en Mt. 27, 25.

29. Respuestas como ésta y las de 4, 19s., 23, 3 ss., etc., son tanto más notables cuanto que los apóstoles concurrían a las sinagogas y al Templo de Jerusalén (cf. v. 20; 2, 46; Hb. 8, 4 y notas), al menos hasta que los judíos se retiraron definitivamente de San Pablo y él anunció que la salud pasaba a los gentiles. Véase 28, 23-28 y notas.

30. *Vosotros*, esto es, ese mismo tribunal (4, 6). Los apóstoles distinguen entre la pérfida sinagoga y el pueblo judío (v. 26), que muchas veces había seguido a Jesús y a sus discípulos. Véase Lc. 13, 34 y nota.

32. *A los que le obedecen* (cf. v. 29). Vemos así cómo podemos asegurarnos la asistencia del Espíritu Santo que "por la gracia permanece realmente en nosotros de un modo inefable" (Santo Tomás), con tal que pidamos al Padre que Él nos lo envíe (Lc. 11, 13 y nota).

34 ss. *Gamaliel*, doctor celebérrimo de la Ley, fue maestro de San Pablo (cf. 22, 3). La leyenda le hace morir cristiano, lo que no parece inverosímil, puesto que Dios da la gracia a los que Él quiere, y Gamaliel mostró tener buena voluntad. Si habrá recompensa para aquel que diere un vaso de agua a un discípulo (Mt. 10, 42); ¿cuánto más para aquel que salvó la vida a tan grandes amigos de Jesucristo? La sabiduría de este consejo de Gamaliel, que es la misma del Sal. 36, debe servirnos de lección para no temer ante el aparente triunfo de los enemigos de Dios.

Dios viene, no podréis destruirla, no sea que os halléis peleando contra Dios". Siguieron ellos su opinión; [40]y después de llamar a los apóstoles y azotarlos, les mandaron que no hablasen más en el nombre de Jesús, y los despacharon. [41]Más ellos salieron gozosos de la presencia del sinedrio, porque habían sido hallados dignos de sufrir desprecio por el nombre (*de Jesús*). [42]No cesaban todos los días de enseñar y anunciar a Cristo Jesús tanto en el Templo como por las casas.

6 **Los siete diáconos.** [1]En aquellos días al crecer el número de los discípulos, se produjo una queja de los griegos contra los hebreos, porque sus viudas eran desatendidas en el suministro cotidiano. [2]Por lo cual los doce convocaron la asamblea de los discípulos y dijeron: "No es justo que nosotros descuidemos la palabra de Dios para servir a las mesas. [3]Elegid, pues, oh hermanos, de entre vosotros a siete varones de buena fama, llenos de espíritu y de sabiduría, a los cuales entreguemos este cargo. [4]Nosotros, empero, perseveraremos en la oración y en el ministerio de la palabra". [5]Agradó esta proposición a toda la asamblea, y eligieron a Esteban, varón lleno de fe y del Espíritu Santo, y a Felipe, a Prócoro, a Nicanor, a Timón, a Parmenas y a Nicolás, prosélito de Antioquía. [6]A éstos los presentaron a los apóstoles, los cuales, habiendo hecho oración, les impusieron las manos. [7]Mientras tanto la palabra de Dios iba creciendo, y aumentaba sobremanera el número de los discípulos en Jerusalén. También muchos de los sacerdotes obedecían a la fe.

San Esteban. [8]Esteban, lleno de gracia y de poder, obraba grandes prodigios y milagros en el pueblo. [9]Por lo cual se levantaron algunos de la sinagoga llamada de los libertinos, de los cireneos, de los alejandrinos y de los de Cilicia y Asia, y disputaron con Esteban, [10]más no podían resistir a la sabiduría y al espíritu con que hablaba.

40s. *¡Y azotarlos!* Es exactamente lo que hizo Pilato con Jesús: admiten su inocencia, pero los azotan (Jn. 19, 1 y nota). De ahí el gozo de los discípulos por imitar en algo al querido Maestro, "El Cristianismo ha sido el primero en ofrecer al mundo el ejemplo de un dolor alegre y jubiloso" (Mons. Keppler). Jesús nos llama "dichosos" cuando nos maldijeren a causa de Él (Mt. 5, 11).

42. *Por las casas*: Véase 2, 46 y nota; 20, 20; Jn. 4, 23. Imitando a Jesús, que sembraba su Palabra de salvación por todas partes y que mandó repetirla "desde las azoteas" (Mt. 10, 27), los apóstoles nos dejaron un alto ejemplo y una enseñanza de que el apostolado no tiene límites. El cristiano tiene así, en cada reunión o visita, ocasión de hablar de la doctrina evangélica, como hablaría de cualquier tema literario, sin aire de sermón, y dejar así la preciosa siembra, si es que ama la Palabra. Porque el mismo Jesús enseñó que la boca habla de lo que nos desborda del corazón (Mt. 12, 34 y nota).

1. Por *hebreos* se entiende aquí los cristianos palestinos o nacidos en el país, mientras que los *griegos*, o cristianos de lengua griega eran los extranjeros y, por ende, más necesitados, porque no tenían casa en Jerusalén. Como observa el Padre Boudou en sus comentarios a los Hechos (Verbum Salutis), este rasgo de disensión es uno de los que nos prohíben idealizar indiscretamente la vida de la Iglesia en sus comienzos, como si ya se hubiera realizado sobre la tierra la plenitud del reinado cristiano (cfr. 2 Tm. 4, 11); la cizaña, anunciada por Jesús, estará mezclada con el trigo hasta "la consumación del siglo" (Mt. 13, 39). Cf. 5, 1 y nota.

2. Nótese la importancia primordial que ya los apóstoles atribuyen al ministerio de la predicación evangélica (cfr. 1 Tm. 5, 17), aún por encima de la atención de los pobres que, como lo vimos en 4, 35 y nota, es también obligación de la comunidad cristiana. Recordemos la célebre exclamación de San Pablo: "¡Ay de mí si no predicare el Evangelio!" (1Co. 9, 16). Cf. 1Co. 1, 17).

4. *La oración*: Se cree que alude a la pública y litúrgica. Pero algunos sostienen que se trataba del culto del Templo israelita (cf. 5, 20), y otros que habla de un culto propio de la comunidad cristiana. *El ministerio de la palabra*, o sea la predicación es, como dice Pío XI, un derecho inalienable y a la vez un deber imprescindible, impuesto a los sacerdotes por el mismo Jesucristo (Encíclica "Ad Catholici Sacerdotii"). Cf. 20, 9 y nota.

5. Todos los siete parecen pertenecer a los griegos, a juzgar por sus nombres, con lo cual los apóstoles habrían mostrado su caridad satisfaciendo ampliamente el reclamo de los helenistas (v. 1). De entre esos diáconos veremos la gran actuación de Esteban el protomártir (cap. 7) y la de Felipe (8, 5 ss.; 21, 8 ss.). Nicolás es mirado, según algunos (Ireneo, Epifanio, Agustín), como el autor de la "doctrina" y "hechos" de los nicolaítas aunque no lo admite así Clemente Alejandrino ni muchas opiniones modernas. Véase Ap. 2, 6 y 15 y notas.

6. *Les impusieron las manos*. Tal acto puede ser una bendición (Gn. 48, 14 ss.; Lv. 9, 22; Mt. 19, 13 y 15; Lc. 24, 50) o una consagración a Dios (Ex. 29, 10 y 15; Lv. 1, 4), o un modo de transmitir poderes espirituales (Nm. 27, 18 y 23, etc.) como aquí en que va unido a la oración litúrgica (véase 13, 3; 1 Tm. 4, 14; 5, 22; 2 Tm. 1, 6). San Juan Crisóstomo la llama "kirotonia", nombre dado a la ordenación pero luego duda de que estos "siete" fuesen verdadero diáconos. Como observa Boudou, y también Fillion, Knabenbauer, etc., según San Clemente Romano los apóstoles instituyeron obispos y diáconos (cfr. 20, 17 y 28 y notas), y San Ireneo resuelve claramente la cuestión al decir que Nicolás era "uno de los siete que fueron los primeros ordenados al diaconado por los apóstoles". Cf. 8, 17 y nota.

10. *No podían resistir*: Admirable cumplimiento de las promesas de Jesús (Lc. 21, 15; Mt. 10, 19s). "El Espíritu Santo da

[11]Entonces sobornaron a algunos hombres que decían: "Le hemos oído proferir palabras blasfemas contra Moisés y contra Dios". [12]También alborotaron al pueblo, a los ancianos y a los escribas, y cayendo sobre él, lo arrebataron y lo llevaron al sinedrio, [13]presentando testigos falsos que decían: "Este hombre no deja de proferir palabras contra el lugar santo y contra la Ley. [14]Porque le hemos oído decir que Jesús, el Nazareno, destruirá este lugar y mudará las costumbres que nos ha transmitido Moisés". [15]Y fijando en él los, ojos todos los que estaban sentados en el sinedrio, vieron su rostro como el rostro de un ángel.

7 **San Esteban frente al Sanedrín.** [1]Dijo entonces el Sumo Sacerdote: "¿Es esto así?" [2]Respondió él: "Varones hermanos y padres, escuchad. El Dios de la gloria se apareció a nuestro padre Abraham cuando moraba en Mesopotamia, antes que habitase en Harán. [3]Y le dijo: Sal de tu tierra y de tu parentela, y ven a la tierra que Yo te mostraré. [4]Salió entonces de la tierra de los caldeos y habitó en Harán. Y de allí después de la muerte de su padre, lo trasladó (*Dios*) a esta tierra la cual vosotros ahora habitáis. [5]Mas no le dio en ella herencia alguna, ni siquiera de un pie de tierra; pero prometió dársela en posesión a él y a su descendencia después de él, a pesar de que no tenía hijos. [6]Le dijo, empero, Dios que su descendencia moraría en tierra extraña, y que la reducirían a servidumbre y la maltratarían por espacio de cuatrocientos años. [7]Y Yo juzgaré a esa nación a la cual servirán, dijo Dios, y después de esto, saldrán y me adorarán en este lugar. También les dio la alianza de la circuncisión; [8]y así engendró a Isaac, al cual circuncidó a los ocho días, e Isaac a Jacob, y Jacob a los doce patriarcas. [9]Mas los patriarcas movidos por celos vendieron a José a Egipto; pero Dios estaba con él. [10]Le libró de todas sus tribulaciones y le dio gracia y sabiduría delante del Faraón, rey de Egipto, el cual le constituyó gobernador de Egipto y de toda su casa. [11]Vino entonces el hambre sobre todo Egipto y Canaán, y una tribulación extrema, y nuestros padres no hallaban sustento. [12]Más cuando Jacob supo que había trigo en Egipto, envió a nuestros padres por primera vez. [13]En la segunda, José se dio a conocer a sus hermanos, y fue descubierto su linaje al Faraón. [14]José envió, pues, y llamó a su padre Jacob y toda su parentela, setenta y cinco personas. [15]Por lo tanto Jacob bajó a Egipto, donde murió él

la fuerza... y lo imposible a la naturaleza, se hace posible y fácil por su gracia" (San Bernardo).

14. *Mudará las costumbres, etc.*: Jesús no había dicho tal cosa, sino al contrario, que no destruiría ni a Moisés ni a los Profetas, y que ni un ápice de ellos quedaría sin cumplirse hasta que pasasen el cielo y la tierra (Mt. 5, 17s.). La Sinagoga infiel no defendía, pues, la Ley de Moisés, cuya violación les había echado en cara el mismo Jesús (Lc. 16, 31; Jn. 5, 45-47; 7, 19), sino las costumbres de ellos, que el Divino Maestro llamaba "tradición de los hombres" (Mc. 7, 8 ss.; Mt. 15, 9), y por culpa de las cuales los acusaba de haber abandonado las palabras de Dios (Mt. 5, 1-6). Así, pues, esta acusación contra Esteban era tan calumniosa (cf. v. 11 ss.) como las que levantaron contra Jesús (cf. Mt. 26, 59 ss.; etc.).

15. "Lo que llenaba su corazón, se traslució en la faz; y el esplendor radiante de su alma inundó su rostro de belleza" (San Hilario).

2 ss. *El discurso de San Esteban*, que debe estudiarse como una luminosa síntesis doctrinal de todo el Antiguo Testamento, tiene por fin mostrar cómo el pueblo israelita resistió a la gracia hasta que finalmente rechazó al Mesías. Es al mismo tiempo un verdadero compendio de la historia sagrada, como vimos en los Salmos 77 y 104 al 107; Ne. 9, 6 ss., etc. *Haran*, o *Caran*, ciudad de Mesopotamia, donde se detuvo Abraham antes de trasladarse a Canaán. Cf. Gn. 12, 1.

5. *San Pablo*, escribiendo a los Hebreos les llama igualmente la atención sobre ese hecho de que Abraham y los patriarcas no hubiesen visto el cumplimiento de las promesas. Véase Hb. 11, 8 ss. y notas.

6. *En tierra extraña*: en Egipto (Gn. 15, 13 ss.; Ex. 2, 22; 12, 40).

8. Cf. Gn. 17, 10; 21, 2 y 4; 25, 25; 29, 32; 35, 22.

9 ss. Acerca de la historia de José, cf. Gn. caps. 37 ss.

11 ss. Repite respecto de Jacob el argumento hecho sobre Abraham en el v. 5. San Ireneo recuerda a este respecto la bendición que recibió el patriarca (Gn. 27, 28s.) y la pone en contraste con esa pobreza (Gn. 42, 2) y emigración a Egipto (Gn. 46, 1), para mostrar que tales promesas sólo se cumplirán mediante Jesucristo.

13. Véase Gn. 45, 3. "José es una impresionante figura de Jesús. Ambos son víctimas, y ambos son salvadores; sucumben a la envidia de sus hermanos, y luego los salvan por allí mismo donde éstos creían perderlos. La conciencia de tanta bondad, frente a tanta ingratitud, excita en el alma de Esteban un hondo dolor que pronto va a desbordar en gritos de indignación" (Boudou).

14. *Setenta y cinco*: Según Gn. 46, 27, solamente setenta. Esteban sigue la versión griega la cual incluye a algunos otros, descendientes de la familia de José, y llega así a setenta y cinco.

y nuestros padres,[15] los cuales fueron trasladados a Siquem y sepultados en el sepulcro que Abraham había comprado de los hijos de Hemor en Siquem a precio de plata.[16] Mas, en tanto que se acercaba el tiempo de la promesa que Dios había hecho a Abraham, creció el pueblo y se hizo grande en Egipto,[18] hasta que se levantó en Egipto otro rey que no conocía a José.[19] Éste, engañando a nuestra nación, hizo sufrir a nuestros padres, obligándolos a exponer los niños para que no se propagasen.[20] En aquel tiempo nació Moisés, hermoso a los ojos de Dios, que fue criado por tres meses en la casa de su padre.[21] Cuando al fin lo expusieron, lo recogió la hija del Faraón y lo crió para sí como hijo suyo.[22] Así que Moisés fue instruido en toda la sabiduría de los egipcios, y llegó a ser poderoso en sus palabras y obras.[23] Mas al cumplir los cuarenta años, le vino el deseo de ver a sus hermanos, los hijos de Israel.[24] Y viendo a uno que padecía injusticia, lo defendió y vengó al injuriado, matando al egipcio.[25] Creía que sus hermanos comprenderían que por su medio Dios les daba libertad; mas ellos no lo entendieron.[26] Al día siguiente se presentó a unos que reñían, y trataba de ponerlos en paz diciendo: "Hombres, sois hermanos. ¿Cómo es que os hacéis injuria uno a otro?"[27] Mas aquel que hacía la injuria a su prójimo, le rechazó diciendo: "¿Quién te ha constituido príncipe y juez sobre nosotros?[28] ¿Acaso quieres matarme como mataste ayer al egipcio?"[29] Al oír tal palabra, Moisés huyó y vivió como extranjero en la tierra de Madián, donde engendró dos hijos".

[30] "Cumplidos cuarenta años se le apareció en el desierto del monte Sinaí un ángel entre las llamas de una zarza ardiente.[31] Al ver este espectáculo se admiró Moisés y acercándose para mirarlo, le vino una voz del Señor.[32] «Yo soy el Dios de tus padres, el Dios de Abraham y de Isaac y de Jacob». Pero Moisés, sobrecogido de espanto, no osaba mirar.[33] Le dijo entonces el Señor: «Quítate el calzado de tus pies, pues el lugar donde estás es tierra santa.[34] He visto bien la vejación de mi pueblo en Egipto, he oído sus gemidos, y he descendido para librarlos. Ven, pues, ahora, para que te envíe a Egipto».

[35] "A este Moisés, a quien negaron diciendo: ¿Quién te ha constituido príncipe y juez?, a éste envió Dios para ser caudillo y libertador por mano del ángel que se le apareció en la zarza.[36] Éste mismo los sacó, haciendo prodigios y milagros en la tierra de Egipto, en el Mar Rojo y en el desierto por espacio de cuarenta años.[37] Este es aquel Moisés que dijo a los hijos de Israel: «Dios os

15. Cf. Gn. 46, 5; 49, 32.
16. Cf. Gn. 23, 16; 50, 13; Jos. 24, 32. Parece haber en este pasaje una confusión de nombres que seguramente no proviene del autor sagrado: en cuanto al sepulcro, no se alude aquí a la gruta de Mambre (Gn. 23, 1-20), ni a la compra de Jacob) en Siquem (Gn. 33, 19s.), pudiendo referirse. según suponen varios autores, a otro hecho que Esteban conociese por tradición.
17 ss. Cf. los primeros caps. del Éxodo.
20. Cf. Hb. 11, 23.
22. *Fue instruido,* etc.: Este detalle puramente humano, al cual se ha dado excesiva importancia, ni siquiera figura en el Éxodo, y Esteban lo conocía sin duda por tradición (cfr. v. 16 y nota). Dios da sabiduría a los pequeños (Lc. 10, 21) y hace elocuente la lengua de los niños (Sb. 10, 21) por su Espíritu Santo, como acabamos de verlo en Esteban (6, 10 y nota). Y aquí mismo vemos que Él hizo a Moisés "poderoso en palabras" a pesar de que era tartamudo (Ex. 4, 10 ss.). Como vimos en Ex. 3, 11 y nota, todos los profetas se sintieron defectuosos e inútiles, y sin duda por eso los eligió el Dios que "harta a los hambrientos y deja vacíos a los ricos" (Lc. 1, 53; 1Sam. 2, 5).
25. *Creía,* etc.: El historiador judío Josefo dice que Dios había revelado a Amrán, padre de Moisés, la misión libertadora que tendría su hijo. He aquí otro dato que Esteban parece haber tomado

de la tradición. *Por su medio Dios les daba libertad*: Según San Agustín, estas palabras demuestran que Moisés mató al egipcio por un movimiento del Espíritu Santo, es decir, con la más legítima y santa autoridad.
30. Sina, Sinaí u Horeb son como sinónimos en el Pentateuco; el primero es más bien un monte; el otro una cordillera. *Un ángel*: el mismo Yahvéh (cf. v. 31s.; Ex. 3, 2 y 14; Dt. 33, 16). "¿Y dónde se aparece Dios? ¿Acaso en un templo? No: en el desierto. Bien ves cuántos prodigios se realizan, y sin embargo no hay templo ni sacrificio en ninguna parte... Lo que santifica este lugar es la aparición (San Juan Crisóstomo). Cf. 5, 42 y nota; Jn. 4, 23.
32. Esta fórmula, usada muchas veces por el mismo Padre celestial es recordada por el Señor Jesús en Lc. 20, 37.
33. De aquí la costumbre oriental de quitarse d calzado al entrar en lugar santo.
36 ss. Véase Ex. 7, 3 y 10; 14, 21; Nm. 14, 33; Dt. 18, 15; Ex. 19, 3; Dt. 9, 10; Nm. 14, 3; Ex. 32, 1. *Os suscitará*: Véase 3, 22 y nota. *Como a mí*: algunos traducen *semejante a mí*, pero el contexto muestra claramente que el pensamiento de Esteban, como lo dice Fillion, es hacer un paralelo de Moisés con Cristo, no en cuanto a su persona, sino por cuanto este otro Príncipe y Redentor, bien superior a Moisés, no obstante haber sido muy manifiestamente acreditado por Dios, fue sin embargo rechazado por los judíos

suscitará un profeta de entre vuestros hermanos, como a mí». [38]Este es aquel que estuvo en medio del pueblo congregado en el desierto, con el ángel que le hablaba en el monte Sinaí, y con nuestros padres; el cual recibió también palabras de vida para dároslas. [39]A éste no quisieron someterse nuestros padres; antes bien lo desecharon y con sus corazones se volvieron a Egipto, [40]diciendo a Aarón: «Haznos dioses que vayan delante de nosotros; pues no sabemos qué ha sido de este Moisés que nos sacó de la tierra de Egipto». [41]En aquellos días fabricaron un becerro, y ofreciendo sacrificios al ídolo se regocijaron en las obras de sus manos. [42]Entonces Dios les volvió las espaldas, abandonándolos al culto de la milicia del cielo, como está escrito en el libro de los Profetas: «¿Por ventura me ofrecisteis víctimas y sacrificios durante los cuarenta años en el desierto, oh casa de Israel? [43]Alzasteis el tabernáculo de Moloc, y el astro del dios Refán, las figuras que fabricasteis para adorarlas; por lo cual os transportaré más allá de Babilonia».

[44]"Nuestros padres tenían en el desierto el tabernáculo del testimonio, conforme a la orden de Aquel que a Moisés mandó hacerlo según el modelo que había visto. [45]Lo recibieron nuestros padres y lo introdujeron también con Jesús cuando tomaron posesión de las naciones que Dios expulsaba delante de nuestros padres, hasta los días de David; [46]el cual halló gracia ante Dios y suplicó por hallar una habitación para el Dios de Jacob. [47]Pero fue Salomón el que le edificó una casa. [48]Sin embargo, el Altísimo no habita en casas hechas por mano de hombres, como dice el Profeta: [49]«El cielo, es mi trono, y la tierra la tarima de mis pies. ¿Qué casa me edificaréis?, dice el Señor, ¿o cuál es el lugar de mi descanso? [50]¿Por ventura no es mi mano la que hizo todo esto?» [51]Hombres de dura cerviz e incircuncisos de corazón y de oídos, vosotros siempre habéis resistido al Espíritu Santo; como vuestros padres, así vosotros. [52]¿A cuál de los profetas no persiguieron vuestros padres?; y dieron muerte a los que vaticinaban acerca de la venida del Justo, a quien vosotros ahora habéis entregado y matado; [53]vosotros, que recibisteis la Ley por disposición de los ángeles, mas no la habéis guardado".

Muerte de San Esteban. [54]Como oyesen esto, se enfurecieron en sus corazones y crujían los dientes contra él. [55]Mas, lleno del Espíritu Santo y

---

como lo fuera Moisés (v. 35), y luego resucitó de entre los muertos para cumplir su obra después de ese rechazo. Tal es el claro sentido de las palabras de Jesús en Jn. 12, 24; Lc. 24, 26 y 46s., etc.

38. *Pueblo congregado*: literalmente *Iglesia*, que significa la asamblea o congregación de *los sacados afuera*. Así llama Esteban en pleno desierto al conjunto de los hijos de Israel sacados de Egipto, Jesús se propuso congregar en uno a todos los hijos de Dios que estaban dispersos (Jn. 11, 52), y, después de su rechazo por Israel, "Dios visitó a los gentiles para escoger de entre ellos un pueblo para su nombre" (15, 14). Los cristianos, según lo dice Cristo muchas veces, no son ya del mundo, porque Él los ha sacado fuera del mundo (cf. Jn. 15, 19; 17, 14-16; etc.). *Paro dároslas*: otros traen *dárnoslas*. Recibir las Palabras del Padre para dároslas, es la misión que se atribuye el mismo Jesús (Jn. 17, 8; Hb. 1, 2). Notemos que aun al mensaje de Moisés se llama aquí *palabras de vida*. ¡Cuánto más no lo serán las del Evangelio! Cfr. Jn. 6, 36; 12, 49s.; 15, 15, etc.

42. s. *La milicia del cielo*: los astros, cuyo culto estaba muy difundido entre los pueblos de Oriente. *El libro de los Profetas*: Esteban, como los Evangelistas (cf. Lc. 24, 27) y el mismo Jesús (Mt. 5, 17; Lc. 24, 44), sigue considerando a la Biblia dividida en tres partes según el sistema judío: la Ley (Torah), los Profetas (Nebiyim) y los Hagiógrafos (Ketubim). La cita es de Amós 5, 25-27, que dice *Damasco* en vez de *Babilonia* (v. 43); el sentido es el mismo, y eso es lo que interesa a los autores sagrados que a veces

lo citan libremente. *Moloc*: el dios principal de los ammonitas. *Refán* (o Remfán, o Romfa, etc.): el planeta Saturno,

44 ss. Cf. Ex. 25, 40; Jos. 3, 14; 1Sam. 16, 13; 1Re. 6, 1.

45. *Con Jesús*: es decir, con Josué.

46. Sobre *David* cfr. 13, 22; Sal. 131, 5.

49s. Cf. Is. 66, 1s. San Esteban se defiende en este párrafo contra el cargo de haber blasfemado del Templo (6, 13-14).

51. La acusación es dura pero justa. Si el corazón no está dispuesto para la verdad, la circuncisión de nada sirve, y sois peores que los gentiles (cf. Flp. 3, 3). Aplicadas a nuestros tiempos, estas palabras quieren decir que la sola partida de Bautismo, sin la fe viva, no da ningún derecho al Reino de Dios. Véase Mc. 16, 16 y nota.

52. ¿Quién no recuerda aquí las invectivas de Jesús? (Mt. 23, 13 ss.). Una cosa muy digna de meditación, y la que tal vez más sorprenderá al lector novel, es que San Pablo y los suyos, los legítimos pastores, los que estaban en la verdad, no fuesen aquí los que ejercían la autoridad sino que al contrario obraban como "una especie de francotiradores rebeldes, trashumantes y perseguidos por la autoridad constituida" como Jesús (cf. 22, 14; Jn. 11, 47 ss.), como Juan (3 Jn. 9), como todos los verdaderos discípulos (Jn. 16, 1-3). Cf. 4, 1; 11, 23; 17, 6; Rm. 10, 2 y notas.

54. *El crujir los dientes* por odio es, según nos enseña la Biblia, la actitud propia del pecador ante el justo (cf. Sal. 36, 12 y nota). Es muy importante, para el discípulo de Cristo. compenetrarse de este misterio, a primera vista inexplicable, pues el justo no trata de

clavando los ojos en el cielo, vio la gloria de Dios y a Jesús de pie a la diestra de Dios, [56]y exclamó: "He aquí que veo los cielos abiertos, y al Hijo del hombre que está de pie a la diestra de Dios. [57]Más ellos, clamando con gran gritería, se taparon los oídos, y, arrojándose a una sobre él, lo sacaron fuera de la ciudad y lo apedrearon. [58]Los testigos depositaron sus vestidos a los pies de un joven que se llamaba Saulo. [59]Apedrearon a Esteban, el cual oraba diciendo: "Señor Jesús, recibe mi espíritu". [60]Y puesto de rodillas, clamó a gran voz: "Señor, no les imputes este pecado". Dicho esto se durmió.

8 **Persecución en Jerusalén.** [1]Saulo, empero, consentía en la muerte de él (*de Esteban*). Se levantó en aquellos días una gran persecución contra la Iglesia de Jerusalén, por lo cual todos, menos los apóstoles se dispersaron por las regiones de Judea y Samaria. [2]A Esteban le dieron sepultura algunos hombres piadosos e hicieron sobre él gran duelo. [3]Entretanto, Saulo devastaba la Iglesia, y penetrando en las casas arrastraba a hombres y mujeres y los metía en la cárcel.

Felipe predica en Samaria. [4]Los dispersos andaban de un lugar a otro predicando la palabra.

[5]Felipe bajó a la ciudad de Samaria y les predicó a Cristo. [6]Mucha gente atendía a una a las palabras de Felipe, oyendo y viendo los milagros que obraba. [7]De muchos que tenían espíritus inmundos, éstos salían, dando grandes gritos, y muchos paralíticos y cojos fueron sanados; [8]por lo cual se llenó de gozo aquella ciudad.

Pedro y Juan en Samaria, Simón Mago. [9]Había en la ciudad, desde tiempo atrás, un hombre llamado Simón, el cual ejercitaba la magia y asombraba al pueblo de Samaria diciendo ser él un gran personaje. [10]A él escuchaban todos, atentos desde el menor hasta el mayor, diciendo: Éste es la virtud de Dios, la que se llama grande. [11]Le prestaban atención porque por mucho tiempo los tenía asombrados con sus artes mágicas. [12]Mas, cuando creyeron a Felipe, que predicaba el reino de Dios y el nombre de Jesucristo, hombres y mujeres se bautizaron. [13]Creyó también el mismo Simón, y después de bautizado se acercó a Felipe y quedó atónito al ver los milagros y portentos grandes que se hacían. [14]Cuando los apóstoles que estaban en Jerusalén oyeron que Samaria había recibido la palabra de Dios les enviaron a Pedro y a Juan, [15]los

---

hacer daño al pecador, sino bien, como lo dice San Pablo a los Gálatas (Ga. 4, 16). Es el caso de los cerdos, que no sólo pisotean perlas, sino que nos devoran (Mt. 7, 6). Es que "para el insensato, cada palabra es un azote" (Pr. 10, 8; 18, 2), y la sola presencia del justo es un testimonio que les reprocha su maldad (Jn. 7, 7). Sólo meditando esto podremos tener conciencia de que no somos del mundo, sino que estamos en él "como corderos entre lobos" (Mt. 10, 16 y nota; Jn. 15, 19; 17, 14 ss.; etc. y "como basura" (1Co. 4, 13), lo cual nos sirve de testimonio de que nuestra vocación no es mundana, como sería si fuéramos aplaudidos por los hombres (Lc. 6, 26; Jn. 5, 44 y nota).

58 ss. Tanto en el *proceso* como en la *muerte* de Esteban vemos nuevas semejanzas con el divino Maestro. Ambos son acusados de quebrantar la Ley, ambos enrostran a los poderosos su falsa religiosidad, y ambos mueren "fuera de la ciudad", perdonando y orando por sus verdugos. "Si Esteban no hubiese orado, dice San Agustín, la Iglesia no habría tenido un Pablo", salvo, claro está, el libre e impenetrable designio de Dios, que había segregado a Pablo "desde el vientre de su madre" (Ga. 1, 15). *Saulo*, era, en efecto, el que pronto había de ser Pablo. Su discípulo Lucas no vacila en transmitirnos aquí (y en el comienzo de 8, 1 que algunos incorporan al v. 60) esta negra nota anterior a la conversión del gran Apóstol, que él mismo confiesa en 24, 10.

60. *Se durmió*: la Vulgata añade en *el Señor*, expresión que aún suele usarse para anunciar el fallecimiento de los cristianos.

1. La muerte de Esteban fue la señal de una *persecución* general, más el mismo fanatismo de los enemigos sirvió para propagar la Iglesia por todo el país y más allá de Palestina, sacando Dios bien del mal, como sólo si sabe hacerlo. Cf. 12, 23 y nota.

3. Recordemos lo que fue después Pablo, y admiremos aquí la obra de Dios que tan milagrosamente lo transformó. Ello nos enseña a no desesperar nunca de un alma (1 Jn. 5, 16 y nota), porque no podemos juzgar los designios que Dios tiene sobre ella. Quizás Él espera a tener que perdonarle más para que ame más (Lc. 7, 47; cf. Rm. 11, 32 ss.). El mismo Pablo confirma detalladamente, en muchas ocasiones, sus culpas contra la Iglesia; véase 7, 58 y 60; 9, 1, 13 y 21; 22, 4 y 19; 26, 10s.; 1Co. 15, 9; Ga. 1, 13; Flp. 3. 6; 1 Tm. 13.

5. No se trata del *apóstol Felipe,* pues estaba todavía en Jerusalén (v. 1), sino de uno de los siete diáconos (cf. 6, 5).

9. San Ireneo nos ha conservado de él las siguientes palabras, demostrativas de que se presentaba como el Mesías, cumpliendo así lo anunciado por Jesús (Mc. 13, 6): "Yo soy la palabra de Dios, yo soy el hermoso, yo el Paráclito, yo el omnipotente, yo el todo de Dios".

14 ss. En este pasaje, que forma la Epístola de la Misa votiva del Espíritu Santo, vemos cómo los despreciados samaritanos recibían la Palabra de Dios con buena voluntad, dando una nueva prueba de lo que tantas veces había dicho Jesús en favor de ellos y de otros paganos, como el Centurión y la Cananea, cuya fe podía servir de ejemplo a los mismos israelitas (cf. 10, 2 ss.; Is. 9, 1 ss. y

cuales habiendo bajado, hicieron oración por ellos para que recibiesen al Espíritu Santo; [16]porque no había aún descendido sobre ninguno de ellos, sino que tan sólo habían sido bautizados en el nombre del Señor Jesús. [17]Entonces les impusieron las manos y ellos recibieron al Espíritu Santo.[18]Viendo Simón que por la imposición de las manos de los apóstoles se daba el Espíritu Santo, les ofreció bienes, [19]diciendo: "Dadme a mí también esta potestad, para que todo aquel a quien imponga yo las manos reciba al Espíritu Santo". [20]Mas Pedro le respondió: "Tu dinero sea contigo para perdición tuya, por cuanto has creído poder adquirir el don de Dios por dinero. [21]Tú no tienes parte ni suerte en esta palabra, pues tu corazón no es recto delante de Dios. [22]Por tanto haz arrepentimiento de esta maldad tuya y ruega a Dios, tal vez te sea perdonado lo que piensas en tu corazón. [23]Porque te veo lleno de amarga hiel y en lazo de iniquidad". [24]Respondió Simón y dijo: "Rogad vosotros por mí al Señor, para que no venga sobre mí ninguna de las cosas que habéis dicho". [25]Ellos, pues, habiendo dado testimonio y predicado la palabra de Dios, regresaron a Jerusalén y evangelizaron muchas aldeas de los samaritanos.

Felipe bautiza al etíope. [26]Un ángel del Señor habló a Felipe, diciendo: Levántate y ve hacia el mediodía, al camino que baja de Jerusalén a Gaza, el cual es el desierto. [27]Se levantó y se fue, y he aquí que un hombre etíope, eunuco, valido de Candace, reina de los etíopes, y superintendente de todos los tesoros de ella, había venido a Jerusalén a hacer adoración. [28]Iba de regreso y, sentado en el carruaje, leía al profeta Isaías. [29]Dijo entonces el Espíritu a Felipe: "Acércate y allégate a ese carruaje". [30]Corrió, pues, Felipe hacia allá y oyendo su lectura del profeta Isaías, le preguntó: "¿Entiendes lo que estás leyendo?" [31]Respondió él: "¿Cómo podría si no hay quien me sirva de guía?" Invitó, pues, a Felipe, a que subiese y se sentase a su lado. [32]El pasaje de la Escritura que estaba leyendo era éste "Como una oveja fue conducido al matadero, y como un cordero enmudece delante del que lo trasquila, así él no abre su boca. [33]En la humillación suya ha sido terminado su juicio.

---

nota). Vemos también la caridad y la sencillez de la Iglesia naciente, en que los apóstoles, todos judíos, no vacilan en mandar al mismo Papa Pedro y al Discípulo amado, a que visiten y evangelicen a aquellos samaritanos, confirmándolos en la fe con ayuda del Sacramento de la Confirmación (v. 17). Cf. 10, 23 y nota).

16. Esto es: con el Bautismo que los discípulos, a ejemplo del Bautista, habían administrado copiosamente ya desde que Jesús predicaba (Jn. 3, 22; 4, 1s.), o sea cuando "aún no había Espíritu por cuanto Jesús no había sido todavía glorificado" (Jn. 7, 39). Hoy disfrutamos del gran misterio de la gracia, que pocos aprovechan, porque no lo conocen: El cristiano recibe del Padre no sólo el perdón de los pecados por los méritos de Cristo, sino que también recibe la fuerza para no pecar más mediante la gracia y los dones del Espíritu Santo (cf. Rm. 6): pues Él nos hace hijos de Dios (Ga. 4, 6), y "el que ha nacido de Dios no peca" (1 Jn. 3, 9). Tal es el Bautismo que iba a dar Jesús con su sangre: el Bautismo "en Espíritu Santo y fuego" según las palabras con que lo preanunciaba el Bautista (Mt. 3, 11; Mc. 1, 8; Lc. 3, 16; Jn. 1, 26). Cf. 1, 5; 11, 16 y 19, 2-6, donde el Bautismo en nombre del Señor Jesús va igualmente seguido de la imposición de las manos. Véase 19, 4.

17. Se trata aquí no ya del Orden (6, 6 y nota) sino de la *Confirmación* (sobre el sacerdocio de los fieles véase 1 Pe. 2, 2-9). San Juan Crisóstomo observa que Felipe no había podido administrarla porque estaba reservada a los Doce, y él era simple diácono, "uno de los siete". Habían recibido ya al Espíritu Santo en el Bautismo, pero no en esa plenitud con que se manifestó en Pentecostés sobre los discípulos reunidos (2, 1 ss.) y que trascendió aquí también en carismas visibles y don de milagros, como lo nota el ambicioso Simón Mago (v. 18). Cf. 19, 6.

18 ss. De aquí el nombre de simonía dado a la venta de dignidades eclesiásticas o bienes espirituales. San Pedro señala con gran elocuencia (v. 20) la contradicción de querer comprar lo que es un don, es decir, lo que es dado y no vendido (cfr. Cant. 8, 7 y nota). Recordaba la palabra terminante de Jesús a los Doce: "Gratis recibisteis, dad gratuitamente" (Mt. 10, 8).

24. Esta otra conversión de *Simón Mago* tampoco parece haber sido duradera (cf. v. 13). La tradición dice que volvió a sus malas costumbres de hechicero, perjudicando mucho a los cristianos. La Historia eclesiástica le llama "padre de los herejes".

27. *Eunuco*: aquí título que correspondía a los ministros y altos funcionarios de la corte. Cf. Gn. 39, 1; 2R. 25, 19. *Para adorar*: Era, pues, un "prosélito" de la religión de Israel, y no un simple gentil. De entre éstos el primer bautizado fue Cornelio (10, 1 ss.).

30s. La contestación del etíope es una refutación elocuente a los que creen que la Sagrada Escritura es siempre clara, y que cualquiera puede interpretarla sin guía. Por eso el Señor envía a Felipe, como advierte San Jerónimo, para que descubra al eunuco a Jesús que se le ocultaba bajo el velo de la letra. "Los cristianos, dice San Ireneo, deben escuchar la explicación de la Sagrada Escritura que les da la Iglesia, la que recibió de los apóstoles el patrimonio de la verdad" (1 Tm. 6, 20 y nota). Cf. los decretos del Concilio Tridentino (Ench. Bibl. 47 y 50). De ahí también necesidad de notas explicativas en las ediciones bíblicas.

32s. Véase Is. 53, 7-8. El profeta habla del Mesías. La cita es según los LXX's.

¿Quién explicará su generación, puesto que su vida es arrancada de la tierra?" [34]Respondiendo el eunuco preguntó a Felipe: "Te ruego ¿de quién dice esto el profeta? ¿De sí mismo o de algún otro?" [35]Entonces Felipe, abriendo su boca, y comenzando por esta Escritura, le anunció la Buena Nueva de Jesús. [36]Prosiguiendo el camino, llegaron a un lugar donde había agua, y dijo el eunuco: "Ve ahí agua. ¿Qué me impide ser bautizado?" [37]Y dijo Felipe: si crees de todo corazón, lícito es. Él repuso: Creo que Jesucristo es el Hijo de Dios. [38]Y mandó parar el carruaje, y ambos bajaron al agua, Felipe y el eunuco, y (Felipe) le bautizó. [39]Cuando subieron del agua, el Espíritu del Señor arrebató a Felipe, de manera que el eunuco no le vio más; el cual prosiguió su viaje lleno de gozo. [40]Mas Felipe se encontró en Azoto, y pasando por todas las ciudades anunció el Evangelio hasta llegar a Cesarea.

9 Saulo en el camino de Damasco. [1]Saulo que todavía respiraba amenaza y muerte contra los discípulos del Señor, fue al Sumo Sacerdote [2]y le pidió cartas para Damasco, a las sinagogas, con el fin de traer presos a Jerusalén a cuantos hallase de esta religión, hombres y mujeres. [3]Yendo por el camino, ya cerca de Damasco, de repente una luz del cielo resplandeció a su rededor; [4]y caído en tierra oyó una voz que le decía: "Saulo, Saulo, ¿por qué me persigues?" [5]Respondió él: "¿Quién eres, Señor?" Le dijo Éste: "Yo soy Jesús a quien tú persigues. [6]Mas levántate, entra en la ciudad, y se te dirá lo que has de hacer". [7]Los hombres que con él viajaban se habían parados atónitos, oyendo, por cierto, la voz, pero no viendo a nadie. [8]Se levantó, entonces, Saulo de la tierra, más al abrir sus ojos no veía nada. Por lo tanto lo tomaron de la mano y lo condujeron a Damasco. [9]Tres días estuvo privado de la vista, y no comió ni bebió.

Conversión Saulo. [10]Vivía en Damasco cierto discípulo, por nombre Ananías, al cual el Señor dijo en una visión: "¡Ananías!", y él respondió: "Aquí me tienes. Señor". [11]Le dijo entonces el Señor: "Levántate y ve a la calle llamada «la

---

34. Pregunta de gran interés exegético, pues cierta interpretación israelita, que no reconoce a Jesús como el Mesías, quisiera acomodar todo aquel admirable pasaje de Isaías para aplicarlo al mismo pueblo de Israel. Cf. Is. 52, 14 y nota.

35. *Le anunció la Buena Nueva*: Preciosa expresión y no menos precioso ejemplo de catequesis bíblico. Así lo hizo también el mismo Jesús (Lc. 24, 27, 32 y 44 ss.) partiendo de un texto de la Sagrada Escritura (cf. Lc. 4, 16 ss.).

37. Versículo que no aparece en muchos manuscritos antiguos. Merk, cuyo texto traducimos, lo omite. Otros, como Brandscheid, lo traen idéntico a la Vulgata. Fillion observa que "su autenticidad está suficientemente garantida por otros testigos excelentes". También el contexto parece requerirlo como respuesta a la pregunta del v. 36, la cual sin él quedaría trunca, y entonces no se explicaría que el eunuco hiciese parar el carro (v. 38) como pretendiendo recibir el bautismo sin conocer la conformidad de Felipe. En cuanto a la doctrina de este texto, según la cual "Felipe exigió del neófito una profesión exterior de fe antes de bautizarlo" (Fillion), es la misma de otros pasajes (cfr. 2, 41 y nota). Es un caso más en que la fe se muestra vinculada al conocimiento de la Palabra de Dios (v. 35), según lo enseña San Pablo (Rm. 10, 17).

40. *Azoto,* ciudad filistea situada entre Gaza y Joppe.

1 ss. Sobre el mismo episodio véase 22, 6 ss.; 26, 9 ss.; 1Co. 15, 8; 2Co. 12, 2. ¡Qué comienzo éste para las hazañas del más grande Apóstol! La saña de Saulo era sin duda tan apasionada como lo fue luego su caridad, que lo convirtió en "todo para todos". Sin límites en su empeño, no vacila aquí en hacer a caballo los 250kms. que separan Damasco de Jerusalén. Esa sinceridad que lo llevaba a entregarse todo a lo que él creía verdad, fue sin duda lo que más agradó a Jesús en él (cf. Jn. 1, 47 y nota), porque Dios "vomita de su boca" a los indiferentes (Ap. 3, 16), a los cuales el Dante señala una de las penas más viles del infierno (Canto 3, 34-51).

2. Enseñanza elocuente sobre el espíritu de libertad –no ya sólo de caridad– que trajo Jesús. Saulo, celoso fariseo (23, 6; Flp. 3, 5s), quiere la cárcel y aún la muerte para los que no piensan como él (cf. 7, 58; 26, 10). Pablo, celoso cristiano, respetará con suma delicadeza la conciencia de cada hombre, no sintiéndose autorizado a condenarlo (cf. 2Co. 1, 23; 4, 5; 1 Pe. 5, 2s.; Mt. 23, 8; Cant. 3, 5 y notas). Nos muestra así que, según el plan de Dios, la certeza de estar en la verdad religiosa no obliga ni autoriza a imponerla a otros, ni aun teniendo, como el Apóstol tuvo, las más excepcionales revelaciones sobre la doctrina que él predicaba (cf. 26, 16 y nota).

4. *Me persigues*: Jesús, que recibe como hecho a Él minino el bien que hagamos a sus hermanos los pequeños (Mt. 25, 40), manifiesta aquí lo mismo respecto de la persecución de los que creen en Él.

5. Cf. 26, 14 y nota.

7. Cf. 22, 9 y 26, 14. Los hombres oían la voz como un sonido pero no como articulación de palabras. En Jn. 12, 28 ss., Jesús oye la voz del Padre celestial y los circunstantes creen que ha sido un trueno, el cual en la Biblia es llamado muchas veces la voz de Dios. *No viendo a nadie*: De aquí se deduce, como observa Fillion, que Saulo conoció entonces a Jesús, viendo su divino Rostro glorificado, como en la Transfiguración lo vieron los tres apóstoles "con la gloria propia del Unigénito del Padre" (Jn. 1, 14).

8. La ceguera confirma que hubo aparición y no sólo visión interior de Pablo.

Recta», y pregunta en casa de Judas por un hombre llamado Saulo de Tarso, porque él está en oración"; [12]y (*Saulo*) vio a un hombre llamado Ananías, cómo entraba y le imponía las manos para que recobrase la vista. [13]A lo cual respondió Ananías: "Señor, he oído de muchos respecto a este hombre, cuántos males ha hecho a tus santos en Jerusalén. [14]y aquí está con poderes de los sumos sacerdotes para prender a todos los que invocan tu nombre". [15]Mas el Señor le replicó: "Anda, porque un instrumento escogido es para mí ese mismo, a fin de llevar mi nombre delante de naciones y reyes e hijos de Israel; [16]porque Yo le mostraré cuánto tendrá que sufrir por mi nombre". [17]Se fue, pues, Ananías, entró en la casa y le impuso las manos, diciendo: "Saulo, hermano, el Señor Jesús, que se te apareció en el camino por donde venías, me ha enviado para que recobres la vista y quedes lleno del Espíritu Santo". [18]Al instante cayeron de sus ojos unas como escamas y recobró la vista; luego se levantó y fue bautizado. [19]Tomó después alimento y se fortaleció.

Saulo predica en Damasco. Apenas estuvo algunos días con los discípulos que se hallaban en Damasco, [20]cuando empezó a predicar en las sinagogas a Jesús, como que Éste es el Hijo de Dios. [21]Y todos los que le oían, estaban pasmados y decían: "¿No es éste aquel que destrozaba en Jerusalén a los que invocan este nombre, y aquí había venido con el propósito de llevarlos atados ante los sumos sacerdotes?" [22]Saulo, empero, se fortalecía cada día más y confundía a los judíos que vivían en Damasco, afirmando que Éste es el Cristo.

Saulo se retira a su patria. [23]Bastantes días más tarde, los judíos tomaron la resolución de quitarle la vida. [24]Mas Saulo fue advertido de sus asechanzas; pues ellos custodiaban las puertas día y noche a fin de matarlo. [25]Entonces los discípulos tomándolo de noche, lo descolgaron por el muro, bajándolo en un canasto.

[26]Llegado a Jerusalén, procuraba juntarse con los discípulos, más todos recelaban de él, porque no creían que fuese discípulo. [27]Entonces lo tomó Bernabé y lo condujo a los apóstoles, contándoles cómo en el camino había visto al Señor y que Éste le había hablado y cómo en Damasco había predicado con valentía en el nombre de Jesús. [28]Así estaba con ellos, entrando y saliendo, en Jerusalén y predicando sin rebozo en el nombre del Señor. [29]Conversaba también con los griegos y disputaba con ellos. Más éstos intentaron matarlo.

---

12. Este v. es generalmente admitido como un paréntesis del narrador para advertir que Saulo tuvo esa visión de lo que iba a acontecerle con Ananías. Así vemos en el cap. 10 la visión de Cornelio unida a la de Pedro.

13. La Sagrada Escritura, y principalmente San Pablo, designa con el nombre de *santos* a los cristianos, para mostrar que todos somos llamados a la santidad (1 Ts. 4, 3 y 7). ¡Qué poco meditamos en este don magnífico que nos tiene preparado el Espíritu Santo! Cf. Jn. 17, 23 y nota.

15. Véase 26, 1 y nota.

16. Véase 26, 17 y nota.

17. *Le impuso las manos*: es de notar que Pablo, no obstante su llamado directo y extraordinario sin ser de los Doce (Ga. 1, 15 ss.), recibe de la Iglesia dos imposiciones de manos. Ésta, para efusión del Espíritu Santo (confirmación), y la de 13, 3 para "separarlo" destinándolo a un apostolado especial. Cf. 11, 46 y nota.

20. Pablo, sin duda instruido por Dios aun antes de retirarse a estudiar (v. 23 y nota), pone especialmente el acento en la divinidad de Jesús, en tanto que Pedro, sin perjuicio de lo mismo, acentúa más bien, ante los judíos, la mesianidad del Hijo de David (2, 25 ss.).

21. El que por Jesús fue escogido para Apóstol de los gentiles, no tarda en mostrar la misma valentía que antes había puesto al servicio de los enemigos de Cristo. La conversión y transformación de Pablo no proviene de sus propios esfuerzos, sino que es, como enseñan los Padres, un milagro de la gracia divina, y muestra cómo Dios tiene recursos para mover con eficacia aun a las más rebeldes de sus almas elegidas, según el mismo Cristo dijo a Ananías (cf. Rm. 9, 15; Jn. 6, 44). Es lo que pedimos en la preciosa "secreta" del Domingo IV después de Pentecostés.

23. *Bastantes días más tarde:* transcurridos tres años. Después de su conversión San Pablo estuvo en el desierto de Arabia (Ga. 1, 17), preparándose para su futura misión y recibiendo las revelaciones del Señor. De Arabia volvió a Damasco, donde reanudó su predicación y fue obligado a huir de nuevo (v, 24s. y 30). Sobre estos lapsos, discutidos para fijar la fecha del Concilio (cap. 15) y de la Epístola a los Gálatas, cf. 12, 25; Ga. 2, 1 y nota.

24. Cf. 2Co. 11, 32. Véase igual aventura corrida por David (1Sam. 19, 12) y por los exploradores de Josué (Jos. 2, 15). San Gregorio Magno cita este caso como ejemplo de que la valentía en el servicio de Dios no consiste en desafiar la muerte sin necesidad. Cf. Flp. 1, 23s.

27. *Bernabé* (cf. 4, 36 y nota) aparece aquí como guía de Pablo, y lo mismo en 11, 25s. Más adelante se destaca la primacía del gran Apóstol, no obstante lo cual ambos conservaban su libertad de espíritu, como se ve en el episodio de su separación (15, 16 ss.).

29. *Con los griegos*, es decir con los judíos helenistas, los mismos con quienes él había colaborado en la muerte de Esteban,

[30]Los discípulos, al saberlo, lo llevaron a Cesarea y lo enviaron a Tarso.

San Pedro en Lidda. [31]Entretanto, la Iglesia, por toda Judea y Galilea y Samaria, gozaba de paz y se edificaba caminando en el temor del Señor, y se iba aumentando por la consolación del Espíritu Santo. [32]Sucedió entonces que yendo Pedro a todas partes llegó también a los santos que moraban en Lidda. [33]Encontró allí un hombre llamado Eneas que desde hacía ocho años estaba tendido en un lecho, porque era paralítico. [34]Le dijo Pedro: "Eneas, Jesucristo te sana. Levántate y hazte tú mismo la cama". Al instante se levantó, [35]y lo vieron todos los que vivían en Lidda y en Sarona, los cuales se convirtieron al Señor.

San Pedro en Joppe. [36]Había en Joppe una discípula por nombre Tabita, lo que traducido significa Dorcás (*Gacela*). Estaba ésta llena de buenas obras y de las limosnas que hacía, [37]Sucedió en aquellos días que cayó enferma y murió. Lavaron su cadáver y la pusieron en el aposento alto. [38]Mas como Lidda está cerca de Joppe, los

discípulos oyendo que Pedro se hallaba allí, le enviaron dos hombres suplicándole: "No tardes en venir hasta nosotros". [39]Se levantó, pues, Pedro y fue con ellos. Apenas hubo llegado, cuando lo condujeron al aposento alto, y se le presentaron todas las viudas llorando y mostrándole las túnicas y los vestidos que Dorcás les había hecho estando entre ellas. [40]Mas Pedro hizo salir a todos, se puso de rodillas e hizo oración; después, dirigiéndose al cadáver, dijo: "¡Tabita, levántate!" Y ella abrió los ojos y viendo a Pedro se incorporó. [41]Él, dándole la mano, la puso en pie y habiendo llamado a los santos y a las viudas, se la presentó viva. [42]Esto se hizo notorio por toda Joppe, y muchos creyeron en el Señor. [43]Se detuvo Pedro en Joppe bastantes días, en casa de cierto Simón, curtidor.

10 **Visión de Cornelio de Cesarea.** [1]Había en Cesarea un varón de nombre Cornelio, centurión de la cohorte denominada Itálica. [2]Era piadoso y temeroso de Dios con toda su casa, daba muchas limosnas al pueblo y hacía continua oración a Dios.

---

que también disputó con ellos (6, 9 ss.). De ahí que ahora quisiesen igualmente matar a Pablo.

31. *Gozaba de paz*: Contrasta con la persecución de pocos años antes (cf. 8, 1). Estamos alrededor del año 37, durante el imperio de Calígula que trataba de erigir su estatua en el Templo de Jerusalén, por lo cual los judíos tenían otras preocupaciones que la de perseguir a los cristianos. La persecución de Heredes Agripa I, que hizo matar a Santiago, fue hacia el año 42 (cf. 12, 1 ss.).

32. *Lidda*: hoy *Lud*, ciudad situada entre Jerusalén y Joppe (Jafa). Nótese que *Pedro* visita las iglesias en calidad de jefe supremo. Las primeras comunidades cristianas no eran sectas, como opinan algunos modernistas, sino miembros del mismo Cuerpo Místico, que es la Iglesia, sin perjuicio de la unidad de cada "pequeña grey" o iglesia local, como vemos en las cartas a las siete Iglesias (Ap. 1, 20; 3, 22). San Pablo llama iglesia al grupo de fieles que se reúne en casa de uno de ellos (Col. 4, 15; cf. Hch. 2, 46 y nota), Y en igual sentido habla Jesús al tratar de la corrección fraterna (Mt. 18, 17). En tal sentido es que muchas versiones griegas del v. 31 usan el plural "las iglesias... gozaban, etc.", si bien las más acreditadas de entre ellas confirman el singular de la Vulgata (Fillion, Boudou, etc.). San Juan Crisóstomo comenta la visita pastoral de Pedro diciendo: "Como un general en jefe, recorría las filas para ver cuál estaba unida, cuál bien armada, cuál necesitaba de su presencia". Cf. 10, 35 y nota.

39. *Tabita* es un modelo de mujer cristiana, cuya fe obra por la caridad (Ga. 5, 6). El llanto de los pobres sobre la tumba de la bienhechora es su mejor testimonio. La caridad de Pedro, siempre dispuesto a servir a todos, recuerda aquí la actitud de Jesús con el Centurión: "Yo iré y lo sanaré" (Mt. 8, 7). Sobre esta característica

de Pedro y la encantadora llaneza de sus relaciones con los fieles y con los paganos, véase 8, 14; 10, 5, 23 y 26; 1 Pe. 5, 1-3, etc. Por su parte Dios bendecía sus pasos, al extremo inaudito de que hasta la sombra de su cuerpo curaba a los enfermos, como lo vimos en 5, 15.

42. "Es notable este ejemplo de sencillez y humildad apostólica. El Príncipe de los apóstoles elige para su morada la casa de un curtidor, enseñando con su ejemplo a los ministros de Jesucristo. que sólo deben mirar a Dios en los negocios que son de Dios, quitando todo motivo a los grandes de ensoberbecerse, y a los pobres de avergonzarse del estado en que la Providencia los ha puesto" (Scio).

1. *Cesarea*, en la costa del mar Mediterráneo, entre Joppe y Haifa, era sede del Procurador romano. Había allí cinco cohortes, de 500 a 600 soldados cada una.

2 ss. Dios nos pone a la vista el caso de este pagano, a quien llama "piadoso", a fin de enseñarnos que Él se reserva salvar a quien quiera (Rm. 9, 15 ss.), y que lejos de despreciar a los de fuera (Rm. 11, 18 ss.), hemos de tener sentimientos de contrición como los que muestra la oración de Daniel (Dn. 9), sabiendo que se pide más cuenta al que mucho se dio (Lc. 12, 48), y que en la red barredera entra toda clase de peces (Mt. 13, 47), como en la sala del banquete que se llenará con "buenos y malos" (Mt. 22, 10), pero que sólo quedan los que tienen "el traje nupcial" (ibíd. 11 ss.), siendo "muchos los llamados pero pocos los escogidos" (ibíd., 14; Jn. 15, 19). ¿Y cuál es el traje nupcial, sino el de la fe viva, que obra por amor (Ga. 5, 6) y vive de la esperanza? (2 Tm. 4, 8; Tt. 2, 13). Véase la grave advertencia de Jesús de que los publicanos y

[3]Éste vio con toda claridad en una visión, a eso de la hora nona, a un ángel de Dios que entraba a él y le decía: "¡Cornelio!" [4]Y él, mirándolo fijamente y sobrecogido de temor preguntó: "¿Qué es esto, Señor?" Le respondió: "Tus oraciones y limosnas han subido como recuerdo delante de Dios. [5]Envía, pues, ahora, algunos hombres a Joppe y haz venir a cierto Simón, por sobrenombre Pedro, [6]que está hospedado en casa de un tal Simón, curtidor, el cual habita cerca del mar". [7]Cuando hubo partido el ángel que le hablaba, llamó a dos de sus sirvientes y a un soldado piadoso de los que estaban siempre con él, [8]a los cuales explicó todo y los mandó a Joppe.

Visión de Pedro en Joppe. [9]Al día siguiente, mientras ellos iban por el camino y se acercaban ya a la ciudad, subió Pedro a la azotea para orar, cerca de la hora sexta. [10]Teniendo hambre quiso comer, pero mientras le preparaban la comida, le sobrevino un éxtasis. [11]Vio el cielo abierto y un objeto como lienzo grande, que pendiente de las cuatro puntas bajaba sobre la tierra. [12]En él se hallaban todos los cuadrúpedos y los reptiles de la tierra y las aves del cielo. [13]Y oyó una voz: [14]"Levántate, Pedro, mata y come". "De ninguna manera, Señor, respondió Pedro, pues jamás he comido cosa común e inmunda". [15]Mas se dejó oír la voz por segunda vez: "Lo que Dios ha purificado, no lo declares tú común". [16]Esto se repitió por tres veces, e inmediatamente el objeto subió al cielo.

Llegada de los mensajeros de Cornelio. [17]Pedro estaba todavía incierto del significado de la visión que había visto, cuando los hombres enviados por Cornelio, habiendo preguntado por la casa de Simón, se presentaron a la puerta. [18]Llamaron, pues, y preguntaron si se hospedaba allí Simón, por sobrenombre Pedro. [19]Éste estaba todavía reflexionando sobre la visión, cuando le dijo el Espíritu: "He aquí que tres hombres te buscan. [20]Levántate, baja y ve con ellos sin reparar en nada, porque soy Yo el que los he enviado". [21]Bajó, pues, Pedro hacia los hombres y dijo: "Heme, aquí, soy yo a quien buscáis. ¿Cuál es el motivo de vuestra venida?" [22]Le respondieron: "El centurión Cornelio, hombre justo y temeroso de Dios, al cual da testimonio todo el pueblo de los judíos, ha sido advertido divinamente por un santo ángel para hacerte ir a su casa y escuchar de ti palabras". [23]Entonces (*Pedro*) los hizo entrar y les dio hospedaje.

Pedro en Cesárea. Al día siguiente se levantó y marchó con ellos, acompañándole algunos de los hermanos que estaban en Joppe. [24]Y al otro día entró en Cesarea. Cornelio les estaba esperando y había convocado ya a sus parientes y amigos más íntimos. [25]Y sucedió que, estando Pedro para entrar, Cornelio le salió al encuentro y postrándose a sus pies hizo adoración. [26]Mas Pedro le levantó diciendo: "Levántate, porque yo también soy

---

las rameras precederán a los fariseos en el Reino de Dios (Mt. 21, 31). Cf. v. 28.

4. Admiremos la universal Providencia de Dios que acepta las oraciones y las buenas obras de este pagano. Tal será uno de los motivos que luego decidirá a Pedro a recibirlo sin vacilar en el seno de la Iglesia. Cf. 17, 23 y nota.

15. Pedro todavía no comprende la finalidad de esa visión, que no era más que un hecho simbólico para convencerle de la abolición de las leyes rituales judías y de que en lo sucesivo no habrá para los cristianos manjares puros e impuros, ni tampoco distinción entre pueblo judío y gentil. Todos cuantos creen en Jesucristo son purificados por la fe. Cf. 15, 9. Vemos aquí una vez más ese espíritu de insondable caridad de Dios que sólo en la Biblia se descubre. En vez de ser Dios aquí el preceptivo, el exigente, es Él quien levanta la prohibición, y el hombre es quien se empeña en mantenerla. El Señor le enseña entonces que se cuide de violar algo mucho más grave que el precepto anterior: el respeto debido a su Majestad. Guardémonos de este gran peligro farisaico de querer ser más santos que Dios (cf. Mc. 7, 4 y nota). En ello esconde el diablo

la peor especie de soberbia, y consigue así, no sólo quitar todo valor a las obras con que pretendemos obsequiar a Dios contra Su voluntad (Sb. 9, 10 y nota), sino también hacernos caer en el pecado abominable que hizo de Saúl un réprobo después de ser un elegido. Véase 1Sam. 13, 9; 15, 1 ss.; 30, 13 y notas. Dice a este respecto el P. Gräf: "Ni vayas a creer que tengamos que buscarnos penas y sufrimientos y cruces que cargar sobre nuestros hombros, privaciones, ni sacrificios; nada de esto; porque aun en esto suele haber mucho de nuestro "yo", es decir, de la causa de donde se originan nuestros más comunes defectos. Solamente estamos obligados a cargar con lo que Dios impone en cada instante, y tanto cuanto Él impone, ni una milésima de gramo más, y nada más que durante el tiempo que Él dispusiere; ni una hora más, ni un segundo más".

23. *Marchó con ellos*: Nótese nuevamente la humildad y caridad de Pedro: Siendo el Sumo Pontífice y agobiado por tos ministerios de la Iglesia naciente, no vacila en emprender personalmente un viaje para ponerse al servicio de un simple pagano, Cf. 8, 14 y nota.

hombre". [27]Y conversando con él, entró y encontró muchas personas reunidas, a las cuales dijo: [28]"Vosotros sabéis cuán ilícito es para un judío juntarse con un extranjero o entrar en su casa; pero Dios me ha enseñado a no declarar común o inmundo a ningún hombre. [29]Por lo cual al ser llamado he venido sin reparo; pregunto, pues: ¿Cuál es el motivo por el que habéis enviado a llamarme?" [30]Cornelio respondió: "Cuatro días hace hoy estaba yo orando en mi casa a la hora nona, y he aquí que se me puso delante un hombre en vestidura resplandeciente, [31]y me dijo: "Cornelio, ha sido oída tu oración, y tus limosnas han sido recordadas delante de Dios. [32]Envía a Joppe y haz venir a Simón, por sobrenombre Pedro, el cual está hospedado en casa de Simón, curtidor, cerca del mar". [33]Inmediatamente envié por ti, y tú has hecho bien en venir. Ahora, pues, nosotros todos estamos en presencia de Dios para oír todo cuanto el Señor te ha encargado". [34]Entonces Pedro, abriendo la boca, dijo: "En verdad conozco que Dios no hace acepción de personas, [35]sino que en todo pueblo le es acepto el que le teme y obra justicia. [36]Dios envió su palabra a los hijos de Israel, anunciándoles la paz por Jesucristo, el cual es el Señor de todos. [37]Vosotros no ignoráis las cosas que han acontecido en toda la Judea, comenzando desde Galilea, después del bautismo predicado por Juan: [38]cómo Dios ungió con el Espíritu Santo y poder a Jesús de Nazaret, el cual iba de lugar en lugar, haciendo el bien y sanando a todos los oprimidos por el diablo, porque Dios estaba con Él. [39]Nosotros somos testigos de todas las cosas que hizo en el país de los judíos y en Jerusalén (ese Jesús), a quien también dieron muerte colgándolo de un madero; [40]pero Dios le resucitó al tercer día y le dio que se mostrase manifiesto, [41]no a todo el pueblo, sino a nosotros los testigos predestinados por Dios, los que hemos comido y bebido con Él después de su resurrección de entre los muertos. [42]Él nos mandó predicar al pueblo y dar testimonio de que Éste es Aquel que ha sido destinado por Dios a ser juez de los vivos y de los muertos. [43]De Éste dan testimonio todos los

---

26. Véase Lc. 5, 8. Lo mismo hacen Pablo y Bernabé en 14, 14 y el ángel en Ap. 19, 10 y 22, 8s. En el Antiguo Testamento, Mardoqueo nos da un ejemplo semejante (Est. 3, 2 y nota). Véase también Dn. 2, 18.

28. Comparemos esta actitud con la de Jesús en Mt. 9, 9 ss. y con la de los personajes de la Sinagoga, que temían mancharse entrando en casa de un pagano... mientras procuraban la muerte del Hijo de Dios (Jn. 18, 28). Cf. v. 2 y nota.

35. La salvación no estará en adelante reservada a determinada nación o raza, sino que todos los que temen a Dios y obran bien merecen el agrado del Altísimo. Véase Jn. 4, 23; 9, 31. Como observa un comentarista, Pedro, depositario de las llaves del Reino (Mt. 16, 9), abre también aquí las puertas de la Iglesia a tos gentiles, como en Pentecostés las abrió para los judíos (2, 14 ss.).

38. Haciendo el bien, etc.: "La caridad celestial tiende en primer lugar a comunicar los bienes, celestiales. Pero, así como el Hijo de Dios descendió a la tierra, no sólo para traernos los bienes espirituales, sino también para curar las miserias corporales y temporales de la humanidad –pasó haciendo bien y cada uno de sus pasos está proclamando sus maravillosos portentos benéficos–, así el amor divino que el cristiano profesa a su prójimo, sin renegar de su origen y de su carácter celestiales, se extiende del alma al cuerpo" (Scheeben).

40. Dios le resucitó: ¿Qué significa esta expresión, lo mismo que la del v. 38: Dios estaba con Él? ¿Acaso el mismo Cristo no era Dios? Tal pregunta, que muchos se hacen y que llevó a antiguos y modernos herejes a dudar de la divinidad de Jesús, el Verbo encarnado, viene de no distinguir las divinas Personas e ignorar que en la Sagrada Escritura el nombre de Dios por antonomasia es dado a la Primera Persona, es decir, al divino Padre, porque en Él está la naturaleza divina, como en su Fuente primera, según se expresan los santos Padres, y es Él quien la comunica a su Hijo, al engendrarlo eternamente (cf. Sal. 109, 3 y nota), y es Él quien, con el Hijo, a comunica a la Tercera Persona. De ahí la adoración constante de Cristo al Padre, pues, si bien la Persona del Hijo posee también la divinidad con idéntica plenitud que la Persona del Padre, no olvida que como hombre lo ha recibirlo todo del Padre, que es el que da y no recibe de nadie. He aquí la verdadera llave para comprender el Evangelio sin asombrarse al observar cómo la Persona del Verbo-Hombre se humilla continuamente, como un niñito, ante la Persona de su Padre. Por eso es por lo que Jesús, no obstante poder hacerlo todo por su propia virtud deja constancia de que es el Padre quien todo lo hace en Él y por Él, y asimismo todo lo hace para Él, porque en Él tiene toda su complacencia. De ahí que el divino Hijo, agradecido al divino Padre, no se canse de repetirnos que es el Padre quien lo envía, quien lo asiste en sus obras, quien lo resucita, quien lo eleva en su Ascensión (Mc. 16, 19; Lc. 24, 51), quien lo sienta a su diestra (Sal. 109, 1 y nota), etc., al punto de que, dice San Pablo, ni siquiera se atrevió Jesús a asumir por sí mismo el sacerdocio, sino que esperó que se lo diera Aquel que le dijo: "Tú eres el Sacerdote para siempre, a la manera de Melquisedec" (Hb. 5, 5s.; Sal. 109, 4 y nota).

42. "Es entonces un hecho, que Cristo es el juez de vivos y muertos, ya sea que entendamos por muertos a los pecadores y por vivos a los que viven rectamente, ya sea que con el nombre de vivos se comprenda a los que entonces vivirán, y con el de muertos a todos los que murieron" (Santo Tomás de Aquino). San Pedro

---

profetas (*diciendo*) que cuantos crean en Él, recibirán remisión de los pecados por su nombre".

Bautismo de Cornelio. [44]Mientras Pedro pronunciaba aún estas palabras, descendió el Espíritu. Santo sobre todos los que oían su discurso. [45]Quedaron entonces pasmados los fieles de entre los circuncidados, que habían venido con Pedro, porque el don del Espíritu Santo se había derramado también sobre los gentiles. [46]Pues los oían hablar en lenguas y glorificar a Dios. Por lo cual dijo Pedro: [47]"¿Puede alguien prohibir el agua, para que no sean bautizados éstos que han recibido el Espíritu Santo como nosotros?" [48]Mandó, pues, bautizarlos en el nombre de Jesucristo. Después le rogaron que permaneciese algunos días.

11 **Pedro tranquiliza a los cristianos de Jerusalén.** [1]Oyeron los apóstoles y los hermanos que estaban en Judea, que también los gentiles habían aceptado la palabra de Dios. [2]Cuando pues Pedro ascendió a Jerusalén, le juzgaban por eso los de la circuncisión, [3]diciendo: "Tú entraste en casas de hombres incircuncisos y comiste con ellos". [4]Por lo cual Pedro comenzó a darles cuenta de todo ordenadamente, diciendo: [5]"Estaba yo en la ciudad de Joppe, en oración, cuando vi en éxtasis una visión, un objeto, a manera de lienzo grande que descendía del cielo, pendiente de los cuatro extremos, y vino hacia mí. [6]Fijando en él mis ojos lo contemplaba y veía los cuadrúpedos de la tierra, las fieras, los reptiles, y las aves del cielo. [7]Oí también una voz que me decía: "Levántate, Pedro, mata y come". [8]"De ninguna manera, Señor, dije yo, porque jamás ha entrado en mi boca cosa común o inmunda". [9]Respondió por segunda vez una voz del cielo: "Lo que Dios ha purificado, tú no lo llames inmundo". [10]Esto se repitió tres veces, y todo fue alzado de nuevo hacia el cielo. [11]Y he aquí en aquel mismo momento se presentaron junto a la casa en que nos hallábamos, tres hombres enviados a mí desde Cesarea. [12]Me dijo entonces el Espíritu que fuese con ellos sin vacilar. Me acompañaron también estos seis hermanos, y entramos en la casa de aquel hombre. [13]El cual nos contó cómo había visto al ángel de pie en su casa, que le decía: "Envía a Joppe y haz venir a Simón por sobrenombre Pedro. [14]Éste te dirá palabras por las cuales serás salvado tú y toda tu casa". [15]Apenas había yo empezado a hablar, cayó el Espíritu Santo sobre ellos, como al principio sobre

---

aclara este punto usando esos términos en su sentido propio (1 Pe. 4, 5s.).

43. *Cuantos crean:* "Una sola condición es exigida, dice Fillion, pero sin ninguna excepción". Es decir, que la fe ha de ser viva, real, confiada y animadora de todos nuestros pasos. Esa fe que se dice tener por tradición de familia, etc., "es cosa muerta que no justifica a nadie. La fe, más que ninguna otra virtud, exige un examen de conciencia para saber si la adoptamos en forma plena activa, voluntaria y libérrima, o si la aceptamos pasivamente de los demás, como una costumbre de la convivencia social".

44 ss. Así como en Abraham precedió la justicia de la fe a la circuncisión que fue como el sello de esta misma fe que le había justificado, del mismo modo Cornelio fue santificado por la infusión del Espíritu Santo para que recibiese en el Bautismo el Sacramento de la regeneración, que da la santidad (San Agustín). Tan extraordinaria aparece esta nueva Pentecostés de la Palabra (11, 15), que los discípulos venidos con San Pedro (v. 45) quedan pasmados (literalmente "fuera de sí") al ver que el Espíritu Santo no era, como hasta entonces, privilegio de los cristianos de origen judío, sino que se extendía también a los gentiles, y que el ministerio de la predicación (v. 42) era seguido de semejante efusión de carismas. Esto nos da también a nosotros una idea del valor insospechado de la predicación del Evangelio (véase 6, 2; 1Co. 1, 17) y no es sino el cumplimiento de lo anunciado en Mc. 16, 15 ss. "Para hacernos vivir de esta gracia del Espíritu Santo fue preciso que se nos instruyera mediante la palabra eterna de la Escritura acerca de los misterios que debíamos creer y de los preceptos que habíamos de observar. La predicación del Evangelio ha de ser espíritu y vida; preciso es, pues, que el apóstol tenga hambre y sed de la justicia de Dios", y que esté poseído del don de fortaleza para que le sea dado perseverar hasta el fin y arrastrar las almas a su doctrina" (Garrigou-Lagrange). Cf. 11, 16 y nota.

48. Pedro no vacila en administrar el Bautismo al comprobar la venida del Espíritu Santo sobre *Cornelio* y demás paganos reunidos en su casa. Aun no se había resuelto la cuestión principal que agitaba a loa cristianos de Jerusalén acerca de si la Ley ceremonial judía era obligatoria para los gentiles convertidos.

3. La conversión de Cornelio objeto de discusiones en los ambientes judío-cristianos, que no podían familiarizarse con la idea de que hubiese sido derribado el muro establecido hasta entonces entre ellos y los gentiles (10, 28; Ef. 2, 11). Ello estaba, sin embargo, anunciado desde Moisés. Véase Dt. 32, 21 citado en Rm. 10, 19; Is. 65, 1 en Rm. 10, 20; Os. 2, 4 y 1, 10 en Rm. 9, 25 s., donde San Pablo extiende en sentido típico a los gentiles lo que Oseas anuncia sobre la conversión de las diez tribus del reino de Israel.

14. *¡Palabras que salvan!* Lo mismo dice San Pablo (Rm. 1, 16) y Santiago (St. 1, 21). "Nunca he conseguido una conversión verdadera sino por alguna palabra de la Santa Escritura. Es la semilla que penetra hasta el fondo cuando hay tierra dispuesta. Y si no la hay, de nada valen los esfuerzos humanos sino para arrancar promesas falaces..." ("Experiencias de un viejo sacerdote").

vosotros. [16]Entonces me acorde de la palabra del Señor cuando dijo: "Juan por cierto ha bautizado con agua, vosotros, empero, seréis bautizados en Espíritu Santo". [17]Si pues Dios les dio a ellos el mismo don que a nosotros, que hemos creído en el nombre del Señor Jesucristo, ¿quién era yo para poder oponerme a Dios?" [18]Oído esto se tranquilizaron y glorificaron a Dios diciendo: "Luego también a los gentiles les ha concedido Dios el arrepentimiento para la vida".

La Iglesia de Antioquía. [19]Aquellos que habían sido dispersados a causa de la persecución contra Esteban, fueron hasta Fenicia, Chipre y Antioquía, más predicaban el Evangelio únicamente a los judíos. [20]Había entre ellos algunos varones de Chipre y Cirene, los cuales, llegados a Antioquía, conversaron también con los griegos anunciándoles al Señor Jesús; [21]y la mano del Señor estaba con ellos, y un gran número abrazó la fe y se convirtió al Señor. [22]La noticia de estas cosas llegó a oídos de la Iglesia que estaba en Jerusalén, por lo cual enviaron a Bernabé hasta Antioquía. [23]Éste llegado allá, y viendo la gracia de Dios, se llenó de gozo, y exhortaba a todos a perseverar en el Señor según habían propuesto en su corazón; [24]porque era un varón bueno y lleno de Espíritu Santo y de fe. Así se agregó un gran número al Señor.

San Pablo en Antioquía. [25]Partió entonces (*Bernabé*) para Tarso a buscar a Saulo [26]y habiéndolo hallado lo llevó a Antioquía. Y sucedió que un año entero se congregaron en la Iglesia, instruyendo a mucha gente; y fue en Antioquía donde por primera vez los discípulos fueron llamados cristianos.

Bernabé y Pablo llevan la colecta a Jerusalén. [27]En aquellos días bajaron profetas de Jerusalén a Antioquía; [28]y levantándose uno de ellos, por nombre Agabo, profetizaba por medio del Espíritu Santo que un hambre grande había de venir sobre la tierra, como en efecto sucedió bajo Claudio. [29]Determinaron, pues, los discípulos, enviar socorro a los hermanos que habitaban en Judea, cada uno según sus facultades. [30]Lo que hicieron efectivamente, enviándolo a los ancianos por mano de Bernabé y Saulo.

---

16. *Entonces me acordé*: Vemos cómo se cumple la promesa de Jesús de que el Espíritu Santo les enseñaría cuanto debían hacer (v. 12) y les recordaría las Palabras suyas (Jn. 14, 26). *Bautizados en Espíritu santo*: Es lo que Jesús les dijo en 1, 5, llamando Bautismo a Pentecostés porque allí fueron "investidos de fuerza desde lo alto" (Lc. 24, 49), operándose en ellos, como dice Boudou, "el beneficio de la regeneración espiritual", que ahora se extendía a los gentiles "como don igual, concedido con una sola y misma condición: la fe". Están en el error quienes creen que el Bautismo del Espíritu Santo, que prometió Jesús, es dado desde este momento a todos directamente por el mismo Espíritu mediante la fe en Cristo. No puede negarse que Pedro bautizó con agua aun después de la efusión del Espíritu (10, 44-48), y que los Doce y también Pablo continuaban usando la imposición de las manos, tanto para el desempeño de funciones especiales (13, 3; 1 Tm. 4, 14) como para comunicar el Espíritu Santo (2 Tm. 1, 6). Cf. 6, 6; 8, 17; 9, 17.

17. Hermosa muestra del espíritu sobrenatural de Pedro, que contrasta con el ritualismo de los fariseos, cultores de las fórmulas.

18. *El arrepentimiento para la vida*: es decir, el perdón, cumpliéndose así textualmente las palabras de Jesús en Lc. 24, 47, donde el Señor lo extiende a todas las naciones después de mandar que comiencen por Jerusalén. Vemos la verdadera unidad espiritual de la Iglesia reflejada en esta alegría de todos (v. 23; 12, 5). "Si el Espíritu único habita en nosotros, el único Padre de todos estará en nosotros, y, como Dios, por su Hijo unirá entre sí y consigo mismo a los que se han hecho participantes del Espíritu Santo" (San Cirilo de Alejandría). Algunos se preguntan si en esta admisión de los gentiles, prevista ya en el Evangelio y considerada como un injerto en Israel (Rm. 11, 17), hay alguna diferencia con la que San Pablo anuncia más tarde a los gentiles en Ef. 3, 6, presentándola como un misterio oculto hasta entonces y como un llamado directo.

20. La obra que el Espíritu Santo empezó en Cesarea (cap. 10) iba a manifestarse con más intensidad en *Antioquía*, entonces capital de Siria y centro de todo el Oriente. Convirtiéronse allí los *griegos*, es decir, los gentiles, en tan "gran número" (v. 21), que los apóstoles enviaron a Bernabé (v. 22) para que dirigiera ese nuevo movimiento.

26. *Fueron llamados cristianos*: Los discípulos de nuestro Señor eran objeto de burla como lo fue Él mismo, y mirados como una extraña secta que seguía los pasos de un judío ajusticiado. Los judíos les llamaban despectivamente "nazarenos" (cf. Jn. 1, 46; 7, 52), y los paganos les pusieron el apodo de *christiani* (desinencia latina del griego *xristós*); apodo despectivo como vemos por los únicos textos en que aparece (26, 28 y 1 Pe. 4, 16). En este último, San Pedro nos enseña a llevar ese nombre sin rubor, glorificando a Dios en él. Conviene, pues, usar siempre, añadiéndole el carácter de "católico" que significa universal, este glorioso título de "cristiano", que parece ir quedando cada vez más para uso de los disidentes, lo mismo que el de "evangélico", no menos honroso y envidiable para un discípulo de Jesús.

28. *Claudio*, emperador romano (41-54d. C.).

30. Los *ancianos presbíteros,* que aquí se mencionan por primera vez, se llaman así menos por su ancianidad que por la dignidad de su cargo. Sobre presbíteros cf. 15, 2, 4, 6; 1 Tm. 5, 17; Tt. 1, 5. Sobre diáconos cf. 6, 1 ss. Véase 20, 17 y 28 y notas. Los

12 Martirio de Santiago y prisión de Pedro.

¹En aquel tiempo el rey Herodes empezó a perseguir a algunos de la Iglesia; ²y mató a espada a Santiago, hermano de Juan. ³Viendo que esto agradaba a los judíos, tomó preso también a Pedro. Eran entonces los días de los Ázimos. ⁴A éste lo prendió y lo metió en la cárcel, entregándolo a la custodia de cuatro piquetes de soldados de a cuatro hombres cada uno, con el propósito de presentarlo al pueblo después de la Pascua. ⁵Pedro se hallaba, pues, custodiado en la cárcel, más la Iglesia hacía sin cesar oración a Dios por él. ⁶Cuando Herodes estaba ya a punto de presentarlo, en aquella misma noche Pedro dormía en medio de dos soldados, atado con dos cadenas, y ante las puertas estaban guardias que custodiaban la cárcel. ⁷Y he aquí que sobrevino un ángel del Señor y una luz, resplandeció en el aposento, y golpeando el costado de Pedro lo despertó, diciendo: "Levántate presto". Y se le cayeron las cadenas de las manos. ⁸Le dijo entonces el ángel: "Cíñete y cálzate tus sandalias"; y lo hizo así. Le dijo asimismo: "Ponte la capa y sígueme". ⁹Salió, pues, y le siguió sin saber si era realidad lo que el ángel hacía con él; antes bien le parecía ver una visión. ¹⁰Pasaron la primera guardia y la segunda y llegaron a la puerta de hierro que daba a la ciudad, la cual se les abrió automáticamente. Y habiendo salido pasaron adelante por una calle, y al instante se apartó de él el ángel.

Pedro se retira a otra parte. ¹¹Entonces Pedro vuelto en sí dijo: "Ahora sé verdaderamente que el Señor ha enviado su ángel y me ha librado de la mano de Herodes y de toda la expectación del pueblo de los judíos". ¹²Pensando en esto llego a la casa de María, madre de Juan, por sobrenombre Marcos, donde muchos estaban reunidos haciendo oración. ¹³Llamó a la puerta del portal, y salió a escuchar una sirvienta llamada Rode, ¹⁴la cual, reconociendo la voz de Pedro, de pura alegría no abrió la puerta sino que corrió adentro con la nueva de que Pedro estaba a la puerta. ¹⁵Le dijeron: "Estás loca". Mas ella insistía en que era así. Ellos entonces dijeron: "Es su ángel". ¹⁶Pedro, empero, siguió golpeando a la puerta. Abrieron, por fin, y viéndolo quedaron pasmados. ¹⁷Más él, haciéndoles señal con la mano para que callasen, les contó cómo el Señor le había sacado de la cárcel, Después dijo: Anunciad esto a Santiago y a los hermanos. Y saliendo fue a otro lugar.

envíos no eran de dinero sino de víveres (trigo de Alejandría, higos de Chipre, etc.), pues –lo mismo que hoy en casos tales– en la carestía casi no había qué comprar allí.

1. *Herodes Agripa I*, nieto de aquel cruel Herodes el Grande, que mató a los niños de Belén, y sobrino de Herodes Antipas que se burló del Señor (Lc. 23, 8 ss.).

2. Se trata aquí de Santiago el Mayor, cuya decapitación tuvo lugar en Jerusalén el año 42. Sobre Santiago el Menor cf. v. 17. Una tradición traída por Clemente Alejandrino refiere que Santiago murió perdonando al que lo había delatado, el cual también se hizo cristiano. Contra los que pretenden que Juan murió aquí con su hermano (cf. Mc. 10, 39), basta recordar que San Pablo lo encuentra vivo en Jerusalén siete años después (Ga. 2. 9).

3. *Los días de los Ázimos*: La semana de Pascua.

5. *Sin cesar*: es el verdadero sentido de la locución griega echemos que Lucas aplica a la oración de Jesús (Lc. 22, 44).

7. *¡Presto!* Al decirle esta palabra ya estaba dándole la idea de un milagro, pues Pedro no habría podido moverse con rapidez sin ser aliviado de las cadenas.

12. Se cree comúnmente que este *Marcos* es el Evangelista del mismo nombre.

15. *Su ángel*: el Ángel Custodio (cf. Mt. 18, 10). Su existencia se conocía desde el Antiguo Testamento (Dn. 10, 13 y 20s.), pero es de notar aquí el espíritu de fe de los cristianos, que se apresuran a pensar en las explicaciones de orden sobrenatural, que hoy difícilmente se buscarían no obstante haber pasado tantos siglos de experiencia cristiana.

17. Vemos el ambiente de *fraternidad* en que vivían los santos comunicándose todo entre ellos, en medio de esa vida aventurera que llevaban, como malhechores que tienen que ocultarse. Lo mismo sucedía en las catacumbas. "¡Cuántas veces, dice un piadoso autor, tenemos que pasar por desobedientes... para obedecer!" *A otro lugar*: si el autor sagrado no indica el lugar adonde se retiró *Pedro* después de escapar de Herodes, lo hizo probablemente por razones de seguridad para el Príncipe de los apóstoles. "Para algunos este *otro lugar* es Roma, adonde Pedro habría partido sin demora. Para otros es Antioquía. Otros, tal vez más prudentes, no alejan demasiado al Apóstol de Jerusalén. Los escritos apostólicos no nos dicen casi nada de los hechos y actitudes de Pedro después de su liberación. San Pablo se encuentra de nuevo con él en Jerusalén, para el concilio (15, 7), y más tarde en Antioquía (Ga. 2, 11). Entre los bandos que se formaron en la Iglesia de Corinto, menciona uno que se apoya en Pedro: *Yo soy de Cefas* (1Co. 1, 13). Quizá es éste un indicio de que Pedro visitó esa ciudad, como parece afirmarlo San Dionisio de Corinto. Por lo demás, a pesar de las negaciones desesperadas a las cuales los descubrimientos arqueológicos recientes han dado el golpe de gracia, es históricamente cierto que Pedro fue a Roma y murió allí. Pero ¿cuándo fue allá?... En todo caso los datos escriturarios no permiten precisar las idas y venidas ni fijar su cronología; y en

[18]Cuando se hizo de día, era grande la confusión entre los soldados sobre qué habría sido de Pedro. [19]Herodes lo buscaba y no hallándole, hizo inquisición contra los guardias y mandó conducirlos (al suplicio). Él mismo descendió de Judea a Cesarea en donde se quedó.

Castigo y muerte de Herodes. [20]Estaba (Herodes) irritado contra los tirios y sidonios; mas ellos de común acuerdo se le presentaron y habiendo ganado a Blasto, camarero del rey, pidieron la paz, pues su país era alimentado por el del rey. [21]En el día determinado Herodes, vestido de traje real y sentado en el trono, les pronunció un discurso. [22]Y el pueblo clamaba: Esta es la voz de un dios y no de un hombre. [23]Al mismo instante lo hirió un ángel del Señor por no haber dado a Dios la gloria; y roído de gusanos expiró. [24]Entretanto la palabra de Dios crecía y se multiplicaba. [25]Mas Bernabé y Saulo, acabada su misión, volvieron de Jerusalén llevando consigo a Juan, el apellidado Marcos.

13 Pablo y Bernabé enviados a misión. [1]Había en la Iglesia de Antioquía profetas y doctores: Bernabé, Simón por sobrenombre el Negro, Lucio de Cirene, Manahén, hermano de leche del tetrarca Herodes, y Saulo. [2]A ellos, mientras ejercían el ministerio ante el Señor y ayunaban, dijo el Espíritu Santo: "Separadme a Bernabé y Saulo para la obra a la cual los tengo elegidos". [3]Entonces, después de ayunar y orar, les impusieron las manos y los despidieron.

Pablo y Elimas. [4]Enviados, pues, por el Espíritu Santo, bajaron a Seleucia, desde donde navegaron a Chipre. [5]Llegados a Salamina predicaron la palabra de Dios en las sinagogas de los judíos, teniendo a Juan (Marcos) como ayudante. [6]Después de recorrer toda la isla hasta Pafo, encontraron un judío, mago y falso profeta, por nombre Barjesús, [7]el cual estaba con el procónsul Sergio Pablo, hombre prudente, que llamó a Bernabé y Saulo, deseando oír la palabra de Dios. [8]Pero Elimas, el mago –así se interpreta su nombre– se les oponía, procurando apartar de la fe al procónsul. [9]Entonces Saulo, que también se llamaba Pablo, lleno de Espíritu Santo, fijando en él sus ojos, [10]dijo: "¡Oh hombre lleno de todo fraude y de toda malicia, hijo del diablo y enemigo de toda justicia! ¿No cesarás de pervertir los caminos rectos del Señor? [11]Ahora, pues, he aquí que la mano del Señor está sobre ti, y quedarás ciego, sin ver el sol hasta cierto tiempo". Y al instante cayeron sobre él tinieblas y oscuridad, y dando vueltas buscaba a quien le tomase de la

---

cuanto a los de la tradición están lejos de disipar toda incertidumbre" (Boudou). El apóstol Santiago del que aquí se hace mención es Santiago el Menor, hijo de Alfeo y "hermano", es decir, pariente del Señor. Él fue el primer Obispo de Jerusalén. Cf. v. 2 y nota.

19. Parece indudable que los guardias fueron ajusticiados sin culpa, como en el caso de los santos Inocentes. Bien podríamos suponer que Dios salvó sus almas por amor a su siervo Pedro, como en el caso de San Pablo (16, 25-34).

23. *Por no haber dado a Dios la gloria*: Dios no cede a nadie el honor que a Él solo es debido (Is. 42, 8; 48, 11; Sal. 148, 13; 1 Tm. 1, 17). Esta horrible muerte de Herodes Agripa I, padre del rey Agripa II (cf. 25, 13) en igual forma que Antíoco Epifanes (2M. 9, 5 ss.), nos muestra que no se incurre impunemente en esa soberbia, que será la misma del Anticristo (2 Ts. 2, 3 ss.; cf. Ez. 28, 5 y nota). El v. 24 muestra, en notable contraste. cómo la semilla divina germinaba en medio de la persecución (cf. 8, 1 y nota). Las persecuciones son para la Iglesia lo que el fuego para el oro (San Agustín). Cf. 1 Pe. 1, 7. "La fuerza espiritual de la Iglesia se encuentra como ligada a su debilidad temporal: el poder de Cristo no fue nunca tan arrollador como en la Cruz" (Pío XI).

1. El oficio del *profeta* cristiano es, según San Pablo (1Co. 14, 3), edificar, exhortar y consolar, en tanto que el del *doctor* es instruir y enseñar. Éste comporta el don de ciencia e inteligencia; aquél el don de sabiduría, que es superior a todos. El Apóstol recomienda desear para sí mismo y también cultivar, el don de profecía (1Co. 14, 39). La Didajé da normas de cómo tratar a esos profetas y predicadores, cuyo oficio era formar a los ya llegados a la fe, yendo de una comunidad a otra y viviendo de limosnas, sin cobrar nada por su ministerio, Cf. 20, 28; Ef. 4, 11 y notas.

3. *La oración con ayunos* es llave que abre los tesoros de la gracia (Tb. 12, 8). Los primeros cristianos solían ayunar antes de toda obra importante: y el ayuno no era parcial como el de hoy, sino total (véase 1Co. 9, 27 y nota). Con él se preparaban para el Bautismo, tanto el que lo administraba como el que lo recibía. Sobre la *imposición de las manos* cf. 6, 6 y nota.

9. Algunos explican el cambio de nombre de Saulo como un acto de simpatía hacia el procónsul Sergio Pablo (v. 7). Por lo demás, era frecuente el llevar dos nombres uno hebreo y otro griego o latino, como Simón - Pedro, Tomás - Didimo, Juan - Marcos.

10. *Hijo del diablo*: con esta tremenda palabra llama también Jesús a los fariseos (Jn. 8, 44). Cuidemos, pues, de no confundir con la falta de caridad esta santa indignación de Pablo (cf. 23, 3 y nota).

mano. [12]Al ver lo sucedido el procónsul abrazó la fe, maravillado de la doctrina del Señor.

Pablo y Bernabé en Antioquía de Pisidia. [13]Pablo y sus compañeros dejaron entonces Pafo y fueron a Perge de Panfilia. Entretanto Juan se apartó de ellos y se volvió a Jerusalén. [14]Ellos, empero, yendo más allá de Perge, llegaron a Antioquía de Pisidia, donde el día sábado entraron en la sinagoga y tomaron asiento. [15]Después de la lectura de la Ley y de los Profetas, los jefes de la sinagoga enviaron a decirles: "Varones, hermanos, si tenéis una palabra de consuelo para el pueblo, hablad".

Discurso de San Pablo en Antioquía de Pisidia. [16]Se levantó entonces Pablo y haciendo señal (*de silencio*) con la mano, dijo: "Varones israelitas y los que teméis a Dios, escuchad. [17]El Dios de este pueblo de Israel escogió a nuestros padres y ensalzó al pueblo durante su estancia en tierra de Egipto; y con brazo excelso los sacó de allí. [18]Los sufrió después por espacio de unos cuarenta años en el desierto, [19]destruyó siete naciones en la tierra de Canaán y distribuyó en herencia sus tierras, [20]como unos cuatrocientos cincuenta años después. Luego les dio jueces hasta el profeta Samuel. [21]Desde entonces pidieron rey, y Dios les dio a Saúl, hijo de Cis, varón de la tribu de Benjamín, por espacio de cuarenta años. [22]Depuesto éste, les suscitó por rey a David, de quien también dio testimonio diciendo: "He hallado a David, hijo de Jesé, varón conforme a mi corazón quien cumplirá toda mi voluntad". [23]Del linaje de éste, según la promesa, suscitó Dios para Israel un Salvador, Jesús. [24]Pero antes de su entrada, Juan predicó un bautismo de arrepentimiento a todo el pueblo de Israel. [25]Y al cumplir Juan su carrera dijo: "Yo no soy el que vosotros pensáis, más después de mí vendrá uno, a quien no soy digno de desatas el calzado de sus pies". [26]Varones, hermanos, hijos del linaje de Abraham, y los que entre vosotros son temerosos de Dios, a vosotros ha sido enviada la palabra de esta salvación. [27]Pues los habitantes de Jerusalén y sus jefes, desconociendo a Él y las palabras de los profetas que se leen todos los sábados, les dieron cumplimiento, condenándolo; [28]y aunque no

---

12. "La ceguera de *Elimas* abrió los ojos del procónsul", haciéndole prestar atención a las maravillas de la Palabra que engendra a fe. Cf. 8, 6; 5, 12 y nota.

13. *Juan Marcos* lo hizo quizás a causa de su juventud, no avezada a las fatigas de un viaje peligrosísimo a través de las montañas Panfilia y Pisidia. Sobre las consecuencias de este episodio véase 15, 36 ss.

15. Exactamente como hizo Jesús en la sinagoga de Nazaret (Lc. 4, 16 ss.; cfr. Mt. 13, 54). El culto judío en las sinagogas consistía principalmente, entonces como hoy, en una doble lectura bíblica primero del Pentateuco (*Torah*), y luego de los profetas y hagiógrafos (*nebiyim* y *ketubim*).

[16]*Israelitas*: Como vemos, la predicación de San Pablo empieza por los judíos. Sólo cuando éstos lo rechacen pasará a los gentiles (cf. v. 45s.). *Los que teméis a Dios*, es decir, los prosélitos. Véase 2, 11 y nota.

17. El gran discurso que sigue, semejante al de San Esteban (cap. 7) es una grandiosa síntesis de la historia de Israel, y como un nexo entre ambos Testamentos, que nos muestra a través de ellos el plan de Dios según las profecías mesiánicas.

20. Es decir, unos 450 años esperó Israel hasta entrar en posesión de la tierra prometida (cf. 7, 7): cuatrocientos en Egipto, cuarenta en el desierto, y unos diez en tomar posesión de las tierras de Canaán.

22. Notable elogio del Rey Profeta, a quien la Escritura alaba con gran frecuencia como no de los mayores amigos de Dios, no obstante su caída. Véase 7, 46: 1Sam. 13, 14; 16, 13; 1Re. 11, 32 y 34; Sal. 88, 21; Eclo. 47, 9.

26. *A vosotros:* Pablo va a anunciar a los judíos, exactamente como Pedro en sus grandes discursos 2, 22 ss. y 3, 12 ss. el gran misterio de cómo las promesas de los profetas, que parecían truncadas para siempre por el rechazo y la crucifixión del Mesías, se cumplirán en Jesús resucitado (v. 32 ss.). *La palabra de esta salvación*: Texto adoptado como lema para la moderna colección "Verbum Salutis" que publica en París la casa Beauchesne, con estudios sobre el Nuevo Testamento.

27. *¡Al desconocer las profecías les dieron cumplimiento!* Observación de profunda sagacidad, porque, si es cierto que del Mesías estaban anunciadas muchas cosas gloriosas, también es cierto que estaba anunciada, no solamente la Pasión y Muerte del Redentor (3, 22 y nota: cf. Sal. 21; Is. 53; Lc. 24, 44 ss.) sino, igualmente, su misión depuradora de la propia Sinagoga (Mal. 3. 3; Za. 13, 9; Is. 1, 25 ss.), que haría justicia a los pobres y confundiría a los opresores y a los soberbios (Sal. 71, 2 ss.; Is. 11, 4: Lc. 1, 51 ss.), etc., cosas todas que el último profeta, san Juan Bautista, anunciaba como inminentes al predicar que el hacha estaba ya puesta a la raíz de los árboles para limpiar la era (Mt. 3, 10). No podían, pues, los altivos fariseos pensar de buena fe que el Mesías debía venir solamente para dar a Israel un triunfo y prosperidad según la carne, sino también ante todo una purificación, para la cual el Bautismo de arrepentimiento que ofrecía Juan, debía "preparar el camino" (Mc. 1, 2-5). Pero estaba escrito que "mientras el buey reconoce a su dueño y el asno el pesebre de su amo, Israel no me reconoce y no entiende mi voz" (Is. 1, 3), y así, al "desconocer el tiempo de su visita" (Lc. 19, 41 ss.; 13, 34 ss.), ellos cumplieron sin quererlo, como les dice aquí

encontraron causa de muerte, pidieron a Pilato que se le quitase la vida. [29]Y después de haber cumplido todo lo que de Él estaba escrito, le descolgaron del madero y le pusieron en un sepulcro. [30]Mas Dios le resucitó de entre los muertos, [31]y se apareció durante muchos días a aquellos que con Él habían subido de Galilea a Jerusalén. Los cuales ahora son sus testigos ante el pueblo. [32]Nosotros os anunciamos la promesa dada a los padres, [33]ésta es la que ha cumplido Dios con nosotros, los hijos de ellos, resucitando a Jesús según está escrito también en el Salmo segundo: "Tú eres mi Hijo, hoy te he engendrado". [34]Y que lo resucitó de entre los muertos para nunca más volver a la corrupción, esto lo anunció así: "Os cumpliré las promesas santas y fieles dadas a David". [35]Y en otro lugar dice: "No permitirás que tu Santo vea la corrupción". [36]Porque David después de haber servido en su tiempo al designio de Dios, murió y fue agregado a sus padres, y vio la corrupción. [37]Aquel, empero, a quien Dios resucitó, no vio corrupción alguna. [38]Sabed, pues, varones, hermanos, que por medio de Éste se os anuncia remisión de los pecados; y de todo cuanto no habéis podido ser justificados en la Ley de Moisés, [39]en Él es justificado todo aquel que tiene fe. [40]Mirad, pus, no recaiga sobre vosotros lo que se ha dicho en los Profetas: [41]"Mirad, burladores, maravillaos y escondeos, porque Yo hago una obra en vuestros días, obra que no creeréis, aun cuando alguno os lo explicare".

Efectos del discurso. [42]Cuando ellos salieron, los suplicaron que el sábado siguiente les hablasen de estas cosas. [43]Y clausurada la asamblea, muchos de los judíos y de los prosélitos temerosos de Dios siguieron a Pablo y Bernabé, los cuales conversando con ellos los exhortaban a perseverar en la gracia de Dios. [44]El sábado siguiente casi toda la ciudad se reunió para oír la palabra de Dios. [45]Pero viendo los judíos las multitudes, se llenaron de celos y blasfemando contradecían a lo que Pablo predicaba. [46]Entonces Pablo y Bernabé dijeron con toda franqueza: "Era necesario que la palabra de Dios fuese anunciada primeramente a vosotros; después que vosotros la rechazáis y os juzgáis indignos de la vida eterna, [47]he aquí que nos dirigimos a los gentiles. Pues así nos ha mandado el Señor: "Yo te puse por lumbrera de las naciones a fin de que seas para salvación hasta los términos

---

Pablo, esas profecías tantas veces recordadas en el Evangelio, de que tendrían ojos para no ver y oídos para no oír a causa del embotamiento de su corazón (Is. 6, 9; Mt. 13, 14; Mc. 4, 12; Lc. 8, 10; Jn. 12, 40; Rm. 11, 8). Y esto mismo había de repetirles Pablo hasta el fin (28, 23-27) cuando les anunció definitivamente que la salud era trasmitida a los gentiles (ibíd. 28s.).

32. Idéntico lenguaje usa Pedro en 2, 24-36 y 3, 18 ss. En Rm. 15, 8 ss. Pablo expone igualmente la misión mesiánica de Cristo en favor de Israel, y explica luego su extensión a los gentiles. Cf. Hb. 13, 20; Ez. 34, 23.

33s. *Resucitando*: Observa aquí Fillion que el verbo *anastésas* no puede tener la significación de *suscitando* o *enviando*, como si pudiera referirse a la venida de Jesús en su Encarnación pues el contexto exige el sentido de *resucitando*, ya que todo el pasaje (vs. 26-37) trata del milagro de la Resurrección del Señor. Confirma así lo que expusimos en la nota a 3, 22. *Tú eres mi Hijo, etc.*: Cita de Sal. 2, 7-9: compárese allí lo relativo a Israel y a las naciones. Cf. 2, 27 ss.; Is. 55, 3; Sal. 15, 10.

39. *Todo aquel que tiene fe*: "Nada podemos hacer sin la fe; viene a ser la primera piedra sobre la que se apoyan todos los otros actos saludables: es la raíz viva y sólida de la que brota y recibe su fuerza cuanto es preciso para adquirir la gracia" (Scheeben). Bajo la Ley de la gracia el hombre es justificado gratis por la fe, la cual es como dice el Tridentino "el fundamento y la raíz de toda justificación". Cf. Rm. 1, 17 y nota. Esto es lo que el Apóstol

predica con tanta elocuencia a los "insensatos Gálatas" judaizantes (Ga. 3, 1 ss.) que buscaban justificare como antes, por sus propias obras legales, despreciando la salvación que viene de Jesús, e inutilizando su muerte redentora (Ga. 2, 21; cf. Rm. 3, 20; 10, 3; Flp. 3, 9 y notas).

41. Cf. Ha. 1, 5. El Apóstol aplica este pasaje en sentido figurado a la *vocación de los gentiles*, la cual encerraba según San Pablo maravillas ocultas hasta entonces en los arcanos de Dios (Ef. 3, 8 ss.; Col. 1, 26), si bien tal amenaza existía para Israel desde Moisés (Rm. 10, 19s., citando a Dt. 32, 21e Is. 65, 1s.). Véase los vv. 27 y 46s. y notas.

45. Para la sinagoga incrédula, admitir la resurrección que les predicaba Pablo (vs. 32-37), significaba renovar el problema de la fe en Cristo como el Mesías Rey, que ellos habían rechazado, pues los apóstoles predicaban que en el Señor resucitado se cumplirán todas las promesas de los antiguos profetas no obstante su rechazo por parte del pueblo de Israel (cf. 2, 30; 3, 22; Rm. 15, 8; Hb. 13, 20; Lc. 16, 16 y notas). Los pretendidos privilegios de raza, impidieron a estos judíos en la diáspora, como a los de Jerusalén, aceptar la Buena Nueva de la Redención.

46. Esto, como 18, 6, son preludios del acontecimiento transcendental de 28, 28, que traería el paso de la Iglesia a los gentiles (cf. Lc. 21, 24; Rm. 11, 25; Ap. 11, 2) y el cumplimiento de los terribles anuncios de Jesús contra Jerusalén (Mt. 24). Cf. Mt. 10, 6; Lc. 24, 47.

de la tierra". [48]Al oír esto se alegraban los gentiles y glorificaban la palabra del Señor. Y creyeron todos cuantos estaban ordenados para vida eterna. [49]Y la palabra del Señor se esparcía por toda aquella región. [50]Los judíos, empero, instigaron a las mujeres devotas de distinción, y a los principales de la ciudad, suscitando una persecución contra Pablo y Bernabé, y los echaron de su territorio; [51]los cuales sacudieron contra ellos el polvo de sus pies y se fueron a Iconio. [52]Mas los discípulos quedaron llenos de gozo y del Espíritu Santo.

14 En Iconio. [1]De la misma manera entraron en Iconio en la sinagoga de los judíos y hablaron de tal modo que una gran multitud de judíos y griegos abrazó la fe. [2]Pero los incrédulos de entre los judíos excitaron y exacerbaron los ánimos de los gentiles contra los hermanos. [3]Con todo moraron allí bastante tiempo, hablando con toda libertad sobre el Señor, el cual confirmaba la palabra de su gracia concediendo que, por las manos de ellos, se obrasen milagros y portentos. [4]Y la gente de la ciudad se dividió: estaban unos con los judíos y otros con los apóstoles. [5]Mas cuando se produjo un tumulto de los gentiles y también de los judíos, con sus jefes, [6]a fin de entregarlos y apedrearlos, ellos dándose cuenta, huyeron a Listra y Derbe, ciudades de Licaonia y su comarca, [7]donde predicaron el Evangelio.

En Listra y Derbe. [8]En Listra se hallaba sentado (*en la calle*) un hombre, incapaz de mover los pies, cojo desde el seno materno, y que nunca había andado. [9]Éste oyó hablar a Pablo, el cual, fijando en él los ojos y viendo que tenía fe para ser salvado, [10]dijo con poderosa voz: "Levántate derecho sobre tus pies". Y él dio un salto y echó a andar. [11]Cuando las gentes vieron lo que había hecho Pablo, alzaron la voz, diciendo en lengua licaónica: "Los dioses se han hecho semejantes a los hombres y han bajado a nosotros". [12]A Bernabé le dieron el nombre de Júpiter y a Pablo el de Mercurio, por cuanto era él quien llevaba la palabra. [13]El sacerdote (*del templo*) de Júpiter, que se encontraba delante de la ciudad, traía toros y guirnaldas a las puertas, y junto con la multitud quería ofrecer un sacrificio. [14]Al oír esto los apóstoles Bernabé y Pablo, rasgaron sus vestidos y se lanzaron sobre el gentío, clamando y diciendo: [15]"Hombres, ¿qué es lo que hacéis? También nosotros somos hombres, de la misma naturaleza que vosotros. Os predicamos para que dejando estas vanidades os convirtáis al Dios vivo, que ha creado el cielo, la tierra, el mar y todo cuanto en ellos se contiene, [16]el cual en las generaciones pasadas permitió que todas las naciones siguiesen sus propios caminos; [17]mas no

---

47. Cita de Is. 49, 6sobre el Mesías, que debía ser no sólo "gloria de Israel" sino también "luz de las naciones" paganas. Véase Is. 42, 6; Lc. 1, 32; 2, 30 ss.

48. *Ordenados*: La Vulgata dice *preordinados*. De la Torre traduce *destinados* (cf. 15, 7; Rm. 8, 28 ss.). Por donde vemos que el creer a las palabras del Evangelio nos llena de gozo y es una feliz señal de predestinación, pues "el Evangelio es una fuerza divina" de salvación que se encarga de transformar las almas de los que creen en él (Rm. 1, 16; Jn. 12, 36 y 48 y notas). Porque, como hace notar San Agustín, "Dios ha colocado la justificación, no en la Ley, sino en la fe de Jesucristo...; ha prometido a la justicia de la fe, esto es, a sus justos según la fe la salvación y la vida eterna". Vemos también que no hemos de inquietarnos si no todos creen a nuestra predicación. Así le ocurrió al mismo Señor Jesús y así lo mostró Él en la gran parábola del Sembrador (Mt. 13). Véase Rm. 10, 16; Mc. 1, 15; 2 Ts. 1, 8; Pe. 4, 17.

50. *Las mujeres devotas de distinción*: La Vulgata dice *religiosas y honestas*. Como observa Fillion, la partícula "y" no está en los mejores manuscritos, de modo que el sentido se refiere a las devotas de alto rango, como eran los fariseos entre los hombres.

52. ¡Gozosos no obstante la partida de ellos! Es que no eran "de Pablo o de Apolo o de Cefas", sino de Cristo (1Co. 1, 12 ss.).

1. Sucedió como antes en Antioquía (13, 48).

4. Esta apasionada división de opiniones se observó también con Jesús (Jn. 7, 12). Pero los enemigos fueron, como aquí, más encarnizados que los amigos, porque de éstos había pocos que fuesen fieles y que lo confesasen (Jn. 7, 13; 12, 42 ss.), y también porque Jesús no se defendió con espíritu combativo (Mt. 26, 53; 27, 14), sino que, al contrario, nos enseñó a no resistir al malo (Mt. 5, 39; 10, 14 ss.). La palabra divina es semilla: no podemos forzar la tierra a que la reciba. Cf. 13, 48; Cant. 3, 5 y notas.

5. Cf. v. 19. En 2 Tm. 3, 11el Apóstol recuerda estas persecuciones.

11s. En la mitología antigua *Júpiter* era el jefe de los dioses y *Mercurio* el dios de la elocuencia. Como el que hablaba era Pablo, le identificaron con Mercurio, mientras que a Bernabé, de estatura majestuosa, le compararon con Júpiter. Pablo, según una leyenda (cf. "Actos de Pablo y de Tecla") era pequeño y calvo.

15. Cf. 10, 26 y nota.

16. Sobre los gentiles de antes de Cristo, cf. 17, 30; Ef. 2, 11 ss.

dejó de dar testimonio de Sí mismo, haciendo beneficios, enviando lluvias desde el cielo y tiempos fructíferos y llenando vuestros corazones de alimento y alegría". [18]Diciendo estas cosas, a duras penas pudieron conseguir que el gentío no les ofreciese sacrificios. [19]Pero vinieron judíos de Antioquía e Iconio, los cuales persuadieron a las turbas y apedrearon a Pablo. Le arrastraron fuera de la ciudad, creyendo que estaba muerto. [20]Más él, rodeado de los discípulos, se levantó y entró en la ciudad. Al día siguiente se fue con Bernabé a Derbe.

Fin del primer viaje apostólico. [21]Después de predicar el Evangelio en aquella ciudad y habiendo ganado muchos discípulos, volvieron a Listra, Iconio y Antioquía, [22]fortaleciendo los ánimos de los discípulos y exhortándolos a perseverar en la fe y cómo es menester que a través de muchas tribulaciones entremos en el reino de Dios. [23]Y habiéndoles constituido presbíteros en cada una de las Iglesias, orando con ayunos los encomendaron al Señor en quien habían creído. [24]Recorrida la Pisidia llegaron a Panfilia, [25]y después de predicar en Perge, bajaron a Atalía. [26]Desde allí navegaron a Antioquía; de donde habían sido encomendados a la gracia de Dios para la obra que acababan de cumplir. [27]Llegados reunieron la Iglesia y refirieron todas las cosas que Dios había hecho con ellos y cómo había abierto a los gentiles la puerta de la fe. [28]Y se detuvieron con los discípulos no poco tiempo.

15 Inquietud en las comunidades cristianas.

[1]Habían bajado algunos de Judea que enseñaban a los hermanos: "Si no os circuncidáis según el rito de Moisés, no podéis salvaros". [2]Pablo y Bernabé tuvieron con ellos no poca disensión y controversia. Por lo cual resolvieron que Pablo y Bernabé y algunos otros de entre ellos subieran a Jerusalén por causa de esta cuestión, a los apóstoles y presbíteros. [3]Ellos, pues, despedidos por la Iglesia, pasaron por Fenicia y Samaria, relatando la conversión de los gentiles y llenando de gran gozo a todos los hermanos. [4]Llegados a Jerusalén fueron acogidos por la Iglesia y los apóstoles y los presbíteros, y refirieron todas las cosas que Dios había hecho con ellos. [5]Pero se levantaron algunos

17. *No dejó de dar testimonio de Sí mismo*, de modo que pudiesen conocerle por la naturaleza en su existencia y aun en ciertos atributos (Rm. 1, 20; cf. 17, 24 ss.), si bien no se les había revelado por su palabra como hizo con Israel (Rm. 9, 4; Sal. 147, 8s. y notas).

19. Sobre esta elocuente muestra de lo que vale la adhesión de los hombres, tan parecida al paso del Domingo de Ramos al Viernes Santo, véase la nota en Mt. 26, 56. En Listra la predicación y los sufrimientos del campeón de Cristo no quedaron sin fruto. Allí ganó para la fe al que más tarde sería su discípulo predilecto: San Timoteo.

22. *Fortaleciendo los ánimos*: Véase 15, 41. Es la técnica apostólica de Pablo: "La primera vez les daba el conocimiento del Dios Amor, para conquistar los corazones con sus maravillas. La segunda los prevenía de la inevitable persecución anunciada por Cristo para evitar pedregales" (esto es, los que se escandalizan a causa de la persecución que la Palabra de Dios provoca: véase Mc. 4, 5 y nota). Para aquellos neófitos, perseverar en la fe significaba entregársele totalmente. "La justicia de nada sirve a quien se detiene en el camino" (San Jerónimo).

23. *Presbíteros*: Boudou traduce literalmente *ancianos*, explicando que se conservó el nombre griego de presbítero (anciano) en vez de *hierens* (sacerdote), porque lo entendían a un tiempo les judíos, "en cuyo sanedrín junto a sacerdotes y escribas había ancianos", y los griegos a los cuales recordaba los nombres de ciertos funcionarios (cf. 20, 17 y nota). En cuanto a la institución, añade que, cualquiera fuese su forma, bien se ve que

ella se efectuó en una ceremonia religiosa bajo la autoridad apostólica (cf. 13, 3) y que si bien no consta aquí la imposición de manos, como en el caso de Timoteo (cf. 2 Tm. 1, 6s.), debe suponérselo por analogía. Cf. 11, 16 y nota; 1 Tm. 5, 22; Tt. 1, 5 ss.

25. Este *primer viaje* lo hizo San Pablo en los años 46-49. El camino recorrido per él y Bernabé es de unos 2.500kms. (distancia de Buenos Aires al Perú). El fruto respondió al celo, fundándose Iglesias en una vasta zona del Asia Menor.

1. Como se deduce del v. 5, algunos fariseos que habían abrazado a fe inquietaban a los paganos convertidos. diciendo que éstos no podían ser bautizados si antes no se hacían judíos por medio de la circuncisión. Es de notar que los perturbadores no tenían ninguna autoridad por parte de los apóstoles (v. 24) y que negaban virtualmente la salvación por la fe en Jesucristo.

2. *De entre ellos*: La Vulgata dice: de entre *los otros*. Es una confusión (*aliis por illis*), pues se refiere a los hermanos fieles y no a aquellos judaizantes del v. 1, o fariseos del v. 5, a quienes San Pablo alude en Ga. 2, 4, llamándolos *falsos hermanos*. Cf. Ga. 2, 12; 5, 2s.

3. *Despedidos* tiene aquí el sentido de acompañados hasta cierta distancia, lo que muestra la importancia del viaje y el interés de todos por la doctrina, como también la caridad que había entre ellos, y no mera cortesía formal. Cf. Ga. 2, 1.

4. *Por la Iglesia y los apóstoles, etc.*: La Iglesia en el sentido de comunidad de los fieles. *Con ellos*: es decir, lo que Dios había obrado, siendo ellos los instrumentos (cf. v. 12; 14, 27; 21, 19). En

de la secta de los fariseos que habían abrazado la fe, los cuales decían: "Es necesario circuncidarlos y mandarlos observar la Ley de Moisés".

Concilio de Jerusalén: Discurso de San Pedro. [6]Se congregaron entonces los apóstoles y presbíteros para deliberar sobre este asunto. [7]Después de larga discusión se levantó Pedro y les dijo: "Varones, hermanos, vosotros sabéis que desde días antiguos Dios dispuso entre vosotros que los gentiles oyesen por mi boca la palabra del Evangelio y llegasen a la fe. [8]Y Dios, que conoce los corazones, les dio testimonio dándoles el Espíritu Santo, del mismo modo que a nosotros, [9]y no ha hecho diferencia entre ellos y nosotros, puesto que ha purificado sus corazones por la fe. [10]Ahora, pues, ¿por qué tentáis a Dios poniendo sobre el cuello de los discípulos un yugo que ni nuestros padres ni nosotros hemos podido soportar? [11]Lejos de eso, creemos ser salvados por la gracia del Señor Jesús, y así también ellos". [12]Guardó entonces silencio toda la asamblea y escucharon a Bernabé y a Pablo, los que refirieron cuántos milagros y prodigios había hecho Dios entre los gentiles por medio de ellos.

Discurso de Santiago. [13]Después que ellos callaron, tomó Santiago la palabra y dijo: "Varones, hermanos, escuchadme. [14]Simeón ha declarado cómo primero Dios ha visitado a los gentiles para escoger de entre ellos un pueblo consagrado a su nombre. [15]Con esto concuerdan las palabras de los profetas, según está escrito: [16]«Después de esto volveré, y reedificaré el tabernáculo de David que está caído; reedificaré sus ruinas y lo levantaré de nuevo, [17]para que busque al Señor el resto de los hombres, y todas las naciones sobre las cuales ha sido invocado mi nombre, dice el Señor que hace estas cosas,

---

igual sentido dice María: "En mí obró grandezas el Poderoso" (Lc. 1, 49).

7 ss. Como observan Scio, Crampon y otros, alude San Pedro a la conversión del centurión Cornelio (10, 9 ss.).

8. *Del mismo modo que a nosotros*: véase esa nueva Pentecostés en 10, 44 y nota.

9. *No ha hecho diferencia*: San Pablo explica dramáticamente en Ef. 2 este llamado de los que, no siendo del pueblo judío escogido, aun estaríamos sumidos en la noche de la depravación pagana, si la divina obra de Jesús no hubiese "derribado el muro" de separación. *Purificado sus corazones por la fe*: Preciosa noticia que el mismo San Pedro amplía (en 1 Pe. 1, 22), enseñándonos que esa purificación que viene de la "obediencia a la verdad" (cf. 2Co. 10, 5) es lo que nos prepara para la caridad fraterna. Igual concepto expone San Pablo en Ga. 6, 6, precisamente para declarar que nada significa ya la circuncisión para el que se atiene a la gracia. Cf. Hb. 8, 4 y nota.

10. Es lo que San Pablo expresó en Ga. 2, 14.

11. Véase Ga. 2, 21 y nota.

12. *Toda la asamblea*: Así traduce Boudou (Vulgata.: *multitudo*), citando los vv. 4 y 22 para mostrar que en el v. 7 Pedro habla en presencia de toda la Iglesia. Aquí se ve también el perfecto acuerdo de él y de Santiago con Pablo en materia de justificación (cf. Ga. 2; St. 2). *Refirieron, etc.*: "¡Hechos! Siempre van a los hechos. Ningún prejuicio doctrinal, ningún espíritu de casta, ningún nacionalismo estrecho subsistirá contra éstos. Vano sería oponerse a la voluntad divina".

13. *Santiago*: el Menor, que habla con su autoridad de obispo de Jerusalén, no obstante lo cual vemos que prima la autoridad de San Pedro (v. 7).

14. *Simeón*: forma hebraica de Simón (Pedro). *Primero*: no sólo por primera vez (en el caso a que alude antes Pedro en v. 7), sino también antes de ejecutar lo anunciado por el profeta. *Para escoger*

de entre ellos: esto es, no ya colectivamente a las naciones, como lo hizo con todo Israel (cf. Ez. 18, 4 y nota), sino por elección individual de los escogidos para ser hijos de Dios (Rm. 8, 28 ss.; Jn. 11, 52), que son "los que creen en su Nombre" (Jn. 1, 12), o sea no todos los peces "buenos y malos" de la red (Mt. 13, 47 ss.); no todos los entrados al banquete, sino los que tienen el traje nupcial (Mt. 22, 12), siendo muchos los llamados y pocos los escogidos (ibíd. 22, 14). Grave revelación para los que pensaren que basta ser bautizado, sin preocuparse de avivar la fe. Cf. 2, 41; Mc. 16, 16; Ef. 2, 8.

16. Cita libre de Am. 9, 11 s., según los Setenta. *El tabernáculo de David*: Boudou traduce: la casa de David. *Después de eso*: o sea, después del tiempo antes referido (v. 14). Santiago añade esas palabras, que no están en los LXX ni en el hebreo, para precisar mejor su interpretación. Cf. Hb. 12, 26 ss. y nota.

17. Sobre este texto observa Boudou: "Según la profecía de Amós. Dios realzará la tienda de David; reconstruirá el reino davídico en su integridad y le devolverá su antiguo esplendor. Entonces Judá e Israel conquistarán y poseerán el resto de *Edom*, tipo de los enemigos de Dios, y todo el resto de las naciones extranjeras sobre quienes el nombre de Dios ha sido pronunciado. La principal diferencia entre el texto hebreo de Amós y la cita de los Hechos, reside en que, allí donde el hebreo dice: "Ellos *poseerán* el resto de *Edom* y todas las naciones..., el griego (y Santiago) ha leído: los hombres (*Adam*, en lugar de *Edom*), y sustituido el verbo *buscar* al verbo *poseer*: El resto de los *hombres* y todas las naciones *buscarán al Señor*. En el hebreo nada corresponde a este último término, el cual falta también en varios testigos de la versión griega. En el hebreo predomina la idea de conquista, de compulsión por la fuerza; en el griego y en Santiago, la de un deseo, de parte de los pueblos, de hallar al Señor y convertirse a Él". Sobre la confusión entre *Edom* y *Adam* cf. Sal. 75, 11 y nota.

[18]conocidas (*por Él*) desde la eternidad». [19]Por lo cual yo juzgo que no se moleste a los gentiles que se convierten a Dios, [20]sino que se les escriba que se abstengan de las inmundicias de los ídolos, de la fornicación, de lo ahogado y de la sangre. [21]Porque Moisés tiene desde generaciones antiguas en cada ciudad hombres que lo predican, puesto que en las sinagogas él es leído todos los sábados".

Los decretos del Concilio. [22]Pareció entonces bien a los apóstoles y a los presbíteros, con toda la Iglesia, elegir algunos de entre ellos y enviarlos con Pablo y Bernabé a Antioquía: a Judas, llamado Barsabás, y a Silas, hombres destacados entre los hermanos; [23]y por conducto de ellos les escribieron: "Los apóstoles y los presbíteros hermanos, a los hermanos de la gentilidad, que están en Antioquía, Siria y Cilicia, salud. [24]Por cuanto hemos oído que algunos de los nuestros, sin que les hubiésemos dado mandato, fueron y os alarmaron con palabras, perturbando vuestras almas, [25]hemos resuelto, de común acuerdo, escoger algunos, para enviarlos a vosotros juntamente con nuestros amados Bernabé y Pablo, [26]hombres (*éstos*) que han expuesto sus vidas por el nombre de nuestro Señor Jesucristo. [27]Hemos enviado, pues, a Judas y a Silas, los cuales también de palabra os anunciarán lo mismo. [28]Porque ha parecido bien al Espíritu Santo y a nosotros no imponeros otra cara fuera de éstas necesarias: [29]que os abstengáis de manjares ofrecidos a los ídolos, de la sangre, de lo ahogado y de la fornicación; guardándoos de lo cual os irá bien. Adiós". [30]Así despachados descendieron a Antioquía, y convocando la asamblea entregaron la epístola; [31]y al leerla, hubo regocijo por el consuelo (*que les llevaba*). [32]Judas y Silas, que eran también profetas, exhortaron a los hermanos con muchas palabras y los fortalecieron. [33]Después de haberse detenido algún tiempo, fueron despedidos en paz por los hermanos y volvieron a los que los habían enviado. [34]Pero Silas creyó deber quedarse; Judas solo partió para Jerusalén. [35]Mas Pablo y Bernabé

18. Santiago reproduce palabras de Is. 45, 21. El texto antioqueno dice más ampliamente: "Conocidas por Dios desde la eternidad son todas sus obras".

19. *Los gentiles que se convierten:* Dice esto porque hasta entonces la primitiva Iglesia Cristiana sólo estaba formada de judíos, como lo eran los apóstoles.

20s. Como observa muy bien Santo Tomás, estas disposiciones, que han sido tan discutidas, se fundaban simplemente en un propósito de caridad, a fin de no escandalizar a los judíos cristianos que formaban la Iglesia primitiva (v. 19) y que al ver a los paganos convertidos conservar esas costumbres, podían creer que perseveraban en la idolatría, tanto más cuanto que en las sinagogas, a donde aquéllos seguían concurriendo (cf. 13, 15), se hablaba siempre de la Ley mosaica. De las cuatro cláusulas (cf. Gn. 9, 4; Lv. 3, 17; 5, 2; 17, 10-16), la primera se refiere al comer carne de las víctimas ofrecidas a los ídolos; la tercera y cuarta al comer carne de animales sofocados y la sangre de animales. Estas tres cláusulas tenían valor transitorio (1Co. 8). La segunda vale para siempre. Sobre el v. 21cf. Hb. 8, 4 y nota.

22 ss. *Con toda a Iglesia:* Cf. 2Co. 8, 19. Como observa Boudou, los fieles reunidos prestaron su concurso en la elección de los delegados y "aprobaban la decisión doctrinal, lo que era una preciosa ventaja", si bien la fuerza de aquélla le venía de los apóstoles y presbíteros (v. 23). Esta posición que en la Iglesia primitiva tenían todos los creyentes bautizados y que habían recibido el Espíritu Santo con la imposición de las manos o confirmación (8, 17; 11, 16; cf. 2 Tm. 2, 2) es singularmente apoyada por San Pedro que reconoce también un sacerdocio de laicos (1 Pe. 2, 4-9), y ha sido recordada por Pío XI al declarar que en el apostolado del clero corresponde a los laicos una participación activa. Ésta, no pudiendo consistir en la celebración de la Misa ni en la administración de los Sacramentos, ha de ser en la difusión de la Palabra de Dios (cf. 20, 9; 21, 8 y notas). A este respecto el P. Garrigou Lagrange, de gran autoridad teológica, refiere con singular complacencia cómo su vocación religiosa se despertó al leer las palabras, llenas de ardiente fe, de Ernest Hello, el laico autor de "Palabras de Dios", meditaciones sobre algunos textos de la Sagrada Escritura.

23. *Los presbíteros hermanos:* Algunos códices dicen: *los presbíteros y los hermanos*, lo que cuadra mejor con el v. anterior. Así leen también San Juan Crisóstomo y las versiones siríacas (Peshitta y la Heraclense) y la etíope.

28. *No imponeros otra carga:* Es como un eco del reproche dirigido por Jesús a los fariseos en Mt. 23, 4. En realidad, bajo esta simple fórmula se encierra una instrucción de enorme trascendencia, que implica el tránsito del Antiguo Testamento al Evangelio. Es como decirles con San Pablo: *"Ya no estáis bajo la ley, sino bajo la gracia"* (Rm. 6, 14).

29. *Adiós:* literalmente: *quedad robustos,* o sanos. Algunos textos, como el Codex Bezae (D y d), San Ireneo, San Cipriano, etc., omiten la prohibición de comer carne de animales sofocados, y añaden en cambio la regla de oro de la caridad en forma negativa: "Y lo que no queréis que os sea hecho no lo hagáis a otro" (véase Mt. 7, 12). Algunos suponen que *de la sangre* significa: *del homicidio.* Cf. v. 20; Sal. 50, 16 y nota. Este *Concilio de los apóstoles* fue celebrado en Jerusalén, hacia el año 51, y es el modelo de todos los que se han celebrado en la Iglesia asistidos por el Espíritu Santo (v. 28).

32. *Eran profetas:* es decir, tenían el don de edificar, exhortar y consolar. Cf. 1Co. 14, 3.

34. Versículo discutido. Merk lo suprime, pero Fillion lo sostiene, y está confirmado por el v. 40. *Silas,* que se queda en

se quedaron en Antioquía, enseñando y predicando con otros muchos la palabra del Señor.

Bernabé se separa de Pablo. [36]Pasados algunos días, dijo Pablo a Bernabé: "Volvamos y visitemos a los hermanos por todas las ciudades donde hemos predicado la palabra del Señor, (*para ver*) cómo se hallan". [37]Bernabé quería llevar también a Juan, llamado Marcos. [38]Pablo, empero, opinaba no llevarle más, pues se había separado de ellos desde Panfilia y no los había seguido en el trabajo. [39]Se originó, pues, una disensión tal, que se apartaron uno de otro, y Bernabé tomó consigo a Marcos y se embarcó para Chipre. [40]Pablo, por su parte, eligió a Silas y emprendió viaje después de haber sido recomendados por los hermanos a la gracia del Señor; [41]y recorrió la Siria y la Cilicia confirmando las Iglesias.

16 **Misión en Asia Menor.** [1]Llegó a Derbe y a Listra donde se hallaba cierto discípulo llamado Timoteo, hijo de una mujer judía creyente y de padre gentil; [2]el cual tenía buen testimonio de parte de los hermanos que estaban en Listra e Iconio. [3]A éste quiso Pablo llevar consigo; y tomándolo lo circuncidó a causa de los judíos que había en aquellos lugares; porque todos sabían que su padre era gentil. [4]Pasando por las ciudades, les entregaban los decretos ordenados por los apóstoles y los presbíteros que estaban en Jerusalén, para que los observasen. [5]Así pues las iglesias se fortalecían en la fe y se aumentaba cada día su número.

San Pablo se encamina a Europa. [6]Atravesada la Frigia y la región de Galacia, les prohibió el Espíritu Santo predicar la Palabra en Asia. [7]Llegaron, pues, a Misia e intentaron entrar en Bitinia, mas no se lo permitió el Espíritu de Jesús. [8]Por lo cual, pasando junto a Misia, bajaron a Tróade, [9]donde tuvo por la noche esta visión: estaba de pie un hombre de Macedonia que le suplicaba diciendo: "Pasa a Macedonia y socórrenos". [10]Inmediatamente de tener esta visión procuramos partir para Macedonia infiriendo que Dios nos llamaba a predicarles el Evangelio.

Antioquía, será más tarde compañero de San Pablo en sus viajes apostólicos (15, 40; 18, 5; 2Co. 1, 19; 1 Ts. 1, 1; etc.).

36. Este *segundo viaje* fue por los años 51-53.

39. Pirot hace notar que el incidente fue vivo (el griego dice *paroxismo*). Pero, como sucede entre hombres de espíritu, el desacuerdo no disminuyó su unión en la caridad y en el apostolado, pues más tarde cita Pablo a Bernabé como modelo de celo apostólico. Su separación contribuyó, como observa San Jerónimo, a la propagación del Evangelio en otras regiones. En cuanto a San Marcos, había de compartir con el Apóstol las fatigas de la prisión (1Co. 9, 6; Col. 4, 10s.; 2 Tm. 4, 11). Ambos casos son para nosotros ejemplos de santa libertad de espíritu (véase el caso de San Pedro y San Pablo en Ga. 2, 11 ss.). "Algunos antiguos se afligen por esta discusión. Se encarnizan por demostrar que la conducta de cada uno de los actores de este pequeño drama fue rigurosamente conforme a las más exquisitas exigencias de la perfecta santidad. El genial buen sentido de San Juan Crisóstomo, al contrario, se alegra de que San Lucas, como verídico historiador, haya así puesto de relieve lo que quedaba de humano en los apóstoles. Nuestra debilidad encuentra en ello un estímulo para no desanimarse" (Boudou).

41. La Vulgata y algunos testigos del griego (texto occidental) añaden aquí: *"prescribiéndoles que guardaran los preceptos de los apóstoles y de los presbíteros"*. De todos modos, igual expresión está en 16, 4 y es un testimonio del aprecio en que se tenía esa tradición oral de los tiempos apostólicos, aunque Fillion la refiere allí limitadamente a las decisiones del Concilio de Jerusalén.

3. Admiremos la Providencia que aquí ofrece a Pablo un colaborador en remplazo de Bernabé (cf. 15, 39). *La circuncisión de Timoteo* se efectuó únicamente por razones prácticas, es decir, para que pudiera predicar ante los judíos, los que nunca habrían querido escuchar a un incircunciso.

5. "¡Raro incremento, a la vez en grado y en número!"

6s. *Asia*: el "Asia Proconsular", provincia del Asia Menor, con Éfeso por capital. *Les prohibió el Espíritu Santo predicar*: San Juan Crisóstomo y otros Padres creen que Dios reservaba esta región a San Juan (cf. 20, 28 y nota), que habitó por allí y en efecto allí estaban "las siete Iglesias" del Apocalipsis. Así también Dios reservó a Salomón la construcción del Templo que David deseaba emprender (cf. Sal. 131, 1 ss. y nota). Los apóstoles sólo iban adonde Dios los llamaba (cf. v. 10) y no salían por el mundo como Quijotes que se ofrecen para remediar todos los males. Hay en esto una grandísima lección de fe, que San Vicente de Paúl expresaba en su lema: "No anticiparse a la Providencia": "En las cosas de Dios, que no necesita de nuestros favores, hemos de temer más que nada la actividad indiscreta con pretensiones de apostolado, pensando que esto le desagravia a Él más que cualquier inacción, y que tales obras se quemarán tristemente, como enseña San Pablo cuando venga Jesús 'a juzgar el mundo por el fuego'" (1Co. 3, 13-15; cf. Is. 30, 15). *El Espíritu de Jesús* es el mismo Espíritu Santo "que procede del Padre y del Hijo", como dice el Credo.

10. *Procuramos*: nótese desde este v. el cambio de la tercera persona por la primera. Es porque desde este momento. Lucas, el autor de este libro acompaña al Apóstol (cf. 27, 1 y nota). Como observamos en la nota 3, la Providencia sigue aquí guiando los pasos de estos fieles siervos deseosos de obedecerle (cf. v. 6 y nota), y nos muestra cuán prontos hemos de estar, tanto para quedarnos quietos si Dios no nos llama (Jn. 11, 20), como para

En Filipos. [11]Embarcándonos, pues, en Tróade, navegamos derecho a Samotracia, y al día siguiente a Neápolis. [12]Desde allí seguimos a Filipos, una colonia, la primera ciudad de aquel distrito de Macedonia; y nos detuvimos en aquella ciudad algunos días. [13]El día sábado salimos fuera de la puerta hacia el río, donde suponíamos que se hacía la oración, y sentándonos trabamos conversación con las mujeres que habían concurrido. [14]Una mujer llamada Lidia, comerciante en púrpura, de la dudad de Tiatira, temerosa de Dios, escuchaba. El Señor le abrió el corazón y la hizo atenta a las cosas dichas por Pablo. [15]Bautizada ella y su casa, nos hizo instancias diciendo: "Si me habéis juzgado fiel al Señor, entrad en mi casa y permaneced". Y nos obligó. [16]Sucedió entonces que yendo nosotros a la oración, nos salió al encuentro una muchacha poseída de espíritu pitónico, la cual, haciendo de adivina, traía a sus amos mucha ganancia. [17]Ésta, siguiendo tras Pablo y nosotros, gritaba diciendo: "Estos hombres son siervos del Dios Altísimo, que os anuncian el camino de la salvación". [18]Esto hizo por muchos días. Pablo se sintió dolorido, y volviéndose dijo al espíritu: "Yo te mando en el nombre de Jesucristo que salgas de ella". Y al punto partió.

Tumulto contra Pablo en Filipos. [19]Viendo sus amos que había partido la esperanza de hacer más ganancias, prendieron a Pablo y a Silas y los arrastraron al foro ante los magistrados; [20]y presentándolos a los pretores dijeron: "Estos hombres alborotan nuestra ciudad. Son judíos [21]y enseñan costumbres que no nos es lícito abrazar, ni practicar, siendo como somos romanos". [22]Al mismo tiempo se levantó la plebe contra ellos, y los pretores, haciéndoles desgarrar los vestidos, mandaron azotarlos con varas. [23]Y después de haberles dado muchos azotes, los metieron en la cárcel, mandando al carcelero que los asegurase bien. [24]El cual, recibida esta orden, los metió en lo más interior de la cárcel y les sujetó los pies en el cepo. [25]Mas, a eso de media noche, orando Pablo y Silas, cantaban himnos a Dios, y los presos escuchaban, [26]cuando de repente se produjo un terremoto tan grande que se sacudieron los cimientos de la cárcel. Al instante se abrieron todas las puertas y se les soltaron a todos las cadenas. [27]Despertando entonces el carcelero y viendo abierta la puerta de la cárcel, desenvainó la espada y estaba a punto de matarse creyendo que se habían

---

acudir apenas oigamos su voz (Jn. 11, 29). "Sólo el que con gusto se esconde, puede luego aparecer", dice el Kempis.

11. *Neápolis*: ciudad de Macedonia y puerto de Filipos. Pera evitar confusiones conviene seguir los viajes de San Pablo a través del mapa especial agregado al fin de este libro.

12. *Filipos*: la primera ciudad europea en que predicó Pablo, era un centro importante de Macedonia, célebre por la batalla del año 42a. C. en la que venció el emperador Augusto. Fue destruida en el siglo XIV por los turcos. Los modernos observan que Filipos no fue la primera en importancia ni en orden de tiempo, y se inclinan a traducir más bien *"ciudad del primer distrito de Macedonia"* (Turner, Blass, Boudon).

13 ss. Encantadora simplicidad, y ejemplo de cómo todos los lugares y momentos de la vida ordinaria son aptos para hablar del Evangelio (2 Tm. 4, 2).

14. Aquí, como en Lc. 24, 45, vemos que es el Espíritu de Dios quien nos da, sin excluir a las mujeres, la inteligencia de la Buena Nueva. ¡Roguémosle que ilumine a cuantos hoy también quieren estar atentos a lo que escribió Pablo! Para ello contamos seguros con la oración del mismo Jesús (Jn. 17, 20).

16. *Espíritu pitónico*: literalmente son dos sustantivos: un *espíritu, un pitón*: éste era un demonio. Su nombre se deriva de Apolo Pitio (así llamado por haber dado muerte a la serpiente Pitón), porque este dios tenía un oráculo en Delfos. San Agustín le llama *ventrílocua*, es decir que fingía voces distintas y engañosas.

Los demonios pueden hacerse pasar por adivinos pero nunca predecir cosas futuras –si no es por especial disposición divina, como en el caso de la pitonisa que consultó Saúl (1Sam. 2, 8)– pues Dios nos enseña que Él solo se reserva el predecir lo porvenir. Cf. Is. 44, 7; 45, 21. etc.

17. El plural *nosotros* desaparece, aquí hasta 20, 5en que Pablo vuelve a Filipos, lo que hace pensar que Lucas se quedó allí. Es notable la confesión que se ven obligados a hacer los demonios lo mismo que hacían con Jesús (Mc. 1, 24; Lc. 4, 41 y nota). Como el divino Maestro, San Pablo no acepta ni quiere aprovechar un testimonio que viene del "padre de la mentira" (Jn. 8, 44) y le *duele* ver que los demonios admitan la verdad más que los hombres. Cf. Lc. 8, 28; St. 2, 19.

19. Nótese la ironía con que se repite el mismo verbo partir del v. 18. Es éste uno de los raros episodios bíblicos que ofrecen un aspecto humorístico, si bien contiene una gran enseñanza psicológica que encierra la explicación de muchas actitudes revestidas de celo religioso. Véase el caso de los plateros de Éfeso en 19, 24 ss.

20. Véase igual acusación en 17, 6. Jesús fue muchas veces acusado de lo mismo, e igualmente lo fueron los profetas (cf. 1R. 18, 17; Jr. 38, 4; Am. 7, 10).

24. El *cepo* era, como los que hoy se ven en los museos, una tabla con dos orificios en los que se introducía los pies del preso. Le impedía todo movimiento, lo que causaba dolores atroces.

escapado los presos. ²⁸Mas Pablo clamó a gran voz diciendo: "No te hagas ningún daño, porque todos estamos aquí".

Conversión del carcelero y salida de Pablo de Filipos. ²⁹Entonces el carcelero pidió luz, se precipitó dentro, y temblando de temor cayó a los pies de Pablo y Silas. ³⁰Luego los sacó fuera y dijo: "Señores, ¿qué debo hacer para ser salvo?" ³¹Ellos respondieron: "Cree en el Señor Jesús y te salvarás tú y tu casa". ³²Y le enseñaron la palabra del Señor a él y a todos los que estaban en su casa. ³³En aquella misma hora de la noche, (*el carcelero*) los tomó y les lavó las heridas e inmediatamente fue bautizado él y todos los suyos. ³⁴Los subió después a su casa, les puso la mesa y se regocijaba con toda su casa de haber creído a Dios. ³⁵Llegado el día, los pretores enviaron los alguaciles a decir: "Suelta a aquellos hombres". ³⁶El carcelero dio esta noticia a Pablo: "Los pretores han enviado para soltaros; por tanto salid ahora e idos en paz". ³⁷Mas Pablo les dijo: "Después de azotarnos públicamente, sin oírnos en juicio, nos han metido en la cárcel, siendo como somos romanos; ¿y ahora nos echan fuera secretamente? No, por cierto, sino que vengan ellos mismos y nos conduzcan afuera". ³⁸Los alguaciles refirieron estas palabras a los pretores, los cuales al

oír que eran romanos, fueron sobrecogidos de temor. ³⁹Vinieron, pues, y les suplicaron; y sacándolos les rogaron que se fuesen de la ciudad. ⁴⁰Ellos entonces salieron de la cárcel y entraron en casa de Lidia, y después de haber visto y consolado a los hermanos, partieron.

17 **San Pablo en Tesalónica.** ¹Pasando por Anfípolis y Apolonia, llegaron a Tesalónica, donde se hallaba una sinagoga de los judíos. ²Pablo, según su costumbre, entró a ellos, y por tres sábados disputaba con ellos según las Escrituras, ³explicando y haciendo ver cómo era preciso que el Cristo padeciese y resucitase de entre los muertos, y que este Jesús a quien (*dijo*) yo os predico, es el Cristo. ⁴Algunos de ellos se convencieron y se unieron a Pablo y a Silas, y asimismo un gran número de prosélitos griegos, y no pocas mujeres de las principales. ⁵Pero los judíos, movidos por envidia, juntaron hombres malos entre los ociosos de la plaza, y formando un tropel alborotaron la ciudad, y se presentaron ante la casa de Jasón, procurando llevarlos ante el pueblo. ⁶Mas como no los hallasen, arrastraron a Jasón y a algunos hermanos ante los magistrados de la ciudad, gritando: "Estos son los que han trastornado al mundo, y ahora han venido también acá, ⁷y Jasón

---

32. *Le enseñaron la palabra*: Hermosa expresión que señala el valor pedagógico de las palabras divinas. Cf. Rm. 1, 16; 10, 17; 1Co. 2, 4; 2 Tm. 3, 16.

34. *De haber creído a Dios*: No olvidemos esta fórmula, para poder regocijarnos. ¿Quién se arrepintió jamás de haberle creído? En cambio, ¿no es cierto que cada día tenemos que dolernos de haber creído al hombre, y sin embargo seguimos creyéndole? (véase Jn. 2, 24; 1 Ts. 2, 13 y notas).

37. La viril conducta del humildísimo Pablo nos enseña que la humildad cristiana no consiste en someterse a los caprichos de los poderosos del mundo.

38. Porque no era lícito azotar a un ciudadano romano. Cf. 22, 25.

1s. *Tesalónica*, hoy Salónica, era la capital de la provincia romana de Macedonia, al norte de Grecia. Es de notar cómo, no obstante su apartamiento de los judíos en Antioquía de Pisidia (véase 13, 14-46), Pablo continuó buscando ante todo a "las ovejas de la casa de Israel", que aquí habían de perseguirlo implacablemente (v. 5 y nota). Véase el mismo caso repetido en Corinto (18, 4-6), hasta terminar en Roma (28, 23 ss.).

3. La preocupación constante de Pablo como la de Pedro, era mostrar a los judíos que la muerte del Mesías no había alterado las grandes promesas de los profetas, pues Cristo había nacido israelita

para confirmarla, según la veracidad de Dios (Rm. 15, 8), el cual lo había resucitado ante todo para ellos (3, 26), como lo había confirmado el mismo Cristo en Lc. 24, 44-46, declarando que el Mesías había de sufrir antes de ser glorificado, Véase 2, 23-35; 3, 15-21; Mc. 16, 11 y nota; Is. 52, 13 ss.; 53, 9 ss.; cf. Hb. 13, 20 y Ez. 34, 17 ss.

4. Aquí, y en el v. 12, la actitud de la aristocracia contrasta con la que vimos en Antioquía (13, 50 y nota). A esta piadosa Iglesia de Tesalónica había de escribir San Pablo sus dos admirables cartas (1 y 2 Ts.) donde alude a la doctrina que les había predicado, especialmente rica en materia de profecía (cf. 1 Ts. 4, 13 ss.; 5, 1 ss.; 2 Ts. 1, 6 ss.; 2, 11 ss.).

5. Empezamos a ver la *hostilidad de los judíos* de Tesalónica, que combatirán a Pablo hasta en Berea (v. 13 y nota). Ahora ya no se valen de las damas influyentes (13, 50), sino de los ociosos del populacho,

6. *Los que han trastornado al mundo*: Jesús habría aceptado contento, para sus discípulos, esta definición de revolucionarios, que todo lo trastornan con la visión sobrenatural (cf. Lc. 7, 23 y citas) de manera que el mundo no puede transigir con ellos (Jn. 7, 7; 14, 30; 17, 14; Ga. 1, 4 y notas; etc.). Toda la tierra de entonces aparece conmovida según esta acusación, lo cual es un precioso testimonio de la rapidez e intensidad con que la humilde

les ha dado acogida. Todos éstos obran contra los decretos del César, diciendo, que hay otro rey, Jesús". [8]Con esto alborotaron a la plebe y a los magistrados de la ciudad que tales cosas oían. [9]Tomaron, pues, fianza de Jasón y de los demás, y los soltaron.

En Berea. [10]Inmediatamente, los hermanos hicieron partir a Pablo y a Silas de noche para Berea, los cuales, llegados allí, fueron a la sinagoga de los judíos. [11]Eran éstos de mejor índole que los de Tesalónica, y recibieron la palabra con toda prontitud, escudriñando cada día las Escrituras (*para ver*) si esto era así. [12]Muchos, pues, de ellos creyeron, así como también de las mujeres griegas de distinción, y no pocos de los hombres. [13]Pero cuando los judíos de Tesalónica conocieron que también en Berea había sido predicada por Pablo la Palabra de Dios, fueron allí agitando y alborotando

igualmente a la plebe. [14]Entonces, al instante, los hermanos hicieron partir a Pablo, para que se encaminase hasta el mar; pero Silas y Timoteo se quedaron allí. [15]Los que conducían a Pablo lo llevaron hasta Atenas, y habiendo recibido encargo para que Silas y Timoteo viniesen a él lo más pronto posible, se marcharon.

En Atenas. [16]Mientras Pablo los aguardaba en Atenas, se consumía interiormente su espíritu al ver que la ciudad estaba cubierta de ídolos. [17]Disputaba, pues, en la sinagoga con los judíos y con los prosélitos, y en el foro todos los días con los que por casualidad encontraba. [18]También algunos de los filósofos epicúreos y estoicos disputaban con él. Algunos decían: "¿Qué quiere decir este siembra-palabras?" Y otros: "Parece que es pregonador de dioses extranjeros", porque les anunciaba a Jesús y la resurrección. [19]Con que lo

---

predicación de los apóstoles penetraba el mundo con la Palabra de Cristo: "¡ese mundo que hoy, dice el Papa Benedicto XV, al cabo de casi veinte siglos, había de estar más lejos de Dios que nunca! Cf. v. 19; 19, 23; 24, 14 y notas.

7. *Rey Jesús*: Notemos que idéntico crimen reprocharon los jerarcas judíos a nuestro Señor ante el tribunal de Pilato (Lc. 23, 2; Jn. 18, 33-37; 19, 12 y 15), y más tarde los paganos a los cristianos del Imperio Romano (cf. las Apologías de San Justino y Tertuliano). El misterio del Reino Mesiánico que San Pablo les predicaba en Cristo resucitado (cf. 19, 8; 23, 6; 24, 21; 26, 22s.; 28, 21-23 y 31; etc.), los exaspera al extremo grotesco de recurrir tan luego "a aquel populacho para que se muestre celoso amigo del César, cf. v. 31 y nota.

10. Lejos de defenderse, huyen una vez más, como lo había enseñado Jesús en Mt. 10, 23 (cf. v. 14; 14, 6). La caridad de San Pablo no habría querido jamás comprometer a Jasón por haberlo hospedado.

11. *Eran de mejor índole*, porque no eran tan orgullosos, y creían lo que la Escritura decía sobre Cristo. Los fieles de Berea nos muestran con qué espíritu debemos leer la Sagrada Biblia, esa "carta de Dios a los hombres" (Gregorio Magno), y son un ejemplo de cómo las Sagradas Letras del Antiguo Testamento eran tenidas en máxima veneración como fuente de doctrina (véase 16, 32 y 34 y notas). "Investigad las Escrituras... ellas son las que dan testimonio de Mí", dice Jesús (Jn. 5, 39). Bien se explica, pues, esta precaución de los habitantes de Berea: es la prudencia sobrenatural del que, por encima de todo, busca la verdad (cf. 1 Ts. 5, 21; 1 Jn. 4, 1), para poder guardarse de los falsos profetas que siempre se presentan con piel de oveja (Mt. 7, 15), y de los falsos apóstoles que se disfrazan de Cristo como el mismo Satanás se disfraza de ángel de luz (2Co. 11, 13). La indiferencia que a veces notamos, en esta materia tan grave, no es sino esa falta de amor a la verdad, que es lo que hará caer en las seducciones poderosas de la mentira, según revela San Pablo al hablar del Anticristo, (2 Ts. 2, 10 ss.).

13. Escribiendo a los de Salónica, el Apóstol recuerda esta encarnizada *persecución* "hasta fuera", y habla con gran severidad contra aquellos orgullosos judíos que perseguían a sus propios compatriotas cristianos (1 Ts. 2, 14 ss.). "No condena al pueblo judío en general, ni para siempre, ya que él mismo y las «columnas» de la Iglesia son de origen judío. Quien medita en Rm. 11, especialmente los vv. 12 y 15, notará cuán lejos está San Pablo del antisemitismo".

16 ss. San Pablo se queda solo, *¡y en Atenas!* Es como decir: Cristo ante la filosofía; el pensamiento y el Verbo del Dios Amor, entregado al Juicio de la "cultura clásica"; la locura de la Cruz, propuesta a la sensatez de los sabios, en aquella academia que era todavía, a pesar de su decadencia, la más alta del mundo antiguo, ¿Cuál será el resultado? Quien haya leído los primeros capítulos de 1Co., podrá adivinarlo fácilmente, pues allí aprendemos que Jesús, es decir la Vida que vino en forma de Luz (Jn. 1, 4), después de ser escándalo para los judíos, sería para los gentiles (greco-romanos) tontería y necedad. Lo primero, lo vimos cumplirse en vida de Él mismo; lo segundo lo veremos en este capítulo que es de un interés insuperable, porque lo mismo sigue repitiéndose cada día, en medio de esto que aun llamamos civilización cristiana. *Se consumía*: El griego da la idea de paroxismo. "El celo de tu casa me devora", se había dicho de Cristo (Sal. 68, 10; Jn. 2, 17). ¿Qué ansias no sentiría el humilde discípulo al verse, con las manos llenas de verdades, frente a hombres tan calificados para lo intelectual ... y tan ciegos, tan indigentes, tan miserables en lo espiritual? Veámoslo lanzarse, como un león suelto, a la disputa con los maestros, tanto de Israel como de Grecia (v. 17 y 18) en aquella "Ciudad-Luz" de la antigüedad. Ya veremos después cómo lo escuchan (v. 32 ss.). *Cubierta de ídolos*: "La Acrópolis es algo así como un templo todo cubierto de santuarios dedicados a Dionisos, a Esculapio, a Afrodita, a la Tierra, a Ceres, a la Victoria Antera, etc.".

18. *Epicúreos y estoicos*: Las dos antípodas más alejadas del espíritu evangélico: aquéllos, materialistas y sensuales; éstos, a la

tomaron y llevándolo al areópago dijeron: "¿Podemos saber qué es esta nueva doctrina de que tú hablas? [20]Porque traes a nuestros oídos cosas extrañas; por tanto queremos saber qué viene a ser esto". [21]Pues todos los atenienses y los extranjeros residentes allí no gustaban más que de decir u oír novedades.

Discurso del Areópago. [22]De pie en medio del Areópago, Pablo dijo: "Varones atenienses, en todas las cosas veo que sois extremadamente religiosos; [23]porque al pasar y contemplar vuestras imágenes sagradas, halle también un altar en que está escrito: A un dios desconocido. Eso que vosotros adoráis sin conocerlo, es lo que yo os anuncio: [24]El Dios que hizo el mundo y todo cuanto en él se contiene, éste siendo Señor del cielo y de la tierra, no habita en templos hechos de mano; [25]ni es servido de manos humanas, como si necesitase de algo, siendo Él quien da a todos vida, aliento y todo. [26]Él hizo de uno solo todo el linaje de los hombres para que habitasen sobre toda la faz de la tierra, habiendo fijado tiempos determinados, y los límites de su habitación, [27]para que buscasen a Dios, tratando a tientas de hallarlo, porque no está lejos de ninguno de nosotros; [28]pues en Él vivimos y nos movemos y existimos, como algunos de vuestros poetas han dicho: "Porque somos linaje suyo". [29]Siendo así linaje de Dios, no debemos pensar que la divinidad sea semejante a oro o a plata o a piedra, esculturas del arte y del ingenio humano. [30]Pasando, pues, por alto los tiempos de la ignorancia, Dios anuncia ahora a los hombres

---

inversa, llenos de soberbia como los fariseos, persuadidos de sus virtudes propias. San Justino, que más tarde recorrió todas las escuelas filosóficas, incluso la platónica, pitagórica y aristotélicas atestigua la vulgaridad interesada de unos, la sofística doblez de otros, la vana y ociosa vaciedad de todos, que San Lucas retrata elocuentemente en el v. 21. *Siembra-palabras:* No es raro que tales pensadores obsequiaran a Pablo con este mote despectivo, sin sospechar que le hacían el elogio más glorioso. ¿Acaso no había enseñado Jesús que la predicación de sus Palabras es verdadera siembra? (Mt. 13, 4 ss.). Un día podrán llamarlo también "sembrador de sangre", porque había de dar su cabeza por sostener la verdad de aquellas palabras que antes sembró.

Jesús y la resurrección: Es decir, un dios y una diosa (Anástasis). Así imaginaban aquellos hombres superficiales (según interpretaba ya San Juan Crisóstomo, como hoy Prat y otros modernos), ante la insistencia con que el Apóstol predicaba "en Cristo la resurrección de entre los muertos". Cf. 3, 22; Flp. 3, 11 y notas.

19s. La extraordinaria curiosidad despertada por San Pablo se deduce de esta invitación a exponer sus ideas ante el Areópago (Colina de Marte), que era el Senado de los atenienses y decidía en los asuntos más importantes.

22. *Extremadamente religiosos*: Literalmente: *los que más temen a los demonios* (genios o espíritus). No hemos de ver en esto ironía, puesto que el santo Apóstol trata de conquistarlos amablemente lejos de querer burlarse ni imputar a aquellos paganos su ignorancia. De ahí que no empezase invocando directamente las divinas Escrituras, y que, aun al hablar de Cristo, lo presente como "un hombre" constituido por Dios, cuyo título para regir el universo le viene de que Dios lo acreditó visiblemente al resucitarlo (v. 31).

23. ¡Profundísima enseñanza! El que busca al Dios desconocido, ya lo ha encontrado, pues busca *"al Dios que es"*, sea quien sea ese Dios, y precisamente así se definió Dios: Yahvéh significa *"El que es"*, o sea "el verdadero"; los otros son "los que no son" (cf. Sal. 95, 3). Vemos, pues, que los que elevaron ese altar al Dios desconocido, no fueron ciertamente estos que aquí rechazan a San Pablo (v. 32) sino las almas rectas que, entre la tiniebla del

paganismo, tenían el instinto sobrenatural de Dios como el centurión Cornelio (10, 2 ss.). Cf. Jn. 7, 17 y nota.

24. Vemos ya aquí la revelación altamente espiritual que Jesús hizo a la samaritana sobre el culto que a Dios agrada (Jn. 4, 22-24). Si esta visión resultaba insoportable para el ritualismo farisaico judío, no podía menos de chocar también con aquel materialismo mitológico que había sembrado la ciudad de imágenes (v. 16 y 29). Salomón expresaba ya un concepto análogo, que Santa Teresita recogió con respecto a la Eucaristía (1Re. 8, 27 y nota).

25. Cf. Sal. 15, 2; 39, 7; 49, 7-13; Is. 1, 11, etc.

26. "Maravillosa visión que nos hace contemplar el género humano en la unidad de su origen común en Dios" (Pío XII). Cf. Ef. 4, 6. *De uno solo*: La revelación destruía así la legendaria pretensión de los griegos que se creían *autóctonos,* es decir, nacidos de su propia tierra como raza superior que podía despreciar a los "bárbaros". Hay en este v. toda una síntesis de filosofía de la historia, mostrando que Dios separa a los hombres y fija los límites de los pueblos (Dt. 32, 8); cambia los tiempos y quita y pone los reyes (Dn. 2, 21); ensancha las naciones y las aniquila (Job 12, 23). Daniel nos muestra más aún: el orden histórico de los imperios del mundo (Dn. 2 y notas).

28. *Algunos de vuestros poetas*: Arato, Cleantes, Píndaro, Cf. Gn. 1, 27; Is. 40, 18; Hch. 19, 26. San Pablo aprovecha hábilmente la cita de autores paganos, así como antes aprovechó el altar del Dios desconocido (v. 23), para deducir la trascendencia sobrenatural de aquellos conceptos.

29. *Siendo así linaje de Dios*: ¡Cosa infinitamente admirable! Lo que había soñado la fantasía de aquellos poetas griegos, se hizo realidad. "En el principio era el Verbo", un solo Hijo divino, y ahora seremos muchos. Él era el único engendrado, y los hombres éramos creados. Ahora, Él será "el Primogénito de muchos hermanos" (Rm. 8, 29), porque nosotros también, gracias a Él, hemos sido engendrados de Dios (Jn. 1, 12-13) por el Espíritu Santo (Ga. 4, 4-7) lo mismo que Jesús (Lc. 1, 35; Ef. 1, 5-6), siendo desde entonces verdaderos hijos divinos (1 Jn. 3, 1), renacidos de lo alto (Jn. 3, 3) por el nuevo Adán, y destinados, como verdaderos miembros del Cuerpo de Cristo (1Co. 12, 27), a vivir de su misma

que todos en todas partes se arrepientan; [31]por cuanto Él ha fijado un día en que ha de juzgar al orbe en justicia por medio de un Hombre que Él ha constituido, dando certeza a todos con haberle resucitado de entre los muertos". [32]Cuando oyeron lo de la resurrección de los muertos, unos se burlaban, y otros decían: "Sobre esto te oiremos otra vez". [33]Así salió Pablo de en medio de ellos. [34]Más algunos hombres se unieron a él y abrazaron la fe, entre ellos Dionisio el areopagita, y una mujer llamada Dámaris, y otros con ellos.

18 Pablo en Corinto.

[1]Después de esto, Pablo partió de Atenas y se fue a Corinto. [2]donde encontró a un judío, llamado Aquila, natural del Ponto, que poco antes había venido de Italia, con Priscila, su mujer, porque Claudio había ordenado que todos los judíos saliesen de Roma. Se unió a ellos; [3]y como era del mismo oficio, se hospedó con ellos y trabajaba, porque su oficio era hacer tiendas de campaña. [4]Todos los sábados disputaba en la sinagoga, procurando convencer a judíos y griegos. [5]Mas cuando Silas y Timoteo hubieron llegado de Macedonia, Pablo se dio todo entero a la palabra, testificando a los judíos que Jesús era el Cristo. [6]Y como éstos se oponían y blasfemaban, sacudió sus vestidos y les dijo: "Caiga vuestra sangre sobre vuestra cabeza: limpio yo, desde ahora me dirijo a los gentiles". [7]Y trasladándose de allí entró en casa de uno que se llamaba Tito Justo, adorador de Dios, cuya casa estaba junto a la sinagoga. [8]Entretanto, Crispo, jefe de la sinagoga, creyó en el Señor, con toda su casa; y muchos de los corintios que prestaban oídos, creían y se bautizaban. [9]Entonces,

---

vida divina y eterna, como Él vive del Padre (Jn. 6, 57), y a ser consumados en la unidad de Ambos por el amor (Jn. 17, 21-23).

30. *Los tiempos de la ignorancia*: "Pablo no insiste en esto, pero, para quien ha leído y meditado el cap. 1 de su carta a los Romanos, tal expresión basta para mostrar lo que él piensa de los filósofos" (Boudou). Véase Rm. 1, 19 ss.; Col. 2, 8; Ga. 1, 11; 1Co. 2, 4, etc.

31. *Juzgar en justicia*: Merk indica la concordancia de este pasaje con Sal. 9, 8; 95, 13; 97, 9.

32. He aquí pintado magistralmente el espíritu del mundo. Los sabios de la Grecia admiraron el genio del Apóstol, mientras su discurso se mantuvo en el terreno de la especulación. Pero, en cuanto llegó a su verdadera razón de ser, esto es, a la verdad divinamente revelada, lo despidieron con amables palabras, dejando eso "para otro día", que nunca había de llegar. Véase 24, 25 y nota.

33. El evangelista subraya este hecho, con su expresión lapidaria que parece decirnos: así como era necesario que el Maestro fuese *reprobado* por la más alta jerarquía sacerdotal y civil, y por los fariseos que eran los sabios y santos de Israel (Mc. 8, 31; Lc. 9, 22; 17, 25), así también su doctrina, que el Padre revela a los pequeños (Lc. 10, 21), fue aquí despreciada por el supremo tribunal de la filosofía y de la sabiduría humana, cumpliéndose lo que había anunciado tantas veces sobre su absoluto divorcio con el mundo y sus valores (Lc. 16, 15). "Lección de inmensa trascendencia actual, ella nos previene contra todo humanismo, que tiende a hacernos olvidar la realidad sobrenatural" (cf. v. 30 y nota). Garrigou-Lagrange dice agudamente a este respecto que Santo Tomás tiene muchos admiradores pero pocos devotos, aludiendo a que en él ha de buscarse ante todo la doctrina sobrenatural de la gracia, y no mirarlo como un simple filósofo discípulo del pagano Aristóteles.

34. Bossuet hace notar que no obstante este aparente fracaso "en la Grecia pulida, madre de los filósofos y de los oradores, San Pablo estableció allí más iglesias que discípulos ganó Platón con su elocuencia creída divina". *Dionisio* el Areopagita, llegó a ser,

según Eusebio, el primer obispo de Atenas. En cuanto a los famosos escritos publicados baja su nombre, hoy es unánime la opinión de considerarlos como obra de un autor del siglo V.

2. Véase vv. 18 y 26; Rm. 16, 3; 1Co. 16, 19; 2 Tim, 4, 19. En *Aquila y Priscila* encontramos un matrimonio que tanto se esforzó por la causa de Cristo, que San Pablo pide a todas las iglesias gratitud para ellos (Rm. 16, 4). Privados de hijos, según parece, llenaban intensamente su vida con las luchas y los incomparables goces del apostolado. Son el ejemplo clásico para los cónyuges a quienes no ha sido concedida descendencia.

3. En su juventud Pablo había aprendido el *oficio de tejedor*, de manera que podía vivir del trabajo de sus manos y no necesitaba molestar a nadie. Esto era su gloria: deberlo todo a Dios y nada a los hombres. Véase 20, 33 ss.; 1Co. 4, 12; 1 Ts. 2, 9; 2 Ts. 3, 7. Notemos que, muy lejos del necio prejuicio pagano "el trabajo manual era tenido por los judíos en tan eran estima, que los rabinos más célebres se gloriaban de practicar un oficio durante las horas que no consagraban al estudio" (Fillion). Aún bajo el punto de vista higiénico, es indispensable alternar el trabajo intelectual con el físico, según lo prescriben sabiamente las reglas monásticas de los órdenes contemplativas. La falta de esos derivativos ha traído hoy la necesidad de los deportes.

6. Es decir, no es culpa mía si os abandono a vuestro terrible destino, pues que rechazáis al Salvador. Como hemos visto otras veces, no se decidía a un abandono definitivo, y el amor de Pablo por Israel a quien llama su pueblo (Rm. 9, 3; 11, 14), no obstante tener la preciada ciudadanía romana, no tardará en llevarlo de nuevo a "disputar sobre el reino de Dios" en la sinagoga de Éfeso (v. 19 y 19, 8), hasta que llega el episodio final de Roma (28, 28).

8 ss. Este detalle consolador, después del aparente rechazo general, nos recuerda el caso de Atenas (17, 34), y tantos otros en que nuestro amable Padre celestial nos estimula en medio de las persecuciones, para hacernos comprobar que nunca es vano lo que se hace por sembrar la Palabra divina. Es lo que Jesús en persona se digna revelar a Pablo esa noche (v. 9s.).

el Señor dijo a Pablo de noche en una visión: "No temas, sino habla y no calles; [10]porque Yo estoy contigo, y nadie pondrá las manos sobre ti para hacerte mal, ya que tengo un pueblo numeroso en esta ciudad". [11]Y permaneció un año y seis meses, enseñando entre ellos la palabra de Dios.

Pablo ante Galión. [12]Siendo Galión procónsul de Acaya, los judíos se levantaron a una contra Pablo y le llevaron ante el tribunal, [13]diciendo: Éste persuade a la gente que dé a Dios un culto contrario a la Ley. [14]Pablo iba a abrir la boca, cuando dijo Galión a los judíos: "Si se tratase de una injusticia o acción villana, razón sería, oh judíos, que yo os admitiese; [15]más si son cuestiones de palabras y de nombres y de vuestra Ley, vedlo vosotros mismos. Yo no quiero ser juez de tales cosas". [16]Y los echó de su tribunal. [17]Entonces todos los griegos asieron a Sóstenes, jefe de la sinagoga, y le golpearon delante del tribunal, sin que Galión hiciera caso de esto.

Fin del segundo viaje. [18]Pablo, habiéndose detenido aún no pocos días, se despidió de los hermanos y se hizo a la vela hacia Siria, en compañía de Priscila y Aquila, luego de haberse rapado la cabeza en Cencrea, porque tenía un voto. [19]Llegaron a Éfeso, y allí los dejó y se fue, por su parte, a la sinagoga y disputaba con los judíos. [20]Y aunque éstos le rogaban que se quedase por más tiempo, no consintió, [21]sino que se despidió y dijo: "Otra vez, si Dios quiere, volveré a vosotros", y partió de Éfeso. [22]Desembarcó en Cesarea, subió (*a Jerusalén*) a saludar a la Iglesia, y bajó a Antioquía.

Tercer viaje de San Pablo. [23]Pasado algún tiempo, salió y recorrió sucesivamente la región de Galacia y Frigia, fortaleciendo a todos los discípulos. [24]Vino a Éfeso cierto judío de nombre Apolo, natural de Alejandría, varón elocuente y muy versado en las Escrituras. [25]Éste, instruido acerca del camino del Señor, hablaba en el fervor de su espíritu y enseñaba con exactitud las cosas tocantes a Jesús, pero sólo conocía el bautismo de Juan. [26]Se puso a hablar con denuedo en la sinagoga; más cuando le oyeron Priscila y Aquila, le llevaron consigo y le expusieron más exactamente el camino de Dios. [27]Y deseando él pasar a Acaya, le animaron los hermanos y escribieron a los discípulos para que le recibiesen,

10. *Un pueblo numeroso*: Corinto había de ser en efecto el hogar del cristianismo en toda la península helénica. A él dirigió el Apóstol dos de sus más célebres Epístolas (1 y 2Co.).

11. Desde aquí escribió Pablo sus dos cartas más antiguas: 1 y 2 Tesalonicenses.

14 ss. *Galión*, personaje célebre, sobrino del poeta Lucano, y hermano mayor de Séneca, participa sin duda de la opinión despectiva que su hermano había expresado sobre los judíos. Sus palabras "Vedlo vosotros" (v. 15) recuerdan las de Pilato (Jn. 18, 31). De ahí su actitud indiferente, quizá no exenta de complacencia, ante la azotaina del v. 17.

17. *Los griegos*: Estas palabras faltan en el texto oriental, por lo cual San Juan Crisóstomo suponía que fuesen los judíos, indignados por el fracaso de su jefe. Como se ve, el arcesinagogo, probablemente sucesor del convertido Crispo (v. 8), fue por lana y salió trasquilado. En este suceso es fácil admirar la protección prometida a Pablo por el Señor (v. 10). Podría ser que este corintio Sóstenes se hubiese lego convertido también, y fuese el mismo que más tarde, desde Éfeso, saluda a los corintios (1Co. 1, 1).

18. *El voto,* aunque se ha creído fuese el de los nazareos, que por cierto tiempo o por toda la vida se consagraban a Dios, renunciando, entre otras cosas, a las bebidas alcohólicas y dejando de cortarse los cabellos, parece más bien haber sido el acostumbrado según Josefo (Bell. Jud. II, 15,11): treinta días de oración, con la cabeza rapada. Véase 21, 23 ss. San Jerónimo refiere este voto a Aquila, pero no hay duda de que el Texto se refiere a San Pablo, como lo muestran San Juan Crisóstomo y los modernos.

19. Pablo visitó con preferencia las grandes ciudades, para dar a la Palabra de Dios la más intensa repercusión. Después de Corinto, la ciudad más grande de Grecia, se encamina a Éfeso, la capital de Asia menor.

21. *Si Dios quiere*: Expresión frecuente en San Pablo (cf. Rm. 1, 10; 1Co. 4, 19; 16, 7), que se ha perpetuado hasta hoy en su forma latina *Deo volente* (o abreviada *D. v.*). Santiago recomienda expresamente su uso, burlándose de los que creen tener segura esta vida que es "como un humo que se disipa" (St. 4, 13 ss.).

22. *A la Iglesia*: claro testimonio de que la de Jerusalén era todavía el centro de todas las Iglesias. Que se trata de Jerusalén, y no de Cesarea, se ve por las expresiones *subió y bajó a Antioquía*, y consta de un manuscrito de la Cadena Armenia (Jacquier).

23. El *tercer viaje* apostólico comienza hacia el año 54 y termina hacia el año 58.

26. Estos cónyuges ejemplares (v. 2San y nota) y predilectos de San Pablo, por cuyo apostolado se jugaron la vida (Rm. 16, 3s.), realizan aquí una de sus hazañas, en la cual la esposa Priscila – diminutivo de Prisca (2 Tm. 4, 19)– tuvo sin duda la iniciativa puesto que aquí la nombran a ella primero. Su honda visión sobrenatural, adquirida junto al gran Apóstol, no tarda en advertir la conveniencia de completar la formación del fogoso Apolo, y sin vacilar le brindan, junto con la hospitalidad del propio hogar, el ambiente edificante, saturado de fe y sabiduría de aquella casa que Pablo llama Iglesia (cf. 1Co. 16, 19).

y cuando hubo llegado, fue de mucho provecho a los que, por la gracia, habían creído; [28]porque vigorosamente redargüía a los judíos, en público, demostrando por medio de las Escrituras que Jesús era el Cristo.

19 Misión en Éfeso.

[1]Mientras Apolo estaba en Corinto, sucedió que Pablo, después de recorrer las regiones superiores, llegó a Éfeso. Allí encontró algunos discípulos, [2]a quienes dijo: "¿Habéis recibido al Espíritu Santo después de abrazar la fe?" Ellos le contestaron: "Ni siquiera hemos oído si hay Espíritu Santo". [3]Les preguntó entonces: "¿Pues en qué habéis sido bautizados?" Dijeron: "En el bautismo de Juan". [4]A lo que replicó Pablo: "Juan bautizaba con bautismo de arrepentimiento, diciendo al pueblo que creyesen en Aquel que había de venir en pos de él, esto es, en Jesús". [5]Cuando oyeron esto, se bautizaron en el nombre del Señor Jesús; [6]y cuando Pablo les impuso las manos, vino sobre ellos el Espíritu Santo, y hablaban en lenguas y profetizaban. [7]Eran entre todos unos doce hombres.

Pablo se separa de los judíos y hace muchos milagros. [8]Entró Pablo en la sinagoga y habló con libertad por espacio de tres meses, discutiendo y persuadiendo acerca del reino de Dios. [9]Mas como algunos endurecidos resistiesen, blasfemando del Camino, en presencia del pueblo, se apartó de ellos, llevando consigo a los discípulos y discutía todos los días en la escuela de cierto Tirano. [10]Esto se hizo por espacio de dos años, de modo que todos los habitantes de Asia oyeron la palabra del Señor, tanto judíos como griegos. [11]Obraba Dios por mano de Pablo también milagros extraordinarios, [12]de suerte que hasta los pañuelos y ceñidores que habían tocado su cuerpo, eran llevados a los enfermos, y se apartaban de éstos las enfermedades y salían los espíritus malignos. [13]Tentaron también algunos judíos exorcistas, ambulantes, de invocar el nombre del Señor Jesús sobre los que tenían los espíritus malignos, diciendo: "Os conjuro por aquel Jesús a quien predica Pablo". [14]Eran los que esto hacían siete hijos de un cierto Esceva, judío de linaje pontifical. [15]Pero el espíritu malo les respondió y dijo: A Jesús conozco, y sé quién es Pablo, pero vosotros, ¿quiénes sois? [16]Y precipitándose sobre ellos el hombre en quien

28. Por la Escritura, es decir, per el A. T. pues se trata de judíos como en 28, 23. Cf. 17, 11 y nota.

1. *Las regiones superiores*: Galacia y Frigia, en el centro del Asia Menor, llamadas así por su altura. Éfeso, la gran capital del Asia y su primer puerto, ya no existe. Junto a sus ruinas hay un mísero caserío: Ayasoluk, nombre que los turcos deformaron del griego "ho hagios theólogos" (el santo teólogo), conservado en recuerdo de San Juan que allí vivió, y a quien se llamó así por su conocimiento sobrenatural de Dios.

2. *Si hay Espíritu Santo*: es decir, no sabemos que haya tal cosa. Otra variante traduce: "Ni siquiera hemos oído *que se recibe* (otros: *que se da*) el Espíritu Santo". Notemos al pasar cuántos podrían decir esto mismo hoy, en que al cabo de veinte siglos vemos tantos, llamados cristianos, que no saben de Dios sino las cosas esquemáticas que recuerdan del catecismo de su infancia, en tanto que Pio XII llama a todos al conocimiento de las Escrituras, en su notable Encíclica "Divino Afflante Spiritu" (cf. v. 6 y nota). Recordamos el caso de un niño de cinco años el cual, habiendo oído una explicación sobre las palabras de Jesús relativas al Espíritu Santo, dijo días más tarde: "El Espíritu Santo es la fuerza para ser bueno. Y hay que pedirlo a Dios porque si no, no podemos ser buenos". Imposible sintetizar con mayor profundidad y sencillez la más alta doctrina de la vida espiritual. El divino Padre lo hizo comprender a ese pequeño, mientras lo esconde como dijo Jesús, a muchos tenidos por sabios y prudentes.

4. Como observan Scio, Fillion, etc., el bautismo de Juan sólo tenía por objeto preparar al pueblo judío, por medio del arrepentimiento, a recibir al Mesías Rey. No tenía, pues, ya razón de ser después que Jesús había establecido el bautismo cristiano. Véase 8, 16 y nota; 13, 24; 18, 25; Mt. 3, 6 y nota.

6. Según se ve, los carismas visibles acompañaban siempre al Espíritu Santo: sea en Pentecostés (2, 4), como en el primer discurso de Pedro a los gentiles (10, 44 ss.), etc. Véase 8, 17; 1Co. 12, 1 y notas. Esto explica la pregunta concreta de San Pablo en el v. 2. En cuanto a la imposición de las manos hecha aquí por el Apóstol, con posterioridad a la nueva Pentecostés de los gentiles (10, 44s.; 15, 8 y notas), muestra que, ello no obstante, continuó la administración de los sacramentos en esos gentiles "ingeridos" (Rm. 11, 17 ss.), aunque lo nieguen algunos disidentes. Claro está que el divino Espíritu no se ha atado las manos para manifestarse a las almas según Su soberana libertad, como lo hizo con Cornelio (10, 2-4). Más de ello no se infiere, como vemos, la supresión de los sacramentos, puesto que San Pablo continúa administrándolos. Cf. 11, 16 y nota.

8. *Persuadiendo acerca del reino de Dios:* expresión usada respecto de Jesús en 1, 3 y nota.

9. No obstante el pedido anterior había, como siempre, empedernidos. Pablo nos enseña una vez más a no insistir (Mt. 10, 23) ni "dar perlas a los cerdos" (Mt. 7, 6), y se contenta con hablar en un local profano (cf. 5, 42 y nota; 20, 20). "Ved, exclama San Gregorio... no reconocen a Jesucristo a pesar de las profecías que leen cada día".

12. Cf. 5, 12 y nota.

estaba el espíritu maligno, y enseñoreándose de ambos prevalecía contra ellos, de modo que huyeron de aquella casa desnudos y heridos. [17]Esto se hizo notorio a todos los judíos y griegos que habitaban en Éfeso, y cayó temor sobre todos ellos, y se glorificaba el nombre del Señor Jesús. [18]Y un gran número de los que habían abrazado la fe, venían confesándose y manifestando sus obras. [19]Muchos, asimismo, de los que habían practicado artes mágicas, traían los libros y los quemaban en presencia de todos. Y se calculó su valor en cincuenta mil monedas de plata. [20]Así, por el poder del Señor, la palabra crecía y prevalecía. [21]Cumplidas estas cosas, Pablo se propuso en espíritu atravesar la Macedonia y Acaya para ir a Jerusalén, diciendo: "Después que haya estado allí, es preciso que vea también a Roma". [22]Envió entonces a Macedonia dos de sus ayudantes, Timoteo y Erasto, mientras él mismo se detenía todavía algún tiempo en Asia.

Tumulto en Éfeso. [23]Hubo por aquel tiempo un alboroto no pequeño a propósito del Camino. [24]Pues un platero de nombre Demetrio, que fabricaba de plata templos de Artemis y proporcionaba no poca ganancia a los artesanos, [25]reunió a éstos y a los obreros de aquel ramo y dijo: Bien sabéis, compañeros, que de esta industria nos viene el bienestar, [26]y por otra parte, veis y oís cómo no sólo en Éfeso sino en casi toda el Asia, este Pablo con sus pláticas ha apartado a mucha gente, diciendo que no son dioses los que se hacen con las manos. [27]Y no solamente está nuestra industria corre peligro de ser desacreditada, sino que también el templo de la gran diosa Artemis, a la cual toda el Asia y el orbe adoran, será tenido en nada, y ella vendrá a quedar despojada de su majestad. [28]Oído esto, se llenaron de furor y gritaron, exclamando: "¡Grande es la Artemis de los efesios!" [29]Se llenó la ciudad de confusión, y a una se precipitaron en el teatro, arrastrando consigo a Gayo y a Aristarco, macedonios, compañeros de viaje de Pablo. [30]Pablo quería también presentarse al pueblo, mas no le dejaron los discípulos. [31]Asimismo algunos de los asiarcas, que eran amigos suyos, enviaron a él recado rogándole que no se presentase en el teatro. [32]Gritaban, pues, unos una cosa, y otros otra; porque la asamblea estaba confusa, y en su mayoría no sabían por qué se habían reunido. [33]Entretanto sacaron de la multitud a Alejandro, a quien los judíos empujaban hacia

---

16. Episodio de los más pintorescos, en que Dios confunde a los que invocan, sin verdadera fe, el sagrado Nombre de Jesús (cf. v. 17). El Señor alude en Mt. 12, 27a esta clase de exorcistas que pretendían obrar en nombre de Dios y no eran sino supersticiosos. El fruto de este ejemplar castigo se ve en v. 18s.

19. Es decir, unos 50.000 pesos argentinos. Si los cristianos de hoy imitaran este "grande escrutinio" –que fue totalmente espontáneo– con los libros de mala doctrina que tienen "apariencias de piedad" (2 Tim, 3, 5), habría combustible y calefacción para mucho tiempo.

20. Boudou vierte también así. Nos parece evidentemente más exacto que traducir: "la palabra del Señor crecía poderosamente". Otra variante dice *la fe*, en vez de la *palabra*: son conceptos equivalentes, pues según la Escritura, la fe viene por la Palabra de Dios. Véase 5, 12 y nota; Rm. 10, 17.

21. El Señor había de confirmarle en este designio: Cf. 23, 11 y nota.

22. *Se detenía*: Quería quedarse en Éfeso (Asia menor) hasta Pentecostés (1Co. 16, 8 ss.) del año 57, contando quizá con la abundante ocasión de predicar el Evangelio a tantos peregrinos que en honor de Diana se agolpaban allí en el mes de Artemision (Abril-Mayo). Pronto habían de surgir los adversarios, que esta vez no serán los judíos.

23. El *Camino* es el Evangelio, que a todos aparecía revolucionario y destructor de las tradiciones humanas. Cf. 17, 6 y nota.

24. La diosa *Artemis* o Diana, a la que pretende defender el platero, era muy venerada en Éfeso, donde le estaba consagrado uno de los santuarios paganos más frecuentados le aquel tiempo, pues se la miraba, dice San Jerónimo, no ya como la Cazadora, sino como la diosa madre de la fecundidad y abundancia, representándola llena de pechos (multimammia), y sus incontables devotos le pedían favores y bienes materiales, en tanto que otros. como Demetrio y sus colegas, negociaban "piadosamente" con esa devoción. De aquí que su templo era una de las siete maravillas del mundo. De allí también la fina lección que a todos nos da San Lucas en este memorable episodio. No debe confundirse a este Demetrio con el que San Juan cita con tanta estimación en 3 Jn. 12.

24 ss. El platero *Demetrio* es uno de los muchos que cubren sus intereses materiales con la máscara de la religiosidad. Lo que le movió a hacer el alboroto, no fue la piedad, sino el temor de perder la clientela; y los medios que emplea son los más viles: odio y fanatismo.

27. Este histórico pasaje ha quedado como un ejemplo clásico de ese espíritu del mundo que explota lo sagrado con apariencias de piedad. El mismo San Pablo que aquí fue perseguido, lo anuncia igualmente para los últimos tiempos (2 Tm. 3, 5).

31. Los principales de Asia, llamados *asiarcas*, eran los jefes de la provincia, elegidos por término de un año y encargados de presidir la asamblea provincial, los sacrificios y las fiestas.

32. *En su mayoría no sabían por qué* ¡Cuán aguda y verdadera es esta observación para la psicología de las masas! Nada más fácil

adelante, Él, haciendo con la mano señas, quería informar al pueblo. [34]Mas ellos cuando supieron que era judío, gritaron todos a una voz, por espacio como de dos horas: "¡Grande es la Artemis de los efesios!" [35]Al fin, el secretario calmó a la muchedumbre, diciendo: "Efesios, ¿quién hay entre los hombres que no sepa que la ciudad de los efesios es la guardiana de la gran Artemis y de la imagen que bajó de Júpiter? [36]Siendo, pues, incontestables estas cosas, debéis estar sosegados y no hacer nada precipitadamente. [37]Porque habéis traído a estos hombres que ni son sacrílegos ni blasfeman de nuestra diosa, [38]Si pues Demetrio y los artífices que están con él, tienen queja contra alguien, audiencias públicas hay, y existen procónsules, Acúsense unos a otros. [39]Y si algo más pretendéis, esto se resolverá en una asamblea legal; [40]porque estamos en peligro de ser acusados de sedición por lo de hoy, pues no hay causa alguna que nos permita dar razón de este tropel". Dicho esto, despidió a la asamblea.

20 Viaje a Macedonia y Grecia. [1]Luego que el tumulto cesó, convocó Pablo a los discípulos, los exhortó, y despidiéndose salió para ir a Macedonia. [2]Y después de recorrer aquellas regiones, exhortándolos con muchas palabras, llegó a Grecia, [3]donde pasó tres meses; más cuando ya estaba para ir a Siria, los judíos le armaron asechanzas, por lo cual tomó la resolución de regresar por Macedonia. [4]Le acompañaban hasta Asia: Sópatro de Berea, hijo de Pirro; Aristarco y Segundo de Tesalónica, Gayo de Derbe, y Timoteo, Tíquico y Trófimo de Asia. [5]Éstos se adelantaron y nos esperaban en Tróade. [6]Nosotros, en cambio, nos dimos a la vela desde Filipos, después de los días de los Ázimos; y en cinco días los alcanzamos en Tróade, donde nos detuvimos siete días.

Pablo resucita a Eutico. [7]El primer día de la semana nos reunimos para partir el pan, Pablo, que había de marchar al día siguiente, les predicaba, prolongando su discurso hasta la medianoche. [8]Había muchas lámparas en el aposento alto donde estábamos reunidos. [9]Más un joven, de nombre Eutico, se hallaba sentado sobre la ventana sumergido en profundo sueño, y al fin, mientras Pablo extendía más su plática, cayó del tercer piso abajo, vencido del sueño, y fue levantado muerto. [10]Bajó Pablo, se echó sobre él y abrazándole dijo: "No os asustéis, porque su alma está en él". [11]Luego subió, partió el pan y comió; y después de conversar largamente hasta el amanecer, así se marchó. [12]Ellos se llevaron vivo al joven, y quedaron sobremanera consolados.

En Mileto. [13]Nosotros, adelantándonos en la nave, dimos vela a Asón, donde habíamos de recibir a Pablo. Lo había dispuesto así, queriendo irse él a pie. [14]Cuando nos alcanzó en Asón, le recogimos y vinimos a Mitilene. [15]Navegando de

---

que llevar al pueblo a cometer desatinos en ese estado de inconsciencia. De ahí la sabia conducta de Pablo al seguir el consejo de amigos y magistrados (v. 30s.). En el momento del furor fanático, sin duda le habrían quitado la vida. Poco después, todo quedó en nada.

33. El judío *Alejandro* y sus amigos juzgaban oportuno el momento para descargar el odio contra los cristianos, pero fracasaron, porque la multitud no quería escuchar a un judío. Por ello y por la actitud prudente del secretario de la ciudad se evitó la persecución de los cristianos. Cf. 26, 17 y nota.

2s. En *Grecia*: Allí se detuvo el Apóstol en Corinto, donde escribió la Epístola a los Romanos en el invierno del año 57-58.

7. *El primer día de la semana*: Valioso testimonio de que ya en tiempo de los apóstoles se celebraban los sagrados misterios el domingo y no ya el sábado de los judíos. Cf. Jn. 20, 1 y nota; 1Co. 16, 2. *Para partir el pan*: para celebrar la cena Eucarística. Véase 2, 42 y nota.

9 ss. Notamos aquí cómo Pablo, consecuente con su opinión sobre la máxima importancia del ministerio de la Palabra, se detenía largas horas (v. 1 y 2), hasta media noche (v. 7) y hasta el alba (v. 11), exponiendo ante los oídos maravillados de jóvenes y ancianos las inagotables riquezas de Cristo, que habían estado escondidas por todos los siglos (Ef. 3, 8-11), y amonestando "día y noche, con lágrimas" a los que tenían cura de almas (20, 31). Véase 6, 2-4 y notas. Es muy de recordar este ejemplo, para no confundir esa abundancia de predicación y riqueza de doctrina divina, con el mucho hablar a lo humano, en lo cual "no faltará pecado" (Pr. 10, 19 y nota). Véase lo que Pablo aconseja y previene al Obispo Timoteo en 2 Tm. 4, 2 ss. Cf. 1Co. 14, 19.

14 ss. Conviene seguir este itinerario teniendo a la vista el mapa de los viajes de San Pablo: maravillosa peregrinación espiritual a través de toda esa costa e islas de incomparable belleza natural, hoy como entonces. No lejos de la isla de Samos, famosa por su dulce vino, hacia el centro del Mar Egeo, tan legendario en los poetas clásicos, está Patmos, donde Juan recibió y escribió la más alta de las profecías: el Apocalipsis.

allí, nos encontramos al día siguiente enfrente de Quio; al otro día arribamos a Samos, y al siguiente llegamos a Mileto. [16]Porque Pablo había resuelto pasar de largo frente a Éfeso, para no demorarse en Asia; pues se daba prisa para estar, si le fuese posible, en Jerusalén el día de Pentecostés. [17]Desde Mileto envió a Éfeso a llamar a los presbíteros de la Iglesia. [18]Cuando llegaron a él les dijo: "Vosotros sabéis, desde el primer día que llegué a Asia, cómo me he portado con vosotros todo el tiempo: [19]sirviendo al Señor con toda humildad, con lágrimas y pruebas que me sobrevinieron por las asechanzas de los judíos; [20]y cómo nada de cuanto fuera de provecho he dejado de anunciároslo y enseñároslo en público y por las casas; [21]dando testimonio a judíos y griegos sobre la conversión a Dios y la fe en nuestro Señor Jesús. [22]Y ahora, he aquí que voy a Jerusalén, encadenado por el Espíritu, sin saber lo que me ha de suceder allí; [23]salvo que el Espíritu Santo en cada ciudad me testifica, diciendo que me esperan cadenas y tribulaciones. [24]Pero yo ninguna de estas cosas temo, ni estimo la vida mía como algo precioso para mí, con tal que concluya mi carrera y el ministerio que he recibido del Señor Jesús, y que dé testimonio del Evangelio de la gracia de Dios. [25]Al presente, he aquí yo sé que no veréis más mi rostro, vosotros todos, entre quienes he andado predicando el reino de Dios. [26]Por lo cual os protesto en este día que soy limpio de la sangre de todos; [27]pues no he omitido anunciaros el designio entero de Dios. [28]Mirad, pues, por vosotros mismos y pos toda la grey, en la cual el Espíritu Santo os ha puesto por obispos, para apacentar la Iglesia del Señor, la cual Él ha adquirido con su propia sangre. [29]Yo sé que después de mi partida vendrán sobre vosotros lobos voraces que no perdonarán al rebaño. [30]Y de entre vosotros mismos se levantarán hombres que enseñen cosas perversas para arrastrar en pos de sí a los discípulos. [31]Por tanto velad, acordándoos de que por tres años no he cesado ni de día ni de noche de amonestar con lágrimas a cada uno de vosotros. [32]Ahora, os encomiendo a Dios, y a la palabra de su gracia, la cual es poderosa para edificar y para dar la herencia entre todos los santificados. [33]Plata u oro o vestido no he codiciado de nadie. [34]Vosotros mismos sabéis que a mis necesidades y a las de mis compañeros han servido estas manos [35]En todo os di ejemplo de cómo es menester,

---

17. *Los presbíteros*: Cf. 14, 23 y nota. La Vulgata dice "los mayores de edad". Otros traducen "los ancianos" (Fillion, Boudou, etc.). Son los que San Pablo en el v. 28llama *episcopoi* u obispos. El P. Boudou hace notar que para el Apóstol, como para el autor de los Hechos, los términos *presbítero y obispo* son estrictamente sinónimos. El P. Prat observa que los jefes de la Iglesia de Éfeso "no eran evidentemente obispos, pues que Pablo deberá más tarde dejar a Timoteo en Éfeso para ejercer allí el cargo episcopal".

22. *Por el Espíritu*; otros: *en espíritu* (véase 21, 4 y nota). *Sin saber, etc.*: Vemos que el don de profecía, que San Pablo posee en grado eminentísimo, no significa que supiese por sí mismo lo que iba a sucederle, sino cuando Dios se lo revela especialmente (cf. v. 25; 2 Tm. 4, 6; 2 Pe. 1, 14).

24. *El ministerio*: la Vulgata dice *el ministerio de la palabra*. Nótese la preciosa expresión *el Evangelio de la gracia*. En el v. 32lo llama *la palabra de su gracia*, siempre empeñado en mostrar el carácter esencialmente misericordioso del mensaje de Cristo, que Él mismo llamó "la Buena Nueva".

27. *El designio entero*: Es lo que Jesús había ordenado en Mt. 28, 20 (cf.2Co. 4, 2; Ga. 1, 10; 2 Tm. 2, 15). Bien sabía el Apóstol que pronto vendrían falsos pastores (v. 29 ss.). Véase en Ap. 22, 18s., las maldiciones de los que disminuyen o aumentan las Palabras de Dios.

28. *Por vosotros mismos*: "Los pastores de la Iglesia de Éfeso debían poner en el primer lugar de sus preocupaciones el cuidado de su santificación personal" (Fillion). *Obispos*: El P. Boudou traduce *supervigilantes* ("surveillants") y observa con el P. Prat: "En vida del Apóstol no hubo obispos en las comunidades cristianas fundadas por él; no hubo sino visitadores o delegados temporarios semejantes a los *periodeutes* de los tiempos posteriores, revestidos tal vez de carácter episcopal pero revocables a discreción y sin autoridad autónoma ni situación fija. Tito y Timoteo son obispos misioneros que le sirven de coadjutores (cf. 13, 1 y nota). Las iglesias de Asia, fundadas por Pablo, pasaron finalmente bajo la influencia del Apóstol Juan, y de éste recibieron su organización definitiva con el episcopado sedentario que Pablo no había establecido en ellas" (16, 6 y nota). Cf. 3 Jn. 5; San Jerónimo, Coment. Epist. a Tt. 1, 5.

29 ss. Alude a la advertencia de Jesús en Mt. 7, 15 ss. sobre los "lobos con piel de oveja", es decir, que están dentro del rebaño (v. 30) y se disfrazan de Cristo (2Co. 11, 12 ss.), "teniendo apariencia de piedad" (2 Tm. 3, 5). Lo mismo dice San Juan de los anticristos (1 Jn. 2, 19). Su característica es el éxito personal y el buscar la propia gloria, que es, como dice San Jerónimo la capa del anticristo (v. 30; Lc. 6, 26; Jn. 5, 43; 7, 18; 10, 12; 21, 15 y nota).

31. Véase 1Co. 12, 26; 2Co. 2, 12; Hb. 4, 15; Eclo. 7, 38.

32. *Herencia*: el reino de Dios. Cf. Ef. 1, 18; Col. 1, 12.

33s. Se revela aquí el corazón y la conciencia de Pablo. Trabajaba con sus manos para no ser molesto a su grey. Véase 18, 3 y nota: 2Co. 11, 9.

trabajando así, sostener a los débiles, acordándose de las palabras del señor Jesús, que dijo Él mismo: "Más dichoso es dar que recibir". [36]Dicho esto, se puso de rodillas e hizo oración con todos ellos. [37]Y hubo gran llanto de todos, y echándose al cuello de Pablo lo besaban, [38]afligidos sobre todo por aquella palabra que había dicho, de que ya no verían su rostro. Y le acompañaron hasta el barco.

21 De Mileto a Tiro. [1]Cuando, arrancándonos de ellos, nos embarcamos, navegamos derechamente rumbo a Coos, al día siguiente a Rodas, y de allí a Pátara. [2]Y hallando una nave que hacía la travesía a Fenicia, subimos a su bordo y nos hicimos a la vela. [3]Avistamos a Chipre, que dejamos a la izquierda, navegamos hacia Siria, y aportamos a Tiro, porque allí la nave tenía que dejar su cargamento. [4]Encontramos allí a los discípulos, con los cuales permanecimos siete días. Y ellos decían a Pablo, por el Espíritu, que no subiese a Jerusalén. [5]Pasados aquellos días, salimos y nos íbamos, acompañándonos todos ellos, con sus mujeres e hijos, hasta fuera de la ciudad. Allí, puestos de rodillas en la playa, hicimos oración, [6]y nos despedimos mutuamente. Nosotros subimos a la nave, y ellos se volvieron a sus casas.

De Tiro a Jerusalén. [7]Concluyendo nuestra navegación, llegamos de Tiro a Ptolemaida, donde saludamos a los hermanos y nos quedamos con ellos un día. [8]Partiendo al día siguiente llegamos a Cesarea, donde entramos en la casa de Felipe, el evangelista, que era uno de los siete, y nos hospedamos con él. [9]Éste tenía cuatro hijas, vírgenes, que profetizaban. [10]Deteniéndonos varios días, bajó de Judea un profeta, llamado Agabo; [11]el cual, viniendo a nosotros, tomó el ceñidor de Pablo, se ató los pies y las manos, y dijo: "Esto dice el Espíritu Santo: Así atarán en Jerusalén los judíos al hombre cuyo es este ceñidor, y le entregarán en manos de los gentiles". [12]Cuando oímos esto, tanto

---

35. Confirma la precedente lección de desinterés dada, en los vv. 33-34, a sus compañeros en el sacerdocio (v. 17). La preciosa *sentencia de Jesús* que aquí nos comunica San Pablo, no está en el Evangelio, si bien recuerda lo que el divino Maestro dijo a sus apóstoles "Recibisteis gratuitamente, dad gratuitamente. No tengáis ni oro ni plata", etc. (Mt. 10, 8 ss.). "Muchas veces parece caridad lo que es carnalidad. Porque la inclinación de la carne, la propia voluntad, la esperanza de galardón, la afección del provecho pocas veces nos dejan" (Imitación de Cristo III, 5).

36 ss. Vemos cómo la suavidad de Dios consuela íntimamente nuestro débil corazón de carne, brindando al Apóstol, en medio de tantas desilusiones y persecuciones por el Evangelio, esa profunda adhesión de los creyentes. No es ésta el aplauso y la admiración personal que recogen los falsos apóstoles (cf. v. 29 ss. y nota) sino el amor espiritual, puro y filial de esas almas que Pablo "había engendrado en Cristo por el Evangelio" (1Co. 4, 15).

1. *Arrancándonos*: Elocuente expresión de cómo el espíritu hubo de sobreponerse a todo afecto puramente humano. En el v. 5s. vemos para imitarlo cuando nos llegue el caso, un modelo de despedida cristiana: orando en común antes de partir. *Pátara*: el Codex Bezae añade *y Mira*.

2. Sin duda el barco anterior no iba más allá, y Pablo tenía urgencia por llegar a Jerusalén para Pentecostés.

4. *Encontramos*: Sin duda tuvieron que buscarlos, pues los discípulos de Tiro no serían muchos. La persecución (¡siempre favorable al crecimiento de la Iglesia!) había dispersado, después del martirio de Esteban (cap. 7), a algunos creyentes que sembraron el Evangelio en Fenicia. Pablo los había visitado antes, de paso para el Concilio de Jerusalén (15, 3). *Por el Espíritu*: porque presentían la persecución que esperaba al querido Apóstol (20, 22 ss.). Pero, como muy bien observa Boudon, "de ellos y no del Espíritu Santo vienen esa opinión y esos ruegos. El Apóstol sabe adónde va y por qué. El Espíritu Santo le ha revelado lo que le espera, pero no lo detiene como cuando él quería seguir por Asia o por Bitinia (cf. 16, 6); al contrario lo empuja adelante. He aquí por qué él está decidido a tomar la dirección de Jerusalén. Ningún asalto de la ternura de los fieles podrá desviarlo" (cf. v. 10 ss.). Véase el sublime ejemplo de Jesús en Mc. 10, 32 ss.; Lc. 9, 51; 13, 33 y nota; 18, 31; 19, 28. etc. Algunos sostienen, a la inversa, que en 20, 22 se trata del espíritu o deseo de Pablo, movido por el amor a los judíos, y que aquí se trata del Espíritu Santo, que inspira a los discípulos esa oposición al viaje de Pablo. No parece aceptable que el Apóstol, tan dócil a la divina voluntad, la desoyese en tal caso. Cf. v. 26, 27 y 32 y notas.

5. Cf. v. 1 y nota. Vemos aquí, como en 7, 60; 20, 36, etc., la costumbre de arrodillarse para orar.

7. *Ptolemaida*, la antigua Aco, hoy Aca, llamada por los cruzados San Juan de Acre, es el puerto más septentrional de Palestina, célebre por innumerables asedios y hechos de armas a través de la historia.

8s. *Felipe*, el celoso diácono misionero (8, 5-40) fue según parece, la cabeza de los fieles de Cesarea. Sus cuatro hijas, vírgenes y profetisas como Ana (Lc. 2, 36), son el primer testimonio de que, ya en el cristianismo primitivo, había vírgenes voluntarias (cf. 1Co. 7, 8 y 25 ss.), lo que el judaísmo consideraba como un estado poco honroso (cf. Juec. 11, 35 y nota). *Evangelistas* (Ef. 4, 11) eran, según Eusebio, los que, sin carácter episcopal como los apóstoles distribuían sus bienes a los pobres y, emigrando "a los que aún no habían oído nada de las palabras de la fe, iban a predicarles y transmitirles los escritos de los divinos Evangelios" (Cf. 15, 22 y nota).

11. *Se ató* En acto simbólico, Cf. 1Re. 22, 11; Is. 20, 3; Jr. 13, 5; 19, 10s., etc.

nosotros, como los del lugar, le suplicábamos a Pablo que no subiera a Jerusalén. [13]Pablo entonces respondió: "¿Qué hacéis, llorando y quebrantándome el corazón, pues dispuesto estoy, no sólo a ser atado, sino aun a morir en Jerusalén, por el nombre del Señor Jesús?" [14]Y no dejándose él disuadir, nos aquietamos, diciendo: "¡Hágase la voluntad del Señor!" [15]Al cabo de estos días, nos dispusimos para el viaje, y subimos a Jerusalén. [16]Algunos discípulos iban con nosotros desde Cesarea y nos condujeron a casa de Mnason de Chipre, un antiguo discípulo, en cuya casa debíamos hospedarnos.

Acogida en Jerusalén. [17]Llegados a Jerusalén, los hermanos nos recibieron con gozo, [18]Al día siguiente, Pablo, juntamente con nosotros, visitó a Santiago, estando presentes todos los presbíteros. [19]Los saludó y contó una por una las cosas que Dios había obrado entre los gentiles por su ministerio. [20]Ellos, habiéndolo oído, glorificaban a Dios, más le dijeron: "Ya ves, hermano, cuántos millares, entre los judíos, han abrazado la fe, y todos ellos son celosos de la Ley. [21]Pues bien, ellos han oído acerca de ti que enseñas a todos los judíos de la dispersión, a apostatar de Moisés, diciendo que no circunciden sus hijos ni caminen según las tradiciones. [22]¿Qué hacer, pues? De todos modos oirán que tú has venido. [23]Haz por tanto esto que te decimos: Hay entre nosotros cuatro hombres que están obligados por un voto. [24]Tómalos y purifícate con ellos, y págales los gastos para que se hagan rasurar la cabeza; entonces sabrán todos que no hay nada de las cosas que han oído sobre ti, sino que tú también andas en la observancia de la Ley. [25]Más en cuanto a los gentiles que han abrazado la fe, nosotros ya hemos mandado una epístola, determinando que se abstengan de las carnes sacrificadas a los ídolos, de la sangre, de lo ahogado y de la fornicación". [26]Entonces Pablo, tomando a los hombres, se purificó con ellos al día siguiente y entró en el Templo, anunciando el vencimiento de los días de la purificación, hasta que se ofreciese por cada uno de ellos la ofrenda.

Tumulto del pueblo contra Pablo. [27]Estando para cumplirse los siete días, lo vieron los judíos de Asia en el Templo, y alborotando todo el pueblo le echaron mano, [28]gritando: "¡Varones de Israel, ayudadnos! Éste es el hombre que por todas partes enseña a todos contra el pueblo, y contra la Ley, y contra este lugar; y además de esto, ha introducido a griegos en el Templo, y ha profanado este lugar santo", [29]Porque habían visto anteriormente con él

---

13. Véase v. 4 y nota. Adviértase que en esta manifestación de San Pablo no hay nada de la presuntuosa declaración de Pedro, que Jesús confundió (Mt. 26, 35: Mc. 14, 29; Lc. 22, 33: Jn. 13, 37). Lleno del Espíritu Santo, Pablo está ya todo entregado a Cristo: halla "en Él su vida, y la muerte le es ganancia" (Flp. 1, 19 ss.). Confía plenamente en la fuerza del Espíritu Santo, prometido por nuestro Señor a sus apóstoles, y en ellos a todos nosotros con las palabras: "Seréis revestidos de la fortaleza de lo alto" (Lc. 24, 49). San Juan Crisóstomo llama a esta gracia muro inexpugnable, y muestra que tiene virtud para allanar todas las dificultades y hacer llevaderas todas las cargas.

16. *Nos condujeron a casa de Mnason*: Así traduce Nácar-Colunga de acuerdo con los más autorizados códices, lo que aclara la confusión de pensar que (a la inversa) Mnason fue traído a Pablo. Esto implicaría el doble absurdo de una etapa directa a Jerusalén sin pasar por Chipre y de suponer que en Jerusalén centro de la cristiandad, no tuviese Pablo dónde alojarse.

18. *Santiago*: el Menor, entonces Obispo de Jerusalén (cf. 12, 17; 15, 13). Con esta ocasión San Pablo, entregó el resultado de la colecta hecha en Asia Menor y Grecia para los hermanos de Jerusalén (24, 17). *Todos los presbíteros* (cf. 20, 17 y 28): prueba de que la visita de Pablo era un acontecimiento para la Iglesia madre.

20. Estos millares son los judíos-cristianos que siguen aún la Ley de Moisés y miran con cierta preocupación judaizante (Ga. 2, 4) el modo libérrimo de San Pablo en la conversión de los gentiles. Allanándose a veces a los antiguos usos, para no escandalizar a los pusilánimes, el Apóstol predica abiertamente su inutilidad frente a la Ley de gracia que viene de la fe en Cristo. Véase el cap. 15 y sus notas.

24. El consejo del Apóstol Santiago tiene por objeto evitar una persecución en Jerusalén. Por eso propone a Pablo documentar públicamente su adhesión a la costumbre de los padres, agregándose a los cuatro hombres que en aquellos días cumplían el voto de nazareato (cf. 18, 18 y nota). El papel de Pablo sería acompañar a los cuatro y pagar por ellos las costas del sacrificio, que consistía en un cordero, una oveja y un cabrito (Nm. 6, 14 ss.).

25. Es decir, habían cumplido lo dispuesto por el Concilio, que los liberaba de las prescripciones judías, salvo estas excepciones (15, 23 ss.).

26. "Pablo, fiel a su principio de hacerse *todo para todos* (1Co. 9, 22) cuando no estaba en juego la verdad doctrinal, accede al consejo que le daban los jefes de la comunidad" (Boudou). No sabemos si tuvo éxito entre los judaizantes, pues la persecución que le sobrevino (v. 27 ss.) fue de los judíos. Cf. 26, 17 y nota.

28. A los *paganos* les estaba prohibido, bajo pena de muerte, el ingreso a los atrios interiores del Templo. Cf. 6, 13; 24, 6.

en la ciudad a Trófimo, efesio, y se imaginaban que Pablo le había introducido en el Templo. [30]Se conmovió, pues, toda la ciudad, y se alborotó el pueblo; después prendieron a Pablo y lo arrastraron fuera del Templo, cuyas puertas en seguida fueron cerradas. [31]Cuando ya trataban de matarle, llegó aviso al tribuno de la cohorte, de que toda Jerusalén estaba revuelta. [32]Éste, tomando al instante soldados y centuriones, bajó corriendo hacia ellos. En cuanto vieron al tribuno y a los soldados, cesaron de golpear a Pablo. [33]Entonces acercándose el tribuno, le prendió, mandó que le atasen con dos cadenas, y le preguntó quién era y qué había hecho. [34]De entre la turba unos voceaban una cosa, y otros otra, mas no pudiendo él averiguar nada con certeza, a causa del tumulto, mandó conducirlo a la fortaleza. [35]Al llegar (*Pablo*) a las gradas, los soldados hubieron de llevarlo en peso por la violencia de la turba, [36]porque seguía la multitud del pueblo, gritando: "¡Quítalo!" [37]Estando ya Pablo para ser introducido en la fortaleza, dijo al tribuno: "¿Me es permitido decirte una cosa?" Él contesto: "¿Tú sabes hablar griego? [38]¿No eres pues aquel egipcio que hace poco hizo un motín y llevó al desierto los cuatro mil hombres de los sicarios?" [39]A lo cual dijo Pablo: "Yo soy judío, de Tarso en Cilicia, ciudadano de una no ignorada ciudad; te ruego me permitas hablar al pueblo". [40]Permitiéndoselo él, Pablo, puesto de pie en las gradas, hizo señal con la mano al pueblo; y cuando se hizo un gran silencio, les dirigió la palabra en hebreo, diciendo:

22 Pablo se defiende ante el pueblo.

[1]"Hermanos y padres, escuchad la defensa que ahora hago delante de vosotros". [2]Oyendo que les hablaba en idioma hebreo, guardaron mayor silencio; y él prosiguió: [3]"Yo soy judío, nacido en Tarso de Cilicia, pero educado en esta ciudad, a los pies de Gamaliel, instruido conforme al rigor de la Ley de nuestros padres, celoso de Dios como vosotros todos lo sois el día de hoy. [4]Perseguía yo de muerte esta doctrina, encadenando y metiendo en las cárceles lo mismo hombres que mujeres, [5]como también el Sumo Sacerdote me da testimonio y todos los ancianos; de los cuales asimismo recibí cartas para los hermanos, y me encaminé a Damasco a fin de traer presos a Jerusalén a los que allí hubiese, para castigarlos. [6]Y sucedió que yendo yo de camino y acercándome a Damasco hacia el mediodía, de repente una gran luz del cielo me envolvió. [7]Caí en tierra, y oí una voz que me decía: "Saulo, Saulo, ¿por qué me persigues?" [8]Yo respondí: "¿Quién eres, Señor?" Y me dijo: "Yo soy Jesús el Nazareno a quien tú persigues". [9]Los que me acompañaban vieron, sí, la luz, mas no oyeron la voz del que hablaba conmigo. [10]Yo dije: "¿Qué haré, Señor?" Y el Señor me respondió; "Levántate y ve a Damasco; allí se te dirá todo lo que te está ordenado hacer", [11]Mas como yo no podía ver, a causa del esplendor de aquella luz, me condujeron de la mano los que estaban conmigo, y así vine a Damasco. [12]Y un cierto Ananías, varón piadoso según la Ley, de quien daban testimonio todos los judíos que allí habitaban, [13]me visitó, y poniéndose delante de mí me dijo: "Hermano Saulo, mira"; y yo en aquel mismo momento, le miré. [14]Dijo entonces: "El Dios de nuestros padres te ha predestinado para que conozcas su voluntad y veas al Justo, y oigas la voz

---

30. Sirviendo el Templo de asilo para los perseguidos, cerraron las puertas para que Pablo no pudiera refugiarse en él.

34. A la *fortaleza* Antonia, situada en la parte norte del Templo.

37. El tribuno romano Claudio Lisias, cuya lengua era el griego, se sorprende al oír la corrección con que Pablo se expresa en ese idioma.

38. Alude a un impostor llamado el Egipcio, revoltoso contra Roma, de que habla el historiador Josefo. *Sicarios* viene del latín *sicca*: puñal.

39. El humilde Pablo, que no obstante despreciarlo todo y afrontar por Cristo cualquier ignominia (2Co. 11, 23-28), sabe defenderse cuando es para gloria de su Señor.

40. *En hebreo*: es decir, en el hebreo vulgar, o mejor dicho, en lengua aramea, que en aquel entonces era la corriente entre los judíos.

1. Llama respetuosamente *padres* a sus ancianos compatriotas, los sanhedrinitas.

3. Pablo, discípulo de *Gamaliel* (5, 34 y nota), confiesa primero su adhesión a la Ley y a la secta de los fariseos. Con esta táctica gana, por algunos momentos, la atención de los oyentes. Lo que sigue es la narración auténtica de su conversión, que corresponde a lo dicho en el cap. 9.

4. *Esta doctrina*: en griego *este camino,* o sea la nueva religión cristiana. Cf. 19, 23 y nota.

9. Véase 9, 7 y nota.

de su boca. [15]Porque le serás testigo ante todos los hombres, de lo que has visto y oído. [16]Ahora pues, ¿por qué te detienes? Levántate, bautízate y lava tus pecados, invocando su nombre". [17]Y acaeció que yo, hallándome de vuelta en Jerusalén y orando en el Templo tuve un éxtasis; [18]y le vi a Él que me decía: "Date prisa y sal pronto de Jerusalén, porque no recibirán tu testimonio acerca de Mí". [19]Yo contesté: "Señor, ellos mismos saben que yo era quien encarcelaba y azotaba de sinagoga en sinagoga a los que creían en Ti; [20]y cuando fue derramada la sangre de tu testigo Esteban, también yo estaba presente, consintiendo y guardando los vestidos de los que le dieron muerte". [21]Pero Él me dijo: "Anda, que Yo te enviaré a naciones lejanas".

Nuevo tumulto del pueblo contra Pablo. [22]Hasta esta palabra le escucharon, pero luego levantaron la voz y gritaban: "Quita de la tierra a semejante hombre; no debe vivir". [23]Y como ellos gritasen y arrojasen sus mantos y lanzasen polvo al aire, [24]mandó el tribuno introducirlo en la fortaleza, diciendo que le atormentasen con azotes, para averiguar por qué causa gritaban así contra él. [25]Mas cuando ya le tuvieron estirado con las correas, dijo Pablo al centurión que estaba presente: "¿Os es lícito azotar a un ciudadano romano sin haberle juzgado?" [26]Al oír esto el centurión fue al tribuno y se lo comunicó, diciendo: "¿Qué vas a hacer? Porque este hombre es romano". [27]Llegó entonces el tribuno y le preguntó:

"Dime, ¿eres tú romano?" Y él contestó: "Sí". [28]Replicó el tribuno: "Yo por gran suma adquirí esta ciudadanía". "Y yo, dijo Pablo, la tengo de nacimiento". [29]Con esto inmediatamente se apartaron de él los que le iban a dar tormento; y el mismo tribuno tuvo temor cuando supo que era romano y que él lo había encadenado. [30]Al día siguiente, deseando saber con seguridad de qué causa era acusado por los judíos, le soltó e hizo reunir a los sumos sacerdotes y todo el sinedrio; y trayendo a Pablo lo puso delante de ellos.

23 **Pablo ante el sinedrio.** [1]Pablo, entonces, teniendo fijos sus ojos en el sinedrio, dijo: "Varones, hermanos: Yo hasta el día de hoy me he conducido delante de Dios con toda rectitud de conciencia". [2]En esto el Sumo Sacerdote Ananías mandó a los que estaban junto a él que le pegasen en la boca. [3]Entonces Pablo le dijo: "¡Dios te herirá a ti, pared blanqueada! ¿Tú estás sentado para juzgarme según la Ley, y violando la Ley mandas pegarme?" [4]Los que estaban cerca, dijeron: "¿Así injurias tú al Sumo Sacerdote de Dios?" [5]A lo cual contestó Pablo: "No sabía, hermanos, que fuese el Sumo Sacerdote; porque escrito esta: "No maldecirás al príncipe de tu pueblo". [6]Sabiendo Pablo que una parte era de saduceos y la otra de fariseos, gritó en medio del sinedrio: "Varones, hermanos, yo soy fariseo, hijo de fariseos; soy juzgado por causa de la esperanza y la resurrección de muertos". [7]Cuando dijo esto, se produjo un

---

14. *Al Justo*, esto es, a Cristo (cf. 3, 14), a quien Pablo ha visto cara a cara (v. 18). *Oigas la voz de su boca*: Como se ve, aunque San Pablo no conoció personalmente a Jesús, ni pudo escucharlo en vida de Él, como los Doce (1 Jn. 1, 1 ss.), recibió el extraordinario privilegio de una instrucción directa de Cristo que confiere a sus palabras el valor de un Evangelio. Cf. 18, 9; 26, 16; 27, 23; Ga. 1, 1, etc.

20. Véase 8, 1 (Vulgata 7, 60).

22. *Hasta esta palabra*, es decir, hasta que les habló de pasar a los paganos. Por eso fue encarcelado (25, 24), y así pudo escribir a los gentiles de Éfeso que era "prisionero de Cristo por amor de ellos" (Ef. 1, 1). Los judíos, orgullosos de sus privilegios que los habían hecho superiores a todos los pueblos paganos, no quieren ni oír hablar de la vocación de los gentiles. No comprenden, en su ceguera, que son ellos los que desconociendo al Mesías, hicieron derramarse sobre todas las naciones la misericordia de la Redención (Rm. 11, 15) que debía venir a través de ellos (28, 28; Lc. 1, 32; 2, 32; Ef. 3, 6).

23s. Era esto señal de suma indignación. El tribuno creía todavía que se trataba de un delincuente común que merecía el castigo.

25. Estaba prohibido azotar a un ciudadano romano. Para reparar su error, el tribuno muestra en adelante la mayor deferencia posible.

5. Nótese la reverencia que Pablo muestra para con las autoridades de Israel (cf. 4, 19; 5, 29; Hb. 8, 4 y notas). A pesar del trato injusto y cruel que le dan, se excusa por haber proferido una palabra de indignación, en cuanto descubre la jerarquía del indigno Sacerdote (cf. 13, 10 y nota). Ananías murió en efecto, no mucho después, apuñalado por los sicarios como amigo de Roma. Véase Lv. 19, 15; Mt. 23, 27.

6 ss. *La esperanza y la resurrección* en la gloriosa venida de Cristo (28, 20; Tt. 2, 13; 2 Tm. 4, 8). Boudou vierte: *la esperanza de Israel*. Pablo vuelve sobre semejante tema en sus discursos ante Félix (24, 15-21) y ante Agripa (26, 6 ss.), hablando de las promesas hechas a las doce tribus, o sea, de las referentes al Mesías

alboroto entre los fariseos y los saduceos, y se dividió la multitud. [8]Porque los saduceos dicen que no hay resurrección, ni ángel, ni espíritu, mientras que los fariseos profesan ambas cosas. [9]Y se originó una gritería enorme. Algunos de los escribas del partido de los fariseos se levantaron pugnando y diciendo: "Nada de malo hallamos en este hombre. ¿Quién sabe si un espíritu o un ángel le ha hablado?" [10]Como se agravase el tumulto, temió el tribuno que Pablo fuese despedazado por ellos, mandó que bajasen los soldados, y sacándole de en medio de ellos le llevasen a la fortaleza. [11]En la noche siguiente se puso a su lado el Señor y dijo: "Ten ánimo, porque así como has dado testimonio de Mí en Jerusalén, así has de dar testimonio también en Roma".

Conjuración contra la vida de Pablo. [12]Cuando fue de día, los judíos tramaron una conspiración, y se juramentaron con anatema, diciendo que no comerían ni beberían hasta matar a Pablo. [13]Eran más de cuarenta los que hicieron esta conjuración. [14]Fueron a los sumos sacerdotes y a los ancianos y declararon: "Nos hemos anatematizado para no gustar cosa alguna hasta que hayamos dado muerte a Pablo. [15]Ahora pues, vosotros, juntamente con el sinedrio, comunicad al tribuno que le conduzca ante vosotros, como si tuvieseis la intención de averiguar más exactamente lo tocante a él. Entretanto, nosotros estaremos prontos para matarle antes que se acerque". [16]Pero teniendo noticia de la emboscada el hijo de la hermana de Pablo, fue, y entrando en la fortaleza dio aviso a Pablo. [17]Llamó Pablo a uno de los centuriones y dijo: "Lleva este joven al tribuno porque tiene algo que comunicarle". [18]Lo tomó él y lo llevó al tribuno, diciendo: "El preso Pablo me ha llamado y rogado que traiga ante ti a este joven, que tiene algo

que decirte". [19]Entonces, tomándolo el tribuno de la mano, se retiró aparte y le preguntó: "¿Qué tienes que decirme?" [20]Contestó él: "Los judíos han convenido en pedirte que mañana hagas bajar a Pablo al sinedrio, como si quisiesen averiguar algo más exactamente respecto de él. [21]Tú, pues, no les des crédito, porque están emboscados más de cuarenta de ellos, que se han comprometido bajo maldición a no comer ni beber hasta matarle; y ahora están prontos, esperando de ti una respuesta afirmativa". [22]Con esto, el tribuno despidió al joven, encargándole: "No digas a nadie que me has dado aviso de esto".

Pablo es llevado a Cesarea. [23]Llamando entonces (*el tribuno*) a dos de los centuriones, dio orden: "Tened listos, desde la tercera hora de la noche, doscientos soldados para marchar hasta Cesarea, setenta jinetes y doscientos lanceros, [24]y preparad también cabalgadura para que, poniendo a Pablo encima, lo lleven salvo al gobernador Félix". [25]Y escribió una carta del tenor siguiente: [26]"Claudio Lisias al excelentísimo procurador Félix, salud. [27]Este hombre fue prendido por los judíos y estaba a punto de ser muerto por ellos, cuando yo sobrevine con la tropa y lo arranqué, teniendo entendido que era romano. [28]Queriendo conocer el crimen de que le acusaban, le conduje ante el sinedrio de ellos, [29]donde hallé que era acusado respecto de cuestiones de su Ley, pero que no había cometido delito merecedor de muerte o de prisión. [30]Mas como se me diera aviso de que existía un complot contra él, en el acto le envié a ti, intimando asimismo a los acusadores que expongan ante ti lo que tengan en contra de él. Pásalo bien". [31]Así pues los soldados, según la orden que se les había dado, tomaron a Pablo y lo llevaron de noche a Antipátrida. [32]Al día siguiente

---

y su reino según los profetas (26, 22). Admiremos de paso esta nueva prueba del ingenio apostólico: explota hábilmente la disensión entre los dos partidos del tribunal, uno de los cuales, el de los saduceos, negaba la resurrección (cf. 4, 1s. y nota). Así encuentra ayuda de parte de los fariseos y hasta creen que lo inspira un ángel, que no era sino el Espíritu "autor de la prudencia" (San Juan Crisóstomo), Cf. Mt. 10, 16 ss.

11. "El Señor entrado en agonía fue confortado por un ángel. Aquí es Él en persona quien lo consuela y anima al Apóstol... Oye Pablo la misma voz que sobre el lago tranquilizaba a los discípulos

asustados en su barca, o que los fortalecía en el cenáculo contra los asaltos del mundo, diciéndoles que Él lo había vencido. Después de Jerusalén Roma. Así va precisándose el plan divino" (Boudou). Sobre el cumplimiento de esta promesa véase 28, 23 y 31.

23. Por la numerosa comitiva de 470 soldados se puede deducir la importancia que el tribuno atribuía al asunto. Nunca tuvo un apóstol mayor asistencia militar.

30. La carta del tribuno es un modelo de astucia diplomática: pasa por alto las propias faltas y subraya los méritos que se atribuía con respecto a un ciudadano romano.

se volvieron a la fortaleza, dejando a los jinetes para que le acompañasen; [33]los cuales, entrados en Cesarea, entregaron la carta al gobernador, presentando también a Pablo delante de él. [34]Éste, leída la carta, preguntó de qué provincia era, y cuando supo que era de Cilicia, [35]dijo: "Te oiré cuando hayan llegado también tus acusadores". Y le mandó custodiar en el pretorio de Herodes.

24 Ante el gobernador Félix. [1]Al cabo de cinco días, bajó el Sumo Sacerdote Ananías, con algunos ancianos, y un cierto Tértulo, orador, los cuales comparecieron ante el gobernador, como acusadores de Pablo. [2]Citado éste, comenzó Tértulo la acusación, diciendo: "Que por medio de ti gozamos de una paz profunda, y que por tu providencia se han hecho reformas en bien de este pueblo, [3]lo reconocemos, oh excelentísimo Félix, con suma gratitud en todo tiempo y en todo lugar. [4]Más para no molestarte demasiado, te ruego que nos escuches brevemente según tu benignidad; [5]porque hemos hallado que este hombre es una peste y causa de tumultos para todos los judíos del orbe, y que es jefe de la secta de los nazarenos. [6]Tentó también de profanar el Templo, más nos apoderamos de él. Y quisimos juzgarle según nuestra ley, [7]pero sobrevino el tribuno Lisias y con gran violencia le quitó de nuestras manos, [8]mandando a los acusadores que se dirigiesen a ti. Tú mismo, podrás interrogarle y cerciorarte sobre todas las cosas de que nosotros le acusamos". [9]Los judíos, por su parte, se adhirieron, afirmando ser así las cosas. [10]Pablo, habiendo recibido señal del gobernador para que hablase, contestó: "Sabiendo que de muchos años atrás eres tú juez de esta nación, emprendo con plena confianza mi defensa. [11]Puedes averiguar que no hace más de doce días que subí, a Jerusalén a adorar; [12]y ni en el Templo me hallaron disputando con nadie, o alborotando al pueblo, ni en las sinagogas, ni en la ciudad. [13]Tampoco pueden ellos darte pruebas de las cosas de que ahora me acusan. [14]Te confieso, sí, esto: que según la doctrina que ellos llaman herejía, así sirvo al Dios de nuestros padres, prestando fe a todo lo que es conforme a la Ley, y a todo lo que está escrito en los profetas; [15]teniendo en Dios una esperanza; que, como ellos mismos la aguardan, habrá resurrección de justos y de injustos. [16]Por esto yo mismo me ejército para tener en todo tiempo una conciencia irreprensible ante Dios y ante los hombres. [17]Después de varios años vine a traer limosnas a mi nación y presentar ofrendas. [18]En esta ocasión me hallaron purificado en el Templo, no con tropel de gente ni con bullicio,

---

2 ss. El Sumo Sacerdote se sirvió de un abogado romano experto en adulación.

10 ss. En contraste con su acusador, Pablo habla con claridad, refutando punto por punto las falsas imputaciones.

11 ss. *Doce días* desde que llegaron a Jerusalén (21, 17), o sea: los siete días de la purificación (21, 27) más los cinco de que habla el v. 1.

14. Un elocuente escritor comenta así la actitud magnífica del Apóstol: "Orgulloso se anticipa a confesar que quiere ser "hereje" con Jesucristo. ¡Cuántos santos después de Pablo habían de seguir ese camino para "confesar delante de los hombres" a Aquel que fue "reprobado por los ancianos, escribas y sacerdotes", "contado entre los criminales", "gusano y no hombre"! Esta es la bienaventuranza de los que "no se escandalizan de Él ni de sus palabras", porque Él los confesará delante de su Padre celestial". Véase 7, 52; 17, 6 y notas.

15. Pablo acentúa una vez más. que la esperanza cristiana, que él llama "la dichosa esperanza" (Tt. 2, 13), reside en la resurrección de nuestros cuerpos (cf. 4, 1s. y nota), o sea cuando Cristo retorne para "transformar nuestro vil cuerpo haciéndole semejante al suyo glorioso" (Flp. 3, 20s.). No hemos, pues, de limitar nuestra visión a la hora de nuestra muerte, sino extenderla a esos misterios cuya expectación nos llena de gozo "si los creemos" (1 Pe. 1, 7-8) y que

Jesús puede realizar en cualquier momento (2 Pe. 3, 10) tanto con los vivos como con los muertos (1 Pe. 4, 5-6; 1 Ts. 4, 13-17; 1Co. 15, 51 ss. texto griego. Cf. Lc. 21, 28; Rm. 8, 23; etc.). *Como ellos mismos la aguardan*: Notable luz sobre la fusión del cristianismo con el Antiguo Testamento, que Jesús "no vino a abrogar sino a cumplir" (Mt. 5, 17; Rm. 15, 8; etc.). Después de confesar que él conserva la fe en la Ley y los Profetas (v. 14), el Apóstol hace notar que una misma esperanza nos es común con Israel, ofreciéndonos así una enseñanza que puede ser preciosa para el apostolado entre los judíos que aún creen en el Mesías personal, pues nosotros sabemos que ese Mesías anunciado por los profetas, ora humillado, ora glorioso, no es otro que Jesús, a quien nosotros esperamos por segunda vez y ellos por la primera.

16. También San Juan expresa, y más concretamente aún, el valor de esa virtud de *Esperanza* para el progreso de nuestra vida espiritual, diciendo: "Sabemos, sí, que cuando Él se manifestare claramente seremos semejantes a Él porque le veremos tal como Él es. Entretanto, quien tiene en Él esta esperanza, se santifica a sí mismo así como Él es santo" (1 Jn. 3, 2s.). La esperanza es, pues, "la vida de nuestra vida" (San Agustín). Cf. 2Co. 3, 18; Hb. 4, 11; 6, 11; 10, 25; 2 Pe. 1, 19; 3, 12 y 14; etc.

17. Sobre estas *limosnas* cf. Rm. 15, 25 ss.; 1Co. 16, 1 ss.; 2Co. 8, 1 ss.; 9, 1s.; Ga. 2, 10.

[19]algunos judíos de Asia, los cuales deberían estar presentes delante de ti para acusar, si algo tuviesen contra mí. [20]O digan éstos aquí presentes qué delito hallaron cuando estaba yo ante el sinedrio, [21]como no sea ésta sola palabra que dije en alta voz, estando en medio de ellos: por la resurrección de los muertos soy juzgado hoy por vosotros". [22]Mas Félix, que bien sabía lo que se refiere a esta doctrina, los aplazó diciendo: "Cuando descendiere el tribuno Lisias, fallaré vuestra causa". [23]Ordenó al centurión que (Pablo) fuese guardado, que le tratase con indulgencia y que no impidiese a ninguno de los suyos asistirle.

Félix conversa con Pablo sobre la fe. [24]Pasados algunos días, vino Félix con Drusila, su mujer, que era judía, llamó a Pablo y le escuchó acerca de la fe en Jesucristo. [25]Pero cuando (Pablo) habló de la justicia, de la continencia y del juicio venidero, Félix, sobrecogido de temor, dijo: "Por ahora retírate; cuando tenga oportunidad, te llamaré". [26]Esperaba también recibir dinero de Pablo, por lo cual lo llamaba más a menudo para conversar con él. [27]Cumplidos dos años, Félix tuvo por sucesor a Porcio Festo; y queriendo congraciarse con los judíos, Félix dejó a Pablo en prisión.

25 Pablo ante Festo. Apelación al César.
[1]Llegó Festo a la provincia, y al cabo de tres días subió de Cesarea a Jerusalén. [2]Los sumos sacerdotes y los principales de los judíos se le

presentaron acusando a Pablo, e insistían [3]en pedir favor contra él, para que le hiciese conducir a Jerusalén; teniendo ellos dispuesta una emboscada para matarle en el camino. [4]Festo respondió que Pablo estaba custodiado en Cesarea, y que él mismo había de partir cuanto antes. [5]"Por tanto, dijo, los principales de entre vosotros desciendan conmigo, y si en aquel hombre hay alguna falta, acúsenle". [6]Habiéndose, pues, detenido entre ellos no más de ocho o diez días, bajó a Cesarea, y al día siguiente se sentó en el tribunal, ordenando que fuese traído Pablo. [7]Llegado éste, le rodearon los judíos que habían descendido de Jerusalén, profiriendo muchos y graves cargos, que no podían probar, [8]mientras Pablo alegaba en su defensa: "Ni contra la ley de los judíos, ni contra el Templo, ni contra el César he cometido delito alguno". [9]Sin embargo, Festo, queriendo congraciarse con los judíos, dijo, en respuesta a Pablo: "¿Quieres subir a Jerusalén y ser allí juzgado de estas cosas delante de mí?" [10]A lo cual Pablo contestó: "Ante el tribunal del César estoy; en él debo ser juzgado. Contra los judíos no he hecho mal alguno, como bien sabes tú mismo. [11]Si he cometido injusticia o algo digno de muerte, no rehúso morir; pero si nada hay de fundado en las acusaciones de éstos, nadie por complacencia puede entregarme a ellos. Apelo al César". [12]Entonces Festo, después de hablar con el consejo, respondió: "Al César has apelado. Al César irás".

---

22. El gobernador *Félix* estaba informado sobre esta doctrina cristiana, tal vez por medio de su mujer *Drusila,* judía e hija de Herodes Agripa I.

23. *Los suyos*: Había en Cesarea una comunidad cristiana, fundada por San Pedro (cap. 10) y atendida por el diácono Felipe (21, 8).

25. Véase 17, 32; 26, 24 y notas. Los escritores romanos admiten que Félix, además de venal (v. 26), era cruel, codicioso e inmoral, por lo cual no es de extrañar que no pudiese escuchar las palabras del Apóstol sobe justicia y caridad. Tanto más cuanto que para Pablo la justicia no era, como para él, la simple honradez pagana de "dar a cada uno lo suyo" según el principio del Derecho Romano, sino el cumplimiento de la voluntad manifestada por Dios, cuya Ley se resume en la caridad obligatoria (cf. Sal. 4, 6; Mt. 5, 44 ss.; 7, 2 y notas). En el nuevo Testamento según explica el mismo San Pablo se entiende también por justicia la *justificación,* mas no la propia, como la pretendía el fariseo del Templo (Lc. 18, 9 ss.), sino la santidad que viene de Dios y que nos es dada con Cristo, en Cristo y por Cristo, Cf. Mt. 6, 33 y nota.

27. Los dos años de prisión y aplazamiento del proceso, son pruebas elocuentes del carácter de Félix. Retenía al Apóstol sólo por motivos personales sea por miedo a los judíos, como dice expresamente S. Lucas, sea por codicia, esperando sacar dinero de ambos lados (cf. v. 26).

2 ss. Es decir que el odio de la Sinagoga contra Pablo no había disminuido en los dos años pasados que él llevaba en la prisión (véase 24, 27). Vemos también (v. 3) que la emboscada antes propuesta contra él por algunos conjurados (2, 12-15) había merecido plena aceptación de los jefes del clero judío, y que éstos no vacilaban en trasladarse inmediatamente a Cesarea (v. 6-7) para proseguir su encarnizamiento calumnioso contra el fiel amigo del Jesús.

9. *A Jerusalén:* recuérdese la emboscada del v. 3.

12. Como ciudadano romano Pablo tenía derecho de ser juzgado por el César. Era el último recurso que le quedaba para salvar su vida (cf. 28, 19) y al mismo tiempo se le ofrecía así la tan deseada ocasión de ir a Roma, centro del mundo pagano (cf. 19, 21; 23, 11;

Festo consulta al rey Agripa. [13]Transcurridos algunos días, llegaron a Cesarea el rey Agripa y Berenice para saludar a Festo. [14]Como se detuviesen allí varios días, expuso Festo al rey el caso de Pablo, diciendo: "Hay aquí un hombre, dejado preso por Félix, [15]respecto del cual, estando yo en Jerusalén, se presentaron los sumos sacerdotes y los ancianos de los judíos, pidiendo su condena. [16]Les contesté que no es costumbre de los romanos entregar a ningún hombre por complacencia, antes que el acusado tenga frente a sí a los acusadores y se le dé lugar para defenderse de la acusación. [17]Luego que ellos concurrieron aquí, yo sin dilación alguna, me senté al día siguiente en el tribunal y mandé traer a ese hombre, [18]más los acusadores, que lo rodeaban, no adujeron ninguna cosa mala de las que yo sospechaba, [19]sino que tenían contra él algunas cuestiones referentes a su propia religión y a un cierto Jesús difunto, del cual Pablo afirmaba que estaba vivo. [20]Estando yo perplejo respecto a la investigación de estos puntos, le pregunté si quería ir a Jerusalén para allí ser juzgado de estas cosas. [21]Mas como Pablo apelase para que fuese, reservado al juicio del Augusto, ordené que se le guardase hasta remitirle al César". [22]Dijo entonces Agripa a Festo: "Yo mismo tendría también gusto en oír a ese hombre". "Mañana, dijo, le oirás". [23]Al día siguiente vinieron Agripa y Berenice con gran pompa, y cuando entraron en la sala de audiencia con los tribunos y personajes más distinguidos de la ciudad, por orden de Festo fue traído Pablo. [24]Y dijo Festo: "Rey Agripa y todos los que estáis presentes con nosotros, he aquí a este hombre, respecto del cual todo el pueblo de los judíos me ha interpelado, así en Jerusalén como aquí, gritando que él no debe seguir viviendo. [25]Yo, por mi parte, me di cuenta de que no había hecho nada que fuese digno de muerte; pero habiendo él mismo apelado al Augusto juzgué enviarle. [26]No tengo acerca de él cosa cierta que pueda escribir a mi señor. Por lo cual lo he conducido ante vosotros, mayormente ante ti, oh rey Agripa, a fin de que a base de este examen tenga yo lo que pueda escribir. [27]Porque me parece fuera de razón mandar un preso sin indicar también las acusaciones que se hagan contra él".

26 **Pablo ante Agripa.** [1]Dijo luego Agripa a Pablo: "Se te permite hablar en tu defensa". Entonces Pablo, extendiendo su mano, empezó a defenderse: [2]"Me siento feliz, oh rey Agripa, de poder hoy defenderme ante ti de todas las cosas de que soy acusado por los judíos, [3]particularmente porque tú eres conocedor de todas las costumbres judías y de sus disputas, por lo cual te ruego me oigas con paciencia. [4]Todos los judíos conocen por

Rm. 1, 10-15), donde mucho habría de trabajar aunque preso (28, 16-31).

13. *Agripa II*, hijo de Herodes Agripa I (12, 23), había recibido del emperador Claudio las tetrarquías de sus tíos Felipe y Lisanias (cf. Lc. 3, 1) y las ciudades de Tiberíades, Julias y Tariquea. En su actitud con Pablo, lo mismo que en la del gobernador Festo, hallamos un eco de la conducta del romano Pilato con Jesús. *Berenice*, hermana de Agripa con la que éste vivía incestuosamente, y cuñada del gobernador Félix, por sus muchos escándalos mereció el nombre de "Cleopatra de la familia de los Herodes".

16. El romano proclama orgullosamente la vocación jurídica de Roma, ante aquellos perversos personajes que, escudados en su farisaica dignidad (v. 15), pretenden, ardiendo de odio, una condena sin proceso, como hicieron con Cristo (Jn. 18, 30).

18. Festo declara la *inocencia de Pablo*, exactamente como Pilato hizo con el Maestro (Jn. 18, 38, etc.). Pero, lo mismo que aquél, se muestra perplejo (v. 20) porque no quiere disgustar a los dignatarios judíos (v. 9). Por donde vemos cuán poco vale la aparente rectitud que él ostenta en el v. 16. ¡Y hacía más de dos años (v. 2 y notas) que el acusado estaba preso esperando sentencia!

Observemos de paso (v. 19), la superficialidad grotesca con que habla del "difunto Jesús".

21. *Augusto*: título de los Cesares. El César reinante era Nerón.

23 ss. La escena que aquí se presenta, no es un proceso, sino una audiencia entre Agripa y su comitiva para preparar la redacción de los informes sobre Pablo.

24. *¡No debe seguir viviendo!* (cf. 22, 22). Así, como una peste que infectase al mundo con su aliento, es tratado Pablo, ¿Acaso no hicieron lo mismo con su Maestro en el "tolle, tolle"? (Jn. 19, 15; Lc. 23, 18). No es el discípulo más que el maestro... a quien le llamaron "Beelzebul" (Mt. 10, 24s.). El mismo Pablo enumera los odios que se atrajeron, por su fe, tantos otros; "de quienes el mundo no era digno" (Hb. 11, 36-38). En cuanto a nosotros, véase Jn. 15, 18-25; 16, 1-4 y notas.

1. Aquí se cumple la palabra de Cristo de que Pablo predicaría el Evangelio delante de reyes. Cf. 9, 15; Sal. 118, 46 y nota.

2. Pablo, hablando al estilo de los oradores antiguos, y reconociendo los amplios conocimientos del rey, trata primeramente de ganarse su favor, y luego comienza la defensa aclarando su posición respecto al judaísmo y al cristianismo, y su actividad como Apóstol.

cierto mi vida desde la mocedad, pasada desde el principio en medio de mi pueblo y en Jerusalén. [5]Ellos saben, pues, desde mucho tiempo atrás, si quieren dar testimonio, que vivía yo cual fariseo, según la más estrecha secta de nuestra religión. [6]Y ahora estoy aquí para ser juzgado a causa de la esperanza en la promesa hecha por Dios a nuestros padres, [7]cuyo cumplimiento nuestras doce tribus esperan alcanzar, sirviendo a Dios perseverantemente día y noche. Por esta esperanza, oh rey, soy yo acusado de los judíos. [8]¿Por qué se juzga cosa increíble para vosotros, que Dios resucite a muertos? [9]Yo, por mi parte, estaba persuadido de que debía hacer muchas cosas contra el nombre de Jesús el Nazareno. [10]Esto lo hice efectivamente en Jerusalén, donde con poderes de parte de los sumos sacerdotes encerré en cárceles a muchos de los santos; y cuando los hacían morir, yo concurría con mi voto. [11]Muchas veces los forzaba a blasfemar, castigándolos por todas las sinagogas; y sobremanera furioso contra ellos, los perseguía hasta las ciudades extranjeras. [12]Para esto mismo, yendo yo a Damasco, provisto de poderes y comisión de los sumos sacerdotes, [13]siendo el mediodía, vi, oh rey, en el camino una luz del cielo, más resplandeciente que el sol, la cual brillaba en derredor de mí y de los que me acompañaban. [14]Caídos todos nosotros a tierra, oí una voz que me decía en lengua hebrea: "Saulo, Saulo, ¿por qué me persigues? Duro es para ti dar coces contra el aguijón". [15]Yo respondí: "¿Quién eres, Señor?" Y dijo el Señor: "Yo soy Jesús, a quien tú persigues. [16]Mas levántate y ponte sobre tus pies; porque para esto me he aparecido a ti para predestinarte ministro y testigo de las cosas que has visto y de aquellas por las cuales aún te me apareceré, [17]librándote del pueblo, y de los gentiles, a los cuales yo te envío, [18]a fin de abrirles los ojos, para que se conviertan de las tinieblas a la luz, y de la potestad de Satanás a Dios, y para que obtengan remisión de pecados y herencia entre los que han sido santificados por la fe en Mí". [19]En lo sucesivo, oh rey Agripa, no fui desobediente a la visión celestial, [20]antes bien, primero a los de Damasco, y también en Jerusalén, y por toda la región de Judea, y a los gentiles, anuncié que se arrepintiesen y se volviesen a Dios, haciendo obras dignas del arrepentimiento. [21]A causa de esto, los judíos me prendieron en el Templo e intentaron quitarme la vida. [22]Pero, habiendo conseguido el auxilio de Dios, estoy firme el día de hoy, dando testimonio a pequeños y a grandes, y no diciendo cosa alguna fuera de las que han anunciado para el porvenir los profetas y Moisés: [23]que el Cristo había de padecer, y que Él, como el primero de la resurrección de los muertos, ha de anunciar luz al pueblo y a los gentiles".

Impresión del discurso. [24]Defendiéndose (*Pablo*) de este modo, exclamó Festo en alta voz: "Tú estás loco, Pablo. Las muchas letras te

---

4. *Todos conocen*: Saulo había sido un hombre público descollante en el judaísmo. Cf. v. 12; Ga. 1, 14, etc.

6s. *La esperanza*: Véase v. 22; 23, 6 y nota.

9 ss. Véase 9, 1-20; 22, 3-21 y las notas correspondientes. Es la tercera vez que en los Hechos se narra la conversión del Apóstol.

14. *Dar coces contra el aguijón*: proverbio antiguo que se halla también en los autores clásicos y que expresa muy bien lo que es contraproducente, pues cuanto más damos contra la punta, más se nos introduce ella en las carnes. Sobre esta "persecución implacable" que Dios hace a los escogidos hasta que los rinde a su amor, véase el magnífico poema de Thompson "El lebrel del cielo" en el apéndice a nuestro volumen sobre Job, "El libro del consuelo".

16. Semejantes instrucciones directas de Jesús invoca Pablo en Ga. 1, 1 y 11s.; 1Co. 11, 23; 15, 3; 2Co. 12, 2 ss.; Ef. 3, 3 y 8. Cf. 18, 9; 22, 14; 23, 11; 27, 23; 2 Tm. 4, 17, etc.

17. *Librándote del pueblo* (judío) *y de los gentiles*: ¡Admirable Providencia! Desde el cap. 13 hemos visto, y seguimos viéndolo, cuánto persiguieron ambos enemigos al Apóstol que por ellos se desvivía de caridad. Cumpliánse así los anuncios de 9, 16 y 21, 11 (cf. 25, 24 y nota). Ello no obstante, lo mismo que Pedro (cf. 12, 11), Pablo fue también liberado, aun milagrosamente, de innumerables persecuciones y peligros (16, 25 ss.; 19, 30; 27, 33 ss.; 28, 3 ss.; 2Co. 1, 10; 11, 26; etc.), por mano de "Aquel que cuida de nosotros" (1 Pe. 5, 7), y no por las iniciativas tomadas en su favor (cf. v. 32; 21, 24-27 y notas).

18. He aquí sintetizada por el mismo Jesús la misión del Apóstol de los gentiles. Fórmula y programa ideal para todo apostolado moderno en tiempos de fe claudicante, porque la *potestad de Satanás* no sólo se ejercitaba en el paganismo antiguo, sino también en todo lo que Jesús llama el mundo, el cual "todo entero yace en el Maligno" (1 Jn. 5, 19; cf. Jn. 14, 30 y nota; 15, 18 ss.; Ga. 1, 4, etc.). En este traslado "*de las tinieblas* a la luz" sintetizará Pablo la obra redentora del Padre y del Hijo (Col. 1, 12-14).

22. *Estoy firme, etc.*: "Pablo, dice San Juan Crisóstomo, lleno de caridad, consideraba a los tiranos y al mismo cruel Nerón como mosquitos; miraba como un juego de niños la muerte y los tormentos y los mil suplicios".

trastornan el juicio". [25]"Excelentísimo respondió Pablo, no estoy loco, sino que digo palabras de verdad y de cordura. [26]Bien conoce estas cosas el rey, delante del cual hablo con toda libertad, estando seguro de que nada de esto ignora, porque no se trata de cosas que se han hecho en algún rincón. [27]¿Crees, Rey Agripa, a los profetas? Ya sé que crees". [28]A esto, Agripa respondió a Pablo: "Por poco me persuades a hacerme cristiano". [29]A lo que contestó' Pablo: "Pluguiera a Dios que por poco o por mucho, no sólo tú, sino también todos cuantos que hoy me oyen, se hicieran tales como soy yo, salvo estas cadenas". [30]Se levantaron entonces el rey, el gobernador, Berenice, y los que con ellos estaban sentados. [31]Y al retirarse hablaban entre sí, diciendo: "Este hombre nada hace que merezca muerte o prisión. [32]Y Agripa dijo a Festo: "Se podría poner a este hombre en libertad, si no hubiera apelado al César".

27 Viaje a Roma. [1]Luego que se determinó que navegásemos a Italia, entregaron a Pablo y a algunos otros presos en manos de un centurión de la cohorte Augusta, por nombre Julio, [2]Nos embarcamos en una nave adramitena, que estaba a punto de emprender viaje a los puertos de Asia, y nos hicimos a la vela, acompañándonos Aristarco, macedonio de Tesalónica. [3]Al otro día hicimos escala en Sidón, y Julio, tratando a Pablo humanamente, le permitió visitar a los amigos y recibir atenciones. [4]Partidos de allí navegamos a lo largo de Chipre, por ser contrarios los vientos, [5]y atravesando el mar de Cilicia y Panfilia, aportamos a Mira de Licia, [6]donde el centurión, hallado un barco alejandrino que navegaba para Italia, nos embarcó en él. [7]Navegando durante varios días lentamente, llegamos a duras penas frente a Gnido, porque nos impedía el viento; después navegamos a sotavento de Creta, frente a Salmona, [8]y costeándola con dificultad, llegamos a un lugar llamado Buenos Puertos, cerca del cual está la ciudad de Lasca. [9]Como hubiese transcurrido bastante tiempo y fuese ya peligrosa la navegación

---

24. *Estás loco*: ¡"Locura para los gentiles"! Es lo que escribió Pablo en 1Co. 1, 23. Lo mismo decían de Jesús (Mc. 3, 21). Como siempre, cuando falta la rectitud interior, los oyentes no logran convencerse de la verdad (Jn. 3, 19 ss.; 7, 17 y nota). Festo y Agripa, espíritus materialistas, se burlan del predicador. Por eso enseñó Jesús a no dar lo santo a los perros, ni echar las divinas perlas ante los puercos (Mt. 7, 6).

25. *Cordura*: el griego *dice sofrosyne*, que significa sabiduría y serenidad, o sea lo contrario de la locura que le atribuye el gobernador, a quien San Pablo da, no sin ironía, el trato oficial de Excelentísimo, contrastando con el agravio que Festo le infiere públicamente.

26. En *algún rincón*: la vida entera y milagrosa de Jesús, desde su nacimiento en que "se conmovió toda Jerusalén" (Mt. 2, 3) hasta su aclamación como Rey de Israel (Mc. 11, 10; Jn. 19, 19), su ruidosa crucifixión (Lc. 24, 8 ss.) y su Resurrección, no podían ser ignorados por Agripa.

32. La apelación al Augusto no podía retractarse. Con todo la impresión de las palabras del Apóstol fue tan grande, que influyó sin duda en los informes que el gobernador tenía que enviar sobre él al César, y dio favorables expectativas a su viaje, hecho "bajo la égida de la justicia de Roma". Allí había de ser finamente absuelto, aunque no sin prolongarse su cautiverio por otros dos años. Estos fueron sin embargo de incesante apostolado (cf. 28, 23-31 y notas).

1. *Navegásemos*: Este plural (cf. 16, 10 y nota) nos revela que vuelve a incluirse en la acción, acompañando a Pablo en su azaroso viaje (cf. v. 32 y nota), el fiel narrador S. Lucas, de quien nada oíamos desde 21, 17s. El santo "médico carísimo" (Col. 4, 14), "cuya celebridad por el Evangelio se oye por todas las Iglesias"

(2Co. 8, 18), fue el único que estuvo con San Pablo en tiempos de apostasía, cuando todos lo abandonaban próximo a su martirio (2 Tm. 4, 11). Bien merece, pues, por su larga e íntima unión de espíritu con el Apóstol, que su Evangelio haya sido llamado el Evangelio según San Pablo.

2. El viaje comenzó en la segunda mitad del año 60. *Adramitena*: es decir, de un puerto situado al fondo del "sinus Adramyttenus" (un golfo de la Misia). La Vulgata parece referirse al puerto de Adrumeto, hoy Susa, situado en Túnez. Sobre *Aristarco* cf. 19, 29; 20, 4; Flm. 24, y Col. 4, 10, donde San Pablo lo cita como compañero de cautividad en Roma. Su vida estuvo en peligro en el tumulto de los plateros de Éfeso (cap. 19).

3. *Humanamente*: el griego dice *con filantropía*. Lo mismo en 28, 2. Es el modo de expresar la benevolencia que no puede llamarse caridad porque no se funda en el amor de Dios.

4. *Por ser contrarios los vientos*: Cf. v. 12 y nota. Todo este capítulo ha sido siempre "el gozo y la admiración de los marinos", y los técnicos declaran que ningún experto habría podido superar la destreza de las maniobras efectuadas durante la tempestad (P. Ricard). La navegación hacia el O. era mucho más difícil que la inversa, especialmente en la estación poco favorable y en época en que no existía la brújula. El Almirante Nelson releyó este pasaje antes de la batalla de Copenhague, y declara que en él se inspiró la maniobra que le dio la victoria.

5. *Mira*: la Vulgata, sin duda por error de copista, dice *Listra* la cual no estaba en Licia sino en el interior de Licaonia (cf. 2 Tm. 3, 11).

8. *Buenos Puertos* (o Bellos Puertos); así se llama todavía. *Lasca*: otros, *Alasa*. La Vulgata dice *Talase*.

–había pasado ya el Ayuno–, Pablo les advirtió, [10]diciéndoles: "Compañeros, veo que el trayecto va a redundar en daño y mucho perjuicio no solamente para el cargamento y la nave, sino también para nuestras vidas". [11]Mas el centurión daba más crédito al piloto y al patrón del barco, que a las palabras de Pablo, [12]Y como el puerto no fuese cómodo para invernar, la mayor parte aconsejó partir de allí, por sí podían arribar a Fenice e invernar allí, porque es un puerto de Creta que mira al sureste y al nordeste. [13]Y soplando un suave viento sur, se figuraban que saldrían con su intento. Levaron, pues, anclas, y navegaban a lo largo de Creta, muy cerca de tierra.

Tempestad en el mar. [14]Pero a poco andar se echó sobre la nave un viento tempestuoso, llamado euraquilón, [15]La nave fue arrebatada, y sin poder hacer frente al viento, nos dejábamos llevar, abandonándonos a él. [16]Pasando a lo largo de una islita llamada Cauda, a duras penas pudimos recoger el esquife. [17]Una vez levantado éste, hicieron uso de los auxilios y ciñeron la nave por debajo. Pero temerosos de dar en la Sirte, arriaron las velas y se dejaron llevar. [18]Al día siguiente, furiosamente combatidos por la tempestad, aligeraron; [19]y al tercer día arrojaron con sus propias manos el equipo de la nave. [20]Durante varios días no se dejó ver ni el sol ni las estrellas, y cargando sobre nosotros una gran borrasca, nos quitó al fin toda esperanza de salvarnos.

Pablo conforta a los compañeros. [21]Habiendo ellos pasado mucho tiempo sin comer, Pablo se puso en pie en medio de ellos, y dijo: "Era menester, oh varones, haberme dado crédito y no partir de Creta, para ahorrarnos este daño y perjuicio. [22]Más ahora, os exhorto a tener buen ánimo, porque no habrá pérdida de vida alguna entre vosotros, sino solamente de la nave. [23]Pues esta noche estuvo junto a mí un ángel del Dios de quién soy y a quien sirvo, [24]el cual dijo: "No temas, Pablo; ante el César has de comparecer, y he aquí que Dios te ha hecho gracia de todos los que navegan contigo". [25]Por lo cual, compañeros, cobrad ánimo, pues confío en Dios que así sucederá como se me ha dicho. [26]Mas hemos de ir a dar en cierta isla".

Naufragio. [27]Llegada la noche decimocuarta y siendo nosotros llevados de una a otra parte en el Adria, hacia la mitad de la noche sospecharon los marineros que se acercaban a alguna tierra. [28]Echando la sonda, hallaron veinte brazas; a corta distancia echaron otra vez la sonda y hallaron quince brazas. [29]Temiendo diésemos en algunos escollos, echaron de la popa cuatro anclas y aguardaron ansiosamente el día. [30]Los marineros intentaron escaparse de la nave y tenían ya bajado el esquife al mar, con el pretexto de querer echar las anclas de proa; [31]más Pablo dijo al centurión y a los soldados: "Si éstos no se quedan en el barco, vosotros no podéis salvaros". [32]Entonces cortaron los soldados los cables del esquife y lo dejaron caer. [33]En tanto iba apuntando el día, Pablo

---

9. Se refiere a la fiesta del día de la Expiación o *Yom Kippur* (Lv. 16, 29; 23, 27 ss.) que se celebraba con un gran ayuno en el mes de Tishri, correspondiente a Septiembre-Octubre. Después de este término la navegación era suspendida hasta el mes de Marzo, a causa de las tormentas.

12. *Sureste y Noreste*: Llamados entonces el *Abrego* (o *Áfrico*) y el *Cauro*.

13. *Viento sur*: llamado entonces *Austro*, el cual solía ser tan temible en el Mediterráneo que Dios lo usa como figura de Nabucodonosor en Ez. 27, 26. *Muy cerca de tierra*: La Vulgata, tomando esto por nombre de la ciudad, vierte *Asón*, situada cerca de Tróade (Asia Menor).

16. *Esquife*: el pequeño bote que iba a remolque.

17. La *Sirte*: banco de arena en la costa de Libia (hoy golfo de Sidra), célebre en los poetas clásicos (cf. Virgilio, Eneida 1, 11; Horacio, Oda I, 22, 5, etc.).

21 ss. El magnánimo "prisionero" sostenido milagrosamente por Dios, empieza a dar aquí continuos ejemplos de virilidad,

caridad y fe confiada, con una autoridad que nadie puede resistir. Cf. v. 35; 28, 15 y notas.

23. Recordemos esta preciosa expresión de amor filial: *¡el Dios de quien soy!*

24. Por amor de su siervo Pablo, Dios salvará aquellas vidas cuya pérdida era segura. Muchas veces hizo lo mismo "por amor de su siervo David" (1R. 11, 13; 2R. 19, 34; 20, 6; Sal. 131, 10; Is. 37, 35, etc.), y por Abraham, a quien llama su amigo, y por Isaac y Jacob (cf. St. 2, 23; 2Cro. 2, 20, Is. 41, 8; Dn. 3, 34, etc.). Así son las delicadezas del divino Padre, que también nos enseñó a no desesperar de la salvación de los que amamos, como lo muestra San Juan (1 Jn. 5, 16 y nota).

27. *El Adria*: no el actual mar Adriático, sino él Jónico, entre Italia, Grecia y África.

32. La descripción de los más minuciosos detalles del viaje y del subsiguiente naufragio de Pablo, no puede ser sino el relato de un testigo ocular, lo cual confirma que el autor, Lucas acompañó al Apóstol durante el viaje. Cf. v. 1 y nota.

exhortó a todos a tomar alimento, diciendo: "Hace hoy catorce días que estáis en vela, permaneciendo ayunos y sin tomar nada. [34]Os exhorto, pues, a tomar alimento, que es (*necesario*) para vuestra salud; porque no se perderá ni un cabello de la cabeza de ninguno de vosotros". [35]Dicho esto, tomó pan, dio gracias a Dios delante de todos, lo partió y comenzó a comer. [36]Entonces cobraron ánimo todos ellos y tomaron también alimento. [37]Éramos en la nave entre todos doscientas setenta y seis personas. [38]Luego que hubieron comido a satisfacción, aligeraron la nave, echando el trigo al mar. [39]Llegado el día, no conocían aquella tierra, aunque echaban de ver una bahía que tenía playa; allí pensaban encallar la nave, si pudiesen. [40]Cortando, pues, las anclas, las abandonaron en el mar; al mismo tiempo soltaron las cuerdas de los timones, y alzando el artimón al viento, se dirigieron hacia la playa; [41]más tropezando con una lengua de tierra, encallaron la nave; la proa hincada se quedó inmóvil, mientras que la popa se deshacía por la violencia de las olas. [42]Los soldados tuvieron el propósito de matar a los presos, para que ninguno escapase a nado. [43]Mas el centurión, queriendo salvar a Pablo, impidió que ejecutasen su propósito, mandando que quienes supieran nadar se arrojasen los primeros y saliesen a tierra, [44]y los restantes, parte sobre tablas, parte sobre los despojos del barco. Así llegaron todos salvos a tierra.

28 San Pablo en Malta.

[1]Puestos en salvo, supimos entonces que la isla se llamaba Melita. [2]Los bárbaros nos trataron con bondad extraordinaria; encendieron una hoguera y nos acogieron a todos a causa de la lluvia que estaba encima y a causa del frío. [3]Mas al echar Pablo en el fuego una cantidad de ramaje que había recogido, salió una víbora a raíz del calor y se le prendió de la mano. [4]Al ver los bárbaros al reptil colgado de

---

35. Comiendo él mismo, Pablo da ejemplo de buen ánimo, y también de piedad al bendecir el alimento mediante la acción de gracias, como hacía Jesús (véase 2, 46 y nota). En este caso la *fracción del pan* no era la cena eucarística sino una simple comida (cf. Lc. 24, 30 y nota).

1. *Melita*: hoy Malta. El lugar de la isla donde el Apóstol naufragó se llama aún Bahía de San Pablo

[3] 2. *Bárbaros* no en el sentido moderno de la palabra sino según el uso que le daban los griegos y romanos, quiere decir que los habitantes de la isla no hablaban el latín ni el griego.

4. *Dike*: la diosa de la justicia. La Vulgata dice: *la Venganza*.

6 ss. Se cumple aquí en San Pablo lo que anunció Jesús en Mc. 16, 18: "Tomarán las serpientes; y si beben algo mortífero no les hará daño alguno; sobre los enfermos pondrán sus manos y sanarán". Acerca de esto último véase el v. 8s. y nota. Bien podemos, pues, invocar a San Pablo como intercesor en casos tales. *Un dios*: cf. el caso de Listra en 14, 12.

11. *Dióscuros*: Los mellizos Cástor y Póllux, hijos de Júpiter y Leda, que eran tenidos por protectores de los navíos. San Pablo no repara en embarcarse, haciendo caso omiso de esa superstición,

13. De *Siracusa*, en Sicilia, pasan a *Reggio de Calabria*, y de allí a *Pozzuoli*, cerca de Nápoles.

15. *Cobró buen ánimo*: ¡Cuán consolador es, para los que somos tan débiles, el ver que San Pablo, el gran animador de los demás (cf. 27, 21 ss. y nota), también necesitaba confortarse! Véase Lc. 22, 43.

16. *Como particular*, en su casa, es decir, que su prisión no era dura, y en ella podía, como veremos, continuar su incesante apostolado, no obstante conservar sus cadenas (cf. v. 20; Flp. 1, 17; Flm. 1), come las tuvo también en su segunda prisión, cuando escribió la última carta a Timoteo (2 Tm. 2, 9).

17. El Apóstol, que bien conoce la mentalidad de sus paisanos, quiere evitar falsos rumores, por lo cual informa personalmente a los principales sobre su apelación al César.

19. *Me vi obligado*: (25, 12 y nota). Es de observar la caridad y delicadeza con que habla aquí de los judíos, que tanto lo habían perseguido.

20. Cf. 23, 6; 26, 6s.

22. *Halla contradicción en todas partes*: valioso testimonio, en boca de los judíos de Roma, sobre esta característica de los discípulos que había sido la del Maestro. Pablo era de ello un ejemplo viviente.

su mano, se decían unos a otros: "Ciertamente este hombre debe ser un homicida, a quien escapado salvo del mar, la Dike no le ha permitido vivir". [5]Más él sacudió el reptil en el fuego y no padeció daño alguno. [6]Ellos, entretanto, estaban esperando que él se hinchase o cayese repentinamente muerto. Mas después de esperar mucho tiempo, viendo que ningún mal le acontecía, mudaron de parecer y dijeron que era un dios. [7]En las cercanías de aquel lugar había campos que pertenecían al hombre principal de la isla, por nombre Publio, el cual nos acogió y nos hospedó benignamente por tres días. [8]Y sucedió que el padre de Publio estaba en cama, acosado de fiebre y disentería. Pablo entró a él, hizo oración, le impuso las manos y le sanó. [9]Después de este suceso, acudían también las demás personas de la isla que tenían enfermedades, y eran sanadas, [10]por cuyo motivo nos colmaron de muchos honores; y cuando nos hicimos a la vela nos proveyeron de lo necesario.

De Malta a Roma. [11]Al cabo de tres meses, nos embarcamos en una nave alejandrina que había invernado en la isla y llevaba la insignia de los Dióscuros. [12]Aportamos a Siracusa, donde permanecimos tres días, [13]De allí, costeando, arribamos a Regio; un día después se levantó el viento sur, y al segundo día llegamos a Putéolos, [14]donde hallamos hermanos, y fuimos invitados a quedarnos con ellos siete días. Y así llegamos a Roma. [15]Teniendo noticia de nosotros, los hermanos de allí nos salieron al encuentro hasta Foro de Apio y Tres Tabernas. Al verlos, Pablo dio gracias a Dios y cobró buen ánimo.

Primera prisión en Roma. [16]Cuando llegamos a Roma, se le permitió a Pablo vivir como particular con el soldado que le custodiaba. [17]Tres días después convocó a los principales de los judíos, y habiéndose ellos reunido les dijo: "Varones, hermanos, yo sin haber hecho nada en contra del pueblo, ni contra las tradiciones de nuestros padres, desde Jerusalén fui entregado preso en manos de los romanos, [18]los cuales después de hacer los interrogatorios querían ponerme en libertad, por no haber en mí ninguna

---

23. San Pablo se alza aquí por última vez, a lo que parece, en un extremo esfuerzo, por conseguir que Israel y principalmente Judá, acepte a Cristo tal como Él se había presentado en el Evangelio, es decir, como el Profeta anunciado por Moisés (cf. Hch. 3, 22 y nota; Jn. 1, 21 y 45; Lc. 24, 27 y 44) que no viene a cambiar la Ley sino a cumplirla (Mt. 5, 17 ss.); que "no es enviado sino a las ovejas perdidas de Israel" (Mt. 15, 24), y a Israel envía también primero sus discípulos. Por eso se dirige Pablo en este último discurso de los Hechos a los judíos principales de Roma, aclarándoles que en nada se ha apartado de la tradición judía (v. 17) antes bien que está preso por defender la esperanza de Israel (v. 20), y les predica según su costumbre, a Cristo y el Reino de Dios *con arreglo a la Ley de Moisés y a los Profetas,* como lo hace en la Carta a los Hebreos (cf. Hb. 8, 8 ss.) y como "siempre que predicaba a los judíos" (Fillion). Pero ellos se apartaron de él todos (v. 25 y 29), sin quedarse siquiera los que antes le creyeron (v. 24). Es el rechazo definitivo, pues Pablo, preso por dos años más (v. 30), no puede ya seguir buscándolos en otras ciudades (véase Hch. 13, 46; 18, 6 y notas; cf. Mt. 10, 23 y nota). Termina así este tiempo de los Hechos, concedido a Israel como una prórroga del Evangelio (cf. la parábola de higuera estéril: Lc. 13, 8s.) para que reconociese y disfrutase al Mesías resucitado, a quien antes desconoció y que les mantuvo las promesas hechas a Abraham (cf. 3, 25s.). San Pablo escribe entonces desde Roma, con Timoteo, a los gentiles de Éfeso y de Colosas la revelación del "Misterio" del Cuerpo Místico, escondido desde el principio (Ef. 1, 1 ss. y notas).

26. Texto de Isaías 6, 9s. Con la misma cita había reprochado Jesús la incredulidad de Israel (véase Mt. 13, 14; Mc. 4, 12; Lc. 8, 10; Jn. 12, 40; Rm. 11, 8). Cf. 4, 16; 13, 47 y notas.

28. Véase v. 23 y nota.

29. Este v. falta en algunos manuscritos antiguos y los críticos modernos lo suprimen aún de la Vulgata. Creemos, como Fillion, que aún podría ser auténtico, pues esta discusión parece explicable por la disidencia del v. 24, que recuerda las provocadas por el mismo Jesús (Jn. 7, 40 ss.), si bien se ve que el retiro de los judíos fue total (v. 25), pues dio lugar al solemne anuncio de Pablo (v. 28), que ya no parece de carácter personal, como los anteriores de 13, 46 y 18, 6, sino de parte de Dios. Cf. Col. 4, 11.

31. El autor de los Hechos concluyó su Libro antes del fin del proceso de San Pablo. Por eso no menciona el resultado. No cabe duda de que el Apóstol fue absuelto y puesto en libertad hacia el año 63. Hemos de bendecir a la Providencia por esta demora de San Pablo en Roma. En esta época escribió el Apóstol de los Gentiles, después del retiro de Israel, las Epístolas "de la cautividad" (Ef. Col. Flp. Filem.), joyas insuperables, las tres primeras, de divina ciencia cristológica, donde se nos revela o se nos confirma, junto con la vocación indistinta de los gentiles con Israel (Ef. 3, 6; cf. Rm. 11, 17), los altísimos misterios del amor de Cristo, "ocultos hasta entonces desde todos los siglos" (Ef. 3, 9; Col. 1, 26), hasta la dicha que nos espera cuando Él venga a "transformar nuestro vil cuerpo para hacerlo semejante al Suyo glorioso" (Flp. 3, 20s.). El Libro de los Hechos señala así, como la Carta a los Hebreos, un nexo de transición entre "lo nuevo y lo viejo" (Mt. 13, 52), en cuya interpretación, a la luz de las últimas Epístolas paulinas, nos queda aún quizá no poco que ahondar.

causa de muerte; [19]más oponiéndose a ellos los judíos, me vi obligado a apelar al César, pero no como que tuviese algo de que acusar a mi nación. [20]Este es, pues, el motivo porque os he llamado para veros y hablaros; porque a causa de la esperanza de Israel estoy ceñido de esta cadena". [21]Le respondieron ellos: "Nosotros ni hemos recibido cartas de Judea respecto de ti, ni hermano alguno de los que han llegado, ha contado o dicho mal de ti. [22]Sin embargo, deseamos oír de tu parte lo que piensas porque de la secta ésa nos es conocido que haya contradicción en todas partes".

Último retiro de los judíos. [23]Le señalaron, pues, un día y vinieron a él en gran número a su alojamiento. Les explicó el reino de Dios, dando su testimonio, y procuraba persuadirlos acerca de Jesús, con arreglo a la Ley de Moisés y de los Profetas, desde la mañana hasta la tarde. [24]Unos creían las cosas que decía; otros no creían. [25]No hubo acuerdo entre ellos y se alejaron mientras Pablo les decía una palabra: "Bien habló el Espíritu Santo por el profeta Isaías a vuestros padres, [26]diciendo: «Ve a este pueblo y di: Oiréis con vuestros oídos y no entenderéis; miraréis con vuestros ojos, pero no veréis. [27]Porque se ha embotado el corazón de este pueblo; con sus oídos oyen pesadamente, y han cerrado sus ojos, para que no vean con sus ojos, ni oigan con sus oídos, ni con el corazón entiendan, y se conviertan y Yo les sane». [28]Os sea notorio que esta salud de Dios ha sido transmitida a los gentiles, los cuales prestarán oídos".

[29]Habiendo él dicho esto, se fueron los judíos, teniendo grande discusión entre sí. [30]Permaneció (*Pablo*) durante dos años enteros en su propio alojamiento, que había alquilado, y recibía a todos cuantos le visitaban; [31]predicando con toda libertad y sin obstáculo el reino de Dios, y enseñando las cosas respecto al Señor Jesucristo

Las epístolas de San Pablo

Saulo, que después de convertido se llamó Pablo –esto es, "pequeño"–, nació en Tarso de Cilicia, tal vez en el mismo año que Jesús, aunque no lo conoció mientras vivía el Señor. Sus padres, judíos de la tribu de Benjamín (Rm. 11, 1; Fil. 3, 5), le educaron en la afición a la Ley, entregándolo a uno de los más célebres doctores, Gamaliel, en cuya escuela el fervoroso discípulo se compenetró de las doctrinas de los escribas y fariseos, cuyos ideales defendió con sincera pasión mientras ignoraba el misterio de Cristo. No contento con su formación en las disciplinas de la Ley, aprendió también el oficio de tejedor, para ganarse la vida con sus propias manos. El Libro de los "Hechos" relata cómo, durante sus viajes apostólicos, trabajaba en eso "de día y de noche", según él mismo lo proclama varias veces como ejemplo y constancia de que no era una carga para las iglesias (véase Hch. 18, 3 y nota).

Las tradiciones humanas de su casa y su escuela, y el celo farisaico por la Ley, hicieron de Pablo un apasionado sectario, que se creía obligado a entregarse en persona a perseguir a los discípulos de Jesús. No sólo presenció activamente la lapidación de San Esteban, sino que, ardiendo de fanatismo, se encaminó a Damasco, para organizar allí la persecución contra el nombre cristiano. Más en el camino de Damasco lo esperaba la gracia divina para convertirlo en el más fiel campeón y doctor de esa gracia que de tal modo había obrado en él. Fue Jesús mismo, el Perseguido, quien –mostrándole que era más fuerte que él– domó su celo desenfrenado y lo transformó en un instrumento sin igual para la predicación del Evangelio y la propagación del Reino de Dios como "Luz revelada a los gentiles".

Desde Damasco fue Pablo al desierto de Arabia (Ga. 1, 17) a fin de prepararse, en la soledad, para esa misión apostólica. Volvió a Damasco, y después de haber tomado contacto en Jerusalén con el Príncipe de los Apóstoles, regresó a su patria hasta que su compañero Bernabé le condujo a Antioquía, donde tuvo oportunidad para mostrar su fervor en la causa de los gentiles y la doctrina de la Nueva Ley "del Espíritu de vida" que trajo Jesucristo para librarnos de la esclavitud de la antigua Ley. Hizo en adelante tres grandes viajes apostólicos, que su discípulo San Lucas refiere en los "Hechos" y que sirvieron de base para la conquista de todo un mundo.

Terminado el tercer viaje, fue preso y conducido a Roma, donde sin duda recobró la libertad hacia el año 63, aunque desde entonces los últimos cuatro años de su vida están en la penumbra. Según parece, viajó a España (Rm. 15, 24 y 28) e hizo otro viaje a Oriente. Murió en Roma, decapitado por los verdugos de Nerón, el año 67, en el mismo día del martirio de San Pedro. Sus restos descansan en la basílica de San Pablo en Roma.

Los escritos paulinos son exclusivamente cartas, pero de tanto valor doctrinal y tanta profundidad sobrenatural como un Evangelio. Las enseñanzas de las Epístolas a los Romanos, a los Corintios, a los Efesios, y otras, constituyen, como dice San Juan Crisóstomo, una mina inagotable de oro, a la cual hemos de acudir en todas las circunstancias de la vida, debiendo frecuentarlas mucho hasta familiarizarnos con su lenguaje, porque su lectura –como dice San Jerónimo– nos recuerda más bien el trueno que el sonido de palabras.

San Pablo nos da a través de sus cartas un inmenso conocimiento de Cristo. No un conocimiento sistemático, sino un conocimiento espiritual que es lo que importa. Él es ante todo el Doctor de la Gracia, el que trata los temas siempre actuales del pecado y la justificación, del Cuerpo Místico, de la Ley y de la libertad, de la fe y de las obras, de la carne y del espíritu, de la predestinación y de la reprobación, del Reino de Cristo y su segunda Venida. Los escritores racionalistas o judíos como Klausner, que de buena fe encuentran diferencia entre el Mensaje del Maestro y la interpretación del apóstol, no han visto bien la inmensa trascendencia del rechazo que la sinagoga hizo de Cristo, enviado ante todo "a las ovejas perdidas de Israel" (Mt. 15, 24), en el tiempo del Evangelio, y del nuevo rechazo que el pueblo judío de la dispersión hizo de la predicación apostólica que les renovaba en Cristo resucitado las promesas de los antiguos Profetas; rechazo que trajo la ruptura con Israel y acarreó el paso de la salud a la gentilidad, seguido muy pronto por la tremenda destrucción del Templo, tal como lo había anunciado el Señor (Mt. 24).

No hemos de olvidar, pues, que San Pablo fue elegido por Dios para Apóstol de los gentiles (Hch. 13, 2 y 47; 26, 17 s.; Rm. 1, 5), es decir, de nosotros, hijos de paganos, antes "separados de la sociedad de Israel, extraños a las alianzas, sin esperanza en la promesa y sin Dios en este mundo" (Ef. 2, 12), y que entramos en la salvación a causa de la incredulidad de Israel (véase Rm. 11, 11ss.; cf. Hch. 28, 23ss. y notas), siendo llamados al nuevo y gran misterio del Cuerpo Místico (Ef. 1, 22 s.; 3, 4-9; Col. 1, 26). De ahí que Pablo resulte también para nosotros, el grande e infalible intérprete de las Escrituras antiguas, principalmente de los Salmos y de los Profetas, citados por él a cada paso. Hay Salmos cuyo discutido significado se fija gracias a las citas que San Pablo hace de ellos; por ejemplo, el Salmo 44, del cual el apóstol nos enseña que es nada menos que el elogio lírico de Cristo triunfante, hecho por boca del divino Padre (véase Hb. 1, 8 s.). Lo mismo puede decirse de Sal. 2, 7; 109, 4, etc.

El canon contiene 14 Epístolas que llevan el nombre del gran apóstol de los gentiles, incluso la destinada a los hebreos. Algunas otras parecen haberse perdido (1Co. 5, 9; Col. 4, 16).

La sucesión de las Epístolas paulinas en el canon, no obedece al orden cronológico, sino más bien a la importancia y al prestigio de sus destinatarios. La de los hebreos, como dice Chaine, si fue agregada al final de Pablo y no entre las "católicas", fue a causa de su origen, pero ello no implica necesariamente que sea posterior a las otras.

En cuanto a las fechas y lugar de la composición de cada una, remitimos al lector a las indicaciones que damos en las notas iniciales

CARTA A LOS ROMANOS

1 Saludo apostólico. [1]Pablo, siervo Cristo Jesús, llamado a ser apóstol, separado para el Evangelio de Dios [2]–que Él había prometido antes por sus profetas en las Escrituras santas– [3](*Evangelio que trata*) de su Hijo, del nacido de la semilla de David según la carne, [4]de Jesucristo Señor nuestro, destinado (*para ser manifestado*) Hijo de Dios en poder, conforme al Espíritu de santidad, desde la resurrección de los muertos, [5]por Quien hemos recibido gracia y apostolado para obediencia fiel, por razón de su Nombre, entre todos los gentiles, [6]de los cuales sois también vosotros, llamados de Jesucristo. [7]A todos los que os halláis en Roma, amados de Dios, llamados santos: gracia a vosotros y paz, de parte de Dios nuestro Padre y del Señor Jesucristo.

San Pablo agradece a Dios por la fe de los romanos. [8]Ante todo doy gracias a mi Dios, mediante Jesucristo, por todos vosotros, porque vuestra fe es celebrada en todo el mundo. [9]Pues testigo me es Dios, a quien sirvo en mi espíritu en el Evangelio de su Hijo, de que sin cesar os recuerdo, [10]rogando siempre en mis oraciones, que de cualquier modo encuentre al fin, por la voluntad de Dios, allanado el camino para ir a vosotros. [11]Porque anhelo veros, a fin de comunicaros algún don espiritual, para que seáis confirmados, [12]esto es, para que yo, entre vosotros, sea junto con vosotros consolado, por la mutua comunicación de la fe, vuestra y mía. [13]Pues no quiero ignoréis, hermanos, que muchas veces me he propuesto ir a vosotros –pero he sido impedido hasta el presente– para que tenga algún fruto también entre vosotros, así como entre los demás gentiles.

Tema de la epístola. [14]A griegos y a bárbaros, a sabios y a ignorantes, soy deudor. [15]Así, pues, cuanto de mí depende, pronto estoy a predicar el Evangelio también a vosotros los que os halláis en Roma. [16]Pues no me avergüenzo del Evangelio; porque es fuerza de Dios para salvación de todo el que cree, del judío primeramente, y también del griego. [17]Porque en él se revela la justicia que es de Dios, mediante fe para fe, según está escrito: "El justo vivirá por la fe".

---

[1] *Separado*: San Pablo alude a su vocación especial como Apóstol de los Gentiles, que, sin ser él de los Doce, recibió de Jesús directamente (Ga. 1, 12 ss.; 2, 8 y notas).

2 ss. Como observa San Juan Crisóstomo, la complejidad de los términos oscurece el sentido de la frase. Es de notar que el Apóstol habla aquí simplemente de la "resurrección de los muertos" y no dice "su resurrección de entre los muertos" (cf. Flp. 3, 10-11). El sentido se aclara así, refiriéndose no ya a la glorificación de Jesús-Hombre a la diestra del Padre (como en Hb. 1, 2-5; Sal. 2, 7; 109, 1) sino a la futura manifestación de Cristo en poder (Hb. 1, 6; 2, 8) que no tuvo lugar durante su vida mortal salvo en el momento de la Transfiguración (cf. Mc. 9, 1 y nota).

7. "Imposible agotar en un breve comentario toda la plenitud teológica de esta salutación (v. 1,7). La desbordante exuberancia del pensamiento rompe la cohesión de la fórmula ordinaria de la salutación epistolar". (Bóver).

8. La acción de gracias debe realizarse por el mismo en quien somos agraciados, es decir, mediante Jesucristo al Padre (Santo Tomás de Aquino). Cf. nota en Hch. 2, 46.

10. *Por la voluntad de Dios*: Arde en deseos de verlos, pero no lo quiere sin la voluntad de Dios, bien conocida por las circunstancias. Es uno de los grandes sellos del hombre de Dios: desconfiar siempre de la propia iniciativa.

11. Todo el que lleva el Evangelio es como un vehículo de gracia y bendición (v. 16; 15, 29; 1Co. 15, 11).

12. He aquí el mejor móvil de toda visita. El Apóstol quiere confortar a los hermanos en la fe, y confortarse él mismo, en medio de las tribulaciones de su apostolado, con la gozosa unión de caridad que reina entre los que comparten de veras la misma fe (Jn. 13, 35; Sal. 132, 2).

14. *Griegos*: los pueblos de cultura helenística; *bárbaros*: los demás hombres, aunque formasen parte del Imperio Romano. *Soy deudor*: me debo a todos, como apóstol de los gentiles.

15. *A predicar el Evangelio*: no sospechaba que sólo iría allí acusado y preso (Hch. 25, 12 y nota). Pero ello no le impidió librar una gran batalla apostólica, que había de ser la última para Israel (Hch. 28, 23-31 y notas).

16. He aquí la tesis en torno a la cual gira toda esta carta: la eficacia sobrenatural de la divina Palabra, engendradora de la fe (10, 17). Cf. 1Co. 4, 19s. y nota. Nótese la preferencia que se da a los judíos (cf. Mt. 10, 5; 15, 26 ss.; Lc. 24, 47; Hch. 3, 26).

17. La *justicia*, en lenguaje paulino, significa la justificación que nos viene de Dios, fundada en la fe (3, 24s.; Hch. 13, 39; Ef. 2, 8s.; Flp. 3, 9), la cual es por eso "raíz y fundamento de toda justificación" (Concilio Tridentino) y nos lleva a obrar por amor (Ga. 5, 6; St. 2, 18). De ahí que la fe sea verdaderamente la vida del justo (Ha. 2, 4; Ga. 3, 11; Hb. 10, 38 y notas) porque nadie puede ser justo por sí mismo (Sal. 142 y notas; 1 Jn. 1, 18). La fe es así piedra de toque de la rectitud. Porque el hombre de intención recta reconoce a cada instante que su fe es pobrísima, y pide

Necedad del paganismo. [18]Pues la ira de Dios se manifiesta desde el cielo contra toda impiedad e injusticia de los hombres, que injustamente cohíben la verdad; [19]puesto que lo que es dable conocer de Dios está manifiesto en ellos, ya que Dios se lo manifestó. [20]Porque lo invisible de Él, su eterno poder y su divinidad, se hacen notorios desde la creación del mundo, siendo percibidos por sus obras, de manera que no tienen excusa; [21]por cuanto conocieron a Dios y no lo glorificaron como a Dios, ni le dieron gracias, sino que se envanecieron en sus razonamientos, y su insensato corazón fue oscurecido. [22]Diciendo ser sabios, se tornaron necios, [23]y trocaron la gloria del Dios incorruptible en imágenes que representan al hombre corruptible, aves, cuadrúpedos y reptiles.

Consecuencias de la corrupción. [24]Por lo cual los entregó Dios a la inmundicia en las concupiscencias de su corazón, de modo que entre ellos afrentasen sus propios cuerpos. [25]Ellos trocaron la verdad de Dios por la mentira, y adoraron y dieron culto a la creatura antes que al Creador, el cual es bendito por los siglos. Amén.

[26]Por esto los entregó Dios a pasiones vergonzosas, pues hasta sus mujeres cambiaron el uso natural por el que es contra naturaleza. [27]E igualmente los varones, dejando el uso natural de la mujer, se abrazaron en mutua concupiscencia, cometiendo cosas ignominiosas varones con varones, y recibiendo en sí mismos la paga merecida de sus extravíos. [28]Y como no estimaron el conocimiento de Dios, los entregó Dios a una mente depravada para hacer lo indebido, [29]henchidos de toda injusticia, malicia, codicia, maldad, llenos de envidia, homicidio, riña, dolos, malignidad; murmuradores, [30]calumniadores, aborrecedores de Dios, indolentes, soberbios, fanfarrones, inventores de maldades, desobedientes a sus padres; [31]insensatos, desleales, hombres sin amor y sin misericordia. [32]Y si bien conocen que según lo establecido por Dios los que practican tales cosas son dignos de muerte, no sólo las hacen, sino que también se complacen en los que las practican.

2 **Dios juzga a judíos y a gentiles.** [1]Por lo tanto no tienes excusa, oh hombre, quienquiera que seas,

---

aumento de ella casi instintivamente, lo cual hace que viva, aun quizá sin darse cuenta, en una actitud de constante oración, que es precisamente lo que valoriza su vida delante de Dios. No tiene nada propio, pero vive pidiéndolo, y al pedir recibe. Más el hombre soberbio no se aviene a vivir mendigando ese aumento de fe, y entonces se acostumbra a la idea de que ya tiene fe bastante, y construye su vida sobre una falsa idea. Desde ese momento desaparece en él la rectitud de intención, porque naturalmente rechazará toda posible enseñanza que le muestre la insuficiencia de su fe. Es el caso, terrible pero común, que señaló Jesús al decir que la luz vino al mundo pero los hombres amaron más las tinieblas para no tener que convertirse. Tal es "el juicio" que Él vino a hacer (Jn. 3, 19). Es decir, un juicio de discernimiento de los espíritus para que se descubriese la rectitud de cada uno y "se revelase el secreto de los corazones" (Lc. 2, 35). Ese juicio pone a prueba, no nuestra virtud propia, sino nuestra sinceridad en confesar que no la tenemos. Es el juicio que Jesús realizó constantemente, no con los pecadores (porque siempre los perdonaba), sino con los fariseos de corazón doble, es decir, con la falsa virtud que, ni quiere entregar el corazón a Dios para amarlo sobre todas las cosas, ni quiere hacer profesión de impiedad, porque teme los castigos. Tales son, en todos los tiempos, aquellos que cuelan el mosquito y tragan el camello (Mt. 23, 24); que honran a Dios con los labios mientras su corazón está lejos de Él (Mt. 15, 8), etc. Jesús quiere que se esté con Él o contra Él, y esa mezcla de la piedad con el espíritu del mundo, su enemigo, es abominada de Dios. Desde el Dt. 22, 9 s., se nos inculca a tal punto la idea de que Dios odia toda mezcla, que Moisés prohíbe sembrar semillas mezcladas, arar con yunta de buey y asno, y hasta vestirse con mezcla de lana y lino. De ahí que cuando Jesús quiere caracterizar en Natanael al buen israelita, dice simplemente que "en él no hay doblez" (Jn. 1, 47).

20. Revelación de suma importancia: Las cosas creadas son como símbolos de las increadas e invisibles (Sal. 18, 1 ss.) y las almas rectas descubren incontables maravillas de Dios en la naturaleza (Sal. 103), como en otra biblia, si bien con exclusión de las verdades sobrenaturales que conocemos por la Revelación. Porque los misterios del amor del Padre que nos dio su Hijo y lo hizo Hermano nuestro, sólo nos han sido descubiertos por la Palabra revelada. Tal, por ejemplo, la doctrina del Cuerpo Místico (1Co. 12, 12 y nota). La fe, pues, no consiste en aquella simple creencia racional en el gran Arquitecto del Universo, sino en dar crédito a las palabras reveladas por el "Dios sumamente veraz". Así lo declaró San Pío X en el juramento antimodernista (Denz. 2145).

22. Véase el extremo opuesto en 1Co. 3, 18.

24. *Los entregó Dios*: Como observa Santo Tomás de Aquino, no lo hizo empujándolos al mal, sino abandonándolos, retirando de ellos su gracia. Así cayeron en grandes errores y en vicios vergonzosos (Ga. 5, 19; Ef. 4, 19). Lo mismo hizo con Israel según el Sal. 80, 13.

26. La perversión sexual tan extendida en los centros de cultura moderna, es consecuencia de la apostasía de nuestro siglo, que lo asemeja a aquellos tiempos paganos señalados por San Pablo. La santa crudeza con que habla el Apóstol nos sirva de ejemplo de sinceridad y amor a la verdad. "El mundo suele escandalizarse de las palabras claras más que de las acciones oscuras".

al juzgar; porque en lo que juzgas a otro, a ti mismo te condenas; puesto que tú que juzgas incurres en lo mismo. ²Pues sabemos que el juicio de Dios contra los que practican tales cosas, es según la verdad. ³¿Piensas tú, oh hombre, que juzgas a los que tales cosas hacen y las practicas tú mismo, que escaparás al juicio de Dios? ⁴¿O desprecias la riqueza de su bondad, paciencia y longanimidad, ignorando que la benignidad de Dios te lleva al arrepentimiento? ⁵Conforme a tu dureza y tu corazón impenitente, te atesoras ira para el día de la cólera y de la revelación del justo juicio de Dios, ⁶el cual dará a cada uno el pago según sus obras: ⁷a los que, perseverando en el bien obrar, buscan gloria y honra e incorruptibilidad, vida eterna; ⁸más a los rebeldes, y a los que no obedecen a la verdad, pero sí obedecen a la injusticia, ira y enojo. ⁹Tribulación y angustia para toda alma humana que obra el mal: primero para el judío, y también para el griego; ¹⁰pero gloria y honra y paz para aquel que obra el bien: primero para el judío, y también para el griego. ¹¹Pues en Dios no hay acepción de personas.

Los judíos son transgresores de la Ley Divina.
¹²Porque cuantos han pecado sin la Ley, sin la Ley también perecerán; y cuantos han pecado bajo la Ley, según la Ley serán juzgados. ¹³Pues no los que oyen la Ley son justos ante Dios; sino que serán justificados los que cumplen la Ley. ¹⁴Cuando los gentiles, que no tienen Ley, hacen por la razón natural las cosas de la Ley, ellos, sin tener Ley, son Ley para sí mismos, ¹⁵pues muestran que la obra de la Ley está escrita en sus corazones, por cuanto les da testimonio su conciencia y sus razonamientos, acusándolos o excusándolos recíprocamente. ¹⁶Así será, pues, en el día en que juzgará Dios por medio de Jesucristo, los secretos de los hombres según mi Evangelio. ¹⁷Pero, si tú que te llamas judío, y descansas sobre la Ley, y te glorías en Dios, ¹⁸y conoces su voluntad, y experimentas las cosas excelentes, siendo amaestrado por la Ley, ¹⁹y presumes de ser guía de ciegos, luz para los que están en tinieblas, ²⁰educador de ignorantes, maestro de niños, teniendo en la Ley la norma del saber y de la verdad, ²¹tú pues, que enseñas a otro, ¿no te enseñas a ti mismo? Tú que predicas que no se debe hurtar, ¿hurtas? ²²Tú que dices que no se debe adulterar, ¿cometes adulterio? Tú que aborreces a los ídolos, ¿saqueas los templos? ²³Tú que te

---

1. He aquí la esencial doctrina del Padrenuestro. Sólo podrá salvarse el que *juzga* conforme a la nueva Ley de Misericordia, pues así evitará que Dios le juzgue exclusivamente según la justicia (v. 5), en cuyo caso todos estaríamos condenados sin la menor duda.

5. El pecador, abusando de la paciencia de Dios, se «atesora» ira –¡qué ironía!– para el día del juicio justo (dies irae), en el cual se habrá acabado el tiempo de la misericordia. "Los impíos, florecen en el mundo, pero se secarán de espanto en el día del juicio". (San Agustín). Cf. Mt. 7, 22 y nota.

9s. Por *griegos* se entiende aquí los paganos. Véase 1, 14 y nota. «Los judíos son los primeros en el castigo como en la recompensa» (Buzo).

11s. *En Dios no hay acepción de personas*, porque Él es justo. No por ser aquél judío, y éste, griego o gentil, ha de recibir honor aquél y éste castigo; sino que el honor y el galardón será de todo aquel que obra bien (v. 10). Nótese la delicadeza del Apóstol para con los judíos. No les dice crudamente: el gentil es igual al judío; usa más bien un método indirecto para convencerlos sin provocar su indignación (cf. Hch. 22, 22 y nota). Por eso añade que los que sin Ley pecaron, sin Ley perecerán, y cuantos con Ley pecaron, por la Ley serán juzgados (v. 12). De esta manera muestra que el judío, por tener la Ley, está más gravado que el gentil que no tiene Ley. A los judíos les parecía muy extraño que un hombre que no conocía la Ley, hubiese de recibir honor por sus obras, porque en su altivez y orgullo se creían muy superiores a los paganos. San Pablo no niega esa superioridad inicial, pero agrega que el conocimiento de la Ley encierra más responsabilidad porque el que fue objeto de mayores cuidados por parte de Dios, tanto mayores penas sufrirá. Más adelante explayará el Apóstol a los Efesios el misterio del Cuerpo místico en el cual los gentiles son llamados al par que Israel y ya no hay judío ni griego.

13. "¿No ves cuánto mayor necesidad de recurrir a la gracia impone el Apóstol a los judíos? Porque diciendo ellos que no necesitaban de la gracia. como justificados por la Ley, les prueba que necesitan de ella más que los griegos, pues de lo contrario serían más gravemente castigados" (San Juan Crisóstomo).

14. *La Ley natural* es una escritura que Dios graba en nuestros corazones y que se manifiesta por la voz de la conciencia, a la cual están sometidos aún los paganos. Si éstos pues, no la cumplen, se condenan como si hubiesen desobedecido a la revelación. Pero como San Pablo supone aquí que pueden cumplirla, debemos concluir que en tal caso el Espíritu que les dio la gracia para ello como a Cornelio (Hch. 10, 4) les dará también el necesario conocimiento de Cristo para que tengan esa fe en Él sin la cual es imposible agradar a Dios (Hb. 11, 6; cf. Hch. 4, 12). Si es necesario, dice Santo Tomás de Aquino, Dios les mandará un ángel, y esto coincide con a envío de Pedro a Cornelio (Hch. 10, 9 ss.).

15. Estos razonamientos son los juicios ocultos depositados en la mente o conciencia del hombre, que se revelarán en el día del juicio, de tal manera que habrá perfecto acuerdo entre la conciencia y el Supremo Juez.

glorías en la Ley, ¿traspasando la Ley deshonras a Dios? [24]"Porque el nombre de Dios es blasfemado por causa de vosotros entre los gentiles", según está escrito.

La verdadera circuncisión. [25]La circuncisión en verdad aprovecha si cumples la Ley, más si eres transgresor de la Ley, tu circuncisión se ha hecho incircuncisión. [26]Si, pues, los incircuncisos guardaren los preceptos de la Ley, ¿no se reputará su incircuncisión por circuncisión? [27]Y aquellos que en naturaleza son incircuncisos, si cumplieren la Ley, ¿no te juzgarán a ti que, con la letra y la circuncisión, eres transgresor de la Ley? [28]Porque no es judío el que lo es exteriormente, ni es circuncisión la que se hace por fuera en la carne; [29]antes bien es judío el que lo es en lo interior, y es circuncisión la del corazón según el espíritu y no según la letra, cuya alabanza no es de los hombres sino de Dios.

3 Los privilegios de los judíos y su incredulidad.

[1]¿Qué ventaja tiene, pues, el judío? o ¿qué aprovecha la circuncisión? [2]Mucho en todo sentido; porque primeramente les fueron confiados los oráculos de Dios. [3]¿Qué importa si algunos de ellos permanecieron incrédulos? ¿Acaso su incredulidad hará nula la fidelidad de Dios? [4]De ninguna manera. Antes bien, hay que reconocer que Dios es veraz, y todo hombre mentiroso, según está escrito: "Para que seas justificado en tus palabras, y venzas cuando vengas a juicio".

[5]Más si nuestra injusticia da realce a la justicia de Dios, ¿qué diremos? ¿Será acaso Dios injusto si descarga su ira? –Hablo como hombre–. [6]No por cierto. ¿Cómo podría entonces Dios juzgar al mundo? [7]Pues si la veracidad de Dios, por medio de mi falsedad, redunda en mayor gloria suya, ¿por qué he de ser yo aún condenado como pecador? [8]Y ¿por qué no (decir), según nos calumnian, y como algunos afirman que nosotros decimos: "Hagamos el mal para que venga el bien"? Justa es la condenación de los tales.

Todos estamos sujetos al pecado. [9]¿Qué decir entonces? ¿Tenemos acaso alguna ventaja nosotros? No, de ningún modo, porque hemos probado ya que tanto los judíos como los griegos, todos, están bajo el pecado; [10]según está escrito: "No hay justo, ni siquiera uno; [11]no hay quien

---

24. Es el estrago causado por quienes deberían ser luz y son tinieblas (Mt. 5, 13-16).

25. En lo restante de este capítulo San Pablo censura de nuevo a los que, confiados en la circuncisión, se creían superiores a los demás. De nada les sirve la circuncisión sin la observancia de la Ley, en la que se funda la circuncisión, siendo de notar que nadie era ni es por sí mismo capaz de cumplir la Ley (Ez. 18, 21 y nota). Así tampoco, de nada sirve el Bautismo al cristiano que no vive su fe (véase Mc. 16, 16).

27. Aquí vemos no solamente el carácter acusador y vengador de la Ley contra sus transgresores, sino también el papel de jueces que tendrán los incircuncisos contra los malos observantes de la Ley, como cuando dijo Cristo: "Los ninivitas se levantarán en el día del juicio con esta raza y la condenarán... La reina del Mediodía se levantará en el juicio con esta raza y la condenará" (Mt. 12, 41s.).

29. La circuncisión del corazón, cuya idea inculcaba ya Moisés (Dt. 10, 16; cf. Jr. 9, 26; Ez. 44, 7; Hch. 7, 51) significa aquí la rectitud con que nos dejamos conducir por el Espíritu Santo, el cual nos salva entonces gracias a la Redención de Cristo, mediante la fe y las obras de amor que de ella proceden (Ga. 5, 6). Deberemos, pues, superar las malas inclinaciones de nuestra carne, usando con sinceridad el instrumento del Espíritu que se nos da para hacernos capaces de sobreponernos a la carne (Ga. 5, 16 ss.). Cf. 8, 9 ss.; Flp. 3, 3.

2. Con todo, los judíos aventajan a los gentiles porque Dios les ha entregado los oráculos, es decir, las Sagradas Escrituras, que contienen las divinas promesas y dan testimonio del Mesías. El mérito no es, pues, de los judíos; su prerrogativa consiste más bien en haber sido objeto de un especial don y beneficio que Dios realizó al elegirlos como portadores de la Revelación a través de los siglos anteriores a Cristo.

4. Véase Sal. 115, 11. Por el pecado de Israel se ha manifestado que sólo Dios es veraz y fiel. Esta conexión aparentemente paradójica, entre el pecado del hombre y la manifestación de la justicia y verdad de Dios, la muestra San Pablo citando el Salmo 50, 6, según los Setenta.

8. Ya en su tiempo se combatía esta doctrina, demasiado sublime para que la admitan los que no piensan bien de Dios (Sb. 1, 1). ¿Cómo pretender, y San Pablo lo enseña claramente, el absurdo de que la fe en la gracia y misericordia de un Dios amante (Ef. 2, 4) pueda llevarnos a ofenderlo? Pues esa fe es precisamente la que nos hace obrar por amor (Ga. 5, 6). No es otra cosa lo que enseña Santiago al decirnos que las obras son la prueba de que uno tiene fe (St. 2, 18).

9. Judíos y gentiles son parecidos en el pecado. La Ley no es capaz de justificar al hombre, puesto que no da la gracia necesaria para cumplir los preceptos que impone. En cambio el Evangelio de Jesucristo trae aparejada la gracia para los que creen en Él (1, 16; Jn. 1, 17) porque es ley del Espíritu de vida en Cristo (8, 2; Jn. 6, 63).

10. Los versículos 10-18 son citas de los Salmos y del Profeta Isaías. Véase Sal. 5, 11; 9, 7; 3, 1 ss.; 35, 2; 52, 2 ss.; 139, 4; Is. 59, 7. En estos textos se prueba la apostasía general, la impiedad de los judíos y de los paganos. El Apóstol cita estos pasajes no por puro

entienda, no hay quien busque a Dios. [12]Todos se han extraviado, a una se han hecho inútiles; no hay quien haga el bien, no hay ni uno siquiera. [13]Sepulcro abierto es su garganta, con sus lenguas urden engaño, veneno de áspides hay bajo sus labios, [14]su boca rebosa maldición y amargura. [15]Veloces son sus pies para derramar sangre; [16]destrucción y miseria están en sus caminos; [17]y el camino de la paz no lo conocieron. [18]No hay temor de Dios ante sus ojos".

[19]Ahora bien, sabemos que cuanto dice la Ley, lo dice a los que están bajo la Ley, para que toda boca enmudezca y el mundo entero sea reo ante Dios; [20]dado que por obras de la Ley no será justificada delante de Él carne alguna; pues por medio de la Ley (*nos viene*) el conocimiento del pecado.

La justificación por la fe. [21]Mas ahora, aparte de la Ley, se ha manifestado (*cuál sea la*) justicia de Dios, atestiguada por la Ley y los Profetas: [22]justicia de Dios por la fe en Jesucristo, para todos lo que creen –pues no hay distinción alguna, [23]ya que todos han pecado y están privados de la gloria de Dios–, [24](*los cuales son*) justificados gratuitamente por su gracia, mediante la redención que es por Cristo Jesús, [25]a quien Dios puso como instrumento de propiciación, por medio de la fe en su sangre, para que aparezca la justicia suya –por haberse disimulado los anteriores pecados [26]en (*el tiempo de*) la paciencia de Dios– para manifestar su justicia en el tiempo actual, a fin de que sea Él mismo justo y justificador del que tiene fe en Jesús. [27]¿Dónde, pues, el gloriarse? Excluido está. ¿Por cuál Ley? ¿La de las obras? No, sino por la Ley de la fe. [28]En conclusión decimos, pues, que el hombre es justificado por la fe, sin las obras de la Ley. [29]¿Acaso Dios es sólo el Dios de los judíos? ¿No lo es también de los gentiles? Ciertamente, también de los gentiles; [30]puesto que uno mismo es el Dios que justificará a los circuncisos en virtud de la fe y a los incircuncisos por medio de la fe. [31]¿Anulamos entonces la Ley por la fe? De ninguna manera; antes bien, confirmamos la Ley.

4 **Abraham justificado por la fe sin las obras de la ley.** [1]¿Qué diremos luego que obtuvo Abraham, nuestro Padre según la carne? [2]Porque si Abraham

---

afán de acusar, sino "para abrir a los oyentes una espléndida puerta hacia la fe".

19. *El mundo entero*: todo hombre, no solo el gentil sino también el judío, lo cual implica una condenación de la arrogancia del pueblo escogido. Todos necesitaban igualmente la gracia, como un reo desvalido e incapaz de defender su causa necesita de un abogado que lo defienda y patrocine.

20. *Por medio de la Ley nos viene el conocimiento del pecado*: "De nuevo se lanza contra la Ley pero con más suavidad, pues lo que aquí dices no acusa a la Ley, sino a la desidia de los judíos; sin embargo, como va a hablar de la fe insiste en la flaqueza e inutilidad de la Ley. Pues si te empeñas en gloriarte de la Ley, dice, ella más bien te avergüenza manifestando y condenando tus pecados... Luego también será mayor el suplicio de los judíos. Pues la acción de la Ley fue ésta: darte conocimiento del pecado. El evitarlo, a tu cuenta quedaba: si no lo hiciste, te acarreaste mayor castigo" (San Juan Crisóstomo).

22. La salvación sólo es posible por *la fe en Jesucristo* nuestro único Mediador, quien haciéndose víctima en la cruz, nos redimió y nos mereció la gracia de la justicia y salvación. No hay ninguna nación que en esto sea privilegiada (v. 29).

24. Por esto para todos hay un solo y mismo camino de justificación, que el hombre no puede ganar mediante sus propios esfuerzos porque es un don gratuito de Dios. Por la gracia nos convertimos en hijos de Dios como miembros vivientes de Cristo y participamos de sus méritos. Dice el Concilio de Trento: "Cristo derrama continuamente su virtud en los justos, como la cabeza lo hace con los miembros y la vid con los sarmientos. Dicha virtud precede siempre a las buenas obras, las acompaña y las sigue, dándoles un valor sin el cual en modo alguno podrían resultar del agrado de Dios ni meritorias" Véase 1Co. 15, 50; 2Co. 10, 17; Ef. 1, 6; 2, 8s.; 2 Pe. 1, 4.

26. Véase 1, 17 y nota. Esto nos hace entender la justicia de que habla Jesús en Mt. 6, 33.

27. Nótese cómo esta doctrina lleva eficazmente a la verdadera humildad (Ef. 2, 7; 1Co. 2, 5; Denz. 174 ss.).

28. Cf. Ga. 2, 16. No se refiere a las *buenas obras* de la caridad (1Co. 13), en las cuales se manifiesta la fe (St. 2, 20-24), sino a las obras de la Ley, las que carecen de valor para la justificación. "San Pablo habla de las obras que preceden a la fe, Santiago de las que la siguen" (San Agustín).

30. Adoremos la sabia providencia de Dios que dio a todos la capacidad de llegar a Él por la fe, a los judíos y a los gentiles. "Los judíos son justificados «en virtud de la fe», inherente a las promesas mesiánicas y como entrañada en ellas; los gentiles, en cambio, son justificados «por medio de la fe», como por un remedio que les vino de fuera" (Bóver).

1. Pasa el Apóstol a demostrar que también en el Antiguo Testamento la justificación no se realizó por medio de las obras de la Ley, sino por la fe. *Abraham*, el padre de los judíos, fue justificado ya antes de la circuncisión (Gn. 15, 6), por la gracia de Dios y la fe en el Mesías. Por eso es llamado padre de los creyentes. La fe viva y firme de aquel santo patriarca debe ser modelo de la fe de todo cristiano. Véase Hb. 11, 6 ss. Refiriéndose al pasaje citado define el Concilio de Trento que la fe es "el principio de la humana salvación, el fundamento y la raíz de toda justificación" (Ses. VI,

fue justificado por obras, tiene de qué gloriarse; mas no delante de Dios. [3]Pues ¿qué dice la Escritura? "Abraham creyó a Dios, y le fue imputado a justicia". [4]Ahora bien, a aquel que trabaja, el jornal no se le cuenta como gracia, sino como deuda; [5]más al que no trabaja, sino que cree en Aquel que justifica al impío, su fe se le reputa por justicia, [6]así como también David pregona la bienaventuranza del hombre a quien Dios imputa la justicia sin obras: [7]"Bienaventurados aquellos a quienes fueron perdonadas las iniquidades, y cuyos pecados han sido cubiertos. [8]Bienaventurado el hombre a quien el Señor no imputa su pecado".

[9]Pues bien, esta bienaventuranza ¿es sólo para los circuncisos, o también para los incircuncisos?, porque decimos que a Abraham la fe le fue imputada a justicia. [10]¿Más cómo le fue imputada? ¿Antes de la circuncisión o después de ella? No después de la circuncisión, sino antes. [11]Y recibió el signo de la circuncisión como sello de la justicia de la fe que obtuvo, siendo aún incircunciso, para que fuese padre de todos los creyentes no circuncidados, a fin de que también a ellos se les imputase la justicia; [12]como asimismo padre de los circuncisos, de aquellos que no solamente han recibido la circuncisión, sino que también siguen los pasos de la fe que nuestro padre Abraham tenía siendo aún incircunciso. [13]Pues no por medio de la Ley fue hecha la promesa a Abraham, o a su descendencia, de ser heredero del mundo, sino por la justicia que viene de la fe. [14]Porque si los de la Ley son herederos, la fe ha venido a ser vana, y la promesa de ningún valor, [15]dado que la Ley obra ira; porque donde no hay Ley, tampoco hay transgresión. [16]De ahí (que la promesa se hiciera) por la fe, para que fuese de gracia, a fin de que la promesa permanezca firme para toda la posteridad, no sólo para la que es de la Ley, sino también para la que sigue la fe de Abraham, el cual es el padre de todos nosotros, [17]–según está escrito: "Padre de muchas naciones te he constituido"– ante Aquel a quien creyó: Dios, el cual da vida a los muertos, y llama las cosas que (aun) no son como si (ya) fuesen.

Fe de Abraham que espera contra toda esperanza. [18]Abraham, esperando contra toda esperanza, creyó que vendría a ser padre de muchas naciones, según lo que había sido dicho: "Así será tu posteridad". [19]Y no flaqueó en la fe al considerar su mismo cuerpo ya decrépito, teniendo él como cien años, ni el amortecimiento del seno de Sara; [20]sino que, ante la promesa de Dios, no vaciló incrédulo, antes bien fue fortalecido por la fe dando gloria a Dios, [21]plenamente persuadido de que Él es poderoso para cumplir cuanto ha prometido. [22]Por lo cual también le fue imputado a justicia; [23]y no para él solamente se escribió que le fue imputado, [24]sino también para nosotros, a quienes ha de imputársenos; a los que creemos en Aquel que resucitó a Jesús Señor nuestro de entre los muertos; [25]el cual fue entregado a causa de nuestros pecados y resucitado para nuestra justificación.

5 **Frutos de la justificación.** [1]Justificados, pues, por la fe, tenemos paz con Dios, por medio de nuestro Señor Jesucristo, [2]por quien, en virtud de la fe, hemos obtenido asimismo el acceso a esta gracia en la cual estamos firmes, y nos gloriamos en la esperanza de la gloria de Dios. [3]Y no solamente esto, sino que nos gloriamos también en las tribulaciones, sabiendo que la tribulación obra paciencia; [4]la paciencia, prueba; la prueba,

---

cap. 8). Cf. Ef. 2, 8s.; Denz. 191 ss. Sin embargo, no podemos salvarnos sin que nuestras obras confiesen la fe (10, 10), por lo cual debemos practicarlas sin cesar y luchar contra el mal.

7. Véase Sal. 31, 1s. y nota; 50, 1 ss. y notas.

12. *Abraham es el padre de todos los que creen*, sean o no circuncisos, puesto que fue elegido y justificado antes de la circuncisión y recibió tal promesa espiritual antes de ser padre del pueblo judío según la carne. Así se revela ante nuestros ojos el misterio de la unión de los dos Testamentos. Véase Gn. 17, 5, citado en el versículos 17.

18s. *Contra toda esperanza*: Tenía el patriarca cien años, y Sara, la estéril, noventa. Véase Hb. 11, 8 ss. Más él no vaciló ni siquiera cuando la naturaleza le impedía creer. De ahí que junto a la promesa que Dios hizo a Abraham de que poseería la tierra de Canaán, le aseguró también que su posteridad sería tan numerosa como las estrellas del cielo y las arenas del mar.

25. "Es en la resurrección donde se completa la obra de nuestra salvación. Muriendo, Jesús nos liberó del mal; resucitando, nos conduce al bien" (Santo Tomás de Aquino). Véase 8, 23 y nota.

1. La enemistad creada por el pecado, entre Dios y el linaje humano, fue borrada por el triunfo de Cristo sobre el pecado. El fruto de esta victoria es *la paz con Dios*. Si Jesucristo hizo tanto por los pecadores, ¿qué no podemos esperar de su bondad nosotros los redimidos? (v. 9 ss.).

esperanza; [5]y la esperanza no engaña, porque el amor de Dios ha sido derramado en nuestros corazones mediante el Espíritu Santo que nos ha sido dado. [6]Porque cuando todavía éramos débiles, Cristo, al tiempo debido, murió por los impíos. [7]A la verdad, apenas hay quien entregue su vida por un justo; alguno tal vez se animaría a morir por un bueno. [8]Mas Dios da la evidencia del amor con que nos ama, por cuanto, siendo aún pecadores, Cristo murió por nosotros. [9]Mucho más, pues, siendo ahora justificados por su sangre, seremos por Él salvados de la ira. [10]Pues, si como enemigos fuimos reconciliados con Dios por la muerte de su Hijo, mucho más después de reconciliados seremos salvados por su vida. [11]Y no sólo esto, sino que aún nos gloriamos en Dios, por nuestro Señor Jesucristo, por quien ahora hemos logrado la reconciliación.

Cristo, el segundo Adán. [12]Por tanto, como por un solo hombre entró el pecado en el mundo, y por el pecado la muerte, también así la muerte pasó a todos los hombres, por cuanto todos pecaron; [13]porque ya antes de la Ley había pecado en el mundo, más el pecado no se imputa si no hay Ley. [14]Sin embargo, reinó la muerte desde Adán hasta Moisés, aun sobre los que no habían pecado a la manera de la transgresión de Adán, el cual es figura de Aquel que había de venir.

[15]Mas no fue el don como el delito, pues si por el delito del uno, los muchos murieron, mucho más copiosamente se derramó sobre los muchos la gracia de Dios y el don por la gracia de un solo hombre, Jesucristo. [16]Y con el don no sucedió como con aquel uno que pecó, puesto que de uno solo vino el juicio para condenación, más el don para justificación vino por muchos delitos. [17]Pues si por el delito de uno solo la muerte reinó por culpa del uno, mucho más los que reciben la sobreabundancia de la gracia y del don de la justicia, reinarán en vida por el uno: Jesucristo. [18]De esta manera, como por un solo delito (*vino juicio*) sobre todos los hombres para condenación,

---

4. *La esperanza*, que resulta de la prueba, es una virtud teologal, fruto de la fe viva animada por caridad, (Ga. 5, 6). El que cree y ama, espera con vehemente deseo los bienes que Cristo nos promete, y tiene, pues, en la esperanza el supremo sostén de su optimismo. "La gloria que espero, dice San Francisco de Asís, es tan grande, que todas las enfermedades, todas las mortificaciones, todas las humillaciones, todas las penas, me llenan de alegría".

5. Esta divina revelación, que la Iglesia recoge en la Liturgia de la semana de Pentecostés, nos muestra hasta dónde llega la obra santificadora del Espíritu Santo, que pone en nosotros su propia fuerza para hacernos capaces de corresponder al amor con que Dios nos ama. Cf. 8, 16 y 26; Ef. 1, 13s.

7. Aquí se nos muestra el carácter del amor de Cristo por nosotros. En el v. 10vemos el amor del Padre. En ambos resplandece ante todo la misericordia en un grado tan incomprensible, que se vale del suplicio y muerte del Verbo encarnado, para otorgarnos la redención en vez de castigarnos. Tal misericordia es lo que asombra a San Pablo en 8, 32 ss. Cf. Ef. 2, 4 ss.

10. *Como enemigos*: Inmensa, asombrosa revelación de lo que es el corazón de Dios. En ello consiste toda nuestra felicidad, pues de no haber sido Él así, estaríamos perdidos sin remedio, ya que nacimos enemigos de Él y propiedad de Satanás (Sal. 50, 7). El Padre nos da así el ejemplo del amor a los enemigos, que es la esencia del Sermón de la Montaña: no sólo es bueno con los desagradecidos y malos (Lc. 6, 35) y hace salir su sol para ambos (Mt. 5, 45) sino que lleva esa bondad al grado infinito y no vacila en entregar a su Hijo (Jn. 3, 16) incondicionalmente, a la muerte ignominiosa (8, 32), con el fin, no sólo de perdonar, sino de hacernos iguales al Hijo que se sacrificaba (8, 29), hijos como Él (Ef. 1, 5). Así comprendemos por qué Jesús nos pone al Padre de arquetipo y modelo del amor y misericordia que hemos de tener con el prójimo (Lc. 6, 36 y nota). Nada podremos en materia de amor si no recordamos que Él nos amó primero (1 Jn. 4, 10 y 19), y si no descubrimos ese amor y le creemos (1 Jn. 4, 16). Una sola vez nos expone Jesús el gran mandamiento del amor en forma solemne (Mt. 22, 34-38), pero nos habla, a la inversa, de lo que el Padre nos ama a nosotros, de que nos ama tanto como a Él (Jn. 17, 23 y 26), hasta entregarlo a Él y alegrarse de que Él se entregara por nosotros (Sal. 39, 7-9) y amarlo especialmente a Él por eso (Jn. 10, 17); también nos dice que Él mismo nos ama tanto como el Padre a Él (Jn. 15, 9), y que si lo amamos a Él (a Jesús tal como se mostró en el Libro de los Evangelios), el Padre nos amará especialmente, y ambos vendrán a nosotros (Jn. 14, 23s.), y entonces sí seremos capaces de cumplir aquel gran mandamiento de amor al Padre, porque al venir así Él con su Hijo a habitar espiritualmente en nosotros, estaremos llenos del Espíritu de Ambos, que es el Espíritu Santo, el Espíritu de Amor. el cual pondrá en nosotros la capacidad de amar como somos amados (v. 5).

12. Nótese el paralelo entre *Adán* y *Cristo*; en cambio recibimos la vida nueva de la gracia. Aquí se ve fundamentada la doctrina del pecado original. San Agustín contemplando la argumentación del Apóstol, exclama: "¡Oh, feliz culpa, que nos mereció semejante Redentor! Si fue grande la malicia, [mucho más] aún fue la caridad".

14. *Sobre los que no habían pecado*: [por ej.] los niños y dementes, los que no pudieron pecar. Su muerte no se puede explicar sino porque participaban del pecado de Adán. *De Aquel que había de venir*: Cristo, el segundo Adán.

15. *Los muchos*, expresión que significa *todos*. Cf., Mt. 24, 12.

así también por una sola obra de justicia (*viene la gracia*) a todos los hombres para justificación de vida. [19]Porque como por la desobediencia de un solo hombre los muchos fueron constituidos pecadores, así también por la obediencia de uno solo los muchos serán constituidos justos. [20]Se subintrodujo, empero, la Ley, de modo que abundare el delito; mas donde abundó el pecado, sobreabundó la gracia; [21]para que, como reinó el pecado por la muerte, así también reinase la gracia, por la justicia, para eterna vida, por medio de Jesucristo nuestro Señor.

6 **El bautismo como nueva vida.** [1]¿Qué diremos, pues? ¿Permaneceremos en el pecado, para que abunde la gracia? [2]De ninguna manera. Los que hemos muerto al pecado, ¿cómo viviremos todavía en él? [3]¿Ignoráis acaso que cuantos fuimos bautizados en Cristo Jesús, en su muerte fuimos bautizados? [4]Por eso fuimos, mediante el bautismo, sepultados junto con Él en la muerte, a fin de que como Cristo fue resucitado de entre los muertos por la gloria del Padre, así también nosotros caminemos en nueva vida. [5]Pues si hemos sido injertados (*en Él*) en la semejanza de su muerte, lo seremos también en la de su resurrección, [6]sabiendo que nuestro hombre viejo fue crucificado (*con Él*) para que el cuerpo del pecado sea destruido, a fin de que no sirvamos más al pecado; [7]pues el que murió, justificado está del pecado. [8]Y si hemos muerto con Cristo, creemos que viviremos también con Él; [9]sabiendo que Cristo, resucitado de entre los muertos, ya no muere; la muerte ya no puede tener dominio sobre Él. [10]Porque la muerte que Él murió, la murió al pecado una vez para siempre; más la vida que Él

---

20. *Se aumentó el pecado*, por las mismas prohibiciones que contenía. Esto es, lo que antes no se conocía como pecado, por la Ley se dio a conocer como tal y comenzó, además a trocarse en incentivo para las pasiones humanas.

2. ¡*Muerto al Pecado*! ¿Nosotros?... La gran sorpresa que esto nos produce, muestra hasta qué punto vivimos apartados de la fe plena, ignorando el alcance y los misterios maravillosos de nuestra Redención por Jesucristo, y debatiéndonos en las miserias y derrotas de nuestra alma sin sospechar siquiera los recursos de la gracia que Dios regala. No es ciertamente nuestra inclinación natural, nuestra carne, lo que está muerto al pecado (véase 7, 23 y nota). Es la «nueva vida» espiritual y sobrenatural (v. 4), según el «nuevo espíritu» que nos desata de la Ley (7, 6); vida nueva que Cristo nos entregó ya con su «ley del espíritu de vida» que nos libra de la «ley del pecado y de la muerte» (8, 2). Este don, como todos los de fe, lo obtienen los que creen que es verdadero, pues el creer es la medida del recibir (Mt. 8, 3; Mc. 9, 22; 11, 13; Is. 57, 10-13 y notas). Y para poder creer en esos favores hay que conocerlos. San Pablo va para eso a enseñarnos, en este capítulo y en los que siguen, cosas que superan a toda posible capacidad de admiración, hasta estallar él mismo por dos veces (8, 35 ss.; 11, 32 ss.) en himnos de adoración rendida ante los beneficios que nos trajo la Crucifixión de Jesús. El disfrutarlos en nuestra alma, desde hoy para siempre en «nueva vida», depende del interés que pongamos en seguir estudiándolos, como lo hacemos en este feliz momento sin permitir que Marta, con su reclamo (Lc. 10, 40) que no dejará de presentarse, venga a quitarnos nuestro privilegio, superior a todos sin excepción (Lc. 10, 42).

4. Se refiere al *Bautismo* de los primeros cristianos, los cuales se bautizaban sumergiéndose completamente en el agua. Así como Cristo fue sepultado en la muerte, así nosotros somos sepultados en el agua del Bautismo (Col. 2, 12). San Pablo nos revela aquí el aspecto más hondo de la doctrina del Cuerpo Místico, que no sólo consiste en esa comunicación de bienes espirituales entre los cristianos, que se llama la Comunión de los Santos, sino esencialmente en que Cristo vive, sufre y muere sustituyéndole a cada uno de nosotros, por lo cual el cristiano de viva fe, siendo verdaderamente parte del mismo Cristo, puede decir que murió cuando Cristo murió, y que resucitó con Él (Col. 3, 1). "Es cierto que físicamente uno muere primero y después es sepultado, pero espiritualmente es la sepultura en el Bautismo la que causa la muerte del pecador" (Santo Tomás). Lo que acontece en el Bautismo, propiamente no es otra cosa que –si así se lo puede llamar– una extensión del proceso de la divina generación de la segunda persona de Dios, sobre el hombre, a través de la Encarnación del Hijo de Dios; sobre el hombre que por estar en Cristo Jesús, también se hace hijo de Dios" (P. Pinsk).

5. Somos *injertados* en Cristo, vivimos en Él y Él en nosotros; somos los sarmientos. Él es la vid; resucitaremos en Él, seremos glorificados en Él, y reinaremos con Él eternamente (8, 1; 8, 7; Jn. 15, 1; 17, 24 y nota; Ga. 3, 27; Ef. 2, 5; Col. 2, 12s.; 2 Tm. 2, 11s.).

6 ss. *Nuestro hombre viejo*: el hombre que está bajo el dominio del pecado, en contraposición al nuevo que se ha regenerado en Cristo por la fe y el Bautismo. *El cuerpo del pecado*: Como observa San Juan Crisóstomo, este término indica el pecado en general, que dimana en nuestro cuerpo. De ahí que, habiendo muerto nosotros también en el Bautismo con Cristo (v. 8), como miembros de su cuerpo, estamos justificados del pecado, porque al morir así hemos ya recibido el castigo del pecado, que es la muerte (v. 7). Claro está que para la aplicación gratuita de este admirable misterio, se requiere que cada uno crea en el mismo con una fe viva (9, 30 ss.; Jn. 1, 12) y obre según ella.

10. *Murió al pecado*: Expresión misteriosa que parece equiparar a Cristo al pecador, que con su conversión rompe de una vez para siempre los lazos que le tenían sujeto al pecado. "Es que Cristo también –por su inefable dignación– antes de la muerte estaba en cierto modo sometido al pecado; no a pecado alguno personal, pues era la inocencia misma, sino al «pecado del mundo» que sobre sí

vive, la vive para Dios. [11]Así también vosotros teneos por muertos para el pecado, pero vivos para Dios en Cristo Jesús.

Triunfo sobre el pecado y vida para Dios. [12]No reine, pues, el pecado en vuestro cuerpo mortal, de modo que obedezcáis a sus concupiscencias, [13]ni sigáis ofreciendo al pecado vuestros miembros como armas de iniquidad; antes bien, ofreceos vosotros mismos a Dios, como resucitados de entre los muertos, y vuestros miembros como armas de justicia para Dios. [14]Porque el pecado no tendrá dominio sobre vosotros; pues no estáis bajo la Ley, sino bajo la gracia. [15]Entonces ¿qué? ¿Pecaremos por cuanto no estamos bajo la Ley sino bajo la gracia? De ninguna manera.

[16]¿No sabéis que si a alguien os entregáis como esclavos para obedecerle, esclavos sois de aquel a quien obedecéis, sea del pecado para muerte, sea de la obediencia para justicia? [17]Pero gracias a Dios, así como erais esclavos del pecado, habéis venido a ser obedientes de corazón a aquella forma de doctrina, a la cual os entregasteis; [18]y libertados del pecado vinisteis a ser siervos de la justicia. [19]Hablo como suelen hablar los hombres, a causa de la flaqueza de vuestra carne. Porque así como para iniquidad entregasteis vuestros miembros como esclavos a la impureza y a la iniquidad, así ahora entregad vuestros miembros como siervos a la justicia para la santificación. [20]En efecto, cuando erais esclavos del pecado estabais independizados en cuanto a la justicia. [21]¿Qué fruto lograbais entonces de aquellas cosas de que ahora os avergonzáis, puesto que su fin es la muerte? [22]Mas ahora, libertados del pecado, y hechos siervos para Dios, tenéis vuestro fruto en la santificación y como fin vida eterna. [23]Porque el salario del pecado es la muerte, más la gracia de Dios es vida eterna en Cristo Jesús Señor nuestro.

7 **El cristiano y la Ley.** [1]¿Acaso ignoráis, hermanos – pues hablo a quienes conocen la Ley –, que la Ley tiene dominio sobre el hombre mientras dure la vida? [2]Porque la mujer casada ligada está por ley a su marido, durante la vida de éste; más muerto el marido, queda desligada de la ley del marido. [3]Por consiguiente, será considerada como adúltera sí, viviendo el marido, se uniere a otro varón. Pero si muriere el marido, libre es de esa ley de manera que no será adúltera siendo de otro varón. [4]Así también vosotros, hermanos míos, habéis muerto a la Ley por medio del cuerpo de Cristo, para pertenecer a otro, a Aquel que fue resucitado de entre los muertos, a fin de que llevemos fruto para Dios. [5]Porque cuando estábamos en la carne, las pasiones de los pecados, por medio de la Ley, obraban en nuestros

había tomado y por el cual muriendo había de satisfacer a la justicia divina. Por esto al librarse con la muerte de esta especie de sujeción al pecado puede decirse que «murió al pecado». Y como esta muerte al pecado fue definitiva y eterna, quiere San Pablo que el pecador, a su imitación, rompa con el pecado de una vez para siempre" (Bóver).

18. Cada uno debe servir a aquel de quien se ha hecho siervo. Como siervos de Cristo estamos obligados a servirle siempre a Él y no al pecado. Sólo cuando le servimos a Él somos verdaderamente libres. Véase Jn. 8, 31-36.

23. *La gracia de Dios es la vida eterna*: "Mediante la gracia descansamos bajo la tienda de la eternidad divina junto a la fuente de todo ser y de toda vida. Nuestra existencia eterna está tan asegurada como si fuéramos Dios en persona. Pueden perecer el cielo y la tierra, caer los astros del firmamento, desquiciarse la tierra de sus bases, no importa; nada de esto nos afectará puesto que reposamos más arriba que todas las creaturas en el seno del Creador" (Scheeben).

1. Los siguientes vv. quieren decir: la entrega total a Jesucristo no es infidelidad al dueño anterior, o sea, a la Ley mosaica. La muerte mística realizada en el sacramento del Bautismo nos libró, de la misma manera que queda libre una mujer, al morir su marido, para contraer nuevo matrimonio. La comparación supone la indisolubilidad del vínculo matrimonial.

4 ss. *Habéis muerto a la Ley*: He aquí otra expresión muy capaz de escandalizar al espíritu farisaico o paganizante que, confiando en sí mismo y suprimiendo toda visión del misterio sobrenatural, no concibe más espiritualidad que una moral fundada en el esfuerzo (y por tanto en el mérito) propio, sin dejarle a Cristo el honor de habernos salvado. Sobre este punto, que San Pablo discutía con los "insensatos gálatas (Ga. 3, 1 ss.), véase v. 23; 6, 2; Mc. 7, 4; Ga. 5, 18 y notas. El v. 5 sintetiza la ley de la carne, que expondrá en el presente capítulo; el v. 6, la *"ley del Espíritu de vida"*, que explayará en el cap. 8. La primera es la del hombre natural, sin redentor y sometido a una ley que su naturaleza caída era incapaz de cumplir para salvarse (cf. 1Co. 2, 10). La segunda es la del que cuenta con un Redentor cuyos méritos puede invocar, mediante la fe en El, para recibir la vida nueva del Espíritu que lo ilumina y lo hace vivir de amor. Esta es para los "enfermos" y "pecadores", que reconocen la necesidad del bondadoso Médico para poder vivir (Lc. 5, 32 y nota). Los que se creen "sanos" y "justos" se quedan con aquélla y desprecian la gracia del Redentor (Ga. 2, 21), ignorando que sin Él "todos perecerían" miserablemente (Mc. 1, 15 y nota).

miembros, haciéndonos llevar fruto para muerte. [6]Mas ahora, muertos a aquello en que éramos detenidos, estamos desligados de la Ley, de modo que servimos ya en novedad de espíritu y no en vejez de letra.

La Ley, ocasión de pecado. [7]¿Qué diremos, pues? ¿Qué la Ley es pecado? De ningún modo. Sin embargo, yo no conocí el pecado sino por la Ley. Pues yo no habría conocido la codicia si la Ley no dijera: "No codiciarás". [8]Mas el pecado, tomando ocasión del mandamiento, produjo en mí toda suerte de codicias, porque sin la Ley el pecado es muerto. [9]Yo vivía en un tiempo sin Ley, más viniendo el mandamiento, el pecado revivió; [10]y yo morí, y hallé que el mismo mandamiento dado para vida, me fue para muerte; [11]porque el pecado, tomando ocasión del mandamiento, me engañó y por él mismo me mató. [12]Así que la Ley, por su parte, es santa y el mandamiento es santo y justo y bueno. [13]Luego ¿lo bueno vino a ser muerte para mí? Nada de eso; sino que el pecado, para mostrarse pecado, obró muerte en mí por medio de

lo que es bueno, a fin de que, mediante el precepto, el pecado viniese a ser sobremanera pecaminoso.

La oposición entre la carne y el espíritu. [14]Porque sabemos que la Ley es espiritual, más yo soy carnal, vendido por esclavo al pecado. [15]Pues no entiendo lo que hago; porque no hago lo que quiero; sino lo que aborrezco, eso hago. [16]Más si lo que hago es lo que no quiero, reconozco que la Ley es buena. [17]Ya no soy, pues, yo quien lo hago, sino el pecado que habita en mí. [18]Que bien sé que no hay en mí, es decir, en mi carne, cosa buena, ya que tengo presente el querer el bien, más el realizarlo no. [19]Por cuanto el bien que quiero no lo hago; antes bien, el mal que no quiero, eso practico. [20]Más si hago lo que no quiero, ya no soy yo quien obro así, sino el pecado que vive en mí. [21]Hallo, pues, esta Ley: que queriendo yo hacer el bien, el mal se me pone delante. [22]Cierto que me deleito en la Ley de Dios, según el hombre interior; [23]más veo otra ley en mis miembros que repugna a la Ley de mi mente y me sojuzga a la ley del pecado que está en mis miembros. [24]¡Desdichado de mí! ¿Quién me

7. La Ley mosaica como tal era buena, pero dada la mala inclinación del hombre caído, el conocimiento de la Ley aumentaba la concupiscencia. De ahí que nadie fuese capaz de cumplir la Ley. Sólo el conocimiento de Cristo al darnos la gracia puede librarnos de ese tristísimo estado, como lo dice el Apóstol en el v. 24.

8. *Muerto*: no en cuanto no existiera el pecado, sino porque el hombre no tenía conciencia de él (San Agustín.)

11. Lo que los primeros padres experimentaron en el paraíso después del pecado, se repite en la vida de todo hijo de Adán: no sólo pierde la paz y la armonía entre su razón y su voluntad, sino que está incapacitado para producir, por sí mismo, obras agradables a Dios en el orden sobrenatural, las cuales sólo pueden provenir de la gracia divina. Cf. 5, 5 y nota.

13. *Por medio de lo que es bueno*: (cf. v. 12) ¡Triste condición la nuestra, que aún del bien saca el mal! Así también la bondad del prójimo suele ser ocasión de que abusemos de ella, y la belleza de la naturaleza no nos impide aprovecharla para ofender a Aquel que nos la dio. En cambio Él sabe, a la inversa, sacar bien del mal, y del pecado mismo nos brinda la humillación saludable que poco a poco nos lleva al amor.

14 ss. Como hombre espiritual va a describir el Apóstol la *disensión entre el espíritu y la carne*, y el poder del pecado en el hombre sometido a la Ley y aun no renovado por la gracia de la Redención. Véase el remedio en v. 24 y nota.

18 ss. "En otras religiones se necesita ser bueno para poder acercarse a Dios. No así en la cristiana. El cristianismo concuerda con la realidad de la vida: empieza por reconocer que el hombre, no importa cómo sea, no es lo que debiera ser. Si en el mundo todo fuese perfección no se necesitaría a Dios, porque nuestra

perfección sería nuestra justificación. Dios, empero, es necesario porque existe el mal. El cristianismo empieza reconociendo que en nuestras vidas y en el mundo hay algo que no debiera ser, que no necesitaría ser y que muy bien podría ser de otra manera, si el hombre no se resolviese por el mal. Si el hombre quiere ser bueno, debe reconocer ante todo que no lo es" (Monseñor Sheen). Cf. Ga. 1, 4 y nota.

23. *La ley del pecado que está en mis miembros*: San Pablo plantea aquí todo el problema moral del hombre, o sea, la tragedia del hombre caído, que se expresa por aquella fórmula que dice: "El *acto* sigue al *deseo*, si no se opone un *amor*, fundado en *conocimiento*, que da *voluntad* mejor". Es decir, que por el amor nos alejamos del pecado, cuyo deseo está en nuestros miembros y estará hasta la muerte, pues la carne nunca dejará de rebelarse contra el espíritu (Ga. 5, 17). Jesús enseña eso claramente al decir (Jn. 14, 24s.) que el que no lo ama no podrá guardar su doctrina, y que por eso Él no se manifestará a todos (ibíd. v. 22). La experiencia propia y ajena nos lo muestra también, pues son muchos los que temen al infierno, y sin embargo pecan. En cambio los que desean a Dios (como un bien deseable desde ahora, y no como la salvación de un mal), ésos no pecan, porque ese amor que les hace desear a Dios es el mismo Espíritu Santo (5, 5); amor que por consiguiente nadie tiene si no le es dado, pero que a nadie se le niega si lo pide, como que el Padre está deseando darlo (Lc. 11, 3). Y cuando lo tenemos, somos hijos de ese Padre (Ga. 4, 5) y Él, mediante ese Espíritu, que es soplo, impulso, nos mueve a obrar, como tales hijos (8, 14), y no ya como esclavos (8, 15); y entonces no podemos pecar (1 Jn. 3, 9) y hemos vencido al Maligno (1 Jn. 2, 14), pero no ciertamente con la carne sino con el espíritu (Ga. 5,

libertará de este cuerpo mortal? [25]¡Gracias a Dios por Jesucristo nuestro Señor! Así que, yo mismo con la mente sirvo a la Ley de Dios, más con la carne a la ley del pecado.

8 Felicidad del cristiano.

[1]Por tanto, ahora no hay condenación alguna para los que están en Cristo Jesús. [2]Porque la Ley del Espíritu de vida en Cristo Jesús me ha liberado de la ley del pecado, y de la muerte. [3]Lo que era imposible a la Ley, por cuanto estaba debilitada por la carne, lo hizo Dios enviando a su Hijo en carne semejante a la del pecado, y en reparación por el pecado condenó el pecado en la carne, [4]para que lo mandado por la Ley se cumpliese en nosotros, los que caminamos no según la carne, sino según el espíritu. [5]Pues los que viven según la carne, piensan en las cosas de la carne; más los que viven según el espíritu, en las del espíritu. [6]Y el sentir de la carne es muerte; más el sentir del espíritu es vida y paz. [7]Pues el sentir de la carne es enemistad contra Dios, porque no se sujeta a la Ley de Dios ni puede en verdad hacerlo. [8]Y los que viven en la carne no pueden, entonces, agradar a Dios. [9]Vosotros, empero, no estáis en la carne sino en el espíritu, si es que el Espíritu de Dios habita en vosotros. Si alguno no tiene el Espíritu de Cristo, ese tal no es de Él. [10]Si, en cambio, Cristo habita en vosotros, el cuerpo en verdad está muerto por causa del pecado, más el espíritu es vida a causa de la justicia.

La vida eterna del cuerpo y del alma. [11]Y si el Espíritu del que resucitó a Jesús de entre los muertos habita en vosotros, Aquel que resucitó a Cristo de entre los muertos vivificará también vuestros cuerpos mortales por medio de ese Espíritu suyo que habita en vosotros. [12]Así, pues, hermanos, somos deudores: no de la carne para vivir según la carne; [13]pues si vivís según la carne, habéis de morir; más si por el espíritu hacéis morir las obras del cuerpo, viviréis. [14]Porque todos cuantos son movidos por el Espíritu de Dios, éstos son hijos de Dios, [15]dado que no recibisteis el espíritu de esclavitud, para obrar de nuevo por temor, sino que recibisteis el espíritu de filiación, en virtud del cual clamamos: ¡Abba! (*esto es*), Padre. [16]El mismo Espíritu da testimonio, juntamente con el espíritu nuestro, de que somos hijos de Dios. [17]Y si hijos, también herederos;

---

16), puesto que tenemos entonces el mismo Espíritu de Dios, más poderoso que el que está en el mundo (1 Jn. 4, 4). Gracias a este conocimiento espiritual que nos es dado por las palabras de Dios, esencialmente santificadoras (Jn. 17, 17), nos decidimos a aceptar esa vida de amor divino como cosa *deseable* y no sólo como obligatoria (1 Jn. 4, 18), y entonces no puede sorprender que este deseo sea más fuerte que aquellos deseos de la carne, que hay en nuestros miembros como aquí vemos, pues no se trata ya de desear *cosas* que Dios nos dará, sino *de desearlo a Él mismo*, como desea todo el que ama. Él mismo es nuestra recompensa (Sb. 5, 16 y nota; Ap. 22, 12); es decir, que el ser amado de Él, y poder amarlo, es un bien infinito que poseemos desde ahora, y claro está que, si de veras creemos en tal maravilla, despreciaremos y odiaremos, aun contra nuestros propios miembros, todo lo que pretenda quitarnos esa actual posesión y disgustarlo a Él que así nos amó hasta divinizarnos mediante el don de su propio Hijo y de su propio Espíritu.

1. Comienza el Apóstol a pintar con expresiones entusiastas la imagen del *hombre redimido* y elevado a la libertad de Cristo mediante el Espíritu Santo.

2. *La ley del Espíritu de vida:* véase 3, 9 y nota. "Como el espíritu natural produce la vida natural, así el Espíritu Santo crea la vida de la gracia" (Santo Tomás de Aquino). "Jesucristo se hizo hombre para hacernos espirituales; en su bondad, se ha rebajado para elevarnos; ha salido para hacernos entrar; se ha hecho visible para enseñarnos las cosas invisibles" (San Gregorio Magno).

3. Véase Hch. 15, 10; Hb. 9, 15.

5. Véase sobre esto Ga. 5, 17s. y nota.

6. He aquí el criterio para distinguir las tendencias que agitan al mundo: la sabiduría de la carne, que pretende salvarse sin Cristo, es muerte. San Pablo divide a los hombres en dos categorías: el hombre simplemente racional. que él llama "psíquico", y el hombre espiritual. Tanto aquí como en 1Co. 2, 10-16, nos muestra la manera de ser de cada uno de ellos.

14s. *Son movidos*: Tanto en la Vulgata como en el griego, el verbo está en voz pasiva. No se trata, pues, aquí de una simple regla de moral, sino de revelarnos el asombroso misterio del Espíritu Santo que se digna tomar el timón de nuestra vida cuando nos le entregamos con la confiada docilidad de los que se saben hijos del Padre celestial. Véase la inefable promesa de Jesús en Lc. 11, 13, y su nota. "El espíritu de filiación o adopción divina se conoce en cuanto que aquel que lo recibe es movido por el Espíritu Santo a llamar a Dios su Padre" (San Juan Crisóstomo). Con esta adopción de hijos de Dios no solamente se recibe la gracia, la caridad y los dones del Espíritu Santo, sino también al mismo Espíritu, que es el don primero e increado (véase 5, 5 y nota). "Unidos a Cristo, nuestra Cabeza, como sarmientos a la vid, y circulando por todos una misma vida, podemos decir: ¡Padre! y alcanzaremos la misma herencia del Hijo" (Oñate). Olvidar esta verdad sería negar la conciencia, que es ley aun para los paganos (2, 14), e incurrir en el espíritu de esclavitud, que el mismo San Pablo declaró ajeno al dogma cristiano y sustituido por este espíritu de hijos de Dios (v. 21). Cf. Ga. 4, 3-7; 2 Tm. 1, 7; St. 1, 25; 2, 12; Jn. 8, 32; 1Co. 12, 1 ss.; 2Co. 3, 17.

herederos de Dios y coherederos de Cristo, si es que sufrimos juntamente (*con Él*), para ser también glorificados (*con Él*).

La esperanza del cristiano y de toda la creación. [18]Estimo, pues que esos padecimientos del tiempo presente no son dignos de ser comparados con la gloria venidera que ha de manifestarse en nosotros. [19]La creación está aguardando con ardiente anhelo esa manifestación de los hijos de Dios; [20]pues si la creación está sometida a la vanidad, no es de grado, sino por la voluntad de aquel que la sometió; pero con esperanza, [21]porque también la creación misma será libertada de la servidumbre de la corrupción para (*participar de*) la libertad de la gloria de los hijos de Dios. [22]Sabemos, en efecto, que ahora la creación entera gime a una, y a una está en dolores de parto. [23]Y no tan sólo ella, sino que asimismo nosotros, los que tenemos las primicias del Espíritu, también gemimos en nuestro interior, aguardando la filiación, la redención de nuestro cuerpo. [24]Porque en la esperanza hemos sido salvados; más la esperanza que se ve, ya no es esperanza; porque lo que uno ve, ¿cómo lo puede esperar? [25]Si, pues, esperamos lo que no vemos, esperamos en paciencia.

Nuevos favores del Espíritu Santo. [26]De la misma manera también el Espíritu ayuda a nuestra flaqueza; porque no sabemos qué orar según conviene, pero el Espíritu está intercediendo Él mismo por nosotros con gemidos que son inexpresables. [27]Mas Aquel que escudriña los

---

18. Palabras que deberían leerse a la entrada de cada hospital. No nos inquietaremos por un poco de dolor –que nunca nos tienta más allá de nuestras fuerzas (1Co. 10, 3)– si de veras creemos y esperamos una gloria sin fin, igual a la de Aquel que, por conquistarla para su Humanidad santísima y para nosotros, no obstante ser el Unigénito de Dios, sufrió en la vida, en la pasión y en la cruz más que todos los hombres.

21. Hasta la *creación inanimada,* que a raíz del pecado de los primeros padres fue sometida a la maldición (Gn. 3, 17), ha de tomar parte en la felicidad del hombre. De la transformación de las cosas creadas nos hablan tanto los vates del Antiguo Testamento como los del Nuevo. Véase Is. 65, 17 y nota; 2 Pe. 3, 13; Ap. 21, 1 ss.; Ef. 1, 10; Col. 1, 16 ss. Los Santos Padres hacen notar que el Hijo de Dios precisamente se hizo hombre porque en la naturaleza humana podía abrazar simultáneamente la sustancia material y espiritual de la creación. Es la promesa maravillosa de Ef. 1, 10. Véase allí la nota.

23. *La filiación:* cf. Ef. 1, 5 y nota. *La redención de nuestro cuerpo:* su resurrección y transformación (1Co. 15, 51) a semejanza de Cristo (Flp. 3, 20s.). Véase Lc. 21, 28; Ef. 1, 10 y nota. "Como nuestro espíritu fue librado del pecado, así nuestro cuerpo ha de ser librado de la corrupción y de la muerte" (Santo Tomás de Aquino). Lo que se operará en nosotros ese día será como lo que se operó en Jesús cuando el Padre glorificó su Humanidad santísima (Sal. 2, 7 y nota) y lo sentó a su diestra (Sal. 109, 1; cf. Ef. 2, 6). Por eso también seremos reyes y sacerdotes (Ap. 5, 10) como Él (Sal. 109, 3 y 4).

26. Con esta palabra apostólica consuélense los que se lamentan de no poder orar con la perfección necesaria: *¡El Espíritu ora en nosotros!* Como dicen los místicos, la oración es tanto más perfecta cuanto más parte tiene en ella Dios y menos el hombre: "¿No es cierto que solemos estar bien lejos de este concepto y que atribuimos la pasividad a Dios y la actividad al hombre?" Es decir, que para nosotros es una actividad más bien receptiva, pero incompatible con la distracción, pues ella está hecha precisamente de *atención* a lo que Dios obra en nosotros con su actividad divina fecundante. Esa atención no acusa modificaciones sensibles, sino que es nuestro acto de fe vuelto hacia las realidades inefables de misericordia, de amor, de perdón, de redención y de gracia que el Esposo obra en nosotros apenas se lo permitimos, pues sabemos que Él siempre está dispuesto, ya sea que lo busquemos –en cuyo caso no rechaza a nadie (Jn. 6, 37)– o que simplemente lo dejemos entrar, porque Él siempre está llamando a la puerta (Ap. 3, 20); y aun cuando no le abramos, atisba Él al menos por las celosías (Cant. 2, 9), y aún nos persigue como un "lebrel del cielo" (cf. Sal. 138, 7 y nota, y también el apéndice de nuestro estudio "Job, el libro del consuelo"). Cuanto más sabemos y creemos esto, más aumenta nuestra amorosa confianza y más se despierta nuestra atención a las realidades espirituales, hasta hallarse firme y habitualmente vuelta hacia el mundo interior (Ef. 3, 16), no ciertamente el mundo de la introspección psicológica (cf. 1Co. 2, 14 y nota), sino a la contemplación de Jesús "autor y consumador de nuestra fe" (Hb. 12, 2; Sal. 118, 37 y nota). Nuestra vida se vuelve entonces un acto cuasi permanente de esa "fe que es la vida del justo" (1, 17), animada por la caridad (Ga. 5, 6; Ef. 3, 17) y sostenida por la esperanza (5, 5; Flp. 3, 20s.; 1 Ts. 4, 18; 5, 8; Tt. 2, 3; 1 Jn. 3, 3). Nuestro mayor empeño entonces, lejos de llevarnos en la oración a una gárrula e importuna actividad, está precisamente en no poner límites a cuanto Dios quiera obrar en nuestra alma (2Co. 5, 3 y nota), aunque a veces no lo percibamos. Para ello no hay nada que ayude tanto como el trato continuo con la Escritura, pues en esa oración escuchamos constantemente a Dios. No es que se trate de nuevas o milagrosas revelaciones individuales, sino que se actualizan en nuestra mente o en nuestra memoria las palabras que el Espíritu Santo "nos habló por los profetas" y por Jesús (Jn. 14, 26 y nota; Hb. 1, 1s.), adquiriendo sentidos cada vez más claros, más atrayentes y más profundos, en esa rumia, que es lo que David llama la bienaventuranza del que día y noche medita la Palabra de Dios (Sal. 1, 1 ss.). No era otra la vida de oración de la Virgen María, según nos lo indica por dos veces San Lucas en 2, 19 y 51, y una vez el mismo Jesús (Lc. 11, 28 y nota), y según lo revela ella misma en su himno el Magníficat (Lc. 1, 47 ss.), pues está hecho todo con palabras de la Escritura que Ella recordó en ese momento, por obra del Espíritu Santo. Y así, en la Vigilia de Pentecostés

corazones sabe cuál es el sentir del Espíritu, porque Éste intercede por los santos conforme a la voluntad de Dios. [28]Sabemos, además, que todas las cosas cooperan para el bien de los que aman a Dios, de los que son llamados según su designio. [29]Porque Él, a los que preconoció, los predestinó a ser conformes a la imagen de su Hijo, para que Éste sea el primogénito entre muchos hermanos. [30]Y a esos que predestinó, también los llamó; y a esos que llamó, también los justificó; y a esos que justificó, también los glorificó.

Seguridad de la redención. [31]Y a esto ¿qué diremos ahora? Si Dios está por nosotros, ¿quién contra nosotros? [32]El que aun a su propio Hijo no perdonó, sino que le entregó por todos nosotros, ¿cómo no nos dará gratuitamente todas las cosas con Él? [33]¿Quién podrá acusar a los escogidos de Dios? Siendo Dios el que justifica, [34]¿quién podrá condenar? Pues Cristo Jesús, el mismo que murió, más aún, el que fue resucitado, está a la diestra de Dios. Ése es el que intercede por nosotros. [35]¿Quién nos separará del amor de Cristo? ¿La tribulación, la angustia, la persecución, el hambre, la desnudez, el peligro, la espada? [36]según está escrito: "Por la causa tuya somos muertos cada día, considerados como ovejas destinadas al matadero".

[37]Más en todas estas cosas triunfamos gracias a Aquel que nos amó. [38]Porque persuadido estoy de que ni muerte, ni vida, ni ángeles, ni principados, ni cosas presentes, ni cosas futuras, ni potestades, [39]ni altura, ni profundidad, ni otra creatura alguna podrá separarnos del amor de Dios, que está en Cristo Jesús nuestro Señor.

9 Dios no elige según la carne. [1]Digo verdad en Cristo, dándome testimonio mi conciencia en el Espíritu Santo, de que no miento: [2]siento tristeza grande y continúo dolor en mi corazón. [3]Porque desearía ser yo mismo anatema de Cristo por mis hermanos, deudos míos según la carne, [4]los israelitas, de quienes es la filiación, la gloria, las alianzas, la entrega de la Ley, el culto y las promesas; [5]cuyos son los padres, y de quienes, según la carne, desciende Cristo, que es sobre todas las cosas, Dios bendito por los siglos. Amén. [6]No es que la palabra de Dios haya quedado sin efecto; porque no todos los que descienden de Israel, son Israel; [7]ni por el hecho de ser del linaje de Abraham, son todos hijos; sino que "en Isaac será llamada tu descendencia". [8]Esto es, no los hijos de la carne son hijos de Dios, sino que los hijos de la promesa son los considerados como descendencia.

(Oración de la 3ª Profecía), se dice que "también a nosotros nos instruyó Dios por Moisés mediante su cántico". Cf. Dt. 31, 22-30.

28 ss. Vislumbramos aquí el misterio de la *Predestinación*. Hay dos opiniones con respecto a estos vv. Los Padres griegos, y los latinos hasta San Agustín, los interpretan como predestinación a la gracia: a los que sabe que responderán con fidelidad, Dios los premia con la gracia de la fe. Los autores latinos después de San Agustín se inclinan a ver aquí la predestinación a la gloria. *Los llamó: Llamados* y *escogidos* son los términos que usa Jesús en el banquete para decir que aquéllos serán muchos (cf. Hch. 15, 14), y éstos, pocos (Mt. 24, 23; Lc. 21, 24; Rm. 11, 25). En Ap. 17, 14 vemos a "los *llamados, escogidos* y *fieles*" combatiendo con Jesús contra el Anticristo (cf. Ap. 19, 11 ss.; 1 Ts. 4, 16s.; Judas 14, etc.).

31 ss. Rebosando de confianza, seguro de la salvación, el Apóstol desafía al mundo, para entregarse por completo al amor de Dios. Imitémosle, principalmente en las horas de la tribulación cuando todos nos abandonan. En esas horas debemos recordar estas palabras, como lo hacía Santa Teresa, al decir: "Señor, Vos lo sabéis todo, Vos lo podéis todo, y Vos me amáis". Y también: "Quien a Dios tiene, nada le falta. Sólo Dios basta".

34. *Ese es el que intercede por nosotros*: Es decir, nuestro Santo Patrono y Protector por excelencia. Véase Hb. 7, 25 y nota.

35 ss. Como lo nota San Bernardo, "nuestra conformidad con el Verbo en el amor une con Él nuestra alma de un modo absolutamente indisoluble, como la esposa está unida a su esposo". El mismo Señor Jesús nos enseña esta verdad en Jn. 10, 28 y 29. A través de este himno se ve la fe del Apóstol, que se siente seguro en el amor que Jesús le tiene, y ansía comunicarnos igual seguridad. "La confianza, la acción de gracias, la caridad –dice aquí Lagrange– brotan del fondo del alma de Pablo y se difunden como antorcha encendida para inflamar a todos los hombres, tan apasionadamente amados por Dios".

1. Los tres capítulos siguientes explican *por qué fue desechado el pueblo judío*, a pesar de las grandes bendiciones y promesas que le fueron dadas.

3. *Por mis hermanos*: en bien de ellos o quizá en lugar de ellos. Es un bello rasgo de su caridad que ama a los hermanos más que a sí mismo (cf. 10, 1). Pero bien sabe Pablo –acaba de proclamarlo en 8, 35-39– que nada podría separarlo del amor de Cristo.

4. *La filiación*: cf. Ex. 4, 22; Dt. 14, 1; Jr. 31, 9; Os. 11, 1; etc. A esa filiación colectiva del pueblo sucedió otra más sobrenatural para cada uno de los elegidos (8, 15 ss.).

6 ss. La promesa no fue para los descendientes carnales de Abraham, pues desde luego no entraron en ella los árabes, hijos de Abraham por Ismael (v. 7; Gn. 21, 12), ni los idumeos, hijos de Isaac por Esaú (v. 12s.; Gn. 25, 23; Mal. 1, 2s.).

[9]Porque ésta fue la palabra de la promesa: "Por este tiempo volveré, y Sara tendrá un hijo". [10]Y así sucedió no solamente con Sara, sino también con Rebeca, que concibió de uno solo, de Isaac nuestro Padre. [11]Pues, no siendo aún nacidos (*los hijos de ella*), ni habiendo aún hecho cosa buena o mala – para que el designio de Dios se cumpliese, conforme a su elección, no en virtud de obras sino de Aquel que llama– [12]le fue dicho a ella: "El mayor servirá al menor"; [13]según está escrito: "A Jacob amé, más aborrecí a Esaú".

Dios ejerce su soberana libertad. [14]¿Qué diremos, pues? ¿Qué hay injusticia por parte de Dios? De ninguna manera. [15]Pues Él dice a Moisés: "Tendré misericordia de quien Yo quiera tener misericordia, y me apiadaré de quien Yo quiera apiadarme". [16]Así que no es obra del que quiere, ni del que corre, sino de Dios que tiene misericordia. [17]Porque la Escritura dice al Faraón: "Para esto mismo Yo te levanté, para ostentar en ti mi poder y para que mi nombre sea anunciado en toda la tierra". [18]De modo que de quien Él quiere, tiene misericordia; y a quien quiere, le endurece. [19]Pero me dirás: ¿Y por qué entonces vitupera? Pues ¿quién puede resistir a la voluntad de Él? [20]Oh, hombre, ¿quién eres tú qué pides cuentas a Dios? ¿Acaso el vaso dirá al que lo modeló: "¿Por qué me has hecho así?" [21]¿O es que el alfarero no tiene derecho sobre el barro, para hacer de la misma masa un vaso para honor y otro para uso vil?

[22]¿Qué, pues, si Dios, queriendo manifestar su ira y dar a conocer su poder, sufrió con mucha longanimidad los vasos de ira, destinados a perdición, [23]a fin de manifestar las riquezas de su gloria en los vasos de misericordia, que Él preparó de antemano para gloria, [24]a saber, nosotros, a los cuales Él llamó, no sólo de entre los judíos, sino también de entre los gentiles?

Reprobación de los judíos. [25]Como también dice en Oseas: "Llamaré pueblo mío al que no es mi pueblo, y amada a la no amada. [26]Y sucederá que en el lugar donde se les dijo: No sois mi pueblo, allí mismo serán llamados hijos del Dios vivo". [27]También Isaías clama sobre Israel: "Aun cuando el número de los hijos de Israel fuere como las arenas del mar, sólo un resto será salvo; [28]porque el Señor hará su obra sobre la tierra rematando y cercenando". [29]El mismo Isaías ya antes había dicho: "Si el Señor de los ejércitos no nos hubiera dejado una semilla, habríamos venido a ser como Sodoma y asemejados a Gomorra".

¿Cuál fue el extravío de Israel? [30]¿Qué diremos en conclusión? Que los gentiles, los cuales no andaban tras la justicia, llegaron a la justicia, a la justicia que nace de la fe; [31]más Israel, que andaba tras la Ley de la justicia, no llegó a la Ley. [32]¿Por qué? Porque no (*la buscó*) por la fe, sino como por obras, y así tropezaron en la piedra de tropiezo; [33]como está escrito: "He aquí que pongo en Sión una piedra de escándalo, y peñasco de tropiezo; y

---

9s. Cf. Gn. 18, 10 y 14.

14. La justicia distributiva nada tiene que hacer cuando se trata de cosas que son regaladas voluntaria y misericordiosamente (Santo Tomás de Aquino). Por libre gracia y misericordia nos llama Dios.

16 ss. *No del que quiere ni del que corre*: Cf. v. 11; 8, 29 ss. San Juan Crisóstomo y San Gregorio Nacianceno hacen resaltar en estas formidables palabras la iniciativa de Dios en nuestra salvación y la soberana libertad que Él se reserva, sin tener que dar cuenta de ella a nadie. Véase Mc. 10, 27; Sal. 32, 17; 146, 10s. y nota. De ahí comprendió Santa Teresa de Lisieux que el camino hacia Él no era tratar de justificarse a sí mismo, ya que esto es imposible (10, 2s.; Sal. 142, 2 y notas) sino "ganarle el lado del corazón" (Is. 66, 13 y nota) haciéndose *pequeño* (Mt. 18, 1 ss.; Lc. 10, 21).

21. Confírmase en esta imagen el beneplácito con que Dios llama a unos, por pura misericordia, a la gloria, y reprueba a otros en justo aunque oculto juicio (San Agustín).

25 ss. Prueba con citas de los profetas que Dios va a llamar a los gentiles después de desechar a los obstinados judíos, de los cuales, según los profetas, una parte será salvada (v. 27). Cf. Os. 1, 10; 2, 24: Is. 10, 22s.; 1, 9; Jr. 49, 18; 50, 40; Am. 4, 11; 1 Pe. 2, 10.

27 ss. *Sólo un resto será salvo*: corresponde a la voz hebrea *Shear Yashub,* nombre simbólico del hijo de Isaías (Is. 7, 3), quien con este simbolismo alude a la salvación de las reliquias de Israel, que alcanzarán por obra gratuita de la misericordia divina. Pero Isaías (10, 21) alude a los convertidos que se salvarán al fin (cf. 11, 25s.; Jr. 30, 13 y notas). En cambio San Pablo lo aplica a los de su tiempo (11, 5s.), es decir, a los que, por divina elección, fueron discípulos fieles de Jesús y formaron el núcleo primitivo de la Iglesia de Pentecostés. Véase Ga. 6, 16 y nota. En su conjunto Israel se excluyó a sí mismo de la salud mesiánica (v. 31) porque, tanto la Sinagoga en el tiempo del Evangelio, cuanto el pueblo de la dispersión en el tiempo de los Hechos, no quisieron seguir el camino de la fe, sino salvarse por las obras de la Ley. Véase lo que sigue en 10, 3 ss.; cf. Flp. 3, 9.

el que creyere en Él no será confundido".

10 La justicia de la Ley y la justicia de la fe.

[1]Hermanos, el deseo de mi corazón y la súplica que elevo a Dios, es en favor de ellos para que sean salvos. [2]Porque les doy testimonio de que tienen celo por Dios, pero no según el conocimiento; [3]por cuanto ignorando la justicia de Dios, y procurando establecer la suya propia, no se sometieron a la justicia de Dios; [4]porque el fin de la Ley es Cristo para justicia a todo el que cree. [5]Pues Moisés escribe de la justicia que viene de la Ley, que "el hombre que la practicare vivirá por ella". [6]Más la justicia que viene de la fe, habla así: "No digas en tu corazón: ¿Quién subirá al cielo? –esto es, para bajarlo a Cristo– [7]o ¿quién descenderá al abismo?" –Esto es, para hacer subir a Cristo de entre los muertos–. [8]¿Mas qué dice? "Cerca de ti está la palabra, en tu boca y en tu corazón"; esto es, la palabra de la fe que nosotros predicamos. [9]Que si confesares con tu boca a Jesús como Señor, y creyeres en tu corazón que Dios le resució de entre los muertos, serás salvo; [10]porque con el corazón se cree para justicia, y con la boca se confiesa para salud. [11]Pues la Escritura dice: "Todo aquel que creyere en Él, no será confundido". [12]Puesto que no hay distinción entre judío y griego; uno mismo es el Señor de todos, rico para todos los que le invocan. [13]Así que "todo el que invocare el nombre del Señor será salvo".

La incredulidad no tiene disculpa. [14]Ahora bien, ¿cómo invocarán a Aquel en quien no han creído? Y ¿cómo creerán en Aquel de quien nada han oído? Y ¿cómo oirán, sin que haya quien predique? [15]Y ¿cómo predicarán, si no han sido enviados? según está escrito: "¡Cuán hermosos son los pies de los que anuncian cosas buenas!" [16]Pero no todos dieron oído a ese Evangelio. Porque Isaías dice: "Señor, ¿quién ha creído a lo que nos fue anunciado?" [17]La fe viene, pues, del oír, y el oír por la palabra de Cristo. [18]Pero pregunto: ¿Acaso no oyeron? Al contrario. "Por toda la tierra sonó su voz, hasta los extremos del mundo sus palabras".

---

33. Véase Is. 8, 14; 28, 16; 1 Pe. 2, 6s.; Lc. 2, 34; Mt. 21, 42; Hch. 10, 43s.

1. *Para que sean salvos*: los judíos: cf. 9, 3; 11, 11 y notas.

2. ¡Observemos esta notable enseñanza! Es decir, que no todo era maldad en los fariseos que condenaron al Señor. Era un *celo*. ¿Acaso no lo tuvo el mismo Saulo cuando perseguía a muerte a los cristianos y consentía en la lapidación de S. Esteban? Un *celo* fanático por la Ley, contra ese Cristo cuya doctrina hallaba "paradójica y revolucionaria"; hasta que Saulo, hecho Pablo, se convirtió en su más hondo intérprete y... pasó a ser tenido por paradójico y revolucionario, tal como él había mirado a los demás. Cf. Hch. 7, 52 y nota. El *celo* de Israel era falsos porque no se inspiraba en el recto conocimiento de Dios, sino más bien en la soberbia de tener el monopolio de la salvación entre todos los pueblos, y en la presunción de salvarse por sí mismo sin el Mesías Redentor. He aquí una de las más grandes lecciones que la caída de Israel nos da para nuestra vida espiritual. No les faltaba celo, pero no era según la Palabra de Dios (cf. Sb. 9, 10 y nota), sino apego a sus propias tradiciones (Hch. 6, 14 y nota) y soberbia colectiva (Jn. 8, 33; Mt. 3, 9; etc.). "Es necesario no juzgar las cosas según nuestro gusto, sino según el de Dios. Esta es la gran palabra: Si somos santos según nuestra voluntad, nunca lo seremos; es preciso que lo seamos según la voluntad de Dios" (San Francisco de Sales). Véase 9, 30 y nota.

3. Véase cómo Pablo se aplica esto a sí mismo en Flp. 3, 9.

4. *El fin de la Ley*: "Jesucristo es la perfección y la consumación de la Ley, porque lo que no ha podido hacer la Ley, como es justificar al pecador, lo ha hecho Jesucristo" (San Juan Crisóstomo).

5. Véase Lv. 18, 5, donde Moisés habla de la justificación por la Ley, mediante su cumplimiento.

6 ss. "No digas que es imposible saber la voluntad de Dios. Para buscar a Dios no es menester que hagas cosas difíciles; Dios ha puesto como Mediador a su Hijo". Tal es el ascensor de que habla Santa Teresa de Lisieux, que nos permite subir rectamente adonde en vano pretenderíamos llegar por la escalera de nuestro puro esfuerzo. El v. 8 nos muestra cuán cerca la tenemos. Cf. v. 17 y nota; Dt. 30, 11; 14.

11. Véase Is. 28, 16. *No será confundido*: alcanzarán la vida eterna por lo que acabamos de ver en este capítulo; porque la fe en Cristo es "el principio de la salvación humana, fundamento y raíz de toda justificación" (Concilio de Trento).

13. Cita de Jl. 2, 32, que hace también Pedro en Pentecostés (Hch. 2, 21).

15. Véase Is. 52, 7; Na. 1, 15; Ef. 6, 15.

16. *No todos dieron oído*: Jesús nos aclara este punto en la parábola del sembrador (Mt. 13), donde nos muestra con terrible realidad, que de las cuatro tierras en que se siembra la divina Palabra, sólo una la retiene y llega a dar fruto. La causa de esto está señalada por el mismo Señor en Jn. 3, 19.

17. Hay aquí una luz de extraordinaria importancia para nuestra propia conversión y la del prójimo: Es la *Palabra divina* la que tiene fuerza sobrenatural para transformar las almas, como ya lo señalaba David en el Salmo 18, 8 ss. Véase 1Co. 4, 19s. y nota; Hb. 4, 12.

18. Es muy importante considerar esta rotunda afirmación que hace San Pablo al citar aquí el Salmo 18, 5, aplicándolo por analogía a la predicación de los apóstoles (v. 19). La expresión *toda la tierra* no parece referirse aquí a la tierra de Palestina, ni abarcar

[19]Pregunto además: ¿Por ventura Israel no entendió? Moisés, el primero, ya dice: "Os haré tener celos de una que no es nación, os haré rabiar contra una gente sin seso". [20]E Isaías se atreve a decir: "Fui hallado de los que no me buscaban; vine a ser manifiesto a los que no preguntaban por Mí". [21]Más acerca de Israel dice: "Todo el día he extendido mis manos hacia un pueblo desobediente y rebelde".

11 El resto de Israel.

[1]Pregunto entonces: ¿Ha desechado Dios a su pueblo? No, ciertamente, puesto que yo también soy israelita, del linaje de Abraham, de la tribu de Benjamín. [2]No ha desechado Dios a su pueblo, al cual preconoció. ¿Acaso no sabéis lo que la Escritura dice de Elías?, cómo él arguye con Dios contra Israel: [3]"Señor, ellos han dado muerte a tus profetas, han destruido tus altares; y yo he quedado solo, y ellos buscan mi vida". [4]Mas ¿qué le dice la respuesta divina?: "Reservado me he siete mil hombres, que no han doblado la rodilla ante Baal". [5]Así también en el tiempo presente ha quedado un resto según elección gratuita. [6]Y si es por gracia, ya no es por obras; de otra manera la gracia dejaría de ser gracia. [7]¿Qué, pues? Que lo que Israel busca, eso no lo alcanzó; pero los escogidos lo alcanzaron, mientras que los demás fueron endurecidos; [8]según está escrito: "Les dio Dios un espíritu de aturdimiento, ojos para no ver, y oídos para no oír, hasta el día de hoy". [9]Y David dice: "Conviértase su mesa en lazo y trampa, en tropiezo y en justo pago; [10]oscurézcanseles sus ojos para que no vean, y doblégales, tú, siempre la espalda".

La vocación de los gentiles es aliento para los judíos. [11]Ahora digo: ¿Acaso tropezaron para que cayesen? Eso no; sino que por la caída de ellos vino la salud a los gentiles para excitarlos (a los judíos) a emulación. [12]Y si la caída de ellos ha venido a ser la riqueza del mundo, y su disminución la riqueza de los gentiles, ¿cuánto más su plenitud? [13]A vosotros, pues, los gentiles, lo digo –en tanto que soy yo apóstol de los gentiles, honro mi ministerio– [14]por si acaso puedo provocar a celos a los de mi carne y salvar a algunos de ellos. [15]Pues si su repudio es reconciliación del mundo, ¿qué será su readmisión sino vida de entre muertos? [16]Que si las primicias son santas, también lo es la masa; y si la

---

los límites del Imperio Romano solamente (cf. 15, 19), sino la totalidad de las regiones conocidas hasta entonces. Esto, coincidiendo con la escasez de nuestras noticias sobre los lugares –sin duda lejanos– donde evangelizó la mayoría de los doce apóstoles, llevaría a pensar que Dios los condujo efectivamente hasta las extremidades del mundo conocido. Cf. Col. 1, 23; St. 1, 1. Sobre las diez tribus del Reino del norte, dispersas desde su cautiverio entre los Asirios (2Re. 17, 6) cf. Os. 3, 3; Is. 49, 6 y 10 y notas; 4Esdras 13, 39 ss.

19 ss. Véase Dt. 32, 21; Is. 65, 1 y 2; Hch. 13, 45.

1s. *No todos los israelitas fueron desechados*: Pablo mismo es una prueba de ello (cf. v. 5). *Al cual preconoció*: Cf. la misma idea en 8, 29.

3. Véase 1R. 19, 10 y 14. Es la queja de Elías que tuvo que huir de la presencia de Jezabel. El Señor le alienta con las palabras que siguen en el v. 4.

4. Aplicación para nosotros: Cuando la gran masa se aleja de Dios, un pequeño grupo, "la pequeña grey" (Lc. 12, 32), ha de ser el depositario de los misterios de la gracia. Véase Mt. 24, 11 ss. y 24.

5. *Un resto*: véase 9, 27 y nota. No era quizá tan pequeño como suponemos, pues muchos judíos creyeron en Cristo. Pero de todas maneras era una pequeña minoría (v. 12). Sobre el *resto* en sentido esjatológico cf. Ap. 7, 3 ss. y nota.

8. Véase v. 25; Dt. 29, 3s.; Is. 6, 9; 29, 10; Mt. 13, 14; Jn. 12, 40; Hch. 28, 26.

9. Cita de David (Sal. 68, 23s.): la mesa es la Ley, que para los judíos soberbios se volvió lazo. Así lo vemos en 10, 2 y nota.

11. *Por la caída*: cf. v. 30s. y nota. *A emulación*: Tal fue entonces el empeño de la predicación de Pablo (v. 13) y de su Epístola a los Hebreos. Pero hubo de renunciar finalmente (Hch. 28, 23 ss.), quedando pendiente lo que anuncia en el v. 25 del presente capítulo.

12. Es decir: a) mediante el crimen de Israel tuvo el mundo la riqueza de Cristo Redentor; b) la *disminución* de Israel o sea su minoría reducida a un resto (v. 5) fue la base de la Iglesia por la cual se extendería la salvación a los gentiles (9, 27; Ga. 6, 16). ¿Cuánto mayor salvación no ha de traer cuando todo Israel (v. 25) se convierta a Cristo? Cf. v. 15 y nota.

15s. *Su repudio*: cf. Is. 54, 1 ss. y nota. *Reconciliación del mundo*: cf. v. 12 y nota. Su *readmisión*: cf. v. 25s. *Vida, etc.*: Buzy traduce *resurrección de entre los muertos*. Merk cita aquí 1 Ts. 4, 15. "El Redentor, a quien Sión no reconoció y a quien rechazaron los hijos de Jacob, va a volver hacia ellos para lavar sus pecados, y los restaurará para que entiendan las profecías que ya habían olvidado durante largo tiempo" (Bossuet). El mismo autor y muchos otros intérpretes creen que ese gran acontecimiento tendrá lugar antes de la muerte del "hombre de iniquidad" (2 Ts. 2, 8) o derrota del Anticristo (Ap. 19, 11-21) y que después, como opina San Agustín, habrá un lapso antes que venga el fin. Cf. Sal. 9A, 17 y nota de Santo Tomás de Aquino. Las *Primicias* y la *raíz* significan los santos patriarcas, padres del pueblo judío. La *masa* y las *ramas* son el pueblo de Israel.

raíz es santa, también lo son las ramas. [17]Y si algunas de las ramas fueron desgajadas, y tú siendo acebuche, has sido ingerido en ellas, y hecho partícipe con ellas de la raíz y de la grosura del olivo, [18]no te engrías contra las ramas; que si te engríes (*sábete que*), no eres tú quien sostiene la raíz, sino la raíz a ti.

Grave advertencia a los gentiles llamados a la fe. [19]Pero dirás: Tales ramas fueron desgajadas para que yo fuese injertado. [20]Bien, fueron desgajadas a causa de su incredulidad, y tú, por la fe, estás en pie. Mas no te engrías, antes teme. [21]Que si Dios no perdonó a las ramas naturales, tampoco a ti perdonará. [22]Considera, pues, la bondad y la severidad de Dios: para con los que cayeron, la severidad; más para contigo, la bondad de Dios, si es que permaneces en esa bondad; de lo contrario, tú también serás cortado. [23]Y en cuanto a ellos, si no permanecieren en la incredulidad, serán injertados, pues poderoso es Dios para injertarlos de nuevo. [24]Porque si tú fuiste cortado de lo que por naturaleza era acebuche, y contra naturaleza injertado en el olivo bueno, ¿cuánto más ellos, que son las ramas naturales, serán injertados en el propio olivo?

San Pablo profetiza la conversión de Israel. [25]No quiero que ignoréis, hermanos, este misterio –para que no seáis sabios a vuestros ojos–: el endurecimiento ha venido sobre una parte de Israel hasta que la plenitud de los gentiles haya entrado; [26]y de esta manera todo Israel será salvo; según está escrito: "De Sión vendrá el Libertador; Él apartará de Jacob las iniquidades; [27]y ésta será mi alianza con ellos, cuando Yo quitare sus pecados". [28]Respecto del Evangelio, ellos son enemigos para vuestro bien, más respecto de la elección, son amados a causa de los padres. [29]Porque los dones y la vocación de Dios son irrevocables. [30]De la misma manera que vosotros en un tiempo erais desobedientes a Dios, mas ahora habéis alcanzado

17s. Admonición tremenda para los *gentiles* llamados a la salud mesiánica, es decir, para nosotros. Israel es el olivo de cuya raíz creció el cristianismo, y los gentiles son el olivo silvestre injertado en él. Adoremos la bondad de Dios que, entre tantos, nos ha elegido para hacernos herederos de las más preciosas riquezas (Ef. 2, 11 ss.) en el Misterio de Cristo Jesús, y miembros vivos de su Cuerpo místico.

20 ss. *No te engrías*: El Apóstol nos exhorta a los cristianos a no jactarnos por nuestra vocación y elección, a manera de los fariseos del tiempo de Jesucristo, ni despreciar a los judíos caídos, pues nuestra incredulidad nos arrastraría a la misma reprobación, con más motivo que ellos. Esta advertencia resulta una gravísima perspectiva en presencia de las profecías de Jesucristo y de San Pablo que anunciaron, junto con la vuelta de los judíos (v. 25s.), la apostasía de las naciones (2 Ts. 2, 3 ss.) y la falta de fe en la tierra en el retorno de Cristo (Lc. 18, 8).

25. *No quiero que ignoréis este misterio*: El P. Sales hace notar que el Apóstol usa esta forma cuando quiere dar una enseñanza de gran importancia (1, 13; 1Co. 10, 1; 12, 1, etc.), y agrega: "De ahí que el nombre de *misterio* se use para significar los designios de Dios en la redención del mundo por medio de Jesucristo (Mt. 13, 11; Rm. 16, 25; 1Co. 2, 7, etc.), o para indicar ciertas verdades divinas más difíciles de comprender (1Co. 2, 13) o para revelar un punto de doctrina, por ej., la resurrección gloriosa de los muertos (1Co. 15, 51), el simbolismo del matrimonio cristiano" (Ef. 5, 25-32), etc. La *plenitud de los gentiles significa*, como explica Scio, "un número prodigioso de gentiles que Dios ha resuelto llamar a la fe antes de la última conversión de los judíos", con lo cual terminará lo que Jesús llama el tiempo de los gentiles (Lc. 21, 24), es decir: "los siglos destinados para su conversión llegarán a su fin y entonces habrá sonado la hora para los judíos" (Fillion). Es en tal sentido que se habla de una universalidad, o sea la integración del

número de aquellos gentiles "llamados, escogidos y fieles" que Dios determinó "para escoger de entre los gentiles un pueblo consagrado a su Nombre" (cf. Hch. 15, 14 y nota). Esto concuerda con lo anunciado por el Señor y por el mismo San Pablo (cf. Lc. 18, 8; Mt. 24, 21 ss.; 2 Ts. 2, 3 y notas). *Una parte*: Así era cuando Pablo escribió esta carta, es decir durante el tiempo de los Hechos: varias ramas del Olivo castizo (v. 18) habían sido cortadas sucesivamente, empezando por Jerusalén (Mt. 23, 39) y siguiendo por la dispersión en Antioquía de Pisidia (Hch. 13, 46-51). Corinto (Hch. 18, 6), Éfeso (Hch. 19, 9). En Roma (Hch. 28, 26 ss.) la incredulidad de Israel se haría total de modo que la Iglesia, cuerpo místico de Cristo, ya no estaría injertada en Israel porque no había ya distinción entre judío y gentil (Col. 3, 11) como cuando la Iglesia de Dios estaba formada por judío-cristianos que seguían guardando el culto del Templo (cf. Hb. 8, 4 y nota). Sin embargo, como aquí se ve, el rechazo de Israel ni aun entonces fue definitivo, y el Olivo cortado reverdecerá.

26. *Todo Israel*, aquí en el sentido propio, Israel según la carne (1Co. 10, 18) (Crampon). *Según está escrito*: en Is. 59, 20 y 27, 9. "En efecto, en esos dos lugares de su Libro, Isaías habla de los últimos tiempos del mundo y de los dichosos beneficios que obrará el Mesías en medio de Israel" (Fillion). Véase Sal. 13, 7.

27. "Será, dice Fillion, la obra segunda de Cristo. Gracias a Él, Dios establecerá con los judíos, una alianza nueva, aquella que está anunciada desde antiguo por los profetas. Cf. Jr. caps. 31-34, etc.". Véase dichos textos citados por San Pablo en Hb. 8, 8 ss. y 10, 16s. A este respecto observa Martini "Esa profecía no se ha cumplido aún, porque el profeta habla de una liberación que se extienda a todos los descendientes de Jacob, lo que significa que se extienda a todas las tribus, las cuales abrazarán de un modo general la nueva alianza. Será, pues, cumplida, como explican todos los Padres, al fin de los tiempos". Cf. Os. 3, 3 y nota.

misericordia, a causa de la desobediencia de ellos, [31]así también ellos ahora han sido desobedientes, para que con motivo de la misericordia (*concedida*) a vosotros, a su vez alcancen misericordia. [32]Porque a todos los ha encerrado Dios dentro de la desobediencia, para poder usar con todos de misericordia.

Himno a la Eterna Sabiduría. [33]¡Oh, profundidad de la riqueza, de la sabiduría y de la ciencia de Dios! ¡Cuán inescrutables son sus juicios, y cuán insondables sus caminos! [34]Porque ¿quién ha conocido el pensamiento del Señor? O ¿quién ha sido su consejero? [35]O ¿quién le ha dado primero, para que en retorno se le dé pago? [36]Porque de Él, y por Él, y para Él son todas las cosas. A Él sea la gloria por los siglos. Amén.

12 Espiritualidad cristiana.

[1]Os ruego, hermanos, por las misericordias de Dios, que presentéis vuestros cuerpos como hostia viva, santa, agradable a Dios (*en un*) culto espiritual vuestro. [2]Y no os acomodéis a este siglo, antes transformaos, por la renovación de vuestra mente, para que experimentéis cuál sea la voluntad de Dios, que es buena y agradable y perfecta. [3]Porque, en virtud de la gracia que me fue dada, digo a cada uno de entre vosotros, que no sienta de sí más altamente de lo que debe sentir, sino que rectamente sienta según la medida de la fe que Dios a cada cual ha dado. [4]Pues así como tenemos muchos miembros en un solo cuerpo, y no todos los miembros tienen la misma función, [5]del mismo modo los que somos muchos, formamos un solo cuerpo en Cristo, pero en cuanto a cada uno somos recíprocamente miembros. [6]Y tenemos dones diferentes conforme a la gracia que nos fue dada, ya de profecía (*para hablar*) según la regla de la fe; [7]ya de ministerio, para servir; ya de enseñar, para la enseñanza; [8]ya de exhortar, para la exhortación. El que da, (*hágalo*) con liberalidad; el que preside, con solicitud; el que usa de misericordia, con alegría. [9]El amor sea sin hipocresía. Aborreced lo que es malo, apegaos a lo que es bueno.

Normas de caridad fraterna. [10]En el amor a los hermanos sed afectuosos unos con otros; en cuanto al honor, daos preferencia mutuamente. [11]En la solicitud, no seáis perezosos; en el espíritu sed fervientes; para el Señor sed servidores; [12]alegres en la esperanza, pacientes en la tribulación, perseverantes en la oración; [13]partícipes en las necesidades de los santos; solícitos en la hospitalidad. [14]Bendecid a los que os persiguen; bendecid, y no maldigáis. [15]Gozaos con los que se gozan; llorad con los que lloran. [16]Tened el mismo

---

30s. "Por el delito de los judíos la salud pasó a los gentiles; por la incredulidad de los gentiles volverá a los judíos" (San Jerónimo).

32. Sobre este prodigio de la misericordia, que asombra a San Pablo, véase Ga. 3, 22.

34. Véase Is. 40, 3; Jr. 23, 18; Sb. 9, 13; 1Co. 2, 16.

1. Aquí se da comienzo a la segunda parte de la Epístola, que trata de la espiritualidad evangélica y de la conducta que a ella corresponde en el orden individual y social. *Un culto espiritual*: en contraste con las ceremonias antiguas, pues "no ha quitado Dios un formulismo para caer en otro" (cf. Mt. 15, 8 y Jn. 4, 23s.). Comporta "sacrificios de alabanza" (Hb. 8, 5; 13, 15; 1 Pe. 2, 4 ss.) y su característica es el amor y el sometimiento de nuestra inteligencia (2Co. 10, 5).

2. *No os acomodéis*: es el no conformismo cristiano, que ambiciona mayor plenitud y no se resigna a contentarse con esto que es apenas "una noche pasada en una mala posada" (Santa Teresa de Ávila) (cf. Hch. 7, 52; 17, 6; 22, 14 y notas). Además, entre Cristo y el mundo hay un abismo (cf. Jn. 14, 30; Ap. 11, 15) que jamás se va a cerrar en "este siglo malo" (Ga. 1, 4). Sobre la *renovación de la mente*, que Jesús llama nuevo nacimiento (Jn. 3, 3 ss.), véase Ef. 4, 23; Col. 3, 10; Jn. 17, 17.

4. "Así como en la naturaleza no basta cualquier aglomeración de miembros para constituir un cuerpo, sino que necesariamente ha de estar dotado de los que se llaman órganos, o de miembros que ejercen diferente función y están dispuestos en un orden conveniente, así la Iglesia ha de llamarse cuerpo, principalmente por la razón de estar formada por una recta y bien proporcionada armonía y trabazón de sus partes y provista de diversos miembros que convenientemente se corresponden los unos a los otros" (Pío XII, Encíclica "El Cuerpo Místico de Cristo").

6. La profecía es el don de edificar, exhortar y consolar (cf. 1Co. 14, 3) y ha de practicarse de tal manera que la fe sea confirmada por medio de ella (Santo Tomás de Aquino). Sobre los diversos dones véase 1Co. 12, 1 ss.; Ef. 4, 11 ss.

8. Sobre la *alegría* en las obras de misericordia, véase 2Co. 9, 7; Flm. 14; Hb. 13, 7. "La verdadera limosna consiste en dar de modo que sintamos alegría en aquel acto y nos consideremos más bien beneficiados que protectores; porque menos favor hacemos a los pobres que a nosotros mismos, si se tiene presente que recibimos más de lo que damos" (San Juan Crisóstomo). Véase las palabras de Jesús en Hch. 20, 35.

9 ss. Siguen *reglas prácticas*, que constituyen todo un programa de vida cristiana.

15. *Gozaos coro los que se gozan*: "Aunque parezca corto obsequio éste de alegrarse con los que se alegran, no es pequeño,

sentir, unos con otros. No fomentéis pensamientos altivos, sino acomodaos a lo humilde. No seáis sabios a vuestros ojos. [17]No devolváis a nadie mal por mal; procurad hacer lo bueno ante todos los hombres. [18]Si es posible, en cuanto de vosotros depende, vivid en paz con todos los hombres. [19]No os venguéis por vuestra cuenta, amados míos, sino dad lugar a la ira (*de Dios*), puesto haré escrito esta: "Mía es la venganza; Yo haré justicia, dice el Señor". [20]Antes por el contrario, "si tu enemigo tiene hambre, dale de comer; si tiene sed, dale de beber; pues esto haciendo amontonarás ascuas de fuego sobre su cabeza". [21]No te dejes vencer por el mal, sino domina al mal con el bien.

13 Deberes para con las autoridades. [1]Todos

han de someterse a las potestades superiores; porque no hay potestad que no esté bajo Dios, y las que hay han sido ordenadas por Dios. [2]Por donde el que resiste a la potestad, resiste a la ordenación de Dios; y los que resisten se hacen reos de juicio. [3]Porque los magistrados no son de temer para las obras buenas, sino para las malas. ¿Quieres no tener que temer a la autoridad? Obra lo que es bueno, y tendrás de ella alabanza; [4]pues ella es contigo ministro de Dios para el bien. Más si

obrares lo que es malo, teme; que no en vano lleva la espada; porque es ministro de Dios, vengador, para (*ejecutar*) ira contra aquel que obra el mal. [5]Por tanto es necesario someterse, no solamente por el castigo, sino también por conciencia. [6]Por esta misma razón pagáis también tributos; porque son ministros de Dios, ocupados asiduamente en este asunto. [7]Pagad a todos lo que les debéis: a quien tributo, tributo; a quien impuesto, impuesto; a quien temor, temor; a quien honor, honor.

El amor es la plenitud de la ley. [8]No tengáis con nadie deuda sino el amaros unos a otros; porque quien ama al prójimo, ha cumplido la Ley. [9]Pues aquello de: "No cometerás adulterio; no matarás; no hurtarás; no codiciarás"; y cualquier otro mandamiento que haya, en esta palabra se resume: "Amarás a tu prójimo como a ti mismo". [10]El amor no hace mal al prójimo. Por donde el amor es la plenitud de la Ley.

Conocer el tiempo. [11]Y (*obrad*) esto, conociendo el tiempo, que ya es hora de levantaros del sueño; porque ahora la salvación está más cerca de nosotros que cuando abrazamos la fe. [12]La noche está avanzada, y el día está cerca; desechemos por tanto las obras de las tinieblas, y

---

sino muy grande y prueba de un ánimo sumamente caritativo y generoso" (San Juan Crisóstomo), Cf. Flp. 3, 1; 4, 4; 1 Ts. 5, 16.

19. *No os venguéis*: Dios os vengará y castigará a los que os ultrajen. Cf. Sal. 65, 5 y nota; Eclo. 18, 1-3; Dt. 32, 35. *Dad lugar a la ira*: esperad hasta que la ira de Dios entre en acción. Cf. Ef. 4, 27.

20. *Amontonar ascuas encendidas sobre la cabeza*, podría significar que las obras de caridad que dispensas a tu enemigo, le encenderán en amor hacia ti, según la idea del v. 21 (cf. Pr. 25, 21s.) y la célebre palabra de San Agustín: "Ninguna mayor incitación al amor que adelantarse amando". Según otros, se refiere al v. 19, es decir a la ira de Dios que caerá sobre él si no se arrepiente con tu bondad. En este sentido es usada tal expresión en 4Esdras 16, 54 (libro apócrifo), diciendo que el pecador que pretende no haber pecado se acumula carbones encendidos sobre su propia cabeza.

1. El presente capítulo inculca los deberes para con la *potestad civil*, y es de señalar que San Pablo escribió estas amonestaciones en tiempos de Nerón, perseguidor en extremo cruel de los cristianos. Obedecer a las autoridades es una obligación independiente de las cualidades personales de los mandatarios. Véase Mt. 22, 21; 1 Pe. 2, 13-15; Jn. 19, 11. Los Padres de la Iglesia procuraron con toda diligencia profesar y propagar esta misma doctrina: "No atribuyamos sino al Dios verdadero la potestad de dar el reino y el imperio" (San Agustín). Vemos una elocuente

confirmación de esta doctrina en Ef. 6, 5 ss. Y en la sumisión de Pablo y de Pedro hasta la prisión y el martirio.

7. Es decir que el pago de los *impuestos* no es obligación meramente civil, de lo cual un cristiano pueda dispensarse en conciencia, sino un deber religioso. El Evangelio es así no sólo la fuerza de Dios para la salvación (1, 16), sino también el insuperable motor de cada alma para el orden y bienestar de la sociedad organizada.

8. Señala como ley básica de la vida cristiana el amor de *caridad*, que es el resumen y la cumbre de los mandamientos de la Ley. Cf. Ex. 20, 13 ss.; Dt. 5, 17 ss.; Lv. 19, 18; Ga. 5, 14; Col. 3, 14.

10. Es ésta una lección fundamental de doctrina y espiritualidad. El que tiene amor tiene todas las virtudes; si le falta el amor, no tiene ninguna que merezca tal nombre en el orden sobrenatural. Véase 1Co. 13, 1 ss.; Mt. 22, 39; Ga. 5, 14.

11s. *Las obras de las tinieblas* son las propias de Satanás que es la potestad de las tinieblas (Col. 1, 13), es decir, del mundo (Jn. 14, 30) "en este siglo malo" (Ga. 1, 4). Jesús se presentó como la luz que nos saca de esas tinieblas (Jn. 12, 46; 1 Jn. 1, 6s.). El Apóstol mueve siempre a esperar el Retorno del Señor, el gran día próximo a amanecer (cf. Hb. 10, 37 y nota) y exhorta como Él a vigilar (Mc. 13. 37) *conociendo el tiempo* esto es, las señales que están anunciadas. Cf. Mt. 24; Lc. 17 y 21.

vistámonos las armas de luz. ¹³Andemos como de día, honestamente, no en banquetes y borracheras, no en lechos y lascivias, no en contiendas y rivalidades; ¹⁴antes bien, vestíos del Señor Jesucristo y no os preocupéis de servir a la carne en orden a sus concupiscencias.

14 **Los deberes con los débiles en la fe.** ¹Pero al que es débil en la fe, acogedlo sin entrar en disputas sobre opiniones. ²Hay quien tiene fe para comer de todo, mientras el que es débil (*de fe*) come hierbas. ³El que come, no menosprecie al que no come; y el que no come, no juzgue al que come, porque Dios le ha acogido. ⁴¿Quién eres tú para juzgar al siervo ajeno? Para su propio señor está en pie o cae. Será sostenido en pie, porque poderoso es el Señor para sostenerlo. ⁵Hay quien distingue entre día y día; y hay quien estima (*iguales*) todos los días. Cada cual abunde en su sentido. ⁶El que se preocupa del día, lo hace para el Señor; y el que come, para el Señor come, pues a Dios da gracias; y el que no come, para el Señor no come, y da gracias a Dios. ⁷Porque ninguno de nosotros vive para sí, ni nadie muere para sí; ⁸que si vivimos, vivimos para el Señor; y si morimos, morimos para el Señor. Luego, sea que vivamos, sea que muramos, del Señor somos. ⁹Porque para esto Cristo murió y volvió a la vida, para ser Señor así de los muertos como de los vivos. ¹⁰Tú pues, ¿por qué juzgas a tu hermano? O tú también ¿por qué desprecias a tu hermano? Que

todos hemos de comparecer ante el tribunal de Cristo; ¹¹pues escrito está: "Vivo Yo, dice el Señor, que ante Mí se doblará toda rodilla, y toda lengua ensalzará a Dios". ¹²De manera que cada uno de nosotros ha de dar a Dios cuenta de sí mismo. ¹³Por tanto no nos juzguemos ya más unos a otros; al contrario, juzgad mejor no causar al hermano tropiezo o escándalo.

No seamos ocasión de escándalo. ¹⁴Bien sé, y estoy persuadido en el Señor Jesús, que nada es de suyo inmundo; más para el que estima ser inmunda una cosa, para ése lo es. ¹⁵Si a causa de tu comida tu hermano se contrista, tu proceder ya no es conforme a la caridad. No hagas se pierda por tu comida aquel por quien Cristo murió. ¹⁶No sea, pues, vuestro bien ocasión de blasfemia. ¹⁷Porque el reino de Dios no consiste en comer y beber, sino en justicia y paz y gozo en el Espíritu Santo. ¹⁸Por lo cual, quien en estas cosas sirve a Cristo, es agradable a Dios y probado ante los hombres. ¹⁹Así pues, sigamos las cosas que contribuyen a la paz y a la mutua edificación. ²⁰No anules la obra de Dios por causa de una comida. Todo, en verdad, es limpio; sin embargo, es malo para el hombre que come con escándalo. ²¹Bueno es no comer carne, ni beber vino, ni (*hacer cosa alguna*) en que tu hermano tropiece [o se escandalice, o se debilite]. ²²Aquella fe que tú tienes, guárdala para contigo delante de Dios. Bienaventurado aquel que en lo que aprueba no se condena a sí mismo. ²³Mas el

---

1. La cuestión que el Apóstol trata en este capítulo agitaba mucho a los primeros cristianos. Los de procedencia judaica seguían observando escrupulosamente las *prescripciones rituales de los judíos* (cf. Hb. 8, 4 y nota), absteniéndose a veces de comer carne, porque temían que pudiese proceder de los sacrificios paganos; en tanto que algunos cristianos de la gentilidad los increpaban por no haberse libertado de la Ley (cf. Ga. 3, 1 ss.). A los primeros los llama el Apóstol flacos (v. 2). Sin embargo a ambos exhorta a no escandalizarse mutuamente ni entrar en disputas.

4. *Para juzgar al siervo ajeno*: Cuando nos vemos en conflicto con el prójimo, sentimos una fuerte inclinación a formarnos un juicio sobre él: sea para condenarlo, satisfaciendo nuestro amor propio, o para justificarlo benévolamente. La verdad no está ni en una cosa ni en la otra. Está en el *abstenerse* de ese juicio. No es necesario que sepamos a qué atenernos con respecto a una persona, sino con respecto a su doctrina (cf. Mt. 7, 1 y nota). En esto último sí que hemos de proceder con libertad de espíritu para aceptar o rechazar la que nos proponen. Pero esa tendencia a juzgar al

prójimo debe abandonarse y dejarse el caso para que Dios lo resuelva, sin pretender justificarse uno mismo con las fallas del otro. No juzgar al siervo de otro es, pues, prescindir de la opinión propia (Lc. 6, 37 ss. y notas), resignarse a ignorar, sin condenar ni absolver (1Co. 4, 3 y nota).

7. Véase 13, 10 y nota. "Cuando me olvidé de mí, fui feliz" (Santa Teresita).

10. Véase Hch. 17, 31; Mt. 25, 31s.; 2Co. 5, 10; Is. 45, 23.

17. *Gozo en el Espíritu Santo*: "El Espíritu Santo no solamente disipa las tristezas, los pesares y los malos pensamientos, sino que nos da también el recuerdo de Dios, de modo que podamos decir con David: Me he acordado de Dios, y la alegría se ha apoderado de mí" (San Ambrosio). Véase Jn. 14, 26; 1Co. 4, 19s. y notas.

20. Véase 1Co. 8, 11-13; 10, 28s. El Apóstol recomienda renunciar a un manjar permitido, con tal de evitar el peligro de escandalizar al prójimo. Vemos así que no es el mero derecho, sino la *caridad* lo que debe gobernar nuestra conducta social. Cf. Mt. 7, 2; 1Co. 6, 7 y notas.

que tiene dudas, si come, es condenado, porque no obra según fe, y todo lo que no procede de fe, es pecado.

15 Ser pacientes como Cristo. [1]Los fuertes debemos soportar las flaquezas de los débiles y no complacemos a nosotros mismos. [2]Cada uno de nosotros procure agradar a su prójimo, en lo que es bueno, para edificarlo. [3]Porque tampoco Cristo se complació a sí mismo; antes bien, según está escrito: "Los oprobios de los que te vituperaban cayeron sobre mí"[1]. [4]Pues todo lo que antes se escribió, fue escrito para nuestra enseñanza, a fin de que tengamos la esperanza mediante la paciencia y la consolación de las Escrituras[2]. [5]El Dios de la paciencia y de la consolación os conceda un unánime sentir entre vosotros según Cristo Jesús, [6]para que con un mismo corazón y una sola boca glorifiquéis al Dios y Padre de nuestro Señor Jesucristo. [7]Seos mutuamente favorables, así como Cristo lo fue con vosotros para gloria de Dios. [8]Porque digo que Cristo se hizo ministro de la circuncisión en pro de la fidelidad de Dios, para confirmar las promesas dadas a los padres[3], [9]y para que a su vez los gentiles glorifiquen a Dios por su misericordia; como está escrito: "Por eso te ensalzaré entre los gentiles y cantaré a tu nombre"[4]. [10]Y otra vez dice: "Alegraos, gentiles, con su pueblo". [11]Y asimismo: "Alabad al Señor, todos los gentiles, y alábenle todos los pueblos". [12]Y otra vez dice Isaías: "Aparecerá la raíz de Jesé, y El que se levantará para gobernar a las naciones; en Él esperarán las gentes". [13]El Dios de la esperanza os colme de todo gozo y paz en la fe, para que abundéis en esperanza por la virtud del Espíritu Santo[5].

El apóstol justifica esta carta. [14]Yo también, hermanos míos, con respecto a vosotros, persuadido estoy de que igualmente estáis llenos de bondad, llenos de todo conocimiento, capaces también de amonestaros unos a otros. [15]Con todo os he escrito un poco atrevidamente en cierto sentido, como para refrescaros la memoria, en virtud de la gracia que me fue dada por Dios[6], [16]de ser ministro de Cristo Jesús entre los gentiles, ejerciendo el ministerio del Evangelio de Dios, para que la oblación de los gentiles sea acepta, siendo santificada por el Espíritu Santo. [17]Tengo, pues, esta gloria en Cristo Jesús, en las cosas que son de Dios. [18]Porque no me atreveré a hablar de ninguna cosa que no haya hecho Cristo por medio de mí en orden a la obediencia de los gentiles, por palabra y por obra,[7] [19]mediante la virtud de señales y maravillas, y en el poder del Espíritu de Dios, de modo que desde Jerusalén y sus alrededores, hasta el Ilírico he anunciado cumplidamente el

---

3. Véase Jn. 5, 30; Sal. 68, 10.

4. *La consolación de las Escrituras*: En ellas nos habla el mismo Dios, cuya Palabra es el fundamento inquebrantable de nuestra esperanza porque está llena de promesas. Véase Sal. 118, 49s.; 1 Ts. 5, 20 y notas. "Cuando descubrí el Evangelio, dice Sta. Teresa de Lisieux, los demás libros ya no me decían nada". Cf. Sal. 118, 85; 1Co. 9, 10; 10, 11; 1 Tm. 3, 16 y notas.

8. La *circuncisión*, o sea los circuncidados, es decir, Israel. Jesús, dice el P. Sales, "puede ser llamado de modo especial *ministro*, esto es, *siervo* de los judíos, porque a ellos solos predicó su doctrina en forma inmediata y a ellos solos dijo haber sido enviado (Mt. 15, 24); entre ellos vivió, y observó la Ley de ellos". Demostrando la fidelidad de Dios. Jesús confirmó a Israel las promesas hechas a los patriarcas (cf. 9, 4s.; 11, 20) y les declaró expresamente que ni una iota de la Ley ni de los profetas dejaría de cumplirse "hasta que pasen el cielo y la tierra" (cf. Mt. 5, 17; 23, 39, etc.). Esas promesas, como observa Fillion, "anunciaban que el Mesías traería la salud especialmente al pueblo teocrático", y así lo recuerdan también los apóstoles. Cf. Hch. 3, 20 ss.; 23, 20 y notas; Hb. 8, 8 ss.; 13, 20, etc.

9 ss. Véase Sal. 17, 50; 2Sam. 22, 50; Dt. 32, 43; Sal. 116, 1; Is. 11, 10.

13. *El Dios de la esperanza*: Volvemos a encontrar aquí el concepto del gozo anticipado que vimos en el v. 4. *La virtud del Espíritu Santo*: Véase los siete dones del divino Espíritu en Is. 11, 2s. y sus frutos en Ga. 5, 22s. "El Espíritu Santo da sombra al alma, templa el fuego de todas las tentaciones, y cuando toca el alma con el soplo de su suavidad, aparta de ella todo lo que la quemaba; renueva todo lo gastado; con Él reverdece lo marchito y aquel soplo divino hace renacer la fuerza, y acrece el vigor con que corremos hacia la vida eterna" (San Gregorio Magno).

15. Se disculpa el Apóstol de su franqueza, invocando su misión de siervo de Jesucristo y misionero de los gentiles. Véase 1, 5; Hch. 13, 2 y 47; 26, 17s.

19. Desde Jerusalén hasta el Ilírico (Dalmacia), es decir, un territorio cuyo diámetro es mayor de 1.500 kilómetros. Más nada le bastaba a Pablo, porque su ansia era universal (2Co. 10, 3 ss.). Movido por el Espíritu (v. 13 y nota), no habría descansado jamás mientras quedase un lugar, un alma a quien dar noticia, no de cosa alguna humana o personal suya (v. 18), sino de lo que Jesucristo había hecho por medio de él. "Por cierto que nadie podría tildar su oficio de burocrático". Véase Hch. 20, 10; 22, 17 ss.; Col. 1, 25.

Evangelio de Cristo; [20]empeñándome de preferencia en no predicar la buena Nueva en donde era conocido ya el nombre de Cristo, para no edificar sobre fundamento ajeno; [1] [21]sino antes, según está escrito: "Verán los que no habían recibido noticias de Él, y entenderán los que nada habían oído".

Proyectos de viajes de San Pablo. [22]Esto principalmente me ha impedido llegar a vosotros. [23]Mas ahora, no teniendo ya campo en estos países, y anhelando desde hace muchos años ir a vosotros, [24]espero veros de paso cuando me dirija a España, y ser encaminado por vosotros hacia allá, después de haber disfrutado un poco de vosotros. [2] [25]Por de pronto parto para Jerusalén para servir a los santos. [26]Porque Macedonia y Acaya han tenido a bien hacer una colecta para los pobres de entre los santos que están en Jerusalén. [27]Así les pareció bien, y son realmente deudores suyos; porque si los gentiles han participado de los bienes espirituales de ellos, deben también servirles con los bienes materiales. [28]Una vez cumplido esto y entregándoles este fruto, pasando por vosotros iré a España. [3] [4] [29]Y sé que yendo a vosotros, iré con la plenitud de la bendición de Cristo. [30]Entretanto os ruego, hermanos, por nuestro Señor Jesucristo, y por el amor del Espíritu, que luchéis conmigo orando a Dios por mí, [31]para que sea librado de los incrédulos en Judea, y para que mi socorro para Jerusalén sea grato a los santos. [32]De este modo,

por la voluntad de Dios, llegaré (*a vosotros*) con gozo y me recrearé juntamente con vosotros. [33]El Dios de la paz sea con todos vosotros. Amén.

16 Recomendaciones y saludos. [1]Os recomiendo a nuestra hermana Febe, que es diaconisa de la Iglesia de Cencrea, [5] [2]para que la recibáis en el Señor, como conviene a los santos, y la ayudéis en cualquier asunto en que necesitare de vosotros; pues ella también ha ayudado a muchos y a mí mismo.

[3]Saludad a Prisca y a Aquila, mis colaboradores en Cristo Jesús[6], [4]los cuales por mi vida expusieron sus propias cabezas y a quienes no sólo doy gracias yo, sino también todas las Iglesias de los gentiles; [5]y (*saludad*) a la Iglesia que está en su casa. Saludad a Epeneto, amado mío, primicias del Asia para Cristo. [6]Saludad a María, que ha trabajado muchos por vosotros. [7]Saludad a Andrónico y a Jumas, mis parientes y compañeros de prisión, que son muy estimados entre los apóstoles y que creyeron en Cristo antes que yo. [8]Saludad a Ampiado, mi amado en el Señor. [9]Saludad a Urbano, nuestro colaborador en Cristo, y a Estaquis, amado mío. [10]Saludad a Apeles, probado en Cristo. Saludad a los que son de la casa de Aristóbulo. [11]Saludad a Herodión, mi pariente. Saludad a los de la casa de Narciso, que son en el Señor. [12]Saludad a Trifena y a Trifosa, que trabajan en el Señor. Saludad a la amada Pérsida, que ha

---

20s. La cita es de Is. 52, 15. Aprovechemos en nuestro apostolado esta norma de sabiduría sobrenatural, que según el mundo parecería ilógica. El Libro de los Proverbios confirma muchas veces cómo es más fácil enseñar al ignorante que al persuadido de saber algo, pues éste difícilmente se coloca en la situación del discípulo ávido de aprender. Cf. Jn. 6, 45; Lc. 10, 21.

24. *Cuando me dirija a España*: Tal era, como se ve, la firme intención del Apóstol, y si bien no tenemos información sobre lo ocurrido en los cuatro últimos años de San Pablo (64-67), es de creer que lo realizó después de ganar su causa ante Nerón, saliendo de aquella primera cautividad en Roma con cuyo relato termina el libro de San Lucas. Así lo atestiguó San Clemente Romano, diciendo que antes de dejar este mundo, Pablo fue a la extremidad del Occidente. También el canon de Muratori señala como notoria la partida de Pablo de la ciudad (Roma) en viaje a España. Así también lo afirmaron San Epifanio, San Juan Crisóstomo, Teodosio, San Jerónimo y otros.

25. No obstante su propia pobreza, Pablo hallaba modo de ayudar a los cristianos pobres de Jerusalén. Cf. 1Co. 16, 1; 2Co. caps. 8 y 9.

30 ss. Notarnos en todo este final el perfume de caridad y sencillez que respiran las relaciones de San Pablo con sus hijos espirituales. La solemnidad era cosa desconocida para aquel hombre que confesaba haber recibido su magisterio directamente de Jesucristo (Ga. 1, 1 y 12). Cf. 16, 22 y nota.

1. *Febe*, la portadora de la carta, estaba al servicio de la Iglesia de Cencrea, el puerto de Corinto, y es la primera diaconisa que se menciona en la historia eclesiástica. Las diaconisas, así como las viudas, tenían que prestar servicios en el bautismo de mujeres y en la asistencia a los pobres. Cf. 1 Tm. 3, 11.

3. *Prisca* (a veces llamada con el diminutivo *Priscila*) y *Aquila*, que "expusieron sus cabezas", eran cooperadores del Apóstol en Corinto y Éfeso. Pablo nombra aquí a Prisca antes que a su marido, sin duda porque ella no desmerecía en nada como verdadera misionera (cf. v. 15 y nota). Véase sobre este admirable hogar Hch. 18, 2 y 26 y notas.

trabajado mucho en el Señor. [13]Saludad a Rufo, escogido en el Señor, y a su madre, que también lo es mía. [14]Saludad a Asíncrito, a Flegonte, a Hermes, a Patrobas, a Hermas y a los hermanos que están con ellos. [15]Saludad a Filólogo y a Julia, a Nereo y a su hermana, y a Olimpas, y a todos los santos que están con ellos. [1] [16]Saludaos unos a otros en ósculo santo. Os saludan todas las Iglesias de Cristo.

Apéndice contra las falsas doctrinas. [17]Os exhorto, hermanos, que observéis a los que están causando las disensiones y los escándalos, contrarios a la enseñanza que habéis aprendido, y que os apartéis de ellos; [18]porque los tales no sirven a nuestro Señor Cristo, sino al propio vientre, y con palabras melosas y bendiciones embaucan los corazones de los sencillos. [19]Vuestra obediencia (*a la fe*) es ya conocida de todos. Me alegro, pues, por vosotros; mas deseo que seáis sabios para lo que es bueno, y simples para lo que es malo. [20]Y el Dios de la paz aplastará en breve a Satanás bajo vuestros pies. La gracia de nuestro Señor Jesucristo sea con vosotros.

[21]Os saluda Timoteo, mi colaborador, como también Lucio y Jasón y Sosípatro, parientes míos. [22]Yo Tercio, que escribo esta epístola, os saludo en el Señor. [23]Os saluda Gayo, el hospedador mío y de toda la Iglesia. Os saludan Erasto, tesorero de la ciudad, y el hermano Cuarto.

[[24]La gracia de nuestro Señor Jesucristo sea con todos vosotros. Amén.]

Doxología final. [25]A Aquel que puede confirmaros, según mi Evangelio y la predicación de Jesucristo, según la revelación del misterio oculto desde tiempos eternos, [26]pero manifestado ahora a través de las escrituras de los profetas, por disposición del eterno. Dios, (*siendo*) notificado a todos los gentiles para obediencia de fe – [27]a Dios el solo Sabio, sea la gloria por Jesucristo, por los siglos de los siglos. Amén.

1ᴬ CARTA A LOS CORINTIOS

El Apóstol escribió esta epístola durante su tercer viaje apostólico, en Éfeso, a principios del año 57. Entre los cristianos de Corinto se habían producido disensiones y partidos que se combatían mutuamente: uno de Apolo, otros de Pedro y de Pablo, y hasta uno que se proclamaba partido de Cristo. Además, cundían entre ellos grandes abusos y escándalos, procesos y pleitos, desórdenes en los ágapes, ciertas libertades de las mujeres en la iglesia, y otras cuestiones que llamaban la atención de San Pablo. Ningún otro documento apostólico pinta tan clásicamente las dificultades de la Iglesia en medio de un mundo

15. Además de Febe (v. 1) y Priscila (v. 3), se encuentran en la lista de las recomendaciones y saludos nueve *mujeres* más, lo que prueba que el sexo femenino tuvo una gran parte en la propagación del Evangelio. He aquí nombres olvidados, que debieran ser familiares a los cristianos de hoy, como el de Lidia, la de Tiatira (Hch. 16, 14 y nota). ¡Las madres honrarían a sus hijas si les pusieran estos nombres como un sello de amor al Evangelio y a las almas!

17. El Apóstol nos suministra datos para reconocer a los falsos pastores contra los cuales nos previno Jesús (Mt. 7, 15 y nota). Sobre estos mismos cf. Flp. 3; 1 Tm. 4; 2 Tm. 3, etc.

22. San Pablo dictó la carta a *Tercio,* quien aprovecha la ocasión para agregar sus saludos. Esta interrupción permitida por el Apóstol, y la repetición que notamos en los vv. 20 y 24 muestran una vez más la encantadora sencillez que reinaba entre aquellos discípulos de Jesús. Cf. 15, 30 y nota.

25s. Admirable elogio del Evangelio como alimento de la fe. San Lucas, en el prólogo de su Evangelio, expresa igual concepto diciendo que escribe para que conozcamos la verdad de lo que se nos ha enseñado (Lc. 1, 4). Y Jesús nos confirma el valor de la Escritura en forma elocuentísima diciendo: "Si no creéis lo que Moisés escribió, ¿cómo habéis de creer lo que Yo os digo?" (Jn. 5, 47). *Aquel que puede confirmaros, según mi Evangelio:* cf. Judas 24. *El misterio oculto:* el misterio de la Iglesia como Cuerpo místico, que el Apóstol explaya, como oculto hasta entonces. en las Epístolas de la cautividad (Ef., etc.). Ef. 3, 9; 5, 32; Col. 1, 26 y notas.

27. En otros lugares vemos que Él (y Jesús como Él) es el solo bueno (Lc. 18, 19): el solo Santo (Ap. 15, 4); el solo Señor (Is. 37, 20); el solo Altísimo (Sal. 82, 19); el solo justo (2M. 1, 25); el solo poderoso (1 Tm. 6, 15); el solo que posee la inmortalidad (1 Tm. 6, 16); el solo que salva (1Sam. 10, 19); el solo que conoce el corazón de todo hombre (1R. 8, 39); el solo Dios (Tb. 8, 19); el solo que extendió los cielos (Jb. 9, 8); el solo que hace maravillas (Sal. 135, 4), etc. En otros lugares vemos también que es *el solo sabio.* Por eso Él es también el único que debe ser alabado (Sal. 148, 13 y nota). Y si sólo Él es sabio, se comprende que el solo Maestro sea su Hijo Jesucristo (Mt. 23, 8-10), porque Éste nos transmitió cuanto había recibido de Él (Jn. 15, 15; 12, 49; 17, 8), porque Él es también y por encima de todo, *el solo Padre* (Ef. 3, 15; 4, 6).

pagano.

1 Saludo apostólico.

[1]Pablo, llamado a ser apóstol de Jesucristo por la voluntad de Dios, y Sóstenes, el hermano, [2]a la Iglesia de Dios en Corinto, a los santificados en Cristo Jesús, santos por vocación, juntamente con todos los que, en cualquier lugar, invocan el nombre de Jesucristo Señor nuestro, de ellos y de nosotros: [3]gracia a vosotros y paz, de parte de Dios nuestro Padre, y del Señor Jesucristo. [4]Doy gracias sin cesar a mi Dios por vosotros, a causa de la gracia de Dios que os ha sido dada en Cristo Jesús; [5]por cuanto en todo habéis sido enriquecidos en Él, en toda palabra y en todo conocimiento, [6]en la medida en que el testimonio de Cristo ha sido confirmado en vosotros. [7]Por tanto no quedáis inferiores en ningún carisma, en tanto que aguardáis la revelación de Nuestro Señor Jesucristo; [8]el cual os hará firmes hasta el fin e irreprensibles en el día de Nuestro Señor Jesucristo. [9]Fiel es Dios, por quien habéis sido llamados a la comunión de su Hijo Jesucristo Nuestro Señor.

En contra de la división. [10]Os ruego, pues, hermanos, por el nombre de Nuestro Señor Jesucristo, que habléis todos una misma cosa, y que no haya escisiones entre vosotros, sino que viváis perfectamente unidos en un mismo pensar y en un mismo sentir. [11]Porque me he enterado respecto de vosotros, hermanos míos, por los de Cloe, que entre vosotros hay banderías. [12]Hablo así porque cada uno de vosotros dice: "Yo soy de Pablo", "yo de Apolo", "yo de Cefas". "yo de Cristo". [13]¿Acaso Cristo está dividido? ¿Fue Pablo crucificado por vosotros, o fuisteis bautizados en el nombre de Pablo? [14]Gracias doy a Dios de que a ninguno de vosotros he bautizado fuera de Crispo y Cayo; [15]para que nadie diga que fuisteis bautizados en mi nombre. [16]Bauticé también, verdad es, a la familia de Estéfanas; por lo demás, no me acuerdo de haber bautizado a otro alguno.

La locura del Evangelio. [17]Porque no me envió Cristo a bautizar, sino a predicar el Evangelio, y eso no mediante sabiduría de palabras, para que no se inutilice la Cruz de Cristo. [18]La doctrina de la Cruz es, en efecto, locura para los que perecen; pero para nosotros los que somos salvados, es fuerza de Dios. [19]Porque escrito está: "Destruiré la sabiduría de los sabios, y anularé la prudencia de los prudentes". [20]¿Dónde está el sabio? ¿Dónde el escriba? ¿Dónde el disputador de este siglo? ¿No

---

1. *Sóstenes* parece ser la misma persona de que se habla en Hch. 18, 17. *El hermano*: así se llamaban entre ellos los discípulos de Cristo.

2. *Santificados*: "para siempre" (Hch. 10, 10 y 14). *Santos por vocación*: por la vocación de Dios a todos los creyentes (Rm. 8, 29 ss.); 1 Ts. 4, 7s. y nota).

5. *Enriquecidos en Él*: "Dios ha bajado, y el hombre ha subido; el Verbo (la palabra) se hizo carne para levantar al hombre y llevarlo a la diestra de Dios" (San Ambrosio). En *la Palabra de Dios* y el *conocimiento* sobrenatural que ella nos trae, ve San Pablo esas riquezas que nos fueron ganadas por la obra redentora de Cristo. Véase lo que Él mismo dice en Jn. 17, 3 y 17.

7. Véase Lc. 17, 30; Flp. 3, 20; 1 Ts. 2, 19; 3, 13; 2 Tm. 1, 7; 2 Tm. 4, 8; Tt. 2, 13. *La revelación*, en griego: apocalipsis, es la segunda venida de Cristo, lo mismo que en Ap. 1, 1.

12. Cf. 3, 3 ss. *Apolo* predicaba en Corinto después de San Pablo (Hch. 18, 4 ss.). *Cefas* es Pedro, jefe de los apóstoles. *Ni de Pablo ni, de Apolo*: Esta es una fórmula eterna que nos enseña a no seguir a las personas sino en cuanto son fieles siervos del único Maestro Jesucristo. ¡Con Él sí que debemos ser "personalistas"! (Mt. 15, 3-9; 23, 8; Col. 2, 8; 2 Ts. 3, 6). Véase 1 Ts. 2, 13 y nota; Hch. 16, 34 y nota.

17. *Para que no se inutilice la Cruz*: para que no se atribuyese las conversiones al poder de la elocuencia, sino a la virtud de la cruz de Jesucristo (Santo Tomás de Aquino). De lo contrario, Cristo habría muerto en vano, como el mismo Pablo dijo a San Pedro (Ga. 2, 21), añadiendo, con enorme elocuencia, que a no quería desperdiciar la gracia de Dios. Los corintios, como buenos paganos, desconocían esa divergencia entre la doctrina cristiana y la sabiduría humana: que el cristianismo no es filosofía ni ciencia, sino virtud de Dios (Col. 2, 8). ¿No nos esforzamos, quizás, demasiado por demostrar la fe, en vez de mostrar la fuerza de la Palabra de Dios? Ella, dice Benedicto XV, "no necesita de afeites o de acomodación humana para mover y sacudir los ánimos, porque las mismas Sagradas Páginas, redactadas bajo la inspiración divina, tienen de suyo abundante sentido genuino; enriquecidas por divina virtud, tienen fuerza propia; adornadas con soberana hermosura, brillan por sí solas" (Encíclica "Spiritus Paraclitus"). Cf. Rm. 1, 16 y nota.

19. Véase Is. 29, 14; Sal. 32, 10. "Por el pecado del primer hombre, de tal manera se declinó y se deterioró el libre albedrío, que nadie desde entonces puede rectamente amar a Dios o creerle, u obrar por amor a Dios lo que es bueno, sino aquel que haya sido socorrido previamente por la gracia de la divina misericordia" (Denz. 199).

ha trocado Dios en necedad la sabiduría del mundo? [21]Pues en vista de que según la sabiduría de Dios el mundo por su sabiduría no conoció a Dios, quiso Dios salvar a los que creyesen mediante la necedad de la predicación. [22]Así, pues, los judíos piden señales y los griegos buscan sabiduría; [23]en tanto que nosotros predicamos un Cristo crucificado: para los judíos, escándalo; para los gentiles, insensatez; [24]más para los que son llamados, sean judíos o griegos, un Cristo que es poder de Dios y sabiduría de Dios. [25]Porque la "insensatez" de Dios es más sabia que los hombres, y la debilidad de Dios es más fuerte que los hombres.

Divina paradoja. [26]Mirad, por ejemplo, hermanos, la vocación vuestra: no hay (*entre vosotros*) muchos sabios según la carne, no muchos poderosos, no muchos nobles, [27]sino que Dios ha escogido lo insensato del mundo para confundir a los sabios; y lo débil del mundo ha elegido Dios para confundir a los fuertes; [28]y lo vil del mundo y lo despreciado ha escogido Dios, y aun lo que no es, para destruir lo que es; [29]a fin de que delante de Dios no se gloríe ninguna carne. [30]Por Él sois (*lo que sois*) en Cristo Jesús. Él fue hecho por Dios sabiduría, justicia, santificación y redención para nosotros, [31]a fin de que, según está escrito, "el que se gloria, gloríese en el Señor".

2 La predicación de San Pablo es Cristo crucificado.
[1]Yo, hermanos, cuando fui a vosotros, no llegué anunciándoos el testimonio de Dios con superioridad de palabra o de sabiduría, [2]porque me propuse no saber entre vosotros otra cosa sino a Jesucristo, y Éste crucificado. [3]Y, efectivamente, llegué a vosotros con debilidad, con temor, y con mucho temblor. [4]Y mi lenguaje y mi predicación no consistieron en discursos persuasivos de sabiduría (*humana*), sino en manifestación de Espíritu y de poder; [5]para que vuestra fe no se funde en sabiduría de hombres, sino en una fuerza divina.

25. Esta sabiduría la encontramos, como observa San Jerónimo, en primer lugar en la meditación y ciencia de las Sagradas Escrituras, que en medio de las tribulaciones y torbellinos del mundo conservan el equilibrio de nuestra alma. San Pablo la llama "nuestra consolación" (Rm. 15, 4).

29. *Carne* llama el Apóstol a todo hombre en sí mismo, para recordarnos, con saludable humillación, no sólo nuestro carácter de creaturas, sino también de seres caídos que de nada podrían gloriarse. Véase v. 19; 2, 14 y notas.

30. No es, pues, nuestra sabiduría la fuente de nuestra justificación, como tampoco nuestra bondad nos merece la santificación. "Es el amor de Dios el que derrama y crea la bondad en todas las cosas" (Santo Tomás de Aquino). Cf. v. 4. San Pablo se aplica esto a sí mismo en 15, 10. Mons. Keppler, el aun llorado obispo de Rottenburgo que unía a su celo de pastor la honda espiritualidad bíblica del exegeta y la vocación apostólica del predicador del Evangelio, nos formuló un día esta verdad profundísima, que penetró para siempre en el espíritu de más de uno de sus discípulos: "En buena cuenta, el hombre quisiera que Dios lo admirase y premiase como reconocimiento de sus méritos. Y resulta al revés, que Dios lo ama a causa de su miseria, y tanto más cuanto más miseria tiene, como hace un padre con el hijo enfermo. El que sienta mortificada su "dignidad" en aceptar, como hombre insignificante, un amor gratuito de misericordia, no podrá entender la pequeñez (que es la verdadera humildad), ni la gracia de la Redención. ¡Y ay de él sí, excluyéndose de la misericordia, cree poder contar con merecer un premio según la justicia!" Cf. Mc. 7, 4; Rm. 10, 3 y notas.

31. No dice que no nos gloriemos, sino que nos gloriemos en Dios. Con ello hacemos acto de verdadera infancia espiritual, que es el mejor modo para olvidarse a sí mismo, como lo hace el niño que camina ufanamente apoyado en el fuerte brazo de su padre. Cf. 2Co. 10, 17; Jr. 9, 23s.

1. Es imposible poner mayor elocuencia sobrenatural que en estas líneas donde se niega la elocuencia. En lugar de *testimonio de Dios dice la* Vulgata: *testimonio de Cristo.* En vez de *testimonio*, la última edición de Merk señala que el reciente P. 46 (Papyrus Chester Beatty, 1936) cuya antigüedad remonta al siglo II dice *misterio.* Esta palabra parece corresponder mejor aún al pensamiento del Apóstol, pues él nos dice en el v. 7que la sabiduría de Dios se predica en misterio. Tal es también lo que Jesús nos enseña al decir que ella se oculta a los sabios y se revela a los niños de lenguaje sencillo (Lc. 10, 21). Véase v. 7 y nota.

3. Pablo no era persona de prestancia. Al contrario, su pequeña estatura y su falta de postura académica le quitaban todo prestigio externo como orador, de manera que se apoyaba únicamente en la virtud de la Palabra de Dios, y no en recursos humanos. Nada prueba mejor que su propio ejemplo la verdad aparentemente paradojal que aquí nos enseña: pues no ha habido desde él, en casi veinte siglos, palabra que arrastre tanto como la de este tímido.

4. *Discursos persuasivos:* El beato Pío IX exhorta a los predicadores a no ejercer el ministerio evangélico en forma elegante de humana sabiduría, ni con el aparato y encanto profanos de vana y ambiciosa elocuencia, sino en la manifestación del espíritu y la virtud de Dios con fervor religioso, para que, exponiendo la palabra de la verdad, y no predicándose a sí mismo, sino a Cristo crucificado, anuncien con claridad y abiertamente los dogmas de nuestra santísima religión (Encíclica "Qui pluribus").

6. *Entre los perfectos*: Véase el sentido de esta expresión en los vv. 3-14 y sus notas.

La verdadera sabiduría es sobrenatural.
⁶Predicamos, sí, sabiduría entre los perfectos; pero no sabiduría de este siglo, ni de los príncipes de este siglo, los cuales caducan, ⁷sino que predicamos sabiduría de Dios en misterio, aquella que estaba escondida y que predestinó Dios antes de los siglos para gloria nuestra; ⁸aquella que ninguno de los príncipes de este siglo ha conocido, pues si la hubiesen conocido no habrían crucificado al Señor de la gloria. ⁹Pero, según está escrito: "Lo que ojo no vio, ni oído oyó, ni entró en pensamiento humano, esto tiene Dios preparado para los que le aman". ¹⁰Mas a nosotros nos lo reveló Dios por medio del Espíritu, pues el Espíritu escudriña todas las cosas, aun las profundidades de Dios. ¹¹¿Quién de entre los hombres conoce lo que hay en un hombre sino el espíritu de ese hombre que está en él? Así también las cosas de Dios nadie llegó a conocerlas sino el Espíritu de Dios. ¹²Y nosotros no hemos recibido el espíritu del mundo, sino el Espíritu que es de Dios; para que apreciemos las cosas que Dios nos ha dado gratuitamente. ¹³Estas las predicamos, no con palabras enseñadas por la sabiduría humana, sino con las aprendidas del Espíritu Santo, interpretando las (*enseñanzas*) espirituales para (*hombres*) espirituales, ¹⁴porque el hombre natural no acepta las cosas del Espíritu de Dios, como que para él son una insensatez; ni las puede entender, por cuanto hay que juzgar de ellas espiritualmente. ¹⁵El (*hombre*) espiritual, al contrario, lo juzga todo, en tanto que él mismo de

7. *En misterio*: cf. v. 1 y nota. *La que estaba escondida*: aquellas cosas "que desde todos los siglos habían estado en el secreto de Dios" (Ef. 3, 9); especialmente el misterio de la Redención y de la gracia, que comprende el misterio de la Iglesia. Cf. Rm. 16, 15: Col. 1, 25-27.

8. Satanás nunca habría inspirado la traición de Judas (Jn. 13, 27), ni la condenación de Cristo, si hubiera podido conocer su divinidad y el valor de Redención que había de tener su muerte. De ahí que Jesús le ocultase siempre su carácter de Hijo de Dios (Lc. 4, 1 ss.).

9. Cf. Is. 64, 4 y nota. *Tiene Dios preparado para los que le aman*: Es característico del hombre el hastío o el aburrimiento ante la monotonía o repetición de las mismas cosas. Y es que el hombre fue hecho a imagen de Dios. Bien podría Él desafiar a cualquiera a que encontrara dos crepúsculos iguales. No hay panorama en la creación que no cambie de aspecto con la mañana y con la tarde; con la luna o el sol; con las cuatro estaciones del año. El hombre también cambia con la edad como cambia el día según las horas, y cambian los climas, y las flores se renuevan como los frutos. Y como todas estas cosas de la naturaleza no son sino imágenes de las realidades espirituales (Rm. 1, 20), al mismo tiempo que vemos en su variedad un recuerdo de su fugacidad (7, 31; 2Co. 4, 18) y una advertencia de que nuestro estado no es normal sino transitorio (Flp. 3, 20; Hb. 13, 14; 1 Jn. 3, 2; Is. 11, 1 ss.; Col. 3, 2), vemos también en ello una figura y una prenda que el divino Padre nos da de la infinita variedad y riqueza de que Él mismo se jacta para colmar, sin hastío, nuestro corazón por todas las edades de la eternidad (Is. 48, 6 ss. y nota). De la misma manera también su Palabra (que es su mismo Verbo o Sabiduría) colma sin medida el corazón de los que cada día buscan en ella su felicidad (Sb. 8, 16; Is. 48, 17; Sal. 36, 4; Eclo. 24, 38s. y notas).

11s. *Nadie llegó a conocerlos*: Sólo Dios, por su naturaleza, puede conocerse a Sí mismo; sólo su hijo Unigénito, "que es en el seno del Padre" (Jn. 1, 18) lo ve cara a cara; sólo el Espíritu que escudriña las cosas más íntimas de Dios (v. 10) penetra y sondea su naturaleza. Ahora bien, ese mismo Espíritu que dentro de Dios conoce las cosas de Dios, es el que nos es dado (v. 12 y 16). Se explica, pues, que ese mismo Espíritu, dentro de nosotros, nos haga conocer también las profundidades de Dios (v. 10). He aquí revelado en uno de sus admirables aspectos, el del conocimiento, el Misterio del Espíritu Santo en nosotros (Jn. 14, 17; Lc. 11, 13 y notas). De Él nos dice Jesús que "nos lo enseñará todo" (Jn. 14, 26). El *espíritu de este mundo* es, según Santo Tomás de Aquino, la sabiduría del mundo y el amor al mundo, el cual incita al hombre a hacer y gustar lo que es del mundo (Mc. 8, 33). Según otros, es el mismo Satanás príncipe y animador del mundo (Jn. 14, 30). Notemos que ese espíritu sobrenatural se nos da para que apreciemos la gratuidad del don de Dios, pues el criterio de la lógica humana no nos dejaría comprender (v. 14) que Dios puede amarnos hasta tal punto.

13. San Pablo insiste siempre sobre el origen y valor divino de su predicación. Véase Ga. 1, 1 y 11s.; Ef. 3, 3. Destacando esta doctrina de que hemos de espiritualizarnos para entender las cosas espirituales –lo cual no significa ser eruditos sino ser niños (Lc. 10, 21) – dice Fillion: "San Pablo va a explicar aquí las palabras *entre los perfectos* del v. 6. Acaba de decir que en la predicación de los apóstoles todo es espiritual, tanto las palabras como los pensamientos".

14. *El hombre natural: Literalmente, el hombre psíquico.* Buzy traduce: *el hombre simplemente razonable.* No se refiere, pues, al hombre entregado a los vicios, sino a todo hombre natural, a toda naturaleza caída que no haya nacido de nuevo por el Espíritu (Jn. 3, 5 y nota), es decir, a todo el que no es espiritual y no vive la vida sobrenatural de la fe, aunque pueda haber sido bautizado, pues esto le quitó el pecado original, mas no la depravación natural (cf. 1, 19 y nota). Así también los sabios del paganismo, sin la luz de la revelación bíblica, sólo llegaron a ver la virtud como la concibe tristemente Horado: "Virtus est medium vitiorum utrimque reductum", es decir, como la simple resultante de los vicios opuestos entre sí y limitados unos por otros. Sólo nuestro Dios se nos revela como el Maestro de la virtud positiva, de la cual Él mismo es la fuente, y que Él comunica mediante su propio Espíritu a los que, dejando de ser siervos, se hacen hijos de Él, como vemos en Jn. 1, 12s. Cf. Rm. 8, 6; Judas 19.

nadie es juzgado. [16]Pues "¿quién ha conocido jamás el pensamiento del Señor para darle instrucciones?" Nosotros, en cambio, tenemos el sentido de Cristo .

3 **Discordias y bandos.** [1]Yo, hermanos, no he podido hablaros como a espirituales, sino como a carnales, como a niños en Cristo. [2]Leche os di a beber, no manjar (*sólido*), porque no erais capaces todavía, y ni aun ahora sois capaces; [3]siendo como sois todavía carnales; puesto que mientras hay entre vosotros celos y discordias ¿no sois acaso carnales y vivís a modo de hombres? [4]Cuando uno dice: "yo soy de Pablo"; y otro: "yo soy de Apolo", ¿no es que sois hombres? [5]¿Qué es Apolo? Y ¿qué es Pablo? Servidores, según lo que a cada uno dio el Señor, por medio de los cuales creísteis. [6]Yo planté, Apolo regó, pero Dios dio el crecimiento. [7]Y así, ni el que planta es algo, ni el que riega, sino Dios que da el crecimiento. [8]El que planta y el que riega son lo mismo; y cada uno recibirá su galardón en la medida de su trabajo.

Responsabilidad de los predicadores. [9]Nosotros somos los que trabajamos con Dios; vosotros sois la labranza de Dios, el edificio de Dios. [10]Según la gracia de Dios que me ha sido dada, yo, cual prudente arquitecto, puse el fundamento, y otro edifica sobre él. Pero mire cada cual cómo edifica sobre él. [11]Porque nadie puede poner otro fundamento, fuera del ya puesto, que es Jesucristo. [12]Si, empero, sobre este fundamento se edifica oro, plata, piedras preciosas, (*o bien*) madera, heno, paja, [13]la obra de cada uno se hará manifiesta, porque el día la descubrirá, pues en fuego será revelado; y el fuego pondrá a prueba cuál sea la obra de cada uno . [14]Si la obra que uno

---

15. El *hombre espiritual* es capaz de valorar las cosas profanas y las espirituales; el hombre carnal, empero, sólo puede discernir las cosas materiales; porque le falta el espíritu, la luz del Espíritu Santo. Véase 12, 3; Jn. 14, 26; Rm. 15, 13. *De nadie es juzgado*: es decir, que los hombres en general, simplemente naturales (v. 14 y nota), no son capaces de comprenderlo ni de apreciarlo rectamente. De ahí las persecuciones que Jesús anuncia a todos sus discípulos, no obstante tratarse de hombres benéficos que, en lógica humana, debieran ser amados de todos.

16. *¡Quién ha conocido!* etc.: Véase Is. 40, 13: 55, 8s.; Rm. 11, 34. *Nosotros*: es decir, los hombres espirituales, a que se refiere el v. 15 (cf. 7, 40). Ésos tienen el instinto sobrenatural que les hace entender las cosas de Dios, porque se las muestra el Espíritu Santo que está en ellos (v. 12 y nota). No son así los corintios, aun carnales, como va a decírselo el Apóstol en 3, 1. Esta *permanencia* en nosotros del Espíritu Santo, que nos da *el sentido de Cristo*, es, pues, un punto de suma importancia, y está fundada en la Palabra de Jesús que nos lo prometió para "que *quede siempre con vosotros* el Espíritu de verdad" (Jn. 14, 16). Observa un autor que ésta ha de ser en el cristiano una situación *permanente* y, puesto que ya se nos ha dado (Rm. 5, 5), está cumplida la promesa de Lc. 11, 13, y hemos de creer en la ayuda del Espíritu Santo y que en esa fe ha de estar el íntimo resorte de nuestra rectitud, pues, sabiendo que a Dios no podríamos engañarlo, el aceptar esta situación creyendo ingenuamente a la promesa, lejos de ser presunción (como sería si creyésemos tener alguna capacidad propia), nos obliga a mantener nuestra alma bien desnuda en la presencia de Dios "como el que vuela en avión y sabe que la caída sería mortal".

1 ss. *Como a espirituales*: Véase 2, 12 ss., y notas. Los corintios, a pesar de la cultura que ostentaban, carecían de la verdadera sabiduría, y en tal sentido el Apóstol los llama *niños* (cf. Hb. 5, 12-14). Guardémonos de confundir la infancia espiritual con esta imagen usada aquí como señal de ignorancia, puesto que Jesús enseña, muy al contrario, que en ser niños está la mayor santidad

(Mt. 18, 1-4) y la más alta sabiduría (Lc. 10, 21 y nota). *Discordias* (v. 3); cf. 10 ss.

9 ss. Pablo es, pues, el gran arquitecto del Evangelio, el gran expositor de sus bases, y esto no sólo para los de Corinto, sino para todos nosotros. El "otro" (v. 10), que edifica sobre el cimiento, era quizás aquí Apolo (v. 6), pero se aplica a todos los predicadores, de palabra o de pluma. Para esto dice Lacordaire que Santo Domingo, "viendo que el apostolado perecía en la Iglesia", propuso al Papa Inocencio III, la fundación de una Orden que fuese de Predicadores, es decir, "que tuviese como función perpetua y universal enseñar el Evangelio". El fundamento sobre el que edifican los predicadores, "es el mismo Jesucristo, su Persona y su obra, pero en cuanto encarna en sí todo el Evangelio, predicado a los Corintios por el Apóstol" (Bóver) Cf. 1, 12 y nota. *Oro, Plata, piedras preciosas* (v. 12) señalan la recia predicación del Evangelio según el Espíritu sobrenatural; *madera, heno, paja*, su predicación según las enseñanzas de la sabiduría humana, cuya vanidad viene explicando el Apóstol desde los capítulos que preceden (véase Mt. 7, 22 y nota). Cf. Ef. 2, 19-22, donde San Pablo muestra la buena edificación a base de los apóstoles y profetas.

13. *El fuego*: el día del Señor, o sea la venida de Cristo triunfante, el cual, como dice la Liturgia, vendrá a juzgar a este siglo por medio del fuego. Por el *fuego* entienden San Agustín y San Gregorio, las tribulaciones; o, como dice Allo, "el conjunto de pruebas y juicios" que acompañarán el día del Señor. El griego lleva el artículo (he hemera), el día por excelencia, conforme a otros muchos pasajes, Cf. 1, 8; 4, 3 ss.; Rm. 2, 16 y 13, 12; 2 Ts. 1, 10; 2 Tm. 1, 12 y 18; Hb. 10, 35; 2 Pe. 2, 9, etc.), (Fillion). Bóver, comparando este pasaje con 2 Pe. 3, 7, que anuncia la conflagración de los elementos, pregunta: "Esta conflagración ¿debe entenderse en sentido propio o bien en sentido puramente metafórico?" Y agrega: "Esta pregunta merece esta otra contrapregunta: ¿contra el sentido propio y verdadero qué dificultad seria puede alegarse o se ha alegado?"

ha sobreedificado subsistiere, recibirá galardón; [15]si la obra de uno fuere consumida, sufrirá daño; él mismo empero se salvará, mas como a través del fuego. [16]¿No sabéis acaso que sois templo de Dios, y que el Espíritu de Dios habita en vosotros? [17]Si alguno destruyere el templo de Dios, le destruirá Dios a él; porque santo es el templo de Dios, que sois vosotros.

La sabiduría del mundo es locura ante Dios. [18]Nadie se engañe a sí mismo. Si alguno entre vosotros cree ser sabio en este siglo, hágase necio para hacerse sabio. [19]Porque la sabiduría de este mundo es necedad para Dios. Pues escrito está: "Él prende a los sabios en su misma astucia". [20]Y otra vez: "El Señor conoce los razonamiento de los sabios, que son vanos". [21]Así pues, que nadie ponga su gloria en los hombres. Porque todo es ciertamente vuestro; [22]sea Pablo, sea Apolo, sea Cefas, sea el mundo, sea la vida, sea la muerte, sea lo presente, sea lo porvenir, todo es vuestro, [23]más vosotros sois de Cristo, y Cristo es de Dios.

4 **Los apóstoles son servidores de Cristo.** [1]Así es preciso que los hombres nos miren: como a siervos de Cristo y distribuidores de los misterios de Dios. [2]Ahora bien, lo que se requiere en los distribuidores es hallar que uno sea fiel. [3]En cuanto a mí, muy poco me importa ser juzgado por vosotros o por tribunal humano; pero tampoco me juzgo a mí mismo. [4]Pues aunque de nada me acusa

14. *Recibirá galardón*: Como dice Fillion, "esta recompensa no consistirá solamente en la salvación eterna, común a todos los justos, sino en algunos privilegios particulares". Véase, por una parte, Ef. 2, 8s.; Rm. 6, 23; Jn. 4, 10, etc., y, por otra, Mt. 10, 42; 19, 28; Lc. 19, 12; 19, 17; 22, 28-30; 1Co. 9, 25 y nota; 2 Tm. 4, 7s.; 1 Pe. 5, 4; Ap. 2, 10; Dn. 12, 3, etc. Nuestro horizonte es, pues, más vasto que la expectativa de la muerte y el destino inmediato del alma sola. Jesús vendrá, como aquí vemos "trayendo su recompensa" (Ap. 22, 12). Cf. 4, 8 ss. y nota; Flp. 3, 20s.; Rm. 8, 23; Lc. 21, 28; 1 Pe. 1, 5-7, etc.

15. *A través del fuego*, es decir, a duras penas, después de tanto trabajo perdido. He aquí un tema de profunda meditación. Según San Gregorio, "esta doctrina se dirige a aquellos predicadores, que semejantes a los adúlteros, que no buscan en sus delitos la fecundidad, sino cómo satisfacer a su sensualidad, predican por vanidad; y llevados de la gloria temporal, no se aprovechan de la gracia, que Dios les ha dado, para engendrar hijos espirituales para Dios, sino que abusan de ella, para hacer una vana ostentación de su saber". En este *fuego* suele verse una insinuación del purgatorio. En tal caso no sería el mismo fuego mencionado antes como propio del día del Señor. El P. Sales, citando a Fillion, Cornely, Corluy, etc., hace notar que el Apóstol no habla directamente del purgatorio; primero, porque sólo trata de los predicadores del Evangelio, y luego, porque se refiere al juicio universal.

17. El Espíritu de Dios que nos convierte en *templo de Dios*, habitando en nosotros (v. 16), ha de ser nuestro maestro (cf. 2, 12), sin lo cual no podemos entender las cosas de Dios ni, en consecuencia, edificar según ellas con oro y piedras preciosas (v. 12). "Destruye, pues, el templo de Dios quien prescinde de escuchar como maestro al Espíritu Santo y pretende edificar sobre el fundamento de Cristo, según su propia iniciativa".

19. Cf. Job. 5, 13. Es notable que la cita sea de Elifaz, el mal amigo de Job. Véase la explicación en la nota a Job. 5, 9.

20. Véase Sal. 93, 11 y nota. Todas estas advertencias, como las del cap. 4, han de referirse en primer lugar a los predicadores de que trata aquí el Apóstol. Uno de los grandes secretos prácticos de la vida del cristiano está en comprender cómo se armoniza la caridad con la desconfianza que hemos de tener en los hombres. El más celoso amor de caridad, que desea en todo el bien del prójimo y nos impide hacerle el menor mal, no nos obliga en manera alguna a confiar en el hombre, ni a creer en sus afirmaciones para halagar su amor propio. Así el Evangelio nos libra de ser víctimas de engaño. Véase Jn. 2, 4 y nota.

22. Admirable felicidad. Somos dueños de todas las cosas con tal que pertenezcamos a Dios, porque, como dice San Buenaventura "el Señor, el Amigo, el Padre no permitirá que falte nada a su servidor, a su amigo, a su hijo". Cf. 1 Pe. 5, 7.

23. Cristo es del Padre que lo engendró, y que es su Cabeza (11, 3), y así la voluntad de Jesús durante toda la eternidad será estar sometido Él mismo al Padre, junto con todo su reino. Véase en 15, 24-28la revelación de este sublime misterio.

1s. El Apóstol es depositario de los misterios de la fe. Por lo tanto no le es lícito predicar sus propias ideas, y tampoco está sometido a juicio humano alguno. Y puesto que nadie debe confiar en los hombres (3, 21) no ha de verse en los apóstoles valores propios, sino mirarlos solamente como agentes cuyo valor depende todo de la fidelidad con que cumplen aquel mandato que consiste en poner al alcance de las almas esos misterios revelados por Dios. *Distribuidores* (literalmente: *ecónomos*). Cf. Mt. 24, 45; Lc. 12, 42. Los misterios son "las verdades evangélicas predicadas por los apóstoles y los otros misioneros de Cristo. Cf. 2, 7. No puede tratarse aquí de los sacramentos sino de una manera muy indirecta" (Fillion).

3 ss. Dado que todo apóstol es siervo de Dios (v. 1), sólo por Él debe ser hallado fiel (v. 4), sin importarle los vanos juicios de los hombres (3, 20), ni el juicio propio, que podría ser parcial (2Co. 10, 18). San Pablo confirma esto elocuentemente en Rm. 14, 4. Entre los tesoros de doctrina que nos brinda a cada paso la Escritura, he aquí uno que es a un tiempo de virtud sobrenatural y de sabiduría práctica. San Pablo no descuida su buen nombre, y aun lo defiende a veces con cruda sinceridad (Hch. 20, 33s.; 2Co. cap. 11; 1 Ts. 2, 9, etc. Cf. Pr. 22, 1 y nota); pero conoce las lecciones del gran Maestro sobre la falacia de los hombres (Jn. 2, 24 y nota) y sobre la inconveniencia de sus aplausos (Lc. 6, 26). Y entonces les fulmina aquí su despreocupación por el "qué dirán", con una libertad de espíritu que "en sociedad" sería de muy mal tono y

la conciencia, no por esto estoy justificado. El que me juzga es el Señor. [5]Por tanto, no juzguéis nada antes de tiempo, hasta que venga el Señor; el cual sacará a luz los secretos de las tinieblas y pondrá de manifiesto los designios de los corazones, y entonces a cada uno le vendrá de Dios su alabanza.

Somos como "basura del mundo". [6]Estas cosas, hermanos, las he aplicado figuradamente a mí mismo y a Apolo, por vuestra causa; para que aprendáis en nosotros a "no ir más allá de lo escrito"; para que no os infléis de orgullo como partidarios del uno en perjuicio del otro. [7]Porque ¿quién es el que te hace distinguirte? ¿Qué tienes que no hayas recibido? Y si lo recibiste ¿de qué te jactas, como si no lo hubieses recibido? [8]Ya estáis hartos; ya estáis ricos; sin nosotros habéis llegado a reinar... y ¡ojalá que reinaseis, para que nosotros también reinásemos con vosotros! [9]Pues creo que Dios, a nosotros los apóstoles, nos exhibió como los últimos (*de todos*), como destinados a muerte; porque hemos venido a ser espectáculo para el mundo, para los ángeles y para los hombres. [10]Nosotros somos insensatos por Cristo, más vosotros, sabios en Cristo; nosotros débiles,

vosotros fuertes; vosotros gloriosos, nosotros despreciados. [11]Hasta la hora presente sufrimos hambre y sed, andamos desnudos, y somos abofeteados, y no tenemos domicilio. [12]Nos afanamos trabajando con nuestras manos; afrentados, bendecimos; perseguidos, sufrimos; [13]infamados, rogamos; hemos venido a ser como la basura del mundo, y el desecho de todos, hasta el día de hoy.

Predicar es engendrar en el Evangelio. [14]No escribo estas líneas para avergonzaros, sino que os amonesto como a hijos míos queridos. [15]Pues aunque tuvierais diez mil pedagogos en Cristo, no tenéis muchos padres; porque en Cristo Jesús os engendré yo por medio del Evangelio. [16]Por lo cual, os ruego, haceos imitadores míos como yo de Cristo. [17]Por eso mismo os envié a Timoteo, el cual es mi hijo querido y fiel en el Señor. Él os recordará mis caminos en Cristo, según lo que por doquier enseño en todas las Iglesias. [18]Algunos se han engreído, como si yo no hubiese ya de volver a vosotros. [19]Mas he de ir, y pronto si el Señor quiere; y conoceré, no las palabras de esos hinchados, sino su fuerza. [20]Pues no en palabras consiste el reino

---

calificada de soberbia, en tanto que no es sino verdadera humildad cristiana que desprecia el mundo, empezando por despreciarse a sí mismo: No me importa nada lo que ustedes piensan de mí, porque no aspiro al elogio; ni creo merecerlo, pues nadie lo merece; ni lo aceptaría si me lo dieran, ni lo creería sincero, etc., por lo cual sólo me interesa "quedar bien" con mi buen Padre celestial, el único sabio, que me juzga con caridad porque me ama, y ha entregado mi juicio a su Hijo (Jn. 5, 22 y nota) que es mi propio abogado (1 Jn. 2, 1), un abogado que se hizo matar por defenderme (1 Jn. 2, 2). *Por tribunal humano*: literalmente: *por humano día*: algunos piensan que el Apóstol alude más bien a la dispensación actual; queriendo decir que nada vale juzgar antes que venga el verdadero Juez (v. 5).

7. Es decir: si tienes ventaja sobre otro, ¿quién te la da, sino Dios? Algunos traducen: *¿qué es lo que te distingue a ti?* o sea *¿qué tienes tú de propio?* Cf. Ga. 6, 3 y nota.

8 ss. Los siguientes vv. son una amarga acusación contra los *críticos* y murmuradores, que en su altivez desprecian a los mensajeros de Dios. Las antítesis son tan cortantes y sarcásticas, que revelan la profundísima indignación del Apóstol. *Habéis llegado a reinar*: "Mordiente ironía... Al fin de los tiempos, cada cristiano participará en el Reino de Nuestro Señor Jesucristo. Cf. 2 Tm. 2, 12; Ap. 3, 21; 5, 10, etc. ¿Esta época gloriosa habría, pues, comenzado ya para los corintios?" (Fillion). "Al ver la suficiencia de los corintios, se diría que ya habían llegado a la plenitud de la realeza mesiánica" (Crampon). Véase 3, 14; 10, 11 y notas; Ap. 1, 6; 5, 10.

9 ss. Traza aquí San Pablo un cuadro elocuentísimo de cómo todo verdadero apóstol ha de *ser despreciado* a causa de Cristo, aun por aquellos por quienes se desvela. No es esto sino un comentario de lo que Jesús anunció mil veces como característica de sus verdaderos discípulos, y nos sirve para saber distinguir a éstos, de los falsos que arrebatan el aplauso del mundo. Cf. Lc. 6, 22-26; 2 Tm. 3, 11s. *Espectáculo*: como las víctimas del circo, entregadas a las fieras. ¿No los envió Jesús como a "corderos entre lobos"? (Mt. 10, 16). Cf. Hch. 14, 18; 16, 22 ss.; Rm. 8, 36; 2Co. 1, 9; 11, 23, etc. *Para los ángeles*: ¡He aquí el consuelo dulcísimo! Mientras los hombres nos desprecian o juzgan mal, los ángeles obran como Rafael en Tb. 12, 12.

10. La ironía culmina en esta antítesis. ¿Vosotros recibís honores y creéis ser discípulos de Cristo? ¡Como si eso fuera posible! Cf. Jn. 5, 44 y nota.

12. *Trabajando con nuestras manos*: Se refiere al trabajo manual que practicaba San Pablo para ganarse la vida y para no ser molesto a las Iglesias por él fundadas. Cf. Hch. 18, 3: 20, 34; 1 Ts. 2, 9.

15. Es decir que por medio del Evangelio se engendran en Cristo hijos para que lo sean del Padre (Jn. 1, 12s.). ¿Puede concebirse misión más alta y divina que semejante predicación? En tal sentido Pablo llama "hijo" a Timoteo (v. 17), como Pedro a Marcos (1 Pe. 5, 13), convertidos por ellos. Cf. Mt. 23, 9.

17. Sobre esta fidelidad de Timoteo cf. Flp. 2, 20.

19s. Contra esos *hinchados* de palabras, que ya motejaba de tales el apologista romano Minucio Félix, escribe San Cipriano:

de Dios, sino en fuerza. [21]¿Qué queréis? ¿Que vaya a vosotros con la vara, o con amor y con espíritu de mansedumbre?

5 **Excomunión de un incestuoso.** [1]Es ya del dominio público que entre vosotros hay fornicación, y fornicación tal, cual ni siquiera entre los gentiles, a saber: que uno tenga la mujer de su padre. [2]Y vosotros estáis engreídos, en vez de andar de luto, para que sea quitado de en medio de vosotros el que tal hizo. [3]Pero yo, aunque ausente en cuerpo, más presente en espíritu, he juzgado, como si estuviese presente, al que tal hizo. [4]Congregados en el nombre de nuestro Señor Jesús vosotros y mi espíritu, con el poder de nuestro Señor Jesús, [5]sea entregado ese tal a Satanás, para destrucción de su carne, a fin de que el espíritu sea salvo en el día del Señor Jesús. [6]No es bueno que os jactéis así. ¿Acaso no sabéis que poca levadura pudre toda la masa? [7]Expurgad la vieja levadura, para que seáis una masa nueva, así como sois ázimos porque ya nuestra Pascua, Cristo, ha sido inmolada. [8]Festejemos, pues, no con levadura añeja ni con levadura de malicia y de maldad, sino con ázimos de sinceridad y de verdad.

Los escandalosos que se llaman hermanos. [9]Os escribí en la carta que no tuvieseis trato con los fornicarios. [10]No digo con los fornicarios de este mundo en general, o con los avaros, ladrones o idólatras, pues entonces tendríais que salir del mundo. [11]Mas lo que ahora os escribo es que no tengáis trato con ninguno que, llamándose hermano, sea fornicario, o avaro, o idólatra, o maldiciente, o borracho, o ladrón; con ese tal ni siquiera toméis bocado. [12]pues ¿qué tengo yo que juzgar a los de afuera? ¿No es a los de adentro a quienes habéis de juzgar? [13]A los que son de afuera los juzgará Dios: "Quitad al malvado de en medio de vosotros".

6 **No haya pleitos entre cristianos, y menos ante jueces paganos.** [1]¿Se atreve alguno de vosotros, si tiene pleito con otro, a acudir a juicio ante los inicuos, y no ante los santos? [2]¿No sabéis acaso

---

"Nosotros somos filósofos de hechos, no de palabras; ostentamos la sabiduría no en el manto de filósofo, sino mediante la verdad". *Su fuerza*: (en griego: *dynamis*). Otros traducen: poder, eficacia, realidades, etc. Debe notarse que es el mismo término que el Apóstol aplica al Evangelio en Rm. 1, 16. El reino de Dios (v. 20) no consiste, pues, en *palabras,* cuando ellas son de hombres, según esa sabiduría humana que San Pablo acaba de desahuciar tan inexorablemente en los anteriores capítulos. Pero sí consiste en *la Palabra divina,* a la cual él mismo, en el citado pasaje, la llama *fuerza de Dios para salvar.* Esa *fuerza* de que aquí habla por oposición a las palabras de los hombres, es, pues, la del Verbo, o sea precisamente la palabra del Evangelio, de la cual viene la fe (Rm. 10, 17) y cuya suma eficacia quedó afirmada en el v. 15. Véase Rm. 14, 17, donde San Pablo nos dice que el Reino de Dios consiste en los frutos que vienen de la Palabra.

1. *La mujer de su padre*: la madrastra. Como lo anotan los historiadores (Estrabón, Pausanias, etc.), la corrupción de Corinto era proverbial, al punto de que en toda la Grecia se usaba el verbo "corintiar" como sinónimo de vivir de manera disoluta. San Pablo muestra aquí que algunos cristianos tampoco eran ajenos a esa corrupción (cf. 3, 1), aunque solían ser harto inflados, como vimos en el capítulo precedente.

5. Los tormentos y las vejaciones de Satanás (cf. 1 Tm. 1, 20) deben conducirlo al arrepentimiento para que se convierta y pida perdón. Sobre este castigo temporal para evitar la perdición eterna, cf. 11, 30; 1 Pe. 3, 20; Sb. 12, 10 y notas. Es de recordar que este pecador es perdonado en 2Co. 2, 5s. Véase allí el sentido de la excomunión.

6. El incestuoso es como una bacteria peligrosa que puede contagiar a toda la comunidad. Véase Ag. 2, 13s. y nota.

7. *Masa nueva*: por la gracia del Bautismo. La *levadura* simboliza la corrupción, ya desde el Antiguo Testamento. "La razón principal que hacía proscribir el pan fermentado en la octava de Pascua y en las ofrendas (Ex. 29, 2; Lv. 2, 11; 7, 12; 8, 2; Nm. 6, 15) era que la fermentación es una manera de putrefacción" (Vigouroux). Los *ázimos* (panes sin levadura) se comían en la semana de Pascua. (Cf. Ex 12, 21; 13, 7; Is. 53, 7; Lc. 13, 21; 1 Pe. 1, 19). La Iglesia usa este pasaje en la Liturgia de esa misma semana para movernos a resucitar espiritualmente en Cristo y con Cristo. Véase Rm. 6, 4 ss.; Ef. 4, 22.

9. Esa carta no se encuentra entre los libros canónicos y se la considera perdida (cf. Col. 4, 16nota), aunque algunos, como San Juan Crisóstomo, pensaban que se trataba de la Epístola presente.

11. *Llamándose hermano*: Los que son sólo *cristianos de nombre*, perjudican a la Iglesia más que los paganos. Por lo tanto no debemos tener trato con ellos. Véase las severas normas dadas en Col. 3, 14; 2 Ts. 3, 6 y 14; 2 Jn. 10.

12s. Gran lección de humildad colectiva, para que no queramos ver siempre el mal fuera de nuestra comunidad. Véase Lm. 3, 42 y nota. *Quitad al malvado*, etc. (v. 13): es una cita de Dt. 13, 5. Nótese que no es el caso de la *cizaña*, la cual no debe arrancarse hasta la siega (Mt. 13, 29s.). La cizaña está en el campo del mundo (Mt. 13, 38), mientras que San Pablo habla aquí de los que se dicen discípulos de Cristo, en la *red* (Mt. 13, 47 ss.). En el v. 10nos dice claramente que no se trata de los del mundo, sino que su severidad se refiere a los nuestros. Cf. 1 Tm. 5, 20.

1. El Apóstol entiende por *inicuos* a los paganos (cf. v. 9), y llama *santos* a todos los verdaderos cristianos (cf. 1, 2 y nota). Deberían avergonzarse de ir en busca de jueces paganos en vez de escoger como tales a hermanos cristianos.

que los santos juzgarán al mundo? Y si por vosotros el mundo ha de ser juzgado, ¿sois acaso indignos de juzgar las cosas más pequeñas? ³¿No sabéis que juzgaremos a ángeles? ¡Cuánto más unas cosas temporales! ⁴Cuando tenéis pleitos sobre negocios temporales, tomad por jueces a los más despreciables de la Iglesia. ⁵Para vuestra confusión os lo digo. ¿O es que acaso entre vosotros no hay ningún sabio, capaz de juzgar entre hermanos, ⁶sino que hermano contra hermano pleitea, y esto ante infieles? ⁷Ahora bien, si ya es una mancha en vosotros el que tengáis pleitos unos con otros ¿por qué más bien no soportáis la injusticia? ¿Por qué antes no os dejáis despojar? ⁸Pero sois vosotros los que hacéis injusticia y despojáis, y eso a hermanos. ⁹¿No sabéis que los

inicuos no heredarán el reino de Dios? No os hagáis ilusiones. Ni los fornicarios, ni los idólatras, ni los adúlteros, ni los afeminados, ni los sodomitas, ¹⁰ni los ladrones, ni los avaros, ni los borrachos, ni los maldicientes, ni los que viven de rapiña, heredarán el reino de Dios. ¹¹Tales erais algunos; mas habéis sido lavados, más habéis sido santificados, más habéis sido justificados en el nombre de nuestro Señor Jesucristo y en el Espíritu de nuestro Dios.

La castidad cristiana. ¹²"Todo me es lícito"; pero no todo conviene. "Todo me es lícito"; pero yo no dejaré que nada me domine. ¹³"Los alimentos son para el vientre y el vientre para los alimentos"; pero Dios destruirá el uno y los otros. En tanto que el cuerpo no es para la fornicación, sino para el Señor, y el Señor para el cuerpo. ¹⁴Y Dios, así

2s. He aquí una de las más estupendas promesas divinas: los *santos* juzgarán al mundo y a los ángeles. Así lo comentan San Juan Crisóstomo, Teofilacto, Teodoreto, San Ambrosio, San Anselmo y otros expositores antiguos. Fundándose tanto en estos testigos de la tradición, como en el contexto, que habla del establecimiento de un juicio en sentido literal, se dirige Cornelio a Lapide contra los que intentan diluir la promesa en una alegoría y expone que en aquel día del Señor los apóstoles y los que todo lo despreciaron por amor a Cristo estarán sentados más cerca del divino Juez, en calidad de príncipes y asesores del Reino. Más o menos explícitamente se encuentra la misma enseñanza consoladora en Sb. 3, 8; Dn. 7, 9 y 22; Lc. 19, 17 ss.; 22, 30; Judas 14; Ap. 3, 21; 20, 4; etc. Cf. Didajé 10, 7. El P. Sales, con Fillion y otros, considera esto como una extensión de la promesa hecha por Jesús a los apóstoles (Mt. 19, 28 y nota), "a todos los cristianos que hayan vivido su vocación", si bien es de observar que allí se habla de doce tronos y de las tribus de Israel, en tanto que en otros lugares se habla de juzgar a las naciones (véase Ap. 2, 26s.). De todas maneras vemos que San Pablo levanta aquí buena parte del velo que cubre los Novísimos, como lo hace también en 15, 23; 15, 51; 1 Ts. 4, 12 ss.; 2 Ts. 2, 3 ss.; Rm. 11, 23 ss., etc., penetrando resueltamente en el campo de la profecía esjatológica. De todo esto se sigue que aquel "día" en que Dios juzgará a la Humanidad y formará "nuevos cielos y nueva tierra" (2 Pe. 3, 13), no ha de medirse con el reloj humano, sino que, como observa San Agustín, será uno de aquellos de que habla San Pedro (2 Pe. 3, 8) y cabrán en él muchas cosas que nos son todavía oscuras. Cf. Mt. 24, 3 ss., y notas.

4. Según esto no valdría la pena ocupar en eso a los más sabios. Pero el v. es diversamente interpretado. Fillion cree que San Pablo habla aquí irónicamente. La solución estaría quizá en la forma interrogativa: ¿Acaso sentáis como jueces a los despreciables? Como si dijera: ¿Es que vais a otros jueces porque no sabéis elegir los vuestros? ¿No tenéis otros mejores?

7. ¿Por qué más bien no soportáis la injusticia? Es la doctrina del Sermón de la Montarla, fundamental por lo tanto en el cristianismo, como todo lo que afecta a la caridad (Mt. 5, 39; Lc. 6, 29; Rm. 12, 17; 1 Ts. 4, 6: Tb. 3, 2; St. 4, 2). Vemos así cuánto

importa huir de los litigios y de cuántos males nos libraría Dios con ello, tanto en el orden colectivo como en el individual. Y si bien miramos, tal doctrina afecta, más que a nuestros intereses, a nuestro amor propio. Sabemos que hay, por ejemplo, personas de corazón sensible, que con verdadero gusto dan importantes cantidades para los pobres, y que sin embargo se indignan furiosamente de que alguien les tome, sin su permiso, aunque sea una gallina, porque con esto se sienten burlados. ¿No valdría mucho más ante Dios, dejarse quitar la gallina, que entregar una suma, puesto que aquella cosa, materialmente pequeña, requiere una negación de sí mismo, una renuncia a la voluntad de la carne, mucho mayor que lo otro? Porque está claro que si uno no es capaz de dejarse tomar la gallina, menos tendrá la caridad sobrenatural necesaria para hacer una obra mayor; por donde se ve que una gran donación muchas veces no responde a la pura voluntad caritativa, sino que va mezclada con sentimentalismo y propia satisfacción. De ahí lo que el Apóstol nos dice en 4, 5. Sólo Dios conoce lo que vale cada alma, y por eso no hemos de pretender condenarlas ni canonizarlas desde ahora, porque nosotros tendemos a juzgar por las apariencias (Jn. 7, 4). Cf. Mt. 23, 26 y nota.

8. Nótese la fuerza del contraste: lejos de soportar como víctimas. a imitación de Cristo (1 Pe. 2, 19-24), son ellos los victimarios.

11. *Tales erais*: es decir, cuando paganos (v. 1). Cf. Rm. 1, 18-32; Ef. 2, 12 ss.

13 ss. Decían algunos, a la manera de los materialistas modernos: fornicación y lujuria son cosas tan naturales y necesarias como satisfacer las exigencias del estómago. A ellos responde el Apóstol: En verdad el estómago es para los manjares, pero el cuerpo, como templo del Espíritu santo (v. 19), está destinado para la gloria eterna. La Iglesia rechaza, por consiguiente, el culto de la carne, tan fomentado en los teatros y en la literatura, y esto no porque desprecie el cuerpo (Col. 2, 16 y nota), sino porque respeta la dignidad del mismo. "Si tú dices: tengo derecho a llevar una vida regalada y entre placeres, respóndete el Apóstol: Ya no eres hombre libre y dueño de ti mismo; ya eres esclavo del regalo y del placer" (San Juan Crisóstomo). *El cuerpo es para el Señor*, etc.: Es

como resucitó al Señor, nos resucitará también a nosotros por su poder. [15]¿No sabéis acaso que vuestros cuerpos son miembros de Cristo? ¿Tomaré pues los miembros de Cristo para hacerlos miembros de una ramera? Tal cosa ¡jamás! [16]¿Ignoráis que quien se junta con una ramera, un cuerpo es (con ella) porque dice (la Escritura): "Los dos serán una carne"? [17]Pero quien se allega al Señor, un mismo espíritu es (con Él). [18]Huid, pues, la fornicación. Cualquier pecado que cometa el hombre, queda fuera del cuerpo, más el que fornica, contra su mismo cuerpo peca. [19]¿O no sabéis que vuestro cuerpo es templo del Espíritu Santo que está en vosotros, el cual habéis recibido de Dios, y que ya no os pertenecéis a vosotros? [20]Porque fuisteis comprados por un precio (grande). Glorificad, pues, a Dios en vuestro cuerpo.

7 **El matrimonio.** [1]En cuanto a las cosas que escribisteis, bueno es al hombre no tocar mujer. [2]Más para evitar la fornicación, tenga cada uno su mujer, y cada una su marido. [3]El marido pague a la mujer el débito, y así mismo la mujer al marido.

[4]La mujer no tiene potestad sobre su cuerpo, sino el marido; e igualmente, el marido no tiene potestad sobre su cuerpo, sino la mujer. [5]No os privéis recíprocamente, a no ser de común acuerdo por algún tiempo, para entregaros a la oración; y después volved a cohabitar, no sea que os tiente Satanás por medio de vuestra incontinencia. [6]Esto lo digo por condescendencia, no como precepto. [7]Quisiera que todos los hombres fuesen así como yo, más cada uno tiene de Dios su propio don, quien de una manera, y quien de otra. [8]Digo, empero, a los que no están casados y a las viudas: bueno les es si permanecen así como yo. [9]Mas si no guardan continencia, cásense; pues mejor es casarse que abrasarse.

Matrimonios entre cristianos y paganos. [10]A los casados ordeno, no yo, sino el Señor, que la mujer no se separe de su marido; [11]y que aun cuando se separare, permanezca sin casarse, o se reconcilie con su marido; y que el marido no despida a su mujer. [12]A los demás digo yo, no el Señor; si algún hermano tiene mujer infiel, y ésta consiente en habitar con él, no la despida. [13]Y la

decir, para hacerse uno mismo con Cristo, como miembro de Él. Véase Ez. 18, 4 y nota. Y Él es para el cuerpo, pues será Él quien lo resucitará y glorificará. Cf. Flp. 3, 20s.

17. *Un mismo espíritu*, por participar de la divina naturaleza mediante la gracia. Cf. 6, 23; 2 Pe. 1, 4. "De la naturaleza del amor es transformar al amante en el amado; por consiguiente, si amamos lo vil y caduco nos hacemos viles e inestables... Si amamos a Dios nos hacemos divinos" (Santo Tomás de Aquino).

19. "La *impureza* es un materialismo grosero, un sacrilegio que deshonra los miembros de Cristo, una degradación del propio cuerpo, una profanación que viola el templo del Espíritu Santo, una injusticia que desconoce los derechos de Cristo sobre nosotros" (Bóver).

20. *Por un precio grande*: El texto dice solamente: *por un precio*: el Apóstol quiere recalcar que en esa compra el precio fue enteramente pagado, de modo que no puede dudarse que ya no somos nuestros. Véase en 7, 23, cómo insiste en esa misma verdad para convencernos de que no podemos esclavizar tampoco a otros hombres. "No contento con purificarnos, el Salvador nos ha enriquecido, pues nos mereció con su muerte la gracia santificante y la felicidad celeste. Por lo tanto, considerando que la Sangre de Cristo ha sido el precio de nuestro rescate, ¿no nos sentimos inducidos a guardarnos más cuidadosamente de toda caída?" (Santo Tomás de Aquino).

3. "Existen algunos que enseñan que la unión del varón y la esposa no está libre de pecado, lo que es herético" (Santo Tomás de Aquino).

4. He aquí algo que probablemente ignora gran parte de los cónyuges. El recordarlo convertiría en caridad lo que antes era pura concupiscencia egoísta.

5. Contestando el Apóstol a las consultas que le habían sido presentadas, expone el ideal del *matrimonio cristiano* con admirable libertad de espíritu, previniendo a los cónyuges que si Dios los mueve a dejar, por algún tiempo, la cohabitación y dedicarse a la oración, lo hagan siempre atendiendo a la debilidad humana del modo que lo dijo en el v. 2, esto es, para evitar el peligro de la incontinencia, o sea para que la presunción de ostentar ante Dios una virtud heroica, no los haga olvidar la miseria humana y caigan en adulterio u otros actos prohibidos, por evitar aquellos que no lo están. Véase el ejemplo de Tobías, y la promesa que él contiene de las más grandes bendiciones para el hogar (Tb. 6, 18 ss. y nota). Por encima del estado matrimonial, recomienda el Apóstol la virginidad (v. 26 ss. y nota).

9. Abrasarse, es decir, entregarse a malos pensamientos y pasiones "hasta consumirse en el oculto fuego" (San Agustín).

10s. Le *indisolubilidad del matrimonio* es, como se ve, un mandamiento que viene del Señor, y del que no puede dispensar ninguna potestad. Cf. Mt. 5, 32; 19, 9; Mc. 10, 11; Lc. 16, 18.

12. Esta norma que se llama *Privilegio Paulino* o "privilegio de la fe" (v. 15), se observa aún hoy día cuando uno de los esposos infieles abraza la fe cristiana. Véase el Código de Derecho Canónico, cánones 1120 ss. Admiremos el espíritu de caridad que la inspira: "pues Dios nos ha llamado a la paz". Se trata de una excepcional y verdadera disolución del vínculo, plenamente

mujer que tiene marido infiel, y éste consiente en habitar con ella, no abandone ella a su marido. [14]Porque el marido infiel es santificado por la mujer, y la mujer infiel es santificada por el hermano; de lo contrario vuestros hijos serían inmundos, mientras que ahora son santos. [15]Mas si la parte infiel se separa, sepárese; en tal caso no está sujeto a servidumbre el hermano o la hermana; pues Dios nos ha llamado a la paz. [16]Porque (*de lo contrario*) ¿sabes tú, mujer, si salvarías a tu marido? ¿O sabes tú, marido, si salvarías a tu mujer?

Cada cual permanezca en su estado. [17]Cada cual, según el Señor le ha dado, y según Dios le ha llamado, así ande. Esto es lo que establezco en todas las Iglesias. [18]¿Ha sido llamado alguno siendo circunciso? No se haga incircunciso. ¿Fue uno llamado incircunciso? No se circuncide.

[19]Nada es la circuncisión, y nada la incircuncisión; sino el guardar los mandamientos de Dios. [20]Cada cual persevere en el estado en que fue llamado. [21]¿Fuiste llamado siendo esclavo? No te dé cuidado; antes bien, saca provecho de eso, aun cuando pudieses hacerte libre. [22]Porque el que fue llamado en el Señor, siendo esclavo, liberto es del Señor; así también el que fue llamado siendo libre, esclavo es de Cristo. [23]Comprados habéis sido por un precio (*grande*); no os hagáis esclavos de los hombres. [24]Hermanos, cada uno permanezca ante Dios en la condición en que fue llamado.

Ventajas de la virginidad. [25]Respecto de las vírgenes, no tengo precepto del Señor; pero doy mi parecer, como quien ha alcanzado la misericordia del Señor para ser fiel. [26]Juzgo, pues, que en vista de la inminente tribulación, es bueno para el hombre quedar como está. [27]¿Estás atado a mujer?

---

reconocida hoy (algunos autores antiguos la negaban) y se refiere, como vemos, al caso de un matrimonio preexistente, entre infieles, que resulta mixto por conversión ulterior de un cónyuge. Más tal disolución requiere la libre voluntad del cónyuge infiel y no sólo la del creyente, pues sin aquélla éste no sería dueño de su cuerpo (v. 4). Claro está que la voluntad de aquél presupone que admita una convivencia "sin injuria del Creador", pues de lo contrario el creyente no podría tener aquella paz. También, a la inversa, si el cónyuge creyente ha dado al otro un justo motivo de abandonarlo, la ley canónica declara improcedente este privilegio (canon 1123). Algunos ven aquí sólo un permiso o consejo (San Agustín. Santo Tomás de Aquino, Cornely), otros un precepto (cf. Van Steenkiste). También discuten los autores si el privilegio se extiende o no a los bautizados en una secta disidente (O. Arendt).

14. El cónyuge convertido, santificado como miembro de Cristo (1, 2; 6, 15 y 19), santifica al otro por la íntima unión que con él tiene (14, 35 y nota). "La limpieza de la mujer fiel vence la inmundicia del varón infiel, y también la limpieza del varón fiel vence la inmundicia de la mujer infiel" (San Juan Crisóstomo). Es una notable excepción a la ley del contagio (cf. 5, 6 y nota), y coincide con lo que dice San Pedro sobre la santidad de la misión de los cónyuges (1 Pe. 3, 1 y nota). La caridad aconseja no separarse en este caso, dice San Agustín, porque la separación dificultaría la salvación de los infieles (cf. v. 36 y nota). *Vuestros hijos*: Los padres griegos (San Juan Crisóstomo, Teodoreto, etc.) advierten que el cónyuge infiel por su unión con el fiel tiene mayor esperanza de salvación así como los hijos de padres cristianos más seguramente llegan a la fe (Cornely). Los autores coinciden hoy en señalar que San Pablo, al decir aquí "vuestros", se refiere no ya a los hijos de aquellos matrimonios mixtos, sino a los de todos los cristianos de Corinto.

16. En este caso ya no podría seguirse sin presunción el caritativo empeño del v. 14. Por donde vemos la suavidad de los caminos que Dios abre a los rectos de corazón, que miran la amistad de Él como la preocupación central de su vida. Cf. Sal. 111, 4 y nota; Mt. 19, 14; Mc. 10, 14; Lc. 18, 16.

18. *No se haga incircunciso*: Por medio de una operación quirúrgica los judíos helenistas que apostataban de su Dios disimulaban la circuncisión para evitar la burla de los griegos en los gimnasios donde aparecían desnudos (*gimnasio* viene del griego *gymnós, desnudo*). Cf. 1M. 1, 15-16.

21. El cristianismo remedia la lucha de clases y quiere que todos se hagan, voluntariamente, siervos de Cristo y hermanos entre sí.

23. *Por un precio (grande)*: esto es, con la preciosísima Sangre de Jesucristo. Habéis sido hechos libres por Jesucristo, y vuestro espíritu no puede ser esclavo de nadie, por lo tanto, no importa a qué condición social pertenezcáis. Véase 6, 20 y nota; 1 Pe. 1, 18s.; Jn. 8, 32 ss.

25. *Misericordia para ser fiel*: He aquí un pasaje que, como muchas otras palabras reveladas, puede escandalizar al criterio humano, naturalmente opuesto al criterio esencialmente divino de la Sagrada Escritura (2, 14 y nota). La Iglesia lo cita, con algunos más (1 Tm. 1, 13; Flp. 1, 29; Ef. 2, 8; 1Co. 4, 7; St. 1, 17; Jn. 3, 27, etc.), para demostrar que la fidelidad del hombre a Dios, lejos de ser un favor que a Él le hacemos es un favor, el más grande, que recibimos de Él. (Denz, 199).

26 ss. Las ventajas y excelencias de la *virginidad por causa de Dios* no se pueden destacar mejor que en este incisivo discurso, de un valor que no sufre menoscabo por el cambio de tiempos ni de circunstancias. *La inminente tribulación*, a saber, las cargas y cruces de la vida matrimonial, las persecuciones y la vanidad y fugacidad de este mundo (cf. v. 31 y nota), cuyo fin siempre puede estar cerca con el ansiado Retorno del Rey de Reyes (Flp. 4, 5; St. 5, 8; Ap. 1, 3; 19, 11 ss.; 1 Ts. 5, 1 ss.; 1 Pe. 4, 7). Sobre esto insiste también en el v. 29: *El tiempo es limitado,* y en 10, 11: *Ha venido el fin de las edades.* Como se ve, San Pablo no presenta la virginidad como precepto (1 Tm. 4, 3), sino que la ofrece como un estado más conveniente y feliz aún en esta vida, de acuerdo con lo

No busques desatarte. ¿Estás desatado de mujer? No busques mujer. [28]Si te casares, no pecas; y si la doncella se casare no peca. Pero estos tales sufrirán en su carne tribulaciones, que yo quiero ahorraros. [29]Lo que quiero decir, hermanos, es esto: el tiempo es limitado; resta, pues, que los que tienen mujeres vivan como si no las tuviesen; [30]y los que lloran, como si no llorasen; y los que se regocijan, tomó si no se regocijasen; y los que compran, como si no poseyesen; [31]y los que usan del mundo, como si no usasen, porque la apariencia de este mundo pasa. [32]Mi deseo es que viváis sin preocupaciones. El que no es casado anda solícito en las cosas del Señor, por cómo agradar al Señor; [33]más el que es casado, anda solícito en las cosas del mundo (*buscando*), cómo agradar a su mujer, y está dividido. [34]La mujer sin marido y la doncella piensan en las cosas del Señor, para ser santas en cuerpo y espíritu; más la casada piensa en las cosas del mundo (*buscando*), cómo agradar a su marido. [35]Esto lo digo para vuestro provecho; no para tenderos un lazo, sino en orden a lo que más conviene y os une mejor al Señor, sin distracción. [36]Pero si alguno teme deshonor por causa de su (*hija*) doncella, si pasa la flor de la edad y si es preciso obrar así, haga lo que quiera; no peca. Que se casen. [37]Más el que se mantiene firme en su corazón y no se ve forzado, sino que es dueño de su voluntad y en su corazón ha determinado guardar a su doncella, hará bien. [38]Quien, pues, case a su doncella, hará bien; más el que no la casa, hará mejor.

Las viudas. [39]La mujer está ligada todo el tiempo que viva su marido; más si muriere el marido, queda libre para casarse con quien quiera; sólo que sea en el Señor. [40]Sin embargo, será más feliz si permaneciere así, según el parecer mío, y creo tener también yo espíritu de Dios.

8 No hay impureza en comer carnes ofrecidas a los ídolos.

[1]En cuanto a las carnes ofrecidas a los ídolos, sabemos que todos tenemos ciencia. Pero la ciencia infla, en tanto que la caridad edifica. [2]Si alguno se imagina que sabe algo, nada sabe todavía cómo se debe saber. [3]Pero si uno ama a Dios, ése

---

que Jesús dijo en Mt. 19, 11s. Lo mismo dice sobre el estado de viudez en el v. 40.

29. *Limitado*: El griego usa una expresión náutica que significa cargar las velas; según observa Buzy, es para señalar que no podemos contar con largo tiempo, que estamos próximos a zarpar, lo cual es doblemente cierto, por la brevedad e incertidumbre de nuestra vida y por el eventual retorno del Señor en cualquier momento (v. 26 ss.; Mc. 13, 37 y notas).

31. *La apariencia de este mundo pasa*: El cristiano pleno, en vez de ser, pues, el tipo da hombre satisfecho, casi prosaico, según se lo imagina el mundo al verlo huir de sus oropeles, es el grande y audaz aventurero, que se juega el todo por el todo frente a lo infinito. Él ve que las bellezas temporales, según la carne, producen emociones intensas, y que lo espiritual no es emotivo sino tranquilo. Pero él sabe que aquello es apariencia, y que esto es "la verdad"; porque "las cosas que se ven son transitorias, más las que no se ven son eternas" (2Co. 4, 18). Entonces, al ver que todo esto es una apariencia, una *escena* como en el teatro, no se resigna a poner todo su destino en tan poca cosa, porque es ambicioso. Y entonces no tarda en descubrir que la realidad está escondida en el misterio (2, 7), y que ese misterio es todo de amor, como el mismo Dios, por lo cual sin el amor no podemos entender nada (1 Jn. 4, 8). Y cuando se entrega del todo al amor, es decir, a la felicidad de ser amado (Cant. 2, 7 y nota), empieza a sentirse satisfecho, tanto en su corazón como en su mente; y a medida que va hallando la sabiduría, va haciéndose cada día más pequeño delante de Dios, como un niñito de pecho, y comprueba alborozado cómo es que el Padre muestra a los pequeños esas cosas que oculta a los que los

hombres llaman sabios (Lc. 10, 21). Véase la introducción al libro de la Sabiduría.

33. *Está dividido*: Tal es sin duda lo común. Podemos sin embargo agregar, para consuelo de los casados que quieren amar a Dios, aquello que Jesús dijo en Lc. 18, 27: "Las cosas imposibles para hombres, posibles para Dios son". Véase en Hch. 18, 2 y 26 y notas, el caso bellísimo de Aquila y Priscila, los cónyuges amigos de San Pablo, que vivían sólo para el Evangelio.

39. *Que sea en el Señor*: esto es, dentro del Cuerpo Místico (Ef. 5, 25 ss.), con un esposo cristiano. De ahí que la Iglesia prohíba los matrimonios mixtos y no los permita sino con ciertas precauciones. La forma externa actual del Matrimonio data del Concilio de Trento.

40. Véase vv. 26, 28 y 32-35. El estado de viudez ha merecido siempre gran respeto en la Iglesia. Cf. 1 Tm. 5, 3 ss., etc.

1 ss. Parte de los *sacrificios* que los paganos ofrecían a sus ídolos, se vendía en el mercado. Por lo tanto, algunos cristianos se sentían inquietos al comer carne, especialmente cuando eran convidados por algún pagano.

2s. Quiere decir: *nada sabe*; y esto no solamente porque la pura ciencia *infla* (v. 1) y nada vale sin la sabiduría sino también porque son tantos los misterios revelados por Dios en la Escritura, que jamás sabremos de ellos todo cuanto habría que saber. En cambio el que ama (v. 3), o sea el que tiene la caridad que edifica (v. 1), ése es conocido de Dios (v. 3). Y esto es lo que importa: lo que Él conoce; porque la realidad es lo que sucede ante Dios y no lo que ocurre en el campo de la mente nuestra, sujeta a error y que puede ser víctima de la imaginación. Por eso es que las emociones propias no tienen tanto valor en la vida espiritual. Cf. 7, 31 y nota.

es de Él conocido. [4]Ahora bien, respecto del comer las carnes ofrecidas a los ídolos, sabemos que ningún ídolo en el mundo existe (realmente), y que no hay Dios sino Uno. [5]Porque aunque haya algunos que se llamen dioses, sea en el cielo, sea en la tierra –de esta clase hay muchos "dioses" y "señores"–. [6]Más para nosotros no hay sino un solo Dios, el Padre, de quien vienen todas las cosas, y para quien somos nosotros; y un solo Señor, Jesucristo, por quien son todas las cosas, y por quien somos nosotros.

No escandalizar a los débiles. [7]Mas no en todos hay esta ciencia; sino que algunos, acostumbrados hasta ahora a los ídolos, comen esas carnes como ofrecidas antes a los ídolos, y su conciencia, débil como es, queda contaminada. [8]Pero no es el alimento lo que nos recomienda a Dios; ni somos menos si no comemos, ni somos más si comemos. [9]Cuidad, empero de que esta libertad vuestra no sirva de tropiezo para los débiles. [10]Pues si alguno te viere a ti, que tienes ciencia, sentado a la mesa en lugar idolátrico, ¿no será inducida su conciencia, débil como es, a comer de las carnes ofrecidas a los ídolos? [11]Y así por tu ciencia perece el débil, el hermano por quien Cristo murió. [12]

[Pe]cando de esta manera contra los hermanos, e hiriendo su conciencia que es flaca, contra Cristo pecáis. [13]Por lo cual, si el manjar escandaliza a mi hermano, no comeré yo carne nunca jamás, para no escandalizar a mi hermano.

9 **El ejemplo del apóstol.** [1]¿No soy yo libre? ¿No soy yo apóstol? ¿No he visto a Jesús nuestro Señor? ¿No sois vosotros mi obra en el Señor? [2]Si para otros no soy apóstol, a lo menos para vosotros lo soy; porque el sello de mi apostolado sois vosotros en el Señor. [3]Esta es mi defensa contra los que me juzgan. [4]¿No tenemos acaso derecho a comer y beber? [5]¿No tenemos derecho de llevar con nosotros una hermana, una mujer, como los demás apóstoles, y los hermanos del Señor, y Cefas? [6]¿O es que sólo yo y Bernabé no tenemos derecho a no trabajar? [7]¿Quién jamás sirve en la milicia a sus propias expensas? ¿Quién planta una viña y no come su fruto? ¿O quién apacienta un rebaño y no se alimenta de la leche del rebaño? [8]¿Por ventura digo esto según el sentir de los hombres? ¿No lo dice también la Ley? [9]Pues escrito está en la Ley de Moisés: "No pondrás bozal al buey que trilla". ¿Es que Dios se ocupa (*aquí*) de los bueyes? [10]¿O lo dice principalmente por nosotros? Sí, porque a

---

6. *Un solo Dios, el Padre, etc.*: Es ésta una de las grandes luces para el conocimiento del verdadero Dios, que hallamos en la Sagrada Escritura, donde el Padre siempre es llamado Dios por antonomasia (cf. 1, 3; 8, 4 ss.; Jn. 8, 54 y nota; Ef. 4, 6; 1 Tm. 2, 5, etc.) El Padre es amor, el Hijo es amor, el Espíritu Santo es amor, porque los tres son una sola Divinidad y Dios es amor (1 Jn. 4, 16). El Padre es el Principio del amor ("Caritas Pater"). El Hijo es el Don del amor ("Gratia Filius"), y al mismo tiempo su expresión (Verbo del amor), su conocimiento (la luz del amor que viene a este mundo: Jn. 1, 9; 3, 19; 12, 46), y su contenido mismo: resplandor de la gloria del Padre y figura de su sustancia (Hb. 1, 3), y viene como "Dios con nosotros" o Emmanuel (Is. 7, 14). El Espíritu Santo es el Soplo del amor ("Communicatio Spiritus Sanctus") y da todavía un paso más que el Verbo Jesús, realizando la divinización de los hombres como hijos de Dios, si ellos aceptan a Jesucristo. El Padre es, diríamos, Dios Amor en Sí. El Hijo es ese Dios Amor *con nosotros*. El Espíritu Santo es ese Dios Amor *en nosotros* (Jn. 14, 16), terminando así el proceso divino ad extra, es decir trayéndonos eficazmente, en virtud de la voluntad del Padre que nos dio al Hijo, y de los méritos del Hijo ante el Padre, la participación en la naturaleza divina (2 Pe. 1, 4), el nacimiento de Dios como hijos (Jn. 1, 12-13; Ef. 1, 5), la vida de amistad con el Padre y el Hijo en virtud de ese amor (1 Jn. 1, 3) y la unidad, en fin, consumada con el Padre y el Hijo (Jn. 17, 21-23). Cf. 2Co. 13, 3 y nota.

7. *Contaminada*, no por el hecho mismo, sino por la viciada intención del que lo hizo creyendo que era pecado. Vemos aquí la importancia capitalísima y decisiva que tiene ante Dios la rectitud de conciencia. Cf. 10, 25-29; Rm. 14, 14-23.

9. El cristianismo es la religión de la caridad, y no una tabla de derechos y fórmulas. Es, por consiguiente, deber nuestro renunciar a una cosa lícita para salvar un alma. Lo que en sí es cosa indiferente y lícita, puede redundar en perjuicio de otro, si para éste es ocasión de pecado. Véase nota anterior.

12. Pecan contra Cristo porque son culpables de que muera un miembro de su Cuerpo Místico, un alma que Él amó hasta entregarse por ella (Ga. 2, 20) y cuyas ofensas Él mira como hechas a Sí mismo (Mt. 25, 40 y 45).

2. Cf. Ga. 1, 12; 2, 8; Rm. 1, 1 y notas.

5. No se trata de las *mujeres casadas* con los apóstoles, pues ellos habían abandonado sus familias, y San Pablo practica y recomienda el celibato (cf. 7, 7 y 25 ss.), sino más bien de mujeres piadosas que los acompañaban y asistían con sus bienes, como lo hicieron con el mismo Señor (Lc. 8, 1-3).

6. Se refiere al trabajo manual o lucrativo para la propia subsistencia, lo cual le quitaría tiempo para el apostolado. Ello no obstante, bien sabemos que Pablo hacía aún esos trabajos, para no ser gravoso a las Iglesias y conservar su libertad de espíritu (v. 12 ss.; 1 Ts. 2, 6-10; 2 Ts. 3, 8s., etc.).

9s. Cf. Dt. 25, 4; 1 Tm. 5, 18; 2 Tm. 2, 6.

causa de nosotros fue escrito que el que ara debe arar con esperanza, y el que trilla, con esperanza de tener su parte. [11]Si nosotros hemos sembrado en vosotros los bienes espirituales ¿será mucho que recojamos de vosotros cosas temporales? [12]Si otros tienen este derecho sobre vosotros ¿no con más razón nosotros? Sin embargo, no hemos hecho uso de este derecho; antes bien, todo lo sufrimos, para no poner obstáculo alguno al Evangelio de Cristo. [13]¿No sabéis que los que desempeñan funciones sagradas, viven del Templo, y los que sirven al altar, del altar participan? [14]Así también ha ordenado el Señor que los que anuncian el Evangelio, vivan del Evangelio.

El apóstol no hace uso de sus derechos. [15]Yo, por mi parte, no me he aprovechado de nada de eso; ni escribo esto para que se haga así conmigo; porque mejor me fuera morir antes que nadie me prive de esta mi gloria. [16]Porque si predico el Evangelio no tengo ninguna gloria, ya que me incumbe hacerlo por necesidad; pues ¡ay de mí, si no predicare el Evangelio! [17]Si hago esto voluntariamente tengo galardón; más si por fuerza

(*para eso*) me ha sido confiada mayordomía. [18]¿Cuál es pues mi galardón? Que predicando el Evangelio hago sin cargo el Evangelio, por no (*exponerme a*) abusar de mi potestad en el Evangelio. [19]Porque libre de todos, a todos me esclavicé, por ganar un mayor número. [20]Y me hice: para los judíos como judío, por ganar a los judíos; para los que están bajo la Ley, como sometido a la Ley, no estando yo bajo la Ley, por ganar a los que están bajo la Ley; [21]para los que están fuera de la Ley, como si estuviera yo fuera de la Ley –aunque no estoy fuera de la Ley de Dios, sino bajo la Ley de Cristo– por ganar a los que están sin Ley, [22]Con los débiles me hice débil, por ganar a los débiles; me he hecho todo para todos, para de todos modos salvar a algunos. [23]Todo lo hago por el Evangelio, para tener parte en él. [24]¿No sabéis que en el estadio los corredores corren todos, pero uno solo recibe el premio? Corred, pues, de tal modo que lo alcancéis. [25]Y todo el que entra en la liza se modera en todo; ellos para ganar una corona corruptible, y nosotros, en cambio, por una incorruptible. [26]Yo, por tanto, corro así, no como

---

11s. Los predicadores del Evangelio merecían como se ve, especial consideración (1 Tm. 5, 17; Hch. 6, 2 y nota).

13. Los apóstoles tienen, pues, derecho a ser sustentados por los fieles a quienes sirven. Cf. Nm. 18, 8 y 31; Dt. 14, 22 ss.; 18, 1 ss. San Pablo renunció a tal derecho, ganándole la vida con su propio trabajo corporal, como acto ejemplar de caridad.

14. Se refiere a lo dicho por Jesús en Mt. 10, 10s. y Lc. 10, 7, sobre el sustento de los obreros evangélicos. En cuanto a la generosidad de los fieles por una parte, y el desinterés de los pastores por otra, véase Mt. 10, 8s.; 1 Pe. 5, 2; Mal. 3, 8 ss. y notas. Cf. Hch. 8, 18 ss. y nota; Dante, Infierno19, 115 ss.

15. La *gloria* consiste en haber trabajado gratuitamente por el Evangelio (Hch. 18, 3; 20, 34; 2Co. 11, 10). Así podía increpar a los que negociaban con las almas (2Co. 11, 20). Cf. v. 18; Ap. 18, 13.

16. *¡Ay de mí si no predicare el Evangelio!*: Vemos una vez más la importancia capitalísima que los apóstoles atribuyen a la predicación de la Palabra de Dios. Cf. Hch. 6, 2; 1 Tm. 5, 17; 2 Tm. 4, 2. Vale la pena destacar cómo, al cabo de dos mil años, el amor a la verdad ha llevado a un escritor moderno –venido del judaísmo y que explotó antes muchos campos literarios con éxito tan brillante como su estilo– a esta misma conclusión de San Pablo. En plena mitad del siglo XX, frente a los horrores de la guerra y del odio, tan parecidos a las señales del fin anunciadas por Jesús, René Schwob ha dicho que sólo un campo queda, sólo un asunto tiene sentido para ocupar al escritor de hoy: el *comentario al Evangelio*. Por lo demás, el Papa Pío XII corrobora el concepto en la Encíclica "Divino Afflante Spiritu", sobre la Biblia, al decir que, lejos de ser

éste un campo ya agotado, está muy al contrario lleno de cosas que quedan por entender y explicar. De modo que puede vaticinarse el alcance insospechado que tendrá, con el favor de Dios, el movimiento bíblico católico que se ha iniciado en muchos países del mundo con una simultaneidad que responde a la sed universal de las almas. Cf. Amos 8, 11; Jn. 21, 25 y notas.

22. *Para de todos modos salvar a algunos.* La Vulgata dice: *para salvarlos a todos.* Véase 2Co. 11, 29; Rm. 11, 14.

24. El Apóstol pinta en los siguientes versículos al *cristiano militante*, valiéndose de las comparaciones con los famosos juegos ístmicos: carrera (v. 4) y pugilismo (v. 26), donde todos se lanzan, se controlan y renuncian a cuanto pueda apartarlos de su objetivo. Así hemos de empeñarnos nosotros, y con tanto mayor razón, por obtener el premio de la eternidad, renunciando a la propia gloria y al propio interés y haciéndolo "todo por el Evangelio" (v. 23). Cf. Mt. 10, 38; 16, 24. La comparación recuerda la que hace Jesús entre el celo de los hijos de las tinieblas y el de los hijos de la luz (Lc. 16, 8).

25. Véase 3, 14 y nota. Las monedas que se conservan de Corinto, traen grabada la corona de aquellos efímeros triunfos, que era de pino, de perejil o de olivo. El apóstol nos lleva a fijar en cambio la atención sobre el premio que nos espera (Flp. 3, 8-14), para alegrarnos desde ahora (Rm. 5, 2; Tt. 2, 13; Lc. 6, 23; 10, 20; Jn. 16, 22) en la esperanza cierta de una felicidad, que si no nos cautiva el corazón es porque apenas tenemos una vaga idea del cielo, e ignoramos las innumerables promesas que Dios nos prodiga en la Sagrada Escritura. David dice que ellas le dieron esperanza. Y eso que aún no conocía todas las del Nuevo

al azar; así lucho, no como quien hiere el aire; [27]sino que castigo mi cuerpo y lo esclavizo; no sea que, habiendo predicado a los demás, yo mismo resulte descalificado.

10 La idolatría en la historia de Israel. [1]No quiero que ignoréis, hermanos, que nuestros padres estuvieron todos debajo de la nube, y todos pasaron por el mar; [2]y todos en orden a Moisés fueron bautizados en la nube y en el mar; [3]y todos comieron el mismo manjar espiritual, [4]y todos bebieron la misma bebida espiritual, puesto que bebían de una piedra espiritual que les iba siguiendo, y la piedra era Cristo. [5]Con todo, la mayor parte de ellos no agradó a Dios, pues fueron tendidos en el desierto. [6]Estas cosas sucedieron como figuras para nosotros, a fin de que no codiciemos lo malo como ellos codiciaron. [7]No seáis, pues, idólatras, como algunos de ellos, según está escrito: "Sentase el pueblo a comer y a beber, y se levantaron para danzar". [8]No cometamos, pues, fornicación, como algunos de ellos la cometieron y cayeron en un solo día veintitrés mil. [9]No tentemos, pues, al Señor, como algunos de ellos le tentaron, y perecieron por las serpientes. [10]No murmuréis, pues, como algunos de ellos murmuraron y perecieron a manos del Exterminador. [11]Todo esto les sucedió a ellos en figura, y fue escrito para amonestación de nosotros

---

Testamento. He aquí algunas para nuestra meditación: 2, 9; 3, 8; 6, 2s.; 15, 24 ss., y 51 ss.; Rm. 8, 17s.; Col. 3, 4; Flp. 3, 20s.; Lc. 22, 29s.; 2 Tm. 2, 12; 4, 8; 1 Pe. 1, 4; 5, 4; St. 1, 12; 2, 5; Mt. 25, 34; Ap. 2, 10 y 27s.; 3, 21; 5, 10; 14, 3s.; 20, 4; caps. 21 y 22; 2Co. 4, 17; 5, 1; Hb. 9, 15; 10, 34; 11, 10; 12, 28; Dn. 7, 27; 12, 3; 1 Ts. 4, 16s., etc.

27. He aquí el propósito del *ayuno*: Sabemos que los deseos naturales de la carne van *contra* el espíritu (Ga. 5, 17). Es necesario, entonces, que ella esté siempre sometida al espíritu, pues en cuanto le damos libertad nos lleva a sus obras que son malas (Ga. 5, 19 ss.; Jn. 2, 4 y nota). San Pablo nos revela el gran secreto de que nos libraremos de realizar esos deseos de la carne, si vivimos según el espíritu (Ga. 5, 16; cf. Sal. 118, 11 y nota). Importa mucho comprender bien esto, para que no se piense que las maceraciones corporales tienen valor en sí mismas, como si Dios se gozase en vernos sufrir (Col. 2, 16 ss.; Is. 58, 2 ss. y notas). Lo que le agrada ante todo son los "sacrificios de justicia" (Sal. 4, 6 y nota) y los "sacrificios de alabanza" (Hb. 13, 15; 1 Pe. 2, 4-9), es decir, la rectitud de corazón para obedecerle según Él quiere, y no según nuestro propio concepto de la santidad, que esconde tal vez esa espantosa soberbia por la cual Satanás nos lleva a querer ser gigantes, en vez de ser niños como quiere Jesús (Mt. 18, 1 ss.; Lc. 1, 49 ss. y nota) y a "despreciar la gracia de Dios" (Ga. 2, 21), queriendo santificarnos por nuestros méritos, como el fariseo del Templo (Lc. 18, 9), y no por los de Cristo (Rm. 3, 26; 10, 3; Flp. 3, 9, etc.). Bien explica Santo Tomás de Aquino que "la maceración del propio cuerpo no es acepta a Dios, a menos que sea discreta, es decir, para refrenar la concupiscencia, y no grave excesivamente a la naturaleza". Porque el espíritu del Evangelio es un espíritu de moderación, que es lo que más cuesta a nuestro orgullo.

1 ss. *Nuestros padres*: Los de Israel, que también lo son nuestros, como hijos que somos también de la promesa hecha a los Patriarcas (Rm. 4, 1 ss.; 9, 6; Ga. 3, 7; Ef. 2, 20, etc.). Alude San Pablo al éxodo de los israelitas de Egipto bajo Moisés cuando pasaron el Mar Rojo, guiados por una nube que les daba sombra de día y luz de noche (Ex. 3, 21; Sal. 104, 39; Sb. 10, 17; 19, 7 y notas). En *orden a Moisés*, es decir, fueron incorporados a él, como nosotros a Cristo (cf. Ex. 14, 3). *Manjar y bebida*: los israelitas, dice San Juan Crisóstomo, recibieron maná y agua; nosotros, el

Cuerpo y la Sangre de Cristo. El adjetivo *todos* se repite cinco veces para acentuar que aunque todo Israel recibió aquellas bendiciones, sólo un pequeño número entró en la tierra prometida. Véase la tremenda Parábola del banquete nupcial (Mt. 22, 14). Cf. Mt. 13, 47 ss.

4. *Piedra* es, desde antiguo, uno de los nombres divinos (Dt. 32, 4; 15, 8; 2Sam. 2, 22; Sal. 17, 3, etc.). *La piedra era Cristo*: Así le llama también el Príncipe de los Apóstoles (1 Pe. 2, 4 ss.) y el mismo Pablo en Ef. 2, 20. San Justino, fundándose en los Evangelios (que él llama "Memorias de los Apóstoles") escribe a Trifón el judío: "Porque leemos (en ellos) que el Cristo es el Hijo de Dios, lo proclamamos y lo entendemos como Hijo, el mismo que en los libros de los Profetas es llamado la Sabiduría, el Día, el Oriente, la Espada, la Piedra, etc.". "Era el Mesías quien acordaba a la nación teocrática no solamente el agua para saciar su sed, sino también todas las demás gracias que necesitaba. Nada más bello y nada más real que esta actividad anticipada del Mesías en la historia judía (v. 9; Jn. 12, 41, etc.). Ya un escritor sagrado del Antiguo Testamento había dicho (Sb. 10, 15 ss.) que la divina Sabiduría estaba con los judíos en el desierto; ahora bien, esa Sabiduría es el mismo Verbo de Dios" (Fillion). Cf. nuestra introducción al Libro de la Sabiduría; Eclo. 4, 15 y notas. Véase también el v. 17 y 12, 12; Judas 5 y notas.

5. Cita de Nm. 14, 16 y 29según los LXX.

6. *Como figuras*: así como los israelitas fueron bautizados en la nube y en el mar (vv. 1 y 2) y alimentados con un manjar espiritual (vv. 3 y 4), así también nosotros recibimos las aguas del Bautismo y el Pan del cielo en la Eucaristía. *Lo malo*: alusión a los israelitas que codiciaron las carnes de Egipto. Pero mientras tenían aún la carne de las codornices entre los dientes, fueron castigados (Nm. 11, 4 ss.).

7. Cita de Ex. 32, 6. En los lugares mundanos de hoy, el baile entre las comidas parecería querer imitar esto al pie de la letra.

8. Cf. Nm. 25, 1 y 9. *Fornicar* se usa generalmente en la Sagrada Escritura para señalar cuánta infidelidad se esconde en la idolatría (St. 4, 4s., y nota; Ap. 17, 2; 18, 3. Aquí se refiere a la fornicación con las hijas de Moab. Nm. 25, 1 ss.

9s. Véase Nm. 21, 5s.; 11, 1; 14, 1s.

para quienes ha venido el fin de las edades. [12]Por tanto, el que cree estar en pie, cuide de no caer. [13]No nos ha sobrevenido tentación que no sea humana; y Dios es fiel y no permitirá que seáis tentados sobre vuestras fuerzas, sino que aun junto a la tentación preparará la salida, para que podáis sobrellevarla.

Los ídolos y la mesa del Señor. [14]Por lo cual, amados míos, huid de la idolatría. [15]Os hablo como a prudentes; juzgad vosotros mismos de lo que os digo: [16]El cáliz de bendición que bendecimos ¿no es comunión de la sangre de Cristo? El pan que partimos ¿no es comunión del cuerpo de Cristo? [17]Dado que uno es el pan, un cuerpo somos los muchos; pues todos participamos del único Pan. [18]Mirad al Israel según la carne. ¿Acaso los que comen de las víctimas no entran en comunión con el altar? [19]¿Qué es, pues, lo que digo? ¿Qué lo inmolado a los ídolos es algo? ¿O que el ídolo es algo? [20]Al contrario, digo que lo que inmolan [los gentiles], a los demonios lo inmolan, y no a Dios, y no quiero que vosotros entréis en comunión con los demonios. [21]No podéis beber el cáliz del Señor y el cáliz de los demonios. No podéis participar de la mesa del Señor y de la mesa de los demonios. [22]¿O es que queremos provocar a celos al Señor? ¿Somos acaso más fuertes que Él?

La norma en todo es: dar gloria a Dios. [23]"Todo es lícito": pero no todo conviene. "Todo es lícito"; pero no todo edifica. [24]Ninguno mire por lo propio sino por lo del prójimo. [25]De todo lo que se vende en el mercado, comed sin inquirir nada por motivos de conciencia; [26]porque "del Señor es la

11. *El fin de las edades*: Fórmula semejante a la hebrea *acharit hayamim* (Is. 2, 2); es aplicada, como observa Fillion, por oposición a los tiempos en que aún se esperaba la primera venida del Mesías. Véase expresiones semejantes en Ga. 4, 4; Ef. 1, 10; Hb. 9, 26; 1 Pe. 1, 5; 1 Jn. 2, 18. Así también San Pablo aplica en forma análoga el anuncio de Is. 49, 8en 2Co. 6, 2. Cf. 3, 14; 4, 8 ss.; 2 Tm. 3, 1 y notas.

12. Es decir que no estamos aún confirmados en la gracia (cf. Hb. 8, 8 ss.), y que nuestra carne estará inclinada al mal hasta el fin, por lo cual, aunque ya somos salvos en esperanza (Rm. 8, 4), hemos de saber que sólo podremos vencer nuestras malas inclinaciones recurriendo a la vida según el espíritu (Ga. 5, 16 y nota), y que cada instante en que nos libramos de caer en la carne es un nuevo favor que debemos "a la gracia de la divina misericordia" (Flp. 1, 29; 2, 13 y notas), "para que no se gloríe ninguna carne", como dijo el Apóstol en 1, 29. Cf. Ef. 2, 9.

13. Es la consoladora doctrina que expone Santiago (St. 1, 13 y nota), añadiendo aún que de la tentación saldremos mejor que antes (St. 1, 12). "El que de la tentación hace que saquemos provecho, de manera que podamos sostenernos, Él mismo nos asiste a todos y nos da su mano para que alcancemos las eternas coronas por gracia y benignidad de Nuestro Señor Jesucristo, con espléndida aclamación" (San Juan Crisóstomo). Véase Sal. 124, 3 y nota.

14 ss. Para evitar toda especie de idolatría, el Apóstol va a dar instrucciones sobre el misterio eucarístico. Comunión (v. 16); el griego dice koinonía, que la Vulgata traduce "comunicación" y "participación" (cf. v. 17s.). Con el ejemplo que San Pablo pone, comparándola con la *participación en los sacrificios* (vv. 18 ss.), les explica perfectamente este misterio sobrenatural, pues ya los judíos que aún seguían el antiguo culto (v. 18; cf. Hb. 8, 4 y nota), y hasta los paganos en sus sacrificios idolátricos (v. 19s.), creían que la manducación de la víctima los ponía en comunión con el altar (v. 18). Así vemos toda la realidad sobrenatural de la fracción del pan (cf. Hch. 2, 42 y nota) como verdadera comunión del Pan de vida que es Cristo, y de su Sangre derramada en el Calvario (cf. Jn. 6, 48-58; Mt. 26, 27 y notas), y de ahí que declare el Apóstol la

imposibilidad de mezclar ambos altares (vv. 19-21), lo cual notifica aquí a los gentiles de Corinto, como lo hará a los Hebreos en la carta para ellos (Hb. 8, 5; 13, 10 y notas). San Justino y San Ireneo atestiguan a este respecto la fe de los primeros cristianos sobre esta unión con Cristo, Víctima da Calvario y Sacerdote Eterno, mediante el misterio eucarístico al cual llama por eso San Agustín "señal de unidad y vínculo de amor". La Didajé (escrita a fines del primer siglo cristiano), en su oración eucarística toma este concepto con trascendencia esjatológica diciendo: "Así como este pan fraccionado estuvo disperso sobre las colinas y fue recogido para formar un todo, así también de todos los confines de la tierra sea tu Iglesia reunida para el reino tuyo... De los cuatro vientos reúnela, santificada, en tu reino que para ella preparaste, porque tuyo es el poder y la gloria por los siglos. ¡Venga la gracia! ¡Pase este mundo! ¡Hosanna al Hijo de David! ¡Maranata! Amén". Cf. 16, 22. Mediante esas comparaciones y la del maná del cielo como alimento espiritual (v. 3) y la bebida espiritual de la Piedra que es Cristo (v. 4 y nota), San Pablo quiere llevarnos a penetrar el escondido misterio espiritual del "único Pan" (v. 17).

16. *El cáliz de bendición*: El cáliz eucarístico. Cf. Mt. 26, 27; Hch. 2, 42.

21. En 11, 17volverá a hablarnos de la fracción del pan, como instituida por el mismo Jesús para memoria del Calvario, y se referirá a los *ágapes* para condenar los abusos que en ellos se cometían.

23. Sigue el pensamiento de 6, 12.

24. Aquí concreta netamente el Apóstol, en una clara norma de vida (cf. 3, 5 y nota), esa verdadera obsesión que hemos de tener por la caridad fraterna según el Sermón de la Montaña. En 13, 5nos dice él mismo que la caridad no busca sus propios intereses. Esto no quiere decir que el cristiano quede abandonado y sin recursos, sino todo lo contrario: porque para ellos precisamente dijo Jesús que el Padre les dará todo por añadidura si antes buscan ellos lo que a Dios agrada (Mt. 6, 33). Véase Mt. 6, 8 y nota.

25 ss. San Pablo vuelve a tomar el hilo dando normas prácticas de cómo comportarse en los banquetes (caps. 8 y 9). Distingue tres

tierra y cuanto ella contiene". [27]Si os convida alguno de los infieles y aceptáis, comed de cuanto os pongan delante, sin inquirir nada por motivos de conciencia. [28]Más si alguno os dijere: "esto fue inmolado", no comáis, en atención a aquel que lo señaló, y por la conciencia. [29]Por la conciencia digo, no la propia, sino la del otro. Mas ¿por qué ha de ser juzgada mi libertad por conciencia ajena? [30]Si yo tomo mi parte con acción de gracias ¿por qué he de ser censurado por aquello mismo de que doy gracias? [31]Por lo cual, ya comáis, ya bebáis, ya hagáis cualquier cosa, todo habéis de hacerlo para gloria de Dios, [32]y no seáis ocasión de escándalo, ni para los judíos, ni para los griegos, ni para la Iglesia de Dios; [33]así como yo también en todo procuro complacer a todos, no buscando mi propio provecho, sino el de todos para que se salven.

11 **La mujer en la Iglesia.** [1]Sed imitadores míos tal cual soy yo de Cristo. [2]Os alabo de que en todas las cosas os acordéis de mí, y de que observéis las tradiciones conforme os las he transmitido. [3]Más quiero que sepáis que la cabeza de todo varón es Cristo, y el varón, cabeza de la mujer, y Dios, cabeza de Cristo. [4]Todo varón que ora o profetiza con la cabeza cubierta, deshonra su cabeza. [5]Más toda mujer que ora o profetiza con la cabeza descubierta, deshonra su cabeza; porque es lo mismo que si estuviera rapada. [6]Por donde si una mujer no se cubre, que se rape también; más si es vergüenza para la mujer cortarse el pelo o raparse, que se cubra. [7]El hombre, al contrario, no debe cubrirse la cabeza, porque es imagen y gloria de Dios; más la mujer es gloria del varón. [8]Pues no procede el varón de la mujer, sino la mujer del varón; [9]como tampoco fue creado el varón por causa de la mujer, sino la mujer por causa del varón. [10]Por tanto, debe la mujer llevar sobre su cabeza (*la señal de estar bajo*) autoridad, por causa de los ángeles. [11]Con todo, en el Señor, el varón no

---

casos, mostrando que la licitud en comer no estriba en lo que afecta a los manjares (cf. Col. 2, 16 ss.), sino en la caridad de que antes habló. La regla general es tener consideración con los flacos para no darles ocasión de tropiezo, Cf. Rm. 14, 2 ss.; 15; 2.

26. Nótese con qué hermosa elocuencia y libertad aplica aquí esta cita del Sal. 23, 1.

31. También ésta ha sido llamada *regla de oro de la caridad* (cf. Mt. 7, 12 y nota). Todo ha de hacerse por agradar a nuestro Padre (cf. Hch. 2, 46; Sal. 34, 28 y nota). Y como lo que más le agrada a Él es que tengamos caridad unos con otros, tal ha de ser nuestra constante preocupación (cf. v. 24 y nota). Recordemos para siempre que aquí estaría la solución – ¡la única!– de todos los problemas individuales, sociales e internacionales, y que en vano se la buscará sin la caridad en las grandes asambleas, las habilidades diplomáticas o las técnicas sociológicas. Todo será inútil, dice León XIII en Rerum Novarum, sin "una gran efusión de caridad". Más no es tal cosa lo que anuncia Jesús, sino que nos previene que habrá toda suerte de guerras y odios entre hermanos, padres e hijos (Mt. 24, 6 ss.). De lo cual hemos de sacar una saludable desconfianza en las soluciones humanistas (Jn. 2, 24 y nota) y en el "simpático optimismo", que según la Biblia es la característica de los falsos profetas (Ez. cap. 3 y notas), que surgirán precisamente (Mt. 24, 11) cuando falte ese amor (Mt. 24, 12).

1. El Apóstol, que al terminar el capítulo anterior no ha vacilado en señalar su propia conducta para mostrar que ella no contradice lo que sus labios predican, se apresura a completar aquí su pensamiento con el Nombre del divino Maestro. Sólo Él es santo, y nadie puede serlo sino gracias a Él. Cf. 10, 17; Jn. 1, 16; Rm. 16, 27 y notas.

3. San Pablo, que en las Epístolas de la cautividad nos presentará a Jesús como la Cabeza del Cuerpo Místico (Ef. 1, 22s.;

4, 16, etc.) quiere aquí "que sepamos" que Jesús es Cabeza de cada varón, siendo éste para Cristo lo mismo que la esposa es para él, es decir, algo que, si bien le está sometido, no es una simple esclava sino el objeto de todo su amor, a quien él mismo se entrega totalmente. Este concepto del alma esposa de Cristo, que meditamos en el Cantar de los Cantares, es completado por San Pablo en 2Co. 11, 2, donde dice que nos ha presentado a Cristo para desposarnos con Él como una casta virgen. *Dios es cabeza de Cristo*: Véase en 3, 22-23 y notas, cómo este misterio de amor y sumisión de la mujer al varón y del varón a Cristo, es el mismo que existe entre Jesús y el Padre.

5 ss. Tomen nota *las mujeres cristianas* del celo con que San Pablo señala esta conveniencia de velarse la cabeza en el Templo, cosa que hoy está olvidada o deformada por el uso de sombreros que nada cubren y que no son signo de dependencia como ha de ser el velo (v. 10). En tiempo de San Pablo, sólo las rameras se atrevían a tener esa conducta.

7. "No se dice aquí que el *varón* sea la imagen y la gloria de Dios en atención solamente al cuerpo, alma y espíritu (1 Ts. 5, 23) puesto que a este respecto lo es igualmente la mujer ... No debe el varón cubrir su cabeza, porque el velo es señal de sujeción" (San Juan Crisóstomo). En esta época de excesivo feminismo conviene recordar que la sujeción de la mujer no es doctrina de tal o cual escuela, sino que fue impuesta expresamente por Dios: "Estarás bajo la potestad de tu marido y él te dominará" (Gn. 3, 16). Véase Ef. 5, 22; cf. Ez. 3, 17-19 y notas. "La tesis desarrollada en todo este capítulo es que la mujer, siendo inferior al hombre, debe guardar su rango y llevar el signo de su inferioridad" (Buzy). Cf. v. 10; 14, 34-35 y nota.

10. Es decir por respeto a los ángeles de la guarda, y quizá también por los que asisten invisiblemente a las asambleas de los cristianos (San Juan Crisóstomo y San Agustín). Cf. v. 5 y nota.

es sin la mujer, ni la mujer sin el varón. [12]Pues como la mujer procede del varón, así también el varón (*nace*) por medio de la mujer; más todas las cosas son de Dios. [13]Juzgad por vosotros mismos: ¿Es cosa decorosa que una mujer ore a Dios sin cubrirse? [14]¿No os enseña la misma naturaleza que si el hombre deja crecer la cabellera, es deshonra para él? [15]Más si la mujer deja crecer la cabellera es honra para ella; porque la cabellera le es dada a manera de velo. [16]Si, con todo eso, alguno quiere disputar, sepa que nosotros no tenemos tal costumbre, ni tampoco las Iglesias de Dios.

Los ágapes y la Eucaristía. [17]Entretanto, al intimaros esto, no alabo el que vuestras reuniones no sean para bien sino para daño vuestro. [18]Pues, en primer lugar, oigo que al reuniros en la Iglesia hay escisiones entre vosotros; y en parte lo creo. [19]Porque menester es que haya entre vosotros facciones para que se manifieste entre vosotros cuáles sean los probados. [20]Ahora, pues, cuando os reunís en un mismo lugar, no es para comer la Cena del Señor; [21]porque cada cual, al comenzar la cena, toma primero sus propias provisiones, y sucede que uno tiene hambre mientras otro está ebrio. [22]¿Acaso no tenéis casas para comer y beber? ¿O es que despreciáis la Iglesia de Dios, y avergonzáis a los que nada tienen? ¿Qué os diré? ¿He de alabaros? En esto no alabo. [23]Porque yo he recibido del Señor lo que también he transmitido a vosotros: que el Señor Jesús la misma noche en que fue entregado, tomó pan; [24]y habiendo dado gracias, lo partió y dijo: Este es mi cuerpo, el (*entregado*) por vosotros. Esto haced en memoria mía. [25]Y de la misma manera (*tomó*) el cáliz, después de cenar, y dijo: Este cáliz es la Nueva Alianza en mi sangre; esto haced cuantas veces bebáis, para memoria de Mí. [26]Porque cuantas veces comáis este pan y bebáis el cáliz, anunciad la muerte del Señor hasta que Él venga. [27]De modo que quien comiere el pan o bebiere el cáliz del Señor indignamente, será reo del cuerpo y de la sangre del Señor. [28]Pero pruébese cada uno a sí mismo, y así coma del pan

---

17. Con motivo de la "fracción del pan" (Hch. 2, 42) se organizaba una comida, el *ágape* que en griego significa *amor*, acto de fraternidad y que beneficiaba a los pobres. En esta hermosa institución, que San Juan Crisóstomo llama "causa y ocasión para ejercer la caridad", el espíritu del mundo se había introducido, como siempre, mezclando las miserias humanas con las cosas de Dios. El Apóstol señala francamente esos abusos.

9. *Menester es que haya entre vosotros facciones*: esto es, disensiones. No es que sea necesario, sino que es inevitable, porque Jesús anunció que Él traería división (Mt. 10, 34) y que en un mismo hogar habría tres contra dos (Lc. 12, 51s.) y a veces hay que odiar a la propia familia para ser discípulo de Él (Lc. 14, 26), porque no todos los invitados al banquete de bodas tienen el traje nupcial (Mt. 22, 14), y la separación definitiva de unos y otros sólo será en la consumación del siglo (Mt. 13, 47-49). Entretanto, en la lucha se manifiesta y se corrobora la fe de los que de veras son de Él (1 Pe. 1, 7; St. 1, 12). De ahí que el ideal de paz entre los que se llaman hermanos (Mc. 9, 49), no siempre sea posible (Rm. 12, 18) y que a veces los apóstoles enseñen la separación (cf. 5, 9-10). Véase 5, 11 ss. y nota; Hch. 20, 29; 1 Jn. 2, 19, etc.

23 ss. *Yo he recibida del Señor*: En este pasaje vemos una vez más que el Apóstol, cual otro evangelista, nos transmite verdades recibidas directamente del Señor (cf. 15, 3; Hch. 22, 14; 26, 16; Ga. 1, 11 y notas). En efecto, como hace notar Fillion, este relato "ha debido servir de fuente a la relación que San Lucas (discípulo de Pablo) consignó en su Evangelio" (Lc. 22, 19s.). Sobre la Eucaristía, Véase 10, 14 y nota. En este párrafo el Apóstol nos enseña las siguientes verdades como directamente *recibidas del Señor* (cf. 15, 3; Ga. 1, 11, etc.): a) la Eucaristía es realmente el Cuerpo y la Sangre de Cristo (24s.); b) el Apóstol y sus sucesores están autorizados para perpetuar el acto sagrado (24-26); c) la Misa

es un sacrificio (25); d) el mismo de la Cruz (26); e) la Eucaristía debe recibirse dignamente (27), es decir, con la plenitud de la fe y humildad del que severamente examina su conciencia (28-31).

26. *Anunciad la muerte del Señor*: Sólo en la Cena dijo Jesús que su Cuerpo se entregaría *por nosotros*. Antes, había tenido que revelar muchas veces, a los azorados ojos de sus discípulos, el misterio de su rechazo por la Sinagoga y de su Pasión, Muerte y Resurrección. Pero su delicadeza infinita lo apartaba de decir que esa muerte era el precio que Él pagaba por el rechazo de Israel y la culpa de todos (Mt. 16, 13-21 y notas), y que ella había de brindar a todos la vida (Jn. 11, 49-52). Sólo en el momento de la despedida les reveló este misterio de su amor sin límites, eco del amor del Padre, y, queriendo anticiparles ese beneficio de su Redención, esa entrega total de sí mismo (Lc. 22, 15), les entregó –y en ellos a todos nosotros, según lo dice Él mismo (Jn. 13, 1 y nota) – la Eucaristía como algo inseparable de la Pasión. Tal es lo que enseña aquí San Pablo, lo mismo que en el v. 27. *Hasta que Él venga*: Es decir que el Memorial eucarístico subsistirá, como observa Fillion, hasta la segunda venida de Cristo, porque entonces habrá "nuevos cielos y nueva tierra" (2 Pe. 3, 13; Is. 65, 17; Mt. 28, 20; Ap. 21, 1 y 5, etc.). Cf. Hb. 10, 37 y nota.

27. *Quien comiere indignamente*: "El que no piensa como Cristo, no come su Carne ni bebe su Sangre, aun cuando todos los días reciba para su juicio tan magno Sacramento. No piensa como Cristo el que, apartando de Él el afecto de su corazón, se vuelve al pecado; y bien puede llamarse miserable a este tal, a quien un bien tan grande es dado frecuentemente y de ello no recibe ni percibe una ventaja espiritual" (San Agustín). *Será reo del Cuerpo y de la Sangre del Señor*: Se deduce de estas palabras que Jesucristo está presente bajo cada una de las dos especies (pan y vino). De no ser así, el Apóstol no podría decir que cualquiera por tomar

y beba del cáliz; [29]porque el que come y bebe, no haciendo distinción del Cuerpo (*del Señor*), come y bebe su propia condenación. [30]Por esto hay entre vosotros muchos débiles y enfermos, y muchos que mueren. [31]Si nos examinásemos a nosotros mismos, no seríamos juzgados. [32]Más siendo juzgados por el Señor, somos corregidos para no ser condenados con el mundo. [33]Por lo cual, hermanos míos, cuando os juntéis para comer, aguardaos los unos a los otros. [34]Si alguno tiene hambre, coma en su casa a fin de que no os reunáis para condenación. Cuando yo vaya arreglaré lo demás.

12 **Los dones espirituales.** [1]En orden a las cosas espirituales no quiero, hermanos, que seáis ignorantes. [2]Bien sabéis que cuando erais gentiles se os arrastraba de cualquier modo en pos de los ídolos mudos. [3]Os hago saber, pues, que nadie que hable en el Espíritu de Dios, dice: "anatema sea Jesús"; y ninguno puede exclamar: "Jesús es el Señor", si no es en Espíritu Santo. [4]Hay diversidad de dones, más el Espíritu es uno mismo, [5]y hay diversidad de ministerios, más el Señor es uno mismo; [6]y hay diversidad de operaciones, más el mismo Dios es el que las obra todas ellas en todos. [7]A cada uno, empero, se le otorga la manifestación del Espíritu para el bien (*común*). [8]Porque a uno, por medio del Espíritu, se le otorga palabra de sabiduría; a otro, palabra de ciencia, según el mismo Espíritu; [9]a otro, en el mismo Espíritu, fe; a otro, dones de curaciones, en el único Espíritu; [10]a

---

indignamente alguna de ellas sería reo del Cuerpo y también de la Sangre del Señor.

28. Cf. 2Co. 13, 5. Según Buzy, habría aquí una "alusión a la confesión pública o exomológesis practicada desde aquella época". Véase St. 5, 16. En el *Confiteor* que hoy se recita al principio de la Misa y antes de comulgar, tanto el sacerdote como los fieles hacemos confesión pública de que somos pecadores, gravemente de corazón, de palabra y de obra, y sin descargo alguno, al decir, "por mí culpa... mi máxima culpa". Véase Sal. 50, 6 y notas.

30. *Muchos débiles y enfermos*, etc. Vemos cómo San Pablo observaba ese tristísimo fenómeno de las comuniones sin fruto que hoy notamos en los ambientes mundanos con apariencia de fe, que hallan compatible la unión eucarística con las desnudeces, las conversaciones, las lecturas, los espectáculos y las costumbres del mundo, el cual está condenado (v. 32) y cuyo príncipe es Satanás (Jn. 14, 30 y nota). San Pablo enseña también –cosa ciertamente insospechada– que tal es la causa de muchas enfermedades y aun de muchas muertes corporales y que en esto hemos de ver, no una severidad de Dios, sino al contrario, una misericordia que quiere evitar el castigo eterno. Cf. 5, 5 y nota.

1. En los capítulos 12, 13 y 14responde San Pablo a la consulta sobre los *carismas o dones especiales* del Espíritu Santo (el griego dice literalmente los *pneumáticos*) concedidos abundantemente a los cristianos por el divino Espíritu, según era visible en la Iglesia. Véase Hch. 2, 1 ss.; 8, 17; 19, 6 y notas. Fillion hace notar que esas manifestaciones espirituales "se han enrarecido [poco y poco] y aun desaparecieron casi completamente". Dejan de mencionarse en la Escritura desde el final del tiempo de los Hechos.

2. A los que mirasen nuestra fe como un ciego dogmatismo gregario y servil, opone San Pablo aquí un verdadero alarde de vida espiritual. Jesús es la luz, y no quiso que se le siguiera en tinieblas con "la fe del carbonero" (Jn. 12, 46), porque la vida eterna consiste en conocerlo bien a Él y por Él al Padre (Jn. 17, 3). De ahí que el gran Apóstol no quiere que los cristianos ignoren los misterios del Espíritu (v. 1), y opone la Ley de Cristo (v. 3) –que no es *ídolo mudo,* porque habló y sus Palabras son la verdad que hace libres a los que las buscan y conservan (Jn. 8, 31s.)– a la oscura esclavitud de los paganos que, sin vida espiritual propia, se dejaban pasivamente conducir a la superstición por mentores semejantes a aquellos sacerdotes de Bel cuyos subterfugios descubrió tan admirablemente el profeta Daniel (Dn. 14, 1-21). Cf. 2Co. 1, 23; 13, 4; Ga. 4, 8 y notas.

3. He aquí la regla general para distinguir los *espíritus*: todas las manifestaciones de palabra o de hecho que se oponen a Jesús, esto es, a su gloria o a su enseñanza, son malas. Nótese que el Espíritu Santo, que por voluntad del Padre es el glorificador de Jesús (Jn. 16, 14), es también quien nos anima y capacita para confesar que Jesús es el Señor (cf. Mc. 9, 38; 1 Jn. 5, 1 y 5; Flp. 2, 11 y nota). Las almas iluminadas por el Espíritu Santo se elevan a la espiritualidad propia de los hijos de Dios (Rm. 8, 14) merced a la mansión en ellas del divino Espíritu (2, 11 ss.; 3, 17 ss. y notas). "El Espíritu Santo es fuente de un gozo sin fin que consiste en la asimilación de Dios. ¡Convertirse en Dios! Nada puede apetecerse de más bello" (San Basilio).

4 ss. Los mejores autores señalan en los versículos 4-6la mención sucesiva del Espíritu Santo, del Verbo encarnado y del Padre, de donde se deducen preciosas enseñanzas sobre la doctrina de la Santísima Trinidad y la distinción de las divinas Personas. Véase 8, 6 y nota.

7. Es decir, no para Él sino para toda la Iglesia (vv. 12 ss.), lo cual comporta gravísima responsabilidad en quien recibe los dones, como se ve en la parábola de los talentos (Mt. 25, 14 ss.). Ello explica que haya habido profetas infieles a su misión, y nos muestra que la posesión de esos dones no es por sí misma un indicio suficiente de santidad.

8 ss. Se trata de los diversos carismas o inspiraciones y dones especiales, ministerios apostólicos y operaciones sobrenaturales. Véase vv. 28-30; Rm. 12, 6-8; Ef. 4, 11. Buzy hace notar cómo San Pablo coloca por encima de la ciencia la sabiduría o conocimiento de los designios íntimos de Dios. Cf. 2, 10 ss. y notas.

9. Se refiere, como observan Fillion, Buzy, etc., no a la fe teologal sino a la fe que obra milagros, y cuyos efectos son enumerados a continuación (cf. Mt. 17, 20). Véase 3, 2 y nota.

otro, operaciones de milagros; a otro, profecía; a otro, discreción de espíritus; a otro, variedad de lenguas; a otro, interpretación de lenguas. [11] Pero todas estas cosas las obra el mismo y único Espíritu, repartiendo a cada cual según quiere.

Unidad del cuerpo místico en la diversidad de sus miembros. [12]Porque así como el cuerpo es uno, más tiene muchos miembros, y todos los miembros del cuerpo, a pesar de ser muchos, forman un mismo cuerpo, así también Cristo. [13]Pues todos nosotros fuimos bautizados en un mismo Espíritu, para ser un solo cuerpo, ya judíos, ya griegos, ya esclavos, ya libres; y a todos se nos dio a beber un mismo Espíritu. [14]Dado que el cuerpo no es un solo miembro, sino muchos. [15]Si dijere el pie: porque no soy mano, no soy del cuerpo, no por esto deja de ser del cuerpo. [16]Y si dijere el oído: porque no soy ojo, no soy del cuerpo, no por esto deja de ser del cuerpo. [17]Si todo el cuerpo fuera ojo ¿dónde estaría el oído? Si todo él fuera oído ¿dónde estaría el olfato? [18]Mas ahora Dios ha dispuesto los miembros, cada uno de ellos en el cuerpo, como Él ha querido. [19]y si todos fueran un mismo miembro ¿dónde estaría el cuerpo? [20]Mas ahora son muchos los miembros, pero uno solo el cuerpo. [21]Ni puede el ojo decir a la mano: no te necesito; ni tampoco la cabeza a los pies: no tengo necesidad de vosotros. [22]Muy al contrario, aquellos miembros que parecen ser más débiles, son los más necesarios; [23]y los que reputamos más viles en el cuerpo, los rodeamos con más abundante honra; y nuestras partes indecorosas, las tratamos con mayor decoro, [24]en tanto que nuestras partes honestas no tienen necesidad de ello; mas Dios

---

11 ss. Como hay muchos miembros, pero un solo cuerpo, así hay también muchos carismas, pero un solo Espíritu. Ninguno se juzgue despreciado si otros están dotados de un don más apetecido. Cada uno guarde su puesto y el don que el Espíritu le ha concedido, pues que no se trata de dones personales (v. 7 y nota) y todos los carismas son inútiles sin la caridad (12-26). Véase Rm. 12, 3 y 6; Ef. 4, 7. No hay felicidad mayor que la de saber que, de toda eternidad, Dios tenía un destino elegido especialmente para cada uno, por su infinito amor, de modo que en ese destino estará para nosotros el máximum de la dicha que a cada uno conviene, tanto en la eternidad como desde ahora. Pretender cambiar esa posición por iniciativa propia sería, no solamente querer superar el amor de Dios y su sabiduría, sino también alterar el fin que Él mismo se propuso al crear a cada uno. Véase 15, 38 ss. Por lo demás, si bien las palabras *según quiere* se refieren al divino Espíritu, también es, en cierta manera, según quiere cada cual, es decir según acepta y desea. Porque el mismo Dios nos advierte que Él llena de bienes a los hambrientos (Lc. 1, 53) y nos invita a abrir bien la boca para poderla colmar (Sal. 80, 11 y nota). En un mercado donde todo se da gratis, el que pide poco es un necio (cf. Is. 55, 1 y nota). Sólo se trata, pues, de hacerse pequeño como un niño para recibir la que se niega a los sabios y a los prudentes (Lc. 10, 21). Tal es el sentido de las palabras de San Agustín: "Si quieres ser predestinado, hazte predestinado".

12. Admiremos cómo se ensancha aquí la visión al mostrársenos la Iglesia de Dios como un cuerpo orgánico, pero místico. Lo que el Espíritu Santo hace al distribuir así diversamente sus dones, no es sino edificar el cuerpo de Cristo que hemos de formar todos los cristianos (v. 13). De manera que si cada uno de nosotros tiene dones distintos, es porque somos miembros de ese Cuerpo y entre todos hemos de hacer la armonía del conjunto (v. 14). Y esto, lejos de obstar al bien de cada uno, según lo que vimos en la nota anterior, lo confirma de una manera nueva, haciéndonos comprender que la mano no está hecha para ser usada como pie, ni el oído para ser ojo, etc., ni la mano podría ser feliz cortada del

cuerpo, como si fuera ella misma una persona (v. 19), por lo cual la plenitud de nuestro bien está en la armonía de ese Cuerpo, que es el Cristo total, cuya Cabeza o centro vital es el mismo Jesús (Ef. 4, 15s.) de cuya plenitud lo recibimos todo (Jn. 1, 16). Esta alegoría del cuerpo humano, acerca de la cual suele recordarse imágenes semejantes de autores paganos (Menenio Agripa, Séneca, Marco Aurelio, etc.), no es pues, según vemos, sino el desarrollo de la alegoría propuesta por el mismo Señor sobre la vid y los sarmientos: algo vital y orgánico, e infinitamente más real y profundo que toda figura literaria, como que los cuerpos físicos y todas las cosas creadas son imágenes visibles de las invisibles realidades espirituales, según lo vimos en Rm. 1, 20 y nota, y como lo señala aquí el v. 24al mencionar la expresa disposición de Dios. San Pablo presenta aquí el concepto de *cuerpo* especialmente en cuanto a la solidaridad entre los miembros, de donde se deduce también la comunidad de bienes espirituales (cf. 2Co. 10, 15). En las Epístolas de la cautividad esencialmente Cristológicas, explayó el gran misterio del *Cuerpo Místico* con relación a Aquel que resucitado de entre los muertos, sentado a la diestra del Padre y puesto sobre la casa de Dios (Hb. 10, 21) como Sumo Sacerdote del Santuario celestial (Hb. 8, 2; 9, 11 y 4), es a un tiempo la Cabeza y la vida de toda "la Iglesia que es su Cuerpo" (Ef. 1, 20-23; 2, 6; Col. 1, 18, etc.). Cf. Mt. 13, 47 y notas.

23s. Así como en este gráfico análisis del cuerpo físico –en que el Apóstol señala expresamente las deliberadas voluntades del Creador– sucede en el Cuerpo Místico de Cristo: los que hayamos estado más bajos, según el mundo, seremos los privilegiados de la gloria, los preferidos de Aquel que estuvo entre nosotros como un sirviente (Lc. 22, 27). Tal es lo que San Pablo nos ha dicho antes sobre la posición siempre despreciada de los apóstoles (4, 9 ss.; 2Co. 6, 4 ss. y notas), no obstante ser esa vocación la primera (v. 28), y la más deseable (v. 31). ¿Es que acaso no habrían de cumplirse las predicciones de Jesús sobre los apóstoles verdaderos? (Jn. 15, 18 ss.; 16, 1-4). He aquí una piedra de toque para saber encontrarlos.

combinó el cuerpo, de manera de dar decencia mayor a lo que menos la tenía; [25]para que no haya disensión en el cuerpo, sino que los miembros tengan el mismo cuidado los unos por los otros. [26]Por donde si un miembro sufre, sufren con él todos los miembros; y si un miembro es honrado, se regocijan con él todos los miembros. [27]Vosotros sois, pues, cuerpo de Cristo y miembros (*cada uno*) en parte. [28]Y a unos puso Dios en la Iglesia, primero apóstoles, segundo profetas, tercero doctores, a otros les dio el don de milagros, de curaciones, auxilios, gobiernos y variedades de lenguas. [29]¿Son todos apóstoles? ¿Son todos profetas? ¿Son todos doctores? ¿Son todos

obradores de milagros? [30]¿Tienen todos dones de curaciones? ¿Hablan todos en lenguas? ¿Son todos intérpretes? [31]Aspirad a los dones más grandes. Pero os voy a mostrar todavía un camino más excelente.

13 **Tratado del amor.** [1]Aunque yo hable la lengua de los hombres y de los ángeles, si no tengo amor, soy como bronce que suena o címbalo que retiñe. [2]Y aunque tenga (*el don de*) profecía, y sepa todos los misterios, y toda la ciencia, y tenga toda la fe en forma que traslade montañas, si no tengo amor, nada soy. [3]Y si repartiese mi hacienda toda, y si entregase mi cuerpo para ser quemado, mas no tengo caridad, nada me aprovecha. [4]El amor es

---

25s. El Apóstol quiere acentuar, con toda razón, que esa solidaridad existe entre los miembros como un hecho real, o sea que no se trata de un precepto que deba cumplirse en sentido moral, sino de algo que afecta vitalmente al interés de todos y de cada uno, tanto en un cuerpo espiritual como en el físico. "De ahí han tomado los sociólogos, no solamente la concepción orgánica de la sociedad humana, sino también el concepto de la solidaridad social que sirvió de base para demostrar la conveniencia y la necesidad de la armonía entre los hombres".

27 ss. *Miembros (cada uno) en parte.* Es decir, no que unos seamos miembros de otros, según resultaría de la Vulgata, sino que nadie es más que una parte de esos miembros, o sea que necesita de los demás, según la solidaridad que antes vimos, y no puede pretender que él sólo es todo el Cuerpo de Cristo. Esas distintas partes son las que luego enumera (v. 28 ss.), y entre ellas hay que aspirar ambiciosamente a las más grandes (la Vulgata dice: mejores), que son el apostolado y la profecía (14, 1). El sentido de ésta se ve en 14, 3.

31. "Ya está Pablo ardiendo, llevado al amor", dice aquí San Ambrosio. El amor es más que todo, y es lo que valoriza todo, como veremos en el cap. 13, y lo es todo en sí mismo, como que se confunde con el mismo Dios puesto que Él es amor (1 Jn. 4, 8 y 16). Por eso el discípulo amado debió al amor su Evangelio y su gran Epístola, y en ellos hallamos la cumbre de lo que Dios reveló en materia de espiritualidad, así como en el Apocalipsis, del mismo Juan, está la cumbre de los misterios revelados en cuanto a nuestro destino y al del universo.

1. Todo el capítulo es más que un sublime himno lírico a la caridad; es un retrato, sin duda el más auténtico y vigoroso que jamás se trazó del amor, el más alto de los dones y de las virtudes teologales, para librarnos de confundirlo con sus muchas imitaciones: el sentimentalismo, la beneficencia filantrópica, la limosna ostentosa, etc., San Pablo fija aquí el concepto de la caridad según sus características esenciales, pues son las que cualquiera puede reconocer simplemente en todo amor verdadero. Si no es así no es amor. Más para poder pensar en la caridad como amor de nuestra parte a Dios y al prójimo, hemos de pensar antes en la caridad como amor que Dios nos tiene y que Él nos comunica, sin lo cual seríamos incapaces de amar (Denz. 198s.). Dios es amor

(1 Jn. 4, 8); y ese amor infinito del Padre por el Hijo nos es extendido a nosotros por la misión del Espíritu Santo (Rm. 5, 15), el cual pone entonces en nosotros esa capacidad de amar al Padre como lo amó Jesús, y de amarnos entre nosotros como Jesús nos amó (Jn. 13, 34; 15, 12). Es de notar que San Pablo usa siempre la voz griega *agapé,* que suele traducirse indistintamente por *caridad* o *amor.* Este último es el adoptado generalmente en las traducciones del griego para este capítulo y para pasajes muy vinculados al presente, como 16, 24; Rm. 12, 9 y 13, 10; 2Co. 2, 4 y 8, 7; Ga. 5, 13; Ef. 2, 4; 3, 19; 5, 2; Col. 1, 4 y 8, etc.; y también, sobre todo, para las palabras de Jesús, como por ejemplo Jn. 5, 42; 13, 35; 15, 9, 10 y 13; 17, 26, etc., por lo cual hemos alternado en estas notas ambas voces, usando la última donde consideramos que contribuye mejor a la inteligencia espiritual del texto de acuerdo con los demás citados.

2. Como muy bien observa Fillion, la fe de que aquí se trata entre otros carismas, es lo que se llama "fides miraculosa" (12, 9) y no en manera alguna "la primera de las tres virtudes teologales", que sobrepasa los límites de aquélla y que, siendo el "principio de la humana salvación, el fundamento y la raíz de toda justificación" (Concilio de Trento), es la base y condición previa de toda posible caridad, pues es cosa admitida que no pueda amarse lo que no se conoce. Según la expresión clásica, "el fuego de la caridad se enciende con la antorcha de la fe", o sea que en vano pretenderíamos ser capaces de proceder como en el v. 4si antes no hemos buscado el motor necesario entregando el corazón al amor que viene del conocimiento de Cristo, como lo dice la Escritura. En ella se nos revela el Amor del Padre que "nos amó primero" (1 Jn. 4, 10) hasta darnos su Hijo (Jn. 3, 16). Sólo ese conocimiento espiritual, admirativo y consolador (cf. Jn. 17, 3 y 17 y notas), es decir, sólo la fe que obra por la caridad (Ga. 5, 6; Jn. 14, 23s. y notas), la fe en el amor y la bondad con que somos amados (1 Jn. 4, 16), podrá convertir nuestro corazón egoísta, a esa vida que aquí indica San Pablo, en que el amor es el móvil de todas nuestros actos. Véase Col. 1, 9 y nota.

3. Esto es lo que ha sido llamado "lección formidable", es decir terrible: Antes que las obras materiales. hay que cuidar la sinceridad del *amor* con que las hacemos; amor que sólo puede venir de una fe viva (Ga. 5, 6), formada en el conocimiento

paciente; el amor es benigno, sin envidia; el amor no es jactancioso, no se engríe; ⁵no hace nada que no sea conveniente, no busca lo suyo, no se irrita, no piensa mal; ⁶no se regocija en la injusticia, antes se regocija con la verdad; ⁷todo lo sobrelleva, todo lo cree, todo lo espera, todo lo soporta. ⁸El amor nunca se acaba; en cambio, las profecías terminarán, las lenguas cesarán, la ciencia tendrá su fin. ⁹Porque (*sólo*) en parte conocemos, y en parte profetizamos; ¹⁰más cuando llegue lo perfecto, entonces lo parcial se acabará. ¹¹Cuando yo era niño, hablaba como niño, pensaba como niño, razonaba como niño; más cuando llegué a ser hombre, me deshice de las cosas de niño. ¹²Porque ahora miramos en un enigma, a través de un espejo; más entonces veremos cara a cara. Ahora conozco en parte, entonces conoceré plenamente de la manera en que también fui conocido. ¹³Al presente permanecen la fe, la esperanza y la caridad, estas tres; más la mayor de ellas es la caridad.

14 Don de lenguas y don de profecía. ¹Aspirad al amor. Anhelad también los dones espirituales, particularmente el de profecía. ²Porque el que habla en lenguas, no habla a los hombres sino a Dios, pues nadie le entiende, porque habla en

espiritual de Dios, que Él mismo nos da por medio de su Palabra (Jn. 17, 3; Rm. 10, 17). En 3, 10-15 y notas vimos, revelada por el Apóstol, la tragedia de las obras hechas sin amor, según parecerán en "el día del Señor" que debe juzgarlas y premiarlas.

5. *No busca lo suyo*: Nótese que esta admirable norma, sin la cual nuestro natural egoísmo viviría sembrando ruinas desenfrenadamente, no significa que hayamos de empeñarnos en buscar las cosas desagradables sino en cuidar ante todo que ninguna de nuestras ventajas pueda ser en detrimento de otro (10, 24). Hartas cosas agradables nos permite Dios que no son con daño ajeno. Más aún, todas nos las promete Él por añadidura si tenemos esta disposición, fundamental de caridad que no aceptaría nada que fuese con perjuicio del prójimo. ¡Qué paraíso de paz y bienestar sería entonces el mundo! Pero si no podemos hacer que lo sea para todos, nadie puede impedirnos que lo hagamos un paraíso así entre nosotros. Cf. 10, 31 y nota.

7. Apliquemos esto al amor que Dios tiene con nosotros y veremos hasta dónde llega su asombrosa bondad (Lc. 6, 36 y nota). *Todo lo cree*: a Dios (véase 1 Jn. cap. 5). En cuanto al prójimo, San Juan nos da la regla en 1 Jn. 4, 1. Cf. Mt. 10, 16 ss.; Jn. 2, 4; Hch. 17, 1; 1 Ts. 5, 21 y nota.

12. Sólo por el *espejo* de la fe, perfeccionada por el amor y sostenida por la esperanza (v. 13), podemos contemplar desde ahora el *enigma* de Dios. ¿Cómo podríamos de otra manera ver las realidades espirituales con los ojos de la carne, de una carne caída que no sólo es ajena al espíritu sino que le es contraria? (Ga. 5, 17). De ahí el inmenso valor de la fe, y el gran mérito que Dios le atribuye cuando es verdadera, haciendo que nos sea imputada como justicia (cf. Rm. cap. 4). Porque, es necesario realmente que concedamos un crédito sin límites, para que aceptemos de buena gana poner nuestro corazón en lo que no vemos, quitándolo de lo que vemos, sólo por creer que la Palabra de Dios no puede engañarnos cuando nos habla y nos ofrece su propia vida divina, mostrándonos que aquello es todo y que esto es nada. De ahí que nuestra fe, si es viva, honre tanto a Dios y le agrade tanto, como al padre agrada la total confianza del hijito que sin sombra de duda le sigue, sabiendo que en ello está su bien. Él nos da entonces evidencias tales de su verdad cuando escuchamos su lenguaje en las Escrituras, que ello, como dice Santa Ángela de Foligno, nos hace olvidar del mundo exterior y también de nosotros mismos. Pero, sin embargo, el deseo de *ver cara a cara*, ese anhelo de toda

la Iglesia y de cada alma, con el cual termina toda la Biblia: "Ven, Señor Jesús" (Ap. 22, 20 y nota), crece en nosotros cada vez más porque se nos ha hecho saber que ese día, al conocer *de la manera en que también fui conocido*, seremos hechos iguales a Jesús (Flp. 3, 20s.; Rm. 8, 29; Ga. 4, 9; 1 Jn. 3, 2). El mismo San Juan nos revela que esta anhelosa esperanza de ver a Jesús, nos santifica, así como Él es santo (1 Jn. 3, 3; cf. Cta. 8, 14 y nota). Y San Pablo nos muestra que no se trata de desear la muerte (2Co. 5, 1 ss. y notas), sino la transformación que él mismo revela nos traer Cristo en su venida. Cf. 15, 51; 1 Ts. 4, 16s. y notas.

13. San Agustín, previniéndonos contra la vanidad del culto puramente exterior, nos dice que el culto máximo que Dios recibe de nosotros es el de nuestra fe, nuestra esperanza y nuestro amor (cf. v. 1-3 y notas; Jn. 6, 29). La caridad es, como dice Santo Tomás de Aquino, la que, mientras vivimos, da la vida a la fe y a la esperanza, pero un día sólo la caridad permanecerá para siempre y, como dice el Doctor Angélico en otro lugar, la diferencia en la bienaventuranza corresponderá al grado de caridad y no al de alguna otra virtud. Por esta razón, entre mil otras, ella es la más excelente de las tres virtudes teologales, si las miramos como distintas entre sí. Notemos que así cumplirá Él, de un modo infinitamente admirable y superabundante, aquella loca ambición de nuestros primeros padres (Gn. 3, 4), que Satanás les inspiró sin sospechar que en eso consistía el ansia del mismo Dios por prodigar su propia vida divina, mas no por vía de rebelión, que era innecesaria, sino por vía de Paternidad, haciéndonos hijos suyos iguales a Jesús y gracias a los méritos redentores de Jesús. Tal es la obra que hace en nosotros el Espíritu Santo. Cf. Ef. 1, 5; Rm. 8, 14 y notas.

1. *Aspirad al amor*: Fruto del grandioso capítulo precedente es esta norma que San Pablo nos da a manera de conclusión y lema de toda vida cristiana. El amor es todo y sin él no hay nada. De ahí la audaz fórmula de San Agustín: "Ama y haz lo que quieras" (Dilige et quod vis fac). Véase 13, 1 ss.; Jn. 14, 23s.; Rm. 13, 10; Ef. 5, 2 y notas. *Particularmente el de profecía*, es decir, el don de entender la auténtica Palabra de Dios y hablarla para edificar a otros, para exhortarles y consolarlos (v. 3). Los profetas son, pues, en primer lugar, predicadores. Cada predicador de la verdad sobrenatural revelada por Dios es un moderno profeta, cuya existencia en la Iglesia debe ser cosa normal, según enseña el Apóstol.

espíritu misterios. ³Más el que profetiza, habla a los hombres para edificación y exhortación y consuelo. ⁴El que habla en lenguas, se edifica a sí mismo; más el que profetiza, edifica a la Iglesia. ⁵Deseo que todos vosotros habléis en lenguas, pero más aún que profeticéis; porque mayor es el que profetiza que quien habla en lenguas, a no ser que también interprete, para que la Iglesia reciba edificación. ⁶Ahora bien, hermanos, si yo fuera a vosotros hablando en lenguas ¿qué os aprovecharía si no os hablase por revelación, o con ciencia, o con profecía, o con enseñanza? ⁷Aun las cosas inanimadas que producen sonido, como la flauta o la cítara, si no dan voces distinguibles ¿cómo se sabrá qué es lo que se toca con la flauta y qué con la cítara? ⁸Así también si la trompeta diera un sonido confuso ¿quién se prepararía para la batalla? ⁹De la misma manera vosotros, si con la lengua no proferís palabras inteligibles, ¿cómo se conocerá lo que decís? Pues estáis hablando al aire. ¹⁰Por numerosos que sean tal vez en el mundo los diversos sonidos, nada hay, empero, que no sea una voz (*inteligible*). ¹¹Si, pues, el valor del sonido es para mí ininteligible, será para el que habla un bárbaro, y el que habla un bárbaro para mí. ¹²Así también vosotros, ya que anheláis dones espirituales, procurad tenerlos abundantemente para edificación de la Iglesia.

El don de las lenguas requiere de la interpretación. ¹³Por lo cual, el que habla en lenguas, ruegue poder interpretar. ¹⁴Porque si hago

oración en lenguas, mi espíritu ora, pero mi mente queda sin fruto. ¹⁵¿Qué haré pues? Oraré con el espíritu, más oraré también con la mente; cantaré con el espíritu, más cantaré también con la mente. ¹⁶De lo contrario, si tú bendices sólo con el espíritu ¿cómo al fin de tu acción de gracias el simple fiel dirá el Amén? puesto que no entiende lo que tú dices. ¹⁷Tú, en verdad, das bien las gracias, más el otro no se edifica. ¹⁸Gracias doy a Dios de que sé hablar en lenguas más que todos vosotros; ¹⁹pero en la Iglesia quiero más bien hablar cinco palabras con mi inteligencia, para instruir también a otros, que diez mil palabras en lenguas. ²⁰Hermanos, no seáis niños en inteligencia; sed, sí, niños en la malicia; más en la inteligencia sed hombres acabados. ²¹En la Ley está escrito: "En lenguas extrañas, y por otros labios hablaré a este pueblo; y ni aun así me oirán, dice el Señor". ²²De manera que el don de lenguas es para señal, no a los creyentes, sino a los que no creen; más la profecía no es para los incrédulos, sino para los creyentes. ²³Si, pues, toda la Iglesia está congregada, y todos hablan en lenguas, y entran hombres sencillos o que no creen ¿no dirán que estáis locos? ²⁴Si en cambio todos profetizan, y entra un incrédulo o un hombre sencillo, es por todos convencido y juzgado por todos. ²⁵Los secretos de su corazón se hacen manifiestos; y así, cayendo sobre su rostro, adorará a Dios, confesando que realmente Dios está en medio de vosotros.

El modo de usar los carismas de cada uno.

---

2. *Hablar en lenguas*, es decir, predicar o alabar a Dios en una lengua que los oyentes no entienden (glosolalia), según el Apóstol no es de provecho para el prójimo, porque así no se puede edificar ni estar unido a los oyentes (v. 16 y 19).

10. Notable observación que nos hace admirar las maravillas de la naturaleza no obstante haber caído ella también cuando pecó el hombre (Rm. 8, 21 y nota). Vemos, pues, que todo en ella es un lenguaje expresivo, desde el grito de los animales y el canto de los pájaros que alaban a Dios, hasta los ruidos que nos parecen puramente materiales como el trueno, en el cual la Biblia nos señala muchas veces la voz de Dios (Sal. 28, 3 ss.; 18, 4; 103, 7 y notas). El Apóstol se vale de este vigoroso contraste para mostrar cuánto más inteligible ha de ser el lenguaje de la oración, puesto que debe entenderse con la mente (v. 14).

11 ss. Insiste el Apóstol sobre la necesidad de edificar a la *comunidad,* y no a sí mismo; lo cual nos muestra cuánto desea San Pablo que el pueblo esté unido a la oración litúrgica de la Iglesia. Así lo manifiesta el "Orate fratres", en que el sacerdote se dirige al

pueblo diciéndole que la Misa es un sacrificio de él y de ellos ("meum ac vestrum sacrificium").

16. Tal fue precisamente el origen de la adopción, por la Iglesia Occidental, de la lengua latina, que entonces era la vulgar. Las Iglesias griegas vinculadas a la Sede romana continuaron usando el griego, y en los países orientales usan también el árabe, el armenio, siríaco, etc. De tiempo en tiempo se manifiesta, por parte de teólogos, liturgistas o canonistas, alguna tendencia, deseo o súplica en favor de los idiomas vernáculos. La Santa Sede ha accedido a dispensar del latín en el caso de algunos países, teniendo en cuenta diversas circunstancias particulares.

19. San Pablo quiere decir: Lo que uno no entiende, no puede servir para la edificación. Por eso no debe omitirse ninguna diligencia para poner a los fieles en estado de tomar parte en las oraciones públicas, ya sea explicándoselas de viva voz, ya sea poniendo en sus manos versiones fieles y exactas que ilustren su entendimiento, sostengan y fomenten su atención (Concilio Tridentino, Sesión XXII, cap. 8).

²⁶¿Qué hacer, hermanos? Pues cuando os reunís, cada uno tiene un salmo, o una enseñanza, o una revelación, o don de lenguas, o interpretación. Hágase todo para edificación. ²⁷Si alguno habla en lenguas, que sean dos, o cuando mucho, tres, y por turno; y que uno interprete. ²⁸Pero si no hay intérprete, calle en la Iglesia, y hable consigo y con Dios. ²⁹Cuanto a los profetas, hablen dos o tres, y los otros juzguen. ³⁰Más si algo fuere revelado a otro que está sentado, cállese el primero. ³¹Porque podéis profetizar todos, uno por uno, para que todos aprendan, y todos sean consolados; ³²pues los espíritus de los profetas obedecen a los profetas, ³³puesto que Dios no es Dios de desorden, sino de paz. Como en todas las Iglesias de los santos, ³⁴las mujeres guarden silencio en las asambleas; porque no les compete hablar, sino estar sujetas, como también lo dice la Ley. ³⁵Y si desean aprender algo, pregunten a sus maridos en casa; porque es cosa indecorosa para la mujer hablar en asamblea. ³⁶¿O es que la Palabra de Dios tuvo su origen en vosotros, o ha llegado sólo a vosotros? ³⁷Si alguno piensa que es profeta o que es espiritual, reconozca que lo que os escribo es precepto del Señor. ³⁸Más si alguno lo desconoce, será desconocido él. ³⁹Así que, hermanos míos, aspirad a la profecía, y en cuanto al hablar en lenguas, no lo impidáis. ⁴⁰Hágase, pues, todo honestamente y por orden.

15 El hecho de la resurrección de Cristo. ¹Os

recuerdo, hermanos, el Evangelio que os prediqué y que aceptasteis, y en el cual perseveráis, ²y por el cual os salváis, si lo retenéis en los términos que os lo anuncié, a menos que hayáis creído en vano. ³Porque os trasmití ante todo lo que yo mismo recibí: que Cristo murió por nuestros pecados, conforme a las Escrituras; ⁴y que fue sepultado; y que fue resucitado al tercer día, conforme a las Escrituras; ⁵y que se apareció a Cefas, y después a los Doce. ⁶Luego fue visto por más de quinientos hermanos a la vez, de los cuales la mayor parte viven hasta ahora; más algunos murieron ya. ⁷Posteriormente se apareció a Santiago, y luego a todos los, apóstoles. ⁸Y al último de todos, como al abortivo, se me apareció también a mí. ⁹Porque yo soy el ínfimo de los apóstoles, que no soy digno de ser llamado apóstol, pues perseguí a la Iglesia de Dios. ¹⁰Más por la gracia de Dios soy lo que soy, y su gracia que me dio no resultó estéril, antes bien he trabajado más copiosamente que todos ellos; bien que no yo, sino la gracia de Dios conmigo. ¹¹Sea, pues, yo, o sean ellos, así predicamos, y así creísteis.

La resurrección de Cristo es prenda de la nuestra. ¹²Ahora bien, si se predica a Cristo como resucitado de entre los muertos ¿cómo es que algunos dicen entre vosotros que no hay resurrección de muertos? ¹³Si es así que no hay resurrección de muertos, tampoco ha resucitado

26. *La intervención de los fieles en la Iglesia*, como se ve, era frecuentísima. El orden resultaba de la caridad del Espíritu Santo, que a todos los llenaba. Véase Hch. 13, 15. Hoy desgraciadamente la actitud de los fieles en el templo es demasiado pasiva.

32. *Obedecen a los profetas*: es decir, según bien explica Santo Tomás de Aquino, que los profetas no se ponen fuera de sí (como aquellos a quienes un demonio enfurece con movimientos violentos y extraordinarios para decir sus falsas revelaciones) sino que saben moderar sus transportes según las conveniencias del auditorio. Cf. 2Co. 5, 13 y nota.

35. ¡Cuán lejos estamos de esta normalidad! En vez de que los hombres instruyan a sus mujeres, éstas suelen verse obligadas a catequizar a sus maridos. Pero el Apóstol deja firmemente constancia de que tal es el plan de Dios, para que lo conozcan quienes busquen agradarle según Él nos enseña y no según la ocurrencia propia. Cf. 7, 14; 11, 7 y notas.

36. Grave advertencia a los predicadores para que no crean que es palabra divina toda palabra que sale de sus labios, sino que busquen su inspiración en las Palabras reveladas por Dios, aunque

éstas no les conquisten el aplauso del mundo. Cf. 16, 4 y nota; 2Co. 2, 17.

1. En este capítulo nos ilustra San Pablo sobre lo que más nos interesa en nuestro destino eterno: el gran misterio de nuestra resurrección corporal, que es consecuencia de la de Cristo Redentor, y nos descubre arcanos de inmenso consuelo, tristemente ignorados por muchos.

5. De esta aparición de Jesús a Kefas nos habla San Lucas (24, 34). San Pablo recibió su Evangelio de boca del mismo Jesús, y no por otros conductos (Ga. 1, 1 y 12; Ef. 3, 3). Por eso su testimonio sobre la Resurrección vale tanto como el de los demás apóstoles. Véase Lc. 24, 34-43; Mc. 16, 14.

10. Santo Tomás de Aquino, siguiendo a San Basilio, nos explica los efectos de la gracia empleando la imagen del hierro: de sí rudo, frío e informe, se vuelve ardiente, luminoso, flexible, cuando se lo coloca en el fuego y éste lo penetra. La gracia es el fuego que nos transforma.

12. El siguiente párrafo quiere decir que, en Cristo Jesús, Él y los fieles son un mismo místico cuerpo, cuyos miembros participan

Cristo. [14]Y si Cristo no ha resucitado, vana es nuestra predicación, vana también vuestra fe. [15]Y entonces somos también hallados falsos testigos de Dios, por cuanto atestiguamos contrariamente a Dios que Él resucitó a Cristo, a quien no resucitó, si es así que los muertos no resucitan. [16]Porque si los muertos no resucitan, tampoco ha resucitado Cristo; [17]y si Cristo no resucitó, vana es vuestra fe; aun estáis en vuestros pecados. [18]Por consiguiente, también los que ya murieron en Cristo, se perdieron. [19]Si solamente para esta vida tenemos esperanza en Cristo, somos los más miserables de todos los hombres. [20]Más ahora Cristo ha resucitado de entre los muertos, primicia de los que durmieron. [21]Puesto que por un hombre vino la muerte, por un hombre viene también la resurrección de los muertos. [22]Porque como en Adán todos mueren, así también en Cristo todos serán vivificados. [23]Pero cada uno por su orden: como primicia Cristo; luego los de Cristo en su Parusía; [24]después el fin, cuando Él entregue el reino al Dios y Padre, cuando haya derribado todo principado y toda potestad y todo poder. - [25]Porque es necesario que Él reine "hasta que ponga a todos los enemigos bajo sus pies". [26]El último enemigo destruido será la muerte. [27]Porque "todas las cosas las sometió bajo sus pies". Más cuando dice que todas las cosas están sometidas, claro es que queda exceptuado Aquél que se las sometió todas a Él. [28]Y cuando le hayan sido sometidas todas las cosas, entonces el mismo Hijo también se someterá al que le sometió todas las cosas, para que Dios sea todo en todo.

¿Qué sería si no hubiera resurrección? [29]De no ser así ¿qué hacen los que se bautizan por los muertos? Si los muertos de ninguna manera resucitan ¿por qué pues se bautizan por ellos? [30]¿Y por qué nosotros mismos nos exponemos a peligros a toda hora? [31]En cuanto a mí, cada día me expongo a la muerte, y os aseguro, hermanos, que es por la gloria que a causa de vosotros tengo en Cristo Jesús, Señor nuestro. [32]Si por, solos motivos humanos luché yo con las fieras en Éfeso ¿de qué me sirve? Si los muertos no resucitan "¡comamos y bebamos! que mañana morimos". [33]Más no os dejéis seducir: malas compañías corrompen buenas costumbres. [34]Reaccionad con rectitud y no pequéis; porque –lo digo para vergüenza vuestra– a algunos les falta conocimiento de Dios.

Naturaleza de los cuerpos resucitados. [35]Pero

del destino de la Cabeza. Niegan, pues, su propia resurrección quienes no creen en la del Señor.

21. *Ese segundo hombre* es Cristo. Nuestro Señor Jesucristo, dice San Ambrosio, es la vida en todo; su divinidad es la vida, su eternidad es la vida, su carne es la vida, y su pasión es la vida... Su muerte es la vida, sus heridas son la vida, y su resurrección es también la vida del Universo. Cf. Ez. 16,6 y nota.

23. San Pablo toca el gran misterio de la Parusía o segunda venida del Señor, objeto de nuestra esperanza. Buzy traduce: "los que serán de Cristo en el momento de su venda". El Apóstol revela aquí un nuevo rasgo de la Escatología que se refiere a la resurrección. Muchos expositores antiguos y también muchos modernos niegan el sentido cronológico de las palabras "primicia", "luego" y "después". Según ellos no se trataría de una sucesión sino de una diferencia en la dignidad: los de Cristo alcanzarían más felicidad que los otros. Por su parte San Juan Crisóstomo, Teofilacto, y otros Padres interpretan que los justos resucitarán en el gran "día del Señor" antes que los réprobos en cuyo juicio participarán con Cristo (6, 2s.). Cornelio a Lapide sostiene también el sentido literal y temporal: Cristo el primero, según el tiempo como según la dignidad; después los justos, y finalmente la consumación del siglo. Véase 6, 2s.; 1 Ts. 4, 13 ss.; Ap. 20, 4 ss. y notas. Como expresa Crampon en la nota al v. 51, también San Jerónimo admite que este capítulo se refiere exclusivamente a la resurrección de los justos. La *Didajé* o Doctrina de los Apóstoles

se expresa en igual sentido, citando a Judas 14 (Enchiridion Patristicum nº 10).

24. *Derribado*: Véase Sal. 109, 5s. y nota.

25. *Hasta que ponga*, etc.: Después de haber triunfado completamente de todos sus enemigos, Jesucristo cambiará esta manera de reinar, en otra más sublime y más espiritual (Santo Tomás de Aquino). Cf. Sal. 9A, 17; 109, 1 y notas; Hb. 1, 13; 10, 13; 2, 8.

26. Véase vv. 51-55 y notas. Cf. Mt. 27, 52 y nota sobre la resurrección de los justos del Antiguo Testamento junto con Jesús. San Ambrosio, San Jerónimo, San Cirilo Alejandrino, Beato Rábano Mauro, Cayetano. Maldonado. etc., sostienen que aquella resurrección fue definitiva.

29. De aquí se deduce que algunos corintios se bautizaban en lugar de los *difuntos* que no habían recibido el Bautismo. El Apóstol no dice que apruebe tal cosa, antes señala el absurdo de practicarla si no se cree en la resurrección.

36. Con imágenes tomadas de la naturaleza explaya San Pablo, en lo que sigue, la doctrina de la *resurrección del cuerpo*, explicando a la vez la glorificación del cuerpo mediante la vida que hemos recibido de Cristo.

41. Esta diferencia entre los destinos de las almas no significa que cada persona tenga su religión, como si adorase a distinto Dios, pero sí que cada uno tiene su religiosidad, es decir, su espiritualidad característica. Algunos oscilan entre la superstición y la fe, según el grado de conocimiento que tienen de Dios. Jesús nos muestra

alguien dirá: ¿Cómo resucitan los muertos? y ¿con qué cuerpo vienen? [36]¡Oh ignorante! Lo que tú siembras no es vivificado si no muere. [37]Y lo que siembras [39]no es el cuerpo que ha de ser, sino un simple grano, como por ejemplo de trigo, o algún otro. [38]Mas Dios le da un cuerpo, así como Él quiso, y a cada semilla cuerpo propio. No toda carne es la misma carne, sino que una es de hombres, otra de ganados, otra de volátiles y otra de peces. . [40]Hay también cuerpos celestes y cuerpos terrestres; pero, uno es el esplendor de los celestes, y otro el de los terrestres. [41]Uno es el esplendor del sol, otro el esplendor de la luna, y otro el esplendor de las estrellas; pues en esplendor se diferencia estrella de estrella. [42]Así sucede también en la resurrección de los muertos. Sembrado corruptible, es resucitado incorruptible; [43]sembrado en ignominia, resucita en gloria; sembrado en debilidad, resucita en poder; [44]sembrado cuerpo natural, resucita cuerpo espiritual; pues si hay cuerpo natural, lo hay también espiritual; [45]como está escrito: "El primer hombre, Adán, fue hecho alma viviente", el postrer Adán, espíritu vivificante. [46]Mas no fue antes lo espiritual, sino lo natural, y después lo espiritual.

[47]El primer hombre, hecho de tierra, es terrenal; el segundo hombre viene del cielo. [48]Cual es el terrenal, tales son los terrenales; y cual el celestial, tales serán los celestiales. [49]Y así como hemos llevado la imagen del hombre terrenal, llevaremos la imagen del celestial.

Misterio consolador. [50]Lo que digo, hermanos, es, pues, esto: que la carne y la sangre no pueden heredar el reino de Dios, ni la corrupción puede poseer la incorruptibilidad. [51]He aquí que os digo un misterio: No todos moriremos, pero todos seremos transformados [52]en un momento, en un abrir y cerrar de ojos, a la trompeta final; porque sonará la trompeta y los muertos serán resucitados incorruptibles, y nosotros seremos transformados. [53]Pues es necesario que esto corruptible se vista de incorruptibilidad, y esto mortal se vista de inmortalidad..

Gracias a Cristo por su triunfo. [54]Cuando esto corruptible se haya vestido de incorruptibilidad, y esto mortal se haya vestido de inmortalidad, entonces se cumplirá la palabra que está escrita: "La muerte es engullida en la victoria. [55]¿Dónde quedó, oh muerte, tu victoria? ¿Dónde, oh muerte, tu aguijón?". [56]El aguijón de la muerte es el pecado,

---

muchas veces estas diferencias, presentándonos tipos de esa distinta religiosidad y señalándonos cuál es la mejor, principalmente en el caso de Marta y María. (Lc. 38 ss.). Véase también los paralelos que Él hace del fariseo con el publicano (Lc. 18, 9 y ss.); de los dos hermanos (Mt. 21, 28 ss.); de la pecadora con el fariseo (Lc. 7, 36-47) y hasta de Sodoma y Gomorra o de las ciudades paganas de Tiro y Sidón, con las ciudades elegidas de Betsaida y Cafarnaúm (Mt. 21 ss.) y aún de los publicanos y las rameras, mejores que los orgullosos maestros y dignatarios de la Sinagoga (Mt. 21, 31s.), que se habían apoderado de la llave del conocimiento de Dios que está en las Escrituras, sin explicar a los demás su sentido (Lc. 11, 52).

42 ss. Destaca el Apóstol las cualidades de incorruptibilidad, inmortalidad y espiritualidad o sutileza de los cuerpos glorificados, y nos revela que nuestro cuerpo así transformado tendrá un esplendor semejante al del mismo Cristo glorioso. Cf. Flp. 3, 20s.

44. *Cuerpo natural*: el texto griego dice literalmente *psíquico*, como en 2, 14. Véase allí la nota.

47. "Mirabilius reformasti", dice la Misa. Cristo no sólo nos volvió, con su Redención, a la imagen y semejanza divinas en que fuimos creados y que perdimos por el pecado, sino que nos elevó más alto, hasta hacernos como Él, verdaderos hijos de Dios, si creemos en su nombre (Jn. 1, 12; 1 Jn. 3, 1). Ante semejante prodigio dice San Juan Crisóstomo: "Os ruego y os suplico que no permitáis que los más bellos dones, si los descuidamos, aumenten, a causa de su misma grandeza, nuestro pecado".

51. *No todos moriremos, pero todos seremos transformados*: Esta verdad expresa San Pablo también en la primera carta a los tesalonicenses (1 Ts. 4, 17). San Agustín y San Jerónimo siguen esta interpretación, según la cual se librarán de la muerte los amigos de Cristo que vivan en el día de su segunda venida (cf. v. 23 y 53s.). Así lo indica también Santo Tomás de Aquino (I-II, Q. 81, art. 3ad 1) y muchos teólogos modernos. El P. Bóver dice al respecto: "Existen varios textos del Apóstol que parecen afirmar que los fieles de la última generación serán gloriosamente transformados, sin pasar por la muerte... Tratándose de textos suficientemente claros y de una interpretación hoy día corrientemente admitida por exégetas y teólogos, bastará citarlos". Y cita a continuación el presente pasaje con 1 Ts. 4, 15-17 y 2Co. 5, 1-4. Cf. la expresión "vivos y muertos" en el Credo, en Hch. 10, 42; Rm. 14, 9 y 1 Pe. 4, 5. Cf. también Mc. 13, 27.

53. O sea la resurrección gloriosa de los muertos y Jn. 11, 25s.

52. Véase el pasaje paralelo en 1 Ts. 4, 3 ss. Cf. Flp. 3, 11; Hch. 4, 2; Lc. 20, 35; Jn. 5, 25 y 28; Ap. 20, 4.

54. *La muerte es engullida en la victoria*: Esta cita suele atribuirse a Os. 13, 14, que alude al mismo misterio. En realidad corresponde a Is. 25, 8, que en la Vulgata dice "abismará la muerte para siempre" pero que en los LXX y algunas versiones del hebreo corresponde textualmente a la cita del Apóstol.

55. Es decir: tu *victoria* sobre los que ya mataste, y tu *aguijón* para seguir matando en adelante. Así se entiende lo que dijo en el v. 26.

y la fuerza del pecado es la Ley. [57]¡Gracias sean dadas a Dios que nos da la victoria por nuestro Señor Jesucristo! [58]Así que, amados hermanos míos, estad firmes, inconmovibles, abundando siempre en la obra del Señor, sabiendo que vuestra fatiga no es vana en el Señor.

16 **Acerca de la colecta.** [1]En cuanto a la colecta para los santos, según he ordenado a las Iglesias de Galacia, haced también vosotros. [2]El primer día de la semana, cada uno de vosotros ponga aparte para sí lo que sea de su agrado, reservándolo, no sea que cuando llegue yo, se hagan entonces las colectas. [3]Y cuando yo haya llegado, a aquellos que vosotros tuviereis a bien, los enviaré con cartas, para que lleven vuestro don a Jerusalén; [4]y si conviene que vaya también yo, irán conmigo.

Planes de viaje. [5]Iré a veros después de recorrer la Macedonia; pues por Macedonia tengo que pasar. [6]Y puede ser que me detenga entre vosotros y aun pase el invierno; para que me despidáis a dondequiera que vaya. [7]Porque esta vez no quiero veros de paso, y espero permanecer algún tiempo entre vosotros, si el Señor lo permite. [8]Me quedaré en Éfeso hasta Pentecostés; [9]porque se me ha abierto una puerta grande y eficaz, y los adversarios son muchos. [10]Si Timoteo llega, mirad que esté entre vosotros sin timidez, ya que él hace la obra del Señor lo mismo que yo. [11]Que nadie, pues, le menosprecie; despedidle en paz para que venga a mí, porque le estoy esperando con los hermanos. [12]En cuanto al hermano Apolo, mucho le encarecí que fuese a vosotros con los hermanos, mas no tuvo voluntad alguna de ir ahora; irá cuando tenga oportunidad.

Exhortaciones y saludos. [13]Velad; estad firmes en la fe; portaos varonilmente; confortaos. [14]Todas vuestras cosas se hagan con amor. [15]Os exhorto, hermanos –porque conocéis la casa de Estéfanas, que es primicias de Acaya y que se han consagrado al servicio de los santos–, [16]que también vosotros os pongáis a disposición de ellos y de todo el que colabore y se afane. [17]Me regocijo de la llegada de Estéfanas, Fortunato y Acaico; porque ellos han suplido vuestra falta, [18]recreando mi espíritu y el vuestro. Estimádselo, pues, a hombres como ellos. [19]Os saludan las Iglesias de Asia. Os mandan muchos saludos en el Señor, Aquila y Prisca, junto con la Iglesia que está en su casa. [20]Os saludan todos los hermanos. Saludaos unos a otros en ósculo santo. [21]Va la salutación de mi propio puño: Pablo. [22]Si alguno no ama al Señor, sea anatema. ¡Maranatha! [23]La gracia del Señor Jesús sea con vosotros. [24]Mi amor está con todos vosotros, en Jesucristo.

2ª CARTA A LOS CORINTIOS

Esta segunda epístola fue escrita poco después de la primera, a fines del año 57, en Macedonia, durante el viaje del Apóstol de Éfeso a Corinto. Tito, colaborador de San Pablo, le trajo buenas noticias de Corinto, donde la primera carta había producido excelentes resultados. La mayoría acataba las amonestaciones de su padre espiritual. No obstante, existían todavía intrigas que procedían de judíos y

1. Los *santos* o cristianos a que se refiere el Apóstol, son los pobres de la Iglesia de Jerusalén. Cf. Hch. 24, 17; 2Co. cap. 8 y 9; Rm. 15, 26.

2. Como se ve, ya los primeros cristianos santificaban *el primer día de la semana*, o sea, el domingo, sustituyéndolo al sábado del Antiguo Testamento. Cf. Jn. 20, 1 y nota.

6. El Apóstol pasó el invierno en Corinto (Hch. 20, 1-3).

15. *Estéfanas, Fortunato* y *Acaico* eran los mensajeros enviados por los corintios a San Pablo.

19. *Aquila y Priscila* le habían dado hospedaje en Corinto y están ahora con él en Éfeso. Véase sobre estos cónyuges ejemplares, Hch. 18, 2 y 26 y notas; Rm. 16, 3 y 5.

21. Véase 2 Ts. 3, 17. La *firma de propio puño* era sello de autenticidad

22. *Maranatha*, palabras arameas que significan: Nuestro Señor viene. Así se saludaban los primeros cristianos para prepararse a la segunda venida del Señor. Véase Ap. 22, 20: "Ven, Señor Jesús". Según la Didajé o Doctrina de los Apóstoles esta palabra formaba parte del rito de la Eucaristía. Cf. 10, 17 ss. y nota. El escritor judío Klausner ha hecho la siguiente observación a este respecto: "Para los primeros cristianos esta parusía de Jesús y su palabra de saludo era *Marana tha* (¡Ven, Señor nuestro!), y no *Maran atha* (Nuestro Señor ha venido)".

56. Es decir: "en cuanto el pecado se aumentó por la Ley y así alcanzó el máximum de su poder" (Santo Tomás de Aquino).

judío-cristianos. Para deshacerlas les escribió el Apóstol por segunda vez antes de llegarse personalmente a ellos.

1 Saludo apostólico.
[1]Pablo, por voluntad de Dios apóstol de Cristo Jesús, y el hermano Timoteo, a la Iglesia que está en Corinto, con todos los santos de toda la Acaya: [2]gracia a vosotros y paz de parte de Dios nuestro Padre, y de nuestro Señor Jesucristo.

Acción de gracias. [3]Bendito sea el Dios y Padre de nuestro Señor Jesucristo, el Padre de las misericordias y Dios de toda consolación; [4]el cual nos consuela en todas nuestras tribulaciones, para que nosotros podamos consolar a los que están en cualquier tribulación, con el consuelo con que nosotros mismos somos consolados por Dios. [5]Porque así como abundan los padecimientos de Cristo para con nosotros, así por Cristo abunda nuestra consolación. [6]Si sufrimos, es para vuestra consolación y salud; si somos consolados, es para vuestra consolación, que se muestra eficaz por la paciencia con que sufrís los mismos padecimientos que sufrimos nosotros. [7]Y nuestra esperanza sobre vosotros es firme, sabiendo que, así como participáis en los padecimientos, así también en la consolación. [8]Pues no queremos, hermanos, que ignoréis nuestra aflicción, que nos sobrevino en Asia, porque fuimos agravados muy sobre nuestras fuerzas hasta tal punto que desesperábamos aun de vivir; [9]pero si tuvimos en nuestro interior esa respuesta de la muerte fue para que no confiásemos en nosotros mismos, sino en el Dios que resucita a los muertos. [10]Él nos libró de tan peligrosa muerte, y nos librará aún; en Él confiamos que también en adelante nos librará; [11]cooperando igualmente vosotros en favor nuestro por la oración, a fin de que la gracia que nos fue concedida a nosotros a instancias de muchos, sea ocasión para que muchos la agradezcan por nosotros.

Sinceridad del apóstol. [12]Nuestra gloria es esta: el testimonio de nuestra conciencia, según la cual nos hemos conducido en el mundo, y principalmente entre vosotros, con simplicidad y sinceridad de Dios, no según la sabiduría de la carne, sino con la gracia de Dios. [13]Pues no os escribimos otras cosas que lo que leéis, o ya conocéis, y espero que lo reconoceréis hasta el fin, [14]así como en parte habéis reconocido que somos motivo de vuestra gloria, como vosotros lo sois de la nuestra en el día de nuestro Señor Jesús.

Cambio de itinerario. [15]En esta confianza quería ir primero a vosotros, para que recibieseis una segunda gracia, [16]y a través de vosotros pasar a Macedonia, y otra vez desde Macedonia volver a vosotros, y ser por vosotros encaminado a Judea. [17]Al proponerme esto ¿acaso usé de ligereza? ¿O es que lo que resuelvo, lo resuelvo según la carne, de modo que haya en mí (*al mismo tiempo*) el sí, sí y el no, no? [18]Mas Dios es fiel, y así también nuestra palabra dada a vosotros no es sí y no. [19]Porque el Hijo de Dios, Jesucristo, el que entre vosotros fue predicado por nosotros: por mí, Silvano y Timoteo, no fue sí y no, sino que en Él se ha realizado el sí.

---

1. *Santos*: los cristianos. Cf. Hch. 9, 13; 1 Ts. 5, 27.

2s. Notemos la preocupación del Apóstol por enseñarnos siempre a distinguir entre las divinas Personas del *Padre* y del *Hijo* (véase Jn. 17, 3; 1 Jn. 1, 3; 1Co. 3, 6 y nota).

3. *Padre de las misericordias y Dios de toda consolación*: Recordemos este admirable título que él da a nuestro Padre celestial, tan distinto del de un severo gobernante o de un simple Creador. Cf. Ef. 1, 3; 1 Pe. 1, 3.

4. Lo que aquí dice del consuelo, lo dice de los bienes en 9, 8-11: Dios nos da una y otra cosa sobradamente, para que pueda alcanzar hasta nuestro prójimo, y recibamos así, además del don mismo, el beneficio aun mayor de hacerlo servir para nuestra santificación.

5. Véase un ejemplo de está en 7, 4 ss.

8s. En Éfeso, donde el platero Demetrio, con apariencia de piedad, promovió un ruidoso alboroto contra el Apóstol, por defender su negocio de imágenes de la diosa Diana (Hch. 19. 23 ss.). *La respuesta de muerte*: Se cree que el Apóstol alude a una grave enfermedad o a la persecución de 1Co. 15, 32. San Pablo no vacila en mostrarnos su flaqueza para enseñarnos, como tantas veces lo hace David en los Salmos, que sólo de Dios viene el remedio, y cuán saludable resulta, para el aumento de nuestra fe, esa comprobación de nuestra debilidad.

14. *El día de Nuestro Señor Jesús*: el día del juicio. Cf. Mt. 7, 22; 1Co. 3, 13; Flp. 1, 6 y 10; 2 Pe. 3, 12; Judas 6.

15 ss. Los intrigantes le habían acusado de *inconstancia*, por el simple hecho de haber cambiado el plan de viaje. El Apóstol se defiende diciendo que lo hizo por ser indulgente con ellos (v. 23). Las divinas promesas se han confirmado y cumplido en Cristo que es el *Sí* absoluto (v. 19). El *Amén* (v. 20) es nuestra respuesta, profesión de fe y sumisión al llamado de Dios.

²⁰Pues cuantas promesas hay de Dios, han hallado el sí en Él; por eso también mediante Él (*decimos*) a Dios: Amén, para su gloria por medio de nosotros. ²¹El que nos confirma juntamente con vosotros, para Cristo, y el que nos ungió es Dios; ²²el mismo que nos ha sellado, y nos ha dado las arras del Espíritu en nuestros corazones. ²³Yo tomo a Dios por testigo sobre mi alma de que si no he ido a Corinto, es por no heriros; ²⁴porque no queremos ejercer dominio sobre vuestra fe, sino que somos cooperadores de vuestro gozo; pues por la fe estáis firmes.

2 **Objeto de esta carta.** ¹Me he propuesto no volver a visitaros con tristeza. ²Porque si yo os contristo ¿quién será entonces el que me alegre a mí, sino aquel a quien yo contristé? ³Esto mismo os escribo para no tener, en mi llegada, tristeza por parte de aquellos que debieran serme motivo de gozo, y con la confianza puesta en todos vosotros, de que todos tenéis por vuestro el gozo mío. ⁴Porque os escribo en medio de una gran aflicción y angustia de corazón, con muchas lágrimas, no para que os contristéis, sino para que conozcáis el amor sobreabundante que tengo por vosotros.

El apóstol perdona al incestuoso. ⁵Si alguno ha causado tristeza, no me la ha causado a mí, sino en cierta manera –para no cargar la mano– a todos vosotros. ⁶Bástele al tal esta corrección aplicada por tantos. ⁷Más bien debéis, pues, al contrario, perdonarlo y consolarlo, no sea que este tal se consuma en excesiva tristeza. ⁸Por lo cual os exhorto que le confirméis vuestra caridad. ⁹Pues por esto escribo, a fin de tener de vosotros la prueba de que en todo sois obedientes. ¹⁰A quien vosotros perdonáis algo, yo también; pues lo que he perdonado, si algo he perdonado, por amor a vosotros ha sido, delante de Cristo, ¹¹para que no nos saque ventaja Satanás, pues bien conocemos sus maquinaciones.

Solicitud paternal. ¹²Llegado a Tróade para predicar el Evangelio de Cristo, y habiéndoseme abierto una puerta en el Señor, ¹³no hallé reposo para mi espíritu; por no haber encontrado a Tito, mi hermano, y despidiéndome de ellos partí para Macedonia. ¹⁴Pero gracias a Dios siempre Él nos hace triunfar en Cristo, y por medio de nosotros derrama la fragancia de su conocimiento en todo lugar, ¹⁵porque somos para Dios buen olor de Cristo, entre los que se salvan, y entre los que se pierden; ¹⁶a los unos, olor de muerte para muerte; y a los otros, olor de vida para vida. ¹⁷Y para semejante ministerio ¿quién puede creerse capaz? Pues no somos como muchísimos que prostituyen

---

21s. Santo Tomás de Aquino, comentando estos versículos en la Suma contra los Gentiles, dice que el *sello* es la semejanza, la *unción*, el poder de obras perfectas, y las *arras*, la esperanza segura del Reino, que actualiza desde ahora en nosotros la beatitud de Dios. Cf. Ef. 1, 13. El P. Prat llama la atención sobre el concurso de las tres Divinas Personas en la obra del Apostolado: "Véase cómo contribuyen las Divinas Personas a dotar a los predicadores de la fe: el Padre, como primer autor de los Dones espirituales: el Hijos como fuente de la vida sobrenatural de esos predicadores, y el Espíritu Santo, como sello de la misión de ellos y como prenda del éxito que alcanzarán".

23. *Si no he ido todavía*, etc.: Es de admirar el espíritu sobrenatural y la humildad verdadera de San Pablo, que lejos de creerse indispensable, se abstiene de ir, convencido de que así convenía más a los fieles en tal caso. Veamos también el altísimo concepto que el Apóstol tiene de la misión del pastor de almas y de la delicadeza con que ha de tratárselas sabiendo que nadie es dueño de la salvación de otros. Véase a este respecto la lección de San Pedro (1 Pe. 5, 2), y el notable ejemplo de impersonalidad que da Moisés en el episodio de Eldad y Medad (Nm. 11, 29), como también su celo sublime por la pura gloria de Yahvéh y el bien de su pueblo, en contra de las ventajas personales que el mismo Dios le ofrece (Nm. 14, 10 ss.).

5. Parece que la *excomunión* infligida al incestuoso en la primera carta (1Co. 5, 1-5) ha producido buenos efectos, de modo que la *comunidad* le puede recibir de nuevo. Esta exclusión se llamó *excomunión*, no en cuanto quedaba privado de la *fracción del pan*, sino en cuanto se excluía de la *comunidad* de los fieles o Iglesia (Mt. 18, 18 ss.) que era llamada comunión por su vida de fraterna unión en la caridad (Fillion). Cf. Hch. 2, 42 y nota.

12. *Tróade*, ciudad del Asia Menor, situada cerca de la antigua Troya. *Una puerta*: una ocasión para predicar el Evangelio.

15s. *La predicación del Evangelio* produce distintos efectos, según la rectitud de los oyentes. No hay que olvidar ese gran misterio de que Cristo fue también presentado como piedra de tropiezo y signo de contradicción "para ruina y resurrección de muchos" (Lc. 2, 34; Rm. 9, 33; 1 Pe. 2, 6s.; Sal. 117, 22 y nota). El que rechaza la Palabra está peor que si no se le hubiera dado (Jn. 12, 48), porque se pedirá más cuenta al que más se le dio (Lc. 12, 48). Recordemos, pues, la necesidad, enseñada por Jesús, de no dar el pan a los perros ni las perlas a los cerdos (Mt. 7, 6). San Pablo nos enseña que Dios nos prepara de antemano las obras para que las hagamos (Ef. 2, 10). A esas obras hemos de atender, sin creernos con arrestos de quijote capaz de salvar al mundo (cf. Sal. 130 y notas). El efecto de tal suficiencia lo muestra el Señor en Mt. 23, 15. Cf. 8, 10s.; 1Co. 1, 30 y nota.

la Palabra de Dios; sino que con ánimo sincero, como de parte de Dios y en presencia de Dios, hablamos en Cristo.

3 Excelencia del ministerio apostólico.

[1]¿Es que comenzamos otra vez a recomendarnos a nosotros mismos? ¿O es que necesitamos, como algunos, cartas de recomendación para vosotros o de vuestra parte? [2]Nuestra carta sois vosotros, escrita en nuestro corazón, conocida y leída de todos los hombres; [3]siendo notorio que sois una carta de Cristo mediante nuestro ministerio, escrita no con tinta, sino con el Espíritu del Dios vivo, no en tablas de piedra, sino en tablas que son corazones de carne. [4]Tal confianza para con Dios la tenemos por Cristo; [5]no porque seamos capaces por nosotros mismos de pensar cosa alguna como propia nuestra, sino que nuestra capacidad viene de Dios. [6]Él es quien nos ha hecho capaces de ser ministros de una nueva Alianza, no de letra, sino de espíritu; porque la letra mata, más el espíritu da vida. [7]Pues si el ministerio de la muerte, grabado con letras en piedras, fue con tanta gloria, que los hijos de Israel no podían fijar la vista en el rostro de Moisés, a causa de la gloria de su rostro, la cual era perecedera, [8]¿cómo no ha de ser de mayor gloria el ministerio del Espíritu? [9]Porque si el ministerio de la condenación fue gloria, mucho más abunda en gloria el ministerio de la justicia. [10]En verdad, lo glorificado en aquel punto dejó de ser glorificado a causa de esta gloria que lo sobrepujó. [11]Por lo cual, si lo que está pereciendo fue con gloria, mucho más será con gloria lo que perdura.

El velo de Moisés y la libertad del apóstol.

[12]Teniendo, pues, una tan grande esperanza, hablamos con toda libertad; [13]y no como Moisés, que ponía un velo sobre su rostro, para que los hijos de Israel no contemplasen lo que se acaba porque es perecedero. [14]Pero sus entendimientos fueron embotados, porque hasta el día de hoy en la lectura de la Antigua Alianza permanece ese mismo velo, siéndoles encubierto que en Cristo está pereciendo (*la Antigua Alianza*). [15]Y así, hasta el día de hoy, siempre que es leído Moisés, un velo cubre el corazón de ellos. [16]Más cuando vuelvan al Señor, será quitado el velo. [17]Ahora bien, el Señor es el Espíritu; y donde está el Espíritu del Señor hay libertad. [18]Y todos nosotros, si a cara descubierta contemplamos como en un espejo la gloria del Señor, somos transformados de gloria en gloria, en la misma imagen como del Señor que es Espíritu.

4 El apóstol y su ministerio.

[1]Por lo cual, investidos de este ministerio, según la misericordia

---

17. Véase sobre este punto 1Co. 16, 26 y nota.

3. Los frutos que mi predicación del Evangelio ha producido entre vosotros son la mejor recomendación.

5. "Nadie, dice San Agustín, es fuerte por sus propias fuerzas, sino por la indulgencia y misericordia de Dios". Es éste ciertamente uno de los puntos más fundamentales, y muchas veces olvidados, de la espiritualidad cristiana.

6. Como *ministro del Nuevo Testamento*, el Apóstol está por encima de Moisés, pues en el Antiguo fue dada la Ley, en tanto que Cristo nos trajo la gracia y la ley del espíritu de vida (Rm. 7, 6; 8, 2; Jn. 1, 17; 1 Jn. 1, 1 y 5).

7. Después de conversar con Dios, el rostro de Moisés se revestía de un resplandor tal que el pueblo lo advertía mientras le trasmitía las palabras de Dios. Al terminar cubría su rostro con un velo, que sólo se quitaba cuando volvía a hablar con Dios (Ex. 34, 33).

8s. *El ministerio del Espíritu*: la nueva Ley, el Evangelio. A esto opone el Apóstol el *ministerio de la condenación* (v. 9), esto es, la Ley Antigua. Así lo llama por la falta de cumplimiento de la Ley por parte del pueblo escogido.

14. Todavía hoy, en las sinagogas, el Libro Sagrado está cubierto con un lienzo. San Pablo refiere este hecho a la triste ceguedad de los judíos, que no habiendo aceptado la luz de Cristo que es la llave de toda la Escritura (Jn. 12, 32 y nota), han quedado sin poder entender sus propios libros santos. Cf. Rm. 11, 25; Hb. 5, 11.

16. *Cuando vuelvan al Señor*: "Esta última expresión, que en el Éxodo (34, 34) se dice de Moisés cuando se volvía al Señor para hablar con Él, aplica San Pablo a los judíos cuando por la fe se vuelvan al Señor" (Bóver). Véase Rm. 11, 25 ss.; Mt. 23, 39; Jn. 19, 37; Za. 12, 10.

17. "El desacuerdo de los exégetas (sobre este pasaje) no puede ser más completo" (Prat). Por eso pusimos la traducción literal de este texto difícil que, según los Padres griegos se refiere al Espíritu Santo, según otros a Cristo. Éste, al revelarnos el carácter espiritual de su mensaje (Jn. 4, 23s.) y de nuestro destino, nos ha librado de toda esclavitud de la Ley (Jn. 8, 31s.; Ga. 4, 31; St. 2, 12). La falsa libertad consiste en querer obrar a impulsos de nuestra voluntad propia, porque "haciendo lo que quería, dice San Agustín, llegaba adonde no quería". Cf. Rm. cap. 7.

18. Como aquí vemos, esa transformación nos convierte en imagen del mismo Espíritu que nos conforma. Véase en Rm. 8, 1, cómo nuestra resurrección corporal a semejanza de Cristo será también obra del Espíritu.

que se nos ha hecho, no decaemos de ánimo. [2]Antes bien, hemos desechado los vergonzosos disimulos, no procediendo con astucia, ni adulterando la palabra de Dios, sino recomendándonos por la manifestación de la verdad a la conciencia de todo hombre en presencia de Dios. [3]Si todavía nuestro Evangelio aparece cubierto con un velo, ello es para los que se pierden; [4]para los incrédulos, en los cuales el dios de este siglo ha cegado los entendimientos a fin de que no resplandezca (*para ellos*) la luz del Evangelio de la gloria de Cristo, el cual es la imagen de Dios; [5]porque no nos predicamos a nosotros mismos, sino a Cristo Jesús como Señor, y a nosotros como siervos vuestros por Jesús, [6]pues Dios que dijo: "Brille la luz desde las tinieblas" es quien resplandeció en nuestros corazones, para iluminación del conocimiento de la gloria de Dios en el rostro de Cristo.

Confiesa su propia fragilidad. [7]Pero este tesoro lo llevamos en vasijas de barro, para que la excelencia del poder sea de Dios, y no de nosotros.

[8]De todas maneras atribulados, mas no abatidos; sumergidos en apuros, mas no desalentados; [9]perseguidos, más no abandonados; derribados, mas no destruidos, [10]siempre llevamos por doquiera en el cuerpo la muerte de Jesús, para que también la vida de Jesús se manifieste en nuestro cuerpo. [11]Porque nosotros, los que (*realmente*) vivimos, somos siempre entregados a la muerte por causa de Jesús, para que de igual modo la vida de Jesús sea manifestada en nuestra carne mortal. [12]De manera que en nosotros obra la muerte, más en vosotros la vida.

Consuelo en los sufrimientos. [13]Pero, teniendo el mismo espíritu de fe, según está escrito: "Creí, y por esto hablé"; también nosotros creemos, y por esto hablamos; [14]sabiendo que el que resucitó al Señor Jesús nos resucitará también a nosotros con Jesús y nos pondrá en su presencia con vosotros. [15]Porque todo es por vosotros, para que abundando más y más la gracia, haga desbordar por un mayor número (*de vosotros*) el agradecimiento para gloria de Dios. [16]Por lo cual no desfallecemos; antes bien,

---

1. *La misericordia que se nos ha hecho*: La vocación sobrenatural del Apóstol a predicar el Evangelio (Hch. 9, 15; 13, 2).

2. Viril retrato del verdadero apóstol.

3. Se refiere al velo de que habló en 3, 12 ss. *Para los que se pierden*: véase este tremendo misterio tratado nuevamente en 2 Ts. 2, 10.

4. *El dios de este siglo*: El espíritu mundano ciega sus corazones para que oigan y no entiendan. *La imagen de Dios*: Cristo es imagen de Dios por tener la misma naturaleza que el Padre, siendo su Hijo unigénito y consubstancial (Hb. 1, 3; Col. 1, 15; Jn. 6, 46; 14, 9; Sb. 7, 26 y nota).

5. *Siervos vuestros por Jesús*: San Pablo no cesa de insistir (cf. 1, 23s. y nota) en la humildísima misión de todo verdadero apóstol, que no ha sido puesto para dominar, ni ser admirado o servido, sino para servir según la expresa instrucción de Cristo, que se presentó Él mismo como sirviente (Lc. 23, 25-27 y nota).

6. Es decir que es el mismo Espíritu Santo quien nos hace descubrir al Padre, en el rostro de Cristo, que es su perfecta imagen (v. 4). Por esto dice San Juan que el que niega al Hijo tampoco tiene al Padre (1 Jn. 2, 23), y que todo el que confiesa que Jesús es el Hijo de Dios, en Dios permanece y Dios en él (1 Jn. 4, 15). El cristiano, una vez adquirida esta luz, se hace a su vez *luz* en las tinieblas para manifestar a otros la gloria de Dios. Es lo que Jesús enseña en el Evangelio. Véase Lc. 11, 34 ss.; Ef. 5, 8s.

7. La fe es un tesoro que llevamos en vasijas de barro, por lo cual a cada rato necesitamos cerciorarnos de que no la vamos perdiendo cada día, sin darnos cuenta, por haberse roto la vasija al contacto del mundo y de su atrayente espíritu, que es contrario al

Evangelio y constantemente tiende a deformar la fe, dejándonos sólo la apariencia de ella. De ahí que la fe necesite ser probada como el oro en el crisol (1 Pe. 1, 7; cf. El apócrifo de 4Esd. 16, 74), y Dios enseñe también bondadosamente por boca del mismo San Pablo, la suma conveniencia de que seamos nosotros mismos quienes nos preocupemos por mantener viva esa fe que tan fácilmente se adormece (13, 5; 1Co. 11, 31). De lo contrario Él se vería obligado a mandarnos pruebas de carácter doloroso, en tanto que nosotros podemos hacerlo con insuperable dulzura por el contacto continuo de nuestro pensamiento con la divina Palabra, la cual nos mantiene atentos a la verdadera realidad, que es la sobrenatural, oculta a nuestros sentidos y tan ajena a las habituales preocupaciones del hombre de hoy. Así es como la divina Palabra libra de las pruebas, según enseñó Jesús. Cf. Jn. 15, 2s. y nota.

10. Cf. 1, 5. Expuestos todos los días a mil tormentos y a la misma muerte, representamos en nuestros cuerpos la imagen de Jesucristo, paciente y muerto (Santo Tomás de Aquino). Y esto será mientras la cizaña esté mezclada con el trigo, es decir, hasta el fin (Mt. 13, 30 y 39). En vano, pues, pretenderíamos para la Iglesia militante en este mundo un triunfo que sería todo lo contrario de lo que anunció su divino Fundador. Cf. Lc. 18, 8.

13. Véase Sal. 115, 1. Los predicadores y creyentes al Evangelio tienen la misma fe que los justos del Antiguo Testamento: éstos, como dice San Agustín, creían en el Cristo que había de venir, y nosotros que Él ha venido ya, más nuestra fe no se detiene en los misterios pasados, sino que abarcando "lo nuevo y lo viejo" (Mt. 13, 52), nos lleva a los misterios de la resurrección, contemplando a Jesús, como dice San Pedro, en sus pasiones y posteriores glorias (1 Pe. 1, 11).

aunque nuestro hombre exterior vaya decayendo, el hombre interior se renueva de día en día. [17]Porque nuestra tribulación momentánea y ligera va labrándonos un eterno peso de gloria cada vez más inmensamente; [18]por donde no ponemos nosotros la mirada en las cosas que se ven, sino en las que no se ven; porque las que se ven son temporales, más las que no se ven, eternas.

5 Escribe sobre la esperanza de la inmortalidad.

[1]Sabemos que si esta tienda de nuestra mansión terrestre se desmorona, tenemos de Dios un edificio, casa no hecha de manos, eterna en los cielos. [2]Y en verdad, mientras estamos en aquélla, gemimos, porque anhelamos ser sobrevestidos de nuestra morada del cielo; [3]pero con tal de ser hallados (todavía) vestidos, no desnudos. [4]Porque los que estamos en esta tienda suspiramos preocupados, no queriendo desnudarnos, sino sobrevestirnos, en forma tal que lo mortal sea absorbido por la vida. [5]Para esto mismo nos hizo Dios, dándonos las arras del Espíritu. [6]Por eso confiamos siempre, sabiendo que mientras habitamos en el cuerpo, vivimos ausentes del Señor – [7]puesto que sólo por fe andamos y no por visión– [8]pero con esa seguridad nos agradaría más dejar de habitar en el cuerpo, y vivir con el Señor. [9]Y por esto es que nos esforzamos por serle agradables, ya presentes, ya ausentes. [10]Pues todos hemos de ser manifestados ante el tribunal de Cristo, a fin de que en el cuerpo reciba cada uno según lo bueno o lo malo que haya hecho.

El amor de Cristo, alma del ministerio apostólico. [11]Penetrados, pues, del temor del Señor, persuadimos a los hombres, pero ante Dios estamos

16. De ahí que el mismo Apóstol nos enseñe que en su debilidad está su fortaleza (10, 10; 1Co. 1, 25-27; 12, 10).

18. ¡He aquí algo que puede ser definitivo para curarnos de todo amor efímero! Dios quiere lo que es y no parece: la Eucaristía. El hombre, a la inversa, quiere lo que parece y no es (cf. Mt. 15, 8). Por eso busca tanto las obras exteriores, sin comprender que Dios no las necesita y que ellas valen sólo en proporción del amor que las inspira. Como por desgracia no es normal que tengamos siempre ese amor en nosotros, debemos previamente preparar el espíritu por la meditación y la oración, que aumentan la fe y la caridad (4, 7 y nota). Entonces todo lo que hagamos inspirados por ese amor tendrá la certeza de ser agradable a Dios. De ahí la lección fundamental de los Proverbios (4, 23): "Sobre toda cosa guardada, guarda tu corazón". Porque del estado de éste depende el valor de todo lo que hagamos. Sobre la fugacidad de lo visible, cf. 1Co. 7, 31 y nota.

1. *Esta tienda de nuestra mansión terrestre*: el cuerpo. Nuestra verdadera habitación es el cielo (v. 2; Flp. 3, 20).

2 ss. "Querríamos llegar a la vida eterna sin pasar por la muerte. Este deseo sólo es realizable con la condición de hallarnos vivos en el momento de la Parusía (1 Ts. 4, 13-18; 1Co. 15, 50-54)" (Buzy). Cf. la nota en 1Co. 15, 51.

3. Es decir, anhelamos la *glorificación de nuestro cuerpo*, mas no a través de la muerte, que nos desnudaría del mismo (v. 2 y nota). Es muy de notar que el Apóstol no nos señala como prueba de amor y esperanza el deseo de la muerte, sino el de la segunda venida de Jesús, y bien se explica, puesto que sólo entonces la visión será plena (Flp. 3, 20s.; Jn. 3, 2; Ap. 6, 9 ss.; Lc. 21, 28; Rm. 8, 23, etc.). Este misterio en que lo mortal será absorbido por la vida, lo explica el mismo Apóstol en 1Co. 15, 51-55. Sobre la muerte de los mártires, véase Ap. 2, 10 y nota.

5. Cf. 1, 22. El *Espíritu Santo* que hemos recibido en el bautismo es el principio vital de la resurrección en Cristo. San Juan Crisóstomo acentúa la verdad contenida en este v., diciendo: "Dios es el que nos ha creado para este fin, esto es, para hacernos inmortales e incorruptibles, dándonos su Espíritu y su gracia como prenda y arras de esta inmortalidad y gloria venideras".

8. Continúa el Apóstol insistiendo sobre el mismo admirable misterio de nuestra dichosa esperanza (Tt. 2, 13). Después de mostrarnos que, lejos de ser ella una ambición ilegítima, es un deseo que el mismo Espíritu Santo nos pone en el alma (v. 5), nos muestra ahora, como San Juan en 1 Jn. 3, 3, la eficacia santificadora de este deseo, único capaz de hacernos despreciar todo afecto terreno (Lc. 17, 32s. y nota) y preferir el abandono de la presente vida, cosa que se nos hace harto difícil cuando se trata de pasar por la muerte. Sólo la falta de conocimiento de estos misterios puede explicar quizá la sorprendente indiferencia en que solemos vivir con respecto al sumo acontecimiento, tan inefablemente feliz para el fiel cristiano. Cf. Ap. 22, 20 y nota.

9. Como observa Fillion, es este deseo y esta esperanza de gozar de Nuestro Señor Jesucristo por toda la eternidad, lo que nos excita poderosamente a hacer desde ahora lo que a Él le agrada.

10. Cristo ha sido, en efecto, constituido por el Padre como Juez de vivos y muertos. Cf. Hch. 10, 40; Rm. 14, 10; 1 Pe. 4, 5s.; Ap. 19, 11 ss. La concreta referencia a nuestros cuerpos, que se hace en este versículo, contribuye grandemente a la preparación señalada en la nota anterior. Ya no se trata solamente de la hora de nuestra muerte y el misterioso destino del alma sola, sino del inmenso acontecimiento del retorno de Jesús como Juez, cuando vendrá "como ladrón de noche" (1 Ts. 5, 2 y nota) a salvar a los suyos y destruir las cabezas de sus enemigos (Sal. 109, 5s. y nota), "como vasos de alfarero" (Sal. 2, 9; 1Co. 15, 25). Esta reflexión, la más grave que un hombre puede hacerse en la presente vida, explica la insistencia con que el mismo Juez, hablándonos como Salvador, nos dice amorosamente: "no sea que volviendo de improviso os encuentre dormidos. Lo que os digo a vosotros lo digo a todos: ¡Velad! (Mc. 13, 36s.).

patentes, y espero que también estamos patentes en vuestras conciencias. [12]No es que otra vez nos recomendemos a vosotros, sino que os estamos dando motivo para gloriaros de nosotros de modo que tengáis (*cómo replicar*) a quienes se glorían en lo exterior y no en el corazón. [13]Porque si somos locos, es para con Dios; y si somos cuerdos, es por vosotros. [14]Porque el amor de Cristo nos apremia cuando pensamos que Él, único, sufrió la muerte por todos y que así (*en Él*) todos murieron. [15]Y si por todos murió, es para que los vivos no vivan ya para sí mismos, sino para Aquél que por ellos murió y resucitó. [16]De manera que desde ahora nosotros no conocemos a nadie según la carne; y aun a Cristo si lo hemos conocido según la carne, ahora ya no lo conocemos (*así*). [17]Por tanto, si alguno vive en Cristo, es una creatura nueva. Lo viejo pasó: he aquí que se ha hecho nuevo. [18]Y todo esto es obra de Dios, quien nos reconcilió consigo por medio de Cristo, y nos ha confiado el ministerio de la reconciliación; [19]como que en Cristo estaba Dios, reconciliando consigo al mundo, no imputándoles los delitos de ellos, y poniendo en nosotros la palabra de la reconciliación. [20]Somos pues, embajadores (*de Dios*) en lugar de Cristo, como si Dios exhortase por medio de nosotros de parte de Cristo os suplicamos: Reconciliaos con Dios. [21]Por nosotros hizo Él pecado a Aquel que no conoció pecado, para que en Él fuéramos nosotros hechos justicia de Dios.

6 Cuadro de la vida apostólica.
[1]En cumplimiento de esa cooperación, a vosotros exhortamos también que no recibáis en vano la gracia de Dios, [2]porque Él dice: "En el tiempo aceptable te escuché, y en el día de salud te socorrí". He aquí ahora tiempo aceptable. He aquí ahora día de salud. [3]Pues no (*os*) damos en nada

11. *Ante Dios estamos patentes*: Los apóstoles no necesitan protestar de su sinceridad ante Dios que conoce sus corazones, pero sí delante de los hombres (1Co. 2, 14), cuyo Juicio carnal difícilmente entiende la lógica sobrenatural del Evangelio, en el cual tanto se escandalizaban de Jesús (Lc. 7, 23 y nota). De ahí que el Apóstol tenga que ser cuerdo para con ellos, como les dice en el v. 13 (cf. 1Co. 14, 32 y nota), dejando para el trato con Dios aquella locura que no tiene límites ante el misterio del amor con que somos amados (v. 14 y nota).

14. El *amor* que Cristo nos mostró, muriendo por nosotros y haciendo que su muerte nos redimiese como si cada uno de nosotros hubiese muerto como Él, es algo tan inmenso que reclama irresistiblemente nuestra correspondencia. "Al que así nos amó, cómo no amarlo", dice San Agustín, y lo repite un himno de la Liturgia (Adeste fideles). Este es el pensamiento que según el Apóstol nos lleva a enloquecer de gozo (v. 13).

16. *Según la carne*, esto es, según miraba cuando no conocía a Cristo. Se refiere al tiempo antes de su conversión. Mas ahora, dice, ha comenzado nuestra resurrección en Cristo. "No dudamos con desconfianza, ni aguardamos con incertidumbre, sino que habiendo empezado a recibir el cumplimiento de nuestra promesa, empezamos a ver las cosas venideras con los ojos de la fe, y alegrándonos de la futura exaltación de nuestra naturaleza, de modo que lo que creemos ya es como si lo tuviéramos (San León Magno).

17. Sobre esta nueva creatura, véase Jn. 3, 5 y nota; Ef. 4, 13 ss. "El intento de hacer vida «cristiana», tomando como base la vida natural propia, es impracticable; pues el plano de la vida de Cristo, frente a la forma humana de vida, es totalmente diferente y nuevo. El «nuevo hombre» se forma mediante la transposición del hombre natural a nueva forma de vida fundada en la vida de Cristo. Pero si esta nueva forma de vida ha de lograrse, debe realizarse una real transposición de sí mismo. Debe realizarse, por así decir, una

incorporación mediante la cual se establezca la unión con esa otra nueva vida" (P. Pinsk). Cf. Rm. 6, 6; Ef. 4, 22; Col. 3, 9.

18 ss. Tan sólo Dios pudo renovarlos; no hay redención hecha por hombres; no hay redención sino en Cristo. San Juan Crisóstomo, contemplando el amor de Dios en la obra de la reconciliación, exclama: "¿Qué ha dejado de hacer Dios para que lo amemos? ¿Qué no ha hecho? ¿Qué ha omitido? ¿Qué mal nos ha hecho nunca? Gratuitamente le hemos ofendido y deshonrado, habiéndonos Él colmado de innumerables beneficios. De mil modos nos llamaba y atraía, y en vez de hacerle caso proseguimos en ultrajarle y ofenderle, y ni aun así quiso vengarse, sino que corrió tras nosotros y nos detuvo cuando huimos... Después de todo esto apedreamos y matamos a los profetas y perpetramos otros infinitos crímenes Y ¿qué hizo Él entonces? No envió más profetas, no ángeles, no patriarcas, sino a su mismo Hijo... y después de matado el Hijo, persevera exhortando, rogando, y nada omite para que nos convirtamos".

19s. Nótese la sublimidad de la misión confiada al verdadero predicador evangélico: al ofrecer a los hombres la reconciliación conquistada por Cristo, es como si el mismo Dios hablase por su boca (v. 20). Cf. 1 Pe. 4, 11.

21. *Para que fuéramos justicia*: "Para que este beneficio nuestro fuera simplemente posible, era menester que Cristo se compenetrare e identificase tan íntimamente con nosotros, que nuestro pecado pudiera llamarse suyo. Y esto significa *por nosotros*: en representación nuestra, Cristo se hizo como la personificación de toda la Humanidad; y como la Humanidad entera era como una masa de puro pecado, Cristo vino a ser como la personificación de nuestro pecado" (Bóver). Cf. Ez. 4, 4 y nota.

2. *En el tiempo aceptable*, etc.: Es una cita tomada de Is. 49, 8, según los Setenta, donde, como observa Crampon, se refiere a la liberación de Israel (cf. 1Co. 10, 11 y nota). También observa el mismo autor que allí estas palabras se dirigen no al pueblo, sino al

ninguna ocasión de escándalo, para que no sea vituperado el ministerio; [4]al contrario, en todo nos presentamos como ministros de Dios, en mucha paciencia, en tribulaciones, en necesidades, en angustias, [5]en azotes, en prisiones, en alborotos, en fatigas, en vigilias, en ayunos; [6]en pureza, en conocimiento, en longanimidad, en benignidad, en el Espíritu Santo, en caridad no fingida, [7]con palabras de verdad, con poder de Dios, por las armas de la justicia, las de la diestra y las de la izquierda, [8]en honra y deshonra, en mala y buena fama; cual impostores, siendo veraces; [9]cual desconocidos, siendo bien conocidos; cual moribundos, más mirad que vivimos; cual castigados, mas no muertos; [10]como tristes, mas siempre alegres; como pobres, siendo así que enriquecemos a muchos; como que nada tenemos aunque lo poseemos todo. [11]Nuestra boca, como veis, se ha abierto a vosotros, oh corintios. Nuestro corazón se ha ensanchado hacia vosotros. [12]No estáis apretados en nosotros; es en vuestros corazones donde estáis apretados. [13]Así, pues, para pagar con la misma moneda –como a hijos lo digo– ensanchaos también vosotros.

Prevención sobre los paganos. [14]No os juntéis bajo un yugo desigual con los que no creen. Pues ¿qué tienen de común la justicia y la iniquidad? ¿O en qué coinciden la luz y las tinieblas? [15]¿Qué concordia entre Cristo y Belial? ¿O qué comunión puede tener el que cree con el que no cree? [16]¿Y qué transacción entre el templo de Dios y los ídolos? Pues templo del Dios vivo somos nosotros, según aquello que dijo Dios: "Habitaré en ellos y andaré en medio de ellos; y Yo seré su Dios, y ellos serán mi pueblo. [17]Por lo cual salid de en medio de ellos, y apartaos, dice el Señor, y no toquéis lo inmundo; y Yo os acogeré; [18]y seré Padre para vosotros, y vosotros seréis para Mí hijos e hijas, dice el Señor Todopoderoso".

7 **Satisfacción y gozo del apóstol.** [1]Teniendo, pues, carísimos, tales promesas, purifiquémonos de toda contaminación de carne y de espíritu, santificándonos cada vez más con un santo temor de Dios. [2]Dadnos acogida. A nadie hemos agraviado, a nadie hemos corrompido, a nadie hemos explotado. [3]No lo digo para condenar; pues ya he dicho que estáis en nuestros corazones, para morir juntos, y juntos vivir. [4]Mucha es mi franqueza con vosotros; mucho lo que me glorío de vosotros; estoy lleno de consuelo, reboso de gozo en medio de toda nuestra tribulación. [5]Porque

---

Siervo de Yahvéh, es decir, al Mesías, en respuesta a su oración. De ahí que San Pablo las aplique igualmente a sí mismo y a los que ejercen el ministerio, como se ve en todo lo que sigue.

3. *Para que no sea vituperado el ministerio*: Señala el Apóstol cómo la fe sufre detrimento porque las almas le imputan a ella las fallas de los pastores. De ahí la tremenda responsabilidad de los que haciendo profesión de difundir la buena doctrina, le sirven, al contrario, de tropiezo.

4 ss. He aquí *el retrato auténtico de la vida apostólica*, que se completa con el trazado por el mismo San Pablo en 1Co. 4, 1 ss., con una elocuencia que no necesita comentario, pero sí mucha meditación.

10. *Lo poseemos todo*: Véase 1Co. 3, 22 y nota.

11 ss. El gran Apóstol después del claro desahogo que precede, trata de despertar un eco de caridad fraterna en el mezquino corazón de aquellos corintios, que es el mismo de todos nosotros.

14 ss. Para muchos cristianos el trato con los paganos era peligroso. No quedaba otro remedio que huir de la ocasión próxima de pecado. San Jerónimo cree que San Pablo prohíbe aquí los matrimonios con los infieles.

15. *Belial o Beliar*: palabra que significa la causa de los malos: nombre de Satanás, príncipe de los demonios.

16. Cita libre de Lv. 26, 12, hecha en forma análoga; pues, como observa Fillion, se ve aquí un eco de la promesa hecha a Israel en Ez. 37, 27 (cf. 2Sam. 7, 14; Is. 43, 6; 52, 11; Jr. 31, 9; 32, 38; 51, 45; Ez. 20, 34 y 41; Os. 1, 10). Para el cristiano es aún más íntima y ya presente la habitación de Dios en su alma, que debe alejarlo con repugnancia de toda contaminación exterior (1Co. 3, 16; 6, 19). "Si en vez de mirar a Dios como un objeto exterior a mí, lo considero en mí, hallo ya cumplida y colmada mi oración, pues nunca soñaría yo en llegar a pedirle que habitase en mí y me transformase a la imagen de su Hijo Jesús. Eso es lo que ya ha hecho Él conmigo, y continúa haciéndolo a cada instante por la gracia de su bondad 'a causa del excesivo amor con que nos ama' (Ef. 2, 4 ss.). Basta esa consideración inicial: 'yo estoy ya divinizado por la gracia', para que inmediatamente el alma entre en la paz, superando por un lado toda inquietud o escrúpulo, y por otro lado evitando con el mayor esfuerzo posible todos los peligros de pecado, y quedando así en el estado de ánimo propicio para crecer en la fe y en el amor. He aquí lo que hemos de recordar especialmente cuando nos sentimos incapaces de orar".

2. El Apóstol, que tanto ama a los corintios, les pide nuevamente amor y confianza.

4. Como vemos en el v. 6s., San Pablo se refiere al gran consuelo que tuvo con la llegada de Tito. Bello ejemplo de lo que el mismo Apóstol enseña en 1, 5.

llegados nosotros a Macedonia, no tuvo nuestra carne ningún reposo, sino que de todas maneras éramos atribulados; por fuera luchas, por dentro temores. [6]Pero Dios, el que consuela a los humildes, nos ha consolado con la llegada de Tito; [7]y no tan sólo con su llegada, sino también con el consuelo que Él experimentó por causa de vosotros, cuando nos contó vuestra ansia, vuestro llanto, vuestro celo por mí; de suerte que creció aún más mi gozo. [8]Porque, aunque os contristé con aquella carta, no me pesa. Y aun cuando me pesaba –pues veo que aquella carta os contristo, bien que por breve tiempo– [9]ahora me alegro; no de que os hayáis contristado, sino que os contristasteis para arrepentimiento; porque os contristasteis según Dios, y así en nada sufristeis daño de nuestra parte. [10]Puesto que la tristeza que es según Dios, obra arrepentimiento para salvación, que no debe apenarnos; en cambio, la tristeza del mundo obra muerte. [11]Pues ved, esto mismo de haberos contristado según Dios, ¡qué solicitud ha producido en vosotros, y qué empeño por justificaros; qué indignación, qué temor, qué anhelos, qué celo y qué vindicación! En toda forma os mostrasteis intachables en aquel asunto.

Nueva consolación. [12]Así, pues, si os escribí, no fue por causa del que cometió el agravio, ni por causa del que lo padeció, sino para que vuestra solicitud por nosotros se manifestase entre vosotros en la presencia de Dios. [13]Por eso nos hemos consolado; y además del consuelo nuestro nos regocijamos aún mucho más por el gozo de Tito; pues su espíritu fue confortado por todos vosotros. [14]Porque si delante de él en algo me precié de vosotros, no quedé avergonzado; sino que así como fue verdad todo lo que hemos hablado con vosotros (reprochándoos), así también resultó verdad el preciarnos de vosotros ante Tito. [15]Y su entrañable afecto para con vosotros va todavía en aumento al recordar la obediencia de todos vosotros, cómo con temor y temblor lo recibisteis. [16]Me alegro de poder en todo confiar en vosotros.

8 **Doctrina sobre la limosna.** [1]Os hacemos también saber, hermanos, la gracia que Dios ha dado a las Iglesias de Macedonia; [2]porque en la grande prueba de la tribulación, la abundancia de su gozo y su extremada pobreza han redundado en riquezas de generosidad por parte de ellos. [3]Les doy testimonio de que según sus fuerzas, y aun sobre sus fuerzas, de propia iniciativa, [4]nos pidieron con mucha instancia la gracia de poder participar en el socorro en bien de los santos; [5]y no como habíamos esperado, sino que se entregaron ellos mismos primeramente al Señor y luego a nosotros por voluntad de Dios. [6]Así, pues, hemos rogado a Tito que tal como comenzó, de la misma manera lleve a cabo entre vosotros también esta gracia. [7]Y así como abundáis en todo, en fe, en palabra, en conocimiento, y en toda solicitud, y en vuestro amor hacia nosotros, abundad también en esta gracia. [8]No hablo como quien manda, sino por solicitud en favor de otros, y para probar la sinceridad de vuestra caridad. [9]Ya conocéis la gracia de nuestro Señor Jesucristo, que por vosotros se hizo pobre, siendo rico, para que

---

6. *Tito*, llegado de Corinto, lo consuela relatándole los preciosos frutos de la 1ª Epístola.

10. De la contrición cristiana del corazón, nacen santos (cf. Mt. 5, 5; Hch. 11, 18; 1 Pe. 2, 19); de la *tristeza* del siglo, que es la consecuencia del abuso de los bienes, salen, en cambio, hombres débiles, malignos, suicidas. Cf. Eclo. 38, 18 ss.

12. *Del que lo padeció*: Se supone que alude al padre del incestuoso de 1Co. 5, 1 ss. Algunos piensan que se refiere a otro caso, o quizás al mismo Pablo que había sido ofendido por uno o algunos de la comunidad.

1. Empieza la segunda parte de la carta, que trata de la organización de una *colecta* para los cristianos de Jerusalén. El Apóstol misionero es aquí organizador de obras de beneficencia cristiana. Es de notar que huye como con repugnancia de nombrar el dinero. Aquí, por ejemplo, llama a la colecta "gracia de Dios", en el v. 19, "beneficio", en 9, 5, "bendición", como para mostrar que "más dichoso es dar que recibir" (Hch. 20, 35). Véase Ga. 2, 10.

4. Los *santos*: los cristianos (1, 1 y nota). La colecta estaba destinada para alivio de los judío-cristianos de Jerusalén, cuna de la religión cristiana y primera residencia de los apóstoles.

5. *Primeramente al Señor*: Como hace notar Fillion, el Apóstol destaca la rectitud de intención sobrenatural de aquellos fieles, mostrando que antes de tomar la empresa de ningún hombre (1Co. 1, 12s.), se habían entregado a Dios, por lo cual sus obras eran de verdadera caridad. Cf. 1Co. 13, 1 ss.

8. En 9, 7vemos por qué San Pablo no quiere obrar como quien manda.

vosotros por su pobreza os enriquezcáis. [10]Y en ello os doy consejo, porque esto conviene a vosotros, como quienes os adelantasteis desde el año pasado, no sólo en hacer sino también en querer. [11]Ahora, pues, cumplidlo de hecho, para que, como hubo prontitud en el querer, así sea también el llevarlo a cabo en la medida de lo que poseéis. [12]Pues cuando hay prontitud se acepta conforme a lo que uno tiene, no a lo que no tiene. [13]No de tal modo que otros tengan holgura, y vosotros estrechez, sino que por razón de igualdad, [14]en esta ocasión vuestra abundancia supla la escasez de ellos, para que su abundancia, a su vez, supla la escasez vuestra, de manera que haya igualdad, [15]según está escrito: "El que (*recogió*) mucho no tuvo de sobra; y el que poco, no tuvo de menos".

Recomendación cristiana. [16]Gracias sean dadas a Dios que puso la misma solicitud (*mía*) por vosotros en el corazón de Tito. [17]Pues no sólo acogió nuestra exhortación, sino que, muy solícito, por propia iniciativa partió hacia vosotros. [18]Y enviamos con él al hermano cuyo elogio por la predicación del Evangelio se oye por todas las Iglesias. [19]Y no sólo esto, sino que además fue votado por las Iglesias para compañero nuestro de viaje en esta gracia administrada por vosotros para gloria del mismo Señor y para satisfacer la prontitud de nuestro ánimo. [20]Con esto queremos evitar que nadie nos vitupere con motivo de este caudal administrado por nuestras manos; [21]porque procuramos hacer lo que es bueno, no sólo ante el Señor, sino también delante de los hombres. [22]Con ellos enviamos al hermano nuestro a quien en muchas cosas y muchas veces hemos probado solícito, y ahora mucho más solícito por lo mucho que confía en vosotros. [23]En cuanto a Tito, él es mi socio y colaborador entre vosotros; y nuestros hermanos son enviados de las Iglesias, gloria de Cristo. [24]Dadles, pues, a la faz de las Iglesias, pruebas de vuestra caridad y de la razón con que nos hemos preciado de vosotros.

9 Preparativos para la colecta.

[1]Respecto al socorro en favor de los santos no necesito escribiros. [2]Pues conozco vuestra prontitud de ánimo, por la cual me glorío de vosotros entre los macedonios (*diciéndoles*), que Acaya está ya pronta desde el año pasado, y vuestro celo ha estimulado a muchísimos. [3]Envío, empero, a los hermanos, para que nuestra gloria acerca de vosotros no quede vana en este punto y para que, según he dicho, estéis preparados; [4]no sea que si vinieren conmigo macedonios y os hallaren desprevenidos, tengamos nosotros –por no decir vosotros– que avergonzarnos en esta materia. [5]Tuve, pues, por necesario rogar a los hermanos que se adelantasen en ir a vosotros, y preparasen de

---

9. Notemos que no habla de hacernos *ricos* por la riqueza del poderoso Redentor, sino ante todo por su pobreza. Nunca quiso Él ser rico, para que nadie pudiese atribuir su predicación al afán de lucro. "Si los discípulos hubieran tenido riquezas, dice San Jerónimo, creeríamos que predicaron, no por la salvación de los hombres, sino por aumentar sus haberes".

10. En este caso práctico nos muestra precisamente el Apóstol cómo lo que importa es tener siempre la buena disposición en el corazón (Pr. 4, 23 y nota), pues, habiendo ésta, la ejecución de las buenas obras vendrá en el momento oportuno, cuando Dios nos muestre su voluntad para que las hagamos, ya que es Él mismo quien las prepara (Ef. 2, 10).

13 ss. Esta igualdad es el equilibrio de que habla en el v. 14, según lo confirma en 9, 12 y en Rm. 15, 27, es decir, de manera que "en esta ocasión" los corintios participen de los bienes espirituales de los santos de Jerusalén a quienes ayudan con sus bienes materiales. Claro está que este elevado pensamiento de San Pablo no impedía, antes bien favorecía una generosidad material tan amplia como libre, según nos muestran los Hechos de los Apóstoles (Hrch. 4, 34s. y notas). Cf. 1Co. 9, 11; Ga. 6, 6.

15. Véase Ex. 16, 18. Se refiere al maná que caía del cielo en forma que a nadie faltaba y a nadie sobraba. Los que recogían mucho no tenían más que los que recogían poco, por donde se ve que la superabundancia era estéril como la del avaro que se llena de lo que él no puede aprovechar e impide que lo aprovechen los otros. Véase lo que sucedía a este respecto con el mismo maná (Ex. 16, 19s.) Cf. Eclo. 27, 1 y nota.

18. Este *hermano* parece ser *San Lucas*, aunque podría tratarse también de Bernabé o Silas, y aun de alguno de los que acompañaban a San Pablo en Hch. 20, 4. Sobre el v. 19cf. Hch. 15, 22s. y notas.

20. En la administración de fondos y limosnas el ministro de Dios debe cuidarse aún de la apariencia de enriquecerse a sí mismo. Por lo cual San Pablo delega en otros tales funciones.

1. Delicada fórmula que muestra cuánto confía el Apóstol en la fidelidad de los hijos que había engendrado por el Evangelio, lo cual no le impide hablarles con toda franqueza (v. 3 ss.).

2. *Acaya:* nombre de la provincia cuya capital era Corinto.

antemano vuestra bendición ya prometida, de manera que esté a punto como bendición y no como avaricia.

Dios ama al que da alegremente [6]Pues digo: El que siembra con mezquindad, con mezquindad cosechará, y el que siembra en bendiciones, bendiciones recogerá. [7]Haga cada cual según tiene determinado en su corazón, no de mala gana, ni por fuerza; porque dador alegre ama Dios. [8]Y poderoso es Dios para hacer abundar sobre vosotros toda gracia a fin de que, teniendo siempre todo lo suficiente en todo, os quede abundantemente para toda obra buena, [9]según está escrito: "Desparramó, dando a los pobres; su justicia permanece para siempre". [10]Y el que suministra semilla al que siembra, dará también pan para alimento, y multiplicará vuestra sementera y acrecentará los frutos de vuestra justicia, [11]de modo que seáis en todo enriquecidos para toda liberalidad, la cual por medio de nosotros produce acción de gracias a Dios. [12]Porque el ministerio de esta oblación no sólo remedia las necesidades de los santos, sino que también redunda en copiosas acciones de gracias a Dios. [13]Pues al experimentar este servicio glorifican a Dios por la obediencia que profesáis al Evangelio de Cristo, y por la liberalidad con que comunicáis lo vuestro a ellos y a todos. [14]Y ellos, a su vez, ruegan por vosotros, amándoos ardientemente a causa de la sobre excelente gracia de Dios derramada sobre vosotros. [15]¡Gracias a Dios por su inefable don!

10 La energía apostólica es "para edificación".

[1]Yo mismo, Pablo, os ruego, por la mansedumbre y amabilidad de Cristo, yo que presente entre vosotros soy humilde, pero ausente soy enérgico para con vosotros, [2]os suplico que cuando esté entre vosotros no tenga que usar de aquella energía que estoy resuelto a aplicar contra algunos que creen que nosotros caminamos según la carne. [3]Pues aunque caminamos en carne, no militamos según la carne, [4]porque las armas de nuestra milicia no son carnales, sino poderosas en Dios, para derribar fortalezas, aplastando razonamientos [5]y toda altanería que se levanta contra el conocimiento de Dios. (*Así*) cautivamos todo pensamiento a la obediencia de Cristo, [6]y estamos

---

7. En 1Co. 13, 3ha mostrado el Apóstol que sin el *amor* nada valen las obras. El que ama da con gusto, porque está deseando dar (Flm. 14; Hb. 13, 17; Eclo. 35, 11). "Si podéis dar, dad; si no podéis mostraos afables. Dios recompensa la bondad de corazón del que nada tiene que dar. Nadie diga, pues, que no tiene; la caridad no necesita bolsa" (San Agustín) Cf. 12, 15; Rm. 12, 8 y nota.

8. El mismo Dios nos da, tanto los bienes para la limosna cuanto el deseo de darla. Véase 1, 4 y nota; 8, 16; Ef. 2, 10; Flp. 2, 13.

9. Véase Salmo 111, 9 y nota.

12. *La gratitud* más agradable a Dios consiste en glorificarle a Él que es el Padre de quien proceden todos los bienes (St. 1, 17). No es cristiana la costumbre de colocar placas recordatorias para honrar a los hombres que han hecho obras de beneficencia, puesto que el honor sólo ha de ser para Dios (Sal. 148, 13 y nota). Por lo demás, lejos de favorecerles se les hace el mayor daño, pues Jesús enseña que el que buscó y aceptó aplauso ya tuvo su recompensa y no tendrá otra (Mt. 6, 1-5).

1. San Pablo se defiende categóricamente contra algunos agitadores, que sembraban *desconfianza* ridiculizándolo por su fragilidad corporal y lo que llamaban "su lenguaje despreciable" (v. 10), que contrastaba con la elocuencia de su pluma. Véase 11, 6.

4. Aprendamos que no hemos de combatir al mundo con sus propias armas, ni en su propio terreno, sino con las armas espirituales y en el terreno del espíritu. En aquél siempre seremos vencidos, porque en el mundo seguirá dominando Satanás (Jn. 14,

30); en éste venceremos con la omnipotencia de Dios. Véase Flp. 4, 13; Rm. 13, 12; 2Co. 13, 10; Ef. 6, 13-17.

5. *Cautivamos todo pensamiento*, empezando por el propio. Cuando el tentador nos presenta la idea de un pecado revestido de toda la belleza que él sabe ponerle, sea de soberbia o de concupiscencia, sentimos que estamos espontáneamente inclinados a dar nuestra aprobación, y sólo la condenamos después de reflexionar que tiene que ser cosa mala, puesto que está prohibida por Dios. Esta experiencia que todos hemos hecho, debería alarmarnos hasta el extremo, pues nos demuestra la debilidad de nuestro entendimiento. Y desde entonces ¿qué fe podemos tenerle, como guía de nuestros actos, a un entendimiento que formula juicios favorables a lo que Dios condena? Por eso San Pablo nos dice que nos renovemos en el espíritu de nuestra mente (Ef. 4, 23) y seamos transformarlos por la renovación de nuestra mente (Rm. 12, 2), o sea, como aquí dice, cautivando todo pensamiento a la obediencia de Cristo. Entonces podremos ser árbol bueno, y de suyo los frutos serán buenos todos (Mt. 12, 33). Cf. Lc. 6, 44s.; 11, 13 y 28 y 34. Esto se entiende fácilmente, pues ¿cómo vamos a odiar un acto, mientras lo miramos como cosa deseable? ¿Cómo vamos, por ejemplo, a juzgar con el criterio de la Verdad cristiana una ofensa recibida del prójimo, mientras conservamos nuestra lógica humana, que nos dice que una ofensa necesita reparación porque eso es lo justo?. El mismo Cristo nos está diciendo que lo justo y lo lógico no es eso sino todo lo contrario, es decir, el perdonar una, y siete, y quinientas veces por día a cuantos nos ofendan; y que sólo así podremos pretender que Dios nos perdone

dispuestos a vengar toda desobediencia, cuando vuestra obediencia haya llegado a perfección. [7]Vosotros miráis según lo que os parece. Si alguno presume de sí que es de Cristo, considere a su vez que, así como él es de Cristo, también lo somos nosotros. [8]Pues no seré confundido, aunque me gloriare algo más todavía de nuestra autoridad, porque el Señor la dio para edificación y no para destrucción vuestra. [9]Y para que no parezca que pretendo intimidaros con las cartas – [10]porque: "Sus cartas, dicen, son graves y fuertes; mas su presencia corporal es débil, y su palabra despreciable"– [11]piensen esos tales que cual es nuestro modo de hablar por medio de cartas, estando ausentes, tal será también nuestra conducta cuando estemos presentes.

Comunicación de bienes espirituales. [12]Porque no osamos igualarnos ni compararnos con algunos que se recomiendan a sí mismos. Ellos, midiéndose a sí mismos en su interior y comparándose consigo mismos, no entienden nada, [13]en tanto que nosotros no nos apreciaremos sin medida, sino conforme a la extensión del campo de acción que Dios nos asignó para hacernos llegar hasta vosotros. [14]Y hasta vosotros hemos llegado ciertamente en la predicación del Evangelio de Cristo; no estamos, pues, extralimitándonos, como si no llegásemos hasta vosotros. [15]Y según esto, si nos gloriamos (*aun en vuestros trabajos*) no es fuera de medida en labores ajenas, pues esperamos que con el aumento de vuestra fe que se produce en vosotros, también nosotros creceremos más y más conforme a nuestra medida, [16]llegando a predicar el Evangelio hasta más allá de vosotros, no para gloriarnos en medida ajena, por cosas ya hechas. [17]Porque "el que se gloría, gloríese en el Señor". [18]Pues no es aprobado el que se recomienda a sí mismo, sino aquel a quien recomienda el Señor.

11 Usa la ironía con los falsos apóstoles.

[1]¡Ojalá me toleraseis un poco de fatuidad! Sí, ¡tolerádmela! [2]Porque mi celo por vosotros es celo de Dios, como que a un solo esposo os he desposado, para presentaros cual casta virgen a Cristo. [3]Sin embargo, temo que, como la serpiente engañó a Eva con su astucia, así vuestras mentes degeneren de la simplicidad y pureza que han de tener con Cristo. [4]Porque si alguno viene y predica otro Jesús que al que nosotros hemos predicado, o si recibís otro Espíritu que el que recibisteis, u otro Evangelio que el que abrazasteis, bien lo toleraríais, [5]y yo estimo que en nada soy inferior a tales súper apóstoles. [6]Pues aunque rudo soy en el hablar, no por cierto en el conocimiento, el cual hemos manifestado ante vosotros de todas maneras y en todas las cosas.

A nadie fui gravoso. [7]¿O acaso pequé porque me

---

nuestras deudas si "nosotros perdonamos a nuestros deudores". Para eso el Evangelio nos enseña que necesitamos nada menos que nacer de nuevo (Jn. 3, 3), y San Pablo no hace sino desarrollar esa doctrina explicándonos que la renovación ha de ser por el conocimiento y según la imagen de Cristo, como Cristo lo es del Padre (Col. 3, 10) y que para poder imitar a Cristo en sus actos es necesario que primero nos pongamos de acuerdo con Él en sus pensamientos, y como Él es signo de Contradicción y opuesto a esa lógica nuestra; nada válido haremos en el orden de la conducta, mientras no hayamos "cautivado todo nuestro pensamiento a la obediencia de Cristo" (véase 1Co. caps. 1-3).

12. No sin ironía fustiga el Apóstol a ciertos sujetos, cuya única fuerza consistía en ensalzarse a sí mismos.

15. Admirable ejemplo de la comunicación de bienes espirituales. Cf. 1Co. 12, 2 y nota.

18. Por eso San Pablo no se preocupa del juicio ajeno, ni tampoco del propio, como lo vimos en 1Co. 4, 3 ss. y nota.

1. *Fatuidad*: En sentido irónico les pide que lo dejen hablar de sí mismo como suelen hacer los otros. Bien puede él hacerlo sin ser sospechoso de vanagloria, puesto que tanto les ha probado amarlos con santo celo, con el celo de Dios (v. 2), y que su amor está en vivo contraste con la frialdad de los corintios y con la hipocresía de los falsos apóstoles.

2. *A un solo Esposo*: es decir, no os busco para mí, sino para Él. Bellísima expresión de fidelidad que hallamos también en boca del Bautista, cuando declara que no es el Esposo, sino simple amigo de Éste (Jn. 3, 28-30). Vemos también aquí, como en el Cantar de los Cantares, que no sólo la Iglesia en su conjunto (Ef. 5, 27 ss.; Ap. 19, 6 ss.), sino también cada alma es personalmente la esposa de Cristo. Cf. 17, 14; 1Co. 11, 3 y notas.

4s. *Bien lo toleraríais*. Es exactamente lo que dice Jesús en Jn. 5, 43 para mostrar que los falsos profetas son mejor recibidos que los verdaderos. *Superapóstoles*: Claro está que San Pablo habla con ironía, y no se refiere en manera alguna a Pedro, Santiago y Juan como algunos han pensado, sino a sus jactanciosos adversarios, los falsos apóstoles (v. 13), según lo confirma todo el contexto. Vemos aquí, como en muchos otros pasajes, el gran peligro de apartarse de la primitiva y verdadera tradición apostólica, sobre todo si perdemos la primitiva sencillez propia de Cristo (v. 3), para caer en manos de los falsos apóstoles. Véase la fuerza con que habla de esto en Ga. 1, 6 ss.

humillé a mí mismo para que vosotros fueseis elevados y porque os prediqué el Evangelio de Dios gratuitamente? [8]A otras Iglesias despojé recibiendo (*de ellas*) estipendio para serviros a vosotros. [9]Y estando entre vosotros y hallándome necesitado, a nadie fui gravoso; pues mi necesidad la suplieron los hermanos venidos de Macedonia; y en todo me guardé y me guardaré de seros gravoso. [10]Por la verdad de Cristo que está en mí (*os juro*) que esta gloria no sufrirá mengua en las regiones de Acaya. [11]¿Por qué? ¿Es que no os amo? Dios lo sabe. [12]Mas lo que hago, seguiré haciéndolo para cortar el pretexto a los que buscan una ocasión de ser como nosotros en el gloriarse. [13]Porque los tales son falsos apóstoles, obreros engañosos que se disfrazan de apóstoles de Cristo. [14]Y no es de extrañar, pues el mismo Satanás se disfraza de ángel de luz. [15]No es, pues, gran cosa que sus ministros se disfracen de ministros de justicia. Su fin será correspondiente a sus obras.

El apóstol se compara con sus adversarios.
[16]Digo otra vez: Nadie crea que soy fatuo; y si no, aunque sea como fatuo, admitidme todavía que yo también me gloríe un poco. [17]Lo que hablo en este asunto de la jactancia no lo hablo según el Señor, sino como en fatuidad. [18]Ya que muchos se glorían según la carne, también (*así*) me gloriaré yo; [19]pues toleráis con gusto a los fatuos, siendo vosotros sensatos. [20]Vosotros, en efecto, soportáis si alguno os reduce a servidumbre, si os devora, si os defrauda, si se engríe, si os hiere en el rostro. [21]Para deshonra mía digo esto como si nosotros hubiéramos sido débiles. Sin embargo, en cualquier cosa en que alguien alardee –hablo con fatuidad– alardeo también yo. [22]¿Son hebreos? También yo. ¿Son israelitas? También yo. ¿Son linaje de Abraham? También yo. [23]¿Son ministros de Cristo? –¡hablo como un loco!– yo más; en trabajos más que ellos, en prisiones más que ellos, en heridas muchísimo más, en peligros de muerte muchas veces más: [24]Recibí de los judíos cinco veces cuarenta azotes menos uno; [25]tres veces fui azotado con varas, una vez apedreado, tres veces naufragué, una noche y un día pasé en el mar; [26]en viajes muchas veces (*más que ellos*); con peligros de ríos, peligros de salteadores, peligros de parte de mis compatriotas, peligros de parte de los gentiles, peligros en poblado, peligros en despoblado, peligros en el mar, peligros entre falsos hermanos; [27]en trabajos y fatigas, en vigilias muchas veces (*más que ellos*), en hambre y sed, en ayunos muchas veces, en frío y desnudez. [28]Y aparte de esas (*pruebas*) exteriores, lo que cada día me persigue: la solicitud por todas las Iglesias. [29]¿Quién desfallece sin que desfallezca yo? ¿Quién padece escándalo, sin que yo arda? [30]Si es menester gloriarse, me gloriaré de lo que es propio de mi

---

9. Aquellos críticos cobraban remuneraciones por el ministerio que ejercían en Corinto, en tanto que Pablo jamás pidió dinero por la predicación del Evangelio, sino que se sustentaba con el trabajo de sus manos (Hch. 20, 34) Cf. 3 Jn. 7.

13 ss. Véase 2 Ts. 2, 7 ss.; 1 Jn. 2, 18; Mt. 7, 15; 1 Tm. 4, 1; 2 Tm. 3, 5; 4, 3 ss.; 11 Pe. 3, 3; Judas 18.

18. Los continuos ataques obligan al Apóstol a hablarles de sí mismo, pero no por vanidad, como sus adversarios, sino para sostener su autoridad apostólica. La continua ironía de su lenguaje, tan ajena a su habitual mansedumbre, muestra cuán a disgusto se ve obligado a descender a tal defensa.

23. *Hablo como un loco*: San Pablo extrema el sarcasmo, diciendo que habría que estar loco para afirmar que tales hombres son ministros de Cristo. A continuación añade el Apóstol una impresionante lista de sus aventuras que podría formar un film maravilloso, titulado: el aventurero de Cristo. En los pasajes que citamos más adelante pueden verse muchos de ellos, tan apasionantes, que han tentado la pluma de muchos biógrafos buenos y malos, siendo solamente de lamentar que el interés biográfico y anecdótico, o el de la erudición histórica, hayan primado por lo general sobre el de la admirable doctrina sobrenatural revelada y predicada por el Apóstol y sobre el carácter netamente bíblico del personaje dentro de ese plan de Dios que lo suscita a él solo, sin que forme parte de los Doce (Ga. 2, 7 ss.; Rm. 1, 1 ss.; Ef. 3, 8 ss., etc.), para descubrir los más recónditos arcanos de su eterna misericordia. Cf. 6, 5; Hch. 16, 23; Rm. 3, 36; 1Co. 15, 30-32.

24. La Ley permitía dar *cuarenta azotes*, y para no sobrepasar ese número, los judíos por precaución daban solamente 39. Tal era el premio que recibía de los hombres, por los cuales se desvivía haciéndoles el bien. Véase Dt. 25, 3.

25. Véase Hch. 14, 19; 16, 22; 27, 2 y 41.

26s. Véase por su orden: Hch. 13, 4 ss.; Rm. 15, 9; Ga. 1, 17; Hch. 9, 23; 13, 50; 14, 5; 17, 5; 1 Ts. 2, 15; Hch. 14, 5; 19, 23; 27, 42; Ga. 2, 4; 1 Ts. 2, 9; 2 Ts. 3, 8; 1Co. 4, 11; Flp. 4, 12.

28. Llama, *exteriores* las pruebas que le afectan personalmente, y sobrepone a ellas la lucha espiritual en que lo mantiene su celo por las Iglesias y por cada alma.

flaqueza. [31]El Dios y Padre del Señor Jesús, el eternamente Bendito, sabe que no miento. [32]En Damasco, el enarca del rey Aretas tenía custodiada la ciudad de los damascenos para prenderme; [33]y por una ventana fui descolgado del muro en un canasto, y escapé a sus manos.

12 Visiones y revelaciones del apóstol.

[1]Teniendo que gloriarme, aunque no sea cosa conveniente, vendré ahora a las visiones y revelaciones del Señor. [2]Conozco a un hombre en Cristo, que catorce años ha –si en cuerpo, no lo sé, si fuera del cuerpo, no lo sé, Dios lo sabe– fue arrebatado hasta el tercer cielo. [3]Y sé que el tal hombre –si en cuerpo o fuera del cuerpo, no lo sé, Dios lo sabe– [4]fue arrebatado al Paraíso y oyó palabras inefables que no es dado al hombre expresar. [5]De ese tal me gloriaré, pero de mí no me gloriaré sino en mis flaquezas. [6]Si yo quisiera gloriarme, no sería fatuo, pues diría la verdad; más me abstengo, para que nadie me considere superior a lo que ve en mí u oye de mi boca. [7]Y a fin de que por la grandeza de las revelaciones, no me levante sobre lo que soy, me ha sido clavado un aguijón en la carne, un ángel de Satanás que me abofetee, para que no me engría. [8]Tres veces rogué sobre esto al Señor para que se apartase de mí. [9]Mas Él me dijo: "Mi gracia te basta, pues en la flaqueza se perfecciona la fuerza". Por tanto con sumo gusto me gloriaré de preferencia en mis flaquezas, para que la fuerza de Cristo habite en mí. [10]Por Cristo, pues, me complazco en las flaquezas, en los oprobios, en las necesidades, en las persecuciones, en las angustias, porque cuando soy débil, entonces soy fuerte.

Abnegación por la grey. [11]Me volví fatuo, vosotros me forzasteis; pues por vosotros debía yo ser recomendado, porque si bien soy nada, en ninguna cosa fui inferior a aquellos súper apóstoles. [12]Las pruebas de ser yo apóstol se manifestaron entre vosotros en toda paciencia por señales, prodigios y poderosas obras. [13]Pues ¿qué habéis tenido de menos que las demás Iglesias, como no sea el no haberos sido yo gravoso? ¡Perdonadme este agravio! [14]He aquí que ésta es la tercera vez que estoy a punto de ir a vosotros; y no os seré gravoso porque no busco los bienes vuestros, sino a vosotros; pues no son los hijos quienes deben atesorar para los padres, sino los padres para los hijos. [15]y yo muy gustosamente

---

30. He aquí un pensamiento genuinamente paulino: no gloriarse de las virtudes sino de la flaqueza, porque esto es lo que provoca la misericordia de Dios a ayudarnos. Cf. 12, 9s. y notas.

32. *Etnarca*: Gobernador de un distrito o pueblo.

33. San Pablo nos enseña a no perder, en una estéril muerte, la vida que Dios nos ha dado para glorificarle. Cf. Ap. 2, 10 y nota.

2. San Pablo habla de sí mismo en tercera persona, para destacar que en tales visiones, todo fue obra de Dios. sin mérito alguno de su parte. *El tercer cielo*: Los rabinos distinguían tres cielos: el atmosférico, el astral, y el empíreo. San Pablo se refiere al último, pero entendiéndolo como cielo espiritual, la morada de Dios. Cf. Sal. 113b, 6 y nota.

7. *Un aguijón*: más exactamente una espina en la carne, como un dolor prolongado. Algunos entienden que el Apóstol alude a una enfermedad o dolencia física (cf. Ga. 4, 13); otros piensan en la rebeldía de la concupiscencia de la que habla en Rm. 7, 23.

8. *Tres veces rogué*: Es para que no nos desalentemos en nuestras peticiones. Es lo que Jesús enseña en las parábolas del amigo (Lc. 11, 5 ss.) y de la viuda (Lc. 18, 1-8).

11. *Me volví fatuo*: Véase 11, 1 ss. y notas, sobre el sentido de esa insensatez frente a tales falsos apóstoles.

14. *No busco los bienes vuestros, sino a vosotros*: Cualquiera que ama entenderá esto. Podemos hacer la experiencia de preguntar a una madre, la más ignorante campesina, cuál de sus hijos le da mayor gusto: si el que le da muchos regalos, o el que le dice que ha estado todo el día pensando en ella. No dudará en declarar que se

siente mil veces más feliz con este último, que le dedica sus pensamientos, es decir, algo de sí mismo. He aquí por qué María vale más que Marta. Si en cambio hacemos la pregunta a un simple negociante, dirá sin duda que prefiere los regalos a los pensamientos. Por eso el que no ama, no entiende nada de Dios, dice San Juan, porque Dios es amor (1 Jn. 4, 8). El que no ama, no concibe otra norma que la lógica comercial del "do ut des". Y eso es precisamente lo que Jesús quiso destruir con el ejemplo de su amor, pagando Él, inocente, para que no pagásemos nosotros, los culpables. Eso es lo que quiso inculcarnos en el sermón de la montaña, cuando impuso como obligatoria la Ley de la caridad, tan distinta de aquella norma de la justicia humana (Mt. 7, 2 y nota). Si bien miramos aquí está sintetizado todo el problema de la espiritualidad. Por lo demás, San Pablo ha dejado antes bien establecido que, al buscar las almas, no las pretende para él sino para el Esposo. Cf. 11, 2 y nota.

15. Vemos cómo el Apóstol cumplía él mismo lo que nos enseña en 9, 7.

16s. Contesta a la última y más insolente calumnia. Los falsos doctores decían que si bien el Apóstol no se enriquecía por sí mismo, lo hacía por medio de sus compañeros en el apostolado, Tito y otros, que organizaban la colecta para los pobres de Jerusalén.

1. La Ley de Moisés exigía tres o por lo menos dos testigos, para condenar a un acusado, (Dt. 19, 15; Mt. 18, 16).

gastaré, y a mí mismo me gastaré todo entero por vuestras almas, aunque por amaros más sea yo menos amado. [16]Sea, pues. Yo no os fui gravoso; mas como soy astuto (*dirá alguno*) os prendí con dolo. [17]¿Es que acaso os he explotado por medio de alguno de los que envié a vosotros? [18]Rogué a Tito, y envié con él al hermano. ¿Por ventura os ha explotado Tito? ¿No procedimos según el mismo espíritu? ¿En las mismas pisadas?

Temores del apóstol. [19]Pero ¿estaréis pensando; desde hace rato, que nos venimos defendiendo ante vosotros? En presencia de Dios hablamos en Cristo, y todo, amados míos, para vuestra edificación. [20]Pues temo que al llegar yo no os halle tales como os quiero, y vosotros me halléis cual no deseáis; no sea que haya contiendas, envidias, iras, discordias, detracciones, murmuraciones, hinchazones, sediciones; [21]y que cuando vuelva a veros me humille mi Dios ante vosotros, y tenga que llorar a muchos de los que antes pecaron y no se han arrepentido de la impureza y fornicación y lascivia que practicaron".

13 **Amenazas y exhortaciones.** [1]Por tercera vez voy a vosotros. "Por el testimonio de dos testigos, o de tres, se decidirá toda cuestión. [2]Lo he dicho antes y lo repito de antemano –ausente ahora, como en la segunda visita hallándome presente– a los que antes pecaron y a todos los demás, que si voy otra vez no perdonaré, [3]ya que buscáis una prueba de que Cristo habla en mí, pues Él no es débil con vosotros, pero sí fuerte en vosotros. [4]Porque fue crucificado como débil, más vive del poder de Dios. Así también nosotros somos débiles en Él,

pero viviremos con Él en virtud del poder de Dios en orden a vosotros. [5]Probaos a vosotros mismos para saber si tenéis la fe. Vosotros mismos examinaos. ¿O no reconocéis vuestro interior como que Jesucristo está en vosotros? A no ser que estéis reprobados. [6]Espero conoceréis que nosotros no estamos reprobados.

Y rogamos a Dios que no hagáis ningún mal, no para que nosotros aparezcamos aprobados, sino para que vosotros hagáis el bien, aunque nosotros pasemos por réprobos. [8]Porque nada podemos contra la verdad, sino en favor de la verdad. [9]Nos regocijamos cuando nosotros somos flacos y vosotros fuertes. Lo que pedimos (*en nuestra oración*) es vuestro perfeccionamiento. [10]Por eso escribo estas cosas ausente, para que presente no tenga que usar de severidad conforme a la potestad que el Señor me dio para edificar y no para destruir.

Epílogo. [11]Por lo demás, alegraos, hermanos, y perfeccionaos; consolaos, tened un mismo sentir, vivid en paz; y el Dios de la caridad y de la paz será con vosotros. Saludaos unos a otros en ósculo

---

9. *En la flaqueza se perfecciona la fuerza*: San Pablo ha entendido bien a Cristo en el misterio de la pequeñez, según el cual Dios da a los débiles y pequeños lo que niega a los grandes y a los fuertes (mejor dicho, a los que se creen tales). *Con sumo gusto* se niega a sí mismo, para que así, hallándolo bien vacío, pueda llenarlo más totalmente la fuerza del Dios esencialmente poderoso y activo, que sólo desea vernos dispuestos a recibir, para podernos colmar (Sal. 80, 11 y nota). No es otra la doctrina de la vid y los sarmientos (Jn. 15, 1 ss.), según la cual éstos no pueden tener ni una gota de savia que no les venga del tronco, o sea de Cristo, "de cuya plenitud recibimos todos" (Jn. 1, 16).

10. Sobre esta paradoja, que no puede explicarse sino por el misterio de la gracia, véase 4, 16 y nota. De aquí sacó Santa Teresa de Lisieux su célebre y profunda sentencia: "Amad vuestra

pequeñez", idea que parecería tanto más paradójica cuanto que no se trata aquí de la pobreza o humildad en lo material sino de nuestra incapacidad para las grandes virtudes, de nuestra insignificancia y debilidad espiritual, que nos obliga a vivir en permanente reconocimiento de la propia nada y en continua actitud de mendigos delante de Dios. Pero ahí está lo profundo. Porque si Él nos dice, por boca de su Hijo Jesús, que nos quiere niños y no gigantes, no hemos de pretender complacerle en forma distinta de lo que Él quiere, creyendo neciamente que vamos a hacer o a descubrir algo más perfecto que su voluntad. Esta presunción que el mundo ciego suele elogiar llamándola "la tristeza de no ser santo" encierra; como vemos, una total incomprensión del Evangelio.

santo. [12]Os saludan todos los santos.
[13]La gracia del Señor Jesucristo y la caridad de Dios (*Padre*) y la comunicación del Espíritu Santo sea con todos vosotros.

CARTA A LOS GÁLATAS

Los habitantes de Galacia, una de las provincias del Asia Menor, fueron llevados al Evangelio por San Pablo en su segundo y tercer viaje apostólico. Poco después llegaron judíos o judeocristianos que les enseñaban "otro Evangelio" es decir, un Jesucristo deformado y estéril, exigiendo que se circuncidasen y cumpliesen la Ley de Moisés, pretendiendo que el hombre es capaz de salvarse por sus obras, sin la gracia de Cristo. Además sembraban desconfianza contra el Apóstol, diciendo que él no había sido autorizado por las primeros Apóstoles y que su doctrina no estaba en armonía con la de aquéllos. Para combatir la confusión, causada por esos doctores judaizantes, San Pablo escribió esta carta, probablemente desde Éfeso, entre los años 49 y 55(cf. 2, 1y nota). Su doctrina principal es: El cristiano se salva por la fe en Jesucristo y no por la Ley de Moisés.

1 Saludo apostólico.

[1]Yo Pablo, apóstol, no de parte de hombres, ni por mediación de hombre alguno, sino por Jesucristo y por Dios Padre que lo levantó de entre los muertos [2]y todos los hermanos que conmigo están, a las Iglesias de Galacia: [3]gracia a vosotros y paz de parte de Dios nuestro Padre y de Jesucristo el Señor; [4]el cual se entregó por nuestros pecados, para sacarnos de este presente siglo malo, según la voluntad de Dios y

---

4. Nosotros, como miembros suyos, participamos de sus debilidades, de sus abatimientos y penas; más participaremos también de su poder, y de esto os daremos pruebas muy claras, juzgando y castigando a los incorregibles (Santo Tomás de Aquino). Cf. 1, 5.

5. Éste es el verdadero examen de conciencia sobre la fe viva, pues sin ella no podremos tener ninguna virtud sobrenatural. El Apóstol insiste en que sea cada uno quien haga tal examen de sí mismo (1Co. 11, 28 y 31), pues el Espíritu Santo da testimonio a nuestra conciencia sobre nuestra sinceridad (Rm. 9, 1), y las almas no han de ser esclavos en su fe, sino libres (1, 23; 1Co. 12, 2). *¿O no reconocéis, etc.?*: Como enseña el mismo Apóstol, Cristo ha de habitar en nosotros si nuestra fe es verdadera (Ef. 3, 17). Nótese la gravedad con que San Pablo exige a los cristianos este estado de espíritu, al extremo de agregar las palabras: *a no ser que estéis reprobados.* Cf. Jn. 14, 20; 17, 26; Rm. 8, 10 y 39; 1 Jn. 5, 20.

8. Véase las notas en 10, 4 y 11, 2; Hb. 11, 36 ss.

9. He aquí uno de esos alardes de la caridad del Apóstol, que llega a olvidarse totalmente de sí mismo, como en Rm. 9, 3.

10. *Para edificar y no para destruir*: es decir, que San Pablo quería adoctrinarlos siempre positivamente, dándoles un mayor conocimiento de Cristo para aumento de su fe y de su caridad, sin verse obligado a interrumpir su enseñanza con reprimendas dolorosas para su corazón de pastor.

13. *La comunicación del Espíritu Santo*: "El Padre es amor; el Hijo, gracia; el Espíritu Santo, *comunicación*"; así reza la Antífona del 3er. nocturno en el Oficio de la Santísima Trinidad. Porque Él habitará en nosotros y estará siempre con nosotros (Jn. 14, 16s.). Sin Él las maravillas del Padre y de Cristo existirían objetivamente, pero fuera de nosotros. No serían nuestras. Antes de la inmolación de Jesús "aún no había Espíritu" (Jn. 7, 39). Él es, pues, la *comunicación*, la entrega efectiva del bien que nos ganó Cristo. ¿Y cuál es ese bien? La divinidad misma, dice San Pedro (2 Pe. 1, 4), o sea, todo lo que Él había recibido del Padre: "La gloria que Tú me diste, Yo se la he dado a ellos, para que sean uno como nosotros" (Jn. 17, 22). Y agrega: "Yo en ellos y Tú en Mí, para que sean consumados en la unidad" (ibíd. v. 23) y "el amor con que me has amado sea en ellos y Yo en ellos" (ibíd. v. 26). Esto, que Jesús nos conquistó y mereció, es lo que el Espíritu Santo realiza *comunicándonos* eso que el Padre dio a Jesús: la calidad de hijo (Ef. 1, 5; Jn. 1, 12s.; Rm. 8, 29; Ga. 4, 4 ss.; 1 Jn. 3, 1 ss.), y su propia gloria que es la máxima promesa (2 Pe. 1, 3-4), con su misma vida eterna (Jn. 17, 2), que algún día poseeremos en cuerpo y alma (Flp. 3, 20s.; Lc. 21, 28; Rm. 8, 23) y que se nos anticipa en la Comunión (Jn. 6, 57 y nota). ¡Parece mentira que podamos creer estas cosas sin morir de felicidad! Tal es lo que imploramos cada día en el Padrenuestro al pedir el pan *supersustancial* (Mt. 6, 11 y Lc. 11, 3, texto griego).

4. *Este siglo malo*: Es ésta una de las orientaciones básicas de la espiritualidad que nos enseña la Escritura en oposición al mundo. Jesús nos la hace recordar continuamente al darnos la afanosa petición del Padrenuestro: "venga tu Reino" (Mt. 6, 10), protesta ésta que los cristianos del siglo I parafraseaban diciendo en la Didajé, al rogar por la Iglesia: "reúnela santificada en tu Reino... Pase este mundo. Venga la gracia". "Este mundo" es pues *este siglo malo*, con el cual no hemos de estar nunca conformes (Rm. 12, 2), porque en él tiene su reino Satanás (Jn. 14, 30 y nota); en él serán perseguidos los discípulos de Cristo (Jn. 15, 18 y nota) y en él la cizaña estará ahogando el trigo hasta que venga Jesús (Mt. 13, 30) y no encuentre la fe en la tierra (Lc. 18, 8); pues Él no vendrá sin que antes prevalezca la apostasía y se revele el Anticristo (2 Ts. 2, 3 ss.), a quien Jesús destruirá con la manifestación de su Parusía" (2 Ts. 2. 8). Nunca podrá, pues, triunfar su Reino mientras no sea quitado el poder de Satanás (Ap. 20, 1 ss.) y Cristo celebre las

Padre nuestro, [5]a quien sea la gloria por los siglos de los siglos. Amén.

Autoridad divina del Evangelio de San Pablo.
[6]Me maravillo de que tan pronto os apartéis del que os llamo por la gracia de Cristo y os paséis a otro Evangelio. [7]Y no es que haya otro Evangelio, sino es que hay quienes os perturban y pretenden pervertir el Evangelio de Cristo. [8]Pero aun cuando nosotros mismos o un ángel bajado del cielo os predicase un Evangelio distinto del que os hemos anunciado, sea anatema. [9]Lo dijimos ya, y ahora vuelvo a decirlo: Si alguno os predica un Evangelio distinto del que recibisteis, sea anatema. [10]¿Busco yo acaso el favor de los hombres, o bien el de Dios? ¿O es que procuro agradar a los hombres? Si aún tratase de agradar a los hombres no sería siervo de Cristo. [11]Porque os hago saber, hermanos, que el Evangelio predicado por mí no es de hombre. [12]pues yo no lo recibí ni lo aprendí de hombre alguno, sino por revelación de Jesucristo. [13]Habéis ciertamente oído hablar de cómo yo en otro tiempo vivía en el judaísmo, de cómo perseguía sobremanera a la Iglesia de Dios y la devastaba, [14]y aventajaba en el judaísmo a muchos coetáneos míos de mi nación, siendo en extremo celoso de las tradiciones de mis padres.

La vocación del apóstol de los Gentiles. [15]Pero cuando quiso al que me eligió desde el seno de mi madre y me llamó por su gracia, [16]para revelar en mí a su Hijo, a fin de que yo le predicase entre los gentiles, desde aquel instante no consulté más con carne y sangre; [17]ni subí a Jerusalén, a los que eran apóstoles antes que yo; sino que me fui a Arabia, de donde volví otra vez a Damasco. [18]Después, al cabo de tres años, subí a Jerusalén para conversar con Cefas, y estuve con él quince días. [19]Más no vi a ningún otro de los apóstoles, fuera de Santiago, el hermano del Señor. [20]He aquí delante de Dios que no miento en lo que os escribo. [21]Luego vine a las regiones de Siria y de Cilicia. [22]Más las Iglesias de Cristo en Judea no me conocían de vista. [23]Tan sólo oían decir: "Aquel que en otro tiempo nos perseguía, ahora anuncia la fe que antes arrasaba". [24]Y en mí glorificaban a Dios.

2 **Reconocimiento del apostolado paulino.** [1]Más tarde, transcurridos catorce años, subí otra vez a

---

Bodas con su Iglesia (Ap. 19, 7), libre ya de toda arruga (Ef. 5, 27; Ap. 19, 8), después de la derrota del Anticristo (Ap. 19, 11-20), cuando la cizaña haya sido cortada (Mt. 13, 39-40), los peces malos estén separados de los buenos (Mt. 13, 47 ss.) y sea expulsado del banquete el que no tiene traje nupcial (Mt. 22, 11 ss.). Tal es la dichosa esperanza del cristiano (Tt. 2, 13) sin la cual nada puede satisfacerle ni ilusionarle sobre el triunfo del bien (Ap. 13, 7; 16, 9 y 11). Tal es lo que el Espíritu Santo y la Iglesia novia dicen y anhelan hoy, llamando al Esposo: "El Espíritu y la novia dicen; Ven... Ven Señor Jesús" (Ap. 22, 17 y 20), mientras lo aguardamos con ansia en *este siglo malo*, llevando, según San Pedro, las esperanzas proféticas como antorcha que nos alumbra en este "lugar obscuro" (2 Pe. 1, 19). Cf. 1 Tm. 6, 13 y nota.

8. El Evangelio no debe ser acomodado al siglo so pretexto de adaptación. La verdad no es condescendiente sino intransigente. El mismo Señor nos previene contra los falsos Cristos (Mt. 24, 24), los lobos con piel de oveja (Mt. 7, 15, etc.), y también San Pablo contra los falsos apóstoles de Cristo (2Co. 11, 13) y los falsos doctores con apariencia de piedad (2 Tm. 3, 1-5). Es de admirar la libertad de espíritu que el Apóstol nos impone al decirnos que ni siquiera un ángel debe movernos de la fe que él enseñó a cada uno con sus palabras inspiradas. Véase 2Co. 11, 14; 13, 5 y nota. Cf. 2, 4 ss.

10. Es decir, que la mínima parte de gloria que pretendiésemos para nosotros mismos, bastaría para falsear totalmente nuestro apostolado y convertirnos por tanto en instrumento de Satanás. De

ahí la gran preocupación que San Pablo muestra a este respecto. Cf. Jn. 5, 44 y nota.

11. San Jerónimo: El orador sagrado está expuesto cada día al grave peligro de convertir, por una interpretación defectuosa, el Evangelio de Cristo en el evangelio del hombre. Cf. Sal. 11, 2; 16, 4; 1Co. 15, 1; Tt. 1, 10; 3, 9 y notas.

12. San Pablo va a destacar netamente su vocación excepcional y directa de Jesús. Cf. Ef. 3, 3.

15 ss. Habla de su *predestinación al apostolado* y a la predicación del Evangelio (Hch. 13, 2; Rm. 1, 1), para lo cual Dios lo tenía escogido y predestinado personalmente.

17. *A Arabia*: Debe entenderse que los tres años mencionados en los versículos siguientes, fueron los que pasó en Arabia, estudiando las Escrituras y recibiendo las instrucciones del mismo Jesucristo.

18. *Para conversar con Cefas:* no para instruirse, como observa San Jerónimo, pues tenía consigo al mismo Autor de la predicación, sino para cambiar ideas con el primero de los Apóstoles. Véase 2, 1 ss.

19. Este *Santiago*, o *Jacobo*, Obispo de Jerusalén, era el Apóstol Santiago el Menor, hijo de Alfeo y María, hermana de la Santísima Virgen María. Ya por eso se entiende que "hermano" significa aquí "pariente".

24. Bien vemos por qué el Apóstol prefería gloriarse en sus miserias (2Co. 11, 30). De ellas resultaba especial gloria para Dios, pues veían todos que lo sucedido en él no podía ser sino un prodigio de la gracia. Cf. Jn. 17, 10; Rm. 8, 28 y nota.

Jerusalén, con Bernabé, llevando conmigo a Tito. [2]Mas subí a raíz de una revelación, y les expuse, pero privadamente, a los más autorizados el Evangelio que predico entre los gentiles, por no correr quizá o haber corrido en vano. [3]Pero ni siquiera Tito, que estaba conmigo, con ser griego, fue obligado a circuncidarse, [4]a pesar de los falsos hermanos intrusos, que se habían infiltrado furtivamente, para espiar la libertad que nosotros tenemos en Cristo Jesús, a fin de reducirnos a servidumbre. [5]Mas queriendo que la verdad del Evangelio permanezca para vosotros, no cedimos, ni por un instante nos sujetamos a ellos. [6]En cuanto a aquellos que significaban algo –lo que hayan sido anteriormente nada me importa, Dios no acepta cara de hombre– a mi esos que eran reputados, nada me añadieron; [7]sino al contrario, viendo que a mí me había sido encomendado el evangelizar a los incircuncisos, así como a Pedro la evangelización de los circuncisos [8]– pues el que dio fuerza a Pedro para el apostolado de los circuncisos, me la dio también a mí para el apostolado de los gentiles–, [9]y reconociendo la gracia que me fue dada, Santiago, Cefas y Juan, que eran reputados como columnas, dieron a mí y a Bernabé la mano en señal de comunión, para que nosotros fuésemos a los gentiles, y ellos a los circuncisos, [10]con tal que nos acordásemos de los pobres, lo mismo que yo también procuré hacer celosamente.

El incidente de Antioquía. [11]Mas cuando Cefas vino a Antioquía le resistí cara a cara, por ser digno, de represión. [12]Pues él, antes que viniesen ciertos hombres de parte de Santiago, comía con los gentiles; más cuando llegaron aquéllos se retraía y se apartaba, por temor a los que eran de la circuncisión. [13]Y los otros judíos incurrieron con él

---

1. *Catorce años* después de su conversión. Se trata tal vez del viaje al cual se refieren los Hechos en 11, 30 y 12, 25. Según ello, las conferencias que celebró entonces con los jefes de la Iglesia de Jerusalén, no deben confundirse con el Concilio de Jerusalén, el cual, según opinan varios exegetas, no tuvo lugar sino después de compuesta la Epístola a los Gálatas. La argumentación que hace San Pablo exige que no pase inadvertido este segundo viaje efectuado a Jerusalén. De otra suerte no se explicaría que no haga mención alguna en esta Epístola del Concilio de Jerusalén, que resolvía la cuestión debatida, sino porque hasta ese momento no había tenido lugar (Crampon). Otros opinan, a la inversa, que estos catorce años no se contarían desde la conversión de Saulo, sino desde su viaje a Siria (1, 21), y que se trata aquí del viaje que San Pablo y Bernabé hicieron para asistir al Concilio (Hch. 15, 2). La disidencia sobre este punto se vincula a la cuestión relativa a la fecha de la Epístola a los Gálatas, que varía, según las opiniones, desde el año 49hasta después de la primera cautividad del Apóstol en Roma.

2. *Los más autorizados* eran los Apóstoles columnas (versículos 9): Pedro, Santiago y Juan, los cuales se habían convencido de que el Evangelio de Pablo estaba de acuerdo con el suyo. *Por no correr*: "No es que San Pablo, instruido directamente por Nuestro Señor Jesucristo, sintiese la menor duda acerca de lo que él llama su Evangelio. Pero los judaizantes le discutían su legitimidad, y por eso él quería hacer cortar la cuestión por los apóstoles, a fin de mostrar que no había estado en error, y de no comprometer el fruto de su predicación futura" (Fillion). El resultado no pudo ser más consolador (v. 6-10).

4. *Falsos hermanos*: a saber, judío-cristianos, que decían que la circuncisión era necesaria para todos los cristianos. *La libertad*: la derogación de la Ley mosaica para los que creen en Cristo. *La servidumbre*: la sumisión a la Ley, mediante la cual querían impedir la predicación de San Pablo (v. 5; 5, 9notas). Cf. Hch. 15, 1 y 24.

5. Como observa Fillion, el Apóstol se apresura a añadir que mantuvo con vigor los derechos de la verdad, siguiendo el ejemplo de su divino Maestro (2Co. 7, 8; 1 Ts. 2, 17; Flm. 15).

6. *No acepta cara de hombre;* es decir, no hace acepción de personas. Cf. St. 2, 1s. y nota.

8. Era el mismo Cristo quien había instituido a ambos, por diversos modos. ¿Quién podría rectificarlo a Él? Por lo demás, la vocación de Pablo hacia los gentiles (Hch. 9, 15) no le impidió evangelizar también a los judíos, así como Pedro fue el primero en admitir a los gentiles en la Iglesia (Hch. cap. 10).

9. San Pablo nombra a Santiago antes que a Pedro probablemente porque aquél era el que más se había caracterizado en su celo por la Ley, (v. 12: Hch. 21, 19 ss.). Nótese sin embargo que eso no le impidió su gran actuación en el Concilio de Jerusalén, para resolver precisamente esta cuestión (Hch. 15, 13 ss.).

11. En Antioquía se había levantado una disputa entre Cefas (Pedro) y Pablo, porque aquél se retiró de la mesa de los cristianos gentiles, para no escandalizar a los judío-cristianos. San Pablo no tardó en censurar tal proceder como inconsecuente y peligroso. A esta escena (que algunos suponen ocurrida en la época señalada en Hch. 15, 35 ss.) se refiere el Apóstol en el siguiente discurso que dirige públicamente a San Pedro, señalándole la contradicción con su propia conducta, dictada por la idea fundamental de que los preceptos rituales de la Ley mosaica habían perdido su valor para los cristianos, y recordando sin duda la Palabra del Maestro contra toda levadura de doblez (Lc. 12, 1). San Agustín, comentando este pasaje en una de sus Epístolas, alaba a ambos apóstoles: a Pablo por su franqueza, a Pedro por la humildad con que acepta el reproche del "queridísimo hermano Pablo", cuya sabiduría celestial alaba en 2 Pe. 3, 15. El mismo Doctor de Nipona reprende a San Jerónimo que explicaba este encuentro como maniobra táctica convenida de antemano entre los dos apóstoles con el fin de aclarar la verdad, y le dice que Dios no necesita de nuestras ficciones. *Digno de represión*: algunos traducen: *criticado* (por los fieles).

en la misma hipocresía, tanto que hasta Bernabé se dejó arrastrar por la simulación de ellos. [14]Mas cuando yo vi que no andaban rectamente, conforme a la verdad del Evangelio, dije a Cefas en presencia de todos: "Si tú, siendo judío, vives como los gentiles, y no como los judíos, ¿cómo obligas a los gentiles a judaizar? [15]Nosotros somos judíos de nacimiento, y no pecadores procedentes de la gentilidad; [16]más, sabiendo que el hombre es justificado, no por obras de la Ley, sino por la fe en Jesucristo, nosotros mismos hemos creído en Cristo Jesús, para ser justificados por la fe en Cristo, y no por las obras de la Ley; puesto que por las obras de la Ley no será justificado mortal alguno. [17]Y si nosotros, queriendo ser justificados en Cristo, hemos sido hallados todavía pecadores ¿entonces Cristo es ministro de pecado? De ninguna manera. [18]En cambio, si yo edifico de nuevo lo que había destruido, me presento a mí mismo como transgresor. [19]Porque yo, por la Ley, morí a la Ley a fin de vivir para Dios. Con Cristo he sido crucificado, [20]y ya no vivo yo, sino que en mí vive Cristo. Y si ahora vivo en carne, vivo por la fe en el Hijo de Dios, el cual me amo y se entregó por mí. [21]No inutilizo la gracia de Dios. Porque si por la Ley se alcanza la justicia, entonces Cristo murió en vano".

3 La ley no puede justificar. [1]¡Oh, insensatos gálatas! ¿Cómo ha podido nadie fascinaros a vosotros, ante cuyos ojos fue presentado Jesucristo clavado en una cruz? [2]Quisiera saber de vosotros

---

14. *No andaban rectamente*: No se trataba de un error de doctrina. Más aún, "todo judío convertido tenía el derecho de observar la Ley. Lo que San Pablo censura es la duplicidad en la conducta, tratándose del Jefe de la Iglesia, que podía inducir a error a las almas". Fillión hace notar que el discurso de Pablo a Pedro no termina en este v., sino que continúa basta el v. 21, como se ve en el v. 15, el cual no puede dirigirse a los gálatas, pues ellos no eran judíos sino paganos de nacimiento. "Las palabras *¿cómo obligas a los gentiles a judaizar?* podrían repetirse como un refrán al final de cada uno de los versículos que siguen".

16. Las *obras de la Ley* no tenían por sí mismas la virtud de salvar al hombre porque el proceso de la justificación es obra de la gracia y de la fe en Jesucristo (3, 1 ss.; Rm. 3, 20 ss.: 4, 1 ss.). Las palabras finales son como un eco del Sal. 142, 2.

17. Es decir: ¿qué te importa que te llamen pecador contra la Ley por seguir a Cristo, si tú sabes que siguiéndolo a Él no puedes pecar? En cambio (v. 18) si tú vuelves a cumplir la Ley que habías abandonado, es como si confesaras que pecaste al abandonarla, lo cual no es verdad.

19s. Si la misma Ley me dice que no tenía otro objeto más que el de llevarme a *Cristo* (3, 23s.), que es el fin de la Ley, está claro que, gracias a la misma Ley estoy ahora libre de ella por la muerte de Cristo. Sus méritos se me aplican por la gracia como si yo estuviese con Él clavado en la Cruz, y muerto con Él a la Ley (cf. 3, 13s.; Rm. 6, 3 ss.), de modo que si aún vivo (debiendo estar muerto), es el Resucitado quien me hace vivir de su propia vida, es decir, quien vive en mí mediante mi fe en Él (Ef. 3, 17), la cual es la vida del justo (3, 1). *Me amó y se entregó por mí* (v. 20): Todo entero por mí, y lo habría hecho aunque no hubiese nadie más. También ahora me mira constantemente (Cant. 7, 11 y nota), como si no tuviera a otro a quien amar. Es muy importante para nuestra vida espiritual el saber que "el amor de Cristo no pierde nada de su ternura al abarcar todas las almas, extendiéndose a todas las naciones y a todos los tiempos". Véase Cant. 4, 1 y nota sobre la elección individual de cada alma. *¿Y por qué se entregó por mí?* ¡Para llevarme a su propio lugar! (Jn. 14, 2s.). La caridad más grande del Corazón de Cristo ha sido, sin duda alguna, el deseo de que su Padre nos amase tanto como a Él (Jn. 17, 26). Lo natural en el hombre es la envidia y el deseo de conservar sus privilegios. Y más aún en materia de amor, en que queremos ser los únicos. Jesús, al contrario de los otros, se empeña en dilapidar el tesoro de la divinidad que trae a manos llenas (Jn. 17, 22) y nos invita a vivir de Él por la fe (Jn. 1, 16; 15, 1 ss.) y por la Eucaristía (Jn. 6, 57), esa plenitud de vida divina, como Él la vive del Padre. Todo está en creerle (Jn. 6, 29), sin escandalizarnos de ese asombroso exceso de caridad (Jn. 6, 60 y nota), que llega hasta entregarse por nosotros a la muerte para poder proporcionarnos sus propios méritos y hacernos así vivir su misma vida divina de Hijo del Padre, como "Primogénito de muchos hermanos" (Rm. 8, 29). Cf. Ef. 1, 5 y nota.

21. *No inutilizo la gracia de Dios*: ¡Expresión de profunda elocuencia! No seré tan insensato como para desperdiciar semejante don de Dios. No soy tan opulento como para despreciar la salvación que el Hijo de Dios me ofrece a costa de toda su Sangre (1 Tm. 2, 6). Si el Padre quiere aplicarme gratis los méritos de su Hijo, que son infinitos, ¿acaso habría de decirle yo que no se incomode, y que prefiero tratar de ser bueno por mi propio esfuerzo? Tal soberbia, disfrazada de virtud, sería tanto más abominable cuanto que por sí mismo nadie es capaz de ser bueno aunque quiera, y las grandes promesas heroicas acaban siempre si Dios no nos ayuda... en las tres grandes negaciones de Pedro. Esta es no solamente la espiritualidad de San Pablo y la doctrina que él enseña (Rm. 3, 20 y 26; 10, 3; Flp. 3, 9), deducida del Evangelio (Mt. 9, 12s.), sino que es también la espiritualidad de toda la Escritura. David la expresa a cada paso, y Job, además de ser consciente de que nadie puede aparecer justo ante Dios (Job 7, 21; 14, 4 y notas), añade que, aun cuando tuviese algo que alegar en su defensa, preferiría implorar la clemencia de su juez, porque "¿quién soy yo para poder contestarle y hablar con Él?" El que no piensa así, no ha entendido el misterio de la Redención y no puede decir que tiene fe en Jesucristo, el cual no vino a buscar a los que ya son justos, sino a los que necesitamos a Él para poder ser buenos (Hb. 7, 11). Gramática cita aquí los cánones 16 y 21 del 2º Concilio Arauz, del año 529.

esto solo: si recibisteis el Espíritu por obra de la Ley o por la palabra de la fe. [3]¿Tan insensatos sois que habiendo comenzado por Espíritu, acabáis ahora en carne? [4]¿Valía la pena padecer tanto si todo fue en vano? [5]Aquel que os suministra el Espíritu y obra milagros en vosotros ¿lo hace por las obras de la Ley o por la palabra de la fe?

El ejemplo de Abraham. [6]Porque (*está escrito*): "Abraham creyó a Dios, y le fue imputado a justicia". [7]Sabed, pues, que los que viven de la fe, ésos son hijos de Abraham. [8]Y la Escritura, previendo que Dios justifica a los gentiles por la fe, anunció de antemano a Abraham la buena nueva: "En ti serán bendecidas todas las naciones". [9]De modo que, junto con el creyente Abraham, son bendecidos los que creen. [10]Porque cuantos vivan de las obras de la Ley, están sujetos a la maldición; pues escrito está: "Maldito todo aquel que no persevera en todo lo que está escrito en el Libro de la Ley para cumplirlo". [11]Por lo demás, es manifiesto que por la Ley nadie se justifica ante Dios, porque "el justo vivirá de fe"; [12]en tanto que la Ley no viene de la fe, sino que: "El que hiciere estas cosas, vivirá por ellas". [13]Cristo, en cambio, nos redimió de la maldición de la Ley, haciéndose por nosotros maldición, porque está escrito: "Maldito sea todo el que cuelgue del madero", [14]para que en Cristo Jesús alcanzase a los gentiles la bendición de Abraham, y por medio de la fe recibiésemos el Espíritu prometido.

La Ley y promesa. [15]Hermanos, voy a hablaros al modo humano: Un testamento, a pesar de ser obra de hombre, una vez ratificado nadie puede anularlo, ni hacerle adición. [16]Ahora bien, las promesas fueron dadas a Abraham y a su descendiente. No dice: "y a los descendientes" como si se tratase de muchos, sino como de uno: "y a tu Descendiente", el cual es Cristo. [17]Digo, pues, esto: "Un testamento ratificado antes por Dios, no puede ser anulado por la Ley dada cuatrocientos treinta años después, de manera que deje sin efecto la promesa". [18]Porque si la herencia es por Ley, ya

---

1. Empieza aquí la *Parte dogmática* de la carta, que comprende los capítulos 3 y 4. La propia experiencia debe demostrar a los gálatas, que recibieron la justificación sin las obras de la Ley, de lo cual son testimonio los carismas del Espíritu Santo que se derramaron sobre ellos.

3. *Acabáis ahora en carne*: ¿Cómo el esfuerzo del hombre caído podría ir más lejos que el Don redentor de Dios, de un valor infinito?

5. Una de las cosas más sorprendentes del Cristianismo, para el que lo mirase como una mera regla moral sin espiritualidad, es ver cuántas veces los reprobados por Dios son precisamente los que quieren multiplicar los preceptos, como los fariseos de austera y honorable apariencia. Toda esta Epístola a los gálatas, en que el Apóstol de Cristo parece escandaloso porque lucha por quitar preceptos en vez de ponerlos (2, 4 y 14; 5, 18 ss., etc.), es un ejemplo notable para comprender que lo esencial para el Evangelio está en nuestra espiritualidad, es decir, en la disposición de nuestro corazón para con Dios. Lo que Él quiere, como todo padre, es vernos en un estado de espíritu amistoso y filial para con Él, y de ese estado de confianza y de amor hace depender, como lo dice Jesús (Jn. 6, 29; 14, 23s.), nuestra capacidad –que sólo de Él nos viene (Jn. 15, 5)– para cumplir la parte preceptiva de nuestra conducta. Desde el Antiguo Testamento, que aun ocultaba bajo el velo de las figuras los insondables misterios de su amor que el Padre había de revelarnos en Cristo (Ef. 3, 2 ss.), descubrimos ya, a cada paso, ese Dios paternal y espiritual cuya contemplación nos llena de gozo y que conquista nuestro corazón con la única fuerza que es capaz de hacernos despreciar al mundo: el amor. Véase, con sus respectivas notas. Jr. 23, 33; Is. 1, 11; 58, 2; 66, 2; Os. 6, 6; Mt. 7, 15; 12, 1 ss.; 23, 2s. y 13 y 23 ss.; Mc. 7, 3 ss.; Lc. 11, 46; 13,

14; Jn. 4, 23s.; 5, 10 ss.; 8, 3 ss.; 2Co. 11, 13 ss.; Col. 2, 16 ss.; 1 Tm. 4, 3; 2 Tm. 3, 5, etc.

6. Véase Gn. 15, 6. Como en la Epístola a los Romanos, San Pablo toma por ejemplo a *Abraham*, a quien dio Dios la promesa para todos los pueblos, y el cual fue justificado no por la circuncisión, sino por la fe. Así como Abraham recibió la santificación únicamente por la fe, así los verdaderos hijos de Abraham son los que tienen la fe en Cristo. Cf. 4, 22s.; Rm. 4, 3 ss., y notas.

8. Cf. Gn. 12, 3; 18, 18; Eclo. 44, 20; Hch. 3, 25.

10. Cf. Dt. 27, 26; St. 2, 10; Mt. 5, 19.

11. Cf. Ha. 2, 4; Rm. 1, 17; 3, 21s.; Hb. 10, 38.

12. Cita de Lv. 18, 5. Como en realidad nadie fue capaz de cumplir la Ley, resultó que nadie pudo vivir por ella y todos cayeron en la maldición del versículos 10, salvo los que se justificaron por la fe en Jesucristo.

13. Para librarnos de la *maldición* se hizo Él *maldición* (cf. Dt. 21, 23). Esto muestra el abismo que significa la Redención de Cristo. Dios pudo perdonarnos gratis, pero el Hijo quiso devolverle toda la gloria accidental que el pecado le quitaba. Entonces no se limitó a pagar nuestra deuda como un tercero, sino que quiso sustituirse a nosotros de tal modo que Él fuese el pecador, y nosotros los inocentes, lavados por su Sangre. Cf. Ez. 4, 4 y nota.

16. Cf. Gn. 12, 7; 13, 15; 17, 7s.; 22, 18; 24, 7.

17. Cf. Ex. 12, 40. Las *promesas* de Dios a Abraham de santificar en él a todos los pueblos, son anteriores a la Ley. Anularlas por las prescripciones posteriores de ésta, sería contrario a la fidelidad de Dios, sería exigir un precio por lo que había ofrecido gratuitamente (v. 18).

no es por promesa. Y sin embargo, Dios se la dio gratuitamente por promesa".

La Ley, preparación para Cristo. [19]Entonces ¿para qué la Ley? Fue añadida a causa de las transgresiones, hasta que viniese el Descendiente a quien fue hecha la promesa; y fue promulgada por ángeles por mano de un mediador. [20]Ahora bien, no hay mediador de uno solo, y Dios es uno solo. [21]Entonces ¿la Ley está en contra de las promesas de Dios? De ninguna manera. Porque si se hubiera dado una Ley capaz de vivificar, realmente la justicia procedería de la Ley. [22]Pero la Escritura lo ha encerrado todo bajo el pecado, a fin de que la promesa, que es por la fe en Jesucristo, fuese dada a los que creyesen. [23]Más antes de venir la fe, estábamos bajo la custodia de la Ley, encerrados para la fe que había de ser revelada. [24]De manera que la Ley fue nuestro ayo para conducirnos a Cristo, a fin de que seamos justificados por la fe. [25]Mas venida la fe, ya no estamos bajo el ayo, [26]por cuanto todos sois hijos de Dios por la fe en Cristo

Jesús. [27]Pues todos los que habéis sido bautizados en Cristo estáis vestidos de Cristo. [28]No hay ya judío ni griego, no hay esclavo ni libre, no hay varón y mujer; porque todos vosotros sois uno solo en Cristo Jesús. [29]Y siendo vosotros de Cristo, sois por tanto descendientes de Abraham, herederos según la promesa.

4 **Cristo, culminación de la Ley.** [1]Digo, pues, ahora: Mientras el heredero es niño, en nada difiere del esclavo, aunque es señor de todo, [2]sino que está bajo tutores y administradores, hasta el tiempo señalado anticipadamente por su padre. [3]Así también nosotros, cuando éramos niños, estábamos bajo los elementos del mundo, sujetos a servidumbre. [4]Mas cuando vino la plenitud del tiempo, envió Dios a su Hijo, formado de mujer, puesto bajo la Ley, [5]para que redimiese a los que estaban bajo la Ley, a fin de que recibiésemos la adopción de hijos. [6]Y porque sois hijos, envió Dios a vuestros corazones el Espíritu de su Hijo, que clama: "¡Abba, Padre!". [7]De modo que ya no eres

---

19. *Fue añadida.* No olvidemos esta revelación que debe estar en la base de nuestra vida espiritual si queremos ser cristianos y no judaizantes: la Ley fue añadida a la promesa hasta que viniera el que había de cumplirla. Desde entonces lo prometido se da por la fe en Jesús (v. 22), es decir a los que, creyendo en Él, se hacen como Él hijos de Dios (4, 6; Jn. 1, 11s.). Luego nuestra vida no es ya la del siervo que obedece a la Ley (4, 7) sino la del hijo y heredero que sirve por amor (1 Jn. 3, 1). *El mediador* de la Ley antigua fue Moisés; la promesa, empero, se dio a Abraham, sin mediador, por Dios es, pues, superior a la Ley de Moisés. No se trata de un contrato bilateral, sino de una promesa espontánea.

22. *La Escritura,* etc.; Cf. Rm. 11, 32 y nota.

24. *Nuestro* instructor: por cuanto dio testimonio en favor de la fe (2, 19s.) y no cesó de inculcar la necesidad de la fe. "Repara, dice San Juan Crisóstomo, cuán fuerte y poderoso es el ingenio de Pablo, y con cuánta facilidad prueba lo que quiere. Pues aquí muestra que la fe no sólo no recibe daño ni descrédito alguno de la Ley, sino que ésta le sirve de ayuda, introductora y pedagoga, preparándole el camino". Recordemos, empero, que en todo esto hay, más que el ingenio de Pablo, la sabiduría del Espíritu Santo.

26. "Nadie es hijo adoptivo de Dios, si no está unido al Hijo natural de Dios" (Santo Tomás de Aquino). Nótese aquí la necesidad de la filiación divina, cuyo sello es la fe. La Ley solamente preparaba para Cristo, pero no supo proporcionar en ningún momento la inserción [el injertarnos] en un tronco divino. El Antiguo Testamento no conocía la grandiosa idea del Cuerpo Místico, porque este misterio, reservado para la revelación de San Pablo, estaba escondido de toda eternidad, aun para los ángeles. Cf. Ef. 3, 9 ss.; Col. 1, 25 ss. y notas.

2s. Antes de la venida de Jesucristo la humanidad necesitaba de un *tutor* puesto que todos sin excepción estaban caídos y esclavos del pecado (Sal. 24, 8 y nota). Los judíos tuvieron como instructor o ayo a la Ley (cf. 3, 24), más se hicieron esclavos de las fórmulas, y para ellos la Ley fue letra muerta, "letra que mata" (2Co. 3, 6). También los paganos estaban sujetos a la rudimentaria sabiduría del mundo. Con Cristo nos llegó la libertad de los hijos de Dios (Jn. 8, 36; Mt. 16, 25), por la "Ley del espíritu de vida" (Rm. 8, 2).

4. Este versículo y el siguiente encierran toda la *Cristología*: la preexistencia eterna de Cristo, su venida en la plenitud del tiempo como Enviado de Dios, su nacimiento de la Virgen Santísima y sumisión a la Ley para redimirnos y hacernos partícipes de la filiación divina. Cf. Jn. 11, 51s.; Rm. 15, 8 y notas.

6. *Abba:* voz aramea que significa Padre en diminutivo. Ab es padre. Así llamaba Jesús al Padre Celestial. Parece que los primeros cristianos conservaban este nombre como herencia sagrada, y así lo era para el mismo Cristo, que sintetizaba todas sus virtudes en ser un hijo ejemplar de su Padre; por eso vemos aquí que el Espíritu de Jesús es eminentemente un espíritu filial. Y como ese Espíritu de Él, que nos es dado, es el mismo Espíritu Santo (Rm. 5, 5) que nos hace hijos del Padre (Ef. 1, 5), es claro que el amor con que los hijos de Dios lo amamos a Él, no puede nacer en nosotros mismos, "hijos de ira" (Ef. 2, 3), siendo, como es, cosa esencialmente divina (1 Jn. 4, 8). Ese divino espíritu de amor, que se llama Espíritu Santo, es en el Padre, amor paternal, y en Jesús amor filial. El Padre es el gran dador, y sólo a Él está reservado ese amor de índole paterna, de protección, de generosidad, que da y nada recibe. A nosotros se nos da el mismo Espíritu de amor para que podamos corresponder al amor del Padre, y por eso no se nos da, claro está, como amor paternal, sino como amor filial, es decir,

esclavo, sino hijo; y si eres hijo, también eres heredero por merced de Dios.

¿Volveremos a la servidumbre? [8]En aquel tiempo, cuando no conocíais a Dios, servisteis a los que por su naturaleza no son dioses. [9]Más ahora que habéis conocido a Dios, o mejor, habéis sido conocidos de Dios, ¿cómo los volvéis de nuevo a aquellos débiles y pobres elementos, a que deseáis otra vez servir como antes? [10]Mantenéis la observancia de días, y meses, y tiempos, y años. [11]Tengo miedo de vosotros, no sea que en vano me haya afanado con vosotros. [12]Os ruego, hermanos, que os hagáis como yo, pues yo también soy como vosotros. No me habéis hecho ninguna injusticia. [13]Ya sabéis que cuando os prediqué la primera vez el Evangelio lo hice en enfermedad de la carne; [14]y lo que en mi carne era para vosotros una prueba, no lo despreciasteis ni lo escupisteis, sino que me recibisteis como a un ángel de Dios, como a Cristo Jesús. [15]¿Dónde está ahora vuestro entusiasmo? Porque os doy testimonio de que entonces, de haberos sido posible, os habríais sacado los ojos para dármelos. [16]¿De modo que me he hecho enemigo vuestro por deciros la verdad? [17]Aquellos tienen celo por vosotros, pero no para bien; al contrario, quieren sacaros fuera para que los sigáis a ellos. [18]Bien está que se tenga celo en lo bueno, pero en todo tiempo, y no solamente mientras estoy presente con vosotros, [19]hijitos míos, por quienes vuelvo a sufrir dolores de parto, hasta que Cristo sea formado en vosotros. [20]Quisiera en esta hora estar presente entre vosotros y cambiar de tono, porque estoy preocupado por vosotros.

Hijos de la esclavitud e hijos de la libertad. [21]Decidme, los que deseáis estar bajo ley, ¿no escucháis la Ley? [22]Porque escrito está que Abraham tuvo dos hijos, uno de la esclava y otro de la libre. [23]Mas el de la esclava nació según la carne, mientras que el de la libre, por la promesa. [24]Esto es una alegoría, porque aquellas mujeres son dos testamentos: el uno del monte Sinaí, que engendra para servidumbre, el cual es Agar. [25]El Sinaí es un monte en Arabia y corresponde a la Jerusalén de ahora, porque ella con sus hijos está en esclavitud. [26]Mas la Jerusalén de arriba es libre, y ésta es nuestra madre. [27]Porque está escrito: "Alégrate, oh estéril, que no das a luz; prorrumpe en júbilo y clama, tú que no conoces los dolores de parto; porque más son los hijos de la abandonada que los de aquella que tiene marido". [28]Vosotros,

---

de gratitud, de reverencia, de gozo infantil. Así, pues, San Pablo nos revela expresamente que recibimos de Dios Padre, gracias a la Redención del hijo que Él mismo nos dio (Jn. 3, 16), el Espíritu de ese Hijo que nos lleva a llamarlo Padre nuestro y santificar su Nombre, como Jesús lo llamó su "Padre Santo" (Jn. 17, 11; 20, 17), es decir, que nos permite amarlo como lo amó el mismo Jesús. Y ese amor filial, que fue la suma virtud de Jesús, es la infinita maravilla que Dios, nos da gratis con la sola condición de no despreciarlo (1 Ts. 4, 8 y nota). Bien vemos así cómo es verdad que desde ahora podemos vivir vida divina (2 Pe. 1, 4), que es vida eterna, incorporándonos, por la gracia, a esa misma vida de amor con que se aman entre sí las divinas Personas. Cf. 2Co. 13, 13 y nota.

8. Sobre esta servidumbre contraria a la libertad cristiana, cf. 1Co. 12, 2 y nota.

9. *Habéis sido conocidos de Dios*: Véase 1Co. 13, 12 y nota.

10. *Mantenéis la observancia de los días, etc.*: Las fiestas de la Ley de Moisés, las neomenias, el año sabático, etc.

12. El Apóstol comienza a hablar con la ternura de una madre. Las fuertes censuras de los capítulos anteriores no eran más que expresión del amor a sus hijos espirituales, los gálatas.

13. *En enfermedad de la carne*: la enfermedad de que padecía el Apóstol y que le obligó a permanecer en Galacia (2Co. 12, 7). Algunos piensan que era una enfermedad de la vista, por lo que dice en el v. 15 y por las grandes letras con que escribe cuando no tiene a quien dictar (6, 11).

16. Hay aquí todo un examen de conciencia sobre el *apostolado*, tanto para el predicador como para el oyente. Los Libros sapienciales nos muestran reiteradamente cómo el necio aborrece la enseñanza, no obstante la gran necesidad que tiene de ella, en tanto que el sabio, menos necesitado, la desea y la busca apasionadamente. El Apóstol recrimina a los "insensatos gálatas" (3, 1) que rechazan como un acto de enemistad sus esfuerzos henchidos de caridad por revelarles las maravillas de Cristo. Tal es la ingratitud que espera a los verdaderos apóstoles, según lo anunció Jesús. Cf. Sal. 16 y notas.

21 ss. Pasa a ilustrar nuevamente lo imperfecto del Antiguo Testamento, aludiendo a *Agar* y a *Sara*, Agar, la esclava, y su hijo Ismael, son los tipos de la Ley, la que no conoce más que la esclavitud. Sara, en cambio, es el tipo de la "Jerusalén de arriba" (v. 26), Esposa del Cordero (Ap. 19, 6-9; 21, 9 ss.; 22, 1 ss.). Esa es nuestra Madre. Su hijo es libre e hijo de la promesa de Dios, pero también objeto de persecución, así como Isaac fue perseguido por Ismael. Notable argumento. Los que pretendan invocar la Ley olvidan que ella misma no pretendía ser un fin sino un instructor para llevarnos a Cristo (3, 24).

25. *Un monte en Arabia*: La tradición judía localizaba el monte Sinaí más al norte del Sinaí actual, en la región de Farán y Seír, esto es, cerca del golfo de Akaba (Arabia). Allí nació la Ley, que simboliza a la Jerusalén actual. Cf. Ez. 25, 4 y nota.

hermanos, sois hijos de la promesa a semejanza de Isaac. [29]Mas así como entonces el que nació según la carne perseguía al que nació según el Espíritu, así es también ahora. [30]Pero ¿qué dice la Escritura? "Echa fuera a la esclava y a su hijo, porque no heredará el hijo de la esclava con el hijo de la libre". [31]Por consiguiente, hermanos, no somos hijos de la esclava, sino de la libre.

5 Libres en Cristo.
[1]Cristo nos ha hecho libres para la libertad. Estad, pues, firmes, y no os sujetéis de nuevo al yugo de la servidumbre. [2]Mirad, yo Pablo os digo que si os circuncidáis, Cristo de nada os aprovechará. [3]Otra vez testifico a todo hombre que se circuncida, que queda obligado a cumplir toda la Ley. [4]Destituidos de Cristo quedáis cuantos queréis justificaros por la Ley; caísteis de la gracia. [5]Pues nosotros, en virtud de la fe, esperamos por medio del Espíritu la promesa de la justicia. [6]Por cuanto en Cristo Jesús ni la circuncisión vale algo, ni la incircuncisión, sino la fe, que obra por amor. [7]Corríais bien ¿quién os atajó para no obedecer a la verdad? [8]Tal sugestión no viene de Aquel que os llamó. [9]Poca levadura pudre toda la masa. [10]Yo confío de vosotros en el Señor que no tendréis otro sentir. Mas quien os perturba llevará su castigo, sea quien fuere. [11]En cuanto a mí, hermanos, si predico aún la circuncisión, ¿por qué soy todavía

27. Véase Is. 54, 1 y nota. El Profeta habla de la Jerusalén abandonada que será perdonada y fecunda. Lo mismo dice Os. 2, 1-23 de la Israel adúltera (cf. Mi. 5, 2), refiriéndose especialmente a las diez tribus del Norte. San Pablo aplica en forma análoga esa expresión al paralelo que viene haciendo entre Agar, fecunda según la carne, y Sara, la que parecía estéril, y cuya fecundidad será grande, sobre todo espiritualmente, entre los hijos de Isaac según la promesa (v. 28), o sea los descendientes de Abraham por la fe (cf. también Is. 54, 1 ss.). Estos serán hijos de la Jerusalén celestial (v. 26; Hb. 12, 22s.), o sea de la libre (v. 30s.), que el Apóstol contrapone a la Jerusalén actual. Es frecuente en la Escritura, como vemos en los textos citados, y especialmente en el Cantar de los Cantares, el misterio de Israel como esposa adúltera y perdonada por Yahvéh. y el de la Iglesia como virgen prometida a un solo Esposo (2Co. 11, 1s.), el Cordero (Ap. 19, 6 ss.; Jn. 3, 29; Rm. 7, 4; Ef. 5, 23-27). Este misterio, unido sin duda al de los hijos de Dios (3, 26 y nota; Jn. 10, 16; 11, 51s.; Ef. 1, 5; Ap. 21, 7) y al del pueblo "escogido para su Nombre de entre los gentiles" (Hch. 15, 14), aparece por dos veces descubierto al final del Apocalipsis, donde Juan ve "la ciudad santa, la nueva Jerusalén, descender del cielo, de Dios, preparada como una novia engalanada para su esposo" (Ap. 21, 2), y más adelante el ángel le dice: "Ven y te mostraré la novia, la Esposa del Cordero", y le muestra, desde un monte grande y elevado, "la ciudad santa de Jerusalén que descendía del cielo y venía de Dios, con la gloria de Dios" (Ap. 21, 9 ss.), de la cual hace entonces San Juan una maravillosa descripción. Cf. sobre el Israel de Dios, 6, 16 y nota.

30. Cf. Gn. 21, 10. En todo este párrafo *Agar* representa la Ley antigua, y *Sara* e *Isaac,* la Ley de Cristo, el Evangelio.

1. Insiste el Apóstol en que no hemos de perder la libertad que nos ganó Cristo con su gracia. Los que se circuncidan, se someten a la Ley, y no tienen parte en Cristo ni en la gracia redentora.

2. Es decir que la rectitud está en aceptar y amar la verdad tal como ella es, sin querer imponerle condiciones. La sabiduría está en descubrir que esa verdad consiste en la aceptación gustosa de nuestra nada propia, para recibir en cambio el todo, gracias a la generosísima Redención de Cristo.

4. La santidad no consiste, pues, en hacer tales o cuales cosas, sino en estar unido a Jesús (Jn. 15, 1 ss.). Estando con Él no podemos sino hacer lo mejor y con la ventaja de que en todo quedará honrado Él, de cuya plenitud todos recibimos (Jn. 1, 16), y no correremos peligro de creer, como el fariseo, que nuestras obras se deben a méritos propios, en cuyo caso sería mucho mejor no haberlas hecho.

6. La fe obra por el amor, esto es: las obras del verdadero amor brotan espontáneamente del verdadero conocimiento. "No sería tan grande la osadía de los malos, ni habría sembrado tantas ruinas, si hubiese estado más firme y arraigada en el pecho de muchos la fe que obra por medio de la caridad, ni habría caído tan generalmente la observancia de las leyes dadas al hombre por Dios" (León XIII, en la Encíclica "Sapientia Christiana"). Cf. 2 Ts. 1, 11; 1 Tm. 5, 8; St. 2, 22; 2 Pe. 1, 5; 1 Jn. 2, 24.

8. Porque Jesucristo no nos llamó para esclavitud sino para libertarnos mediante la verdad (v. 18 y nota; 2, 4). Cf. Jn. 8, 31s.; 2Co. 3, 17; 11, 10; St. 1, 25; 2, 12; Rm. 8, 15; 2 Tm. 1, 7, etc.

9. San Pablo usa siempre la idea de la levadura en el sentido del fermento de corrupción y putrefacción, como lo hace el Antiguo Testamento. "La razón principal que hacía proscribir el pan fermentado en la octava de Pascua y en las ofrendas (Ex. 29, 2; Lv. 2, 11; 7, 12; 8, 2; Nm. 6, 15) era que la fermentación es una manera de corrupción" (Vigouroux). Aquí la refiere San Pablo, lo mismo que Jesús (Lc. 12, 1) a la levadura o hipocresía de los fariseos, que so capa de austeridad querían someter las almas al rigor de la Ley (Lc. 11, 46), para tenerlas en realidad sujetas a ellos mismos (2, 4s.; 6, 12s.). Contra ellos lucha San Pablo denodadamente en toda esta Epístola, como lo hace en Corinto contra los "super apóstoles" (2Co. 11, 5; 12, 11). Se le desacreditaba queriendo negarle autoridad legítima para predicar por el hecho de que su elección fuese tan extraordinaria, no figurando él entre los doce apóstoles del Evangelio, como si Cristo no tuviera el derecho y la libertad absoluta de elegir a quien quisiere y hacer de este antiguo perseguidor de la Iglesia el encargado de revelar los misterios más ocultos de nuestra fe (Ef. 3, 2-9). En 1Co. 5, 6 la levadura no es como aquí un punto de falsa doctrina que llega a corromper toda nuestra fe, sino una persona que por su influencia corrompe a los que le rodean.

perseguido? ¡Entonces se acabó el escándalo de la cruz! [12]¡Ojalá llegasen hasta amputarse los que os trastornan!.

Libertad, no libertinaje. [13]Vosotros, hermanos, fuisteis llamados a la libertad, mas no uséis la libertad como pretexto para la carne; antes sed siervos unos de otros por la caridad. [14]Porque toda la Ley se cumple en un solo precepto, en aquello de "Amarás a tu prójimo como a ti mismo".- [15]Pero si mutuamente os mordéis y devoráis, mirad que no os aniquiléis unos a otros. [16]Digo pues: Andad según el Espíritu, y ya no cumpliréis las concupiscencias de la carne. [17]Porque la carne desea en contra del espíritu, y el espíritu en contra de la carne, siendo cosas opuestas entre sí, a fin de que no hagáis cuanto querríais. [18]Porque si os dejáis guiar por el Espíritu no estáis bajo la Ley. [19]Y las obras de la carne son manifiestas, a saber: fornicación, impureza, lascivia, [20]idolatría, hechicería, enemistades, contiendas, celos, ira, litigios, banderías, divisiones, [21]envidias, embriagueces, orgías y otras cosas semejantes, respecto de las cuales os prevengo, como os lo he dicho ya, que los que hacen tales cosas no heredarán el reino de Dios. [22]En cambio, el fruto del Espíritu es amor, gozo, paz, longanimidad, benignidad, bondad, fidelidad, [23]mansedumbre, templanza. Contra tales cosas no hay ley. [24]Los que son de Cristo Jesús han crucificado la carne con las pasiones y las concupiscencias. [25]Si vivimos por el Espíritu, por el Espíritu también caminemos. [26]No seamos codiciosos de vanagloria, provocándonos

---

11. Parece que los adversarios decían que también el Apóstol predicaba la necesidad de la circuncisión, a lo cual éste contesta: Si yo hiciera tal cosa, los judíos no me perseguirían; pero entonces dejaría de ser escandaloso el misterio de la Cruz según él mismo lo había dicho tantas veces (1Co. 1, 22s.). La verdad es que San Pablo circuncidó a Timoteo, por razones meramente prácticas (para que éste pudiese predicar en las sinagogas), y no porque creyese que la circuncisión era necesaria para la salud.

12. Frase sarcástica. El sentido, como anotan San Justino, San Jerónimo, San Agustín, etc., es que se mutilasen del todo tales hombres que tanta importancia daban a esa pequeña operación de la carne.

13. *Siervos unos de otros por la caridad*: ¡Qué programa social! Vivir amándonos y sirviéndonos libremente por amor de Aquel que nos amó y nos lavó los pies (Jn. 13, 4 ss. y 14 ss.) y declaró que Él era nuestro sirviente (Lc. 22, 27 y nota). He aquí el gran motor, el único, para no servir "al ojo" (Ef. 6, 6s.; Col. 3, 22), esto es para que esas expresiones que el mundo suele usar por cortesía: "servidor de usted"; "a sus órdenes"; "su seguro servidor", etc., no sean una mentira, pues todos los mentirosos, dice el Apocalipsis (21, 27), quedarán fuera de la Jerusalén celestial (cf. 4, 27 y nota). Alguien ha hecho notar con acierto que no en vano el verbo "servir", además del humilde sentido de *ser siervo* de otro, tiene también el honroso significado de *ser eficaz*. Porque el hombre que no es capaz de *hacer un servicio a otro*, es sin duda un hombre que no sirve para nada. Notemos que esta norma de santa servidumbre en materia de caridad la da San Pablo a los gálatas después de haber insistido tanto por librarlos de toda servidumbre en materia de espíritu. Cf. v. 9 y nota.

14. ¿No bastaría este descubrimiento para inspirarnos la verdadera obsesión de la caridad fraterna? Cf. v. 6; Rm. 13, 8-10 y notas.

16. También el hombre redimido tiene que luchar con los apetitos de la carne, y eso será hasta el fin, pues en vano querríamos vencerla con la misma carne. San Pablo nos descubre aquí el gran secreto: la venceremos si nos dejamos guiar filialmente por el Espíritu (v. 18; 4, 6; Rm. 8, 14; Lc. 11, 13 y notas). Él producirá en nosotros los frutos del Espíritu (v. 22) que se sobrepondrán a toda concupiscencia enemiga. Cf. Rm. 13, 14; 1 Pe. 2, 11.

18. El *Espíritu Santo,* que es espíritu de hijo, porque es también el Espíritu de Jesús, nos hace sentirnos, como Jesús, hijos del Padre (4, 6; Rm. 8, 14s.; Jn. 20, 17) y serlo de verdad, como nacidos de Dios (3, 26; Jn. 1, 12s.; 1 Jn. 3, 1), permaneciendo en nosotros la semilla de Dios, por la cual, dice resueltamente San Juan, un tal hombre "no hace pecado" (1 Jn. 3, 9; 5, 18). De ahí que el que escucha la Palabra de Jesús y cree a Aquel que Dios ha enviado, "tiene la vida eterna y no viene a juicio, sino que ha pasado ya de muerte a vida" (Jn. 5, 24; 12, 47). Las leyes son para los delincuentes, dice San Pablo (3, 19; 1 Tm. 1, 9), y ya lo había dicho David (Sal. 24, 8). Esto es, para el hombre simplemente natural, que no percibe las cosas que son del Espíritu de Dios (1Co. 2, 14). Los creyentes "no estamos bajo la Ley sino bajo la Gracia" (Rm. 7, 14 ss.).

22. Donde brotan los *frutos del Espíritu*, no es menester la Ley, la cual se dirige únicamente contra el pecado (v. 18 y nota). "La Ley amenazaba, no socorría; mandaba, no ayudaba" (San Agustín). Este pasaje nos revela los frutos del Espíritu Santo, el cual es, como dice San Juan Crisóstomo, el lazo de nuestra unión con Cristo. El texto original sólo enumera nueve (y no doce como la Vulgata) y los llama en singular: "el fruto", indicando, como observa Fillión, que todos salen del amor que es el primero.

unos a otros, envidiándonos recíprocamente.

6 ¹Hermanos, Si alguien fuere sorprendido en alguna falta, vosotros que sois espirituales enderezad al tal con espíritu de mansedumbre, mirándote a ti mismo, no sea que tú también seas tentado. ²Sobrellevad los unos las cargas de los otros, y así cumpliréis la Ley de Cristo. ³Pues si alguien piensa que es algo, él mismo se engaña en su mente, siendo como es nada. ⁴Mas pruebe cada cual su propia obra, entonces el motivo que tenga para gloriarse lo tendrá para sí mismo solamente, y no delante de otro. ⁵Porque cada uno llevará su propia carga. ⁶El que es enseñado en la Palabra, comparta todos los bienes con el que le instruye. ⁷No os engañéis: Dios no se deja burlar: pues lo que el hombre sembrare, eso cosechara.

⁸El que siembra en su carne, de la carne cosechara corrupción; más el que siembra en el Espíritu, del Espíritu cosechará vida eterna. ⁹No nos cansemos, pues, de hacer el bien, porque a su tiempo cosecharemos, si no desmayamos. ¹⁰Por

tanto, según tengamos oportunidad, obremos lo bueno para con todos, y mayormente con los hermanos en la fe.

Mensaje final. ¹¹Mirad con qué grandes letras os escribo de mi propia mano: ¹²Todos los que buscan agradar según la carne, os obligan a circuncidaros, nada más que para no ser ellos perseguidos a causa de la cruz de Cristo.

¹³Porque tampoco esos que se circuncidan guardan la Ley, sino que quieren que vosotros os circuncidéis, para gloriarse ellos en vuestra carne. ¹⁴Más en cuanto a mí, nunca suceda que me gloríe sino en la cruz de nuestro Señor Jesucristo, por quien el mundo para mí ha sido crucificado y yo para el mundo. ¹⁵Pues lo que vale no es la circuncisión ni la incircuncisión, sino la nueva creatura. ¹⁶A todos cuantos vivan según esta norma, paz y misericordia sobre ellos y sobre el Israel de Dios. ¹⁷En adelante nadie me importune más, pues las señales de Jesús las llevo yo (*hasta*) en mi cuerpo. La gracia de nuestro Señor Jesucristo sea con vuestro espíritu, hermanos. Amén.

25s. Esto es: si tal es nuestra vida interior, tales serán nuestras actividades, más nos previene el Apóstol que para ello el peor impedimento será el deseo de alabanza, cosa evidente, pues no podrá vivir según el Espíritu quien no se haya persuadido de su propia nada y miseria, detestando por tanto la alabanza. Cf. Jn. 5, 44 y nota.

1. *Con espíritu de mansedumbre*: Pues cuando el pecador, dice San Jerónimo, conociendo su llaga se entrega al médico para ser curado, entonces no es necesaria la vara, sino el espíritu de dulzura (Jn. 6, 37). Lo que ejecutaréis sin duda, añade San Agustín, si reflexionáis que sois del mismo barro y que estáis expuestos a las mismas tentaciones y caídas. Véase lo indicado por Jesús en Mt. 18, 15 ss. Cf. 2Co. 2, 5 y nota.

2. Basta recordar las palabras que Él dijo: "El precepto mío es, que os améis unos a otros, como Yo os he amado a vosotros" (Jn. 15, 12). ¿Y cómo nos amó Él? "Cargará con las iniquidades de ellos... llevaba sobre sí los pecados de todos e intercedía por los pecadores" (Is. 53, 11s.).

3. Terminante afirmación de que todo hombre es nada. Peor aún, "ningún hombre tiene de propio más que la mentira y el pecado" (Denz. 195), pues la imagen y semejanza de Dios se perdió por el pecado original, y sólo la recupera en Cristo el hombre que renace de Él por el agua y por el Espíritu (5, 16; Jn. 3, 5), para lo cual es necesario negarse a sí mismo (Mt. 16, 24; Lc. 9, 23). Todo el horrible daño que la fe ha sufrido del orgullo humano le viene del olvido de esta doctrina elemental (Jn. 2, 24 y nota). Por donde quien creyese que el cristiano ha de ser un hombre orgulloso de sus cualidades personales, iría directamente contra la doctrina del santo Apóstol, pues la nada nunca puede estar orgullosa. Y si se trata de

lo que hemos recibido por gracia de Cristo, no es sino mayor motivo para humillarnos, como hace la Virgen Santísima en Lc. 1, 48, pues de lo contrario se opondría también al Apóstol que dice: "¿Qué tienes tú que no hayas recibido? Y si lo recibiste, ¿por qué te glorías como si no lo hubieses recibido?" (1Co. 4, 1).

6. Véase Rm. 16, 27; 1Co. 9, 11; 2Co. 8, 13 y nota.

10. Si toda verdadera caridad con el prójimo consiste en amarlo por amor de Cristo, es perfectamente comprensible que amemos más a los que son sus amigos. Cf. Eclo. 12, 1 ss. y notas.

11. Lo que sigue, lo escribió el Apóstol de propio puño y aun hace notar que lo hace en grandes letras como para dar más relieve a ese pasaje que es una recapitulación de toda la carta. Véase 5, 9 y nota.

15. *Nueva creatura* en Cristo, transformada por la gracia de siervo en hijo (5, 6; 2Co. 5, 17; Jn. 3, 3). La Palabra tiene en ello, según Jesús, una parte esencial. Véase Jn. 15, 3 y 15; 6, 36; 8, 31s.; 17, 17. Cf. Rm. 1, 16; St. 1, 21; 1 Pe. 1, 23.

16. *El Israel de Dios*: Concordante con lo dicho en el v. anterior sobre la nueva creatura, San Pablo alude aquí a los que circuncidan su corazón y no su carne (Rm. 2, 29) y tienen la fe que tuvo Abraham aun antes de ser circuncidado (Rm. 4, 12). Son, pues, todos los hijos de la promesa (4, 23), por oposición al Israel según la carne (1Co. 10, 18; Rm. 9, 6-8); y los que por la fe en Jesús fueron hechos hijos de Dios (Jn. 1, 13). San Pablo los menciona aquí junto a los gentiles cristianos de Galacia, a quienes escribe, como recordando a éstos que, no obstante cuanto les deja dicho contra los judaizantes, no se refiere a aquella parte fiel que formó el núcleo primitivo de la Iglesia de Dios, el olivo en que se hizo el injerto de los gentiles (Rm. 11, 17 ss.), Cf. Ef. 3, 6.

CARTA A LOS EFESIOS

Toda esta epístola es un insondable abismo de misterios divinos que hemos de conocer porque nos revelan el plan de Dios sobre nuestro destino, e influyen de un modo decisivo en nuestra vida espiritual, situándonos en la verdadera posición, infinitamente feliz, que nos corresponde gracias a la Redención de Cristo. Frente a tales misterios, dice el Cardenal San John Henry Newman, "la conducta de la mayoría de los católicos dista muy poco de la que tendrían si creyeran que el cristianismo era una fábula". Éfeso, capital de Asia Menor, donde más tarde tuvo su sede el Apóstol San Juan, es la ciudad en la que San Pablo, en su tercer viaje apostólico, predicó el Evangelio durante casi tres años. La carta, escrita en Roma en el primer cautiverio (61-63), se dirige tal vez no sólo a los efesios sino también a las demás Iglesias, lo que se deduce por la ausencia de noticias personales y por la falta de las palabras "en Éfeso" (v. 1), en los manuscritos más antiguos. Algunos han pensado que tal vez podría ser ésta la enviada a Laodicea según Col. 4, 16.

1 Saludo apostólico. [1]Pablo, apóstol de Jesucristo por la voluntad de Dios, a los santos y fieles en Cristo Jesús que están en Éfeso: [2]gracia a vosotros y paz, de parte de Dios nuestro Padre, y del Señor Jesucristo.

La vida nueva en Cristo. [3]Bendito sea el Dios y Padre de Nuestro Señor Jesucristo, que en Cristo nos bendijo con toda bendición espiritual ya en los cielos, [4]pues desde antes de la fundación del mundo nos escogió en Cristo, para que delante de Él seamos santos e irreprensibles; y en su amor [5]nos predestinó como hijos suyos por Jesucristo en Él mismo (*Cristo*), conforme a la benevolencia de su voluntad, [6]para celebrar la gloria de su gracia, con la cual nos favoreció en el Amado. [7]En Él, por

---

3. Los versículos que siguen, asombrosamente densos y ricos de doctrina, parecen una catarata incontenible de ideas que desbordan del alma del Apóstol, y deben ser estudiadas, comprendidas y recordadas de memoria por todo cristiano como una síntesis del misterio de Cristo, pasado, presente y futuro. Su tema es la nueva vida, nuestra incorporación al Cuerpo Místico de Cristo. Vuelca su doctrina mística en tres estrofas. El Eterno Padre nos predestinó para ser hijos suyos (v. 3-6), el Hijo llevó a cabo la incorporación mediante la Redención (v. 7-12), el Espíritu Santo la completa (v. 13-14).

5. La palabra griega: *Huiothesia* que la Vulgata traduce *adopción de hijo,* significa exactamente filiación, es decir, que somos destinados a ser hijos verdaderos y no sólo adoptivos, como lo dice San Juan (1 Jn. 3, 1), tal como lo es Jesús mismo. Pero esto sólo tiene lugar por Cristo, y en Él (cf. Jn. 14, 3 y nota). Es decir que "no hay sino un Hijo de Dios, y nosotros somos hijos de Dios por una inserción vital en Jesús. De ahí la bendición del Padre (v. 3), que ve en nosotros *al mismo Jesús*, porque no tenemos filiación propia sino que estamos sumergidos en su plenitud". Este es el sublime misterio que estaba figurado en la bendición que Jacob, el menor, recibió de Isaac como si fuera el mayor (Gn. 27, 19 y nota). Pero este nuevo nacimiento (Jn. 1, 12s.) que Jesús nos obtuvo (Ga. 4, 4-6), debe ser aceptado mediante una fe viva en tal Redención (Jn. 1, 11). Es decir que gustosos hemos de dejar de ser lo que somos (Mt. 16, 24; Rm. 6, 6) para "nacer de nuevo" en Cristo (Jn. 3, 3 ss.) y ser "nueva creatura" (2Co. 5, 17; Ga. 6, 15). Esta divina maravilla se opera desde ahora en nosotros por la gracia que viene de esa fe (2, 8). Su realidad aparecerá visible el día en que "Él

transformará nuestro vil cuerpo haciéndolo semejante al suyo glorioso" (Flp. 3, 20s.). Véase v. 14; Rm. 8, 23; 1 Ts. 4, 14 ss.; 1 Jn. 3, 2; Lc. 21, 28; 1Co. 15, 51 ss., etc. ¿Qué otra cosa, sino esto, quiso enseñar Jesús, al decir que Él nos ha dado aquella gloria que para sí mismo recibió del Padre, esto es la gloria de ser Su hijo, para que Él sea en nosotros, y nosotros seamos consumados en la unidad que Él tiene con el Padre, el cual nos ama por Él y en Él? (Jn. 17, 22-26). ¿Qué otra cosa significa su promesa de que, desde ahora, quien comulga vivirá de su misma vida, como Él vive la del Padre? (Jn. 6, 58). Es la verdadera divinización del hombre en Cristo, que San Agustín expresa diciendo que el Verbo se humanó para que el hombre se divinice. Jesús nos lo confirma literalmente, al citar con ilimitada trascendencia las palabras del Sal. 81: "Sois dioses, hijos todos del Altísimo" (Jn. 10, 34). No hay sueño panteísta que pueda compararse a esta verdadera realidad. Cf. Ga. 2, 20 y nota.

6. *Para celebrar la gloria de su gracia.* Es éste un versículo llave de toda la espiritualidad cristiana. Nosotros podríamos pensar: ¿Qué le importa a Dios que lo alabemos o no? Ciertamente que Él no puede ganar ni perder nada con ello. Pero ahí está el fondo de la Revelación que Dios nos hace sobre Él mismo: "Mi gloria no la cederé a otro" (Is. 42, 8 y 48, 11). No es ya sólo la alabanza de lo que es Él, maravilla infinita, digna de eterna adoración: es la *alabanza de su gracia*, de su bondad, de sus beneficios contenidos todos *en el Amado*, en Cristo, en el cual Él ha puesto toda su complacencia (cf. Hb. 13, 15 y nota). Si un hijo desconoce todo lo que tu padre hace por él, no sólo lo desprecia a él, sino que no se interesará por aprovechar sus favores, y sin ellos

su Sangre, tenemos la redención, el perdón de los pecados, según la riqueza de su gracia, [8]la cual abundantemente nos comunicó en toda sabiduría y conocimiento, [9]haciéndonos conocer el misterio de su voluntad; el cual consiste en la benevolencia suya, que se había propuesto (*realizar*) en Aquel [10]en la dispensación de la plenitud de los tiempos: reunirlo todo en Cristo, las cosas de los cielos y las de la tierra. [11]En Él también fuimos elegidos nosotros para herederos predestinados, según el designio del que todo lo hace conforme al consejo de su voluntad, [12]para que fuésemos la alabanza de su gloria los que primero pusimos nuestra esperanza en Cristo. [13]En Él también vosotros, después de oír la palabra de la verdad, el Evangelio de vuestra salvación, habéis creído, y en Él fuisteis sellados con el Espíritu de la promesa; [14]el cual es

arras de nuestra herencia a la espera del completo rescate de los que Él se adquirió para alabanza de su gloria.

Alabanzas y acción de gracias. [15]Por esto, también yo, habiendo oído de la fe que tenéis en el Señor Jesús, de vuestra caridad para con todos los santos, [16]no ceso de dar gracias por vosotros recordándoos en mis oraciones, [17]para que el Dios de nuestro Señor Jesucristo, el Padre de la gloria, os conceda espíritu de sabiduría y de revelación, en el conocimiento de Él; [18]a fin de que, iluminados los ojos de vuestro corazón, conozcáis cuál es la esperanza a que Él os ha llamado, cuál la riqueza de la gloria de su herencia en los santos, [19]y cuál la soberana grandeza de su poder para con nosotros los que creemos; conforme a la eficacia de su poderosa virtud, [20]que obró en Cristo resucitándolo

---

perecerá. He aquí por qué Dios, ese Corazón exquisito, quiere ser alabado en su bondad. No por Él: por nosotros, por nuestro bien (Jn. 17, 2 y nota). Ahora bien, está claro que esa alabanza de la gracia que recibimos, es incompatible con la orgullosa complacencia del hombre en sí mismo y con toda suficiencia de su parte. Porque ésta sólo se concibe en un hijo ignorante de que todo lo debe a su padre. En tal caso, no tenemos derecho de decir que creemos en la Redención. Y entonces, al despreciar la Hazaña infinita del *Amado*, hacemos el agravio más sangriento al Corazón del Padre que, como aquí se dice, nos lo dio según el designio de su eterna misericordia (Jn. 3, 16), dándonos en Él, con Él y por Él, participación de la propia divinidad que nos ofrece a sus hijos, igualándonos al Unigénito (v. 5; Jn. 1, 12; 17, 22; Rm. 8, 29; Flp. 3, 20s.; 1 Jn. 3, 1s., etc.).

10. ¡*Reunirlo todo en Cristo!* (Así San Juan Crisóstomo y muchos modernos). Otros vierten: *recapitular* o *restaurar*. Es el mismo verbo que el griego usa en Rm. 13, 9para decir que todos los mandamientos se resumen en el amor. Así Cristo es, tanto en el mundo cósmico cuanto en el sobrenatural "centro y lazo de unión viviente del universo, principio de armonía y unidad" (D'Alés). Todo lo que estaba separado y disperso por el pecado, "en el mundo sensible y en el mundo de los espíritus", Dios lo reunirá y lo volverá definitivamente a Sí por Cristo, el cual, como fue por la creación principio de existencia de todas las cosas, es por la Redención en la plenitud de sus frutos (v. 14; Lc. 21, 28; Rm. 8, 23) "principio de reconciliación y de unión para todas las creaturas". Así Knabenbauer y muchos otros y así puede entenderse, en su sentido final, la palabra de Jesús en Jn. 12, 32: "lo atraeré todo a Mí", puesto que en Él han de unirse a un tiempo el cielo y la tierra como en el "principio orgánico de una nueva creación". Pirot nota con Westcott que tal extensión de la Redención a todas las creaturas, materiales y espirituales, "no es expresada con esta claridad y esta fuerza sino en las Epístolas de la cautividad: cf. Flp. 2, 9-10; Col. 1, 20; Ef. 1, 10-21". *En la dispensación de la plenitud de los tiempos* (cf. vv. 11 y 14sobre *la herencia* y el *completo rescate*): Es la consumación que nos muestra San Pedro en Hch. 3, 20 ss.

Véase Mt. 19, 28; Rm. 8, 19 ss.; 2 Pe. 3, 13; Ap. 21, 1; Is. 65, 17; 66, 22, etc. Como contraste cf. Ga. 1, 4 y nota sobre este mundo, y Flp. 2, 7sobre la humillación de Aquel que aquí tendrá tal gloria.

11. *Nosotros*: los judíos, por oposición a *vosotros* (v. 13) los gentiles. *Herederos*: versión preferible a *herencia*, según el contexto (v. 14). Cf. Rm. 8, 17; Ga. 3, 29; Tt. 3, 7. *Conforme al consejo de su voluntad*: es decir, procediendo con absoluta libertad según la benevolencia propia de su amor (cf. 2, 4) que se extiende aún "a los desagradecidos y malos" (Lc. 6, 35).

12. *Los que primero*: esto es, el núcleo de Israel que fue el origen de la Iglesia en Pentecostés (Ga. 6, 16 y nota). A continuación (v. 13) habla de los gentiles.

13s. *Sellados con el Espíritu de la promesa*: el valor y el mérito de nuestras acciones se mide, según dice Santo Tomás de Aquino, "no de acuerdo con nuestras fuerzas y nuestra dignidad naturales, sino teniendo en cuenta la fuerza infinita y la dignidad del Espíritu Santo que está en nosotros. He aquí una de las razones por las que el Apóstol llama tan frecuentemente al Espíritu Santo el Espíritu de la promesa, las arras de nuestra herencia y la garantía de nuestra recompensa". Dios es en hebreo *El* (el Padre). Jesús es *Emmanuel* –Dios con nosotros (Is. 14) – es decir, el Hijo *humanado* "que conversó con los hombres" (Ba. 3, 38), porque es la Sabiduría hecha hombre (Eclo. 1, 1 y nota). El Espíritu Santo puede llamarse *Lanuel* (L'anu El), o sea, Dios *para nosotros* y *en nosotros*: *las arras*, es decir, más que una prenda, el principio de cumplimiento de esa divinización que desde ahora se opera invisiblemente por la gracia (Rm. 5, 5) y que se hará visible "el día de la manifestación de la gloria de los hijos de Dios" (Rm. 8, 23; 1Co. 13, 12). Entre estas arras presentes y aquella realidad futura (v. 10 y nota) está todo el programa de nuestra vida. Para *alabanza de su gloria* (v. 14), es decir, eternamente, a los que hayan aceptado y celebrado aquí *la alabanza de su gracia* (v. 6).

15. Los *santos*: es decir, los cristianos. Cf. 2Co. 1, 1.

17s. San Pablo nos señala y nos desea los bienes que necesitamos para entender y disfrutar de tan grandes misterios. Cf. 3, 7.

de entre los muertos, y sentándolo a su diestra en los cielos [21]por encima de todo, principado y potestad y poder y dominación, y sobre todo nombre que se nombre, no sólo en este siglo, sino también en el venidero. [22]Y todo lo sometió bajo sus pies, y lo dio por cabeza suprema de todo a la Iglesia, [23]la cual es su cuerpo, la plenitud de Aquel que lo llena todo en todos.

2 La misericordia de Dios para con nosotros.

[1]También vosotros estabais muertos por vuestros delitos y pecados, [2]en los cuales en otro tiempo anduvisteis conforme al curso de este mundo, conforme al príncipe de la autoridad del aire, el espíritu que ahora obra en los hijos de la incredulidad. [3]Entre ellos vivíamos también nosotros todos en un tiempo según las concupiscencias de nuestra carne, siguiendo los apetitos de la carne y de nuestros pensamientos; de modo que éramos por naturaleza hijos de ira, lo mismo que los demás. [4]Pero Dios, que es rico en misericordia por causa su gran amor con que nos amó, [5]cuando estábamos aún muertos en los pecados, nos vivificó juntamente con Cristo –de gracia habéis sido salvados– [6]y juntamente con Él nos resucitó y nos hizo sentar en los cielos en Cristo Jesús, [7]para que en las edades venideras se manifieste la sobreabundante riqueza de su gracia mediante la bondad que tuvo para nosotros en Cristo Jesús. [8]Porque habéis sido salvados gratuitamente por medio de la fe; y esto no viene de vosotros: es el don de Dios; [9]tampoco viene de las obras, para que ninguno pueda gloriarse. [10]Pues de Él somos hechura, creados (de nuevo) en Cristo Jesús para obras buenas que Dios preparó de antemano para que las hagamos.

22s. El Apóstol presenta a nuestra admiración el misterio sumo: el del *Cuerpo Místico*. Aquel que todo lo llena (v. 23) se ha dignado incorporarnos a Sí mismo como el Cuerpo a la Cabeza. Toda nuestra vida adquiere así, en Cristo, un valor de eternidad. Pero Él sigue siendo la Cabeza, el tronco de la vida (Jn. 15, 1 ss.), de manera que nada vale el cuerpo separado de la Cabeza, así como el sarmiento separado de la vid se muere. Cf. Rm. 12, 5; 1Co. 12, 27; Col. 1, 19. Bóver propone otra traducción del versículos 23, a saber: *la cual es el cuerpo suyo, la plenitud del que recibe de ella su complemento total y universal*; y le da esta explicación: "Cristo recibe su último complemento o consumada plenitud de la Iglesia. Desde el momento que Cristo quiso ser Cabeza de la Iglesia, la Cabeza necesitaba ser completada por los demás miembros para formar el cuerpo íntegro, el organismo completo, el Cristo integral".

2s. *Príncipe*: Así lo llama también Jesús (Jn. 14, 30 y nota) y en toda la Escritura abundan los pasajes como éste, que muestra la importancia y extrema gravedad de la doctrina revelada sobre el misterioso poder diabólico. "No se conoce el mal en su naturaleza profunda y en todas sus consecuencias más que cuando se le considera no como aislado en el mundo moral, como un vacío, una falta en relación al bien, ni siquiera únicamente como el efecto de la corrupción de la naturaleza humana, sino en su inevitable conexión con esta potencia de las tinieblas, de que la revelación nos habla sin cesar, desde el principio del Génesis hasta el fin de Apocalipsis". Véase 6, 12; Jn. 12, 31; 14, 30; Col. 1, 13.

4. Este versículos contiene la revelación más íntima que poseemos sobre Dios nuestro Padre, al mostrarnos, no sólo el carácter misericordioso del amor que Él nos tiene, sino también que, como hace notar Santo Tomás de Aquino, "Dios no hace misericordia sino por amor". En vano buscaríamos una noción más precisa para base de nuestra vida espiritual, pues, como expresa San Agustín según revelación del mismo San Pablo (Rm. 5, 5), nada nos mueve tan eficazmente a devolver a Dios amor, como el conocimiento que tenemos del amor con que Él nos ama. Véase 1 Jn. 4, 16.

5. Cf. 1, 22 y nota. Como un muerto no puede por sí mismo volver a la vida, así tampoco el pecador es capaz de darse la nueva vida espiritual. Solamente la Redención gratuita de Cristo es causa y garantía de esa vida, que comienza en la justificación y termina en la resurrección y en la felicidad del cielo. El Apóstol rechaza así una vez más la teoría de que el hombre pueda redimirse a sí mismo, tan divulgada no solamente entre los judaizantes de entonces, sino también entre los filósofos modernos.

6. *Nos hizo sentar en los cielos*: Los miembros comparten la condición de la cabeza. Es lo que Jesús pidió para nosotros en Jn. 17, 24. Ese triunfo suyo es, pues, nuestra esperanza, dice San Agustín, pero una esperanza anticipada: "El empleo del pretérito es muy significativo; la redención es ya como un hecho cumplido, y sólo de cada uno depende el apropiársela, respondiendo al divino gaje" (Fillion).

8. *Gratuitamente salvados*: Véase Tt. 2, 14; 3, 5 ss.; Rm. 3, 24; Hch. 15, 11; Jn. 1, 17, etc.

9. *Para que ninguno pueda gloriarse*: Si el hombre no es el forjador de su salvación eterna, claro está que todo el que se gloría de haberse justificado por sus propios méritos, y no mediante la gracia, usurpa la gloria que sólo corresponde a Dios. Cf. 1Co. 1, 29; Sal. 148, 13; Ez. 18, 21 y notas.

10s. *De Él somos hechura*: esto es, una nueva creación (Ga. 6, 15 y nota). "Cristo se ha formado en nosotros de una manera inefable y no como una creatura en otra, sino como Dios en la naturaleza creada, transformando por el Espíritu Santo la creación, o sea a nosotros mismos, en su imagen, elevándola a una dignidad sobrenatural" (San Cirilo de Alejandría). *Que Dios preparó*: Nótese la suavidad de esta doctrina para las almas rectas que en todo momento desean hacer sin equivocarse la voluntad de Dios, y no buscar su propia gloria saliendo a la ventura, como campeones que se sintieran capaces de salvar a toda la humanidad, y suprimir

Unión e igualdad de judíos y gentiles en Cristo. [11]Por tanto, acordaos vosotros, los que en otro tiempo erais gentiles en la carne, llamados "incircuncisión" por aquellos que se llaman circuncisión –la cual se hace en la carne por mano del hombre– [12](*acordaos digo*) de que entonces estabais separados de Cristo, extraños a la comunidad de Israel, y ajenos a los pactos de la promesa, sin esperanza y sin Dios en el mundo. [13]Más ahora, en Cristo Jesús, vosotros los que en un tiempo estabais lejos, habéis sido acercados por la sangre de Cristo. [14]Porque Él es nuestra paz: El que de ambos hizo uno, derribando de en medio el muro de separación, la enemistad; anulando por medio de su carne [15]la Ley con sus mandamientos y preceptos, para crear en Sí mismo de los dos un solo hombre nuevo, haciendo paz, [16]y para reconciliar con Dios a ambos en un solo cuerpo por medio de la Cruz, matando en ella la enemistad. [17]Y viniendo, evangelizó paz a vosotros los que estabais lejos, y paz a los de cerca. [18]Y así por Él unos y otros tenemos el acceso al Padre, en un mismo Espíritu; [19]de modo que ya no sois extranjeros ni advenedizos sino que sois conciudadanos de los santos y miembros de la familia de Dios, [20]edificados sobre el fundamento de los apóstoles y profetas, siendo piedra angular el mismo Cristo Jesús, [21]en quien todo el edificio, armónicamente trabado, crece para templo santo en el Señor. [22]En Él sois también vosotros coedificados en el Espíritu para morada de Dios.

3 **Anuncia el "misterio escondido".** [1]Por esto (*os escribo*) yo Pablo, el prisionero de Cristo Jesús por amor de vosotros los gentiles; [2]pues habréis oído la dispensación de la gracia de Dios, que me fue

---

de la tierra el sufrimiento que Dios permite. Véase la aplicación de esta doctrina en 2Co. 8, 10 y nota. De ahí que "aún el gran mandamiento de la caridad fraternal nos hable ante todo de amar al prójimo, es decir, al que tenemos más cerca, a aquel que en cada momento ha colocado Dios a nuestro alcance como objeto de nuestra caridad. Si siempre velamos por cumplir ese deber máximo, viviremos en estado de caridad y unión con Dios (1 Jn. 4, 16), sin pretender juzgar a Dios por el espectáculo de los males del mundo, ni poner con ello a prueba nuestra fe, ya que no es éste sino un mundo malo y pasajero en el cual la cizaña estará siempre mezclada con el trigo" (Mt. 13, 39 ss.).

11s. Por su muerte Cristo unió a judíos y gentiles, derribando el muro de la Ley que los separaba (v. 14). *En la carne*: lo dice para distinguirla de la circuncisión del corazón, propia del Evangelio. Véase Col. 2, 11. En este pasaje insiste San Pablo sobre la tristísima condición en que estaríamos los que no descendemos del pueblo elegido, sin el favor que nos hizo hijos de Abraham por la fe. Cf. Rm. 11, 17 ss.

14. *El muro* que representaba materialmente esta separación era la balaustrada de mármol que en el Templo separaba el atrio de los gentiles, manteniéndoles a gran distancia del altar de los holocaustos.

17s. Los de *lejos*, son los paganos; los de *cerca*, los judíos. Por Jesucristo fueron todos llamados hacia el Padre por medio de la Iglesia, en la cual "no hay ya griego y judío" (Col. 3, 11), sino "la nueva creatura" (Ga. 6, 15).

19. Los *extranjeros* y los *advenedizos* (forasteros de paso) no gozaban de los derechos de ciudadanos.

20. Pocas veces meditamos en esta raíz que nuestra religión tiene en los Profetas del Ant. Testamento, y aún hay quien lo mira como un libro judío, ajeno al cristianismo, y prefiere inspirarse en las fuentes del paganismo greco-romano, que dieron lugar a un humanismo anticristiano. Pío XI condena rigurosamente esa ideología en la Encíclica "Mit brennender Sorge". "¿Se atrevería alguien a negar que el cristianismo tiene mucho más que ver con el Ant. Testamento que con la filosofía griega y el derecho romano? Nadie, sin duda. Pero ¿somos consecuentes con esta verdad?". "Muchos son, decía un célebre predicador, los que se indignarían si les dijesen que la Biblia no es verdaderamente un Libro divino y defenderían apasionadamente su autenticidad. Y entonces, ¿por qué no la estudian?". Entre los *apóstoles y profetas* se comprende tanto los del Ant. Testamento (Lc. 24, 25; Hch. 3, 18 y ss.; 10, 43; Rm. 16, 26, etc.; y especialmente, 2 Pe. 1, 19 y 3, 1) como los del Nuevo (3, 5; 4, 11; Hch. 13, 1; 15, 22 y 32; 1Co. 12, 10 y 29; 13, 2, etc.). Debe, sin embargo, considerarse la opinión del P. Joüon y otros, según los cuales el Apóstol se refiere aquí a estos últimos como en 3, 5 y 4, 11, pues envuelve en el mismo artículo a apóstoles y profetas y cita después a éstos como para evitar que sean confundidos con los profetas antiguos. Cf. 1Co. 14, 39; Didajé XI. *Piedra angular* (Mt. 21, 42; Hch. 4, 11; 1Cr. 10, 4 y nota). Se trata aquí de Jesús como coronamiento de la Revelación (Hb. 1, 1s.) y cabeza de la Iglesia que es el cuerpo Suyo (1, 22; 4, 16). Véase 1 Pe. 2, 4 ss. San Jerónimo, recordando sin duda ese pasaje de San Pedro, dice: "Para ser parte de este edificio has de ser piedra viva, cortada por mano de Cristo".

21. *Todo el edificio... trabado*: parece indicar, según observa el Cardenal Faulhaber, que, como la *Piedra angular* (v. 20) o "llave de bóveda" sustenta la unión de ambos muros en el vértice superior, así en Cristo se juntan los judíos y los gentiles (v. 14 ss.).

22. Es decir, que también con respecto a cada uno, individualmente, es Jesús a un tiempo el coronamiento y el "fundamento único" sobre el cual podemos edificar y arraigar (1Co. 10, 4 y nota; Col. 2, 7).

1. *El prisionero*: En su primera cautividad de Roma. Véase Hch. 28, 31 y nota. *Por amor de los gentiles:* Por sostener su parte en la Redención (v. 6) había incurrido en el odio de sus compatriotas judíos que lo hicieron encarcelar. Cf. versículos 13; Hch. 22, 22; 25; 24 y notas.

otorgada en beneficio vuestro: [3]cómo por revelación se me ha dado a conocer el misterio, tal como acabo de escribíroslo en pocas palabras – [4]si lo leéis podéis entender el conocimiento que tengo en este misterio de Cristo– [5]el cual (*misterio*) en otras generaciones no fue dado a conocer a los hijos de los hombres como ahora ha sido revelado por el Espíritu a sus santos apóstoles y profetas; (*esto es*) [6]que los gentiles sois coherederos, y miembros del mismo, cuerpo, y copartícipes de la promesa en Cristo Jesús por medio del Evangelio, [7]del cual yo he sido constituido ministro, conforme al don de la gracia de Dios a mí otorgada según la eficacia de su poder. [8]A mí, el ínfimo de todos los santos, ha sido dada esta gracia: evangelizar a los gentiles la insondable riqueza de Cristo, [9]e iluminar a todos acerca de la dispensación del misterio, escondido desde los siglos en Dios creador de todas las cosas; [10]a fin de que sea dada a conocer ahora a los principados y a las potestades en lo celestial, a través de la Iglesia, la multiforme sabiduría de Dios, [11]que se muestra en el plan de las edades que Él realizó en Cristo Jesús, Señor nuestro, [12]en quien, por la fe en Él, tenemos libertad y confiado acceso (*al Padre*). [13]Por tanto ruego que no os desaniméis en mis tribulaciones por vosotros, como que son gloria vuestra.

Himno de alabanza. [14]Por esto doblo mis rodillas ante el Padre, [15]de quien toma su nombre toda paternidad en el cielo y en la tierra, [16]para que os conceda, según la riqueza de su gloria, que seáis poderosamente fortalecidos por su Espíritu en el hombre interior; [17]y Cristo por la fe habite en vuestros corazones, a fin de que, arraigados y cimentados en el amor, [18]seáis hechos capaces de comprender con todos los santos qué cosa sea la anchura y largura y alteza y profundidad, [19]y de conocer el amor de Cristo (*por nosotros*) que sobrepuja a todo conocimiento, para que seáis colmados de toda la plenitud de Dios. [20]A Él, que

---

2. El Apóstol se ve obligado a decir algunas palabras sobre su ministerio de predicar el Evangelio a los gentiles, especialmente sobre la revelación del misterio de que los gentiles serán herederos del reino de Dios.

4. *Si lo leéis podéis entender:* Notemos la elocuencia de este insinuante paréntesis. Si no lo leemos ¿cómo podríamos entender? San Juan Crisóstomo releía íntegramente a San Pablo cada semana. Y los hombres del mundo, decía, con mayor razón han de hacerlo, pues se confiesan ignorantes.

8. San Pablo, antes fariseo y defensor de los privilegios de Israel, sin haber pertenecido a los Doce ni haber siquiera conocido a Jesús personalmente, es el elegido por la libérrima voluntad de Dios para cambiar el panorama espiritual del mundo y comunicar a todos los pueblos no sólo el carácter universal de la Redención, que en adelante se extendería a todos los pueblos, sino también los inefables misterios del amor de Cristo y sus riquezas, que nos deparan un destino superior aun a lo previsto en el Antiguo Testamento, puesto que estaba escondido de toda eternidad, como lo dice en los vv. 9 y 10. Véase Mt. 13, 35; Rm. 16, 25: Col. 1, 26; 1 Pe. 1, 20; Jn. 12, 32 y nota. De ahí las grandes luchas que tuvo que sufrir el Apóstol de parte de los que desconocían la legitimidad de su misión. Cf. Ga. 2, 2 y nota.

10. Cf. 6, 12 y nota,

12. *Acceso:* Cf. Jn. 14, 6 y 23. "El que se hace amigo del Príncipe será admitido a la mesa del Rey". Aquí hay más aún: véase 1, 5; Ga. 2, 20 y notas.

14 ss. San Pablo ruega a Dios se digne fortalecer a los fieles en la fe, que es la nueva vida con Cristo, y arraigarlos definitivamente en el amor. La súplica, que constituye la cumbre de esta carta, es a la vez un modelo de oración.

15. Toda *paternidad* procede del Gran Padre (6, 2 y nota), así como toda la familia y todas las cosas le deben el ser (4, 6). El Nombre de Dios es "Padre", dice Joüon (Jn. 17, 6 y nota). Santo Tomás de Aquino piensa que así se llamaría aun cuando no tuviera un Hijo. Sobre el conocimiento y la devoción al divino Padre –que es la cumbre de todas porque era la de Jesús (Jn. cap. 17 y notas)– recomendamos el precioso libro de Mons. Guérry "Hacia el Padre", todo hecho con textos bíblicos. Sobre algunas de las maravillas del Padre –cuya Persona, la Primera de las Tres, no ha de confundirse con la Esencia divina o con una vaga Deidad impersonal (Dz. 431)– puede verse 1, 3-5; Mt. 5, 45; 6, 18, 26 y 32; 10, 29; 11, 25; Jn. 4, 23; 5, 26; 6, 32 y 40; 2Co. 1, 3; Ga. 4, 6; Col. 1, 12s.; 2 Ts. 2, 16; St. 1, 17; 1 Pe. 1, 3; 1 Jn. 3, 1; 4, 9; 5, 22; Ap. 5, 13, etc.

16. Cf. Rm. 8, 26 y nota.

17. *Y Cristo por la fe habite*, etc.: "Creer es recibir a Cristo, porque Él habita en nuestros corazones por la fe" (Santo Tomás de Aquino). Véase 2Co. 13, 5 y nota. Para disfrutarlo, para vivir esa inefable realidad, sólo requiere acordarse de que existe. Tal es *exactamente* la vida de oración, y así nos la desea aquí San Pablo, de modo que estemos fijos, arraigados en el amor. La ventaja es que Jesús, nuestro amante, nunca está ausente, sino al contrario, está llamando a nuestra puerta para ofrecernos su intimidad (Ap. 3, 20), y habitar en nuestros corazones, si así lo creemos, junto con el Padre y el Espíritu Santo (Jn. 14, 16s. y 21-23; 1Co. 3, 16s.; 6, 19; 2Co. 6, 16).

18. Estas *cuatro dimensiones* las refieren San Jerónimo y San Agustín, en sentido alegórico, a la Cruz que también las tiene. San Juan Crisóstomo lo interpreta del misterio de la vocación y de la predestinación de los gentiles. En el v. 19muestra el Apóstol que se refiere a la grandeza inconmensurable del amor que Cristo nos tiene (Rm. 8, 35 ss.; 11, 33 y, lo mismo que antes vimos del Padre. Cf. 2, 4 y nota.

19. *Conocer el amor... para que seáis colmados de toda la plenitud de Dios:* He aquí el más sólido fundamento de la

es poderoso para hacer en todo, mediante su fuerza que obra en nosotros, incomparablemente más de lo que pedimos y pensamos, [21]a Él la gloria en la Iglesia y en Cristo Jesús, por todas las generaciones de la edad de las edades. Amén.

4 La unidad del Espíritu y diversidad de dones.

[1]Os ruego, pues, yo, el prisionero en el Señor, que caminéis de una manera digna del llamamiento que se os ha hecho, [2]con toda humildad de espíritu y mansedumbre, con longanimidad, sufriéndoos unos a otros con caridad, [3]esforzándoos por guardar la unidad del Espíritu en el vínculo de la paz. [4]Uno es el cuerpo y uno el Espíritu, y así también una la esperanza de la vocación a que habéis sido llamados; [5]uno el Señor, una la fe, uno el bautismo, [6]uno el Dios y Padre de todos, el cual es sobre todo, en todo y en todos. [7]Pero a cada una

de nosotros le ha sido dada la gracia en la medida del don de Cristo. [8]Por esto dice: "Subiendo hacia lo alto llevó a cautivos consigo, y dio dones a los hombres". [9]Eso de subir, ¿qué significa sino que (*antes*) bajó a lo que está debajo de la tierra? [10]El que bajó es el mismo que también subió por encima de todos los cielos, para complementarlo todo. [11]Y Él a unos constituyó apóstoles, y a otros profetas, y a otros evangelistas, y a otros pastores y doctores, [12]a fin de perfeccionar a los santos para la obra del ministerio, para la edificación del cuerpo de Cristo, [13]hasta que todos lleguemos a la unidad de la fe y del (*pleno*) conocimiento del Hijo de Dios, al estado de varón perfecto, alcanzando la estatura propia del Cristo total, [14]para que ya no seamos niños fluctuantes y llevados a la deriva por todo viento de doctrina, al antojo de la humana malicia, de la astucia que conduce engañosamente al error,

---

espiritualidad (Jn. 17, 3 y 17; 1 Jn. 4, 16 y nota; 5, 20, etc.) que se alimenta con los misterios que el Espíritu Santo nos revela en la Sagrada Escritura. Porque Dios, a diferencia de nuestro miserable corazón, siempre está dispuesto a hablar de amor, ya que su vida entera es, como su esencia, puro amor, y no tiene nada que lo distraiga de él, como tenemos nosotros en esta vida transitoria. Por eso, cuando estemos con Cristo, el éxtasis será sin fin porque también nosotros seremos capaces de permanecer sin distracciones, en el puro goce del amor (1 Jn. 3, 2; 1Cro. 13, 12). Tal es lo que Él quiere anticiparnos desde ahora cuando nos dice que permanezcamos en su amor (Jn. 15, 9 y nota), es decir, arraigados en Él (v. 17). Todo este admirable pasaje (v. 8-19) forma la Epístola de la Misa del Sagrado Corazón.

20. Cf. Rm. 16, 25; Judas 24; 2Co. 9, 8. *Más de lo que pedimos,* etc.: ¡Qué luz para la confianza en la oración! Es lo que la Iglesia ha recogido en la oración (colecta) del Domingo XI después de Pentecostés.

21. Es decir, como explica Fillion, que la Iglesia ha de glorificar al Padre, y debe hacerlo "en Jesucristo", es decir, unida a Él y con Él. Así se expresa en el Canon de la Misa: "Per Ipsum, etc.". El Concilio III de Cartago dispuso al efecto que "nadie en las oraciones nombre al Padre en lugar del Hijo o al Hijo en lugar del Padre. Y en el altar diríjase la oración siempre al Padre". Véase 5, 20 y nota. *La edad de las edades*: la eternidad, que se nos presenta como una sucesión de edades, que a su vez se componen de generaciones (Fillion).

3. *La unidad del Espíritu*: Es el misterio que nos explica San Cirilo Alejandrino diciendo: "Al hablar de la unión espiritual seguiremos el mismo camino y diremos que cuando recibimos al Espíritu Santo, nos unimos entre nosotros y con Dios en una sola unidad. Tomados individualmente, somos numerosos, y Cristo derrama en el corazón de cada cual su Espíritu y el del Padre; pero este Espíritu es indiviso, reúne en una sola unidad a los espíritus separados de los hombres, de modo que todos aparezcan formando

como un solo espíritu. De la misma manera que la virtud del Sagrado Cuerpo de Cristo forma un cuerpo de todos aquellos en que ha penetrado, así también el Espíritu de Dios reúne en una sola unión espiritual a todos aquellos en quienes habita".

4 ss.: "Este texto recuerda a 1Co. 12, 4-6, en que el orden de las Divinas Personas es el mismo: el Espíritu, el Señor, Dios" (Prat).

7. Las *gracias* o *carismas* son particulares del que los recibe, y enriquecen al Cuerpo místico sin afectar su unidad, porque todos son dones del mismo Espíritu. Véase Rm. 12, 3 y 6; 1Co. 12, 11; 2Cro. 10, 13.

8. Es una cita tomada del Sal. 67, para aplicarla a la *Ascensión* del Señor. Antes había bajado a los lugares más bajos de la tierra (v. 9), es decir, a los infiernos, al Limbo de los Padres, donde libró a los "cautivos". Cf. Sal. 67, 19 y nota.

11. Jesucristo es la fuente de todas las energías vitales del Cuerpo Místico. De Él se derivan y dependen todas las capacidades, vocaciones o ministerios que contribuyen a su desenvolvimiento. Cf. v. 16 y nota.

13. Quiere decir: no debe haber *estancamiento* en la vida espiritual. Todos deben alcanzar la plena madurez "que llegue aún a la ciencia profundizada (*epígnosis*) de la revelación de Cristo" (Pirot). Y el crecimiento de cada uno debe ser en ese *conocimiento de Cristo* (3, 19) hasta llegar a la edad perfecta de Cristo, o sea a la plenitud de sus dones. San Pablo nos muestra así el carácter creciente (v. 15) y orgánico de nuestra fe. Una piedra puede permanecer inmutable, pero un ser vivo no puede estancarse sin morir (Col. 1, 28). Cuán lejos estamos de vivir tal realidad, nos lo recuerda Mons. Landrieux al decir que la formación religiosa de la gran mayoría de los adultos, "tiene siempre la edad de su primera comunión", por no haber conocido el Evangelio desde niños.

14. San Pablo da extraordinaria importancia a la ilustración de nuestra fe por el conocimiento (v. 22 ss.) para que pueda ser firme contra los embates del engaño, principalmente cuando éste reviste las apariencias de la virtud, según suele hacerlo Satanás (Mt. 7, 15;

[15]sino que, andando en la verdad por el amor, en todo crezcamos hacia adentro de Aquel que es la cabeza, Cristo. [16]De Él todo el cuerpo, bien trabado y ligado entre sí por todas las coyunturas que se ayudan mutuamente según la actividad propia de cada miembro, recibe su crecimiento para ir edificándole en el amor.

Renovarse en Cristo. [17]Esto, pues, digo y testifico en el Señor, que ya no andéis como andan los gentiles, conforme a la vanidad de su propio sentir, [18]pues tienen entenebrecido el entendimiento, enajenados de la vida de Dios por la ignorancia que los domina a causa del endurecimiento de su corazón, [19]y habiéndose hecho insensibles (*espiritualmente*) se entregaron a la lascivia, para obrar con avidez toda suerte de impurezas. [20]Pero no es así como vosotros habéis aprendido a Cristo, [21]si es que habéis oído hablar de Él y si de veras se os ha instruido en Él conforme

a la verdad que está en Jesús, a saber: [22]que dejando vuestra pasada manera de vivir os desnudéis del hombre viejo, que se corrompe al seguir los deseos del error; [23]os renovéis en el espíritu de vuestra mente, [24]y os vistáis del hombre nuevo, creado según Dios en la justicia y santidad de la verdad. [25]Por esto, despojándoos de la mentira, hablad verdad cada uno con su prójimo, pues somos miembros unos respecto de otros. [26]Airaos, sí, mas no pequéis; no se ponga el sol sobre vuestra ira; [27]no deis lugar al diablo. [28]El que hurtaba, no hurte más, antes bien trabaje obrando con sus manos lo bueno, para que pueda aún partir con el necesitado. [29]No salga de vuestra boca ninguna palabra viciosa, sino la que sirva para edificación, de modo que comunique gracia a los que oyen. [30]Y no contristéis al Espíritu Santo de Dios, con el cual habéis sido sellados para el día de la redención. [31]Toda amargura, enojo, ira, gritería y blasfemia

---

2Cro. 11, 14; 2 Tm. 3, 5, etc.). En 2 Ts. 2, 9-12 nos confirma que será precisamente la falta de amor a esa verdad libertadora, lo que hará que tantos sigan al Anticristo, creyendo en él para propia perdición. Cf. 5, 12; 1Co. 12, 2 y notas.

15s. Claro está que quien vive en el amor de Dios, anda en la verdad, como que aquél procede de ésta (Ga. 5, 6), y no se podría tener el coronamiento del edificio, que es el amor, sin tener antes el cimiento, que es la verdad revelada, en la cual San Pablo quiere que estemos firmes contra las seducciones intelectuales o sentimentales de los falsos doctores (v. 14). Pero, como muy bien lo observa el P. Bóver en "Estudios Bíblicos" (julio de 1944), aquí se trata de mostrar que el crecimiento es por el amor, según se confirma al fin del v. 16. Hemos, pues, preferido traducir en tal sentido, como lo hace análogamente Buzy. Esto se corrobora en 2 Ts. 2, 10, donde el Apóstol, hablando del Anticristo, nos enseña que los que serán seducidos por error, como aquí se dice en el v. 14, se perderán "porque no recibieron el amor de la verdad". Tal es el sentido en que hemos tomado el participio *aletheuóntes*, que suele traducirse de muy diversas maneras. Véase 3, 17 y nota, sobre el arraigo en el amor. Aplicando este pasaje al mundo económico social, dice Pío XI en la Encíclica "Quadragesimo Anno": "Hay, pues, que echar mano de algo superior y más noble para poder regir con severa integridad ese poder económico de la justicia social y de la caridad social. Por tanto... la caridad social debe ser como el alma de ese orden; la autoridad pública no debe desmayar en la tutela y defensa eficaz del mismo, y no le será difícil lograrlo si arroja de sí las cargas que no le competen". Cf. Col. 2, 19.

22 ss. Cf. Rm. 8, 13; 12, 2; Col. 3, 9; Ga. 6, 8. *Los deseos del error*, expresión de enorme elocuencia para mostrarnos la parte principal que en nuestras malas pasiones corresponde a la deformación de nuestra inteligencia. Cf. v. 24; 5, 9 y 14; 1 Ts. 4, 5; 2 Tm. 1, 10, etc.

24. Véase Rm. 8, 13; Col. 3, 9; Ga. 6, 8. Quiere decir: Renovaos interiormente en vuestro espíritu, conformándoos a la imagen de Jesucristo. Así os desnudaréis del hombre viejo (v. 22), que es corrompido y sometido al pecado (Ga. 5, 16). *Creado según Dios*, "lo cual no es otra cosa sino alumbrarle el entendimiento con lumbre sobrenatural, de manera que de entendimiento humano se haga divino, unido con el divino, y, ni más ni menos, informarle la voluntad con amor divino" (San Juan de la Cruz). Esto nos coloca en la *justicia y santidad de la verdad*, que es, como dice Huby, "el ambiente vital y el clima espiritual" propio del hombre nuevo. Vemos así una vez más la importancia básica insustituible que, para la vía unitiva del amor, tiene la vía iluminativa del conocimiento espiritual de Dios. Cf. Jn. 17, 3 y 17.

26. Cf. Sal. 4, 5. *No se ponga el sol sobre vuestra ira.* Aquí vemos que el acto primero de la cólera es una flaqueza inevitable de nuestra carne "y aun puede haber ocasiones en que una santa ira sea un deber" (Fillion) Véase Mc. 3, 5; Jn. 2, 15. Lo que San Pablo quiere es que no consintamos en esa mala tendencia de nuestra naturaleza caída. Cf. v. 31; Mt. 5, 22; Ga. 5, 20; 1 Tm. 2, 8; Tt. 1, 7; St. 1, 19, etc.

27. "En donde hay ira, no está el Señor, sino esta pasión amiga de Satanás" (San Clemente). Cf. St. 1, 20. San Juan Crisóstomo llama por eso a la ira "demonio de la voluntad"; y San Basilio dice también que el que se deja dominar de la ira aloja en su interior a un demonio. Sobre esta expresión "dar lugar", véase Rm. 12, 19 y nota.

30. *No contristéis el Espíritu Santo*: Él es, dicen San Agustín y San Gregorio, el que nos hace desear las cosas celestiales y nos llena con los consuelos de su gracia. ¿Puede haber mayor motivo para mirarlo en nuestra devoción como al Santo por antonomasia? En efecto, la misión que atribuimos más comúnmente a los santos es la de intercesores delante de Dios para que rueguen por nosotros. Y San Pablo nos enseña que el Espíritu Santo *ruega por nosotros,*

destiérrese de vosotros, y también toda malicia. [32]Sed benignos unos para con otros, compasivos, perdonándoos mutuamente de la misma manera que Dios os ha perdonado a vosotros en Cristo.

5 Imitar el amor de Cristo. [1]Imitad entonces a Dios, pues que sois sus, hijos amados; [2]y vivid en amor así como Cristo os amó, y se entregó por nosotros como oblación y víctima a Dios cual (*incienso de*) olor suavísimo. [3]Fornicación y cualquier impureza o avaricia, ni siquiera se nombre entre vosotros, como conviene a santos; [4]ni torpeza, ni vana palabrería, ni bufonerías, cosas que no convienen, antes bien acciones de gracia. [5]Porque tened bien entendido que ningún fornicario, impuro o avaro, que es lo mismo que

idólatra, tiene parte en el reino de Cristo y de Dios. [6]Nadie os engañe con vanas palabras, pues por estas cosas descarga la ira de Dios sobre los hijos de la desobediencia. [7]No os hagáis, pues, copartícipes de ellos.

Como hijos de la luz. [8]Porque antes erais tinieblas, ahora sois luz en el Señor. Andad, pues, como hijos de la luz – [9]el fruto de la luz consiste en toda bondad y justicia y verdad– [10]aprendiendo por experiencia que es lo que agrada al Señor; [11]y no toméis parte con ellos en las obras infructuosas de las tinieblas, antes bien manifestad abiertamente vuestra reprobación; [12]porque si bien da vergüenza hasta el nombrar las cosas que ellos hacen en secreto, [13]sin embargo todas las cosas, una vez

---

y precisamente cuando no sabemos y para suplicar lo que no sabemos (Rm. 8, 26s.). Y también cuando sabemos, pues en tal caso es Él mismo quien nos lo está enseñando todo, como luz de los corazones ("Lumen cordium") (Jn. 14, 26), y nos está animando a orar como a Dios agrada (v. 28; Lc. 11, 3; Rm. 5, 5 y nota), es decir, con la confianza de niños pequeños que le dicen "Padre" (Ga. 4, 6). Jesús nos señala especialmente este papel de intercesor que tiene el Santo Espíritu, cuando lo llama el Paráclito, que quiere decir *el intercesor* y también el *que consuela* (Jn. 14, 16), y nos dice que para ello estará siempre con nosotros (ibíd.), y aun dentro de nosotros (Jn. 14, 17), es decir, a nuestra disposición en todo momento para invocarlo como al Santo por excelencia de nuestra devoción, porque Él es, como aquí se dice, el *sello* de nuestra redención, y la *prenda* de la misma (2Co. 1, 22), por ser Él quien, aplicándonos los méritos del Hijo Jesús, nos hace hijos del Padre como es Jesús (1, 5), y por tanto sumamente agradables al Padre, para poder rogarle con confianza. Todo lo cual se comprende muy bien si pensamos que ese Santo Espíritu es precisamente aquel por quien el Padre y el Hijo nos aman a nosotros, el mismo Amor con que se aman entrambas Personas. La maravilla es que este Amor no sea aquí un simple sentimiento, sino también una tercera Persona divina, el Amor Personal, propiamente dicho. De ahí que, siendo una Persona, podamos dirigirnos a Él como a los santos, recordando que, aun aparte de ser infinitamente poderoso como Intercesor, tiene hacia nosotros una benevolencia que ninguno podría igualar, una benevolencia infinita, como que Él es el Amor con que se aman el Padre y el Hijo.

32. Aquí está sintetizado el Evangelio, desde el Sermón de la Montaña (Mt. 5 ss.) hasta el Mandamiento Nuevo de Jesús (Jn. 13, 34).

1. Sobre *la imitación de Dios*. Cf. Mt. 5, 44-48; Lc. 6, 35s. y notas.

2. *Vivid en amor*: Cf. 1Co. 14, 1 y nota.

4. *Ni bufonerías*: Gran enseñanza: las bromas no agradan a Dios (1 Tm. 1, 4; 4, 7; 2 Tm. 2, 23; Mt. 12, 36s.) y menos si son contra la caridad (2R. 2, 24 y nota).

5. Llama la atención que el Apóstol equipare la *avaricia* a la idolatría. Es que el avaro mira las riquezas como a su Dios: primero, porque en ellas fija toda su esperanza, y luego, porque en vez de servirse de ellas, es él quien las sirve (Mt. 6, 24 y nota). "Aquel que no sabe servirse de oro, es tiranizado por él. Sed dueños del oro, y no sus esclavos; porque Dios, que ha hecho el oro, os ha creado superiores a este metal; ha hecho el oro para uso vuestro, más a vosotros os ha hecho a imagen Suya y sólo para Él" (San Agustín). Cf. 1 Tm. 6, 10.

8. *Tinieblas*. por vosotros mismos. *Luz*, en Cristo y gracias a Cristo. "La verdadera ciencia del hombre consiste en saber bien que él es la nada y que Dios es el todo" (San Buenaventura).

9. Admirable revelación que nos muestra cómo la buena conducta procede del conocimiento sobrenatural de la luz de Cristo. Cf. v. 14; 4, 22 y nota; 2 Tm. 3, 16; Hb. 4, 12.

10. He aquí la "experiencia religiosa" que cada uno debe realizar en su propia vida. Investigar *lo que agrada a Dios* es, según los Libros Sapienciales, el sumo objeto de la Sabiduría (Eclo. 1, 34; 2, 16; 4, 15 y notas). Examinadlo, dice San Jerónimo, "a la manera de un prudente cambista, que no sólo echa una mirada a una moneda, sino que la pesa y la hace sonar".

11. *No toméis parte*: San Cipriano observa que Jesucristo es nuestra luz, no sólo porque nos revela los secretos de la salvación, y la eficacia de una vida nueva, sino también porque nos descubre todos los proyectos, la malicia y los fraudes del diablo para preservarnos de ellos.

12. Denunciado el mal hábito públicamente (v. 11), lo que era un peligro, mientras estaba oculto, se convierte en saludable advertencia y luminosa lección para evitarlo (1 Tm. 5, 20). San Pablo destruye así un concepto equivocado que suele tenerse del escándalo, mostrando que la pública reprobación de los males – como lo hacía Jesús tantas veces– puede ser muy conveniente, porque Satanás es "el padre de la mentira" (Jn. 8, 44), y sus grandes engaños son tanto más peligrosos y difíciles de evitar cuanto más se disimulan por las tinieblas y la ignorancia (4, 14 y nota), en tanto que la verdad liberta a las almas (Jn. 8, 32; 12, 46 y notas). Tal es

condenadas, son descubiertas por la luz, y todo lo que es manifiesto es luz. [14]Por eso dice: "Despierta tú que duermes, y levántate de entre los muertos, y Cristo te iluminará". [15]Mirad, pues, con gran cautela cómo andáis; no como necios, sino como sabios, [16]aprovechando bien el tiempo, porque los días son malos. [17]Por lo tanto, no os hagáis los desentendidos, sino entended cuál sea la voluntad del Señor. [18]Y no os embriaguéis con vino, en el cual hay lujuria, sino llenaos en el Espíritu, [19]entreteniéndoos entre vosotros con salmos, himnos y cánticos espirituales, cantando y alabando de todo corazón al Señor, [20]dando gracias siempre y por todo al Dios y Padre en el nombre de nuestro Señor Jesucristo, [21]sujetándoos los unos a los otros en el santo temor de Cristo.

El matrimonio cristiano. [22]Las mujeres sujétense a sus maridos como al Señor, [23]porque el varón es cabeza de la mujer, como Cristo cabeza de la Iglesia, salvador de su cuerpo. [24]Así como la Iglesia está sujeta a Cristo, así también las mujeres lo han de estar a sus maridos en todo. [25]Maridos, amad a vuestras mujeres, como Cristo amó a la Iglesia y se entregó Él mismo por ella, [26]para santificarla, purificándola con la palabra en el baño del agua, [27]a fin de presentarla delante de Sí mismo como Iglesia gloriosa, sin mancha, ni arruga, ni nada semejante, sino santa e inmaculada. [28]Así también los varones deben amar a sus mujeres como a su propio cuerpo. El que ama a su mujer, a sí mismo se ama. [29]Porque nadie jamás tuvo odio a su propia carne, sino que la sustenta y regala, como también Cristo a la Iglesia, [30]puesto que somos

el sentido del v. 14, y lo confirman las recomendaciones de los vv. 15 y 17.

14. Esta cita parece ser un fragmento de un himno cristiano primitivo. Cf. Is. 26, 19; 60, 1; Rm. 13, 11.

18. Es decir, que en el Espíritu hay también una hartura, y más exquisita que la de cualquier vino (cf. Hch. 2, 4 y 13 ss.; 2Co. 5, 13 y nota). Pero en vez de llevarnos a la lujuria, nos lleva al amor y sus frutos (Ga. 5, 22). El v. 19 nos muestra cómo se obtiene esta divina embriaguez mediante la palabra de Dios, que ha de habitar en nosotros "con opulencia" (Col. 3, 16 y nota).

20. *En el nombre de Nuestro Señor Jesucristo*: Cf. Hb. 13, 15 y el Canon de la Misa, donde en el momento final y culminante, llamado "pequeña elevación", de la Hostia y el Cáliz juntamente se dice al Padre que todo honor y gloria le es tributado *por Cristo y en Él y con Él* (cf. la forma paulina de acción de gracias en Hch. 2, 46 y nota). Mucho importa no pronunciar esas palabras sin sentir la riqueza infinita de su contenido. Gracias y honor al Padre *por Cristo*, es agradecerle el infinito don que el Padre nos hizo de su Hijo (Jn. 3, 16). Gracias y honor al Padre *en Cristo*, es identificarnos con Jesús, cuyo Cuerpo Místico formamos, y, tomándolo como el único instrumento infinitamente digno, ofrecérselo al Padre como retribución por todo el bien que recibimos. Y también *con Cristo* le agradecemos y lo glorificamos solidarizándonos así con Jesús en la gratitud y alabanza que Él mismo –el Hijo agradecido por excelencia– tributa eternamente al Padre (Jn. 14, 28 y nota). Tan agradecido, que por ello se ofreció a encarnarse e inmolarse (Sal. 39, 8 y nota) para dar a su Padre muchos otros hijos que compartiesen la misma gloria que Él recibió. Cf. 1, 5; 3, 21 y notas.

21. Según los mejores autores este v. pertenece al pasaje siguiente, del cual es como un resumen. En efecto, en el v. 22 la palabra *sujétense* falta en algunos códices griegos.

22. Empiezan aquí las instrucciones para cada estado (cf. 6, 1 y 5): primero para los *esposos cristianos,* cuya unión es una figura de la de Cristo, como Cabeza, con la Iglesia. Este gran misterio (v. 32) del cual fluye la santificación más alta del matrimonio, muestra su

carácter sagrado, y prohíbe considerarlo como un contrato puramente civil, sujeto a la fluctuación de las voluntades. Jesús dice terminantemente: "Lo que Dios ha unido" (Mt. 19, 6; Mc. 10, 9). Por eso la Iglesia no reconoce el enlace civil como matrimonio legítimo. Sobre la *sumisión de la mujer*, véase 1Co. 11, 7 y nota.

24. Esta sumisión no implica que la mujer haya de cumplir todos los deseos del marido, aun con detrimento de su conciencia. Léase al respecto la Encíclica "Casti Connubii" de Pío XI.

25 ss. El amor de Cristo a su *Iglesia* es desinteresado y santo. El divino Esposo se entrega a Sí mismo para lavar a su Esposa con su Sangre y hacerla digna de Él. De la misma manera el marido ha de amar a su mujer, con el fin de protegerla, dignificarla y favorecer su santificación. Tal es el altísimo sentido del matrimonio cristiano. Cf. 1Co. cap. 7.

27. *A fin de presentarla delante de Sí*: en las Bodas del Cordero (Ap. 19, 6-9). Este es el misterio que San Pablo llama "grande" (v. 32) por el cual Dios resuelve formarse de los gentiles un pueblo (Hch. 15, 14), antes separados de Israel (2, 14), a fin de reunir en la Iglesia a todos los hijos de Dios (Jn. 11, 52), incluso los de Israel, bajo un solo Pastor: Jesucristo (Jn. 10, 6), en el cual Dios se propuso recapitular todas las cosas (1, 10). Se llama misterio parque en vano se habría pretendido descubrirlo en el Ant. Testamento, ya que sólo a Pablo le fue dado revelar el designio eterno y oculto (3, 9s.; Col. 1, 26; Rm. 25), por el cual la benevolencia de Dios nos destinaba a ser sus hijos por obra de Jesucristo (1, 4s.) e iguales a Él (Rm. 8, 29), un día en nuestro cuerpo glorificado (Flp. 3, 20s.). Sobre otros "misterios" enseñados por San Pablo puede verse el misterio de la Sabiduría de Dios (1Co. 2, 7 ss.); el misterio de iniquidad (2 Ts. 2, 7 ss.); el misterio de la transformación (1Co. 15, 51 ss.); el misterio de la salvación de Israel (Rm. 11, 25 ss.).

29. *Nadie jamás tuvo odio a su propia carne*: Y la mujer es la propia carne (v. 31), es decir. que la misma naturaleza coadyuva a esa solidaridad, en tanto que otros amores, como el de los hijos a los padres, requieren ser más espirituales para poder sobreponerse a los impulsos del egoísmo natural. En cuanto a su sentido literal,

miembros de su cuerpo. [31]"A causa de esto dejará el hombre a su padre y a su madre, y se adherirá a su mujer, y los dos serán una carne". [32]Este misterio es grande; mas yo lo digo en orden a Cristo y a la Iglesia. [33]Con todo, también cada uno de vosotros ame a su mujer como a sí mismo; y la mujer a su vez reverencie al marido.

6 **Hijos y padres.** [1]Hijos, obedeced a vuestros padres en el Señor; porque esto es lo justo. [2]"Honra a tu padre y a tu madre" –es el primer mandamiento con promesa–, [3]"para que te vaya bien y tengas larga vida sobre la tierra". [4]Y vosotros, padres, no exasperéis a vuestros hijos, sino educadlos en la disciplina y amonestación del Señor.

Siervos y amos. [5]Siervos, obedeced a los amos según la carne en simplicidad de corazón, con respetuoso temor, como a Cristo. [6]No (*sólo*) sirviéndoles cuando os ven, como los que buscan agradar a hombres, sino como siervos de Cristo que cumplen de corazón la voluntad de Dios; [7]haciendo de buena gana vuestro servicio, como al Señor, y no a hombres; [8]pues sabéis que cada uno, si hace algo bueno, eso mismo recibirá de parte del Señor, sea esclavo o sea libre. [9]Y vosotros, amos, haced lo

mismo con ellos, y dejad las amenazas, considerando que en los cielos está el Amo de ellos y de vosotros, y que para Él no hay acepción de personas.

Epílogo. Las armas del cristiano. [10]Por lo demás, hermanos, confortaos en el Señor y en la fuerza de su poder. [11]Vestíos la armadura de Dios, para poder sosteneros contra los ataques engañosos del diablo. [12]Porque para nosotros la lucha no es contra sangre y carne, sino contra los principados, contra las potestades, contra los poderes mundanos de estas tinieblas, contra los espíritus de la maldad en lo celestial. [13]Tomad, por eso, la armadura de Dios, para que puedas resistir en el día malo y, habiendo cumplido todo, estar en pie. [14]Teneos, pues, firmes, ceñidos los lomos con la verdad y vestidos con la coraza de la justicia, [15]y calzados los pies con la prontitud del Evangelio de la paz. [16]Embrazad en todas las ocasiones el escudo de la fe, con el cual podréis apagar todos los dardos encendidos del Maligno. [17]Recibid asimismo el yelmo de la salud, y la espada del Espíritu, que es la Palabra de Dios; [18]orando siempre en el Espíritu con toda suerte de oración y plegaria, y velando para ello con toda perseverancia y súplica por todos

---

esta sentencia de San Pablo nos previene contra el suicidio, el deseo de la muerte ajena a la voluntad de Dios, y el faquirismo o la falsa ascética que perjudica a la salud faltando a la caridad consigo mismo. Cf. 2Co. cap. 5; Ap. 6, 10; Col. 2, 16-23 y notas.

30 ss. El misterio del Cuerpo Místico (v. 30) se aplica a la unión matrimonial (v. 31; cf. Gn. 2, 24 y nota), y de ahí lo que expresa el v. 32.

32. El misterio aludido, dice el Apóstol, es la unión de Cristo con la Iglesia, de la cual el matrimonio cristiano es figura. "¿Cómo podría ser y decirse símbolo de tal unión el amor conyugal, cuando fuera deliberadamente limitado, condicionado, desatable, cuando fuese una llama solamente de amor temporal?". "En este bien del *sacramento,* además de la indisoluble firmeza están contenidas otras utilidades mucho más excelsas y aptísimamente designadas por la misma palabra "sacramento"; pues tal nombre no es para los cristianos vano y vacío, ya que Cristo Nuestro Señor, fundador y perfeccionador de los venerandos sacramentos, elevando el matrimonio de sus fieles a verdadero y propio sacramento de la Nueva Ley, lo hizo signo y fuente de una peculiar gracia interior, por la cual aquel su natural amor se perfeccionase, confirmase su indisoluble unidad y los cónyuges fueran santificados" (Pío XI en la Encíclica "Casti Connubii").

2. Es notable el paréntesis que San Pablo introduce aquí en la cita del cuarto Mandamiento (Ex. 20, 12; Dt. 5, 16) para destacar que es el primero (y único) a cuyo amor nos estimula Dios por una promesa de felicidad aun temporal (5, 29 y nota). Sin duda interesa

especialmente al divino Padre ver honrada la paternidad que es una imagen de la Suya (3, 15).

5 ss. "Que los *amos* no se ensoberbezcan por su autoridad en el mando; de lo alto viene toda autoridad. Y por eso la mirada del cristiano se levanta para contemplar en toda autoridad, en todo superior, aun en el amo, un reflejo de la autoridad divina, la imagen de Cristo, que se humilló desde su forma de Dios (Flp. 2, 7s.), adoptando la forma de siervo nuestro, hermano según la naturaleza humana" (Pío XII, Aloc. del 5 de agosto de 1943 a los recién casados). Para el problema social, que no se resolverá levantando a unos contra otros, sino haciendo que cada uno conozca la voluntad de Dios a su respecto para sembrar la paz (Mt. 5, 9), podría hacerse un juicioso e instructivo estudio consultando textos como los siguientes: sobre el plan de Dios: Eclo. 11, 14 y 23; Sal. 36, 25; Ap. 3, 19; Jn. 12, 5 y 8; sobre los amos: 1 Tm. 6, 9s. y 17 ss.; St. 5, 1-6; Lv. 19, 13; Mal. 3, 5; 1Co. 13, 1 ss.; sobre los servidores: Dt. 32, 35; Rm. 12, 19; St. 5, 7-11; Eclo. 28, 1-14; Tt. 2, 9s.; Col. 3, 22-25; 1 Pe. 2, 18-24; 1 Jn. 4, 11; Mt. 6, 33; Lc. 3, 14, etc.

9. Cf. Col. 4, 1. El Apóstol deja el aspecto temporal de la esclavitud como institución existente entonces según el derecho civil romano (Lc. 12, 13s.; 20, 25; Mt. 22, 21; Mc. 12, 17; Jn. 18, 36), y proporciona, como predicador del Evangelio (Mc. 16, 15), los motivos sobrenaturales para que también los esclavos amen su estado, que los asemeja al Hijo de Dios (Lc. 22, 27; 1 Pe. 2, 18-24). Cf. Flp. 2, 7s. y nota.

los santos,. [19]y por mí, a fin de que al abrir mi boca se me den palabras para manifestar con denuedo el misterio del Evangelio, [20]del cual soy mensajero entre cadenas, y sea yo capaz de anunciarlo con toda libertad, según debo hablar. Noticias personales. [21]Para que también vosotros sepáis el estado de mis cosas, y lo que hago, todo os lo hará saber Tíquico, el amado hermano y fiel ministro en el Señor, [22]a quien he enviado a vosotros para esto mismo, para que tengáis noticias de nosotros y para que él consuele vuestros corazones. [23]Paz a los hermanos y amor con fe, de parte de Dios Padre y del Señor Jesucristo. [24]La gracia sea con todos los que aman con incorruptible amor a nuestro Señor Jesucristo. Amén..

CARTA A LOS FILIPENSES

La cristiandad de Filipos, ciudad principal de Macedonia, y primicias de la predicación de San Pablo en Europa, había enviado una pequeña subvención para aliviar la vida del Apóstol durante su prisión en Roma. Conmovido por el gran cariño de sus hijos en Cristo, el Apóstol, desde lo que él llama sus cadenas por el Evangelio, les manda una carta de agradecimiento, que es, a la vez, un modelo y un testimonio de la ternura con que abrazaba a cada una de las Iglesias por él fundadas. La Epístola fue escrita en Roma hacia el año 63.

1 **Saludo apostólico.** [1]Pablo y Timoteo, siervos de Cristo Jesús, a todos los santos en Cristo Jesús que están en Filipos con los obispos y diáconos: [2]gracia a vosotros y paz, de parte de Dios nuestro Padre y del Señor Jesucristo.

Amor de Pablo a los filipenses. [3]Doy gracias a mi Dios cada vez que me acuerdo de vosotros, [4]y ruego siempre con gozo por todos vosotros en todas mis oraciones, [5]a causa de vuestra participación en el Evangelio, desde el primer día hasta ahora. [6]Tengo la firme confianza de que Aquel que en vosotros comenzó la buena obra, la perfeccionará hasta el día de Cristo Jesús. [7]Y es justo que yo piense así de todos vosotros, por cuanto os llevo en el corazón; pues tanto en mis prisiones como en la defensa y confirmación del Evangelio todos vosotros sois partícipes de mi gracia. [8]Porque testigo me es Dios de mi anhelo por todos vosotros en las entrañas de Cristo Jesús. [9]Lo que pido en mi oración es que vuestro amor abunde más y más en conocimiento y en todo discernimiento, [10]para que sepáis apreciar lo mejor y seáis puros e irreprensibles hasta el día de Cristo, [11]llenos de frutos de justicia, por medio de Jesucristo, para gloria y alabanza de Dios.

El Progreso del Evangelio. [12]Quiero que sepáis, hermanos, que las cosas que me han sucedido, han redundado en mayor progreso del Evangelio, [13]de tal manera que se ha hecho notorio, en todo el pretorio y entre todos los demás, que llevo mis cadenas por Cristo. [14]Y los más de mis hermanos en el Señor, cobrando ánimo con mis prisiones, tienen mayor intrepidez en anunciar sin temor la Palabra de Dios. [15]Algunos, es cierto, predican a

---

12. *Poderes mundanos*: "San Pablo toma *este mundo* en el sentido moral. Son los hombres hundidos en las tinieblas de la ignorancia religiosa y del pecado. Tal es la *tiniebla*, sobre la cual reinan los demonios" (Pirot). *En lo celestial*: Fillion hace notar que, según traducen los antiguos comentadores griegos, esto significa que nuestra lucha es en lo relativo al Reino de los cielos. Cf. 3, 10; Mt. 11, 12; Lc. 16, 16; Rm. 8, 38; Col. 1, 16; 2 Ts. 2, 10.

13. *Estar en Pie*: sobre esta expresión, véase Sal. 1, 5 y nota.

16. El Apóstol tiene presentes las armas de los soldados romanos y las toma como un símbolo de las espirituales que el cristiano ha de usar en su lucha contra el diablo y el pecado, Entre esas armas había también *dardos encendidos* que recuerdan al Apóstol los malos apetitos y concupiscencias. Sobre todo este pasaje (v. 13-17) dice San Juan Crisóstomo: "No hemos de estar preparados para una sola clase de lucha... por lo cual es necesario que quien ha de entrar en la lucha con todos (los enemigos), conozca las maquinaciones y tácticas de todos; que sea a la vez sagitario y hondero y conductor, jefe y soldado de infantería y caballería, marino y agresor de muros".

6. *El día de Cristo Jesús*: el día del juicio en su segunda Venida. Cf. v. 10; 3, 20; Mt. 7, 22; Rm. 2, 5; 1Co. 3, 13; 2Co. 1, 14, etc.

13. *El Pretorio*: El lugar donde el Apóstol estaba internado en un aposento, junto a los soldados de la guardia de Nerón. Allí, en Roma, no perdía ocasión para dar a conocer las maravillas de Jesucristo. Véase Hch. 28, 23s. y notas.

Cristo por envidia y rivalidad, más otros con buena intención; [16]unos por amor, sabiendo que estoy constituido para la defensa del Evangelio, [17]más otros predican a Cristo por emulación, no con recta intención, ya que creen causar tribulación a mis cadenas. [18]¿Mas qué? De todas maneras, sea con pretexto, sea con verdad, es predicado Cristo. En esto me regocijo y no dejaré de regocijarme. [19]Porque sé que esto resultará en mi provecho gracias a vuestra oración y a la asistencia del Espíritu de Jesucristo, [20]según mi firme expectación y esperanza de que en nada seré confundido; sino que, con toda libertad, ahora lo mismo que siempre, Cristo será enaltecido en mi cuerpo, sea por vida, o por muerte.

Esperanza del apóstol. [21]Porque para mí el vivir es Cristo, y el morir ganancia. [22]Mas si el vivir en la carne significa para mí trabajo fecundo, no sé qué escoger. [23]Estrechado estoy por ambos lados: tengo deseo de morir y estar con Cristo, lo cual sería mucho mejor; [24]por otra parte el quedarme en la carne es más necesario por vosotros. [25]Persuadido, pues, de esto ya sé que me quedaré y permaneceré para todos vosotros, para vuestro provecho gozo en la fe, [26]a fin de que abunde vuestra gloria en Cristo Jesús, a causa mía, con motivo de mi reaparición entre vosotros. [27]Sólo que vuestra manera de vivir sea digna del Evangelio de Cristo; para que, sea que yo vaya y os vea, o que me quede ausente, oiga decir de vosotros que estáis firmes en un mismo espíritu y lucháis juntamente, con una misma alma, por la fe del Evangelio, [28]sin amedrentaros por nada ante los adversarios, lo cual es para ellos señal de perdición, más para vosotros de salvación, y esto por favor de Dios. [29]Porque os ha sido otorgado, por la gracia de Cristo, no sólo el creer en Él, sino también el padecer por la causa de Él, [30]teniendo la misma lucha que visteis en mí y ahora oís que sufro.

2 **La imitación de Cristo.** [1]Si tenéis, pues, (para mí) alguna consolación en Cristo algún consuelo de caridad, alguna comunicación de Espíritu, alguna ternura y misericordia, [2]poned el colmo a mi gozo, siendo de un mismo sentir, teniendo un mismo amor, un mismo espíritu, un mismo pensamiento. [3]No hagáis nada por emulación ni por vanagloria, sino con humilde corazón, considerando los unos a los otros como superiores, [4]no mirando cada uno por su propia ventaja, sino por la de los demás. [5]Tened en vuestros corazones los mismos sentimientos que tuvo Cristo Jesús; [6]el cual, siendo su naturaleza la de Dios, no miró como botín el ser igual a Dios, [7]sino que se despojó a sí mismo, tomando la forma de siervo, hecho semejante a los hombres. Y hallándose en la condición de hombre [8]se humilló a sí mismo, haciéndose obediente hasta la muerte, y muerte de Cruz. [9]Por eso Dios le

17s. La envidia se infiltra aún en las cosas santas y despierta la rivalidad entre los ministros de Dios. Aunque otros se habrían desalentado por ese triste fenómeno. San Pablo muestra su espíritu sobrenatural prescindiendo de todo lo humano y alegrándose con tal que se predique el Evangelio de Cristo (v. 18). Cf. Mc. 9, 38; Nm. 11, 29.

22. Si me es útil vivir para que muchos se conviertan a Jesucristo, no sé a la verdad qué partido tomar, si el de vivir o el de morir. Para mí sería mucho mejor el morir, porque me uniría con Cristo; más el permanecer en esta carne mortal es más necesario para vuestra salud y la de todos los fieles. De estas dos cosas desea la una el Apóstol ardientemente, y sufre la otra por amor a sus hermanos (Santo Tomás de Aquino). Véase Hb. 9, 27; 2Co. 5, 8; 1 Ts. 5, 10; 2 Tm. 4, 6-8, de donde se deduce la inmediata visión beatífica de las almas justificadas, aun antes de la resurrección de los cuerpos, como lo definió el Concilio de Florencia.

25. Se trata de la primera prisión de San Pablo que se acercaba a su fin y terminó con la restitución de su libertad.

29. *Padecer* por la causa de Cristo es una gracia, puesto que al mismo tiempo se nos da el mérito de la prueba y la capacidad para soportarla. Cf. Mt. 5, 10-12; Hch. 5, 41.

1s. Este capítulo, que nos presenta el Sumo Ejemplo que hemos de imitar en nuestra conducta, empieza, como vemos, con la más florida efusión de un corazón apostólico.

3. La conducta propia de la *caridad fraterna*, que el Apóstol jamás deja de inculcar a los nuevos cristianos, es a los ojos de los paganos la mejor recomendación de la fe. Cf. Rm. 12, 10; Ga. 5, 26. Así lo había anunciado el Señor en Jn. 13, 35 y 17, 21.

7s. San Pablo nos descubre aquí la inmensa, la infinita paradoja de la humillación de Jesús, en la cual reside todo su misterio íntimo, que es de amorosa adoración a su Padre, a quien no quiso disputar ni una gota de gloria entre los hombres, como habría hecho si hubiera retenido ávidamente, como una rapiña o un botín que debiera explotar a su favor, la divinidad que el Padre comunicara a su Persona al engendrarle eternamente igual a Él. Por eso, sin perjuicio de dejar perfectamente establecida esa divinidad y esa igualdad con el Padre (Jn. 3, 13; 5, 18-23; 6, 27, 33, 40, 46, 51 y 57; 7, 29; 8, 23, 38, 42, 54 y 58; 10, 30; 12, 45; 14, 9-11, etc.), para

sobreensalzó y le dio el nombre que es sobre todo nombre, [10]para que toda rodilla en el cielo, en la tierra y debajo de la tierra se doble en el nombre de Jesús, [11]y toda lengua confiese que Jesucristo es Señor, para gloria de Dios Padre.

Es Dios quien guía al cristiano. [12]Así, pues, amados míos, de la misma manera como siempre obedecisteis, obrad vuestra salud con temor y temblor, no sólo como cuando estaba yo presente, sino mucho más ahora en mi ausencia; [13]porque Dios es el que, por su benevolencia, obra en vosotros tanto el querer como el hacer. [14]Haced

todas las cosas sin murmuraciones ni disputas, [15]para que seáis irreprensibles y sencillos, hijos de Dios sin mancha, en medio de una generación torcida y perversa, entre los cuales resplandecéis como antorchas en el mundo, [16]al presentarles la palabra de vida, a fin de que pueda yo gloriarme para el día de Cristo de no haber corrido en vano ni haberme en vano afanado. [17]Y aun cuando se derrame mi sangre como libación sobre el sacrificio y culto de vuestra fe, me gozo y me congratulo con todos vosotros. [18]Gozaos asimismo vosotros y congratulaos conmigo .

lo cual el Padre mismo se encarga de darle testimonio de muchas maneras (Mt. 3, 17; 5, 17; Jn. 1, 33; 3, 35; 5, 31-37; 8, 18 y 29; 11, 46s.; 12, 28 ss.; Lc. 22, 42s., etc.), Jesús renuncia, en su aspecto exterior, a la igualdad con Dios, y abandona todas sus prerrogativas para no ser más que el Enviado que sólo repite las palabras que el Padre le ha dicho y las obras que le ha mandado hacer (Jn. 3, 34; 4, 26 y 34; 5, 19 y 30; 6, 38; 7, 16 y 28; 8, 26, 28 y 40; 12, 44 y 49; 15, 15; 17, 4, etc.). Y, lejos de ser "un mayordomo que se hace alabar so pretexto que redundará la gloria en favor del amo", Él nos enseña precisamente que "quien habla por su propia cuenta, busca su propia gloria, pero quien busca la gloria del que lo envió, ése es veraz y no hay en él injusticia" (Jn. 7, 18). Y así Jesús es, tal como lo anunció Isaías, el Siervo de Yahvéh, a quien alaba y adora postrado en tierra (Mt. 26, 39; Lc. 6, 12; 10, 21; 22, 42-44) y a quien llama su Dios (Jn. 20, 17, etc.), declarándolo "más grande" que Él (Jn. 14, 28 y nota); a quien sigue rogando por nosotros (Hb. 5, 7; 7, 25; 10, 12), y a quien se someterá eternamente (1Co. 15, 28), después de haberle entregado el reino conquistado para Él (1Co. 15, 24). Pero hay más aún, Jesús no sólo es el siervo de su Padre, que vive como un simple israelita sometido a la Ley (Rm. 15, 8) y pasando por hijo del carpintero (Mc. 6, 3), sino que, desprovisto de toda pompa de su Sumo Sacerdocio, no tiene donde reclinar su cabeza (Lc. 9, 57s.) y declara que es el sirviente nuestro (Lc. 22, 27) y que lo será también cuando venga a recompensar a sus servidores (Lc. 12, 37). ¿Qué deducir ante tales abismos de humillación divina? Un horror instintivo a la alabanza (Jn. 5, 44 y nota), que es la característica del Anticristo (Jn. 5, 43; 2 Ts. 2, 4; Ap. 4 y 7 ss.). Porque Jesús dijo que sus discípulos no éramos más que Él (Mt. 10, 24 ss.) y que, por lo tanto, también entre nosotros, el primero debe ser el sirviente de los demás (Mt. 23, 11; 20, 26 ss., etc.). Fácil es así explicarse por qué Pablo enseña que los apóstoles están puestos como basura del mundo (1Co. 4, 13), y por qué conservando él su trabajo manual de tejedor, lejos de todos los poderosos del mundo, ajeno a sus cuestiones temporales y perseguido de ellos por su predicación de este misterio de Cristo, puede decir a sus oyentes lo que pocos podríamos decir hoy: "Sed imitadores míos como yo soy de Cristo" (1Co. 4, 16 y 11, 1). Ante estos datos que Dios nos muestra en la divina Escritura, quedamos debidamente habilitados para descubrir a los falsos profetas que son lobos con piel de oveja (Mt. 7, 15), y de los cuales debemos guardarnos, porque así lo dice Jesús, y a quienes Él caracteriza diciendo: "Guardaos de los escribas que se complacen en andar con

largos vestidos, en ser saludados en las plazas públicas, en ocupar los primeros sitiales en la sinagoga y los primeros puestos en los convites (Mc. 12, 38-39). Cf. 3 Jn. 9.

9. San Pablo emplea la expresión *nombre* en el sentido antiguo. Entre los judíos y también entre los paganos, el nombre de Dios participaba del carácter sagrado de la divinidad y era considerado como una representación de la misma.

11. *Jesucristo es Señor para gloria de Dios Padre*: Este pasaje, que forma el Introito en la misa del Miércoles Santo, tal como se presenta en la Vulgata ("Nuestro Señor Jesucristo está en la gloria de Dios Padre") "parecería afirmar, como una gran cosa, que Jesús salvó su Alma y participa de la gloria". Por desgracia muchos tienen esa idea de que la divina Escritura está llena de cosas aburridas a fuerza de resabidas, y toman v. g. las parábolas del Evangelio como cuentitos para niños, sin sospechar el abismo de profundidad y grandeza, de belleza y consuelo que ha puesto en ellos el divino genio de Cristo, o sea (para hablar menos humanamente y más exactamente), el Espíritu Santo. El original griego expresa el sublime misterio del amor del Padre a su Hijo, que hace que el Padre se sienta glorificado en que confesemos como Señor a Cristo, "por quien, y con quien y en quien" recibe el Padre todo honor y gloria, como se proclama en el Canon de la Misa.

12. *Con temor y temblor*, o sea con total desconfianza de nosotros mismos, como se ve en el v. 13. Cf. 1 Jn. 4, 18 y nota.

13. *¡El querer y el hacer!* He aquí lo suficiente para que nadie pueda nunca atribuirse ningún mérito a sí mismo; y también para que nadie se desanime, puesto que aun la voluntad que nos falta puede sernos dada por la bondad de nuestro divino Padre. Es lo que expresa la oración del Domingo XII después de Pentecostés: "Dios misericordioso, de cuyo don viene el que tus fieles puedan servirte digna y provechosamente". San Bernardo circunscribe la cooperación humana a la siguiente fórmula: Dios obra en nosotros el pensar, el querer y el obrar. Lo primero sin nosotros. Lo segundo con nosotros. Lo tercero por medio de nosotros. Cf. Concilio de Trento Sesión 6, cap. 5.

17. San Pablo, a ejemplo de Jesús, no solamente se desvive por sus hermanos, sino también está dispuesto a dar la vida (Jn. 10, 11; 2Co. 12, 15; 1 Jn. 3, 16), no ya como víctima de redención, pues ya está pago el precio, sino como testimonio de Cristo y si es necesario en pro de la fe de ellos. Véase v. 30.

San Pablo recomienda a dos compañeros.
[19]Espero en el Señor Jesús enviaros pronto a Timoteo, para que yo también tenga buen ánimo al saber de vosotros. [20]Pues a ninguno tengo tan concorde conmigo, que se interese por vosotros tan sinceramente, [21]porque todos buscan lo de ellos mismos, no lo que es de Cristo Jesús. [22]Vosotros conocéis la prueba que ha dado, como que, cual hijo al lado de su padre, ha servido conmigo para propagación del Evangelio. [23]A éste, pues, espero enviar tan pronto como vea yo la marcha de mis asuntos. [24]Y aun confío en el Señor que yo mismo podré ir en breve. [25]Entretanto he juzgado necesario enviaros a Epafrodito, mi hermano, colaborador y compañero de armas, vuestro mensajero y ministro en mis necesidades; [26]pues añoraba a todos vosotros, y estaba desconsolado por cuanto habíais oído de su enfermedad. [27]Estuvo realmente enfermo y a punto de morir, pero Dios tuvo misericordia de él, y no tan sólo de él, sino también de mí, para que no tuviese yo tristeza sobre tristeza. [28]Lo envío por eso con mayor premura para que, al verle de nuevo, os alegréis y yo me quede sin más pena. [29]Acogedle, pues, en el Señor con todo gozo, y tened en estima a los que son como él, [30]puesto que por la obra de Cristo llegó hasta la muerte, poniendo en peligro su vida, para suplir lo que faltaba de vuestra parte en mi ministerio.

3 La gran ambición de San Pablo. [1]Por lo demás, hermanos, alegraos en el Señor. No me pesa escribiros las mismas cosas, y para vosotros es de provecho; [2]guardaos de los perros, guardaos de los malos obreros, guardaos de los mutilados. [3]Porque la circuncisión somos nosotros los que adoramos a Dios en espíritu y ponemos nuestro orgullo en Cristo Jesús, sin poner nuestra confianza en la carne, [4]aunque yo tendría motivos para confiar aún en la carne. Si hay alguien que cree que puede confiar en la carne, más lo puedo yo: [5]circuncidado al octavo día, del linaje de Israel, de la tribu de Benjamín, hebreo de hebreos; en cuanto a la ley, fariseo; [6]en cuanto al celo, perseguidor de la Iglesia; e irreprensible en cuanto a la justicia de la Ley. [7]Pero estas cosas que a mis ojos eran ganancia, las he tenido por daño a causa de Cristo. [8]Más aún, todo lo tengo por daño a causa de la preexcelencia del conocimiento de Cristo Jesús, mi Señor. Por Él lo perdí todo; y todo lo tengo por basura con tal de ganar a Cristo [9]y en Él hallarme – no teniendo justicia mía, la de la Ley, sino la que es por la fe en Cristo, la justicia que viene de Dios fundada sobre la fe [10]de conocerlo a Él y la virtud

---

20. Insuperable elogio que contrasta con el tremendo versículo siguiente, propio de todos los tiempos.

23s. El Apóstol espera ser puesto en libertad, lo que se había de cumplir muy pronto.

30. *Ministerio*: literalmente liturgia. Las obras de caridad hacia los amigos de Cristo ¿no son acaso un ministerio sagrado que se hace a Él mismo?

2. Previene a los Filipenses, como lo había hecho muchas veces (cf. v. 18) contra los *judaizantes*, los que, como perros, ladran por todas partes y muerden cobardemente. *Mutilados* llama despectivamente (cf. Lv. 21, 5; 1Re. 18, 28; Is. 15, 2) a los falsos doctores porque tenían sólo la circuncisión de la carne y no la del corazón. Véase Gal 5, 6 y 11.

3 ss. *En espíritu*: San Pablo aplica aquí –en oposición a los vv. 2 y 18s. – la revelación fundamental de Jesús a la samaritana (Jn. 4, 23) que nos servirá como piedra de toque para distinguir entre unos y otros. El resto del pasaje contiene una importante enseñanza para la cual vemos que la confianza en Dios está en razón directa de la desconfianza en la carne, esto es, en nosotros mismos y en nuestros recursos. "Si un niñito camina en una calle obscura, de la mano de su robusto padre, y confía en la fuerza y en el amor de éste para defenderlo contra cualquiera, todo su empeño estará en no soltarse de la mano del padre y en seguir sus pasos, sin ocurrírsele la idea de llevar él también un pequeño bastón para su defensa". Y si lo hiciera, demostraría que vacila su confianza en el padre y lo disgustaría gravemente con ello y con su presunción de valiente al empuñar ese objeto ridículo e ineficaz. Toda la Escritura y principalmente los Salmos (por ej. el 32) están llenos de textos que nos muestran que así piensa Dios, como ese padre. No se trata ciertamente de no hacer nada, sino al contrario de hacer lo que aquí enseña el gran Apóstol en su empeñosa carrera por seguir de la mano del Padre celestial, las buenas que Él nos señala con el ejemplo de su Hijo, diciéndole lo mismo que Jesús: "no como yo quiero sino como Tú".

7. He aquí el "amor de preferencia". La expectativa de una espléndida carrera lo alejaba de penetrar a fondo en lo más apetecible: el misterio de amor que hay en Cristo. Entonces nada le costó despreciar lo que ofrece el mundo (Cant. 8, 7).

9. *No justicia mía*: Concepto fundamental que, expresado ya en Rm. 10, 3 (cf. Rm. 3, 20-26), muestra que ser bueno según Dios, es decir, en el orden sobrenatural, no es serio según nos parece a nosotros (cf. Is. 1, 11; 66, 3 y notas). En efecto, el hombre busca en su amor propio la satisfacción de darse a sí mismo un [brillo] de aprobación y poder decir: soy bueno, como el fariseo del templo (Lc. 18, 11 ss.). Pero Dios enseña que nadie puede ser justo delante de Él (Sal. 142, 2 y nota), y bien se entiende esto, pues de lo

de su Resurrección y la participación de sus padecimientos– conformado a la muerte Suya, [11]por si puedo alcanzar la resurrección, la que es de entre los muertos.

Maravillas de nuestra esperanza. [12]No es que lo haya conseguido ya, o que ya esté yo perfecto, antes bien sigo por si logro asir aquello para lo cual Cristo Jesús me ha asido a mí. [13]No creo, hermanos, haberlo asido; más hago una sola cosa: olvidando lo que dejé atrás y lanzándome a lo de adelante, [14]corro derecho a la meta, hacia el trofeo de la vocación superior de Dios en Cristo Jesús. [15]Todos los que estamos maduros tengamos este sentir; y si en algo pensáis de diferente manera,

también sobre eso os ilustrará Dios. [16]Mas, en lo que hayamos ya alcanzado, sigamos adelante [en un mismo sentir]. [17]Sed conmigo imitadores, hermanos, observad bien a los que se comportan según el ejemplo que tenéis en nosotros. [18]Porque muchos de los que andan son –como a menudo os lo he dicho y ahora lo repito con lágrimas– enemigos de la cruz de Cristo, [19]cuyo fin es la perdición, cuyo dios es el vientre y cuya gloria es su vergüenza, teniendo el pensamiento puesto en lo terreno. [20]En cambio la ciudadanía nuestra es en los cielos, de donde también, como Salvador, estamos aguardando al Señor Jesucristo; [21]el cual vendrá a transformar el cuerpo de la humillación nuestra

---

contrario nada tendría que hacer el Redentor. Es una gran lección de fe que distingue fundamentalmente al cristiano del estoico. Este lo espera todo de su esfuerzo; aquél acepta a Cristo como su Salvador (Rm. 3, 20; 10, 3; Ga. 3, 1 ss.). La Biblia no enseña, pues, a poseer virtudes propias, como quien llevase en su automóvil un depósito de nafta que se acaba pronto. Ella nos enseña a conectar directamente el motor de nuestro corazón con el "surtidor" que es el Corazón de Cristo (Jn. 15, 1 ss.), el cual nos da de lo suyo (Jn. 1, 16), en porción tanto mayor cuanto más vacíos y necesitados nos encuentra, porque no vino para justos sino para pecadores (Mt. 9, 10-13). Tal nos enseña la Virgen cuando dice que el Padre "llenó de bienes a los hambrientos y dejó, a los ricos sin nada" (Lc. 1, 53). No queremos *poseer* virtudes, como si fuésemos dueños de ellas, porque el día que creyéramos haberlo conseguido, las pregonaríamos como el fariseo (Lc. 18, 9 ss.). Jesús quiere, que nuestra propia izquierda no sepa el bien que hacemos, como los niños, que son tanto más encantadores cuanto menos saben que lo son. Vivamos, pues, unidos a Él por la fe y el amor, y de allí surgirán entonces obras buenas de todas clases, pero no como conquistas nuestras, "para que no se gloríe ninguna carne delante de Él" (1Co. 1, 29). Bien vemos en esto que la Sagrada Escritura no enseña a ser capitalista, poseedor de virtudes, sino a ser eterno mendigo, pues en esto se complace Dios cuando ve "la nada de su sierva", como María (Lc. 1, 48). Por eso la Biblia suele tener tan poca acogida, porque no nos ofrece cosas como "la satisfacción del deber cumplido" ni esas otras fórmulas con que el mundo alienta nuestro orgullo so capa de virtud. Véase v. 10; 1Co. 10, 12 y notas.

10. *Conformado a la muerte Suya*: La espiritualidad cristiana no busca la aniquilación de la vida sino la participación en la muerte de Cristo, que es una vida sobrenatural. Véase la doctrina del Bautismo en Rm. 6, 3-5; Col. 2, 12 y notas. "Nuestro trato con Dios es una *sociedad* en que el hombre pone lo malo y Él pone lo bueno. Pero, como se trata de explotar un Producto que limpia (la Sangre de Cristo), apenas entramos a ocuparnos de él sentimos que él nos ha limpiado y sigue limpiándonos constantemente. Y el Capitalista se siente feliz en su bondad, pues ¿de qué le serviría tener ese producto si nadie lo aprovechara? Él no quiere ganar nada en cambio, ni lo necesita. Sólo quiere acreditar y difundir el

Producto, por amor a su Hijo admirable, a quien este Producto le costó la vida. Cf. 1, 29; 3, 9 y notas.

11. *Resurrección de entre los muertos*: Cf. v. 21; Jn. 6, 55; 11, 25; Hch. 4, 2; 1Co. 15, 23 y 52; Lc. 14, 14; 20, 35; Ap. 20, 4 ss., etc. Véase la nota en Jn. 6, 39.

12s. El hombre, mientras está en vida, jamás es perfecto. La *inquietud* hacia Dios nunca le deja descansar sobre lo que ha alcanzado. "Nuestro corazón está inquieto hasta que no repose en Ti" (San Agustín). *Aquello para lo cual*, etc. El Apóstol alude aquí al fin que se propone en el v. 11. Para eso lo convirtió Jesús dándole pruebas de extraordinaria predilección. Aprendamos que para eso hay que olvidar lo que dejamos atrás, tanto nuestros afectos mundanos (v. 7s.) cuanto nuestro pretendido capital de méritos (Mt. 20, 8 ss.; Lc. 17, 10), y también nuestros pecados (Lc. 7, 47 y nota).

14. *Corro derecho*. La vida cristiana es esencialmente progreso hacia la unión con Dios. Si no, es muerte. "Si tú dices: basta, ya estás muerto" (San Agustín). Véase 1Co. 9, 24; 2 Tm. 4, 7. *Vocación superior*: Fillion hace notar que el Apóstol usa aquí una "locución extraordinaria", que otros traducen por *superna, altísima, suprema,* etc., porque es la más alta de cuantas pueden darse, ya que nos identifica con Cristo (v. 21; Ef. 1, 5 y nota). *Os ilustrará Dios*: El Maestro que Dios nos envió para ello es Jesucristo, y Él "no nos extravía porque es el Camino; no nos engaña porque es la Verdad" (San Hilario). De ahí que Pablo promete así la plenitud del progreso espiritual a los que sean fieles a la luz (gran consuelo para las almas pequeñas), enseñando de paso (v. 16) que no rechacemos a los que aún no han llegado.

17. *Sed conmigo imitadores*: es decir, imitadores de Cristo, como lo soy yo. Cf. 2, 7 y nota; Ef. 5, 1.

18s. Son *muchos,* y el Apóstol habla de ellos *a menudo* (cf. v. 1). Es que, aunque el tema sea triste y negativo, no puede prescindirse de él por el interés de las almas que serían engañadas (Mt. 7, 15; Jn. 2, 24 y notas).

20s. *La ciudadanía nuestra*: Nuestra patria o morada (Vulgata. *conversación*) donde habitamos espiritualmente. Véase Ef. 2, 6; Col. 3, 1s.; Hb. 12, 22; 13, 14. *Como Salvador*: cf. Lc. 21, 28; Rm. 8, 23. Aquí se nos llama la atención sobre la maravillosa gloria de esta Resurrección que nos traerá Jesús, mostrándonos que la

conforme al cuerpo de la gloria Suya, en virtud del poder de Aquel que es capaz para someterle a Él mismo todas las cosas.

4 Paz y alegría espiritual. [1]Por tanto, hermanos míos, amados y muy deseados, gozo mío y corona mía, manteneos así en el Señor: amados. [2]Ruego a Evodia, y ruego a Sintique, que tengan el mismo sentir en el Señor. [3]Y a ti también te ruego, noble compañero, que ayudes a éstas que lucharon por el Evangelio conmigo y con Clemente y los demás colaboradores míos, cuyos nombres están en el libro de la vida. [4]Alegraos en el Señor siempre; otra vez lo diré: Alegraos. [5]Sea de todos conocida vuestra sencillez. El Señor está cerca. [6]No os inquietéis por cosa alguna, sino que en todo vuestras peticiones se den a conocer a Dios mediante la oración y la súplica, acompañadas de acción de gracias. [7]Y entonces la paz de Dios, que sobrepuja todo entendimiento, custodiará vuestros corazones y vuestros pensamientos en Cristo Jesús. [8]Por lo demás, hermanos, cuantas cosas sean conformes a la verdad, cuantas serias, cuantas justas, cuantas puras, cuantas amables, cuantas de buena conversación, si hay virtud alguna, si alguna alabanza, a tales cosas atended. [9]Lo que habéis aprendido y aceptado y oído y visto en mí, practicadlo; y el Dios de la paz será con vosotros.

Alegría por la generosidad de los filipenses. [10]Me regocijé grandemente en el Señor de que por fin retoñasteis en vuestros sentimientos hacia mí. A la verdad estabais solícitos, pero no teníais la oportunidad. [11]No os lo digo porque tenga escasez, pues he aprendido a estar contento con lo que tengo. [12]Sé vivir en humildad, y sé vivir en abundancia; en todo y por todo estoy avezado a tener hartura y a sufrir hambre; a tener sobra y a tener falta. [13]Todo lo puedo en Aquel que me conforta. [14]Sin embargo, habéis hecho bien en

---

plenitud de nuestro destino eterno no se realiza con el premio que el alma recibe en la hora de la muerte (Ap. 6, 9 ss.; 1Co. 15, 25 ss. y 51; 2Co. cap. 5; 1 Ts. 4, 13 ss.; Col. 3, 4). *Estamos aguardando al Señor*: Es la inscripción que se lee en el frontispicio interior del cementerio del Norte de Buenos Aires, como palabra de dichosa esperanza puesta en boca de los muertos. Cf. Jb. 19, 25s. y nota. *Del poder de Aquel*: Así también Buzy y otros, concordando con 1Co. 15, 25; Sal. 109, 1 ss., etc. Otros vierten: "del poder con que es capaz de someterse a Sí mismo todas las cosas".

1. El sentido de este v. parece ser: Puesto que sois tan amados míos, así también manteneos en el Señor como *amados de Él*. Es lo que dice Jesús en Jn. 15, 9: *Permaneced en mi amor*, o sea, como amados míos (véase allí la nota). Es mejor ver aquí esa gran lección de doctrina que nos lleva a vivir sabiéndonos muy amados de Jesús y del Padre (espiritualidad bien paulina, como vemos en Ef. 5, 1, donde se habla también de imitación, como aquí en 3, 17), antes que suponer una simple repetición del adjetivo "carísimo" al final. Bien sabemos que San Pablo no obstante su corazón ardiente y lleno de caridad, no era nada inclinado a lo sentimental. La lección consiste, pues, en que, para facilitarnos la imitación de un modelo, sea el mismo Dios, o sea Pablo como fiel discípulo, se nos recuerda que ese modelo nos ama especialmente, pues eso nos inclina a querer ser como él. No otra cosa hace Jesús cuando nos pone por modelo a su Padre "que es bueno con los desagradecidos y malos" (Lc. 6, 35), y cuando se pone Él mismo para que lo imitemos en amar a los hermanos como Él nos amó a nosotros (Jn. 13, 34).

2. Las dos eran, según la opinión de varios expositores, diaconisas de la Iglesia de Filipos; pero vivían en discordia dando un ejemplo poco edificante. El Apóstol les recuerda la unidad de espíritu que antes predicó en 2, 2.

3. *Compañero*: Algunos creen que en el griego esta palabra indica un nombre propio. *Clemente* es tal vez aquel que más tarde fue Pontífice de la Iglesia de Roma (San Jerónimo).

4. San Pablo proclama la gran excelencia de la *alegría*, la cual en la Vulgata es llamada tesoro inexhausto de santidad (Eclo. 30, 23). Más debemos evitar que esa hermosa fuerza de la alegría descienda del espíritu a la carne. ¡Cuántas veces sucede que un banquete para celebrar algo espiritual concluye con la ebriedad que nos bestializa y nos mueve al Pecado! Véase 1Co. 11, 17 y nota.

5. *El Señor está cerca*, esto es, su segunda venida. Cf. 1Co. 7, 29; Hb. 10, 37; St. 5, 8; Ap. 1, 3; 22, 7 y 10.

6. *No os inquietéis*: "Proviene la inquietud de un inmoderado deseo de librarse del mal que se padece o de alcanzar el bien que se espera, y con todo, la inquietud o el desasosiego es lo que más empeora el mal y aleja el bien, sucediendo lo que a los pajarillos, que al verse entre redes y lazos, se agitan y baten las alas para salir, con lo cual se enredan cada vez más y quedan presos. Por tanto, cuando quieras librarte de algún mal o alcanzar algún bien, ante todas las cosas tranquiliza tu espíritu y sosiega el entendimiento y la voluntad" (San Francisco de Sales). La vida del que espera al Señor en "la dichosa esperanza" (Tt. 2, 13) excluye, como enseña Jesús, todo apego como el de la mujer de Lot. Cf. Lc. 18, 32.

7. *Sobrepuja todo entendimiento*: "Por lo mismo domina las ciegas pasiones y evita las disensiones y discordias que necesariamente brotan del ansia de tener" (Papa Pío XI, Encíclica "Ubi arcano Dei Concilio").

12. Véase 2Re. 6, 10; 11, 27; 1Co. 4, 11.

13. "Nada prueba mejor el poder del Verbo, dice San Bernardo, que la fuerza que comunica a los que en Él esperan. El que así está apoyado en el Verbo y revestido de la virtud de lo alto no se deja abatir ni subyugar por fuerza alguna, por ningún fraude ni ningún

haceros copartícipes de mi estrechez. [15]Bien sabéis también vosotros, oh filipenses, que en los comienzos del Evangelio, cuando salí de Macedonia, ninguna Iglesia abrió conmigo cuentas de dar y recibir, sino vosotros solos. [16]Pues hasta en Tesalónica, más de una vez enviasteis con qué atender mi necesidad. [17]No es que busque yo la dádiva; lo que deseo es que el rédito abunde a cuenta vuestra. [18]Tengo de todo y me sobra. Estoy repleto, después de recibir de Epafrodito las cosas enviadas de vuestra parte, como olor suavísimo, sacrificio acepto, agradable a Dios. [19]El Dios mío atenderá toda necesidad vuestra, conforme a la riqueza suya, con gloria en Cristo Jesús. [20]Gloria al Dios y Padre nuestro por los siglos de los siglos. Amén.

[21]Saludad a todos los santos en Cristo Jesús. Os saludan los hermanos que están conmigo. [22]Todos los santos os saludan, especialmente los de la casa del César. [23]La gracia del Señor Jesucristo sea con vuestro espíritu. Amén.

CARTA A LOS COLOSENSES

El Apóstol San Pablo escribe esta carta desde Roma donde estaba preso, hacia el año 62, con el fin de explicarles, como a los Efesios, aspectos siempre nuevos del Misterio de Cristo, y de paso desenmascarar a los herejes que se habían introducido en la floreciente comunidad cristiana, "con apariencia de piedad" (2Tim. 3, 5), inquietándola con doctrinas falsas tomadas del judaísmo y paganismo (necesidad de la Ley, de la observancia de los novilunios y de la circuncisión, culto exagerado de ángeles, gnosticismo, falso ascetismo). A este respecto véase, con sus notas, la Epístola a los Gálatas, especialmente el capítulo segundo.

1 **Saludo apostólico.** [1]Pablo, apóstol de Cristo Jesús, por la voluntad de Dios, y el hermano Timoteo, [2]a los santos y fieles hermanos en Cristo, que viven en Colosas: gracia y paz a vosotros de parte de Dios nuestro Padre. [3]Damos gracias al Dios y Padre de Nuestro Señor Jesucristo, rogando en todo tiempo por vosotros, [4]pues hemos oído de vuestra fe en Cristo Jesús y de la caridad que tenéis hacia todos los santos, [5]a causa de la esperanza que os está guardada en los cielos y de la cual habéis oído antes por la palabra de la verdad del Evangelio, [6]que ha llegado hasta vosotros, y que también en todo el mundo está fructificando y creciendo como lo está entre vosotros desde el día en que oísteis y (*así*) conocisteis en verdad la gracia de Dios, [7]según aprendisteis de Epafras, nuestro amado consiervo, que es un fiel ministro de Cristo para vosotros, [8]y nos ha manifestado vuestro amor en el Espíritu.

Oración del apóstol por los fieles. [9]Por esto también nosotros, desde el día en que lo oímos, no cesamos de rogar por vosotros y de pedir que seáis llenados del conocimiento de su voluntad con toda sabiduría e inteligencia espiritual, [10]para que andéis de una manera digna del Señor, a fin de serle gratos en todo, dando frutos en toda obra buena y

---

peligroso atractivo; siempre es vencedor". Véase 2Co. 12, 10 y nota.

15. *Cuentas de dar y recibir*: Con esta expresión, tomada de la vida comercial, San Pablo quiere indicar que los filipenses como deudores suyos le devuelven en bienes materiales lo que le deben espiritualmente por la predicación del Evangelio, y les recuerda con exquisita caridad que ellos son los compañeros de las difíciles horas iniciales (Hch. 16, 40). Cf. 2Co. 8, 13 y nota.

19. *Conforme a la riqueza suya*: Cf. Sal. 50, 2s. y nota.

22. Como se ve, el cristianismo ha penetrado ya en la *casa del César,* siendo probablemente servidores, soldados y cortesanos los que recibieron la fe.

5. Sobre esta *esperanza* véase 3, 4; Tt. 2, 13; Hch. 3, 21; Flp. 3, 20s. y notas.

9. A pesar de no conocer personalmente a la Iglesia de *Colosas,* fundada por un discípulo suyo (Epafras), el Apóstol no cesa de recordarla en sus oraciones, deseándole los más altos bienes del espíritu, e insistiendo en hacer notar que ellos nos vienen siempre del conocimiento espiritual de Dios (v. 6 y 10). A esto lo llama "el poder de la gloria" (v. 11), que sostiene nuestra conducta y nuestro gozo en la paciencia. Véase igual concepto en 2 Tm. 3, 16s. "No se debe hablar de las cosas de Dios según nuestro sentir humano. Nosotros debemos leer lo que está escrito, y comprender lo que leemos. Sólo entonces habremos cumplido con nuestra fe" (San Hilario). Véase 2, 8 y nota.

creciendo en el conocimiento de Dios, [11]confortados con toda fortaleza, según el poder de su gloria, para practicar con gozo toda paciencia y longanimidad, [12]dando gracias al Padre, que os capacitó para participar de la herencia de los santos en la luz. [13]Él nos ha arrebatado del poder de las tinieblas, y nos ha trasladado al reino del Hijo de su amor, [14]en quien tenemos la redención, la remisión de los pecados por su sangre.

El misterio de Cristo. [15]Él (*Cristo*) es la imagen del Dios invisible, el primogénito de toda creación; [16]pues por Él fueron creadas todas las cosas, las de los cielos y las que están sobre la tierra, las visibles y las invisibles, sean tronos, dominaciones, principados y potestades. Todas las cosas fueron creadas por Él y para Él. [17]Él es antes de todas las cosas y en Él subsisten todas. [18]Él es la cabeza del cuerpo de la Iglesia, siendo Él mismo el principio, el primogénito de entre los muertos, para que en todo sea Él lo primero. [19]Pues quiso (*al Padre*) hacer habitar en Él toda la plenitud, [20]y por medio de Él reconciliar consigo todas las cosas, tanto las de la tierra como las del cielo, haciendo la paz mediante la sangre de su cruz. [21]También a vosotros, que en un tiempo erais extraños y en vuestra mente erais enemigos a causa de las malas obras, [22]ahora os ha reconciliado en el cuerpo de la carne de Aquél por medio de la muerte, para que os presente santos e inmaculados e irreprensibles delante de Él. [23]Si es que en verdad permanecéis fundados y asentados en la fe e inconmovibles en la esperanza del Evangelio que oísteis, el cual ha sido predicado en toda la creación debajo del cielo y del cual yo Pablo he sido constituido ministro. [24]Ahora me gozo en los padecimientos a causa de vosotros, y lo que falta en mi carne de las tribulaciones de Cristo, lo cumplo en favor de su Cuerpo, que es la Iglesia. [25]De ella fui yo constituido siervo, según la misión que Dios me encomendó en beneficio vuestro, de anunciar en su plenitud el divino Mensaje, [26]el misterio, el que estaba escondido desde los siglos y generaciones,

---

14. *Por su sangre:* Vulgata.

15 ss. Los siguientes versículos de esta Epístola, esencialmente cristológica, muestran la singularidad y absoluta majestad de la persona de Jesús. Jesús no es sólo infinitamente superior a los ángeles y otras creaturas sino que Él constituye el principio y fin del universo, por quien Dios lo ha creado todo. Cristo es, por consiguiente, cabeza de todas las cosas y especialmente de la Iglesia. Véase el Prólogo del Evangelio de San Juan (Jn. 1, 1-14). Cf. Hb. 1, 1-15; Ga. 6, 15; 2Co. 5, 17; Ef. 1, 10 y 22; 5, 23- 32, etc.

16. Según suele entenderse estas expresiones se aplican a distintos órdenes de ángeles (cf. 2, 10 y 15; Rm. 8, 38; Ef. 1, 21) y también de demonios (cf. 2, 15; Ef. 3, 10 y 6, 12).

18. Cf. 2, 19; 1Co. 15, 20; Ga. 3, 28; Ap. 1, 5. "Si la Iglesia es un cuerpo, necesariamente ha de ser una sola cosa indivisa, según aquello de San Pablo: "Muchos formamos en Cristo un solo cuerpo" (Rm. 12, 5). Por lo cual se apartan de la verdad divina aquellos que se forjan la Iglesia de tal manera que ... muchas comunidades cristianas, aunque separadas mutuamente en la fe, se juntan, sin embargo, por un lazo invisible" (Encíclica de Pío XII "Cuerpo Místico de Cristo").

20. Véase Ef. 1, 7 y 10; 2, 13 ss.; 1 Jn. 2, 2; 1 Pe. 3, 19; 4, 6. *Reconciliar consigo todas las cosas:* "Con cuya expresión fácilmente se desliza un sentido restringido exclusivamente al dominio ético. En realidad no se trata solamente de que sean "renovados" los actos morales del hombre por el cumplimiento de la Ley de Cristo sino más bien que el cosmos total, aun en su existencia y actividad, sea "incluido" en Cristo. Así como al final de un libro todos los capítulos antecedentes toman una forma nueva, concentrada, que los abarca todos, en un capítulo final y son "recapitulados" en él, así también el cosmos completo, el espiritual y el material, ha sido realmente construido de nuevo en el Hombre-Dios, Jesucristo" (Padre Pinsk).

23s. Sobre la *esperanza del Evangelio,* véase v. 27; Rm. 8, 25; Flp. 3, 20 y nota; Hb. 3, 6; 7, 19; 11, 1, etc. *Ha sido predicado... debajo del cielo:* Sobre la amplitud de esta expresión, véase Rm. 10, 18 y nota. *Ministro:* San Pablo, que poco antes sufría cadenas "por la esperanza de Israel" (Hch. 28, 20), está ahora, desde el rechazo total de los judíos (Hch. 28, 26 ss.), plenamente entregado a la Iglesia cuerpo místico, en que ya no hay judío ni gentil (3, 11), de la cual se llama ministro, en griego *diácono.* Ahora sus cadenas son "por vosotros, gentiles" (Ef. 3, 1), y por esta Iglesia acepta gozoso (v. 24) lo que en su carne le toque aún, por designio de Dios, padecer con Cristo (Rm. 6, 3s.; 8, 17s.; Flp. 3, 10). *Lo que en mi carne falta de las tribulaciones de Cristo:* "Los sufrimientos de la Iglesia y de cada uno de sus miembros son sufrimientos de Cristo (Hch. 9, 5; Ap. 7, 4)" (Crampon). No quiere decir, pues, que faltase nada en la pasión sobreabundante de Nuestro Señor, "de cuya Sangre habría bastado una gota para redimir a todo el mundo de todo delito" (Santo Tomás de Aquino). Sabido es que "la carne desea contra el espíritu" (Ga. 5, 17); por eso el Apóstol la tiene reducida a servidumbre (1Co. 9, 27) y acepta con gozo (2Co. 7, 4), en unión con Jesús (Rm. 8, 17), las tribulaciones que le sobrevienen o puedan sobrevenirle (2Co. 1, 5), como ministro de la Iglesia (v. 25), y por amor a la misma a ejemplo de Cristo (Ef. 5, 25).

25. *Anunciar en su plenitud el divino Mensaje:* Otros traducen: Completar la palabra de Dios, es decir revelar el misterio de que habla a continuación, el cual hasta entonces había estado escondido, siendo sin duda una de esas cosas que Jesús no reveló a los Doce porque ellos no estaban preparados para recibirla (Jn. 16, 12). Es muy notable que Dios eligiera para esto a Pablo, que no era de los Doce, "como prototipo de los que después habían de creer

y que ahora ha sido revelado a sus santos. [27]A ellos Dios quiso dar a conocer cuál es la riqueza de la gloria de este misterio entre los gentiles, que es Cristo en vosotros, la esperanza de la gloria. [28]A Éste predicamos, amonestando a todo hombre e instruyendo a todo hombre en toda sabiduría, para presentar perfecto en Cristo a todo hombre. [29]Por esto es que me afano luchando mediante la acción de Él, la cual obra en mí poderosamente.

2 Advertencia contra la sabiduría humana.

[1]Porque quiero que sepáis que fuertemente tengo que luchar por vosotros y por los de Laodicea, y por cuantos nunca me han visto personalmente, [2]a fin de que sean consolados sus corazones, confirmados en el amor y alcancen la plenitud en toda la riqueza de la inteligencia, de modo que se llegue al conocimiento del misterio de Dios, que es Cristo, [3]en quien los tesoros de la sabiduría y del conocimiento están todos escondidos. [4]Esto lo digo, para que nadie os seduzca con argumentos de apariencia lógica. [5]Pues si bien estoy ausente con el cuerpo, sin embargo en espíritu estoy entre vosotros, gozándome al mirar vuestra armonía y la firmeza de vuestra fe en Cristo. [6]Por tanto, tal cual aprendisteis a Cristo Jesús el Señor, así andad en Él, [7]arraigados en Él y edificados sobre Él, confirmados en la fe según fuisteis enseñados, y rebosando de agradecimiento. [8]Mirad no haya alguno que os cautive por medio de la filosofía y de vana falacia, fundadas en la tradición de los hombres según los elementos del mundo, y no según Cristo.

Cristo Dios, cabeza de todo. [9]Porque en Él habita toda la plenitud de la Divinidad corporalmente; [10]y en Él estáis llenos vosotros y Él es la cabeza de todo principado y potestad. [11]En Él

---

en Él" (1 Tm. 1, 16), y que Pablo sólo explayase este misterio en las Epístolas de la cautividad (Ef. cap. 1 y notas), es decir, terminado el periodo de los Hechos de los Apóstoles (Hch. 28, 21 y nota), de modo que la plenitud de su revelación a los gentiles sólo llegó cuando Israel desoyó la predicación apostólica, como había de desoír también la Epístola de los Hebreos. Más tarde el Apóstol hará a Tito una confirmación de lo expuesto aquí. Véase Tt. 1, 2s.

26. Sobre este misterio escondido, véase Ef. 3, 9 y nota.

[2] Mons. Straubinger traduce: *los que nunca han visto mi rostro en la carne.*

[3] Cfr. Ef. 3, 4. Otros al traducir solo mencionan "Misterio de Dios" sin referencia a Cristo. Variantes en la traducción: "de Dios, Padre de Cristo", "de Dios en Cristo", "de Dios Padre y de Cristo".

3. *Escondidos*: Cf. 1, 26; Col. 2, 7 y nota. Por lo cual en vano se pretendería investigarlos fuera del estudio de la divina Revelación (v. 4 y 8), para el cual más bien que la agudeza del dialéctico, se requiere la espiritualidad (1Co. 2, 3) y la simplicidad propia de los humildes (Lc. 10, 21).

7. Jesucristo es la "piedra" sobre la cual el alma está edificada y elevada por encima de sí misma, de los sentidos, de la naturaleza, por encima de los consuelos y de los dolores, por encima de lo que no es únicamente Él. Y allí, en su plena posesión, ella se domina, se supera a sí misma y sobrepuja de este modo todas las cosas (Beata Isabel de la Santísima Trinidad). Véase Ef. 2, 20-22 y notas. Esto dice el mismo Señor refiriéndose al que edifica sobre sus Palabras (Mt. 7, 24).

8. *Fundadas en la tradición de los hombres*: Es ésta una de las frases más expresivas de San Pablo. Pone el dedo en la llaga sobre la prudencia de los hombres, y el espíritu meramente humano, como predicador de una doctrina que no sólo es toda sobrenatural y divina, recibida por él de Cristo y "no de los hombres", "ni según los hombres", "ni para agradar a los hombres" (Ga. 1, 1-12), sino que, como tal, es contraria a toda sabiduría humana, y tan despreciada y perseguida por los carnales cuanto por los intelectualistas (1Co. cap. 1-3) y por los que se jactan de sus "virtudes" (Lc. 10, 21; 18, 9, etc.). Todo esto forma lo que Cristo llama "el mundo", que es *necesariamente su enemigo* (Jn. 7; 7). Por el solo hecho de no estar con Él, está contra Él (Lc. 11, 23), y no pudiendo recibir la verdadera sabiduría del Espíritu Santo, porque "no lo ve ni lo conoce" (Jn. 14, 17), considera "altamente estimable lo que para Dios es despreciable" (Lc. 16, 15), y se constituye, a veces so capa de piedad y buen sentido, en el más fuerte opositor de las "paradojas" evangélicas, porque le escandalizan (Lc. 7, 23; Mt. 13, 21 y notas). El gran Apóstol que fue burlado en la mayor academia clásica del mundo (Hch. 17, 32 y nota), nos previene aquí contra el más peligroso de todos los virus porque es el más "honorable". Al terminar la segunda guerra mundial, se anunció que el campo de la cultura, para orientar a la humanidad, se disputará entre dos tendencias: la humanista por una parte, y por otra la pragmatista, utilitarista y positivista. San Pablo, que otras veces nos previene contra esta última y contra aquéllos "cuyo dios es el vientre" (Flp. 3, 19), señalándonos la inanidad de esta vida efímera (1Co. 6, 13; 7, 31; 2Co. 4, 18; Hb. 11, 1, etc.), nos previene aquí también contra la primera, recordándonos que "todo el que se cree algo se engaña, porque es la nada" (Ga. 6, 3), y que "uno solo es nuestro Maestro": Jesús de Nazaret (Mt. 23, 8), el cual fue acusado precisamente porque "cambiaba las tradiciones" (Hch. 6, 4). Véase Mc. 7, 4; Mt. 15, 3; Ne. 9, 6 y notas. "Si Babel trata de alzar más y más su torre, decía un Santo, cavemos nosotros más profundo aún nuestro pozo, hasta la nada total, basta el infinito no ser, para compensar en cuanto se pueda el desequilibrio".

9 ss. San Pablo defiende contra los falsos doctores tres grandes verdades: 1º) Cristo es superior a los ángeles, porque en Él reside plenamente la naturaleza divina y no en los ángeles; 2º) nuestros pecados son perdonados por Él, en la circuncisión espiritual, el Bautismo (v. 11), y no por los ángeles (v. 11-13); 3º) Cristo puso término al dominio de Satanás (v. 14s.).

también fuisteis circuncidados con circuncisión no hecha por mano de hombre mediante el despojo del cuerpo de la carne, sino con la circuncisión de Cristo, [12]habiendo sido sepultados con Él en el bautismo, donde así mismo fuisteis resucitados con Él por la fe en el poder de Dios que le resucitó de entre los muertos. [13]Y a vosotros, los que estabais muertos por los delitos y por la incircuncisión de vuestra carne, os dio vida juntamente con Él, perdonándoos todos los delitos, [14]habiendo cancelado la escritura presentada contra nosotros, la cual con sus ordenanzas nos era adversa. La quitó de en medio al clavarla en la cruz; [15]y despojando (*así de aquélla*) a los principados y potestades denodadamente los exhibió a la infamia, triunfando sobre ellos en la cruz.

El Falso ascetismo. [16]Que nadie, pues, os juzgue por comida o bebida, o en materia de fiestas o novilunios o sábados. [17]Estas cosas son sombra de las venideras, más el cuerpo es de Cristo. [18]Que nadie os defraude de vuestro premio con afectada humildad y culto de los ángeles, haciendo alarde de las cosas que pretende haber visto, vanamente hinchado por su propia inteligencia carnal, [19]y no manteniéndose unido a la cabeza, de la cual todo el cuerpo, alimentado y trabado por medio de coyunturas y ligamentos, crece con crecimiento que viene de Dios. [20]Si con Cristo moristeis a los elementos del mundo ¿por qué, como si vivieseis en el mundo, os sujetáis a preceptos tales como: [21]"No tomes", "no busques", "no toques" – [22]cosas todas que han de perecer con el uso– según los mandamientos y doctrinas de los hombres? [23]Tales cosas tienen ciertamente color de sabiduría, por su afectada piedad, humildad y severidad con el cuerpo; mas no son de ninguna estima: sólo sirven para la hartura de la carne.

3 Nuestra vida cristiana con Dios en el Espíritu.

[1]Si, pues, fuisteis resucitados con Cristo, buscad las cosas que son de arriba, donde Cristo está sentado a la diestra de Dios. [2]Pensad en las cosas de arriba, no en las de la tierra; [3]porque ya moristeis (*con Él*) y vuestra vida está escondida con Cristo en Dios. [4]Cuando se manifieste nuestra vida, que es Cristo, entonces vosotros también seréis manifestados con

11. Nótese el contraste con Ef. 2, 11.

12. *Sepultados con Él*: Fillion hace notar que el mejor comentario de este pasaje lo da el mismo San Pablo en Rm. 6, 3-5, y que el Bautismo era administrado originariamente por inmersión y figuraba así, primero la muerte y sepultura del hombre viejo, y luego la resurrección del hombre nuevo (cf. Const. Apost. 3, 17). *Por la fe*, etc.; es decir, que esta fe en la resurrección del Hijo hecha por el Padre ha de ser anterior al Bautismo. Así lo dice el Señor en Mc. 16, 16 y lo vemos en Hch. 2, 41; 8, 36s., etc. Como observa el Cardenal Goma, el Bautismo es posterior a la profesión de fe, y esta fe viene de la palabra, la cual es, como él dice, "la primera función ministerial". En el bautismo de los párvulos se supone que éstos piden previamente esa fe a la Iglesia, y luego hacen profesión de ella por medio de los padrinos.

13 ss. El argumento de San Pablo es: Jesús, nuestro divino Campeón humilló hasta la infamia a los espíritus infernales (1, 16 y nota), arrebatándoles la escritura donde constaban nuestras culpas y dejándolos así en descubierto al despojarlos de la prueba en que se fundaban para acusarnos como enemigos nuestros. Manera tan sublime como audaz de presentar todo cuanto debemos a nuestro divino Abogado (1 Jn. 2, 1s.). Cf. 3, 4; Lc. 21, 28; Jn. 14, 31 y notas; Rm. 8, 23; Ap. 12, 10, etc.

16. Los falsos doctores predicaban muchas prácticas exteriores como indispensables para la salud; ciertos manjares, fiestas, sábado judío, celebración de novilunios, etc. Semejantes cosas no valen más que la sombra en comparación con el sol. *Sábados*: Aquí se confirma la sustitución del antiguo sábado por el domingo, día de la Resurrección del Señor. Véase 1 Tm. 4, 4 ss. y nota.

18. El culto de los *ángeles* como otras tantas divinidades menores, semejantes a los "eones" de Valentino que menciona S. Ireneo, era una característica de los gnósticos. Parece que éstos, ya en tiempo de San Pablo, se infiltraron en las comunidades cristianas del Asia Menor. Cf. Mt. 24, 4.

19. Véase Ef. 4, 16 y nota. "A la manera como en el cuerpo el cerebro es centro de los nervios, los que para él son instrumentos de los sentidos, así también el Cuerpo de la Iglesia recibe del Señor Jesucristo las fuentes de la doctrina y las causas que obran la salud" (Teodoreto).

23. *Para la hartura de la carne*: Así también el Padre Bóver. "Las prácticas en cuestión no tienen ningún valor ante Dios, porque provienen del orgullo y carecen de sinceridad; por otra parte, lejos de mortificar y someter a la carne, es decir, la naturaleza caída, le brindan un nuevo pasto, porque ella cree fácilmente que basta infligirse algunas maceraciones para hacer grandes progresos en la virtud" (Fillion). Es de advertir que este versículo ha sido traducido erróneamente por algunos, haciéndole decir, al revés, que en ese falso ascetismo hay algo de verdadera virtud.

3. He aquí la profunda realidad del Cuerpo Místico: estamos ya muertos al mundo por el Bautismo (2, 12; Rm. 6, 3 ss. y notas). No podemos aún salir del mundo, pero necesitamos librarnos de todas las cosas que se oponen al orden sobrenatural (v. 5), porque ya no somos del mundo. "Preceda el corazón al cuerpo. Hazte sordo para no oír. Los corazones, allá arriba" (San Agustín). Cf. Jn. 17, 14-16; 1 Jn. 2, 15.

Él en gloria. [5]Por tanto, haced morir los miembros que aun tengáis en la tierra: fornicación, impureza, pasiones, la mala concupiscencia y la codicia, que es idolatría. [6]A causa de estas cosas descarga la ira de Dios sobre los hijos de la desobediencia. [7]Y en ellas habéis andado también vosotros en un tiempo, cuando vivíais entre aquéllos. [8]Mas ahora, quitaos de encima también vosotros todas estas cosas: ira, enojo, malicia, maledicencia, palabras deshonestas de vuestra boca. [9]No mintáis unos a otros. Despojaos del hombre viejo con sus obras, [10]y vestíos del nuevo, el cual se va renovando para lograr el conocimiento según la imagen de Aquel que lo creó; [11]donde no hay griego ni judío, circuncisión ni incircuncisión, ni bárbaro, ni escita, ni esclavo, ni libre, sino que Cristo es todo y en todos.

Vivir para Cristo. [12]Vestíos, pues, como elegidos de Dios, santos y amados, de entrañas de misericordia, benignidad, humildad, mansedumbre, longanimidad, [13]sufriéndoos unos a otros, y perdonándoos mutuamente, si alguno tuviere queja contra otro. Como el Señor os ha perdonado, así perdonad también vosotros. [14]Pero sobre todas estas cosas, (*vestíos*) del amor, que es el vínculo de la perfección. [15]Y la paz de Cristo, a la cual habéis sido llamados en un solo cuerpo, prime en vuestros corazones. Y sed agradecidos: [16]La Palabra de Cristo habite en vosotros con opulencia, enseñándoos y exhortándoos unos a otros en toda sabiduría, cantando a Dios con gratitud en vuestros corazones, salmos, himnos y cánticos espirituales. [17]Y todo cuanto hagáis, de palabra o de obra, hacedlo todo en nombre del Señor Jesús, dando por medio de Él las gracias a Dios Padre.

Normas los estados de vida. [18]Mujeres, estad sujetas a vuestros maridos, como conviene en el Señor. [19]Maridos, amad a vuestras mujeres, y no las tratéis con aspereza. [20]Hijos, obedeced a vuestros padres en todo, porque esto es lo agradable en el Señor. [21]Padres, no exasperéis a vuestros hijos, no sea que se desalienten. [22]Siervos, obedeced en todo a vuestros amos según la carne,

---

4. "La vida de la gracia está escondida en el fondo del alma: así como nuestros ojos mortales no perciben a Cristo en el seno del Padre, nada tampoco manifiesta exteriormente nuestra unión a Cristo y a su Padre. Pero el día en que Cristo vendrá a inaugurar la fase definitiva de su reino, la gracia florecerá en gloria y nosotros seremos asociados a su triunfo" (Pirot). Cf. 1, 5 y nota; 1Co. 15, 43; Flp. 3, 20; 1 Jn. 3, 2.

7. *También vosotros*: los gentiles. Cf. Ef. 2, 11 ss. y notas.

9s. Debemos cuidar la exactitud de una expresión que suele repetirse, según la cual para el cristianismo todos los hombres son hermanos, como hijos del mismo Padre. Lo son, ciertamente, como creaturas. Pero hijo de Dios, en el sentido sobrenatural, no es sino el que ha "nacido de nuevo" (Jn. 3, 3), es decir, el que vive su fe y su bautismo, convertido totalmente a Cristo, o sea el que ya no es del mundo (v. 3), el que ha renunciado a sí mismo y es un "hombre nuevo" (Ef. 4, 21-24). Quizás nos asombraríamos si pudiéramos ver cuántos son los que realmente viven la ley de gracia que nos hace, no sólo llamarnos hijos de Dios, sino serlo de veras (1 Jn. 3, 1). Estos, dice San Juan, no pecan más, porque han nacido de Dios y la semilla divina permanece en ellos (1 Jn. 3, 9). Nótese que, según la doctrina central de esta Epístola, nuestro "hombre viejo" se renueva por el *conocimiento*, el cual no puede ser sustituido por ningún mecanismo, meramente exterior (v. 10; 1, 9 y nota; v. 4, 24, etc.). Es, pues, de trascendental importancia sembrar la Palabra de la cual nace el conocimiento sobrenatural de Dios (Jn. 17, 3 y 17), que es, como dice Santo Tomás, una participación al conocimiento que Dios tiene de Sí mismo. Cf. 2 Tm. 2, 19s. y notas.

12 ss. La *caridad* es algo más que un uniforme con que estamos vestidos: es la señal de nuestra elección. El mundo debe conocernos por las obras de nuestra caridad. Jesús puso como señal para sus discípulos el mutuo amor y enseñó que este espectáculo es el que puede convertir al mundo (Jn. 13, 34; 15, 12; 17, 21). Por eso dice: *el vínculo de la perfección* (v. 14), es decir, el lazo de unión que vincula y caracteriza a los perfectos (Flp. 3, 3). "En verdad que la caridad es el *vínculo de la perfección,* porque une con Dios estrechamente a aquellos entre quienes reina, y hace que los tales reciban de Dios la vida del alma, vivan con Dios, y que dirijan y ordenen a Él todas sus acciones" (León XIII, en la Encíclica "Sapientia Christiana").

15. Véase Rm. 12, 5; 1Co. 12, 13.

16. *Con opulencia*: es decir, que nadie puede pretender que conoce bien la Palabra de Dios si ignora el Evangelio y confía en los pocos recuerdos que puedan quedarle del Catecismo de su infancia (cf. 1 Ts. 2, 13 y nota). Santa Paula cuenta que, todavía en su tiempo, "el labriego conduciendo su arado cantaba el "aleluya"; el segador sudando se recreaba con el canto de los salmos, y el vendimiador, manejando la corva podadora, cantaba algún fragmento de las poesías davídicas".

18 ss. De la idea principal de la caridad se desprenden los deberes de cada uno, particularmente los de los padres, hijos, esclavos y amos. Hay un paralelismo entre todo este pasaje y el que empieza en Ef. 5, 22. Véase 4, 16 y nota.

21. *La autoridad paterna*, por lo mismo que es la más elevada como reflejo de la divina Paternidad (Ef. 3, 15 y nota), ha de tomar ejemplo del Padre celestial, que no quiere movernos como autómatas, ni nos ha dado el espíritu de esclavitud (Ga. 5, 8 y nota), sino de hijos como Jesús (Ga. 4, 6 y nota), y lejos de querer abrumarnos (Ga. 3, 5 y nota), se preocupa especialmente de evitar

no sirviendo al ojo, como para agradar a los hombres, sino con sencillez de corazón, temiendo al Señor. [23]Cuanto hagáis, hacedlo de corazón, como para el Señor, y no para los hombres, [24]sabiendo que de parte del Señor recibiréis por galardón la herencia. Es a Cristo el Señor a quien servís. [25]Porque el que hace injusticia, recibirá la injusticia que hizo; y no hay acepción de personas.

4 **Oración y prudencia.** [1]Amos, proveed a los que os sirvan, de lo que es según la justicia e igualdad, sabiendo que también vosotros tenéis un Amo en el cielo. [2]Perseverad en la oración, velando en ella y en la acción de gracias, [3]orando al mismo tiempo también por nosotros, para que Dios nos abra una puerta para la palabra, a fin de anunciar el misterio de Cristo, por el cual me hallo preso, [4]para que lo manifieste hablando como debo. [5]Comportaos prudentemente con los de afuera ; aprovechad bien el tiempo. [6]Sea vuestro hablar siempre con buen modo, sazonado con sal, de manera que sepáis cómo debéis responder a cada uno.

Conclusión. [7]En cuanto a mi persona, de todo os informará Tíquico, el amado hermano y fiel ministro y consiervo en el Señor; [8]a quien he enviado a vosotros con este mismo fin, para que conozcáis mi situación y para que él conforte vuestros corazones, [9]juntamente con Onésimo, el hermano fiel y amado, que es de entre vosotros.

Ellos os informarán de todo lo que pasa aquí. [10]Os saluda Aristarco, mi compañero de cautiverio, y Marcos, primo de Bernabé, respecto del cual ya recibisteis avisos –si fuere a vosotros, recibidle–[11]y Jesús, llamado Justo. De la circuncisión son éstos los únicos que colaboran conmigo en el reino de Dios, y han sido para mí un consuelo. [12]Os saluda Epafras, que es uno de vosotros, siervo de Cristo Jesús, el cual lucha siempre a favor vuestro en sus oraciones, para que perseveréis perfectos y cumpláis plenamente toda voluntad de Dios. [13]Le doy testimonio de que se afana mucho por vosotros y por los de Laodicea y los de Hierápolis. [14]Os saluda Lucas, el médico amado, y Demas. [15]Saludad a los hermanos de Laodicea, a Ninfas, y a la Iglesia que está en su casa. [16]Y cuando esta epístola haya sido leída entre vosotros, haced que se la lea también en la Iglesia de los laodicenses; y leed igualmente vosotros la que viene de Laodicea. [17]Y a Arquipo decidle: "Atiende al ministerio que has recibido en el Señor para que lo cumplas. [18]El saludo es de mi mano, Pablo. Acordaos de mis cadenas. La gracia sea con vosotros".

---

que caigamos en esa desesperación o pusilanimidad que aquí señala San Pablo. Cfr. Ef. 6, 4; 5, 21 ss.; 1Co. 7, 20; 1 Pe. 3, 1. De lo contrario, la obediencia del hijo nunca se haría consciente y voluntaria, y llegado a ser adulto sacudiría el yugo paterno en vez de asimilarse sus enseñanzas. De ahí que la Iglesia nos lleve a renovar, en la edad adulta, las promesas del Bautismo, que no pudimos formular por nosotros mismos cuando párvulos.

22. Véase sobre este importante punto la nota en Ef. 6, 5 ss. y las citas correspondientes.

1. "Elevemos, pues, los ojos al cielo: es a la luz de este pensamiento cómo amos y siervos han de considerarse iguales ante la faz de su común Amo y Señor" (Papa Pío XII, Alocución del 5 de agosto de 1943).

3. *¡Una puerta para la Palabra!* Es todo lo que ambiciona el Apóstol: poder entrar con la Palabra de Dios donde lo escuchen. Véase 1Co. 16, 9; Hch. 19, 22 y nota; 2Co. 2, 12; Ef. 6, 18-20; Rm. 12, 12; 1 Ts. 5, 17; 2 Ts. 3, 1.

5. *Los de afuera*: los que no son miembros de la Iglesia. Nuestra conducta sea tal que el mundo pueda palpar la verdad de nuestra

religión, y decir, como los primeros cristianos: "¡Mirad cómo se aman!" (cf. 3, 12 ss. y nota; 1Co. 13). *Aprovechad bien el tiempo*: Literalmente: "redimiendo el tiempo", aprovechando intensamente los fugaces días de nuestra vida para hacer el bien y edificar a otros. El que antes no lo hubiese hecho, tiene en Jesús el secreto único para recobrarlo con ventaja, pues Él nos descubrió, no sólo en la Parábola del Hijo Pródigo que el Padre celestial, lejos de rechazar al que se arrepiente, o castigarlo o disminuirlo, lo viste con las mejores galas y le da un banquete (Lc. 15), sino también en la Parábola de los Obreros, que al de la última hora se le pagó antes (Mt. 20, 13s.), porque amará más aquel a quien más se perdonó (Lc. 7, 41 ss.), y San Pablo enseña que "todas las cosas cooperan al mayor bien de los que aman" (Rm. 8, 28). Meditemos en esta maravilla qué significa poder entregarnos hoy a Dios como si jamás hubiésemos pecado ni perdido un instante. Dios concedió esta gracia a Santa Gertrudis de un modo expreso, pero le mostró que la misma está al alcance de todos, como acabamos de verlo. Véase Sal. 50 y notas.

1ᴬ CARTA A LOS TESALONICENSES

Tesalónica (hoy Salónica), capital de Macedonia, recibió la luz del Evangelio en el segundo viaje apostólico de San Pablo. No pudiendo detenerse allí a causa de la sedición de los judíos, el Apóstol se dirige a ellos mediante esta carta, escrita en Corinto hacia el año 52– es decir que es la primera de todas las epístolas – para confirmarlos en los fundamentos de la fe y la vocación de la santidad, y consolarlos acerca de los muertos con los admirables anuncios que les revela sobre la resurrección y la segunda venida de Cristo.

1 **Saludo apostólico**. [1]Pablo, Silvano y Timoteo, a la Iglesia de los tesalonicenses, en Dios Padre y en el Señor Jesucristo: gracia a vosotros y paz. [2]Siempre damos gracias a Dios por todos vosotros, haciendo sin cesar memoria de vosotros en nuestras oraciones. [3]Nos acordamos ante Dios y Padre nuestro de la obra de vuestra fe, y del trabajo de vuestra caridad, y de la paciencia de vuestra esperanza en nuestro Señor Jesucristo, [4]porque conocemos, hermanos amados de Dios, vuestra elección. [5]Pues nuestro Evangelio llegó a vosotros no solamente en palabras, sino también en poder, y en el Espíritu Santo, y con toda plenitud, y así bien sabéis cuáles fuimos entre vosotros por amor vuestro. [6]Vosotros os hicisteis imitadores nuestros y del Señor, recibiendo la palabra en medio de grande tribulación con gozo del Espíritu Santo; [7]de modo que llegasteis a ser un ejemplo para todos los fieles de Macedonia y de Acaya. [8]Así es que desde vosotros ha repercutido la Palabra del Señor, no sólo por Macedonia y Acaya, sino que en todo lugar la fe vuestra, que es para con Dios, se ha divulgado de tal manera que nosotros no tenemos necesidad de decir palabra. [9]Pues ellos mismos cuentan de nosotros cuál fue nuestra llegada a vosotros, y cómo os volvisteis de los ídolos a Dios para servir al Dios vivo y verdadero, [10]y esperar de

---

6. La *sal* simboliza la sabiduría cristiana (cf. el rito del Bautismo, en que se administra al bautizando "la sal de la sabiduría").

9. *Onésimo*, el mismo de quien trata la carta de San Pablo a Filemón.

10. Cf. 1, 5 y nota; Hb. 10, 37; Lc. 21, 37.

11. ¡Triste experiencia! Marcos y Jesús "el Justo" son los dos únicos israelitas que quedan fieles al Apóstol de los gentiles cuando se produce el retiro de los demás (Hch. 28, 29 y nota). Por otra parte es hermoso ver la fidelidad de Marcos a pesar del vivo incidente de Hch. 15. 39, y no obstante que Marcos era más bien discípulo de Pedro (1 Pe. 5, 13).

14. *Lucas, el médico amado*: el evangelista y acompañante del Apóstol en la prisión. Cf. Hch. 27, 1 y nota. Era sirio (de Antioquía) y vemos que San Pablo no lo cuenta entre los de la circuncisión (v. 11).

16. La carta a los *Laodicea,* de la que habla San Pablo, se ha perdido, a no ser que se trate de la carta a los Efesios, la cual, tal vez, estaba dirigida también a los de Laodicea (Ef. 1, 1 y nota). Se comprende aquí el empeño de San Juan Crisóstomo para que los creyentes lean constantemente las Cartas de San Pablo (cfr. Hch. 28, 31 y nota) puesto que el mismo Apóstol así lo recomienda (1Co. 5, 9; 1 Ts. 5, 27; 2 Ts. 2, 15; 3, 14).

5. *En poder y en el Espíritu Santo*. El Papa León XIII agrega a estas palabras el siguiente comentario: "Hablan fuera de tono y neciamente quienes al tratar asuntos religiosos y proclamar los divinos preceptos no proponen casi otra cosa que razones de ciencia y prudencia humanas, fiándose más en sus propios argumentos que en los divinos" (Encíclica "Providentissimus Deus").

6. *Con gozo del Espíritu Santo*: "El Espíritu Santo es la alegría de nuestra alma, el regocijo del corazón... el consuelo de los que lloran, el paño de lágrimas de la tristeza, el reposo del espíritu" (San Juan Crisóstomo).

8. *No tenemos necesidad de decir palabra*: Como elocuente testimonio a esos fieles recientemente convertidos (v. 9) San Juan Crisóstomo da aquí esta explicación: "Porque convertidos los discípulos en nuestros y doctores, hablaban e instruían con tanto valor y confianza a todos, que los arrastraban y convertían. No había dique capaz de contener la predicación, sino que, más vehemente que el fuego, avasallaba el orbe entero". Cf. Rm. 15, 23; 2 Tm. 2, 2. *La fe vuestra que es para con Dios*: Fillion señala la singularidad de esta expresión y la explica así: "Vuestra fe que se dirige hacia Dios, que tiene como fin a Dios". Es decir, fe en Dios y no en los hombres, como la que el Apóstol censura en 1Co. 1, 12 ss.

9s. "La conversión al Cristianismo es resumida en tres puntos concretos: el abandono del culto de los ídolos, la adhesión al Dios único, que es llamado vivo y verdadero por oposición a las divinidades sin vida y sin realidad del paganismo, y la espera de la segunda venida de Jesucristo, juez futuro de los vivos y de los muertos" (Fillion) Cf. 2, 19; 4, 16s.; 5, 1 ss. "Si entonces había que

los cielos a su Hijo, a quien Él resucitó de entre los muertos: Jesús, el que nos libra de la ira venidera.

2 Preocupaciones del apóstol. [1]Vosotros mismos sabéis, hermanos, que nuestra llegada a vosotros no ha sido en vano, [2]sino que, después de ser maltratados y ultrajados, como sabéis, en Filipos, nos llenamos de confianza en nuestro Dios, para anunciaros el Evangelio de Dios en medio de muchas contrariedades. [3]Porque nuestra predicación no se inspira en el error, ni en la inmundicia, ni en el dolo; [4]antes, por el contrario, así como fuimos aprobados por Dios para que se nos confiara el Evangelio, así hablamos, no como quien busca agradar a hombres, sino a Dios, que examina nuestros corazones. [5]Porque nunca hemos recurrido a lisonjas, como bien sabéis, ni a solapada codicia, Dios es testigo; [6]ni hemos buscado el elogio de los hombres, ni de parte vuestra, ni de otros. [7]Aunque habríamos podido, como apóstoles de Cristo, ejercer autoridad, sin embargo nos hicimos pequeños entre vosotros; y como una madre que acaricia a sus hijos, [8]así nosotros por amor vuestro nos complacíamos en daros no solamente el Evangelio de Dios, sino también nuestras propias vidas, por cuanto habíais llegado a sernos muy queridos. [9]Ya recordáis, hermanos, nuestro trabajo y fatiga, cómo trabajando noche y día por no ser gravosos a ninguno de vosotros, os predicamos el Evangelio de Dios. [10]Vosotros sois testigos, y Dios también, de cuán santa, justa e irreprensiblemente nos comportamos para con vosotros los que creéis. [11]Y sabéis que a cada uno de vosotros, como un padre a sus hijos, [12]así os exhortábamos y alentábamos y os conjurábamos a vivir de una manera digna de Dios, que os ha llamado a su propio reino y gloria.

Fervor de los tesalonicenses. [13]Por esto damos sin cesar gracias a Dios de que recibisteis la palabra divina que os predicamos, y la aceptasteis, no como palabra de hombre, sino tal cual es en verdad: Palabra de Dios, que en vosotros los que creéis es una energía. [14]Porque vosotros, hermanos, os habéis hecho imitadores de las Iglesias de Dios que hay por Judea en Cristo Jesús; puesto que habéis

---

superar la dificultad de una religión completamente nueva y repugnante a la mentalidad pagana o judaica, amén de la hostilidad del poder político que divinizaba al César y condenaba a muerte a quien se negaba a adorarlo, hoy, después de veinte siglos de cristianismo, los obstáculos a vencer no son menores. La idolatría práctica es harto más peligrosa que la idolatría teórica y es más difícil hacer cristiano a quien ha renegado de su bautismo que convertir a un pagano o a un ignorante de buena fe" (P. J. B. Penco).

2. Cf. Hch. 16, 19 ss. y 17, 5 ss.

3. Se defiende contra las *calumnias* que sus adversarios esparcían, y destaca, como la más clara refutación, la labor realizada con desinterés y abnegación en bien de lo comunidad de Tesalónica.

4. Para que nuestra predicación produzca fruto sobrenatural hemos de renunciar a la elocuencia mundana. Véase 1, 5 y nota; 1Co. 1, 17; Ga. 1, 10, etc.

7. San Pablo vive plenamente el precepto de Cristo de que el mayor sirva al menor. Cf. Mt. 20, 26s.; Mc. 10, 43s.; Lc. 22, 27; Jn. 13, 12-17.

9. El Apóstol trabajaba manualmente, haciendo tiendas de campaña, para ganarse el sustento, lo que es de valorar tanto más, si pensamos en su inmensa actividad espiritual. Cf. Hch. 18, 3 y nota; 1Co. 4, 12; 2Co. 11, 28; 2 Ts. 3, 8; etc.

13. *No como palabra de hombre*: San Agustín, escribiendo sobre esto a San Jerónimo, le dice: "Con toda franqueza te confieso que sólo a los Libros de la Sagrada Escritura, llamados canónicos, venero hasta creerlos infalibles. De modo que si en estos Libros veo algo que me parezca contrario a la verdad digo sin vacilar que el ejemplar está errado o que el traductor no entendió el sentido, o que yo no lo entiendo. Más a todos los otros autores, por santo e ilustrados que puedan ser, me cuido bien de creer verdadero lo que dicen porque lo digan ellos, sino porque, con la autoridad de aquellos autores canónicos o con razones de peso, me persuaden que es conforme a la verdad. Y estoy seguro que tal es la regla que tú sigues como yo, y que no pretendes ciertamente que se lean tus libros con la misma deferencia que a los Profetas y los Apóstoles, a quienes no se podría sin delito atribuir el más pequeño error" (Carta 82). En otro lugar confirma esto diciendo "Tal soy yo con los escritos ajenos. Y así quiero que sean con los míos" (cf. 1, 8; Hch. 16, 34; 1Co. 1, 12 y notas). Y consecuente con tal criterio, fulmina también este apóstrofe: "Vosotros, que creéis lo que queréis y rechazáis lo que no queréis a vosotros os creéis, y no lo que dice el Evangelio. Queréis ser la autoridad y ocupar el sitio que corresponde al Libro Santo". Cf. Jn. 21, 25 y nota. *Palabra de Dios que es una energía*: Las palabras divinas de la Sagrada Escritura, escuchadas y leídas constantemente, meditadas día y noche, como dice el Profeta David en el Salmo primero, son de extraordinario provecho para la plenitud de nuestra vida espiritual, pues en ellas está la sustancia que Dios nos ha dado para nuestra oración. Para cada cristiano llega el peligro de que sus oraciones se conviertan en frías fórmulas, intelectuales, y si le falta entonces a la oración ese contenido espiritual de las Palabras divinas, que *son espíritu y vida*, cae insensiblemente en el ritualismo verbal, o sea, como dice Jesús, en el rezo a fuerza de palabras y en la alabanza que sólo honra a Dios con los labios, mientras el corazón está lejos de Él (Mt. 6, 7 ss.; 15, 8).

padecido de parte de vuestros compatriotas las mismas cosas que ellos de los judíos; [15]los cuales dieron muerte al Señor Jesús y a los profetas, y a nosotros nos persiguieron hasta afuera. No agradan a Dios y están en contra de todos los hombres, [16]impidiéndonos hablar a los gentiles para que se salven. Así están siempre colmando la medida de sus pecados; más la ira los alcanzó hasta el colmo.

Afectos del hacia los tesalonicenses. [17]Más nosotros, hermanos, privados de vosotros por un tiempo, corporalmente, no en el corazón, nos esforzamos grandemente por ver vuestro rostro con un deseo tanto mayor. [18]Por eso quisimos ir a vosotros una y otra vez, en particular yo, Pablo, pero nos atajó Satanás. [19]Pues ¿cuál es nuestra esperanza, o gozo, o corona de gloria delante de nuestro Señor Jesucristo en su Parusía? ¿No lo sois vosotros? [20]Sí, vosotros sois nuestra gloria y nuestro gozo.

3 **La misión de Timoteo.** [1]Por esto, no pudiendo ya soportarlo más, nos pareció bien quedarnos solos en Atenas, [2]y enviamos a Timoteo, nuestro hermano y ministro de Dios en el Evangelio de Cristo, con el fin de fortaleceros y exhortaros en provecho de vuestra fe, [3]para que nadie se conturbase en medio de estas tribulaciones. Pues vosotros mismos sabéis que para esto hemos sido puestos. [4]Porque ya cuando estábamos con vosotros, os preveníamos que hemos de padecer tribulación, como realmente sucedió; bien lo sabéis. [5]Así que también yo, no pudiendo más, envié para informarme de vuestra fe, no fuera que os hubiese tentado el tentador y nuestro trabajo resultase sin fruto. [6]Mas ahora, después de la llegada de Timoteo, que regresó de vosotros, y nos trajo buenas noticias de vuestra fe y caridad, y cómo conserváis siempre buena memoria de nosotros, deseosos de vernos, así como nosotros también a vosotros, [7]por eso, en medio de todo nuestro aprieto y tribulación, nos hemos consolado, hermanos, en cuanto a vosotros, por causa de vuestra fe. [8]Ahora sí que vivimos si vosotros estáis firmes en el Señor.

Gratitud a Dios y deseos del apóstol. [9]Pues ¿qué gracias podemos dar a Dios por vosotros en retorno de todo el gozo con que nos regocijamos por causa vuestra ante nuestro Dios, [10]rogando noche y día con la mayor instancia por ver vuestro rostro y completar lo que falta a vuestra fe? [11]El mismo Dios y Padre nuestro, y nuestro Señor Jesús dirijan nuestro camino hacia vosotros. [12]Y haga el Señor que crezcáis y abundéis en el amor de unos con otros, y con todos, tal cual es el nuestro para con vosotros; [13]a fin de confirmar irreprensibles vuestros corazones en santidad, delante de Dios y Padre nuestro, en la Parusía de nuestro Señor Jesús con todos sus santos.

4 **Somos llamados a la santidad.** [1]Por lo demás,

---

14 ss. *De parte de nuestros compatriotas*: Parece aludir a los que vemos en Hch. 17, 5. *De los judíos*: cf. Hch. 6, 9 ss.; 8, 1 ss.; 9, 1s. En el v. 15 evoca también sus culpas anteriores, como hacía e Señor. Cf. Mt. 5, 12; 23, 31 y 37; Hch. 3, 15; 7, 52; Hb. 11, 38.

16. *Hasta el colmo*: "Más simplemente la cólera divina llegó a su término, porque pronto va a desencadenarse completamente sobre los judíos" (Fillion). Así les sucedió, por su oposición a los designios de Dios, cuando los romanos destruyeron Jerusalén el año 70, y empezó la dispersión de Judá que duraba todavía hasta el tiempo de que habla San Pablo en Rm. 11, 11-25. Cf. Hch. 13, 50s.; 14, 4 ss., y 18 ss.; 17, 5 ss.

18. *Satanás*, sin duda por medio de sus agentes empeñados en sofocar la expansión del Evangelio. Nada preocupa tanto al padre de la mentira (Jn. 8, 44) y "príncipe de este mundo" (Jn. 14, 30) como impedir la obra netamente sobrenatural de no penetración de la palabra del Evangelio en las almas, porque sabe que ella es la fuerza de Dios para salvar a los que creen (Rm. 1, 16).

19. Sobre la *Parusía* o segunda venida de Cristo triunfante. Cf. 1, 9 y nota; 3, 13; 4, 15; 5, 23, etc.

3. Notable observación que San Pablo aplica a sí mismo (Hch. 9, 16; 14, 21) y que repiten también San Pedro (1 Pe. 4, 12) y el mismo Señor (Jn. 16, 2) para que nadie se sorprenda. Véase 1Co. 4, 19: 2 Tm. 3, 12, etc.

6. *Timoteo*, enviado por Pablo a Tesalónica, trajo buenas noticias a Corinto donde estaba el Apóstol.

9. La oración que sigue atestigua el amor del Apóstol a sus hijos espirituales, en particular su interés por el acrecentamiento de la fe.

11. San Pablo nos enseña a cada paso a distinguir las Divinas personas en la oración.

12. *La caridad fraterna*, señal característica del verdadero cristiano y de su elección (Jn. 13, 35; cf. Col. 4, 5 y nota), debe crecer constantemente sin menguar.

13. Es la advertencia que constantemente nos da Jesús de estar preparados no sólo para la hora final de nuestra muerte, sino para su venida que puede ser en cualquier momento, "como la de un ladrón". Cf. 5, 2 y nota; St. 5, 8. *Con todos sus santos*: Judas 14; 1Co. 5, 23 y nota.

hermanos, os rogamos y exhortamos en el Señor Jesús, que según aprendisteis de nosotros el modo en que habéis de andar y agradar a Dios –como andáis ya– así abundéis en ello más y más. [2]Pues sabéis que preceptos os hemos dado en nombre del Señor Jesús. [3]Porque ésta es la voluntad de Dios: vuestra santificación; que os abstengáis de la fornicación; [4]que cada uno de vosotros sepa poseer su propia mujer en santificación y honra, [5]no con pasión de concupiscencia, como los gentiles que no conocen a Dios; [6]que nadie engañe ni explote a su hermano en los negocios, porque el Señor es vengador de todas estas cosas, como también os dijimos antes y atestiguamos; [7]porque no nos ha llamado Dios a vivir para impureza, sino en santidad. [8]Así pues el que esto rechaza, no rechaza a un hombre, sino a Dios, que también os da su santo Espíritu.

Amor al prójimo y laboriosidad. [9]En cuanto al amor fraternal, no tenéis necesidad de que os escriba, puesto que vosotros mismos habéis sido enseñados por Dios a amaros mutuamente. [10]Pues en realidad eso practicáis para con todos los hermanos que viven en toda la Macedonia. Os rogamos, hermanos, que lo hagáis más y más, [11]y que ambicionéis la tranquilidad, ocupándoos de lo vuestro y trabajando con vuestras manos, según os lo hemos recomendado, [12]a fin de que os comportéis decorosamente ante los de afuera, y no tengáis necesidad de nadie.

Resurrección de los muertos. [13]No queremos, hermanos, que estéis en ignorancia acerca de los que duermen, para que no os contristéis como los demás, que no tienen esperanza. [14]Porque si creemos que Jesús murió y resucitó, así también (*creemos que*) Dios llevará con Jesús a los que durmieron en Él. [15]Pues esto os decimos con palabras del Señor: que nosotros, los vivientes que quedemos hasta la Parusía del Señor, no nos adelantaremos a los que durmieron. [16]Porque el mismo Señor, dada la señal, descenderá del cielo, a la voz del arcángel y al son de la trompeta de Dios, y los muertos en Cristo resucitarán primero. [17]Después, nosotros los vivientes que quedemos,

---

1. Informado por Timoteo sobre el estado espiritual de aquella cristiandad (3, 6), el Apóstol añade aquí sus exhortaciones sobre la santidad de vida, enseñándoles a huir la deshonestidad, la doblez y la holganza.

4. Que se abstengan de la *fornicación* con aquella pureza y honestidad que corresponde a la condición de nuestro cuerpo, que debe ser templo de Dios (1Co. 3, 16s.; 6, 19; 1 Pe. 3, 17). El fin inmediato del matrimonio es la procreación de los hijos para que lo sean de Dios, y miembros de Cristo; el fin último, la gloria de Dios. Ambos fines han de guiar la vida y la conducta de los casados (Santo Tomás de Aquino).

7. *Sino en santidad*, es decir, que la santidad es para todos los hijos de Dios (Cf. 1Co. 1, 2 y nota), y esto porque Él nos ha dado también su santo Espíritu (v. 8). Aquí, como en Rm. 5, 5, vemos terminantemente destruida nuestra abominable suficiencia. El mismo Apóstol, por la forma de hablar, nos muestra su asombro ante la maravilla que nos está revelando. Porque según esto la santidad es un ofrecimiento de Dios que nos invita a ser santos como Él es santo (Lv. 11, 44; 19, 2; 20, 26; 21, 8; 1 Pe. 1, 15s.; Lc. 6, 36 y nota). Si aceptamos, si lo deseamos con sinceridad, Él mismo nos da entonces su propio Espíritu, que es el Espíritu de santidad (Rm. 5, 5), de la propia santidad de Dios. Si el sol mira a la tierra, la verá luminosa, como nosotros vemos a la luna, pero esa luz es la que le da Él, nada más que Él. Y más aún la luminosidad será tanto mayor cuanto más lisa sea la superficie que la refleja, es decir, cuanto más quitemos nuestros propios inventos para vivir y obrar según todo lo que nos viene de Él. De ahí que quien esto rechaza, no desprecia a un hombre sino a Dios.

13 ss. A los primeros cristianos, más que a nosotros, les preocupaba la *segunda venida de Cristo*, especialmente en cuanto a la suerte de los muertos. Creían que éstos, tal vez, fueran remitidos al último lugar en la resurrección o que la resurrección ya había pasado (2 Tm. 2, 16 ss. y nota). Contesta San Pablo: De ninguna manera habéis de angustiaros; ellos resucitarán los primeros, y los otros justos que estén vivos serán arrebatados al encuentro de Cristo en el aire. Los Padres griegos, y de los latinos San Jerónimo y Tertuliano, opinan que esto sucederá sin que antes sea necesaria la muerte física. Lo admiten también San Anselmo y Santo Tomás de Aquino, etc. Véase 3, 13; 1Co. 6, 2s.; 15, 23 y 51; 2 Tm. 4, 8 y notas.

26. *En ósculo santo*: Esta fórmula espiritual es grata a San Pablo (Rm. 16, 16; 1Co. 16, 20: 2Co. 13, 12) y a San Pedro (1 Pe. 5, 14). Sin duda viene de que el beso era, entre los judíos, parte de la salutación (Mt. 26, 48; Lc. 7, 45; 22, 48, etc.). San Justino y otros atestiguan que pasó a los primeros cristianos, y aun lo vemos conservado en la Liturgia como señal de paz.

27. *Os conjuro por el Señor*: No puede ser más apremiante el reclamo que el mismo Apóstol hace de que todos lo lean. San Juan Crisóstomo que no dejaba pasar una semana sin releer él mismo a todo San Pablo, dice que los laicos deben hacerlo aun con mayor razón que los sacerdotes, por lo mismo que son más ignorantes en materia espiritual.

16. El *Arcángel*: probablemente San Miguel, pues es el único que en la Sagrada Escritura lleva este título. Véase Judas v. 9; Dn. 10, 13 y notas. Acerca de la *trompeta de Dios* cf. Za. 9, 14, donde el mismo Dios hace sonar la trompeta. *Resucitarán primero*: cf. 1Co. 15, 23.

seremos arrebatados juntamente con ellos en nubes hacia el aire al encuentro del Señor; y así estaremos siempre con el Señor. [18]Consolaos, pues, mutuamente con estas palabras.

5 **Exhortación a la vigilancia.** [1]Por lo que toca a los tiempos y a las circunstancias, hermanos, no tenéis necesidad de que se os escriba. [2]Vosotros mismos sabéis perfectamente que, como ladrón de noche, así viene el día del Señor. [3]Cuando digan: "Paz y seguridad", entonces vendrá sobre ellos de repente la ruina, como los dolores del parto a la que está encinta; y no escaparán. [4]Mas vosotros, hermanos, no vivís en tinieblas, para que aquel día os sorprenda como ladrón, [5]siendo todos vosotros hijos de la luz e hijos del día. No somos de la noche ni de las tinieblas. [6]Por lo tanto, no durmamos como los demás; antes bien, velemos y seamos sobrios. [7]Pues los que duermen, duermen de noche; y los que se embriagan, de noche se embriagan. [8]Nosotros, empero, que somos del día, seamos sobrios, vistiendo la coraza de fe y caridad y como yelmo la esperanza de salvación; [9]porque Dios no

nos ha destinado para la ira, sino para adquirir la salvación por medio de nuestro Señor Jesucristo, [10]el cual murió por nosotros, para que, ora velando, ora durmiendo, vivamos con Él. [11]Por esto exhortaos unos a otros, y edificaos recíprocamente como ya lo hacéis.

Recomendaciones y saludos. [12]Os rogamos, hermanos, que tengáis consideración a los que trabajan en medio de vosotros, y os dirigen en el Señor y os amonestan; [13]y que los estiméis muchísimo en caridad, a causa de su obra. Y entre vosotros mismos vivid en paz. [14]También os exhortamos, hermanos, a que amonestéis a los desordenados, que alentéis a los pusilánimes, que sostengáis a los débiles, y que seáis sufridos para con todos. [15]Ved que nadie vuelva al otro mal por mal; antes bien, seguid haciendo en todo tiempo lo bueno el uno para con el otro y para con todos. [16]Gozaos siempre. [17]Orad sin cesar. [18]En todo dad gracias, pues que tal es la voluntad de Dios en Cristo Jesús en orden a vosotros. [19]No apaguéis el Espíritu. [20]No menospreciéis las profecías.

---

2. Cf. Mt. 24, 36; Mc. 13, 32; Lc. 12, 39; St. 5, 8; 2 Pe. 3, 10; Ap. 3, 3; 16, 15. El Apóstol se refiere a la Parusía de Cristo, no a la muerte individual de cada uno.

3s. *Paz y seguridad* ha sido siempre, a través de toda la Biblia, el mensaje de los falsos profetas, cuyo éxito, superior al de los verdaderos, se funda precisamente en ese agradable optimismo (véase la introducción general a los Libros Proféticos). De ahí que el que ignora las profecías bíblicas fácilmente vive en la ilusión, no percibe el sentido trágico de la vida presente, ni el destino tremendo a que marchan las naciones. Véase Lc. 18, 8; Ap. 9, 21; 16, 9; 19, 19; etc. Nada más consolador que la excepción contenida en el v. 4para aquellos que viven a la luz de la Palabra divina (Sal. 118, 105).

6s. *No durmamos como los demás,* en la despreocupación e indiferencia. La embriaguez señala el aturdimiento espiritual en que vive el mundo.

16. *Gozaos siempre*: Este es el versículo más corto de la Biblia. No podemos quejarnos de su contenido. Él resume lo que todo el divino Libro desea, ofrece y realiza, con infalible eficacia, en todo amigo que frecuenta su intimidad.

18. He aquí un gran secreto de espiritualidad: vivir ofreciendo el Hijo al Padre en acción de gracias por el don que nos hizo de este Hijo (Jn. 3, 16), y recibiendo constantemente ese don por la Eucaristía y por la fe (Ef. 3, 17), como el "pan supersustancial" del Padrenuestro (Mt. 6, 11). Esta doble y continua actitud de recibir y entregar a Cristo, Mediador entre el Padre y nosotros y luego entre nosotros y el Padre, ha sido llamada con acierto "la respiración del alma".

17. *Orad sin cesar*: San Agustín hace notar que esto no significa "rezad todo el día", y menos con pura oración vocal, sino mantenerse incesantemente en la presencia y el amor de Aquel cuyo culto máximo es nuestra fe, nuestro amor y nuestra esperanza. Nuestros trabajos y toda nuestra vida deben ser oración. Véase 1Co. 10, 31 y nota. Decía alguien, como una broma casi inocente, que sus mejores negocios los había planeado durante el Rosario. ¿No le habría valido mucho más planearlos en su escritorio? He aquí cosas que no se entienden sino a la luz del amor. Porque no es obligación visitar a un amigo ni es prohibido ocuparse de un negocio; pero si yo me pongo a pensar en el negocio durante la visita a mi amigo y desatiendo su conversación, ciertamente le daré un disgusto mucho mayor que si no hubiese ido a verlo. Y así comprobamos una vez más que lo único que Dios nos pide es que no tengamos doblez, pero esto lo exige en absoluto. De ahí que toda la Biblia nos muestra como mucho más abominable a Dios la falsa religiosidad y el fariseísmo que los extravíos de los pecadores. Cfr. Lv. 19, 19; Dt. 22, 11, sobre el horror de Dios a las mezclas.

19. *No apaguéis el Espíritu:* "Y si el Espíritu se apaga, ¿cuál será la consecuencia? Lo saben todos aquellos que se han encontrado en una noche oscura. Y si resulta difícil trasladarse durante la noche de una parte de la tierra a otra, ¿cómo recorrer de noche el camino que va de la tierra al cielo? ¡No sabéis cuántos demonios ocupan el intervalo, cuántas bestias salvajes, cuántos espíritus del mal se hallan apostados! Mientras tengamos la luz de la gracia, no pueden dañarnos; pero si la tenemos apagada, se arrojarán sobre nosotros, nos asirán y nos despojarán de cuanto llevamos. Los ladrones tienen por costumbre echar mano cuando

[21]Examinadlo todo y quedaos con lo bueno. [22]Absteneos de toda clase de mal.

[23]El mismo Dios de la paz os santifique plenamente; y vuestro espíritu, vuestra alma y vuestro cuerpo sean conservados sin mancha para la Parusía de nuestro Señor Jesucristo. [24]Fiel es El que os llama, y Él también lo hará. [25]Hermanos, orad por nosotros. [26]Saludad a todos los hermanos en ósculo santo. [27]Os conjuro por el Señor que sea leída esta epístola a todos los hermanos. [28]La gracia de nuestro Señor Jesucristo sea con vosotros.

2ª CARTA A LOS TESALONICENSES

Esta segunda carta fue también escrita en Corinto, poco después de la anterior, como lo acredita la permanencia de Silvano y Timoteo (cf. 1Tes. 1, 1), para tranquilizar a los tesalonicenses que, por lo que se ve (2, 2 y nota), eran engañados por algunos sobre el alcance de aquella carta, cuyo contenido, lejos de rectificarlo, confirma el Apóstol en 2, 14. Porque no faltaban quienes descuidaban sus deberes cotidianos, creyendo que el día de Cristo había pasado ya, y que por consiguiente, el trabajo no tenía valor (cf. 1Tes. 4, 16), o que las persecuciones que sufrían (v. 4; 1Tes. 2, 14) pudiesen ser ya las del "día grande y terrible del Señor" sin que ellos hubiesen sido librados por el advenimiento de Cristo y le reunión con Él (2, 1). San Pablo los confirma en su esperanza (v. 5-12) y les da las aclaraciones necesarias refiriéndose en forma sucinta a lo que largamente les había conversado en su visita. De ahí que, para nosotros, el lenguaje de esta carta tenga hoy algún punto oscuro que no lo era entonces para los tesalonicenses (cf. 2, 5). "¿No debe esto despertarnos una santa emulación para no saber hoy menos que aquellos antiguos?"

1 **Saludo apostólico.** [1]Pablo, junto con Silvano y Timoteo, a la Iglesia de los tesalonicenses en Dios nuestro Padre y en el Señor Jesucristo; [2]gracia a vosotros y paz de Dios Padre y del Señor Jesucristo.

Acción de gracias por los tesalonicenses. [3]Hermanos, siempre hemos de dar gracias a Dios por vosotros, como es justo, por cuanto crece sobremanera vuestra fe, y abunda la mutua caridad de cada uno de todos vosotros, [4]de tal manera que nosotros mismos nos gloriamos de vosotros en las Iglesias de Dios, con motivo de vuestra constancia y fe en medio de todas vuestras persecuciones y de las tribulaciones que sufrís. [5]Esta es una señal del justo juicio de Dios, para que seáis hechos dignos del reino de Dios por el cual padecéis; [6]si es que Dios encuentra justo dar en retorno tribulación a los que os atribulan, [7]y a vosotros, los atribulados, descanso, juntamente con nosotros, en la revelación del Señor Jesús desde el cielo con los ángeles de su poder [8]en llamas de fuego, tomando

---

han apagado la linterna, ven claro en estas tinieblas, en tanto que nosotros no estamos habituados a la luz de la oscuridad" (San Juan Crisóstomo). Cf. 1Co. cap. 12 y 14.

20. *No menospreciéis las profecías*: Cf. 1Co. 14, 39. Hoy solemos interesarnos poco por las profecías, a las cuales la Sagrada Escritura dedica, sin embargo, gran parte de sus páginas. En el Eclesiástico (39, 1) se nos muestra el estudio de las profecías como ocupación característica del que es sabio según Dios (cfr. Am. 3, 7 ss. y notas). "Doctrina y profecía tienen la misma íntima relación que conocimiento y deseo. Lo primero es doctrina, o sea conocimiento y fe; lo segundo es profecía, o sea esperanza y deseo vehementísimo, ambicioso anhelo de unión que quisiera estar soñando en ello a toda hora, y que con sólo pensar en la felicidad esperada, nos anticipa ese gozo tanto más eficazmente cuanto mayor sea el amor. ¿Cómo podría entonces concebirse que hubiera caridad verdadera en un alma despreocupada e indiferente a las profecías?". Véase Rm. 15, 4 y nota.

22. *Absteneos de toda clase de mal*: no sólo de lo que en realidad lo es. De este modo cortaréis todas las ocasiones de escándalo y de murmuración (San Basilio). Véase Eclo. 9, 4 y nota.

23. La caridad de San Pablo nos desea, aun para el cuerpo, la dicha de disfrutar el misterio que nos anunció en 4, 16 y en Flp. 3, 20s. San Ireneo, siguiendo al Apóstol, distingue también en el cristiano *cuerpo, alma* y espíritu. Son tres dominios superpuestos: el del cuerpo es el animal o físico; el del alma es el psíquico (1Co. 2, 14 y nota); el del espíritu es el sobrenatural, único verdaderamente espiritual. Véase 1Co. 15, 44; Hb. 4, 12.

8. *En llamas de fuego*: La Liturgia de Difuntos (*Dies irae*) nos recuerda constantemente aquel día en que el Señor volverá "a juzgar al mundo por el fuego". Véase 1Co. 3, 13 y nota; 2 Pe. 3, 10 ss.; Ap. 19, 12.

venganza en los que no conocen a Dios y en los que no obedecen al Evangelio de nuestro Señor Jesucristo; [9]los cuales sufrirán la pena de la eterna perdición, lejos de la presencia del Señor y de la gloria de su poder, [10]cuando Él venga en aquel día a ser glorificado en sus santos y ofrecerse a la admiración de todos los que creyeron, porque nuestro testimonio ante vosotros fue creído. [11]Por esto oramos sin cesar por vosotros, para que nuestro Dios os haga dignos de vuestra vocación y cumpla poderosamente todos (*sus*) propósitos de bondad y toda obra de (*vuestra*) fe, [12]para que sea glorificado el nombre de nuestro Señor Jesús en vosotros, y vosotros en Él, por la gracia de nuestro Dios y del Señor Jesucristo.

2 Misterio de iniquidad, el Anticristo y la

Parusía. [1]Pero, con respecto a la Parusía de nuestro Señor Jesucristo y nuestra común unión a Él, os rogamos, hermanos, [2]que no os apartéis con ligereza del buen sentir y no os dejéis perturbar, ni por espíritu, ni por palabra, ni por pretendida carta nuestra en el sentido de que el día del Señor ya llega. [3]Nadie os engañe en manera alguna, porque primero debe venir la apostasía y hacerse manifiesto el hombre de iniquidad, el hijo de perdición; [4]el adversario, el que se ensalza sobre todo lo que se llama Dios o sagrado, hasta sentarse el mismo en el templo de Dios, ostentándole como si fuera Dios. [5]– ¿No os acordáis que estando yo todavía con vosotros os decía estas cosas? – [6]Y ahora ya sabéis qué es lo que (*le*) detiene para que su manifestación sea a su debido tiempo. [7]El misterio de la iniquidad ya está obrando

2. *Ni por pretendida carta*: No bien había San Pablo fundado la Iglesia en Tesalónica y partido de allí –dice un autor moderno– aparecieron falsos maestros inquietando los ánimos de sus convertidos. En este caso vemos que llegaron a forjar una falsa carta de San Pablo. Y el lenguaje de esos falsos maestros parece haber sido el de Himeneo y Fileto, contra los cuales el Apóstol previene en 2 Tm. 2, 17. ¿Vosotros estáis esperando el segundo Advenimiento? ¡Pobres ingenuos! Ya ha sucedido. Cristo ha venido y congregado a sus santos con Él. ¡Y vosotros habéis sido dejados! También pudo referirse esa falsa carta al segundo Advenimiento como cosa futura, pero con exclusión de los que ya hubiesen muerto (Cf. 1 Ts. 4, 13 ss.). De ahí que los creyentes se sintieran tan terriblemente conmovidos. Véase 2 Tm. 2, 16 ss. y nota.

3s. Es decir, que la *apostasía* ha de preceder *al hombre de iniquidad*, como culminación del "misterio de iniquidad" (v. 6) y clima favorable a la desembozada aparición del v. 8 (Santo Tomás de Aquino, Estio, Cornelio a Lapide, San Roberto Belarmino, Suárez, etc.). Nadie niega que la apostasía (Lc. 18, 8) ha comenzado ya (cf. v. 7), no sólo en los ambientes intelectuales, sino también en los populares, lo que el papa Pío XI caracterizaba como el gran escándalo de nuestro tiempo. Lo peor es que los apóstatas en gran parte se queden dentro de la Iglesia (2 Tm. 3, 1-5; cf. 1 Jn. 2, 18s.) e infecten a otros (cf. Ag. 2, 12 ss.; Ga. 5, 9 y notas). De ahí la tremenda advertencia de los vv. 10 y 11. "He aquí desde ahora la apostasía –dice San Cirilo de Jerusalén– porque los hombres abandonan la verdadera fe de manera que confunden en Dios al Padre con el Hijo". *El hombre de iniquidad (tes anomías)*, lección preferible a *tes hamartías* (de pecado), pues coincide con el "*misterio de la iniquidad*" (v. 7) ligado íntimamente a él. Judas Iscariote recibe un nombre semejante en Jn. 17, 12. Es creencia general que se trata del Anticristo, si bien algunos dan este nombre a la *bestia del mar* (Ap. 13, 1 ss.) y otros a la bestia de la tierra o falso profeta (Ap. 18, 11 ss.). Se discute si será una persona singular o una colectividad. En todo caso parece que ésta necesitaría siempre de un caudillo o cabeza que la inspirase y guiase. Pirot,

después de recordar muchos testimonios y especialmente el de San Agustín que trae como definición del Anticristo "una multitud de hombres que forman un cuerpo bajo la dirección de un jefe" (cf. Dn. 9, 26), concluye que "el *adversario* es una serie ininterrumpida de agentes del mal que se oponen y se opondrán a la doctrina y a la obra de Cristo desde la fundación de la Iglesia hasta el último día". Véase 1 Jn. 2, 18-19 y 22; 4, 3; 2 Jn. 7; 2 Pe. 3, 3; Judas 18; Mt. 24, 24. *En el templo de Dios* (v. 4): según San Juan Crisóstomo, Teofilacto, Ecumenio y Teodoreto: la Iglesia. San Hilario escribe a este respecto: "Hacéis mal en amar tanto los muros, en fincar así en los edificios vuestro respeto por la Iglesia, y cubriros de este pretexto para invocar una pretendida paz: ¿Puede dudarse que el Anticristo se sentará en los mismos lugares?" San Hipólito cree que en los últimos tiempos el Anticristo tendrá su imagen en todas las iglesias. Otros piensan en un nuevo Templo de Jerusalén. Varios autores llaman la atención sobre el hecho de que no se caracteriza el Anticristo por sus crímenes o inmoralidades, sino como "el gran usurpador de la gloria", que querrá ser adorado él solo, como el príncipe de Dn. 11, 36s. "En verdad, si se considera los muchos pasajes que el Apocalipsis reproduce de los antiguos profetas, se tiene la impresión creciente de que, en los fenómenos esjatológicos, Israel juega un papel mayor de lo que solemos pensar".

5. Véase la nota en 1, 1.

7. El *misterio de la iniquidad*, que culminará en el Anticristo y su triunfo sobre todos los que creerán a la mentira (v. 11) por no haber aceptado el *"misterio de la sabiduría"* (1Co. 2, 7), ya está operando desde el principio, en forma subrepticia de cizaña mezclada con el trigo y de peces malos entre la red (Mt. 13, 47s.), a causa del dominio adquirido por Satanás sobre Adán, y mantenido sobre todos sus descendientes que no aprovechan plenamente la redención de Cristo. Es, no sólo el gran misterio de la existencia del pecado y del mal en el mundo, no obstante la omnipotente bondad de Dios, sino principalmente, y en singular, ese misterio de la apostasía (v. 3), que llevará al triunfo del Anticristo sobre los santos (Ap. 13, 7), a la falta de fe en la tierra (Mt. 24, 24; Lc. 18, 8), y, en una palabra, a la aparente victoria del

ciertamente, sólo (*hay*) el que ahora detiene hasta que aparezca de en medio. [8]Y entonces se hará manifiesto el inicuo, a quien el Señor Jesús matará con el aliento de su boca y destruirá con la manifestación de su Parusía; [9](*aquel inicuo*) cuya aparición es obra de Satanás con todo poder y señales y prodigios de mentira, [10]y con toda seducción de iniquidad para los que han de perderse en retribución de no haber aceptado para su salvación el amor de la verdad. [11]Y por esto Dios les envía poderes de engaño, a fin de que crean la mentira, [12]para que sean juzgados todos aquellos incrédulos a la verdad, los cuales se complacen en la injusticia.

Exhortación a la constancia. [13]Más nosotros hemos de dar en todo tiempo gracias a Dios por vosotros, hermanos, amados del Señor, por cuanto os ha escogido Dios como primicias para salvación, mediante santificación de espíritu y crédito a la verdad; [14]a ésta os llamó por medio de nuestro Evangelio, para alcanzar la gloria de nuestro Señor Jesucristo. [15]Así pues, hermanos, estad firmes y guardad las enseñanzas que habéis recibido, ya de palabra, ya por carta nuestra. [16]El mismo Señor nuestro Jesucristo, y Dios nuestro Padre, el cual nos ha amado, y nos ha otorgado por gracia consolación eterna y buena esperanza, [17]consuele vuestros corazones y los confirme en toda obra y palabra buena.

---

diablo y aparente derrota del Redentor hasta que El venga a triunfar gloriosamente en los misterios más adelante señalados para el fin. Las armas del Anticristo son falsas ideologías y doctrinas que Satanás, "el príncipe de este mundo", va introduciendo desde ahora bajo etiquetas de cultura, progreso y aun de virtudes humanas que matan la fe, y gracias a los medios que la técnica moderna le da para monopolizar la opinión pública. Un autor americano reciente ve el misterio de iniquidad en el "conformismo", o sea en la acomodación de los cristianos al mundo, en la infiltración del mundo en las filas de los discípulos de Cristo (Hanley Furfey, *The Mistery of Iniquity*). Cf. Ga. 1, 4 y nota.

7. *El que ahora detiene*: En el v. 6este masculino es un neutro: *lo que le detiene*. Son variadísimas las interpretaciones que se dan a este oscuro lugar. La antigua creencia de que ese obstáculo sería el Imperio Romano, quedó desvirtuada por la experiencia histórica y no parece posible mantenerla, pues todos los Padres y autores están de acuerdo en que se trata de un hecho esjatológico, es decir, para los últimos tiempos, puesto que el mismo Jesús anuncia que cuando Él venga, no encontrará fe en la tierra (Lc. 18, 8). De ahí que San Agustín presente como inseparables estos cuatro fenómenos; "Elías Tesbita (Mal. 4, 5s.; Mt. 17, 11); fe de los judíos (Mt. 23, 39; Jn. 19, 37; Rm. 11, 25s.; 2Co. 3, 16); persecución del Anticristo (Ap. 13, 1 ss.; 19, 1-21) y venida de Cristo". Teodoreto y otros piensan que el obstáculo que detiene la aparición desembozada del Anticristo es el *decreto divino* (Sal. 2, 7 ss.). No significa ello que el decreto haya de *aparecer de en medio*, sino que el mismo comporta esperar (2 Pe. 3, 9) hasta que el Padre resuelva poner todos los enemigos a los pies de su Hijo (Sal. 109, 1 ss.; Hb. 2, 8; 10, 13), y entonces aparecerá el inicuo a quien Él destruirá (v. 8) después de su breve triunfo (Ap. 13, 5). En última instancia sabemos que es el Espíritu Santo quien detiene los poderes del mal y vence al Anticristo (1 Jn. 4, 3-4) y al Maligno (1 Jn. 2, 13-14). *Hasta que aparezca de en medio*: Otros traducen: *hasta que sea quitado de en medio*, lo cual aumenta aún más la oscuridad de ese misterioso pasaje, siendo difícil saber a quién se refieren cada vez los distintos verbos. Hemos de pensar que si Dios ha querido dejar este lugar en la penumbra, ello es sin duda porque hay cosas que sólo se entenderán a su hora (Jr. 30, 24; Dn. 12, 1-10; Ap. 10, 4). No obstante lo cual poseemos ya, para nuestra vida espiritual, mil otros anuncios claros y reiterados que nos sirven colmadamente para alimentar nuestra esperanza y para conocer las señales de los tiempos tal como nos previene el mismo Señor. Cf. Mt. 24, 33; Lc. 21, 28. etc.

8. Cf. Is. 11, 4; Dn. 7, 11; 8, 25; 1 Jn. 2, 18s.; Ap. 19, 15 y 20 y notas.

10. *Los que han de perderse*: Este pasaje (v. 9-12) es tal vez uno de los más terribles de la Escritura y digno de grave meditación. Dios que es la misericordia misma, es también la verdad, cuya expresión nos da en su Hijo Jesucristo, que es su Verbo o Palabra encarnada, y que no cesa de presentarse como la Verdad y la Luz. Así, pues, como habrá una tremenda venganza del Amor despreciado (Cant. 8, 6 y nota), así también vemos aquí la venganza de la verdad desoída. Vemos en Sal. 80, 13que Dios abandonó a sus devaneos al pueblo de Israel que no quiso escucharle; así hará aquí entregándolos desarmados "para que crean a la mentira, ya que no tuvieron interés en armarse de la espada del espíritu que es la Palabra de Dios" (Ef. 6, 11, 13 y 17). Y se cumplirá entonces trágicamente –como hace tiempo se está cumpliendo– aquella palabra de Jesús en Jn. 5, 43, que algunos interpretan precisamente como un anuncio del Anticristo. Véase también Am. 8, 11 y nota.

12. El que es incrédulo a la verdad, se complacerá en la maldad por lo mismo que vimos, a la inversa, en Ef. 5, 9 y nota.

13. Sobre la santificación del Espíritu véase 1 Ts. 4, 6 y nota. *El crédito a la verdad*: Obsérvese que el crédito –también en el lenguaje bancario– se da en proporción a la estima que inspira cada persona. Por eso no hay mayor ofensa que dudar de la palabra. ¿Dónde hallaremos, dice un autor moderno, quién quiera apostar en favor de la fidelidad de Dios? Jesús nos había revelado ya que todo el que obra mal, odia la luz (Jn. 3, 20). Aquí vemos que, a la recíproca, todo el que odia la luz, obra mal. Bastaría esta doble norma para guiar hacia la sabiduría una vida entera. Porque el hombre sincero, que tiene a su disposición el Evangelio, no tiene por qué preguntar dónde está la sabiduría, y por tanto la santidad. "Mis Palabras, dice Jesús, son espíritu y son vida" (Jn. 6, 64). Cf. Sal. 118, 105 y nota.

3 **Pedido de oraciones.** [1]Entretanto, hermanos, orad por nosotros, para que la Palabra del Señor y sea glorificada como lo es entre vosotros, [2]y para que seamos librados de los hombres perversos y malignos, pues no todos tienen la fe. [3]Pero fiel es el Señor, el cual os fortalecerá y os guardará del Malo. [4]Y por vuestra parte confiamos en el Señor que hacéis y seguiréis haciendo lo que os encomendamos. [5]El Señor dirija vuestros corazones hacia el amor de Dios y la paciencia de Cristo.

La pereza y la vida desordenada. [6]Os mandamos, hermanos, en nombre de nuestro Señor Jesucristo, que os retiréis de todo hermano que viva desordenadamente y no según las enseñanzas que recibió de nosotros. [7]Pues bien sabéis cómo debéis imitarnos; porque no anduvimos desordenados entre vosotros.

[8]De nadie comimos de balde el pan, sino que con fatiga y cansancio trabajamos noche y día para no ser gravosos a ninguno de vosotros; [9]y no por no tener derecho, sino para presentarnos a vosotros como ejemplo que podáis imitar.

[10]Por eso, cuando estábamos con vosotros, os mandábamos esto: Si uno no quiere trabajar, tampoco coma. [11]Porque hemos oído que algunos de vosotros viven en el desorden, sin trabajar, sólo ocupándose en cosas vanas. [12]A los tales les ordenamos y exhortamos en el Señor Jesucristo que, trabajando tranquilamente, coman su propio pan. [13]Vosotros, empero, hermanos, no os canséis de hacer el bien. [14]Si alguno no obedece lo que ordenarnos en esta epístola, a ése señaladle para no juntaros con él, a fin de que se avergüence. [15]Más no le miréis como enemigo, antes bien amonestadle como a hermano.

[16]El mismo Señor de la paz os conceda la paz en todo tiempo y en toda forma. El Señor sea con vosotros todos. "La salutación va de mi propia mano, Pablo, que es la señal en todas las epístolas. Así escribo. [17]La gracia de nuestro Señor Jesucristo sea con todos vosotros.

1^A CARTA A TIMOTEO

Timoteo, hijo de padre pagano y madre judía, era el discípulo más querido de Pablo, socio en su segundo viaje apostólico y compañero durante el primer cautiverio en Roma. Después de ser puesto en libertad, Pablo le llevó al Asia Menor, donde le confió la dirección de la Iglesia de Éfeso. Esta primera carta, escrita probablemente hacia el año 65, quiere alentar al Obispo Timoteo en su lucha contra las falsas doctrinas y darle instrucciones referentes al culto y a las cualidades de los ministros de la Iglesia, por lo cual constituye una lección permanente de espíritu pastoral, dada por el mismo Espíritu Santo, junto con la segunda a Timoteo, que es un doloroso cuadro de la apostasía, y la de Tito, análoga a la presente y que contempla más el ordenamiento particular de cada Iglesia, que hoy llamaríamos diócesis.

1 **Saludo apostólico.** [1]Pablo, apóstol de Cristo Jesús, por el mandato de Dios nuestro Salvador, y de Cristo Jesús, nuestra esperanza, [2]a Timoteo, verdadero hijo en la fe: gracia, misericordia y paz, de parte de Dios Padre, y de Cristo Jesús nuestro Señor.

---

1. *Que la Palabra... corra*, etc.: Este ideal del grande amigo de Dios se reproduce textualmente en la oración de la preciosa Misa votiva "de propagatione fidei" cuya celebración en los días de rito simple nunca podría recomendarse bastante como acto anhelo de apostolado, insuperablemente grato a nuestro Padre celestial.

3. *Os guardará del Malo* o del Maligno, es decir, de Satanás. Es lo que pedimos en el Padrenuestro. Véase Mt. 6, 13 y nota.

6. Las *exhortaciones finales* tienden, ante todo, a inculcar la obligación de trabajar y guardarse de una vida desordenada. El Apóstol invoca el ejemplo que él mismo dio a los tesalonicenses, trabajando entre ellos aun de noche, para no comer el pan de otros (v. 8). Cf. Hch. 20, 34; 1Co. 4, 12; 2Co. 11, 7; 1 Ts. 2, 9.

15. Tratándose de un pecador, la severidad del v. 14se suaviza aquí por la caridad. Más grave es cuando se trata de los que no aceptan la buena doctrina. Cf. Rm. 16, 17; 2 Jn. 10. Véase también 1Cro. 5, 10 ss.; 2 Tm. 4, 14 y 16.

16. *De mi propia mano*: la firma del Apóstol tuvo especial importancia para los tesalonicenses, ya que entre ellos circulaban palabras o cartas apócrifas de San Pablo, como se deduce de 2, 2.

Contra los judaizantes. ³Al irme a Macedonia te pedí que te quedaras en Éfeso para mandar a ciertas personas que no enseñen diferente doctrina, ⁴ni presten atención a fábulas y genealogías interminables, que sirven más bien para disputas que para la obra de Dios por medio de la fe. ⁵El fin de la predicación es el amor de un corazón puro, de conciencia recta y cuya fe no sea fingida; ⁶de la cual desviándose algunos han venido a dar en vana palabrería. ⁷Deseaban ser maestros de la Ley, sin entender ni lo que dicen ni lo que con tanto énfasis afirman. ⁸Sabemos que la Ley es buena, pero si uno la usa como es debido, ⁹teniendo presente que la Ley no fue dada para los justos, sino para los prevaricadores y rebeldes, para los impíos y pecadores, para los facinerosos e irreligiosos, para los parricidas y matricidas, para los homicidas, ¹⁰fornicarios, sodomitas, secuestradores de hombres, mentirosos, perjuros, y cuanto otro vicio haya contrario a la sana doctrina, ¹¹la cual es según el Evangelio de la gloria del bendito Dios, cuya predicación me ha sido confiada.

San Pablo da gracias por su vocación. ¹²Doy gracias a Aquel que me fortaleció, a Cristo Jesús, Señor nuestro, de haberme tenido por fiel, poniéndome en el ministerio; ¹³a mí, que antes fui blasfemo y perseguidor y violento, más fui objeto de misericordia, por haberlo hecho con ignorancia, en incredulidad; ¹⁴y la gracia de nuestro Señor sobreabundó con fe y amor en Cristo Jesús. ¹⁵Fiel es esta palabra y digna de ser recibida de todos: que Cristo Jesús vino al mundo para salvar a los pecadores, de los cuales el primero soy yo.

¹⁶Más para esto se me hizo misericordia, a fin de que Jesucristo mostrase toda su longanimidad en mí, el primero, como prototipo de los que después habían de creer en Él para (*alcanzar la*) vida eterna. ¹⁷Al rey de los siglos, al inmortal, invisible, al solo Dios, honor y gloria por los siglos de los siglos.

---

7. Característica no sólo de los *falsos doctores* de entonces, sino también de los charlatanes modernos, que hablan de la religión cristiana sin estudiar sus fuentes.

9. *La Ley no fue dada para los justos*: Sobre esta notable doctrina véase Ga. 5, 18 y 22 y notas.

4. Alude tal vez a los judíos que, llevando consigo *las tablas genealógicas*, se jactaban de su descendencia de Abraham, y cuyo orgullo provocaba muchas disputas dentro de la comunidad. Hay aquí una lección contra el orgullo de raza o familia, que, como todos los orgullos, es necedad, según lo muestra el Apóstol en Ga. 6, 3 y 1Co. 4, 7. El mismo San Pablo nos dice que entre los creyentes no había muchos poderosos ni muchos nobles (1Co. 1, 26), cosa explicable por lo que Jesús señala el especial peligro en que los ricos están de caer en el amor del mundo, que no es compatible con el amor de Dios (1 Jn. 2, 15). De ahí que el mismo Señor eligiese también en general a hombres modestos, y figurase Él mismo como hijo del carpintero (Mt. 13, 55; Mc. 6, 3), siendo como era Hijo de Dios y descendiente del Rey David. El orgullo por la descendencia carnal de Abraham es claramente condenado por el Señor (Jn. 8, 33-47) y por el Bautista (Mt. 3, 9), y también reprueba Jesús el apego a las tradiciones humanas, porque son otros tantos ídolos que rivalizan con Dios (Mt. 15, 2 ss.; Mc. 7, 3 ss.). Muy al contrario, los pecados de los antepasados son aludidos a menudo, tanto por Dios en sus reconvenciones (2Cro. 30, 7s.; Ba. 2, 33; Nm. 32, 8; Hb. 3, 9, etc.), cuanto por los mismos israelitas en sus actos de contrición (2Cro. 29, 6; Ne. 9, 29; Dn. 9, 8; cf. Lm. 3, 42 y nota). El único buen orgullo genealógico que vemos en la Biblia –donde tanto nos humilla la común descendencia de Adán–, es el que invoca Tobías como una responsabilidad "porque somos hijos de santos" (Tb. 2, 18). Por lo demás, si observamos "cómo se escribe la historia", veremos que el orgullo racista de pertenecer a esa prosapia de Abraham (como lo deseaba San Ignacio de Loyola para tener la misma sangre que Jesús), la más ilustre de la tierra por su elección directa de parte de Dios, se ha convertido hoy, según el reiterado anuncio de los profetas, en "fábula y ludibrio de la tierra" (Donoso Cortés). Sin embargo, no se excluye en este pasaje una posible referencia a los gnósticos, cuya especialidad consistía en hacer genealogías de los ángeles y eones. Véase 4, 7; 2 Tm. 2, 23; Tt. 3, 9.

5. No se puede expresar más terminantemente la diferencia del mensaje de amor que Cristo nos trajo de su Padre, con cualquier otra legislación puramente preceptiva. Dios no da órdenes como un simple soberano que exige obediencia, sino como un Padre que busca hijos amantes, según lo expresa Cristo en el gran mandamiento que no reclama sino amor. Véase Mt. 22, 37 ss.; Rm. 13, 10; Ga. 5, 14 y nota. Como comentario a tan preciosa norma que San Pablo da al Obispo Timoteo sobre la predicación, nada mejor que las siguientes líneas de un piadoso obispo alemán: "El concepto de un Dios legislador no es cosa singular del cristianismo y está en todas las religiones, aun las más groseras. En cambio, el sublime dogma revelado de un Dios Padre que no necesita de nuestros favores, que amó a los hombres hasta entregarles su Hijo único, y que sólo nos pide un amor, que Él mismo nos da con su santo Espíritu, para llegar a divinizarnos como Él, eso sí que es exclusivo del cristianismo. De ahí que lo que debe enseñarse y predicarse para transformar sustancialmente los espíritus es sobre todo esa concepción espiritual de Dios. Por eso dijo Jesús que la vida eterna consiste en conocer al Padre y a su Hijo y Enviado el Cristo. Porque el saber las reglas morales no basta para cumplirlas si no hay ese amor que nace del conocimiento espiritual de Aquel que es amable sobre todas las cosas".

NUEVO TESTAMENTO COMENTADO

Amén.

Fidelidad en el ministerio. [18]Este mandato te transfiero, hijo mío, Timoteo, conforme a las profecías hechas anteriormente sobre ti, a fin de que siguiéndolas milites la buena milicia, [19]conservando la fe y la buena conciencia, la cual algunos desecharon naufragando en la fe; [20]entre ellos Himeneo y Alejandro, a los cuales he entregado a Satanás para que aprendan a no blasfemar.

2 **Orad por todos.** [1]Exhorto ante todo a que se hagan súplicas, oraciones, rogativas y acciones de gracias por todos los hombres, [2]por los reyes y por todas las autoridades, para que llevemos una vida tranquila y quieta, en toda piedad y honestidad. [3]Esto es bueno y grato delante de Dios nuestro Salvador, [4]el cual quiere que todos los hombres sean salvos y lleguen al conocimiento de la verdad. [5]Pues hay un solo Dios, y un solo mediador entre Dios y los hombres: el hombre Cristo Jesús, [6]que se entregó a sí mismo en rescate por todos, según fue atestiguado en su mismo tiempo. [7]Para este fin he sido yo constituido heraldo y apóstol –digo la verdad, no miento– doctor de los gentiles en la fe y la verdad. [8]Deseo, pues, que los varones oren en todo lugar, alzando manos santas sin ira ni disensión.

Conducta de las mujeres. [9]Asimismo que las mujeres, en traje decente, se adornen con recato y sensatez, no con cabellos rizados, u oro, o perlas, o vestidos lujosos, [10]sino con buenas obras, cual conviene a mujeres que hacen profesión de servir a Dios. [11]La mujer aprenda en silencio, con toda sumisión. [12]Enseñar no le permito a la mujer, ni que domine al marido, sino que permanezca en silencio. [13]Porque Adán fue formado primero y después Eva. [14]Y no fue engañado Adán, sino que la mujer, seducida, incurrió en la transgresión; [15]sin embargo, se salvará engendrando hijos, si con

---

14. *La gracia... sobreabundó*: Es decir: más poderoso que nuestra miseria y nuestras culpas fue a amor triunfante de Cristo, que se sobrepuso a toda consideración de justicia y no reparó en medios con tal de salvarnos. Véase Sal. 50, 9 y nota.

15. Es la maravillosa doctrina expuesta por el Salvador en Mt. 9, 10 ss.; 18, 11; Lc. 19, 10, etc. Como muy bien observa Mons. Fulton J. Sheen, "en otras religiones se necesita ser bueno para poder acercarse a Dios. No así en la cristiana". "Jesucristo ha venido a tomar nuestras debilidades para armarnos con su fuerza; a revestirse de la humanidad para darnos la divinidad; a aceptar las humillaciones para hacernos dignos de los honores; a sufrir las pesadumbres para alcanzarnos la paciencia" (San Pedro Crisólogo).

16. Para estímulo de todos los pecadores y convertidos "obreros de la hora undécima" (Mt. 20, 8), San Pablo no pierde ocasión de destacar la gratuita misericordia que con él se tuvo al confiarle una misión única en la revelación del misterio escondido de Cristo (Ef. caps. 1 y 3), a pesar de haber perseguido a la Iglesia (Ga. 1, 13) y de no pertenecer siquiera al grupo de los doce que conocieron y siguieron al Señor (Hch. 1, 15 ss.). Pablo se nos presenta así como el primogénito de los convertidos. De ahí la explosión de gratitud y alabanza en el v. 17.

17. Sobre este punto esencial, cf. Rm. 16, 27.

20. Sobre *Himeneo* cf. 2 Tm. 2, 17s. Sobre *Alejandro* cf. 2 Tm. 4, 14. En un caso se trataba de mala doctrina, y en otro de oposición a la buena. Tal es quizá lo que San Pablo llama blasfemia, pues antes habla de *naufragio en la fe* (v. 19). *Entregado a Satanás*: según San Juan Crisóstomo, para que Satanás los castigara en su cuerpo a fin de que no perecieran eternamente. Cf. 1Co. 5, 5 y nota.

1. Pasa a dar *instrucciones* sobre el culto, y destaca la importancia de rogar por los que tienen la tremenda responsabilidad del mando (v. 2a.).

4. Aquí se nos revela el fondo del corazón de Dios. Su voluntad salvífica era ya conocida en el Antiguo Testamento (Ez. 18, 23; 33, 11 y notas). Cristo al confirmarla (Lc. 19, 10; Mt. 18, 11; 21, 31; Jn. 3, 17), nos descubrió que esa salvación nos llega, como aquí dice San Pablo, mediante el conocimiento de la verdad contenida en la Palabra del Padre que nos fue traída por el Hijo (Jn. 15, 15; 17, 17), mostrándonos así que en su doctrina no hay nada esotérico ni secretos exclusivos para los iniciados. Véase Mt. 10, 27.

5. "Sólo Jesucristo, por derecho propio, por representación propia, por méritos propios, es el Mediador entre Dios y los hombres. Los santos, y singularmente la Virgen María, lo son en cuanto son asociados a la mediación única de Jesucristo" (Bóver).

8. *Levantar las manos* era la hermosa actitud del orante en el Antiguo Testamento (1Re. 8, 22; Ne. 8, 6; 2M. 3, 20). *Sin ira ni disensión*: es decir, que para orar necesitamos antes perdonar a todo enemigo, tal como Jesús lo exige al que presenta una ofrenda ante el altar (Mt. 5, 23 ss.). *En todo lugar*: Véase Jn. 4, 21 ss.; Mt. 6, 6.

9s. ¿No parece esto escrito a propósito para grabarlo visiblemente en los muros de todos los templos? A fuerza de leer esta palabra de Dios, se penetrarán de ella las almas rectas (2 Tm. 3, 16s.).

12. "En la primitiva Iglesia era permitido a cada uno de los fieles que se sintiera impulsado a ello, dirigir la palabra a la asamblea congregada para asistir a los divinos oficios. También se les permitía orar en voz alta (1Co. 14, 26 ss.). Las mujeres reclamaban para sí igual derecho (1Co. 11, 1s.); pero San Pablo se lo rehúsa (1Co. 14, 34s.)" (Don Penco). La prohibición aquí dada se refiere en primer lugar a la predicación. Por eso, la Iglesia jamás permitió que mujeres tomasen la palabra desde la cátedra. Esto no excluye que privadamente puedan instruir a otros en el Evangelio, como vemos en el hermoso caso de Priscila (Hch. 18, 26 y nota) y en las catequistas de hoy.

modestia permanece en fe y amor y santidad.

3 Cómo han de ser los obispos. [1]Fiel es esta palabra: si alguno desea el episcopado, buena obra desea. [2]Mas es necesario que el obispo sea irreprensible, marido de una sola mujer, sobrio, prudente, modesto, hospitalario, capaz de enseñar; [3]no dado al vino, no violento sino moderado; no pendenciero, no codicioso, [4]que sepa gobernar bien su propia casa, que tenga sus hijos en sumisión con toda decencia; [5]–pues si uno no sabe gobernar su propia casa ¿cómo podrá cuidar de la Iglesia de Dios?– [6]no neófito, no sea que –hinchado– venga a caer en el juicio del diablo. [7]Debe, además, tener buena reputación de parte de los de afuera, para que no sea infamado ni caiga en algún lazo del diablo.

Diáconos y diaconisas. [8]Así también los diáconos tienen que ser hombres honestos, sin doblez en su lengua, no dados a mucho vino, no codiciosos de vil ganancia, [9]y que guarden el misterio de la fe en una conciencia pura. [10]Sean probados primero, y luego ejerzan su ministerio si

fueren irreprensibles. [11]Las mujeres igualmente sean honestas, no calumniadoras; sobrias, fieles en todo. [12]Los diáconos sean maridos de una sola mujer; que gobiernen bien a sus hijos y sus propias casas. [13]Porque los que desempeñaren bien el oficio de diácono, se ganan un buen grado, y mucha seguridad en la fe que es en Cristo Jesús.

El misterio de la piedad. [14]Esto te escribo, aunque espero ir a ti dentro de poco, [15]para que, si tardare, sepas cómo debes portarte en la casa de Dios, que es la Iglesia del Dios vivo, columna y cimiento de la verdad. [16]Y sin duda alguna, grande es el misterio de la piedad:

Aquel que fue manifestado en carne, justificado en espíritu, visto de ángeles, predicado entre gentiles, creído en (*este*) mundo, recibido en la gloria.

4 Sobre los falsos doctores. [1]Sin embargo, el Espíritu dice claramente que en posteriores tiempos habrá quienes apostatarán de la fe, prestando oídos a espíritus de engaño y a doctrinas

---

15. La vocación de la mujer es la *maternidad* que también puede extenderse, en sentido espiritual, a las almas que se entregan al apostolado o al servicio de los que sufren. Cf. Ez. 3, 19 y nota.

1. San Agustín, comentando este pasaje, hace notar que San Pablo dice obra y no honra, porque la Escritura acentúa especialmente la humildad que hemos de guardar en todo alto cargo. Cf. Eclo. 3, 20; 7, 4; 31, 8; Lc. 22, 24-27; Flp. 2, 7s. y notas.

2. En la antigüedad cristiana no había aún precepto de celibato para los obispos y presbíteros, sino que se ordenaban también casados; más estaban excluidos de la ordenación los casados en segundas nupcias. Esto quiere expresar el término *marido de una sola mujer.* Cf. Tt. 1, 7; 1Co. 7, 25-40.

5. Aplicando esto también a lo espiritual, dice San Juan Crisóstomo: "Más cercanos y más próximos somos nosotros de nosotros mismos que de cualquier prójimo. Pues si a nosotros mismos no nos persuadimos ¿cómo pensamos persuadir a otros?... ¿Cómo es posible que el que no guarda ni protege su alma tenga cuidado de la ajena y procure convertirla y mejorarla?"

10. *Sean probados primero*: En la vida de San Vicente de Paul, cuya Misa proclama que "promovió el decoro del orden eclesiástico" (colecta del 19 de julio), se refiere que formaba a su clero al lado suyo, entregándoles, desde jovencitos, la Sagrada Escritura para formarlos en la piedad y poniéndolos en contacto con los pobres para probarlos en la caridad.

11. Se trata aquí probablemente de las mujeres de los diáconos (v. 8).

15. "En el Antiguo Testamento era el templo lo que llevaba ordinariamente el nombre de *Casa de Dios.* Sin embargo, desde el Libro de los Números 12, 7, esta locución es empleada en sentido

figurado para representar la familia espiritual de Jehováh, es decir, su pueblo. Así también aquí. Cf. Hb. 10, 21; 1 Pe. 2, 5; 4, 17. *La Iglesia*: En la acepción más amplia, la asamblea de los fieles de todos los países... Al destacar así la grandeza de la Iglesia, el Apóstol insinúa con qué celo deben servirla sus ministros" (Fillion). En cuanto a la jerarquía, su sagrada misión consiste ante todo en transmitir fielmente y plenamente a la grey de Cristo las palabras de la Verdad eterna (Mt. 28, 20; Hch. 3, 22; Mal. 2, 7 ss.), que San Pablo llama "el depósito" (6, 20 y nota). En efecto, la palabra *jerarca* viene de "hierarches" = guarda, custodio de un santuario o de cosas sagradas. "Jerarquía", "Hierarjía" es el oficio de un "hierarkes", de un "custodio de cosas sagradas"... La palabra no figura entre los clásicos griegos, pero se la encuentra en inscripciones. Su uso corriente se debe a los escritos de Dionisio pseudoareopagita, presumiblemente de la época de Justiniano" (San Huber). San Pablo insiste en el carácter esencialmente sobrenatural de la función de los "presbíteros" (2 Tm. 2, 4 y nota), y el papa Pío XI quiso extenderlo aún a las actividades de la Acción Católica, que son consideradas como participación en el apostolado jerárquico, al alejarlas de toda intervención de orden meramente político o temporal.

16. El v. 16 parece ser una estrofa de un himno cristiano que resume en versos el misterio de Cristo, llamándolo *misterio de la piedad* (fe) digno de toda veneración. *Manifestado en carne*: véase Jn. 1, 14. *Justificado en Espíritu*: El Espíritu Santo testificó la santidad de Jesús (Jn. 16, 8 ss.), y completó su obra en el día de Pentecostés y en las variadas manifestaciones carismáticas de que gozaban los fieles (1Co. 14). *Visto de ángeles*: ¿Podría esto ser un eco de Ef. 3, 10, como supone Bóver? Cf. Ef. 6, 12.

de demonios, [2](enseñadas) por hipócritas impostores que, marcados a fuego en su propia conciencia, [3]prohíben el casarse y el uso de manjares que Dios hizo para que con acción de gracias los tomen los que creen y han llegado al conocimiento de la verdad. [4]Porque todo lo que Dios ha creado es bueno, y nada hay desechable, con tal que se tome con acción de gracias, [5]pues queda santificado por medio de la Palabra de Dios y por la oración.

Avisos y consejos para Timoteo. [6]Proponiendo estas cosas a los hermanos, serás buen ministro de Cristo Jesús, nutrido con las palabras de la fe y de la buena doctrina que has seguido de cerca. [7]Las

fábulas profanas e (historias) de viejas deséchalas y ejercítate para la piedad. [8]Porque el ejercicio corporal para poco es provechoso; pero la piedad es útil para todo, teniendo la promesa de la vida presente y de la venidera. [9]Fiel es esta palabra, y digna de ser recibida de todos. [10]Pues para esto trabajamos y luchamos, porque ponemos nuestra esperanza en el Dios vivo, que es salvador de todos los hombres, especialmente de los que creen. [11]Predica y enseña estas cosas. [12]Que nadie te menosprecie por tu juventud; al contrario, sé tú modelo de los fieles en palabra, en conducta, en caridad, en fe, en pureza. [13]Aplícate a la lectura, a la exhortación, a la enseñanza, hasta que yo llegue.

---

1 ss. En 2 Tm. 3, 1 ss., vuelve San Pablo a hablar gravemente de la apostasía con relación a los "postreros días" en tanto que aquí se refiere como observa Fillion a un porvenir más o menos próximo y no a los últimos tiempos.

3. Es de notar la suavidad del Apóstol que, después de tan tremenda introducción (vv. 1 y 2), no se refiere a miserias y fallas de nuestra concupiscencia sino a la inversa a los que imitando a los fariseos quieren imponer otro yugo que el de Cristo, sabio recurso de Satanás para alejar del amor "con apariencia de piedad" (2 Tim 3, 5). Ya en los primeros tiempos observaban esto las Constituciones Apostólicas diciendo que el que no ama a Cristo es porque considera su yugo "más pesado que el hierro". La secta de los encratitas y otros gnósticos consideraban el *matrimonio* como un estado pecaminoso y obligaban a sus adeptos a abstenerse también de comer carne es decir, imponiendo un ascetismo inventado por ellos (Col. 2, 16 ss.) mientras su conciencia les permitía a ellos todos los excesos (v. 2). Véase lo que dice Jesús en Lc. 11, 46. San Pablo nos previene contra tales hipocresías, enseñándonos que la palabra de Dios y las oraciones de los fieles quitan a las cosas materiales la maldición, fruto del pecado (v. 4 y 5). Aprendamos de aquí a no sentarnos ni levantarnos de la mesa sin hacer oración al Padre de quien todo lo recibimos (6, 17; Col. 2, 17; St. 1, 17). Véase una bella fórmula en Hch. 2, 46 y nota.

4 ss. *Todo lo que Dios ha creado es bueno*: "Una sola cosa interesa y es que el Nombre de Dios sea honrado y glorioso". Si miramos nuestro cuerpo y sus alimentos sistemáticamente como cosa odiosa en sí misma, no veremos en ellos dones de Dios, como en verdad son, sino otros tantos lazos que Él nos pusiera para hacernos pecar. ¿Cómo podríamos honrarlo entonces, y agradecerle esos alimentos que Él nos da con abundancia (cf. 6, 17) y los santifica con su palabra? (v. 6) ¡No! Lo que hay que cuidar es el *tomarlos con gratitud*, como aquí enseña el Apóstol, y en el nombre de Cristo (Ef. 5, 20), es decir, de modo que esos dones nos sirvan para honrar a tal Padre (1Co. 10, 31), y que nunca jamás los bienes que Él nos hace puedan sernos instrumentos de ingratitud y pecado, como sería si los tomáramos con gula, mirándolos *por sí mismos* como un bien que sedujese nuestro corazón, y así llegasen a ser como ídolos, rivales de Aquel que nos los dio. Esta reflexión fundamental se aplica a todos los bienes temporales que nos

agradan en esta vida. Del Padre proceden todos los bienes (St. 1, 17), y es Él mismo quien nos enseña que la carne desea contra el espíritu (Ga. 5, 17), y por lo cual no hemos de poner nuestro corazón en los dones sino en el amante Padre que nos lo dio, de modo que ellos nos sirvan santamente para agradecerle y amarlo más. Las cosas en sí mismas no son odiosas, porque ellas no pecaron, sino que sufren de estar sometidas "mal de su grado" (Rm. 8, 20 ss.) a una naturaleza que cayó por culpa del pecado nuestro (Gn. 3, 17s.). No son ellas lo odioso, sino nuestro ánimo malvado, que tiende a valerse de ellas para apartarse de su Creador. San Pablo condena aquí, pues, lo mismo que en el v. 3, el ascetismo de los falsos doctores que se sienten más santos que Dios. Lo mismo vemos en Col. 2, 16-23.

8. No prohíbe los ejercicios *corporales*, deportes, gimnasia, etc., pero los pone en su lugar: Primero, el ejercicio del espíritu que "sirve para todo" (Sb. 10, 12 y nota); luego, el deporte que "sirve para pocas cosas". Sería conveniente colocar este texto en todas las canchas, estadios, rings, hipódromos, etc., y recordar que el término gimnasia viene del griego *gymnós,* esto es, "desnudo", y que la decadencia y corrupción de Israel vino de imitar los gimnasios de los griegos y sus costumbres paganas (1M. 1, 15; 2M. 4, 9 y notas).

13 ss. Los discípulos de San Pablo se alimentaban con la Sagrada Escritura para poder luego trasmitirla a los fieles: es el mismo programa que Santo Tomás de Aquino expresa en su fórmula: "Contemplata aliis tradere": transmitir a otros lo que hemos contemplado. Cuando oramos, dice San Agustín, hablamos a Dios, más cuando leemos la Sagrada Escritura, Dios nos habla a nosotros. Si el discípulo se encuentra en presencia del maestro, ¿se pondrá a hablar todo el tiempo, o le convendría escuchar? Bello programa para un culto eucarístico bíblico que dijese como Samuel: "Hablad Señor, que vuestro siervo escucha" (1Sam. 3, 10), y se dedicase como María (Lc. 10, 39 ss.) a oír hablar a Jesús (Mt. 17, 5), que nos ofrece las Palabras del Padre (Jn. 15, 15), para santificarnos (Jn. 17, 17) y darnos paz (Sal. 84, 9), mostrándonos su Corazón (Lc. 6, 45) como a los que lo oyeron en su tiempo (Lc. 10, 24), pues para eso dice San Juan que escribió su Evangelio (1 Jn. 1, 3s.).

[14]No descuides el carisma que hay en ti y que te fue dado en virtud de profecía, mediante imposición de las manos de los presbíteros. [15]Medita estas cosas, vive entregado a ellas de modo que a todos sea manifiesto tu progreso. [16]Vigílate a ti mismo y a la doctrina; insiste en esto. Haciéndolo, te salvarás a ti mismo y también a los que te escuchan.

5 Del trato con los ancianos y las viudas.

[1]Al anciano no le reprendas con aspereza, sino exhórtale como a padre; a los jóvenes, como a hermanos; [2]a las ancianas, como a madres; a las jóvenes, como a hermanas con toda pureza. [3]A las viudas hónralas si lo son de verdad. [4]Pero si una viuda tiene hijos o nietos, aprendan éstos primero a mostrar la piedad para con su propia casa y a dar en retorno lo que deben a sus mayores, porque esto es grato delante de Dios. [5]La que es verdadera viuda y desamparada tiene puesta la esperanza en Dios y persevera en súplicas y en oraciones noche y día. [6]Mas la que se entrega a los placeres, viviendo está muerta. [7]Intima esto para que sean irreprensibles. [8]Si alguien no tiene providencia para los suyos, y particularmente para los de su propia casa, ha negado la fe y es peor que un incrédulo. [9]Como viuda sea inscrita solamente aquella que tenga sesenta años y haya sido mujer de un solo marido, [10]que esté acreditada por buenas obras: si educó hijos, si practicó la hospitalidad, si lavó los pies a los santos, si socorrió a los atribulados, si se dedicó a toda buena obra. [11]Mas no admitas a las viudas jóvenes; pues cuando se disgustan del primer amor con Cristo, desean casarse, [12]y se hacen culpables porque le quebrantaron la primera fe. [13]Aprenden, además, a ser ociosas, andando de casa en casa; y no sólo ociosas, sino chismosas e indiscretas, hablando de lo que no deben. [14]Quiero, pues, que aquellas que son jóvenes se casen, tengan hijos, gobiernen la casa, y no den al adversario ningún pretexto de maledicencia; [15]porque algunas ya se han apartado yendo en pos de Satanás. [16]Si alguna cristiana tiene viudas, les de lo necesario, y no sea gravada la Iglesia, para que pueda socorrer a las que son viudas de verdad.

¿Cómo proceder con los presbíteros?

[17]Los presbíteros que dirigen bien sean considerados dignos de doble honor, sobre todo los que trabajan en predicar y enseñar. [18]Pues dice la Escritura: "No pondrás bozal al buey que trilla" y "Digno es el obrero de su jornal". [19]Con ira un presbítero no admitas acusación si no es por testimonio de dos o tres testigos. [20]A aquellos que pequen repréndelos delante de todos, para que los demás también cobren temor. [21]Te conjuro en presencia de Dios y de Cristo Jesús y de los ángeles escogidos, que guardes estas cosas sin prejuicio, no haciendo nada por parcialidad. [22]A nadie impongas las manos precipitadamente, y no te hagas cómplice de pecados ajenos. Guárdate puro. [23]No bebas más

---

14. *En virtud de profecía*: cf. 1, 18. Sobre la imposición de las manos cf. 2 Tm. 1, 6.

3. *Verdaderas viudas* son las que, conservando su estado de castidad y de luto, están desamparadas y necesitan socorro.

4. *Aprendan éstos*: Saludable lección: Los hijos y nietos no deben abandonar a padres o abuelos, ni entregarlos sin necesidad a la asistencia pública.

9. El Apóstol se refiere a aquellas *viudas* que se prestaban, como diaconisas, para el servicio de la Iglesia. Su cargo consistía en asistir al bautismo de las mujeres, que era de inmersión (Col. 2, 12 y nota), en atender a los pobres y huérfanos, y en otras obras de caridad. En el Concilio de Calcedonia se resolvió reducir a cuarenta años la edad mínima para recepción de esas viudas.

11. Las *viudas* que estaban al servicio de la Iglesia no debían casarse en segundas nupcias. Por lo cual habla del Apóstol de la violación de la fe, y aun del voto que quizás habían hecho, cosa frecuente en las viudas jóvenes que llevadas por su sentimentalismo buscaban a Cristo para consolar su viudez y luego lo dejaban, posponiéndolo al mundo y a Satanás (v. 15). Por eso San Pablo les dice que se casen directamente (v. 14). Es indudable la semejanza del estado de las viudas con el de las religiosas de hoy. Algunas de ellas vivían en común.

16. Nótese el alto concepto de *caridad* que tenían las comunidades cristianas. Hacerse cargo del sustento de las viudas pobres les parecía natural obligación, cuando no tenían quien las amparase. Los sacerdotes o diáconos reservaban para los pobres una porción de los ingresos, otra porción para el culto, y otra para el propio sustento. A los paganos les impresionaba fuertemente ese ejemplo de amor fraternal que no veían en sus templos y sacerdotes.

17. *Doble honor*: El Apóstol exhorta a contribuir el sustento de los sacerdotes, y no dejarlos en la miseria (cf. 2Co. 8, 13 y nota). Nótese que en primer lugar son recomendados los que *trabajan en predicar y enseñar*. Véase 1Co. 1, 17; 9, 14; Hch. 6, 2; Dn. 12, 3.

20. *Delante de todos*: Admiremos la libertad de espíritu que aconseja San Pablo en esta actitud que él mismo usó en Ga. 2, 11 ss., y que coincide con la pública actitud del divino Maestro (Mt. 7, 15 ss.; 14, 3; 23, 1-37; Lc. 11, 37-54; 12, 1 ss. y nota; Juan caps. 5-10, etc.), y con lo que más de una vez han declarado los Sumos Pontífices combatiendo la pusilanimidad: "La Iglesia no ha de temer nada sino la ignorancia". Cf. Hch. 15, 39; Ef. 5, 12 y nota.

agua sola, sino toma un poco de vino a causa del estómago y de tus frecuentes enfermedades. [24]Los pecados de ciertos hombres son manifiestos ya antes de (*nuestro*) juicio, aunque en algunos siguen también después. [25]Asimismo, también las obras buenas son manifiestas. Y (*en cuanto a*) las que no lo son, no podrán quedar ocultas.

6 Deberes de los siervos. [1]Todos los que están bajo el yugo de la servidumbre tengan a sus amos por dignos de todo honor, para que el nombre de Dios y la doctrina no sean blasfemados. [2]Y los que tienen amos creyentes, no por ser hermanos les tributen menos respeto, antes sírvanles mejor, por lo mismo que son fieles y amados los que reciben su servicio. Esto enseña y a esto exhorta.

Contra las doctrinas malas. [3]Si uno enseña otra cosa y no se allega a las palabras saludables de nuestro Señor Jesucristo y a la doctrina que es según la piedad, [4]éste es un hombre hinchado que no sabe nada, antes bien tiene un enfermizo afecto por cuestiones y disputas de palabras, de donde nacen envidias, contiendas, maledicencias, sospechas malignas, [5]altercaciones de hombres corrompidos en su mente y privados de la verdad, que piensan que la piedad es una granjería. [6]En verdad, grande granjería es la piedad con el contento (*de lo que se tiene*).

Contra la avaricia. [7]Porque nada trajimos al mundo, ni tampoco podemos llevarnos cosa alguna de él. [8]Teniendo pues qué comer y con qué cubrirnos, estemos contentos con esto. [9]Porque los que quieren ser ricos caen en la tentación y en el lazo (*del diablo*) y en muchas codicias necias y perniciosas, que precipitan a los hombres en ruina y perdición. [10]Pues raíz de todos los males es el

---

23. Delicado rasgo de caridad apostólica, que contraste con 4, 1-3. ¿Por qué no lo curó San Pablo, por quien tantos milagros había hecho Dios? Llama la atención de los comentadores el que, terminado el tiempo de los Hechos de los Apóstoles, ninguno de ellos haga en adelante mención de prodigios ni de carismas visibles que en aquel tiempo eran cosa normal en los que recibían el Espíritu Santo. Cf. Hch.2, 8; 5, 12; 8, 17 y nota, etc.

24. Normas para el examen de los que aspiran a órdenes sagradas. "Tan hábiles son ciertos hombres en disimular sus pecados, que difícilmente les afectan las consecuencias desagradables de éstos ante la opinión pública. Que Timoteo tenga pues los ojos bien abiertos para no tomar con demasiada facilidad por inocentes a los presbíteros culpables" (Fillion).

1-2. Los cristianos *esclavos* o servidores han de obedecer con todo respeto a sus amos paganos y evitar que éstos atribuyan a la Ley de Dios la desobediencia de ellos. Tampoco descuide el esclavo sus deberes para con el amo cristiano. La adopción de la fe cristiana no dispensa a los súbditos de la obediencia, aunque siervos y amos son hermanos en la fe. Véase la nota y citas de Ef. 6, 5 ss.

3. *La doctrina que es según la piedad*: es decir, que es sobrenatural y no se detiene en lo terreno. Cf. Tt. 1, 1. La apostasía de Babilonia (Ap. 17, 2) consistirá precisamente en esa actitud mundanal (Jn. 14, 30 y nota) de poner a Dios principalmente como agente de bienes temporales, convirtiendo la "vida eterna" traída por Jesús en programa de puros valores humanos, sea con carácter de cultura o de bienestar económico o de influencia política, etc. La conducta de los santos apóstoles Pedro y Pablo será siempre un modelo para nosotros, como dice el Prefacio de los Apóstoles. A ellos hemos de imitar (Hb. 13, 7), pues "Jesucristo es el mismo ayer y hoy y por los siglos" (Hb. 13, 8); cf. Ga. 1, 4 y nota. Benedicto XV se refiere muy severamente a los predicadores que "tratan cosas que sólo tienen de sagrado el lugar donde se predican", y agrega: "Y acontece no pocas veces que de la exposición de las verdades eternas se pase a la política, sobre todo si algo de esto cautiva más la atención de los oyentes. Parece que una sola cosa ambicionan: agradar a los oyentes y complacerles. A estos tales les llama San Pablo *halagadores de oídos* (2 Tm. 4, 3). De ahí esos gestos nada reposados y descensos de la voz unas veces, y otras, esos trágicos esfuerzos; de ahí esa terminología propia únicamente de los periódicos; de ahí esa multitud de sentencias sacadas de los escritos de los impíos y no de la Sagrada Escritura ni de los santos Padres" (Encíclica Humani Generis Redemptionem).

5. *Que piensan que la piedad es una granjería*: se dirige contra los que predicaban para hacer ganancias, "sorprendiendo a los simples con sus apariencias para reducirlo todo a su provecho" (Scío). No hay cosa más repugnante que la mezcla de piedad y negocio (cf. Dt. 22, 11). Por eso San Pablo muestra a su querido discípulo en qué consiste la verdadera granjería de los apóstoles (v. 6 ss.). El negociar con la religión so capa de piedad como los plateros de Éfeso (Hch. 19, 27 y nota), o los sacerdotes de Bel (Dn. 14, 1-21), o como los de Israel que obligaron a los reyes Joás y Josías a fiscalizar los dineros del culto (1Re. 12, 4-8; 22, 4 y 9), es lo más abominable para Dios, tanto por la doblez que ello encierra (Jn. 1, 47; Dt. 22, 9; Mt. 15, 8; 23, 24, etc.), cuanto por el desprecio de su Majestad y la burla de su amor que implica el posponerlo a Él, el Sumo Bien, y colocarlo al servicio de mezquinos negocios del momento, sean financieros o políticos. Cf. Eclo. 46, 22 y nota.

9. *Los que quieren ser ricos*: San Pablo nos da en esto una gran luz en orden práctico. No dice "los que tienen bienes". Éstos, con tal que cuiden muchísimo de no poner el corazón en su hacienda (Sal. 61, 11 y nota; Lc. 12. 34; 18, 24s., etc.), pueden aún ser objeto de una bienaventuranza (Eclo. 31, 8 ss., y nota), pero lo serán precisamente *si no corren tras el oro*, como allí dice el Eclesiástico, o sea si no están dominados por la ambición de enriquecimiento que hoy parece ser el ideal de tantas vidas (Eclo. 27, 1s. y nota). San Pablo muestra aquí que no sólo la conducta peligra, con esto, sino también la fe (v. 10), lo que no es de extrañar pues que el amor

amor al dinero; por desearlo, algunos se desviaron de la fe y se torturaron ellos mismos con muchos dolores.

Exhortación a la perseverancia. [11]Mas tú, oh hombre de Dios, huye de estas cosas, y anda tras la justicia, la piedad, la fe, la caridad, la paciencia, la mansedumbre. [12]Lucha la buena lucha de la fe; echa mano de la vida eterna, para la cual fuiste llamado, y de la cual hiciste aquella bella confesión delante de muchos testigos.

[13]Te ruego, en presencia de Dios que da vida a todas las cosas, y de Cristo Jesús –el cual hizo bajo Poncio Pilato la bella confesión–[14]que guardes tu mandato sin mancha y sin reproche hasta la aparición de nuestro Señor Jesucristo, [3] [15]que a su tiempo hará ostensible el bendito y único Dominador, Rey de los reyes y Señor de los señores; [4] [16]el único que posee inmortalidad y habita en una luz inaccesible que ningún hombre ha visto ni puede ver. A Él sea honor y poder eterno. Amén.

Admonición a los ricos. [17]A los que son ricos en este siglo exhórtalos a que no sean altivos, ni pongan su esperanza en lo inseguro de las riquezas, sino en Dios el cual nos da abundantemente de todo para disfrutarlo; [18]que hagan el bien; que sean ricos en buenos obras, dadivosos, generosos, [19]atesorándose un buen fondo para lo porvenir, a fin de alcanzar la vida verdadera.

Cuidar el depósito de la fe. [20]Oh, Timoteo, cuida el depósito, evitando las palabrerías profanas y las objeciones de la falsa ciencia. [21]Por profesarla algunos se han extraviado de la fe. La gracia sea con vosotros.

---

al dinero es idolatría. (Ef. 5, 5; Col. 3, 5). De ahí que se caiga también en lo que vimos en el v. 5, con lo cual la "fe que queda ya no es más que una sombra vana que sólo sirve para más ofender a Dios". Esto, aparte de los dolores que el Apóstol les anuncia (v. 10). "¿Por qué –se pregunta un autor– hay tan pocos hombres que se retiren de los negocios cuando ya no necesitan más? Porque sus vidas están vacías espiritualmente, y les aterra el no saber con qué llenarlas. Hay una vocación que llenaría una y mil vidas: dedicarse a conocer la Palabra de Dios". Nótese, en efecto, que es éste un campo sin límites (Eclo. 24, 38 y nota), propio del verdadero sabio (Eclo. 39, 1 y nota) y del mayor santo (Lc. 10, 42), y sin embargo al alcance de todos, especialmente de los más pequeños (Lc. 10, 21). Cf. Sal. 118, 97 ss. y notas.

10. "Por amor a las riquezas transitorias el *avaro* sacrifica las riquezas celestiales e imperecederas. Tiene ojos y no ve; abandona los bienes verdaderos por los falsos, lo que dura por lo que pasa, el cielo por la tierra; trueca tesoros infinitos por la pobreza, la gloria por la miseria, lo cierto por lo dudoso, el bien por el mal, la alegría real por la aflicción. Recoge por fuera nimiedades y se empobrece interiormente; se aficiona a bagatelas que desaparecen, elige la tierra y es esclavo de infierno" (San Cirilo de Jerusalén).

13. *La bella confesión*: como observa Pirot, estas palabras que se encuentran en todos los manuscritos, hacen pensar, más que en el martirio del Señor, en un testimonio oral dado por Él (v. 12). El contexto (v. 15) muestra que se trata de Jn. 18, 37, donde Jesús, en medio de la suma humillación de aquel momento, hizo la majestuosa declaración de sus derechos a la realeza, que entonces no ejerció porque su reino no era de este mundo (Jn. 18, 36). Cf. Jn. 14, 30; Ga. 1, 4; Ap. 11, 15.

14. Porque Él, como dice San Pablo, es el Príncipe de los Pastores y cuando aparezca traerá para los que hayan sido fieles la corona inmarcesible (1 Pe. 5, 4). Cfr. Ap. 22, 12.

15s. *A su tiempo hará ostensible*: presentándose en su Parusía "con gran poder y gloria" (Lc. 21, 27) y visible a todos (Ap. 1, 7) "como el relámpago fulgurando desde una parte del cielo resplandece hasta la otra" (Lc. 17. 24), en contraste con su primera venida, como lo dijo a los fariseos (Lc. 17, 20 y nota). *Rey de los reyes*, etc.: así nos lo muestra también el Apocalipsis en su segunda venida (Ap. 19, 16).

16. *Posee la inmortalidad*: también como Hombre, porque ya murió y resucitó inmortal (Rm. 6, 9; Hb. 7, 16 y 23 ss.). *A Él* etc.: Cf. Sal. 109, 3 y nota.

20. Con esta expresión *cuida el depósito* nos da Pablo el verdadero concepto de la Tradición, mostrándonos que ella consiste en conservar fielmente lo mismo que se nos entregó en un principio, y que lo que importa, no es el tiempo más o menos largo que tiene una creencia o una costumbre, sino que ella sea la misma que se recibió originariamente. Sin esto ya no habría tradición, sino rutina y apego a esas "tradiciones de hombres" que tanto despreciaba Jesús en los fariseos (Mt. 15, 3-6). De ahí el empeño de San Pablo porque se conservase lo mismo que se había recibido (4, 6) sin abandonarlo aunque un ángel del cielo nos dijese algo distinto (Ga. 1, 6 ss.). Véase la definición de la tradición por San Vicente de Leríns: "lo que ha sido creído en todas partes, siempre y por todos". Cf. 2 Ts. 2, 14 y nota; 1 Jn. 2, 24.

21. En el v. 9s. (cf. notas) señálase un peligro para la fe: la ambición de riqueza. Aquí se nos muestra otro: la falsa ciencia (Col. 2, 8 y nota; 1 Jn. 2, 24).

2ª CARTA A TIMOTEO

El entrañable amor de San Pablo a su "hijo carísimo" es el móvil ocasional de esta segunda carta, escrita en Roma en el año 66 o 67, que contiene, podemos decir, el testamento espiritual de Pablo como Apóstol y Mártir. Estaba de nuevo en cadenas, según la tradición en la cárcel mamertina, y sentía la proximidad del martirio, por lo cual pide a Timoteo que se llegue a Roma tan pronto como le fuese posible, y con tal motivo exhorta a sus discípulos a la constancia en la fe, les anuncia la apostasía y los previene contra las deformaciones de la doctrina y la defección de muchos pretendidos apóstoles.

1 **Saludo apostólico.** ¹Pablo, apóstol de Cristo Jesús, por la voluntad de Dios, según la promesa de vida en Cristo Jesús, ²a Timoteo el hijo amado: gracia, misericordia, paz, de parte de Dios Padre, y de Cristo Jesús nuestro Señor. ³Doy gracias a Dios, a quien sirvo desde mis mayores con conciencia pura, de cómo sin cesar hago memoria de ti en mis oraciones, noche y día, ⁴anhelando verte, al acordarme de tus lágrimas, para llenarme de gozo; ⁵porque traigo a la memoria la fe, que en ti no es fingida, la cual habitó primero en tu abuela Loida y en tu madre Eunice y que estoy seguro habita también en ti . ⁶Por esto te exhorto a que reavives el carisma de Dios que por medio de la imposición de mis manos está en ti . ⁷Porque no nos ha dado Dios espíritu de timidez, sino de fortaleza y de amor y de templanza.

Intrepidez en la predicación del Evangelio. ⁸No te avergüences, pues, del testimonio de nuestro Señor, ni de mí, su prisionero, antes bien comparte mis trabajos por la causa del Evangelio mediante el poder de Dios; ⁹el cual nos salvó y nos llamó con vocación santa, no en virtud de nuestras obras, sino en virtud de su propio designio y de la gracia que nos dio en Cristo Jesús antes de los tiempos eternos, ¹⁰y que ahora ha manifestado por la aparición de nuestro Salvador Cristo Jesús, que aniquiló la muerte e irradió la vida e inmortalidad por medio del Evangelio , ¹¹del cual yo fui constituido heraldo y apóstol y doctor. ¹²Por cuya causa padezco estas cosas, mas no me avergüenzo, puesto que sé a quién he creído , y estoy cierto de que Él es poderoso para guardar mi depósito hasta

---

5. Desilusionado al ver que "todos buscan sus propios intereses (Flp. 2, 21). Pablo se complace en destacar que al menos en Timoteo la fe no es fingida. A nadie tenía tan unido en espíritu como a él (Flp. 2, 20). Sobre esta defección de los amigos, véase v. 15; 4, 9 ss.

6. Le recuerda el día de su consagración a Dios. Cf. 1 Tm. 4, 14 y nota.

10. *Aparición*: La Vulgata se refiere a Cristo como *iluminación* (Jn. 1, 4; 2Co. 4, 6; Ef. 5, 14; Tt. 2, 12). El Apóstol acalla aquí dos causas de nuestra salvación que son la predestinación o propósito eterno que tuvo Dios de usar con nosotros de misericordia, y la gracia justificante; porque así como Dios quiso nuestra salvación, quiso también el modo con que pudiésemos llegar a lograrla; no precisamente por nuestras obras, sino por la gracia de Jesucristo (Santo Tomás de Aquino).

12. *Sé a quién he creído y estoy cierto, etc....* San Pablo nos llama aquí la atención sobre la diferencia entre creer a las palabras de los hombres y creer a las de Dios. La fe es más que una creencia; es un saber. En el lenguaje usual, que ha depravado tantas cosas sagradas, "yo creo", significa "opino, sospecho, me parece". En la vida religiosa y espiritual no se podría decir, por ejemplo: *opino* que el mundo fue creado por Dios, y *me parece* que la Biblia dice la verdad y que el Padre me envió su Hijo para que fuese mi salvación porque yo estaba perdido, y *supongo* que Jesús volverá

un día, etc. Job (19, 25) dice, con una fuerza inmensa: *"Yo sé que vive mi Redentor y que he de resucitar de la tierra en el último día, y de nuevo he de ser revestido de esta piel mía y en mi carne veré a mi Dios, a quien he de ver yo mismo en persona y no otro".* Es decir, no sólo tengo la certeza de esto, sino que lo afirmo exteriormente; lo sé con mayor firmeza que lo que me dicen mis sentidos, pues éstos pueden engañarme, pero la Palabra de Dios no. Y por eso, el saberlo, significa confiarme en ello sin límites, apoyando y arriesgando todo sobre esa verdad. Y el afirmarlo, significa sostenerlo, difundirlo y dar testimonio hasta el fin de la vida y hasta dar la vida (Mt. 10, 22; 24, 13) –mártir significa en griego testigo– puesto que el bien de saber y poseer lo definitivo no puede compararse con ningún otro bien transitorio. Esta certidumbre de la fe es la condición para llegarse a Dios y bien se explica que así sea, pues de lo contrario sería ofender a Dios negándole crédito o dudando de su palabra. De ahí que nada sea más necesario que el examen de conciencia sobre la sinceridad de nuestra fe, que es tal vez el único que nunca hacemos suficientemente. Véase 2Co. 13, 5 y nota; Hb. 10, 22; Ef. 3, 12; St. 1, 6s.; Mt. 17, 20; Mc. 11, 23, etc. Cristo habló y sabemos que es fiel y podemos adherirnos sin peligro a todo cuanto Él ha dicho (Tt. 1, 2). Sobre el final del vers. véase Judas 24; Rm. 14, 4; 16, 26; 1Co. 1, 8. *Aquel día*: el día de su Advenimiento.

aquel día. ¹³Conserva las palabras saludables en la misma forma que de mí las oíste con fe y amor en Cristo Jesús. ¹⁴Guarda el buen depósito por medio del Espíritu Santo que habita en nosotros .

El apóstol elogia la casa de Onesíforo. ¹⁵Ya sabes que me han abandonado todos los de Asia, de cuyo número son Figelo y Hermógenes. ¹⁶Conceda el Señor misericordia a la casa de Onesíforo, porque muchas veces me alivió y no se avergonzó de mis cadenas; ¹⁷antes, llegado a Roma, me buscó diligentemente hasta dar conmigo. ¹⁸Concédale el Señor que halle misericordia delante del Señor en aquel día. ¡Y cuántos servicios me prestó en Éfeso! Tú lo sabes muy bien.

2 **Perseverancia en el ministerio apostólico.** ¹Tú, pues, hijo mío, vigorízate en la gracia que se halla en Cristo Jesús. ²Y lo que me oíste en presencia de muchos testigos, eso mismo trasmítelo a hombres fieles, los cuales serán aptos para enseñarlo a otros. ³Sufre conmigo los trabajos como buen soldado de Cristo Jesús. ⁴Ninguno que milita como soldado se deja enredar en los negocios de la vida; así podrá complacer al que le alistó . ⁵Asimismo, el que combate como atleta, no es coronado si no combate en regla. ⁶El labrador

que se fatiga debe ser el primero en participar de los frutos. ⁷Entiende lo que digo, ya que el Señor te dará inteligencia en todo.

El ejemplo de Cristo. ⁸Acuérdate de Jesucristo, de la estirpe de David, resucitado de entre los muertos, según mi Evangelio. ⁹En Él sufro hasta cadenas como malhechor; más la Palabra de Dios no está en cadenas . ¹⁰Por eso todo lo soporto a causa de los escogidos, para que ellos también alcancen la salvación en Cristo Jesús con gloria eterna. ¹¹Fiel es esta palabra: "Si hemos muerto con Él, también con Él viviremos; ¹²si sufrimos, con Él también reinaremos; si le negamos, Él nos negará también; ¹³si somos infieles, Él permanece fiel, pues no puede negarse a sí mismo".

Contra los herejes. ¹⁴Recuérdales, dando testimonio delante del Señor, que no hagan disputas de palabras; de nada sirven sino para perdición de los oyentes. ¹⁵Empéñate en presentarte ante Dios como hombre probado, como obrero que no se avergüenza y que con rectitud dispensa la palabra de la verdad. ¹⁶Evita las vanas palabrerías profanas; sólo servirán para mayor impiedad, ¹⁷y su palabra cundirá cual gangrena. De los tales son Himeneo y Fileto, ¹⁸que aberrando de la verdad dicen que la resurrección ya ha sucedido

14. Sobre esta fidelidad en guardar el depósito de la tradición tal como vino de los apóstoles (v. 13), cf. 2 Ts. 2, 14; 1 Tm. 6, 20 y notas.

4. Fiel a la exhortación del Apóstol, la Iglesia prohíbe a los sacerdotes los negocios seculares. Por otra parte, los ministros de Dios tienen derecho a ser sustentados por los fieles (v. 6). *Ninguno que milita*, es decir, ningún soldado o militar puede agradar a su jefe, si con otra clase de asuntos, sean comerciales, políticos, etc., se distrae de la milicia, pues ésta le exige su vida entera. También a este respecto los Pontífices, y singularmente Su Santidad el papa Pío XI, han recordado que la misión de la Jerarquía eclesiástica es para las almas y no para "lo que es del César", y que aun los laicos de Acción Católica, en su actuación política, no obran en cuanto tales miembros sino en cuanto simples ciudadanos. Por lo demás, es evidente que las cosas "de esta vida" distraen tiempo y atención, y por eso, aunque no sean malas en sí mismas, lo son para aquellos que hacen profesión de dejarlo todo para seguir a Cristo. Véase Lc. 9, 57-62.

9. *La palabra de Dios no está en cadenas*: ¡Supremo consuelo del alma apostólica! Podrán hacerme cuánto quieran –lo cual será un gran honor para mí (Hch. 5, 41; 1 Pe. 2, 19-25; 4, 12 ss., etc.)–, pero las verdades que yo he dicho, según la Palabra de Dios, ya están obrando en el fondo de los espíritus (3, 16s.; Hb. 4, 12), como la semilla viva del Evangelio (Mt. 13), y nada ni nadie podrá

impedir que esa Palabra "corra y sea glorificada" (2 Ts. 3, 1 y nota) ni separar las almas del amor de Cristo (Rm. 8, 35 ss.; Jn. 10, 28 y 29).

13. Admirable retrato de Dios.

16. Alude a la doctrina de los *falsos doctores*, dos de los cuales, *Himeneo* (1 Tm. 1, 20) y *Fileto*, son mencionados nominalmente. Enseñaban que la resurrección ya pasó (v. 18; cf.: 2 Ts. 2, 2 y nota). No se trata, pues, de la negación de la resurrección, sino de la inversión de su fecha, con lo cual se arrebataba a los cristianos su más cara esperanza (1 Ts. 4, 13-17 y notas). Según la doctrina de San Pablo, los que son de Cristo, los santos tienen preferencia en el día de la resurrección (1Co. 15, 23; Ap. 20, 5 y notas), y juzgarán con Cristo al mundo y hasta a los ángeles (1Co. 6, 2s. y nota). Por lo cual los cristianos debemos aguardar con paciencia Su venida (4, 8; 2 Ts. 3, 5; Tt. 2, 13, etc.). Himeneo y Fileto negaban esa esperanza y parece que "la reducían a la resurrección espiritual de la muerte del pecado a la vida de la gracia" (Nácar-Colunga), en tanto que San Pablo, especialmente en la segunda carta a los Tesalonicenses, defiende el carácter futuro y real de semejante privilegio. Cf. 2 Ts. 2, 2 y nota. Acerca del éxito obtenido ya entonces por esos "hombres de mentira", anota sabiamente Fillion: "El espíritu humano es tan fácil de extraviar, que basta enseñar un error, para que en seguida halle adherentes". De ahí la insistencia de San Pablo en 1, 14.

y subvierten así la fe de algunos. [19]Pero el fundamento de Dios se mantiene sólido y tiene este sello: "Conoce el Señor a los que son suyos" y "Apártese de la iniquidad todo aquel que pronuncia el nombre del Señor". [20]Es que en una casa grande no hay solamente vasos de oro y de plata, sino también de madera y de barro; y algunos son para uso honroso, otros para uso vil. [21]Si pues uno se purificare de estas cosas será un vaso para uso honroso, santificado, útil al dueño y preparado para toda obra buena.

Reglas pastorales. [22]Huye de las inclinaciones juveniles; sigue la justicia, la fe, la caridad, la paz con aquellos que de corazón puro invocan al Señor. [23]Rechaza las discusiones necias e indisciplinadas, sabiendo que engendran altercados. [24]El siervo del Señor no debe ser litigioso sino manso para con todos, pronto para enseñar, sufrido, [25]que instruya con mansedumbre a los que se oponen, por si acaso Dios les concede arrepentimiento para que conozcan la verdad, [26]y sepan escapar del lazo del diablo, quien los tenía cautivos para someterlos a su voluntad.

3 **Corrupción en los últimos tiempos.** [1]Has de saber que en los últimos días sobrevendrán tiempos difíciles. [2]Porque los hombres serán amadores de sí mismos y del dinero, jactanciosos, soberbios, maldicientes, desobedientes a sus padres, ingratos, impíos, [3]inhumanos, desleales, calumniadores, incontinentes, despiadados, enemigos de todo lo bueno, [4]traidores, temerarios, hinchados, amadores de los placeres más que de Dios. [5]Tendrán ciertamente apariencia de piedad, más negando lo que es su fuerza. A esos apártalos de ti. [6]Porque de ellos son los que se infiltran en las casas y se ganan mujerzuelas cargadas de pecados, juguetes de las más diversas pasiones, [7]que siempre están aprendiendo y nunca serán capaces de llegar al conocimiento de la verdad.

[8]Así como Jannes y Jambres resistieron a Moisés, de igual modo resisten éstos a la verdad; hombres de entendimiento corrompido, réprobos en la fe. [9]Pero no adelantarán nada, porque su insensatez se hará notoria a todos como se hizo la de aquéllos.

El ejemplo del apóstol. [10]Tú, empero, me has

---

19. *El fundamento*: La Iglesia (1 Tm. 3, 14s.). *Conoce el Señor, etc.*; cita de Nm. 16, 5. Es decir. que a Él no puede engañársele con apariencia como a los hombres (Jn. 10, 14 y 16). *Apártese, etc.* (cf. Nm. 16, 26; Is. 52, 1). Esto parece complementar la cita anterior. Fillion se adhiere a los que ven aquí la palabra de Jesús: "Apartaos de Mí todos los operarios de la maldad" (Lc. 13, 27, cita del Sal. 6, 9). Cf. Sal. 49, 16 ss.; Col. 3, 9 y notas.

20. Véase Rm. 9, 21 ss. En Mt. 1, 24se habla de una mezcla semejante que ocurre en el campo del mundo (ibíd. v. 38).

22. "El máximo culto le es dado a Dios por la fe, la esperanza y la caridad" (San Agustín), Cf. 1Co. 3, 13.

23. He aquí un programa de *pedagogía cristiana*: La acumulación de palabras, como medio de la predicación, aunque pueda conseguir éxitos momentáneos y personales, de nada sirve para los fines sobrenaturales del apostolado (Jn. 21, 15 ss. y nota). Lo mismo ha de decirse de las disputas y "contiendas de palabras" (v. 14), porque no dan fruto espiritual, sino que, al contrario, enojan a los oyentes. Hay que dejar caer simplemente la Palabra del Evangelio, puesto que Jesús nos enseña que ésta es una semilla (Mt. 13, 24; Lc. 8, 11).

25s. Muestra San Pablo la grande caridad y prudencia que se debe tener en toda polémica sobre asuntos religiosos, y también cómo lo que parece incomprensión suele venir de que falta el arrepentimiento (Jn. 3, 19), que Jesús declaró indispensable para todos sin excepción. Cf. Mc. 1, 15 y nota. Estos arrepentidos parecen ser los mencionados en el v. 21.

1 ss. *En los últimos días*, esto es, en los tiempos que preceden a la segunda venida del Señor. Es un término que abarca todo el tiempo de la Ley Nueva, porque a nosotros, como dice San Pablo en 1Co. 10, 11, nos ha tocado el vivir al fin de las edades. Recuérdese que, según la parábola de los obreros de la última hora (Mt. 20, 6), nosotros, los gentiles, somos los últimos llamados. Es pues, erróneo referir este pasaje solamente a los que vendrán después de nosotros, como si hoy fuéramos mejores que ellos. Véase 1 Tm. 4, 1; 2 Pe. 3, 3: Judas 18.

3. *Inhumanos... despiadados*: Es impresionante ver aplicado este pasaje al mundo de hoy. En su alocución del 17 de julio de 1940, dice el papa Pío XII: "Es verdad que la fuerza sigue siendo la dominadora indiscutida de la naturaleza irracional de las almas paganas de hoy, semejantes a las que desde su tiempo llamaba el Apóstol San Pablo: *sin corazón y despiadadas hacia los pobres y los débiles* (2 Tm. 3, 3)".

5. Lo que hace más peligrosos a los falsos profetas es precisamente esta característica de que no se presentan como defensores del mal "sino con piel de oveja" (Mt. 7, 15; 1 Tm. 4, 3). San Pablo enseña que ya está obrando ese "misterio de iniquidad" (2 Ts. 2, 7) que sólo aparecerá sin disimulo cuando se presente triunfante el Anticristo. Cf. 2 Ts. 2, 8; Ap. 13.

6. El Apóstol vuelve sobre este tema en Tt. 1, 11. Véase Mt. 23, 14, donde Jesucristo dice lo mismo de los fariseos.

8. *Jannes y Jambres* (la Vulgata dice *Mambres*), dos hechiceros egipcios, que en tiempos de Moisés deslumbraron con sus artificios a Faraón. Véase Ex. 7, 1.

seguido de cerca en la enseñanza, en la conducta, en el propósito, en la fe, la longanimidad, la caridad, la paciencia; [11]en las persecuciones y padecimientos, como los que me sobrevinieron en Antioquía, en Iconio, en Listra; persecuciones tan grandes como sufrí, y de todas las cuales me libró el Señor. [12]Y en verdad todos los que quieren vivir piadosamente en Cristo Jesús serán perseguidos. [13]Por su parte, los hombres malos y los embaucadores irán de mal en peor, engañando y engañándose.

Recomienda el estudio de la Sagrada Escritura. [14]Pero tú persevera en lo que has aprendido y has sido confirmado, sabiendo de quienes aprendiste, [15]y que desde la niñez conoces las santas Escrituras que pueden hacerte sabio para la salud mediante la fe en Cristo Jesús. [16]Toda la Escritura es divinamente inspirada y eficaz para enseñar, para convencer (*de culpa*), para corregir y para instruir en justicia, [17]a fin de que el hombre de Dios sea perfecto, bien provisto para toda obra buena.

4 Predicar la palabra aunque no la escuchen.

[1]Te conjuro delante de Dios y de Cristo Jesús, el cual juzgará a vivos y a muertos, tanto en su aparición como en su reino: [2]predica la Palabra, insta a tiempo y a destiempo, reprende, censura, exhorta con toda longanimidad y doctrina. [3]Porque vendrá el tiempo en que no soportarán más la sana doctrina, antes bien con prurito de oír se amontonarán maestros con arreglo a sus concupiscencias. [4]Apartarán de la verdad el oído, pero se volverán a las fábulas. [5]Por tu parte, sé sobrio en todo, soporta lo adverso, haz obra de evangelista, cumple bien tu ministerio.

El martirio está cerca. [6]Porque yo ya estoy a punto de ser derramado como libación, y el tiempo de mi disolución es inminente. [7]He peleado el buen combate, he terminado la carrera, he guardado la fe. [8]En adelante me está reservada la corona de la justicia, que me dará el Señor, el Juez justo, en

---

12. No dice por cierto que los amigos de Dios serán desdichados, o enfermos o indigentes; antes bien se les promete el gozo cumplido que tenía el mismo Jesús (Jn. 17, 17), la misma paz de Él (Jn. 14, 27) y aun todo lo necesario por añadidura (Mt. 6, 33). Pero la *persecución*, consecuencia inevitable del misterio de iniquidad (v. 5; Jn. 16, 1s.), será siempre el sello propio de los verdaderos discípulos de Cristo (Jn. 15, 18 ss.), y de ahí que el premio sea prometido al que, a pesar de ella, guarda la fe (4, 7s.) no fingida (1, 5) confesando a Cristo delante de los hombres (Mt. 10, 32s.), cuya impostura seguirá creciendo *de mal en peor* (v. 13).

14. *De quienes:* La Vulgata dice *de quien*, para expresar que lo fue el mismo San Pablo.

16. Este pasaje es un testimonio de que *la lectura de la Sagrada Escritura* es de suma utilidad para la vida cristiana, principalmente para la formación del espíritu y para la enseñanza de la fe. Es a la vez uno de los textos clásicos para probar la divina inspiración de la Escritura (cf. 2 Pe. 1, 21). El mismo Jesús apelaba constantemente a la autoridad de las Escrituras; y los discursos y libros de los apóstoles "están como tejidos con textos del Antiguo Testamento usados como argumentos firmísimos en favor de la Nueva Ley" (Enc. "Providentissimus Deus" de León XIII). Cf. Hb. 4, 12.

17. He aquí el fruto de la Palabra de Dios en el alma: la *perfección interior*, en la fe, el amor y la esperanza. Y ello es lo que trae a su vez la disposición *para toda obra buena* (Ef. 5, 9 y nota). Tanto confiaba la Iglesia en ese poder sobrenatural de la Palabra divina (Rm. 1, 16) que, aun tratándose de personas consideradas fuera de su seno, el Concilio IV de Cartago dispuso en su canon 84 que los Obispos "no prohibieran oír la Palabra de Dios a los gentiles, heréticos y judíos durante la Misa de los Catecúmenos". El Papa Pío VI, escribiendo en 1769 a Mons.

Martini, le manifestaba su deseo de que se excitara "en gran manera a los fieles a la lección de las Santas Escrituras, por ser ellas las fuentes que deben estar abiertas para todos, a fin de que puedan sacar de ahí la santidad de las costumbres y de la doctrina". De ahí que, como lo hace notar Scio, el Tribunal de la Inquisición española declaraba en 20 de diciembre de 1782 que los deseos de la Iglesia son "que el pan de la divina Palabra sea el alimento cotidiano y común de los fieles".

1 ss. Este célebre pasaje (1-8) se lee como Epístola en la misa de los santos doctores mostrando que su oficio por excelencia es la predicación del Evangelio, y cuán grandes son los obstáculos que se le oponen según tantas veces lo anunció el mismo Jesús (3, 12; Jn. 15, 20 y nota). "Conjura a su discípulo tomando por testigos a Dios y a su Cristo. Este es el Juez de los vivos y de los muertos (cf. 1 Pe. 4, 5; Hch. 10, 42), es decir, no de los justos y de los pecadores, sino de los hombres que estarán aún vivos en el día de su venida y de los que habrán muerto. La fórmula entró en el Símbolo, y es posible que ya San Pablo la haya tomado de un *Kerigma*. La manifestación del Señor de que aquí se trata, es la que debe preceder al gran Juicio. Cf. 1 Tm. 6, 14; 2 Tm. 1, 10" (Pirot).

2. *Predica la Palabra:* el Evangelio. "Los sacerdotes... después de haber investigado ellos por sí con diligente estudio las Sagradas Páginas, y haberlas hecho suyas en la oración y la meditación, tomen diligentemente en sus sermones, homilías y exhortaciones las riquezas celestiales de la Palabra divina, confirmen la doctrina cristiana con sentencias tomadas de los Libros Sagrados e ilústrenla con los preclaros ejemplos de la Historia Sagrada y especialmente del Evangelio de Cristo N. Señor" (Pío XII, Encíclica "Divino Afflante Spiritu"). Cf. 1Co. 2, 4 y nota.

3. Son los maestros que nos ha descrito en 3, 1 ss. Véase 1 Tm. 6, 3 y nota.

aquel día, y no sólo a mí sino a todos los que hayan amado su venida.

Encargos y avisos. [9]Date prisa y ven pronto a mí, [10]porque Demas me ha abandonado por amor a este siglo y se ha ido a Tesalónica. Crescente se fue a Galacia, Tito a Dalmacia. [11]Sólo Lucas está conmigo. Toma contigo a Marcos y tráelo; me es muy útil para el ministerio. [12]A Tíquico le envié a Éfeso. [13]Cuando vengas tráeme la capa que dejé en Tróade, en casa de Carpo, y también los libros, sobre todo los pergaminos. [14]Cuando vengas tráeme la capa que dejé en Tróade, en casa de Carpo, y también los libros, sobre todo los pergaminos.

[14]Alejandro, el herrero, me causó muchos perjuicios. El Señor le dará el pago conforme a sus obras. [15]Guárdate tú también de él, porque se ha opuesto en gran manera a nuestras palabras. [16]En mi primera defensa nadie estuvo de mi parte, sino que me abandonaron todos. No se les cargue en cuenta. [17]Más el Señor me asistió y me fortaleció para que por mí quedase completo el mensaje y lo oyesen todos los gentiles. Y así fui librado de la boca del león. [18]El Señor me librará de toda obra mala y me salvará para su reino celestial. A Él sea la gloria por los siglos de los siglos. Amén.

Saludos y bendición. [19]Saluda a Prisca, a Aquila y a la casa de Onesíforo. [20]Erasto se quedó en Corinto; a Trófimo le dejé enfermo en Mileto. [21]Date prisa para venir antes del invierno. Te saludan Eubulo, Pudente, Lino, Claudia y todos los hermanos. [22]El Señor sea con tu espíritu. La gracia sea con vosotros.

CARTA A TITO

La presente epístola, contemporánea de la primera a Timoteo, fue dirigida, hacia el año 65, a Tito compañero apostólico de San Pablo en varios viajes y más tarde obispo de la Isla de Creta. Tito, nacido de padres gentiles, era "hijo querido según la fe", lo que quiere decir que el Apóstol mismo lo había ganado para Cristo. La situación religiosa en la isla era muy triste: los cretenses se entregaban a muchos vicios, eran mentirosos, perezosos, inmorales; sin hablar de los herejes que allí se habían infiltrado. Por lo cual San Pablo escribe aquí otra de sus Epístolas llamadas pastorales, para consolar a su hijo en la fe, dándole a la vez instrucciones para el ejercicio del ministerio episcopal. Vemos una vez más cómo el Apóstol relaciona íntimamente, desde el principio, la piedad con el exacto conocimiento de la verdad, porque una cosa depende de la otra. Véase Ef. 5, 9; 1Tim. 6, 3; 2 Tim. 3, 16.

---

8. *¡Amar su venida!* Cada uno de nosotros puede examinar su corazón a ver si en verdad tiene este amor, con el cual debemos esperar a nuestro Salvador hora por hora, según la expresión de San Clemente Él vendrá como un verdugo. Véase versículos 1; 1Co. 15, 23; 2 Ts. 1, 10; Hb. 9, 20; Ap. 1, 7; 19, 11 ss.; 22, 20 y nota.

13. *La capa*: Detalle íntimo que nos deja suponer la estrechez en que vivía el Apóstol, y los fríos que habrá pasado esperándola.

14. Se trata probablemente de Alenjandro que es mencionado en Hch. 19, 33 o [aquel que fue excomulgado por el apóstol en 1ª Tm. 1, 20. Nótese el admirable contraste con el v. 16 cuando se trata de los que dañaron a él personalmente, San Pablo pide a Dios que los perdone; pero a los que dificultaron su obra apostólica, les anuncia el terrible castigo del Señor.

17. *Todos los gentiles*; pues los judíos ya se habían apartado de él (Hch. 28, 25 ss. y notas). *La boca del león*: El sumo peligro en que se hallaba. Todos los testigos que había presentado le desampararon, como los Doce al Señor (Mt. 26, 56). Tomemos nota de esto para librarnos de ilusiones, y desilusiones. Cf. Jn. 2, 24 y nota.

18. *Me librará*: Lo cual concuerda con Rm. 16, 25; 1Co. 1, 8; Judas 24, etc., y bastaría por si solo para colmarnos de gozo, gratitud y esperanza. "Si no tuviésemos la revelación escrita y hablada de Dios y de su Hijo Jesucristo, dice un escritor, me bastaría ver mi propia impotencia y miseria espiritual, y mi debilidad física en la enfermedad o en la vejez –que todos palpamos tarde o temprano– para comprender que el Creador no pudo poner en tal situación al hombre, a quien hizo para rey del mundo, sino a causa de una gran caída; y también, que no pudo dejarlo en esa situación sino para redimirlo, pues de lo contrario cuando cayó lo habría destruido y no conservado. Desde entonces me alegro de mi inutilidad, pues cuanto más necesito de Cristo para todo, mayor es su gloria como mi Salvador". Cf. Sal. 22, 6 y nota.

21. San Ireneo nos hace saber que este *Lino* iba a ser el primer sucesor de Pedro en el papado, y así lo menciona el Canon de la Misa.

1 Saludo apostólico. ¹Pablo, siervo de Dios y apóstol de Jesucristo, para la fe de los escogidos de Dios, y el conocimiento de la verdad que es conforme a la piedad ²en la esperanza de la vida eterna, que Dios, el que no miente, prometió antes de los tiempos eternos, ³que a su debido tiempo ha dado a conocer su palabra por la predicación a mí confiada por el mandato de Dios nuestro Salvador : ⁴a Tito, verdadero hijo según la fe que nos es común: gracia y paz de parte de Dios Padre y de Cristo Jesús nuestro Salvador.

Los presbíteros y los obispos. ⁵Te he dejado en Creta por esta causa, para que arregles las cosas que faltan y para que constituyas presbíteros en cada ciudad, como yo te ordené, ⁶si hay quien sea irreprochable, varón de una sola mujer y tenga hijos creyentes, no acusados de libertinaje ni de rebeldía. ⁷Porque el obispo ha de ser irreprochable, ya que es dispensador de Dios; no debe ser arrogante, ni colérico, ni dado al vino, ni pendenciero, ni codicioso de vil ganancia; ⁸sino más bien hospitalario, amador del bien, prudente, justo, santo, continente. ⁹Debe atenerse a la palabra fiel, la cual es conforme a la enseñanza, a fin de que pueda instruir en la sana doctrina y refutar a los que contradicen.

Contra los falsos doctores. ¹⁰Porque hay muchos rebeldes, vanos habladores y embaucadores, sobre todo entre los de la circuncisión, ¹¹a quienes es necesario tapar la boca; hombres que trastornan casas enteras, enseñando por torpe ganancia lo que no deben. ¹²Uno de ellos, su propio profeta, dijo: "Los cretenses son siempre mentirosos, malas bestias, vientres perezosos". ¹³Este testimonio es verdadero. Por tanto repréndelos severamente, a fin de que sean sanos en la fe, ¹⁴y no den oídos a fábulas judaicas, ni a mandamientos de hombres apartados de la verdad. ¹⁵Para los limpios todo es limpio; más para los contaminados e incrédulos nada hay limpio, pues su mente y conciencia están manchadas. ¹⁶Profesan conocer a Dios, más con sus obras le niegan, siendo abominables y rebeldes y réprobos para toda obra buena.

2 Enseñanzas para cada edad de la vida. ¹Tú, en cambio, enseña lo que es conforme a la sana doctrina: ²que los ancianos sean sobrios, graves, prudentes, sanos en la fe, en la caridad, en la

---

2. *El que no miente*: Véase 2 Tm. 1, 12; 3, 14; Sal. 118, 49 y notas. Es éste uno de los títulos que más honran a Dios, porque Él es ante todo la Verdad, la Luz (1 Tm. 6, 16; 1 Jn. 1, 5). Así también se llamó su Hijo Jesucristo: la verdad y la luz (Jn. 1, 4, 14 y 17; 3, 19, 8, 12; 12, 35; 14, 6; Ap. 21, 23, etc.), es decir, lo contrario de Satanás que es el padre de la mentira (Jn. 8, 44) y potestad de la tiniebla (Lc. 22, 53; Ef. 5, 11; 6, 12; Col. 1, 13).

3. San Pablo se declara especial predicador de la esperanza cristiana (2, 13), escondida desde los tiempos eternos (v. 2) y revelada por él (Ef. 1, 10; 3, 8 ss. y nota), que nos da a conocer sobre ella cosas antes ignoradas (1 Ts. 4, 13-17; 1Col. 15, 51 ss.; 2 Ts. 2, 8, etc.). Entre los judíos se declaró también muchas veces predicador de la esperanza de Israel (Hch. 28, 20 y nota). Cf. Col 1, 25s.; Hb. 10, 23 y notas.

5. 1 Tm. 3, 1 ss.

6. Este precepto no prohíbe del todo las segundas nupcias, sino solamente para los ministros de la Iglesia. Hoy en día todos los sacerdotes del rito latino viven célibes; los del rito oriental tienen la facultad de seguir la antigua costumbre tal cual aquí se describe. Véase 1 Tm. 3, 2.

7. *El obispo*: "Para indicar el matiz que existe entre este nombre y el de *Presbítero*, puede decirse que el primero es de origen cristiano y el segundo de origen hebraico (presbítero significa *anciano*, y los ancianos eran los jefes de las comunidades judías); que el primero expresa la naturaleza de los deberes asignados a los ministros sagrados, deberes que se resumen en la *supervigilancia* pastoral, en tanto que el segundo denota más bien la situación general y el carácter" (Fillion). Cf. Hch. 20, 28 y nota.

9s. Fillion traduce: *Fuertemente apegado a la palabra auténtica*, es decir, tanto más íntimo conocedor y amante de las Sagradas Escrituras cuanto más necesita sobreponerse a los embaucadores (v. 11). Esta severidad de lenguaje contra los que deforman la doctrina es usada también por San Judas (12s.), y por San Pedro (2 Pe. 2, 17). Véase 3, 9 y nota.

11. *Por torpe ganancia*: "No hay cosa más detestable que un avaro; no hay cosa más inicua que el que codicia el dinero, porque vende hasta su alma" (Eclo. 10, 9s.).

12. Es un verso del poeta Epiménides, natural de Creta, que vivió en el siglo VI a. C.

14. Se refiere a ciertos judíos que anteponían la Ley de Moisés y sus prescripciones ceremoniales a la doctrina de Jesucristo.

15. *Para los limpios todo es limpio*: frase que algunos suelen citar aplicándola a la castidad o pudor, como si los que la citan pudiesen pretenderse naturalmente puros en tal materia. El Apóstol habla de la pureza de la intención y quiere decir: Las cosas que Dios ha creado son limpias para los que no las usan con depravada intención. Cf. Rm. 14, 20; 1 Tm. 4, 4 ss. y nota.

16. San Pablo no se cansa de insistir sobre esta duplicidad farisaica que también señaló a Timoteo (2 Tm. 3, 5).

paciencia; ³que las ancianas asimismo sean de porte venerable, no calumniadoras, no esclavas de mucho vino, maestras en el bien, ⁴para que enseñen a las jóvenes a ser amantes de sus maridos y de sus hijos; prudentes, ⁵castas, hacendosas, bondadosas, sumisas a sus maridos, para que no sea blasfemada la Palabra de Dios. ⁶Exhorta igualmente a los jóvenes para que sean prudentes. ⁷En todo muéstrate como ejemplo de buenas obras. En la enseñanza (*muestra*) incorrupción de doctrina, dignidad, ⁸palabra sana, intachable, para que el adversario se avergüence, no teniendo nada malo que decir de nosotros. ⁹Que los siervos obedezcan en todo a sus amos, agradándoles y no contradiciéndoles, ¹⁰que no los defrauden, antes bien muestren toda buena fe, a fin de que acrediten en todo la doctrina de Dios nuestro Salvador.

La dichosa esperanza. ¹¹Porque se ha manifestado la gracia salvadora de Dios a todos los hombres, ¹²la cual nos ha instruido para que renunciando a la impiedad y a los deseos mundanos vivamos sobria, justa y piadosamente en este siglo presente, ¹³aguardando la dichosa esperanza· y la aparición de la gloria del gran Dios y Salvador nuestro Jesucristo; ¹⁴el cual se entregó por nosotros a fin de redimirnos de toda iniquidad y purificar para sí un pueblo que fuese suyo, fervoroso en buenas obras. ¹⁵Esto es lo que has de enseñar. Exhorta y reprende con toda autoridad. Que nadie te desprecie.

3 **Sumisión a las autoridades.** ¹Les debes amonestar para que se sometan a los magistrados y a las autoridades, que las obedezcan y estén listos para toda obra buena; ²que no digan mal de nadie, que no sean pendencieros sino apacibles, mostrando toda mansedumbre para con todos los hombres. ³Pues también nosotros éramos en un tiempo necios, desobedientes, descarriados, esclavos de toda suerte de concupiscencias y placeres, viviendo en malicia y envidia, aborrecibles y aborreciéndonos unos a otros. ⁴Mas cuando se manifestó la bondad de Dios nuestro Salvador y su amor a los hombres, . ⁵Él nos salvó, no a causa de obras de justicia que hubiésemos hecho nosotros, sino según su misericordia, por medio del baño de la regeneración, y la renovación del Espíritu Santo, ⁶que Él derramó sobre nosotros abundantemente por Jesucristo nuestro Salvador; ⁷para que, justificados por su gracia, fuésemos

---

2. *Los ancianos*: No habla aquí de los presbíteros (1, 7 y nota), sino de los fieles de edad madura.

3. El Apóstol no considera a las *ancianas* como personas que no tienen valor, sino muy al contrario, como misioneras del hogar, educadoras de las hijas casadas y modelos de virtud. Consuélense los ancianos que a veces creen estar de sobra. Su campo de acción es estrecho según las apariencias, pero es muy grato a Dios porque responde a su clara Voluntad. "Es necesario no juzgar las cosas según nuestro gusto, sino según el de Dios. Esta es la gran palabra: si somos santos según nuestra voluntad, nunca lo seremos; es preciso que lo seamos según la voluntad de Dios (San Francisco de Sales).

8. *Para que el adversario se avergüence*, esto es, que al verte irreprensible, encuentre motivo de humillarse interiormente para su propia y saludable edificación. No se trata, pues, en manera alguna, de que busquemos hundir al adversario en la derrota humillante, faltando a la caridad para con él y moviéndolo al odio más que a la contrición, sino como decía Ozanam, de hacerle amable esa religión cuya verdad queremos demostrar, pues que el apostolado no es una cuestión de dialéctica a lo humano (1Co. 2, 5; Col. 2, 8), sino de espíritu, es decir, de rectitud interior (3, 10s. y nota; Jn. 3, 19; 7, 17 y nota) para recibir la semilla que es la Palabra de Dios. Véase Mt. 13, 19 y nota.

9. Cf. Ef. 6, 5-9; Col. 3, 22-25; 1 Tm. 6, 1s., etc.

11 ss. San Pablo vincula la primera venida de Jesús, como Maestro (v. 11 y 12), con su Parusía, o segunda venida, como premio (v. 13). "He aquí que vengo pronto y mi recompensa conmigo" (Ap. 22, 12).

13. *La dichosa esperanza:* Así se llama el segundo advenimiento de Cristo en gloria y majestad (2 Ts. 2, 8; 1 Tm. 6, 14; 2 Tm. 1, 10; 4, 1; 4, 8). *Dios y Salvador*: No se refiere esta vez al Padre, sino, según el contexto, sólo a Jesucristo. Así lo han interpretado los Padres griegos y latinos.

14. "El hombre, dice Santo Tomás de Aquino, necesitaba dos cosas en su triste estado de perdición: Necesitaba la participación a la Divinidad, y ser despojado del hombre viejo. Jesucristo nos ha dado una y otra cosa: la primera al hacernos partícipes de la naturaleza divina con su gracia, y la segunda cuando nos regenera por medio del Bautismo. Cf. Mc. 16, 16. *Un pueblo peculiar suyo*: Cf. Hch. 15, 17 y nota.

1. En virtud de esta palabra, la religión cristiana es el mejor apoyo del orden social, prohibiendo las sediciones o inculcando el respeto a las autoridades, no por miedo sino por conciencia. Cf. 2, 9; Rm. 13, 1; Ef. 2, 10; 6, 5; Col. 3, 22; 1 Pe. 2, 18.

4 ss. Es éste uno de los pasajes en que San Pablo sintetiza magistralmente la obra de las *Tres Divinas Personas* respecto a nosotros. El Padre, movido por su infinito amor, nos salva (Ef. 2, 4 y nota), siendo Jesucristo el Mediador entre Dios y los hombres, y el Espíritu Santo el Agente inmediato de nuestra santificación. Véase 2Co. 13, 13 y nota.

constituidos, conforme a la esperanza, herederos de la vida eterna.

[8]Ésta es palabra fiel, y quiero que en cuanto a estas cosas te pongas firme, a fin de que los que han creído a Dios cuiden de ser los primeros. Esto es bueno y provechoso para los hombres.

Cómo tratar a los sectarios. [9]Evita discusiones necias, y genealogías; contiendas y disputas sobre la Ley, porque son inútiles y vanas. [10]Al hombre sectario, después de una y otra amonestación, rehúyelo, [11]sabiendo que se ha pervertido y peca, condenándose por su propia sentencia.

Recomendaciones y saludos. [12]Cuando envíe a ti a Artemas o a Tíquico, date prisa en venir conmigo a Nicópolis porque he pensado pasar allí el invierno. [13]Despacha con toda solicitud a Zenas, el perito en la Ley, y a Apolos, de modo que nada les falte. [14]Y aprendan también los nuestros a ser los primeros en buenas obras, atendiendo los casos de necesidad, para no ser estériles.

[15]Te saludan todos los que están conmigo. Saluda a los que nos aman en la fe. La gracia sea con todos vosotros.

CARTA A FILEMÓN

Una carta privada, casi una esquela; pero sin embargo una joya de la Sagrada Escritura es esta epístola escrita por San Pablo en Roma hacía el año 63. Su objeto es interceder por el esclavo Onésimo que había huido de la casa de su amo Filemón de Colosas. La huida contribuyó a salvar el alma del fugitivo que se hizo esclavo de Jesucristo y entonces volvió voluntariamente a su amo, sin preocuparse de la servidumbre material pues ya era libre en el alma, según lo que San Pablo enseña en 1Cor. 7, 20-24. La carta es un documento clásico para demostrar la posición de la Iglesia primitiva respecto de los esclavos (Tit. 2, 9 y nota). "Filemón, el destinatario de la epístola, parece haber sido uno de los principales cristianos de la ciudad, dado que en su casa tenían los fieles sus reuniones; por otra parte, es llamado colaborador del apóstol, es decir, uno de aquellos que le prestaron ayuda en la difusión del Evangelio. Seguidamente son nombrados: Apia y Arquipo. La primera es llamada hermana, en la acepción cristiana de la palabra; el segundo, compañero de armas en el trabajo del apostolado y la predicación (2Tim. 2, 3), parece haber sido el jefe (Col. 4, 17) o por lo menos uno de los jefes de la comunidad que tenía sus habituales reuniones en casa de Filemón. Aunque del mismo texto no pueda deducirse con seguridad, algunos han unido a estas tres personas con vínculos más estrechos, haciendo a Arquipo hijo de Filemón y Apia. Sostienen también

---

9. Cf. 1 Tm. 1, 4 y nota. Sobre las *genealogías* de las cuales solían abusar los judíos (1, 14) escribe un autor moderno: "El nieto de un criminal no pensaría en gloriarse de su familia, aunque su padre haya sido honrado. Y bien, todos somos nietos de Eva y de Adán, los grandes rebeldes que, teniendo por mentiroso al Dios que los hizo, se sublevaron contra Él de acuerdo con la serpiente. Y así pactaron libremente con Satanás, entregándose al dominio de éste junto con todos nosotros sus nietos, y nosotros seguimos siendo suyos cada vez que el corazón nos aparta un instante de Jesús, pues en cuanto el sarmiento se separa del tronco deja de recibir la savia, y no estando con Él, estamos contra Él con Satanás. Tales fueron, pues, los verdaderos fundadores de la familia humana. ¡Tal fue el tronco de su árbol genealógico! En cuanto a los hijos de Adán y Eva, nacieron después que ambos fueron expulsados, y el mayorazgo fue Caín, que asesinó a su hermano. En este breve cuadro que podríamos multiplicar sin límites, vemos cómo el mundo no puede amar la Biblia, que contiene la Palabra de Dios, sino que la odia –como odió a Cristo (Jn. 7, 7; 15, 18) – porque ella le recuerda sus vergüenzas para traerlo a la saludable humildad, en

tanto que él se empeña en construir la Babel de la gloria humana para robarle a Dios esa gloria, lo mismo que intentó su abuelo Adán. Pero esta vez no habrá otro Mesías, sino el mismo que "volverá después de recibido el reino" (Lc. 19, 12 y 15), a vengar los fueros de su Padre. Y el mundo terminará en la batalla de Armagedón". San Jerónimo aprovecha la crítica de estas vanidades para insistir sobre el valor de la *lectura bíblica*: "Libremos nuestro cuerpo del pecado y se abrirá nuestra alma a la sabiduría; cultivemos nuestra inteligencia mediante la lectura de los Libros Santos: que nuestra alma encuentre allí su alimento de cada día". Véase 1, 10 y nota.

10s. Sabia norma para el apostolado. Son los sordos que no quieren oír, tantas veces calificados por Jesús. Véase 2, 8 y nota.

12. *Nicópolis*: ciudad de la Grecia septentrional (Epiro); según San Juan Crisóstomo. sería una ciudad de Tracia. De Nicópolis escribió el Apóstol probable. mente esta carta a Tito, en cuyo caso el uso del "allí" en sentido de "aquí" se explicaría quizás por el estilo epistolar de la época, según el cual el que escribía se colocaba en la situación del destinatario.

unánimemente los comentadores que la Iglesia a que se hace aquí referencia es la Iglesia de Colosas, ciudad de Frigia, evangelizada por los discípulos del Apóstol; en efecto, en la carta a los Colosenses, escrita en esta misma época, aparecen nombradas las mismas personas que en la nuestra, y en tratándose de Onésimo, se dice que es de dicha ciudad y que acompaña al portador de la carta Tíquico, (Col. 4, 7) llevando a su vez, concluimos nosotros, la carta comendaticia para su dueño" (Primatesta).

Saludo apostólico. [1]Pablo, prisionero de Cristo Jesús, y el hermano Timoteo, al querido Filemón, colaborador nuestro, [2]a la hermana Apia, a nuestro compañero de armas Arquipo y a la Iglesia que está en tu casa: [3]gracia y paz a vosotros de parte de Dios Nuestro Padre y de Jesucristo Señor.

Elogio de Filemón. [4]Doy gracias a mi Dios, haciendo sin cesar memoria de ti en mis oraciones, [5]porque oigo hablar de tu caridad y de la fe que tienes para el Señor Jesús y para con todos los santos; [6]a fin de que la participación de tu fe sea eficaz para que se conozca todo el bien que hay en vosotros en relación con Cristo. [7]Tuve mucho gozo y consuelo con motivo de tu caridad, por cuanto los corazones de los santos han hallado alivio por ti, hermano.

Intercede por Onésimo. [8]Por lo cual, aunque tengo toda libertad en Cristo para mandarte lo que conviene, [9]prefiero, sin embargo, rogarte a título de amor, siendo como soy, Pablo, el anciano y ahora además prisionero de Cristo Jesús. [10]Te ruego, pues, por mi hijo Onésimo, a quien he engendrado entre cadenas, [11]el cual en un tiempo te fue inútil, mas ahora es muy útil para ti y para mí. [12]Te lo devuelvo; recíbelo como a mi propio corazón. [13]Quisiera retenerlo junto a mí, para que en tu nombre me sirviese en las cadenas por el Evangelio; [14]pero sin consultarte no quise hacer nada, para que tu beneficio no fuese como forzado, sino voluntario.

[15]Quizás por esto él se ha apartado por un tiempo, a fin de que lo tengas para siempre, [16]no ya como siervo, sino más que siervo como hermano amado, amado para mí en particular, pero ¡cuánto más para ti, no sólo en la carne sino en el Señor! [17]Si pues me tienes a mí por compañero, acógelo como a mí mismo. [18]Si en algo te ha perjudicado o te debe, ponlo a mi cuenta. [19]Yo Pablo lo escribo con mi propia mano; yo lo pagaré, por no decirte que tú mismo te me debes. [20]Sí, hermano, que yo obtenga de ti este gozo en el Señor, alivia mi corazón en Cristo. [21]Te escribo, confiando en tu obediencia, sabiendo que harás todavía más de lo que digo. [22]Y al mismo tiempo prepara hospedaje para mí; pues espero que por vuestras oraciones os he de ser restituido.

Saludos y bendición. [23]Te saluda Epafras, mi compañero de cautiverio, en Cristo Jesús, [24]Marcos, Aristarco, Demas y Lucas, mis colaboradores. [25]La gracia del Señor Jesucristo sea con vuestro espíritu. Amén.

---

7. He aquí una bella y lapidaria fórmula para honrar la caridad de un cristiano.

9. Suplicar en vez de mandar es norma apostólica de San Pablo (2Co. 1, 23) y de San Pedro (1 Pe. 5, 2-3), pues ellos mismos nos enseñan a ser libres en Cristo (1Co. 12, 2 y nota). Véase 1 Ts. 2, 11; 2 Tm. 2, 24; 2Co. 10, 8.

10. *Engendrado entre cadenas*: bautizado por el Apóstol que estaba en la cárcel.

11. Alude al significado de *Onésimo*, que quiere decir "útil".

16. *Como hermano*: No nos enfurezcamos con nuestros siervos, sino aprendamos a perdonar sus faltas; no seamos siempre ásperos, ni nos ruboricemos de vivir con ellos si son buenos (cf. Dt. 12, 18). Cualquiera que haya visto, a la luz de la Sagrada Escritura, como la única amistad durable es la que se funda en la comunidad de espíritu (Eclo. 6, 16; 13, 19s.; 25, 2; 37, 15; 40, 23 y notas) y cuán detestable es la que sólo se funda en la carne y sangre (Mt. 10, 36; 12, 48; 13, 57; Lc. 12, 52; Jn. 7, 5etc. y notas) comprenderá muy bien que San Pablo estuviese tan seguro de esa fraternal intimidad en Cristo que debía reinar entre amo y siervo (San Juan Crisóstomo).

19. Filemón se debe todo a San Pablo, que lo convirtió al cristianismo. Por lo que es ilusorio apuntar algo en la cuenta, dice con buen humor el Apóstol. *De mi puño*: Él dictaba sus cartas, y sólo escribía por excepción, lo que ha hecho pensar que la enfermedad que lo aquejaba (2Co. 12, 7) fuese quizás oftalmía.

CARTA A LOS HEBREOS

¿Por qué una carta a los Hebreos? Se puede ver la explicación en Hbr. 8, 4y nota. Si bien el final de la carta muestra que fue para una colectividad determinada, su doctrina era para los judío-cristianos en general. También Santiago, y San Pedro se dirigen epistolarmente, y en varios discursos de los Hechos, a todos los Hebreos de la dispersión (Sant. 1, 1; 1 Pe. 1, 1), muchos de los cuales se hallaban tu peligro de perder la fe y volver al judaísmo, no sólo por las persecuciones a que estaban expuestos, sino más bien por la lentitud de su progreso espiritual (5, 12y nota) y la atracción que ejercía sobre ellos la magnificencia del Templo y el culto de sus tradiciones. El amor que el Apóstol tiene a sus compatriotas (Rom. 9, 1ss.) le hace insistir aquí en predicarles una vez más como lo hacía en sus discursos de los Hechos, no obstante su reiterada declaración de pasarse a los gentiles (Hech. 13, 46; 18, 6y notas). Su fin es inculcarles la preexcelencia de la Nueva Alianza sobre la Antigua y exhortarlos a la perseverancia – pues no los mira aún como maduros en la fe (3, 14y nota), con la cual tendían a mezclar lo puramente judaico (Hech. 21, 17ss., etc.)– y a la esperanza en Cristo resucitado (cap. 8ss.) en quien se cumplirían todas las promesas de los Profetas (Hech. 3, 19-26y notas). Aun la exégesis no católica, que solía desconocerla por falta del usual encabezamiento y firma, admite hoy la paternidad paulina de esta Epístola, tanto por su espíritu cuanto por indicios, como la mención de Timoteo en 13, 23, y consideran que San Pedro, al mencionar las Epístolas de San Pablo (2 Pe. 3, 15 s.), se refiere muy principalmente a esta carta a los Hebreos. El estilo acusa cierta diferencia con el de las demás cartas paulinas, por lo cual algunos exegetas suponen que Pablo pudo haberla escrito en hebreo (cf. Hech. 21, 40) para los hebreos, siendo luego traducida por otro, o bien valerse de un colaborador, hombre espiritual, como por ejemplo Bernabé, que diera forma a sus pensamientos. Fue escrita probablemente en Italia (13, 24), y todos admiten que lo fue antes de la tremenda destrucción del Templo de Jerusalén por los romanos el año 70, atribuyéndosele comúnmente la fecha de 63-66, si bien algunos observan que, por su contenido, es coetánea de la predicación que Pablo hacía aún a los judíos en tiempo de los Hechos de los Apóstoles, es decir, antes de apartarse definitivamente de aquéllos, para dedicarse por entero a su misión de Apóstol de los gentiles (Hech. 28, 23ss.; 2Tim. 4, 17y notas) y explayarles el misterio escondido del Cuerpo Místico, como lo hizo especialmente en las Epístolas que escribió en su primera cautividad en Roma.

1 Jesucristo es igual al Padre. [1]Dios que en los tiempos antiguos habló a los padres en muchas ocasiones y de muchas maneras por los profetas, [2]en los últimos días nos ha hablado a nosotros en su Hijo, a quien ha constituido heredero de todo y por quien también hizo las edades; [3]el cual es el resplandor de su gloria y la impronta de su substancia, y sustentando todas las cosas con la palabra de su poder, después de hacer la purificación de los pecados se ha sentado a la diestra de la Majestad en las alturas, [4]llegado a ser tanto superior a los ángeles cuanto el nombre que heredó es más eminente que el de ellos.

Cristo superior a los ángeles. [5]Pues ¿a cuál de los ángeles dijo (*Dios*) alguna vez: "Hijo mío eres Tú, hoy te he engendrado"; y también: "Yo seré su

---

2s. *Hizo las edades* (cf. 9, 26; 11, 3): es decir, salió de la eternidad pura en que vivía unido con su Verbo en el amor del Espíritu Santo, para realizar en la creación *ad extra* el plan de las edades (*tus aionas*) que conduciría a la glorificación de Cristo-Hombre (cf. Mc. 16, 11 y nota). *Impronta* (literalmente *"carácter"*) *de su substancia*: consustancialmente igual al Padre. Cf. Sb. 7, 26 y nota. *Se ha sentado a la diestra*: cf. Sal. 109, 1 y nota.

4. Después de consumada su Hazaña redentora (v. 3) Jesús-Hombre fue, en la gloria del Padre, hecho *superior a los ángeles*, a los cuales parecía *inferior por un momento* (2, 6) mientras asumió la naturaleza caída del hombre mortal. *Más eminente* (cf. Flp. 2, 9): es decir, recibió la gloria de Hijo de Dios también para su Humanidad santísima como dice el v. 5. De ahí que Jesús insistiese antes en llamarse "el Hijo del hombre". Cf. Lc. 1, 32; Jn. 5, 25 y 27donde Él alude alternativamente al "Hijo de Dios" y al "Hijo del hombre".

Padre, y Él será mi Hijo"? [6]Y al introducir de nuevo al Primogénito en el mundo dice: "Y adórenlo todos los ángeles de Dios". [7]Respecto de los ángeles (*sólo*) dice: "El que hace de sus ángeles vientos y de sus ministros llamas de fuego". [8]Mas al Hijo le dice: "Tu trono, oh Dios, por el siglo del siglo; y cetro de rectitud el cetro de tu reino. [9]Amaste la justicia y aborreciste la iniquidad; por eso te ungió, oh Dios, el Dios tuyo con óleo de alegría más que a tus copartícipes". [10]Y también: "Tú, Señor, en el principio fundaste la tierra, y obra de tu mano son los cielos; [11]ellos perecerán, más Tú permaneces; y todos ellos envejecerán como un vestido; [12]los arrollarás como un manto, como una capa serán mudados. Tú empero eres el mismo y tus años no se acabarán". [13]Y ¿a cuál de los ángeles ha dicho jamás: "Siéntate a mi diestra hasta que Yo ponga a tus enemigos por escabel de tus pies"? [14]¿No son todos ellos espíritus servidores, enviados para servicio a favor de los que han de heredar la salvación?

2 **Exhortación a la perseverancia en la fe.** [1]Por lo cual debemos prestar mayor atención a las cosas que (*ahora*) hemos oído, no sea que nos deslicemos. [2]Porque si la palabra anunciada por ángeles fue firme y toda transgresión y desobediencia recibió su justa retribución, [3]¿cómo escaparemos nosotros si tenemos en poco una salud tan grande? La cual habiendo principiado por la Palabra del Señor, nos fue confirmada por los que la oyeron; [4]dando testimonio juntamente con ellos Dios, por señales, prodigios y diversos milagros y por dones del Espíritu Santo conforme a su voluntad. [5]Porque no a ángeles sometió Él el orbe de la tierra venidero de que estamos hablando. [6]Mas alguien testificó en cierto lugar diciendo: "¿Que es el hombre para que te acuerdes de él, o el hijo del hombre para que lo visites? [7]Lo rebajaste un momento por debajo de los ángeles; lo coronaste de gloria y honor, y lo pusiste sobre las obras de tus manos; [8]todo sujetaste bajo sus pies". Porque al someter a Él todas las cosas nada dejó que no le hubiera sometido. Al presente, empero, no vemos todavía sujetas a Él todas las cosas; [9]pero sí vemos a Aquel que fue hecho un momento menor que los ángeles: a Jesús, coronado de gloria y honor, a causa de la pasión de su muerte, para que por la gracia de Dios padeciese la muerte por todos.

Jesús "consumado" por los padecimientos. [10]Pues convenía que Aquel para quien son todas las cosas, y por quien todas subsisten, queriendo llevar

5. En estas palabras del Sal. 2, 7"la tradición católica constante y unánime desde el tiempo de los apóstoles (Hch. 4, 27; 13, 33; Ap. 2, 27; 19, 15) ve una profecía relativa directamente al Mesías" (Pirot), es decir, al Verbo, no ya en su generación eterna (Jn. 1, 1 ss.) sino en su Humanidad santísima (cf. v. 2 ss.) glorificada a la diestra del Padre (v. 3). Así lo vemos aplicado en esos pasajes citados por Pirot, y lo confirma la cita que añade el Apóstol: *Él será mi Hijo*", tomada de 1Re.. 7, 14 y Sal. 88, 27. Cf. 5, 5; Rm. 1, 2 ss. y notas.

6. San Pablo interpreta este v. del Sal. 96, 7refiriéndose al triunfo de Cristo en la Parusía, cuando el Padre le introduzca de nuevo en este mundo. Cf. 2, 5-8. Como Sal. 44, 3 ss.; 71, 11; 109, 3, etc., es éste uno de los pasajes de más inefable gozo para el espíritu creyente que, colmado por su "dichosa esperanza" (Tito 2, 13), pone los ojos en Jesús (3, 1; 12, 2) y piensa despacio en lo que significará verlo de veras aclamado y glorificado para siempre – como en vano esperaríamos verlo en "este siglo malo" (Gal 1, 4 y nota)– a ese Salvador, tan identificado en su primera venida con el dolor (Is. 53, 3) y la humillación (Flp. 2, 7s.), que nos cuesta concebirlo glorioso. ¡Y lo será tanto más cuanto menos lo fue antes! Véase Flp. 2, 9; Ap. 5, 9; 1 Pe. 1, 11; Sal. 109, 7.

7. Cf. Sal. 103, 4, tomado, como todas las citas que hace San Pablo, de la versión griega de los LXX´s.

8s. Esta cita constituye un valioso testimonio de la realeza de Jesucristo. Está tomada del Sal. 44, 7s., para cuya interpretación es un documento preciosísimo, pues muestra que quien habla en este Salmo, es el Padre celestial dirigiéndose a Jesús.

10 ss. Cf. Sal. 101, 26-28; Is. 34, 4; Ap. 6, 14; 20, 11; Hb. 2, 8; 10, 13; Mt. 22, 44; Sal. 109, 1; 1Co. 15, 25; Ef. 1, 22.

14. Cf. Dn. 7, 10; Ap. 5, 11.

1. De lo dicho en el cap. 1el Apóstol brinda, como fruto espiritual, esta recomendación que fluye de la superioridad de los nuevos misterios sobre los antiguos, tema que desarrollará en los capítulos siguientes.

2. *La palabra anunciada por ángeles*: La Ley del Antiguo Testamento. Cf. Hch. 7, 53; Ga. 3, 19.

5. Cf. v. 8; 1, 6 y nota; 1Co. 15, 25.

6 ss. *Alguien*: David, en Sal. 8, 5-8, donde este texto, según el hebreo, presenta otros matices que señalamos en las notas respectivas. San Pablo lo cita según los LXX´s y lo aplica a Cristo. *Lo rebajaste* (así también Pirot y otros); cf. 1, 4; Flp. 2, 7 y notas.

8. San Pablo explica que la omnímoda potestad que pertenece a Jesús no se ejerce ahora plenamente. Es que Jesús anunció que la cizaña estaría mezclada con el trigo basta el fin del siglo (Mt. 13, 38-43), no obstante hallarse Él desde ahora coronado de gloria a la diestra del Padre, como lo dice en el v. 9. Cf. 1, 5; Sal. 109, 1 y 3; Lc. 20, 25; Jn. 18, 36; Rm. 1, 4; 1Co. 15, 25.

muchos hijos a la gloria, consumase al autor de la salud de ellos por medio de padecimientos. [11]Porque todos, tanto el que santifica, como los que son santificados, vienen de uno solo, por lo cual no se avergüenza de llamarlos hermanos, [12]diciendo: "Anunciaré tu nombre a mis hermanos, en medio de la asamblea cantaré tu alabanza". [13]Y otra vez: "Yo pondré mi confianza en Él". Y de nuevo: "Heme aquí a mí y a los hijos que Dios me ha dado". [14]Así que, como los hijos participan de sangre y carne, también Él participó igualmente de ellas, a fin de que por medio de la muerte destruyese a aquel que tiene el imperio de la muerte, esto es, al diablo, [15]y librase a todos los que, por temor de la muerte, durante toda su vida estaban sujetos a servidumbre. [16]Porque en manera alguna toma sobre sí a los ángeles, sino al linaje de Abraham. [17]Por lo cual tuvo que ser en todo semejante a sus hermanos a fin de que, en lo tocante a Dios, fuese un sumo sacerdote misericordioso y fiel para expiar los pecados del pueblo, [18]pues, en las mismas cosas que Él padeció siendo tentado, puede socorrer a los que sufren pruebas.

3 **Preexcelencia de Cristo sobre Moisés.** [1]Por tanto, hermanos santos, partícipes de una vocación celestial, considerad al Apóstol y Sumo Sacerdote de la fe que profesamos: Jesús; [2]el cual es fiel al que lo hizo (*sacerdote*), así como lo fue Moisés en toda su casa. [3]Porque Él fue reputado digno de tanta mayor gloria que Moisés, cuanto mayor gloria tiene sobre la casa quien la edificó; [4]dado que toda casa es edificada por alguno, y quien edificó todas las cosas es Dios. [5]Y a la verdad, Moisés fue fiel como siervo, en toda la casa de Él, a fin de dar testimonio de las cosas que habían de ser dichas; [6]más Cristo lo fue como Hijo, sobre su propia casa, que somos nosotros, si retenemos firme hasta el fin la confianza y el gloriarnos en la esperanza.

Advertencia contra la incredulidad. [7]Por lo cual, como dice el Espíritu Santo: "Hoy, si oyereis su voz, [8]no endurezcáis vuestros corazones, como en la provocación, en el día de la tentación en el desierto, [9]donde me tentaron vuestros padres y me pusieron a prueba, aunque vieron mis obras [10]durante cuarenta años. Por eso me irrité contra aquella generación, y dije: siempre yerran en su corazón; no han conocido ellos mis caminos. [11]Y así juré en mi ira: No entrarán en mi reposo". [12]Mirad, pues, hermanos, no sea que en alguno de vosotros haya corazón malo de incredulidad, de modo que se aparte del Dios vivo; [13]antes bien, exhortaos unos a otros, cada día, mientras se dice: "Hoy"; para que no se endurezca ninguno de vosotros por el engaño del pecado. [14]Pues hemos venido a ser participantes de Cristo, si de veras retenemos hasta el fin la segura confianza del principio, [15]en tanto que se dice: "Hoy, si oyereis su voz, no endurezcáis vuestros corazones, como

---

12s. Cf. Sal. 21, 23; 2Re. 22, 3; Sal. 17, 3; Is. 8, 18.

16. "No solamente asumió Cristo la naturaleza humana, sino que, además, en un cuerpo frágil, pasible y mortal, se ha hecho consanguíneo nuestro. Pues si el Verbo se anonadó a sí mismo tomando la forma de esclavo (Flp. 2, 7), lo hizo para hacer participantes de la naturaleza divina a sus hermanos según la carne, tanto en este destierro terreno por medio de la gracia santificante cuanto en la patria celestial por la eterna bienaventuranza" (Encíclica del papa Pío XII sobre el Cuerpo Místico de Cristo).

17. Por disposición de Dios el Hijo se humilló, asemejándose a nosotros para hacerse Mediador entre Dios y los hombres. Sólo de esta manera pudo ser el Sumo Sacerdote de la Nueva Alianza, es decir, nuestro Redentor.

18. Difícilmente podría darse un motivo y argumento más concreto para confiar en la protección de Jesús, aun en todas las pruebas temporales. Por lo cual nos exhorta San Juan Crisóstomo: "Quien se deja agobiar por el dolor y pierde el ánimo en las pruebas, no tiene gloria; quien abrumado por la vergüenza se

esconde, no tiene confianza". Cf. 3, 6; 4, 15; 7, 19; Col. 1, 23 y notas.

1-6. Sigue en los v. 1-6 la comparación entre Moisés y Cristo. Ambos son mediadores, más el Mediador del Nuevo Testamento supera incomparablemente a Moisés, pues el Padre, fundador de la Alianza de Moisés, la hizo, como hace todas las cosas, por Cristo su Hijo, "por quien creó también los siglos" (1, 2; Judas 5).

6. Insiste sobre la confianza (2, 18 y nota), pero esta vez en el sentido sobrenatural (v. 14).

7 ss. Recuerda aquel lugar de *contradicción* en el desierto, donde los israelitas murmuraban contra Moisés y contra Dios, porque les faltaba el agua. Cf. Nm. 14, 21 ss.; Sal. 94, 8 ss.; Ex. 17, 7; Nm. 20, 25.

14. San Pablo enseña aquí que la *fe viva* es como un nuevo ser espiritual en Cristo y nos hace despreciar las cosas de abajo que nos roban este privilegio por el cual somos verdaderamente divinizados en Cristo. Pero a los Hebreos no les da aquí doctrina tan sobrenatural como a los Efesios, Colosenses, etc., por las razones que vimos en 1, 1 y nota. Cf. Jn. 10, 34; Sal. 81, 6; 2 Pe. 1, 4.

en la provocación". [16]¿Quiénes fueron los que oyeron y provocaron? No fueron todos los que salieron de Egipto por medio de Moisés. [17]¿Contra quiénes se irritó por espacio de cuarenta años? ¿No fue contra los que pecaron, cuyos cadáveres cayeron en el desierto? [18]¿Y a quiénes juró que no entrarían en su reposo, sino a los rebeldes? [19]Vemos, pues, que éstos no pudieron entrar a causa de su incredulidad.

4 **La entrada en el reposo de Dios.** [1]Temamos, pues, no sea que, subsistiendo aún la promesa de entrar en el reposo, alguno de vosotros parezca quedar rezagado. [2]Porque igual que a ellos también a nosotros fue dado este mensaje; pero a ellos no les aprovechó la palabra anunciada, por no ir acompañada de fe por parte de los que la oyeron. [3]Entramos, pues, en el reposo los que hemos creído, según dijo: "Como juré en mi ira: no entrarán en mi reposo"; aunque estaban acabadas las obras desde la fundación del mundo. [4]Porque en cierto lugar habló así del día séptimo: "Y descansó Dios en el día séptimo de todas sus obras". [5]Y allí dice otra vez: "No entrarán en mi reposo". [6]Resta, pues, que algunos han de entrar en él; mas como aquellos a quienes primero fue dada la promesa no entraron a causa de su incredulidad [7]señala Él otra vez un día, un "hoy", diciendo por boca de David, tanto tiempo después, lo que queda dicho arriba: "Hoy, si oyereis su voz, no endurezcáis vuestros corazones". [8]Pues si Josué les hubiera dado el reposo, no hablaría (*Dios*), después de esto, de otro día. [9]Por tanto, aún queda un descanso sabático para el pueblo de Dios. [10]Porque el que "entra en su reposo", descansa él también de sus obras, como Dios de las suyas. [11]Esforcémonos, pues, por entrar en aquel descanso, a fin de que ninguno caiga en aquel ejemplo de incredulidad. [12]Porque la Palabra de Dios es viva y eficaz y más tajante que cualquiera espada de dos filos, y penetra hasta dividir alma de espíritu, coyunturas de tuétanos, y discierne entre los afectos del corazón y los pensamientos. [13]Y no hay creatura que no esté manifiesta delante de Él; al contrario, todas las cosas están desnudas y patentes a los ojos de Aquel a quien tenemos que dar cuenta.

Cristo, sumo sacerdote celestial. [14]Teniendo, pues, un Sumo Sacerdote grande que penetró los cielos, Jesús, el Hijo de Dios, mantengamos fuertemente la confesión (*de la fe*). [15]Porque no tenemos un Sumo Sacerdote que sea incapaz de compadecerse de nuestras flaquezas, sino uno que, a semejanza nuestra, ha sido tentado en todo, aunque sin pecado. [16]Lleguémonos, por tanto,

---

19. *A causa de su incredulidad*: Conclusión semejante a la que expone en Rm. 11, 30-32. Véase Jn. 16, 9, donde Jesús muestra que el pecado por antonomasia está en no creerle a Él como Enviado del Padre porque si fueran rectos le creerían (Jn. 3, 19; 7, 17 y nota) y esto es todo lo que Dios les pide (Mt. 17, 5; Jn. 6, 29, etc.). Cf. 4, 1; 6, 4 ss. y notas.

1. En el presente capítulo el Apóstol prueba que la promesa de que los israelitas entrarían en el *reposo*, no se cumplió en aquel pueblo obstinado. De lo contrario, Dios no la habría repetido por medio de David (3, 7-8). Las palabras tienen, pues, un sentido mesiánico y se cumplirán tan sólo en el Nuevo Testamento, siendo la fe la condición para entrar en el reino de Dios.

3. Véase Sal. 94, 11. *Los que hemos creído*: Nótese con qué insistencia presenta San Pablo la fe como la llave del reino de Dios. Cf. v. 6; 3, 19 y nota. A esto dedicará también todo el grandioso cap. 11 (cf. 10, 38 y nota).

8s. Se refiere a *las promesas* que aún quedan por cumplirse a favor del pueblo de Dios. Cf. 8, 8 ss.; 10, 16s.; Sal. 104, 8; Hch. 3, 19 ss. y notas.

11. Así como el reposo prometido al pueblo de Dios consiste en el reino mesiánico, hay también un reposo para cada creyente redimido por Cristo en aquel completo abandono que nada busca sino a Él.

12. He aquí un extraordinario testimonio de la fuerza penetrante de la *Sagrada Escritura* (2 Tm. 3, 16s. y nota). Por eso dice San Gregorio Magno: "Es necesario que quienes se dedican al ministerio de la predicación no se aparten del estudio de la Biblia"; y San Agustín: "Quien no se aplica a oír en su interior la Palabra de Dios será hallado vacío en su predicación externa". Es lo que no han cesado de inculcar en sus Encíclicas los últimos Pontífices: León XIII en *Providentissimus Deus,* Benedicto XV en *Spiritus Paraclitus* y *Humani Generis,* Pío XII en *Divino Afflante*.

14. Nueva incitación a permanecer en la fe. En 6, 4 ss. les expondrá las tremendas consecuencias de abandonarla.

15. Para que nuestra *confianza* en Él no tuviera límites, Jesús quiso ponerse a nuestro nivel experimentando todas nuestras miserias menos el pecado (2, 18 y nota). "Cuando miro a Jesús "no como a mi Juez sino como a mi Salvador" (según reza la jaculatoria), esto me parece a primera vista una grande insolencia, por la cual Él debería indignarse. ¿Qué diría de eso un juez de los Tribunales? ... Pero luego recuerdo que esa confianza es precisamente lo que a Jesús le agrada y que en eso consiste la divina paradoja de que "la fe es imputada a justicia", o sea, es tenida por virtud, como nos lo revela San Pablo. Entonces comprendo que tal paradoja se explica por el amor que Él tiene a los pecadores como yo y que al creer en ese amor –cosa dura para mi orgullo– lejos de

confiadamente al trono de la gracia, a fin de alcanzar misericordia y hallar gracia para ser socorridos en el tiempo oportuno.

5 Misión del sumo sacerdote. [1]Todo Sumo Sacerdote tomado de entre los hombres es constituido en bien de los hombres, en lo concerniente a Dios, para que ofrezca dones y sacrificios por los pecados, [2]capaz de ser compasivo con los ignorantes y extraviados, ya que también él está rodeado de flaqueza; [3]y a causa de ella debe sacrificar por los pecados propios lo mismo que por los del pueblo. [4]Y nadie se toma este honor sino el que es llamado por Dios, como lo fue Aarón.

Cristo sacerdote. [5]Así Cristo no se exaltó a Sí mismo en hacerse Sumo Sacerdote, sino Aquel que le dijo: "Mi Hijo eres Tú, hoy te he engendrado". [6]Así como dice cambien en otro lugar: "Tú eres sacerdote para siempre, según el orden de Melquisedec". [7]El cual (*Cristo*) en los días de su carne, con grande clamor y lágrimas, ofreció ruegos y suplicas a Aquel que era poderoso para salvarle de la muerte; y habiendo obtenido ser librado del temor, [8]aunque era Hijo, aprendió la paciencia por sus padecimientos [9]y, una vez perfeccionado, vino a ser causa de sempiterna salud para todos los que le obedecen, [10]siendo

incurrir en aquella insolencia culpable, me coloco en la verdadera posición de odio al pecado. Porque lo único capaz de hacerme odiar eso que tanto atrae a mí natural maldad, es el ver que ello me hace olvidar un bien tan inmenso y asombroso como es el de ser amado sin merecerlo".

16. *Al trono de la gracia*: es decir, al Santuario celestial (v. 14). "Recuerdas cuánto consuelo has recibido cada vez que has abierto tu corazón, y desahogado en otro corazón amigo tus íntimos deseos y preocupaciones, tus penas y tus culpas. Eso es lo que aquí se nos enseña a hacer en la oración. Nuestra fe será plena si aprendemos a obrar así con el Padre Celestial, invocando a su Hijo Jesucristo como Mediador". "¿Cuál oración –pregunta Santo Tomás de Aquino – puede ser más segura que la dictada por Aquel en quien se hallan todos los tesoros de la sabiduría (Col. 2, 3) y que, según lo dice San Juan, es nuestro abogado delante del Padre?". "Puesto que es Cristo quien aboga por nosotros ante su Padre ¿qué mejor que implorar nuestro perdón en los términos que nos ha dictado nuestro abogado?" (San Cipriano).

1. Requisitos indispensables en el Sumo Sacerdote deben ser la *compasión* hacia el prójimo y la *vocación* de Dios. Cristo es el supremo modelo de ambas. Cf. 1 Tm. 1, 16. *Pontífice* significa el que hace puente, esto es, el mediador entre Dios y los hombres.

4. *Aarón* el primer Sumo Sacerdote a quien eligió Dios mismo. Cf. Ex. 28, 1; 2Cro. 26, 18; Sal. 104, 26.

5. "La idea dominante, dice Pirot, es, junto a la perfección personal, la del poder de salvación que le viene desde entonces en calidad de Pontífice según el orden de Melquisedec, es decir, de Pontífice perfecto" (Sal. 2, 7; 109, 4). Claro está que el término *personal* sólo ha de referirse aquí a la Humanidad santísima de Jesús, ya que la Persona divina del Verbo no podía perfeccionarse. Así lo añade a continuación el mismo autor refutando a disidentes que ponían en duda la divinidad de la Persona de Jesús: "No en cuanto Dios se instruye y se perfecciona Jesús por el sufrimiento, sino en cuanto hombre, venido para salvar a los hombres". Cf. 1, 5 y nota.

6. *Melquisedec*, sacerdote y rey de Jerusalén, tipo de Jesucristo (cap. 7). Cf. Sal. 109, 4.

7. *Para salvarle de la muerte*: No se trata de oraciones por otros, pues "en este pasaje el Apóstol quiere mostrar que Cristo compartió

nuestras debilidades" (Pirot). Cf. Mt. 26, 39 ss.; Mc. 14, 35s.; Lc. 22, 42 ss.; Sal. 68, 21 y nota. Entonces obtuvo *ser librado del temor* (así San Ambrosio y muchos modernos) y se hizo, como Él quería, instrumento de propiciación para que el Padre se demostrase justo no obstante haber "disimulado antes los pecados". Véase sobre esto la asombrosa revelación de Rm. 3, 21 ss. Así se comprende por qué no fue posible librarlo de la muerte, aunque el Padre le habría mandado, si Jesús hubiese querido, más de doce legiones de ángeles. Cf. Mt. 26, 42; Jn. 14, 31 y notas.

8. "El más amado y el más obediente de los hijos se sometió – por evitárnoslo a nosotros– a ese duro camino del castigo, como si Él lo hubiera merecido por desobediencia, o como si su Padre no lo amase y lo tratase rudamente. No falló, empero, el amor del Padre, ni la obediencia del Hijo: fuimos nosotros los que fallamos, y el Amor misericordioso lo que triunfó".

9. *Perfeccionado*: ¿Es posible esto? Tratándose de la Humanidad santísima del Señor, solemos inclinarnos a pensar que su Cuerpo fue como el de Adán antes de la caída. Pero San Pablo insiste en mostrarnos que no es así. Para poder *condolerse* de nuestra flaqueza (v. 2 y 4, 15) y ser ahora un Pontífice misericordioso (v. 10; 4, 16; 6, 20; 7, 28) tuvo que tener carne mortal, pues vemos que sólo recibió después de resucitado la inmortalidad que le permitió ser hecho Sacerdote para siempre a diferencia de los demás (7, 23-25) y encumbrado sobre los cielos (7, 26) a la diestra del Padre (Sal. 109, 4). Es decir que Jesús, "hecho de mujer" (Ga. 4, 4) y descendiente de Adán (Lc. 3, 37), fue en todo igual a nosotros salvo en el pecado (4, 15), o sea que sin tener pecado heredó y soportó como nosotros las consecuencias del pecado, esto es, la naturaleza sujeta a la muerte, al hambre (Lc. 4, 2), al cansancio (Jn. 4, 6), a la tristeza (Mt. 26, 38), al llanto (Lc. 19, 41; Jn. 11, 35), al miedo (v. 7) y aun a la tentación de Mt. 4, 1 ss., aunque no al pecado ni a nuestra inclinación al mal; y también a la pérdida de fuerzas físicas, pues que lo hicieron ayudar por el Cireneo (cf. Sal. 68, 21). El poderoso grito que dio al morir (Mt. 27, 50), para mostrar que nadie le quitaba la vida sino que Él la entregaba voluntariamente (Jn. 10, 18; 19, 30), fue sin duda milagroso como fue milagrosa la Transfiguración en que Él mostró anticipadamente la gloria que tendrá el día de su Parusía (Mc. 9, 1). Vemos que, aun resucitado, lo confunde Magdalena con un

constituido por Dios Sumo Sacerdote según el orden de Melquisedec.

Estado imperfecto de los hebreos. [11]Sobre Él tenemos mucho que decir, y difícil de expresar por cuanto se os han embotado los oídos. [12]Debiendo ya ser maestros después de tanto tiempo, tenéis otra vez necesidad de que alguien os enseñe los primeros rudimentos de los oráculos de Dios y habéis venido a necesitar de leche, y no de alimento sólido. [13]Pues todo el que se cría con leche es rudo en la palabra de justicia, como que es niño. [14]El alimento sólido, en cambio, es para los hombres hechos, para aquellos que por el uso tienen sus sentidos ejercitados para discernir lo bueno de lo malo.

6 **El progreso en la doctrina y la apostasía.** [1]Por lo cual, dejando la doctrina elemental acerca de Cristo, elevémonos a la perfección, no tratando de nuevo los artículos fundamentales que se refieren a la conversión de las obras muertas y a la fe en Dios, [2]a la doctrina de los bautismos, a la imposición de las manos, a la resurrección de los muertos y al juicio eterno. [3]Y así procederemos con el favor de Dios. [4]Porque a los que, una vez iluminados, gustaron el don celestial, y fueron hechos partícipes del Espíritu Santo, [5]y experimentaron la bondad de la palabra de Dios y las poderosas maravillas del siglo por venir, [6]y han recaído, imposible es renovarlos otra vez para que se arrepientan, por cuanto crucifican de nuevo para sí

---

jardinero (Jn. 20, 14s.) y que sólo entró en la gloria cuando el Padre lo sentó a su diestra (cf. Mc. 16, 11 y nota), dándole como hombre, es decir también en su Cuerpo, la gloria que tenía como Verbo de Dios igual al Padre (v. 5; 1, 5 y notas; Jn. 17, 5; Sal. 2, 7; 109, 1 y 3 y notas). Esta glorificación es la que Él pidió también para nosotros (Jn. 17, 21-26; cf. Jn. 14, 2s. y notas) y que nos dará el día que venga a ser glorificado también aquí (2 Ts. 1, 10; Sal. 109, 5 ss.) haciéndonos "semejantes al cuerpo de su gloria" (Flp. 3, 20s.). Este conocimiento de Cristo en su Humanidad que *"vino a ser causa de sempiterna salud"* es lo que nos une a Él con fe y amor sin límites, mostrándonos que Él es el Santo por excelencia de nuestra admiración y devoción, sin ocurrírsenos más ese pensamiento, que se oye a veces con apariencias de piedad: "Claro está que Jesús hizo maravillas, pero... era Dios", como diciendo que los ejemplos del Evangelio no son para imitarlos nosotros.

10. Véase 6, 20.

11. *Se os han embotado los oídos*: Véase Rm. 11, 10; 2Co. 3, 14 ss.

12. Reproche análogo a éste de los hebreos hace a los gentiles de Galacia (Ga. 4, 9) y de Corinto (1Co. 3, 1). Hay aquí una indiferencia y lentitud espiritual que impide al Apóstol darles, como quisiera, la plenitud del misterio de Cristo (Cf. 1, 1; 3, 14 y notas).

13s. ¡Cuidado con tomar esta ceguera como infancia espiritual! Cf. 1Co. 3, 1 ss. y nota.

1s. Recordando la necesidad de la *perfección* en la enseñanza, el Apóstol, como observa Dom Paul Delatte OSB, se esfuerza aquí, no obstante lo dicho antes (5, 11s. y notas), por arrastrar consigo a sus compatriotas (véase la confesión que él nos hace en Rm. 11, 14). Notemos que considera como rudimentos la necesidad del arrepentimiento para todos (*conversión de las obras muertas*) y de la *fe* (Mc. 1, 15; Hch. 2, 38). Habla de *bautismos* (v. 2), en plural, tal vez porque se hacían tres inmersiones (cf. Col. 2, 12), o abarcando quizás el bautismo de Juan (Hch. 19, 4 y nota) y las abluciones judaicas. *Imposición de las manos* es el sacramento de la Confirmación (Hch. 8, 17s.; 19, 6) y del Orden (Hch. 6, 6; 1 Tm. 4, 14, etc.). Sobre la *resurrección y juicio eterno* (v. 2) cf. Hch. 17,

31; 1Co. 15; 1 Ts. 4, 12 ss., etc. Parece que el Apóstol alude así a la catequesis primitiva y a la preparación al Bautismo, sosteniendo que un bautizado no puede contentarse ya con la enseñanza de un catecúmeno. Véase sobre estas cosas la "Didajé", manual cristiano del primer siglo.

2. Más que del *juicio eterno* prefiere el Apóstol hablarles de *eterna salvación* (5, 9); *eterna redención* (9, 12); *eterno espíritu* (9, 14); *eterna herencia* (9, 15); *eterna alianza* (13, 20). Cf. 7, 19 y nota.

3. Es decir que San Pablo se confirma en ese propósito de ir más lejos en la exposición de la doctrina, empezando por mostrarles a continuación la gravedad que entraña la apostasía (v. 4 ss.), luego Iris estimula con paternal confianza (v. 9 ss.) reconociendo su caridad, y en fin les muestra como meta la esperanza en Cristo resucitado. Cf. 7, 19; 10, 23 y notas.

4 ss. El Apóstol muestra aquí a los judíos (y lo confirma en 10, 26s.) el peligro de la *apostasía de la fe*, la cual comporta el pecado contra el Espíritu Santo, porque rechaza la luz (3, 19 y nota) y que por tanto los dejaría privados de la gracia que viene de la fe, y entregados sin defensa en manos de Satanás, padre de la mentira. Así lo muestra también San Pablo, respecto de los gentiles, en 2 Ts. 2, 11s. De ahí la imposibilidad de levantarse de este pecado, que reniega del Bautismo y del Espíritu Santo y es semejante a un nuevo pecado de Adán, que elige libremente a Satanás antes que a Dios. Tampoco puede borrarse por un nuevo Bautismo, porque éste se da una sola vez. A lo mismo parece aludir también San Juan cuando habla del que comete pecado *de muerte* (1 Jn. 5, 16 y nota). Hasta aquí llega lo que puede entender el hombre. Más allá es indudable que subsiste el misterio de la infinita y libérrima misericordia de Dios, que puede siempre aplicarla a quien quiera y como quiera, sin dar cuenta a nadie de su conducta (Rm. 9, 15s.; St. 4, 12). Algunos ven figurada la actitud de tales hebreos, que así retroceden hallándose al borde de la salvación, en la de aquellos que en Cadesbarne, no obstante haber visto los frutos de la Tierra prometida, no quisieron subir hasta ella por incredulidad a la Palabra de Dios (Dt. 1, 25 ss.).

mismos al Hijo de Dios, y le exponen a la ignominia pública. [7]Porque la tierra que bebe la lluvia, que cae muchas veces sobre ella, produce plantas útiles para aquellos por quienes es labrada, y participa de la bendición de Dios; [8]pero la que produce espinas y abrojos es reprobada y está próxima a la maldición y su fin es el fuego.

Perseverar en la esperanza. [9]Más de vosotros, carísimos, esperamos cosas mejores y conducentes a la salvación, aunque hablamos de esta manera. [10]Porque no es Dios injusto para olvidarse de vuestra obra y del amor que habéis mostrado a su nombre, habiendo servido a los santos y sirviéndolos aún. [11]Pero deseamos que cada uno de vosotros manifieste hasta el fin el mismo interés en orden a la plenitud de la esperanza, [12]de manera que no seáis indolentes, sino imitadores de aquellos que por la fe y la paciencia son herederos de las promesas. [13]Porque cuando Dios hizo promesa a Abraham, como no pudiese jurar por otro mayor, juró por sí mismo, [14]diciendo: "Por mi fe, te bendeciré con abundancia, y te multiplicaré grandemente". [15]Y así, esperando con paciencia, recibió la promesa. [16]Pues los hombres juran por el que es mayor y el juramento es para ellos el término de toda controversia, por cuanto les da seguridad. [17]Por lo cual, queriendo Dios mostrar, con mayor certidumbre, a los que serían herederos de la promesa, la inmutabilidad de su designio, interpuso su juramento; [18]para que mediante dos cosas inmutables, en las que es imposible que Dios mienta, tengamos un poderoso consuelo los que nos hemos refugiado en aferrarnos a la esperanza que se nos ha propuesto, [19]la cual tenemos como áncora del alma, segura y firme, y que penetra hasta lo que está detrás del velo; [20]donde, como precursor, Jesús entró por nosotros, constituido Sumo Sacerdote para siempre según el orden de Melquisedec.

7 El sacerdocio de Melquisedec y el de Leví.

[1]Este Melquisedec, rey de Salem, sacerdote del Dios Altísimo, es el que salió al encuentro de Abraham, cuanto éste volvía de la derrota de los reyes, y le bendijo. [2]A él también repartió Abraham el diezmo de todo; y su nombre se interpreta, primero, rey de justicia, y luego también, rey de Salem, que es rey de paz. [3]El cual, sin padre, sin madre, sin genealogía, sin principio de días ni fin de vida, fue asemejado al Hijo de Dios y permanece sacerdote eternamente. [4]Y considerad cuán grande es éste a quien el patriarca Abraham dio una décima parte de los mejores despojos. [5]Cierto que aquellos de los hijos de Leví que reciben el sacerdocio tienen el precepto de tomar, según la Ley, el diezmo del pueblo, esto es, de sus hermanos, aunque éstos también son de la estirpe de Abraham; [6]pero aquel que no es del linaje de ellos tomo diezmos de Abraham y bendijo al que tenía las promesas. [7]Ahora bien, no cabe duda de que el menor es bendecido por el mayor. [8]Y aquí por cierto los que cobran diezmos son hombres que

---

7. Cf. la Parábola del Sembrador (Mt. 13, 1 ss.).

12. Cf. Ap. 13, 10 y nota.

18. Las *dos cosas inmutables* son la promesa de Dios y su juramento a Abraham. El v. 20 aludirá al juramento que también Jesús había recibido en Sal. 109, 4, sobre su Sacerdocio para siempre. Cf. 7, 28.

19s. El *velo* es la carne mortal de Jesús (10, 20). El *velo* que ocultaba al Santo de los Santos en el Templo de Jerusalén (9, 3s.) simbolizaba esa Carne, es decir, la Humanidad santísima de Jesús (cf. 5, 9 y nota) y por eso se rasgó al momento de su muerte (Mt. 27, 51). Era necesario que Él muriese (Hch. 3, 22 y nota) y fuese glorificado para que se cumpliesen las promesas dadas a los Patriarcas (Rm. 15, 8). *Como áncora*: de aquí que el *ancla* sea el signo de la esperanza.

1. Sigue la comparación con *Melquisedec*, rey de Salem (Jerusalén), que es en el Antiguo Testamento tipo de Cristo Sacerdote y Rey (Sal. 109, 3 y 4; Is. 11; Za. 6, 11 ss., etc.). Como aquél, así también Cristo es "rey de paz" y "sin padre", es decir,

sacerdote por vocación de Dios y no por herencia de familia levítica; y así como Melquisedec descuella sobre Abraham y Leví, así también la Persona de Cristo tiene preeminencia sobre la persona de aquél. Para hacernos comprender su argumentación, el Apóstol aduce los diezmos que Abraham dio a Melquisedec, mostrando así la superioridad de éste. Cf. Gn. 14, 18 y nota.

3. *Sin padre, sin madre*, etc.: modelo del sacerdote en general, que no pertenece a ninguna familia sino sólo a Dios. *Ni fin de vida*: No parece esto afirmar que Melquisedec continúe viviendo (como lo sabemos de Elías y Enoc), sino que su muerte permanece tan ignorada como todas las demás circunstancias de su vida que enumera San Pablo sobre este misterioso personaje. Algunos lo creían de naturaleza angélica y querían así explicar que "el orden de Melquisedec" se aplicase al sacerdocio de Jesús (5, 6). De todos modos recalca San Pablo el carácter celestial del divino Pontífice, que fue "nombrado por Dios" (5, 10), que penetró los cielos (4, 14) y dijo a los sacerdotes de Israel: "Vosotros sois de abajo; Yo soy de arriba" (Jn. 8, 23).

mueren, más allí uno de quien se da testimonio que vive. [9]Y por decirlo así, también Leví, el que cobra diezmos, los pagó por medio de Abraham, [10]porque estaba todavía en los lomos de su padre cuando Melquisedec le salió al encuentro.

Imperfección del sacerdocio levítico. [11]Si, pues, la perfección se hubiera dado por medio del sacerdocio levítico, ya que bajo él recibió el pueblo la Ley ¿qué necesidad aún de que se levantase otro sacerdote según el orden de Melquisedec y que no se denominase según el orden de Aarón? [12]Porque cambiándose el sacerdocio, fuerza es que haya también cambio de la Ley. [13]Pues aquel de quien esto se dice, pertenecía a otra tribu, de la cual nadie sirvió al altar. [14]En efecto, manifiesto es que de Judá brotó el Señor nuestro, de la cual tribu nada dice Moisés cuando habla de sacerdotes. [15]Esto es todavía mucho más manifiesto si a semejanza de Melquisedec se levanta otro sacerdote, [16]constituido, no según la ley de un mandamiento carnal, sino conforme al poder de una vida indestructible; [17]pues tal es el testimonio: "Tú eres sacerdote para siempre según el orden de Melquisedec". [18]Queda, por tanto, abrogado el mandamiento anterior, a causa de su flaqueza e inutilidad, [19]pues la Ley no llevaba nada a la perfección, sino que introdujo una esperanza mejor, por medio de la cual nos acercamos a Dios.

Superioridad del sacerdocio de Cristo. [20]Y por cuanto no fue hecho sin juramento, [21]–pues aquéllos fueron constituidos sacerdotes sin juramento, mas Éste con juramento, por Aquel que le dijo: "Juró el Señor y no se arrepentirá: Tú eres sacerdote para siempre–" [22]de tanto mejor pacto fue constituido fiador Jesús. [23]Y aquéllos fueron muchos sacerdotes, porque la muerte les impedía permanecer, [24]más Éste, por cuanto permanece para siempre, tiene un sacerdocio sempiterno. [25]Por lo cual puede salvar perfectamente a los que por Él se acercan a Dios, ya que vive siempre para interceder por ellos. [26]Y tal Sumo Sacerdote nos convenía: santo, inocente, inmaculado, apartado de los pecadores y encumbrado sobre los cielos, [27]que no necesita diariamente, como los Sumos Sacerdotes, ofrecer víctimas, primero por sus propios pecados, y después por los del pueblo, porque esto lo hizo de una vez, ofreciéndose a sí mismo. [28]Pues la Ley constituye Sumos Sacerdotes a hombres sujetos a la flaqueza; pero la palabra del juramento, posterior a la Ley, constituye al Hijo llegado a la perfección para siempre.

8 El Sumo Sacerdote del cielo. [1]Lo capital de lo dicho es que tenemos un Pontífice tal que está

8. *Aquí*: en el sacerdocio de Leví; *allí*: en el sacerdocio de Melquisedec, donde tenemos un sacerdote inmortal: Cristo.

11. *Aarón*, el primer Sumo Sacerdote, representa el sacerdocio levítico que no era capaz de ofrecer un don perfecto, cual es hoy el sacrificio eucarístico, memorial de la Nueva Alianza sellada con la sangre de Cristo (1Co. 11, 25).

13. Porque Cristo, a quien miraban estos vaticinios de David, no fue de la tribu de *Leví*, de la que eran tomados los sacerdotes, sino de la de Judá, a quien no pertenecía la función sacerdotal. Cf. 8, 4 y 13; Ez. 44, 15 y nota.

16s. *Indestructible* (Buzy, traduce: con el privilegio de la inmortalidad): porque Jesús resucitado no es mortal como antes y ya no puede morir (v. 24; Rm. 6, 9). De ahí que sea constituido Sacerdote "para siempre" (vv. 17 y 20). Cf. 5, 6; Sal. 109, 4 y nota.

19. La Ley (dada en Ex. caps. 19 ss.), fue superada por el Evangelio, como doctrina (Mt. 5, 17-48) y como espiritualidad (Ga. 3, 1 ss.). *Una esperanza mejor*: la Nueva Alianza de los creyentes en Cristo, la Ley de la gracia y las promesas que superan a las esperanzas puramente terrenales de Israel. Véase 11, 10; 12, 18 ss.; 1 Ts. 4, 16s.; Ga. 4, 24 ss.; Ap. 21, 10. Cf. 8, 8 ss.; 10, 23 ss. Otros traducen en el sentido de que la perfección no vino de la Ley, pero sí vino al introducirse una mejor esperanza (Rm. 5, 2). Junto con esta *mejor esperanza* Pablo anuncia a los hebreos *mejor pacto* (8,

6); *mejor posesión* (10, 34); *mejor patria* (11, 16); *mejor resurrección* (11, 35); *algo mejor* (11, 40); *sangre que habla mejor que la de Abel* (12, 24). Cf. 6, 2 y nota.

25. ¡Qué consuelo no significa para nosotros el saber que podemos contar permanentemente con la oración todopoderosa de Cristo por nosotros y por nuestro ideal apostólico! Cf. 5, 7 y nota; 10, 4; Jn. 17, 20; Rm. 8, 34. Solemos pensar que a Jesús, por ser Dios, no debemos pedirle que ruegue por nosotros, como si fuera impropia de Él tal cosa. Aquí vemos, con más claridad aún que respecto de los santos y la Santísima Virgen, cómo Jesús no sólo rogó por nosotros en vida (Jn. 17, 9 ss.) y prometió rogar después (Jn. 14, 16) sino que está rogando permanentemente por nosotros, siendo ésta precisamente su misión como Sacerdote (v. 26).

26. Bellísimo *retrato sacerdotal de Jesús*, a quien San Pedro llama el Pastor y Obispo de nuestras almas (1 Pe. 2, 25). Cf. 13, 20; Jn. 10, 11.

27. "Este sacrificio único bastó a causa de su valor infinito. Cf. 9; 12, 25-28; 10, 10. En efecto, consistió en la inmolación de Jesucristo mismo. Por primera vez en los escritos del Nuevo Testamento se presenta aquí, abiertamente a Jesús como sacerdote y víctima a un tiempo". (Fillion).

28. *Llegado a la perfección*: (así también Pirot). Cf. 5, 9 y nota.

sentado a la diestra del trono de la Majestad en los cielos; [2]ministro del santuario y del verdadero tabernáculo, que hizo el Señor y no el hombre. [3]Ahora bien, todo Pontífice es constituido para ofrecer dones y víctimas; por lo cual también Éste debe necesariamente tener algo que ofrecer. [4]Si pues Él habitase sobre la tierra, ni siquiera podría ser sacerdote, pues hay ya quienes ofrecen dones según la Ley; [5]los cuales dan culto en figura y sombra de las realidades celestiales, según le fue significado a Moisés cuando se puso a construir el Tabernáculo: "Mira, le dice, que hagas todas las cosas conforme al modelo que te ha sido mostrado en el monte". [6]Mas ahora Él ha alcanzado tanto más excelso ministerio cuanto mejor es la alianza de que es mediador, alianza establecida sobre mejores promesas.

Superioridad de la nueva alianza. [7]Porque si aquella primera hubiese sido sin defecto, no se habría buscado lugar para una segunda. [8]Pues en son de reproche les dice: "He aquí que vienen días, dice el Señor, en que concluiré una alianza nueva con la casa de Israel y con la casa de Judá; [9]o como el pacto que hice con sus padres el día que los tomé de la mano, para sacarlos de la tierra de Egipto; pues ellos no perseveraron en mi pacto, por lo cual Yo los abandoné, dice el Señor. [10]Porque ésta es la alianza que haré con la casa de Israel, después de aquellos días, dice el Señor: Pondré mis leyes en su mente, y, las escribiré en su corazón; Yo seré su Dios, y ellos serán mi pueblo; [11]y no enseñará más cada uno a su vecino, ni cada cual a su hermano, diciendo: Conoce al Señor; porque todos me conocerán, desde el menor hasta el mayor de ellos,

---

1 ss. La preexcelencia del sacerdocio de Cristo se muestra, además, por el *lugar* donde ejerce sus funciones, es decir, no en la tierra, en el Sancta Sanctorum, sino en el cielo (9, 11 y 24; 10, 19). Esto quiere decir que, allá en lo Alto, Jesucristo presenta perpetuamente a su Padre el mérito de su pasión y de su muerte consumada ya en la cruz (5, 7 y nota), misterio que repetimos cada día en el sacrificio eucarístico. Inmensa novedad para los destinatarios de esta carta. Según el judaísmo talmúdico, dice Klausner, el Mesías sólo libraría a Israel de la sujeción política, haría prosélitos de los gentiles y juzgaría a las naciones con rectitud y equidad.

4. *Pues hay*: Fillion hace notar que el griego, a diferencia de la Vulgata, usa el presente (cf. 13, 11) "de donde se concluye, con justificada razón –añade– que el culto judío aun subsistía cuando fue compuesta la Epístola y que ella apareció, por consiguiente, antes de la ruina de Jerusalén. El detalle *según la Ley* –prosigue– es importante: aquí abajo ya se ofrecía a Dios los sacrificios exigidos por Él; era, pues, menester que el nuevo Pontífice ofreciera el suyo en el cielo". La actitud de San Pablo frente al culto judío, continuado en el Templo de Jerusalén hasta su destrucción el año 70, así como su conducta en las sinagogas judías donde él mismo predicaba (Hch. 13, 14 y 44; 14, 1; 18, 4, etc.), confirma la verdad, a menudo olvidada de que el rechazo definitivo de Israel fue al fin del tiempo de los Hechos de los Apóstoles (Hch. 28, 28). Este tiempo le fue acordado a Israel, según la Parábola de la higuera infructuosa (Lc. 6, 13 ss.) para que los judíos de la Dispersión reconocieran, mediante la predicación apostólica, al Mesías resucitado a quien los jefes de la nación judía rechazaron mientras Él vivió (Hch. 3, 17-26 y notas). El mismo Jesús había aludido a esto al anunciar la necesidad de su Muerte y Resurrección (Lc. 24, 44 ss.), pues sin ello la semilla no daría fruto (Jn. 12, 24 y 32), ya que antes de eso "aún no había Espíritu" por cuanto Jesús no había sido todavía glorificado (Jn. 7, 39). De ahí, pues, que durante "esos días anunciados por los Profetas" (Hch. 3, 24), los judíos, aun cristianos, frecuentaran el templo y observaran la Ley, continuando sin embargo las señales milagrosas y los carismas visibles del

Espíritu Santo. Más desoída por Israel la predicación de los apóstoles, no sólo en Jerusalén, sino también en Antioquía de Pisidia (Hch. 13, 14-48), en Tesalónica (Hch. 17, 5-9), en Corinto (Hch. 18, 6) y finalmente en Roma, donde Pablo les habla por última vez de Jesús, "según la Ley de Moisés y los Profetas" (Hch. 28, 23), el Apóstol, al verlos apartarse (ibíd. v. 25), les anuncia solemnemente que "esta salud de Dios ha sido transmitida a los gentiles" (ibíd. 28, 28 ss. y notas), a quienes en adelante explayará principalmente el misterio del Cuerpo Místico escondido desde todos los siglos (Ef. 3, 9; Col. 1, 26).

5. Cf. Ex. 25, 40. En 13, 10 vemos el contraste entre estas *figuras* materiales y la *realidad* celestial y espiritual (cf. 13, 9; Jn. 4, 23s.). *En el monte*: figura del cielo (v. 2) donde está Cristo el eterno Sacerdote. El Apóstol, "después de haber probado, por la naturaleza del Sacerdocio de Jesucristo, que su teatro es el cielo, lo prueba una vez más por la tipología" (Pirot). Cf. Hb. 9, 23; 10, 1; Col. 2, 17. "En las palabras de San Pablo hay que dar no pequeña parte a la metáfora. Como sería ridículo afirmar que existe en el cielo un "tabernáculo verdadero" que sirviera de modelo al construido por Moisés, así sería irracional pretender deducir de las palabras del Apóstol que Jesucristo solamente en el cielo consumó su sacrificio. Lo único que inculca San Pablo es que el sacerdocio y el sacrificio de Jesucristo no son terrenos a la manera de los levíticos, ni están vinculados a un santuario material" (Bóver).

8. Vemos aquí que Jesucristo es también mediador de las promesas referentes a la salvación de Israel, a quien fue prometido antes que a los gentiles (10, 16; Ez. 34, 25 y nota; 37, 21-28; 2Co. 3, 15s.). Es de notar que las profecías mesiánicas de Jr. 31, 31 ss., que aquí reproduce San Pablo y que corresponden a Israel y a Judá, son paralelas a las de Is. 59, 20s., que el mismo reproduce en Rm. 11, 25 ss., como anuncio de la conversión final de Israel (cf. Jr. 30, 3 y nota). Lo mismo vemos en otros pasajes del Nuevo Testamento (10, 29; 12, 26 ss.; Hch. 2, 17s.; 3, 22 ss.; 15, 16 ss.; Rm. 9, 25 ss., etc. y notas). Se admite comúnmente la aplicación de estas promesas al período actual de la gracia, en que no hay "ni judío ni griego" (Ga. 3, 28s.).

[12]pues tendré misericordia de sus iniquidades y de sus pecados no me acordaré más". [13]Al decir una (*alianza*) nueva, declara anticuada la primera; de modo que lo que se hace anticuado y envejece está próximo a desaparecer.

9 Imperfección del culto antiguo.

[1]También el primer (*pacto*) tenía reglamento para el culto y un santuario terrestre; [2]puesto que fue establecido un tabernáculo, el primero, en que se hallaban el candelabro y la mesa y los panes de la proposición –éste se llamaba el Santo–; [3]y detrás del segundo velo, un tabernáculo que se llamaba el Santísimo, [4]el cual contenía un altar de oro para incienso y el Arca de la Alianza, cubierta toda ella de oro, en la cual estaba un vaso de oro con el maná, y la vara de Aarón que reverdeció, y las tablas de la Alianza; [5]y sobre ella, Querubines de gloria que hacían sombra al propiciatorio, acerca de lo cual nada hay que decir ahora en particular. [6]Dispuestas así estas cosas, en el primer tabernáculo entran siempre los sacerdotes para cumplir las funciones del culto; [7]más en el segundo una sola vez al año el Sumo Sacerdote, solo y no sin sangre, la cual ofrece por sí mismo y por los pecados de ignorancia del pueblo; [8]dando con esto a entender el Espíritu Santo no hallarse todavía manifiesto el camino del Santuario, mientras subsiste el primer tabernáculo. [9]Esto es figura para el tiempo presente, ofreciéndose dones y víctimas, impotentes para hacer perfecto en la conciencia al que (*así*) practica el culto, [10]consistentes sólo en manjares, bebidas y diversos géneros de abluciones; preceptos carnales, impuestos hasta el tiempo de reformarlos.

Excelencia del sacrificio de la nueva alianza. [11]Cristo, empero, al aparecer como Sumo Sacerdote de los bienes venideros, entró en un tabernáculo más amplio y más perfecto, no hecho de manos, es decir, no de esta creación; [12]por la virtud de su propia sangre, y no por medio de la sangre de machos cabríos y de becerros, entró una vez para siempre en el Santuario, después de haber obtenido redención eterna. [13]Porque si la sangre de machos cabríos y de toros y la ceniza de la vaca santifica con su aspersión a los inmundos y los purifica en la carne, [14]¿cuánto más la sangre de Cristo, que por su Espíritu eterno se ofreció a sí mismo sin mácula a Dios, limpiará vuestras conciencias de obras muertas para que sirváis a

---

13. El Apóstol se refiere a los sacrificios antiguos (cf. v. 4; 7, 13 y 19 y notas) y no a las divinas Escrituras del Antiguo Testamento. "Los Libros santos del Antiguo Testamento son Palabra de Dios y parte orgánica de su revelación" (Encíclica "Mit brennender Sorge").

2s. Describe el Santuario terrestre, es decir, el tabernáculo, que Moisés hizo por orden de Dios en el desierto, y cuya continuación era el Templo de Jerusalén. Cf. Ex. 25 y 26; 36, 8; Lv. 16. Sobre el *velo* cf. 6, 19s. y nota.

4. El detalle de la conservación de la *vara de Aarón* en el Arca nos es dado solamente por San Pablo. Nótese la suma veneración con que se guardaban las tablas de la Ley. Con el mismo espíritu solíase conservar antiguamente el sagrado Libro del Evangelio al lado de la Eucaristía. Cf. v. 19.

5. *Propiciatorio*: Así se llamaba la plancha de oro con que estaba cubierta el Arca de la Alianza. Sobre ella se derramaba la sangre de las víctimas en el día de la Expiación. Cf. v. 12 y nota.

11s. *Los bienes venideros*: cf. v. 15. Pirot hace notar la lección de S. Efrén: "Pontífice futuro, no de los sacrificios sino de los bienes". *Después de haber obtenido*: otra diferencia entre el Sacerdote celestial y los de la Ley: el Sumo Pontífice entraba una vez al año en el santuario (Santo de los Santos) del Tabernáculo (y luego del Templo único) de Jerusalén; y, *después de entrar*, derramaba sobre el *Propiciatorio* sangre de animales por los pecados del pueblo y los suyos (Lv. 16, 14 ss.; Nm. 19, 9 y 17). En cambio Jesucristo, *antes de entrar,* y por única vez, al Santuario celestial (10, 19), constituido Sacerdote para siempre (5, 9; 6, 20; 8, 2; 10, 21), había derramado como Víctima, en este mundo, su Sangre de infinito valor, y así *obtenido redención eterna* (v. 12), pues el Padre "lo puso como *instrumento de propiciación* por medio de la fe en su Sangre" (Rm. 3, 25), con esa eficacia definitiva (10, 10) que no tuvo aquel antiguo *Propiciatorio*. De aquí deducen los sectarios la objeción de que la misa sería una repetición innecesaria del Sacrificio de Cristo ya consumado en el Calvario y ofrecido en el cielo. La verdad es que Jesús mandó hacer en memoria suya lo que Él realizó en la Cena, y el mismo San Pablo (1Co. 11, 20 ss.) y S. Lucas (Hch. 2, 42) nos muestran que, en su cumplimiento, los primeros cristianos "perseveraban en la fracción del pan" y "en la Cena del Señor". San Justino y San. Ireneo recogen en igual sentido la tradición primitiva de la Iglesia. Y lo mismo hicieron San Ignacio Mártir y San Clemente Romano. El cristiano de fe ilustrada sabe que en la misa no se ofrece una víctima distinta de la que fue inmolada en el Calvario (v. 26) y que todos nuestros ruegos, como los del celebrante, han de unirse a los de la divina Víctima Jesús, el Sumo Sacerdote para siempre, que allí en el Santuario celestial, "con su intercesión incesante, con la aplicación de los frutos de la cruz y con la continuada renovación del sacrificio eucarístico, da cierta perpetuidad moral al sacrificio del Calvario" (Bóver).

13. *La ceniza de la vaca* sacrificada y quemada se mezclaba con agua y se esparcía sobre los que tenían que purificarse.

Dios vivo?

Cristo mediador por su sangre. [15]Por esto Él es mediador de un pacto nuevo a fin de que, una vez realizada su muerte para la redención de las transgresiones cometidas durante el primer pacto, los llamados reciban la promesa de la herencia eterna. [16]Porque donde hay un testamento, necesario es que se compruebe la muerte del testador. [17]Pues el testamento es valedero en caso de muerte, siendo así que no tiene valor mientras vive el testador. [18]Por lo cual tampoco el primer (*pacto*) fue inaugurado sin sangre, [19]sino que Moisés, después de leer a todo el pueblo todos los mandamientos de la Ley, tomó la sangre de los becerros y de los machos cabríos y roció con agua y lana teñida de grana e hisopo, el libro y a todo el pueblo, [20]diciendo: "Esta es la sangre del pacto que Dios ha dispuesto en orden a vosotros". [21]También el tabernáculo y todos los instrumentos del culto, los roció de la misma manera con la sangre. [22]Así, pues, según la Ley casi todas las cosas son purificadas con sangre, y sin efusión de sangre no hay perdón.

Necesidad del sacrificio de Cristo. [23]Es, pues, necesario que las figuras de las realidades celestiales se purifiquen con estos (*ritos*), pero las realidades celestiales mismas requieren mejores víctimas que éstas. [24]Porque no entró Cristo en un santuario hecho de mano, figura del verdadero, sino en el mismo cielo para presentarse ahora delante de Dios a favor nuestro, [25]y no para ofrecerse muchas veces, a la manera que el Sumo Sacerdote entra en el santuario año por año con sangre ajena. [26]En tal caso le habría sido necesario padecer muchas veces desde la fundación del mundo; mas ahora se manifestó una sola vez en la consumación de las edades, para destruir el pecado por medio del sacrificio de sí mismo. [27]Y así como fue sentenciado a los hombres morir una sola vez, después de lo cual viene el juicio, [28]así también Cristo, que se ofreció una sola vez para llevar los pecados de muchos, otra vez aparecerá, sin pecado, a los que le están esperando para salvación.

10 **El único y verdadero sacrificio.** [1]La Ley no es sino una sombra de los bienes venideros, no la imagen misma de las cosas, por lo cual nunca puede con los mismos sacrificios, ofrecidos sin cesar año tras año, hacer perfectos a los que se le acercan. [2]De lo contrario ¿no habrían cesado de ofrecerse? puesto que los oferentes una vez purificados no tendrían más conciencia del pecado. [3]Sin embargo, en aquellos (*sacrificios*) se hace memoria de los pecados año por año. [4]Porque es imposible que la sangre de toros y de machos cabríos quite pecados. [5]Por lo cual dice al entrar en el mundo: "Sacrificio y oblación no los quisiste, pero un cuerpo me has preparado. [6]Holocaustos y sacrificios por el pecado no te agradaron. [7]Entonces dije: He aquí que vengo –así está escrito

---

14. *Por su Espíritu eterno*: como observa Pirot, más que el Espíritu Santo parece entenderse aquí el Verbo, o sea la naturaleza divina de Jesús que ofrece al Padre su Humanidad como víctima (cf. Rm. 1, 4; 1Co. 15, 45; 1 Tm. 3, 16). "Este espíritu, siendo poderoso y eterno, comunica a la efusión de la sangre en la Cruz un valor infinito y una eficacia eterna" (10, 10).

17. El *testamento*, o sea la promesa (en hebreo *berith*) de la nueva alianza que tendría por Mediador al Mesías (v. 15; 8, 6-13; 10, 15-18), no pudo entrar en vigor sino por su muerte. Cf. Hch. 3, 22 y nota.

23. Véase este contraste en 8, 5 y 13, 10. Cf. 10, 1.

26. *En la consumación de las edades*: en esta última edad del mundo, pues su muerte borra los pecados de todas las generaciones. Cf. 1Co. 10, 11; Ga. 4, 4; 1 Jn. 2, 18.

28. Véase v. 12 y nota. "*Aparecerá*, no ya para ofrecerse en sacrificio por el pecado, sino para dar la salud eterna a todos aquellos que le esperan con amorosa impaciencia, deseando su eterna libertad" (San Juan Crisóstomo). Cf. Lc. 21, 28; Rm. 8, 23; Flp. 3, 20s.; 2 Tm. 4, 8; 1 Pe. 3, 18; 2 Jn. 7.

5 ss. Cita del Sal. 39, 7s. (según los LXX). Véase allí las notas. El Apóstol ve en esta oración la de *Cristo* que motiva su presencia en la tierra por el deseo de cumplir la voluntad de su Padre (véase Mt. 26, 42; Jn. 14, 31 y notas). Para ello se ofreció Él como víctima y sufrió todo lo que de Él estaba escrito en el *rollo del libro*, esto es, en la Escritura. En estas palabras ha de admirarse, pues, la primera oración del "Hijo del hombre" "*al entrar en el mundo*", o sea en el momento de la Encarnación del Verbo. Es digno de nuestra mayor atención que la primera oración del Dios Hombre sea tomada del Salterio, como también su última: "en tus manos encomiendo mi espíritu" (Sal. 30, 6; Lc. 23, 46). Véase Jn. 4, 34; 10, 17s.; Is. 53, 7. Comentando estas palabras misteriosas dice el Papa Pío XI: "Aun en la Cruz no quiso Jesús entregar su alma en las manos del Padre antes de haber declarado que estaba ya cumplido todo cuanto las Sagradas Escrituras habían predicho de Él, y así toda la misión que el Padre le había confiado, hasta aquel último tan profundamente misterioso "sed tengo" que pronunció "para que se cumpliese la Escritura" (Jn. 19, 28). (Encíclica "Ad Catholici Sacerdotii").

de Mí en el rollo del Libro– para hacer, oh Dios, tu voluntad".

[8]Habiendo dicho arriba: "Sacrificios y oblaciones, y holocaustos por el pecado no los quisiste, ni te agradaron estas cosas que se ofrecen según la Ley", [9]continuó diciendo: "He aquí que vengo para hacer tu voluntad"; con lo cual abroga lo primero, para establecer lo segundo. [10]En virtud de esta voluntad hemos sido santificados una vez para siempre por la oblación del cuerpo de Jesucristo.

Eficacia del sacrificio único. [11]Todo sacerdote está ejerciendo día por día su ministerio, ofreciendo muchas veces los mismos sacrificios, los cuales nunca pueden quitar los pecados; [12]Éste, empero, después de ofrecer un solo sacrificio por los pecados, para siempre "se sentó a la diestra de Dios", [13]aguardando lo que resta "hasta que sus enemigos sean puestos por escabel de sus pies". [14]porque con una sola oblación ha consumado para siempre a los santificados. [15]Esto nos lo certifica también el Espíritu Santo, porque después de haber dicho: [16]"Este es el pacto que concluiré con ellos, después de aquellos días, dice el Señor, pondré mis leyes en su corazón, y las escribiré en su mente", [17](añade): "Y de sus pecados y sus iniquidades no me acordaré más". [18]Ahora bien, donde hay perdón de éstos, ya no hay más oblación por el pecado.

Fe y paciencia. [19]Teniendo, pues, hermanos, libre entrada en el santuario, en virtud de la sangre de Jesús; [20]un camino nuevo y vivo, que Él nos abrió a través del velo, esto es, de su carne, [21]y un gran sacerdote sobre la casa de Dios, [22]lleguémonos con corazón sincero, en plenitud de fe, limpiados los corazones de mala conciencia y lavados los cuerpos con agua pura. [23]Mantengamos firme la confesión de nuestra esperanza, porque fiel es el que hizo la promesa; [24]y miremos los unos por los otros, para estímulo de caridad y de buenas obras, [25]no abandonando la común reunión, como es costumbre de algunos, sino antes animándoos, y tanto más, cuanto que veis acercarse el día.

Castigo de la apostasía. [26]Porque si pecamos voluntariamente, después de haber recibido el conocimiento de la verdad, no queda ya sacrificio por los pecados, [27]sino una horrenda expectación del juicio, y un celo abrasador que ha de devorar a los enemigos. [28]Si uno desacata la Ley de Moisés, muere sin misericordia por el testimonio de dos o tres testigos, [29]¿de cuánto más severo castigo pensáis que será juzgado digno el que pisotea al Hijo de Dios, y considera como inmunda la sangre del pacto con que fue santificado, y ultraja al Espíritu de la gracia? [30]Pues sabemos quién dijo: "Mía es la venganza; Yo daré el merecido", y otra vez: "Juzgará el Señor a su pueblo". [31]Horrenda cosa es caer en las manos del Dios vivo.

Perseverancia hasta el fin. [32]Recordad los días

---

13. *Aguardando lo que resta*: Véase 2, 8; 2 Ts. 2, 6; Sal. 109, 1-4 y notas.

16. Véase 8, 10 y 12; Jr. 31, 33s. y notas.

19s. "Las alusiones y atrevidas metáforas de este pasaje reclaman alguna declaración. Ante todo hay una alusión, que pudiéramos llamar fundamental, al segundo velo del Templo, a través del cual penetraba el Pontífice con la sangre de las víctimas en el Lugar Santísimo. Otra segunda alusión recuerda el velo del Templo que se rasgó de alto a bajo al morir el Redentor. Luego, una osada metáfora presenta la carne del Salvador, rasgada con los clavos y principalmente con la lanza, como el velo rasgado, a través del cual entramos en el Santuario celeste'" (Bóver).

21. *La casa de Dios*. Cf. 1 Pe. 2, 5; Judas 20.

23. *Nuestra esperanza*: es decir, la meta que propuso como perfección (7, 19; Tt. 2, 3 y notas) cuyo objeto supremo, Cristo, señala en el v. 25 Cf. 6, 3; 9, 28 y notas.

25. *La común reunión*: En griego "episynagogué", palabra sólo usada aquí y en 2 Ts. 2, 1 para indicar la unión de todos en Cristo el día de su venida. Cf. 1 Ts. 4, 16s. Esta reunión de los fieles es la Iglesia (Mt. 13, 47 ss. y notas). *El día*: "El día de la segunda venida

de Jesucristo, que los primeros cristianos miraban como próximo. Cf. v. 37" (Crampon). Cf. Sal. 117, 24 y nota. Fillion observa que el griego dice: *"Ten hemeran*, con el artículo: el día bien conocido. Es cosa cierta que el autor ha querido designar aquí el segundo advenimiento de Jesucristo (cf. 1Co. 3, 13; 1 Ts. 5, 4; 2 Tm. 1, 12 y 18, etc.)". El mismo autor hace notar el importante papel que la esperanza ocupa en toda esta Epístola destinada a luchar contra el desaliento, y cita 3, 6; 6, 11 y 18s.; 7, 19, etc. La esperanza mesiánica sería también hoy el lazo de unión para cristianos y judíos (cf. Hch. 23, 6; 28, 20), pues entre éstos "se ha llegado poco a poco a negar la creencia en el advenimiento de un Mesías personal, sustituyéndolo por la idea de la misión mesiánica del pueblo de Israel, que habrá de realizarse en la era mesiánica de la humanidad". Cf. Am. 8, 12 y nota.

26. Véase 6, 4 y nota.

29. San Pablo insiste en mostrar a los hebreos que es más grave despreciar los dones de la Nueva Alianza en la sangre de Cristo (9, 17 y nota); Lc. 22, 20), por lo mismo que son más preciosos que los de la Antigua. Véase Ct. 8, 6.

30. Cf. Dt. 32, 35s.; Sal. 134, 14; Rm. 12, 19.

primeros, en que, despúes de iluminados, soportasteis un gran combate de padecimientos. [33]Por una parte habéis servido de espectáculo por la afrenta y tribulación que padecisteis; por la otra, os habéis hecho partícipes de los que sufrían tal tratamiento. [34]Porque no solamente os compadecisteis de los encarcelados, sino que aceptasteis gozosamente el robo de vuestros bienes, sabiendo que tenéis una posesión mejor y duradera. [35]No perdáis, pues, vuestra confianza, que tiene una grande recompensa, [36]puesto que tenéis necesidad de paciencia, a fin de que después de cumplir la voluntad de Dios obtengáis lo

prometido: [37]"Porque todavía un brevísimo tiempo, y el que ha de venir vendrá y no tardará". [38]Y "El justo mío vivirá por la fe; más si se retirare, no se complacerá mi alma en él". [39]Pero nosotros no somos de aquellos que se retiran para perdición, sino de los de fe para ganar el alma.

11 Los grandes ejemplos de fe.
[1]La fe es la sustancia de lo que se espera, la prueba de lo que no se ve. [2]Por ella se dio testimonio a los padres. [3]Por la fe entendemos cómo las edades han sido dispuestas por la Palabra de Dios, de modo que lo existente no tiene su origen en lo visible. [4]Por la fe, Abel ofreció a Dios un sacrificio más excelente que

---

32. *Iluminados* por Cristo (6, 4; 2Co. 4, 4; Ef. 1, 18; 2 Tm. 1, 10). Algunos lo refieren concretamente al Bautismo, el cual, por esto se llama también, especialmente en la Iglesia oriental, Sacramento de la Iluminación. "Los iluminados en la primitiva Iglesia eran los bautizados (entonces adultos) que estaban en "novedad de vida" (Rm. 6, 6) porque se habían revestido de Cristo". Cf. Jn. 12, 46.

37s. Cita de Ha. 2, 3s. *Brevísimo tiempo*: esta idea, frecuentemente expresada (cf. v. 25 y nota; Rm. 13, 11; 1Co. 1, 7; 1 Ts. 1, 10; 2 Ts. 1, 7 y 10; 2, 13; St. 5, 8; 1 Pe. 4, 7, etc.) ha hecho suponer a algunos que tal vez la defección de Israel (Lc. 13, 6: Hch. 28, 23 ss.; Rm. 11, 30) retardó en el plan divino el cumplimiento de esa promesa. Cf. 2 Pe. 3, 4 y 9; Rm. 11, 253. *El que ha de venir*: Crampon hace notar que el griego "nombra al Mesías: *Ho erjómenos* (Dn. 7, 13; Za. 9, 9; Mal. 3, 1; Mt. 11, 3; Lc. 7, 19) y aplica el oráculo a los tiempos mesiánicos", (cf. Jn. 11, 27 y nota). *El justo mío vivirá por la fe* (v. 38): El justo vive de la fe por todos conceptos: en cuanto sólo la fe puede hacerlo justo según Dios; en cuanto sólo la confianza que da esa fe puede sostenerlo en medio de las persecuciones anunciadas a los creyentes; y en cuanto esa misma fe es la prenda de la promesa de vida eterna. Por tres veces San Pablo cita este texto, y –cosa admirable– cada vez saca de él una nueva luz. En Rm. 1, 17presenta la fe del Evangelio como don universal a judíos y griegos, y muestra en consecuencia la inexcusabilidad de los que no lo aceptan. En Ga. 3, 11presenta la fe en Cristo por oposición a las obras de la Ley, mostrando que ya nadie se justificará por éstas sino por aquélla. Aquí presenta a los hebreos la fe en el sentido de confiada esperanza, como la actitud que corresponde necesariamente a todo el que vive en un período de expectación y no de realidad actual, es decir, el que va persiguiendo un fin y no se detiene en los accidentes del camino sino que mira y goza anticipadamente aquel deseado objeto, que ya poseemos y disfrutamos "en esperanza" (Rm. 5, 2; 8, 24; 12, 12). Los dos maravillosos capítulos que siguen (11 y 12) no son sino el desarrollo de este concepto, de esta visión, a través de innumerables ejemplos, hasta culminar (12, 26s.) en la cita de Ag. 2, 6aplicándola al gran cambio que espera a las cosas transitorias (12, 27).

39. *Aquellos que se retiran*: Alude a la deserción de la esperanza, que señaló en el v. 25. *Alma*: puede traducirse también vida. Cf. Lc. 21, 19.

1s. La seguridad que la fe nos proporciona de las cosas invisibles es incomparablemente mayor que la alcanzada por medio de la ciencia humana. De ahí que la fe viva sea el único *fundamento* (el griego dice *sustancia*) sobre el cual se puede apoyar la *esperanza* de los bienes venideros, para lo cual ha de estar animada por el amor, ya que sin éste no desearíamos esos bienes (3, 6; 7, 19; 8, 6; 10, 23, etc.). Muy necesario es, pues, avivar la fe. Tal es el objeto de todo este admirable capítulo y no es otro el de toda la Epístola y aún el de toda la Sagrada Escritura. El único reproche que Jesús hacía a sus discípulos era la falta de fe (Lc. 17, 5s. y nota). ¡Son tantas y tan distintas de la lógica humana las maravillas que Él nos propone creer en cada página del Evangelio! (Lc. 17, 23 y nota). Por eso la fe es la vida del justo (10, 38) porque, si no es fingida (1 Tm. 1, 5), nos lleva a obrar por amor (Ga. 5, 6). *La prueba de lo que no se ve* (cf. vv. 3 y 7), es sinónimo de seguridad y certeza, de confianza total, de crédito ilimitado a la Palabra de Dios, aunque a veces nos parezca un crédito en descubierto; de entrega sin condiciones, como la desposada que se juega toda su vida al dejar el hogar de sus padres para entregarse a un extraño (Gn. 2, 24; Ef. 5, 31; Sal. 44, 11s.) "¡Dichosos los que no vieron y creyeron!" (Jn. 20, 29). ¿Y nosotros? ¿Es así como hemos creído a Cristo? ¿Quién se atrevería a pretenderlo? Mientras así no sea, estamos en falta de fe y necesitamos crecer en ella cada día, a cada instante. Tenemos, pues, que pedirla, porque es un don de Dios (Mc. 9, 23), y buscarla especialmente en las Sagradas Escrituras, pues la fe viene de la palabra (Rm. 10, 17); y no averiguar otra explicación para nuestras tristezas y nuestras faltas de espíritu o de conducta: todas vienen de que no le creemos a Jesús, pues al le creemos, Él habita en nuestros corazones (Ef. 3, 17) y vivimos de Él como el sarmiento de la vid (Jn. 15, 1 ss.). Sobre esto de creerle a Cristo decía con fuerte ironía un predicador: "Conviene recordar bien de memoria todas y cada una de las palabras de Jesús. A lo mejor resulta que son ciertas y que perdemos lo que en ellas se nos promete por no haberlo sabido o no habernos interesado en recordar lo que escuchamos con frialdad y escepticismo".

2. *Testimonio*: cf. 5 y 39.

3. *Las edades*: cf. 1, 2; 9, 26 y nota.

Caín, a causa del cual fue declarado justo, dando Dios testimonio a sus ofrendas; y por medio de ellas habla aún después de muerto. [5]Por la fe, Enoc fue trasladado para que no viese la muerte, y no fue hallado porque Dios le trasladó; pues antes de su traslación recibió el testimonio de que agradaba a Dios . [6]Sin fe es imposible ser grato, porque es preciso que el que se llega a Dios crea su ser y que es remunerador de los que le buscan. [7]Por la fe, Noé, recibiendo revelación de las cosas que aún no se veían, hizo con piadoso temor un arca para la salvación de su casa; y por esa (*misma fe*) condenó al mundo y vino a ser heredero de la justicia según la fe .

Abraham y Sara. [8]Llamado por la fe, Abraham obedeció para partirse a un lugar que había de recibir en herencia, y salió sin saber adónde iba . [9]Por la fe habitó en la tierra de la promesa como en tierra extraña, morando en tiendas de campaña con Isaac y Jacob, coherederos de la misma promesa, [10]porque esperaba aquella ciudad de fundamentos, cuyo arquitecto y constructor es Dios. [11]Por la fe,

también la misma Sara, a pesar de haber pasado ya la edad propicia, recibió vigor para fundar una descendencia, porque tuvo por fiel a Aquel que había hecho la promesa. [12]Por lo cual fueron engendrados de uno solo, y ése ya amortecido, hijos "como las estrellas del cielo en multitud y como las arenas que hay en la orilla del mar". [13]En la fe murieron todos éstos sin recibir las cosas prometidas, pero las vieron y las saludaron de lejos, confesando que eran extranjeros y peregrinos sobre la tierra. [14]Porque los que así hablan dan a entender que van buscando una patria. [15]Que si se acordaran de aquella de donde salieron, habrían tenido oportunidad para volverse. [16]Mas ahora anhelan otra mejor, es decir, la celestial. Por esto Dios no se avergüenza de ellos para llamarse su Dios, como que les tenía preparada una ciudad. [17]Por la fe, Abraham, al ser probado, ofreció a Isaac. El que había recibido las promesas ofrecía a su unigénito, [18]respecto del cual se había dicho: "En Isaac será llamada tu descendencia". [19]Pensaba él que aun de entre los muertos podía Dios resucitarlo, de donde

---

4. El Apóstol va a mostrar a los hebreos muchos *ejemplos de fe*, aun desde antes de Israel, comenzando por Abel, quien por su fe habla todavía, y cuya sangre clama a Dios (Gn. 4, 8; Mt. 23, 35). Aquí se nos muestra por qué el sacrificio de Abel, figura del Cordero, fue más grato a Dios que el de Caín (Gn. 4, 4).

5. Sobre Enoc, cf. Gn. 5, 24; Eclo. 44, 16; 49, 16.

6. *Crea su ser*: "Al que se ha de ir uniendo a Dios, conviénele que *crea su ser*. Como si dijera: el que se ha de venir a juntar en una unión con Dios, no ha de ir entendiendo ni arrimándose al gusto, ni al sentido ni a la imaginación, sino creyendo su ser, que no cae en entendimiento, ni apetito, ni imaginación ni otro algún sentido, ni en esta vida se puede saber" (San Juan de la Cruz). Para eso no basta la creencia de que hay una deidad creadora del universo (Rm. 1, 20). Eso lo creen también los demonios, y no se salvan (St. 2, 19). Es necesario mirar a Dios tal como Él se ha revelado, es decir, conocerlo tal como Él quiere ser conocido (Jn. 17, 3) para poder pensar bien de Él (Sb. 1, 1) y tenerle entonces esa fe absolutamente confiada que vimos en el v. 1. Tal es lo que entiende el Apóstol al decir "que Él es remunerador de los que le buscan", o sea, no un simple juez de justicia sino un Salvador que hace misericordia a cuantos confían en Él. Cf. Sal. 32, 22; Lc. 1, 50; Ef. 2, 4; Jn. 3, 16; 6, 37, etc.

7. *Por la fe*: Construyendo el arca y creyendo a la Palabra de Dios, condenó la incredulidad de sus contemporáneos (Gn. 6, 8-22; Eclo. 44, 17; 1 Pe. 3, 20). Jesús pone aquella fe y esta incredulidad como ejemplo de lo que ocurrirá con las señales de su segunda Venida (Lc. 17, 26s.).

8 ss. Cf. Gn. 12, 1-4; 15, 5; 17, 19; 21, 2; 22, 17; 23, 4; 26, 3; 32, 12; 35, 12 y 27; Eclo. 44, 20-23; Hch. 7, 2-8; Rm. 4, 16-22.

12. Azarías recuerda a Dios esta promesa en Dn. 3, 36, haciéndole presente la escasez del pueblo durante el cautiverio de Babilonia. Según algunos, *las estrellas del cielo* serían los descendientes fieles de Abraham, y *las arenas del mar* los que sólo descienden de él según la carne (Rm. 9, 6 ss.; Ga. 4, 28).

13. En la tierra de Canaán los patriarcas encontraron sólo una figura de la patria que buscaban (v. 16), y se consideraron peregrinos (Gn. 23, 4; 47, 9; 1Cro. 29, 15) como todos lo somos en esta vida (Sal. 38, 13). S. Ireneo hace notar que entonces no recibieron cumplimiento de las promesas (Gn. 13, 14 ss.; 15, 18; 27, 23, etc.) y tanto Abraham (Gn. 12, 10) como Jacob (Gn. 42, 10; 43, 1, etc.) tuvieron que recurrir a Egipto a causa del hambre. Y agrega respecto al primero: "y entonces no recibió su herencia en aquella tierra, ni siquiera un palmo, sino que siempre fue en ella peregrino y extranjero. Y cuando murió Sara su esposa, queriendo voluntariamente los heteos darle lugar para sepultarla, no quiso recibirlo sino que compró un monumento a Efrén hijo de Seor, heteo, entregando cuatrocientos ciclos de plata (Gn. 23, 10), prefiriendo atenerse a la promesa de Dios y no queriendo aparecer como que recibía de los hombres lo que la halda prometido Dios, el cual en otro lugar (ib. 15, 18) le había dicho: "A tu posteridad daré esta tierra desde el río de Egipto hasta el grande río Éufrates".

19. "Abraham era figura del Padre celestial e Isaac la de Jesús (Buzy). Isaac es también figura del Señor resucitado, por cuanto Dios lo devolvió a su padre que estaba a punto de inmolarlo como sacrificio (Gn. cap. 22). En esto consistió el ejemplo admirable de la fe de Abraham, que creyó esperando contra toda esperanza (Rm. 4, 18 ss.). Así creyó la Virgen María al pie de la Cruz (Jn. 19, 25 y nota).

realmente lo recobró como figura. [20]Por la fe, Isaac dio a Jacob y a Esaú bendiciones de cosas venideras.

Isaac, Jacob, José. [21]Por la fe Jacob, a punto de morir, bendijo a cada uno de los hijos de José, y adoró (*apoyado*) sobre la extremidad de su báculo. [22]Por la fe, José, moribundo, se acordó del éxodo de los hijos de Israel, y dio orden respecto de sus huesos.

Moisés. [23]Por la fe Moisés, recién nacido, fue escondido tres meses por sus padres, pues vieron al niño tan hermoso, y no temieron la orden del rey. [24]Por la fe, Moisés, siendo ya grande, rehusó ser llamado hijo de la hija del Faraón, [25]eligiendo antes padecer aflicción con el pueblo de Dios que disfrutar de las delicias pasajeras del pecado, [26]y juzgando que el oprobio de Cristo era una riqueza más grande que los tesoros de Egipto; porque tenía su mirada puesta en la remuneración. [27]Por la fe dejó a Egipto, no temiendo la ira del rey, pues se sostuvo como si viera ya al Invisible. [28]Por la fe celebró la Pascua y la efusión de la sangre para que el exterminador no tocase a los primogénitos (*de Israel*). [29]Por la fe atravesaron el Mar Rojo, como por tierra enjuta, en tanto que los egipcios al intentar lo mismo fueron anegados.

Otros ejemplos de fe. [30]Por la fe cayeron los muros de Jericó después de ser rodeados por siete días. [31]Por la fe, Rahab, la ramera, no pereció con los incrédulos, por haber acogido en paz a los exploradores. [32]¿Y qué más diré? Porque me faltará el tiempo para hablar de Gedeón, de Barac, de Sansón, de Jefté, de David, de Samuel y de los profetas; [33]los cuales por la fe subyugaron reinos, obraron justicia, alcanzaron promesas, obstruyeron la boca de los leones, [34]apagaron la violencia del fuego, escaparon al filo de la espada, cobraron fuerzas de su flaqueza, se hicieron poderosos en la guerra y pusieron en fuga a ejércitos enemigos. [35]Mujeres hubo que recibieron resucitados a sus muertos; y otros fueron estirados en el potro, rehusando la liberación para alcanzar una resurrección mejor. [36]Otros sufrieron escarnios y azotes, y también cadenas y cárceles. [37]Fueron apedreados, expuestos a prueba, aserrados, muertos a espada; anduvieron errantes, cubiertos de pieles de ovejas y de cabras, faltos de lo necesario, atribulados, maltratados [38]–ellos, de quienes el mundo no era digno–, extraviados por desiertos y montañas, en cuevas y cavernas de la tierra. [39]Y todos éstos que por la fe recibieron tales testimonios, no obtuvieron la (*realización de la*) promesa, [40]porque Dios tenía provisto para nosotros algo mejor, a fin de que no llegasen a la consumación sin nosotros.

---

21. Cf. Gn. 47, 31. San Pablo sigue la versión de los Setenta, cuyo sentido sería que Jacob acataba el señorío de José y es él, como figura, la realeza de Cristo.

24. Moisés es modelo de los que por la fe desprecian los honores y seducciones del mundo. Así lo hizo el mismo Apóstol, Véase Flp. 3, 8; cf. Nm. 11, 28s.

26. *El oprobio de Cristo*: San Pablo toma como tipo de Jesucristo al pueblo de Israel por los oprobios que sufrió en Egipto.

27. *Como si viera ya*: He aquí el secreto de la esperanza, que permite evadirse del presente doloroso y vivir en el gozo anticipado de lo que se espera, manteniéndose firme en esa confianza y sabiendo que el Padre está presente aunque no se le vea con los ojos de la carne. Cf. Jn. 14, 23.

28s. Cf. Ex. 12, 21; 14, 22; Jos. 6, 20; 2, 3.

33. Los vv. 33-39 son un resumen de manifestaciones de fe que los lectores de esta Carta conocían bien; por eso no traen nombres. Hay referencias a Daniel cerrando la boca de los leones (Dn. 6, 22); a Jeremías torturado (Jr. 20, 2); a Elías y Eliseo resucitando muertos (3Re. 17; 4Re. 4); a Zacarías lapidado (2Cro. 24, 21); a Isaías, aserrado por medio (según es tradición judía), etc.

40. El Mesías trajo la salud también para los justos del A. T. Según algunos, Dios habría querido que esperasen para entrar en el cielo hasta que fuese abierto por la Ascensión del Salvador para que sus almas recibiesen con nosotros esa eterna recompensa. Pero aquí se trata de una perfección o consumación definitiva (cf. Ef. 4, 12s.) y no del destino del alma solamente (cf. Ap. 6, 10). De ahí que San Juan Crisóstomo, San Agustín, Estio y otros antiguos y modernos reconozcan aquí la resurrección corporal, que se efectuaría para los justos del A. T. (Dn. 12, 2) como para los del Nuevo (Lc. 14, 14; 1Co. 15, 23 y 51 ss.; 1 Ts. 4, 16, etc.), al mismo tiempo, esto es, en el Advenimiento de Cristo al juicio. *Tenía provisto algo mejor*: Esta mejor provisión podría consistir simplemente en esa espera de los antiguos. Véase sin embargo Mt. 27, 52s. y nota. Algunos deducen aquí un destino superior para los cristianos que para los justos de la Antigua Alianza, considerando a éstos como "amigos del Esposo" (Jn. 3, 29 y nota), y a la Iglesia como Esposa del Cordero (Ap. 19, 6 ss.). Con todo, en el v. 16 y en 12, 22 vemos que los patriarcas están llamados a la Jerusalén celestial (Ap. 21, 2 y 10). Cf. 10, 25 y notas; 13, 14. Son éstos puntos de escatología, muy difíciles de precisar, que envuelven el misterio de Israel como Esposa de Yahvéh y de la Iglesia como Esposa de Cristo, y que Dios parece haber dejado en el arcano (Ga. 6, 16 y nota) hasta el momento propicio en que se han de entender (Jr. 30, 24; Dn. 12, 4 y 9). Compárese al respecto

12 Jesús, autor y consumador de nuestra fe.

[1]Por esto también nosotros, teniendo en derredor nuestra una tan grande nube de testigos, arrojemos toda carga y pecado que nos asedia, y corramos mediante la paciencia la carrera que se nos propone, [2]poniendo los ojos en Jesús, el autor y consumador de la fe, el cual en vez del gozo puesto delante de Él, soportó la cruz, sin hacer caso de la ignominia, y se sentó a la diestra de Dios. [3]Considerad, pues, a Aquel que soportó la contradicción de los pecadores contra sí mismo, a fin de que no desmayéis ni caigáis de ánimo.

El sentido de las pruebas. [4]Aun no habéis resistido hasta la sangre, luchando contra el pecado, [5]y os habéis olvidado de la consolación que a vosotros como a hijos se dirige: "Hijo mío, no tengas en poco la corrección del Señor, ni caigas de ánimo cuando eres reprendido por Él; [6]porque el Señor corrige a quien ama, y a todo el que recibe por hijo, le azota". [7]Soportad, pues, la corrección. Dios os trata como a hijos. ¿Hay hijo a quien su padre no corrija? [8]Si quedáis fuera de la corrección, de la cual han participado todos, en realidad sois bastardos y no hijos. [9]Más aún, nosotros hemos tenido nuestros padres según la carne que nos corregían, y los respetábamos. ¿No nos hemos de someter mucho más al Padre de los espíritus, para vivir? [10]Y a la verdad, aquéllos castigaban para unos pocos días, según su arbitrio, mas Éste lo hace en nuestro provecho, para que participemos de su santidad. [11]Ninguna corrección parece por el momento cosa de gozo, sino de tristeza; pero más tarde da a los ejercitados por ella el apacible fruto de justicia. [12]Por lo cual "enderezad las manos caídas y las rodillas flojas, [13]y haced derechas las sendas para vuestros pies", a fin de que no se descamine lo que es cojo, antes bien sea sanado.

Paz y santidad. [14]Procurad tener paz con todos y la santidad, sin la cual nadie verá al Señor. [15]Atended a que ninguno quede privado de la gracia de Dios; que no brote ninguna raíz de amargura, no sea que cause perturbación y sean por ella inficionados los muchos; [16]que no haya ningún fornicario o profanador, como Esaú, el que por una comida vendió su primogenitura. [17]Pues ya sabéis que aun cuando después deseaba heredar la bendición, fue desechado y no pudo cambiar los sentimientos (*de su padre*), por más que lo solicitase con lágrimas.

Del monte Sinaí al monte Sión. [18]Porque no os habéis acercado a monte palpable, fuego encendido, nube, tinieblas, tempestad, [19]sonido de trompeta y voz de palabras, respecto de la cual los que la oyeron pidieron que no se les hablase más; [20]porque no podían soportar lo mandado: "Aun una

---

el misterio de los siete truenos (Ap. 10, 4) que es el único que a San Juan se le mandó sellar (Ap. 22, 10), por lo cual parecería lógico suponer que en él se encierra la llave para la plena inteligencia del plan de Dios según esa grande y definitiva profecía del Nuevo Testamento. Entretanto, algo parece cierto y es: que si el Cordero que subió a lo más alto de los cielos (Ef. 1, 20) será la *lumbrera* que ilumine la Jerusalén celestial (Ap. 21, 23), los que estemos incorporados a Él (Jn. 14, 3) como su Cuerpo místico (Ef. 1, 23) asimilados "al cuerpo de su gloria" (Flp. 3, 20s.), tendremos en Él una bendición superior a toda otra. Cf. Jn. 17, 24 y nota.

1 ss. Siguiendo el ejemplo de tan grandes santos que supieron evadirse de sí mismos (11, 27 y nota), pongamos los ojos en Jesús, *autor y consumador de la fe*. Véase al respecto Sal. 118, 37 y nota y la introducción al Libro de la Sabiduría.

6s. Todo este pasaje es el más eficaz *consuelo* en las pruebas de esta vida. "No lleguemos a figuramos, dice San Juan Crisóstomo, que las aflicciones sean una prueba de que Dios nos ha abandonado y de que nos desprecia, pues son, al contrario, la señal más manifiesta de que Dios se ocupa de nosotros; porque nos purifica de nuestros vicios, y nos facilita los medios de merecer su gracia y protección". Cf. nuestro estudio sobre "Job, el libro del consuelo".

11. Cf. 2Co. 4, 17s.; Sb. 3, 5; Jn. 16, 20; 1 Pe. 1, 6; St. 3, 18; Is. 35, 3; Job. 4, 4.

12. Cf. Is. 35, 3 ss., de donde está tomada la cita.

13. Los lectores de la carta andaban claudicando entre judaísmo y cristianismo (1, 1 y nota). Por lo cual les amonesta a marchar directamente hacia el fin, que es la salvación en Jesucristo.

14. Vemos una vez más que, para Pablo, la santidad es en el cristiano el estado normal y necesario. Véase 1 Ts. 4, 8 y nota.

16s. Cf. Gn. 27, 38. *No pudo cambiar* (v. 17), esto es: Esaú no pudo mover a su padre Isaac a que se arrepintiese de la bendición dada a Jacob ni volviese sobre sus pasos. El desprecio de la privilegiada elección de Dios que significaba la primogenitura (v. 23), es lo que más ofende al amor (Ct. 8, 6 y nota). Véase en Revista Bíblica Nº 39, pág. 29, un estudio intitulado "Primogenitura", sobre este caso de Esaú.

18 ss. Recuerda los acontecimientos tremendos que se produjeron cuando la manifestación de Dios en el monte Sinaí. Vemos cuánto más suave o la Ley de gracia y de amor traída por Jesús, y cuánto debemos apreciar las palabras de confianza que se nos dan en el Evangelio. Así también es mayor la responsabilidad del que las conculca (10, 29) o las menosprecia desdeñando escucharlas (Jn. 12, 47-48). Cf. v. 25.

bestia que tocare el monte será apedreada". [21]Y era tan espantoso lo que se veía, que Moisés dijo: "Estoy aterrado y temblando". [22]Vosotros, empero, os habéis acercado al monte Sión, ciudad del Dios vivo, Jerusalén celestial, miríadas de ángeles, asamblea general, [23]e Iglesia de primogénitos, inscritos en el cielo, a Dios, Juez de todos, a espíritus de justos ya perfectos, [24]a Jesús, Mediador de nueva Alianza, y a sangre de aspersión, que habla mejor que la de Abel: [25]Mirad que no recuséis al que habla: si aquellos que recusaron al que sobre la tierra promulgaba la revelación no pudieron escapar (*al castigo*), mucho menos nosotros, si rechazamos a Aquel que nos habla desde el cielo: [26]cuya voz entonces sacudió la tierra y ahora nos hace esta promesa: "Una vez todavía sacudiré no solamente la tierra, sino también el cielo". [27]Eso de "una vez todavía" indica que las cosas sacudidas van a ser cambiadas, como que son creaturas, a fin de que permanezcan las no conmovibles. [28]Por eso, aceptando el reino inconmovible, tengamos gratitud por la cual tributemos a Dios culto agradable con reverencia y temor. [29]Porque nuestro Dios es fuego devorador.

13 **Normas de conducta.** [1]Perseverad en el amor fraternal. [2]No os olvidéis de la hospitalidad; por ella algunos sin saberlo hospedaron a ángeles. [3]Acordaos de los presos como si estuvierais presos con ellos, y de los maltratados, como que también vosotros vivís en cuerpo. [4]Cosa digna de honor para todos sea el matrimonio y el lecho conyugal sin mancilla, porque a los fornicarios y adúlteros los juzgará Dios. [5]Sed en vuestro trato sin avaricia, estando contentos con lo que tenéis, puesto que Él mismo ha dicho: "No te abandonaré ni te desampararé". [6]De manera que podemos decir

---

22. "El Apóstol señala sucesivamente el teatro de la Nueva Alianza (v. 22) y las promesas que ella aporta (vv. 22-24)... Sobre las promesas gloriosas vinculadas a Sión y a Jerusalén, cf. Sal. 2, 6; 47, 2; 77, 68 ss.; 124, 1; Is. 52, 1; Mi. 4, 7; Ga. 4, 26; Ap. 21, 2 y 10, etc." (Fillion). Véase el paso del Sinaí al Sión en Sal. 67, 18 y nota.

23. *Primogénitos*: cf. v. 16 y nota. Según algunos, los justos del Antiguo Testamento. Según Fillion, todos los fieles, porque "en la familia cristiana todos los hijos son primogénitos; pues participan todos de las mismas ventajas, que son la realeza y el sacerdocio". Véase 1 Pe. 2, 9; Ap. 1, 6; 5, 10etc.

24. La sangre de *Abel* clamaba venganza (11, 4; Gn. 4, 10); la sangre de Cristo, en cambio, pide perdón y misericordia, porque es también sangre de una alianza (9, 18; 13, 11s.) pero mejor que la antigua. Cf. 8, 6; 13, 20 y nota

25. Vemos que la condenación de aquéllos se funda en que no quisieron oír la Palabra. Gran lección para nosotros. El que no oye la divina Palabra no puede amar a Dios, pues no lo conoce. Y si no lo ama, no puede cumplir sus mandamientos (Jn. 14, 23s.). Leamos, pues, esa carta (la Sagrada Escritura) que Dios –dice San Gregorio Magno– escribió al género humano; oigamos atentos el Mensaje que Él nos mandó por medio de su Hijo, para que no se apague nuestro amor. Cf. v. 18 ss. y nota; 1Re. 12, 15; Jr. 6, 10; 7, 23; Os. 9, 7 y nota; Jn. 12, 48.

26s. Cita de Ag. 2, 6, según los Setenta, que, coincide con el texto hebreo. En la Vulgata es Ag. 2, 7 (véase allí la nota). El Apóstol acentúa las palabras *"una vez todavía"* queriendo mostrar a los hebreos que los bienes definitivos que Israel esperaba del Mesías, a quien luego rechazó (cf. Is. 35, 5 y nota), se cumplirán plenamente en Cristo resucitado (13, 20; Hch. 3, 22 y notas). Para entender bien este pasaje, que es la conclusión de todo lo que precede, véase 8, 4; 10, 38 y nota. Cf. Is. 13, 13; Ez. 21, 27; Jl. 3, 16; Mt. 24, 29; 2 Pe. 3, 10s. *Reino inconmovible* (v. 28): De él habla el Credo: "cuyo Reino no tendrá fin".

28. *Tengamos gratitud* (así San Juan Crisóstomo). Cf. 13, 15 y nota, donde se habla también del *culto agradable a Dios* en el sentido de alabanza, fruto de la gratitud. Otros vierten: *retengamos la gracia* (cf. v. 15).

29. Dios consume como un fuego a sus amigos, para fundirlos consigo; a sus enemigos, para destruirlos. Cf. Dt. 4, 24; 9, 3; Is. 33, 14, etc.

2. Alude a *Abraham, Tobías* y otros, de los que la Biblia narra que hospedaron a ángeles (Gn. 18, 2 ss.; 19, 1 ss.; etc.). Cf. 1 Pe. 4, 9; Rm. 12, 13; Flp. 2, 14, etc.

3. Consecuencia de la caridad fraterna (v. 1) es acordarse de los que sufren y estar con ellos en espíritu, como hacía San Pablo (2Co. 11, 29). Y después de hacer por ellos cuanto el Señor nos muestra (Ef. 2, 10) hemos de saber que no está en nuestra mano el suprimir de la tierra los dolores –sin duda necesarios para prueba de la fe (1 Pe. 1, 6s.)– y así, sin perder la paz y la alegría, encomendaremos al Padre celestial, según las intenciones de Cristo, a esos hermanos doloridos y desdichados que sufren a ejemplo de Él (1 Pe. 2, 21; 3, 14; 4, 14) y cuya existencia nos consuela a su vez en las pruebas nuestras.

4. Es decir, *todos* honren el matrimonio respetando el tálamo, sea propio o ajeno, para no ser fornicarios o adúlteros. No puede sostenerse la interpretación de algunos disidentes, según la cual el matrimonio debe ser obligatorio para todos (cf. I Tim. 3, 2; Tito 1, 6). Porque, si bien San Pablo condena a los que prohíben el matrimonio como si fuese pecado (1 Tm. 4, 3; 1Co. 7, 25), no es menos cierto que el mismo Apóstol aconseja la virginidad como más conveniente (1Co. 7, 27 ss.) y el Señor nos enseña que, aunque no todos lo entienden, hay eunucos que se hacen tales a causa del Reino de los cielos (Mt. 19, 12).

5. Cf. Dt. 31, 6; 1Cro. 28, 20; Jos. 1, 5. Cf. Sal. 33, 4s.; Flp. 4, 19.

confiadamente: "El Señor es mi auxiliador, no temeré; ¿qué me podrá hacer el hombre?"

Obediencia a las enseñanzas apostólicas. [7]Acordaos de vuestros prepósitos que os predicaron la Palabra de Dios. Considerad el fin de su vida e imitad su fe. [8]Jesucristo es el mismo ayer y hoy y por los siglos. [9]No os dejéis llevar de acá para allá por doctrinas abigarradas y extrañas; mejor es corroborar el corazón con gracia y no con manjares, los cuales nunca aprovecharon a los que fueron tras ellos. [10]Tenemos un altar del cual no tienen derecho a comer los que dan culto en el tabernáculo. [11]Porque los cuerpos de aquellos animales, cuya sangre es introducida por el Sumo Sacerdote en el santuario (*como sacrificio*) por el pecado, son quemados fuera del campamento. [12]Por lo cual también Jesús, para santificar al pueblo con su propia sangre, padeció fuera de la puerta. [13]Salgamos, pues, a Él fuera del campamento, llevando su oprobio. [14]Porque aquí no tenemos ciudad permanente, sino que buscamos la futura. [15]Ofrezcamos a Dios por medio de Él un continuo sacrificio de alabanza, esto es, el fruto de los labios que bendicen su Nombre. [16]Y del bien hacer, y de la mutua asistencia, no os olvidéis; en sacrificios tales se complace Dios. [17]Obedeced a

---

6. Cita del Sal. 117, 6. Este salmo contiene las grandes esperanzas de Israel y Jesús lo cita también en su despedida del Templo (Mt. 23, 39 y nota).

7. Cf. v. 17 y 24. Las expresiones *acordaos* y *fin de su vida* muestran que se refiere a los primeros apóstoles, ya mártires entonces, como Esteban (Hch. 7) y Santiago (Hch. 12, 1s.). El Apóstol destaca una vez más como distintivo y mérito esencial de los pastores el haber transmitido la Palabra de Dios (Hch. 6, 2 y nota). "Mucho se debe a aquellos de quienes se ha recibido la palabra evangélica" (Fillion). Cf. 1 Ts. 5, 12s.; 1 Pe. 4, 11.

8s. Si Cristo siempre es el mismo, su Evangelio es invariable, y también las tradiciones apostólicas (1 Tm. 6, 20; Ga. 1, 8 ss. y notas). "Es, pues, falso que se deba modernizar la doctrina de Cristo, y adaptar su mensaje, esencialmente sobrenatural, a una propaganda puramente sociológica o política, como si el Señor fuese un pensador a la manera de tantos otros que se ocuparon de cosas temporales, y no un Profeta divino que nos llamó de parte del Padre a su Reino eterno, prometiendo darnos lo demás por añadidura y dejando al César el reino de este mundo" Cf. Mt. 6, 33; 22, 21; Lc. 12, 14; Jn. 18, 36; 2 Tm. 2, 4, etc.

9. Advertencia semejante a la que hace a los gentiles en 1Co. 10, 14. Cf. nota.

10. *Tenemos un altar*: Pirot, refiriéndose a la opinión de los que ven aquí la mesa eucarística, dice: "Es no tener en cuenta la doctrina general de la Epístola, para la cual el sacrificio cristiano es siempre el Sacrificio de la Cruz". Y añade que los vv. siguientes son la explicación del presente. En efecto, el v. 15 (cf. nota) habla de que ofrezcamos "un continuo sacrificio de alabanza", y que ello sea *por medio de Jesús*. Y que sea "fuera del campamento" (v. 13). ¿Cuál es ese campamento? Este mundo, "porque aquí no tenemos ciudad permanente sino que buscamos la futura" (v. 14) es decir, el cielo, donde está desde ahora nuestra habitación (Ef. 2, 6; Flp. 3, 20; Col. 3, 1-3). Así, pues, las Palabras *tenemos un altar* corresponden a las anteriores: *"Tenemos un Pontífice... en los cielos, Ministro del Santuario"* (8, 1s.) al cual Santuario *"tenemos libre acceso"* por la sangre de Jesús (10, 19), y allí *"tenemos un gran Sacerdote sobre la casa de Dios"* (10, 21) al cual hemos de llegarnos confiadamente (10, 22). No es otra la opinión de Santo Tomás de Aquino, pues dice: "Este altar, o es la cruz de Cristo en la cual Él se inmoló por nosotros, o es el mismo Cristo en el cual y por el cual ofrecemos nuestras preces".

12. *Fuera de la puerta*: el Calvario quedaba entonces fuera del recinto de Jerusalén (Mt. 27, 32; Jn. 19, 17 y 20), esto es, dice Teodoreto, fuera del sistema teocrático.

13. Alusión al "macho cabrío emisario" que simbólicamente llevaba los pecados del pueblo al desierto en el gran día de la Expiación. Salgan así también de su pueblo los hebreos cristianos, disponiéndose a separarse de quienes en Israel no acepten el nuevo sacrificio redentor de Cristo. Este es tal vez el misterioso sentido del Sal. 44, 11s., cuando dice: Abandona la casa de tu padre, etc. *Llevando su oprobio*; porque los judíos cristianos eran despreciados por sus compatriotas, como lo fue el Maestro (10, 32 ss.; 11, 26; 12, 11). Cuando recordamos la Pasión de Jesús, sentimos que nada puede ser más deseable para el corazón que ser humillado en compañía del divino Rey escupido, abofeteado y coronado como rey de burlas. Cf. Flp. 2, 7 y nota, Hch. 5, 41.

14. *La futura*: Alude sin duda a la Jerusalén celestial, como vimos en 11, 40 y nota. Allí está escondida nuestra vida que es Cristo (Col. 3, 4). De allí esperamos que Él venga y en eso ha de consistir nuestra conversación (Flp. 3, 20s.). Eso hemos de buscar (Col. 3, 1s.) y saborear anticipadamente en esperanza (Tt. 2, 13). Véase en Jr. 35, 7 ss. el ejemplo de los Recabitas que vivían como peregrinos en la tierra. Cf. 11, 14 y nota.

15. He aquí para todos una gran luz acerca de la *oración*: El *sacrificio de alabanza* es lo propio de todo creyente, sacerdote en cierto modo, según enseña San Pedro (1 Pe. 2, 4 ss.); y hemos de ofrecerlo *continuamente y por medio de Él*, pues es el Sacerdote del Santuario celestial (5, 9; 6, 20; 7, 24s.; 8, 2; 9, 11 y 24; 10, 19s.). Cf. v. 10; Rm. 12, 1 y notas. Dios se digna recibir nuestra alabanza como un obsequio precioso (Sal. 49, 23 y nota; 68, 31s.). Y no es porque su infinita Majestad divina tenga nada que ganar con que lo alabemos, sino porque ello es, para nosotros y para nuestro bien, el mayor acto de justicia y santidad que podemos hacer: alabar al Único que es digno de alabanza (Sal. 148, 13; Rm. 16, 27 y notas), y tal será el lenguaje de los santos el día de la glorificación final de Cristo (Sal. 149, 6). De ahí que la patente señal del extravío del mundo sea –aunque él naturalmente no lo cree así– haber sustituido la alabanza de Dios por la de los hombres. Tal será el sumo pecado del Anticristo y el misterio de la iniquidad: ocupar el hombre el lugar de Dios como quiso Lucifer (2 Ts. 2, 6 ss.; Is. 14, 12-15 y notas).

vuestros prepósitos y sujetaos, porque velan por vuestras almas como quienes han de dar cuenta, a fin de que lo hagan con alegría y no con pena, pues esto no os sería provechoso.

Epílogo. [18]Orad por nosotros, porque confiamos tener buena conciencia, queriendo comportarnos bien en todo. [19]Tanto más ruego que hagáis esto, a fin de que yo os sea restituido más pronto. [20]El Dios de la paz, el cual resucitó de entre los muertos al (*que es el*) gran Pastor de las ovejas,"en la sangre de la Alianza eterna", el Señor nuestro Jesús, [21]os

perfeccione en todo bien para que cumpláis su voluntad, obrando Él en vosotros lo que es grato a sus ojos, por medio de Jesucristo, a quien sea la gloria por los siglos de los siglos. Amén. [22]Os ruego, hermanos, que soportéis esta palabra de exhortación, pues os he escrito sólo brevemente. [23]Sabed de nuestro hermano .Timoteo que ha sido puesto en libertad; con el cual si viniere presto iré a veros. [24]Saludad a todos vuestros prepósitos y a todos los santos.Os saludan los de Italia.[25]La gracia sea con todos vosotros. Amén.

CARTA DE SANTIAGO

La carta de Santiago es la primera entre las siete epístolas no paulinas que, por no señalar varias de ellas un destinatario especial, han sido llamadas genéricamente católicas o universales, aunque en rigor la mayoría de ellas se dirige a la cristiandad de origen judío, y las dos últimas de San Juan tienen un encabezamiento aún más limitado. San Jerónimo las caracteriza diciendo que "son tan ricas en misterios como sucintas, tan breves en palabras como largas en sentencias".

El autor, que se da a sí mismo el nombre de "Santiago, siervo de Dios y de nuestro Señor Jesucristo", es el Apóstol que solemos llamar Santiago el Menor, hijo de Alfeo o Cleofás (Mt. 10, 3) y de María (Mt. 27, 56), "hermana" (o pariente) de la Virgen. Es, pues, de la familia de Jesús y llamado "hermano del Señor" (Ga. 1, 19; cf. Mt. 13, 55y Mc. 6, 3).

Santiago es mencionado por San Pablo entre las "columnas" o apóstoles que gozaban de mayor autoridad en la Iglesia (Gal. 2, 9). Por su fiel observancia de la Ley tuvo grandísima influencia, especialmente sobre los judíos, pues entre ellos ejerció el ministerio como Obispo de Jerusalén. Murió mártir el año 62d. C.

Escribió esta carta no mucho antes de padecer el martirio y con el objeto especial de fortalecer a los

17. Como observa Fillion, el v. 7se refiere a los pastores antiguos, y éste a los de entonces.

19. Esta referencia personal y la mención de Timoteo (v. 23) muestran bien que la Epístola es de San Pablo aunque no lleve su firma.

20. Alusión a la promesa de Ez. 34, 25 (véase allí la nota). Jesús anunció en Jn. 10, 12que el buen Pastor pone la vida por sus ovejas y en Lc. 22, 20enseñó que la Nueva Alianza era *en su Sangre derramada*. Ahora vemos cómo esa función de "Pastor y Obispo de las almas" (1 Pe. 2, 25), que Cristo resucitado asumirá en la Nueva Alianza (1 Pe. 5, 4), se funda *en la sangre que derramó*. Fillion hace notar que el epíteto *eterna*, aplicado a esta alianza, resume lo que el Apóstol ha dicho antes en 8, 8 ss. y 12, 26s. Merk cita además los siguientes lugares: Is. 63, 11; Za. 9, 11; Is. 55, 3; Jr. 32, 4 y Ez. 37, 26.

21. Es, pues, Dios quien nos hace capaces de cumplir su propia voluntad. Véase Flp. 2, 13; Rm. 5, 5; Judas 24, etc. Hasta entonces los hebreos ignoraban esto, pues no contaban con la Sangre redentora de Cristo (v. 10 ss. y nota). Lo mismo reprocha San Pablo a los gentiles de Galacia (Ga. 3, 1 ss. y notas), y aun podría reprocharlo a muchos de nosotros cuando pioramos a Jesús como un

simple moralista, ignorando el misterio de la Redención o inutilizando los méritos que Él nos ganó (Ga. 2, 21), con lo cual, imposibilitados de amar a Cristo porque no tenemos conciencia de lo que le debemos, no pensamos en la amistad con Él y sólo nos preocupamos como el fariseo del Templo (Lc. 18, 9 ss.) de elaborar presuntuosamente virtudes propias como si eso fuera posible sin Él (Jn. 15, 5; cf. Mc. 7; 4 y nota). En la Sagrada Escritura la palabra *virtud* es aplicada a Dios, pues significa *fuerza*, y a Él le corresponde plenamente, porque "nadie es bueno sino sólo Dios" (Lc. 18, 19). Cf. Lc. 1, 35; 5, 17; 6, 19; Hch. 8, 10; Rm. 1, 16 y 20; 1Co. 1, 18; 2Co. 12, 9, etc.

23. *Sabed*, etc. Según Santo Tomás de Aquino, el Apóstol quiere decir a los hebreos que reciban a Timoteo con benevolencia, tanto más cuanto que había sido circuncidado no obstante ser hijo de padre gentil (Hch. 16, 3).

24. Se refiere a los apóstoles aun vivientes (cf. vv. 7 y 17) y a todos los hebreos creyentes. ¿Quiénes serían? Es un punto digno de meditación el que de tantos discípulos directos del Señor incluso los 72primeros, entre los cuales ha de haber tantas almas escogidas, no nos haya quedado memoria alguna. No anunció Jesús que sus amigos tendrían gloria aquí abajo.

cristianos del judaísmo que a causa de la persecución estaban en peligro de perder la fe (cf. la introducción a la Epístola a los Hebreos). Se dirige por tanto a "las doce tribus que están en la dispersión" (cf. 1, 1y nota), esto es, a todos los hebreo-cristianos dentro y fuera de Palestina (cf. Rom. 10, 18y nota).

Ellos son de profesión cristiana, pues creen en el Señor Jesucristo de la Gloria (2, 1), esperan la Parusía en que recibirán el premio (5, 7-9), han sido engendrados a nueva vida (1, 18) bajo la nueva ley de libertad (1, 25; 2, 12), y se les recomienda la unción de los enfermos (5, 14ss.).

La no alusión a los paganos se ve en que Santiago omite referirse a lo que San Pablo suele combatir en éstos: idolatría, impudicia, ebriedad (cf. 1Cor. 6, 9ss.; Gal. 5, 19ss.). En cambio, la Epístola insiste fuertemente contra la vana palabrería y la fe de pura fórmula (1, 22ss.; 2, 14ss.), contra la maledicencia y los estragos de la lengua (3, 2ss.; 4, 2ss.; 5, 9), contra los falsos doctores (3, 1), el celo amargo (3, 13ss.), los juramentos fáciles (5, 12).

El estilo es conciso, sentencioso y extraordinariamente rico en imágenes, siendo clásicas por su elocuencia las que dedica a la lengua en el capítulo 3y a los ricos en el capítulo 5y el paralelo de éstos con los humildes en el capítulo segundo. Más que en los misterios sobrenaturales de la gracia con que suele ilustrarnos San Pablo, especialmente en las Epístolas de la cautividad, la presente es una vigorosa meditación sobre la conducta frente al prójimo y por eso se la ha llamado a veces el Evangelio social.

1 Saludo apostólico.

[1]Santiago, siervo de Dios y del Señor Jesucristo, a las doce tribus que están en la dispersión: salud.

[2]Tenedlo, hermanos míos, por sumo gozo, cuando cayereis en pruebas de todo género, [3]sabiendo que la prueba de vuestra fe produce paciencia. [4]Pero es necesario que la paciencia produzca obra perfecta, para que seáis perfectos y cabales sin que os falte cosa alguna.

Pedid la sabiduría. [5]Si alguno de vosotros está desprovisto de sabiduría, pídala a Dios, que a todos da liberalmente sin echarlo en cara, y le será dada. [6]Más pida con fe, sin vacilar en nada; porque quien vacila es semejante a la ola del mar que se agita al soplar el viento. [7]Un hombre así no piense que

---

1. *A las doce tribus*: véase la nota introductoria. La mención del número total de las tribus indica que Santiago, designado Apóstol "de la circuncisión", como Pablo para los gentiles (Ga. 2, 8 y 9), entendía abarcar aquí a los cristianos procedentes de toda la casa de Jacob, es decir, tanto a los del antiguo reino meridional de Judá, que volvió de Babilonia con las tribus de Judá y de Benjamín, cuanto a los del reino de Israel que, formado por las diez tribus del norte, con capital en Samaria, fue llevado cautivo a Asiria y permaneció desde entonces en dispersión (4Re. 17, 6; 25, 12 y notas). Hasta qué punto esas diez tribus llegaron a tener noticias de Jesucristo es cosa que Dios parece haber querido dejar en la penumbra (cf. Rm. 10, 18 y nota), quizá con miras a la futura salvación de las doce tribus que San Pablo anuncia como un misterio en Rm. 11, 25s.; cf. Ez. 37, 15 ss.; vease también en el apócrifo 4Esd. 13, 39 ss. Entretanto es de notar que Jesús empezó su predicación en tierras de Zabulón y Neftalí (Mt. 4, 15; Is. 9, 1) y que los Once (excluido ya Judas Iscariote) son todos llamados galileos por el Ángel (Hch. 1, 11).

3. Paciencia en sentido de perseverancia, resistiendo frente a las tentaciones y tribulaciones. Cf. Rm. 5, 3; 2 Pe. 1, 5-7.

5. *Sin echarlo en cara*: sin zaherir a nadie. Notemos la suavidad inefable de esta actitud: al revés de un padre gruñón que, antes de darnos el dinero que necesitamos, nos reprochase porque no sabemos ganarlo etc. (quitándonos así las ganas de recurrir a él). Nuestro divino Padre, que es aquel "Padre admirable" del hijo pródigo (Lc. 15, 20 ss.), no se sorprende, ni menos se fastidia ni se

incomoda de que le pidamos mucho de ese "dinero" insuperable que es la sabiduría, ni encuentra mal que no seamos capaces de tenerla ni de adquirirla por nosotros mismos. No desdeñemos el maravilloso ofrecimiento que aquí se nos hace gratuitamente, de ese divino don de la sabiduría "con la cual nos vienen todos los bienes" (Sb. 7, 11). Repitámosle sin cesar, con o sin palabras, la súplica de Salomón: "Dame aquella sabiduría que tiene su asiento junto a tu trona" (Sb. 9, 4). ¿No es ella acaso el mismo Cristo, que es la Sabiduría del Padre y se hizo carne (Sb. 7, 26 ss. y notas) y cuyo don espiritual nos enseña Él mismo a pedir en el Padrenuestro al decir: "Danos cada día nuestro pan supersustancial" (cf. Lc. 11; 3; Mt. 6, 11). Sepamos bien que esta sabiduría es la que el mundo desprecia llamándola necedad (cf. v. 27 y nota); la que los fariseos pretenden poseer ya con su prudencia, sin necesidad de pedirla; y la que el Padre nos prodiga cuando nos hacemos como niños (Lc. 10, 21).

6. *Sin vacilar*: significa, por una parte, sin dudar o sea creyendo firmemente que la bondad de Dios nos la concederá. Esta fe o confianza es la condición previa de toda oración y es también la medida de todo lo que recibimos en ella (Sal. 32, 22 y nota; Mt. 7, 7; 21, 22; Mc. 11, 24; Lc. 11, 9; Jn. 14, 13; 16, 23s. etc.). Pero el Apóstol se refiere especialmente al que no tiene ánimo dividido (v. 8), es decir, al que no vacila *en querer recibir* la sabiduría, en desearla y buscarla (Sb. 6, 14 ss.), lo cual presupone la rectitud del que quiere la verdad, sean cuales fueren sus consecuencias, y presupone la humildad del "pobre en el espíritu' (Mt. 5, 1) que se

recibirá cosa alguna del Señor. [8]El varón doble es inconstante en todos sus caminos.

Los motivos de gloria. [9]Gloríese el hermano: el humilde, por su elevación; [10]el rico, empero, por su humillación, porque pasará como la flor del heno: [11]se levanta el sol con su ardor, se seca el heno, cae su flor, y se acaba la belleza de su apariencia. Así también el rico se marchitará en sus caminos.

Tentación. [12]Bienaventurado el varón que soporta la tentación porque, una vez probado, recibirá la corona de vida que el Señor tiene prometida a los que le aman. [13]Nadie cuando es tentado diga: "Es Dios quien me tienta". Porque Dios, no pudiendo ser tentado al mal, no tienta Él tampoco a nadie. [14]Cada uno es tentado por su propia concupiscencia, cuando se deja arrastrar y seducir. [15]Después la concupiscencia, habiendo concebido, pare pecado; y el pecado consumado engendra muerte.

Todo bien es un don de Dios. [16]No os engañéis, hermanos míos carísimos: [17]De lo alto es todo bien que recibimos y todo don perfecto, descendiendo del Padre de las luces, en quien hay mudanza ni sombra (*resultante*) de variación. [18]De su propia voluntad Él nos engendró por la palabra de la verdad, para que seamos como primicias de sus creaturas.

Vivir la palabra. [19]Ya lo sabéis, queridos hermanos. Mas todo hombre ha de estar pronto para oír, tardo para hablar, tardo para airarse; [20]porque ira de hombre no obra justicia de Dios. [21]Por lo cual, deshaciéndoos de toda mancha y resto de malicia, recibid en suavidad la palabra ingerida (*en vosotros*) que tiene el poder de salvar

---

reconoce falto de sabiduría (v. 5). Un caso ejemplar de esto fue el de San Justino, que después de buscar en vano la verdad pasando por todas las escuelas de la filosofía (cf. Col. 2, 8), la halló en el Libro de la Sagrada Escritura, cuyas palabras de divina eficacia lo llenaron de admiración y amor hacia Cristo, convirtiéndolo a Él que es la misma Sabiduría encarnada. La vacilación en desear la sabiduría y buscarla en las Palabras de Dios viene del apego a nuestras obras –pero no sólo a los vicios sino también a nuestras rutinas o pretendidas virtudes– y muestra que esas obras son malas, pues el que huye de la luz es porque obra mal (Jn. 3, 20). En esto precisamente consiste, dice Jesús, el juicio que Él vino a hacer (Jn. 3, 19). De ahí la gravedad de lo que revela en Jn. 12, 48al decir que lo desprecia el que no quiere oír sus amorosas palabras. ¿Es de extrañar que Dios tome como un desprecio el rechazo del tesoro de la sabiduría que nos ofrece gratis? (Is. 55, 1 ss.; Ap. 22, 17). ¿No significa eso decirle que se guarde sus lecciones pues nosotros ya sabemos más que Él?

7. Véase 4, 3.

8. Consecuencia del v. 6. La fidelidad es una voluntad que cree. Si vacila pues la fe, vacilará la voluntad y por tanto la constancia en el obrar.

9. *Por su elevación*, esto es por el privilegio especial con que Él exalta a los pequeños y humildes, como lo vemos especialmente en el Sermón de la Montaña (Mt. 5, 1 ss.) y en el Magníficat (Lc. 1, 49 ss. y notas). El rico sólo puede gloriarse si reconoce como humillante su posición. Por aquí se ve a qué distancia solemos estar de estas verdades sobrenaturales.

10. "El rico ponga su gloria en la humildad, pensando humildemente de sí mismo y considerando que estas riquezas, en cuanto le granjean la veneración y el respeto de los hombres, le hacen pobre y despreciable a los ojos de Dios" (San Agustín). Cf. Eclo. 14, 18; Is. 40, 6; 1 Pe. 1, 24.

12. Recapitula lo dicho en el v. 2. Cf. Job, 5, 17 ss. Aquí se encierra toda la espiritualidad del dolor. Y también una gran luz contra los escrúpulos, pues nos muestra el abismo que hay entre tentación y pecado, al punto de ser ella una bendición para los de corazón recto.

13. *No pudiendo Dios ser tentado al mal*, claro está que no podría tentar a otros sin dejar de ser Él mismo la fuente de todo bien. Cuanto Él hace es infinitamente santo por el solo hecho de ser suyo (Mt. 19, 16 y nota). El hecho de que a veces no lo veamos, muestra hasta dónde está caída nuestra naturaleza y cómo la carne lucha contra el espíritu (Ga. 5, 17).

15. *Habiendo concebido*: es decir, cuando la tentación ha ganado el corazón, ya es seguro el triunfo del maligno. De ahí la lección de Jesús en Lc. 22, 40 y 46 y lo que Él nos enseñó a pedir en el Padrenuestro. Véase Lc. 11, 4. *Engendra muerte*: cf. 1Co. 15, 56.

17. Cosa bien natural y al mismo tiempo bien admirable. Del padre procede todo cuanto recibe un hijo, y así viene de nuestro divino Padre también todo el bien que recibimos y nunca el mal (v. 13). Véase en Hch. 2, 46 y nota una bella oración de agradecimiento. Jesús es el primero en proclamar que todo lo recibe de su Padre (Jn. 3, 35; 5, 19 ss., etc.). El Apóstol, para colmar nuestro consuelo, recuerda aquí la inmutabilidad del Padre, como diciendo que no corremos ningún peligro de perder tal Bienhechor. Cf. Jn. 10, 29; Ef. 2, 4 y nota. Siempre será Él la "luz sin tiniebla alguna" (1 Jn. 1, 5).

18. Nótese el vigor de la expresión: *la palabra de la verdad* nos engendra de nuevo (1 Pe. 1, 23). Tal es la virtud propia de esa palabra, al entrar en nuestra alma como semilla de vida (Mt. 13, 1 ss.), que, como añade el Apóstol en el v. 21, "esa palabra ingerida" es capaz de salvar nuestras almas (Rm. 1, 16).

19. Santiago abunda en estas preciosas normas de sabiduría práctica, que recuerdan los Libros sapienciales. Cf. Pr. 17, 27.

20. La *justicia de Dios* significa aquí la santidad: todo lo que agrada a Dios (Sal. 4, 6 y nota). La ira del hombre es una rebeldía contra Él, pues encierra una voluntad de protesta contra algo que Él permite. Jesús quería que su voluntad coincidiese siempre con la del Padre (Mt. 26, 39). Véase Ef. 4, 26.

vuestras almas. [22] Pero haceos ejecutores de la palabra, y no oidores solamente, engañándoos a vosotros mismos. [23]Pues si uno oye la palabra y no la práctica, ese tal es semejante a un hombre que mira en un espejo los rasgos de su rostro: [24]se mira, y se aleja (*del espejo*), y al instante se olvida de cómo era. [25]Más el que persevera en mirar atentamente la ley perfecta, la de la libertad, no como oyente olvidadizo, sino practicándola efectivamente, éste será bienaventurado en lo que hace. [26]Si alguno se cree piadoso y no refrena su lengua, sino que engaña su corazón, vana es su piedad. [27]La piedad pura e inmaculada ante el Dios y Padre es ésta: visitar a los huérfanos y a las viudas en su tribulación y preservarse de la contaminación del mundo.

2 Cómo mira Dios la acepción de personas.

[1]Hermanos míos, no mezcléis con acepción de personas la fe en Jesucristo, nuestro Señor de la gloria. [2]Si, por ejemplo, en vuestra asamblea entra un hombre con anillo de oro, en traje lujoso, y entra asimismo un pobre en traje sucio, [3]y vosotros tenéis miramiento con el que lleva el traje lujoso y le decís: "Siéntate tú en este lugar honroso"; y al pobre le decís: "Tú estate allí de pie" o "siéntate al pie de mi escabel", [4]¿no hacéis entonces distinción entre vosotros y venís a ser jueces de inicuos pensamientos? [5]Escuchad, queridos hermanos: ¿No ha escogido Dios a los que son pobres para el mundo, (*a fin de hacerlos*) ricos en fe y herederos del reino que tiene prometido a los que le aman? [6]¡Y vosotros despreciáis al pobre! ¿No son los ricos

---

22. Oír la Palabra del Evangelio y no ajustarse a ella es prueba de que no se la ha recibido rectamente, según vemos en los vv. 18 y 21. Así lo enseña Jesús en la parábola del sembrador (Mt. 13, 3 y nota). Cf. Mt. 7, 24; Rm. 2, 13.

23s. Conviene entender bien todo lo que significa esta comparación. Cuando estamos frente al espejo, vemos nuestra imagen con extraordinario relieve, al punto que ella parece existir realmente detrás del cristal. Y sin embargo, apenas nos retiramos, desaparece totalmente, sin dejar el menor rastro, como las aves de que habla el Libro de la Sabiduría no dejan huella alguna de su vuelo en el espacio. Es decir, pues, que necesitamos tener permanentemente la Palabra de Dios, para que ella obre su virtud en nosotros (Col. 3, 16), pues si la olvidamos, nuestra miserable naturaleza vuelve automáticamente a hacernos pensar y sentir según la carne, llevándonos a obrar en consecuencia. Por eso Jesús nos dice que sólo seremos discípulos suyos y conoceremos la verdad, si sus palabras permanecen en *nosotros* (Jn. 8, 31).

25. *La Ley perfecta de la libertad* es el Evangelio. cuya verdad nos hace obrar como libres (Jn. 8, 32). Véase la comparación que hace San Pablo en Ga. 4, 21 ss. Cf. 1Co. 12, 2 y nota.

27. Nótese que *preservarse de la contaminación del mundo* no significa solamente abstenerse de tal o cual pecado concreto, sino vivir divorciado en espíritu del ambiente y modo de pensar que nos rodea (cf. v. 5 y nota). Es vivir como peregrino en "este siglo malo" (Ga. 1, 4 y nota) con la mirada vuelta a lo celestial (Jn. 8, 23 y nota).

1 ss. Es de notar la tremenda severidad con que se condena como pecado (v. 9) la *acepción de personas*, la cual consiste, como se desprende de los vv. siguientes, en dar preferencia a los poderosos del mundo y despreciar a la gente humilde. Es ésta una preocupación que Dios no cesa de inculcarnos a través de toda la sagrada Escritura (cf. Lv. 19, 15; Dt. 1, 17; 16, 19; Pr. 24, 23; Eclo. 42, 1, etc.). No es otra cosa que lo que San Juan llama fornicación con los reyes de la tierra (Ap. 17, 2). Santiago escribía esto como Obispo de Jerusalén, pocos años antes de la terrible catástrofe del año 70, en que esta ciudad fue definitivamente asolada por los Romanos, es decir, cuando existía ese enfriamiento general de la

caridad, que Jesús había anunciado para entonces y también para los últimos tiempos (Mt. 24, 12). Véase el apóstrofe a los ricos en el cap. 5.

2. *Asamblea*: literalmente: *Sinagoga*. Véase la nota introductoria. Cf. Hb. 8, 4 y nota.

3. El Apóstol nos hace ver uno de los abismos de mezquindad que hay en nuestro corazón siempre movido por estímulos que no son según el espíritu sino según la carne. Damos gustosos cuando nos seduce el atractivo de la belleza, de la simpatía, de la cultura, inteligencia, posición, etc., o sea, cuando de lo que damos esperamos algo que sea para nosotros deleite o ventaja o estima o aplauso o afecto. Jesús nos enseña no sólo a dar sin esperar nada, a amar y a hacer bien a nuestros enemigos (Lc. 6, 35), sino que nos describe la ventaja que hay en convidar especialmente, no a amigos, parientes y ricos, sino a pobres, lisiados, etc. (Lc. 14, 12 ss.), no ya sólo porque ésos son lógicamente los que necesitan misericordia sino también porque en eso está la gran recompensa que "en la resurrección de los justos" (Lc. 14, 14) dará el Padre a los que son como Él, prodigándonos la misericordia según la hayamos usado con los demás (Mt. 7, 2 y nota); y la misericordia está en dar no según los méritos –que sólo Dios conoce (Mt. 7, 1)–, sino según la necesidad. "Señor –escribía un alma humilde– no me extraño ni me escandalizo de no saber cumplir tu sublime Sermón de la Montaña; sé que mi corazón es fundamentalmente malo. Pero Tú puedes hacer que lo cumpla en la medida de tu agrado, que es la voluntad del Padre, dándome el Espíritu que necesito para ello: tu Santo Espíritu, que conquistaste con tus infinitos méritos" (Lc. 11, 13 y nota).

5. El Apóstol acentúa con su habitual elocuencia la predilección de Dios por los *humildes y pequeños*, que el divino Maestro enseñó en el Sermón de la Montaña (Mt. 5, 1 ss.; Lc. 6, 20-26), y que San Pablo expuso en los tres primeros capítulos de 1Corintios. La explicación de esto la da el presente v. mostrando cómo los pobres en valores mundanos suelen ser los *ricos en fe*. Cf. 1Co. 1, 26; 1 Tm. 1, 4; Tito 3, 9 y notas.

los que os oprimen y os arrastran ante los tribunales? [7]¿No son ellos los que blasfeman el hermoso nombre que ha sido invocado sobre vosotros? [8]Si en verdad cumplís la Ley real, conforme a la Escritura: "Amarás a tu prójimo como a ti mismo", bien obráis; [9]pero si hacéis acepción de personas, cometéis pecado y sois convictos como transgresores por esa Ley. [10]Porque si uno guarda toda la Ley, pero tropieza en un solo (*mandamiento*), se ha hecho reo de todos. [11]Pues Aquel que dijo: "No cometerás adulterio", dijo también: "No matarás". Por lo cual, si no cometes adulterio, pero matas, ya te has hecho transgresor de la Ley. [12]Hablad, pues, y obrad como quienes han de ser juzgados según la Ley de libertad. [13]Porque el Juicio será sin misericordia para aquel que no hizo misericordia. La misericordia se ufana contra el juicio.

La fe no vive sin las obras. [14]¿De qué sirve, hermanos míos, que uno diga que tiene fe, si no tiene obras? ¿Por ventura la fe de ese tal puede salvarle? [15]Si un hermano o hermana están desnudos y carecen del diario sustento, [16]y uno de vosotros les dice: "Id en paz, calentaos y saciaos", mas no les dais lo necesario para el cuerpo, ¿qué aprovecha aquello? [17]Así también la fe, si no tiene obras, es muerta como tal. [18]Mas alguien podría decir: "Tú tienes fe y yo tengo obras". Pues bien, muéstrame tu (*pretendida*) fe sin las obras, y yo, por mis obras, te mostraré mi fe. [19]Tú crees que Dios es uno. Bien haces. También los demonios creen, y tiemblan.

El ejemplo de Abraham y de Rahab. [20]Oh hombre insensato ¿Quieres ahora conocer que la fe sin las obras es inútil? [21]Abraham, nuestro padre, ¿no fue justificado acaso mediante obras, al ofrecer sobre el altar a su hijo Isaac? [22]Veis que la fe cooperaba a sus obras y que por las obras se consumó la fe; [23]y así se cumplió la Escritura que dice: "Abraham creyó a Dios, y le fue imputado a justicia", y fue llamado "amigo de Dios". [24]Veis pues que con las obras se justifica el hombre, y no con (*aquella*) fe sola. [25]Así también Rahab la ramera ¿no fue justificada mediante obras cuando alojó a los mensajeros y los hizo partir por otro camino? [26]Porque así como el cuerpo aparte del espíritu es muerto, así también la fe sin obras es muerta.

3 **El terrible mal de la lengua.** [1]Hermanos míos, no haya tantos entre vosotros que pretendan ser maestros, sabiendo que así nos acarreamos un juicio más riguroso; [2]pues todos tropezamos en

---

7. *El hermoso nombre*: el de Jesús, en quien habían sido bautizados (Hch. 2, 38; 8, 16; 10, 48). Sobre el nombre de *cristianos*, cf. Hch. 11, 26.

8. *Ley regia*: destaca la majestad del gran mandamiento. Cf. Lv. 19, 18; Mt. 22, 39; Mc. 12, 31; Rm. 13, 10; Ga. 5, 14.

11. Con esta alusión al criterio legalista que nunca alcanza la verdad plena (Ga. 3, 2), Santiago nos ofrece la contraprueba de lo que San Pablo enseña en Rm. 13, 8-10: sólo en el amor puede estar el cumplimiento de la Ley (cf. Jn. 14, 23s.). Tal es la *Ley regia* (v. 8) y *Ley de la perfecta libertad* (v. 12; 1, 25), la que se ufana contra el juicio (v. 13).

13. "No recuerdo haber leído nunca que el que haya ejercido con agrado la limosna tuviese mala suerte" (San Jerónimo). *Se ufana*: no lo teme porque el juicio no la alcanza. Es la bienaventuranza de los misericordiosos (Mt. 5, 7), que a su vez son perdonados (Mt. 7, 2 y nota). Cf. Jn. 5, 24.

18. Lejos de oponerse a la doctrina de San Pablo sobre la *justificación* (Rm. 3, 28; 4, 8 ss.), Santiago nos confirma en este pasaje, con la más viva elocuencia, que la fe obra por la caridad, según enseña también San Pablo en Ga. 5, 6. San Pablo en los lugares citados opone la ley judía a la fe de Cristo, en tanto que Santiago habla de la fe práctica, animada por la caridad, en oposición a la fe muerta que no produce obras. En 1 Ts. 1, 3el

Apóstol de los gentiles nos dice, como aquí, que recordemos las obras de nuestra fe. Y Santiago no nos habla del que tiene fe sin obras, sino del que dice que tiene fe, pero no obra según la fe (Cf. 2 Tm. 3, 5), con lo cual muestra que se engaña o es un impostor. Si tuviera fe, ella se manifestaría por el amor, y de ahí el desafío del Apóstol: ¡Muéstrame, si puedes, tu fe sin obras! Cf. Hb. 11, 4.

19. *Los demonios creen*, dice Santo Tomás de Aquino, pero como unos esclavos que aborrecen a su Señor, cuyos castigos no pueden evitar. Pero así como de nada sirve a los demonios este conocimiento que tienen, porque su voluntad es perversa, de la misma suerte de nada sirve a un cristiano esa creencia si no lo mueve el amor de Dios que se manifiesta en la conducta. Sobre lo que es la verdadera fe, véase Rm. 1, 20; Hb. 11, 1 ss. y notas.

20. Véase v. 18 y nota; Filemón 6.

21. Cf. Gn. 22, 9-18; Rm. 4, 13 ss.

22. Es una vez más la doctrina de Ga. 5, 6. Porque, como vimos en la nota al v. 11, esas obras de que aquí se habla son las del amor y misericordia.

25. Véase Hb. 11, 31. *Rahab* acogió a los exploradores israelitas en Jericó y así mostró su fe (Jos. 2, 4 ss.).

1. El Maestro es uno solo (Mt. 23, 8). El afán de enseñar a otros implica gran responsabilidad porque la lengua es difícil de domar (v. 8), y de ella, no obstante su pequeñez (v. 3-5), proceden

muchas cosas. Si alguno no tropieza en el hablar, es hombre perfecto, capaz de refrenar también el cuerpo entero. [3]Si a los caballos, para que nos obedezcan ponemos frenos en la boca, manejamos también todo su cuerpo. [4]Ved igualmente cómo, con un pequeñísimo timón, las naves, tan grandes e impelidas de vientos impetuosos, son dirigidas a voluntad del piloto. [5]Así también la lengua es un miembro pequeño, pero se jacta de grandes cosas. Mirad cuán pequeño es el fuego que incendia un bosque tan grande. [6]También la lengua es fuego: es el mundo de la iniquidad. Puesta en medio de nuestros miembros, la lengua es la que contamina todo el cuerpo, e inflama la rueda de la vida, siendo ella a su vez inflamada por el infierno. [7]Todo género de fieras, de aves, de reptiles y de animales marinos se doma y se amansa por el género humano; [8]pero no hay hombre que pueda domar la lengua: incontenible azote, llena está de veneno mortífero. [9]Con ella bendecimos al Señor y Padre, y con ella maldecimos a los hombres, hechos a semejanza de Dios. [10]De una misma boca salen bendición y maldición. No debe, hermanos, ser así. [11]¿Acaso la fuente mana por la misma vertiente agua dulce y amarga? [12]¿Puede, hermanos míos, la higuera dar aceitunas, o higos la vid? Así tampoco la fuente salada puede dar agua dulce.

Mansedumbre de la sabiduría. [13]¿Hay alguno entre vosotros sabio y entendido? Muestre sus obras por la buena conducta con la mansedumbre (*que es propia*) de la sabiduría. [14]Pero si tenéis en vuestros corazones amargos celos y espíritu de contienda, no os gloriéis al menos, ni mintáis contra la verdad. [15]No es ésa la sabiduría que desciende de lo alto, sino terrena, animal, diabólica. [16]Porque donde hay celos y contiendas, allí hay desorden y toda clase de villanía. [17]Mas la sabiduría de lo alto es ante todo pura, luego pacífica, indulgente, dócil, llena de misericordia y de buenos frutos, sin parcialidad, sin hipocresía. [18]Fruto de justicia, ella se siembra en paz, para bien de los que siembran la paz.

4 **¿De dónde las guerras?** [1]¿De dónde las guerras, de dónde los pleitos entre vosotros? ¿No es de eso, de vuestras pasiones que luchan en vuestros miembros? [2]Deseáis y no tenéis; matáis y codiciáis, y sin embargo no podéis alcanzar; peleáis y hacéis guerra. Es que no tenéis porque no, pedís. [3]Pedís y no recibís, porque pedís mal, con la intención de saciar vuestras pasiones.

---

calamidades tan grandes (v. 6). Por lo cual nadie puede ejercer semejante ministerio si no es llamado (1Co. 12, 8; Ef. 4, 11) y si no enseña las palabras de Cristo (1 Pe. 4, 11; Jn. 10, 27). Cf. Rm. 16, 18; Filp. 3, 2 y 18s.; Ga. 6, 12; 2 Pe. 2, 1 ss. Véase el ejemplo de Jesús según Hb. 5, 4 ss.

5. "Ningún órgano le sirve tan bien al diablo para matar el alma y llevarnos al pecado" (San Juan Crisóstomo).

6. *El mundo de la iniquidad*; pues, como observa San Basilio, la lengua encierra todos los males, enciende el fuego de las pasiones, destruye lo bueno, es un instrumento del infierno. *La rueda*: otros: *el ciclo*, o sea todo el curso de la existencia. Figura semejante a la usada en los horóscopos.

7 ss. El hombre, dice San Agustín, doma la fiera y no doma la lengua. De manera que sería inútil pretender frenarla por propio esfuerzo (v. 8). El remedio está en entregarse a la moción del Espíritu Santo (Lc. 11, 13; Rm. 5, 5; 8, 14). Entonces, cuando nos inspire el amor en vez del egoísmo, podremos hablar cuanto queramos, oportuna e inoportunamente (2 Tm. 4, 2). No es otro el pensamiento del mismo Obispo de Hipona cuando nos dice en su célebre máxima: "Dilige et quod vis fac". Ama y haz lo que quieras. Entonces será la misma lengua el mejor instrumento de los mayores bienes (v. 9 ss.). Cf. Eclo. 28, 14.

12. Véase Mt. 7, 16.

14 ss. Los *amargos celos* son la envidia y la aspereza; es el espíritu de disensión y discordia. Y donde domina la envidia y la discordia allí viven de asiento todos los vicios (San Ambrosio).

17s. Precioso retrato de la tranquila sabiduría celestial. ¡Qué dicha si sacáramos de aquí el fruto de no discutir! Véase, según el texto hebreo, el Sal. 36 y nota. La Palabra de la Sabiduría es semilla (v. 18; Lc. 8, 11; Mc. 4, 14). Es, pues, cuestión de dejarla caer solamente. A los que no la recojan, vano sería querer forzarlos (véase Mt. 13, 19 y 23 y notas), pues les falta la disposición interior (Jn. 3, 19; 12, 48). Quizá no ha sonado aún para ellos la hora que sólo Dios conoce. Cf. Jn. 7, 5 y Hch. 1, 14.

1. San Gregorio hace notar que cuando el fuego de la concupiscencia se apodera de alguno ya no puede ver el sol de la inteligencia. Es la doctrina de San Agustín sobre la "mens mundata" (cf. Mt. 5, 8 y nota). Vemos aquí explicado, sin ir más lejos, cómo hombres dirigentes y naciones caen en la monstruosa ceguera de las guerras. Y sabemos que seguirán cayendo, pues las guerras serán la primera señal del fin (Mt. 24, 6 ss.) y los hombres no se convertirán (Ap. 9, 15-21; 16, 9, etc.). Cf. 1Co. 6, 7.

3. "Dios oye las oraciones de la creatura racional, en cuanto desea el bien. Pero ocurre tal vez que lo que se pide no es un bien verdadero, sino aparente, y hasta un verdadero mal. Por eso esta oración no puede ser oída por Dios" (Santo Tomás de Aquino). Cf. 1 Jn. 5, 14. Nótese que el Apóstol dirige sus exhortaciones a

Dios tiene celos del mundo. [4]Adúlteros, ¿no sabéis que la amistad con el mundo es enemistad contra Dios? Quien, pues, quiere ser amigo del mundo, se constituye enemigo de Dios. [5]¿O pensáis que en vano dice la Escritura: "El Espíritu que (*Dios*) hizo morar en nosotros ama con celos?" [6]Mayor gracia nos otorga (*con ello*). Por eso dice: "A los soberbios resiste Dios, más a los humildes da gracia". [7]Someteos, pues, a Dios; al diablo resistidle, y huirá de vosotros. [8]Acercaos vosotros a Dios y Él se acercará a vosotros. Limpiaos las manos, pecadores; purificad vuestros corazones, hipócritas. [9]Sentid vuestra miseria, lamentaos y llorad. Truéquese vuestra risa en llanto y vuestro regocijo en pesadumbre. [10]Abajaos delante del Señor y Él os levantará.

No juzgar. [11]No habléis mal, hermanos, unos de otros. El que murmura de su hermano o juzga a su hermano, de la Ley murmura y juzga a la Ley. Y si tú juzgas a la Ley, no eres cumplidor de la Ley, sino que te eriges en juez. [12]Uno solo es el Legislador y Juez: el que puede salvar y destruir. Tú, en cambio, ¿quién eres que juzgas al prójimo?

"Si Dios quiere". [13]Ahora a vosotros los que decís: "Hoy o mañana iremos a tal ciudad y pasaremos allí un año y negociaremos y haremos ganancias", [14]¡vosotros que no sabéis ni lo que sucederá mañana! Pues ¿qué es vuestra vida? Sois humo que aparece por un momento y luego se disipa. [15]Deberíais en cambio decir: "Si el Señor quiere y vivimos, haremos esto o aquello". [16]Mas vosotros os complacéis en vuestras jactancias. Maligna es toda complacencia de tal género. [17]Pues, a quien no hace el bien, sabiendo hacerlo, se le imputa pecado.

5 ¡Ay de los ricos! [1]Y ahora a vosotros, ricos: Llorad y plañíos por las calamidades que os tocan [2]La riqueza vuestra es podrida, vuestros vestidos están roídos de polilla; [3]vuestro oro y vuestra plata se han enmohecido y su moho será testimonio contra vosotros, y devorará vuestra carne como un fuego. Habéis atesorado en los días del fin. [4]He aquí que ya clama el jornal sustraído por vosotros a los trabajadores que segaron vuestros campos, y el clamor de los segadores ha penetrado en los oídos del Señor de los ejércitos. [5]Sobre la tierra os regalasteis y os entregasteis a los placeres: ¡habéis

---

quienes se llaman cristianos. Y no excluye a los de todos los tiempos. Cf. 1, 6s.; Mt. 7, 7.

4. *Adúlteros*: En el lenguaje de la Biblia la apostasía se llama adulterio, porque la unión del alma con Dios es como un matrimonio, y el esposo que ama de veras es necesariamente celoso (Dt. 32, 21: Sb. 5, 18; Hb. 10, 27, etc.). De ahí que el Espíritu de Dios que mora en nosotros (Jn. 14, 16s.) tenga celos (v. 5) y no permita que nos entreguemos a las cosas del mundo, porque es verdad revelada que si alguno ama el mundo no puede amar al Padre (1 Jn. 2, 15). Cf. 6, 24 y nota. El Apóstol alude aquí a Ez. 23, 25.

6. Cf. Pr. 3, 34; 1 Pe. 5, 5; Lc. 1, 51-52. Y lo más admirable es que esa humildad es también, según está definido, un don previo del mismo Dios. Véase Denz. 179.

7. ¡Gran secreto! El diablo, con todo su poder, es cobarde. Si nos ve decididos, huye. Cf. Ef. 4, 27.

8 ss. *Acercaos a Dios*: ¿Por qué camino podemos acercarnos al Omnipotente? San Agustín responde: "Ved, hermanos míos, un gran prodigio: Dios es infinitamente elevado; si quieres elevarte, se aleja de ti; y si te humillas, desciende hacia ti". Así lo dice el Apóstol en el v. 9. Notemos cuán fácil es esta humildad *en la presencia del Señor,* es decir, toda interior, y no con un espíritu de servilismo, sino con la pequeñez de un niñito delante del Padre que lo ama. Cf. 1 Pe. 5, 6.

12. Hay aquí una gran luz para comprender que Dios, autor de la Ley, no está sujeto a ella, y conserva su omnímoda libertad para proceder en todo según su beneplácito. Véase Sal. 147, 9 y nota; Eclo. 18, 8; Is. 46, 10; Mt. 20, 13; Rm. 9, 15; Ef. 1, 11; Hb. 2, 4, etc. Sobre el juicio del prójimo, véase Rm. 14, 4.

13 ss. Vemos cuán bueno es el decir siempre: *si Dios quiere* (v. 15; cf. Hch. 8, 21).

11. Véase Tb. 2, 15.

12. Véase Mt. 5, 34. Según nos lo muestra la conducta del Señor (Mt. 23, 63 ss.) y de San Pablo (2Co. 1, 23; Ga. 1, 20) no se condena todo juramento, sino el abuso y la tendencia a prometer presuntuosamente. Véase Mt. 21, 31; Jn. 13, 38 y notas.

13. Norma para todos los momentos de la vida.

17. Cf. Rm. 14, 23. Toda la Escritura nos muestra que la responsabilidad ante Dios es mayor cuando hay más conocimiento (cf. Lc. 12, 47s.). De ahí la gravísima posición de. los que dirigen. Cf. Eclo. 3, 20; 7, 4; 31, 8, etc.

1 ss. *Llorad y plañíos*: ¡Elocuente apóstrofe! (Cf. 1, 9s.), pues os creéis felices y no sabéis que es todo lo contrario (Ap. 3, 17): lo que llamáis opulencia es podredumbre (v. 2) y será causa de vuestra ruina (vv. 4 y 5). Sobre el mal uso de las riquezas y la avaricia, cf. 2, 5s.; Is. 58, 3 ss. y notas; Mt. 19, 23s.; Lc. 6, 24; 1 Tm. 6, 9, etc.

3. El *moho* por falta de uso es lo que convierte la avaricia en idolatría (Ef. 5, 5; Col. 3, 5). León Bloy la llama "la crucifixión del oro", el cual, retirado de su fin natural, aparece levantado entre la tierra y el cielo, como un blasfemo remedo de Cristo.

4. Véase Ef. 6, 5 ss. y nota.

cebado vuestros corazones en día de matanza! [6]Habéis condenado, habéis matado al justo, sin que éste se os opusiera.

Bienaventurados los pobres. [7]Tened, pues, paciencia, hermanos, hasta la Parusía del Señor. Mirad al labrador que espera el precioso fruto de la tierra aguardando con paciencia hasta que reciba la lluvia de otoño y de primavera. [8]También vosotros tened paciencia: confirmad vuestros corazones, porque la Parusía del Señor está cerca. [9]No os quejéis, hermanos, unos contra otros, para que no seáis juzgados; mirad que el juez está a la puerta. [10]Tomad ejemplo, hermanos, en las pruebas y la paciencia de los profetas que hablaron en nombre del Señor. [11]Ved como proclamamos dichosos a los que soportan. Oísteis la paciencia de Job y visteis cuál fue el fin del Señor; porque el Señor es lleno de piedad y misericordia.

Instrucciones. [12]Pero ante todo, hermanos míos, no juréis, ni por el cielo ni por la tierra, ni con otro juramento alguno; que vuestro sí sea sí y vuestro no sea no, para que no incurráis en juicio. [13]¿Hay entre vosotros alguno que sufre? Haga oración. ¿Está uno contento? Cante Salmos.

Unción de los enfermos, confesión y oración. [14]¿Está alguno enfermo entre vosotros? Haga venir a los presbíteros de la Iglesia y oren sobre él ungiéndole con óleo en nombre del Señor; [15]y la oración de fe salvará al enfermo, y lo levantará el Señor; y si hubiere cometido pecados, le serán perdonados.

[16]Por tanto, confesaos unos a otros los pecados y orad unos por otros para que seáis sanados: mucho puede la oración vigorosa del justo. [17]Elías, que era

---

5. *El día de la matanza*, o sea la venida del juez (v. 7). La expectativa de la venganza inminente la extraordinaria fuerza a esta figura. ¡Querer arraigarse en el destierro y hartarse como quien ceba un animal para matarlo en seguida, sin tener siquiera tiempo de gozar la hartura!

7 ss. Después de la severa admonición precedente, el Apóstol alecciona también a los que obedecen (v. 4 y nota), enseñándonos a buscar así la paz social y no el odio. Su lenguaje es todo sobrenatural, como un eco del Sermón de Jesús (Lc. 6, 20 y nota). Compadece a los poderosos (v. 1) y envidia a los que, pareciendo débiles, son los grandes afortunados (Sal. 71, 2 y nota).

8. *La Parusía del Señor está cerca*: véase Rm. 13, 11; 1Co. 7, 29; Filp. 4, 5; Hb. 10, 25 y 37; Ap. 1, 3; 22, 7 y 10. Lagrange y Pirot, citando de Maistre a propósito de este último texto, dicen que esa impresión de que Jesús volvería en cualquier momento, "es lo que hizo la fuerza de la Iglesia primitiva. Los discípulos vivían con los ojos puestos en el cielo, velando para no ser sorprendidos por la llegada del Señor, regulando su conducta ante el temor de su juicio... y de esa intensidad de su esperanza vino su heroísmo en la santidad, su generosidad en el sacrificio, su celo en difundir por doquiera la vida nueva, según el Evangelio.

11. Tob. 2, 15.

12. Veáse Mt. 5, 34. Según nos lo muestra la conducta del Señor (Mt. 23, 63, ss) y de San Pablo (2 Co. 1, 23; Gál. 1, 20) no se condena todo juramento, sino el abuso y la tendencia a prometer presuntuosamente. Véase Mt. 21, 31; Jn. 13, 38 y notas.

13. Norma para todos los momentos de la vida.

14. Es la extremaunción o *Santa Unción* insinuada ya en Mc. 6, 13, como dice el Concilio de Trento. Se supone que el enfermo está en cama, pues no puede salir, y luego se dice: *lo levantará* (v. 15); pero no se habla en manera alguna de moribundos como muchos piensan; de modo que por falso prejuicio, que hace mirar con temor esta unción, se pierden quizá muchas curaciones tanto corporales como espirituales. En Eclo. 38, 1-15 vemos que la oración ha de preceder al médico y al farmacéutico. El plural *los presbíteros* parece indicar sólo la categoría, así como en Lc. 17, 14 Jesús dice:

"mostraos a los sacerdotes" (de Israel). Según la tradición judía cada sinagoga tenía, como observa Lagrange, además del jefe o archisinagogo "un consejo de ancianos (presbíteros), prototipo de los que tomarán rango en la Iglesia cristiana" (cf. Hch. 14, 23; 15, 23; 20, 17 y 28; 1 Tm. 5, 17; Tito 1, 5; 1 Pe. 5, 1). El Concilio Tridentino declaró que no compete a los laicos hacer esta unción.

15. *La oración de la fe*: en Lc. 5, 20 se dice: "viendo la fe de ellos". *Salvará* (*sosei*) es usado siempre en sentido espiritual (v. 20; 1, 21; 2, 14; 4, 12). ¿Tiene aquí sentido de curación? El v. 16 usa otro verbo que significa literalmente *sanar*. *Lo levantará* se refiere indudablemente al lecho. *Le serán perdonados*: como observa Pirot, "el pensamiento del autor no hace reserva alguna" y comprende todos los pecados graves o leves.

16. *Confesaos unos a otros*: la expresión "por tanto" vincula este v. al anterior y parece, como piensa Pirot, exhortar al grupo presente junto al enfermo para que antes de orar por él y a fin de valorizar su oración, disponga cada uno su alma (cf. Eclo. 18, 23) por el arrepentimiento, confesándose pecador delante de todos, como se hace en el Confiteor (cf. 1Co. 11, 28; 1 Jn. 1, 7-10). Fillion dice que el pronombre *allelus* (unos a otros) muestra que no se trata aquí de confesión sacramental. Chaine, como otros modernos, lo entiende de una confesión hecha en grupo, como la oración que le sigue, y observa que "no es hecha especialmente a los presbíteros, aunque ellos están presente y la oyen". Añade que "no está dicho que la confesión sea detallada", y la relaciona con la institución del "día del perdón" (Lv. 16, 30) que aún conservan los judíos con su nombre de *Yom Kippur*, en el que el Sumo Sacerdote hacía a nombre del pueblo (Lv. 16, 21) una confesión dirigida a Dios (cf. Sal. 32, 5; Dn. 9, 4 ss.; Esd. 9, 6-15; Pr. 28, 13; Eclo. 4, 26). La Didajé dice también: "Confesarás tus pecados en la asamblea (Iglesia) y no te pondrás en oración con mala conciencia" (4, 14; 16, 1). Lo mismo dice la Epístola de Bernabé (19, 12). Entre los intérpretes antiguos, empero, la mayoría refiere estas palabras de Santiago a la confesión sacramental (San Juan Crisóstomo, San Alberto Magno, Santo Tomás de Aquino, etc.), mientras una minoría sostiene que se trata de la confesión pública hecha por humildad entre los hermanos con

un hombre sujeto a las mismas debilidades que nosotros, rogó fervorosamente que no lloviese, y no llovió sobre la tierra por espacio de tres años y seis meses. [18]Y de nuevo oró; y el cielo dio lluvia, y la tierra produjo su fruto. [19]Hermanos míos, si alguno de vosotros se extravía de la verdad y otro lo convierte, [20]sepa que quien convierte a un pecador de su errado camino salvará su alma de la muerte y cubrirá multitud de pecados.

Las cartas de San Pedro

Simón Bar Jona (hijo de Jonás), el que había de ser San Pedro (Hech. 15, 14; 2 Pe. 1, 1), fue llamado al apostolado en los primeros días de la vida pública del Señor, quien le dio el nombre de Cefas (en arameo Kefa), o sea, "piedra", de donde el griego Petros, Pedro (Jn. 1, 42). Vemos en Mt. 16, 17-19, cómo Jesús lo distinguió entre los otros discípulos, haciéndolo "Príncipe de los Apóstoles" (Jn. 21, 15ss.). S. Pablo nos hace saber que a él mismo, como Apóstol de los gentiles, Jesús le había encomendado directamente (Ga. 1, 11 s.) el evangelizar a éstos, mientras que a Pedro, como a Santiago y a Juan, la evangelización de los circuncisos o israelitas (Ga. 2, 7-9; cf. St. 1, 1y nota). Desde Pentecostés predicó Pedro en Jerusalén y Palestina, pero hacia el año 42se trasladó a "otro lugar" (Hech. 12, 17y nota), no sin haber antes admitido al bautismo al pagano Cornelio (Hech. 10), como el diácono Felipe lo había hecho con el "prosélito" etíope (Hech. 8, 26ss.). Pocos años más tarde lo encontramos nuevamente en Jerusalén, presidiendo el Concilio de los Apóstoles (Hech. 15) y luego en Antioquía. La Escritura no da más datos sobre él, pero la tradición nos asegura que murió mártir en Roma el año 67, el mismo día que San Pablo.

Su primera Carta se considera escrita poco antes de estallar la persecución de Nerón, es decir, cerca del año 63(cf. 2 Pe. 1, 1nota), desde Roma a la que llama Babilonia por la corrupción de su ambiente pagano (5, 13). Su fin es consolar principalmente a los hebreos cristianos dispersos (1, 1) que, viviendo también en un mundo pagano, corrían el riesgo de perder la fe. Sin embargo, varios pasajes atestiguan que su enseñanza se extiende también a los convertidos de la gentilidad (cf. 2, 10y nota). A los mismos destinatarios (2 Pe. 3, 1), pero extendiéndola "a todos los que han alcanzado fe" (1, 1) va dirigida la segunda Carta, que el Apóstol escribió, según lo dice, poco antes de su martirio (2 Pe. 1, 14), de donde se calcula su fecha por los años de 64-67. "De ello se deduce como probable que el autor escribió de Roma", quizá desde la cárcel. En las comunidades cristianas desamparadas se habían introducido ya falsos doctores que despreciaban las Escrituras, abusaban de la grey y, sosteniendo un concepto perverso de la libertad cristiana, decían también que Jesús nunca volvería. Contra ésos y contra los muchos imitadores que tendrán en todos los tiempos hasta el fin, levanta su voz el Jefe de los Doce, para prevenir a las Iglesias presentes y futuras, siendo de notar que mientras Pedro usa generalmente los verbos en futuro, Judas, su paralelo, se refiere ya a ese problema como actual y apremiante (Judas 3 s.; cf. 2 Pe. 3, 17y nota).

En estas breves cartas las –dos únicas "Encíclicas" del Príncipe de los apóstoles– llenas de la más preciosa doctrina y profecía, vemos la obra admirable del Espíritu Santo, que transformó a Pedro después de Pentecostés. Aquel ignorante, inquieto y cobarde pescador y negador de Cristo es aquí el apóstol lleno de caridad, de suavidad y de humilde sabiduría, que (como Pablo en 2Tim. 4, 6), nos anuncia la proximidad de su propia muerte que el mismo Cristo le había pronosticado. San Pedro nos pone por

---

el fin de despertar la contrición y obtener la ayuda espiritual de las oraciones de los otros. Sobre este v. versaron, como recuerda Pirot, las controversias de la Edad Media acerca de la confesión hecha a loa laicos. El Concilio de Trento puso fin a las discusiones condenando solemnemente a quien desconociera como precepto de Jesucristo "el modo de confesar en secreto con el sacerdote, que la Iglesia católica ha observado siempre desde su principio y al presente observa" (Sesión. 14, can. 6).

17. Véase 3Re. 17, 1 ss.; 18, 42-45; Lc. 4, 25.
20. Véase Pr. 10, 12.

delante, desde el principio de la primera Epístola hasta el fin de la segunda, el misterio del futuro retorno de nuestro Señor Jesucristo como el tema de meditación por excelencia para transformar nuestras almas en la fe, el amor y la esperanza (cf. St. 5, 7ss.; y Jds. 20y notas). "La principal enseñanza dogmática de la 2 Pedro –dice Pirot– consiste incontestablemente en la certidumbre de la Parusía y, en consecuencia, de las retribuciones que la acompañarán (1, 11y 19; 3, 4-5). En función de esta espera es como debe entenderse la alternativa entre la virtud cristiana y la licencia de los "burladores" (2, 1-2y 19). Las garantías de esta fe son: los oráculos de los profetas, conservados en la vieja Biblia inspirada, y la enseñanza de los apóstoles testigos de Dios y mensajeros de Cristo (1, 4y 16-21; 3, 2). El Evangelio es ya la realización de un primer ciclo de las profecías, y esta realización acrece tanto más nuestra confianza en el cumplimiento de las posteriores" (cf. 1, 19). Es lo que el mismo Jesús Resucitado, cumplidas ya las profecías de su Pasión, su Muerte y su Resurrección, reiteró sobre los anuncios futuros de "sus glorias" (1 Pe. 1, 11) diciendo: "Es necesario que se cumpla todo lo que está escrito acerca de Mí en la Ley de Moisés, en los Profetas y en los Salmos" (Lc. 24, 44).

Poco podría prometerse de la fe de aquellos cristianos que, llamándose hijos de la Iglesia, y proclamando que Cristo está donde está Pedro, se resignasen a pasar su vida entera sin preocuparse de saber qué dijeron, en sus breves cartas, ese Pedro y ese Pablo, para poder, como dice la Liturgia, "seguir en todo el precepto de aquellos por quienes comenzó la religión". (Colecta de la Misa de San Pedro).

1ᴬ Carta de San Pedro

1 Prólogo. [1]Pedro, apóstol de Jesucristo, a los advenedizos de la diáspora en el Ponto, Galacia, Capadocia, Asia y Bitinia, [2]elegidos conforme a la presciencia de Dios Padre, por la santificación del Espíritu, para obedecer a Jesucristo y ser rociados con su sangre: gracia y paz os sean dadas en abundancia.

Acción de gracias. [3]Bendito sea el Dios y Padre de nuestro Señor Jesucristo que, según la abundancia de su misericordia, nos ha engendrado de nuevo para una esperanza viva, mediante la resurrección de Jesucristo de entre los muertos; [4]para una herencia que no puede corromperse, ni mancharse, ni marchitarse, y que está reservada en

los cielos para vosotros [5]los que, por el poder de Dios, sois guardados mediante la fe para la salvación que está a punto de manifestarse en (*este*) último tiempo. [6]En lo cual os llenáis de gozo, bien que ahora, por un poco de tiempo seáis, si es menester, apenados por varias pruebas; [7]a fin de que vuestra fe, saliendo de la prueba mucho más preciosa que el oro perecedero –que también se acrisola por el fuego– redunde en alabanza, gloria y honor cuando aparezca Jesucristo. [8]A Él amáis sin haberlo visto; en Él ahora, no viéndolo, pero sí creyendo, os regocijáis con gozo inefable y gloriosísimo, [9]porque lográis el fin de vuestra fe, la salvación de (*vuestras*) almas.

La voz de los profetas. [10]Sobre esta salvación

---

2. Obsérvese la exposición del misterio de la *Santísima Trinidad*: el Padre nos eligió, el Hijo nos roció con Su Sangre, y el Espíritu Santo es quien non santifica aplicándonos los méritos Jesús que son la prenda y el germen de nuestra *herencia incorruptible* (v. 4).

5. La *salvación* significa para el Apóstol la gloriosa resurrección de entre los muertos que, a semejanza de la Suya (v. 3) nos traerá Jesús el día de su Parusía (vv. 7, 9 y 10 ss.), que Él llama de nuestra redención (Lc. 21, 28), y que nos está reservada en los cielos (v. 4) porque de allí "esperamos al Señor que transformará nuestro vil cuerpo conforme al Suyo glorioso" (Filp. 3, 20s.).

6. Cf. 5, 1 y 10.

7. Cf. Pr. 17, 3; Sb. 3, 6; Eclo. 2, 5; Mal. 3, 3; Rm. 2, 7 y 10; St. 1, 3; Ap. 1, 1.

8. San Pedro se dispone a comentarnos el misterio de esa *segunda venida de Jesús* y nos anticipa el gozo inmenso contenido en esa expectativa que San Pablo llama la bienaventurada esperanza (Tito 2, 13). Es, en efecto, propio del hombre el alegrarse de antemano con el pensamiento de los bienes que espera. De ahí que esta esperanza supone el amor, pues nadie puede desear el advenimiento de aquello que no ama.

inquirieron y escudriñaron los profetas, cuando vaticinaron acerca de la gracia reservada a vosotros, [11]averiguando a qué época o cuáles circunstancias se refería el Espíritu de Cristo que profetizaba en ellos, al dar anticipado testimonio de los padecimientos de Cristo y de sus glorias posteriores. [12]A ellos fue revelado que no para sí mismos sino para vosotros, administraban estas cosas que ahora os han sido anunciadas por los predicadores del Evangelio, en virtud del Espíritu Santo enviado del cielo; cosas que los mismos ángeles desean penetrar.

Sed santos, pues fuisteis redimidos por la sangre de Cristo. [13]Por lo cual ceñid los lomos de vuestro espíritu y, viviendo con sobriedad, poned toda vuestra esperanza en la gracia que se os traerá cuando aparezca Jesucristo. [14]Como hijos obedientes, no os conforméis con aquellas anteriores concupiscencias del tiempo de vuestra ignorancia; [15]sino que, conformes al que os llamó, que es Santo, sed también vosotros santos en toda conducta. [16]Pues escrito está: "Sed santos, porque Yo soy santo". [17]Y si llamáis Padre a Aquel que, sin acepción de personas, juzga según la obra de cada uno, vivid en temor el tiempo de vuestra peregrinación, [18]sabiendo que de vuestra vana manera de vivir, herencia de vuestros padres,

fuisteis redimidos, no con cosas corruptibles, plata u oro, [19]sino con la preciosa sangre de Cristo, como de cordero sin tacha y sin mancha, [20]conocido ya antes de la creación del mundo, pero manifestado al fin de los tiempos por amor de vosotros, [21]los que por Él creéis en Dios que le resucitó de entre los muertos y le dio gloria, de modo que vuestra fe sea también esperanza en Dios.

Nacidos de Dios. [22]Puesto que con la obediencia a la verdad habéis purificado vuestras almas para un amor fraternal no fingido, amaos unos a otros asiduamente, con sencillo corazón; [23]ya que estáis engendrados de nuevo, no de semilla corruptible, sino incorruptible, por la Palabra de Dios viva y permanente. [24]Porque "toda carne es como heno, y toda su gloria, como la flor del heno. Se secó el heno y cayó la flor, [25]más la Palabra del Señor permanece para siempre". Y esta Palabra es la que os ha sido predicada por el Evangelio.

2 **Espiritualidad cristiana.** [1]Deponed, pues, toda malicia y todo engaño, las hipocresías, las envidias y toda suerte de detracciones, [2]y, como niños recién nacidos, sed ávidos de la leche espiritual no adulterada, para crecer por ella en la salvación, [3]si es que habéis experimentado que el Señor es bueno.

---

10. Ya los profetas del Antiguo Testamento habían anunciado la salud que nos vendría por Jesucristo mediante sus padecimientos y glorias posteriores (v. 11), porque el Espíritu de Cristo (el Espíritu Santo), los iluminaba.

11. Cf. Lc. 24, 44; Ef. 1, 10.

12. *Cosas que los mismos ángeles desean penetrar*: o sea, los misterios de la manifestación de Cristo glorioso (v. 13). La Vulgata dice: en quien *los ángeles desean penetrar*, como si se tratase de escudriñar los misterios del Espíritu Santo.

13. Imagen tomada de los obreros y combatientes que se ceñían el vestido para trabajar y luchar mejor (Ef. 6, 17). Jesús usa también esta imagen cuando nos dice que esperamos su retorno "ceñidos nuestros lomos" (Lc. 12, 35). Cf. v. 7.

14. Literalmente: *hijos de obediencia*, expresivo hebraísmo: el que ha conocido a Dios como Padre, no puede sino estar del todo entregado a complacerlo (Rm. 12, 2). Cf. v. 22. *El tiempo de vuestra ignorancia* parece referirse a los de origen pagano (Hch. 17, 30; Rm. 1, 15 ss.; Ef. 2, 3 y 4, 17s.). Cf. v. 18; 2, 10.

15. Sobre esta vocación a la santidad, véase 1 Ts. 4, 3 y nota.

16. Véase Lv. 11, 44; 19, 2; 20, 7.

19. Sobre la Preciosa Sangre. cf. 1Co. 6, 20; 7, 23; Hb. 9, 14; 1 Jn. 1, 7; Ap. 1, 5.

20. Véase Ef. 3, 9 y nota.

21. *Que vuestra fe sea también esperanza*: Preciosa observación. Lo que se cree bueno se ama, y por tanto se lo espera con ansia.

22. *La obediencia a la verdad* (v. 14) tiene, pues, la eficacia de purificar las almas (véase el punto opuesto en 2 Ts. 2, 10 y nota), y prepararlas para el verdadero amor al prójimo (cf. 2 Tm. 3, 16 y nota), pues tal es el mandamiento principal, que San Pablo llama la plenitud de la Ley (Rm. 13, 10; Ga. 5, 14).

23. *Viva y permanente*: se refiere a la Palabra (v. 25) y no al mismo Dios como en la Vulgata. Véase Sal. 118, 89 y nota; St. 1, 18; Ap. 14, 6.

24. Véase Is. 40, 6 ss.; St. 1, 10s.

2. *La leche espiritual*: la pura y verdadera Palabra de Dios (Hb. 5, 12s.). En 1, 23 nos habló San Pedro de renacer por la Palabra (cf. St. 1, 18 y nota). Ahora nos habla de *crecer* en la salud por medio de ella, y nos dice que debemos anhelarla como niños.

3s. Nótese el proceso espiritual: primero desear sus dones (v. 2) y luego, si hemos gustado que Él es benigno, allegarnos a Él (cf. 2 Pe. 1, 2 ss. y nota). Es muy natural que el que cree en la bondad de Dios aproveche para pedirle mucho. Pero, al verlo tan bueno y admirable, descubre que Él es también, y sobre todo, atrayente por Sí mismo. Entonces es a Él a quien busca, y cuando va a pedirle, le pide ante todo su amistad, pues ha comprendido que hay mayor

Sois sacerdotes y reyes. [4]Arrimándoos a Él, como a piedra viva, reprobada ciertamente por los hombres, más para Dios escogida y preciosa, [5]también vosotros, cual piedras vivas, edificaos (*sobre Él*) como casa espiritual para un sacerdocio santo, a fin de ofrecer sacrificios espirituales, agradables a Dios por Jesucristo. [6]Por lo cual se halla esto en la Escritura: "He aquí que pongo en Sión una piedra angular escogida y preciosa; y el que en ella cree nunca será confundido". [7]Preciosa para vosotros los que creéis; más para los que no creen, "la piedra que rechazaron los constructores ésa misma ha venido a ser cabeza de ángulo" [8]y "roca de tropiezo y piedra de escándalo"; para aquellos que tropiezan por no creer a la Palabra, a lo cual en realidad están destinados. [9]Pero vosotros sois un "linaje escogido, un sacerdocio real, una nación santa, un pueblo conquistado, para que anunciéis las grandezas de Aquel que de las tinieblas os ha llamado a su admirable luz"; [10]a los en un tiempo (*llamados*) "no pueblo", ahora (*se les llama*) pueblo de Dios; a los (*llamados*) "no más misericordia", ahora "objeto de la misericordia".

El buen ejemplo. [11]Amados míos, os ruego que os abstengáis, cual forasteros y peregrinos, de las concupiscencias carnales que hacen guerra contra el alma. [12]Tened en medio de los gentiles una conducta irreprochable, a fin de que, mientras os calumnian como malhechores, al ver (*ahora*) vuestras buenas obras, glorifiquen a Dios en el día de la visita.

Obediencia a las autoridades. [13]A causa del Señor sed sumisos a toda humana institución, sea al rey como soberano, [14]o a los gobernadores, como enviados suyos para castigar a los malhechores y honrar a los que obran bien. [15]Pues la voluntad de Dios es que obrando bien hagáis enmudecer a los hombres insensatos que os desconocen, [16](*comportándoos*) cual libres, no ciertamente como quien toma la libertad por velo de la malicia, sino como siervos de Dios. [17]Respetad a todos, amad a los hermanos, temed a Dios, honrad al rey.

Servir, a imitación de Cristo. [18]Siervos, sed sumisos a vuestros amos con todo temor, no solamente a los buenos e indulgentes, sino también a los difíciles. [19]Porque en esto está la gracia: en que uno, sufriendo injustamente, soporte penas por consideración a Dios. [20]Pues ¿qué gloria es, si por vuestros pecados sois abofeteados y lo soportáis?

---

felicidad en Él mismo que en todas las cosas que puede dar. San Pedro nos señala de esta manera el proceso de la sabiduría.

5. *La gran casa o templo espiritual*, así edificada sobre Él como Piedra viva (vv. 4 y 6; Ef. 2, 20) y cuyas piedras somos nosotros, es la Iglesia (Mt. 16, 18; Hb. 10, 21; Judas 20). Todos somos llamados a ese sacerdocio santo, es decir, los cristianos tenemos el derecho y el deber de ofrecer esos sacrificios espirituales que San Pablo llama "sacrificios de alabanza, fruto de nuestros labios" (Sal. 115, 8; Hb. 13, 15 y nota). Cf. Ef. 2, 21s.; Sal. 50, 17.

6. *Piedra angular*: Jesucristo. Cf. Is. 28, 16 y nota; Rm. 9, 33; 10, 11.

7s. Cf. Sal. 117, 22; Is. 8, 14s.; Mt. 21, 42; Hch. 4, 11; Rm. 9, 32s.

9. *Sacerdocio real*: es decir, como Cristo, sacerdotes y reyes. Sacerdotes como Él, injertados por el Bautismo, en el Sumo Sacerdote celestial (Rm. 7, 6 ss.; Sal. 109, 4 y nota) y capaces de ofrecer los sacrificios del v. 5. Y reyes como Él, partícipes de su reino y llamados a juzgar con Él al mundo (1Co. 6, 2; Ap. 2, 26; 5, 10). *Pueblo conquistado*: como propio Suyo, según debió serlo Israel (Ex. 19, 4-6). Cf. Mal. 3, 17; Tt. 2, 14.

10. San Pablo (Rm. 9, 25) hace también libremente esta cita de Os. 2, 24 (2, 25 en hebreo) y la aplica a los cristianos venidos de la gentilidad como ejemplo de la soberana libertad de Dios para hacer misericordia. Las palabras del profeta, según observa Crampon, "en su sentido propio y literal, tratan de las diez tribus (del Norte), corrompidas e idólatras como verdaderos paganos separados de Yahvéh y cuya conversión, que les devolverá las prerrogativas de pueblo de Dios, se presenta al espíritu de Pablo como figura de la entrada de los gentiles". ¿Hace Pedro igual aplicación aquí? ¿O se refiere más bien, como Apóstol de la circuncisión (Ga. 2, 7-9), a la nueva Alianza según Oseas, tal como lo hace Pablo en Hb. 8, 8 ss. con respecto a Jeremías? Los comentadores suelen aplicarlo de un modo genérico a los *cristianos,* es decir, tanto a los israelitas o judíos a quienes se dirige especialmente la Epístola (1, 1 y nota), como a los de la gentilidad. Cf. 1, 14; Ef. 2, 11 ss.; Hb. 11, 40 y nota.

11. Comentando este pasaje, exhorta San León Magno: "¿A quién sirven los deleites carnales sino al diablo que intenta encadenar con placeres a las almas que aspiran a lo alto?... Contra tales asechanzas debe vigilar sabiamente el cristiano para que pueda burlar a su enemigo con aquello mismo en que es tentado". Cf. 5, 8s.; Mt. 4, 10; Lc. 22, 34; Rm. 13, 14; Ga. 5, 16; Hb. cap. 11 y notas.

13. A pesar de que las *autoridades civiles* perseguían a los cristianos, predicaban éstos la sumisión a todas ellas, y no sólo por razones humanas (para tapar la boca a los paganos), sino como "siervos de Dios", de quien viene toda potestad. Véase Rm. 13, 1-7. Es de notar que estas palabras fueron escritas durante el reinado de Nerón.

Pero si padecéis por obrar bien y lo sufrís, esto es gracia delante de Dios. [21]Para esto fuisteis llamados. Porque también Cristo padeció por vosotros dejándoos ejemplo para que sigáis sus pasos. [22]"Él, que no hizo pecado, y en cuya boca no se halló engaño"; [23]cuando lo ultrajaban no respondía con injurias y cuando padecía no amenazaba, sino que se encomendaba al justo Juez. [24]Él mismo llevó nuestros pecados en su cuerpo sobre el madero, a fin de que nosotros, muertos a los pecados, vivamos para la justicia. "Por sus llagas fuisteis sanados"[25]; porque erais como ovejas descarriadas; mas ahora os habéis vuelto al Pastor y Obispo de vuestras almas.

3 **La vida conyugal.** [1]De igual manera, vosotras, mujeres, sed sumisas a vuestros maridos, para que si algunos no obedecen a la predicación sean ganados sin palabra por la conducta de sus mujeres, [2]al observar vuestra vida casta y llena de reverencia. [3]Que vuestro adorno no sea de afuera: el rizarse los cabellos, ornarse de joyas de oro o ataviarse de vestidos, [4]sino el (*adorno*) interior del corazón, que consiste en la incorrupción de un espíritu manso y suave, precioso a los ojos de Dios. [5]Porque así también se ataviaban antiguamente las santas mujeres que esperaban en Dios, viviendo sumisas a sus maridos; [6]como, por ejemplo, Sara era obediente a Abraham y le llamaba señor. De ella sois hijas vosotras si obráis el bien sin temer ninguna amenaza. [7]Asimismo, vosotros, maridos, vivid en común con vuestras mujeres con toda la discreción, como que son vaso más débil. Tratadlas con honra como a coherederas que son de la gracia de la vida, para que nada estorbe vuestras oraciones.

Exhortaciones generales. [8]En fin, sed todos de un mismo sentir, compasivos, amantes de los hermanos, misericordiosos, humildes. [9]No devolváis mal por mal ni ultraje por ultraje, sino al contrario bendecid, porque para esto fuisteis llamados a ser herederos de la bendición. [10]"Quien quiere amar la vida y ver días felices, aparte su lengua del mal y sus labios de palabras engañosas; [11]sepárese del mal y obre el bien; busque la paz y vaya en pos de ella; [12]porque los ojos del Señor van hacia los justos, y sus oídos están atentos a sus plegarias, pero el rostro del Señor está contra los que obran el mal". [13]¿Y quién habrá que os haga mal si estáis celosamente entregados al bien? [14]Aun cuando padeciereis por la justicia, dichosos de vosotros. No tengáis de ellos ningún temor, ni os perturbéis; [15]antes bien, santificad a Cristo como Señor en vuestros corazones, y estad siempre prontos a dar respuesta a todo el que os pidiere razón de la esperanza en que vivís; [16]pero con

---

21. "Esta es la vocación y éste es el carácter propio de los discípulos de Jesucristo: abrazarse con la Cruz de su divino Maestro, copiar fielmente a este divino original, imitarle en la paciencia con que Él sufrió todos los agravios y las persecuciones" (San Cipriano).

23. *Al justo Juez*, es decir, al Padre celestial, en cuyas manos había puesto Jesús la justicia de su causa. La Vulgata habla, a la inversa, de entregarse al que le sentenciaba injustamente.

25. *El Pastor y Obispo de vuestras almas* es Jesucristo. Cf. Is. 53, 6; Ez. 34, 5; Mt. 18, 12 ss.; Jn. 10, 11s. y 16; Hb. 8, 1 ss.; 13, 20; cf. Tito 2, 5.

1. Como San Pablo, así también San Pedro ve la misión de la *mujer cristiana* más en una vida ejemplar que en palabras y discusiones, tan raras veces fructuosas y a las cuales no está llamada. Come aquí vemos, la misión de la esposa puede alcanzar un extraordinario valor apostólico. Cf. Ef. 5, 22 ss.; 1Co. cap. 7.

6. *Sara era obediente*: así quiere Dios que sea el orden del hogar. Dice al respecto la Encíclica "Casti Connubii": "En cuanto al grado y al modo de esta sujeción de la esposa al marido, puede ella variar según la diversidad de las personas, de los lugares y de los tiempos; más aún, si el hombre viene a menos en el cumplimiento de su deber, pertenece a la esposa suplirlo en la dirección de la familia. Pero en ningún tiempo ni lugar será lícito subvertir o transformar la estructura esencial de la familia y de sus leyes firmemente establecidas por Dios".

7. Sobre el trato que el marido debe dar a la mujer, véase Ef. 5, 28; 1 Ts. 4, 4; 1Co. 7, 3.

9. *La bendición*: la vida eterna de Cristo. Véase 1, 4; cf. Pr. 17, 13; Mt. 5, 44; Rm. 12, 14. Ef. 1, 10 y nota; 1 Ts. 5, 17.

10s. Cita del Sal. 33, 13-17según los LXX´s. Cf. Is. 1, 16; St. 1, 26. Buscar la paz y perseguirla empeñosamente no es pues, ideal de ociosos o egoístas, sino de sabios (cf. Jn. 14. 27). La misma Sabiduría que nos da este consejo, nos enseña a realizarlo "guardando sobre toda cosa el corazón" (Pr. 4, 23). "¿Cuántos hay, por ejemplo, que han perdido buena parte de su paz huyendo de los periódicos que, como una especie de obligación inventada por nosotros mismos, nos llenan de turbación o de ira cada día, con los ecos perversos y dolorosos del mundo, los mejores instantes que podríamos dedicar a leer y escuchar los consuelos de Dios en su Palabra que es continua oración?" (Mons. Keppler).

14. Véase Mt. 5, 10.

15. Es decir, que debemos también estar preparados en la doctrina y en el conocimiento de la Revelación y de las profecías, para satisfacer a cualquiera que nos pida razón, no solamente de la

mansedumbre y reserva, teniendo buena conciencia, para que en aquello mismo en que sois calumniados sean confundidos los que difaman vuestra buena conducta en Cristo. [17]Porque mejor es sufrir, si tal es la voluntad de Dios, haciendo el bien que haciendo el mal.

Ejemplo de Cristo. [18]Pues también Cristo murió una vez por los pecados, el Justo por los injustos, a fin de llevarnos a Dios. Fue muerto en la carne, pero llamado a la vida por el Espíritu, [19]en el cual fue también a predicar a los espíritus encarcelados, [20]que una vez fueron rebeldes cuando los esperaba la longanimidad de Dios en los días de Noé, mientras se construía el arca, en la cual algunos pocos, a saber, ocho personas, fueron salvados a través del agua; [21]cuyo antitipo, el bautismo –que consiste, no en la eliminación de la inmundicia de la carne, sino en la demanda a Dios de una buena conciencia– os salva ahora también a vosotros por la resurrección de Jesucristo, [22]el cual subió al cielo y está a la diestra de Dios, hallándose sujetos a Él ángeles, autoridades y poderes.

4 El ejemplo de los cristianos. [1]Por tanto, habiendo Cristo padecido en la carne, armaos también vosotros de la misma disposición, a saber, que el que padeció en la carne ha roto con el pecado, [2]para pasar lo que resta que vivir en carne, no ya según las concupiscencias humanas, sino según la voluntad de Dios; [3]pues basta ya el tiempo pasado en que habéis cumplido la voluntad de los gentiles, viviendo en lascivia, concupiscencia, embriaguez, comilonas, orgías y nefaria idolatría. [4]Ahora se extrañan de que vosotros no corráis con ellos a la misma desenfrenada disolución y se ponen a injuriar; [5]pero darán cuenta a Aquel que está pronto para juzgar a vivos y a muertos. [6]Pues para eso fue predicado el Evangelio también a los muertos, a fin de que, condenados en la carne, según (*es propio de*) los hombres, vivan según Dios en el espíritu.

---

fe, sino también de la esperanza (1, 21; cf. 2 Tm. 3, 16; 1 Ts. 5, 20 y nota). Esto confirma una vez más la grave sentencia de San Jerónimo "Ignorar las Escrituras es ignorar a Cristo". *La esperanza en que vivís* es el glorioso advenimiento de Cristo. Cf. 1, 5 ss.; Mt. 24, 30; Mc. 14, 62; Hch. 1, 11; 1Co. 1, 8; 2 Tm. 4, 8; Tito 2, 13.

16. *Con mansedumbre y reserva*: la primera, para no tener un celo amargo (St. 3, 14 ss.). La segunda, para conservar "la prudencia de la serpiente" (Mt. 10, 16) y "no dar las perlas a los cerdos" (Mt. 7, 6).

18. Véase 2, 23; Rm. 5, 6; Hb. 9, 28.

19. Es el misterio de que habla el Credo de los Apóstoles al decir "descendió a los infiernos". Sobre esta predicación del Evangelio (cf. Mc. 1, 15) hecha a los muertos (4, 6; Col. 1, 20 y 23; Is. 42, 7), el Apóstol nombra expresamente a aquellos que en el diluvio fueron castigados con la muerte por su rebeldía ante los anuncios de Noé durante ciento veinte años (Gen. 6, 1 ss.; cf. 1Co. 5, 5; 11, 30 y notas). A este respecto se han manifestado muy diversas opiniones, sobre lo cual anota Mons. Charque: "En el contexto esta observación debe probar el beneficio de los sufrimientos del Salvador, cosa que debe recordarle cuando se habla sobre el descendimiento a los infiernos, pues es desde luego imposible la interpretación, llamada espiritual, de San Agustín, de Santo Tomás de Aquino y de todos los occidentales hasta el siglo XIV, según los cuales el Cristo, *preexistente*, habría intervenido por intermedio de su profeta Noé para predicar a los contemporáneos del diluvio –¿cómo se les puede llamar espíritus?– la verdad que los libraría de la prisión, es decir de las tinieblas de la ignorancia y del pecado". Según el mismo autor, San Cirilo de Alejandría expresó en un sermón "que todas las almas fueron salvadas y el diablo quedó solo en su infierno"; pero en otra parte "se contenta con el principio que enunciaron Orígenes y San

Gregorio Nacianceno, de que Cristo salvó a todos los que quisieron, a todos los que creyeron en Él" (cf. Rm. 3, 21-26). Añade que fue necesario esperar el fin del siglo IV para hallar una reacción vigorosa contra la tesis "aún mitigada de la evangelización de los muertos infieles, tesis que continúan profesando muchos críticos no católicos". San Agustín y otros padres supusieron la conversión de esas almas en el diluvio (cf. Gn.7, 1-7; Mt. 24, 37 ss.; Lc. 17, 26 ss.; Hb. 11, 7; 2 Pe. 2, 5) y San Jerónimo y San Juan Crisóstomo lo aplicaron a las almas de los justos del Antiguo Testamento, a los que Cristo visitó para anunciarles que estaban abiertas las puertas del cielo. Cf. Mt. 27, 52 ss.

21. San Pedro señala el bautismo como antitipo del diluvio porque en aquél también nos salvamos "a través del agua" (v. 20) que significa una muerte mística. Véase Rm. 6, 4; Ga. 3, 27; Col. 2, 12; Ef. 4, 23, etc.

22. *Subió al cielo*: la Vulgata añade: *después de haber devorado la muerte* (en su victoria). Cf. 1Co. 15, 54. *Está a la diestra de Dios:* cf. Sal. 109, 1.

1. De este v. se colige una vez más que la Carta, en parte por lo menos, va dirigida también a los cristianos que antes eran paganos. Véase 2, 10 y nota. Cf. Ef. 2, 3; Tito 3, 3.

6. *A los muertos*: San Pedro fija aquí el sentido del v. anterior en que usa la expresión *vivos y muertos*, conservada en el Credo y frecuente en el Nuevo Testamento (cf. 2 Tm. 4, 1; Rm. 14, 9; Hch. 10, 42). "Según diversos comentadores antiguos y modernos (San Agustín, San Beda el Venerable, etc.), el adjetivo *muertos* debería entenderse en sentido moral y designaría a los que están muertos espiritualmente, los pecadores, y particularmente a los paganos. Pero al fin del v. 5este adjetivo ha sido tomado en su sentido propio, y no hay manera de creer que se use dos acepciones diferentes en

El juicio está cerca. [7]El fin de todas las cosas está cerca; sed, pues, prudentes y sobrios para poder dedicaros a la oración. [8]Ante todo, conservad asidua la mutua caridad, porque la caridad cubre multitud de pecados. [9]Ejerced sin murmurar la hospitalidad entre vosotros. [10]Sirva cada uno a los demás con el don que haya recibido, como buenos dispensadores de la gracia multiforme de Dios. [11]Si alguno habla, sea conforme a las palabras de Dios; si alguno ejerce un ministerio, sea por la virtud que Dios le dispensa, a fin de que el glorificado en todo sea Dios por Jesucristo, a quien es la gloria y el poder por los siglos de los siglos. Amén.

Frutos de la persecución. [12]Carísimos, no os sorprendáis, como si os sucediera cosa extraordinaria, del fuego que arde entre vosotros para prueba vuestra; [13]antes bien alegraos, en cuanto sois participantes de los padecimientos de Cristo, para que también en la aparición de su gloria saltéis de gozo. [14]Dichosos de vosotros si sois infamados por el nombre de Cristo, porque el Espíritu de la gloria, que es el espíritu de Dios, reposa sobre vosotros. [15]Ninguno de vosotros padezca, pues, como homicida o ladrón o malhechor, o por entrometerse en cosas extrañas; [16]pero si es por cristiano, no se avergüence; antes bien, glorifique a Dios en este nombre. [17]Porque es ya el tiempo en que comienza el juicio por la casa de Dios. Y si comienza por nosotros, ¿cuál será el fin de los que no obedecen al Evangelio de Dios? [18]Y si "el justo apenas se salva, ¿qué será del impío y pecador?". [19]Así, pues, los que sufren conforme a la voluntad de Dios, confíen sus almas al fiel Creador, practicando el bien.

la misma línea" (Fillion). Este pasaje es correlativo de 3, 19s. Cf. nota.

7. "Con estas palabras da a entender que pasa como un soplo el tiempo de nuestra vida, y que aun el espacio que mediará entre la primera y la segunda venida del Señor es brevísimo si se compara con los días eternos que le han de suceder (1Co. 7, 29; Filp. 4, 5; St. 5, 7 ss.). Y por esto nos exhorta a que no seamos necios dejando pasar inútilmente este brevísimo lapso que se nos concede para ganar la felicidad eterna, y a que estemos siempre alerta y en vela, para emplear bien todos los momentos de la vida presente" (San Hilario). *El fin... está cerca*, pues, como dice San Pablo, nos hallamos ya al fin de los siglos (1Co. 10, 11). Lo mismo señala San Ignacio Mártir en su carta a los Efesios: "Ya estamos en los últimos tiempos". Cf. Hb. 10, 37; 2 Pe. 3, 12; 1 Jn. 2, 18.

8. *La caridad cubre multitud de pecados*: cita de Pr. 10, 12 (véase nota). Cf. Col. 3, 14; St. 5, 20. Citando este pasaje agrega Santo Tomás de Aquino: "Si alguien ofende a uno y después le ama íntimamente, por el amor perdona la ofensa; así Dios perdona los pecados a los que le aman... Justamente dice "cubre" porque no son considerados por Dios para castigarlos".

9. Sobre la *hospitalidad*, cf. Rm. 12, 13; Filp. 2, 14; Hb. 13, 2.

10. Alude a los *dones* o *carismas* especiales de los cristianos (Rm. 12, 6 ss.; 1Co. 12, 4 ss.; Ef. 4, 7 ss.), de los cuales cada uno debe ser un buen dispensador empleándolos para el bien común (cf. 1Co. 4, 1s.). No hay piedad egoísta. La verdadera piedad es siempre caritativa y social, aunque trabaje ignoradamente desde el fondo de un desierto.

11. Ya en el Antiguo Testamento reveló Dios a Moisés que "morirá el profeta que se enorgullezca hasta el punto de hablar en mi Nombre una palabra que no le haya mandado decir Yo" (Dt. 18, 20). Y el papa León XIII dijo: "Hablan fuera de tono y neciamente quienes al tratar asuntos religiosos y proclamar los divinos preceptos no proponen casi otra cosa que razones de ciencia y prudencia humanas, fiándose más de sus propios argumentos que

de los divinos" (Encíclica *Providentissimus Deus*). San Pedro es tanto más severo en esto con los que enseñan, cuanto que también exige conocimiento a los simples creyentes. Véase 3, 15 y nota. Cf. St. 3 ss.

13. *Alegraos, etc.*: véase Rm. 8, 17; 2 Tm. 2, 12. Como miembros del Cuerpo místico nos gloriamos de tener por Cabeza una ceñida con corona de espinas que nos permite, por la fe, asociarnos a Él (Flp. 3, 9s.) y apropiarnos sus méritos redentores (Ga. 2, 19 ss.). "Lo cual, dice Pío XII, ciertamente es claro testimonio de que todo lo más glorioso y eximio no nace sino de los dolores, y que por tanto hemos de alegrarnos cuando participamos de la Pasión de Cristo, a fin de que nos gocemos también con júbilo cuando se descubra su gloria" (Encíclica sobre el Cuerpo Místico de Cristo). *En la aparición de su gloria*: cf. 1, 5-7; 5, 1 y 4; Rm. 2, 5; 8, 21; 1Co. 1, 7; 2 Ts. 1, 7; Judas 24, etc.

15. *Extrañas*: a la vocación sobrenatural (v. 11; 2 Tm. 2, 4). Fillion observa que según algunos el término tenía significado político.

16. San Pedro usa el título de cristianos aludiendo a que entonces era aplicado como un oprobio. Cf. Hch. 11, 26 y nota.

17. *Comienza por la casa de Dios*: "Después de la muerte del Salvador ha comenzado el período esjatológico (final)... La *casa de Dios*, es decir, el conjunto de los justos (cf. 2, 5) es la primera en ser purificada" (Pirot). Así lo anunció el Señor a sus discípulos (Jn. 15, 18-27; 16, 1 ss.), y San Basilio dice que Dios comienza a juzgar a los cristianos por medio de tribulaciones y persecuciones, por lo cual sería ilusorio que esperasen ahora el triunfo que sólo está anunciado para cuando aparezca la gloria de Jesús (v. 13 y nota).

18. Es una cita tomada de Pr. 11, 31, según los LXX´s. Cf. Lc. 23, 31; Rm. 11, 21; Jr. 25, 29.

19. Notemos el precioso nombre que se da al Padre: es un Creador fiel y un "Dios leal", como lo llama André de Luján. Cf. 5, 7.

5 **Exhortación a los presbíteros.**[1]Exhorto, pues, a los presbíteros que están entre vosotros, yo, presbítero junto a ustedes y testigo de los padecimientos de Cristo, como también, partícipe de la futura gloria que va a ser revelada: [2]Apacentad la grey de Dios que está entre vosotros, velando no como forzados sino de buen grado, según Dios; ni por sórdido interés sino gustosamente; [3]ni menos como quienes quieren ejercer dominio sobre la herencia (de Dios), sino haciéndoos modelo de la grey. [4]Entonces, cuando se manifieste el Príncipe de los pastores, recibiréis la corona inmarcesible de la gloria.

Exhortación a todos. [5]Asimismo vosotros, jóvenes, someteos a los ancianos. Y todos, los unos para con los otros, revestíos de la humildad, porque "Dios resiste a los soberbios, pero a los humildes da gracia". [6]Humillaos por tanto bajo la poderosa mano de Dios, para que Él os ensalce a su tiempo. [7]"Descargad sobre Él todas vuestras preocupaciones, porque Él mismo se preocupa de vosotros". [8]Sed sobrios y estad en vela: vuestro adversario el diablo ronda, como un león rugiente, buscando a quien devorar. [9]Resistidle, firmes en la fe, sabiendo que los mismos padecimientos sufren vuestros hermanos en el mundo.

[10]El Dios de toda gracia, que os ha llamado a su eterna gloria en Cristo, después de un breve tiempo de tribulación, Él mismo os hará aptos, firmes, fuertes e inconmovibles. [11]A Él sea el poder por los siglos de los siglos. Amén.

Noticias Personales. [12]Os escribo esto brevemente por medio de Silvano, a quien creo hermano vuestro fiel, exhortándoos y testificando que la verdadera gracia de Dios es ésta, en la cual os mantenéis. [13]Os saluda la (Iglesia) que está en Babilonia, partícipe de vuestra elección, y Marcos, mi hijo. [14]Saludaos unos a otros con el ósculo de caridad. Paz a todos vosotros los que vivís en Cristo.

---

1. San Pedro, aunque era cabeza de todos, por humildad se llama copresbítero o sea presbítero como los otros. Cf. Ga. 2, 9; 2 Pe. 3, 15.

2 ss. Hay aquí una de las más inspiradas enseñanzas pastorales en boca del primer vicario de Jesucristo. Sobre las cualidades que debe tener el pastor de almas, véase Lc. 22, 25 ss.; 1Co. 4, 9 ss.; 9, 19; 2Co. 1, 25; 6, 3 ss.; 10, 8; 1 Ts. 2, 11; 1 Tm. 3, 1 ss. y 8; 2 Tm. 2, 24 ss.; Tito 1, 7 ss.; 3 Jn. 9 ss. Aquí los previene el Apóstol ante todo contra la avaricia, la cual es tan mala como la idolatría (Ef. 5, 5). Empleemos nuestras riquezas, dice San Pedro Damián, en ganar almas y en adquirir virtudes.

3. Herencia: en griego: clero, esto es, porción; en sentido pastoral, la grey que cada presbítero o prelado tiene que apacentar. Cf. Tt. 2, 7.

7. Entre los privilegios con que Dios colma a los que confían en su divina providencia ¿no es éste uno de los más maravillosos? Él toma sobre sí nuestras preocupaciones y nos anticipa, por medio de la gracia, la fruición de las cosas divinas, frente a las cuales nada son los bienes ni los cuidados de esta vida. Cf. 4, 19 y nota; Sal. 54, 23; Mt. 6, 25-33; 18, 4; Lc. 12, 22; Rm. 8, 28; 1Co. 3, 22.

8. Palabras del Oficio de Completas para recordar la propia debilidad. Véase Sal. 21, 14; Ef. 6, 12; 1 Ts. 5, 6. El que por primera vez se entera del descubrimiento de Louis Pasteur sobre los gérmenes infecciosos que pululan por todas partes, siente como una reacción que lo hace ponerse a la defensiva, movido por el instinto de conservación. San Pablo, que ya nos enseñó cómo las cosas de la naturaleza son imágenes de las sobrenaturales (Rm. 1, 20), nos revela en el orden del espíritu, lo mismo que Pasteur en el orden físico, para que podamos vivir a la defensiva de nuestra salud contra esos enemigos infernales, que a la manera de los microbios, no por invisibles son menos reales, y que como ellos nos rondan sin cesar buscando nuestra muerte. Nótese que estos demonios son llamados príncipes y potestades. Jesús los llama ángeles del diablo (Mt. 25, 41). Véase Jn. 12, 31; 14, 30; Col. 1, 13. ¿No es cierto que pensamos pocas veces en la realidad de este mundo de los malos espíritus, donde están nuestros más peligrosos enemigos? Véase 2Co. 2, 11. La Sagrada Escritura nos enseña que Satanás será juzgado definitivamente al fin de los tiempos (Ap. 20, 9), como también "los ángeles que no conservaron su dignidad" (Jds. 6).

12. Silvano probablemente es el mismo Silas mencionado en Hch. 15, 22; 16, 19; Cf. 2Co. 1, 19; 1 Ts. 1, 1; 2 Ts. 1, 1.

13. Por Babilonia se entiende Roma, que constituía el centro del paganismo. La Roma pagana significaba para los cristianos el mismo peligro que antes Babilonia para los judíos. También San Juan usa el mismo término para designar a Roma y predice su destrucción (Ap. 14, 8; 17, 5; 18, 2 y 10). Mi hijo Marcos: el evangelista del mismo nombre, que era hijo espiritual de San Pedro, y fue también uno de los dos únicos discípulos "de la circuncisión" que quedaron fieles a San Pablo (Col. 4, 10s.).

14. Sobre el ósculo de caridad, cf. Rm. 16, 16; 1Co. 16, 20, etc. Mons. Charue se pregunta si este final en las Cartas de San Pedro y de San Pablo no insinúa que ellas eran leídas en alguna reunión cultual.

2ᴬ CARTA DE SAN PEDRO

Esta segunda carta de San Pedro es (como lo fue la segunda de Pablo a Timoteo) el testamento del Príncipe de los Apóstoles, pues fue escrita poco antes de su martirio (v. 14) Probablemente desde la cárcel de Roma entre los años 64 y 67. Los destinatarios son todas las comunidades cristianas del Asia Menor o sea que su auditorio no es tan limitado a los judío-cristianos como el de Santiago (cf. Sant. 1, 1). Sobre el fin de la Carta véase la nota introductoria a las Epístolas de San Pedro.

1 Saludo apostólico. ¹Simón Pedro, siervo y apóstol de Jesucristo, a los que han alcanzado fe, no menos preciosa que la nuestra, en la justicia de nuestro Dios y Salvador Jesucristo: ²la gracia y la paz sean multiplicadas en vosotros por el conocimiento de Dios y de Jesús nuestro Señor.

La vida ejemplar del cristiano. ³Pues, mediante ese conocimiento de Aquel que nos llamó para su gloria y virtud, su divino poder nos ha dado todas las cosas conducentes a la vida y a la piedad, ⁴por medio de las cuales nos han sido obsequiados los preciosos y grandísimos bienes prometidos, para que merced a ellos llegaseis a ser partícipes de la naturaleza divina, huyendo de la corrupción del mundo que vive en concupiscencias. ⁵Por tanto, poned todo vuestro empeño en unir a vuestra fe la rectitud, a la rectitud el conocimiento, ⁶al conocimiento la templanza, a la templanza la paciencia, a la paciencia la piedad, ⁷a la piedad el amor fraternal, y al amor fraternal la caridad.

⁸Porque si estas cosas están en vosotros y crecen, os impiden estar ociosos y sin fruto en el conocimiento de nuestro Señor Jesucristo. ⁹En cambio, quien no las posee está ciego y anda a tientas, olvidado de la purificación de sus antiguos pecados. ¹⁰Por lo cual, hermanos, esforzaos más por hacer segura vuestra vocación y elección; porque haciendo esto no tropezaréis jamás. ¹¹Y de este modo os estará ampliamente abierto el acceso al reino eterno de nuestro Señor y Salvador Jesucristo. ¹²Por esto me empeñaré siempre en recordaros estas cosas, aunque las conozcáis y estéis firmes en la verdad actual. ¹³Porque creo de mí deber, mientras estoy en esta tienda de campaña, despertaros con amonestaciones, ¹⁴ya que sé que pronto vendrá el despojamiento de mi tienda, como me lo hizo saber el mismo Señor nuestro Jesucristo. ¹⁵Procuraré, sin embargo, que, aun después de mi partida, tengáis siempre cómo traeros a la memoria

---

2 ss. De este *conocimiento* no simplemente intelectual sino íntimo, espiritual y sobrenatural (no simple *gnosis,* sino *epígnosis*), que viene de la Palabra de Dios, arranca aquí San Pedro el maravilloso proceso experimental que aquí nos presenta (cf. Ef. 3, 19; Tito 1, 9s.; 1 Pe. 2, 3s. y notas). Para ello pide *rectitud* o sinceridad, es decir, que no pretendamos engañar a Dios y estemos dispuestos a creer lo que Él dice, aunque nos parezca muy sorprendente. Cf. Mt. 11, 6; 13, 1 ss.; Lc. 7, 23 y notas.

4. *Partícipes de la naturaleza divina*: este misterio, en que consiste el destino inefablemente dichoso del hombre, se realiza por medio del Espíritu Santo, por la cual merced a la Redención de Cristo somos hechos verdaderamente hijos de Dios como Él lo es aún en su Humanidad santísima (Ef. 3, 5; 1 Jn. 3, 1; cf. Sal. 2, 7 y notas). Por eso afirma Santo Tomás de Aquino que la gracia nos diviniza. Y San Maximino: "Se nos da la divinidad cuando la gracia penetra nuestra naturaleza de su luz celestial y cuando, por la gloria, esa gracia nos eleva más allá de ella misma". Sobre *la corrupción, del mundo,* cf. Jn. 14, 30; Ga. 1, 4 y notas. "Dios permite que la concupiscencia viva todavía en nosotros y nos aflija profundamente para humillarnos a fin de que, conociendo lo que la

gracia nos proporciona, nos hallemos inclinados a pedírsela sin cesar" (San Bernardo).

5 ss. En esta cadena, preciosa para el examen de conciencia espiritual porque va de la fe a la caridad o amor de Dios, es decir, del principio al término de la vida cristiana (San Ignacio de Antioquía), cada eslabón es como la piedra de toque o condición de la autenticidad del precedente. El último, como dice Pirot, recordando a San Pablo, es el broche de la perfección, porque encierra en una sólida atadura todas las virtudes (Col. 3, 14) que sin él nada valen (1Co. 13, 1 ss.) y que de él reciben la vida (Rm. 5, 5).

10. *Vuestra vocación y elección*: la Vulgata añade las palabras: *Por medio de buenas obras*, que faltan en los principales códices griegos.

13. *La tienda de campaña* es el cuerpo mortal (2Co. 5, 1). Cf. 1 Pe. 2, 11. Sobre la predicción de Jesús, véase Jn. 21, 18s. No obstante ese buen estado espiritual de la grey (v. 12) San Pedro siente la obligación pastoral de mantenerla despierta por la constante predicación del Evangelio: sabe bien cuán malos y cambiantes somos.

estas cosas.

La Parusía del Señor. [16]Porque no os hemos dado a conocer el poder y la Parusía de nuestro Señor Jesucristo según fábulas inventadas, sino como testigos oculares que fuimos de su majestad. [17]Pues Él recibió de Dios Padre honor y gloria cuando de la Gloria majestuosa le fue enviada aquella voz: "Éste es mi Hijo amado en quien Yo me complazco"; [18]Y esta voz enviada del cielo la oímos nosotros, estando con Él en el monte santo.

El testimonio de los profetas. [19]Y tenemos también, más segura aun, la palabra profética, a la cual bien hacéis en ateneros –como a una lámpara que alumbra en un lugar oscuro hasta que amanezca el día y el astro de la mañana se levante en vuestros corazones– [20]entendiendo esto ante todo: que ninguna profecía de la Escritura es obra de propia iniciativa; [21]porque jamás profecía alguna trajo su origen de voluntad de hombre, sino que impulsados por el Espíritu Santo hablaron hombres de parte de Dios.

2 Los falsos doctores. [1]Pero hubo también falsos profetas en el pueblo, así como entre vosotros habrá falsos doctores, que introducirán furtivamente sectarismos perniciosos, y llegando a renegar del Señor que los rescató, atraerán sobre

---

15. Como expresa Pirot, no se sabe si en este propósito se refiere el Apóstol a la misma Epístola presente, que quedaría como testimonio con sus graves advertencias sobre los falsos doctores (cap. 2), o al Evangelio de San Marcos, aprobado por él, "o a la formación de sucesores competentes y celosos". Algunos suponen otro escrito, que se hubiese perdido, pero si así fuera habrían fallado con ello las promesas del Apóstol, en tanto que esta Epístola subsiste aún, para aleccionar con su inmensa sabiduría a cuantos quieran leerla y profundizarla. Cf. 3, 1 y nota.

16. San Pedro confirma el dogma de la *segunda venida de Cristo*, que algunos negaban preguntando: "¿Dónde está la promesa de su Parusía? (3, 4). *Testigos oculares de su Majestad*: en la Transfiguración (Mt. 17, 1-9), donde por primera vez vieron al Señor en la gloria en la cual ha de venir (Mc. 9, 1 y nota).

18. En *el monte santo* de la Transfiguración (v. 16). Cf. Jn. 1, 14.

19. *Más segura aún*: que el testimonio de nuestros sentidos (v. 16 ss.). "*Bébaios* significa lo que está sólidamente fijado (una raíz, un ancla) bien consolidado, afirmado, y por tanto seguro y sin disputa". (Pirot). Añade el mismo autor que la *palabra profética* en rigor podría ser todo el Antiguo Testamento, "pero el contexto designa, directamente al menos, los oráculos sobre la gloria y la Parusía del Mesías", los cuales "son una luz provisoria, pero ya preciosa mientras esperamos la aurora de la perfecta luz que será la Parusía del Señor". Nuestra *lámpara* en la noche de este siglo malo (Ga. 4, 1) han de ser, pues, esas profecías de que está llena la Sagrada Escritura, colmadas de dichosas promesas para el alma y para el cuerpo, para la Iglesia y para Israel. En ellas, no menos que en la doctrina, está lo que San Pablo llama la consolación de las Escrituras (Rm. 15, 4; cf. Ef. 1, 10; Tito 2, 13 y notas). "Si el viajero que temblando cruza una "jungla" poblada de fieras e insectos pestíferos, pudiera ir leyendo una alegre novela que absorbiese su atención ¿no viviría contento en ese mundo de su espíritu olvidándose de la angustia que lo rodea? ¿Qué cosa mejor que ese libro podrían ofrecerle para su felicidad presente? Eso es la Sagrada Escritura para el que atraviesa este mundo en el que a cada paso podemos ser víctimas de la maldad humana, de un crimen, de una injusticia o calumnia, de un accidente, de un contagio, de la miseria y de la guerra. Pero hay dos diferencias fundamentales: la novela consolaría con la ficción; la Biblia consuela con la verdad. La novela haría olvidar el peligro, mas no lo conjuraría; la Palabra de Dios lo conjura, porque Dios es el único que puede prometer y promete, por añadidura, todo cuanto necesitamos para el tiempo presente, si ponemos nuestra atención en desear su Reino y su justicia". Cf. Mt. 6, 33; 2 Tm. 2, 8; Hb. 11, 1 y nota.

20s. Las *profecías* no vienen "de la voluntad de hombre" (v. 21) porque nadie puede conocer lo porvenir (Is. 41, 23). Antes bien tienen su origen en Dios (Dn. 12, 8) y por eso es que las que anuncian la glorificación de Cristo son absolutamente fieles y seguras (v. 19), confirmando y confirmándose recíprocamente con el testimonio de Pedro (v. 16 ss.). Así lo expone Cornelio a Lapide y también muchos autores modernos (Allioli, Crampon, Camerlynck, Simón-Prado, de la Torre, etc.), según los cuales "se trata aquí de la composición de la Escritura y no de su interpretación, como se explica en el v. siguiente" (de la Torre). "Titubea la fe, escribe San Agustín a San Jerónimo, si vacila la autoridad de las divinas Escrituras". Sobre las palabras del Concilio de Trento: "A la Iglesia pertenece juzgar del verdadero sentido e interpretación de la Sagrada Escritura", véase las de Pío XII en la nota a Jn. 21, 25. El mismo Cornelio a Lapide añade a este respecto que "para eso puso Dios en la Iglesia doctores, para que interpreten las Escrituras, y la interpretación de las palabras es uno de los carisma del Espíritu Santo como enseña Pablo en 1Co. 12, 10 y 14, 26". Cf. Rm. 12, 5 ss.: Ef. 4, 11 ss. Veamos algunos preciosos testimonios que él mismo trae: "Para indagar y comprender los sentidos de la Escritura es necesaria una vida recta, un ánimo puro y la virtud que es tal según Cristo, a fin de que la mente humana, corriendo por el camino de Él, pueda conseguir lo que busca, en cuanto es concedido a la mente humana penetrar las cosas de Dios" (San Atanasio). "Las Escrituras reclaman ser leídas con el espíritu con que han sido escritas: con ese espíritu se entienden" (San Bernardo). Y el Abad Teodoro "expresa que la inteligencia de las Escrituras ha de buscarse no tanto revolviendo comentarios de intérpretes cuanto limpiando el corazón de los vicios de la carne, expulsados los cuales, dice, pronto el velo de las pasiones cae de los ojos y empiezan éstos a contemplar, como naturalmente, los misterios de las Escrituras". Cf. Mt. 5, 8; Lc. 10, 21; 1Co. 2, 10 y 14 y notas.

ellos una pronta ruina. [2]Muchos los seguirán en sus disoluciones, y por causa de ellos el camino de la verdad será calumniado. [3]Y por avaricia harán tráfico de vosotros, valiéndose de razones inventadas: ellos, cuya condenación ya de antiguo no está ociosa y cuya ruina no se duerme.

Ejemplos de la justicia divina. [4]Porque si a los ángeles que pecaron no los perdonó Dios, sino que los precipitó en el tártaro, entregándolos a prisiones de tinieblas, reservados para el juicio, [5]y si al viejo mundo tampoco perdonó, echando el diluvio sobre el mundo de los impíos y salvando con otros siete a Noé como predicador de la justicia; [6]y si condenó a la destrucción las ciudades de Sodoma y Gomorra, tornándolas en cenizas y dejando para los impíos una figura de las cosas futuras, [7]mientras que libraba al justo Lot, afligido a causa de la vida lasciva de aquellos malvados – [8]pues este justo, que habitaba entre ellos, afligía día por día su alma justa al ver y oír las obras inicuas de ellos– [9]bien sabe entonces el Señor librar de la tentación a los piadosos y reserva a los injustos para el día

del juicio que los castigará, [10]sobre todo a los que en deseos impuros andan en pos de la carne y desprecian el Señorío. Audaces y presuntuosos, no temen blasfemar de las Glorias (*caídas*), [11]en tanto que los ángeles, siendo mayores en fuerza y poder, no profieren contra ellas juicio injurioso delante del Señor.

Corrupción de los falsos doctores. [12]Pero ellos, como las bestias irracionales –naturalmente nacidas para ser capturadas y destruidas– blasfemando de lo que no entienden, perecerán también como aquellas, [13]recibiendo su paga en el salario de la iniquidad. Buscan la felicidad en la voluptuosidad del momento; sucios e inmundos, se deleitan en sus engaños, mientras banquetean con vosotros. [14]Tienen los ojos llenos de la mujer adúltera y no cesan de pecar; con halagos atraen las almas superficiales; y su corazón está versado en la codicia; son hijos de maldición [15]que, dejando el camino derecho, se han extraviado para seguir el camino de Balaam, hijo de Beor, que amó el salario de la iniquidad, [16]más fue reprendido por su

---

1 ss. Todo el capítulo segundo, que muestra notables semejanzas con la Epístola de San Judas Tadeo, es una tremenda denuncia contra los *falsos doctores* que reemplazan a los falsos profetas del Antiguo Testamento, porque como ellos hablan con "razones inventadas" (v. 3; cf. Jr. 23, 16 y 21); como ellos "se apacientan a sí mismos" (Ez. 34, 2 ss.) "haciendo tráfico" de las ovejas (v. 3); como ellos sustituyen a Dios (Jr. 23, 27) renegando del único Salvador (v. 1) para presentarse ellos como tales (cf. 2 Ts. 2, 3 ss.). Y como serán "del mundo", muchos los seguirán (v. 2; cf. Jn. 5, 43; 7, 7; 15, 19) y el camino de los verdaderos discípulos de Cristo será infamado (v. 2; cf. Jn. 16, 1 ss.). Véase 1 Tm. 4, 1 ss.; 2 Tm. 3 ss. *Cuya ruina, etc.*: El destino del falso profeta es el mismo del Anticristo y de Satanás (Ap. 20, 9).

4. *Los ángeles que pecaron* por su orgullo fueron arrojados del cielo (Jds. 6). No hay que confundir este pasaje con la escena descrita en Ap. 12, 7 ss., la cual tiene sentido esjatológico. Cf. Jb. 4, 18. *Reservados para el juicio*: cf. 1Co. 6, 3 y nota; 1 Pe. 3, 19.

5. Véase Gn. 7, 1; 8, 18. *El viejo mundo*: el mundo antediluviano, en que el patriarca Noé predicaba con su ejemplo y sus exhortaciones (Gn. 6, 1 ss.; cf. 1 Pe. 3, 19s.; Hb. 11, 7), *Noé* es llamado el "octavo" porque estaban con él siete personas (Gn. 7, 7). Cf. 1 Pe. 3, 20; Judas 14.

6. Véase Gn. 19, 25; Jds. 7.

9. Véase Ga. 5, 21 y nota.

10. El título de *Señorío* corresponde a Dios y a Cristo (Ap. 11, 15). Las *Glorias* son los ángeles caídos (Judas 8) a los cuales, como aquí vemos no hemos de maldecir, pues Dios se reserva el juzgarlos (v. 4 y nota). Véase Judas 9 y nota. Según el v. 11s. los ángeles

buenos dan a estos presuntuosos doctores una lección de humildad y caridad (Jds. 10).

13. "Es realmente asco lo que siente Pedro al pensar en esos servidores arrogantes" (Pirot). *El salario de la iniquidad* o soborno que el mundo ofrece por ella (v. 15) es la terrible sentencia que anuncia Jesús cuando dice que "ya tuvieron su paga" aquí abajo (Mt. 6, 5 y 16; Lc. 16, 25 y nota). Véase también el castigo que San Pablo señala en 2 Ts. 2, 10 ss.: la ceguera soberbia que los arraigará en el error para llevarlos a la perdición final como a los fariseos enemigos de Cristo (Jn. 12, 40; Hch. 28, 26 y nota).

14. "Los fieles deben reaccionar contra la seducción de los falsos doctores, so pena de sufrir una cruel desilusión cuando después del período de agitación febril en que les despiertan todas las esperanzas, se encuentran fríamente ante el vacío doctrinal" (Charue). Cf. v. 17 ss.

15s. El *camino de Balaam* semejante al de Simón Mago (Hch. 8, 9 ss.) fue querer valerse del don de Dios para ventaja propia. Amó *el salario de la iniquidad*, o sea los grandes honores y regalos que el rey Balac le ofrecía para que maldijera a Israel (Nm. 22, 17 y 38; 24, 11). Dios no le permite hacerlo y aun le prohíbe ir al rey (Nm. 22, 12), más en cuanto le da permiso (ibíd. 20) él, sin desconfiar de sí mismo ni huir la ocasión del pecado muestra su deseo de ir a halagar al poderoso, al extremo de que castiga cruelmente a la burra que *reprimió el extravío del profeta* (v. 16) y cuya marcha detenía el ángel (ibíd. 22 ss.) para apartarlo de su propósito (ibíd. 32 ss.). A pesar de sus declaraciones de fidelidad, Balaam conserva sus mundanos deseos en el fondo de su corazón, y, como no puede satisfacer directamente al rey maldiciendo a Israel, encuentra, en su elástica "doctrina" (cf. Ap. 2, 14) otro modo

transgresión: un mudo jumento, hablando con palabras humanas, reprimió el extravío del profeta.

Seducción de los falsos doctores. [17]Estos tales son fuentes sin agua, nubes impelidas por un huracán. A ellos está reservada la lobreguez de las tinieblas. [18]Pues profiriendo palabras hinchadas de vanidad, atraen con concupiscencias, explotando los apetitos de la carne a los que apenas se han desligado de los que viven en el error. [19]Les prometen libertad cuando ellos mismos son esclavos de la corrupción, pues cada cual es esclavo del que lo ha dominado. [20]porque si los que se desligaron de las contaminaciones del mundo desde que conocieron al Señor y Salvador Jesucristo se dejan de nuevo enredar en ellas y son vencidos, su postrer estado ha venido a ser peor que el primero. [21]mejor les fuera no haber conocido el camino de la justicia que renegar, después de conocerlo, el santo mandato que les fue transmitido. [22]En ellos se ha cumplido lo que expresa con verdad el dicho: "Un perro que vuelve a lo que vomitó" y "una puerca lavada que va a revolcarse en el fango".

3 **San Pedro insiste sobre la Parusía y la consumación del siglo.** [1]Carísimos, he aquí que os escribo esta segunda carta, y en ambas despierto la rectitud de vuestro espíritu con lo que os recuerdo, [2]para que tengáis presentes las palabras predichas por los santos profetas y el mandato que el Señor y Salvador ha transmitido por vuestros apóstoles; [3]sabiendo ante todo que en los últimos días vendrán impostores burlones que, mientras viven según sus propias concupiscencias, [4]dirán: "¿Dónde está la promesa de su Parusía? Pues desde que los padres se durmieron todo permanece lo mismo que desde el principio de la creación". [5]Se les escapa, porque así lo quieren, que hubo cielos desde antiguo y tierra sacada del agua y afirmada sobre el agua por la palabra de Dios; [6]y que por esto, el mundo de entonces pereció anegado en el agua; [7]pero que los cielos de hoy y la tierra están, por esa misma palabra, reservados para el fuego, guardados para el día del juicio y del exterminio de los hombres impíos. [8]A vosotros, empero, carísimos, no se os escape una cosa, a saber, que para el Señor un día

---

de complacerlo y así, no obstante la admirable profecía que Dios acababa de inspirarle sobre los destinos mesiánicos de Israel (Nm. 24, 3 ss.) y antes de pronunciar otra aún más admirable sobre el triunfo de Cristo (ibíd. 15 ss.), promete y da a Balan el pérfido "consejo" (ibíd. v. 14) con el cual hizo corromper a Israel (Nm. 25, 1; 31, 16) y provocó la santa reacción del sacerdote Fineés (ibíd. 25, 6 ss.). Sobre el error de Balaam, véase Judas 11 y nota.

18. "A los que aún no son espirituales fácil es cautivarlos por una espiritualidad sentimental en que la carne se disfraza le espíritu". Cf. 1Co. 2, 14; 3, 1.

19. *Les prometen libertad*: la libertad del espíritu, la que nos libra tanto de los lazos del mundo cuanto de nuestro propio afecto al pecado; es la que Jesús enseña y ofrece en Jn. 8, 31. Cf. Jn. 8, 34; Rm. 6, 16 y 20.

20. Grave enseñanza espiritual que puede aplicarse a todos, pues concuerda con la de Mt. 12, 45. Cf. Hb. 6, 4.

21. *El camino de la justicia*: el de la salvación por Cristo. Los primeros cristianos llamaban a la vida de fe el "camino" como se ve en 2, 2; Hch. 9, 2, etc., y especialmente en la Didajé, el primer libro de la era de los padres apostólicos, donde la doctrina cristiana se explica bajo la imagen de dos caminos: el camino de la vida y el de la muerte.

22. Véase Pr. 26, 11. "Advierte qué horrible comparación es la que hace de éstos el Apóstol" (San Agustín).

1s. En este capítulo, llamado "un verdadero Apocalipsis del Príncipe de los Apóstoles", San Pedro ofrece quizá el memorándum permanente que prometió en 1, 15, queriendo

prevenirles contra la mala doctrina de los falsos doctores (cap. 2), la cual "se acompaña de la incredulidad en la Parusía de Cristo... suprema esperanza a la que hizo varias alusiones en 1 Pe. 1, 3-12; 4, 7; 5, 1-4, etc." (Pirot). Cf. 1 Jn. 2, 18. Contra esos "impostores burlones" (v. 3) insiste en el v. 2para que se tengan presentes en tal materia las mismas fuentes de que habló en 1, 16-21, es decir, los anuncios de los antiguos profetas y la predicación de los apóstoles.

3 ss. San Agustín menciona estas palabras de San Pedro como relativas a los tiempos del fin y al Anticristo, si bien, como observa Pirot, ellas abarcan "el futuro mesiánico sin distinguir los períodos" (cf. Jds. 17s.). El Apóstol expone aquí la verdadera doctrina sobre el *retorno de Cristo* que queda en lo oculto en cuanto al tiempo (v. 10), porque nadie conoce el día y la hora, ni siquiera los ángeles, ni el mismo Hijo del hombre (Mc. 13, 32; Mt. 24, 36; Hch. 1, 7), aun cuando sabemos que vendrá "pronto" (Ap. 22, 12; 1Co. 7, 29; Jn. 16, 16; St. 5, 8; Hb. 10, 25; Filp. 4, 5; 1 Pe. 4, 7), por lo cual debemos estar siempre esperándolo (Mc. 13, 37; St. 5, 8 y nota), aunque Dios no mide el tiempo como nosotros (v. 8). Véase Mt. 24, 4 ss. y nota. Sobre los impostores y sus burlas, cf. también Mt. 24, 37; Lc. 17, 26 ss.; 1 Tm. 4, 1; 2 Tm. 3, 1, etc.

4. Véase 1, 16 y nota. Cf. Ez. 12, 22 y 27.

5. *Porque así lo quieren*: esto es, porque no se dan el trabajo de estudiar con rectitud la Palabra de Dios. Sobre esta incredulidad soberbia, cf. Jn. 9, 30 y nota.

7. *Exterminio*: véase las consoladoras palabras de San Pablo en 1 Ts. 5, 4sobre este punto.

es como mil años y mil años son como un día.. [9]No es moroso el Señor en la promesa, antes bien –lo que algunos pretenden ser tardanza– tiene Él paciencia con vosotros, no queriendo que algunos perezcan, sino que todos lleguen al arrepentimiento. [10]Pero el día del Señor vendrá como ladrón, y entonces pasarán los cielos con gran estruendo, y los elementos se disolverán para ser quemados, y la tierra y las obras que hay en ella no serán más halladas.

Debemos aguardar el día del Señor. [11]Si, pues, todo ha de disolverse así ¿cuál no debe ser la santidad de vuestra conducta y piedad [12]para esperar y apresurar la Parusía del día de Dios, por el cual los cielos encendidos se disolverán y los elementos se fundirán para ser quemados? [13]Pues esperamos también conforme a su promesa cielos nuevos y tierra nueva en los cuales habite la justicia. [14]Por lo cual, carísimos, ya que esperáis estas cosas, procurad estar sin mancha y sin reproche para que Él os encuentre en paz.

[15]Y creed que la longanimidad de nuestro Señor es para salvación, según os lo escribió igualmente nuestro amado hermano Pablo, conforme a la sabiduría que le ha sido concedida; [16]como que él habla de esto mismo en todas sus epístolas, en las cuales hay algunos pasajes difíciles de entender, que los ignorantes y superficiales deforman, como lo hacen, por lo demás, con las otras Escrituras, para su propia ruina.

[17]Vosotros, pues, carísimos, que lo sabéis de antemano, estad en guardia, no sea que aquellos impíos os arrastren consigo por sus errores y caigáis del sólido fundamento en que estáis.

---

8. Dios es eterno y, por eso, paciente. Su día no tiene noche. Por lo cual mil años son para Él como un día (cf. Sal. 89, 4). Esta expresa indicación, que San Pedro no quiere que se nos escape (como a los del v. 5), puede servir de guía para el estudio e interpretación del tiempo en otros anuncios proféticos. Véase también Ez. 4, 5 y 6, donde Dios computa al profeta un año por cada día.

9. En Ap. 6, 10s., hallamos una explicación semejante. Sólo la caridad de Dios con los pecadores detiene esa manifestación del Señor que tanto anhela la Iglesia (Ap. 22, 20 y nota) y sin duda también el Padre Celestial, ansioso de ver a su Hijo triunfante y glorificado entre las naciones (cf. Sal. 2, 7s.; 44, 4 ss.; 71, 2; 109, 3 ss., etc.). Véase sobre esta demora 2 Ts. 2, 6; Rm. 11, 25. Ello no obstante, San Pedro nos enseña en el v. 12 cómo podemos apresurarla.

10. Se refiere siempre a la *segunda venida del Señor* que la Liturgia sintetiza en la frase del "Dies irae": "Dum veneris judicare saeculum per ignem: Cuando vengas a juzgar al mundo por el fuego". Véase Mt. 24, 29 y 35; 24, 43; 1Co. 3, 13; 1 Ts. 5, 2s.; 2 Ts. 1, 8; Ap. 3, 3; 16, 15; 20, 11; Is. 66, 16.

11 ss. En lo que sigue nos muestra San Pedro la espiritualidad dichosa y santa que resulta de vivir esa esperanza (cf. St. 5, 8; 1 Jn. 3, 3), pues sabiendo que todo lo ha de consumir el fuego (v. 12; 1Co. 3, 15), cuidaremos de no poner el corazón ni en los objetos ni en nuestras obras, sino de conservarnos inmaculados (v. 14; Judas 24) y esforzarnos por anticipar ese día (v. 12), con la mirada puesta en Cristo autor y consumador de nuestra fe (Hb. 12, 2). "El que sigue la Ley de Dios, dice Teodoreto, y conforma su vida a esta Ley, es amigo de pensar en la venida del Señor". Cf. 1, 19; 1 Pe. 1, 13; Tito 2, 12s.

13. Según estas palabras es de suponer que Dios no destruirá por completo la tierra, sino que el fuego de que habla el Apóstol en los vv. anteriores será un medio para purificarla. Toda la naturaleza estará libre de la maldición, y la justicia habitará en el mundo. "Esto mismo es lo que Jesucristo poco antes (Mt. 19, 28) había expresado con el expresivo nombre de *palingenesia* (Vulgata. *restauratio*), el nuevo nacimiento, la regeneración, la renovación del mundo presente; idea que ya en tiempos pasados había expresado el profeta Isaías" (Fillion). Véase 1Co. 3, 13; Rm. 8, 19 ss.; Ef. 1, 10; Ap. 21, 1; Is. 65, 17; 66, 22; Hch. 3, 21. "Mientras las promesas de los falsos profetas se resuelven en sangre y lágrimas, brilla con celeste belleza la gran profecía apocalíptica del Redentor del mundo: "He aquí que yo renuevo todas las cosas" (Pío XI en la Encíclica "Divini Redemptoris").

14. *Para que Él os encuentre en paz*, o sea, sin miedo. En esto consiste, dice San Juan, la perfección del amor de Dios (1 Jn. 4, 17).

15. Este pasaje contribuye a demostrar que San Pablo es el autor de la Epístola a los Hebreos. Aun la exégesis protestante, que suele desconocerlo, admite que aquí San Pedro alude también a esa Epístola, pues que, como vemos en 1 Pe. 1, 1, el Príncipe de los apóstoles escribe principalmente para hebreos. Es de admirar la estimación de Pedro respecto de Pablo, mostrando que la caridad entre ellos había crecido, lejos de sufrir detrimento por el incidente de Antioquia. Cf. Ga. cap. 2.

16. *De esto mismo*, es decir, de la Parusía, cuyo misterio, dice el cardenal Billot, es "el alfa y la omega, el principio y el fin, la primera y la última palabra de la predicación de Jesús". Hace notar San Pedro la atención que también San Pablo prestó en todas sus Epístolas a este sagrado asunto que tanto suele olvidarse hoy. Contra esos *ignorantes y superficiales* se indigna San Jerónimo diciendo: "Enseñan antes de haber aprendido" y "descaradamente se permiten explicar a otros una materia que ellos mismos no comprenden". Nótese el contraste entre esos que deformaban las Epístolas paulinas y los de Berea que, a la inversa. estudiaban el mensaje del Apóstol a la luz de las Escrituras (Hch. 17, 11). Sobre el Magisterio de la Iglesia en la interpretación de los Libros santos, véase 1, 20s. y nota.

17. Con esta advertencia definitiva contra los falsos doctores, puesta al final de su última Carta, San Pedro parece confirmar la trascendencia de lo expresado en v. 1s. y nota. Igual preocupación se advierte en la última carta de cada uno de los demás apóstoles (2

[18]Antes bien, creced en la gracia y en el conocimiento de nuestro Señor y Salvador Jesucristo. A Él sea la gloria ahora y para el día de la eternidad. Amén.

Las cartas de San Juan

Las tres Cartas que llevan el nombre de San Juan –una más general, la más importante, y las otras muy breves– han sido escritas por el mismo autor del cuarto Evangelio como puede verse en las notas introductorias. De San Juan se dice en el antiguo oficio litúrgico: "Éste es, aquel discípulo que Jesús amaba (Jn. 21, 7) y al que fueron revelados los secretos del cielo; aquel que se reclinó en la Cena sobre el pecho del Señor (Jn. 21, 20) y que allí bebió, en la fuente del sagrado Pecho, raudales de sabiduría que encerró en su Evangelio".

La primera Epístola carece de encabezamiento, lo que dio lugar a que algunos pusieran en duda de su autenticidad. A pesar de faltar el nombre del autor, existe una unánime y constante tradición en el sentido de que esta epístola ha de atribuirse, como las dos siguientes y el Apocalipsis, al Apóstol San Juan, hijo de Zebedeo y hermano de Santiago el Mayor, así lo confirmó el Concilio de Trento al señalar el canon de las Sagradas Escrituras. La falta de título al comienzo y de saludo al final se explicaría, según la opinión común, por su íntima relación con el cuarto Evangelio, al cual sirve de introducción (cf. 1, 3), y también de corolario, pues se ha dicho con razón que si el Evangelio de San Juan nos hace franquear los umbrales de la casa del Padre, esta Epístola íntimamente familiar hace que nos sintamos allí como "hijitos" en la propia casa.

Según lo dicho se calcula que data de fines del siglo I y se la considera dirigida, como el Apocalipsis, a las iglesias del Asia pro-consular –y no sólo a aquellas siete del Apocalipsis (ver Ap. 1, 4 y nota) – de las cuales, aunque no eran fundadas por él se habría hecho cargo el Apóstol después de su destierro en Patmos, donde escribiera su gran visión profética. El motivo de esta Carta fue adoctrinar a los fieles en los secretos de la vida espiritual para prevenirlos principalmente contra el pregnosticismo y los avances de los nicolaítas que contaminaban la viña de Cristo. Y así la ocasión de escribirla fue probablemente la que el mismo autor señala en 2, 18 s., como sucedió también can la de Judas (Judas 3).

Veríamos así a San Juan, aunque "Apóstol de la circuncisión" (Gal. 2, 9), instalado en Éfeso y enseñando –treinta años después de San Pablo y casi otro tanto después de la destrucción de Jerusalén– no sólo a los cristianos de origen israelita sino también a aquellos mismos gentiles a quienes San Pablo había escrito las más altas Epístolas de su cautividad en Roma. San Pablo señalaba la posición doctrinal de hijos del Padre. Juan les muestra la íntima vida espiritual como tales.

No se nota en la Epístola división marcada; pero sí como en el Evangelio de San Juan, las grandes ideas directrices: "luz, vida y amor", presentadas una y otra vez bajo los más nuevos y ricos aspectos, constituyendo sin duda el documento más alto de espiritualidad sobrenatural que ha sido dado a los hombres. Insiste sobre la divinidad de Jesucristo como Hijo del Padre y sobre la realidad de la Redención y de la Parusía, atacada por los herejes. Previene además contra esos "anticristos" e inculca de una manera singular la distinción entre las divinas Personas, la filiación divina del creyente, la vida de fe y confianza fundada en el amor con que Dios nos ama, y la caridad fraterna como inseparable del amor de Dios.

En las otras dos Epístolas San Juan se llama a sí mismo "el anciano" (en griego presbítero*), título que se da también San Pedro haciéndolo extensivo a los jefes de las comunidades cristianas (1 Pe. 5, 1) y que se daba sin duda a los apóstoles, según lo hace presumir la declaración de Papías, obispo de Hierápolis,*

Tm. 3, 1 ss.; St. 3, 1 ss.; 3 Jn. 9 ss.; Judas, 4-18) en lo cual se confirma, como dice Boudou, que ya en vida de ellos operaba el misterio de la iniquidad (2 Ts. 2, 7) y que no sin gran lucha florecía la santidad en la primitiva Iglesia.

al referir cómo él se había informado de lo que habían dicho *"los ancianos Andrés, Pedro, Felipe, Tomás, Juan".* El padre Bonsirven, que trae estos datos, nos dice también que las dudas sobre la autenticidad de estas dos Cartas de San Juan *"comenzaron a suscitarse a fines del siglo II cuando diversos autores se pusieron a condenar el milenarismo; descubriendo milenarismo en el Apocalipsis, se resistían a atribuirlo al Apóstol Juan y lo declararon, en consecuencia, obra de ese presbítero Juan de que habla Papías, y así, por contragolpe, el presbítero Juan fue puesto por varios en posesión de las dos pequeñas Epístolas".* Pirot anota asimismo que *"para poder negar al Apocalipsis la autenticidad joanea, Dionisio de Alejandría la niega también a nuestras dos pequeñas cartas".* La Epístola segunda va dirigida *"a la señora Elegida y a sus hijos",* es decir, según lo entienden los citados y otros comentadores modernos, a una comunidad o Iglesia y no a una dama (cf. Jn. 1, 13y notas), a las cuales, por lo demás, en el lenguaje cristiano no se solía llamarlas señoras (Ef. Sal. 22ss.; cf. Jn. 2, 4; 19, 26).

La tercera Carta es más de carácter personal, pero en ambas nos muestra el santo apóstol, como en la primera, tanto la importancia y valor del amor fraterno –que constituían, según una conocida tradición, el tema permanente de sus exhortaciones hasta su más avanzada ancianidad– cuanto la necesidad de atenerse a las primitivas enseñanzas para defenderse contra todos los que querían ir *"más allá"* de las Palabras de Jesucristo (2Jn. 9), ya sea añadiéndoles o quitándoles algo (Ap. 22, 18), ya queriendo obsequiar a Dios de otro modo que como Él había enseñado (cf. Sab. 9, 10; Is. 1, 11ss.), ya abusando del cargo pastoral en provecho propio como Diótrefes (3Jn. 9). Pirot hace notar que *"el Apocalipsis denunciaba la presencia en Pérgamo de nicolaítas contra los cuales la resistencia era peligrosamente insuficiente (Ap. 2, 14-16)"* por lo cual, dado que las Constituciones Apostólicas mencionan a Gayo el destinatario de esta Carta, al frente de dicha iglesia (como a Demetrio en la de Filadelfia), sería procedente suponer que aquélla fuese la iglesia confiada a Diótrefes y que éste hubiese sido reemplazado poco más tarde por aquel fiel amigo de Juan.

1ᴬ CARTA DE SAN JUAN

1 **Prólogo.** ¹Lo que era desde el principio, lo que hemos oído, lo que hemos visto con nuestros ojos, lo que hemos contemplado y lo que han palpado nuestras manos, acerca del Verbo de vida, ²ya que la vida se ha manifestado, la hemos visto y damos testimonio de ella, y os anunciamos la vida eterna, la misma que estaba con el Padre y que se nos manifestó, ³esto que hemos visto y oído es lo que os anunciamos también a vosotros, para que también vosotros tengáis comunión con nosotros y nuestra comunión sea con el Padre y con Jesucristo su Hijo. ⁴Os escribimos esto para que vuestro gozo sea cumplido.

Nadie está sin pecado. ⁵Este es el mensaje que hemos oído de Él y que os anunciamos: Dios es luz y en Él no hay tiniebla alguna. ⁶Si decimos que

---

1s. *El Verbo de la vida* es Jesucristo, que nos comunicó la vida divina (Jn. 1, 11). La presente Epístola sirve de introducción al Evangelio de San Juan. Esa vida comenzó a manifestarse en la Encarnación en el seno virginal de María Santísima, cuando el Verbo "sin dejar de ser lo que era, empezó a ser lo que no era" (San Agustín) y "el Hijo de Dios se hizo hombre, a fin de que los hijos de hombre puedan llegar a ser hijos de Dios" (San León Magno).

3. Comunión: en griego *koinonía* (cf. Hch. 2, 42 y nota). "Esta palabra designa a la vez una posesión y un goce en común, es decir, un estado y un intercambio de acciones; una comunidad y una comunión; en una palabra, una comunidad de vida con Dios"

(Cardenal Mercier). En esta vida íntima con el Padre y con su Hijo, el Espíritu Santo, lejos de estar ausente, es el que lo hace todo.

4. *Vuestro gozo*: algunos m ss. dicen *nuestro gozo*. El fruto infalible de esta lectura será, pues, colmarnos de gozo. Lo mismo dice Jesús de sus Palabras en Jn. 17, 13. Cf. 2 Jn. 12.

5. La *luz* a que se refiere el Apóstol es sobrenatural. "Dios es espíritu" (Jn. 4, 24) y "habita en una luz inaccesible que ningún hombre ha visto" (1 Tm. 6, 16). Pero no existe nada tan real, vivo y exacto como esa imagen de la luz para hacernos comprender lo que es espiritual y divino. Lo mismo vemos por los otros términos usados por San Juan: vida y amor. De ahí que la espiritualidad de San Juan, siendo la más alta, sea en realidad la más sencilla y propia

tenemos comunión con Él y caminamos en tinieblas, mentimos y no obramos de acuerdo con la verdad. [7]Pero si caminamos a la luz, como Él está en la luz, tenemos comunión unos con otros, y la sangre de su Hijo Jesús nos limpia de todo pecado. [8]Si decimos que no tenemos pecado, nos engañamos a nosotros mismos, y la verdad no está en nosotros. [9]Si confesamos nuestros pecados, Él es fiel y justo para perdonarnos los pecados y limpiarnos de toda iniquidad. [10]Si decimos que no hemos pecado, le declaramos a Él mentiroso y su palabra no está en nosotros.

2 Jesucristo nuestro abogado. [1]Hijitos míos, esto os escribo pera que no cometáis pecado. Más si alguno hubiere pecado, tenemos un abogado ante el Padre: Jesucristo, el Justo. [2]Él mismo es la propiciación por nuestros pecados, y no sólo por los nuestros, sino también por los de todo el mundo.

Guardar la caridad. [3]Y en esto sabemos si le conocemos: si guardamos sus mandamientos. [4]Quien dice que le ha conocido y no guarda sus mandamientos, es un mentiroso y la verdad no está en él; [5]pero el que guarda su palabra, el amor de Dios verdaderamente es perfecto en él. En esto conocemos que estamos en Él. [6]Quien dice que permanece en Él debe andar de la misma manera que Él anduvo. [7]Amados, no os escribo un mandamiento nuevo, sino un mandamiento antiguo, el que teníais desde el principio. Este mandamiento antiguo es la palabra que habéis oído. [8]Por otra parte lo que os escribo es también un mandamiento nuevo, que se ha verificado en Él mismo y en vosotros; porque las tinieblas van pasando, y ya brilla la luz verdadera. [9]Quien dice que está en la luz y odia a su hermano aún sigue en las tinieblas, [10]El que ama a su hermano,

---

para transformar las almas definitivamente (cf. 4, 16 y nota). *¡No hay tiniebla alguna!* Es decir, que Dios no solamente es perfecto en Sí mismo –lo cual podría sernos inaccesible e indiferente–, sino que lo es con respecto a nosotros, no obstante nuestras miserias y precisamente a causa de ellas, pues su característica es el amor y la misericordia que busca a los necesitados (v. 8 ss.). Es, pues, un Dios como hecho de medida para los que somos miserables (cf. Lc. 1, 49 ss. y nota).

6. Jn. 12, 46 y nota.

7. Hb. 9, 14; 1 Pe. 1, 19; Ap. 1, 5.

8. "Luego ¿quién podrá considerarse tan ajeno al pecado, que la justicia no tenga algo que reprocharle o la misericordia que perdonarle? De donde la regla de la sabiduría humana consiste, no en la abundancia de palabras, no en la sutileza de la discusión, no en el afán de la gloria y alabanzas, sino en la verdadera y voluntaria humildad, que nuestro Señor Jesucristo eligió y enseñó con gran valor desde el seno de su madre hasta el suplicio de la Cruz" (San León Magno).

9. *Si confesamos...*: La pobre alma que ignora la gracia y no cree en la misericordia supone que salir de su estado pecaminoso es como subir a pie una montaña. No se le ocurre pensar que Dios ha imaginado todo lo más ingenioso posible para facilitar este suceso que tanto le interesa (recuérdese al Padre admirable del hijo pródigo: Lc. 15, 20 ss.), de modo tal que, apenas nos confesamos sinceramente culpables, Él nos previene con su misericordia, y lo demás corre por su cuenta, pues que es a Él a quien toca dar la gracia para la enmienda (Flp. 2, 13) y sin ella no podríamos nada (Jn. 15, 5). Un buen médico sólo necesita para sanarnos que le declaremos nuestra enfermedad. No pide que le enseñemos a curarnos. Jesús vino de parte del Padre como Médico y así se llama Él mismo expresamente (Mt. 9, 13). Es un médico que nunca está ausente para el que lo busca (Jn. 6, 38). Hagamos, pues,

simplemente que Él vea bien desnuda nuestra llaga, y sepamos que lo demás lo hará Él. Cf. 3, 20 y nota. Es la doctrina del Sal. 93, 18: "Apenas pienso: «Mi pie va a resbalar» tu misericordia, Yahvéh, me sostiene". Cf. Sal. 50, 5-8 y notas. Más aún el mismo Jesús se hace nuestro abogado en el Santuario celestial (Hb. 7, 25). Cf. 2, 1.

10. Es la condenación del *fariseísmo* de los que se creen santos y justos (Lc. 18, 9 ss.) y buscan la pajita en el ojo del prójimo mientras no ven la viga en el propio (Mt. 7, 3). "Todo hombre es mentiroso" dice San Pablo (Rm. 3, 4) con el Salmista (Sal. 115, 2), y el II Concilio Arausicano definió que "ningún hombre tiene de propio más que la mentira y el pecado" (Denz. 195).

1. Se observa cómo la Palabra de Dios preserva del pecado. Ya lo había dicho el Espíritu Santo por la pluma del Salmista: "Dentro de mi corazón deposito tus palabras para no pecar contra Ti" (Sal. 118, 11). Jesús ha quedado constituido Mediador entre el Padre y los hombres (1 Tm. 2, 5), único que puede salvar a los que se acercan a Dios (Hch. 4, 12; Hb. 6, 20; 7, 25).

4. Sobre esta admirable doctrina de la sabiduría que santifica por el conocimiento espiritual de Dios, véase 3, 6; 4, 4 y 7-9; Jn. 17, 3 y 7; Tt. 1, 16; Sb. 7, 25; etc.

6. Obligación de imitar a Jesucristo, viva imagen del Padre. El pronombre *Él* con que se designa antes al Padre lo emplea el Apóstol sin transición alguna para designar al Hijo.

7. "Este mandamiento de la *caridad* lo llamó *nuevo* el divino Legislador, no porque hasta entonces no hubiese ley alguna, divina o natural, que prescribiese el amor entre los hombres, sino porque el modo de amarse entre los cristianos era nuevo y hasta entonces nunca oído. Porque la caridad con que Jesucristo es amado de su Padre, y con la que Él ama a los hombres, ésa consiguió Él para sus discípulas y seguidores, *a fin de que sean en Él un corazón* y una sola alma, al modo que Él y el Padre son una sola cosa por naturaleza" (León XIII, Encíclica "Sapientiae Christianae").

permanece en la luz, y en él no hay tropiezo·. [11]Pero el que odia a su hermano, está en las tinieblas y camina en tinieblas, y no sabe adónde va, por cuanto las tinieblas le han cegado los ojos.

Tener cuidado con el mundo. [12]Os escribo, hijitos, que vuestros pecados os han sido perdonados por su nombre·. [13]Os escribo a vosotros, padres, que habéis conocido a Aquel que es desde el principio. Os escribo a vosotros, jóvenes, que habéis vencido al maligno. [14]Os escribo a vosotros, niños, que habéis conocido al Padre. Os escribo a vosotros, padres, que habéis conocido a Aquel que es desde el principio. Os escribo a vosotros, jóvenes, que, morando en vosotros la Palabra de Dios, sois fuertes y habéis vencido al Maligno.

[15]No améis al mundo ni las cosas que hay en el mundo. Si alguno ama al mundo, el amor del Padre no está en él·. [16]Porque todo lo que hay en el mundo, (*como*) la concupiscencia de la carne, la concupiscencia de los ojos y la soberbia de la vida, no es del Padre sino del mundo·. [17]Y el mundo, con su concupiscencia, pasa·, más el que hace la voluntad de Dios permanece para siempre.

Cuidarse del Anticristo. [18]Hijitos, es la hora final y habéis oído que viene el Anticristo, así ahora muchos se han hecho anticristos, por donde conocemos que es la última hora·. [19]Han salido de entre nosotros, pero no eran de los nuestros, pues si fueran de los nuestros, habrían permanecido con nosotros. Pero es para que se vea claro que no todos son de los nuestros. [20]Más vosotros tenéis la unción del Santo y sabéis todo·. [21]No os escribo porque ignoréis la verdad, sino porque la conocéis y porque de la verdad no procede ninguna mentira·.

[22]¿Quién es el mentiroso sino el que niega que

---

10. *No hay en él tropiezo*, pues con ello cumple toda la Ley, según lo enseña San Pablo en Rm. 13, 10, Cf. 3, 10 y 14.

12. La expresión afectuosa *hijitos*, que aparece varias veces en el curso de la Epístola, indica la colectividad entera de los cristianos. Juan los llama así porque él es su pastor y padre espiritual, y porque es la voluntad del Señor que todos los creyentes en Él nos volvamos párvulos (Mt. 18, 3),

15. San Juan desenvuelve aquí, con toda su grave trascendencia, la terminante enseñanza de Jesús (Mt. 6, 24 y nota; cf. St. 4, 4). Sorprende que la Escritura sea siempre más severa con el mundo que con el pecador: es porque éste no presume ser bueno, mientras que aquél sí reclama una patente de honorabilidad, pues, con la habilidad consumada de su jefe (Jn. 14, 30), reviste el mal con apariencia de bien (2 Tm. 3, 5). Y aunque carece de todo espíritu sobrenatural (Jn. 14, 17; 1Co. 2, 14), finge tenerlo (Mt. 15, 8) cultivando la gnosis (cf. 2 Jn. 9; 3 Jn. 11 y notas; Col. 2, 8) y la prudencia de la carne, que es muerte (Rm. 8, 6). Refiriéndose al v. 16 decía un predicador: "No os llamo pecadores, os llamo mundanos que es mucho peor, porque a todas las concupiscencias el mundo junta, como dice San Juan, la soberbia que, lejos de toda contrición, está satisfecha de sí misma y aún cree merecer el elogio, que os prodigan otros tan mundanos como vosotros".

16. *La concupiscencia de la carne* es la de los sentidos, que es enemiga del espíritu (Ga. 5, 16-25; 1Co. 2, 14); *la concupiscencia de los ojos*: es decir, el lujo insaciable y la avaricia que es idolatría (Ef. 5, 5; Col. 3, 5), pues ponemos en las cosas el corazón, que pertenece a Dios (St. 4, 4); *la soberbia de la vida*, o sea, amor de los honores aquí abajo. Esta es la más perversa porque justifica las otras y ambiciona la gloria, usurpando lo que sólo a Dios corresponde (Jn. 5, 44; Sal. 148, 13 y nota).

17. *Pasa*: véase 1Co. 7, 31 y nota.

18. *La última hora* es todo el período de la dispensación actual hasta la venida de Cristo (1 Pe. 4, 7; 1Co. 10, 11). Para los apóstoles y los primeros cristianos comienza este tiempo o "siglo" con la Ascensión de Cristo y dura hasta "la consumación del siglo" (Mt. 28, 20; Ga. 1, 4), o sea, hasta su retorno para el juicio. El *Anticristo* (cf. 4, 3; 2 Jn. 7; St. 5, 3; Judas 18). Como San Pablo (2 Ts. 2, 3), así también San Juan habla del anunciado fenómeno diabólico en que el odio a Cristo y la falsificación del Mismo por su imitación aparente (2 Ts. 2, 9s.) tomará su forma corpórea quizá en un hombre, aunque sea el exponente de todo un movimiento (Bonsirven, Pirot, etc.). Sus precursores son los falsos doctores y falsos cristianos, porque "de entre nosotros" (v. 19) "han salido al mundo" (4, 1; 5, 16), pero no en forma visible sino espiritualmente, mientras pretenden conservar la posición ortodoxa. Es lo que San Pablo llama "el misterio de la iniquidad" que obra en este tiempo (2 Ts. 2, 6 y nota) en que la cizaña está mezclada con el trigo (Mt. 13). Véase 2 Tm. 3, 1; 2 Pe. 2, 1 ss.; 3, 3; Judas 4s.; Ap. 2, 2 y nota. Tal es el "siglo malo" en que vivimos (Ga. 1, 4) bajo la seducción de Satanás, príncipe de este mundo (cf. Lc. 22, 31; Jn. 14, 30; 1 Pe. 5, 8; 2Co. 2, 11; Ef. 6, 12), esperando a nuestro Libertador Jesús. Cf. Lc. 18, 8; 2 Pe.3 y notas.

20. *Tenéis la unción*: "Aquí y en el v. 27esta palabra designa al Espíritu Santo que los cristianos reciben del cielo para alumbrarlos y dirigirlos. Cf. Hch. 4, 27 y 2Co. 1, 21donde el mismo verbo *jrizein* es usado en un sentido igual para Cristo que para los cristianos. Sobre este Don divino del Espíritu Santo, hecho por Dios (*del Santo*) a los fieles, véase también Jn. 16, 13; Rm. 8, 9 ss., etc. *Y sabéis todo*: La Vulgata ha seguido la mejor lección griega (*panta: todo* en vez de *pantes: todos vosotros*). El Apóstol enuncia un felicísimo efecto que produce la presencia del Espíritu de Dios... ningún error puede seducirlos si quieren ser fieles. Cf. Judas 5" (Fillion). Bonsirven y Pirot prefieren la lección *sabéis todos*, considerando que San Juan quiere oponerse aquí "a las pretensiones aristocráticas de la gnosis" en favor de los iniciados en la filosofía. Cf. Lc. 10, 21.

21. *De la verdad no procede ninguna mentira*: esto es, no sólo puedo hablaros abiertamente, como a quienes conocen toda la

Jesús es el Cristo? Ese es el Anticristo, quien niega al Padre y al Hijo. [23]Todo el que niega al Hijo tampoco tiene al Padre; quien confiesa al Hijo tiene también al Padre·.

Firmeza en la doctrina. [24]Lo que habéis oído desde el principio permanezca en vosotros. Si en vosotros permanece lo que oísteis desde el principio, también vosotros permaneceréis en el Hijo y en el Padre·. [25]Y ésta es la promesa que Él nos ha hecho: la vida eterna.

[26]Esto os escribo respecto de los que quieren extraviaros·. [27]En vosotros, en cambio, permanece la unción que de Él habéis recibido, y no tenéis necesidad de que nadie os enseñe. Mas como su unción os enseña todo, y es verdad y no mentira, permaneced en Él, como ella os ha instruido·. [28]Ahora, pues, hijitos, permaneced en Él, para que cuando se manifestare tengamos confianza y no seamos avergonzados delante de Él en su Parusía. [29]Si sabéis que Él es justo, reconoced también que de Él ha nacido todo aquel que obra justicia.

3 **¡Somos hijos de Dios!** [1]Mirad qué amor nos ha mostrado el Padre, para que seamos llamados hijos de Dios. Y lo somos. Por eso el mundo no nos conoce a nosotros, porque a Él no lo conoció·. [2]Carísimos, ya somos hijos de Dios aunque todavía no se ha manifestado lo que seremos. Más sabemos que cuando se manifieste seremos semejantes a Él, porque lo veremos tal como es·. [3]Entretanto todo el que tiene en Él esta esperanza se hace puro, así como Él es puro·. [4]Todo el que obra el pecado obra también la iniquidad, pues el pecado es la iniquidad·. [5]Y sabéis que Él se manifestó para quitar los pecados y que en Él no hay pecado. [6]Quien permanece en Él no peca; quien peca no le ha visto ni conocido·. [7]Hijitos, que nadie os engañe;

---

verdad y no se escandalizan, sino que tampoco podemos engañar ni engañarnos con disimulos o mentiras los que estamos en la verdad. Cf. 1 Tm. 5, 20.

23. "El acto de la fe cristiana implica, como cosa correlativa, *la filiación divina* (cf. 3, 1) y comporta el amor a Dios, autor de esa generación espiritual. San Juan concibe también la fe como una fe viva, animada por la caridad, y que entraña la vida de la gracia" (Bonsirven). Cf. Ef. 1, 5 y nota.

24. *Desde el principio*: "Se ha de mantener aquello que la iglesia recibió de los apóstoles y los apóstoles recibieron de Cristo" (Tertuliano). Cf. v. 27; 1 Tm. 6, 20 y notas.

26. "El Apóstol escribe su carta pensando en esos doctores del error" (Pirot). Cf. 2 Pe. 2 y notas.

27. No es ciertamente que ahora el hombre nazca sabiendo (cf. Jr. 31, 34), sino que San Juan se refiere a los del v. 24, que han conocido la palabra de Dios tal como la dieron los apóstoles y recibido la sabiduría del Espíritu (v. 20s.; cf. 5, 20 y nota). San Agustín lo explica diciendo: "He aquí, hermanos, el gran misterio que debéis considerar: el sonido de nuestras palabras golpea los oídos, pero el Maestro está adentro. No penséis que un hombre pueda aprender de otro hombre cosa alguna... ¿No es cierto que todos vosotros escucháis este discurso? ¿Y cuántos se retirarán sin haber aprendido nada?... Es, pues, el Maestro interior el que instruye, es su inspiración la que instruye". Cf. Jn. 6, 44 ss.; 14, 26.

1. Cf. 2, 23 y nota. Como San Pablo al final de los capítulos 8 y 11 de su carta a los Romanos, San Juan prorrumpe aquí en admiración ante el sumo prodigio obrado con nosotros por el Padre al igualarnos a su Hijo Unigénito. ¿No es cosa admirable que la envidiosa serpiente del paraíso contemple hoy, como castigo suyo, que se ha cumplido en verdad, por obra del Redentor divino, esa divinización del hombre, que fue precisamente lo que ella propuso a Eva, creyendo que mentía, para llevarla a la soberbia emulación del Creador? He aquí que – ¡oh abismo!– la bondad sin límites del divino Padre halló el modo de hacer que aquel deseo insensato

llegase a ser realidad. Y no ya sólo como castigo a la mentira de la serpiente, ni sólo como respuesta a aquella ambición de divinidad (que ¡ojalá fuese más frecuente ahora que es posible, y lícita, y santa!). No; Satanás quedó ciertamente confundido, y la ambición de Eva también es cierto que se realizará en los que formamos la Iglesia; pero la gloria de esa iniciativa no será de ellos, sino de aquel Padre inmenso, porque Él lo tenía así pensado desde toda la eternidad, según nos lo revela San Pablo en el asombroso capítulo primero de los Efesios.

2. *Él*, gramaticalmente parece aludir a Dios (el Padre), pero en general se explica el pensamiento del Apóstol como referente "a la Parusía de Cristo, última fase de nuestra glorificación (Col. 3, 4)", pues la Escritura no habla sino de nuestra asimilación al Hijo. *Seremos semejantes*, no porque el alma se hará tan capaz como Dios, pues eso es imposible, como dice San Juan de la Cruz, imposible al alma en sí misma. Pero sí por participación, como Cuerpo Místico de Cristo que se unirá definitivamente a su divina Cabeza el día de su venida para las Bodas (Jn. 14, 3; Ap. 19, 6 ss.). Lo que San Pablo dice en Ga. 2, 20, quedará consumado, no sólo místicamente, sino real y visiblemente. Véase 4, 17 y nota; cf. 1Co. 13, 12; 2Co. 3, 18; Ef. 1, 10; Flp. 3, 20s. y notas.

3. He aquí el fruto de la virtud teologal de la esperanza. Cf. 2 Pe. 3, 11 ss. y nota; 1 Ts. 5, 8, etc.

4. *La iniquidad* es decir, la injusticia, pues el *niega* a Dios el amor a que tiene derecho quien todo nos lo ha dado. "El Nuevo Testamento entiende por *iniquidad* (*anomía*) el estado de hostilidad con Dios en que se encuentra quien rechaza los adelantos divinos hechos por Cristo a la humanidad. Es la pertenencia al diablo, jefe de este mundo, y la sumisión al mal" (Rigaux).

6. "Esto de que en Cristo no haya nada del pecado es un principio que puede servir de diagnóstico de las almas: puesto que la unión a Cristo preserva del pecado, todo desfallecimiento moral acusa una deficiencia de vida sobrenatural... El pecado denota al mismo tiempo una parálisis de nuestra comunión con Dios y una

el que obra la justicia es justo según es justo Él. [8]Quien comete pecado es del diablo, porque el diablo peca desde el principio. Para esto se manifestó el Hijo de Dios: para destruir las obras del diablo. [9]Todo el que ha nacido de Dios no peca, porque en él permanece la semilla de Aquél y no es capaz de pecar por cuanto es nacido de Dios. [10]En esto se manifiestan los hijos de Dios y los hijos del diablo: cualquiera que no obra justicia no es de Dios, y tampoco aquel que no ama a su hermano.

El amor fraterno. [11]Pues éste es el mensaje que habéis oído desde el principio: que nos amemos unos a otros. [12]No como Caín, que siendo del Maligno mató a su hermano. Y ¿por qué le mató? Porque sus obras eran malas, y las de su hermano eran justas. [13]No os extrañéis, hermanos, de que el mundo os odie. [14]Nosotros sabemos que hemos pasado de la muerte a la vida, porque amamos a los hermanos. El que no ama permanece en la muerte. [15]Todo el que aborrece a su hermano es homicida; y sabéis que ningún homicida tiene vida eterna permanente en sí.

[16]En esto hemos conocido el amor, en que Él dio su vida por nosotros; así nosotros debemos dar nuestras vidas por los hermanos. [17]El que tiene bienes de este mundo, y ve a su hermano padecer necesidad y le cierra sus entrañas ¿de qué manera permanece el amor de Dios en él?

[18]Hijitos, no amemos de palabra ni de boca, sino de obra y en verdad. [19]En esto conoceremos que somos de la verdad, y podremos tener seguridad en nuestro corazón delante de Él, [20]cualquiera sea el reproche que nos haga nuestro corazón, porque Dios es más grande que nuestro corazón y lo sabe todo. [21]Y si el corazón no nos reprocha, carísimos,

---

falla en el conocimiento de Cristo, ese conocimiento experimental que se derrama en caridad activa" (Pirot).

7. Como nadie podría tener luz solar sino tomada del sol, nadie puede tener justicia sino gracias al único Justo, "de cuya plenitud recibimos todo" (Jn. 1, 16).

8. Cf. 2, 29 y Jn. 8, 44.

9. Confirma el Apóstol lo dicho en el v. 6. El Padre nos ha engendrado con la Palabra de verdad (St. 1, 18). Esta palabra es la *semilla* que Dios ha puesto en nuestros corazones, para que germine y dé frutos de santidad. El que la conserva es preservado del pecado por la acción del Espíritu Santo. "Ni peca ni puede pecar mientras conserva la gracia del nuevo nacimiento que ha recibido de Dios" (San Jerónimo). Véase 2, 4 y nota; 5, 18; Jn. 1, 12; Ga. 5, 6.

10. "Persígnense todos con la señal de la cruz de Cristo, respondan todos Amén, canten todos Aleluya, bautícense todos, entren a las iglesias, hagan las paredes de las basílicas: pero no se distinguirán los hijos de Dios de los hijos del diablo sino por el amor". (San Agustín).

11. Véase 2, 7 y nota; Jn. 13, 34.

12. La vida del justo es un constante reproche, que el malo no puede soportar y que da lugar a la envidia y a murmuraciones de los tibios (Jn. 7, 7; 15, 19; 17, 16). Así se explica el odio de las gentes mundanas, al cual se suma el clamor de los malos cristianos contra los fieles servidores de Cristo. Cf. Jn. 15, 18-27; 16, 1 ss.; 1 Pe. 4, 12; 3 Jn. 9 y nota, etc.

14s. *El que no ama se queda en la muerte*: He aquí uno de esos grandes textos que como el de 1Co. 13, 3 y tantos otros, presentan la esencia del misterio de la Redención. Dios nos redimió *por amor* (Ef. 2, 4 ss.) y puso también *el amor como condición* para aprovechar aquel beneficio (v. 10 y nota), sin exceptuar el amor a los enemigos (Mt. 5, 44 y nota). "El día en que vuelvan los creyentes a familiarizarse con estas verdades fundamentales del espíritu –dice un predicador moderno– acabarán de comprender

que nuestro Padre no pide nuestros favores sino nuestro corazón. Terminará entonces ese triste pragmatismo que a veces mide la religiosidad por los movimientos exteriores, que más de una vez no son sino expresiones de la vanidad humana. El amor es don del Espíritu Santo y no puede existir en quien no haya muerto el espíritu mundano. El mundo, dice Jesús, no puede recibir el Espíritu Santo, porque no lo ve ni lo conoce (Jn. 14, 17). El mundo no puede amar porque, como dice San Juan, sólo se mueve por la carne, por la avaricia y por la soberbia" (2, 16).

15. Aquí vemos cuán grande es el peligro de ser homicida. "Que me quiten hasta los ojos, decía San Vicente de Paul, hablando de sus detractores, con tal que me dejen el corazón para amarlos". Cf. 4, 7 ss.

16. El Verbo Encarnado "nos demostró con su muerte cuán fuerte es el amor con que ama el Padre a las almas" (San Francisco de Sales). Nuestros sentimientos deben modelarse sobre los del Verbo Divino. Véase el Sermón de la Montaña (Mt. caps. 5-7). Cf. Flp. 2, 5 ss.

17. *Bienes de este mundo*: "Es un error, dice San Juan Crisóstomo, creer que las cosas de la tierra son nuestras y nos pertenecen en propiedad. Nada nos pertenece; todo es de Dios, que es quien todo lo da". Y no olvidemos que todo perecerá por el fuego (1Co. 3, 13 ss.; 2 Pe. 3, 11 y nota).

18s. Sobre este grave asunto, véase 2Co. 8, 10; St. 2, 14-18 y notas.

20. *Cualquiera sea (ho ti eán* en vez de *hoti eán)*: así también Pirot, el cual considera acertadamente inexplicable la sucesión de dos *hoti*. El sentido se aclara notablemente dándonos una admirable norma, muy joanea por cierto, de confianza en el perdón del Padre, que nos ama sabiéndonos miserables (Sal. 102, 13) y que sólo nos pide sinceridad en confesarnos pecadores (1, 8-10; Sal. 50, 6). Soberano remedio para escrupulosos, cuya explicación da el Apóstol en forma que no puede ser más sublime: *porque Dios es más grande que nuestro corazón* y su generosidad sobrepuja a

tenemos plena seguridad delante de Dios; [22]y cuanto pedimos lo recibimos de Él, porque guardamos sus mandamientos y hacemos lo que es agradable en su presencia. [23]Y éste es su mandamiento: que creamos en el nombre de su Hijo Jesucristo, y nos amemos unos a otros, como Él nos mandó. [24]Quien guarda sus mandamientos permanece en Dios y Dios en él; en esto conocemos que Él permanece en nosotros: por el Espíritu que nos ha dado..

4 **Tener cuidado del mundo.** [1]Carísimos, no creáis a todo espíritu, sino poned a prueba los espíritus si son de Dios; porque muchos falsos profetas han salido al mundo. [2]Conoced el Espíritu de Dios en esto: todo espíritu que confiesa que Jesucristo ha venido en carne, es de Dios; [3]y todo espíritu que no confiesa a Jesús, no es de Dios, sino que es el espíritu del Anticristo. Habéis oído que viene ese espíritu, y ahora ya está en el mundo. [4]Vosotros, hijitos, sois de Dios y los habéis vencido porque el que está en vosotros es mayor que el que

está en el mundo. [5]Ellos son del mundo, por eso hablan según el mundo y el mundo los escucha. [6]Nosotros somos de Dios. El que conoce a Dios nos escucha a nosotros, el que no es de Dios no nos escucha. En esto conocemos el Espíritu de la verdad y el espíritu del error.

El que ama conoce a Dios. [7]Carísimos, amémonos unos a otros, porque el amor es de Dios y todo el que ama es nacido de Dios y conoce a Dios. [8]El que no ama, no ha conocido a Dios, porque Dios es amor. [9]Y el amor de Dios se ha manifestado en nosotros en que Dios envió al mundo su Hijo Unigénito, para que nosotros vivamos por Él. [10]En esto consiste el amor: no en que nosotros hayamos amado a Dios, sino en que Él nos amó a nosotros y envió su Hijo como propiciación por nuestros pecados. [11]Carísimos, si de esta manera Dios nos amó, también nosotros debemos amarnos mutuamente. [12]A Dios nadie lo ha visto jamás; pero si nos amamos unos a otros, Dios permanece en nosotros y su amor llega a la

---

cuanto podemos esperar (Os. 11, 8-9 y nota); y además lo *sabe todo* (Mt. 6, 8), de manera que ni siquiera necesitamos explicarle esos íntimos reproches del corazón.

21s. Cf. 5, 14 y nota.

24. *Conocemos que Él mora en nosotros*: "Se refiere a una experiencia cristiana, única y específica, *el sentimiento del Espíritu Santo presente en el alma.* San Pablo corrobora esta experiencia afirmando que hemos recibido un espíritu de filiación, el cual nos hace exclamar: Abba, Padre; el mismo Espíritu da testimonio a nuestro espíritu de que somos hijos de Dios (Rm. 8, 14; Ga. 4. 6)" (Bonsirven).

1. San Pablo nos da también esta sabia norma de libertad espiritual en 1 Ts. 5, 21; y más tarde, en 1Co. 12, 2 ss., nos da elementos para usarla. Véase el ejemplo de los cristianos de Berea en Hch. 17, 11. Entre los pocos "Ágrafa", palabras del Señor no escritas, que se dicen conservadas fuera del Evangelio, hay una que traen muchos antiguos, desde Orígenes, repitiéndola como auténtica San Juan Crisóstomo y San Jerónimo y que dice: "Sed probados cambistas", o sea, sabed distinguir en materia espiritual la moneda auténtica de la adulterada. El sentido sería el mismo de este pasaje de San Juan y de los citados de San Pablo, como también de la advertencia de Jesús en Mt. 7, 15.

3. Cf. 2, 18 ss.

5. Cf. 2, 15s.

6. Regla para *el discernimiento del espíritu*: los discípulos del Anticristo no quieren oír las palabras apostólicas. El que es de Dios escucha a sus heraldos. Véase Jn. 18, 37.

7. "En el nombre de Dios, que es amor, y en el de Cristo, que nos ha enseñado a vencer y a extinguir en el amor las devastadoras

llamas de los odios y de las venganzas, no se cansen los corazones católicos de oponer a tantos males la cruzada de la caridad; y en el amor, más fuerte que la muerte, su devoción por la causa del bien reivindique el verdadero nombre de cristiano" (Pío XI).

8. *Dios es amor*: Hallamos aquí la definición de Dios. El Padre es el Amor infinito, el Hijo es el Verbo Amor, la Palabra de Amor del Padre (Jn. 17, 26), unidos Ambos por el divino Espíritu de Amor. El Padre siendo el Amor es lo contrario al egoísmo, es decir, algo que difícilmente imaginamos sin honda meditación espiritual. Porque solemos imaginarlo como el infinito omnipotente vuelto hacia Sí mismo, contemplándose y amándose por no existir nada más digno de ello que Él mismo. Pero olvidamos que el Padre tiene un Hijo, eterno como Él, y que su amor está puesto en Él, de modo que el amor infinito, que es la sustancia del Padre, no se detiene en Sí mismo, en su Persona, sino que sale hacia Jesús, y en Él hacia nosotros.

9. Véase Jn. 1, 4; 3, 16.

10. Dios no nos amó por méritos o atractivos nuestros, ni siquiera porque nosotros nos hubiésemos arrepentido de nuestros pecados, sino que Él se adelantó a ofrecernos la gracia para que pudiéramos arrepentirnos: "La causa meritoria de nuestra justificación, declara el Concilio de Trento, es el Hijo Unigénito de Dios, nuestro Señor Jesucristo, el cual, cuando éramos enemigos, movido del excesivo amor con que nos amó, por su santísima Pasión en el leño de la Cruz nos mereció la justificación y satisfizo por nosotros a Dios Padre" (Denz. 799). Cf. Rm. 5, 10; 11, 35; Ef. 2, 4; Col. 2, 14.

11. He aquí el supremo fundamento para el amor paterno (¿o fraterno?). Véase v. 19; Jn. 15, 2 y su sanción en Mt. 7, 2 y nota.

perfección en nosotros. [13]En esto conocemos que permanecemos en Él y Él en nosotros, en que nos ha dado de su Espíritu. Y nosotros vimos y testificamos que el Padre envió al Hijo como Salvador del mundo. [15]Todo el que confiesa que Jesús es el Hijo de Dios, Dios permanece en él y él en Dios. [16]En cuanto a nosotros, hemos conocido el amor que Dios nos tiene y hemos creído en ese amor. Dios es amor y el que permanece en el amor, permanece en Dios y Dios en él. [17]En esto el amor es perfecto en nosotros –de modo que tengamos confianza segura en el día del juicio – porque tal como Él es también somos nosotros en este mundo. [18]En el amor no hay temor; al contrario, el amor

perfecto arroja fuera el temor, pues el temor supone castigo. El que teme no es perfecto en el amor. [19]Nosotros amamos porque Él nos amó primero. [20]Si alguno dice: "Yo amo a Dios", pero odia a su hermano, es un mentiroso; pues el que no ama a su hermano a quien ve, no puede amar a Dios, a quien nunca ha visto. [21]Y éste es el mandamiento que de Él hemos recibido: que quien ama a Dios ame también a su hermano..

5 **La fe en Cristo vence al mundo.** [1]Todo el que cree que Jesús es el Cristo, ha nacido de Dios. Y todo el que ama al (*Padre*) que engendró, ama también al que fue engendrado por Él. [14] [2]En esto conocemos que amamos a los hijos de Dios:

12s. Es decir, que la caridad para con el prójimo nos proporciona una piedra de toque sobre el estado de nuestra amistad con Dios (cf. v. 20). La explicación está en el v. 13: si estamos con Dios Él nos da su propio Espíritu, que es todo amor (v. 8).

16. *Permanecer en el amor* no significa (como muchos pensarán), permanecer amando, sino *sintiéndose amado*, según vemos al principio de este v.: *hemos creído en ese amor*. San Juan que acaba de revelarnos que *Dios nos amó primero* (v. 10), nos confirma ahora esa verdad con las propias palabras de Jesús que el mismo Juan nos conservó en su Evangelio. "Permaneced en mi amor" (Jn. 15, 9). También allí nos muestra el Salvador este sentido inequívoco de sus palabras, admitido por todos los intérpretes: no quiere Él decir: permaneced amándome, sino que dice: Yo os amo como Mi Padre me ama a Mí; permaneced en mi amor, es decir, en este amor que os tengo y que ahora os declaro (cf. Ef. 3, 17 y nota), que aquí descubrimos es, sin duda alguna, la más grande y eficaz de todas las luces que puede tener un hombre para la vida espiritual, como lo expresa muy bien Santo Tomás de Aquino diciendo: "Nada es más adecuado para mover al amor, que la conciencia que se tiene de ser amado" (cf. Os. 2, 23 y nota). No se me pide, pues, que yo ame directamente, sino que yo *crea* que soy amado. ¿y qué puede haber más agradable que ser amado? ¿No es eso lo que más busca y necesita el corazón del hombre? lo asombroso es que el creer, el creerse que Dios nos ama, no sea una insolencia, una audacia pecaminosa y soberbia, sino que Dios nos pida esa creencia tan audaz, y aun nos la indique como la más alta virtud. Feliz el que recoja esta incomparable perla espiritual que el divino Espíritu nos ofrece por boca del discípulo amado; donde hay alguien que se cree amado por Dios, allí está Él, pues que Él es ese mismo amor. La liturgia del jueves Santo (lavatorio de los pies) aplica acertadamente este concepto a la caridad fraterna, diciendo: "Donde hay caridad y amor, allí está Dios", lo cual también es exacto porque ambos amores son inseparables, y Jesús dijo también que Él está en medio de los que se reúnen en su Nombre (Mt. 18, 20). Fácil es por lo demás explicarse la indivisibilidad de ambos amores si se piensa que yo no puedo dejar de tener sentimientos de caridad y misericordia en mi corazón mientras estoy creyendo que Dios me ama hasta perdonarme toda mi vida y dar por mí su Hijo para que yo pueda ser tan glorioso como Él. Por eso es que no

podría decirse "peca fuerte y cree más fuerte", según la célebre fórmula, pues cuando pecamos lo primero que falla es la fe (cf. 5, 4; 1 Pe. 5, 9).

18. *El amor perfecto echa fuero el temor*: Vemos así claramente que ese temor de Dios, de que tan a menudo habla la Sagrada Escritura no puede ser el miedo, porque si éste es excluido por el amor, resulta evidente que si tenemos miedo es porque no tenemos amor, y en tal caso nada valen nuestras obras (cf. 1Co. 13). El temer a Dios está usado en la Biblia como sinónimo de reverenciarlo y no prescindir de Él; de tomarlo en cuenta para confiar y esperar en Él; de no olvidarse de que Él es la suprema Realidad. "Soy Yo, no temáis... ¿por qué teméis?... no se turbe vuestro corazón; la paz sea con vosotros; os doy la paz mía". ¿Puede ser éste el lenguaje del miedo? Cf. Sal. 85, 11; 110, 10 y notas. Hay, sin embargo, un *temor y temblor* de que habla San Pablo, pero no por falta de confianza en Dios, sino en nosotros mismos (Flp. 2, 12), "porque es Él quien obra en nosotros, tanto el querer como el obrar (Flp. 2, 13). El soberbio, el que se cree capaz de salvarse por sus propios méritos, ése debe temblar y temer, más aún que a los que matan el cuerpo, al Amor despreciado de un Dios que "puede perder cuerpo y alma en la gehena" (Mt. 10, 28). Cf. Cant. 8, 6 y nota.

19. "De todas las invitaciones a amar, la más poderosa es la de prevenir amando... He aquí, pues, por qué vino principalmente Cristo: a fin de que el hombre aprenda basta qué punto es amado de Dios y que, habiendo aprendido, se inflame de amor hacia Aquel de quien ha sido eternamente amado" (San Agustín).

21. Pirot hace notar que este final, aparentemente desconectado, se explica bien, tanto por el contexto cuanto por las Epístolas paulinas y el Apocalipsis (y no menos por 2 Pe. 2 y Judas), donde se ve que los cristianos venidos del paganismo tendían a conservar, en forma de ceremonias cultuales (1Co. 10, 20s. y también Hb. 13, 9), ciertas prácticas y aún misterios de las antiguas religiones, que los falsos doctores o anticristos toleraban sin duda y con los cuales se producía "una disimulada reinfiltración del paganismo bajo forma de sincretismo".

1. "Por la fe creemos en el amor infinito del Padre, mas no llegamos a ser verdaderamente sus hijos, sino en la medida en que esta creencia transforma toda nuestra alma para hacerla vivir de la divina vida del Padre, que es amor" (Guerry).

cuando amamos a Dios y cumplimos sus mandamientos.³Porque en esto consiste el amor de Dios: en que guardemos sus mandamientos y sus mandamientos no son pesados; ⁴porque todo lo que ha nacido de Dios vence al mundo, y ésta es la victoria que ha vencido al mundo: nuestra fe. ⁵¿Quién es el que vence al mundo sino el que cree que Jesús es el Hijo de Dios? ⁶El mismo es el que vino a través de agua y de sangre: Jesucristo; no en el agua solamente, sino en el agua y en la sangre; y el Espíritu es el que da testimonio, por cuanto el Espíritu es la verdad.

⁷Porque tres son los que dan testimonio [en el cielo; el Padre, el Verbo y el Espíritu Santo, y estos tres son uno. ⁸Y tres son los que dan testimonio en la tierra]: el Espíritu, y el agua, y la sangre; y los tres convienen en lo mismo.

⁹Si aceptamos el testimonio de los hombres, mayor es el testimonio de Dios, porque el testimonio de Dios es éste: que Él mismo testificó acerca de su Hijo.¹⁰Quien cree en el Hijo de Dios, tiene en sí el testimonio de Dios; quien no cree a Dios, le declara mentiroso, porque no ha creído en el testimonio que Dios ha dado de su Hijo. ¹¹Y éste es el testimonio: Dios nos ha dado vida eterna y esa vida está en su Hijo. ¹²El que tiene al Hijo tiene la vida; quien no tiene al Hijo de Dios no tiene la vida. ¹³Escribo esto a los que creéis en el nombre del Hijo de Dios, para que sepáis que tenéis vida eterna.

2. Esta es la prueba inversa de la que vimos en 4, 12 y nota. Y es anterior a aquélla, pues claro está que nuestro amor al prójimo procede de nuestro amor a Dios y no esto de aquello; así como el amor que tenemos a Dios procede a su vez del amor con que Él nos ama y por el cual nos da su propio Espíritu que nos capacita para amarlo a Él y amar al prójimo (4, 13 y 16; Rm. 5, 5).

4s. Cf. 1 Pe. 5, donde se nos muestra que también a Satanás lo venceremos por la fe. Cf. 2, 13s.

6 ss. *El que vino* (*ha elthón*) equivalente de "el que viene" (*ho erjómenos*). Cf. Hb. 10, 37 y nota; 2 Jn. 7. *A través* (*diá*) *de agua y de sangre*: algunos pocos más añaden *y espíritu*, pero es sin duda un error de copista (repetición de esa palabra que viene más adelante) y no está en la Vulgata ni en los modernos (cf. Bonsirven, Pirot, etc.), pues el *agua* y la *sangre* son dos pruebas exteriores para creer tanto en la realidad humana de Cristo cuanto en la divinidad de su Persona de "engendrado de Dios" (v. 1). En el bautismo que Él recibió de Juan santificando el *agua*, una voz celestial lo proclamó Hijo de Dios (Mt. 3, 13 ss.; cf. Jn. 1, 31-34). Y con el otro bautismo de su sangre (Lc. 12, 50), Jesús fue el gran mártir, (es decir, *testigo*), que dio en la Cruz el máximo testimonio de la verdad de todo cuanto afirmara (Jn. 10, 11 y nota), al punto de que arrancó a los asistentes la confesión de Mt. 27, 54; "Verdaderamente Hijo de Dios era éste". En igual sentido dice Tertuliano que nos hizo *"llamados, por el agua; y escogidos, por la sangre"*, pues con el Bautismo empezó la predicación del Evangelio y con su Muerte consumó la Redención, aun para los que no habían escuchado su Palabra (Lc. 23, 34). Fillion estima poco probable que haya en este v. una referencia a Jn. 19, 34- 35, pues allí las palabras *sangre y agua* están en orden inverso que aquí. Añade que "no es posible ver en esto, como diversos comentadores, una alusión directa a la institución de los sacramentos del Bautismo y de la Eucaristía, pues él segundo estaría imperfectamente representado por las palabras "y la sangre", sin contar que se trata aquí de hechos que conciernen personalmente al Salvador". *Y el Espíritu, etc.*: con su Muerte Jesús nos ganó el Espíritu (Jn. 14, 26; 16, 13). Y como *el Espíritu es la verdad*, nos da testimonio de ella (2, 20 y 27; 3, 24; 4, 2; Jn. 15, 26; Hch. 5, 32; Rm. 2, 15: 8, 16) y

ese testimonio divino es superior al de los hombres (v. 8; Hch. 4, 19; 5, 29). Así es como "los tres concuerdan" (v. 8).

7. Lo que va entre corchetes no está en el antiguo texto griego y falta igualmente en muchos manuscritos latinos, habiendo sido muy discutida su autenticidad con el nombre de *comma johanneum*. Hoy "casi todos los autores, aun los católicos, niegan que haya sido escrito por el Apóstol San Juan" (Padre Hoepfl) y algunos lo consideran agregado por Prisciliano (año 380) que habría fundado en él su herejía unitaria. El controvertido pasaje fue finalmente objeto de dos resoluciones del Magisterio eclesiástico que refiere así el Padre Bonsirven: "El 13 de enero de 1897 la Sagrada Congregación de la Inquisición había declarado, en un decreto confirmado el 15 por León XIII, que no se podía negar ni poner en duda que 1 Jn. 5, 7 sea auténtico. Muchos autores explicaron que el decreto no tenía más valor que un valor disciplinario que prohibía tachar caprichosamente de la Biblia el texto controvertido. El 2 de junio de 1927 el Santo Oficio aseguraba que el decreto sólo había sido dado para oponerse "a la audacia de los doctores privados que se atribuyen el derecho de rechazar la autenticidad del *comma johanneum* o en último análisis al menos ponerlo en duda, pero que en manera alguna quería impedir a los escritores católicos que investigasen más ampliamente la cuestión y que, ponderados los argumentos con la moderación y templanza que la gravedad del asunto requiere, se inclinaran a la sentencia contraria a la autenticidad con tal que mostrasen estar dispuestos a atenerse al juicio de la Iglesia a la cual fue confiado por Jesucristo no sólo el don de interpretar las Sagradas Letras sino también de custodiarlas fielmente" (Ench. Bibl. 120s.; Denz. 2198). Desde otro punto de vista es de observar que el testimonio de las tres divinas Personas está implícitamente comprendido en el del agua y de la sangre y del Espíritu, pues, como vimos en la nota del v. 6 en la primera dio testimonio el Padre y en la segunda el mismo Hijo (cf. Jn. 8, 18), después de cuya Muerte y Ascensión el que da testimonio es el Espíritu (cf. Jn. 7, 39).

9. Es éste uno de los mayores fundamentos para ser devoto de las Sagradas Escrituras. Cf. Jn. 5, 32; Hch. 17, 11 y nota.

5, 12. Cf. v. 20; 4, 9 y nota; Jn. 1, 4.

Últimas recomendaciones. [14]Y ésta es la confianza que tenemos en Él: que Él nos escucha si pedimos algo conforme a su voluntad; [15]y si sabernos que nos escucha en cualquier cosa que le pidamos, sabemos también que ya obtuvimos todo lo que le hemos pedido. [16]Si alguno vea su hermano cometer un pecado que no es para muerte, ruegue, y así dará vida a los que no pecan para muerte. Hay un pecado para muerte; por él no digo que ruegue. [17]Toda injusticia es pecado; pero hay pecado que no es para muerte. [18]Sabemos que todo el que es engendrado de Dios no peca; sino que Aquel que fue engendrado de Dios le guarda, y sobre él nada puede el Maligno. [19]Pues sabemos que nosotros somos de Dios, en tanto que el mundo entero está bajo el Maligno. [20]Y sabemos que el Hijo de Dios ha venido y nos ha dado entendimiento para que conozcamos al (Dios) verdadero; y estamos en el verdadero, (estando) en su Hijo Jesucristo. Éste es el verdadero Dios y vida eterna. [21]Hijitos, guardaos de los ídolos.

5, 14s. No podemos pedir nada mejor que el cumplimiento de la voluntad de Dios en nosotros y por medio de nosotros. Jesús nos enseñó a hacerlo en el Padrenuestro. Porque la voluntad de Dios es toda amor: quiere para todos y para cada uno de nosotros el mayor bien, incomparablemente mejor de cuanto podríamos desear nosotros mismos. De ahí que su amor le impida acceder cuando le pedimos lo que no nos conviene. Cf. 3, 21s. El Sal. 36, 4expresa ya el concepto de este v. al decir: "Cifra tus delicias en el Señor y te dará cuanto desea tu corazón".

16. Los vv. 14 y 15preparan el ánimo para recibir esta promesa extraordinaria, que debe colmar de gozo principalmente a los padres de familia. Lo que en la santa Unción de enfermos se promete respecto al cuerpo –"y la oración de la fe sanará ad enfermo" (St. 5, 14s.)– se promete aquí respecto al alma de aquel por quien oremos. Y no es ya solamente como en St. 5, 15, en que se le perdonará si tiene pecados sino que se *le dará vida*, es decir, conversión además del perdón. Es la esperanza de poder salvar, por la oración, el alma que amamos, como santa Mónica obtuvo la conversión de su hijo Agustín; como a la oración de Esteban siguió la conversión de Pablo (Hch. 8, 3 y nota); como Dios perdonó a los malos amigos de Job por la oración de éste (Job 42, 8 y nota), En cuanto al *pecado de muerte*, no es lo que hoy se entiende por pecado mortal, sino la apostasía (2, 18 y nota; Hbr. 6, 4 ss.; 10, 26 ss.; 1 Pe. 2, 1 ss.), el pecado contra el Espíritu Santo (Mc. 3, 29). En tal hipótesis no habríamos de querer ser más caritativos que Dios y hemos de desear que se cumpla en todo su voluntad con esa alma, pues sabemos que Él la ama y la desea mucho más que nosotros y porque nuestro amor por Él ha de ser "sobre todas las cosas" y nuestra fidelidad ha de llegar si es preciso, a "odiar" a nuestros padres y a nuestros hijos, como dice Jesús (Lc. 14, 26 y nota).

17. *Tal como es Él somos también nosotros*: Se ha buscado muchas explicaciones a estas palabras a primera vista sorprendentes. El sentido, sin embargo, es sencillo según el contexto: Él es amor y por lo tanto, si nosotros permanecemos en el amor (v. 16) *somos como Él*, puesto que hacemos lo mismo que Él. En igual sentido dice Jesús: "Sed vosotros perfectos como vuestro Padre celestial es perfecto" (Mt. 5, 48); y "sed misericordiosos como es misericordioso vuestro Padre" (Lc. 6, 36). Así también aquí, habiéndonos mostrado (de muchos modos desde el v. 9) cómo el Padre es amante, se nos dice luego: sed amantes como es Él, y entonces seréis semejantes a Él aún desde este mundo, puesto que haréis lo mismo que Él hace: amar. Y en tal caso claro está que el amor en nosotros es perfecto en todo sentido como lo anticipó el v. 12: *perfecto* en cuanto a Él, porque en la mutua permanencia (v. 13) nos da Él la plenitud de su santo Espíritu que es quien derrama en nosotros su caridad (Rm. 5, 5); y *perfecto* en sí mismo, pues como vimos, se inspira en el modelo sumo del amor y de la misericordia (cf. Ef. 2, 4 y nota). Y entonces claro es también que tenemos confianza *segura en el día del juicio*, pues ese pleno amor excluye el miedo (v. 18) y ya se dijo que "si el corazón no nos reprocha, tenemos confianza delante de Dios" (3, 21), Por donde vemos la dependencia entre la caridad y la esperanza, que de ella viene (cf. 3, 3 y nota; Lc. 21, 28 y 36). En otro sentido puede también decirse que somos ya desde ahora semejantes a Cristo nuestro hermano, puesto que, si nos hemos "revestido del hombre nuevo en la justicia y santidad que viene de la verdad" (Ef. 4, 24), el Padre nos ha reservado ya un asiento a su diestra en lo más alto de los cielos (Ef. 2, 6), de modo que nuestra verdadera morada es el cielo (Flp. 3, 20) y nuestra vida está escondida en Dios con Cristo (Col. 3, 1-3). Sólo esperamos el día en que cese el provisorio estado actual en este siglo malo (Ga. 1, 4) y aparezca la realidad de nuestra posición. Tal es lo que Juan nos dijo en 3, 2, y San Pablo en Col. 3, 4 y Flp. 3, 21. Es como si un hijo que está en la guerra recibiese cartas de su padre el Rey sobre el modo cómo le ha preparado un cuarto precioso en el hogar. El cuarto ya es suyo y sólo espera con ansia que termine aquella guerra larga y cruel; pues ¿cómo podría amar ese destierro que le impide tomar posesión de su casa? (Sal. 119, 5). Bien se explica así que los que viven tan prodigiosa expectativa se consideren aquí abajo como "separados" (Jn. 17, 16) y aun odiados (Jn. 17, 14; 15, 18s.; Lc. 6, 22 ss.), pues ya vimos que el amor del mundo excluye de este banquete (2, 15-17). Cf. Lc. 14, 24; Jn. 14, 30 y nota.

2ᴬ CARTA DE SAN JUAN

Caminemos en la Verdad. [1]El Presbítero a la señora Elegida y a sus hijos, a quienes amo en verdad, y no sólo yo, sino también todos los que han conocido la verdad, [2]por amor de la verdad que permanece en nosotros y que con nosotros estará para siempre: [3]gracia, misericordia y paz, de parte de Dios Padre y de Jesucristo, el Hijo del Padre, sea con vosotros en verdad y amor.

[4]Mucho me he gozado al encontrar a hijos tuyos que andan en la verdad, conforme al mandamiento que hemos recibido del Padre. [5]Y ahora te ruego, señora, no como escribiéndote un mandamiento nuevo, sino aquel que hemos tenido desde el principio –que nos amemos unos a otros. [6]El amor consiste en que caminemos según sus mandamientos. Y este es el mandamiento, como lo habéis oído desde el principio: que caminéis en el amor. [7]Porque han salido al mundo muchos impostores, que no confiesan que Jesucristo ha venido en carne. En esto se conoce al seductor y al Anticristo. [8]Mirad por vosotros mismos, a fin de que no perdáis el fruto de vuestro trabajo, sino que recibáis colmada recompensa. [9]Todo el que va más adelante y no permanece en la enseñanza de Cristo,

---

19. *Esta bajo el Maligno*: Cf. Jn. 14, 30. La gran obra de misericordia del Padre, dice San Pablo, consiste en sacarnos de esa potestad para trasladarnos al reino del Hijo de su amor (Col. 1, 13). Esto sucede a los que se revisten del hombre nuevo mediante el conocimiento íntimo de Cristo (Col. 3, 9s.), dejando al hombre viejo que yacía bajo el Maligno. Porque el conocimiento de Cristo buscado con sinceridad es para el hombre una iluminación sobre la verdad del Padre (v. 20). "Creía conocer a Cristo desde la infancia, más cuando lo estudié en las Escrituras vi, con inmensa sorpresa, que había hecho un descubrimiento nuevo, el único que siempre puede llamarse descubrimiento, porque cada día nos revela, en sus palabras, nuevos aspectos de su sabiduría. Esta nunca se agota, y nosotros nunca nos saciamos de penetrarla" (Mons. Keppler).

20. Hacernos conocer al verdadero Dios es la obra que Cristo proclama suya por excelencia (Lc. 24, 45; Jn. 1, 18; 7, 16s.; 15, 15; 17, 26; Hb. 1, 1 ss. etc. "De la venida en carne del Hijo de Dios y la revelación de su Evangelio se sigue para nosotros el don de la sabiduría cristiana: *diánoia* es la aptitud para discernir, para penetrar, es la sagacidad sobrenatural" (Pirot). Cf. 2, 27 y nota. Y además de ésta, que a nadie es negada para sí mismo (St. 1, 5), se da también, a los que son pequeños (Lc. 10, 21), otra especial "para utilidad de los demás" (1Col. 12, 7 ss.), según la medida de la donación de Cristo (Ef. 4, 7 y 11 ss.; Rm. 12, 6 ss.). "Nada es comparable al conocimiento de Dios, dice San Agustín, porque nada hace tan feliz. Este conocimiento es la misma bienaventuranza".

21. Pirot hace notar que este final, aparentemente desconectado, se explica bien, tanto por el contexto cuanto por las Epístolas paulinas y el Apocalipsis (y no menos por 2 Pe. 2 y Jds.), donde se ve que los cristianos venidos del paganismo tendían a conservar, en forma de ceremonias cultuales (1Co. 10, 20s. y también Hbr. 13, 9), ciertas prácticas y aún misterios de las antiguas religiones, que los falsos doctores o anticristos toleraban sin duda y con los cuales se producía "una disimulada reinfiltración del paganismo bajo forma de sincretismo".

1. Sobre el título *el Presbítero* (Anciano) y la *destinataria*, véase la nota introductoria a las Epístolas de San Juan. *Elegida* o Electa es sinónimo de Iglesia. San Juan usa esta forma "velada y misteriosa" según Pirot, quizá como prudente disimulo en aquellos tiempos en que la apostasía (cf. 2 Pe. 3, 17 y nota), llegaba al punto de que San Juan ya no era recibido en algunas Iglesias (cf. 3 Jn. 9). Parece confirmar esta suposición la forma semianónima de la carta que, empezando según la costumbre por mencionar al autor y a la destinataria, omite nombrarse él y a ella la llama *señora*. Que no se trata de una persona en singular se ve claro en v. 13donde se le habla de su hermana Electa. No eran, pues, dos hermanas del mismo nombre sino dos Iglesias hermanas. Sabido es que entonces se llamaba Iglesia a cada uno de los grupos que formaban una pequeña grey (Lc. 12, 32; cf. Mt. 18, 19s.; Rm. 16, 5 y 16). Como observan los comentadores, esta carta, no obstante tales precauciones que hacen pensar ya en las catacumbas, parece haber sido interceptada (cf. 3 Jn. 9 y nota) lo cual explicaría que la carta siguiente fuese dirigida a un particular (3 Jn. 1). El objeto de la presente es prevenir, como lo dice también la anterior (1 Jn. 2, 26), contra la seducción de esos falsos doctores (v. 7) y jefes que se habían enseñoreado ya de algunas iglesias amando los primeros puestos (Mt. 23, 6 ss.) al extremo de expulsar a los enviados de San. Juan (3 Jn. 10), no obstante ser éste el último de los apóstoles que vivían aún; pues estas cartas, como todos los escritos de San Juan, son posteriores al año 90, es decir, más de veinte años después de caer Jerusalén, y más de treinta años después de la muerte de Pedro y Pablo. Es una lección impresionante y de saludable humildad el observar este abandono que desde el principio sufrieron los apóstoles y cuyo relato nos han dejado como si fuera su testamento y una admonición (2 Tm. 3, 1 ss.; 2 Pe. 2, 1 ss.; Judas 3s.), concordante con la del mismo Jesús (Lc. 8, 8 y nota).

2. *Para siempre*: literalmente: *por el siglo*, es decir: mientras dure esta peregrinación terrenal, los discípulos de Cristo –que es la Verdad– tenemos prometida su asistencia "hasta la consumación del siglo" (Mt. 28, 20). Y es claro que "los que han conocido la verdad" (v. 1) se aman entre sí tanto más cuanto más crecen en ese conocimiento y lo comparten (Sal. 118, 79 y nota). Así también se explica que el amor mutuo sea el sello de los verdaderos discípulos (Jn. 13, 35). Cf. 3 Jn. 14 y nota.

4. *Andar en la verdad* es poner en práctica las enseñanzas de Cristo, que el Padre nos dio como único Maestro en su mandamiento del Tabor: "Este es mi hijo muy amado... A Él habéis de escuchar" (Mt. 17, 5).

no tiene a Dios; el que permanece en la doctrina, ése tiene al Padre, y también al Hijo. [10]Si alguno viene a vosotros, y no trae esta doctrina, no le recibáis en casa, ni le saludéis. [11]Porque quien le saluda participa en sus malas obras.

[12]Muchas cosas tendría que escribiros, mas no quiero hacerlo por medio de papel y tinta, porque espero ir a vosotros y hablar cara a cara, para que nuestro gozo sea cumplido.

[13]Te saludan los hijos de tu hermana Elegida.

3ᴬ CARTA DE SAN JUAN

Saludo.[1]El Presbítero al amado Gayo, a quien amo en verdad. [2]Amado, ruego que prosperes en todo, así como tu alma prospera, y tengas salud.

La caridad cristiana de Gayo. [3]Mucho me alegre cuando los hermanos vinieron y dieron testimonio de tu verdad, ya que caminas en la verdad. [4]No hay para mí gozo mayor que el oír que mis hijos caminan en la verdad. [5]Haces obra de fe en todo cuanto realizas a favor de los hermanos y de los forasteros, [6]los cuales, en presencia de la Iglesia, dieron testimonio de tu caridad. Bien harás en proveerlos para el viaje como conviene según Dios. [7]Pues por amor de su Nombre emprendieron el viaje, sin tomar nada de los gentiles. [8]Por tanto, debemos nosotros acogerles para cooperar a la verdad. 9 10 11

Reprueba la conducta de Diótrefes y alaba a Demetrio. [9]Escribí algo a la Iglesia; pero Diótrefes, que gusta el primer puesto entre ellos, no nos admite a nosotros. [10]Por lo cual, si voy allá le traeré a memoria las obras que hace difundiendo palabras maliciosas contra nosotros; y no contento con esto, ni él recibe a los hermanos ni se lo permite a los que quieren hacerlo y los expulsa de la Iglesia. [11]Amado, no imites lo malo, sino lo bueno. El que obra el bien es de Dios; el que obra el mal no ha visto a Dios.

Ejemplo de Demetrio. [12]Todos, y aun la misma

---

5. Cf. 1 Jn. 2, 7 y nota.

6. *Habéis oído desde el principio*: Como en 1 Jn. 2, 7 y 19; 4, 6, etc., sigue el anciano Apóstol insistiendo en la necesidad de atenerse tanto más a la verdad segura (v. 4) de la Revelación bíblica y apostólica, cuanto mayor sea el peligro de aquellos seductores (v. 7). Cf. 1 Tm. 6, 20 y nota.

7. Cf. 1Jn 4, donde trata del discernimiento de espíritus.

8. Cf. 1Co. 3, 15.

9. El atenerse con fe viva a la enseñanza que Cristo predicó y confió a sus apóstoles (Jn. 7, 16; 18, 19; cf. 8, 31; 1 Jn. 2, 22-23) implica la incorporación a Cristo y al Padre. El herético, al contrario, es el que quiere ir *más adelante*: probablemente el gnóstico, que se separa de esa fe tradicional so pretexto de elevarse a una ciencia más sublime (Bonsirven) o "de una gnosis privilegiada" (Pirot). Véase la nota introductoria.

10. *Esta doctrina*: la recibida de Cristo (v. 6) sin las desviaciones que señaló en los vv. 7 y 9. Tal conducta, según aquí se nos enseña, no es falta de caridad sino prudencia (v. 8) y respeto por la fe. El que recibe a los que hacen profesión de mala doctrina se hace cómplice de ella (v. 11). Cf. 1Co. 5, 9; Ef. 5, 10 ss.; 2 Ts. 3, 6 y 14; Tt. 3, 10.

12. Cf. 1 Jn. 1, 4 y nota.

13. *La Elegida*, es decir, la Iglesia desde la cual escribe el autor. Cf. v. 1 y nota.

3. Es decir dieron testimonio de que estás en la verdad puesto que andas en la verdad. Notable fórmula sintética para enseñar que no puede haber divorcio entre la doctrina y la vida, de modo que por ésta puede inferirse aquélla y viceversa.

4. Juan deja ver aquí su corazón de pastor. Cf. Sal. 118, 74 y notas.

5. *Los forasteros* eran venidos de otras ciudades, especialmente los evangelizadores que visitaban la comunidad, enviados por Juan, como Pablo enviaba antes a los obispos viajeros Timoteo, Tito y otros. Cf. Hch. 20, 38 y nota.

7. *Los gentiles*: es decir simplemente los paganos infieles, no convertidos. Así lo usa San Pablo en Ef. 4, 17 aun dirigiéndose a gentiles. Aunque Juan era apóstol "de la circuncisión" (Ga. 2, 9) no habla ya aquí de *gentiles* por oposición a Israel, pues hacía más de veinte años que con la caída de Jerusalén en el 70 había cesado también de hecho toda la diferencia entre judío y gentil (cf. Ga. 3, 28).

9. *Escribí algo*: Algunos m ss. dicen como la Vulgata: *escribiría yo algo. Diótrefes* era sin duda uno de los obispos designados por el mismo San Juan "puesto que ejerce una autoridad sobre la comunidad; no parece que haya usurpado el poder, pero abusa de él" (Bonsirven). *El que gusta el primer puesto (filoproteuon,* etimológicamente significa *el que ama el primer puesto*): vemos ya producirse en la primitiva Iglesia estos casos del misterio de iniquidad (2 Ts. 2, 6) que Jesús caracterizaba en Mc. 12, 38-40 y San Pedro prevenía en 1 Pe. 5, 3. No le bastaba dominar sino que excluía a los que no estaban con él (v. 10), aunque fuesen enviados del Apóstol. "Verdaderas excomuniones, dice Mons. Chante, que tendían a dividir a la Iglesia en dos fracciones rivales". Cf. 1 Jn. 3, 12; 2 Jn. 1 y notas.

10. Como observa Pirot, las palabras del v. 9parecen referirse a "la intercepción de la carta enviada a la comunidad y además a la

verdad, dan testimonio en favor de Demetrio; nosotros también damos testimonio, y tú sabes que nuestro testimonio es verdadero.

Despedida. [13]Muchas cosas tendría que escribirte, mas no quiero escribírtelas con tinta y pluma; [13]pues espero verte en breve y entonces hablaremos cara a cara. La paz sea contigo. Los amigos te saludan. Saluda tú a los amigos, uno a uno.

CARTA DE SAN JUDAS

San Judas, hermano de Santiago el Menor, campuso la presente carta entre los años 62 y 67, con el fin de fortalecer en la fe a los judío-cristianos y prevenirlos contra la doctrina de los falsos doctores. Sobre esta preocupación común en todos los escritos apostólicos, ver 2 Pe. 3, 17 y nota. En muchos pasajes tiene esta Carta notoria semejanza con 2 Pe. 2. Cf. v. 17 s. y nota.

Saludo y advertencias. [1]Judas, siervo de Jesucristo y hermano de Santiago, a los llamados que han sido amados en Dios Padre y guardados para Jesucristo: [2]misericordia, paz y amor os sean dados en abundancia. [3]Carísimos, teniendo gran preocupación por escribiros acerca de nuestra común salvación, me he visto en la necesidad de dirigiros esta carta para exhortaros a que luchéis por la fe, que ha sido transmitida a los santos una vez por todas. [4]Porque se han infiltrado algunos hombres – los de antiguo prescritos para este juicio – impíos que tornan en lascivia la gracia de nuestro Dios y reniegan de nuestro único Soberano y Señor Jesucristo.

Los castigos de Dios. [5]Quiero recordaros a vosotros, que habéis aprendido ya una vez todas estas cosas, que el Señor, habiendo rescatado de la tierra de Egipto al pueblo, hizo después perecer a los que no creyeron. [6]También a los ángeles que no guardaron su principado, sino que abandonaron la propia morada, los tiene guardados bajo tinieblas en cadenas perdurables para el juicio del gran día. [7]Así mismo Sodoma y Gomorra y las ciudades comarcanas, que de igual modo que éstos se habían entregado a la fornicación, yéndose tras carne extraña, yacen para escarmiento sufriendo el castigo de un fuego eterno. [8]Sin embargo estos también en sus delirios mancillan igualmente la carne, desacatan el Señorío y blasfeman de las

---

negativa de recibir a los misioneros del Apóstol y de aceptar su misión".

11. *Lo malo, etc.*: "Usando lo abstracto San Juan tenía el pensamiento en casos muy concretos... Diótrefes, de cuyo mal ejemplo había que huir, y Demetrio, digno de imitación" (Fillion). *No ha visto a Dios*: "Si el reproche de no haber visto a Dios como se debe es hecho a Diótrefes, hemos de pensar sin duda en las pretensiones de los anticristos a una gnosis superior. Cf. 1 Jn. 2, 3 y 29; 3, 6 y 9, etc." (Pirot). Es lo que dice el Apóstol en 2 Jn. 9 sobre los que van "más allá" de las enseñanzas de Cristo.

12. La figura unitiva de *Demetrio,* honrada por todos, ofrece un contraste con la acción disolvente del prepotente Diótrefes. *La verdad misma* da testimonio en favor de Demetrio con la sana doctrina que pone en su boca. Se supone, fundamente que él era el principal enviado de Juan, sin duda como portador de esta carta.

3. No sabemos si antes pensaba tratar de este asunto o de algún otro punto doctrinal. Pero le urge la prevención contra los lobos con piel de oveja" (Mt. 7, 15) introducidos insensiblemente dentro del rebaño (v. 4), porque seducen a muchos con su influencia mundana (2 Pe. 2, 2; Mt. 24, 11), como en Israel los falsos profetas

(Dt. 13, 2 ss.; Jr. 7, 8; 14, 14; 27, 10; Ez. 13, 9; Za. 13, 4, etc.), siempre más aplaudidas que los verdaderos (Lc. 6, 22-26).

4. *Reniegan* de Jesucristo como *único Soberano* (v. 17 y nota). Según 1 Pe. 3, reniegan también de Él como Salvador. A los tales se referirá en adelante llamándoles "ellos" (vv. 8, 11, 12, 14, 16, 19). Se alude principalmente a los *gnósticos,* soberbios filósofos despreciadores de la Revelación, a los pervertidos *simonitas* y a los *nicolaítas* (Ap. 2, 6 y nota).

5. *El Señor:* Vulgata: *Jesús,* Mons. Straubinger sigue la traducción latina, pero aquí optamos por la traducción griega. Según Pirot, en ambas traducciones se refiere "al Cristo de la Parusía que dio en los ejemplos aquí traídos la medida de su justicia y la prueba de su poder", pues no obstante haber librado (figurado por el ángel) a los israelitas de las manos del Faraón, luego dio muerte a los rebeldes en el desierto (Nm. 14, 1 ss.; cf. Sal. 94, 7-11). San Jerónimo entiende por Jesús a Josué, en cuanto era servidor de Moisés y figura de Cristo.

6. Véase Is. 24, 21s.; Mt. 7, 22 y nota; 2 Pe. 2, 4 y 9; Jn. 8, 44; 1Co. 6, 3; Ap. 20, 1.

7. Cf. Gn. 19, 24.

Glorias; [9]en tanto que el mismo arcángel, Miguel, cuando en litigio con el diablo le disputaba el cuerpo de Moisés, no se atrevió a lanzar contra él sentencia de maldición, sino que dijo solamente: "¡Que el Señor te reprima!" [10]Pero éstos blasfeman de todo lo que no entienden y se corrompen con lo que sólo naturalmente conocen al modo de las bestias irracionales. [11]¡Ay de ellos! Porque han entrado en el camino de Caín y por salario se entregaron al error de Balaam y encontraron su ruina en la revuelta de Coré. [12]Ellos son las manchas en vuestros ágapes, cuando se juntan para banquetear sin pudor, apacentándose a sí mismos;

nubes sin agua, arrastradas al capricho de los vientos; árboles otoñales sin fruto, dos veces muertos, desarraigados; [13]olas furiosas del mar, que arrojan la espuma de sus propias ignominias; astros errantes, a los cuales está reservada la oscuridad de las tinieblas para siempre. [14]De ellos profetizó Enoc, el séptimo desde Adán, diciendo: "He aquí que ha venido el Señor con las miríadas de sus santos, [15]a hacer juicio contra todos y redargüir a todos los impíos de todas las obras inicuas que consintió su impiedad y de todo lo duro que ellos, impíos pecadores, profirieron contra Él". [16]Éstos son murmuradores querellosos que se

---

8. Sobre el sentido del *Señorío* (Dios) y de *las Glorias* (ángeles), véase 2 Pe. 2, 10 ss. y notas.

9. Dt. 24. 5relata que Moisés fue sepultado en un valle de Moab, enfrente de Fogor, y agrega: "Ningún hombre hasta hoy ha sabido su sepulcro". Según tradición judía el gran profeta fue enterrado por el Arcángel Miguel quien, como aquí se ve, tuvo que luchar con Satanás. Clemente Alejandrino, Orígenes y muchos modernos creen que Judas cita aquí el libro apócrifo de la Ascensión de Moisés (cf. v. 14 y nota). Entre esos modernos algunos piensan que Dios tenía en reserva el cuerpo, de Moisés para manifestarlo en la Transfiguración (Mc. 9, 1-4). Cf. Ap. 11, 6 y nota, *Reprímate el Señor*: Palabras tomadas de Za. 3, 2 y recordadas por el papa León XIII en la oración que se reza después de la antigua Misa tridentina para pedir el encierra en el abismo (v. 6; Ap. 20, 1) de Satanás y sus ángeles "que vagan por el mundo para perder las almas". Judas quiere destacar el contraste entre la actitud de los falsos doctores y la del príncipe de los ángeles, San Miguel, el cual ni siquiera al ángel caído dijo palabra de maldición (2 Pe. 2, 11). Sobre *San Miguel* véase Ap. 12, 7 y nota. Este es el único lugar de la Escritura en que uno de los príncipes celestiales lleva el título de arcángel; Cf. 1 Ts. 4, 16.

10. Esto es: lo sobrenatural no lo entienden, porque no son espirituales, y de ahí que al tratar de lo sobrenatural blasfeman. En cambio conocen demasiado lo temporal y carnal y esto les sirve de ruina.

11. Sobre *Balaam* véase 2 Pe. 2, 15s. y nota. El error de Balaam procede, como observa Mons. Charue, del espíritu mundano que no tiene el sentido de las cosas de Dios. Y así él, deseoso de congraciarse con el rey, no podía comprender, según la lógica humana, que Dios no quisiese maldecir a Israel, pueblo ingrato. Esta falta de sentido sobrenatural (l Cor. 2, 10 y 14) que no puede entender los misterios de la misericordia (cf. Rm. 3, 21-26; 9, 15; 11, 30-33) es lo que valió la grave reprimenda de Jesús a Pedro (Mt. 16, 23) y la de Dios al profeta Jonás (Jon. 4). *Coré* fue tragado por la tierra porque se levantó envidioso de Moisés y Aarón, elegidos por Dios. (Nm. 24).

12. *Apacentándose a sí mismos*: como falsos pastores. Cf. 2 Pe. 2, 1 ss. y nota.

14. *Enoc* fue llevado por Dios, como Elías, sin ver la muerte (Gn. 5, 24 y nota; Eclo. 44, 16) y, según una opinión difundida, vendría al fin para predicar el Reino de Cristo (Hb. 11, 5; cf. Ap.

11, 3 ss.). El anuncio de Enoc citado aquí por San Judas se encuentra casi textualmente en la versión etiópica del libro apócrifo de Enoc (cf. Enoc 1, 9). Las palabras: *el séptimo desde Adán* se hallan en el mismo libro (Enoc 60, 8) dichas por Noé, que llama así a su abuelo Enoc, en fragmento que su comentador Martín considera posterior al mismo, si bien el propio Enoc se llama a sí mismo: *"Yo el séptimo"* (Enoc 93, 3). Estas citas (cf. v. 9 y nota), dice Fillion, no asustaban a escritores eclesiásticos como Tertuliano, según el cual San Judas daba así su aprobación a la profecía de Enoc, y San Agustín, según el cual el patriarca Enoc escribió "no pocas cosas divinas". Esto no significa necesariamente que se hayan de dar por aprobados los libros que llevan ese nombre, ni elimina la posibilidad de que el Apóstol hubiese bebido en la misma fuente que ellos. Pons recuerda que "Tertuliano, Clemente Alejandrino, San Atanasio. San Jerónimo y otros, hablan de este libro de Enoc como custodiado en el Arca, en tiempos del diluvio", es decir, que lo consideraban escrito por el mismo patriarca, esto es, como si fuese anterior al Pentateuco de Moisés. Los modernos, empero, atribuyen al autor un gran conocimiento de la Biblia, especialmente de los Libros Sapienciales, y piensan que su antigüedad no va más allá del siglo segundo a. C. *Con las miríadas de sus santos*: Véase 1Co. 6, 2; Dn. 7, 22; Sb. 3, 8; Za. 14, 5; Ap. 3, 21; 19, 14. Al citar estas mismas palabras la Didajé, documento de siglo I, formula anuncios esjatológicos muy semejantes a los que hemos visto en los escritos apostólicos, y dice: "En los últimos días se multiplicarán los falsos profetas y corruptores y las ovejas se convertirán en lobos y la caridad se convertirá en odio; tomando pues incremento la iniquidad, los hombres se tendrán odio mutuamente y se perseguirán y se traicionarán, y entonces aparecerá el engañador del orbe diciéndose hijo de Dios y hará señales y prodigios; la tierra será entregada en sus manos, y hará iniquidades tales como nunca se hicieron en los siglos. Entonces lo que crearon los hombres será probado por el fuego, y muchos se escandalizarán y perecerán; más los que perseveraren en su fe se salvarán de aquel maldito y entonces aparecerán las señales de la verdad: primero la señal del cielo abierto, luego la señal de las trompetas, y tercero, la resurrección de los muertos; mas no de todos sino, según está dicho, vendrá el Señor y todos los santos con Él. Entonces verá el mundo al Señor viniendo sobre las nubes del cielo" (Enchiridium Patristicum 10). Cf. Ap. 1, 7; 22, 12.

conducen según sus concupiscencias mientras su boca habla con altanería y, por interés, admiran a las personas.

Consejos y exhortaciones. [17]Vosotros, en cambio, carísimos, acordaos de lo que os ha sido anunciado de antemano por los apóstoles de nuestro Señor Jesucristo, [18]ellos os decían que en el último tiempo vendrán impostores que se conducirán según sus impías pasiones. [19]Éstos son los que disocian, hombres naturales, que no tienen el Espíritu. [20]Vosotros, en cambio, carísimos, edificándoos sobre el fundamento de vuestra santísima fe, orando en el Espíritu Santo, [21]permaneced en el amor de Dios, esperando la misericordia de nuestro Señor Jesucristo para la vida eterna. [22]A unos desaprobadlos, como ya juzgados; [23]a otros salvadlos arrebatándolos del fuego; a otros compadecedlos, mas con temor, aborreciendo incluso la túnica contaminada por su carne.

Conclusión. [24]A Aquel que es poderoso para guardaros seguros y poneros frente a frente de su Gloria, inmaculados en exultación, [25]al solo Dios, nuestro Salvador, por Jesucristo nuestro Señor, sea gloria y majestad, imperio y potestad antes de todos los tiempos y ahora y para siempre jamás. Amén.

El Apocalipsis de San Juan

Apocalipsis o Revelación de Jesucristo, es el nombre de este Libro Sagrado porque en él domina la idea de la segunda Venida de Cristo o Parusía (cf. 1, 1y 7; 1 Pe. 1, 7y 13). Es el último de toda la Biblia y su lectura es objeto de una bienaventuranza especial, de ahí la gran veneración en que lo tiene la Iglesia (cf.

17s. El v. 18, eco evidente de 2 Pe. 2, 3s. ¿es una cita de dicha Epístola, como Pedro cita las de Pablo en 2 Pe. 3, 15s.? ¿O será a la inversa, como piensan algunos modernos, y en tal caso la Carta de San Judas será anterior a la otra? La primera solución parece más probable por la mayor amplitud que San Pedro da al asunto, por la referencia que vemos en el v. 17 y por los verbos en presente que usa esta Epístola (cf. v. 3s.) en tanto que la de Pedro los pone generalmente en futuro.

19. *Los que disocian*: son lo contrario de los del v. 20que *edifican* sobre la fe, por lo cual son para ruina de la Iglesia (Mt. 7, 24-27). Cf 2 Pe. 2, 1. *Hombres naturales*: el griego dice psíquicos, por oposición a *pneumáticos*; lo cual no significa precisamente sensuales sino que no son *espirituales* (cf. 1Co. 2, 15) o sea que no tienen espíritu sobrenatural como se requiere para entender en las cosas de Dios. Véase 1Co. 2, 14 y nota.

20. "La fe, como fundamento del edificio que es la Iglesia, es una expresión bien conocida de San Pablo (Rm. 15, 20; 1Co. 3, 9-12; sobre todo Ef. 2, 19-22; Col. 2, 7) y también de San Pedro (1 Pe. 2, 5 ss.). La fe se entiende aquí como la fe objetiva, pero la invitación a edificarse sobre ella implica la fe subjetiva... Nótese también cómo la vida cristiana es resumida en la práctica de las tres virtudes teologales y en el recurso de la oración" (Pirot). *Orando en el Espíritu Santo*: Véase Rm. 8, 26nota.

22s. El texto es inseguro. Como indica Fillion, se enseña aquí la conducta a observar para con los partidarios de esos falsos doctores, y sin duda también con ellos mismos, dividiéndolos en tres categorías. Según el sentido de Crampón, que es el de la Vulgata, se trata a la inversa de los que hay que mirar como del todo separados de nosotros, *"ya juzgados"*, como lo dice Jesús terriblemente de los que desprecian su Palabra no queriendo oírla

(Jn. 12, 47s. y notas). No es que debamos hacernos jueces de la conducta del prójimo (Mt. 7, 1 ss.) sino que, tratándose de doctores que pretenden ser creídos en su doctrina, hemos de examinar si tienen o no el espíritu de Dios (1 Jn. 4, 1; 1 Ts. 5, 21), ya que Jesús nos dice que nos guardemos de los falsos profetas (Mt. 7, 15), lo cual significa que nos dará las luces necesarias para conocerlos si es que somos rectos en nuestra conciencia; pues los que rechazan el amor de la verdad son abandonados a la seducción del engaño para que se pierdan (2 Ts. 2, 10s.). Algunos leen en esta primera categoría: *a los que vacilan, convencerlos*, pero tales casos parecen estar comprendidos en la segunda categoría, de los que hay que arrebatar del fuego, tratando de sacarlos del peligro inminente en que están (cf. Am. 4, 11; Za. 3, 1 ss.; St. 5, 19 ss.), para lo cual nos dará Dios la ocasión y la eficacia cuando tal sea su designio (Ef. 2, 10 y nota). Con los demás, sin perjuicio de tenerles misericordia rogando por ellos y aun haciéndoles bien si llega el caso, no hemos de mantener el contacto pues hemos visto que sus atractivos carnales son peligrosos (2 Pe. 2, 18; 2 Ts. 2, 9). Es la actitud aconsejada muchas veces: cf. 1Co. 5, 5; 1 Tm. 5, 20; Tt. 3, 10; 2 Jn. 10s. La figura de la túnica contagiosa es tomada de los leprosos (Lv. 13, 47).

24s. Preciosa doxología, "la más bella del Nuevo Testamento" (Jacquier), que recuerda la de Rm. 16, 25 (cf. nota). *En exultación*: La Vulgata añade: "en la Parusía de Nuestro Señor Jesucristo". *Salvador* se llama también al divino padre en 1 Tm. 1, 1; Tt. 1, 3, por ser Él la causa primera de nuestra salvación, al enviarnos a su Hijo Unigénito Jesús.

21. Permanecer en el amor con que somos amados es la espiritualidad de San Juan. Cf. Jn. 15, 9; 1 Jn. 4, 10 y notas.

1, 3y nota), no menos que las tremendas advertencias que él mismo fulmina contra quien se atreva a deformar la sagrada profecía agregando o quitando a sus propias palabras (cf. 22, 18).

Su autor es San Juan, siervo de Dios (1, 2) y desterrado por causa del Evangelio a la isla de Patmos (1, 9). No hay duda alguna de que este Juan es el mismo que nos dejó también el Cuarto Evangelio y las tres Cartas que en el Canon llevan su nombre. "La antigua tradición cristiana (Papías, Justino, Ireneo, Teófilo, Cipriano, Tertuliano, Hipólito, Clemente Alejandrino, Orígenes, etc.) reconoce por autor del Apocalipsis al Apóstol San Juan" (Schuster-Holzammer).

Vigouroux, al refutar a la crítica racionalista, hace notar cómo este reconocimiento del Apocalipsis como obra del discípulo amado fue unánime hasta la mitad del siglo III, y sólo entonces "empezó a hacerse sospechoso" el divino Libro a causa de los escritos de su primer opositor Dionisio de Alejandría, que dedicó todo el capítulo 25de su obra contra Nepos a sostener su opinión de que el Apocalipsis no era de San Juan Apóstol "alegando las diferencias de estilo que señalaba con su sutileza de alejandrino entre los Evangelios y Epístolas por una parte y el Apocalipsis por la otra". Por entonces "la opinión de Dionisio era tan contraria a la creencia general que no pudo tomar pie ni aún en la Iglesia de Alejandría, y San Atanasio, en el año 367, señala la necesidad de incluir entre los Libros santos al Apocalipsis, añadiendo que "allí están las fuentes de la salvación". Pero la influencia de aquella opinión, apoyada y difundida por el historiador Eusebio, fue grande en lo sucesivo y a ella se debe el que autores de la importancia de Teodoreto, San Cirilo de Jerusalén y San Juan Crisóstomo en todas sus obras no hayan tomado en cuenta ni una sola vez el Apocalipsis (véase en la nota a 1, 3la queja del 4° Concilio de Toledo). La debilidad de esa posición de Dionisio Alejandrino la señala el mismo autor citado mostrando no sólo la "flaca" obra exegética de aquél, que cayó en el alegorismo de Orígenes después de haberlo combatido, sino también que, cuando el cisma de Novaciano abusó de la Epístola a los Hebreos, los obispos de África adoptaron igualmente como solución el rechazar la autenticidad de todo ese Libro y Dionisio estaba entre ellos (cf. Introducción a las Epístolas de San Juan). "San Epifanio, dice el Padre Durand, había de llamarlos sarcásticamente (a esos impugnadores) los Alogos, para expresar, en una sola palabra, que rechazaban el Logos (razón divina) ellos que estaban privados de razón humana (a-logos)". Añade el mismo autor que el santo les reprochó también haber atribuido el cuarto Evangelio al hereje Cerinto (como habían hecho con el Apocalipsis), y que más tarde su maniobra fue repetida por el presbítero romano Cayo, "pero el ataque fue pronto rechazado con ventaja por otro presbítero romano mucho más competente, el célebre San Hipólito mártir".

San Juan escribió el Apocalipsis en Patmos, una de las islas del mar Egeo que forman parte del Dodecaneso, durante el destierro que sufrió bajo el emperador Domiciano, probablemente hacia él año 96. Las destinatarias fueron "las siete Iglesias de Asia" (Menor), cuyos nombres se mencionan en 1, 11(cf. nota) y cuya existencia, dice Gelin, podría explicarse por la irradiación de los judíos cristianos de Pentecostés (Hech. 2, 9), así como Pablo halló en Éfeso algunos discípulos del Bautista (Hech. 19, 2).

El objeto de este Libro, el único profético del Nuevo Testamento, es consolar a los cristianos en las continuas persecuciones que los amenazaban, despertar en ellos "la bienaventurada esperanza" (Tit. 2, 13) y a la vez preservarlos de las doctrinas falsas de varios herejes que se habían introducido en el rebaño de Cristo. En segundo lugar el Apocalipsis tiende a presentar un cuadro de las espantosas catástrofes y luchas que han de conmover al mundo antes del triunfo de Cristo en su Parusía y la derrota definitiva de sus enemigos, que el Padre le pondrá por escabel de sus pies (Hebr. 10, 13). Ello no impide que, como en los vaticinios del Antiguo Testamento y aún en los de Jesús (cf. p. ej. Mt. 24y paralelos), el profeta pueda haber pensado también en acontecimientos contemporáneos suyos y los tome como figuras de lo que ha de venir, si bien nos parece inaceptable la tendencia a ver en estos anuncios, cuya inspiración sobrenatural y alcance profético reconoce la Iglesia, una simple expresión de los anhelos de una lejana época histórica o un eco del odio contra el imperio romano que pudiera haber expresado la literatura apocalíptica judía posterior a la caída de Jerusalén. A este respecto la reciente Biblia de Pirot, en su introducción al Apocalipsis, nos previene acertadamente que "autores católicos lo han presentado como la obra de un genio contrariado... a quien circunstancias exteriores han obligado a librar a la publicidad por decirlo así su borrador" y que en Patmos faltaba a Juan "un secretario cuyo cálamo hubiese corregido las principales incorrecciones que salían de la boca del maestro que dictaba". ¿No es esto poner aún más a prueba la fe de los creyentes sinceros ante visiones de suyo oscuras y misteriosas por voluntad de Dios y que han sido además objeto de interpretaciones tan diversas, históricas y esjatológicas, literales y alegóricas pero cuya lectura es una bienaventuranza (1, 3) y cuyo sentido, no cerrado en lo principal (10, 3 y nota), se aclarará del todo cuando lo quiera el Dios que revela a los pequeños lo que oculta a los sabios? (Lc. 10, 21). Para el alma "cuya fe es también esperanza" (1 Pe. 1, 19), tales dificultades, lejos de ser un motivo de desaliento en el estudio de las profecías bíblicas, muestran al contrario que, como dice el papa Pío XII, deben redoblarse tanto más los esfuerzos cuanto más intrincadas aparezcan las cuestiones y especialmente en tiempos como los actuales, que los Sumos Pontífices han comparado tantas veces con los anuncios apocalípticos (cf. 3, 15 s. y nota) y en que las almas, necesitadas más que nunca de la Palabra de Dios (cf. Am. 8, 11 y nota), sienten el ansia del misterio y buscan como por instinto refugiarse en los consuelos espirituales de las profecías divinas (cf. Ecli. 39, 1 y nota), a falta de las cuales están expuestas a caer en las fáciles seducciones del espiritismo, de las sectas, la teosofía y toda clase de magia y ocultismo diabólico. "Si no le creemos a Dios, dice San Ambrosio, ¿a quién le creemos?"

Tres son los sistemas principales para interpretar el Apocalipsis. El primero lo toma como historia contemporánea del autor, expuesta con colores apocalípticos. Esta interpretación quitaría a los anuncios de San Juan toda su trascendencia profética y en consecuencia su valor espiritual para el creyente. La segunda teoría, llamada de recapitulación, busca en el libro de San Juan las diversas fases de la historia eclesiástica, pasadas y futuras, o por lo menos de la historia primera de la Iglesia hasta los siglos IV y V, sin excluir el final de los tiempos. La tercera interpretación ve en el Apocalipsis exclusivamente un libro profético esjatológico, como lo hicieron sus primeros comentadores e intérpretes, es decir San Ireneo, San Hipólito, San Victorino, San Gregorio Magno y, entre los posteriores modernos, Ribera, Cornelio a Lápide, Fillion, etc. Este concepto, que no excluye, como antes dijimos, la posibilidad de las alusiones y referencias a los acontecimientos históricos de los primeros tiempos de la Iglesia, se ha impuesto hoy sobre los demás, como que, al decir de Sickenberger, la profecía que Jesús revela a San Juan "es una explanación de los conceptos principales del discurso esjatológico de Jesús, llamado el pequeño Apocalipsis".

Debemos además tener presente que este sagrado vaticinio significa también una exhortación a estar firmes en la fe y gozosos en la esperanza, aspirando a los misterios de la felicidad prometida para las Bodas del Cordero. Sobre ellos dice San Jerónimo: "el Apocalipsis de San Juan contiene tantos misterios como palabras; y digo poco con esto, pues ningún elogio puede alcanzar el valor de este Libro, donde cada palabra de por sí abarca muchos sentidos". En cuanto a la importancia del estudio de tan alta y definitiva profecía, nos convence ella misma al decirnos, tanto en su prólogo como en su epílogo, que hemos de conservar las cosas escritas en ella porque "el momento está cerca (1, 3; 22, 7). Cf. 1 Tes. 5, 20; Hebr. 10, 37 y notas. "No sea que volviendo de improviso os halle dormidos. Lo que os digo a vosotros lo digo a todos: ¡Velad!" (Mc. 13, 36-37). A "esta vela que espera y a esta esperanza que vela" se ha atribuido la riqueza de la vida sobrenatural de la primitiva cristiandad (cf. St. 5, 7 y nota).

En los 404 versículos del Apocalipsis se encuentran 518 citas del Antiguo Testamento, de las cuales 88 tomadas del profeta Daniel. Ello muestra sobradamente que en la misma Biblia es donde han de buscarse luces para la interpretación de esta divina profecía, y no es fácil entender cómo en visiones que San Juan recibió transportado al cielo (4, 1 s.) pueda suponerse que nos haya ya dejado, en los

24ancianos, "una transposición angélica de las 24divinidades babilónicas de las constelaciones que presidían a las épocas del año", ni cómo, en las langostas de la 5ª trompeta, podría estar presente "la imaginería de los centauros" etc. Confesamos que, estimando sin restricciones la labor científica y crítica en todo cuanto pueda allegar elementos de interpretación al servicio de la Palabra divina, no entendemos cómo la respetuosa veneración que se le debe pueda ser compatible con los juicios que atribuyen al autor incoherencias, exageraciones, artificios y fallas de estilo y de método, como si la inspiración no le hubiese asistido también en la redacción, si es verdad que, como lo declara el Concilio Vaticano I, confirmando el de Trento, la Biblia toda debe atribuirse a Dios como primer autor.

EL APOCALIPSIS

1 La revelación. [1]La revelación de Jesucristo, que Dios, para manifestar a sus siervos las cosas que pronto deben suceder, anunció y explicó, por medio de su ángel, a su siervo Juan; [2]el cual testifica la Palabra de Dios y el testimonio de Jesucristo, todo lo cual ha visto. [3]Bienaventurado el que lee y los que escuchan las palabras de esta profecía y guardan las cosas en ella escritas; pues el momento está cerca.

Los destinatarios. [4]Juan, a las siete Iglesias que están en Asia: gracia y paz a vosotros de parte de Aquel que es, y que era, y que viene; y de los siete Espíritus que están delante de su trono; [5]y de Jesucristo, el testigo fiel, el primogénito de los muertos y el soberano de los reyes de la tierra. A Aquel que nos ama, y que nos ha lavado de nuestros pecados con su sangre, [6]e hizo de nosotros un reino y sacerdotes para su Dios y Padre; a Él sea la gloria y el imperio por los siglos de los siglos. Amén. [7]Ved, viene con las nubes, y le verán todos los ojos, y aun los que le traspasaron; y harán luto por Él todas las tribus de la tierra. Sí, así sea. [8]"Yo

1. *Revelación de Jesucristo* ¿por ser recibida de Cristo o porque tiene a Cristo por objeto? Para resolver esta cuestión hay que observar que el término *Revelación* (en griego *Apocalipsis*) en el lenguaje del Nuevo Testamento se aplica generalmente a la manifestación de Jesucristo en la Parusía o segunda venida (Rm. 2, 5; 8, 9; 1Co. 2, 7; 2 Ts. 1, 7; Lc. 17, 30; 1 Pe. 1, 7 y 13; 4, 13). Allo en su comentario admite ambos sentidos: Jesucristo da esta revelación, y Jesucristo es el objeto de la misma. La segunda acepción corresponde más al sentido esjatológico y a la idea del inminente juicio de Dios, que prevalece a través de este Libro. *Por medio de su ángel*: cf. Dn. 9 y 10; Za. 1 y 2, etc., donde también un ángel es intermediario de la divina Revelación.

3. A causa de la *bienaventuranza* que aquí se expresa, el Apocalipsis era, en tiempos de fe viva, un libro de cabecera de los cristianos, como lo era el Evangelio. Para formarse una idea de la veneración en que era tenido por la Iglesia, bastará saber lo que el 4º. Concilio de Toledo ordenó en el año 633: "La autoridad de muchos concilios y los decretos sinodales de los santos Pontífices romanos prescriben que el Libro del Apocalipsis es de Juan el Evangelista, y determinaron que debe ser recibido entre los Libros divinos, pero muchos son los que no aceptan su autoridad y tienen a menos predicarlo en la Iglesia de Dios. Si alguno, desde hoy en adelante, o no lo reconociera, o no lo predicara en la iglesia durante el tiempo de las Misas, desde Pascua a Pentecostés, tendrá sentencia de excomunión" (Enchiridion Biblicum Nº 24). *El momento está cerca*: esto es, el de la segunda Venida de Cristo. Véase 22, 7 y 10; 1Co. 7, 29; Flp. 4, 5; Hb. 10, 37; St. 5, 8; 1 Jn. 2, 18. Si este momento, cuyo advenimiento todos hemos de desear (2

Tm. 4, 8), estaba cerca en los albores del cristianismo ¿cuánto más hoy, transcurridos veinte siglos? Sobre su demora, véase 2 Pe. 3, 9 y nota.

4. Las *destinatarias* de las siguientes cartas son las siete comunidades cristianas enumeradas en el v. 11. Los siete *espíritus* parecerían los mismos de Tb. 12, 5. Llama la atención, sin embargo, que sean mencionados antes que Jesucristo (v. 5). San Victorino, cuyo comentario es el más antiguo de los escritos en latín, ve en estos siete espíritus. como en las siete lámparas (4, 5), los dones del Espíritu Septiforme.

5. Véase 3, 14; 19, 16; Col. 1, 18; 1 Jn. 1, 7; 2, 2, etc.

6. *Hizo de nosotros un reino, etc.*: cf. 5, 10. Es lo mismo que nos anuncia, desde el Antiguo Testamento, Daniel: "Después recibirán el reino los santos del Altísimo y los obtendrán por siglos y por los siglos de los siglos (Dn. 7, 18). Lo mismo expresa la Didajé (alrededor del año 100d. C.) cuando dice: "Líbrala (a tu Iglesia) de todo mal, consúmala por tu caridad; y de los cuatro vientos reúne la santificada en tu Reino que para ella preparaste" Cf. Ef. 1, 22s.

7. *Viene con las nubes*: Así lo vemos en 14, 14 ss., a diferencia de 19, 11 ss. donde viene en el caballo blanco para el juicio de las naciones. Según algunos, la nube sería la señal de la cosecha y la vendimia final de Israel (Mal. 3, 2s. y nota; Mt. 3, 10 y nota), por medio de sus ángeles, conforme al anuncio de Mt. 24, 30-31, confirmado a Caifás (Mt. 26, 64), a quien Jesús dijo como aquí que *lo verían* ellos mismos *que le traspasaron*. San Juan trae iguales palabras en Jn. 19, 37, citando a Za. 12, 10donde se anuncia como aquí que entonces *harán duelo* por Él. Cf. Ez. 36, 31; Os. 3, 5, etc.

soy el Alfa y la Omega", dice el Señor Dios, el que es, y que era, y que viene, el Todopoderoso.

Visión de San Juan [9]Yo Juan, vuestro hermano y copartícipe en la tribulación y el reino y la paciencia en Jesús, estaba en la isla de Patmos, a causa de la palabra de Dios y del testimonio de Jesús. [10]Me hallé en espíritu en el día del Señor, y oí detrás de mí una fuerte voz como de trompeta. [11]que decía: "Lo que vas a ver escríbelo en un libro y envíalo a las siete Iglesias: A Éfeso, Esmirna, Pérgamo, Tiatira, Sardis, Filadelfia y Laodicea".

Visión preparatoria. [12]Me volví para ver la voz que hablaba conmigo. Y vuelto, vi siete candelabros de oro, [13]y, en medio de los candelabros, alguien semejante a Hijo de hombre, vestido de una túnica larga, y ceñido el pecho con un cinturón de oro. [14]Su cabeza y sus cabellos eran blancos semejante a la lana blanca, como la nieve; sus ojos eran como llama de fuego; [15]sus pies semejantes a bronce bruñido al rojo vivo como en una fragua; y su voz como clamor de muchas aguas. [16]En su mano derecha tenía siete estrellas y de su boca salía una espada aguda de dos filos; su aspecto era como el sol cuando brilla en toda su fuerza. [17]Cuando le vi, caí a sus pies como muerto; pero Él puso su mano derecha sobre mí y dijo: "No temas; Yo soy el primero y el último, [18]y el viviente; estuve muerto y ahora vivo por los siglos

---

8. *Alfa y Omega*: primera y última letras del alfabeto griego. Algunos manuscritos añaden: *el principio y el fin* (cf. v. 17; 22, 13 y nota). Después de Cristo no habrá otro, pues él es el mismo para siempre (Hb. 13, 8). *El que es*, traducción del divino nombre de Yahvéh (Ex. 3, 14).

9. Observa Allo que las palabras *tribulación* y *reino* se pueden tomar en sentido esjatológico. La paciencia es el lazo entre ambos. Por medio de paciencia y esperanza pasamos de la tribulación a su Reino glorioso (8, 24).

10. *En el día del Señor*: el artículo usado en el texto griego nos hace pensar en un día determinado y conocido. De ahí que, aunque muchos vierten simplemente *un Domingo*, otros lo refieran, como el v. 7, al gran día de juicio que lleva en la Biblia el nombre del Día del Señor (Sal. 117, 24 y nota; Is. 13, 6; Jr. 46, 10; Ez. 30, 3; So. 2, 2; Mal. 4, 5; Rm. 2, 5; 1Co. 5, 5; 1 Ts. 5, 2, etc.), entendiendo que el vidente fue transportado en espíritu a la visión anticipada del gran día. Cf. 4, 1 y nota. La *trompeta*, en los escritos apocalípticos, tiene significado esjatológico. Cf. 8, 6 ss.; 1Co. 15, 52; 1 Ts. 4, 16.

11. *Escríbelo:* Pirot hace notar que esta visión corresponde a las visiones inaugurales de los grandes profetas (Is. 6; Jr. 1; Ez. 1-3) y la diferencia está en que aquellos hablan de ser predicadores orales, en tanto que Juan debe *escribir* (cf. v. 19), lo cual denota la importancia de lo escrito en el Nuevo Testamento (cf. Jn. 5, 47 y nota). Las siete ciudades se hallan todas en la parte occidental del Asia Menor, con Éfeso como centro. No se sabe quién fundó esas iglesias. Algunos suponen que fue San Pedro (1 Pe. 1, 1), y otros que pudo San Pablo llegar a fundarlas cuando anduvo por Éfeso y Colosas en esa región. Estaban también en ella otras importantes Iglesias como la de Tróade (Hch. 20, 5s.; 2Co. 2, 12) y la de Hierápolis cuyo obispo era a la sazón Papías, discípulo de San Juan, y que había sido fundada probablemente, como también la de Laodicea, por Epafras, colosense de origen pagano y coadjutor de San Pablo (Col. 4, 13). ¿Por qué no se mencionan aquí estas Iglesias? Fillion responde: "es el secreto de Dios".

12. *Los siete candelabros* son las siete Iglesias (v. 20). Desde la antigüedad ven muchos comentaristas en el número siete un símbolo de lo perfecto y universal, de manera que las siete Iglesias representarían una totalidad (San Juan Crisóstomo, San Agustín, San Gregorio, San Isidoro). Muchos consideran que las siete Iglesias corresponden a otros tantos períodos de la historia de la Iglesia universal (cf. 1, 19 y nota). Su más conocido representante en la patrística es San Victorino de Pettau, quien en su comentario caracteriza los siete períodos de la siguiente manera: 1) el celo y la paciencia de los primeros cristianos; 2) la constancia de los fieles en las persecuciones; 3) y 4) períodos de relajamiento; 5) peligro por parte de los que son cristianos solamente de nombre; 6) humildad de la Iglesia en el siglo y firme fe en las Escrituras; 7) las riquezas y el afán de saberlo todo cohíbe a muchos para seguir el recto camino. Este sistema, con más o menos variantes, se mantuvo durante la edad media y encontró, en un escrito atribuido a Alberto Magno, la siguiente exposición: *Éfeso*: el período de los apóstoles, persecución por los judíos; *Esmirna*: período de los mártires, persecución por los paganos; *Pérgamo*: período de los herejes; *Tiatira*: período de los confesores y doctores y herejías ocultas; *Sardes*: período de los santos sencillos, durante el cual se introducen las riquezas y el escándalo de malos cristianos que aparentan piedad; *Filadelfia*: abierta maldad de cristianos; *Laodicea*: período del Anticristo. En la Edad moderna han difundido este modo de interpretación el santo sacerdote Bartolomé Holzhauser, Manuel Viciano Rosell y otros.

13. Nótese que el Hijo del hombre (Jesús) lleva la vestidura de rey y sacerdote. Cf. Dn. 10, 5 ss., donde el profeta narra una visión semejante a ésta. De ahí que algunos exégetas vean en aquel "varón" al Hijo del hombre. Véase Dn. 7, 13; Za. 6, 12 y notas.

14. *Ojos como* llama (cf. 2, 18). Nada falta en la Biblia para nuestro consuelo. La sobriedad del Evangelio no nos da, si exceptuamos la Transfiguración (Mc. 9, 1 ss. y paralelos), ningún detalle sobre la hermosura de Jesús, pero en cambio lo encontramos suplido con este y otros datos que nos ayudan a imaginar triunfante al hermosísimo entre los hombres (Sal. 44, 3 y nota) que por amor nuestro llegó a perder toda belleza (Is. 52, 14; 53, 2), y nos revelan también nuevas palabras de su boca como las que vemos en este Libro y en los Salmos, etc. Véase nuestra introducción al Salterio.

16. *La espada de dos filos* es una figura del poder de la Palabra de Dios. Esta misma imagen se encuentra en 19, 15 y Hb. 4, 12. Cf. 2 Ts. 2, 8.

17. *El primero y el último*: título que indica la divinidad de Jesús. Véase v. 8; 22, 13; cf. Is. 44, 6; 48, 12.

de los siglos, yo tengo las llaves de la muerte y del abismo. [19]Escribe lo que hayas visto; lo que es y lo que debe suceder después de esto. [20]En cuanto al misterio de las siete estrellas, que has visto en mi mano derecha y los siete candelabros de oro: las siete estrellas son los ángeles de las siete Iglesias, y los siete candelabros son siete Iglesias".

2 Carta a la iglesia de Éfeso.

[1]Al ángel de la Iglesia de Éfeso escríbele: "Esto dice el que tiene las siete estrellas en su mano derecha, el que camina en medio de los siete candelabros de oro: [2]Conozco tus obras, tus trabajos y tu paciencia, y sé que no puedes sufrir a los malos, que has probado a los que se dicen ser apóstoles y no lo son, y los has hallado mentirosos. [3]Y tienes paciencia, y padeciste por mi nombre y no has desfallecido. [4]Pero tengo contra ti que has dejado tu primer amor. [5]Recuerda de dónde has caído y arrepiéntete, vuelve a las primeras obras; si no, vengo a ti y quitaré tu candelabro de su lugar, a menos que te arrepientas. [6]En cambio tienes esto: que aborreces las obras de los Nicolaítas, las cuales también aborrezco. [7]Quien tiene oído, escuche lo que el Espíritu dice a las Iglesias: Al vencedor le daré a comer del árbol de la vida que está en el Paraíso de Dios".

---

18. *El viviente*: otro nombre que señala a Cristo (Hb. 7, 16 y 23 ss.). Porque Él murió y resucitó, es el Señor de la muerte y retiene las llaves de la muerte y del infierno.

19. Parece ser éste un texto llave: a) *Lo que hayas visto* o sea la visión de los vv. 12-18 (que en el v. 11es llamado lo *que vas a ver*, y en efecto lo vio desde que se volvió en el v. 12hasta que se desmayó en el v. 17); b) *Lo que es*: lo contenido en las siete cartas a las Iglesias (v. 11) que empiezan en el cap. 2; c) *Lo que debe suceder después* sería el objeto de la nueva visión que empieza en el cap. 4, la que tiene lugar a través de una puerta abierta *en el cielo*, y en la cual se le muestra la gran revelación esjatológica que resulta del libro de los siete sellos. De acuerdo con esto dice Crampon que "las siete cartas que siguen tienen ciertamente relación con la situación de la Iglesia de Asia en el momento en que fueron dictadas a San Juan, el cual había recibido la orden de escribir *"lo que es"*, y sólo después de terminar esas cartas fue admitido a conocer *"lo que debe suceder después de esto"* (4, 1). Ello no obstante, el mismo autor admite con San Victorino y San Andrés de Cesarea que, dado el carácter simbólico del número siete y la advertencia general que se repite al fin de cada carta, éstas pueden ser destinadas a todas las épocas. Cada carta tendría así un interés permanente, pues siempre sus enseñanzas hallan aplicación parcial en tal tiempo o tal lugar. Ello explica quizá la insistencia con que se anuncia en cada una de ellas la venida del Señor (2, 1 y nota). En la última (a Laodicea) esa venida se presenta como más inminente: "Estoy a la puerta y golpeo" (3, 20), por lo cual cuanto dejamos dicho no se opone a que cada carta pueda acaso, retratar, como vimos en el v. 12 y nota, sucesivos períodos de la Iglesia en general.

20. Aquí *ángeles* significa los espíritus representantes de las siete Iglesias. Cf. Eclo. 5, 5; Mal. 2, 7s. No puede tratarse de los Ángeles custodios de las Iglesias, pues vemos que más adelante casi todos son reprendidos, lo que no se concibe en los espíritus puros que "cumplen la Palabra de Dios". Cf. Dn. 10, 13 y nota. Pirot observa que "la tradición latina ha visto en ellos a los obispos, pero en el Apocalipsis un ángel no representa nunca a un ser humano y por otra parte las advertencias tienen en vista a las Iglesias en sí mismas" (cf. 10, 1 y nota). También se ha supuesto que los ángeles fuesen mensajeros enviados a Juan desde esas Iglesias, pero en tal caso el de Éfeso sería el propio Juan y tendría que escribirse a sí mismo.

1. *Al ángel*: palabra de sentido oscuro (1, 20 y nota). En cuanto al estilo de las siete cartas, los expositores hacen notar que todas llevan la misma estructura y la misma distribución de los elementos constitutivos: indicación del destinatario, examen del estado de la Iglesia, exhortación y promesa. Nótese también al comienzo de cada carta la referencia a alguno de los atributos de Cristo mencionados en su descripción de 1, 12-16 y la fórmula cada vez más apremiante en que Jesús anuncia su Venida: *Vengo a ti* (2, 5); *vengo a ti presto* (2, 16); *hasta que Yo venga* (2, 25); *vendré como ladrón* (3, 3); *mira, pronto vengo* (3, 11); *estoy a la puerta y golpeo* (3, 20).

2. *Los que se dicen apóstoles y no lo son*: Según Battifol, Zahn y otros, se trata de los mismos jefes de los nicolaítas (vv. 6 y 14). San Pablo ya en su tiempo los caracteriza como *disfrazados de apóstoles de Cristo* (2Co. 12, 11) y los llama irónicamente *superapóstoles* (2Co. 11, 5 y 13) porque quieren ir *más adelante* que Él (2 Jn. 9; cf. Col. 2, 8 y 6 y notas). San Juan enseña a defenderse de ellos en 1 Jn. 4, 1 ss.

5. *Quitaré tu candelabro*: te expulsaré de entre los santos y daré tu sitio a otro. ¡Cuántas veces no hemos visto análogas remociones! Países enteros que antes se llamaban cristianos son ahora musulmanes. Cf. Sal. 74, 9; Mt. 21, 41.

6. *Nicolaítas* (cf. v. 15): créese que fuera una secta de falso ascetismo, que prohibía el matrimonio, el vino y el consumo de carne (véase Hch. 6, 5; Col. 2, 16 y notas). San Ireneo dice que vivían indiscretamente, por lo cual se duda, dice Allo, si su abuso consistía en entregarse a los placeres de la carne, o a la inversa, a una maceración excesiva. Algunos la explican por su etimología, de *nikao* (conquistar) y *laos* (pueblo) y piensan que el nicolaísmo era odioso a Dios porque pretendía dominar a las almas so capa de religiosidad, contrariando lo enseñado por Jesús en Mt. 23, 8 (cf. v. 2 y nota). Observa Pirot a este respecto que el sentido de esa palabra en griego equivale al de *Balaam* en hebreo. Cf. v. 14 y nota.

7. *El árbol de la vida*: literalmente *el leño* (*xylon*) lo mismo que en 22, 2. Así también llaman los LXX al que estaba en el Paraíso (Gn. 2, 9; 3, 22). El árbol de la vida es Cristo, dice San Beda y de Él se priva el soberbio que, como Adán, pretende poseer la ciencia (la *gnosis* dicen los LXX) del bien y el mal. Sobre esos gnósticos,

A la iglesia de Esmirna. [8]Al ángel de la Iglesia de Esmirna escríbele: "Estas cosas dice el primero y el último, el que estuvo muerto y volvió a la vida: [9]Conozco tu tribulación y tu pobreza, pero eres rico, y (*sufres*) la calumnia de parte de los que se llaman judíos y no lo son, sino la sinagoga de Satanás. [10]No temas lo que vas a padecer. He aquí que el diablo va a meter a algunos de vosotros en la cárcel; es para que seáis probados y tendréis una tribulación de diez días. Sé fiel hasta la muerte y Yo te daré la corona de la vida. [11]Quien tiene oído escuche lo que el Espíritu dice a las Iglesias: El vencedor no será alcanzado por la segunda muerte".

A la iglesia de Pérgamo. [12]Al ángel de la Iglesia de Pérgamo escríbele: "El que tiene la espada aguda de dos filos dice esto: [13]Yo sé dónde habitas: allí donde está el trono de Satanás y con todo has conservado mi nombre, y no has negado mi fe, ni aun en los días en que Antípas, mi testigo fiel, fue muerto entre vosotros donde habita Satanás. [14]Pero tengo contra ti algunas pocas cosas, por cuanto tienes allí a quienes han abrazado la doctrina de Balaam, el que enseñaba a Balac a dar escándalo a los hijos de Israel, para que comiesen de los sacrificios de los ídolos y cometiesen fornicación. [15]Así tienes también a quienes de manera semejante retienen la doctrina de los Nicolaítas. [16]Arrepiéntete, pues; que si no vengo a ti pronto y pelearé contra ellos con la espada de mi boca. [17]Quien tiene oído escuche lo que el Espíritu dice a las Iglesias: Al vencedor le daré del maná oculto; y le daré una piedrecita blanca, y en la piedrecita escrito un nombre nuevo que nadie sabe sino aquel que la recibe".

A la iglesia de Tiatira. [18]Al ángel de la Iglesia de Tiatira escríbele: "Esto dice el Hijo de Dios, el que tiene ojos como llamas de fuego, y cuyos pies son semejantes a bronce bruñido: [19]Conozco tus obras, tu amor, tu fe, tu beneficencia y tu paciencia, y que tus obras últimas son más que las primeras. [20]Pero tengo contra ti que toleras a esa mujer

---

cf. 3 Jn. 9 y nota. "La referencia a las imágenes de Gn. 2, 9 (árbol de vida del Paraíso) recuerda uno de los temas favoritos del apocalíptico, el del retorno a los orígenes: habrá al fin de los tiempos una nueva creación (Is. 41, 4; 43, 18s.; 44, 6), nuevos nombres (Is. 62, 2), una reedición de la paz entre hombres y animales (Ez. 34, 25)" (Pirot).

10. *Fiel hasta la muerte*: esto es, no sólo hasta el fin (Mt. 10, 22; 24, 13), sino hasta exponer la vida y darla si es necesario como lo hizo Jesús (véase Jn. 10, 11 y nota). Tal es el caso de los mártires, cuya virtud no consiste en desear la muerte (cf. Hch. 9, 24s.; 2Co. 5, 3s. y notas) sino en la fidelidad con que dan testimonio de Cristo. "No padecer ni morir, dice Santa Teresa de Lisieux, sino lo que Dios quiera". Esa es la espiritualidad evangélica, la verdadera infancia espiritual, que no presume de las propias fuerzas (cf. Jn. 13, 37s.; 18, 25 ss.), ni pretende, como dice Job, hacer favores a Dios, ni piensa que Él se complace en nuestras dolores (Sal. 102, 13 y nota), antes cree a Jesús cuando nos revela que el primero en el Reino será el que más se parezca a los niños (Mt. 18, 1 ss.), los cuales no son heroicos sino que son confiados y por lo tanto dóciles. Cf. Sal. 130, 1 y nota. Sobre la presunción, véase Kempis Libro 3, cap. 7, 2s.

11. *La segunda muerte* es el estanque de fuego y azufre (20, 14; 21, 8). En 20, 6se menciona la misma bienaventuranza prometida aquí.

12. La ciudad de *Pérgamo*, situada en el norte del Asia Menor, era famosa por el culto de los Césares y por sus esplendidísimos templos, entre ellos el de Asclepio (Esculapio), que atraía, a muchos peregrinos, y un suntuoso y blasfemo altar de Júpiter como salvador (Zeus Soter), levantado en una altura de trescientos metros sobre la ciudad.

13. *Donde está el trono de Satanás*: Aunque esta iglesia era quizá la que estaba dominada por el obispo Diótrefes que combatía a San Juan (cf. la introducción a las Epístolas joaneas), esta expresión parece aquí, con mayor amplitud, referirse al espíritu mundano, pues el mismo Juan nos enseña que el mundo todo está asentado sobre el maligno (1 Jn. 5, 19), el cual es su príncipe (Jn. 14, 30). Algunos lo explican refiriéndolo al culto de Júpiter o al de Esculapio (v. 12 y nota) cuyo emblema era una serpiente, suponiendo que ésta podría simbolizar a Satanás (cf. 20, 2). Otros piensan en la persecución que había en Pérgamo.

14s. Sobre *Balaam* (Nm. 24, 3; 25, 2; 31, 16), véase Judas 11 y nota. *La doctrina de Balaam*, muy de acuerdo con la de los Nicolaítas (v. 6; Hch. 6, 5 y notas), es la del que enseñó a los hijos de Israel a fornicar con los extranjeros y está aplicada aquí en sentido religioso (como la Jezabel del v. 20) a *la fornicación* espiritual, que ya no es con los ídolos como en el antiguo Israel (Os. 14, 4 y nota) sino con los poderosos de la tierra (17, 2; 18, 3), es decir, a la que vive en infiel maridaje con el mundo (St. 4, 4), olvidando su destino celestial y la fugacidad de su tránsito por la Peregrinación de este siglo (Ga. 1, 4 y nota).

16. *La espada de mi boca*: véase 1, 16 y nota.

17. *Maná oculto*: cf. Sal. 77, 24imagen que significa nueva vida espiritual. *Piedrecita blanca*, señal de elección. En piedras blancas ("albo lapillo") se escribían para memoria los nombres de los que habían de ser coronados en el certamen. *Nombre nuevo*: cf. 3, 12; 22, 4; Is. 62, 2; 65, 15. El nombre nuevo en la Biblia es como un nuevo ser: "El nombre escrito, probablemente el del Verbo (19, 13), será gustado por cada uno de los fieles vencedores; su experiencia de Cristo será íntima y personal" (Gelin).

Jezabel, que dice ser profetisa y que enseña a mis siervos y los seduce para que cometan fornicación y coman lo sacrificado a los ídolos. [21]Le he dado tiempo para que se arrepienta, mas no quiere arrepentirse de su fornicación. [22]He aquí que a ella la arrojo en cama, y a los que adulteren con ella, (*los arrojo*) en grande tribulación, si no se arrepienten de las obras de ella. [23]Castigaré a sus hijos con la muerte, y conocerán todas las Iglesias que Yo soy el que escudriño entrañas y corazones; y retribuiré a cada uno de vosotros conforme a vuestras obras. [24]A vosotros, los demás que estáis en Tiatira, que no seguís esa doctrina y que no habéis conocido las profundidades, como dicen ellos, de Satanás: no echaré sobre vosotros otra carga. [25]Solamente, guardad bien lo que tenéis, hasta que Yo venga. [26]Al que venciere mis obras y guardare hasta el fin, le daré poder sobre las naciones, [27]–y las regirá con vara de hierro, y serán desmenuzados como vasos de alfarero– [28]como Yo lo recibí de mi Padre; y le daré la estrella de la mañana. [29]Quien tiene oído, escuche, lo que el Espíritu dice a las Iglesias".

3 A la iglesia de Sardes. [1]Al ángel de la Iglesia de Sardes escríbele: "Esto dice el que tiene los siete espíritus de Dios y las siete estrellas: Conozco tus obras: se te tiene por viviente, pero estás, muerto. [2]Ponte alerta y consolida lo que queda que está a punto de morir; porque no he hallado tus obras cumplidas delante de mí Dios. [3]Recuerda, pues, tal como recibiste y oíste; guárdalo y arrepiéntete. Si no velas vendré como ladrón y no sabrás a qué hora llegaré sobre ti. [4]Con todo, tienes en Sardes algunos pocos nombres que no han manchado sus vestidos; y han de andar conmigo vestidos de blanco, porque son dignos. [5]El vencedor será, vestido así, de vestidura blanca, y no borraré su nombre del libro de la vida; y confesaré su nombre delante de mi Padre y delante de sus ángeles. [6]Quien tiene oído escuche lo que el Espíritu dice a las Iglesias".

A la iglesia de Filadelfia. [7]Al ángel de la Iglesia de Filadelfia escríbele: "Esto dice el Santo, el Veraz, el que tiene la llave de David, el que abre y nadie cerrará, que cierra y nadie abre : [8]Conozco

---

20. *Jezabel*, nombre de la mujer del rey Acab, la cual hizo idolatrar al pueblo de Israel (1Re. 16, 31). Aquí se da este nombre cómo símbolo, aplicándolo, según Pirot, a "una profetisa que, ocupando sin duda en esa Iglesia una situación oficial, predica el error nicolaíta (vv. 6 y 14s.)". *Sobre lo sacrificado a los ídolos*, cf. v. 24 y nota.

22. *Adulteren*: en el sentido de idolatría y falsa doctrina. Cf. v. 14 y nota.

24. Las *profundidades de Satanás*: Los gnósticos pretendían dar una ciencia de los secretos divinos –de ahí su nombre– y en realidad eran impostores y sus llamados misterios y su ciencia secreta eran inventos de Satanás que llenaban a los adeptos de soberbia e impiedad. Véase 22, 10; 2 Jn. 9 y notas. *Otra carga*: Pirot recuerda aquí la abstención de los sacrificios a los ídolos (v. 20), prohibición judía que se extendió a los gentiles en Hch. 15, 20 y 28s. San Pablo les había prevenido que en cuestión de comidas sólo se trataba de evitar el escándalo a otros que juzgan. (Rm. cap. 14; 1Co. cap. 8). Más tarde en Col. 2, 16dice caramente: "Nadie, pues, os juzgue, en comida o en bebida". ¿Qué alcance tenían entonces estas advertencias de San Juan, hechas muchos años después de San Pablo y que parecerían judaizantes? No es fácil explicarlo, Véase también 1Co. 10, 14-30; Hb. 13, 9. Fillion se inclina a pensar que significa no participar en los castigos que recibirá Jezabel.

26s. Allo refiere esto al triunfo de Cristo que se cumplirá en la Parusía. Cf. Sal. 2, 8s.; 109, 5 ss.; 149, 6 ss. y notas.

28. *Como yo lo recibí*, etc. En lo que Jesús prometió personalmente a los suyos en Lc. 22, 29s. *La estrella matutina* (la Vulgata dice *Lucifer*: el lucero; cf. Sal. 109, 3 y nota) es símbolo

de Cristo y de su gloria. Véase 22, 16. Así lo anunció Balaam, como la estrella de Jacob (Nm. 24, 15-19). Es decir, pues, que aquí Cristo se nos promete Él mismo (22, 12 y nota), Pero ¿acaso el árbol de la vida (v. 7), el maná oculto (v. 17) no son también figuras de Él? Porque Él será nuestro verdadero premio. Cf. 3, 4s.

29. Esta advertencia, que en las tres primeras cartas iba antes de enunciar el premio, en las cuatro últimas va después.

3. Cf. 16, 15; 1 Ts. 5, 2; 2 Pe. 3, 10.

4. *Sardes* era centro de la industria textil. De ahí la imagen tomada de las vestiduras. Andar vestido de blanco significa participar en el triunfo del mismo Cristo (cf. 2, 28 y nota). *Nombres*: personas.

5. *El vencedor*: véase 2, 7 y nota; 2, 17; 3, 21. Sobre el *libro de la vida*, véase 13, 8; 17, 8; 20, 12 y 15; 21, 27; cf. 32, 33; Sal. 68, 29; Dn. 12, 1.

7. *El que tiene la llave de David*: el poder supremo. Véase 1, 18 y nota. Esta expresión reviste sentido mesiánico (cf. 5, 5; 22, 16). Fillion observa que es "tomada de Is. 22, 22, donde se lee: *Yo daré (a Eliacim) la llave de la casa de David*. Manera de decir que este personaje será el primer ministro del rey. Jesucristo nos es, pues, presentado aquí ejerciendo las funciones de Primer Ministro en el Reino de Dios". *Que abre y nadie* cerrará: Cristo tiene el poder y la autoridad suprema para admitir o excluir a cualquiera de la nueva ciudad de David y de la nueva Jerusalén. En *Filadelfia* se adoraba al dios de las puertas (Jano), que tenía una llave en sus manos. El Apóstol alude a ese ídolo, diciendo: sólo Cristo tiene la llave para abrir y cerrar la puerta del Reino.

tus obras. He aquí que he puesto delante de ti una puerta abierta que nadie puede cerrar; porque no obstante tu debilidad, has guardado mi Palabra y no has negado mi Nombre. [9]He aquí que Yo te entrego algunos de la sinagoga de Satanás, que dicen ser judíos y no lo son, sino que mienten; he aquí que Yo los haré venir y postrarse a tus pies, y reconocerán que Yo te he amado. [10]Por cuanto has guardado la palabra de la paciencia mía, Yo también te guardaré de la hora de la prueba, esa hora que ha de venir sobre todo el orbe, para probar a los que habitan sobre la tierra. [11]Pronto vengo; guarda firmemente lo que tienes para que nadie te arrebate la corona. [12]Del vencedor haré una columna en el templo de mi Dios, del cual no saldrá más; y sobre él escribiré el nombre de Dios y el nombre de la ciudad de mi Dios, la nueva Jerusalén, la que desciende del cielo viniendo de mi Dios, y el nombre mío nuevo. [13]Quien tiene oído escuche lo que el Espíritu dice a las Iglesias".

A la iglesia de Laodicea. [14]Al ángel de la Iglesia de Laodicea escríbele: [15]Esto dice el Amén, el testigo fiel y veraz, el principio de la creación de Dios: "Conozco tus obras: no eres ni frío ni caliente. ¡Ojalá fueras frío o caliente! [16]Así, porque eres tibio, y ni caliente ni frío, voy a vomitarte de mi boca. [17]Pues tú dices: "Yo soy rico, yo me he enriquecido, de nada tengo necesidad", y no sabes que tú eres desdichado, miserable, mendigo, ciego y desnudo. [18]Te aconsejo que, para enriquecerte, compres de Mí oro acrisolado al fuego y vestidos blancos para que te cubras y no aparezca la vergüenza de tu desnudez, y colirio para ungir tus ojos a fin de que veas. [19]A todos los que Yo amo los reprendo y castigo. Ten, pues, ardor y conviértete. [20]Mira que estoy a la puerta y llamo. Si alguno oyere mi voz y abriere la puerta, entraré a él y cenaré con él, y él conmigo. [21]Al vencedor le haré sentarse conmigo en mi trono, así como Yo vencí y me senté con mi Padre en su

---

8. *Una puerta abierta* al apostolado que Dios nos prepara (1Co. 16, 9; 2Co. 2, 12; Col. 4, 3). La promesa de que nadie podrá cerrarla es tanto más preciosa cuanto que se trata de un tiempo de apostasía muy avanzada, pues se anuncia ya la gran persecución (v. l0). *La debilidad* nos muestra la humildad del Apóstol que, como San Pablo, está reducido a ser "basura de este mundo" (1Co. 4, 13) y que, sin espíritu de suficiencia propia, cuenta sólo con la gracia, al revés de los de Laodicea que se creían ricos y eran miserables. Cf. 2, 9 y 3, 17.

9. "Palabras tomadas de Is. 60, 14, que anuncian, según la mayoría de los intérpretes, la conversión de los judíos de Filadelfia" (Fillion). Cf. Rm. 11, 25s.

10. *La palabra de la paciencia mía.* Así dice el griego literalmente (cf. v. 8). Según Pirot: mi consigna de paciencia (cf. 1, 9; 13, 10; 14, 12); según Holtzmann, la paciente esperanza en la venida de Cristo (Hb. 6, 12; St. 5, 7; 2 Pe. 3, 3-12). Como anota Pirot, "este v. abre las perspectivas de la vasta persecución de que tratará el cap. 13". En efecto, "si se considera las Iglesias en el orden cronológico (1, 12 y nota), la de Filadelfia precede a la última en la cual se consumaría con el Anticristo el misterio del mal. Por eso algunos suponen (cf. v. 15 y nota) que este período de Filadelfia, es semejante al nuestro y que a éste se refieren las grandes promesas hechas a los que guardan la Palabra de Dios en medio del general olvido de ella.

11. Cf. v. 20; 22, 10 y nota.

12. *Columna:* Así fueron llamados Pedro, Juan y Santiago en la Iglesia de Dios (Ga. 2, 9; 1 Tm. 3, 15). Pero aquí se trataría no ya de la formación de esa Iglesia (Ef. 2, 20; 1 Pe. 2, 5), ni de la Jerusalén celestial, pues su Templo será Dios mismo (21, 22), sino de sostener la verdadera fe en tiempos de apostasía (cf. Mt. 24, 24; Lc. 18, 8; 2 Ts. 2, 3). Sobre la *nueva Jerusalén,* véase el cap. 21. El *nombre mío nuevo:* véase v. 14; 2, 17 y notas. Fillion cita a 19, 12

y dice que "el Cristo lleva un nombre nuevo porque ha entrado en su gloria nueva que durará para siempre".

15. *El Amén:* voz hebrea que significa: *verdad,* en este caso la Verdad misma: Jesucristo. En Is. 65, 6se dice: "el Dios de Amén". Véase v. 7, donde Cristo es llamado "el Veraz", como en 6, 10; y 19, 11, donde se le da el nombre de "Fiel y Veraz". Cf. Jn. 1, 14; 1 Jn. 5, 7.

[7] Mons. Straubinger traduce *hirviente.*

15. La primera Encíclica del Santo Padre Pío XII reproduce este tremendo pasaje y dice: "¿No se le puede aplicar (a nuestra época) esta palabra reveladora del Apocalipsis?"

17. Es lo contrario de la bienaventuranza de los pobres en espíritu (Mt. 5, 3 y nota). Cf. v. 8 y nota; 18, 7.

18. El divino Salvador emplea una imagen bien conocida por la industria cosmética de Laodicea, el colirio. Así también ven algunos en la tibieza una alusión a las tibias aguas de sus termas, las que en tal caso serían imagen de ese estado espiritual falto de amor e ideal en que esa Iglesia "se arrastra en una mediocridad contenta de sí misma" (Pirot) y que según San Agustín es peligrosísimo para el alma y termina por conducirnos "al abismo de todos los excesos" (San Jerónimo).

19. Cf. Pr. 3, 12; Hb. 12, 6.

20. Allo señala aquí una referencia especial a la Eucaristía, cosa que otros no consideran verosímil (cf. Fillion) aunque el pasaje se presta a ser comentado espiritualmente como lo hace Bossuet o Ballester Nieto (Cf. Jn. 14, 23). Sales recuerda los movimientos de la gracia y cita oportunamente al Concilio Tridentino para recordar que el hombre con sus fuerzas naturales "no puede hacer ningún bien útil para la salvación". De acuerdo con los paralelos citados por Merk (Mc. 13, 35; St. 5, 9; Lc. 12, 36; 22, 29s.) lo que aquí se indica es, con mayor apremio, lo mismo que en las cartas precedentes.

trono. [22]Quien tiene oído escuche lo que el Espíritu dice a las Iglesias".

4 **Visión del trono de Dios**. [1]Después de esto tuve una visión y he aquí una puerta abierta en el cielo, y aquella primera voz como de trompeta que yo había oído hablar conmigo dijo: "Sube acá y te mostraré las cosas que han de suceder después de éstas". [2]Al instante me hallé (*allí*) en espíritu y he aquí un trono puesto en el cielo y Uno sentado en el trono. [3]Aquel que estaba sentado era a la vista como la piedra de jaspe y el sardónico; alrededor del trono había un arco iris con aspecto de esmeralda. [4]Y en torno del trono, veinticuatro tronos y en los tronos veinticuatro ancianos sentados, vestidos de vestiduras blancas y llevando sobre sus cabezas coronas de oro. [5]Del trono salían relámpagos, voces y truenos; delante del trono había siete lámparas de fuego encendidas, que son los siete espíritus de Dios; [6]frente del trono había algo semejante a un mar de vidrio, como cristal; y en medio ante el trono, y alrededor del trono, cuatro seres vivientes llenos de ojos por delante y por detrás. [7]El primer viviente era semejante a un león, el segundo viviente semejante a un becerro, el tercer viviente con cara como de hombre, y el cuarto viviente semejante a un águila que vuela. [8]Los cuatro vivientes, cada uno con seis alas, están llenos de ojos alrededor y por dentro, y claman día y noche sin cesar, diciendo: "Santo, santo, santo el Señor Dios, el Todopoderoso, el que era, y que es, y que viene". [9]Y cada vez que los vivientes dan gloria, honor y acción de gracias al que está sentado en el trono, al que vive por los siglos de los siglos, [10]los veinticuatro ancianos se prosternan ante Aquel que está sentado sobre el trono y adoran, al que vive por los siglos de los siglos; y deponen sus

---

[21]Pirot, confirmando lo que expresamos en la nota anterior, dice: "Aquí, como en las cartas anteriores, la promesa es esjatológica (cf. 20, 4)". Sobre *el trono* véase el capítulo siguiente. *Los que vencieren* en esta iglesia final serán probablemente los mártires del Anticristo (13, 7), y este *trono* parece ser entonces el de 20, 4.

1. *Las cosas que han de suceder* empezarán en el cap. 6con la apertura de los sellos, después de esta visión. Igual expresión usa Dn. 2, 29 y 45 y tal parece ser el objeto principal del Apocalipsis en cuanto profecía, según se ve en 1, 1 (cf. 1, 19 y nota). Para los que ven figurado en Laodicea el último período de la Iglesia (cf. 1, 12; 3, 15 y notas), aquí empieza el tiempo de la gran tribulación anunciada para el final. Algunos suponen que la *puerta abierta en el cielo* y el llamado con voz de trompeta aluden a 1 Ts. 4, 14-17.

2 ss. *Me hallé en espíritu*, exactamente como en 1,10, lo cual confirmaría lo que allí señalamos. Sobre la visión de Dios, cf. Ez. 1, 22 ss. y nota. Todo este capítulo, lo mismo que el siguiente, se inspira en los Profetas, especialmente Is. 6; Ez. 1; Dn. 7. El rapto de Juan al cielo durará hasta el fin del cap. 9.

3. No puede dudarse que aquí se nos muestra, en su excelsa y serena majestad, la Persona del divino Padre, Cf. 5, 7 y nota.

4 ss. Los veinticuatro ancianos que están sentados alrededor del trono de Dios parecen simbolizar el Antiguo y el Nuevo Testamento: los doce Patriarcas y los doce Apóstoles, que –por su parte– representarían a todos los santos del cielo. En la explicación mística de San Cirilo de Alejandría significaría el trono elevado, la soberanía de Dios; el jaspe, su paz inmutable; el arco iris, su eternidad; los sitiales de los veinticuatro ancianos, su sabiduría; las siete lámparas, el gobierno universal de su Providencia; los resplandores y el trueno, la omnipotencia de su voluntad; el mar de cristal, su inmensidad; tiene cubiertos el rostro y los pies por las alas de los Serafines para darnos a entender su misteriosa infinitud. "En esta plenitud esplendorosa nada impresiona tanto a los Serafines cubiertos de ojos como su santidad, pues ella los deja suspensos de admiración. Por eso repiten sin cesar el canto jubiloso: Santo, Santo, Santo eres Señor Dios de los Ejércitos. En efecto, Dios es llamado con frecuencia el Santo de Israel, porque este nombre incluye todos los demás. Cuando el Salmista quiere describir el esplendor de la generación eterna del Hijo de Dios, dice únicamente que procede del Padre en el esplendor de la santidad (Sal. 109, 3). Todas las otras perfecciones de Dios reciben de la santidad su brillo más subido, su última consagración".

5. *Relámpagos, voces y truenos* son señales del poder de Dios (Ex. 19, 16; Sal. 28, 3 ss.). *Las siete lámparas* son los siete Espíritus que vimos en 1, 4. En adelante no se habla más de ellos (cf. 5, 11) y se los considera identificados con los siete ojos del Cordero (3, 1; 5, 6). Señalamos aquí, a título de curiosidad, una reciente hipótesis de Greslebin, según la cual este capítulo del Apocalipsis sería lo que se representa en la puerta del templo del sol en Tiahuanaco. Su autor cree haber encontrado veinticuatro coincidencias entre el texto bíblico y las esculturas precolombinas de dicho templo.

8. Los *cuatro vivientes* aparecen como seres celestiales semejantes a aquellos que vieron los Profetas como *Serafines* (Is. 6, 2s.) y *Querubines* (Ez. 1, 5 ss.). El libro de Enoc (71, 7) añade los *Ofanim*. Los innumerables ojos (v. 6; Ez. 1, 18) significan su sabiduría; las alas, la prontitud con que cumplen la voluntad de Dios. Más tarde se comenzó a tomar los cuatro animales como símbolos de los cuatro evangelistas. Su himno es el *Trisagion* (Is. 6, 3; cf. Enoc 39, 12). *Que viene*: aquí se trata del Padre (v. 3). Cf. 21, 3.

9 ss. Pirot hace notar que en adelante "el Trono será colocado, según la tradición de Is. 6, 1, en el interior de un Templo celestial (7, 15), prototipo del terrestre (Ex. 25, 40; Hb. 8, 5) con un altar de los holocaustos (6, 9), un altar de los perfumes (8, 3) y sin duda un Santo de los santos con su Arca de la Alianza (11, 19)". Añade que "esta porción del Templo será sin duda la residencia de la divinidad".

coronas ante el trono, diciendo: [11]"Digno eres Tú, Señor y Dios nuestro, de recibir la gloria, el honor y el poder, porque Tú creaste todas las cosas y por tu voluntad pudieron ser y fueron creadas".

5 El libro de los siete sellos.

[1]Y vi en la diestra de Aquel que estaba sentado sobre el trono un libro, escrito por dentro y por fuera, y sellado con siete sellos. [2]Y vi a un ángel poderoso que, a gran voz, pregonaba: "¿Quién es digno de abrir el libro y desatar sus sellos?" [3]Y nadie en el cielo, ni en la tierra, ni debajo de la tierra, podía abrir el libro, ni aún fijar los ojos en él. [4]Y lloraba mucho porque nadie era hallado digno de abrir el libro, ni de fijar en él los ojos. [5]Entonces me dijo uno de los ancianos: "No llores. Mira: el León de la tribu de Judá, la raíz de David, ha triunfado, de suerte que abra el libro y sus siete sellos". [6]Y vi que en medio delante del trono y de los cuatro vivientes y de los ancianos estaba de pie un Cordero como degollado, que tenía siete cuernos y siete ojos, que son los siete espíritus de Dios en misión por toda la tierra. [7]El cual vino y tomó (el libro) de la diestra de Aquel que estaba sentado en el trono.

Adoración del Cordero. [8]Y cuando hubo tomado el libro, los cuatro seres vivientes y los veinticuatro ancianos se postraron ante el Cordero, teniendo cada cual una cítara y copas de oro llenas de perfumes, que son las oraciones de los santos. [9]Y cantaban un cántico nuevo, diciendo: "Eres digno de tomar el libro y de abrir sus sellos; porque Tú fuiste inmolado, y con tu sangre compraste para Dios (hombres) de toda tribu y lengua y pueblo y nación; [10]y los has hecho para nuestro Dios un reino y sacerdotes, y reinarán sobre la tierra" [11]Y miré y oí voz de muchos ángeles alrededor del trono y de los vivientes y de los ancianos; y era su número miríadas de miríadas, y millares de millares; [12]los cuales decían a gran voz: "Digno es el Cordero que fue inmolado de recibir poder, riqueza, sabiduría fuerza, honor, gloria y

---

1. Casi todos los intérpretes antiguos entienden por este *Libro* la Sagrada Escritura, principalmente el Antiguo Testamento, cuyas figuras y profecías referentes a Cristo eran antes difíciles de entender. Así, por ej. Orígenes ve descubiertos en él los acontecimientos predichos en el Antiguo Testamento, los cuales tan sólo después de la Resurrección comenzaron a ser comprendidos. Allo opina más bien que en el Libro se contiene "toda la escatología" (cf. 4, 1 y nota). Los siete sellos que lo cierran señalan su carácter arcano (cf. Is. 29, 11; Ez. 2, 9). El misterioso número siete se repetirá en las siete trompetas (8, 2), las siete copas (15, 1 ss.) y también en los siete truenos (10, 3), etc. Cf. v. 6 y nota.

5. *El León de la tribu de Judá*: Cristo, como hijo de David de la tribu de Judá. Véase la profecía de Jacob acerca de Judá en Gn. 49, 9 y las notas a Ez. 21, 27 y Am. 3, 4. *La raíz de David* (cf. 22, 16); título también mesiánico, tomado de Is. 11, 10. Cf. Rm. 15, 12; Ef. 1, 10; Ap. 11, 15; Salmos 95 al 99.

6. El *Cordero* inocente y santo de Jn. 1, 29 es aquí el poderoso e irritado. Cf. 6, 16 s. (Lagrange, Pirot). *Los siete cuernos* representan la plenitud del poder; *los siete ojos*, la plenitud del saber (cf. 1, 4; 4, 5: Za. 3, 9 y notas), En el cielo conserva aún el Redentor las señales gloriosas de su Muerte (cf. 24, 39; Jn. 20, 27), según lo expresa San Juan con las palabras *Cordero como inmolado* (cf. 1Co. 5, 7, usado en la liturgia de Pascua). Por eso Él es el único que se hizo digno de abrir el Libro (v. 9). Cf. Lc. 24, 26 y 46 s. Un fresco del benedictino chileno Dom Pedro Subercaseaux, reproducido en nuestra edición popular del Evangelio, ha representada, con gran acierto, en un ambiente de transparente luminosidad, esta escena que hoy se vive en el Santuario celestial (Hb. 10, 19 s. y nota), poniendo en los brazos del Padre a Jesús crucificado (el Cordero inmolado) que le ofrece su Sangre para interceder por nosotros (Hb. 7, 24 s.) y que lleva, aunque está vivo, la lanzada que le dieron des oyes de muerto (Jn. 19, 33 s.) con lo cual se indica que se trata del Señor ya en el cielo, glorificado por el Padre después de su Resurrección y Ascensión. Cf. Mc. 16, 11; Sal. 2, 7 y notas.

7. El gran artista Alberto Durero, en una de sus célebres ilustraciones del Apocalipsis, combina este pasaje en que el Cordero recibe el Libro de los Siete Sellos de manos de su Padre Dios, con el pasaje del profeta Daniel (cap. VII), donde el Hijo del hombre recibe del "Anciano de Días" la potestad eterna, en virtud de la cual todos los pueblos le servirán. Es de admirar la fusión que el artista hace de ambas escenas, al punto de que los millares y millones de seres que en Daniel rodean el trono del Anciano de Días, son sustituidos por la misma asamblea de los seres animados y de los veinticuatro ancianos que rodean esta escena del Apocalipsis. Se advierte también, debajo del trono, hacia la izquierda, la figura siniestra de Satanás que sale huyendo, con lo cual el autor muestra una vez más su conocimiento de las Escrituras, al relacionar nuevamente con Daniel (que profetiza el levantamiento del "gran Príncipe San Miguel", en el capítulo doce) la derrota de la antigua serpiente o dragón, Satanás, y su precipitación a la tierra, que el Apocalipsis anuncia como resultado del triunfo de San Miguel (véase Ap. 12, 7 ss.). Cf. 13, 2 y nota.

9. *Un cántico nuevo*: ¡Y tan nuevo! Como que celebra no ya sólo la obra de la Redención, como lo hizo el mismo San Juan en 1, 5 y 6, sino también, por fin, la plena glorificación del Redentor en la tierra (Hb. 1, 6 y nota) Vanamente esperada desde que Él se fue. Cf. Ap. 14, 3; Sal. 95, 1 y 97, 1 y notas.

10. *Reino y sacerdotes*. Véase 1, 6; 1 Pe. 2, 9 y notas. Cf. Ex. 19, 6; Is. 61, 6; Rm. 8, 23.

11. *Millares de millares*: Cf. v. 7 y nota; Dn. 7, 10.

alabanza". [13]Y a todas las criatura que hay en el cielo, sobre la tierra, debajo de la tierra y en el mar, y a todas las cosas que hay en ellos oí que decían: "Al que está sentado en el trono, y al Cordero, la alabanza, el honor, la gloria y el imperio pos los siglos de los siglos". [14]Y los cuatro vivientes decían: "Amén". Y los ancianos se postraron y adoraron.

6 **Los cuatro caballos.** [1]Y vi cuando el Cordero abrió el primero de los siete sellos, y oí que uno de los cuatro vivientes decía, como con voz de trueno: "Ven". [2]Y miré, y he aquí un caballo blanco, el que lo montaba tenía un arco, y se le dio una corona; y salió venciendo y para vencer. [3]Y cuando abrió el segundo sello, oí al segundo ser viviente que decía: "Ven". [4]Y salió otro caballo, color de fuego, y al que lo montaba le fue dada quitar de la tierra la paz, y hacer, que se matasen unos a otros; y se le dio una

espada grande. [5]Y cuando abrió el tercer sello, oí al tercero de los seres vivientes que decía: "Ven". Y miré, y he aquí un caballo negro; y el que lo montaba tenía en su mano una balanza. [6]Y oí como una voz en medio de los cuatro vivientes que decía: "A un peso el kilo de trigo; a un peso, tres kilos de cebada; en cuanto al aceite y al vino no los toques". [7]Y cuando abrió el cuarto sello oí la voz del cuarto viviente que decía: "Ven". [8]Y miré, y he aquí un caballo pálido, y el que lo montaba tenía por nombre "la Muerte"; y el Hades seguía en pos de él; y se les dio potestad sobre la cuarta parte de la tierra para matar a espada y con hambre y con peste y por medio de las bestias de la tierra.

La voz de los mártires. [9]Y cuando abrió el quinto sello, vi debajo del altar las almas de los degollados por la causa de la Palabra de Dios y por el testimonio que mantuvieron; [10]y clamaron a gran

---

12. Nótese la septiforme alabanza de los ángeles, que nos recuerda que Jesús completa la obra de la creación con los siete dones del Espíritu Santo. Vemos siempre reaparecer los números místicos o sagrados, especialmente 7 y 4 (v. 1 y nota). Aquí los habitantes del cielo dividen el pensamiento en siete miembros y los de la creación natural en cuatro (v. 13).

1. *Vi cuando el Cordero abrió*: Así se dice también en la apertura del sexto sello, a diferencia de los demás (cf. v. 12 y nota). Charles ha mostrado "que a sucesión de los sellos corresponde, a las de las señales del fin en el pequeño apocalipsis sinóptico de Mc. 13, Mt. 24, Lc. 21". ¡Ven! Este llamado, que en el original no está seguido por las palabras: *y verás* (como en la Vulgata), no se dirige a Juan sino al primero de los cuatro jinetes, como una orden de ponerse en marcha, del mismo modo que en los vv. 3, 5 y 7.

2 ss. Este primer *jinete* sería, en la opinión antigua, el mismo Cristo. Según Allo, si no es el Verbo mismo, como en 19, 11, es por lo menos el curso victorioso del Evangelio a través del mundo. Así lo vio también Loisy, dice Gelin; pero, si así fuera, ¿cómo conciliar ese triunfo del Evangelio con todo el cuadro catastrófico de la escatología apocalíptica y las palabras de Jesús en Mt. 24, 9 ss., Lc. 18, 8; Jn. 15, 20s.; 16, 2s., etc.? Buzy y otros ven aquí al ángel de la guerra, en tanto que Fillion hace notar que, faltando todavía muchas calamidades antes de la Venida de Cristo en el cap. 19 (cf. 2 Ts. 2, 3 ss.), este guerrero cuyo caballo blanco imita al de Jesús en 19, 11, "personifica la ambición y el espíritu de conquista que ocasionan tantos dolores". Adherimos a esta opinión que hoy parece ser comprobada en lo espiritual y aun en lo temporal por la historia contemporánea, y hacemos notar a nuestra vez, frente a opiniones tan diversas, cuán lejos se está de haber agotado el estudio de la Sagrada Biblia y cuán necesario es por tanto proseguirlo según las exhortaciones de S. S. Pío XII en la Encíclica "Divino Afflante". Los *cuatro caballos* recuerdan la visión de Za. 1, 8; 6, 1 ss. donde, como bien dice Pirot, simbolizan calamidades contra los enemigos del pueblo de Israel y no es verosímil que en

los tres septenarios –sellos, trompetas, copas (cf. 5, 1nota) – sólo un elemento sea heterogéneo. ¿No hemos de ver, pues, con varios modernos, en este jefe conquistador semejante al de Daniel (Dn. 7, 21 y 25; 9, 26s., etc.), al mismo Anticristo del cap. 13? Los *colores de los caballos* señalan, en la terminología de los apocalípticos, los cuatro rumbos o partes del mundo: banco, el oriente; bermejo, el norte; negro el sur; pálido, el oeste; y al mismo tiempo simbolizan los grandes acontecimientos y plagas que provocan sus jinetes. El caballo color de fuego significa la guerra; el negro, el hambre; en el pálido, el nombre de la muerte representaría la peste (Fillion, Buzy, Gelin), mientras el Hades o Sheol, personificado como en 20, 14, sigue detrás para recoger las víctimas.

4. Cf. Is. 34, 5; Mt. 24, 6s. Otra gran matanza se ve también en la 6ª trompeta (9, 15 ss.), pero es dirigida por ángeles.

6. A un *peso* (equivalente de un *denario*), es decir, trece veces más del precio normal (cf. Ez. 4, 16). Pirot hace notar que esta carestía no era desconocida en tiempo de San Juan por haber sido cada vez más descuidado el cultivo del trigo a causa de que el Estado romano se había hecho comprador y distribuidor del cereal y los pequeños propietarios se dedicaron a plantar viñas, de lo cual resultó un precio ruinoso para el vino, hasta que Domiciano, según Suetonio, prohibió aumentar los viñedos y mandó destruir por lo menos la mitad de lo existente.

9s. *Degollados*: es el mismo término empleado para el Cordero en 5, 6. Estas almas, separadas del cuerpo, son representadas descansando en el cielo debajo de un altar semejante al de los holocaustos en el Templo de Jerusalén, lugar que les es dado sin duda por cuanto han sido sacrificadas como víctimas de holocausto. ¿Son éstos cristianos, o también israelitas del Antiguo Testamento? No lo dice como en otros pasajes (cf. 7, 4 ss.). Una de las grandes llaves para entender el Apocalipsis es esa distinción, a veces difícil y a veces olvidada, considerando el Apocalipsis un Libro exclusivo de los cristianos de la gentilidad, pues desde que San Pablo anunció a los judíos rebeldes que la salvación pasaba a

voz, diciendo: "Oh Señor ¿Hasta cuándo, Santo y Veraz, tardas en juzgar y vengar nuestra sangre en los habitantes de la tierra?" [11]Y les fue dada una túnica blanca a cada uno; y se les dijo que descansasen todavía por poco tiempo hasta que se completase el número de sus consiervos y de sus hermanos que habían de ser matados como ellos.

---

los gentiles (Hch. 28, 28). Israel como tal desapareció de los escritos del Nuevo Testamento, salvo en la gran carta paulina a los Hebreos, cuya fecha no ha podido fijarse con exactitud y que algunos creen anterior a ese episodio. Como bien observa Pirot, Juan es aquí lo que los judíos llamaban un *paitán*, es decir, que habla continuamente con palabras de los profetas, al punto de que tiene más citas del Antiguo Testamento que versículos (cf. introducción). Debe, pues, tenerse en cuenta el carácter especial de este Libro, que es una profecía esjatológica en la que Juan – declarado "Apóstol de la circuncisión", como Pedro y Santiago (Ga. 2, 8-9)– hace actuar ya el misterio de la conversión de Israel, que San Pablo y el mismo Juan anunciaron para los últimos tiempos (Rm. 11, 25s.; Jn. 19, 37; Za. 12, 10; Ap. 1, 7) y nos presenta, entre otros misterios, la misión de Elías, que es para Israel (Mal. 4, 5s. y nota) y del cual dijo Jesús: "Ciertamente Elías vendrá y lo restaurará todo" (Mt. 17, 11). Así, pues, muchos puntos aún oscuros se aclararían sin duda el día en que pudiéramos distinguir netamente los que se refieren y los que no se refieren a Israel (cf. 7, 2 y 8notas). Sobre el altar celestial, cf. 4, 9 y nota; 8, 3; Hb. 13, 10.

10. *Santo y Veraz*, es decir, Cristo. Véase 3, 7; 19, 11; Za. 1, 12; Sal. 78, 10s. Un autor moderno hace notar que esta súplica de los mártires, el primero de los cuales es San Esteban, que murió pidiendo perdón para sus verdugos, está concebida en la forma de las imprecaciones de los Salmos. Ello se explica porque aquí se trata del tiempo de la justicia, como antes fue el de la misericordia (cf. Is. 61, 1s. y nota). De ahí también el nuevo aspecto del Cordero (5, 6 y nota). Lo que desean estos santos es la resurrección de sus cuerpos (San Gregorio Magno) como se verifica en la visión del cap. 20, comprendiendo sin duda a todos los que sufrirán el martirio bajo el Anticristo (20, 4). Entretanto vemos aquí (lo mismo que en el apócrifo de 4Esd. 4, 35) cómo las almas, aun de los salvados, suspiran por la plenitud de su destino (cf. Flp. 3, 20s.). Combinando el presente pasaje con 12, 7-17; 2Co. 5, 8 y 2 Pe. 3, 9, puede explicarse la causa que demora la Venida de Cristo. Cf. 2. Tes. 2, 6 ss.

11. *La túnica blanca* (o estola) es como una prenda cierta del triunfo definitivo (cf. 3, 4; 7, 9; 19, 14). Pero estas oraciones de los santos son las mencionadas en 8, 3-5, como causa de las tribulaciones que caerán sobre la tierra en el séptimo sello para apresurar el final (cf. v. 12 ss.; 8, 1 y notas). Esto confirma, a la luz de San Pablo, lo que hemos dicho más arriba sobre el primer jinete (v. 2 ss.), pues lo que detiene la liberación de estas almas es la necesidad de que primero venga la apostasía –o "el misterio de la iniquidad que ya obra" desde entonces (2 Ts. 2, 7)– y luego se haga manifiesto el Anticristo (ibíd. v. 3); y es necesario que éste *se revele* abiertamente (ibíd. v. 8), dando lugar para que pueda ser eliminado por la *manifestación* de la Parusía (ibíd. v. 8; cf. 19, 19 ss.). De ahí

El día de la ira de Dios. [12]Y vi cuando abrió el sexto sello, y se produjo un gran terremoto, el sol se puso negro como un saco de crin, y la luna entera se puso como sangre; [13]y las estrellas del cielo cayeron a la tierra, como deja caer sus brevas la higuera sacudida por un fuerte viento. [14]El cielo fue retirado, como un rollo que se envuelve, y todas las

---

que el *ven* del primer sello (v. 1s.) sea "el momento esperado y decisivo para la consumación del misterio de Dios" (10, 7) lo mismo que vemos en 13, 1.

12 ss. Algunos consideran que este sello, el sexto en orden de colocación en el libro, no es abierto sino después del séptimo (8, 1), porque la gran tribulación (séptimo sello) es necesariamente anterior a las catástrofes cósmicas que aquí se anuncian y que preceden inmediatamente a la Parusía (v. 17). El Señor dice en efecto que el oscurecimiento del sol, etc., se verificará "inmediatamente después" de la tribulación (Mt. 24, 29; Mc. 13, 24); que la Parusía vendrá a continuación de aquellos fenómenos (Lc. 21, 25); que las persecuciones contra los justos serán "antes de todo eso" (Lc. 21, 11-12). Es de observar que San Juan, a diferencia de los otros sellos, dice aquí "yo vi cuando él abrió", lo cual podría ser una visión anticipada del fin. Y parece confirmarlo el hecho de que en 7, 14 (bajo el sexto sello) nos muestra ya a elegidos y a *los que vienen de la gran tribulación*, como si las calamidades del séptimo sello hubiesen ya pasado. Según ello, éstas serían la respuesta de Dios a la oración clamorosa de los santos del quinto sello (6, 9-11), y así lo vemos en 8, 3-5. Quedaría también explicado así el *silencio de media hora en el cielo* (8, 1), fenómeno que nadie aclara y que consistiría simplemente en que cesaba de oírse aquel clamor de los santos (6, 10). La media hora sería el poco de tiempo de reposo que se les indicó en 6, 11. Gelin, que ha observado este fenómeno (cf. 8, 1 y nota), dice: "Juan utiliza el esquema sinóptico en el cual parece haber querido introducir este orden general: plagas sociales (primero al quinto) y luego las cósmicas (sexto sello). Ha encerrado varias plagas en el sexto sello para poder derivar hacia el séptimo, que está vacío, la segunda serie de calamidades". Pero no se entiende cómo podrían continuar estas pruebas si la Parusía tiene lugar al fin del sexto sello. En todo caso, los acontecimientos esjatológicos, de que habla San Pablo (1 Ts. 4, 15s.) no podrán ser anteriores a la gran tribulación o período del Anticristo, como dice cierta exégesis protestante, sino que se refieren, como está anunciado, únicamente a la Parusía, en la cual los muertos y "los que quedemos", seremos, cuando Él descenderá del cielo (ibíd. v. 16), arrebatados a su encuentro para estar con Él siempre (ibíd. v. 17) y no sólo por un período. Esto explicaría, finalmente, la existencia de justos sobre la tierra en tiempos del Anticristo (cf. 13, 7; 20, 4), de modo que la promesa que Jesús hace a sus amigos de escapar a todas las calamidades (Lc. 21, 36), repetida a la Iglesia de Filadelfia (3, 10), ha de explicarse como una especial protección, mediante la cual "no perecerá ni un cabello de nuestra cabeza" (Lc. 21, 18). Véase, p. ej., 12, 6 y 14. En cuanto a los sucesos aquí anunciados, véase los vaticinios de Jesucristo sobre la destrucción de Jerusalén y el fin del siglo en Mt. cap. 24 y en Lc. cap. 21. Cf. Is. 24, 19 ss.; Os. 10, 8; Joel, 2, 30-31; 3, 12-15; Am. 8, 9s.

montañas e islas fueron removidas de sus lugares. [15]Los reyes de la tierra, los magnates, los tribunos militares y los ricos y los fuertes y todo siervo y todo libre se ocultaron en las cuevas y entre los peñascos de las montañas. [16]Y decían a las montañas y a los peñascos: "Caed sobre nosotros y escondednos de la faz de Aquel que está sentado en el trono y de la ira del Cordero; [17]porque ha llegado el gran día del furor de ellos y ¿quién puede estar en pie?".

7 Los 144,000.

[1]Después de esto vi cuatro ángeles que estaban de pie en los cuatro ángulos de la tierra y detenían los cuatro vientos de la tierra para que no soplase viento sobre la tierra, ni sobre el mar, ni sobre árbol alguno. [2]Y vi a otro ángel que subía del Oriente y tenía el sello del Dios vivo, y clamó a gran voz a los cuatro ángeles, a quienes había sido dado hacer daño a la tierra y al mar; [3]y dijo: "No hagáis daño a la tierra, ni al mar, ni a los árboles, hasta que hayamos sellado a los siervos de nuestro Dios en sus frentes". [4]Y oí el número de los que fueron sellados: ciento cuarenta y cuatro mil sellados de todas las tribus de los hijos de Israel:

[5]De la tribu de Judá doce mil sellados,
de la tribu de Rubén doce mil,
de la tribu de Gad doce mil,
[6]de la tribu de Aser doce mil,
de la tribu de Neftalí doce mil,
de la tribu de Manasés doce mil,
[7]de la tribu de Simeón doce mil,
de la tribu de Leví doce mil,
de la tribu de Isacar doce mil,
[8]de la tribu de Zabulón doce mil,
de la tribu de José doce mil, de la tribu
de Benjamín doce mil sellados.

Los redimidos adoran a Dios y al Cordero. [9]Después de esto miré, y había una gran muchedumbre que nadie podía contar, de entre todas las naciones, tribus, pueblos y lenguas, que estaban de pie ante el trono y ante el Cordero, vestidos de túnicas blancas, con palmas en sus manos; [10]y clamaban a gran voz diciendo: "La

---

16. Sobre la *ira del Cordero*, véase 5, 6 y nota. En cuanto al *gran día del furor,* algunos suponen que es contra Israel como en Am. 5, 18, porque en 7, 1-8se trata de sellar a aquellos de las doce tribus que abrían de librarse de ese día. Sin embargo, en el v. 15se ve que se trata más bien de reyes de todas las naciones como en Sal. 109, 5s. *¿Quién puede estar en pie?* Cf. Sal. 1, 5 y nota.

2 ss. Este *sello* recuerda la orden de Dios dada en Ez. 9, 4. Cf. también 9, 4; 14, 1; 22, 4; Ex. 12, 23; Is. 44, 7. Las cifras 12.000 y 144.000pueden ser simbólicas, para significar una gran muchedumbre, si bien no podemos asegurarlo, pues, como dice San Juan Crisóstomo, "cuando la Escritura alegoriza, nos advierte ella misma que alegoriza". Cf. 21, 16 y nota. No concuerdan los exégetas en la explicación de este pasaje, aunque todos reconocen que el sello es la señal de elección y salvación. La diferencia consiste en puntualizar cuáles sean los salvados y explicar el carácter de su salvación contra las calamidades de la tierra y del mar (cf. 12, 14 ss.). Orígenes cree que se refiere a todos los cristianos, en tanto que otros ven aquí solamente los salvados del judaísmo, los que con la predicación de Elías se convertirán a la fe (Scío, Nácar-Colunga, etc. Véase v. 8; cf. 6, 9s. y notas; 12, 1 ss.). Tampoco hay unanimidad sobre si los 144.000 de este capítulo son los mismos que los del cap. 14, 3. En general se cree que no, pues de aquéllos no se dice que sean de Israel y además aparecen sobre el monte Sión, como quitados de la tierra, en tanto que aquí vemos una escena terrestre. Cf. Hb. 12, 22 ss.

4. Aparecen aquí, primera y última, respectivamente, como abrazando a las demás tribus, las de Judá y Benjamín, que antes formaban juntas el Reino meridional de Judá y que en la visión de Ezequiel ocupan la parte central de la Tierra Santa abrazando entre ambas la porción del príncipe (cf. Ez. 48, 22).

5. La tribu de Judá es la primera nombrada por ser la del Mesías.

6. *Manases* ocupa aquí el sexto lugar que correspondería a la tribu de Dn. Se trata quizá de un error de copia, pues el v. 4se refiere a todas las tribus de los hijos de Jacob, y sabemos que Manasés no era hijo sino nieto, y no tendría por qué aparecer aquí, pues ya figura su padre José, ni se explicaría en todo caso su mención sin la de su hermano Efraín. No tiene fundamento serio la antigua creencia de que esta ausencia de la tribu de Dan respondía a que de ella hubiese de salir el Anticristo, pues se apoyaban en textos como Gn. 49, 17 y Jr. 8, 16que nada tienen que ver al respecto.

8. "Todos ellos, dice Jünemann, son israelitas convertidos al fin del mundo y sellados con el martirio y víctimas del Anticristo". Integrarían así el número de los mártires de 6, 11 y de allí que su elección aquí siga inmediatamente al clamor de aquéllos (6, 9), pues se hace antes de los grandes cataclismos (v. 3; cf. 6, 12 ss. y nota). Según esto, a "las reliquias de Israel" o grupo fiel de los hebreos que formaron la Iglesia en sus comienzos (Rm. 11, 5) correspondería también este otro grupo fiel de los últimos tiempos, convertido aquí "por pura gracia" (Rm. 11, 6), quizás antes de la predicación de los dos testigos (cap. 11) y en todo caso antes de la conversión total de Israel (Rm. 11, 25 ss.).

9. Si los vv. 4-8se refieren exclusivamente a los salvados del pueblo judío, aquí se alude en cambio a innumerables cristianos que vienen "de todas las naciones", o sea de la gentilidad, por lo cual los intérpretes refieren a los cristianos todo este capítulo. La Liturgia aplica los vv. 9-12como Epístola en la Misa de Todos los Santos del 1º de Noviembre. Según Tertuliano se trataría de los salvados en tiempos del Anticristo (cf. 12, 6 y 14 y nota a los vv. 2 ss.). *Las túnicas blancas y palmas* y lo dicho en el v. 19sobre la tribulación los vincula con los sacrificados de 6, 11, por donde

salud es de nuestro Dios que está sentado en el trono, y del Cordero". [11]Y todos los ángeles que estaban de pie alrededor del trono y de los ancianos y de los cuatro vivientes cayeron sobre sus rostros ante el trono y adoraron a Dios, [12]diciendo:

"Amén, alabanza, gloria, sabiduría,

Acción de gracias, honor, el poder y la fuerza

a nuestro Dios por los siglos de los siglos. Amén".

[13]Y uno de los ancianos, tomando la palabra, me preguntó; "Estos que están vestidos de blancas túnicas, ¿quiénes son y de dónde han venido?" [14]Y yo le dije: "Señor mío, tú lo sabes". Y él me contestó: "Estos son los que vienen de la gran tribulación; han lavado sus vestidos, y los blanquearon en la sangre del Cordero. [15]Por eso están delante del trono de Dios, adorándole día y noche en su templo; y el que está sentado en el trono fijará su morada con ellos. [16]Ya no tendrán hambre ni sed; nunca más los herirá el sol ni ardor alguno; [17]porque el Cordero, que está en medio, frente al trono, será su pastor, y los guiará a las fuentes de las aguas de la vida; y Dios les enjugará toda lagrima de sus ojos".

8 **El último sello.** [1]Y cuando abrió el séptimo sello, se hizo en el cielo un silencio como de media hora. [2]Y vi a los siete ángeles que están en pie ante Dios y les fueron dadas siete trompetas. [3]Y vino otro ángel que se puso junto al altar, teniendo un incensario de oro, y le fueron dados muchos perfumes, para ofrecerlos con las oraciones de todos los santos sobre el altar de oro que estaba delante del trono. [4]Y el humo de los perfumes subió con las oraciones de los santos de la mano del ángel a la presencia de Dios. [5]Entonces el ángel tomó el incensario, lo llenó del fuego del altar, y lo arrojó sobre la tierra. Y hubo truenos y voces y relámpagos y un terremoto.

Las cuatro primeras trompetas. [6]Y los siete ángeles que tenían las siete trompetas se prepararon para tocarlas, [7]Y el primero tocó la trompeta, y hubo granizo y fuego mezclados con sangre, los cuales fueron arrojados sobre la tierra, y fue incendiada la tercera parte de la tierra; y fue incendiada la tercera parte de los árboles, y fue incendiada toda hierba verde. [8]Tocó la trompeta el segundo ángel, y algo como una gran montaña en llamas fue precipitada en el mar, y la tercera parte del mar se convirtió en sangre. [9]Y murió la tercera parte de las creaturas vivientes que estaban en el mar, y la tercera parte de las naves fue destruida. [10]Tocó la trompeta el tercer ángel, y se precipitó del cielo una grande estrella, ardiendo como una antorcha: cayó en la tercera parte de los ríos y en los manantiales de las aguas. [11]El nombre de la

---

parecería que aquí se ha completado el número que allí se anuncia. No, puede negarse, sin embargo, la concordancia del v. 17con 21, 4, ni la del v. 15con 21, 3 y 22, 3que parecen tener un alcance más general.

14. Cf. 6, 12 ss. y nota. Sobre esta tribulación, véase las palabras de Jesús en su discurso esjatológico (Mt. 24, 31). Cf. Dn. 12, 1 y notas.

16s. Véase 21, 4; Sal. 22, 2; Is. 25, 8; 49, 10; Jr. 2, 13; Ez. 34, 11 ss. "Jesucristo será su pastor que los llenará de bienes, los apartará de todo mal y los conducirá a la misma fuente de la vida que es la visión pura de Dios" (Scío).

1. Véase la probable explicación de este *silencio* en la nota a 6, 12 ss. Según ello, esta escena sería la continuación del 5º sello y el silencio sería el de los santos que allí clamaban y ahora esperan los acontecimientos que se describen de aquí en adelante. Según otros, el *silencio* sería simplemente la interrupción de las alabanzas de 4, 8 ss., 5, 8 ss., mas no explican el motivo de ella. Pirot reconoce que "aquí esperábamos el desenlace final y sólo vemos un final de acto", y añade que "la apertura del 7º sello permite la introducción de una nueva serie de catástrofes", cosa que no parece posible según las expresiones de nuestra citada nota de 6, 12 ss. Cf. v. 3 y nota.

2. En Tb. 12, 15se habla también de los *siete ángeles*. El libro de Enoc (20, 2-8) los nombra así: Uriel, Rafael, Raguel, Saraquiel, Gabriel, Remeiel. Las *trompetas* son señal de Juicio (Is. 27, 13; Joel. 2, 1; Mt. 24, 31; 1Co. 15, 52; 1 Ts. 4, 16).

3. Véase 5, 8 y nota. Los *perfumes* que el ángel recoge aquí son las oraciones de los santos que piden la venganza de su sangre en 6, 9s. Sin ello sería difícil explicarse cómo las oraciones de los santos de la tierra pueden producir tales calamidades sobre ella.

5. *Del fuego del altar*: de los perfumes (cf. Is. 6, 6). *Lo arrojó*: cf. Ez. 10, 2. Los *truenos*, etc., marcan el final de los sellos y también el de las trompetas (11, 19) y el de las copas (16, 18).

6 ss. Las siete trompetas son otras tantas plagas y recuerdan las de Egipto (Ex. 17.). San Ireneo y Lactancio las interpretan en sentido literal. San Agustín sólo como metáfora de grandes azotes y castigos.

7. Cf. Ex. 9, 24; Joel. 3, 3.

8s. Cf. Ex. 7, 20; So. 1, 3.

10. La caída de esta *estrella,* que simboliza a un ángel con nombre de amargura (v. 11; cf. Enoc 86, 1 ss.), hace pensar en la palabra de Jesús que comparó la caída de Satanás con la de una estrella (Lc. 10, 18). Véase 9, 1 y nota. Cf. 12, 9 ss.

estrella es Ajenjo; y se convirtió la tercera parte de las aguas en ajenjo; y muchos hombres murieron a causa de esas aguas porque se habían vuelto amargas. [12]Tocó la trompeta el cuarto ángel, y fue herida la tercera parte del sol y la tercera parte de la luna y la tercera parte de las estrellas, de manera que se obscureció la tercera parte de ellos, y el día perdió la, tercera parte de su luz y lo mismo la noche. [13]Y vi y oí cómo volaba por medio del cielo un águila que decía con poderosa voz: "¡Ay, ay, ay de los moradores de la tierra, a causa de los toques de trompeta que faltan de los tres ángeles que todavía han de tocar!"

9 **La quinta trompeta.** [1]Tocó la trompeta el quinto ángel, y vi una estrella que había caído del cielo a la tierra, y le fue dada la llave del pozo del abismo. [2]Abrió el pozo del abismo, y subió humo del pozo como el humo de un gran horno, y a causa del humo del pozo se obscurecieron el sol y el aire. [3]Del humo salieron langostas sobre la tierra; y les fue dado poder, semejante al poder que tienen los escorpiones de la tierra. [4]Y se les mandó que no dañasen la hierba de la tierra, ni verdura alguna, ni árbol alguno, sino solamente a los hombres que no tuviesen el sello de Dios en la frente. [5]Les fue dado no matarlos, sino torturarlos por cinco meses; y su tormento era como el tormento que causa el

escorpión cuando pica al hombre. [6]En aquellos días los hombres buscarán la muerte, y no la hallarán; desearán morir, y la muerte huirá de ellos. [7]Las langostas eran semejantes a caballos aparejados para la guerra, y sobre sus cabezas llevaban algo como coronas parecidas al oro, y sus caras eran como caras de hombres. [8]Tenían cabellos como cabellos de mujer y sus dientes eran como de leones. [9]Sus pechos eran como corazas de hierro, y el estruendo de sus alas era como el estruendo de muchos carros de caballos que corren al combate. [10]Tenían colas semejantes a escorpiones, y (*en ellas*) aguijones; y en sus colas reside su poder de hacer daño a los hombres durante los cinco meses. [11]Tienen por rey sobre ellas al ángel del abismo, cuyo nombre en hebreo es Abaddón y que lleva en griego el nombre de Apollyon. [12]Él primer ay pasó; ved que tras esto vienen aún dos ayes.

La sexta trompeta. [13]Y tocó la trompeta el sexto ángel, y oí una voz procedente de los cuatro cuernos del altar de oro que está delante de Dios, [14]y decía al sexto ángel que tenía la trompeta: "Suelta a los cuatro ángeles encadenados junto al gran río Éufrates: [15]Y fueron soltados los cuatro ángeles que estaban dispuestos para la hora y el día y el mes y el año, a fin de exterminar la tercera parte de los hombres. [16]Y el número de las huestes de a

---

[1] 11. "En el apócrifo 4o. Esd. 5, 9se señala un cambio semejante como signo del fin –«en las aguas dulces se encontrará sal»– así como a la inversa el mismo Mar Muerto se convertirá en sano en los tiempos mesiánicos (Ez. 47, 8). Pirot.

13. Los tres ayes indican que las tres plagas que siguen serán más espantosas que las cuatro que preceden (9, 12; 11, 14; 12, 12; cf. Ez. 9, 8). El *águila* representa probablemente un ángel, como lo dicen expresamente algunos códices griegos.

1. Aunque hay otras opiniones sobre ángeles buenos, parece claro que esta estrella es la que cayó en la tercera trompeta (8, 10 y nota). Aquí Satanás se pone en campaña, abriendo *el pozo del abismo*, lo cual parece ser lo mismo que desencadenar a los demonios. Cf. Lc. 8, 31. En 20, 1 ss. lo veremos a él encerrado en ese abismo.

3 ss. También en el Antiguo Testamento las *langostas* son anunciadas como ejecutoras de los juicios de Dios contra los moradores de la tierra. Véase Ex. 10, 12-15; Sb. 16, 9; Jr. 51, 14; Joel. 1, 4 ss.; 2, 2 ss. El encargo que se les da en los vv. siguientes, y su descripción, muestran que son demonios. Ya en la antigua Babilonia, p. ej., en la leyenda de Gilgamesh algunos demonios son representados en forma de hombres-escorpiones.

4s. Que no *tuviesen sello de Dios*: cf. 7, 2 ss. y nota; Lc. 21, 36. *Por cinco meses*: se ha observado que las plagas de langostas suelen extenderse en Asia por espacio de cinco meses.

6. Cf. Is. 2, 19; Os. 10, 8; Lc. 23, 30.

9. El ruido de una manga de langostas es parecido al de los carros de guerra, como dice ya el profeta Joel al describir una plaga de langostas que devastaba a Palestina (Joel 2, 5). Muchos han creído ves aquí alguna monstruosa arma de guerra ultramoderna. Pero no ha de olvidarse que salieron del pozo del abismo (v. 2).

11. *Abaddon*, equivalente de infierno, significa en hebreo exterminio o ruina (en griego: *apó'eia*). Cf. Job 26, 6. Así se llama también el jefe del infierno, cuyo oficio consiste en la destrucción de los hombres, porque "los ángeles buenos o malos suelen tomar su nombre de aquel ministerio en que se ocupan" (San Gregorio Magno).

12. Sobre los tres ayes, cf. 8, 13 y nota.

14. El *Éufrates* era el límite oriental del Imperio Romano y del mundo civilizado. Véase 16, 12.

15s. Puede tratarse muy bien de *cuatro ángeles malos*, pues están encadenados (cf. Tb. 8, 3). Las innumerables tropas de a caballo que producen tan enormes matanzas parecerían simbolizar las grandes guerras mundiales, que ya nos hemos acostumbrado a

caballo era de doscientos millones. Yo oí su número. [17]En la visión miré los caballos y a sus jinetes; tenían corazas como de fuego y de jacinto y de azufre; las cabezas de los caballos eran como cabezas de leones, y de su boca salía fuego y humo y azufre. [18]De estas tres plagas murió la tercera parte de los hombres, a consecuencia del fuego y del humo y del azufre que salía de las bocas de aquéllos. [19]Pues el poder de los caballos está en su boca y en sus colas; porque sus colas, semejantes a serpientes, tienen cabezas, y con ellas dañan. [20]Mas el resto de los hombres, los que no fueron muertos con estas plagas, no se arrepintieron de las obras de sus manos y no cesaron de adorar a los demonios y los ídolos de oro y de plata y de bronce y de piedra y de madera, que no pueden ver ni oír ni andar. [21]Ni se arrepintieron de sus homicidios, ni de sus hechicerías, ni de su fornicación, ni de sus latrocinios.

10 El libro profético.
[1]Y vi a otro ángel poderoso que descendía del cielo, envuelto en una nube, con el arco iris sobre su cabeza. Su rostro era como el sol, y sus pies como columnas de fuego. [2]Tenía en su mano un librito abierto, y puso su pie derecho sobre el mar, y el izquierdo sobre la tierra; [3]y clamó con gran voz, como un león que ruge; y cuando hubo clamado, los siete truenos levantaron sus voces. [4]Y cuando hubieron hablado los siete truenos, iba yo a escribir; más oí una voz del cielo que decía: "Sella lo que dijeron los siete truenos y no lo escribas". [5]Entonces el ángel que yo había visto de pie sobre el mar y sobre la tierra, alzó su mano derecha hacia el cielo, [6]y juró por Aquel que vive por los siglos de los siglos – que creó el cielo y cuanto hay en él, y la tierra y cuanto hay en ella, y el mar y cuanto hay en él– que ya no habrá más tiempo, [7]sino que en los días de la voz del séptimo ángel, cuando él vaya a tocar la trompeta, el misterio de Dios quedará consumado según la buena nueva que Él anunció a sus siervos los profetas.

El apóstol come el libro. [8]La voz que yo había oído del cielo me habló otra vez y dijo: "Ve y toma

---

ver como características de nuestro tiempo (cf. 6, 2 y nota). Las cifras, como en todo el Apocalipsis, significan la inmensa magnitud de las catástrofes, aun cuando no se las tome en sentido aritmético, si bien ante los pavorosos "progresos" de la humanidad en esa materia, ya no nos sorprenden tales cifras que a los antiguos parecían siempre simbólicas.

20. Ni siquiera con estos castigos en que perece una tercera parte de los hombres (v. 18) se obtiene el arrepentimiento de los malos que quedan con vida. La tremenda comprobación se repite en 18, 9 y 11. Sólo en 11, 13, cuando los dos testigos resucitados suben al cielo a la vista de todos se habla de un arrepentimiento cuyo alcance ignoramos. Dolorosa confirmación de la pertinacia humana, que empezó en el Paraíso y no terminará nunca mientras pueda tomar el partido de Satanás contra Cristo, como se ve en 16, 14; 19, 19 y hasta en 20, 7. Bien lo anunció ya el mismo Jesús (cf. Lc. 18, 8; Am. 4, 8 y nota).

1. Juan había sido raptado al cielo en 4, 2. Se considera que desde este momento está de nuevo en la tierra. Vemos que entre la sexta trompeta (9, 13) y la última (11, 15) hay una interrupción en el Libro, como entre el sexto y el séptimo sellos (6, 12 ss. y notas). *Otro ángel poderoso*: como el de 5, 2. Según observa Fillion, su aspecto recuerda el de Jesús transfigurado (1, 16; Mt. 17, 2), por donde se ve que no podría simbolizar a ningún personaje humano, cosa que no sucede nunca ni en el Apocalipsis ni en toda la Biblia (cf. 1, 20 y nota), y que se confirma por toda su actitud en este capítulo (cf. v. 6s.). El que sea *poderoso* ha hecho pensar que pudiera tratarse de Gabriel, cuyo nombre significa *fuerza de Dios*.

3s. Los *truenos*, que según la Biblia indican la voz de Dios (Sal. 28, 1 ss.; Jn. 12, 28s.), suenan como para ratificar la autoridad del ángel, que tal vez se dirigió a ellos, pero además expresan algo inteligible, puesto que Juan se disponía a escribirlo (v. 4), según se le ordenó al principio (1, 11 y 19). La prohibición de hacerlo esta vez –cosa excepcional en todo el Apocalipsis (cf. 1, 3; 22, 10; Dn. 12, 4 y 9) – no le es dada por la misma voz de los truenos, ni por la del ángel, sino por una voz del cielo, la misma del v. 8. "¿Qué misterio encierra esta reserva absoluta, inesperada para los desaprensivos?"

5s. *Alzó su mano*: para jurar. *No habrá más tiempo*: o sea más plazo, pues va a terminar la presente dispensación temporal y a cumplirse los anuncios esjatológicos de los profetas (v. 7). Cf. Lc. 21, 24.

7. *El misterio de Dios quedará consumado*: "Desde ahora se sabe que el momento de la consumación será marcado por la séptima trompeta (3er. ay: 11, 15-19), que introduce todo el período final. Este período verá el advenimiento efectivo y reconocido de la soberanía divina. Satanás y sus agentes los Anticristos serán destruidos (11, 17-18)... Plan grandioso llamado, en razón de su carácter secreto, *el misterio de Dios*. Se halla en Ef. 1, 9-11 y Col. 2, 2 la misma expresión y concepción: el plan divino comporta la unificación de todas las cosas bajo el Cristo que las reúne (*anakefalaiósastai*)... La demora para ese final, fuertemente marcada aún en 6, 11 y 7, 1-3, desaparece ya" (Pirot). Sobre esto, que San Pablo llama por antonomasia *el misterio*, véase Mt. 24, 14; Rm. 16, 25; Ef. 1, 1 ss.; 3, 1-12; Col. 1, 26; 1 Pe. 1, 10 ss. y las notas respectivas. Cf. Hch. 3, 20s.; 15, 14 ss. y notas. Sobre la séptima trompeta cf. 11, 15.

el libro abierto en la mano del ángel que está de pie sobre el mar y sobre la tierra". [9]Fui, pues, al ángel y le dije que me diera el librito. Y él me respondió: "Toma y cómelo; amargará tus entrañas, pero en tu boca será dulce como la miel". [10]Tomé el librito de la mano del ángel y lo comí; y era en mi boca dulce como la miel, más habiéndolo comido quedaron mis entrañas llenas de amargura. [11]Me dijeron entonces: "Es menester que profetices de nuevo contra muchos pueblos y naciones y lenguas y reyes".

11 **Los dos testigos.** [1]Me fue dada una caña, semejante a una vara, y se me dijo: "Levántate y mide el templo de Dios, y el altar, y a los que adoran allí". [2]Pero el atrio exterior del templo déjalo fuera, y no lo midas, porque ha sido entregado a los gentiles, los cuales hollarán la Ciudad santa durante cuarenta y dos meses. [3]Y daré a mis dos testigos que, vestidos de sacos, profeticen durante mil doscientos sesenta días. [4]Estos son los dos olivos y los dos candelabros que están en pie delante del Señor de la tierra. [5]Y si alguno quisiere hacerles daño, sale de la boca de ellos fuego que devora a sus enemigos. Y el que pretenda hacerles mal, ha de morir de esta manera. [6]Ellos tienen poder de cerrar el cielo para que no llueva durante los días en que ellos profeticen; tienen también potestad sobre las aguas, para convertirlas en sangre, y herir la tierra con toda suerte de plagas

---

8 ss. *La voz del cielo*: cf. v. 3. *El libro* en el v. 2es llamado *librito*. *Comer el libro* recuerda a Ez. 2, 8s.; 3, 1 y simboliza que el Apóstol ha de enterarse por completo de su contenido. Su gusto dulce (cf. Jr. 15, 16) y luego amargo, significa la dulzura de la divina Palabra y el horror del santo Apóstol al contemplar en espíritu, como en 17, 6 y como Jesús en Getsemaní, los abismos de la apostasía y sus castigos. Scío ve en este libro el Evangelio que hubiese de ser predicado de nuevo (v. 11) con la buena nueva del Reino, precisamente antes de la consumación mencionada en el v. 7 (Mt. 24, 14). Los modernos ven más bien las profecías que siguen desde la séptima trompeta (cf. 11, 15, etc.), lo cual en definitiva es un desarrollo de lo anunciado por Jesús en sus predicaciones esjatológicas. Pirot considera, en este sentido. que el librito debe comprender las visiones que siguen y "que tienen el color político de los caps. 11 a 20; en particular los reyes aludidos no pueden ser sino los de 17, 10 y 12".

11. *Es menester que profetices de nuevo*: Apoyados en este texto, en Jn. 21, 22s. y en Mt. 16, 28, creían algunos que San Juan el Apóstol y evangelista no había muerto todavía y que vendría personalmente, como los dos testigos del cap. 11, para predicar y morir. Así San Hilario, San Ambrosio, San Gregorio Nacianceno, San Francisco de Sales, etc. Si bien los teólogos modernos no atribuyen mayor importancia a esta interpretación, algunos autores piensan, como Nácar-Colunga, que: "Esta nueva profecía mira a las naciones y a Israel mismo, que deben sufrir un juicio divino antes de cumplirse el misterio de Dios o sea el misterio del Mesías". Por su parte González Maeso da por seguro que si San Juan no viene personalmente a cumplir esa predicción, su profecía será entonces leída en todos los pueblos y naciones para dar cumplimiento a la promesa divina". Véase 14, 6 y nota.

1. Fillion inicia el comentario de este capítulo haciendo notar que "es en él donde hallamos indicada la suerte que espera al pueblo judío" y observa que la mención del *Templo de Dios* (v. 2) nos muestra al Templo de Jerusalén y la operación de medir recuerda la de Ezequiel (cf. Ez. 40, 3 ss.; 41, 13; 42, 16), siendo de notar que no puede tratarse del Templo histórico, pues éste había sido destruido por los Romanos el año 70, es decir, casi treinta años antes que San Juan escribiera el Apocalipsis. "El Templo de Dios,

que hasta ahora era el templo celestial se aplica al templo de Jerusalén (v. 1); esta ciudad es llamada la *Ciudad Santa* (v. 2), expresión que designa a la Jerusalén celestial en 21, 2 y 10; 22, 19; asimismo se llama a Jerusalén *la gran ciudad* (v. 8), designación técnica de Roma (16, 19; 17, 18; 18, 10); en fin, *los habitantes de la tierra* (v. 10) son los Palestinos, en tanto que la expresión se aplica de ordinario al conjunto de los gentiles" (Pirot). *Una caña*: cf. 21, 15; Za. 2, 2.

2. *A los gentiles*: Así lo anuncia Jesús en Lc. 21, 24, añadiendo que ello será hasta que el tiempo de los gentiles sea cumplido. *Cuarenta y dos meses*, espacio que corresponde a los 1.260días del v. 3 y de 12, 6; a los tres tiempos (años) y medio de 12, 14 y a los cuarenta y dos meses de 13, 5 (cf. v. 6 y nota). Buzy, citando a Dn. 9, 27, hace notar que este hecho pertenece a la última semana de Daniel. Gelin observa igualmente que el texto viene de Dn. 7, 25 y 12, 7. Cf. Dn. 12, 11 y 12.

3. Los intérpretes antiguos ven en los *dos testigos* a Elías y a Enoc, que habrían de venir para predicar el arrepentimiento (cf.. Eclo. 44, 16; 48, 10; 49, 16 y notas). Hoy se piensa más bien en Moisés y Elías (Simón-Prado), los dos testigos de la Transfiguración (Mc. 9, 1 ss. y notas) que representan "la Ley y los Profetas"; y es evidente la semejanza que por sus actos tienen con aquéllos estos dos testigos (v. 5s. y notas), siendo de notar que Moisés, según una leyenda judía que trae Josefo, habría sido arrebatado en una nube en el monte de Abar. Por otra parte, y sin perjuicio de lo anterior, Bossuet ve en los dos testigos la autoridad religiosa y la civil y en tal sentido es también evidente la relación que con ellos tienen con "los dos olivos" de Zacarías, que son el príncipe Zorobabel y el sacerdote Jesús ben Josedec (véase Za. 4, 3 y 11s.; Eclo. 49, 13 ss. y notas). Ello podría coincidir con los muchos vaticinios particulares sobre el "gran monarca" que lucharía contra el Anticristo de consuno con la autoridad espiritual, ya que también las dos Bestias del Apocalipsis presentan ambos aspectos: el político en la Bestia del mar (13, 1 ss.) y el religioso en el falso profeta que se pondrá a su servicio (13, 11 ss.).

4. *Los dos olivos*: alusión evidente a Za. 4. Véase la nota anterior.

5. Alusión a Elías (2 Re. 1, 10 y 12).

cuantas veces quisieren. [7]Y cuando hayan acabado su testimonio, la bestia que sube del abismo les hará guerra, los vencerá, y les quitará la vida. [8]Y sus cadáveres (*yacerán*) en la plaza de la gran ciudad que se llama alegóricamente Sodoma y Egipto, que es también el lugar donde el Señor de ellos fue crucificado. [9]Y gentes de los pueblos y tribus y lenguas y naciones contemplarán sus cadáveres tres días y medio, y no permitirán que se dé sepultura a los cadáveres. [10]Y los habitantes de la tierra se regocijan a causa de ellos, hacen fiesta, y se mandarán regalos unos a otros, porque estos dos profetas fueron molestos a los moradores de la tierra. [11]Pero, al cabo de los tres días y medio, un espíritu de vida que venía de Dios, entró en ellos y se levantaron sobre sus pies, y cayó un gran temor sobre quienes los vieron. [12]Y oyeron una poderosa voz del cielo que les decía: "Subid acá". Y subieron al cielo en la nube, a la vista de sus enemigos. [13]En aquella hora se produjo un gran terremoto, se derrumbó la décima parte de la ciudad y fueron muertos en el terremoto siete mil nombres de hombres; los demás, sobrecogidos de temor, dieron gloria al Dios, del cielo. [14]El segundo ay pasó; ved que el tercer ay viene pronto.

La séptima trompeta. [15]Y tocó la trompeta el séptimo ángel, y se dieron grandes voces en el cielo que decían: "El imperio del mundo ha pasado a nuestro Señor y a su Cristo; y Él reinará por los siglos de los siglos". [16]Y los veinticuatro ancianos

---

6. Alude igualmente a Elías, en cuyo tiempo no hubo lluvia (1 Rey. 17, 1) y a Moisés que convirtió el agua del Nilo en sangre (Ex. 7, 19). Algunos han pensado sin embargo que Moisés y Elías son más bien las dos alas referidas en 12, 14. Con respecto al primero, dice un autor que la cifra de tres años y medio (los 42meses del v. 2) "ha tomado la significación alegórica de tiempo de crisis, sentido de tal modo tradicional que St. 5, 17 y Lc. 4, 25se sirvieron de él para señalar la duración de una sequía que en realidad no duró sino tres años". Notemos que el texto que narra el fin de aquella sequía en 1Rey. 18, 1se armoniza muy bien con los citados, si se entiende, según la versión más exacta, que Dios ordenó la lluvia "pasados ya muchos días del año tercero" o sea cuando estaban muy excedidos los tres años. Así lo entendieron sin duda tanto Jesús como el Apóstol Santiago al hablar de este episodio en os citados pasajes.

7. *La bestia que sube del abismo* simboliza al Anticristo y su aparición se anticipa aquí, pues sólo se tratará de ella en el cap. 13. Ello muestra de nuevo que dicho capítulo se vincula cronológicamente al presente.

8. *En la plaza*: más exacto que en *las plazas* (Vulgata). *Sodoma y Egipto*, figuras del mundo enemigo de Dios, son aquí nombres dados a esa Jerusalén pisoteada (v. 2). Véase Is. 1, 10; Jr. 23, 14; Ez. 16, 46.

10. El mundo, adulado por sus falsos profetas, se llena de júbilo creyendo verse libre de aquellos santos cuyos anuncios no podía soportar (cf. Jn. 7, 7; 15, 18 ss.). Pronto se verá su error, como lo demuestran las plagas que siguen.

13. *Dieron gloria*: cf. 14, 7 y 16, 9. Contraste con 9, 20s. "Se admite bastante comúnmente que este rasgo anuncia la conversión futura de los judíos, predicha de igual modo por San Pablo en Rm. 11, 25 ss. En el Nuevo Testamento el título de *Dios del cielo* no aparece más que aquí y en 16, 11. Cf. Dn. 2, 18 y 44" (Fillion). Véase 7, 2 ss. y nota.

14. Sobre los tres *ayes* véase 8, 13 y nota. Después de la intercalación que separa como siempre las unidades 6ª y 7ª de cada serie (cf. 10, 1 y nota) sigue aquí el relato interrumpido en 9, 21. Ahora, dice Pirot, "va a realizarse el *misterio de Dios* (cf. 10, 7), su soberanía efectiva y la del Cristo que de antemano se ha visto como cumplida".

15. Cf. 9, 13; 10, 7, y nota. Ante el reino de Cristo que llega, los cielos prorrumpen en júbilo. Muchos expositores creen que aquí se trata del triunfo de Jesús sobre el Anticristo (cf. 19, 11-20) a quien Él matará "con el aliento de su boca y con el resplandor de su venida" (2 Ts. 2, 8). Es decir, que este v. es el antípoda de Jn. 14, 30, donde Jesús declaró que el príncipe de este mundo es Satanás (cf. Jn. 18, 36). Entonces, después de la muerte del Anticristo, como comentan algunos SS. PP. e intérpretes, se convertirán los judíos, "no habiendo más obstáculo al establecimiento del reino completo de Dios y de Cristo sobre el mundo" (Fillion). Cf. Dn. 7, 14 y nota. Pirot señala como característica del estilo apocalíptico la falta de esperanza en el "siglo presente" para refugiarse en el "siglo futuro". Podría extenderse esta característica a todos los escritos del Nuevo Testamento, siendo evidente que tener esperanza significa no estar conforme con lo presente (cf. Ga. 1, 4 y nota), pues quien está satisfecho con lo actual se arraiga aquí abajo (cf. Jr. 35, 10) y no desea que venga Cristo (22, 20). Lo que se teme no se espera, dice San Pablo (Rm. 8, 24), y de ahí que a los mundanos parezca pesimista el Evangelio no obstante sus maravillosas promesas eternas, como aquellos "que no pueden perdonarle a Cristo que haya anunciado la cizaña hasta el fin (Mt. 13, 30 y 39 ss.) en vez de traer un mensaje de perfección definitiva en esta vida" (cf. Lc. 18, 8). He aquí una piedra de toque para que probemos la realidad de nuestra propia fe (cf. 1 Pe. 1, 7), sin lo cual ella puede degenerar en una simple costumbre, tal vez con apariencia de piedad (2 Tm. 3, 5), pero sin carácter sobrenatural, según lo que reprochó Jesús a Pedro y a los discípulos aun después de su Resurrección (Mt. 16, 23; Lc. 24, 25). La esperanza del Mesías, dice el Concilio de Trento, no es menos para nosotros que para el antiguo Israel. Si ahora tuviésemos la plenitud, no viviríamos de esa esperanza. Pasajes como éste, llenos de espíritu de alegría, de esperanza y amor, abundan en el Apocalipsis y nos muestran una vez más (cf. introducción a Isaías) que los libros proféticos no son fríos anuncios de sucesos futuros –lo que ya bastaría para darles extraordinario interés–, sino también precioso alimento de nuestra vida espiritual. Comprendemos entonces que esta lectura sea llamada una bienaventuranza. Cf. 1, 3 y nota.

que delante de Dios se sientan en sus tronos, se postraron sobre sus rostros adoraban a Dios, [17]diciendo: "Te agradecemos, Señor Dios Todopoderoso, que eres y que eras, por cuanto has asumido tu gran poder y has empezado a reinar. [18]Se habían airado las naciones, pero vino la ira tuya y el tiempo para juzgar a los muertos y para dar galardón a tus siervos, los profetas, y a los santos y a los que temen tu Nombre, pequeños y grandes, y para perder a los que perdieron la tierra". [19]Entonces fue abierto el Templo de Dios, el que está en el cielo, y fue vista en su Templo el arca de su Alianza; y hubo relámpagos, voces,

truenos y terremoto y pedrisco grande.

12 [1]Y una gran señal apareció en el cielo: una mujer revestida del sol y con la luna bajo sus pies y en su cabeza una corona de doce estrellas, [2]la cual, hallándose encinta, gritaba con dolores de parto y en las angustias del alumbramiento. [3]Y se vio otra señal en el cielo y he aquí un gran dragón de color de fuego, con siete cabezas y diez cuernos, y en sus cabezas siete diademas. [4]Su cola arrastraba la tercera parte de las estrellas del cielo y las arrojó a la tierra. El dragón se colocó frente a la mujer que estaba para dar a luz, a fin de devorar

---

16. Sobre los ancianos véase 4, 4 ss.

17. La Vulgata añade: *Y que has de venir*, palabras que el original griego no contiene ni aquí ni en 16, 5, lo cual se explica porque, como observan los comentadores, el advenimiento se da por realizado ya.

18. *Se habían airado las naciones*: eco retrospectivo del Sal. 2, 1. Fillion lo compara con Sal. 98, 1, en el cual se ve la ira de los enemigos del pueblo de Dios. Los capítulos que siguen muestran las plagas que caerán sobre ellos.

19. *El arca de su alianza*, oculta a los ojos de los mortales en el Templo de Jerusalén, se manifestará a todos (15, 5), lo cual significa el triunfo final del Cordero que fue inmolado y que ahora será el León de Judá (5, 5), y los bienes provenientes de este triunfo cuya descripción se hará en los capítulos siguientes. Los terribles cuadros que van desfilando ante nuestros ojos, son otros tantos motivos de fe, amor y esperanza para los que tienen sus ojos fijos en Aquel que está simbolizado en el Arca del Testamento. Sobre ella, véase Ez. 41, 26 y nota. "Ella figuraba, dice Fillion, el trono del Señor en medio de su pueblo. Su aparición súbita, en el momento en que acaba de comenzar el Reino eterno de Dios, es muy significativa: la alianza está consumada para siempre entre el Rey celestial y su pueblo". *Hubo relámpagos, etc.*, como sucede paralelamente al final de los sellos (8, 5) y de las copas (16, 18).

1 ss. "La mujer de las doce estrellas aparece en el cielo como una señal, es decir, una realidad prodigiosa y misteriosa... Esta personificación de la comunidad teocrática era como tradicional (Os. 2, 19-20; Jr. 3, 6-10; Ez. 16, 8) y la imagen de Sión en trance de alumbramiento no era desconocida del judaísmo (Is. 66, 8). La maternidad mesiánica afirmada aquí (vv. 2 y 5) lo es también en 4Esd. 9, 43 ss.; 10, 44 ss." (Pirot). Sobre su frecuente aplicación a la Iglesia, dice Sales que en tal caso la palabra Iglesia debe ser tomada en su sentido más lato, de modo que comprenda ya sea el Antiguo, ya el Nuevo Testamento". Algunos restringen este simbolismo a Israel que se salva según el capítulo anterior (11, 1, 13 y 19; cf. 7, 2 ss. y nota), considerando que las doce estrellas son las doce tribus, según Gn. 37, 9. Gelin dice a este respecto que "en cuanto refugiada en el desierto (v. 6 y 14-16) la mujer no puede ser sino la comunidad judío-cristiana", pero no precisa si es la que se convierte al principio de nuestra era (cf. Rm. 9, 27; Ga. 6, 16) o al fin de ella (Rm. 11, 5 ss.). Cf. Mi. 5, 3 ss. En cuanto a la Iglesia en el sentido de Cuerpo Místico de Cristo, ¿cómo explicar que ella

diese a la luz al que es su Cabeza (Col. 1, 18), cuando, a la inversa, se dice nacida del costado del nuevo Adán (Jn. 19, 34; Rm. 5, 14) como Eva del antiguo (Gn. 3, 20)? Ni siquiera podría decirse de ella como se dice de Israel, que convirtiéndose a Cristo podría darlo a luz "espiritualmente" como antes lo dio a luz según la carne (Rm. 9, 5), pues la Iglesia es Cuerpo de Cristo precisamente por la fe con que está unida a Él. Por otra parte, el misterio es más complejo aún si consideramos que empieza como una señal en el *cielo* (v. 1), o sea, fuera del espacio y también del tiempo (lo cual parece brindar amplio horizonte a la interpretación), mas luego vemos que el dragón, que también estaba en el cielo (vv. 3 y 7), es *precipitado a la tierra* (vv. s. y 12) y sin embargo aún *persigue a la mujer* (v. 13) y ella huye al *desierto* (v. 14), dándose así a entender que también ella estaba entonces en la tierra, y aun que el parto había sido ya aquí, pues que el Hijo es *arrebatado hacia Dios* (v. 5) y ella había huido al desierto ya en v. 6. La Liturgia y muchos escritores patrísticos emplean este pasaje en relación con la Santísima Virgen, pero es sólo en sentido acomodaticio, pues "la mención de los dolores del parto se opone a que se vea aquí una referencia a la Virgen María", la cual dio a luz sin detrimento de su virginidad. Puede recordarse también la misteriosa profecía del Protoevangelio (Gn. 3, 15s.), donde se muestra ya el conflicto de este capítulo entre ambas descendencias (cf. Mt. 3, 7; 13, 38; 8, 44; Mi. 5, 3; Rm. 16, 20; Col. 2, 15; Hb. 2, 14) y se anuncian dolores de parto como aquí (v. 2; Gn. 3, 16), lo cual parecería extender el símbolo de esta *mujer* a toda la *humanidad* redimida por Cristo, concepto que algunos aplican también a las Bodas de 19, 6 ss., que interpretan en sentido lato considerando derribado el muro de separación con Israel (Ef. 2, 14). Planteamos estas observaciones como materiales de investigación para que ahonden en ella los estudiosos (cf. Jn. 21, 25 y nota) hasta que el divino Espíritu quiera descubrirnos plenamente este escondido misterio, que es grande pues de él depende quizá la solución de muchos otros. Dice un autor moderno que en nuestro tiempo hay mayores luces bíblicas que en otros. Un tiempo así está anunciado en Dn. 12, 3-4. ¿Será el nuestro? (cf. 3, 8 y nota).

3. *El dragón*, llamado serpiente en el v. 14, es el mismo Satanás (vv. 17 y 10; 20, 2). ¡Siete diademas! Ellas indican, dice Fillion, su autoridad real. Son las que le corresponden como príncipe de este mundo (Lc. 4, 5 ss.; Jn. 14, 30). Pero muchas más tendrá Jesús el día de su triunfo (19, 12).

a su hijo luego que ella hubiese alumbrado. [5]Y ella dio a luz a un hijo varón, el que apacentará todas las naciones con cetro de hierro; y el hijo fue arrebatado para Dios y para su trono. [6]Y la mujer huyó al desierto, donde tiene un lugar preparado por Dios para que allí la sustenten durante mil doscientos sesenta días.

El dragón vencido por San Miguel. [7]Y se hizo guerra en el cielo: Miguel y sus ángeles pelearon contra el dragón; y peleaba el dragón y sus ángeles, [8]mas no prevalecieron, y no se halló más su lugar en el cielo. [9]Y fue precipitado el gran dragón, la serpiente antigua, que se llama el Diablo y Satanás, el engañador del universo. Arrojado fue a la tierra, y con él fueron arrojados sus ángeles. [10]Y oí una gran voz en el cielo que decía: "Ahora ha llegado la salvación, el poderío y el reinado de nuestro Dios y el imperio de su Cristo, porque ha sido precipitado el acusador de nuestros hermanos, el que los acusaba delante de nuestro Dios día y noche. [11]Ellos lo han vencido en virtud de la sangre del Cordero y por la palabra, de la cual daban testimonio, menospreciando sus vidas hasta morir. [12]Por tanto alegraos, oh cielos, y los que habitáis en ellos. Más ¡ay de la tierra y del mar! Porque descendió a vosotros el Diablo, lleno de gran furor, sabiendo que le queda poco tiempo".

El dragón continúa la persecución de la

4. Estas *estrellas* ¿son los ángeles malos? No lo parece, pues éstos están aún en el cielo en el v. 7. El dragón, como rival, anhela destruir los planes de Dios desde Gn. 3, 15. Cf. 1 Pe. 5, 8; Mt. 16, 18.

5. Fillion, recordando a Primasio, explica que se trata de un nacimiento espiritual y señala que la mención del cetro de hierro alude a 2, 27; 19, 15; Sal. 2, 9, por lo cual "el recién nacido no es el Cristo en su humillación tal como apareció en Belén, sino el Mesías omnipotente y rey del mundo entero" (11, 15 ss.). Su arrebato "para Dios y para el trono suyo" parece encerrar los misterios que se describen en Sal. 109, 1 ss. y Dn. 7, 13 ss., o sea los de la glorificación de Cristo, tanto a la diestra del Padre cuanto en su triunfo final a la vista de las naciones (cf. 5, 7 y nota; Sal. 44, 71, 95-98, etc.). Los que ven en la mujer a Israel, como esposa repudiada y perdonada de Yahvéh (Is. 54, 1 ss.), sostienen que ella dará a luz espiritualmente a Cristo el día de su conversión (cf. 11, 13) después de haberlo dado a luz prematuramente, sin estar preparada para recibirlo, cuando "Él vino a su propia casa y los suyos no lo recibieron" (Jn. 1, 11). Cf. Is. 66, 17, s.; Mi. 5, 2.

6. Véase v. 14 y 11, 2 y 3, donde este mismo tiempo es expresado en días y en meses. Cf. Is. 26, 20; Os. 2, 14.

7. Como dice Mons. Ballester Nieto, "esta batalla no se ha de entender la misma que narra San Pedro (2Pe 2, 4) que hubo en el cielo cuando la defección de Lucifer, sino una batalla que habrá en los últimos tiempos". Entretanto el dragón (cf. v. 10 y nota) espera el momento (Is. 27, 1; Judas 6), Pues "según el principio apocalíptico de retorno a los orígenes (cf. 2, 7 y nota) la lucha primordial se repetirá en los tiempos finales" (Pirot). Cf. Mt. 19, 28; Hch. 3, 21; Ef. 1, 10. A este respecto Iglesias hace notar que "todos los intentos de Satanás serán arruinar a Cristo y su obra. Toda la vida de la Iglesia será sufrir los dolores que necesita sufrir para que los tiempos mesiánicos traigan a los hombres la paz de Cristo en el reino de Cristo". *"Miguel, en hebreo Mi-ka-El (¿quién como Dios?)*, uno de los principales ángeles, probablemente uno de los siete que están delante del trono de Dios (cf. 1, 4 y nota); es llamado arcángel en Judas 9; Daniel lo llama "uno de los principales jefes" (Dn. 10, 13) y dice que está especialmente encargado de los intereses del pueblo de Israel (Dn. 10, 21; 12, 1)" (Crampon). Cf. 20, 1; 1 Ts. 4, 16 y notas.

10. *Ha llegado la salvación*: En el Nuevo Testamento., como en el Antiguo, se entiende por *salvación* no el día de la muerte de cada uno, sino el día de la glorificación que recibirá Cristo ante las naciones y ante Israel (Lc. 21, 28; Rm. 8, 23). Lo mismo se dice aquí de *poderío* (como en 11, 5; 19, 6, etc.) en que se cumplirá la promesa del Sal. 109, 3, pues Él está ahora como Sacerdote del Santuario celestial intercediendo por nosotros (Rm. 8, 34; Hb. 7, 24s.; 8, 1 ss.) "aguardando lo que resta" para el momento que aquí describe San Juan (Hb. 10, 12s.; 2, 8). *Acusador: Satán* significa, en hebreo, acusador o calumniador. Lo mismo significa en griego la voz *diablo. De nuestros hermanos*: (Mi. 5, 2; cf. Mt. 25, 40). Fillion hace notar que el ejemplo del indicativo presente en el griego señala un hecho perpetuo. Sobre este hecho véase 1Cro. 21, 1-2; Job 1, 6 ss.; 2, 1 ss.; Za. 3, 1s., etc.". Es notable que el espíritu del mal no tenga en ningún idioma nombre sustantivo sino adjetivo, a la inversa de Dios, cuyo nombre es Yahvéh, el sustantivo por antonomasia, o sea "El que es" (Ex. 3, 14). Es que el espíritu maligno es "el que no es"; quiere decir que no es un principio del mal que exista por sí mismo y que pueda hacer frente a Dios (como Ahrimán a Ormuzd en la religión persa de Zoroastro), sino una simple creatura rebelde a su creador. Cf. Judas 9; Za. 3, 2; Is. 14: Ez. 28, 11 ss. y notas). El misterio del gran poder de Satanás está en que el hombre se le entregó voluntariamente, prefiriendo pertenecer a él antes que a Dios (cf. Sb. 2, 24 y nota).

11. Notemos las dos armas que dan el triunfo: la *Sangre del Cordero y su Palabra*. Cf. Mt. 4, 10 y nota.

12. Comienza el tercer *ay*, Las asechanzas de los poderes infernales crecerán, pues, y este lamento final recuerda la advertencia de 8, 13. La esencia de la historia se sintetiza durante todos los siglos en el combate que el dragón desencadena para destruir la obra de Cristo, pues desde antiguo está obrando el misterio de la iniquidad (2 Ts. 2, 7). Pero ahora es arrojado a la tierra (v. 9) y multiplicará su furor porque queda poco tiempo antes de su encierro (20, 2s.), preludio de su derrota final también decidida (20, 9). Nos lo muestra el himno triunfal que aquí entonan los moradores del cielo (cf. 4, 8-11), en primer lugar sin duda las almas que allí clamaban en 6, 10. Se deduce de aquí una verdad que nuestra pobre carne nos hace olvidar cada día: si el incremento del mal en la tierra es condición indispensable y preanuncio de que

mujer. [13]Cuando el dragón se vio precipitado a la tierra, persiguió a la mujer que había dado a luz al varón. [14]Pero a la mujer le fueron dadas las dos alas del águila grande para que volase al desierto, a su sitio donde es sustentada por un tiempo y (*dos*) tiempos y la mitad de un tiempo, fuera de la vista de la serpiente. [15]Entonces la serpiente arrojó de su boca en pos de la mujer agua como un río, para que ella fuese arrastrada por la corriente. [16]Pero la tierra vino en ayuda de la mujer pues abrió la tierra su boca, y sorbió el río que el dragón había arrojado de su boca. [17]Y se enfureció el dragón contra la mujer, y se fue a hacer guerra contra el resto del linaje de ella, los que guardan los mandamientos de Dios mantienen el testimonio de Jesús. [18]Y se apostó sobre la arena del mar.

13 **La bestia del mar.** [1]Y del mar vi subir una bestia con diez cuernos y siete cabezas, y en sus cuernos diez diademas, y en sus cabezas nombres de blasfemia. [2]La bestia que vi era semejante a una pantera; sus patas eran como de oso, y su boca como boca de león; y el dragón le pasó su poder y su trono y una gran autoridad. [3]Y (*yo vi*) una de sus cabezas como si se le hubiese dado muerte: más fue sanada de su golpe mortal, y se asombró toda la tierra, (*y se fue*) en pos de la bestia. [4]Y adoraron al dragón, porque él había dado la autoridad a la bestia; y adoraron a la bestia, diciendo: "¿Quién cómo la bestia? y ¿quién puede hacerle guerra?" [5]Y se le dio una boca que profería altanerías y blasfemias; y le fue dada autoridad para hacer su obra durante cuarenta y dos meses. [6]Abrió, pues, su boca para blasfemar contra Dios, blasfemar de su Nombre, de su morada y de los que habitan en el cielo. [7]Le fue permitido también hacer guerra a los santos y vencerlos; y le fue dada autoridad sobre toda tribu y pueblo y lengua y nación. [8]Y lo adorarán (*al dragón*) todos los moradores de la tierra, aquellos cuyos nombres no están escritos, desde la fundación del mundo, en el libro de la vida

---

se acerca la venida del Señor (2 Ts. 2, 3; Mt. 24, 24; Lc. 17, 26-30; 18, 8, etc.), el espíritu, lejos de turbarse y dejarse engañar (Mt. 24, 5-6), debe alegrarse ante la dichosa esperanza que se acerca (Tt. 2, 13).

13s. Cf. v. 6 y nota. "No se trata de una segunda huida de la mujer al desierto. Los vv. 13 y 14vuelven a tomar el v. 6 y lo desarrollan" (Buzy). *Las dos alas del águila grande*: símbolo de la protección divina (cf. Ex. 19, 4; Is. 40, 31). Algunos piensan que las *dos alas*, que se dan por conocidas, son dos personajes, probablemente Moisés y Elías, que representan la Ley y los Profetas. Cf. 11, 3; Os. 11, 11. *Al desierto*, Cf. Os. 2, 14-20; 3, 5; 6, 1-3. Fundados en estos textos de Oseas, que era un profeta del reino de Israel, algunos dicen que podría haber en esta mujer una alusión especial a esas diez tribus de la diáspora, que no habían conocido a Jesucristo porque cuando Él vino estaban ausentes por su cautiverio en Asiria (1Re. 17, 6). Cf. v. 19; 16, 12; Is. 54, 1; Ez. 37, 19 ss.; Jn. 10, 16; 4Esd. 13, 39 ss. *Por un tiempo, etc.* Serían tres años y medio, el mismo lapso que se halla en el v. 6 y en 11, 2 y 13, 5. Fillion observa que la expresión es tomada de Dn. 7, 25 y que su sentido es; "hasta la Parusía de Cristo". Cf. Dn. 12, 7.

17. Cf. 13, 10; 14, 12, 18, 10. Merk cita aquí Gn. 3, 5 y Fillion ve asimismo una evidente alusión a dicho texto. La persecución se extendería a todos los santos (3, 7).

18. *Apostóse*: algunas fuentes griegas dicen *aposteme*.

1. Esta primera *bestia* (cf. 11, 7; 17, 3 y nota) es, según sentencia común, el símbolo de las potencias que luchan contra el Reino de Dios, o la encarnación del Anticristo con sus secuaces. La unión de elementos tan disímiles en la misma bestia significa que las tendencias más opuestas entre sí se unirán (cf. Sal. 2, 2) para destruir la obra del Redentor, engañando a los desprevenidos (2 Ts. 2, 9s.) con apariencia de piedad (2 Tm. 3, 5) y de paz (1 Ts. 5, 3).

La historia de la Iglesia es ya una prueba de ello, porque "el misterio de la iniquidad" obra desde el principio como enseña San Pablo (2 Ts. 2, 6s.) y el mismo San Juan (1 Jn. 4, 3). Pero aquí se trata de la crisis final de este misterio, llevado a su colmo con el endiosamiento del hombre (2 Ts. 2, 4) en forma no ya disimulada como hasta entonces en aquel misterio", sino abierta, desembozada y triunfante (vv. 4, 12, 15, etc.).

2. *Pantera, oso, león*: son las tres primeras bestias de la visión de Daniel (7, 3-7). Esta bestia del Apocalipsis recuerda también la cuarta de Daniel por los diez cuernos. Además reúne en sí el total de las siete cabezas de aquellas cuatro bestias. Sobre otros paralelismos con Daniel: cf. 5, 7 y nota.

3. La apostasía general no debe llenarnos de pasmo, pues es anunciada por Jesucristo y por los apóstoles como antecedente del Anticristo y preludio del triunfo de nuestro Redentor (véase 12, 12 y nota). Siempre quedará un pequeño grupo de verdaderos y fieles cristianos. la "pequeña grey" (Lc. 12, 32), aun cuando se haya enfriado a caridad de la gran mayoría (Mt. 24, 12) al extremo de que si fuera posible serían arrastrados aún los escogidos (Mt. 24, 24). Jesús nos enseña que serán librados sus amigos (Lc. 21, 28 y 36); los que velen guardando sus palabras y profecías "como una lámpara en lugar oscuro hasta que amanezca el día" (2 Pe. 1, 19).

5. *Altanerías y blasfemias*: Lo mismo se dice del pequeño cuerno en Dn. 7, 8que, en sentir de muchos autores patrísticos y modernos, es el Anticristo o lo representa. *Le fue dada autoridad*: Dios permite esta persecución. Sin ella claro está que no se concebiría su momentánea victoria ni la fuerza con que vencerá a los santos (v. 7). *Cuarenta y dos meses*: véase 11, 2 y nota.

6. *Los que habitan en el cielo*: Cf. 6, 9 ss.; 7, 14s. Mas la victoria final será de éstos (11, 15; 19, 20).

del Cordero inmolado. [9]Si alguno tiene oído, oiga: [10]si alguno ha de ir al cautiverio, irá al cautiverio; si alguno ha de morir a espada, a espada morirá. En esto está la paciencia y la fe de los santos.

La bestia de la tierra. [11]Y vi otra bestia que subía de (*bajo*) la tierra. Tenía dos cuernos como un cordero, pero hablaba como dragón. [12]Y la autoridad de la primera bestia la ejercía toda en presencia de ella. E hizo que la tierra y sus moradores adorasen a la bestia primera, que había sido sanada de su golpe mortal. [13]Obró también grandes prodigios, hasta hacer descender fuego del cielo a la tierra a la vista de los hombres. [14]Y embaucó a los habitantes de la tierra con los prodigios que le fue dado hacer en presencia de la bestia, diciendo a los moradores de la tierra que debían erigir una estatua a la bestia que recibió el golpe de espada y revivió. [15]Y le fue concedido animar la estatua de la bestia de modo que la estatua de la bestia también hablase e hiciese quitar la vida a cuantos no adorasen la estatua de la bestia. [16]E hizo poner a todos, pequeños y grandes, ricos y pobres, libres y siervos una marca impresa en la mano derecha o en la frente, [17]a fin de que nadie pudiese comprar ni vender si no estaba marcado con el nombre de la bestia o el número de su nombre. [18]Aquí la sabiduría: quien tiene entendimiento calcule la cifra de la bestia. Porque es cifra de hombre: su cifra es seiscientos sesenta y seis.

---

8. *Escritos desde la fundación del mundo* (cf. 17, 8; Ef. 1, 4). En la gran tribulación desencadenada por el Anticristo no perecerán, pues, todos; habrá quien permanezca fiel para la venida de Cristo (20, 4). Sobre el Libro de la vida, cf. 3, 5; 20, 12 y 15; 22, 19. Como observa un autor, para obtener esta gloria y poder del Anticristo sobre todo el mundo, que le serán dados por el dragón precipitado a tierra en 12, 9, el Anticristo habrá hecho sin duda ese acto de adoración del diablo que Jesús negó a éste en Lc. 4, 4-8 y a cambio del cual Satanás le prometía ese mismo poder y gloria que él tiene como príncipe de este mundo (12, 3 y nota).

10. El texto está tomado de Jr. 15, 2 y 43, 11 y no se trata aquí, como bien observa Pirot, de que el que a hierro mata a hierro muere (Gn. 9, 6; Mt. 26, 52), según se deduce de otras versiones, sino de que no hemos de rebelarnos contra las persecuciones, "las cuales en el plan divino están destinadas a manifestar y perfeccionar a los santos". Para un cristiano el lema no es, como para el mundo, fuerza contra fuerza (Mt. 5, 39; Rm. 12, 19; 2 Tm. 2, 24; 1 Pe. 2, 23), sino paciencia y firmeza en la fe. Cf. 14, 12; Hb. 6, 12. De ahí que no sea en el terreno del mundo donde hemos de desafiarlos, pues vemos que en él siempre vencerán ellos. Nuestras armas son las espirituales según nos enseña Dios en la Sagrada Escritura (12, 11; 2Co. 10, 4; 13, 3s.; 1Co. 2, 5; Ef. 6, 11-18; 1 Ts. 5, 8; 1 Tm. 1, 19; 2 Tm. 2, 3-4.

11s. Esta *segunda bestia*, que tiene mucha semejanza con el pastor insensato de Za. 11, 15 ss., sirve a la primera, y ambas sirven al dragón (cf. 16, 13; Mt. 24, 23 ss.). Tertuliano y San Ireneo creen que esta segunda bestia simboliza un gran impostor que aparece con la mansedumbre de un cordero (cf. Mt. 7, 15 y nota), pero engaña por su astucia a los hombres a tal punto que los lleva a adorar a la primera bestia (v. 12). Cf. 11, 18; Sb. 13, 6 y nota; 2 Ts. 2, 9 ss. En 16, 13; 19, 20 y 20, 10 se le da el nombre de falso profeta. Es de notar que el Cordero en el Apocalipsis no tiene dos cuernos como éste sino siete (5, 6) cf. Za. 3, 9 y 4, 10. Pirot recuerda también la advertencia de Jesús sobre los lobos que se vestirán de corderos y, luego de señalar interpretaciones que suponen haberse realizado esto en el siglo III con los sacerdotes del culto imperial romano, concluye expresando que se puede ver en la segunda Bestia "todo un sistema de pensamiento que sustituye al ideal divino un ideal terrestre –estatolatría, culto de la humanidad– para hacerle adorar".

16s. Alude al boicot económico por medio del cual serán sometidos los cristianos al sistema del terror, cosa que ya no nos toma de sorpresa en esta época. Según observan los expositores, se trataría de marcas indelebles, es decir, tatuadas en la piel.

18. *Cifra de hombre*: Algunos como Sacy vierten: *cifra de un nombre de hombre*, lo que coincide con lo dicho en el v. 17. Cf. 15, 2. Los judíos, y también los griegos, usaban las letras como signos numéricos. No es difícil encontrar nombres cuyas letras tengan el valor de 666, por lo cual se han propuesto muchos. Algunos piensan en Nerón, cuyo nombre y título de César, ambos escritos y leídos como cifras, alcanzan a la suma de 666, pero en idioma hebreo, y San Juan escribió en griego. En todo caso no podría tratarse de Nerón en persona sino como tipo del Anticristo, siendo de notar que buscar a éste en aquel remoto pasado no sólo sería romper la economía del proceso esjatológico que nos presenta el Vidente inspirado, sino también quitar a este gran fenómeno toda su eficacia para las almas y aun todo valor como lección para la historia. He aquí por qué no nos detenemos a exponer y refutar, como algunos modernos, las supuestas fuentes de este divino Libro en los mitos paganos o en las leyendas judaicas extrabíblicas, cosa que nos parece inconducente para el carecimiento sobrenatural en la fe, ya de suyo harto reñida con el orgullo propio de nuestra razón caída (véase la Introducción). Por lo demás no han faltado en griego muchos nombres propuestos, tanto concretos de personas, como abstractos, en el sentido de apostasía y endiosamiento del hombre, que son las características fundamentales del Anticristo, en el doble aspecto religioso y político (cf. 11, 3 y nota). En sentido simbólico, así como sabemos que el número siete significa plenitud y el ocho es, como superabundante, el número de la bienaventuranza eterna, así también el *seis* sería el número de la imperfección, repetido aquí tres veces para darle su máxima intensidad. Esta explicación es, entre otros. de San Beda el Venerable y San Alberto Magno. En tal caso las palabras *cifra de hombre* significarían un simple hombre, miserable e impotente como tal (cf. 15, 2) cuyo poder le viene de prestado (cf. v. 5 y nota). Y si se leyera: *la cifra del nombre del hombre* parecería quedar confirmado que el Anticristo será en su

14 **El Cordero y las vírgenes.** [1]Y miré, y he aquí que el Cordero estaba de pie sobre el monte Sión, y con Él ciento cuarenta y cuatro mil que llevaban escrito en sus frentes el nombre de Él y el nombre de su Padre. [2]Y oí una voz del cielo, semejante a la voz de muchas aguas, y como el estruendo de un gran trueno; y la voz que oí se parecía a la de citaristas que tañen sus cítaras. [3]Y cantaban un cántico nuevo delante del trono, y delante de los cuatro vivientes y de los ancianos; y nadie podía aprender aquel cántico sino los ciento cuarenta y cuatro mil, los rescatados de la tierra. [4]Estos son los que no se contaminaron con mujeres, porque son vírgenes. Estos son los que siguen al Cordero doquiera vaya. Estos fueron rescatados de entre los hombres, como primicias, para Dios y para el Cordero. [5]Y en su boca no se halló mentira, son inmaculados.

Tres heraldos de los juicios de Dios. [6]Y vi a otro ángel volando por medio del cielo, que tenía que anunciar un Evangelio eterno para evangelizar a los que tienen asiento en la tierra: a toda nación y tribu y lengua y pueblo. [7]Y decía a gran voz: "Temed a Dios y dadle gloria a Él, porque ha llegado la hora de su juicio; adorad al que hizo el cielo y la tierra, el mar y las fuentes de las aguas". [8]Le siguió un segundo ángel que decía: "Ha caído, ha caído Babilonia, la grande; la cual abrevó a todas las naciones con el vino de su enardecida fornicación". [9]Y un tercer ángel los siguió diciendo a gran voz: "Si alguno adora a la bestia y a su estatua y recibe su marca en la frente o en la mano,

---

esencia la culminación del humanismo que desafía a Dios frente a frente (cf. 2 Ts. 2, 3 ss. y notas). Los mismos paganos tenían una concepción semejante en el mito de Prometeo que, rival de los dioses, se atrevió a arrebatar el fuego del cielo. La rebelión del primer hombre no fue otra cosa que ese mismo instinto primario y monstruoso de disputar al Creador la divinidad –"seréis como dioses" (Gn. 3, 5)– sin ver que ésta es inseparable de su propio Ser. Y todo es obra del dragón, pues él fue, el primero que quiso hacer lo mismo. Ciertos manuscritos como el Codex Laudianus traen la gematría 616 en vez de 666, y algunos modernos han propuesto su aplicación a Diocleciano en forma ingeniosa pero meramente conjetural. No sería fácil entender cómo podría quedar así anticuado, según se arriesgan a decir algunos, un Libro revelado cuyo contexto lo muestra como esencialmente esjatológico, destinado a confortar las almas en los tiempos del fin (cf. 22, 10 y nota) y que termina precisamente fulminando sanciones tremendas para quien se atreva a quitarle cualquiera de sus palabras (22, 18s.). Fillion lo dice bien claro: "La mayoría de esas soluciones nos retrotraen al pasado, pero el Anticristo pertenece al futuro".

1 ss. El Cordero no está ya aquí, como en 5, 6, sino "como un rey glorioso entre su corte resplandeciente" (Fillion). El número perfecto podría indicar una cantidad completa, si bien no parecen ser éstos los mismos 144.000 de que se habla en 7, 4 ss. (cf. notas). Aquí se alude a seres virginales (v. 4) aunque no es fácil limitar a eso su calificación, pues es ampliada en el 5. Según algunos (Crampon, Pirot) se trataría de todos los elegidos, seleccionados de entre los hombres (v. 4), y no de entre los creyentes. Otros, como Fillion, observan acertadamente que, faltando el artículo, no parece hablarse de ellos como de personajes conocidos y que los vv. 3-5 parecen designar a un grupo especial (primicias). En 4 Esd. 2, 42-48 hay una escena muy semejante a ésta. Cf. v. 6 y nota.

2s. Cf. Sal. 67, 26 ss. y nota. *Un cántico nuevo:* así se anuncia en Sal. 95, 1 y 97, 1.

4 "Jesucristo dice de sus servidores que le seguirán adonde quiera que fuere y que estarán en donde Él estuviere. Pero ¿adónde le han de seguir y a qué? A gozarse con Cristo, de Cristo y en Cristo, por Cristo y sin perder a Cristo" (San Agustín).

6. Los tres *ángeles* que se presentan en este capítulo serían, según sentir de muchos autores eclesiásticos, tres grandes predicadores, y este primero sería en tal caso Enoc (Eclo. 44, 16; cf. 11, 3). Pero más tarde se ha visto que nunca los ángeles son figura de hombres (cf. 1, 20; 10, 1). *Por medio del cielo:* cf. 8, 13. Un *Evangelio eterno* (cf. 10, 2 y 9): el Sagrado Libro del Evangelio, o tal vez solamente el decreto eterno de Dios que el ángel va a promulgar en el v. 7 como última advertencia antes da juicio de las naciones. Véase Mt. 24, 14. Algunos (cf. Nácar-Colunga) opinan que no se trata del juicio universal, sino del indicado en el v. 8. Pirot en cambio dice que "el ángel anuncia el juicio final", y así se ve en las penas del v. 10, pero no parece haber oposición, pues aquél es un juicio previo pero también esjatológico. Cf. 19, 1-6.

8. *Babilonia:* nombre simbólico de Roma, como se ve en los caps. 17-18 y en 1 Pe. 5, 13. El nombre de Babilonia simboliza el reino anticristiano, así como el de Sión o Jerusalén el reino de Dios. Cf. 17, 18; 18, 2; Is. 21, 9; Jr. 50, 2; 51, 8.

9 ss. La *bestia*; el Anticristo (cf. 13, 15), en lo cual se confirma su carácter esjatológico que no permite confundirlo con ningún personaje de la historia antigua (cf. 13, 18 y nota). Así lo señalaba ya San Agustín al presentar como cuatro hechos inseparables "la venida de Elías Tesbita, la conversión de los judíos, la persecución del Anticristo y la Parusía de Cristo". Por donde vemos que en los misterios apocalípticos la parte de Israel es mayor de lo que solemos pensar (cf. v. 19 y nota) y que la inteligencia de lo que de ellos ha quedado escondido no depende tanto de la información sobre las circunstancias históricas en que fue escrita la profecía cuanto de los designios de Dios que, de ésta como de las demás, nos dice que esas cosas se entenderán a su tiempo (Jr. 30, 24). Así será sin duda con las voces de los siete truenos (10, 4 y nota) como con lo que se dijo a Daniel en Dn. 12, 9-10. Entonces "aumentará" el conocimiento (Dn. 12, 4; cf. nuestra introducción al Cantar de los Cantares). ¿No es esto el mayor móvil para mantener nuestra atención pía y ansiosamente vuelta hacia los misterios de la divina

[10]él también beberá del vino del furor de Dios, vino puro, mezclado en el cáliz de su ira; y será atormentado con fuego y azufre, en la presencia de los santos ángeles y ante el Cordero. [11]Y el humo de su suplicio sube por siglos de siglos; y no tienen descanso día ni noche los que adoran a la bestia y a su estatua y cuantos aceptan la marca de su nombre". [12]En esto está la paciencia de los santos, los que guardan los mandamientos de Dios y la fe de Jesús. [13]Y oí una voz del cielo que decía: "Escribe: ¡Bienaventurados desde ahora los muertos que mueren en el Señor! Sí, dice el Espíritu, que descansen de sus trabajos, pues sus obras siguen con ellos".

Comienzo del juicio. [14]Y miré y había una nube blanca y sobre la nube uno sentado, semejante a hijo de hombre, que tenía en su cabeza una corona de oro y en su mano una hoz afilada. [15]Y salió del templo otro ángel, gritando con poderosa voz al que estaba sentado sobre la nube: "Echa tu hoz y siega, porque ha llegado la hora de segar, pues la mies de la tierra está completamente seca". [16]Entonces el que estaba sentado sobre la nube lanzó su hoz sobre la tierra y la tierra fue segada. [17]Y salió otro ángel del santuario celestial teniendo también una hoz afilada. [18]Y del altar salió otro ángel, el que tiene poder sobre el fuego, y llamó a gran voz al que tenía la hoz afilada, diciendo: "Echa tu hoz afilada y vendimia los racimos de la vida de la tierra, porque sus uvas están maduras". [19]Y arrojó el ángel su hoz sobre la tierra, y vendimió la viña de la tierra, y echó (*la vendimia*) en el lagar grande de la ira de Dios. [20]El lagar fue pisado fuera de la ciudad, y del lagar salió sangre que llegó hasta los frenos de los caballos, por espacio de mil seiscientos estadios.

15 **El himno de los vencedores de la bestia.** [1]Vi en el cielo otra señal grande y sorprendente: siete ángeles con siete plagas, las postreras, porque en ellas el furor de Dios queda consumado. [2]Y vi como un mar de cristal mezclado con fuego, y a los triunfadores que escaparon de la bestia y de su

---

revelación? *En la presencia*, etc.: Cf. Is. 66, 24 y nota; Eclo. 7, 19. Es la gehena de que habló Jesús (cf. Jr. 7, 31ss.; 19, 6 ss.; Enoc 67, 4 ss.).

11. Tomado de Is. 34, 10. Cf. Sb. 10, 7.

12. Cf. 12, 17; 13, 10.

13. *Desde ahora*: Pirot hace notar que ésta es la segunda de las siete bienaventuranzas del Apocalipsis y señala las otras en 1, 3; 16, 5; 19, 9; 20, 6; 22, 7 y 14 (cf. sobre los otros septenarios v. 20 y nota). La Vulgata pone estas palabras antes de: *dice el Espíritu*. Cf. Misa cotidiana de difuntos.

14 ss. *Una nube blanca*: véase 1, 7 y nota. Este *Hijo de hombre* (sin artículo) parece que no puede ser sino el Mesías (cf. 1, 13), como lo sostienen los más. Su corona atestigua que viene triunfante, como un día lo anticipara (Mt. 16, 27s.; 17, 1 ss.; Mc. 9, 1 ss. y nota). La intervención de ángeles que aquí vemos coincide con lo que Él anunció (Mt. 24, 30s.) y no implica necesariamente que este gran Personaje sea uno de ellos según suponen algunos, pues no le vemos descender personalmente como en 19, 11 ss., sino que Él los envía (Mt. 13, 39 y 41) y actúa desde la nube donde "todo ojo lo verá" (1, 7).

15 ss. Buzy opina que esta *siega* (vv. 15-16) es la de los elegidos (cf. Mt. 9, 37; Mc. 4, 29; Jn. 4, 35 ss.), en tanto que la *vendimia* (vv. 18-20) es la de los malos. Debe observarse sin embargo que no se habla aquí de mies madura, sino *seca*. Además, hay otras cosechas que son castigos (Is. 18, 4s.; Jr. 51, 33) y aun en Mt. 13, 39vemos que la siega abarcará cizaña junto con trigo. La vendimia es figura sangrienta (v. 20), tanto para Israel (Lm. 1, 15) cuanto para las naciones (19, 15; Is. 63, 2s.; Joel 3, 12s.).

18. *Del altar*: es decir, siempre como eco de la oración de aquellos que pedían venganza en 6, 9 ss. Cf. 8, 3 y nota.

19. *La viña de la tierra*: Algunos, considerando que en la Biblia la *viña* es Israel (Jr. 2, 21; Ez. 15 y 17; Os. 10, etc.) y que por la tierra suele entenderse la Palestina o Tierra Santa, suponen que este juicio desde *la nube* (v. 14 y nota), previo al de 19, 11 ss., y que ocurre *fuera de la ciudad* de Jerusalén (v. 20), sería sobre Israel o quizá sobre Judá como prueba definitiva antes de su reconciliación (cf. Mal. 3, 2s. y nota). Esta idea aclararía tal vez no pocas vacilaciones y desacuerdos de los expositores. Sin perjuicio de esto debe recordarse que de ese mismo lugar (el *valle de Josafat*, que significa *Yahvéh juzga*) se habla también para el juicio de las naciones (Joel 3, 2 y nota).

20. El lagar *pisado* es en la Biblia imagen de la venganza divina (v. 15 ss. y nota). Crampon observa que tanto este septenario de las *siete señales* (12, 1 y 3; 13, 13 y 14; 15, 1; 16, 14; 19, 20), como el de los *siete sellos* y el de las *siete trompetas*, nos conducen igualmente a la consumación del siglo, por lo cual deduce que hay entre todos un "paralelismo real", aunque cada uno nos revela distintos aspectos del plan de Dios. También son siete, dice Pirot, las menciones de la caída de Babilonia (v. 8; 16, 17-21; 17, 16; 18, 1-3, 4-8, 9-20, 21-24). *Fuera de la ciudad*: de Jerusalén (cf. nota anterior). ¡Un *estadio* equivale a 185metros, por lo cual este lago de sangre humana se extiende a casi trescientos kilómetros!

1. *Sorprendente (thaumastón)*: voz no usada hasta ahora y que se repite en el cántico (v. 3). Vemos en el v. 2que a esta séptima y última señal ha precedido la manifestación plena del Anticristo (cap. 13), pues figuran aquí los que escaparon de él. También este cántico llamado *del Cordero* parece inspirarse en el que entonó Moisés poco antes de morir (cf. Dt. 32) para celebrar las bondades de Dios con Israel. Véase también Nm. 10, 35 y Sal. 61, 7. Comp. 14, 3 y nota.

estatua y del número de su nombre, en pie sobre el mar de cristal, llevando cítaras de Dios. [3]Y cantaban el cántico de Moisés; siervo de Dios, y el cántico del Cordero, diciendo. "Grandes y sorprendentes son tus obras, oh Señor, Dios Todopoderoso; justos y verdaderos son tus caminos, oh Rey de las naciones. [4]¿Quién no te temerá, Señor, y no glorificará tu Nombre?, pues sólo Tú eres santo; y todas las naciones vendrán, y se postrarán delante de Ti, porque los actos de tu justicia se han hecho manifiestos".

Entrega de las copas. [5]Después de esto miré, y fue abierto en el cielo el templo del tabernáculo del testimonio; [6]y del templo salieron los siete ángeles que tenían las siete plagas, vestidos de lino puro y resplandeciente, y ceñidos alrededor del pecho con ceñidores de oro. [7]Y uno de los cuatro vivientes dio a los siete ángeles siete copas de oro, rebosantes de la ira del Dios que vive por los siglos de los siglos. [8]Y el templo se llenó del humo de la gloria de Dios y de su poder; y nadie pudo entrar en el templo hasta cumplirse las siete plagas de los siete ángeles.

16 **Las seis primeras copas.** [1]Oí una gran voz procedente del templo que decía a los siete ángeles: "Id y derramad sobre la tierra las siete copas de la ira de Dios". [2]Fue el primero y derramó su copa sobre la tierra y se produjo una úlcera horrible y maligna en los hombres que tenían la marca de la bestia y adoraban su estatua. [3]Y el segundo derramó su copa sobre el mar, el cual se convirtió en sangre como la de un muerto, y todo ser viviente en el mar murió. [4]El tercero derramó su copa en los ríos y en las fuentes de las aguas y se convirtieron en sangre. [5]Y oí decir al ángel de las aguas: "Justo eres, oh Tú que eres y que eras, oh Santo, en haber hecho este juicio. [6]Porque sangre de santos y profetas derramaron, y sangre les has dado a beber: lo merecen". [7]Y oí al altar que decía: "Sí, Señor, Dios Todopoderoso, fieles y justos son tus juicios". [8]El cuarto derramó su copa sobre el sol, al cual fue dado abrasar a los hombres por su fuego. [9]Y se abrazaron los hombres con grandes ardores, y

3s. "Así habían hecho los Israelitas cantando el feliz éxito de su salida de Egipto (Ex. 15, 2-19). El nuevo cántico celebra también una liberación; se diría en cierto modo que el mar cristalino es simétrico del mar Rojo así como el libertador Moisés es figura de Cristo" (Pirot). Cf. Hch. 3, 22; 7, 37 y notas.

3s. *Rey de las naciones.* Dos expositores señalan aquí un verdadero mosaico bíblico: "El v. 3se inspira en los Salmos 96, 2; 109, 2; 88, 14; 1Cro. 16, 9; Za. 14, 9. El verso 4en Jr. 10, 7; Ex. 9, 16; Mi. 7, 15-17" (Gelin). Cf. 14, 7; Sal. 64, 3; 85, 9. Como observamos en la introducción, el Apocalipsis tiene, en sus 404versículos, 518citas del Antiguo Testamento, y llama la atención de los expositores el hecho de que, no obstante la coincidencia de la escatología apocalíptica con la del Evangelio y las Epístolas, y haber escrito Juan 30 años más tarde, no haya referencias expresas al Nuevo Testamento ni a las instituciones eclesiásticas nacidas de él, ni a los presbíteros, obispos o diáconos de la Iglesia, cosa que confirma sin duda su carácter estrictamente esjatológico. *Se han hecho manifiestos*: es decir, ahora son visibles y evidentes.

5. *El templo del tabernáculo del testimonio*: se abre como en 11, 19. En el Tabernáculo de la Alianza, llamado *del testimonio* (Nm. 9, 15; cf. Nm. 17, 10), se hallaba el Arca de la Alianza, "ese testimonio inmediato de Dios a su pueblo (véase Ex. 25, 16; 27, 21)" (Crampon). Cf. Ez. 41, 26 y nota.

6. Nueva presentación de los ángeles del v. 1, después del himno intermedio entre ambos. Así ocurre con los ángeles de las trompetas (8, 2 y 6) y la escena intermedia (8, 3-5). Lo mismo parece suceder en el cap. 12donde el v. 4es como un anticipo de los vv. 7-12 y el v. 6como un anticipo de los vv. 13-17.

7. Véase una entrega semejante en Ez. 10, 7. Sobre la *copa* o cáliz como símbolo de la ira de Dios, cf. 16, 19; Is. 51, 17; Jr. 25, 15 y 17; 49, 12; Ez. 23, 32; Ab. 16, etc.

8. El *humo* significa la nube en que está Dios (Ex. 40, 32 ss.; 1Re. 8, 10s.; Is. 6, 4; Ez. 10, 4). El templo lleno de humo para que nadie pueda entrar hasta que las órdenes de Dios se cumplan, indica que sus juicios son ya irrevocables, pues que todo acceso y apelación ante Él quedan cerrados.

1 ss. Las plagas de este capítulo, más terribles que las anteriores (cf. 15, 1) y que las que Dios descargó sobre los enemigos de su pueblo en Egipto (Ex. caps. 7-10), conservan mucha semejanza con éstas. Como en las trompetas, empiezan por tierra, mar, ríos y sol; pero la calamidad es total, en tanto que allí era de un tercio, y en los sellos era de un cuarto. Sobre la *marca de la Bestia,* cf. 14, 11; 15, 2.

5. *El Ángel de las aguas:* San Agustín y Santo Tomás de Aquino nos llaman la atención sobre la admirable Providencia de Dios que aun al cuidado de las cosas materiales ha puesto a un ángel. "Las siete copas (como los otros septenarios del Apocalipsis) se dividen en dos grupos de *tres* y de *cuatro,* separados por la intervención del ángel de las aguas. Esta división tiene sin duda por objeto acentuar mejor el simbolismo del número siete, haciendo destacar sus dos elementos significativos: 3, número de Dios y 4, número para el mundo" (Crampon). *Que eres y que eras*: nótese como en 11, 17, que ya no se agrega *que has de venir* (*erjómenos*: cf. Hb. 10, 37s. y nota) sin duda porque ya sus juicios se han hecho manifiestos (15, 4).

7. *Oí al altar*: es decir, a los mártires que descansan debajo del altar (6, 9), los cuales han visto su clamor satisfecho con creces.

blasfemaron del Nombre de Dios, que tiene poder sobre estas plagas; mas no se arrepintieron para darle gloria a Él. [10]El quinto derramó su copa sobre el trono de la bestia, y el reino de ella se cubrió de tinieblas, y se mordían de dolor las lenguas. [11]Y blasfemaron del Dios del cielo, a causa de sus dolores y de sus úlceras, pero no se arrepintieron de sus obras. [12]El sexto derramó su copa sobre el gran río Éufrates, y se secó su agua, para que estuviese expedito el camino a los reyes del oriente.

Las ranas. [13]Y vi cómo de la boca del dragón y de la boca de la bestia y de la boca del falso profeta solían tres espíritus inmundos en figura de ranas. [14]Son espíritus de demonios que obran prodigios y van a los reyes de todo el orbe a juntarlos para la batalla del gran día del Dios Todopoderoso. – [15]He

aquí que vengo como ladrón. Dichoso el que vela y guarda sus vestidos, para no tener que andar desnudo y mostrar su vergüenza–. [16]Y los congregaron en el lugar que en hebreo se llama Armagedón.

La séptima copa. [17]El séptimo (ángel) derramó su copa en el aire, y salió una poderosa voz del templo, desde el trono [en el cielo] que decía: "Hecho está". [18]Y hubo relámpagos y voces y truenos, y se produjo un gran terremoto cual nunca lo hubo desde que hay hombres sobre la tierra. Así fue de grande este poderoso terremoto. [19]Y la gran ciudad fue dividida en tres partes, y las ciudades de los gentiles cayeron, y Babilonia la grande fue recordada delante de Dios, para darle el cáliz del vino de su furiosa ira. [20]Y desaparecieron todas las islas, y no hubo más montañas. [21]Y cayó del cielo

9. *¡No se arrepintieron!* (cf. vv. 11 y 20; 921 y nota). ¿No es acaso lo que ya estamos viendo? Dios castiga al mundo con terribles azotes y sin embargo la sociedad humana sigue sus propios planes sin preocuparse por saber cuáles son los de Él. Dios Todopoderoso respeta entonces la libertad de sus creaturas (cf. 22, 11) porque, siendo Padre, no exige por la fuerza el amor de sus hijos; pero derramará sobre los hombres la copa de su ira porque éstos preferirán seguir siendo "hijos de ira", como cuando eran paganos sin redención (cf. Ef. 2, 3 ss.; 5, 6), y quedar *sujetos a la potestad de las tinieblas*, rehusando trasladarse al *reino del Hijo muy amado* (Col. 1, 12s.). La venganza del amor ofendido (cf. Cant. 8, 6 y nota) será tan terrible como acabamos de ver en 14, 20 y como lo veremos en 19, 17 ss. Pirot observa que estas plagas caen sobre todas las naciones de la gentilidad y es de notar que su apostasía contrasta con la conversión de Israel (véase 11, 13 y nota) como ya lo advirtió San Pablo a los Romanos (cf. Rm. 11, 20 y 31 y notas). Tan claro anuncio hecho por Dios bastaría para argüir de falsos profetas a todos los creyentes en el progreso indefinido de la humanidad, que la halagan (cf. 2 Tm. 4, 13) y la adormecen pronosticándole días mejores. Jesús mostró que así será hasta el fin (Lc. 18, 8; Mt. 24, 24-30). Cuando digan paz y seguridad vendrá la catástrofe (1 Ts. 5, 3). Cf. 11, 15 y nota.

10. *De tinieblas:* cf. 9, 2; Ex. 10, 22; Sb. 17, 1 ss.

12. *El Éufrates,* en la 6ª copa, como en la 6ª trompeta (9, 14 y nota), será secado como lo fue el Mar Rojo (Ex. 14, 21) y el río Jordán (Jos. 3, 13-17). Algunos piensan que puede haber aquí "alusión a la manera como Ciro se apoderó de Babilonia desviando el curso del Éufrates" (cf. Is. 44, 27; Jr. 50, 38; 51, 36). Y ¿quiénes son éstos *del oriente?* Algunos, pensando en el pasado, responden: "los Partos, terror de Occidente" (cf. 9, 14-19; 17, 12s. y 16s.). Otros, como Fillion, que serán reyes venidos de esa dirección para combatir al Señor, unidos a los de toda la tierra (v. 14) y cuya reunión aprovechará Él "para ejecutar contra ellos sus proyectos de venganza (cf. 19, 19)". Otros, considerando que los de los vv. 13s. no se unen con éstos sino contra éstos, ven aquí el cumplimiento de lo anunciado sobre la vuelta, para su conversión (Rm. 11, 25s.),

de las diez tribus de Israel (Efraín) dispersas (cf. Is. 11, 14-16; 49, 12 Texto hebreo; Ez. 37, 12-23; 4Esd. 13, 39-50), las cuales no habrían sido comprendidas en la infidelidad de Judá pues sólo a ésta se refería y sólo a ella se comunicó la profecía de Is. 6, 9mencionada por San Pablo en Hch. 28, 25s.

13s. *Espíritus inmundos:* como los que vemos actuar en el Evangelio (Mt. 10, 1; Mc. 1, 23). No sabemos si obrarán por medio de algún poseso. Cf. 1 Tm. 4, 1; Ex. 8, 2. *Los reyes de todo el orbe:* cf. 17, 4; 19, 19-21; Sal. 2, 2; 47, 5; Ez. caps. 38 y 39. Como Fillion (cf. v. 12 y nota) también Pirot indica que hay en el v. 14una anticipación de las batallas finales del cap. 19. Sobre el gran día, cf. 6, 17 y nota.

15. Juan parece interrumpir su relato para recordar aquí, como para consuelo frente a esa horrible visión, estas palabras que, como dice Gelin, son de Cristo (Lc. 12, 39s.) y se refieren a su Parusía (3, 3). Sobre esta reiterada advertencia de Jesús cf. 22, 7, 12 y 20; 1 Ts. 5, 2 y 4; 2 Pe. 3, 10. "Velad, pues, porque no sabéis en qué día vendrá vuestro Señor" (Mt. 24, 42). "La bienaventuranza de los que velan es una de las siete de nuestro Libro" (Pirot). Cf. 22, 7. *Sus vestidos:* señal de estar preparado, como Él lo dice en Lc. 12, 35.

16. *Armagedón,* en hebreo: *Har Megiddo,* esto es el monte de Megiddo, situado cerca del Monte Carmelo, donde varias veces se decidió el destino de la Tierra Santa. Era el campo de batalla por excelencia. Véase Juec. 5, 19; 2Re. 9, 27; 23, 29. Figura aquí como lugar de una derrota definitiva, la misma que indica el triunfo de Jesucristo en 19, 19 ss. Cf. Ez. 38, 17 ss.; 39, 8 y 21; Joel 2, 1 ss. y notas.

17. *Hecho está:* lo ordenado en el v. 1.

18. Otros terremotos hay en 6, 12 y 11, 13. Este es el último y el mayor de todos y corresponde al fin de las 7copas, paralelamente a 8, 5 y 11, 19.

19. *La gran ciudad:* véase 17, 18 y nota. *Cayeron:* algunos identifican esto con el final del tiempo indicado en Lc. 21, 24 (cf. Dn. 2, 34s.). *Babilonia:* aquí, como en 14, 8, se nos da según Crampon, una transición a este punto dominante de los caps. 17 y

sobre los hombres granizo del tamaño de un talento; y los hombres blasfemaron de Dios por la plaga del granizo, porque esta plaga fue sobremanera grande.

17 **La gran ramera.** [1]Y vino uno de los siete ángeles que tenían las siete copas y habló conmigo diciendo: "Ven acá; te mostraré el juicio de la ramera grande, la que está sentada sobre muchas aguas; [2]con la que han fornicado los reyes de la tierra, embriagándose los moradores de la tierra con el vino de su prostitución". [3]Y me llevó a un desierto en espíritu; y vi a una mujer sentada sobre una bestia purpúrea, repleta de nombres de blasfemias, que tenía siete cabezas y diez cuernos. [4]La mujer estaba vestida de púrpura y escarlata, y cubierta de oro y piedras preciosas y perlas, y llevaba en su mano (*por una parte*) un cáliz de oro lleno de abominaciones y (*por otra*) las inmundicias de su fornicación. [5]Escrito sobre su frente tenía un nombre, un misterio: "Babilonia la grande, la madre de los fornicarios y de las abominaciones de la tierra". [6]Y vi a la mujer ebria de la sangre de los santos y de la sangre de los testigos de Jesús; y al verla me sorprendí con sumo estupor.

Explicación del misterio de la ramera. [7]Más el ángel me dijo: "¿Por qué te has asombrado? Yo te diré el misterio de la mujer y de la bestia que la lleva, la que tiene las siete cabezas y los diez cuernos. [8]La bestia que has visto era y ahora no es;

18, antes de llegar a la consumación. Gelin, comparando este sismo con el de Jerusalén en 11, 13, hace notar que allí sólo fue un décimo y aquí es total.

21. *De un talento*: o sea de 40kilos, por donde se ve la enorme violencia de las calamidades. Pero, como en 9, 2s.; 16, 9 y 11, la gentilidad seguirá hasta el fin sin convertirse. Cf. Rm. 11, 25 y nota.

1. *La gran ramera Babilonia* es representante del mundo anticristiano (San Agustín), en particular de la ciudad de Roma (San Jerónimo), levantada sobre siete montes (v. 9) como la Bestia sobre la cual se asienta la ramera grande (v. 3). En tiempo de San Juan ella era la capital del mundo y centro de la corrupción pagana. Varios autores, entre ellos San Roberto Belarmino, creen que en los últimos tiempos Roma volverá a desempeñar el mismo papel que en los tiempos de los emperadores. *Los ángeles que tenían las siete copas* acaban de terminar su misión en el cap. 16, pero ello, como observa Pirot, "va a introducir aún no pocos acontecimientos". Véase 14, 8s. y notas. También San Pedro entiende por Babilonia a la ciudad de Roma (1 Pe. 5, 13). Cf. Dante, Divina Comedia. Infierno 19, 106 ss. Comp. vv. 2 y 5; 14, 8 y 18, 9. El profeta Isaías (Is. 1, 21) llama ramera a Jerusalén por su infidelidad. En Is. 23, 15 y Nahúm 3, 4usa igual figura para Tiro y Nínive, tomadas según algunos como símbolos proféticos lo mismo que Asiria (cf. Is. 5, 25 y nota). El ángel que aquí figura es quizá el mismo que en 21, 9muestra a San Juan la Jerusalén celestial. *Sentada sobre muchas aguas*: cf. v. 15 y nota. En el v. 3aparece *sentada sobre una bestia*.

2. Véase v. 5 y nota; Is. 23, 17; Jr. 51, 7.

3s. *A un desierto en espíritu*: o sea, donde el espíritu estaba ausente o muerto. Como se verá en adelante, no se trata de un *desierto* material, como el refugio de la mujer del capítulo 12, sino a la inversa de una opulenta metrópoli dominadora de pueblos. Al respecto dice Fillion que "este retrato, vigorosamente trazado, contrasta con el de la madre mística de Cristo" que vimos en 12, 1s., pues tanto la púrpura del vestido de la mujer (v. 4) como el color bermejo de la bestia significan, "al mismo tiempo que la alta dignidad" (en Roma la púrpura llegó a ser exclusiva de los emperadores), la sangre de los mártires (v. 6) y a soberbia (cf. 1M.

8, 14; Ba. 6, 71; Lc. 16, 19; Mc. 15, 17 y 20). Entre la bestia y la mujer hay unión estrecha, representando ambas la misma idea. La bestia es sin duda la que vimos en 13, 1 ss. o sea el Anticristo. *Abominaciones*: en la Sagrada Escritura, término para señalar la idolatría y los vicios que proceden del culto a los ídolos. La abominación específica de Roma era el culto de los Césares. Comentando este v. dice San Juan de la Cruz: "¿Quién no bebe poco o mucho de este cáliz dorado de la mujer babilónica? Que en sentarse ella sobre aquella gran bestia... da a entender que apenas hay alto ni bajo, ni santo ni pecador, al que no dé a beber de su vino, sujetando en algo su corazón".

5. *Escrito sobre su frente.* "No sin duda en la frente misma sino en un lazo elegante que rodeaba su frente. En Roma las mujeres de mala vida solían ostentar así su nombre... *Un nombre, un misterio*: es decir, un nombre misterioso que debe ser interpretado alegóricamente" (Fillion). Este *misterio* de una Babilonia alegórica, que asombra grandemente a Juan (v. 6), parece ser la culminación del *misterio de la iniquidad* revelado por San Pablo en 2 Ts. 2, 7 ss., refiriéndose tal vez a alguna potestad instalada allí como capital de la mundanidad y quizá con apariencias de piedad como el falso profeta (13, 11; 2 Tm. 3, 5, etc.). *Madre de los fornicarios*: es decir, de los que como ella fornican con la idolatría y los valores y glorias del mundo (cf. v. 2). La extrema fuerza del lenguaje empleado con esta ramera recuerda las expresiones usadas contra Jerusalén en Ez. 16 (véase allí las notas).

6. *Ebria de la sangre*: cf. 16, 6. Juan había visto ya la bestia (13, 1), pero no a la mujer. Su grande asombro, según explican los comentaristas, procede de verlas juntas. "Esta visión es hoy todavía llena de oscuridad para nosotros, al punto que este pasaje es la parte más difícil del Libro entero" (Fillion). Esta ebriedad, que no es de la bestia sino de la mujer, es interpretada tanto como la responsabilidad por la sangre cristiana derramada (cf. lo que Jesús increpa a los fariseos en Mt. 23, 34s.) cuanto como una actitud soberbia que usurpa los méritos de los mártires y santos revistiéndose hipócritamente de ellos.

7s. *De la mujer y de la bestia*: En realidad el ángel, quizá a causa del asombro de Juan, habla primero de la bestia (vv. 8 ss.) y sólo

435

está para subir del abismo y va a su perdición. Y los moradores de la tierra, aquellos cuyos nombres no están escritos en el libro de la vida desde la creación del mundo, se llenarán de admiración cuando vean que la bestia, que era y ahora no es, reaparecerá. [9]Esto para la mente que tiene sabiduría: las siete cabezas son siete montes, sobre los cuales la mujer tiene sede. [10]Son también siete reyes: los cinco cayeron, el uno es, el otro aún no ha venido; y cuando venga, poco ha de durar; [11]Y la bestia que era y no es, es él, el octavo, y es de los siete, y va a perdición. [12]Y los diez cuernos que viste son diez reyes que aún no han recibido reino, más con la bestia recibirán potestad como reyes por espacio de una hora. [13]Estos tienen un solo propósito: dar su poder y autoridad a la bestia.

[14]Estos guerrearan con el Cordero, y el Cordero los vencerá, porque es Señor de señores y Rey de reyes; y (vencerán) también los suyos, los llamados y escogidos y fieles". [15]Me dijo aún: "Las aguas que viste sobre las cuales tiene su sede la ramera, son pueblos y muchedumbres y naciones y lenguas. [16]Y los diez cuernos que viste, así como la bestia, aborrecerán ellos mismos a la ramera, la dejarán desolada y desnuda, comerán sus carnes y la abrasarán en fuego. [17]Porque Dios ha puesto en sus corazones hacer lo que a Él le plugo: ejecutar un solo designio: dar la autoridad de ellos a la bestia, hasta que las palabras de Dios se hayan cumplido. [18]Y la mujer que has visto es aquella ciudad, la grande, la que tiene imperio sobre los reyes de la tierra".

---

en el v. 18vuelve a la mujer. *Va a su perdición*: Los cristianos perseguidos por los Césares de todos los tiempos no tienen que temer: la bestia va a la ruina: "Vi al impío sumamente empinado y expandiéndose como un cedro del Líbano; pasé de nuevo, y ya no estaba; lo busqué, y no fue encontrado" (Sal. 36, 35s.). Hablando de esta bestia, en la que muchos ven a un imperio romano redivivo, dice Pirot: "Era, no es y reaparecerá; lo cual es una parodia del nombre divino dado en 1, 4 y 8; 4, 8; asimismo la herida que lleva (13, 3 y 14) es la réplica de la del Cordero; y su reaparición (*parestai*) también imita la "parusía" de Cristo". *Del abismo*: no parece referirse al abismo de 9, 1; 20, 1 y 7s., sino al de 13, 1, es decir, al mar, símbolo de las naciones o gentiles (v. 15).

9 ss. *Que tiene sabiduría*: es decir, que es para que lo entienda el hombre espiritual, sobrenatural (cf. 13, 8 y 18; 1Co. 2, 10 y 14). *Siete montes*: alusión a las siete colinas de la ciudad de Roma, con la cual todos los autores clásicos y cristianos la han identificado. "Pero ésta, dice Crampon, no parece personificar la Roma de los Césares, ni exclusivamente ni siquiera principalmente". Añade que ella es "la ciudad de los hombres, opuesta a la ciudad de Dios". Fillion ve en ella "la capital mística del imperio del Anticristo en los últimos días del mundo", y en los *siete reyes*, "de acuerdo con el cap. 17 de Daniel, las grandes monarquías paganas o animadas del espíritu pagano... y finalmente el conjunto de los reinos europeos actuales, en lo que tienen de perverso y anticristiano", pues hay que tomar en cuenta que el Apóstol no describe los fenómenos políticos sino en cuanto éstos interesan al aspecto religioso, mostrándonos las consecuencias que de ellos resultan para el orden espiritual. Es de notar la semejanza de este pasaje con Dn. 7, 7-8.

11 ss. Por temor de deformar su sentido, hemos vertido literalmente este v. tal como lo presenta el griego. Se trata del último rey de Roma (v. 10), "simbolizado por la bestia misma, el Anticristo, cuyas son las siete cabezas". En esta 7ª y última cabeza estarán sin duda, como dice Simón-Prado, los *diez cuernos* o nuevos reyes (v. 12) que le servirán (v. 13). Sobre los *diez cuernos*, cf. también Dn. 7, 7 y 24 y notas. *Por una hora*: Parece esto una parodia de realeza, quizá para imitar lo anunciado en Lc. 22, 29s.

Por eso dice Jesús: "Cuando os digan que el Cristo está aquí o allí, no les creáis". (Mt. 24, 23 ss.). *Con la bestia*: San Hipólito lee estas palabras uniéndolas a las que siguen: *con la bestia tienen esos reyes un mismo designio*.

14. *El Cordero los vencerá*: "Este v. anuncia sin duda lo de 19, 11-22donde Cristo (19, 16) es igualmente declarado soberano de los que imperan; su ejército, opuesto al de la bestia, será victorioso" (Pirot). Cf. 16, 14 y 16. *También los suyos*: cf. 19, 14; 1 Ts. 4, 14. *Llamados y escogidos y fieles*: Sobre su escaso número véase Mt. 22, 14. Cf. Rm. 8, 29s. Este v. relativo al juicio confirma el carácter esjatológico del pasaje.

15. *Las aguas*, etc.: En Is. 17, 12 y Dn. 7, 3las aguas del mar simbolizan, como aquí, la gentilidad. De las aguas sale también la gran bestia de las siete cabezas (13, 1). Cf. v. 1 y nota.

16s. *Aborrecerán ellos mismos a la ramera*, que había sido objeto de su pasión (v. 2) y cuya caída deplorarán luego (18, 9s.). Vemos así (v. 17) cuán admirablemente se vale Dios de sus propios enemigos para realizar sus planes y sacar de tantos males un inmenso bien cómo será la caída de la gran Babilonia (cf. 18, 20; 19, 1 ss.). Así esta fortaleza anticristiana en el orden espiritual (18, 8 y nota) perecerá a manos de la otra fuerza anticristiana del orden político, la cual a su vez, con todos los reyes coligados con ella, será destruida finalmente por Cristo en 19, 19 ss. Sorprende que así luchen entre ellos los secuaces de Satanás, cuando sabemos que todos se unirán (v. 13; 16, 14; 19, 19) contra el Señor y contra su Cristo (Sal. 2, 2). "¿Creerán quizá en ese momento que ella encarna el verdadero Dios y la odiarán por eso?" No lo sabemos. Pirot hace notar que esto es tomado del pasaje de Ooliba (Ez. 23, 22-36) donde se anunciaba a Jerusalén un trato semejante de parte de las naciones con las cuales fornicó (cf. Jr. 50, 41s.; 51 ss.).

18. San Juan pasa aquí de la bestia a la ramera Babilonia sentada sobre ella (v. 3). El cap. 18es todo sobre el castigo de esta mujer. *Aquella ciudad*: cf. 16, 19 y nota. *Que tiene imperio*, etc.: ejerciendo sin duda cierta potestad supranacional (v. 15; cf. 4Esd. 5, 1). A este respecto es de recordar que Babilonia o Babel (*Babilu*: puerta del cielo), sea lo que fuere de las inscripciones de su último rey, según el cual habría sido fundada 3.800 años antes de

18 **Anuncio del castigo de Babilonia.** ¹Después de esto vi cómo bajaba del cielo otro ángel que tenía gran poder, y con su gloria se iluminó la tierra. ²Y clamó con gran voz diciendo: "Ha caído, ha caído Babilonia la grande, y ha venido a ser albergue de demonios y refugio de todo espíritu inmundo y refugio de toda ave impura y aborrecible. ³Porque del vino de su furiosa fornicación bebieron todas las naciones; con ella fornicaron los reyes de la tierra y con el poder de su lujo se enriquecieron los mercaderes de la tierra".

La caída de Babilonia. ⁴Oí otra voz venida del cielo que decía: "Salid de ella, pueblo mío, para no ser solidario de sus pecados y no participar en sus plagas; ⁵pues sus pecados se han acumulado hasta el cielo, y Dios se ha acordado de sus iniquidades. ⁶Pagadle como ella ha pagado; retribuidle el doble conforme a sus obras; en la copa que mezcló, mezcladle doblado. ⁷Cuanto se glorificó a sí misma y vivió en lujo, otro tanto dadle de tormento de luto, porque ella dice en su corazón: "Como reina estoy sentada y no soy viuda y jamás veré duelo". ⁸Por tanto, en un solo día vendrán sus plagas: muerte y luto y hambre: y será abrasada en fuego, porque fuerte Señor es el Dios que la ha juzgado".

Lamentaciones de los aliados y mercaderes. ⁹Al ver el humo de su incendio llorarán y se lamentaran sobre ella los reyes de la tierra, que con ella vivieron en la fornicación y en el lujo. ¹⁰Manteniéndose lejos por miedo al tormento de ella, dirán: "¡Ay, ay de la ciudad grande de Babilonia, la ciudad poderosa, porque en una sola hora vino tu juicio!" ¹¹También los traficantes de la tierra lloran y hacen luto sobre ella, porque nadie compra más sus cargamentos: ¹²cargamentos de

---

él, tuvo al menos veinte siglos de opulencia, lo que explica el papel de cabeza de oro, es decir, el primero de todos los imperios universales, que Daniel le atribuye en la gran profecía de la estatua (Dn. 2),. La Babilonia mística aparece aquí en el otro extremo de la profecía, unida a la última bestia de Daniel 7. "Lo que Babilonia fue para Jerusalén, ésta lo es para la Iglesia" (Pannier).

1 ss. En su estilo este anuncio se parece a los de los profetas antiguos contra Babilonia (cf. Is. caps. 13 y 14; 21, 9; Jr. caps. 50 y 51). Véase en la nota al Sal. 137, 8los muchos paralelismos entre ambas Babilonias.

2. Véase 14, 8; Is. 13, 21; 21, 9; 24, 11 ss.; Jr. 50, 39; 51, 8.

3. Véase 17, 2; Jr. 51, 7. *Reyes y mercaderes*: cf. vv. 9 y 11.

4s. *Salid de ella*: la orden recuerda los pasajes que se refieren a la Babilonia histórica en Is. 48, 20; Jr. 50, 8; 51, 6 y 45; Za. 2, 7. Pirot señala un paralelismo con Jerusalén en Mc. 13, 14; Mt. 24, 16. Como observamos al comentar esta expresión en Is. 48, 20, con la caída de Babilonia debía empezar la redención del pueblo judío, que entonces sólo fue imagen de la que había de traer Jesucristo (Lc. 21, 28; cf. Ne. 9, 37 y nota). La salida de los judíos fue pacífica por la merced de Ciro (Esd. 1, 1 ss.), que en la profecía es figura de Cristo y fue anunciado dos siglos antes para ser el restaurador de Israel (Is. 44, 28; 45, 1 ss.; cf. 2Cro. 36, 23; Jr. 25, 11; 29, 10). En cuanto al alcance de aquel anuncio según el cual Babilonia "será barrida con la escoba de la destrucción" (Is. 14, 23 Texto hebreo), observa Schuster-Holzammer que los datos modernos han rectificado la antigua opinión, pues cuando Naboned se rindió al conquistador Ciro éste lo trató con toda suerte de consideraciones, y añade: "Nada dice la Sagrada Escritura de la toma de Babilonia. Se efectuo –contra lo que antes se creía– *sin resistencia y sin espada*, con sorprendente rapidez, al mando de Ugbaru (Gobryas), gobernador de Gutium. Ciro, que entró en Babilonia tres meses más tarde. perdonó a la ciudad y adoró a los dioses, tomó el título de "rey de Babilonia" y puso de gobernador de ella (¿virrey?) a Ugbaru". Vemos, pues, la perfecta coincidencia entre San Juan e Isaías el gran profeta que "consoló a los que lloraban en Sión y anunció las cosas que han de suceder en los últimos tiempos" (Eclo. 48, 27s. y nota). Históricamente, dice Vigouroux, "Babilonia hasta quedó como una de las capitales del imperio de los persas" y conservó restos de su civilización y monumentos "más allá aún de la era cristiana". La Basílica de San Pedro, dice el profesor H. Mioni, sería casi un pigmeo junto al templo de Baal, que Herodoto asegura tenía en ladrillo 192metros de altura. Este historiador, que visitó Babilonia en 450 a. C. (un siglo después de Ciro), habla también de sus muros de 200 codos de altura y 50 de espesor, protegidos por 250 Torres y 100puertas de bronce. *Pueblo mío*: En la ciudad corrompida y en medio de los adoradores de la bestia viven los marcados con el sello del Cordero que, recordando la palabra de Jesús sobre la mujer de Lot (Lc. 17, 32), se guardan de arraigar el corazón en los afectos y respetos humanos. A ellos se dirige esta voz del cielo que, sin duda es la de Jesús, pues Dios Padre es nombrado en tercera persona (vv. 5 y 8). San Agustín observa que con los pasos de la fe podemos huir de este mundo hacia Dios, nuestro refugio.

6. Cf. Jr. 50, 29.

7. Véase Is. 47, 8, donde Babilonia se jacta de la misma manera. Cf. 3, 17; 17, 6; Ba. 4, 12.

8. *Será abrasada en fuego*: "En el fondo de su simbolismo Juan encierra la idea principal que causa la ruina de la soberbia Babilonia. La pena del fuego (cf. 17, 16; 19, 3) era el castigo reservado por la Ley para el adulterio o la fornicación de carácter sacrílego (cf. Lv. 21, 9)" (Iglesias).

11 ss. Los lamentos de los mercaderes son el retrato de los hombres del mundo. Lejos de llorar la perversidad de la ciudad caída o siquiera compadecer su trágica suerte como hacen los reyes (v. 9), deploran ante todo sus propias pérdidas, porque nadie comprará ya sus mercaderías (v. 11). Su egoísmo no repara en la iniquidad tremendamente castigada por Dios, sino en que ello le trae un lucro cesante. Cf. Ez. 27, 12 ss.

oro, de plata, de piedras preciosas, de perlas, de fino lino, de púrpura, de seda y de escarlata, y toda clase de madera olorosa, toda suerte de objetos de marfil y todo utensilio de madera preciosísima, de bronce, de hierro y de mármol; [13]y canela, especies aromáticas, perfumes, mirra, incienso, vino y aceite, flor de harina y trigo, vacas y ovejas, caballos y carruajes, cuerpos y almas de hombres. [14]Los frutos que eran el deleite de tu alma se han apartado de ti; todas las cosas delicadas y espléndidas se acabaron para ti, y no serán halladas jamás. [15]Los mercaderes de estas cosas, que se enriquecieron a costa de ella, se pondrán a lo lejos, por miedo a su tormento, llorando y lamentándose, [16]y dirán: "¡Ay, ay de la ciudad grande, que se vestía de finísimo lino, de púrpura y de escarlata, y se adornaba de oro, de pedrería y perlas; [17]porque en una sola hora fue devastada tanta riqueza!" Y todo piloto, y todos los que navegan de cabotaje, los marineros y cuantos explotan el mar se detuvieron lejos, [18]y al ver el humo de su incendio dieron voces, diciendo: "¿Quién como esta ciudad tan grande?" [19]Y arrojaron polvo sobre sus cabezas y gritaron, y llorando y lamentándose, dijeron: ¡Ay, ay de la ciudad grande, en la cual por su opulencia se enriquecieron todos los poseedores de naves en el mar! porque en una sola hora fue desolada". [20]¡Alégrate sobre ella, oh cielo, y vosotros, los santos y los apóstoles y los profetas, pues juzgándola Dios os ha vengado de ella!

El juicio definitivo sobre Babilonia. [21]Y un

ángel poderoso alzó una piedra grande como rueda de molino, y la arrojó al mar, diciendo: "Así, de golpe, será precipitada Babilonia, la ciudad grande, y no será hallada nunca más. [22]No se oirá más en ti voz de citaristas, ni de músicos, ni de tocadores de flauta y trompeta, ni en ti volverá a hallarse artífice de arte alguna, ni se escuchará más en ti ruido de molino. [23]Luz de lámpara no brillará más en ti, ni se oirá en ti voz de novio y de novia, porque tus traficantes eran los magnates de la tierra, porque con tus hechicerías han sido embaucados todos los pueblos. [24]Y en ella fue encontrada sangre de profetas y de santos, y de todos los que fueron sacrificados sobre la tierra".

19 Alabanzas en el cielo. [1]Después de esto oí en el cielo como una gran voz de copiosa multitud, que decía "¡Aleluya! La salvación y la gloria y el poder son de nuestro Dios; [2]porque fieles y justos son sus juicios, pues Él ha juzgado a la gran ramera, que corrompía la tierra por su prostitución, y ha vengado sobre ella la sangre de sus siervos". [3]Y por segunda vez dijeron: "¡Aleluya!" Y el humo de ella sube por los siglos de los siglos. [4]Y se postraron los veinticuatro ancianos, y los cuatro vivientes, y adoraron al Dios sentado en el trono, diciendo: "Amén. ¡Aleluya!" [5]Y salió del trono una voz que decía: "¡Alabad a nuestro Dios todos sus siervos, los que le teméis, pequeños y grandes!" [6]Y oí una voz como de gran muchedumbre, y como estruendo de muchas aguas, y como estampido de

---

13. *Cuerpos y almas*: Tremendo tráfico que recuerda el de Tiro con los esclavos (Ez. 27, 13), pero al que se añade aquí el de las almas.

17 ss. Cf. Ez. 27, 29 ss. El humo (la Vulgata dice *el lugar*). Cf. v. 9.

20. *Los santos y los apóstoles*: (Vulgata.: *santos apóstoles*). Esta invitación al júbilo tiene un eco deslumbrante en 19, 1-7.

21. Significa la sorprendente rapidez (cf. v. 8) y el carácter irreparable con que será destruida la fortaleza del mundo anticristiano. Véase igual acto en Jr. 51, 63s., a propósito de Babilonia.

22s. Recuerda ante todo, como dice Pirot, el duro anuncio de Jeremías a Jerusalén (Jr. 25, 10; 7, 34; 16, 9). Cf. Is. 24, 1-13; 47, 9; 23, 8; Ez. 26, 13.

24. *Sangre de santos*: cf. 6, 10; 16, 6; 17, 6; 19, 2; Mt. 23, 35 ss.; Jr. 51, 49.

1s. Véase 4, 11; 16, 7; Sal. 18, 10; 118, 137. Muchos observan aquí cuán dramático es el contraste entre el mundo, que se lamenta

por la caída de Babilonia (18, 9 y 11), y el cielo, que se llena de la máxima exultación, lo cual se explica, dice Fillion, pues esa caída "va a facilitar y acelerar el establecimiento universal del reino de Dios". Cf. 18, 20; Jr. 51, 48.

5 ss. *Aleluya*: locución hebrea (*Hallelú Yah*), no significa alegría, como suele creerse, sino más bien ¡alabad a Yahvéh! Usada frecuentemente en los Salmos, sólo aparece cuatro veces en el Nuevo Testamento y es en los vv. 1, 3, 4 y 6 de este capítulo. Es aquí la respuesta al petitorio del v. 4 y coincide naturalmente con el colmo del gozo (18, 20) ante el acontecimiento que significa la culminación del Libro y de todo el plan de Dios en la glorificación de su Hijo (cf. 11, 15 ss.). "Voces celestiales cantan la toma de posesión por el Señor de su reino universal y eterno al mismo tiempo que las Bodas del Cordero. Este hermoso pasaje sirve de transición entre la ruina de Babilonia y la derrota, ora del Anticristo ora de Satanás" (Fillion). Cf. sobre el primero v. 19s.; sobre el segundo, 20, 1s. y 7 ss.

fuertes truenos, que decía: "¡Aleluya! porque el Señor nuestro Dios, el Todopoderoso, ha establecido el reinado. [7]Regocijémonos y saltemos de júbilo, y démosle gloria, porque han llegado las bodas del Cordero, y su esposa se ha preparado . [8]Y se le ha dado vestirse de finísimo lino, espléndido y limpio; porque el lino finísimo significa la perfecta justicia de los santos". [9]Y me dijo: "Escribe: ¡Dichosos los convidados al banquete nupcial del Cordero!" Me dijo también: "Estas son las verídicas palabras de Dios". [10]Caí entonces a sus pies para adorarlo. Mas él me dijo: "Guárdate de hacerlo. Yo soy consiervo tuyo y de tus hermanos, los que tienen el Testimonio de Jesús. A Dios adora. El testimonio de Jesús es el espíritu de

la profecía".

El triunfo de Cristo. [11]Y Vi el cielo abierto, y he aquí un caballo blanco, y el que montaba es el que se llama Fiel y Veraz, que juzga y pelea con justicia. [12]Sus ojos son llama de fuego, y en su cabeza lleva muchas diademas, y tiene un nombre escrito que nadie conoce sino Él mismo. [13]Viste un manto empapado de sangre, y su Nombre es: el Verbo de Dios. [14]Le siguen los ejércitos del cielo en caballos blancos, y vestidos de finísimo lino blanco y puro. [15]De su boca sale una espada aguda, para que hiera con ella a las naciones. Es Él quien las regirá con cetro de hierro; es Él quien pisa el lagar del vino de la furiosa ira de Dios el Todopoderoso. [16]En su manto y sobre su muslo

---

7. Cf. Mt. 22, 2 ss.; 25, 1 ss.; Lc. 14, 16 ss. La desposada (cf. Cant. 4, 17, nota) se prepara para celebrar las nupcias con su divino Esposo (cf. Ef. 5, 25-27). Pirot opina que aquí San Juan deja solamente entrever las bodas del Cordero y de la Iglesia que se celebrarán según él en el cap. 21, y recuerda que "la metáfora del matrimonio traducía en el A. T. la idea de alianza entre Yahvéh e Israel (Os. 2, 16; Is. 50, 1-3; 54, 6; Ez. 16, 17 ss.; Cant.)". Jünemann ve aquí "los desposorios perfectos, triunfales y eternos de Cristo con la humanidad restaurada por Él" (cf. 12, 1 y nota). Los primeros cristianos anhelaban ya la unión final con el Esposo, en la oración que desde el siglo primero nos ha conservado la "Didajé" o "Doctrina de los doce Apóstoles": "Así como este pan fraccionado estuvo disperso entre las colinas y fue recogido para formar un todo, así también, de todos los confines de la tierra, sea tu Iglesia reunida para el Reino tuyo... líbrala de todo mal, consúmala por tu caridad, y de los cuatro vientos reúnela, santificada, en tu reino que para ella preparaste, porque tuyo es el poder y la gloria en los siglos. ¡Venga la gracia! ¡Perezca este mundo! ¡Hosanna al Hijo de David! Acérquese el que sea santo; arrepiéntase el que no lo sea. Maranatha (Ven, Señor). Amén".

8. Contraste con la actitud de Babilonia (17, 4; 18, 16).

9. *Dichosos los convidados al banquete nupcial*: Véase la parábola de Jesús en Mt. 22, 2 ss. Cf. 3, 20; Is. 25, 6 y Lc. 14, 15donde esta idea va unida a lo que Jesús llama "la resurrección de los justos" (Lc. 14, 14). He aquí la bienaventuranza suprema y eterna (cf. 20, 8; 21, 2 y 9 ss.). Pirot señala la frecuencia de esta idea del banquete en el Nuevo Testamento y cita además Mt. 8, 11; Lc. 22, 18 y 4Esd. 2, 38.

10. *A Dios adora*: "Es decir, reserva para Él solo todos tus homenajes" (Fillion). El ángel se declara siervo de Dios como los hombres (cf. 22, 8; Hb. 1, 14). San Pedro nos da a este respecto un bello ejemplo en Hch. 10, 25s. "El término *adorar*, dice Crampon, debe ser tornado aquí, como en varios lugares de la Escritura, en el sentido lato de venerar, dar una señal extraordinaria de respeto". Cf. Sal. 148, 13 y nota. *El espíritu de la profecía* no ha sido dado sólo al ángel sino también al hombre (cf. Ef. 1, 9s.; 1 Pe. 1, 10 ss.) y consiste en dar testimonio de Jesús y de sus palabras (1Co. 14). Juan tiene también ese espíritu, y ello le es asimismo un testimonio

de que Jesús está con él. Cf. 1, 9; 12, 17, donde parece mostrársenos que hay una persecución especial para los que tienen este testimonio de orden profético, quizá porque es lo que al orgullo humano más le cuesta aceptar, según sucedió con Israel. Cf. Jn. 12, 40-41; Lc. 19, 14.

11 ss. *Fiel y Veraz*: (cf. 1, 5; 3, 7 y 14): el mismo Jesucristo, cuyas palabras se llaman por eso "fieles y verdaderas" (21, 5; 22, 6). Él, juez del mundo, vendrá como Rey a derrotar a sus enemigos: *juzga* y *pelea* como en Is. 63, 1. Su triunfo, anunciado desde las primeras páginas del Libro sellado (7, 2), va ahora a manifestarse ante todo contra el Anticristo (2 Ts. 2, 8). "El Mesías en persona se reserva la primera ejecución" (Pirot).

12. *Muchas diademas*: más que el dragón (12, 3) y que la bestia (13, 1). El Canon de Muratori, fragmento de fines del siglo II, entre los grandes misterios de Cristo sobre los cuales es una sola nuestra fe, señala "su doble advenimiento, el primero en la humildad y despreciado, que ya fue; y el segundo, con potestad real... (aquí faltan algunas palabras) preclaro, que será" (Ench. Patristicum 268).

13. *Un manto empapado de sangre* (v. 13) alude asimismo a la visión de Is. 63, 1-6 (cf. nota). No es la sangre de Jesús, como algunos han creído, sino la de la vendimia de sus enemigos (cf. 14, 20 y nota). Los hijos de Esaú, Idumeos (de Bosra), siempre aparecen los primeros castigados como los que más odiaron a su hermano Israel (cf. Is. 34, 6; Sal. 136, 7; Ha. 3, 3; Ab. 17 ss. y notas, etc.).

14. *Los ejércitos del cielo* son los ángeles (Mt. 25, 31; 26, 51; 2 Ts. 1, 7) y sin duda también, como observa Pirot, los santos (17, 4) resucitados al efecto (1 Ts. 4, 16s.; Judas 14).

15. "Como en Is. 11, 4... como el Rey de Sal. 2, 9, será duro para los *goyim*" (Gelin). Véase además sobre *la espada que sale de su boca*, 2, 16; 2 Ts. 2, 8; sobre *el cetro de hierro*, 12, 5; Sal. 109, 6; 149, 6 ss.; sobre *el lagar del vino de la furiosa ira*, v. 13 y nota. Pirot, citando a Lagrange, hace notar que "Jesús durante su vida mortal no dio cumplimiento a estas profecías: fue especialmente el Mesías doctor y paciente; las perspectivas gloriosas, las promesas de dominación sobre el mundo, el aspecto triunfal del mesianismo, no se realizaron entonces: el mesianismo parecía como cortado en

tiene escrito este nombre: Rey de reyes y Señor de señores. [17]Y vi un ángel de pie en el sol y gritó con poderosa voz, diciendo a todas las aves que volaban por medio del cielo: "Venid, congregaos para el gran festín de Dios, [18]a comer carne de reyes, carne de jefes militares, carne de valientes, carne de caballos y de sus jinetes, y carne de todos, de libres y esclavos, de pequeños y grandes". [19]Y vi a la bestia, y a los reyes de la tierra, y a sus ejércitos, reunidos para dar la batalla contra Aquel que montaba el caballo y contra su ejército. [20]Y la bestia fue presa, y con ella el falso profeta, que delante de ella había hecho los prodigios, por medio de los cuales había seducido a los que recibieron la marca de la bestia y a los que adoraron su estatua. Estos dos fueron arrojados vivos al lago del fuego encendido con azufre. [21]Los demás

fueron trucidados con la espada que salía de la boca del que montaba el caballo, y todas las aves se hartaron de la carne de ellos.

20 Satanás es atado por espacio de mil años. [1]Y vi un ángel que descendía del cielo y tenía en su mano la llave del abismo y una gran cadena. [2]Y se apoderó del dragón, la serpiente antigua, que es el Diablo y Satanás, y lo encadenó por mil años, [3]y lo arrojó al abismo que cerró y sobre el cual puso sello para que no sedujese más a las naciones, hasta que se hubiesen cumplido los mil años, después de lo cual ha de ser soltado por un poco de tiempo. [4]Y vi tronos; y se sentaron en ellos, y les fue dado juzgar, y (vi) a las almas de los que habían sido degollados a causa del testimonio de Jesús y a causa de la Palabra de Dios, y a los que no habían adorado a la

---

dos". Cf. Jr. 30, 3; Mt. 5, 17-18; Lc. 24, 44; Hch. 3, 20 ss.; 1 Pe. 1, 11.

16. Su Santidad Pío XII, en su primera Encíclica, cita este pasaje y dice: "Queremos hacer del culto al Rey de reyes y Señor de señores, como la plegaria del introito de este nuestro Pontificado". Cf. 17, 14; Dt. 10, 17. Resumiendo un estudio de Cerfaux a este respecto, dice Gelin: "El título de Señor (Kyrios) tiene una significación real y triunfal: corresponde al belu de la correspondencia de Toll-el-Amarna, al Adón de los hebreos, al marana de los papiros de Elefantina. Ese título debió ser utilizado en la Iglesia judeo-aramea para expresar la dignidad del Rey Mesías. Se puede leer con esta idea los siguientes pasajes donde está usado en su contexto real y triunfal: Mc. 11, 3; 12, 35-37; 1Co. 16, 23 (Marana = Kyrios); 11, 26; Hch. 5, 31; 7, 60; Lc. 19, 11; Mt. 24, 42.

17s. Véase Ez. 39, 17 ss., donde el Profeta invita a las aves del cielo a comer la carne de los enemigos de Israel; y Dn. 7, 11 y 26, donde se anuncia la destrucción de la bestia que es figura del Anticristo (cf. v. 20). También Isaías, después de anunciar la Pasión y Muerte de Jesús, revela su triunfo final sobre todos sus enemigos, diciendo: "Y repartirá los despojos de los fuertes" (Is. 53, 12).

19 ss. Véase 16, 16 y nota. "La batalla final es el advenimiento triunfante de Jesucristo para juzgar al mundo" (Crampon). Cf. 20, 11. Matados los dos testigos (11, 8) y tramada la coalición de todas las fuerzas anticristianas (16, 13), el gran enemigo de Dios es derrotado por Jesucristo en Persona. "Esta matanza es obra del mismo Cristo. Aunque hubiese un ejército numeroso, el Verbo de Dios parece ser el único que toma parte efectiva en el combate" (Fillion). Cf. Is. 11, 4; 2 Ts. 2, 8; Dn. 7, 21 y notas. Sobre la bestia y el falso profeta, véase cap. 13 (cf. Dn. 8, 25s.; 11, 36). San Agustín cree que, entre la muerte del Anticristo y el fin del mundo, mediará un tiempo, al cual se refiere también Santo Tomás de Aquino diciendo: "Consolará el Señor a Sión (Is. 51, 3)... y a causa de esto, después de la muerte del Anticristo, será también doble la consolación: esto es, la paz y la multiplicación de la fe; porque

entonces todos los judíos se convertirán a la fe de Cristo, viendo que fueron engañados: en aquellos días suyos, Judá será salvo e Israel vivirá tranquilamente y el nombre con que será llamado helo aquí: Justo Señor nuestro (Jr. 23, 6)".

21. "Los soldados de las Bestias (16, 14; 18, 3) son muertos en el combate y sus almas van probablemente al Hades, de donde no saldrán sino en 20, 14-15. Hay, pues, en la parte inferior del teatro apocalíptico varias mansiones que no coinciden: el Hades, el estanque de fuego (Gehena); el abismo (cf. 9, 1) del que va a hablarse en seguida" (Pirot). Cf. 20, 3.

1. Para apoderarse del dragón (v. 2) el ángel desciende del cielo a la tierra, pues antes Satanás había sido precipitado a ella (12, 9-12). Este ángel parecería ser el Arcángel San. Miguel, que es el vencedor de Satanás (cf. 12, 7 y nota), y a quien la liturgia de su fiesta considera como el ángel mencionado en 1, 1 (cf. Epístola del 8 de mayo y 29 de septiembre). Su Santidad León XIII lo expresa así en su Exorcismo contra Satanás y los ángeles rebeldes al citar este pasaje cuando pide a San Miguel que sujete "al dragón, aquella antigua serpiente que es el diablo y Satanás" para precipitarlo encadenado a los abismos de modo que no pueda seducir más a las naciones. El mismo Pontífice prescribió la oración después de a misa en que se hace igual pedido a San Miguel, "Príncipe de la milicia celestial" para que reduzca a "Satanás y los otros espíritus malignos que vagan por el mundo". Véase 1 Pe. 5, 8, que se recita en el Oficio de Completas. Cf. 2Co. 2, 11; Ef. 6, 12.

2. "Aquí, dice Gelin, el ángel malo por excelencia sufre un castigo previo a su punición definitiva (20, 10). Se trata de una neutralización de su poder, que refuerza la que le había sido impuesta en 12, 9". Por mil años: los vv. 3, 4, 5, 6 y 7 repiten esta cifra. Según San Pedro, ella correspondería a un día del Señor (2 Pe. 3, 8; Sal. 89, 4). San Pablo (1Co. 15, 25) dice: "hasta que Él ponga a sus enemigos por escabel de sus pies", como lo vemos en los vv. 7-10.

3. Al Abismo: véase v. 9; 19, 21 y nota. Cf. 2 Pe. 2, 4; Judas 6. Para que no sedujese: cf. v. 1 y nota. Ha de ser soltado: cf. v. 7 ss.

bestia ni a su estatua, ni habían aceptado la marca en sus frentes ni en sus manos; y vivieron y reinaron con Cristo mil años. [5]Los restantes de los muertos no tornaron a vivir hasta que se cumplieron los mil años. Esta es la primera resurrección. [6]¡Feliz y santo el que tiene parte en la primera resurrección! Sobre éstos no tiene poder la segunda muerte, sino que serán sacerdotes de Dios y de Cristo, con el cual reinarán los mil años.

Satanás es soltado y derrotado

4. Martini opina que "el orden de estas palabras parece que debe ser éste: *Vi tronos, y las almas de los que fueron degollados, etc. y se sentaron y vivieron, y reinaron, etc.*". Cf. 3, 21 y nota. Otros piensan que esos tronos serán sólo doce (Mt. 19, 28), reservados a aquellos que *se sentaron,* pues de esos otros resucitados no se dice que se sentaron aunque sí que reinaron por no haber adorado como todos al Anticristo (cap. 13), que fue destruido en el capítulo anterior (19, 20), y serán *reyes y sacerdotes* (v. 6; 1, 6; 5, 10). Véase 1Co. 6, 2-3, donde San Pablo enseña que los santos con Cristo juzgarán al mundo y a los ángeles. Cf. Sb. 3, 8; Dn. 7, 22; Mt. 19, 22; Lc. 22, 30; 1Co. 15, 23; 1 Ts. 4, 13 ss.; Judas 14 y notas.

5. *La primera resurrección*: He aquí uno de los pasajes más diversamente comentados de la Sagrada Escritura. En general se toma esta expresión en sentido alegórico: la vida en estado de gracia, la resurrección espiritual del alma en el Bautismo, la gracia de la conversión, la entrada del alma en la gloria eterna, la renovación del espíritu cristiano por grandes santos y fundadores de Órdenes religiosas (Nuestro Padre San Benito, San Francisco de Asís, Santo Domingo, etc.), o algo semejante. Bail, autor de la voluminosa *Summa Conciliorum,* lleva a tal punto su libertad de alegorizar las Escrituras, que opta por llamar *primera resurrección* la de los *réprobos* porque éstos, dice, no tendrán más resurrección que la corporal, ya que no resucitarían para la gloria. Según esto, el v. 6 alabaría a los réprobos, pues llama *bienaventurado y santo* al que alcanza la primera resurrección. La Pontificia Comisión Bíblica ha condenado en su decreto del 20 de agosto 1941 los abusos del alegorismo, recordando una vez más la llamada "regla de oro", según la cual de la interpretación alegórica no se pueden sacar argumentos. Sin embargo, hay que reconocer aquí el estilo apocalíptico: En 1Co. 15, 23, donde San Pablo trata del orden en la resurrección, hemos visto que algunos Padres interpretan literalmente este texto como de una verdadera resurrección primera, fuera de aquella a que se refiere San Mateo en 27, 52s. (resurrección de santos en la muerte de Jesús) y que también un exegeta tan cauteloso como Cornelio a Lapide la sostiene. Cf. 1 Ts. 4, 16; 1Co. 6, 2-3; 2 Tm. 2, 16 ss. y Flp. 3, 11, donde San Pablo usa la palabra "exanástasis" y añade "ten ek nekróon" o sea literalmente, la *ex*-resurrección, la que es de entre los muertos. Parece, pues, probable que San Juan piense aquí en un privilegio otorgado a los Santos (sin perjuicio de la resurrección general), y no en una alegoría, ya que San Ireneo, fundándose en los testimonios de los presbíteros discípulos de San Juan, señala como primera resurrección la de los justos (cf. Lc. 14, 14 y 20, 35). La versión de Nácar-Colunga ve en esta primera resurrección un privilegio de los santos mártires, "a quienes corresponde la palma de la victoria. Como quienes sobre todo sostuvieron el peso de la lucha con su Capitán, recibirán un premio que no corresponde a los demás muertos, y éste es juzgar, que en el sentido bíblico vale tanto como regir y gobernar al mundo, junto con su Capitán, a quien por haberse humillado hasta la muerte le fue dado reinar sobre todo el universo (Flp. 2, 8s.)". Véase Flp. 3, 10-11; 1Co. 15, 23 y 52 y notas; Lc. 14, 14; 20, 35; Hch. 4, 2.

6. *Con el cual reinaron los mil años*: Fillion dice a este respecto: "Después de haber leído páginas muy numerosas sobre estas líneas, no creemos que sea posible dar acerca de ellas una explicación enteramente satisfactoria". Sobre este punto se ha debatido mucho en siglos pasados la llamada cuestión del milenarismo o interpretación que, tomando literalmente el milenio como reinado de Cristo, coloca esos mil años de los vv. 2-7 entre dos resurrecciones, distinguiendo como primera la de los vv. 4-6, atribuida sólo a los justos, y como segunda y general la mencionada en los vv. 12-13 para el juicio final del v. 11. La historia de esta interpretación ha sido sintetizada en breves líneas en una respuesta dada por la Revista Eclesiástica de Buenos Aires (mayo de 1941) diciendo que "la tradición, que en los primeros siglos se inclinó en favor del milenarismo, desde el siglo V se ha pronunciado por la negación de esta doctrina en forma casi unánime". La Suprema Sagrada Congregación del Santo Oficio cortó la discusión declarando, por decreto del 21 de julio de 1944, que la doctrina "que enseña que antes del juicio final, con resurrección anterior de muchos muertos o sin ella, nuestro Señor Jesucristo vendrá visiblemente a esta tierra a reinar, *no se puede enseñar con seguridad* (tuto doceri non posse)". Para información del lector, transcribimos el comentario que trae la gran edición de la Biblia aparecida recientemente en París bajo la dirección de Pirot-Clamer sobre este pasaje: "*La interpretación literal:* varios autores cristianos de los primeros siglos pensaron que Cristo reinaría mil años en Jerusalén (v. 9) antes del juicio final. El autor de la Epístola de Bernabé (15, 4-9) es un milenarista ferviente; para él, el milenio se inserta en una teoría completa de la duración del mundo, paralela a la duración de la semana genesíaca: 6.000 + 1.000 años. San Papías es un milenarista ingenuo. San Justino, más avisado empero, piensa que el milenarismo forma parte de la ortodoxia (Diálogo con Trifón 80-81). San Ireneo lo mismo (Contra las herejías V, 28, 3), al cual sigue Tertuliano (Contra Marción III, 24). En Roma, San Hipólito se hace su campeón contra el sacerdote Caius, quien precisamente negaba la autenticidad joanea del Apocalipsis para abatir más fácilmente el milenarismo". Relata aquí Pirot la polémica contra unos milenaristas cismáticos en que el obispo Dionisio de Alejandría "forzó al jefe de la secta a confesarse vencido", y sigue: "Se cuenta también entre los partidarios más o menos netos del milenarismo a Apolinario de Laodicea, Lactancio, San Victorino de Pettau, Sulpicio Severo, San Ambrosio. Por su parte, San Jerónimo, ordinariamente tan vivaz, muestra con esos hombres cierta indulgencia (Sobre Isaías, libro 18). San Agustín, que dará la interpretación destinada a hacerse clásica, había antes profesado durante cierto tiempo la opinión que luego combatirá. Desde entonces el milenarismo cayó en el olvido, no sin dejar curiosas supervivencias, como las oraciones para obtener la gracia de la primera resurrección, consignadas en antiguos libros litúrgicos de Occidente (Dom Leclereq)". Más adelante cita Pirot

definitivamente. [7]Cuando se hayan cumplido los mil años Satanás será soltado de su prisión, [8]y se irá a seducir a los pueblos que están en los cuatro ángulos de la tierra, a Gog y Magog a fin de juntarlos para la guerra, el número de los cuales es como la arena del mar. [9]Subieron a la superficie de la tierra y cercaran el campamento de los santos y la ciudad amada; más del cielo bajó fuego [de parte de Dios] y los devoró. [10]Y el Diablo, que los seducía, fue precipitado en el lago de fuego y azufre, donde están también la bestia y el falso profeta; y serán atormentados día y noche por los siglos de los siglos.

El juicio final. [11]Y vi un gran trono esplendente y al sentado en él, de cuya faz huyó la tierra y también el cielo; y no se halló más lugar para ellos. [12]Y vi a los muertos, los grandes y los pequeños, en pie ante el trono y se abrieron libros –se abrió también otro libro que es el de la vida– y fueron juzgados los muertos, de acuerdo con lo escrito en los libros, según sus obras. [13]Y el mar entregó los muertos que había en él; también la muerte y el Hades entregaron los muertos que había en ellos; y fueron juzgados cada uno según sus obras. [14]Y la

---

el decreto de la Sagrada Congregación del Santo Oficio, que transcribimos al principio, y continúa: "Algunos críticos católicos contemporáneos, por ejemplo Calmes, admiten también la interpretación literal del pasaje que estudiamos. El milenio sería inaugurado por una resurrección de los mártires solamente, en detrimento de los otros muertos. *La interpretación espiritual*: Esta exégesis –sigue diciendo Pirot– comúnmente admitida por los autores católicos, es la que San Agustín ha dado ampliamente. Agustín hace comenzar este período en la Encarnación porque profesa la teoría de la recapitulación, mientras que, en la perspectiva de Juan, los mil años se insertan en un determinado lugar en la serie de los acontecimientos. Es la Iglesia militante, continúa Agustín, la que reina con Cristo hasta la consumación de los siglos; la *primera resurrección* debe entenderse espiritualmente del nacimiento a la vida de la gracia (Col. 3, 1-2; Flp. 3, 20; cf. Juan 5, 25); los *tronos* del v. 4 son los de la jerarquía católica y es esa jerarquía misma, que tiene el poder de atar y desatar. Estaríamos tentados –concluye Pirot– de poner menos precisión en esa identificación. Sin duda tenemos allí una imagen destinada a hacer comprender la grandeza del cristiano: se sienta porque reina (Mt. 19, 28; Lc. 22, 30; 1Co. 6, 3; Ef. 1, 20; 2, 6; Ap. 1, 6; 5, 9)". *La segunda muerte*: El Apóstol explica este término en el v. 14.

8. *Gog y Magog*: son aquí, como en Ez. 39, 2, representantes de los reinos y pueblos anticristianos. Gog se llama en Ezequiel rey de Rosh, Mosoc y Tubal, reinos situados al norte de Mesopotamia, e identificados por algunos intérpretes con Rusia, Moscú y Tobolsk (Siberia). ¿Debe esta rebelión identificarse con aquella invasión de Tierra Santa que anuncia Ezequiel? Véase allí los caps. 38-39 y sus notas. Lo que no puede dejar de señalarse es lo que esto significa como "etapa" final de la invariable apostasía del hombre frente a Dios (cf. 13, 18 y nota). "Empezó en el paraíso (Gn. 3), y se repitió diez y seis siglos más tarde en el diluvio (Gn. 4-7) y cuatro siglos después con la torre y ciudad de Babel (Gn. 8-11). Después de la elección de Abraham, la era patriarcal termina paganizada en la esclavitud de Egipto (430 años), y luego de otros quince siglos el pueblo electo de Israel, seducido por sus jefes religioso-políticos, reclamó y consiguió una cruz para el Mesías tan esperado. ¿Acaso las naciones de la gentilidad habrán de ser más fieles? Las hemos visto en el capítulo anterior siguiendo al Anticristo y las vemos aquí, apenas suelto Satanás, precipitarse de nuevo a su ominoso servicio. ¡Triste comprobación para la raza de Adán! Digamos,

pues, que si toda la humanidad no es salva, no será porque Dios no haya agotado su esfuerzo asta entregar su Hijo". Cf. Jn., 3, 16.

9. *Subieron a la superficie*: cf. Ez. 39, 11-16 y notas. *La ciudad amada*: como anota Pirot, "el ataque se hace contra Jerusalén, capital del Reino mesiánico, como en Ez. 38, 12... Los santos no necesitan salir, pues Dios interviene desde el cielo". En efecto, *bajó fuego del cielo y los devoró*: esto es, súbitamente y sin batalla como en 19, 11 ss. Las palabras entre corchetes son probablemente una glosa. Así morirán todos, para ser juzgados con los demás muertos (vv. 5 y 11 ss.). Véase v. 14 y nota. Como lo expresa la mayoría, éste parece ser el fuego que San Pedro anuncia en 2 Pe. 3, 7-8 como perdición final de los hombres impíos (cf. v. 11 y nota) si bien no es fácil conciliar esto con el mencionado en 1Co. 3, 15, pues en la Parusía del Señor lo vemos con nubes (14, 14) o sobre caballo blanco (19, 11) pero nunca con fuego.

10. Cf. Is. 24, 21s. y nota.

11 ss. Descripción del juicio final, cuya explicación encierra todavía muchos misterios para la exégesis moderna. Se diría que, como en 19, 11 ss. y en Mt. 25, 31 ss., el juez es Cristo, el Hijo a quien Dios entregó el poder de juzgar al mundo (Jn. 5, 22; Hch. 10, 42; 17, 31; Rm. 2, 16; 1 Pe. 4, 5s.) después de haber hecho entrega de ese mismo Hijo "para que el mundo se salve por Él" (Jn. 3, 16-17). Sin embargo, los autores modernos (Fillion, Pirot, etc.) dan por seguro que San Juan presenta aquí a Dios Padre a quien llama desde el principio "el que está sentado en el trono" (4, 9 y 10; 5, 1, 7, y 13; 7, 15, etc.) y que es el único juez supremo" (Gelin) Cf. 22, 13 y nota. *Huyó la tierra*, etc.: no es ya parcialmente, como en 6, 14; 16, 20, sino que aquí no hay más tierra de modo que, dice Pirot, "es imposible ubicar el lugar del juicio" y por tanto no puede aplicarse, como en Mt. 25, 31 ss., lo anunciado sobre el juicio de las naciones al retorno de Cristo en el valle de Josafat (Joel. 3, 2), ni expresa allí Jesús las otras características que aquí vemos, como la resurrección, el tratarse sólo de muertos (vv. 12 y 13) sin quedar ningún vivo (v. 9; cf. 1 Ts. 4, 16-17); los libros abiertos; la exclusiva mención del castigo y no del premio (vv. 14 y 15); el contenido general del juicio sin referencia a las obras de caridad (Mt. 25, 35 ss.), ni al Rey (íd. 34 y 40), ni a su Parusía, ni a sus ángeles (íd. 31), ni a sus hermanos (íd. 40), ni a las naciones (íd. 32), ni a la separación entre ovejas y machos cabríos (v. 33). Por ahí vemos cuánto debe ser aún nuestro empeño en profundizar la doctrina e intensificar nuestra cultura bíblica. Sobre el Libro de la vida, cf. 3, 5 y nota.

muerte y el Hades fueron arrojados en el lago de fuego. Esta es la segunda muerte: el lago de fuego. [15]Si alguno no se halló inscrito en el libro de la vida, fue arrojado al lago de fuego.

21 Cielo nuevo y nueva tierra.

[1]Y Vi un cielo nuevo y una tierra nueva, porque el primer cielo y la primera tierra habían pasado, y el mar no existía más. [2]Y vi a la ciudad, la santa, la Jerusalén nueva, descender del cielo de parte de Dios, ataviada como una novia que se engalana para su esposo. [3]Y oí una gran voz desde el trono, que decía: "He aquí la morada de Dios entre los hombres. Él habitará con ellos, y ellos serán sus pueblos, y Dios mismo estará con ellos, [4]y les enjugará toda lágrima de sus ojos; y la muerte no existirá más; no habrá más lamentación, ni dolor, porque las cosas primeras pasaron". [5]Y Aquel que estaba sentado en el trono dijo: "He aquí, Yo hago todo nuevo". Dijo también: "Escribe, que estas palabras son fieles y verdaderas". [6]Y me dijo: "Se han cumplido. Yo soy el Alfa y la Omega, el principio y el fin. Al que

---

14. Sólo aquí se ve que no habrá más muerte sobre la tierra. Por eso San Pablo dice que "la muerte será el último enemigo destruido" para que todas las cosas queden sujetas bajo los pies de Jesús (1Co. 15, 26; Ef. 1, 10) y Él pueda entregarlo todo al Padre (1Co. 15, 24 y 28). La *muerte* y el *Hades* parecen personificar a los muertos que había en ellos (v. 13), no nombrándose el mar porque había desaparecido en el v. 11como se deduce de 21, 1. De lo contrario nadie podría explicar por ahora el significado de ambos personajes.

1. *Habían pasado* en 20, 11, sin duda junto con *el mar*, como aquí vemos. No se dice que esto sucediese mediante el fuego de 20, 9, sino que "huyeron" ante la faz de Dios (20, 11). También se habla de fuego en 1Co. 3, 13 y en 2 Pe. 3, 12 (cf. notas), pero rodeado de circunstancias que no es fácil combinar con las que aquí vemos. Por ello parece que hemos de ser muy parcos en imaginar soluciones, que pueden ser caprichosas, en estos misterios que ignoramos (cf. 20, 11 y nota). Aquí, como observa Gelin, aparece a la vista de los elegidos "un cuadro nuevo y definitivo", por lo cual parecería tratarse ya de lo que San Pablo nos hace vislumbrar en 1Co. 15, 24 y 28. *Cielo nuevo y tierra nueva* se anuncian también en Is. 65, 17 ss. como en 66, 22 (cf. notas); pero allí aún se habla de algún muerto, y de edificar casas y de otros elementos que aquí no se conciben y que Fillion atribuye a "la edad de oro mesiánica" y Le Hir llama retorno a la inocencia primitiva (cf. Is. 11, 6 ss.; Ez. 34, 25; Za. 14, 9 ss.; Mt. 19, 28; Hch. 3, 21; Rm. 8, 19 ss.; etc.).

2. Pirot observa que la Jerusalén de Ez. 40-48era todavía terrestre, y añade que la de Is. 54, 11 ss. está descrita con un lirismo deslumbrante, pero no establece ni explica que haya diferencia entre ambas (cf. v. 22 y nota). La Jerusalén que aquí vemos desciende toda del cielo, como dice San Agustín y es la antítesis de Babilonia la ramera (caps. 17-18); la imagen es tomada de la Jerusalén terrenal, pero la idea es otra y no podemos confundirla con nada de lo que era la tierra, fuese o no transformada.

3. *La morada de Dios entre los hombres*: Algunos suponen a este respecto que la substancia de los elementos adquirirá nuevas cualidades convenientes y relativas a nuestros cuerpos inmortales. Otros observan que en esta consumación definitiva de los misterios de Dios seremos en realidad nosotros, y no las cosas eternas, los que nos transformaremos, como "nueva creación" (2Co. 5, 17; Ga. 6, 15) y asumiremos como tales esa vida divina. Desde ahora la poseemos por la gracia, pero entonces la disfrutaremos plenamente con lo que se ha llamado el *lumen gloriae*. Porque esa vida eterna, sin fin, tampoco tuvo principio y nosotros fuimos, desde la eternidad, elegidos para poseerla gracias a Cristo (véase Ef. 1, 1 ss. y notas) y con Él y en Él como los sarmientos en la vid (Jn. 15, 1 ss.), como los miembros en la cabeza (Col. 1, 19). ¿No es ésta la Jerusalén "nuestra madre" de que habla el Apóstol en Ga. 4, 26? ¿No es éste el Tabernáculo "que hizo Dios y no el hombre" (Hb. 8, 2), "el mismo cielo" donde entró Jesús (Hb. 9, 24), "la ciudad de fundamentos cuyo artífice y autor es Dios" a la cual aspiraba Abraham (Hb. 11, 10), "la ciudad del Dios vivo, Jerusalén celeste" a la cual convoca San Pablo a todos los hebreos (Hb. 12, 22)? Ella viene aún como *novia*, no obstante haberse anunciado desde 19, 6 ss. las Bodas del Cordero. ¿Encierra esto tal vez un nuevo misterio de unidad total, en que habrán de fundirse las bodas de Cristo con la Iglesia y las bodas de Yahvéh con Israel? (Véase 19, 9 y nota). He aquí ciertamente el punto más avanzado, donde se detiene toda investigación esjatológica y que esconde la clave de los misterios quizá postapocalípticos del Cantar de los Cantares (véase nuestra introducción a ese Libro).

5. *Yo hago todo nuevo*: Ya habló de cielo nuevo y tierra nueva (v. 1) y de la Jerusalén celestial (v. 24). ¿Qué nueva novedad encierra todavía esta asombrosa declaración de Dios? Algunos la refieren a lo precedente, como si fuera una redundancia. Parece sin embargo que en estos capítulos finales el Padre acumula uno sobre otro los prodigios de su esplendidez hasta más allá de cuanto pudiera fantasear el hombre. Crampon lo considera simplemente como una nueva creación, algo que no está ya expuesto a un "fracaso" como el de Adán, y comenta: "Es una renovación de este mundo donde vivió la humanidad caída, el cual desembarazado al fin de toda manca, será restablecido por Dios en un estado igual y aún superior a aquel en que fuera creado; renovación que la Escritura llama en otros lugares *palingenesia*, o sea *regeneración* (Mt. 19, 28) y *apocatástasis pántoon*, esto es, la *restitución de todas las cosas* en su estado primitivo (Hch. 3, 21)". Bien puede ser sin embargo que Dios vaya más lejos en ese empeño que el hombre no puede sino adorar sin comprenderlo ya, a causa de la estrechez de nuestra mente y la mezquindad de nuestro corazón. Traigamos a la memoria las palabras de Dios en Isaías: "Mira ejecutado todo lo que oíste... Hasta ahora te he revelado cosas nuevas, y tengo reservadas otras que tú no sabes" (Is. 48, 6; cf. Is. 42, 9; 43, 19). Aquí es tal vez el caso de "volvernos locos para con Dios" según la expresión de San Pablo (2Co. 5, 13) y admitir, como un kaleidoscopio *sub specie aeternitatis*, un fluir de creación eternamente renovado para nuestro éxtasis, un fluir inexhausto de "la sabiduría infinitamente variada de Dios" (Ef. 3, 10) y de su

tenga sed Yo le daré gratuitamente de la fuente del agua de la vida. [7]El vencedor tendrá esta herencia, y Yo seré su Dios, y él será hijo mío. [8]Mas los tímidos e incrédulos y abominables y homicidas y fornicarios y hechiceros e idólatras, y todos los mentirosos, tendrán su parte en el lago encendido con fuego y azufre. Ésta es la segunda muerte".

La nueva Jerusalén. [9]Y vino uno de los siete ángeles que tenían las siete copas llenas de las siete plagas postreras, y habló conmigo diciendo: "Ven acá, te mostraré la novia, la esposa del Cordero". [10]Y me llevó en espíritu a un monte grande y alto, y me mostró la ciudad santa Jerusalén, que bajaba del cielo, desde Dios, [11]teniendo la gloria de Dios; su luminar era semejante a una piedra preciosísima, cual piedra de jaspe cristalina. [12]Tenía muro grande y alto, y doce puertas, y a las puertas doce ángeles, y nombres escritos en ellas, que son los de las doce tribus de los hijos de Israel: [13]tres puertas al oriente, tres puertas al septentrión, tres puertas al mediodía, tres puertas al occidente. [14]El muro de la ciudad tenía doce fundamentos, y sobre ellos doce nombres de los doce apóstoles del Cordero. [15]Y el que hablaba conmigo tenía como medida una vara de oro, para medir la ciudad, sus puertas y su muro. [16]La ciudad se asienta en forma cuadrada, siendo su longitud igual a su anchura. Y midió la ciudad con la vara: doce mil estadios; la longitud y la anchura y la altura de ella son iguales. [17]Midió también su muro: ciento cuarenta y cuatro codos, medida de hombre, que es (*también medida*) de ángel. [18]El material de su muro es jaspe, y la ciudad es oro puro, semejante al cristal puro. [19]Los fundamentos del muro de la ciudad están adornados de toda suerte de piedras preciosas. El primer fundamento es jaspe; el segundo, zafiro; el tercero, calcedonia; el cuarto, esmeralda; [20]el quinto, sardónice; el sexto, cornalina; el séptimo,

---

amor en Cristo "que sobrepuja a todo conocimiento", para que seamos "total y permanentemente colmados de Dios, a quien sea la gloria en la Iglesia y en Cristo Jesús por todas las generaciones de la edad de las edades, amén" (Ef. 3, 19-21).

6. *El agua de la vida*. Sobre esta imagen, que significa la inmortalidad, véase 7, 17; 22, 1; Is. 4, 1; Ez. 47, 1-12; Jn. 4, 10 y nota.

[2] 7. El mismo trato de hijo que tiene Jesús a la diestra del Padre, tal es lo que se nos ofrece para siempre (cf. v. 23 y nota) y lo que desde ahora podemos vivir en espíritu (Ga. 4, 6; Ef. 1, 5 y notas). Cumplida totalmente la adopción (Rm. 8, 23) oiremos del Padre lo mismo que Jesús oyó en Sal. 2, 7. ¿Qué somos pues nosotros en la vida de Dios? Lo que un niñito pequeño e insignificante es para su padre: *nada*, en cuanto es incapaz de prestarle el menor servicio; *todo*, en cuanto es el objeto de todos los desvelos y de los más bellos planes de su padre, que han de cumplirse en él (Rm. 8, 17; Ga. 4, 7).

8. En contraste diametral con lo del v. 7, y ya sin ningún término medio, muestra este v. la *segunda muerte*, o sea, el *lago de fuego y azufre*, el mismo infernal destino que la Bestia y el Falso Profeta inauguraron según 19, 20 y adonde Satanás acaba de ser arrojado (20, 9s.). Cf. 21, 6. Llama la atención ver allí a los *tímidos*. Ni es esto lo que Israel llamaba santo temor de Dios (la reverencia con que lo honramos), ni tampoco es lo que el mundo suele llamar cobardía, en los que no hacen alarde de arrojo y estoicismo, pues la suavidad de las virtudes evangélicas no lleva por ese rumbo sino por el de la pequeñez infantil (Mt. 5, 3; 18, 3; Sal. 68, 15 y 21 y notas). Los tímidos que no llegarán a este cielo maravilloso son los que fluctúan entre Cristo y el mundo (Mt. 6, 24 y nota); los que se escandalizan de las paradojas de Jesús (Mt. 11, 6; Lc. 7, 23 y notas); los de ánimo doble, que dan a Dios todo, menos el corazón, lo único que a Él le interesa, y no se deciden a pedirle la sabiduría que Él ofrece porque temen que el divino Padre les juegue una mala

partida (St. 1, 5-8 y notas); los que se dejan llevar "a todo viento de doctrina" (Ef. 4, 14; 1Co. 12, 2; Mt. 7, 15) y, por falta de amor a la verdad. concluyen siempre seducidos por la operación del error para perderse (2 Ts. 2, 10 y nota).

9. El mismo ángel que antes le presentó a la ramera (17, 3) le muestra ahora a la novia. Cf. Libro Apócrifo 4 de Esdras 10, 25 ss.

10. *A un monte grande y alto*: cf. Ez. 40, 2; Is. 2, 2.

11. Cf. Tb. 13, 21-22; Is. 54, 11-12 y notas. Su *luminar* es Cristo (v. 23s.).

12. *El muro* (cf. v. 17s.) no existía en la de Za. 2, 4. En ésta sólo es un atributo de su belleza pues ya no teme ataques como en 20, 9. Nótese e simbolismo invertido de las doce puertas y doce cimientos: aquéllas (lógicamente posteriores al cimiento) con los nombres de las doce tribus de Israel (cf. v. 21) y éstos (v. 14) con los de los doce apóstoles, ¿No significa esto la unión definitiva entre los dos Testamentos en el Reino del Padre? Cf. v. 2; 12, 1 y notas

16. *Cuadrada*: (cf. Ez. 43, 16; 48, 15 ss.). *Doce mil estadios*: o sea 2.220 kilómetros (cf. 14, 20) Como se ve, esta cifra parecería simbólica a causa de la magnitud e igualdad de las dimensiones, lo cual significa perfección. No se puede, empero, asegurarlo, pues para Dios nada es imposible. En Ez. 4816la ciudad es cuadrada de 4.500 cañas" de lado. "Interpretar en sentido figurado lo que podemos interpretar en sentido propio, es digno de los incrédulos o de los que buscan rodeos a la fe" (Maldonado). "La ciudad formaba un cubo perfecto, dice Fillion, como el Santo de los santos en el tabernáculo de Moisés y en el Templo; lo cual quiere expresa que la nueva Jerusalén toda será el sitio de la manifestación directa y muy íntima del Señor".

17. Es que el ángel se apareció en forma humana.

18. Los preciosos metales y gemas pueden ser figuras materiales de aquella belleza inefable (2Co. 12, 4) que "ni ojo vio ni oído oyó, ni pasó a hombre alguno por pensamiento" (Is. 64, 4;

crisólito; el octavo, berilo; el nono, topacio; el décimo, crisoprasa; el undécimo, jacinto; el duodécimo, amatista. [21]Y las doce puertas son doce perlas; cada una de las puertas es de una sola perla, y la plaza de la ciudad de oro puro, transparente como cristal. [22]No vi en ella templo, porque su templo es el Señor Dios Todopoderoso, así como el Cordero. [23]La ciudad no tiene necesidad de sol ni de luna que la alumbren, pues la gloria de Dios le dio su luz, y su lumbrera es el Cordero. [24]Las naciones andarán a la luz de ella y

los reyes de la tierra llevan a ella sus glorias. [25]Sus puertas nunca se cerrarán de día –ya que noche allí no habrá–[26]y llevarán ella las glorias y la honra de las naciones. [27]Y no entrará en ella cosa vil, ni quien obra abominación y mentira, sino solamente los que están escritos en el libro de vida del Cordero

22 El río y el árbol de la vida.
[1]Y me mostró un río de agua de vida, claro como cristal, que sale del trono de Dios y del Cordero. [2]En medio de su

---

1Co. 2, 9). Mas no lo sabemos, y por tanto no hemos de empeñarnos en negar de antemano todo sentido real y perceptible a estos esplendores, prometidos aquí por el mismo Dios que nos enseña la vanidad del mundo presente. Bien podría el Enemigo, so pretexto de espiritualidad, quitarnos así el ansia de tener "un tesoro en el cielo", sabiendo él que "donde está nuestro tesoro está nuestro corazón" (Lc. 12, 33-34) ¿Acaso la belleza visible habría de quedar sólo para los pecadores de este mundo? ¿Por qué, dice un autor, no cabría una perfección en el orden de la materia restaurada, pues que hemos de resucitar con nuestro cuerpo? El Dios de los crepúsculos, de las flores, de los lagos es quien nos hace estas promesas. Si no le creemos a Él, dice San Ambrosio, ¿a quién le creeremos? Si alegorizamos todo, nos quedaremos sin entender nada. Hoy podríamos agregar que si la vidrieras de una catedral gótica, por ejemplo, deslumbran nuestra sensibilidad aún carnal, con una belleza de color que nos parece casi sobrehumana ¿por qué no habríamos de creer simplemente a Dios cuando nos promete toda esta pedrería como un marco digno de la patria divina, sin perjuicio del amor puro pues ya no la miraremos con afectos carnales? Véase v. 23; 22, 4 y notas.

19. *Zafiro*: cf. Is. 54, 11.

20. *Sardónice*: "un sardio mezclado con ónice. El sardio es amarillento o rojizo; cuando es veteado con vetas regulares, se llama sardónice porque el ónice tiene vetas irregulares" (Jünemann).

21. *Perlas*: en Is. 54, 12las puertas son carbunclos (Vulgata: "piedras deseables").

22. No habrá *templo* en ella. Cf. Ez. 44, 2 y nota sobre las diferencias con la que allí se describe. Sin duda la ciudad misma será toda un santuario, y los comentadores exponen que en la Jerusalén celestial no habrá altar ni sacrificios como en Ez. 43, 13 ss.; Sal. 50, 20s. (cf. notas), suponiendo que al renovarse todo (v. 5) habrán pasado los tiempos de la intercesión en el Santuario celestial (cf. Hb. 7, 24s.). Dios y el Cordero serán el divino templo de la continua alabanza, así como serán también la recompensa de la esperanza (22, 2 y nota; cf. Hb. 10, 19). Es muy hermoso ver aquí a Jesús con igual gloria y honor que "su Dios y Padre", ante quien se postraba con profunda adoración y a quien ya habrá entregado el Reino para quedarle Él mismo sujeto por siempre "a fin de que el Padre sea todo en todo" (1Co. 15, 24 y 28). Cf. Ez. 48, 35.

23. Cf. Is. 60, 19s. Al admirar, con el alma colmada de gratitud, esos esplendores, no olvidemos que todo viene de que el Cordero

será el luminar, y que sin Él nada podría ser apetecible (cf. Sal. 15, 2 Texto hebreo). La novia (v. 1) no desdeña el palacio que le brindará el Príncipe, pero es a él a quien desea. Recordemos también que Jesús, esa lumbrera de los cielos, nos ilumina ya desde ahora si nos dejamos guiar por su Palabra (Lc. 11, 36. Jn. 9, 5; 2 Tm. 1, 10; Sal. 118, 105 y nota). El misterio del Hijo como antorcha de la claridad del Padre –*luz de luz* dice el Credo– es el que nos anticipa el Sal. 35, 10 al decir a Dios: "En tu luz veremos la luz". A este respecto algunos autores desde la época patrística, han distinguido entre los justos varias esferas de bendición. Parece fundado pensar que, siendo el Cordero la lumbrera de la Jerusalén celestial, los que le están más íntimamente unidos y viven aquí de la vida de Él con fe amor y esperanza, estarán incorporados a Él compartiendo su suerte (cf. v. 7; Jn. 14, 3; 17, 22-24) en lo más alto de los cielos (Ef. 1, 20; 2, 6) es decir, formando parte de ese luminar... *Hic taceat omnis lingua.* Cf. 22, 4 y nota.

24. La expresión usada aquí por el Apóstol recuerda el vaticinio de Isaías (Is. 60, 3). Cf. Za. 2, 11; 8, 23. Gelin hace notar que aún se mantiene aquí esa diferencia entre israelitas y naciones de la gentilidad. Dato ciertamente digno de atención y estudio; pero no nos apresuremos a juzgar sobre él ni a criticar audazmente el divino Libro, y menos aún en materia como la escatología en que bien puede decirse que estamos en pañales. Nuestro empeño ha de ser, cuando no vemos soluciones ni las han visto otros, confesarlo para suscitar en el lector el anhelo ardiente de ahondar cuanto pueda la investigación hasta que Dios quiera entregarnos la llave de los misterios adorables que envuelven lo que tan de cerca interesa a nuestra eterna felicidad. Sobre los reyes, cf. también 20, 4.

25 ss. Cf. Is. 60, 11; 35, 8; 52, 1. Véase en Ez. 44, 2 y 48, 35 y notas otros paralelismos y diferencias entre esta Jerusalén celestial y la Jerusalén anunciada por los antiguos profetas.

1. El agua que fluye es el símbolo de la vida inmortal perpetuamente renovada (cf. 21, 5 y nota). San Juan recuerda aquí a Ez. 47, 1-12 (cf. Sal. 45, 5; Is. 66, 12; Za. 14, 8). Así fluían también los cuatro ríos del Paraíso (Gn. 2, 10 ss.). Los Santos Padres entienden este río de muy distintas maneras. Algunos, del mismo Jesucristo; San Ambrosio, del Espíritu Santo. Benedicto XV, citando a San Jerónimo, dice: "No hay más que un río que mana de bajo el trono de Dios y es la gracia del Espíritu Santo, y esta gracia está encerrada en las Sagradas Escrituras, en ese río de las Escrituras. Y éste corre entre dos riberas, que son el Antiguo y el Nuevo Testamento, y en cada orilla se encuentra plantado un árbol, que es Cristo" (Encíclica "Spiritus Paraclitus"). ¿Acaso no

plaza, y a ambos lados del río hay árboles de vida, que dan doce cosechas, produciendo su fruto cada mes; y las hojas de los árboles sirven para sanidad de las naciones. [3]Ya no habrá maldición ninguna. El trono de Dios y del Cordero estará en ella, y sus siervos lo adorarán, [4]y verán su rostro: y el Nombre de Él estará en sus frentes. [5]Y no habrá más noche; ni necesitan luz de lámpara, ni luz de sol, porque el Señor Dios lucirá sobre ellos, y reinarán por los siglos de los siglos.

Confirmación de las profecías de este libro. [6]Y me dijo: "Estas palabras son seguras y fieles; y el Señor, el Dios de los espíritus de los profetas, ha enviado su ángel para mostrar a sus siervos las cosas que han de verificarse en breve. [7]Y mirad que vengo pronto. Bienaventurado el que guarda las palabras de la profecía de este libro". [8]Yo, Juan, soy el que he oído y visto estas cosas, cuando las oí y vi, me postré ante los pies del ángel que me las mostraba, para adorarlo. [9]Más él me dijo: "Guárdate de hacerlo, porque yo soy consiervo tuyo y de tus hermanos los profetas, y de los que guardan las palabras de este libro. A Dios adora".

El tiempo está cerca. [10]Y me dijo: "No selles las palabras de la profecía de este libro, pues el tiempo está cerca. [11]El inicuo siga en su iniquidad, y el

---

son éstas, en el desierto de este siglo (Ga. 1, 4), el "agua viva" que da Jesús (Jn. 3, 5; 4, 10; 7, 37 ss.), de la cual sale vida eterna (Jn. 4, 14; 17, 3)? En el v. 17nos la ofrece gratis desde ahora, como lo había hecho Is. 55, 1-11.

2. En el nuevo Paraíso no habrá ya árbol prohibido y sí multitud de árboles de vida. El griego no usa el término *dendron* = *árbol*, sino *xylon*, literalmente *leño*, que puede traducirle también *bosque*. Véase 2, 7; Gn. 2, 9 ss. *Su fruto cada mes*: Estos frutos, de árboles plantados por el mismo Dios (cf. Is. 60, 21) ¿no serán los que el Esposo y la esposa van a recoger después de la unión definitiva en Cant. 7, 10-13? Hay que confesar que la mayoría de los enrolados como cristianos están harto lejos de preguntarse estas cosas que tanto les interesan, y menos con la idea que muchos se hacen del cielo con las almas solas, olvidando el gran hecho de la resurrección de los cuerpos (cf. 1Co. 15; Rm. 8, 23; Flp. 3, 20s.).

4. *Y verán su rostro*: en una visión fruitiva (véase Jn. 17, 24 y nota; 1 Jn. 3, 2). Imaginando las maravillas de esta Jerusalén de gloria que Dios prepara a los suyos, dice Bossuet: "Si en el cielo se terminan todos los designios de Dios ¿qué obra no será ésa a cuyo creación todo el universo no ha servido sino de preparación, que Dios tuvo en mira en todo cuanto hizo, que ha sido el blanco de todos los deseos divinos y concluida la cual Dios quiere descansar por toda la eternidad?" (Cf. 21, 18 y nota). Pero en vano querríamos suponer cosas deleitosas más allá de Dios mismo, más allá del goce y la posesión íntima de la divinidad (Jn. 17, 22s.), incorporados al Padre en Cristo mediante la filiación divina operada en nosotros por el Espíritu Santo (cf. 21, 7 y nota). En la introducción al Libro de la Sabiduría mostramos esa síntesis de conocimiento y amor, semejante a la de la luz y el calor en un rayo de sol. Pero aquí estaremos ya como fundidos y transformados en el mismo Sol divino (cf. Cant. 2, 6 y nota). Así, pues, en el v. 12nos dice Jesús que su galardón viene con Él mismo, y Dios lo anunciaba desde el Antiguo Testamento diciendo a Abraham: "Soy Yo, tu inmensa recompensa" (Gn. 15, 1). Cf. 21, 23 y nota.

5. *Lucirá sobre ellos*: cf. 21, 24. *Reinarán por los siglos de los siglos*: Con este anuncio definitivo termina aquí la fase final de la profecía. Cf. 20, 4 y 6; Is. 60, 20. Lo que sigue es un epílogo para confirmar su extraordinaria importancia y volver el ánimo del lector a la expectativa de la Parusía de Cristo, acto inicial de este último proceso revelado a San Juan.

7. No se trata aquí de mandamientos que cumplir, sino de palabras que retener y para ello hay que conocerlas muy bien. Cf. 1, 3 y nota.

10. *No selles*: no cierres, no ocultes, porque *el tiempo está cerca* y la venida de Cristo será cuando menos se la espera (16, 15 y nota). Sobre el valor espiritual de esta actitud expectante, cf. St. 5, 7 ss.; 1 Jn. 3, 3 y notas. Nótese el contraste con lo que se le dice a Daniel cuando estos misterios estaban aún muy lejanos (Dn. 12, 4). Ello confirma que en la Revelación divina no hay nada esotérico ni reservado a una casta especial, nada incomprensible para los espíritus simples (Lc. 10, 21), sea en doctrina o en profecía. "Lo que os digo al oído, predicadlo sobre los techos", dijo el Señor en las instrucciones a los apóstoles (Mt. 10, 27); y al Pontífice que lo interroga sobre su doctrina, le responde: "Yo he hablado al mundo abiertamente. Interroga tú a los que me han oído, ellos saben lo que Yo he dicho" (Jn. 18, 20). Recordemos que al iniciarse el cristianismo, en el instante de a muerte del Redentor, el velo del Templo, que representaba su carne (Hb. 10, 20), se rompió de alto a bajo (Mc. 15, 38), mostrando el libre acceso al Santuario celestial, que San Pablo llama "el trono de la gracia" (Hb. 4, 14-16). Lo mismo se nos enseña aquí con respecto a la profecía. "Preguntadme acerca de las cosas venideras", dice el Señor (Is. 45, 11). "Yo no he hablado en oculto... ni dije buscadme en vano... Yo hablo cosas rectas" (Is. 45, 19); "desde el principio jamás hablé a escondidas" (Is. 48, 16). Es de notar que las célebres palabras de la Vulgata: "Tú eres un Dios escondido" están en el citado capítulo (Is. 45, 15), puestas en boca de los extranjeros paganos y desmentidas por las que hemos transcripto. Por lo demás, otra versión según el hebreo dice: "Tú eres Dios y yo no lo sabía". Es muy interesante observar en el mismo Isaías cómo Dios sólo esconde su rostro cuando está indignado (Is. 8, 17; 54, 8; 57, 17; 64, 7). Y lo explica el profeta diciendo: "Vuestros pecados son los que han escondido su rostro de vosotros (Is. 59, 2); "porque la sabiduría no entrará en alma maligna" (Sb. 1, 4). Es la bienaventuranza de los limpios de corazón, que "verán a Dios" (Mt. 5, 8 y nota). Así lo entiende también San Agustín en la doctrina de la "*mens mundata*". Y se aplica una vez más la fórmula de San Juan Crisóstomo: "El que no entiende es porque no ama". Véase 1, 3; 2, 24 y notas. Cf. 10, 4.

sucio ensúciese más; el justo obre más justicia, y el santo santifíquese más. [12]He aquí que vengo presto, y mi galardón viene conmigo para recompensar a cada uno según su obra. [13]Yo soy el Alfa y la Omega, el primero y el último, el principio y el fin. [14]Dichosos los que lavan sus vestiduras para tener derecho al árbol de la vida y a entrar en la ciudad por las puertas. [15]¡Fuera los perros, los hechiceros, los fornicarios, los homicidas, los idólatras y todo el que ama y obra mentira! [16]Yo Jesús envié a mi ángel a daros testimonio de estas cosas sobre las Iglesias. Yo soy la raíz y el linaje de David, la estrella esplendorosa y matutina". [17]Y el Espíritu y la novia dicen: "Ven". Diga también quien escucha: "Ven". Y el que tenga sed venga; y el que quiera, tome gratis del agua de la vida.

Epílogo. [18]Yo advierto a todo el que oye las palabras de la profecía de este libro: Si alguien añade a estas cosas, le añadirá Dios las plagas

11. Pirot trae esta notable observación de Andrés de Creta: "Es como si Cristo dijera: que cada uno obre a su guisa: Yo no fuerzo las voluntades" (cf. Cant. 3, 5 y nota). Buzy traduce la primera parte en futuro: el impío seguirá adelante; siga también el justo. Es decir, que "la sorpresa de la Parusía o el Retorno será tal que cada uno será hallado en su habitual estado: el pecador en su pecado; el justo en su justicia" (Calmes).

12. *Vengo presto*: cf. v. 2 y nota sobre el premio que aquí se promete. Cuatro veces repite Cristo, en este capítulo final de toda la Biblia, el anuncio de su Venida (vv. 7, 10, 12 y 20), porque ella es la meta y cumplimiento del plan de Dios y por lo tanto de la historia del género humano, o sea, como dice el Cardenal Billot, "el acontecimiento supremo al cual se refiere todo lo demás y sin el cual todo lo demás se derrumba y desaparece". Como observa un escritor moderno, *vengo presto* no se refiere necesariamente a un tiempo inmediato, sino que significa que Él viene con diligencia, que viene *a su tiempo*, como lo hizo la primera vez (Ga. 4, 4). Es decir, que para ese encuentro anhelado Él está pronto siempre (Cant. 7, 10) y así hemos de estar nosotros (v. 17). Ignoramos el día fijo (Hch. 1, 7) pero conocemos las señales próximas del día (Mt. 24, 33; Lc. 21, 28; cf. apócrifo 4Esd. 5, 1s.), y aún podemos apresurarlo (2 Pe. 3, 12). Y aquí se aumenta nuestro consuelo al saber que vendrá sin demora no bien suene el instante (2 Pe. 3, 9). En cuanto a nosotros, esta espera, como bien dice un predicador, comporta la esperanza de que Él llegue en nuestros días, pues su anuncio, repetido por San Juan mucho después de la caída de Jerusalén, ya no podría confundirse con aquel acontecimiento. Si se nos dice que vivamos esperando a Jesús y que "el tiempo está cerca" (v. 10), ello significa la posibilidad de que Él llegue en cualquier momento, sin que nada pueda oponerse a la dichosa esperanza (Tt. 2, 13), pues vendrá "como un ladrón" (16, 15), esto es, aunque muchos piensen que aún no se han cumplido los signos precursores. *Mi galardón*: porque éste es Él mismo (cf. v. 4 y nota). No obstante que la Redención fue obtenida por la divina Víctima en el Calvario (Col. 2, 14; Hb. 9, 11), tanto el Señor como los apóstoles insisten en que ella será manifestada cuando Él venga (Lc. 21, 27; Hch. 3, 20s.; Rm. 8, 23; Ef. 1, 10; Flp. 3, 20s.; Col. 3, 3s. Hb. 9, 28; 1 Pe. 5, 4; 2 Pe. 2, 19; 3, 13; 1 Jn. 3, 2s.).

escritas en este libro; [19]y si alguien quita de las palabras del libro de esta profecía, le quitará Dios su parte del árbol de la vida y de la ciudad santa, que están descritos en este libro. [20]El que da

testimonio de esto dice: "Sí, vengo pronto". ¡Así sea: ven, Señor Jesús! [21]La gracia del Señor Jesús sea con todos los santos. Amén.

13. Aplicados indistintamente al Padre y a Cristo, como observa Gelin (1, 8 y 17; 2, 8; 21, 6; Is. 41, 4; 44, 6; 42, 12), estos títulos muestran en Ambos, tanto la potestad creadora como la judicial. Cf. 20, 11 y nota.

14. *Vestiduras*, literalmente *estola*. El mismo Jesús es la *Puerta* (Jn. 10, 9), pues sin su Redención nadie entra en la Jerusalén celestial (21, 10). Cf. 21, 27; Hb. 9, 14; Jn. 14, 6. La Vulgata añade aquí, como en 1, 5 y 7, 14*en la Sangre del Cordero*.

15. En esta lista, como en 21, 8, se pone el acento más aún que en los pecados, en la doblez e infidelidad, pues los celos del Amor ofendido son "duros como el infierno" (Cant. 8, 6). De ahí que los *perros*, más que a los sodomitas como en Dt. 23, 18, designan aquí a los de Flp. 3, 2, que en Ga. 2, 4se llaman "falsos hermanos" (cf. 2 Tm. 3, 5). El Señor lo usa para los paganos en Mt. 15, 22, queriendo solamente probar la fe de la cananea. Más fuerte es el sentido que le da en Mt. 7, 6aplicándolo a los que sería inútil evangelizar, pues rechazando la Palabra de amor de Dios (Jn. 12, 48) se excluyen de la sangre salvadora del Cordero (v. 14) y bien merecen el nombre de *perros*.

16. *Las Iglesias*: cf. 1, 1; 2, 28 y nota. *La raíz etc.*, cf. 5, 5. *La estrella... matutina*: "Precursora del Día eterno" (Jünemann).

17. *El Espíritu y la novia dicen: Ven*: "Ven, Señor Jesús" es el suspiro con que termina toda la Biblia (v. 20) y con ella toda la Revelación divina; es el mismo con que empieza y acaba el Cantar de los Cantares (cf. Cant. 1, 1; 8, 14 y notas). El mismo suspiro de Israel para llamar al Mesías, es el que hoy, con mayor motivo después de haberlo conocido en su primera venida, emite la Iglesia ansiosa de las Bodas (19, 6 ss.). Aquí vemos que ese suspiro es igualmente el de cada alma creyente, que también es novia (2Co. 11, 2). *Diga también quien escucha: Ven*. El vehemente pedido de que Él venga sin demora, nos parecería tal vez una insistencia egoísta y atrevida, como que pretendiera enseñarle a Él cuando ha de venir (cf. v. 12 y nota). Bien vemos aquí, sin embargo, que es Él quien nos enseña que así lo llamemos (cf. 2 Pe. 3, 12). Fácil es entender esto comparándolo con el caso de cualquier esposo a quien la esposa ausente llamase con ansias, porque él lo es todo en su vida. ¿Cómo no habría de complacerlo a él tal deseo de verlo, que es la mejor prueba del amor? Así la Esperanza es la mejor prueba de la Caridad. Pero la amada no lo fuerza, porque sabe que sólo algo muy importante puede detenerlo a que demore la unión (cf. 6, 10s.; 2 Ts. 2, 3 ss.; Lc. 21, 24; Rm. 11, 25 ss.; 2 Pe. 3, 9): debe antes completarse el número de los elegidos, y la novia ha de estar vestida de blanco (9, 17, s.), sin mancha ni arruga alguna, como Él la quiere (Ef. 5, 25 ss.; cf. Cant. 4, 7 y nota; Os. 2, 19s.; 3, 3-5). En esto se vive, pues, muy intensamente el precepto de la caridad fraterna, al compartir la longanimidad de Dios (Rm. 3, 26); y también el misterio de la comunión de los Santos, al solidarizar nuestra esperanza con la de la toda la Iglesia (como lo hacía todo buen israelita, cuya esperanza mesiánica se confundía con la de todo

Israel) y al aceptar de buen grado que esa plenitud de felicidad, que esperamos junto con la glorificación del Amado, esté sometida, por obra de su insondable caridad divina, a esa gran paciencia con que sólo Él sabe esperar a los pecadores durante el justo tiempo hasta completar el ramillete que ha de ofrecer un día "a su Dios y Padre" (1Co. 15, 24, Jn. 17, 2 y nota). Sobre *el agua de la vida* véase v. 1; 21, 6 y notas. *El tener sed* es la condición para recibirla (cf. Sal. 32, 22; 80, 11; Is. 55, 1; Lc. 1, 53 y notas).

18s. Véase sobre esto los graves textos de Dt. 4, 2; 12, 32; Pr. 30, 6; Is. 1, 7. Sobre *el que añade* cf. Dt. 18, 20; Jr. 14, 14. Sobre *el que quita* (v. 19) cf. 13, 18 y nota. Ser *excluido del Libro de la vida* significa el *lago de fuego* (20, 15), o sea el infierno eterno (20, 9s.). Como confirmando la maldición que caerá sobre los que falsifican las palabras de este Libro, leemos en el v. 17, la bendición de que gozarán quienes guarden esta divina profecía. Véase en 1, 3 y nota la sanción bajo la cual el IV Concilio de Toledo decretó la predicación anual del Sagrado Libro del Apocalipsis.

20. *¡Ven, Señor Jesús!* Véase v. 17 y nota. El Espíritu Santo nos enseña aquí a usar con nuestro Salvador esa hermosa y breve expresión: *el Señor Jesús*, que tanto usaba San Pablo y que está muy olvidada entre nosotros. Sobre este gran misterio de la Parusía como asunto de predicación y objeto de nuestro constante anhelo, dice el Catecismo Romano: "Esta segunda venida se llama en las Santas Escrituras día del Señor, del cual el Apóstol habla así: "El día del Señor vendrá como el ladrón por la noche" (1 Ts. 5, 2) –es decir que dicho texto no se refiere a la muerte, como muchos creen– y agrega: "Toda la Sagrada Escritura está llena de testimonios (y el comentario cita muchos, como 1 Sam. 2, 10; Sal. 95, 13; 97, 8; Is. 66, 15s.; Joel 2, 1; Mal. 4, 1; Lc. 17, 24; Hch. 1, 11; Rm. 2, 16; 2 Ts. 1, 6 ss., etc.), que a cada paso se ofrecerán a los párrocos, no solamente para confirmar esta venida, sino aún también para ponerla bien patente a la consideración de los fieles; para que, así como aquel día del Señor en que tomó carne humana, fue muy deseado de todos los justos de la Ley antigua desde el principio del mundo, porque en aquel misterio tenían puesta toda la esperanza de su libertad, así también después de la muerte del Hijo de Dios y de su Ascensión al cielo, deseemos nosotros con vehementísimo anhelo el otro día del Señor esperando el premio eterno y la gloriosa venida del gran Dios". El día y la hora nadie lo sabe (Mt. 24, 36), pero "el tiempo está cerca" (1, 3; Flp. 4, 5). Un día veremos realizarse el anuncio (1, 7), y el Señor Jesús reinará con los santos del Altísimo (Dn. 7, 22), y su reino no tendrá fin (Sal. 2, 8s. y nota). Esta es la insuperable felicidad a que aspiramos y que esperamos y que muy especialmente deseamos a todos los lectores de la Sagrada Biblia, al despedirnos aquí de ellos (hasta la próxima lectura, porque la primera es apenas para empezar) y decirles, como Bossuet, que Dios les haga la gracia de repetir de veras este último llamado en el silencio gozoso de su corazón.

Made in the USA
Las Vegas, NV
23 August 2024

94348307R00261